TOBIAS BLUMENBERG

DER LESE BEGLEITER

REISE DURCH DIE WELT DER BÜCHER
FÜR VIERZEHN- UND HUNDERTVIERJÄHRIGE

Wer aber nicht eine Million Leser erwartet,
sollte keine Zeile schreiben.

Goethe gesprächsweise zu Eckermann
12. MAI 1825

quasi basti bo …

Morgenstern

INHALTSVERZEICHNIS

Vorspann
13

KAPITEL 1
**Der Dürre, der Fallsüchtige und der Hinkende –
drei Menschheitsfiguren**
17
Don Quixote von la Mancha 29
Der Idiot 39
Moby Dick oder Der Wal 48

KAPITEL 2
Abenteuer!
57
Der Schauer- und der Kriminalroman 84
Utopien 101
Der historische (Abenteuer-)Roman 107
Napoleon 129
Geschichte ist Kulturgeschichte 139
Die italienische Kulturlandkarte 144
Rembrandt oder Kunst im Buch 162

KAPITEL 3
Scherz, Satire, Ironie und tiefere Bedeutung
173
Der Schelmenroman 173
Das andere Deutschland – eine Erinnerung 194
Vom Humor 196

KAPITEL 4
**Labor und Treibhaus:
ein Jahrhundert des französischen Romans**
213
Die Berufung des Künstlers – eine Abschweifung 249

KAPITEL 5
Wie alles anfing
275
Grausamkeit und Urchristentum 302
Einige Andeutungen über antike Philosophie 323
Anderswo 346

KAPITEL 6
**Helden, selbst wenn sie versagen –
die klassische Literatur**
355
Bretter, die eine Welt bedeuten können 379
Die Novelle und die Anfänge unserer Literatur 437
Das Jahrhundert der Semitophobie 498

KAPITEL 7
Mit den Augen einer Frau …
511
Mit dem Tod auf Du und Du 521
*Äthanol und Kreativität,
eine winzige Beschwipstheit* 525
Die misshandelten Kinder 532
*Der Gesellschaftsroman angelsächsischer Prägung
und sein Untergang* 538
Liebe 562

KAPITEL 8
Russische Zustände
567
Dreißig Sekunden russische Philosophie   603

KAPITEL 9
Catch as catch can
oder Der Gesang vom Ich
617
Die Metapher   655
Der vergessene Dichter   704

KAPITEL 10
Letzte Fragen
723
Zufall oder Notwendigkeit?   730

Anhang
Das Buch   739
Alphabetisches Register   747
*Chronologisches Verzeichnis
aller erwähnten Dichter
und anonymer Werke*   796
Bibliographie der übersetzten Zitate   804

VORSPANN

Spuren im Sand. Woher weht der Wind? Immer von Westen. Man weiß es, wenn man eine Zeitlang dagegen angegangen ist. Die Bäume machen einen Buckel und verneigen sich allesamt nach Lee, Fenster zur Wetterseite sind blind oder leck, meist beides, vom Sturm und dem Salz in der Luft. Seit drei Stunden bin ich unterwegs, mit Rückenwind zuerst; da dachte ich noch: toll, wie einfach, wie beschwingt es sich geht – aber jetzt auf dem Rückweg bläst es mir steif ins Gesicht. Immer von Westen, wie in *Herr der Ringe*[1], da kommt auch alles Gute aus dem Westen, Frodo und die Elben, und im Osten liegt Mordor mit dem Schicksalsberg. So einfach war Tolkiens Geographie. Ich komme also gerade aus dem Westen, vom Städtchen Norderney auf der gleichnamigen ostfriesischen Insel. Und bin den Strand entlang bis ganz ans Ostende gegangen. Vierzehn Kilometer, nach dem Eintrag im *Brockhaus*, ist die Insel lang, hat sechstausendeinhundert Einwohner und ist seit 1797 Seebad. Im *Kulturfahrplan* von Werner Stein, in dem man nachschlagen kann, was alles zur selben Zeit passiert ist, steht, dass in demselben Jahr Bonaparte, der spätere Kaiser Napoleon, die Lombardei für Frankreich annektierte und Heinrich Heine geboren wurde. Der Franzose ließ später die Insel besetzen, um England zu bedrohen. Und Heine? Der hat dann auf Norderney ein paar sehr schöne Gedichte gemacht, bevor er nach Paris ging, um der politischen Verfolgung in Deutschland nach des Kaisers Sturz zu entgehen. Vermutlich

---

[1] Von jetzt ab will ich es so halten: Die Titel meiner Lieblingsbücher stehen *kursiv* genauso wie Zitate daraus, alle anderen Titel, auch die von Opern, Filmen oder Gemälden, in doppelten »französischen Klammern«.

hat er sich vom Glitzern der Sonne auf den Wellen inspirieren lassen; das sieht wirklich sehr schön aus, sogar wenn man die Augen geschlossen hat und die Reflexe durch die Lider dringen. Napoleon war nicht auf der Insel, obwohl man doch jetzt dort kuren konnte, aber er vertrug das Inselklima auch anderswo nicht recht. Theodor Fontane kam gerne hierher und schrieb irgendetwas, sicher eine traurige Ehegeschichte; ja tatsächlich, in *Effi Briest* sollen Spuren seines Aufenthalts hier zu entdecken sein, weiß das nette Büchlein *Fontane auf Norderney*, das in der »Inselbuchhandlung« ausliegt. Die Baronin Blixen aus Dänemark startete ihre literarische Karriere gar mit einer *Sintflut von Norderney*, in der sie einen falschen Bischof auftreten lässt. Ganz schön gruselig! Sie nannte das – sie schrieb englisch – eine ›gothic tale‹. Was das wohl sein mag? Und sogar der revolutionäre Wladimir Majakowski dichtete brav:

Ein Provinznest wie andre –
plus Sandwüstenei,
ein deutsches Seebad: Norderney.
Vom Himmel fällt
bald ein Strahl,
bald eine Möwe,
Das Meer sprüht Feuer
und schläft wie ein Löwe.

Im Brockhaus steht noch, dass die Insel früher, vor sechshundert Jahren, viel größer war. Eines Tages ist sie auseinandergebrochen. An der Stelle war ich gerade. Da hört die letzte Düne auf und der Strand streckt sich endlos. Eine ganze Insel auseinandergebrochen! Das kann sich auch keiner ausdenken. Offenbar ist gerade Ebbe und man meint trockenen Fußes hinüberzukommen zum anderen Bruchstück der ursprünglichen Insel, nach Baltrum. Dort stehen ein paar Häuser und alles sieht friedlich und verschlafen aus. Keine Menschenseele ist hier. Keine Spuren im Sand, es sei denn die eigenen. Man kommt nicht hinüber auf die andere Seite, denn immer noch ist etwas Wasser dazwischen und bald läuft die Flut auf; so gab es nichts als die Umkehr. In weiter Ferne branden Wellen an, eine hinter der anderen, in unerschöpflicher Gleichförmigkeit. Immer wieder mustere ich erwartungsvoll die endlose Meeresoberfläche. Irgendetwas Auffälliges in der Eintönigkeit? Ein Walbuckel? Eine Dampffontäne? (»Er bläst! Er bläst!« tönt es bei solcher Gelegenheit aus dem Krähennest, dem Auslug an der Mastspitze.) Nein, nichts. Die Sonne scheint, es ist kalt, der Wind weht eisig, wir haben Februar, mitten in einem langen und kalten Winter. Wenn man aus dem Süden, und da bin ich zu Hause, auf dem Weg zur Nordsee ist, wird die Luft würziger, klarer und angenehmer zu atmen, je näher man dem Meer kommt. Gerade jetzt im Winter strömt statt Heizungsluft wieder guter Sauerstoff in die Lungen und von dort hirnwärts. Man kriegt den Kopf frei. Das ist der Reiz an Ferien auf Norderney. Und noch dreizehn Kilometer bis ins Warme. Viel Zeit also, über alles Mögliche nachzudenken. Die eigenen Fußspuren. Woher kenne ich das? Der Walbuckel. Wie kommt mir der in den Sinn? Na klar, *Moby Dick* und *Robinson Crusoe*. Da habe ich diese Idee. Wie wäre es, wenn ich Dir erzählte, wie es mit der Liebe zu Büchern bei mir angefangen hat? Was ich zuerst gelesen habe, wie es auf mich gewirkt hat. Was schöne Bücher ausmacht, welche man sich schenken lassen oder selber kaufen sollte, wie man Bücher sammelt und was man davon hat? Hmm …

Aber ich habe mich Dir noch gar nicht vorgestellt: Ich heiße Tobias, bin im Augenblick neunundvierzig Jahre alt, von Beruf Zahnarzt und meine Nase läuft. Das gehört zu Nordseeferien im Winter. Wenn Du das liest, bin ich natürlich schon viel älter – vielleicht auch tot –, aber das tut nichts zur Sache.

Hätte George Berkeley, der Bischof von Cloyne, dazu gesagt. Das war ein merkwürdiger Mann. Sein Hauptwerk erschien 1710. Im selben Jahr, sagt der *Kulturfahrplan*, wurde August der Starke polnischer König und Bachs Sohn Friedemann kam zur Welt. Über August und die Madame Pompadour gibt der Senator Buddenbrook im Herrenzimmer einen unzüchtigen Vers zum besten, jedenfalls hielt Thomas Mann die Stelle für äußerst ›stark‹; und Friedemann, das war doch der dem Trunk ergebene genialische Bachsohn, den Gustaf Gründgens für die Ufa gespielt hat. Aber wie komme ich eigentlich auf Berkeley? Der hatte erklärt, dass Materie nichts anderes sei als Wahrnehmung, außer ihr gar nicht existiere, und belehrte einen Mann, der sich in seiner Gegenwart heftig am Kopf stieß: »It matters not!«. Seine Lehre war schon am folgenden Tag widerlegt: Als der Mann, der sich den Kopf gestoßen hatte, aufwachte, hatte er eine Riesenbeule. Das war also doch ein realer Zusammenstoß mit Materie gewesen! Aber Berkeleys Lehre gilt natürlich für das Lesen: Jedes Buch wird erst in unserem Kopf wieder zum Buch. Vorher waren es nur Blätter. Durch das Lesen tritt es in Erscheinung. Dann erst ist es da, in unserem Kopf, auch wenn das Buch selbst schon längst wieder weggelegt ist. Kluger Knabe, der Bischof.

Einen Beruf zu haben ist schön und macht Spaß. Sogar Zahnarzt sein. Aber der Kopf bleibt bei all der Beschäftigung noch frei für andere Dinge. Da drinnen kann man ja machen, was man will. Zum Beispiel über Bücher und das Lesen nachdenken, und das mache ich schon lange und es macht mir Spaß. Der wird, ob Du's glaubst oder nicht, immer noch größer, je mehr und je länger ich lese. Und warum das mit dem Lesen so ist, und was ich all die Jahre gelesen und dabei nachgedacht habe, zum Beispiel als ich so alt war wie Du, davon will ich jetzt erzählen.

KAPITEL 1

DER DÜRRE, DER FALLSÜCHTIGE UND DER HINKENDE – DREI MENSCHHEITSFIGUREN

Eines Tages kann man lesen. Vorher waren Bücher gut, wenn sie viele und bunte und schöne Abbildungen hatten. Celestino Piatti[2] war gut mit seinen Tieren, vor allem den zweisamen Eulen aus *Eulenglück*. Bücher ohne Bilder waren schlecht. Wurde daraus vorgelesen, hatte man gar keine sinnliche Vorstellung von den Schauplätzen und handelnden Personen. Dann ist plötzlich alles anders, es gibt gute Bücher mit Bildern und Text. Erich Kästners *Konferenz der Tiere* ist ganz toll und der erregte Stier Reinhold mit hochrotem Kopf am schönsten, wenn er von Walter Trier gezeichnet ist. »Haben Sie ein Ausreißevisum?« brüllt er den Zöllnern hinterher, die vor seiner schnaubenden Wut das Hasenpanier ergreifen. Darüber habe ich mich vor Entzücken gekringelt, damals. Es gab einen schön illustrierten *Robinson*, vermacht vom großen Bruder, den er aber eines Tages zurückhaben wollte. Im Alter erinnert man sich gern wieder der Freuden der Jugendzeit und fordert, was einem gehörte, für die Enkel. Und *Pippi Langstrumpf*, übernommen von der Schwester, zeigte sich mit Herrn Nilsson auf der Veranda der Villa Kunterbunt. Astrid Lindgren, diese große Poetin des Kinderbuchs, hat in dem für zarte Seelen fast zu düsteren *Mio, mein Mio* symbolisch dargestellt, wie gute Bücher wirken: Auch wenn man im Kerker

---

[2] Dreißig Jahre lang trugen die Bücher des Deutschen Taschenbuch Verlages (dtv) das Gesicht der von Piatti gestalteten Umschläge – kongenial dem jeweiligen Buchcharakter anverwandelt. Mit dem monomanen Tomi Ungerer für Diogenes und Willy Fleckhaus, der das kantige Profil der Suhrkamp-Kultur zeichnete, bildete er das Dreigestirn der genialen Buchgestalter zu Zeiten der Bundesrepublik, als Bücher zur unverwechselbaren ›Marke‹ wurden.

schmachtet, braucht man nur den Zauberlöffel in den Mund zu stecken, um durch die Erinnerung an gehabte Genüsse alsbald geistig gesättigt zu sein. Karl May, den ich von irgendwoher hatte, brachte es nur auf eine einzige bunte Illustration auf dem Buchdeckel, wenn er aus Bamberg kam, und hatte Glück, dass ich noch nicht wusste, was Arno Schmidt über ihn geschrieben hat.

Dann kam das Weihnachten, an dem ich mein erstes richtiges und wichtiges Buch bekam. In grauem Feinleinen mit einem Lesebändchen kam es daher, die Seiten ganz biegsam zart, aber nicht durchscheinend, was bei gutem Dünndruck wichtig ist, mit der Signatur des Verfassers auf dem Deckel und dezenten goldenen Verzierungen am Rücken. *Moby Dick* hieß es und Herman Melville sein Urheber. Dieses Buch hatte mein Vater für mich ausgesucht als erstes Leseerlebnis jenseits der ›Kinderbücher‹. Mein erster Band der »Winkler Weltliteratur«-Bibliothek.

An die Konkurrenz, die der weiße Wal an jenem Weihnachten in Gestalt anderer Bücher hatte, kann ich mich nicht präzise erinnern. Sicher waren einige kindgerechtere dabei und vermutlich hat mein älterer Bruder, der aufgrund einer angeborenen Lesephobie sparsam mit Gedrucktem versorgt wurde, einen weiteren Band der Jules Verne-Ausgabe von Bärmeier & Nikel bekommen mit den vielen schönen und detaillierten, zur phantastischen Handlung passenden Holzschnitten. Der Reiz dieser Bücher hielt indes nur kurz an. Mit dem dicken Dünndruckband war das anders. Unverzüglich nahm ich ihn in Angriff – an so einem Buch von über siebenhundert Seiten hatte ich mich noch nie versucht – und kämpfte ein halbes Jahr lang mit *Moby Dick*, speziell den eigenartigen Ausdrücken der Seefahrt und den wunderlichen Namen von allerlei Schiffsteilen, kein Wort auslassend, jeden Satz so lange lesend, bis ich glaubte, alles verstanden zu haben. Denn ich wollte es sorgfältig machen. Alles, was mir bei der Lektüre sonderbar, interessant, ungeheuerlich erschien, wurde auf Zetteln vermerkt. Die legte ich an der entsprechenden Stelle so ein, dass sie am oberen Schnitt herausschauten, damit ich sie später leicht wiederfinden konnte. Nach einiger Zeit starrte das Buch vor solchen Zetteln und ich musste aufpassen, dass sie beim Lesen nicht alle wieder herausfielen. Unter uns gesagt, dieses Verfahren war fürchterlich umständlich. Dir würde ich es nicht empfehlen. Unterstreichen ist besser, aber in Wahrheit habe ich nach einer Weile alle Markierungsarbeiten an Texten aufgegeben. Zum Verständnis von Büchern hilft nämlich nur eins: Man muss sie lesen. Alles Weitere ergibt sich dann. Ab und zu bereut man, eine Stelle nicht gleich wiederfinden zu können. Dazu würde unterstreichen oder ein Zettel noch nicht ausreichen, man bräuchte dann auch noch so einen ehrfurchtgebietenden Zettelkasten mit Stichwortregister, wie mein Vater ihn für seine Zwecke angelegt hat.

LESEN IST KEINE KUNST, SONDERN EINE NOTWENDIGKEIT.

Eine Stelle suchen bietet aber die Gelegenheit, ein Buch wieder zur Hand zu nehmen. Das ist allemal besser und aufregender, als in Zetteln oder Karteikästen zu wühlen. Wie auch immer, damals schuf ich mir ein erstes System für meine Gedanken zu einem Buch, und bis heute ist es die wichtigste Aufgabe beim Lesen eines Werkes, den darin vorgetragenen Ideen zu folgen und sie in Zusammenhang mit der Ordnung der eigenen Gedankenwelt zu bringen. Auf diese Weise entstehen Vorlieben und Abneigungen, Übereinstimmungen und Differenzen. Auf jeden Fall erweitert jede neue Lektüre den Horizont. Wie auch immer man mit Büchern umgeht, der Vorgang des Lesens ist entscheidend, steht aber erst an vorletzter Stelle der Beschäftigung mit ihnen. Denn zuerst wird das Buch einen optischen Eindruck auf Dich erwecken, bevor Du es zur Hand nimmst, und demzuvor hat es vielleicht schon einen Eindruck auf Dich gemacht, b e v o r Du es überhaupt in der Hand hattest, indem Dir jemand etwas darüber erzählt oder Du sonstwie davon gehört oder – gelesen hast. Es gibt hübsche und leider auch hässliche Bücher, wohlriechende und moderige, handschmeichlerische und garstige. Auch das beeinflusst unser Verhältnis zur Lektüre. Aber das steht am Anfang: Du willst ein Buch aus einem bestimmten Grund kennenlernen und nimmst es dann zur Hand. Du schlägst es auf, blätterst, fängst an zu lesen, liest es teilweise oder ganz und legst es anschließend wieder beiseite; sobald es weggelegt ist, verflüchtigt es sich als materielles Ereignis. Als Erlebnis verbleibt es für immer – in Dir.

Mit *Moby Dick* verging mir der Geschmack an leichterer Lektüre ganz und gar nicht. Ohne Unterschied verschlang ich meine Lieblingskinderbücher zum x-ten Mal und ewige Werke der großen Welt der Literatur. Mein Vater zeigte mir, was ich lesen sollte, und das tat ich dann. Vermutlich spiegelt sich in seinen Empfehlungen das, was er selber damals gelesen hat im Taubenschlag auf dem Dach seines Vaterhauses; mein Großvater, ein durch den Kunsthandel reich gewordener Bonvivant, wie man seinerzeit Menschen nannte, die ihr Geld mit leichter Hand verdienten und wieder ausgaben, kaufte seinem einzigen Kind alle Bücher, die dieses auf eine Liste schrieb, die selbstverständlich ständig erweitert und verbessert wurde. Das war seine Art der Vaterliebe. Diese Bibliothek ist am Palmsonntag des Jahres neunzehnhundertzweiundvierzig beim ersten Luftangriff verbrannt, den die Royal Air Force auf eine deutsche Stadt flog.

Die Vorschläge meines Vaters waren von höchst unterschiedlicher Art. Rousseaus *Bekenntnisse* standen am Anfang und Dostojewskijs *Schuld und Sühne*, die *Buddenbrooks* und Plutarchs *Vergleiche großer Männer*. Außerdem riet er mir, einzelne Schriftsteller kennen zu lernen, indem ich a l l e s von ihnen läse. Dazu mussten Gesamtausgaben her, und von meinem Taschengeld, das ich durch Gelegenheitsarbeiten, erst Wagenwaschen, später Tennisstunden, aufbesserte, kaufte ich mir einen Cervantes, einen Balzac und die Kleist-Ausgabe von Helmut Sembdner. Bis heute sind noch ein paar weitere dazugekommen. Wir wissen gar nicht, was wir an der Buchkultur in unserem Land haben. Wenn mich Ausländer besuchen, geraten sie stets ins Schwärmen über die handwerkliche Qualität und Schönheit deutscher Bücher. Nun, in den letzten Jahren versuchen mehr und mehr Verlage, sich dem internationalen Standard anzupassen, also gesichtslos mittelmäßige Druckerzeugnisse auf den Markt zu bringen. Auf Grund der Kostensituation scheint das unabänderlich, bedauern tun wir es allemal. Und als Trost: Es gibt noch das schöne Buch. Für alle, die danach suchen.

Die Sache mit den Gesamtausgaben ist kein bloßer Spleen. Sicher kann es ermüden, einen Haufen Schau- und Zwischenspiele von Cervantes am Stück zu lesen. Aber zum Dank lernt man den Dichter in seinen Facetten und Eigenarten kennen, wie es sonst nicht möglich wäre. Natürlich gibt es Biographien, in der Regel sorgfältig gemacht und gut geschrieben, aus denen man sich informieren kann. Aber gerade hier bekommt man das Bild des Porträtierten durch einen Filter zu sehen, den Filter der Wahrnehmung und Wiedergabe durch den Biographen. Ich gestehe, aus diesem Grunde ungern Lebensbeschreibungen zu lesen, es sei denn als Kunstprodukte. Wenn Biographien zu Literatur werden, bekommen sie eine neue Qualität, über die man auch neu entscheiden muss. Das Leben mancher Großer der Literatur erschließt sich bereits vollkommen über ihre Werke. Ein sehr gutes Beispiel hierfür ist Heinrich von Kleist. Einerseits ist seine gesamte Produktion übersichtlich: eine Handvoll Gedichte, Novellen, acht Theaterstücke, ein paar Aufsätze und Artikel und dann noch seine Briefe. Andererseits sind Einzelheiten seines Lebens so geheimnisvoll, dass kein Biograph sie zwingend glaubhaft enträtseln kann. Eine mysteriöse Krankheit trieb den jungen Heinrich um, er war kurz Soldat und in französischer Gefangenschaft und kam wer weiß wie frei; zu einigen Männern unterhielt er intensive Freundschaft – war da mehr? Seine Verlobung löste er schnell wieder und hatte keine andere Freundin als seine Schwester Ulrike; und seinem jungen Leben setzte er gemeinsam mit einer Frau, der schwerkranken Henriette Vogel, einer Zufallsbekanntschaft, am Ufer des Wannsee[3] in Berlin mit der Pistole ein Ende. Er wurde nicht einmal vierunddreißig Jahre alt. Mehr weiß kein Biograph, alles andere ist Spekulation. Die setzte in Kleists Fall schon früh ein. Besonders die Tatsache, dass Goethe es ablehnte, Kleists Talent anzuerkennen oder zu fördern, beispielsweise indem er ihn an seinem Hoftheater aufgeführt hätte, befeuerte die Phantasien. Aber auch sein Verhältnis zum Kreis der Romantiker, zu Arnim und Brentano in Berlin, Hoffmann in Bamberg, den Schlegels sowie Tieck in Jena und den anderen war so distanziert, dass man sich auf Kleists Selbstwahrnehmung als Künstler keinen rechten Reim machen kann. Sein bester Freund in Literaturkreisen war der heute vergessene Schweizer Heinrich Zschokke, der im Wettstreit mit Kleist auch einen *Zerbrochenen Krug* geschrieben hat – als Novelle, um herauszufinden, wer besser dichten kann. Wir meinen es zu wissen. Wie es dazu kam, kannst Du bestens in der Kleist-Ausgabe nachlesen, dazu ist kein Erklärer notwendig. Und wenn Du mit den zwei schwarzleinenen Bänden der Sembdner-Edition fertig bist, steht das Bild dieses naiv-schwärmerisch-verträumten Einsamen vollkommen plastisch vor Dir.

Wenn Du mich jetzt fragst, was meine stärksten Leseeindrücke als junger Mensch gewesen sind, so muss ich zunächst antworten, dass ich am Anfang ja nichts, wirklich gar nichts kannte. Ich war ein leeres Gefäß, in das sich die Essenz vieler Bücher ergoss. Bis heute ist dieses Gefäß nicht gefüllt, ein wirklich glücklicher und glücklichmachender Umstand – wie schrecklich muss es sein, alles gelesen zu haben! –; aber diese Essenzen haben sich

---

[3] Dazu fällt mir, um nun nicht in Trauerstimmung zu verfallen, eine Geschichte ein. In der kleinen Stadt, in der ich wohne, eröffnete ein junger Mann einen Gemüseladen und nannte das Geschäft »Van-See« nach dem großen Zentralgewässer seines Heimatlandes Armenien. Als ich den stolzen Besitzer fragte, ob wohl die ansässigen Kleinstädter mit dem Namen seines Geschäfts etwas verbinden könnten, erwiderte er prompt: »Wieso, jeder hier kennt den Wann-See!«

miteinander vermischt und bilden wie bei einem Parfum ein Aroma, aus verschiedenen Bestandteilen zusammengesetzt, die man immernoch unterscheiden kann, die aber gemeinsam eine Komposition eigener Art bilden mit Kopf- und Herznote, Körper und Zwischentönen sowie dem, was übrig bleibt, wenn alle anderen Gerüche schon verflogen sind, einem Nachklang und einer Erinnerung an vergangene Sensationen (Sensation wie englisch ›sensation‹, also Wahrnehmung). Trägst Du diese Komposition, die man mit einem deutschen Wort ›Bildung‹ nennt, in Dir, so überzieht sie nun dank ihrer eigenartigen Struktur alle neuen Sensationen, die Dir begegnen, vereinnahmt sie auf diese Weise und weckt dabei Erinnerungen an bereits Bekanntes. Je vielfältiger die Bildung, desto besser und leichter wirst Du Neues erkennen und anerkennen können, desto offener wirst Du für die Vielfalt der Eindrücke. Das gilt für Lesen, Musik, Kunst oder Architektur genauso wie für das Reisen oder den Kontakt mit Fremden. Der oder das Fremde bietet Dir die Gelegenheit, Deiner Bildung, Deiner Welterkenntnis einen neuen Aspekt hinzuzufügen. Diesen ganzen Vorgang der Aneignung bezeichnet man als ›Rezeption‹. Ein Fachmann hat gesagt: *Das Paradox jeder Rezeption besteht darin, dass der nichts erfährt, der nichts erfahren hat.* Das heißt für das Lesen, dass es erst dann richtig Spaß macht, wenn man schon einiges gelesen hat.

Sollte mal ein Buch *Die Kunst des Lesens* heißen, wäre schon der Titel Quatsch: Lesen ist keine Kunst, außer für den Analphabeten. Lesen ist eine Chance. Ich halte es für gleichgültig, wie man liest. Der eine buchstabiert sich jedes Wort, der andere liest laut mit, der dritte formt die Wörter mit den Lippen nach, der nächste fliegt über die Zeilen, mancher gar liest quer, indem er nur nach Stichwörtern Ausschau hält, die ihm Seite für Seite andeuten, worum es gerade geht. Das hat alles seine Berechtigung. Das Buch selbst wird Dich lehren, was Du zu tun hast. Ein fesselndes und spannendes Werk wirst Du intuitiv wie einen kostbaren Gegenstand behandeln und es dadurch ehren, dass Du nichts auslässt und genussvoll liest. Andere Bücher wollen robuster gehandhabt werden, überflogen, durchgeblättert. Selten breche ich die Lektüre (verärgert) ab, ich bin ein geduldiger Leser. Bücher brauchen auch die Möglichkeit einer Entwicklung, manche beginnen langweilig, abstoßend oder sonstwie verstörend, um Dich dann in ihren Bann zu ziehen.

Ich selbst habe die Angewohnheit, beim Lesen Musik zu hören. Für mich stören sich die beiden Eindrucksebenen nicht, ergänzen sich häufig, durchdringen sich in glücklichen Momenten. So an die zweitausend Opernaufnahmen habe ich zur Begleitung erfüllter Lesestunden genossen. Früher, ich gestehe es, habe ich sogar beim Fernsehen gelesen – oder umgekehrt. Speziell die Tennismatches von Boris Becker eigneten sich perfekt zum Lesen. Was für glückliche Zeiten das waren. Niemand ließ dem Leser zwischen den Ballwechseln so viel und so präzise zugemessene Zeit wie ›der Leimener‹. Das Schreiten nach dem abgeschlossenen Ballwechsel inklusive Blickwechsel mit dem Gegner; die sorgfältige Auswahl des Balles für den nächsten Punkt; das Richten der Kleidung: Hemd in die Hose, eventuell am Schuhbändel etwas korrigieren; Atemübungen, mal der rundmäulige Karpfen, dann wieder ein bronchiales Hüsteln; das In-Position-Gehen für den Aufschlag in Schrittstellung mit Wippen vom Ballen des rechten auf den großen Zeh des linken Fußes; mehrmaliges Jonglieren des Balles mit Hand und Schläger sowie ein letzter herausfordernder Blick auf das Gegenüber; dann der Aufwurf des Balles in das Niemandsland vor der Grundlinie, das Hinaufschrauben und Hochwuchten des massigen Körpers, ein peitschenartiges Knallen des Schlägers gegen den Ball – peng, Fehler! Also das Ganze von vorn: alles in allem anderthalb köstliche Minuten des Rituals und der Ruhe, in denen man ein schönes Stück Literatur bewältigen konnte, bevor der zumeist kurz gehaltene Ballwechsel in Gang kam und Aufmerksamkeit einforderte. Als er in einem epischen Match, das über fünf Sätze und sechs Stunden ging, gegen John McEnroe im

Bus- und Bahnfahren sind ideale Lesegelegenheiten, man sollte immer ein Reclambändchen in der Manteltasche haben.

Davis-Cup gewann in Hartford[4], Connecticut, las ich währenddessen ein Epos und sage Dir: Beides gewann gleichermaßen durch das jeweils andere.

Heute lese ich schneller als früher; zur Zeit lese ich seltener wichtige Bücher, dafür mehr Masse. Das ist nur vorübergehend. Ich freue mich schon auf den Tag, an dem ich anfangen werde, einzelne große Werke langsam und in aller Ruhe wieder zu lesen – Du wirst auf den folgenden Seiten merken, welche das sind. Als junger Mensch hat man noch kein Gefühl für Lebenszeit oder: wieviel Zeit man in einem Leben hat und was man damit anfangen kann. In den mittleren Jahren breitet sich die heimliche Angst aus, die Zeit könne nicht reichen für alles. Jetzt verlasse ich gerade diesen hektischen Lebensabschnitt in der Gewissheit, nichts Wesentliches versäumt zu haben. Die Jahre, die vielleicht noch kommen, werden nichts als Freude sein. Lebens- und Lesefreude bis zum Augenblick des Unvermeidlichen.

Ob Du fremdsprachige Werke im Original lesen sollst? Eigentlich ja. Wäre da nicht die Faulheit, sich mit allen diesen Sprachen so ins Benehmen zu setzen, dass man sie ohne Hilfen wie Wörterbücher oder Grammatiken fließend lesen kann. Ist das nicht der Fall, vergeht eben viel Zeit, über die Schwierigkeiten der Texte hinwegzukommen. Ein simpler Rat ist, kleine Wortlücken zuzulassen. Man muss nicht jedes Detail in Erfahrung bringen, um dem Fluss des Textes noch problemlos folgen zu können. Auch Übersetzungen lassen uns Leser mit unseren Verständnisfragen manchmal ratlos zurück. Altmodische Übersetzungen verfälschen doppelt, indem sie ihre eigene Überholtheit den Schwierigkeiten des Originals noch aufpfropfen. Auch übertriebene Modernität schadet zuweilen, wenn sie den falschen Anschein erweckt, der Text selbst rechtfertige sie. So bleibt man-

---

[4] Den Teil der Leserschaft, den ich gerade entsetzlich langweile, möchte ich mit der Nachricht versöhnen, dass aus ebendiesem Hartford die »Gilmore girls« stammen, die besten Botschafterinnen amerikanischen Esprits bei uns seit langem.

che schlechte Übersetzung ungewollt gut, wenn sie zumindest eine gewisse steifleinene Aufrichtigkeit beherzigt. In solchen Fällen schimmert das Original, der angestrebte Sinn, ausreichend durch. Dazu ein Beispiel. Arno Schmidt, der gerühmte Übersetzer von Edgar Allan Poe, Wilkie Collins und James Fenimore Cooper, mühte sich Anfang der Sechziger an den mäßig originellen Schauer- und Überraschungsgeschichten eines Stanley Ellin. In der ersten geht es um ein Restaurant, in dem es eine *Spezialität des Hauses* gibt – phantastisch zart zubereitetes Fleisch, das von jenen sich glücklich schätzenden Gourmets gewonnen wird, die der Chef in seine Küche bittet, um nur für sie das Geheimnis seiner Kunst zu lüften. Alsbald werden sie den übrigen ahnungslosen Gästen als ›plate‹ serviert, von Schmidt mit ›Platte‹ übersetzt. Nun wird zwar in vielen amerikanischen Restaurants genauso wie bei uns üppiges Porzellan verwendet, um die Erzeugnisse der Küche für den Gast aufzutragen, serviert wird aber stets ein Tellergericht. Und das heißt im Amerikanischen genauso wie die Platte. Dem Leser entgeht durch den kleinen Irrtum Schmidts nichts, er muss sich nur vorstellen, was wohl im originalen Text stehen mag, um vor seinem geistigen Auge den leeren Teller mit etwas Schmackhaftem belegen zu können.

Das Englische und Französische verlieren durch Übersetzung ziemlich wenig von ihrer Eigenart. Je exotischer die Sprachen werden, desto weniger können wir uns da sicher sein. Werke der klassischen chinesischen Literatur sind bei uns seit fast einem Jahrhundert durch Übersetzungen eines Mannes heimisch geworden, dem böse Zungen nachsagen, statt wortgetreuer Wiedergaben der Originale eher Nachdichtungen in eigenem Geschmack geliefert zu haben. Die *Erzählungen aus Tausendundeiner Nacht* haben erst durch die klassische Edition Enno Littmanns den für uns heute gewohnten Sprachfluss erhalten, mit gereimter Prosa und den die Erzählzeit zum Stillstand bringenden Wiederholungen und Abschweifungen; frühere Übersetzungen erscheinen im Vergleich eher als Paraphrasen. Aber bereits das Russische bietet offenbar Schwierigkeiten, die einer angemessenen Verdeutschung im Wege stehen. Meine Masseurin lernte ihr Handwerk in der Sowjetunion, und dort war nicht nur die Ausbildung für medizinische Berufe überaus qualifiziert, sondern auch die Schulbildung hatte sehr hohes Niveau. Bei unseren Gesprächen, soweit mir ihre festen, sicheren Griffe dazu Luft lassen, dreht es sich meistens um Tolstoi, Turgenjew und Tschechow. Sie liebt die großen russischen Dichter, deren Lektüre Grundlage ihres Schulunterrichts war. Aber auch nach vielen Jahren in Deutschland mag sie deren Werke nur russisch lesen, weil in der Übersetzung jeder Neben- und Doppelsinn verlorengeht, wie sie mir versichert. Es sei unmöglich, ein einzelnes russisches Wort durch ein entsprechendes deutsches wiederzugeben. Vielleicht gilt das für mehr Sprachen, als ich jetzt ahne, in diesem Fall jedenfalls kann ich einen vortrefflichen Zeugen beibringen.

Lyrik und Theaterstücke bereiten beim Lesen besondere Probleme. Versmaße sind einzuhalten, die Verteilung und Lage der Stimmen zu berücksichtigen. Bei Gedichten halte ich es für hilfreich, sie sich oder anderen laut vorzulesen; in der Regel gewinnen sie dadurch, jedenfalls zeigen sie so, was in ihnen steckt. Bei Theaterstücken finde ich es wichtig, die Anweisungen des Verfassers für Bühnenbild und Schauspieler zu beachten. Vor dem inneren Auge kann man so das Stück selbst inszenieren und tut sich leichter, die Aufteilung auf die verschiedenen Rollen nachzuvollziehen.

Wie verhält man sich mit schwierigen Texten, die nicht auf Anhieb verständlich sind? Da stehen verschiedene Techniken und Taktiken zur Auswahl. Ich will Dir Ratschläge geben. Erstens: über die Schwierigkeiten des Textes hinweglesen, zunächst schauen, dass man das Ganze erfasst, um dann zu prüfen, ob man die dunklen Stellen noch einmal anpacken will oder ob sich das nicht lohnt. Nicht alles, was unverständlich ist, harrt wie ein Orakel der Offenbarung. Manch ein Text verdankt seine Unverständlichkeit der Unverständigkeit seines Verfassers und ich versage es mir hier, Heerscharen von Autoren anzuprangern, die mich mit ihrem hochtrabenden Gelaber in den letzten Jahrzehnten gequält haben. Meine Rache besteht darin, dass ich ihre Namen weder jetzt noch auf den folgenden Seiten erwähne. – Oder: Jeden Satz zweimal lesen, jedesmal die grammatische Probe machen, ob man das kunstvolle Knäuel von Subjekt, Prädikaten und Objekten richtig abgerollt hat. Leider hat mancher große Denker die Vorstellung, seine so richtigen Gedanken dem banalen Zugriff zu entziehen, indem er sie in ein Geschenkpapier von Artifizialität und schwer nachvollziehbarer Periodik verpackt. In einem so gelagerten Fall ist jeder Aufwand gerechtfertigt, den klugen Gedanken sorgfältig wieder zu entwickeln, und gern stellen sich dann weihnachtliche Gefühle ein, wenn man ein besonders schönes Exemplar von Geistesblitz frisch ausgepackt und in gleißendem Lichte glänzend vor sich hat. – Dann: habe ich jahrelang freitags auf meinen Vater gewartet, der für seine Studenten Sprechstunde hielt, und durch die gepolsterte Doppeltür seines Dienstzimmers drangen immer wieder folgende freundlich gemeinte, aber scharf gesprochene Worte an mein Ohr: »Lesen Sie jeden Tag eine Seite Kant! Fixieren Sie am nächsten Morgen schriftlich, was Sie am Tag zuvor gelesen haben! Auf diese Weise haben Sie nach zwei Jahren die *Kritik der reinen Vernunft* verstanden!« Der Anblick der bleichen, mitgenommenen Geschöpfe, die aus dieser Sprechstunde kamen, lässt mich in der Rückschau heute eher an eine Rosskur als an den Weg zu philosophischer Erkenntnis denken. Sicher lohnt es sich, in bestimmte Werke Arbeit zu investieren, und genauso sicher ist, dass man nicht jeden Grad an Erkenntnis geschenkt bekommt, wenn man ein Buch liest. Ob Unterstreichungen, Ideenzettel oder freie Nacherzählung, jedes Mittel ist recht, um an den Kern eines Buches heranzukommen.

Wie unterscheidet man nun die guten von den anderen Büchern? Du wirst im Laufe eines Lebens Deine eigenen Maßstäbe entwickeln, das ist kein Problem. Hast Du erst genug gelesen, bekommst Du selbst ein sicheres Urteil für die Qualität eines Werkes. Aber für die ersten Bücher, den Eintritt in die Welt der großen Lesegenüsse, hat es seit je Anhaltspunkte, Landmarken und Leuchtfeuer gegeben. Der kleine *David Copperfield* wird von seinem Stiefvater geschlagen. Er zieht sich auf den Dachboden zurück und findet dort die Bücher seines toten Vaters. *Peregrine Pickle* und *Humphry Clinker*, *Tom Jones*, *Der Vikar von Wakefield*, *Robinson Crusoe* begleiten seinen weiteren Weg ins Leben. Für den Gegenwartsneurotiker leisten C. G. Jung, Marcel Proust, Hemingway, Ernst Jünger, Mark Twain, Graham Greene, Bernanos, Kafka und Thomas Mann, jeder auf seinem Gebiet, Entsprechendes; so zählt sie eine Negativliste daher, die *Stiller* (der identitätsflüchtige Held von Max Frischs Roman) in seiner Untersuchungshaft aufstellt. Wem kann man da noch vertrauen? Mir, ich erzähle Dir jetzt vom Dürren, dem Fallsüchtigen und dem Hinkenden. Hör einmal her:

DON QUIXOTE VON LA MANCHA

Wir wissen nur von einem Verlauf der Geschichte. Weder können wir uns vorstellen, wie es uns jetzt ginge, wenn der Neandertaler den Homo sapiens verdrängt hätte, noch den Zustand dieser Welt ermessen, wenn Karl Martell und seine fränkischen Panzerreiter bei Tours und Poitiers gegen die Araber untergegangen wären. Je näher die Ereignisse rücken, desto deutlicher wird das Schicksalhafte von historischen Wendepunkten. Die Invasion in der Normandie, wenn sie gescheitert wäre? Immer noch schwer auszumalen, aber ein kalter Schauer läuft mir über den Rücken ...

Am siebten Oktober fünfzehnhunderteinundsiebzig fuhren die Flotten der osmanischen Admiralität und der Heiligen Liga Venedigs, des Papstes und Spaniens gegeneinander aus, um in der Bucht von Lepanto auszukämpfen, wer die Hoheit über das Mittelmeer für die nächsten Jahrhunderte gewinnen sollte. Die bis dahin größte Seeschlacht der Geschichte. Es war ein blutiger Tag, die Opfer ohne Zahl. Während der Kopf des osmanischen

Admirals Ali Pascha zum Zeichen des Triumphes der Christenheit auf eine Pike gesteckt und unter dem Jubel der Sieger in die Höhe gereckt wurde, lag zwischen anderen grässlich Verstümmelten auch Miguel de Cervantes Saavedra, einfacher Soldat, aus dem Kleinadel der spanischen Provinz stammend. Schrecklich war er verwundet worden und schwebte tagelang zwischen Leben und Tod. Als er wieder bei Bewusstsein war, stellte er fest, dass ihm die linke Hand fehlte. Sie war durch ein osmanisches Geschoss zerschmettert worden. Zu einer Zeit, als Krüppel überall zum Straßenbild gehörten, war das nichts Ungewöhnliches. Eine Zeitlang wurde der Held der Schlacht von Lepanto für seine Wunde geehrt, später auf einen kleinen Posten mit geringen Einkünften abgeschoben, weil nicht verwendungsfähig ... Auf einem alten Stich schaut er uns ernst und würdig an; das Kinn wird vom unvermeidlichen Spitzbart geziert, um Mund und Augen spielt eine Nachdenklichkeit, ein Zug von Sorge. Wie er wirklich war, dieser Held und Ungebrochene, werden wir schwerlich in Erfahrung bringen können. Die Quellen sind versiegt, aus denen Informationen fließen könnten. Es gibt aber eine große literarische Imagination seines Lebens und seiner Zeit, den Roman *Cervantes* von Bruno Frank, einem Alters- und Schicksalsgenossen Stefan Zweigs. Packend und pathetisch, wie es in der Zeit seiner Entstehung lag, schildert dieses Werk ein Spanien und einen Autor, wie beide gut gewesen sein könnten. Das ist hilfreich, um ein Bild dieser fernen Epoche vor Augen zu haben.

Auf einer Fahrt durchs Mittelmeer wurde der Segler, auf dem Cervantes Passagier war, gekapert und alle Überlebenden als Gefangene nach Algier gebracht. Das war ein damals alltäglicher Zwischenfall und die Seeräuberei ein einträgliches Gewerbe. Mittellose Gefangene wurden auf dem Sklavenmarkt verkauft, für Höhergestellte ein Lösegeld erhoben. In Verkennung der Tatsachen verlangte der Korsar für Cervantes so viel Geld, dass seine Familie es nicht aufbringen konnte. Der Handel mit Menschen florierte zwischen Spanien und Nordafrika; die arabischen

Kaperschiffe wurden häufig von erfahrenen Marineoffizieren befehligt, die früher für den spanischen König gefahren waren. Das waren Renegaten, also vom Christentum Abgefallene, die zum Islam übergetreten waren. Auch die gefürchteten Janitscharen der osmanischen Sultane waren Elitetruppen, die sich aus Christenkindern rekrutierten. Der Prophet Mohammed hatte dekretiert, dass der zum Islam Bekehrte mit Ehren aufgenommen werden sollte. Wer indes vom Islam abfällt, verfällt dem Tode.

Dieses lebhafte Treiben rund ums Mittelmeer war einerseits blutig ernstes Geschäft, andererseits hatte es auch eine burleske Note. Zwei der schönsten Buffonerien, also komische Opern, Gioacchino Rossinis verdanken sich der Verzahnung von Christen und Moslems in Handel, Kampf und Liebe zwischen Levante und christlichem Europa: »L'Italiana in Algeri – Die Italienerin in Algier« und »Il Turco in Italia – Der Türke in Italien« spiegeln die Welt der Seeräuber, Serails und Sklaven, allerdings zu einer Zeit, als die Bedrohung nur noch alptraumhafte Erinnerung war. Mozarts »Entführung aus dem Serail« genau wie seine Klaviersonate ›alla turca‹ mit der Janitscharenmusik sind da schon konkretere Reminiszenzen der Konfrontation und Beeinflussung, schließlich wurde Wien zweimal von den Osmanen belagert – weitere Wendemarken abendländischer Geschichte. Was wäre passiert, wenn? Das Werk des Miguel de Cervantes, seine Theaterstücke wie *Sklave in Algier*, zeigen authentisch, worin die wahre Bedrohung durch das islamische Imperium bestand: in ethischer sowie kultureller Liberalität, neuer Verteilung der Chancen und Glücksgüter dieser Welt. Während der Katholizismus und die Mächte des Südens in ihrer Abwehrhaltung verbiesterten, lockte der Islam mit weitgehender Freizügigkeit und

> Warum hauten die Dichter nicht mal richtig auf den Putz? Sagten, was Sache ist? Früher bestand die Kunst darin, nicht gleich zu erkennen zu geben, wogegen man anschrieb. Zensur und Kerker passten nicht jedem als Preis des freien Gedankens. Die ehrwürdige Kunst der Camouflage bietet uns heute die feine Möglichkeit zur Interpretation; manchmal besser, als sich alles anhören zu müssen.

Siegermentalität. Tapferkeit und Intelligenz waren Tugenden, mit denen man unter der grünen Flagge des Propheten Karriere machen konnte. Während seiner Gefangenschaft in Algier und bevor er großmütigerweise ausgelöst wurde, lernte Cervantes die Toleranz gegen Andersdenkende kennen, die seinerzeit Kennzeichen der arabischen Welt war. Nie wären die Mauren zweihundert Jahre zuvor aus Spanien vertrieben worden, hätten sich diese nicht im Parteienstreit entzweit. Das ging so weit, dass eine Fraktion den großen Helden der spanischen Einheit, den *Cid*, in seinem Befreiungskampf unterstützte, was literarisch vielfach, unter anderem in einem barocken Theaterstück des Franzosen Pierre Corneille, verwertet wurde. Die Klage um das untergegangene Maurenreich ist noch durchhörbar in der *Handschrift von Saragossa*, dem märchenhaft-phantastischen (und aberwitzigen!) Abenteuerroman des geheimnisvollen Polen Jan Potocki.[5] Im Zweittitel heißt der Roman *Abenteuer in der Sierra Morena*, also jener kargen Gebirgsregion, die dem Tal des Guadalquivir und der alten Maurenmetropole Córdoba gegenüberliegt, in der noch heute einiges von arabischer Weltweisheit und Lebenslust zu spüren ist. In Cervantes' Fall ging diese Liberalität so weit, dass der Dey von Algier, einer dieser Renegaten, bei dem er als Sklave diente, ihm mehrere tollkühne Fluchtversuche verzieh und auf Bestrafung verzichtete. Zurück in Spanien und angewidert von dem, was der Kriegsheld im Ruhestand dort an Dünkel, Unterdrückung und fehlgeleitetem Glaubenseifer erlebte, kam ihm die Idee zu seinem großen Werk.

Der Landadelige Quesada wird durch übermäßigen Genuss

---

[5] Ein toller Spaß, in dem der naive Alphonse in der Sierra Morena mit den Machenschaften der im Untergrund agierenden Familie der Gomélez aneinandergerät und ganz schön gruselige Abenteuer erlebt. Zwischendurch gibt auch der Ewige Jude Anekdoten aus seinem bewegten Leben zum Besten. Echtes Lesefutter von einem Autor, der im Namen der Aufklärung das ganze Arsenal des Schauer- und des Abenteuerromans für uns auffährt.

von Ritterromanen wahnsinnig. Sein Lieblingsheld ist *Amadis von Gallien*. Dessen erschröckliche und, man muss es sagen: ganz und gar bekloppte Abenteuer beruhen auf alten Sagen, die teilweise bis zu den mythischen zwölf Paladinen Karls des Großen zurückgehen und im Laufe der Zeit immer wieder abgeschrieben und verschlimmbessert wurden. Diese Scharteke, die unserem armen Helden den Rest gibt, stammt aus der Feder von Garci Ordóñez de Montalvo, der knapp hundert Jahre vor Cervantes sein literarisches Unwesen trieb. Er beschreibt Aventüren der vorhersehbarsten Art und bringt ein Arsenal von Riesen, Ungeheuern und Magiern vor die Lanze des unbesiegbaren Ritters, auf das sich Cervantes desweiteren ständig beziehen wird. Quesada, oder vielleicht heißt er eher Quixada, denn Cervantes gibt vor, die Geschichte aus älteren Quellen nachzuerzählen, also eine Historie vorzutragen (die gleichwohl in der Gegenwart spielt!), bastelt sich eine Rüstung, hauptsächlich aus Pappe, nennt sich Don Quixote von La Mancha und reitet auf seinem Klepper Rosinante aus, um Abenteuer wie sein Romanheld zu erleben zur höheren Ehre der Herrin seines Herzens namens Dulcinea del Toboso – in der Wirklichkeit ein Bauernmädchens aus der Nachbarschaft, das er flüchtig kennt. Das wahre Abenteuer des *Don Quixote* heißt: Realität. Geschildert wird es im Stil eines Roadmovie, also den Antihelden von Schauplatz zu Schauplatz verfolgend auf seiner Irrfahrt durch das konkrete Spanien Philipps II. Im erstbesten Gasthaus am Weg lässt sich Quixada vom Wirt zum Ritter schlagen, nachdem er als begründende Heldentat ein paar Sauhirten verprügelt hat. Zwei gaffende Huren geben der Zeremonie Würde. Kennzeichnend für die Realität ist Gewalt der Starken gegen die Schwachen. Denen leiht der tapfere und gutherzige Don sein bisschen Mut, mal mit bescheidenem Erfolg, zumeist mit für ihn schmerzhaftem Ausgang. Blaue Flecken und Beulen am Kopf trägt er mit dem Stolz der Tugend als Ordenszeichen seiner Ritterschaft.

Damit es zu dem berühmten Pärchen kommen kann, das von Honoré Daumier auf vielen Bildern verewigt worden ist, dem hageren Recken auf dem dürren Pferd und dem dicken Kleinen auf dem Esel, überredet Quixada in Kapitel sieben einen Bauern von nebenan, als Knappe mit ihm zu gehen. Der einfältige Mann verlässt auf das vage Versprechen hin, einmal König oder zumindest Statthalter auf einer Insel zu werden, Frau und Hof und zieht fortan, Sancho Pansa, getreulich mit seinem Herrn, dem furchtlosen Ritter Don Quixote. Der greift in Kapitel acht die vierzig Windmühlen auf einem Feld an, die er für Riesen hält, verheddert sich mit seiner Lanze in der ersten und wird samt Pferd umgeworfen. Ist das Buch hier schon zu Ende? Alle bekannten Geschichten erzählt? So will es fast scheinen. Aber nicht umsonst ist der Autor Cervantes als Novellist hervorgetreten. In seiner Sammlung der *Exemplarischen Novellen* führt er den Stil vor, kleine Begebenheiten zu kunstvollen Geschichten zu gestalten, den er im Don Quixote zur Vollendung bringt. Also fängt hier das Erzählen erst an. Das Panorama des Buches erweitert sich zu einer Bestandsaufnahme der spanischen Gesellschaft, nüchtern und ohne Häme, realistisch eben in einem bis dahin nicht gekannten Maße. Und zum Gang durch die Stile und Genres – nacheinander folgen Liebesnovellen, Gaunergeschichten, lustige Begebenheiten und tragische Verstrickungen. Insbesondere hat Don Quixote die ungute Angewohnheit, die Falschen mit seiner Kampfeslust und Freiheitsliebe zu treffen. Befreit er wen, dann sind es verurteilte Sträflinge, wirft er jemanden in den Staub, dann gewiß einen harmlosen Bauernburschen oder streitunlustigen Müller. So wird denn zum Ende des ersten Teils der Don als Straßenräuber und Wegelagerer ausgeschrieben und von Häschern ergriffen. Wie reagiert der Ritter? »*Hört doch, ihr törichten und schlechterzogenen Menschen; nennt ihr das die Straßen berauben, wenn man Gefesselte befreit, die Gefangenen losmacht, den Elenden Hilfe leistet, die Gefallenen aufrichtet, die Hilfsbedürftigen tröstet? Wer war so töricht, nicht zu wissen, daß die fahrenden Ritter von jedem Gericht ausgenommen sind, daß ihr Schwert ihr Gesetz, ihre Stärke ihr Gericht, ihr Wille ihre Vorschrift ist? Und endlich, welcher irrende Ritter war, ist und wird wohl in der Welt sein, der nicht die Gewalt hätte, für sich ganz allein vierhundert Häschern Prügel zu geben, wenn sie ihm in den Weg treten?«*

In Wahrheit entfernt sich der edle Ritter bei seinen Abenteuern nie allzu weit von zu Hause, wo man sich Sorgen um ihn macht. Und wirklich ist es der Dorfpfarrer, der Don Quixote mit allerlei List und Tücke zurückbringt und der Haushälterin übergibt mit der Anweisung, ihn nicht aus den Augen zu lassen, damit er nicht ein zweites Mal davongeht. So endet einstweilen die Geschichte.

Nach dem Erscheinen dieses Buches hatte es in Spanien mit den lächerlichen Ritterromanen ein Ende, belehrt mich Heinrich Heine in seinem kleinen *Essay* über Don Quixote. Stattdessen aber erschienen Fortsetzungen der Geschichte des Ritters von der traurigen Gestalt von fremder Hand, die Cervantes finanziellen Schaden und großen Ärger eintrugen. So entschloss er sich Jahre später, selbst das Werk weiterzuschreiben und zu vollenden. Don Quixote liegt zu Hause im Bett, abgemagert und mit roter Mütze auf dem Kopf. Der Pfarrer und der Barbier besuchen ihn, um seinen Geisteszustand zu überprüfen. Zunächst unterhält man sich vernünftig über Politik, als das Gespräch aber auf die Türkengefahr kommt, empfiehlt Quixote, der spanische König solle die fahrenden Ritter (der Romane) gegen sie schikken, könne doch jeder einzelne von ihnen hunderttausend Türken leicht niederstrecken. Oh weh, der alte Wahnsinn, ungebrochen! Nun erscheint auch noch Sancho mit der Nachricht, dass die Abenteuer des Don Quixote bereits als Buch erschienen seien. Der Autor verspreche sogar einen zweiten Teil, wisse aber noch nicht, *wo er stecke, und darum sind wir ungewiß, ob er herauskommen wird oder nicht? Teils deswegen, teils auch, weil viele sagen, daß die zweiten Teile niemals etwas taugen, andere auch meinen, es sei nun genug von Don Quixotes Händeln geschrieben, auch zweifelt man, ob ein zweiter Teil kommen werde, obgleich andere, die mehr jovialisch und saturninisch sind, sagen: »Nur mehr Quixoterien her; Don Quixote handle und Sancho schwatze, es sei,* was es sei, und wir wollen damit zufrieden sein.« Was gibt es da noch anderes, als wieder auszuziehen und neue Abenteuer an die bereits erlebten zu reihen?

Dieser zweite Teil tritt also als Parodie seiner selbst auf. Cervantes präsentiert einen neuen fiktiven Erzähler in Gestalt des Mauren Cide Hamete Benengeli als Reaktion auf die unrechtmäßig erschienene Fortsetzung. Wurde im ersten Teil das bäuerliche Leben und Treiben in der Heimatregion Don Quixotes in den Vordergrund gestellt, bringt der folgende ausgedehntere Wanderungen durch Spanien und einen vielfältigeren Blick auf seine Gesellschaft bis zu den höchsten Adelskreisen. Höhepunkt des bunten Reigens ist eine fingierte Himmelfahrt für Sancho und seinen Herrn, die gefolgt wird von der Statthalterschaft des treuen Knappen auf der versprochenen Insel, die Barataria heißt und gar keine Insel ist, sondern die Erfindung eines echten Herzogs, der sich mit Don Quixote und Sancho Pansa einen Spaß erlaubt. Beim ersten Gerichtstag schlägt sich der Knappe Statthalter noch prächtig, aber der Streich geht so weit, dass Sancho schließlich seinen Esel um die Freiheit beneidet, die der genießt, und die Statthalterschaft zurückgibt. Hier wie auch in vielen anderen Episoden verwendet Cervantes Wandermotive, deren Kern jeweils aus ferner Vergangenheit stammt und die über die Jahrhunderte nur unwesentlich abgewandelt wurden; für dieses spezielle Motiv lässt sich der Stammbaum aus der Antike bis zu Gerhart Hauptmanns Komödie *Schluck und Jau* oder Ermanno Wolf-Ferraris Oper »Sly« weiterverfolgen: Der arme Mann erwacht – meist aus einem Rausch – und ist »König für einen Tag« (so die Oper zum Thema von Giuseppe Verdi).

Die in die Haupthandlung eingelegten Novellen wollen das

> SPRICHWÖRTLICH:
> WER ES SCHAFFT,
> DASS SEIN
> **KAMPF**
> GEGEN
> **WIND-**
> **MÜHLEN**
> IN ALLER MUNDE IST,
> HAT ES GESCHAFFT.
> NICHT FINANZIELL
> NATÜRLICH, DENN NOCH
> MUSS MAN KEINE GEBÜHR
> FÜR EIN
> GEFLÜGELTES WORT
> ENTRICHTEN.

ganze Spektrum der Möglichkeiten des Erzählens bieten. Sie sind ohnehin Cervantes' Spezialität, in diesem wie in seinen anderen Werken. An eine Episode kann ich mich besonders lebhaft erinnern, beschäftigte sie mich doch als jugendlichen Leser nachhaltig. Es geht um eine Liebesgeschichte, in deren Verlauf der verschmähte Liebhaber sich mit maximaler Theatralik vor versammeltem Publikum, Familie, Geliebter, Zuschauern, einen Dolch in den Leib rammt, um seinem sinnlos gewordenen Leben ein Ende zu setzen. Die bis dahin kühle Angebetete, gerade auf dem Weg zum Altar mit einem anderen, tut nun voller Trauer kund, dass der frisch Verblichene ihr heimlicher Schwarm gewesen sei, ihr aber der Mut gefehlt habe, sich zu offenbaren. Kaum ist dies Wort gesprochen, rührt sich der tot Geglaubte, zieht den Dolch aus dem Leib, erklärt sich für geheilt und erringt zum Lohn die Spröde. Wie war das möglich? Es war kein Theaterdolch, sondern – der Einfall lässt Agatha Christie vor Neid blass werden – die scharfe Waffe wurde in eine zuvor operativ dem Körper eingefügte Metallscheide gestoßen, aus der im kritischen Moment auch etwas Hühnerblut floss für die realistische Steigerung des Effekts. So sehr meine kindliche Phantasie von dieser Geschichte entflammt wurde, so öde, abgeschmackt finde ich heute die Konstruktion. Warum? Fraglich bleibt ungeachtet des wirklich dramatischen Moments die charakterliche Disposition der Akteure. Funktioniert Liebe so? Ich glaube zu wissen: nein, nein und nochmal nein. Aber das bleibt: Für jedes Alter, jedes Temperament enthält dieses große Buch das Passende.

Der Grundton des zweiten Teils ist getragener als zuvor, geradezu bittersüß. Und in diesem Ton endet die ganze Geschichte um den lebensklugen verblendeten Don Quixote, der seinem Meister in Gestalt des ›Ritters vom silbernen Mond‹ in Barcelona begegnet, der ihn besiegt und zwingt, nach Hause zurückzukehren. Dieser Mondritter ist kein anderer als einer seiner besorgten Freunde aus dem Heimatdorf, der Bakkalaureus, ein gewitzter junger Mann. Aber in Wahrheit tötet soviel kluge Fürsorge den Ritter von der traurigen Gestalt. Kaum zurück in La

Mancha, legt er sich zum Sterben nieder, macht sein Testament und tut im Kreise seiner wenigen Getreuen den letzten Atemzug. Cervantes erlebte noch die Veröffentlichung des zweiten Teils und starb selbst im folgenden Jahr.

Pure Lust am Erzählen ist die Triebfeder des tausendseitigen Romanwerks. Gespannt wird die Feder durch den Kampf des Miguel de Cervantes gegen schlechte Literatur. Sicher wurde da eine Menge Schund auf den Markt geworfen, aber vergessen wir nicht, dass auch Cervantes selbst einen dieser geschmähten Ritterromane veröffentlichte, *Die Mühen und Leiden des Persiles und der Sigismunda* betitelt. Er wäre aber nicht der, den wir bewundern, wenn Cervantes nicht in die verworrene Geschichte des tapferen Ritters einige Schmuggelware eingeschleust hätte in Form querdenkerischer Ideen. Nicht einmal eine veritable Utopie fehlt, als deren Clou Cervantes vorschlägt, die Könige vom Volk wählen zu lassen. Das hätte Philipp von Spanien – mittlerweile saß der dritte des Namens auf dem Thron – sicher nicht gefallen, wäre er beim Lesen nicht vorher schon eingeschlafen. Auch einen Schäferroman, ebenfalls so eine abgelebte Literaturgattung, hat er verfasst, *Die Galatea*. Sicher also ist die Hingabe an den Quixote-Stoff und sein Erfolg nicht allein mit der satirischen Stoßrichtung zu erklären. Das Buch enthält nur nebenbei aufklärerische oder antiklerikale Tendenzen, schon gar keine politische Botschaft. Die Grundidee ist vielmehr ideal menschlich: Don Quixote ist der gute Mann, der unter einer selektiven Sehschwäche leidet und sich dadurch ständig in unmögliche Situationen bringt, die ihn gleichzeitig stets als verstandesscharfen, von tiefer Humanität durchdrungenen Geistesmenschen zeigen. An diesem Charakter, der vollkommen quer zum täglichen Leben steht, arbeiten sich Heerscharen von Nebenfiguren ab, ohne ihn biegen zu können. Im Gegenteil, wer Don Quixote auf seinen Irrfahrten begegnet ist, selbst wenn er dabei ein klein wenig verprügelt wurde, hat einen Zipfel vom Glück erhascht.

DER IDIOT

Und wieder eine Szene, die man sich nicht ausdenken kann. In seinem pathetisch hohen Ton, der ihm zahllose Leser und die Bewunderung einer Epoche eingetragen hat, beschrieb Stefan Zweig als eine der *Sternstunden der Menschheit* mit dem Titel *Heroischer Augenblick* diese Begebenheit – in gebundener Sprache, als Gedicht, um den unwirklichen Aspekt des Ereignisses zu betonen. Der junge Fjodor Michailowitsch Dostojewskij soll hingerichtet werden, da er sich in eine Verschwörung gegen den Zaren verstrickt hat. Schon wurde ihm die Binde um die Augen gelegt, schon ist das Erschießungspeloton angetreten. Da, im letzten Moment, kommt der Ukas des russischen Selbstherrschers mit der Begnadigung – zur Deportation nach Sibirien. Dostojewskij ist zu diesem Zeitpunkt sechsundzwanzig Jahre alt.

Im Zug nach St. Petersburg sitzt dritter Klasse ein junger Mann, blond mit blauen Augen und kindlichem Gemüt, von schwächlichem Wesen. Er kommt von einer jahrelangen erfolglosen Kur seines Anfallsleidens aus der Schweiz zurück, hat kein Geld und ist ebenfalls sechsundzwanzig Jahre alt. Es ist Lew Nikolajewitsch Myschkin, der *Idiot*. Schon im Abteil trifft er auf den reichen Kaufmannssohn Rogoschin – eine dämonische Gestalt, schwarz und gedrungen –, der sein Gegenspieler und Leidensgefährte bis zum Schluss sein wird; auf Anhieb verstehen sie sich in ihrer Gegensätzlichkeit. Die Offenheit Myschkins ist entwaffnend, bei erster Gelegenheit erklärt er Rogoschin, dass er aufgrund seiner Erkrankung impotent sei, worauf dieser entgegnet: »*Dann bist Du ein richtiger lustiger Narr, und solche wie Dich hat Gott der Herr lieb.*« Myschkin und Rogoschin sind Zerrissene und Gezeichnete, ebenso wie Nastja, um deren Liebe sie zu Rivalen, aber im Schiffbruch ihrer Hoffnungen genauso zu Schicksalsgenossen werden. Was sind Gezeichnete? Sie tragen das

> Es gibt den Dichter, der alles erlebt hat. Das deprimiert den Rest, denn die meisten haben nichts erlebt. Aber zum Trost: Erlebnis ist noch keine Garantie für Ergebnis, nur eine gute Voraussetzung.

Stigma, das sie von den anderen unterscheidet, das Mal: der Krankheit, der Bedingtheit, des Wahns. Und Zerrissene? In diesen Menschen liegen Verstand und Gefühl im ewigen Kampf miteinander und verhindern, dass sie sich klar für einen Lebensweg entscheiden können. Mal ist der eine obenauf, mal das andere. Daraus ergibt sich eine nicht leicht nachvollziehbare Sprunghaftigkeit in Denken und Handeln, die Dostojewskij bis in feinste Regungen nachbildet und dem Leser spürbar macht. Diese Menschen, jeder auf seine Art, erscheinen den anderen, den ›Normalen‹, entweder als Narren oder als Besessene. Sie sind aber Suchende. Sie suchen: sich selbst. Das wird von Dostojewskij in jedem seiner Romane neu als das Abenteuer des Lebens geschildert, auf faszinierend verschiedene Weise. Seine Werke sind weder modern noch altmodisch, sondern zeitlos, da sie nur ein Thema kennen, den Menschen und seine Schwäche.

Kriminelle Handlungen sind die Katalysatoren im Leben der Gezeichneten, die Entwicklungsprozesse vorantreiben, Krisen in Gang setzen. Das Verbrechen ist das Menschliche, sagt Dostojewskij. Einen solchen Satz wagen erst wieder Schriftsteller wie Ferdinand Céline in *Reise ans Ende der Nacht* oder Jean Genet in *Notre-Dame-des-fleurs* auszusprechen, wenn sie die Wunder der Verderbtheit und der Gosse preisen. Selbst ein Mord hat da nur den Charakter eines Experiments. Da probiert einer das Schicksal an sich aus und erhofft sich davon Reinigung, Steigerung, ein geläutertes Leben. Rogoschin schildert im Eisenbahnabteil seine erste Begegnung mit Nastja, eigentlich Nastasja Filippowna Baraschkowa.[6] Ihr Anblick trifft ihn wie ein Blitz. Sein Eindruck von ihr: »*Gewissermaßen auch eine Prinzessin.*« Statt seinem Va-

---

[6] Leider verwirren die russischen Romane durch die Vielfalt der Namen. Zunächst die Koseformen der Vornamen: Ein Alexander/Alexej ist auch ein Sascha oder Aljoscha, eine Natalja gleichzeitig eine Natascha, Tatjana heißt auch Tanja. Dann der Vatername. Er steht an zweiter Stelle hinter dem Vornamen. Häufig werden die Figuren nur mit Vor- und Vaternamen bezeichnet. Der Vorname von Nastasjas Vater ist also Filipp.

ter am selben Tag wie befohlen zehntausend Rubel von der Bank zu bringen, kauft er von dem Geld beim Juwelier Brillantohrringe für vierzehntausend, lässt die fehlenden viertausend ›anschreiben‹ und schenkt sie am Abend Nastasja. Der erste Schritt auf der Leiter des Verbrechens, und diese Leiter wird im Fortschreiten des Romans bis zur höchsten Sprosse erklommen werden.

Der erste Weg in St. Petersburg führt Myschkin ins Haus des Generals Jepantschin. Dessen Frau ist eine Prinzessin Myschkina und damit seine einzige Verwandte. Er kann den Titel eines Fürsten beanspruchen, ohne dadurch über irgendwelche materiellen Güter zu verfügen. Sein Geschlecht und dessen weltlicher Glanz sind in ihm erloschen. Jepantschins Haus steht beispielhaft für die Welt der Normalen; Langeweile, Zweckdenken und Intriganz sind ihre Tugenden und belohnt werden sie mit dem Aufstieg auf einer anderen Leiter, der des gesellschaftlichen Erfolges. Normal in unserem Verständnis sind sie dabei beileibe nicht; alle Schattierungen der Abstumpfung vom karrierebesessenen General über seine berechnende Frau bis zu den mehr oder weniger herzensguten oder simplen Töchtern sind vorhanden. Die Figuren der Petersburger Gesellschaft handeln aus einer urwüchsigen Verkommenheit heraus, die als historisches Erbe angesehen wird und von daher ihre Berechtigung erhält. Hier bezeichnet man Fürst Myschkin zum ersten Mal als Idiot; e r ist frei von diesem Erbe, aber seine Einfachheit gilt ihnen als Einfalt. ›Idiot‹ ist indes eigentlich kein Schimpfwort, sondern bezeichnet seiner Herkunft aus dem Griechischen nach einen Privatmann (idiótes), der sich nicht um Staatsgeschäfte kümmert, sondern um die enge Umgebung seines eigenen Lebensbereiches. Den Jepantschins bleibt die erstaunliche Andersartigkeit Myschkins nicht völlig verborgen; wenn der Schreck der ersten Begegnung verflogen ist, versuchen sie ihn schon bald für ihre Zwecke einzuspannen. Später dann beginnen sie sogar zu akzeptieren, dass ihre jüngste Tochter Aglaja, ein Mädchen von lebhaftem und äußerst anziehendem Wesen, für eine Heirat mit ihm in Frage kommt.

Bei den Jepantschins fällt wieder der Name Nastasjas; der Fürst bekommt eine Photographie dieser jugendlich bezaubernden Schönheit in die Hand. Ihr Vater ist lange tot. Beim reichen Gutsbesitzer Tozkij ist sie aufgewachsen, der sie als Gegenleistung für den Aufwand ihrer Erziehung missbraucht und zu seiner Mätresse gemacht hat. Sie selbst wird später öffentlich mit diesen neuneinhalb Jahren der Erniedrigung abrechnen. Nun will sich Tozkij, er ist bereits in fortgeschrittenem Alter, neu verheiraten und Nastja loswerden. Eben hat er für sie gemeinsam mit Jepantschin, dessen Schwiegersohn er zu werden gedenkt, eine Zweckheirat mit dessen ehrgeizigem Sekretär Gawrila Iwolgin ins Auge gefasst.

Zu diesem Iwolgin kommt der Fürst als Untermieter und schon auf der Gesellschaft des ersten Abends bringt er dessen Verlobung mit Nastja auseinander. Es zeigt sich überdeutlich, dass Myschkin von ihr hingerissen ist und noch in derselben Stunde, nachdem er erfahren hat, dass er durch ein Millionenerbe instand gesetzt ist, ihr ein glänzendes Leben zu bieten, macht er ihr selbst einen Antrag. Nastja hat bereits akzeptiert, als Rogoschin in die Gesellschaft platzt, hunderttausend Rubel auf den Tisch wirft und damit seinen Anspruch auf Nastja erklärt. »Was ich will, das tue ich!« ist ihre Antwort, als sie mit Rogoschin auf und davon geht und die verdutzte Gesellschaft zurücklässt. Damit endet der erste Tag des Idioten im Leben und der erste Teil des Buches.

Das ist nicht der feine Gesellschafts- oder Liebesroman englischer oder französischer Prägung. Die Handlung ist jäh und voller gewaltsamer Wendungen, die Charaktere werden in Dostojewskijs Labor seziert, mikroskopiert und wie Werkstücke extremen Belastungsproben ausgesetzt; entweder sie werden verworfen oder gehen geläutert daraus hervor. Wir müssen auf alles gefasst sein, keine Ungeheuerlichkeit bleibt uns erspart. Um so heroischer stehen die drei Helden Myschkin, Rogoschin und Nastasja da, desto mehr heben sie sich von den gewöhnlichen, flachen Menschen ihrer Umgebung ab. Nur in Zwischentexten tritt

Dostojewskij als allwissender Erzähler auf. Die eigentliche Handlung entwickelt sich in direkter Konfrontation der Figuren und im Dialog zwischen ihnen, der in kunstvoller Weise auch alles Wissenswerte aus der Vorgeschichte zur Kenntnis von uns Lesern bringt.

Myschkin schildert beim Warten auf seine erste Audienz beim General Jepantschin, wie er in Frankreich einer Hinrichtung durch die Guillotine zugesehen habe. Der Kammerdiener des Generals preist das Fallbeil als Instrument der Menschlichkeit, Myschkin aber malt den Augenblick der Vollstreckung als unerträglich aus: »*Wer hat gesagt, die menschliche Natur könne dergleichen ertragen, ohne wahnsinnig zu werden? Warum diese Verhöhnung, die so abscheulich und so überflüssig ist? Vielleicht gibt es auf der Welt einen Menschen, dem man erst sein Urteil verlesen, ihn dann für eine Zeitlang seiner Qual überlassen und ihm zuletzt gesagt hat: Geh, mein Lieber, du bist begnadigt. Solch ein Mensch könnte wohl manches erzählen. Von dieser Qual und von diesem Entsetzen hat auch Christus gesprochen. Nein, mit einem Menschen darf man nicht so umgehen!*« Wenig später wird Myschkin dieselbe Geschichte vor den Damen des Hauses wiederholen. Allen ist die Faszination des Grauens anzumerken. Wir beide wissen ja schon, dass Dostojewskij aus eigener Erfahrung spricht. Die makabre Hinrichtungsszene ist der Wendepunkt seines Lebens. Die Strafumwandlung in Verbannung nimmt er als Chance eines Neubeginns an. Mit seinem vorherigen Literatenleben bricht er, bleibt lange Zeit in Sibirien. Dort verpuppt er sich und schlüpft Jahre später als glänzender schriftstellerischer Schmetterling, mit neuem Stil, neuem Thema. Das Porträt zeigt ihn von den Entbehrungen und der Krankheit gezeichnet mit eingefallenen Wangen. Aber das langwallende Haar umrahmt ein Gesicht mit milden Zügen und einem Blick, der durch die Dinge hindurchzugehen scheint: Schwärmer und Dulder in einem. Über seine Straflagerzeit schreibt er den erschütternden Bericht *Aufzeichnungen aus einem Totenhaus*. Darin schildert er, nur leicht verschlüsselt, seine persönlichen Erlebnisse in der Haft sowie

Schicksale von Mithäftlingen, Gebrochener und Verzweifelter, die die Prüfung durch die Torturen nicht bestehen. Er selbst geht innerlich gestärkt daraus hervor, und nicht zufällig verweist Myschkin, wenn er von dem qualvoll Begnadigten erzählt, auf Jesus von Nazareth, den Christus. In dessen Nachfolge steht der Idiot, sein Beispiel hat auch Dostojewskij die Kraft zum Weiterleben gegeben.

So dramatisch die Ereignisse im ersten Teil des *Idioten* sich an einem einzigen Tag überschlugen, so verhalten entwickeln sie sich weiter. Monate vergehen, in denen die Krankheit Myschkins wieder ausbricht. Es ist Epilepsie, die heilige Krankheit, an der Julius Caesar und Napoleon und – Dostojewskij selbst litten. Am Ende wird sie Myschkin in geistige Umnachtung versetzen. Zunächst aber haben er und Rogoschin die Aufgabe, sich gegenseitig über den Verlust Nastasjas zu trösten. Beide hat sie an der Nase herumgeführt und ist inzwischen mit einem dritten zusammen, man munkelt: bereits verheiratet. Von Rogoschin führt der Weg den Fürsten in die Gesellschaft von Intriganten, die ihm seine Erbschaft wegnehmen wollen. Die Reaktion Myschkins ist so entwaffnend, seine Ehrlichkeit und Aufrichtigkeit so gewinnend, dass er die Heuchler beschämt zurücklässt. Die Verbindung mit Aglaja nimmt immer konkretere Züge an. Myschkin, der wie Jesus die Kinder liebt, schafft sich immer mehr anhängliche Freunde in seiner Umgebung, einige verehren ihn regelrecht seiner reinen Anschauungen wegen.

Der dritte Teil beginnt mit dem dramatischen Auftritt Nastasja Filippownas; als böser Engel ihrer Liebhaber lässt sie den harmlosen Radomskij ruiniert zurück. *»Sie ist irrsinnig«*, murmelt der Idiot als Resümee ihrer Eskapaden. Wie die Grundstimmung des Romans exaltiert zwischen Wahnsinn und Stumpfsinn oszilliert, kann auch die Grenzerfahrung des Fürsten mit seiner Angebeteten nur die Form einer Paradoxie annehmen. Dabei ist Dostojewskij ein großer Humorist. Manche kleine Anekdote gerät ihm zum komischen Meisterwerk, stets jedoch an der Grenze zur Tragikomik. Das befreite Lachen mag sich nicht einstellen.

Eine will ich hier einfügen, um Dir ein Gespür für die Art dieses Humors zu vermitteln. Dem Vater von Gawrila, dem alten General Iwolgin, ist die Lüge zur gewohnten Lebensäußerung, zur zweiten Haut geworden. Um sich wichtig zu machen, erzählt er der versammelten Gesellschaft die ›dümmste Geschichte‹, die ihm je passiert sei. In einem Eisenbahnabteil – schon wieder die schicksalhafte Eisenbahn – sitzt er und raucht zum Missfallen der zwei weiblichen Mitreisenden und ihres kleinen Hundes. »*Die Damen scheinen sich zu ärgern, natürlich über die Zigarre. Die eine sieht mich durch ihre Schildpattlorgnette an. Ich verhalte mich wieder ganz still: sie sagen ja auch kein Wort. Hätten sie wenigstens etwas gesagt, gewarnt, gebeten – wozu hat der Mensch die Sprache! So aber schweigen sie. Und plötzlich, ohne jede vorhergehende Äußerung, auch nicht die geringste, mit einemmal, als hätte sie den Verstand verloren, reißt die hellblaue Dame mir die Zigarre aus der Hand und wirft sie zum Fenster hinaus. Der Zug saust weiter, ich sehe sie ganz blöde an. Ein wildes Weib, ganz wild; übrigens von beträchtlicher Körperfülle, hochgewachsen, blond, rotwangig – sogar zu sehr –, mit blitzenden Augen. Ohne ein Wort zu sagen, mit unglaublicher Zuvorkommenheit, mit größter Höflichkeit, mit ausgesuchtester Zartheit, nähere ich zwei Finger dem Bologneserhündchen, fasse es sänftiglich am Genick und werfe es zum Fenster hinaus, der Zigarre nach! Es konnte nur aufquietschen! Und der Zug sauste weiter.*« Die Besitzerin gibt Iwolgin daraufhin eine Ohrfeige, er schlägt zurück – soweit die Geschichte. Das böse Ende kommt allerdings erst noch, als die anwesende Nastasja Filippowna beiläufig einwirft: »*Vor fünf oder sechs Tagen las ich in der* ›*Indépendence*‹ – *ich lese das Blatt beständig* – *genau die gleiche Geschichte! Sie hat sich auf einer der Eisenbahnlinien im Rheinland abgespielt, zwischen einem Franzosen und einer Engländerin ... Sogar ein hellblaues Kleid hatte die Dame an!*« Iwolgin steht beschämt, und Nastja schüttelt sich vor Heiterkeit über diese Decouvrierung. Dem Leser bleibt wie so oft das Lachen im Halse stecken.

Stellvertretend für den Zustand der jungen russischen Intellektuellen ist die Figur des von der Schwindsucht gezeichneten Ippolit Terentjew. Der Fürst nimmt den Todkranken auf, der einer Schar politisch Gleichgesinnter sein literarisches Vermächtnis mit dem Titel »Nach mir die Sintflut« vorträgt. Er erntet Unverständnis für seinen visionären Nihilismus, greift zur Pistole, um sich zu erschießen – die versagt. Die Ohnmacht einer Generation erfasst sogar banale technische Abläufe.

Der letzte Teil des Romans beginnt mit der Mitteilung, dass Myschkin Aglaja heiraten wird. Nastasja, die sich vor ihm erniedrigt hat, ist mit Rogoschin einstweilen aus seinem Leben verschwunden. In einer großen, man möchte sagen: echt russischen Szene mit viel Weinen und Lachen, eingeleitet durch das Geschenk eines Igels von Aglaja an Lew, zwingt sie ihn zur Erklärung, dass er um ihre Hand anhält – was ihre Eltern entsetzt. Auf der folgenden Abendgesellschaft soll die Verlobung bekanntgegeben werden, aber ein epileptischer Anfall setzt Myschkins großartiger Suada gegen den Katholizismus und alle unechte Religiosität sowie der ganzen Feier ein Ende. Eine zertrümmerte chinesische Vase bleibt zurück.

Nastasja meldet sich mit einem Brief bei der Braut. Auch Aglaja zeigt sich als Charakter von kühner Zerrissenheit. In einer Duellsituation fordert sie Nastasja heraus, mit ihr um die Liebe Myschkins zu kämpfen; Rogoschin und der überforderte Fürst sekundieren. Nastasja triumphiert; ihr wahnhafter Wille vertreibt die unglückliche Aglaja und Lew Myschkin bleibt bei ihr. Nun also soll endgültig geheiratet werden. Alle Personen treiben in höchster Verzweiflung dem Ereignis entgegen, die Braut ist geschmückt, verlässt das Haus auf dem Weg zur Kirche. »*Rette mich! Bring mich weg! Wohin du willst, sofort!*« ruft Nastasja dem an der Treppe lauernden Rogoschin zu. Der ergreift die Irre und verschwindet mit ihr.

Am nächsten Tag folgt Myschkin dem Paar nach Petersburg in Rogoschins Haus. Dort ist alles still; niemand weiß etwas. Schon ist der Fürst wieder gegangen, da holt ihn Rogoschin zurück. Gemeinsam schleichen sie ins Haus, ins Schlafzimmer. Dort liegt die tote Nastasja, von Rogoschin mit demselben Messer ermordet, das er früher schon gegen Myschkin erhoben hatte. Die beiden Rivalen betten sich auf ein Sofa, halten Totenwache, führen Gespräche ...

Rogoschin erkrankt gefährlich, gesundet, kommt vor Gericht, erhält fünfzehn Jahre Sibirien. Lew Myschkin erlangt nie wieder klaren Verstand und wird in die Schweiz zurückgebracht, wo er dahindämmert. Ein halbes Jahr hat sein L e b e n   gedauert, eine literarische Ewigkeit, jetzt ist er wirklich ›ein Idiot‹.

Die Fülle der Themen, die Reichhaltigkeit der Charaktere machen dieses mit achthundert Seiten nicht zu lange Buch unvergleichlich. Die Umschwünge des Handlungsverlaufs sind so schroff wie die Temperamentsausbrüche, die für die ›Zerrissenen‹ so typisch sind. Extremes Vorwärtstreiben der Geschehnisse wechselt mit großen Szenen, in denen die Zeit stillzustehen scheint. Das ist sehr opernhaft gemacht, mit einem musikalischen Empfinden für die Unwirklichkeit von erlebter Zeit und wie auf der Bühne gestalteter Szene. Den drei Hauptfiguren assistiert ein vielstimmiger Chor von Nebenfiguren, die nicht nur Stichwörter geben, sondern ein erfülltes Eigenleben haben. Während der Autor als unbewegter Beweger dieses kleinen Welttheaters die Fäden in der Hand hält, löst Fürst Myschkin als sein Stellvertreter im Werk alle Ereignisse aus – so gibt sich das Mysterienspiel vom Idioten schließlich als gnostische Ketzerei zu erkennen, als Evangelium einer neuen Welterlösungsreligion ...[7]

> Wir wollen, dass das Unerwartete passiert. Nicht das Unlogische oder Widersinnige, sondern das, was wir jemandem oder einer Situation nicht zugetraut hätten. Hier lauert es bei jedem Umblättern.

---

[7] Mehr dazu im Kapitel 5 über den Ursprung der Gnosis und in Kapitel 8 über Dostojewskij als Gnostiker. Zum Wesen der Gnosis gehört allemal das Verbrechen, das ja in fast allen Religionen seinen Platz hat. Nicht nur Abraham opfert Isaak, auch Gottvater seinen eigenen Sohn ...

MOBY DICK ODER DER WAL

Ein Wal enthält eine Welt von guten Sachen. Er ist wie ein Gemischtwarenladen. Er gibt Essbares – besonders die Zunge ist eine Delikatesse –, Öl für Lampen und das Spermaceti zu Heilzwecken sowie Margarine, aus seinen Zähnen kann man Schnitzereien herstellen oder, wenn er Barten hat, Schirme, Korsetts und ähnliches daraus verfertigen. Das Magengeschwür des Pottwals wird als Ambra zu Parfums veredelt und mit Gold aufgewogen und auch alle anderen Teile kann man gut gebrauchen. Buchstäblich nichts bleibt übrig, wenn ein Wal verarbeitet wird. Ihn zu jagen ist eine mythische Handlung und jahrtausendealtes Gewerbe. *Und Gott schuf große Walfische*, heißt es schon unnachahmlich verkehrt in der *Genesis*.

So nennt mich denn Ismael oder, noch kürzer: *Call me Ishmael*. Einer der berühmten ersten Sätze der Weltliteratur. Dieser Ismael bleibt allerdings blass, er bekommt kaum Kontur. Weder erfährt man, woher er kommt, noch etwas von Eltern und Abstammung. Landschullehrer war er – wie Melville – und von New York aus schon mit Handelsschiffen um die Welt gesegelt – wie sein Autor –, als er jetzt beim Walfang anheuern will. Er besitzt lediglich die Augen, durch die der Leser auf den nächsten siebenhundert Seiten die Welt sehen wird. Und dieses Versprechen kann man wörtlich nehmen. *Moby Dick* ist ein Welt-Roman. Alles beginnt auf der Walfängerinsel Nantucket vor der Küste von Massachusetts. Alles verdankt sich hier dem Walfang, alles dankt dem Wal und verneigt sich vor der Größe dieses Tieres. Aber schon auf den ersten Seiten erfreuen Abschweifungen uns Leser, die den Blick öffnen und zusammen ein Panorama der Sieben Weltmeere bilden werden. Ismael ist einfacher Matrose und hat für alle Matrosen dieser Welt eine tröstende Maxime parat: *Ich gehe als Matrose auf See wegen der gesunden Tätigkeit und der reinen Luft auf dem Vorschiff. Da in dieser Welt die Gegenwinde weit häufiger sind als die von achtern – vorausgesetzt, daß man den pythagoreischen Lehrsatz beachtet –, so erhält der Kom-*

modore auf dem Achterschiff seine Luft meistens aus zweiter Hand von den Matrosen auf dem Vorderschiff. Er glaubt sie als erster zu atmen, aber dem ist nicht so.

Bevor es so weit ist, muss Ismael noch in New Bedford, dem Städtchen auf dem Festland Nantucket gegenüber, Station machen im Gasthaus »Zum blasenden Wal«. Eigentlich ist kein Zimmer mehr frei, so soll er sich das Bett mit einem Harpunier teilen, der erst verspätet das Nachtlager erreicht. Was Ismael im Schein einer blakenden Kerze zu sehen bekommt, gehört zu den unvergesslichen Momenten des Lesens. Der kannibalisch veranlagte Südsee-Insulaner Queequeg führt dem unter der Bettdecke Verborgenen befremdliche Rituale, vor allem aber einen über und über tätowierten Körper vor sowie eine Streitaxt, die er alsbald zum – Rauchen benutzt. *»Ich liege nicht gerne mit jemandem zusammen, der im Bett raucht. Das ist gefährlich und ich bin nicht versichert«*, erklärt Ismael, als er sich von seinem Schreck erholt hat und bevor die zwei einträchtig den Schlaf der Gerechten schlafen. Die Begegnung mit Queequeg, der stets seinen eigenen Sarg mit sich führt – der am Ende lebensrettend sein wird –, ist der Beginn einer väterlichen Freundschaft des wilden Harpuniers zu dem in der rauhen Gesellschaft der Walfänger fremden Ismael.

Als Einstimmung ins Thema nimmt uns der Erzähler mit auf einen Spaziergang durch New Bedford, die Walfängerstadt. Alles wird hier vom Wal bestimmt, auch in der Kirche, die voller merkwürdiger Erinnerungen an den Walfang ist. Vater Mapple entert die Kanzel wie der Lotse das Schiff, um seiner Gemeinde zu predigen. Natürlich steht Jonas im Mittelpunkt der erbaulichen Ansprache, der von einem großen Fisch verschluckt und wieder ausgespien wurde.

Endlich auf Nantucket angekommen, wählen Ismael und Queequeg sich ein Schiff aus für drei Jahre Walfangfahrt. Drei Schiffe liegen auslaufbereit; beraten von Queequegs Götzenbild

Der tätowierte Wilde. Heute beherrscht er das Straßenbild, vermag aber keineswegs mehr so geschickt mit der Harpune umzugehen.

Jodscho heuern die beiden auf der »Pequod« an. Die Beschreibung des Schiffes, seine drei Masten stehen *steif aufrecht wie die Heiligen Drei Könige in Köln. Seine uralten Decks waren abgewetzt und zerfurcht wie der von Pilgern verehrte Stein in der Kathedrale von Canterbury, wo Becket verblutete ...*, sowie die Szene der Anheuerung und Eintragung in die Schiffsrolle – Queequeg unterschreibt mit einem Walpiktogramm – bilden ein Juwel der Dichtkunst. Das Examen Ismaels durch die alten Kapitäne und Quäker Bildad und Peleg, Miteigentümer des Schiffs, zeigt Melvilles Meisterschaft, unbändig komisch zu sein, ohne mit einer Wimper zu zucken dabei: der kaltblütigste Humorist, den ich kenne.

Obwohl die Heuerzeremonie einschließlich der obligaten Frage: »*Welche Lay will er?*« (und der grandiose Harpunenvirtuose Queequeg erhält die neunzigste Lay!) – was für Binnenländer übersetzt bedeutet, dass jedes Besatzungsmitglied einen Anteil am Erlös des Fangs bekommt, der als Bruchteil des Ganzen ausgedrückt wird – an Bord der »Pequod« stattfindet, bleibt der für die Fahrt verantwortliche Kapitän einstweilen verborgen. Ismael möchte ihn gerne kennenlernen, erhält aber von Peleg den Bescheid, der sei »*anders als gewöhnliche Leute, er war auf der Universität und bei den Menschenfressern, ist an Wunder gewöhnt, die tiefer sind als die Meereswogen, und hat seine gewaltige Lanze auf mächtigere, seltenere Feinde verschleudert, als es Wale sind. Seine Lanze! Ja, die schärfste und sicherste unserer ganzen Insel! Oh, das ist kein Kapitän Bildad und auch kein Kapitän Peleg. Das ist A h a b , mein Junge, und Ahab, das weißt du doch, war in alten Zeiten ein gekrönter König!*« »*Und zwar ein ganz niederträchtiger! Als dieser gottlose König erschlagen wurde, haben da nicht die Hunde sein Blut aufgeleckt?*« Zwei Dinge sind jetzt schon deutlich: Dieser Roman wird von Seefahrt handeln und die Sprache der Seefahrt, die ganz eigene Vokabeln kennt, sprechen; und dieser Roman wird von den letzten Dingen handeln und auch deren Sprache sprechen, zum Beispiel die des Alten Testaments, als in Israel Könige regierten. Dazu passt, dass vor der

Abfahrt noch der allfällige Prophet namens Elias auftritt und in übler Weise unkt. Die Abschiedspredigt hält indes Kapitän Bildad, ehe er als Lotse von Bord geht: »*Vorsichtig beim Fang, ihr Maate, und ruiniert die Boote nicht unnütz, ihr Harpuniere. Gutes weißes Zedernholz ist um drei Prozent gestiegen letztes Jahr, und vergeßt nicht zu beten. Mister Starbuck, achtet darauf, daß der Küfer keine Ersatzdauben verschwendet. Ja, und die Segelnadeln liegen in dem grünen Spind. Jagt nicht zu oft am Tag des Herrn, Männer, aber laßt euch keine gute Gelegenheit entgehen, das hieße ein Geschenk des Himmels verschmähen. Achtet etwas auf das Melassefäßchen, Mister Stubb, es war ein bißchen leck, wie mir schien. Wenn ihr eine Insel anlauft, dann hütet euch vor Unzucht, Mister Flask. Lebt wohl, lebt wohl!*«

Das Personal ist weitestgehend vorgestellt, nun kann es losgehen. Aber erst in Kapitel 28 erscheint Ahab. *Seine hohe breite Gestalt schien ganz aus Bronze und wie Cellinis Perseus in eine unwandelbare Form gegossen zu sein. Aus seinem grauen Haar hervor über eine Seite seines braungebrannten Gesichtes und Halses zog sich gerade herunter, bis sie in seiner Kleidung verschwand, eine dünne, gertengleiche Narbe von bläulichweißer Färbung. Sie glich jener senkrechten Spur, die bisweilen in den aufrechten Stamm eines großen Baumes eingezeichnet ist, wenn der Blitz, ehe er in die Erde schlägt, an ihm herunterfährt, ohne einen einzigen Zweig zu knicken, die Rinde vom Gipfel bis zum Boden abschürft und den Baum so noch lebendgrün brandmarkt.* Sein linkes Bein ist durch ein kunstvoll gedrechseltes Stück Pottwalkiefer ersetzt, wozu der zweite Harpunier, der Indianer Taschtego, bemerkt: »*Ja, an der japanischen Küste ist er entmastet worden, aber wie sein entmastetes Schiff hat auch er sich einen neuen Mast aufgesetzt, ohne dafür erst nach Hause zu fahren. Einen ganzen Köcher voll hat er davon.*« Auch das wäre geklärt.

Bevor noch der erste Wal in Sicht ist, kommt es zum Schwure. In einer Walpurgisnachtszene erklärt Ahab den Männern, dass sein einziges Interesse der Weiße Wal ist, ein Albino-Pottwal, der ihm einst sein Bein zerschmetterte. Eine Golddublone für den

Mann im Krähennest, der ihn als erster sieht! Die Harpuniere kennen ihn schon, sein Steckbrief: gefurchte Stirn und schiefes Maul, drei Löcher in der Steuerbordschwanzfinne und Harpunen in der Seite, die wie Korkenzieher verdreht sind: »*Moby Dick!*« schreit Ahab. Starbuck, der erste Offizier, getraut sich einzuwenden, dass der Tran des weißen Wals nicht mehr einbringe als anderer und die Männer sich für Ahabs Rache nichts kaufen könnten. Über diesen Einwand setzt der wilde Kapitän sich hinweg, indem er die ganze Mannschaft in einem Schwur vereint, über gekreuzten Harpunen und mit Rum begossen: »*Tod für Moby Dick!*«

<small>Aus dem Walfangbericht spricht der Respekt vor der Kreatur. Beim Whalewatching hoffentlich genauso.</small>

Nach den Erschütterungen dieser Szene werden die Hauptdarsteller im inneren Monolog vorgeführt; Starbuck hin und her gerissen zwischen Verantwortung und Gehorsam bei der Erkenntnis, dass der Kapitän wahnsinnig ist; Ahab besessen von seiner Rache; Stubb und die übrigen schicksalergeben und abenteuerlustig: insgesamt Basis für das Theaterstück, das der unvermeidliche und unvergleichliche Orson Welles eines Tages aus diesem Roman machen wird – die Verfilmung mit Gregory Peck stammt von John Huston.

Die eigentliche Jagd erfolgt von Booten aus, die das Walfangschiff zu Wasser lässt, sobald Beute in Sicht kommt. Diese Boote werden von den Offizieren kommandiert, die Mannschaft rudert es an das Opfer heran, der Harpunier wirft die Lanze ... Dramatisch und drastisch sind die Einzelheiten. Schon bei der ersten Jagd allerdings gibt es eine Überraschung: Zu den drei von Starbuck, Stubb und Flask befehligten Booten gesellt sich ein von Ahab gelenktes, mit einer Besatzung, die den anderen bisher unbekannt war, lauter gelbhäutige, dem Kapitän offenbar blind ergebene Männer unter der Führung des Parsen[8] Fedallah, der Ahab wie ein Schatten begleitet.

---

[8] Das ist ein persischer Christ.

Zwei Dinge unterbrechen die Eintönigkeit der Walfangreise. Einmal die wissenschaftlichen Exkurse des Autors zur Geschichte des Walfangs und anderen Themen wie etwa dem, warum ›Weiß‹ für uns eine besondere Farbe ist. Man wäre nicht gleich darauf gekommen, dass einem gerade diese Frage auf den Nägeln gebrannt hätte. Aber es ist das Genie Melvilles, genau das interessant zu machen, wovon man es nicht für möglich hält. Zum anderen sind da die seltenen Schiffsbegegnungen. Ahab nutzt sie, um Erkundigungen über den Weißen Wal einzuholen, der offenbar gerade wieder die Meere unsicher macht; die Mannschaft erhofft sich Kontakt mit dem Rest der Welt. Denn für die Zeit der Reise gibt es sonst keine Möglichkeit, Verbindung mit anderen aufzunehmen. Das Schiff ist eine Welt für sich.

Ahab ist keineswegs ein vor Kraft strotzender Held, der auszieht, das Abenteuer seines Lebens zu bestehen. Das liegt schon hinter ihm. Ahab ist ein alter, übellauniger Mann, der den Respekt vor dem Leben und seinen Mitmenschen verloren und an seine Stelle den Rachegedanken gesetzt hat. Starbuck, der das erkennt, denkt an Meuterei, daran, das Kommando zu übernehmen. Aber in der Seefahrt ist Meuterei das schändlichste Verbrechen, Treue nicht nur ein Wort. Durch Sturm und Sankt-Elms-Feuer und manche Unbilden fährt die »Pequod« auf ihr letztes Abenteuer zu. Der erste Mann stirbt. Die »Pequod« begegnet der »Rachel«; sie hat den Weißen Wal getroffen – die Söhne des Kapitäns sind seitdem verschollen. Ahab verweigert die Mithilfe bei der Suche, kaltherzig hetzt er dem Wal nach. Ein letztes Verschnaufen, eine letzte Begegnung mit einem Schiff, das der Weiße Wal demoliert hat, dann ruft Ahab höchstpersönlich aus: »*Da bläst er! Da bläst er! Ein Buckel wie ein Schneeberg! Das ist Moby Dick!*« Sogar die Golddublone verdient sich der Besessene selbst.

Drei Tage wird die Jagd auf den Wal gehen. Am ersten Tag zerschmettert das dämonische Tier ein Boot, am zweiten Tag zwei andere, und der Parse geht unter. Ahab erneuert den Schwur auf den Tod des Wals und zwingt auch Starbuck zur Gefolgschaft:

»Die ganze Sache ist unabänderlich beschlossen. Es war von dir und mir durchgeprobt, eine Billion Jahre, ehe dieser Ozean zu wogen begann. Narr! Ich bin des Schicksals Stellvertreter. Ich handle auf Befehl. Sieh zu, du Untergebener, daß du mir gehorchst.« Aber am dritten Tag wendet sich das Blatt. Zu seinem Schrecken sieht der Kapitän die Leiche seines treuen Fedallah, in den Wald von Harpunen auf des Wales Rücken verstrickt. Ahab erkennt das Vorzeichen des eigenen Untergangs. Um so wütender attackiert er seinen Dämon. Nur noch ein Boot ist einsatzfähig, der Rest der Mannschaft schaut von der »Pequod« aus dem Kampf zu. Ahab wirft die Harpune, die daran befestigte Leine verheddert sich. *Ahab beugte sich vor, um sie klarzubekommen, es gelang ihm, aber die sausende Schlinge flog ihm um den Hals, und lautlos, wie stumme Türken ihr Opfer erdrosseln, riß es ihn aus dem Boot, und verschwunden war er, ehe die Mannschaft sich dessen versah.* Aber auch das Schiff sinkt, vom Wal gerammt, und reißt im Strudel des Untergangs alles mit.

Und einer überlebte? Ja, der aus dem Boot geschleuderte Ismael beobachtet den Untergang der »Pequod« und kann sich an dem offenbar gut kalfaterten Sarg Queequegs, der aus dem Strudel wieder auftaucht, anklammern, bis die »Rachel« auf der Suche nach den verschollenen Kindern des Kapitäns ihn auffischt.

Was macht die Qualität dieses Buches aus? Auf den ersten Blick besticht die Spannung der Handlung in ihrem denkbar einfachen Aufbau. Das Ziel, uns in dieser Spannung zu erhalten, behält der Erzähler im Auge, auch wenn er in einem Meer von Abschweifungen unterwegs ist. Jede Arabeske ist funkelnder Schmuck am Gebäude des Werks. Alle Stile beherrscht er, den epischen Grundton, die milde Belehrung des Wissenschaftlers, die biblische Strenge, shakespearsche Dialoge – und vergisst darüber nie die humoristische Würze, die die Lektüre so kurzweilig macht. Und einen Mythos erzählt Herman Melville, der uns seit dem Erscheinen des Werkes beschäftigt, weil er so fremd und gleichzeitig vertraut klingt.

Nichts wollte ihm in seinem Leben recht gelingen. Der Konkurs des Vaters trieb Melville früh aus dem Haus und er machte die seemännischen Erfahrungen, von denen *Moby Dick*, aber auch seine anderen Seefahrtromane ihr Gerüst haben. Männer-Romane über Männer-Abenteuer. Einige Zeit desertierte er von Bord und lebte in der Südsee, was Stoff für das realistische, aber in märchenhaften Kulissen spielende *Taipi* und seine Fortsetzung *Omoo* lieferte. Das Publikum wurde aufmerksam, Melville jedoch unterlief jeden Versuch seiner Leser, ihn zu lieben, indem er mit seinem rätselhaftesten Werk *Mardi und eine Reise dahin* aus Südseeabenteuern Rausch- und Fieberphantasien machte, in denen die verführerische Yillah sich über tausend Seiten allen Anstrengungen des (liebe)trunkenen Taji entzieht, ihrer habhaft zu werden. Die Leser wandten sich ab und Melville versuchte es mit bürgerlichem Broterwerb. In der Sesshaftigkeit einer Zollstation, wo er eine vielköpfige Familie ernährte, hielt er es jedoch nur schwer aus. Keine Anerkennung zu Lebzeiten hatte seine literarische Arbeit außer der durch den Freund Nathaniel Hawthorne, der treu zu ihm hielt. Einen ruhelos-dämonischen Zug zeigt tatsächlich sein Porträt. Das üppige dunkle Haar mit der weißen Strähne gescheitelt, darunter feurig blickende dunkle Augen und ein voller Mund: ein schöner Mann. Auch *Pierre*, ein Großstadtroman mit so etwas wie einer Liebesgeschichte, blieb ohne Beachtung, genauso wie *Ein vertrauenswürdiger Herr und seine Maskerade*, das von einem Betrüger auf einem Mississippi-Dampfer handelt. Dann getraute er sich noch, ein Epos zu liefern zu einer Zeit, als kein schlimmeres ›Kassengift‹ denkbar war. *Clarel* unternimmt eine Reise ins Heilige Land, wo sich alsbald Gegenwart und biblische Vergangenheit zu vermischen beginnen. War das zu altmodisch oder zu modern? Die Antwort liegt im Werk Melvilles selbst, denn mit *Bartleby der Schreiber* und dessen Ausspruch »*Ich würde vorziehen, es nicht zu tun*« schuf er d a s Porträt des neuen Menschen, der in und mit der Verweigerung lebt und vergeht wie ein Hauch, und gerade seine letzte Erzählung *Billy Budd, Vortoppmann* hat ein Echo in die Moderne hinein geworfen, vertonte doch Benjamin Britten die Geschichte aus der Männergesellschaft eines Kriegsschiffs und um den Matrosen »Billy Budd«, der seinen schikanösen Vorgesetzten erschlägt und demütig dafür das Todesurteil von seinem über alles verehrten Kapitän Vere entgegennimmt, zu einer ergreifenden Oper. Jeder Gedanke Melvilles zielt direkt auf uns, und nicht zuletzt sein eigenes Leben, wie er Spott und Misserfolg trug um seiner Kunst willen, lässt ihn jederzeit ganz nahe bei uns sein.

KAPITEL 2

ABENTEUER!

Die »Pyrenees«, deren eiserne Planken von ihrer Weizenlast tief ins Wasser gedrückt wurden, rollte träge und machte es dem Mann leicht, der aus einem kleinen Auslegerkanu an Bord kletterte. Als er die Reling in Augenhöhe hatte, sodaß er an Bord sehen konnte, schien es ihm, als sähe er einen schwachen, kaum wahrnehmbaren Nebel. Mit dem ersten Satz werden wir schon ganz in die Situation gestellt: Ein Schiff mit brennender Ladung fährt durch einen Südsee-Archipel auf der Suche nach einem Ankerplatz. Der Kapitän will Schiff und Mannschaft retten, die Ladung ist verloren: Wenn Luft an das schwelende Getreide im Laderaum kommt, gibt es ein Feuerinferno. Auf das Notsignal des Kapitäns hin kommt ein älterer, bedächtiger Mann an Bord, ein Nachfahre der »Bounty«-Meuterer und Bürgermeister auf deren Insel. Der Kapitän: *»Wir haben seit mehr als vierzehn Tagen Feuer. Jeden Augenblick kann die Hölle losbrechen. Deshalb hab' ich auf Pitcairn gehalten. Ich will das Schiff hier auflaufen lassen oder anbohren, um den Rumpf zu retten.« »Da haben Sie einen Fehler gemacht, Kapitän«, sagte McCoy. »Sie hätten nach Mangareva fahren sollen. Dort ist ein prachtvoller Strand und eine Lagune, still wie ein Mühlteich.« »Aber wir sind doch nun einmal hier, nicht wahr?« sagte der Erste Steuermann.* McCoy, der Bürgermeister von Pitcairn, bleibt auf dem Schiff und lotst es nach Mangareva. Durch die Ungeschicklichkeit des Kapitäns, der die Meeresströmungen und Windverhältnisse nicht kennt und daher unterschätzt, verfehlen sie die Insel und treiben mit dem Passat weiter durch den Archipel. Insel um Insel zieht an ihnen

Die Meuterei auf der Bounty

IST GANZ GROSSES ABENTEUER:
DER ZAUBER DER SÜDSEE,
EIN SCHURKE AUS NOTWENDIGKEIT,
DER KAMPF UM MENSCHLICHKEIT,
RETTUNG UND VERDAMMNIS.

Jack London: Feuer auf See

vorbei. Die Schiffsplanken werden immer heißer, Kapitän und Mannschaft immer ungeduldiger, und kein geeigneter Ankerplatz in Sicht. Rauch umhüllt sie, Angst vor dem Ausbrechen des Brandes begleitet sie, aber McCoy widerrät jedem Versuch, das Schiff auf Grund zu setzen. Er ist die Ruhe selbst. Sie treiben. Nichts passiert.

Die Mannschaft verzweifelt zuletzt an der Rettung und meutert. *McCoy sprach zu den Matrosen, und beim ersten Laut seiner taubengleichen, girrenden Stimme hielten sie inne, um zuzuhören. Er teilte ihnen seine eigene unaussprechliche Heiterkeit und Ruhe mit. Seine sanften Worte, seine einfachen Gedanken flossen in einem magischen Strom zu ihnen und besänftigten sie gegen ihren Willen. Lange vergessene Dinge fielen ihnen ein, und einige dachten an Wiegenlieder aus der Kindheit, an die Ruhe und die Zufriedenheit, wenn die Mutter sie zu Bett brachte.*

Die Reise geht also weiter, das Schiff ist unmanövrierbar geworden. In der quälenden Untätigkeit unterhalten sich Kapitän und Bürgermeister über die Geschichte von Pitcairn seit der Ankunft der Männer von der »Bounty«. »*Es gab Unruhen,*« erzählt McCoy, »*es waren schlechte Menschen. Sie stritten sich gleich um die Frauen. Einer der Meuterer, Williams, verlor seine Frau. Da nahm er einem Eingeborenen die Frau weg. Die Eingeborenen wurden dadurch alle sehr aufgebracht, und sie töteten fast alle Meuterer. Dann töteten die Meuterer, die entkommen waren, ihrerseits alle Eingeborenen. Es waren schreckliche Menschen. Nach zwei Jahren waren alle Eingeborenen und alle Weißen bis auf vier ermordet. Sie sehen, Gott hatte sein Antlitz abgewendet.*« Damit endet McCoys Bericht von der Geschichte Pitcairns. Sie hört sich an wie die vom Trojanischen Krieg oder jeder anderen Auseinandersetzung, wo Mensch gegen Mensch, um Besitz und Überleben kämpft.

Insel um Insel zieht vorbei und McCoy erklärt sachlich, warum keine für die »Pyrenees« geeignet ist. Tückische Riffe und gefährliche Strömungen machen die Landung unmöglich. In seiner Verzweiflung brüllt der Kapitän: »*Ich lasse das Schiff treiben und immer weiter durch die Paumotu-Inseln bis nach China, aber ich will einen Platz dafür finden. Und wenn die ganze Mannschaft desertiert, ich bleibe. Ich will es den Paumotus schon zeigen. Sie sollen mich nicht zum Narren halten. Der Kasten ist gut, und ich bleibe auf ihm, solange noch eine Planke hält. Hören Sie?« »Und ich bleibe bei Ihnen, Kapitän«, sagte McCoy.* So geht es also weiter. Das Deck ist so heiß, dass man darauf nicht mehr still stehen kann, ohne sich die Füße zu verbrennen. Dann erreichen sie Fakarava, die vom Lotsen verheißene Insel. Das Schiff kann aus eigener Kraft nicht mehr die Einfahrt in die Lagune schaffen, mit dem Ruderboot schleppen sie es hinein. *»Wir haben noch viel Zeit«*, verkündet der Pitcairn-Mann, während eine Flammenzunge vom Deck in die Segel springt und die Takelage in Brand setzt. Es folgt die übliche Prozedur nautischer Manöver, die dem Steuermann Brandblasen vom Bedienen des Steuerrades einträgt. *»Weicher weißer Sand. Nicht besser zu wünschen. Ein prachtvoller Platz«*, stellt McCoy fest, als das Schiff auf den Strand läuft.

Du willst also Abenteuer? Richtige Abenteuer? Dann dürfte das wohl das Richtige für Dich sein. Es ist schon in Ordnung, dass Du ein paar Bände Karl May gelesen hast, sozusagen als Vorbereitung auf echte Herausforderungen. Aber wenn May ein Abenteuerautor ist, dann bin ich Karl der Große. Was May schreibt, sind k e i n e Abenteuergeschichten. Ich rate Dir, stecke sie zu den Erbauungsbüchern, den Sonntagsfibeln und Moralfabeln. Hast Du gemerkt, wie papieren alle diese angeblichen Abenteuer sind, wie es aus allen Zeilen trieft von Betulichkeit und Schwadroniererei? Erst wenn Dir Kara Ben Nemsi nichts mehr bringt, dann bist Du reif für eine r i c h t i g e Abenteuergeschichte. Ein Abenteuer hat einen Helden und einen ungewissen Ausgang. Der Held hat einen Charakter mit guten Eigenschaften und anderen, eventuell auch schlechten, möglicherweise mit Abgründen, und auf keinen Fall ist er ein Abziehbild. Am besten ist es, wenn das Abenteuer auch noch Ursachen und Motive hat, die Beteiligten sich also nicht ohne Not in Gefahr bringen, aber keine notwendige Voraussetzung. Am allerbesten: Wenn im Verlauf der Geschehnisse ein Missverhältnis zwischen der ursprünglichen Motivierung des Abenteuers und dem zu erwartenden (schlechten) Ausgang der Sache in Erscheinung tritt, also das heroische Element. Das muss aber so dezent eingebaut werden, dass es uns nicht auf den Wecker geht. Jeder, auch Du und ich, möchte gern zum Helden werden, aber jeder möchte auch die Feier des glücklichen Ausgangs noch erleben. Vor allem muss Abenteuer direkt geschildert werden, als wäre man selbst dabei oder zumindest jemand anders, der genau zugeschaut hat. Bei manchen Schriftstellern, die sich selbst für große Abenteuergeschichtenschreiber halten, hast Du das Gefühl, sie hätten Tinte statt Blut in den Adern. Immer wenn es spannend werden soll, sitzt einer am Kamin und erinnert sich vage, was passiert ist, oder das ganze Abenteuer findet in einem Nebel statt, durch den keiner hindurchsieht und man nicht genau erkennen kann, was geschehen ist und wer überlebt hat. Deshalb gehören diese Geschichten (ich meine vor allem die von Joseph Conrad, aber auch andere) nicht hierher. Ich berichte davon später mehr.

Von dem Abenteuerroman schlechthin habe ich schon erzählt. Das Meer, in dem sich auch *Moby Dick* tummelt, ist natürlich der ideale Ort für echte Abenteuer, und kleine Inseln in der Südsee dementsprechend der richtige Platz, damit sich Leben in seiner prallsten Form entfalten kann. Das wusste niemand besser als Melville selbst, dessen frühe Romane *Taipi* mit der Fortsetzung *Omoo* dem überraschten Leser des Neunzehnten Jahrhunderts die Lebenswelt von Südsee-Eingeborenen zeigten. Sie sind frühe Beispiele dokumentarischer Erzählkunst, in der eigenes Erleben, Melvilles Aufenthalt in der Südsee, umgesetzt wird in ein literarisches Erzeugnis mit entsprechenden Übertreibungen der Spannung und Dramatik. Melville kannte sich mit dem rauhen Leben der Seeleute gut aus, davon zeugen sein mit Herzblut geschriebener, herbe Kritik an den Zuständen auf einem Kriegsschiff der US-Marine enthaltender Roman *Weißjacke* und seine beiden kleineren Werke *Redburn* und *Israel Potter* über einen alten Kapitän und seinen letzten Kampf mit den Elementen beziehungsweise das harte Schicksal eines Jungen, der zum Seedienst gepresst wird und erst nach fünfzigjähriger Irrfahrt als alter Mann die Heimat wiedersieht. Auch einige seiner bedeutenden Erzählungen profitieren von Melvilles Erfahrungswelt: *Benito Cereno* über die Meuterei auf einem Sklavenschiff oder *Die Encantadas*, Capriccios über unwirtliche Inseln im Pazifik, an denen sich Melvilles Phantasie entflammt.

Aber es gibt Abenteuergeschichten, in denen so gut wie nichts passiert und die Du doch vor lauter Spannung nicht wieder aus der Hand legen kannst, bevor nicht die letzte Zeile verschlungen ist. Zu diesen Prachtstücken von Geschichte gehört für mich die, deren Handlung ich Dir gerade erzählt habe. Die insgesamt vierzig Seiten geben nicht viel her an spektakulärer Aktion, aber so wie das Schiff raucht und schwelt, glüht Dir das Buch unter den Händen beim Lesen. Was macht *Feuer auf See* (aus *Südseegeschichten*) von Jack London zur Abenteuergeschichte par excellence? Die klar umrissene Ausgangssituation mit dem brennenden Schiff, der Lebensgefahr für die Besatzung und dem fehlenden Hafen; die sich steigernde Dramatik der Fahrt mit hoffnungsloser Suche bis zum feurigen Höhepunkt, der in nichts anderem besteht, als dass ein Kiel knirschend auf Sand aufläuft. Ökonomie der Mittel und Verdichtung der Atmosphäre schaffen die bedrohliche Spannung, die den Leser atemlos zurücklässt. Die größte Sorge des Helden dagegen ist, wie er wieder zurück nach Pitcairn kommt. Die ganze Fahrt der »Pyrenees« mit dem Ziel, Schiff und Besatzung zu retten, ist der Kampf des Kulturmenschen gegen die Macht der Naturgewalt. Nirgendwo besser als auf hoher See kann dieser Kampf ausgetragen werden und keiner ist geeigneter als der Nachfahre der »Bounty«-Unholde, in dessen Stammlinie dieser selbe Kampf ebenso gekämpft worden ist. Erd- und Menschheitsgeschichte in kürzester Form: ein Lieblingsmotiv des Autors Jack London, und eine kurze Erzählung wie diese gibt ihm die schönste Möglichkeit, sein Wissen vom Kampf ums Dasein auszubreiten.

Wie bei Melville beruht auch bei London die packende Direktheit der Schilderung auf eigenem Erleben. Er w a r mit einem Segelboot in der Südsee und er w a r mit zentnerschweren Säcken voller Lebensmittel, mit Sieb und Spitzhacke auf dem Chilkoot-Pass in Alaska unterwegs, um am Klondike nach Gold zu schürfen. Nur dem glücklichen Zufall, dass er keins fand, verdanken wir seine Erzählungen. Wie die Helden seiner Goldrausch-Geschichten war er besessen vom Traum, über Nacht reich zu werden! Sie quälen sich bis an die Grenze des Menschenmöglichen, kämpfen um das nackte Leben, verteidigen mit allen Mitteln ihren goldträchtigen Claim – und für gewöhnlich scheitern sie. Das hat Jack London selbst erlebt. Ohne Gold, aber mit Stoff für unzählige Geschichten, kam er zurück. Wie so viele Schriftsteller war er ein schlechter Geschäftsmann; hatte er Geld, war es gleich wieder weg. Er investierte in eine Eukalyptus-Plantage: Die Bäume gingen alsbald ein. So war er ganz auf das Sprudeln seiner Phantasie angewiesen und musste sein Leben lang – er wurde nur vierzig Jahre alt – schreiben, um zu überleben. Die übliche Not im Reich der Literatur. Und Glück für Generationen von Lesern!

> Den Vorgang des Goldschürfens, das Aufspüren und Auswaschen einer ergiebigen Tasche, kann auch der beschreiben, der nie eine gefunden hat. Hauptsache, er hat's versucht.

Von seiner Zeit in der Südsee inspiriert sind eine Menge grellbunte, häufig auch vor Grausamkeiten nicht zurückschreckende Geschichten. Auf einem Photo sieht man Jack London auf seiner eigenen Segelyacht, bekleidet mit einer Öljacke, Notizheft und Stift in der Hand, mit jungenhaftem Charme in die Kamera schauen. Die Haare strubbelig, Drei-Tage-Bart, wache Augen: das pralle Leben. Die Yacht »Snark« hat er für einen sagenhaften Preis bauen lassen, seine gesamten Einkünfte hat er darangesetzt; er ist auf Weltumseglungstour mit seiner Frau. Bis in die Südsee sind sie gekommen, weiter wird es nicht gehen. Durch vitaminarme Ernährung werden sie krank und müssen aufgeben. Aber egal, die Erlebnisse in der Südsee sind für ihn, wie für viele andere Künstler bis hin zu den Expressionisten der »Brücke«, überwältigend und prägend.

Alle Eindrücke sofort verarbeiten, in erzählerische Energie umsetzen: So sind die vielen knalligen, kurzen Geschichten entstanden. Mit der längeren Form, dem Roman, ging es Jack London schwerer. Wo er viel und langatmig moralisiert, schwindet alsbald das Interesse von uns Lesern. Erfährt man zuviel von seinen Helden, fangen sie gar an zu schwadronieren, bekommen ihre Züge fatale Ähnlichkeit mit Kara Ben Nemsi. Am besten gelungen ist ihm noch die Figur des *Seewolfs*. Hier wird Londons Lieblingsthema, Intellekt gegen Natur, in großem Stil abgehandelt und mündet in die Lösung, dass der Stubenhocker Humphrey van Weyden, erfolgloser Schriftsteller und Schiffbrüchiger, die Rolle seines vermeintlichen Retters, des fürchterlichen Kapitäns und Hobbyphilosophen Wolf Larsen übernimmt und selbst zum Abenteurer wird. In ähnlicher Form behandeln auch die Romane *Martin Eden* und *Meuterei auf der Elsinore* den Urkonflikt des denkenden Menschen mit den Kräften der Materie.

Von all dem wäre nicht mehr viel zu reden. Aber Jack London hat drei Genres geschaffen, denen er die gültige Form gegeben hat, worin er die Nr. 1 ist und für die wir ihn ewig lieben werden. Erstens die Tiererzählung: keine Geschichten   m i t   Tieren, sondern in denen Tiere   d i e   Hauptpersonen, die Helden sind. Da gibt es den alten Elch, der sich in einem abschließenden Kampf gegen ein Rudel Wölfe vom Leben verabschiedet; den Wolf, der nicht sterben will; aber vor allem die Romane *Ruf der Wildnis* und *Wolfsblut*. Die zusammengehörenden Geschichten schildern die Auswilderung eines Hundes in Alaska und dann die Rückkehr von »Wolfsblut« in die Welt der Menschen. *Buck gehörte nicht zu denen, die täglich ihre Zeitung lesen, sonst hätte er gewußt, daß Unheil im Gange war, nicht nur für ihn selbst, sondern für jeden Hund, der starke Knochen und langes, dichtes Haar hatte.* So beginnt Bucks großes Abenteuer. Aus der Bequemlichkeit des sonnigen Kalifornien verschlägt es ihn zu den Goldsuchern in Alaska, und dort hört er den ›Ruf der Wildnis‹: Er wird zum

Wolfshund. Die Tiere werden nie vermenschlicht, sie behalten eine eigene Würde, mit unvergleichlicher Einfühlung begleitet Jack London ihr Leben im Kreislauf der Natur. Dieses Terrain, der Tierroman, gehört ganz ihm, zeigt ihn im Glanz seines Talents. Da verzeihen wir ihm manchen literarischen Ausrutscher anderswo. Mit *Jerry der Insulaner* und *Michael, der Bruder Jerrys* verpflanzt er sein Thema dann auch noch an die Schauplätze der Südsee.

Zweitens hat er die Welt der Herumtreiber und Aussteiger literaturfähig gemacht in den reportagehaften Erzählungen *Abenteurer des Schienenstrangs*. Hobo ist der korrekte Name für die Leute, die auf der Achse eines Waggons Eisenbahn fahren – ohne Fahrkarte, versteht sich. Die Beschreibung dieser Art von zweckfreiem Reisen und der Kampf der Vagabunden gegen die listigen und teils sadistischen Schaffner, die versuchen, sie von der Achse in den Tod zu stürzen, sind würdige Themen eines Homer der Neuzeit. Das Buch beginnt mit einer Verbeugung vor Mark Twain, der sich hier auch als Ahnherr der Abenteuerliteratur erweist: So wie Tom Sawyer als Mädchen verkleidet heimlich die Mississippiinsel verlässt und sich bei der einsam wohnenden Lehrerin in seinen Lügen verheddert, so muss sich Jack im rhetorischen Kampf mit einem alten Seebären seine neuerfundene Existenz ›verdienen‹. Bei aller naturalistischen Schlichtheit der Erzählung hat London immer den Geschmack des fortgeschrittenen Lesers im Blick.

Dann wäre da drittens noch ein dickes Buch, das ganz dem Trinken gewidmet ist: *König Alkohol*. Die amerikanische Literatur ist in ehrfurchtgebietender Weise auf hochprozentige Destillate gegründet, jedoch hat keiner der Konsumenten es gewagt, schonungslose literarische Rechenschaft darüber abzulegen. Bis Jack London kam.

»Hatte Jack London einen Gott?«, fragst Du mich. Ich schüttle mit dem Kopf. Nicht mal die Natur hat er gottgegeben oder gottdurchdrungen gesehen, stattdessen ein freies Spiel der Kräfte, bei dem der Tüchtigste gewinnt. Wie erstaunt wirst Du aber sein zu hören, dass die ersten Abenteuerromane dazu gedacht waren, die Existenz und Macht Gottes zu erweisen. Nimm Deinen Globus oder einen Atlas zur Hand. Schau Dir Südamerika an, betrachte Chile und den Pazifik und sieh auf zwei kleine Flecken, Hunderte von Kilometern vor seiner südlichen Küste. Alexander Selkirk und Robinson Crusoe heißen die beiden Inseln. Sehr merkwürdig. Erstens waren Selkirk und Crusoe ein und derselbe, zweitens erlebte Selkirk/Crusoe seinen Schiffbruch ganz woanders, nämlich vor der Mündung des Orinoco, und der fließt drittens nicht in den Pazifik, sondern in den Atlantik. »Was hat das alles mit der Suche nach Gott zu tun?«, fragst Du. Nun ja, gar nichts. Aber der *Robinson Crusoe* des Engländers Daniel Defoe schildert, wie ein Mann, der sich aus einem Schiffbruch auf eine menschenleere Insel rettet und dort über zwanzig Jahre verbringt, zu Gott findet. Gott hat die Welt so zweckmäßig eingerichtet, dass für den Gestrandeten Kokosnüsse vom Baum fallen und wilde Ziegen umherlaufen, für Nahrung und Kleidung gesorgt ist. Und Robinson selbst wird zum Werkzeug der Bekehrung des Wilden, den er Freitag nennt, weil er ihn an diesem Wochentag aus den Händen von Kannibalen befreit hat. Und mit der Rettung von der Insel haben die Abenteuer noch kein Ende, es schließt sich noch eine komplette Weltreise an, die auch wieder zeigt, wie wohl der Schöpfer alles geordnet hat. Defoe benutzte bei der Niederschrift die Erlebnisse des Seemanns Alexander Selkirk als Vorlage, der Jahre auf einer einsamen Insel zugebracht hatte, sowie ein arabisches Buch, *Der Naturmensch* von Ibn Tufail, in dem die Einblicke eines einsamen Inselbewohners in das Wesen der Schöpfung geschildert werden. Aus diesen zwei Komponenten setzte Daniel Defoe den ersten Abenteuerroman zusammen, der auch ein Erbauungsbuch ist. Und wir zwei können uns, rund dreihundert Jahre später, an den immernoch spannenden Abenteuern des *Robinson Crusoe* erfreuen.

Mit der *Moll Flanders* schrieb Defoe ein Buch über den Lebensweg einer Dirne und Verbrecherin in die Ehrbarkeit, außerdem eine *Geschichte der Piraterie* und ein Buch über die *Pest von*

London. Mit jedem dieser Werke wurde er literarisches Vorbild für ganz Europa. Sein als Flugschrift veröffentlichter Lebensbericht des Schurken *Jonathan Wild* machte diesen zum Strang verurteilten Verbrecher so populär, dass er später in einem Roman Henry Fieldings, der *Lebensgeschichte des Mr Jonathan Wild, des Großen*, als skrupellose Heldenfigur der Zeitgeschichte gefeiert und in John Gays *Bettleroper* (mit der Musik von Johann Christoph Pepusch) als Mr Peachum karikiert werden konnte. Wenn in der »Dreigroschenoper« von Kurt Weill (auf den Text von Bertolt Brecht) Mackie Messer sein »Lied vom angenehmen Leben« singt: »*Dann löst sich ganz von selbst das Glücksproblem: / Nur wer im Wohlstand lebt, lebt angenehm!*«, klingt auch daraus immernoch Defoes barocker Stil über die Jahrhunderte hinweg in unseren Ohren, denn Mackie Messer, der Räuberhauptmann Macheath, ist einem anderen Verbrecherhelden Defoes, dem berüchtigten *John Sheppard*, nachgebildet. Alle seine guten Ideen brachten ihm außer Ärger nicht viel ein, neben allen anderen großen literarischen Erfindungen hat Defoe auch den armen Poeten in Szene gesetzt – in eigener Person.

»Du redest aber klug daher«, wirst Du mir jetzt vielleicht sagen wollen. Das stimmt. In diesem Moment spreche ich tatsächlich nicht rein subjektiv von meinen Leseerlebnissen. Aber ich spreche davon, wie alles mit allem zusammenhängt. Und das ist auch wichtig zu wissen, und dafür muss man auch wieder einiges lesen, was Sekundärliteratur heißt, oder besser: Bücher über Bücher, in denen die Einflüsse nachgewiesen werden, denen einzelne Werke ausgesetzt waren und die sie selbst wieder auf andere Werke genommen haben. Eine Welle von Robinsonaden schwappte über Europa – schon damals bedienten sich Scharen von Nachahmern bedenkenlos bei den Ideen der paar Originellen. Und eine Welle von Lebensgeschichten gefallener Mädchen. Und eine Welle von Katastrophenberichten. Und so weiter. Das wenigste davon hat für uns den Reiz der literarischen Überraschung. In Deutschland schrieb Johann Gottfried Schnabel *Die Insel Felsenburg*. Ein Robinson-Roman kombiniert mit einem utopischen Roman, denn die Schiffbrüchigen – es sind eine ganze Menge – gründen ein Staatsgebilde, das dem Autor viel Platz für seine Träume von Freiheit, Gerechtigkeit und manch anderem lässt. Vielleicht der größte Fan des *Robinson* war Jules Verne, der eine Menge Schiffbruchgeschichten in verschiedenster Ausformung erdacht hat: *Zwei Jahre Ferien* schildert, wie für die Zöglinge eines Jungeninternats ein harmloser Segeltörn durch Sabotage zum Hochseeabenteuer wird und sie nach ihrem Schiffbruch auf einer unbewohnten Insel den Traum aller Jungen verwirklicht bekommen: (fast) ohne Störung Erwachsener einen funktionierenden Kinderstaat zu errichten. In völligem Gegensatz dazu wird der Nobelpreisträger William Golding, irritiert durch die Erfahrungen der Gegenwart, in *Herr der Fliegen* schildern, wie eine alleingelassene Gruppe Kinder auf einer Insel entartet und nicht einmal zur Vernunft kommt, als das erste Blut fließt. Von solch einem Einbruch des Unterbewussten ist Verne noch weit entfernt: *Die geheimnisvolle Insel* wird zum Exil von fünf Männern und einem Hund, die in letzter Minute mit einem Fesselballon aus dem Wüten des amerikanischen Bürgerkriegs fliehen konnten. Dank ihrer Ingenieurkunst erschaffen sie sich binnen kurzer Zeit ein technisch fortschrittliches Inselparadies, bis eines Tages Kapitän Nemo … doch das musst Du selber lesen! *Die Schiffbrüchigen der »Jonathan«* spielen dieselbe Konstellation durch, als ihr Auswandererschiff vor Feuerland strandet. *Die Schule der Robinsons* schließlich nimmt unser modernes Survival-Training für Führungskräfte vorweg und stellt die äußerste Übertreibung der Robinson-Situation dar: freiwillig Robinson sein!

> Die Welt ist voll von Robinsons, es gibt gar nicht genug leere Inseln für sie alle.

Ein Robinson steckt in uns allen, was noch heutigentags entsprechende -Clubs oder -Listen legitimiert, die wir zum Ausdruck unserer Individualität offenbar benötigen. Die Literatur, besonders die von Einzelgängern geschriebene, hat den Champion der Einsamkeit und Abenteuersehnsucht nie vergessen. Drei Beispiele:

Sicher hätte sich Henry David Thoreau nicht träumen lassen, dass er mit seinem beschaulichen Büchlein und den kleinen Erlebnissen, die er darin beschrieben hat, tief ins nächste Jahrhundert hineinwirken würde. Er lebte als Kulturrobinson zwei Jahre lang in einer Waldhütte am Ufer eines *Walden* benamten Sees; dort erlebte er – fast nichts. Aber seine Idee, sich von der Zivilisation fern zu halten, hat dann hundert Jahre später richtig gezündet: bei ›Aussteigern‹ mit Kulturhintergrund. Eindrucksvoll ist die Schilderung, wie der Waldensee im Winter ganz zufror und sein Eis zu Blöcken gesägt wurde, um nach einer weiten Reise in Bürgerhäusern die Kühlschränke mit Kälte aus der Natur zu versorgen.

> Das Glück der Kindheit. Man wird es nie wiederfinden, außer in guten Büchern.

Der große Meaulnes ist der älteste Schüler in der kleinen Dorfschule von Monsieur Seurel. In die Beschaulichkeit der Provinz trägt er den Traum vom großen Abenteuer. Eines Tages büxt er aus und kommt erst nach einiger Zeit, zerlumpt und zerzaust, wieder zurück. Er hat eine Traumwelt entdeckt, ein kleines Schloss, wo eine Hochzeit gefeiert wurde und er ein wunderschönes Mädchen gesehen hat, aber er kann nicht wieder dorthin zurückfinden. Jahre gehen dahin, und endlich scheint sich dann alles glücklich zu wenden, aber Frantz, der zigeunerhafte Bruder der schönen Yvonne, ruiniert ihr Glück mit dem vom Ich-Erzähler so geliebten großen Meaulnes. Alain-Fournier nannte sich der Autor dieses seines ersten und einzigen Romans, der kindliche Abenteuer und herbsüße Liebesgeschichte so traumschön miteinander zu verbinden verstand. Vor Verdun fiel er gleich am Beginn des Ersten Weltkriegs, nicht mal achtundzwanzigjährig.

Hätte der große Meaulnes einen kleinen Bruder gehabt, wäre es *Der kleine Prinz* gewesen. Und auch für dessen Erfinder Antoine de Saint-Exupéry brachte der Krieg den Tod. Das Abenteuer seines Lebens war die Fliegerei, als Fliegerei noch ein Abenteuer war, und seine Romane *Südkurier* aus Friedens- und *Flug nach*

Arras aus Kriegszeiten benutzen die Einsamkeit des Cockpits als Auslöser für Gedanken der heroischen Solitude. Sein bestes Buch *Wind, Sand und Sterne* enthält den ganzen Menschen Saint-Exupéry sowie Bilder der Wüste, wie sie uns erst das Kino wieder – etwa im »Englischen Patienten« nach der Vorlage des Romans von Michael Ondaatje – gezeigt hat: Bilder von gleich grandioser wie bedrohlicher Monotonie. Französisch heißt der Roman *Terre des Hommes*. Nach ihm wurde die Organisation benannt, für die wie für seinen Autor Menschlichkeit den obersten Wert darstellt. Von einem Aufklärungsflug (für die Alliierten) ganz am Ende des Zweiten Weltkriegs kam Antoine de Saint-Exupéry nicht zurück.

Gibt es auch weibliche Robinsons? Aber natürlich, und nicht nur in Gestalt jener Mrs Robinson, die für Dustin Hoffman »Die Reifeprüfung« darstellte und aus den Kehlen von Simon and Garfunkel mit dem musikalischen Schmelz der späten Sechziger überzogen wurde. Nein, eher so: Eine Frau, deren glückliche Jahre schon zurückliegen, erwacht eines Morgens in den Bergen und ist der letzte Mensch. *Die Wand* umgibt die Namenlose, dahinter ist der Tod, auf dieser Seite ein Leben im Einklang mit der Natur, das sich die Stadtpflanze erst erfinden muss. Die Katze, der Hund, die Kuh begleiten sie durch die Jahreszeiten, zweieinhalb Jahre dieses neuen Lebens beschreibt die Frau in ihrem Bericht, bis ein Ereignis eintritt, das mit einem Schlag alles zerstört – und das Buch für die Frauenbewegung interessant gemacht hat. Marlen Haushofer findet eine einzigartige Sprache der Einfachheit, genauen Beobachtung und Ehrfurcht den Tieren gegenüber, die dieses Werk zu etwas ganz Besonderem macht. Für das Seelenleben der Katzen hat niemand eine Einfühlung wie sie. Wer davon nicht genug kriegen kann, für den gibt es von der Österreicherin, der die Literatur das Leben ersetzte, noch *Bartls Abenteuer*, eine wundervolle Geschichte von einem tapferen kleinen Kater, die zeigt, dass es keine Kinder- und Erwachsenenbücher gibt, sondern nur schlechte oder gute, in diesem Fall: sehr, sehr gute.

An den *Robinson* meines großen Bruders kann ich mich noch gut erinnern. Er hatte wenig Seiten und viele bunte Holzschnitte, von denen einer den einsamen Insel-Herrscher mit selbstgebasteltem Sonnenschirm und im zotteligen Ziegenfellkostüm zeigte, das Gesicht über und über mit Bart bewuchert. Für den jugendlichen Leser wurde alles weggelassen, was den Abenteuercharakter des Buches hätte beeinträchtigen können: die Suche nach Gott, die langwierige Bekehrung Freitags, die Betrachtungen des Einsamen über das Moralische an seinem Schicksal. Was übrig bleibt, ist immer noch beeindruckend genug, denn die Grundkonstellation, dass ein Mensch, völlig isoliert und allein, sein ganzes weiteres Leben von Grund auf neu erfinden muss, ist natürlich unüberbietbar simpel und zwingend. Diese ›Laborbedingungen‹ sind typisch für die aktuelle Literatur zu Defoes Zeit. Man versuchte der Mechanik auf den Grund zu kommen, die den Menschen antreibt.

Auch wenn sich das eventuell langweilig anhört: Lass Du Dich nicht ins Bockshorn jagen, solche Bücher, auch wenn sie dick sind, muss man g a n z lesen. Nur so können sie ihre Eigenart entfalten. Mag das bei Defoe schwerfallen, bei einem anderen sogenannten Jugendbuchklassiker ist das kein Problem: *Die Schatzinsel.* Hundertfünfzig Jahre jünger als Defoes Buch, will sie nichts anderes sein als eine Abenteuergeschichte. Seien wir uns klar darüber, dass der Autor Robert Louis Stevenson das alles nicht ernst gemeint hat. In einer Zeit, als stählerne Dampfschiffe in Rekordzeit über den Atlantik jagen, lässt er glorreich den Schoner »Hispaniola« die Weltmeere durchpflügen mit dem Ziel der auf einer obskuren Schatzkarte eingezeichneten Insel. Der Erzähler weist uns in die entgegengesetzte Richtung, die in den Werken Vernes eingeschlagen wird. Seine Uhr geht rückwärts. Er spielt mit dem Genre, mit dem Leser: Der junge, unbedarfte Ich-Erzähler Jim Hawkins (dessen Gesicht für uns ältere Kinder immer das von Michael Ande sein wird, in einem der ersten Weihnachts-Vierteiler der Fernsehgeschichte) ist natürlich der literarische Doppelgänger von Stevensons Stiefsohn Lloyd

Osbourne, zu dem er ein inniges Verhältnis hatte. So gönnt er Jim am Ende auch das viele Gold, das der alte Käpt'n Flint auf der Insel vergraben ließ; und alle schrecklichen Abenteuer um den als Koch mit dem Holzbein auftretenden Piraten Long John Silver gehen gut aus – die *Schatzinsel* indes bleibt uns in Erinnerung als geheimer Ort eines Erwachsenwerdens, so schön und aufregend beschrieben, wie es nur sein kann.

In einzigartiger Weise arbeitete Stevenson mit Osbourne zusammen. Mehrere Romane verfassten die augenscheinlich ungleichen Partner gemeinsam, und nicht die schlechtesten. *Die falsche Kiste* enthält entweder die sterblichen Überreste des Gewinners einer Tontine und damit eines Vermögens oder einen Broadwood-Flügel von außergewöhnlicher Klangfülle, aber leider mit kaputtem E'''; auf jeden Fall jagt eine Schar Erbschleicher ihr emsig nach. In diesem Buch erfährst Du etwas über die schwärzeste, makaberste Ausprägung angelsächsischen Humors und über eine Lebensversicherung, in die anfangs alle einzahlen und am Ende nur der letzte Überlebende etwas herausbekommt – eine Lösung unseres Rentenproblems? Auf jeden Fall hat sie der italienische Arzt Lorenzo Tonti seinerzeit schon dem französischen Staatslenker Kardinal Mazarin ans Herz gelegt. Und der war entzückt. *Die Ebbe* spielt ebenso wie *Der Ausschlachter* in der Südsee. Beide Werke bringen spannende und blutrünstige Abenteuer um Perlen und Opiumschmuggel, letzteres nach einem zeitgenössischen Kriminalfall konstruiert. Stevenson war schwindsüchtig oder, um es medizinisch klar zu sagen: litt unter der damals noch nicht heilbaren Tuberkulose. Robert Koch, der berühmte Doktor, entdeckte die Tuberkelstäbchen etwa zu der Zeit unter seinem Mikroskop, als Stevenson an ihnen starb, und es dauerte noch einmal fünfzig Jahre, bis ein wirksames Antibiotikum gefunden war. Schwindsucht geht mit Fieberzuständen einher, und so ist es nicht verwunderlich, dass

> Das Aufregende am Schatz war schon immer die Suche. Hat man ihn erst, was dann? Die einzige weiterhelfende Lektüre sind die Börsenberichte; und die interessieren auch erst wieder, wenn die nächste Blase platzt.

diese Krankheit durch ihren typischen, tragischen Verlauf jahrhundertelang die schöpferischen Kräfte der durch ihre sitzende Arbeitsweise für die Infektion besonders anfälligen Literaten angeheizt hat.

Stevensons Porträt zeigt ein ausgezehrtes, aber schönes, längliches Gesicht, umrahmt von auf die Schulter fallendem, gewellten Haar und einem Spitzbärtchen. Das wirkt entweder altmodisch oder hypermodern, als wäre der Autor, wie viele seiner Werke, aus der Zeit gefallen. Die Augen liegen tief in den Höhlen, um seinen Mund aber spielt das Lächeln, hervorgerufen von einem seiner skurrilen bis dämonischen Einfälle, und schon ist er bereit ihn zu notieren: Das Schreibwerkzeug ist zur Hand. Sein Stil ist immer direkt, packend, kurz heraus, als wisse er um seine begrenzte Lebenszeit. Kaum je hält er sich lange mit Abschweifungen auf.

Seine folgenreichste Erfindung ist *Die seltsame Geschichte von Dr. Jekyll und Mr Hyde*. Stevenson möchte uns mit der Erzählung vom Arzt, der sich durch den Trunk eines in Wasser gelösten Pulvers vom stattlichen Gentleman in den gedrungenen Halunken verwandeln kann – und zurück –, nicht die Banalität vor Augen führen, dass es so etwas wie gespaltene Persönlichkeiten gibt, sondern dass in j e d e m Menschen eine dunkle Seite angelegt ist, die bei Gelegenheit ans Licht gebracht werden kann. Die Science-fiction-Methode, die Jekyll anwendet, konkretisiert noch die aktuellen Bezüge der Geschichte. Er nutzt die Erkenntnisse der neuen Wissenschaft der Biochemie.[9] Sie wird der

---

[9] Goethe hatte auf die erstmalige Synthese einer organischen Substanz durch Friedrich Wöhler – ihm gelang es in seiner Retorte, den Harnstoff herzustellen – noch reagieren können, indem er im Zweiten Teil des *Faust* den Famulus Wagner den Homunculus (das ›Menschlein‹) in einer Phiole erschaffen ließ. Der begrüßt Mephisto als seinen wahren Schöpfer mit den Worten: *Du aber, Schalk, Herr Vetter, bist du hier / Im rechten Augenblick? Ich danke dir.* Hellsichtig hat Goethe, der Liebhaber des ›Bedeutenden‹, das zukünftige Feld der neuen Wissenschaft abgesteckt.

Menschheit Fluch und Segen bringen: die Medikamente und die Drogen.

Zu Stevensons Zeiten glaubte man noch an klimatische Ursachen für die Schwindsucht. Als Therapie begab sich der Autor sein halbes Leben auf Reisen; die letzten Jahre verbrachte er mit Frau und Stiefsohn in tropischen Breiten. *In der Südsee* ist der Tatsachenbericht, spannend wie ein Roman, den wir dieser Zeit verdanken. Während der französische Maler Paul Gauguin zur selben Zeit auf Tahiti Mystik und Grazie findet, kann Stevensons nüchterner Blick nur halbzivilisierte Wilde entdecken, denen beim Anblick eines Langschweins (in der Landessprache der übliche Begriff für: Mensch, der nicht zu uns gehört, essbar) das Wasser im Munde zusammenläuft. Überraschenderweise sind diese gefährlichen, nackten, ausnehmend schönen Heiden allesamt Philosophen, von denen sich manche Lebensweisheit lernen lässt. Auch sie aber kannten kein Mittel gegen Infektionskrankheiten (die meisten von ihnen wurden durch Masern und Syphilis, eingeschleppt von Captain Cooks Leuten und deren Nachfolgern, dahingerafft), und Robert Louis Stevenson, dieser lebenspralle Erzähler, erlag seiner Krankheit dort, nicht einmal fünfzigjährig.

Englische Schriftsteller im Zeitalter der Königin Victoria konnten ihre Leser an typisch englischen Abenteuern am anderen Ende der Welt teilhaben lassen, das British Empire machte es möglich. Einer seiner erfindungsreichsten Lobredner war Rudyard Kipling, der seine Jugend in Indien verbracht hatte und von dort mit den Motiven für die zwei *Dschungelbücher* zurückkam. Der tapfere Mungo Rikki-Tikki im Kampf gegen die zwei Königskobras wird sich Dir ebenso ins Gedächtnis gekuschelt haben wie Mowgli und seine Gefährten sowie sein schrecklicher Gegner, der Tiger Shir Khan. Oder erst die Schlange Kaa, die selbst in der Disney-Verfilmung mit ihrem psychodelischen Blick überzeugt. In äußerst einfühlsamer Weise wird hier der ewige Gegensatz zwischen der unberührten Natur und dem kulturverbreitenden Menschen besungen. Auch in den originellen

Genau-so-Geschichten macht Kipling aus diesem Konflikt Poesie. Meisterhaft versteht er es, lyrische Elemente in seine Prosa zu schmuggeln – als Dichter war er moderner denn als Erzähler, demnach als erster Engländer nobelpreiswürdig. Spannende (Spionage)Abenteuer um einen aufgeweckten kleinen Waisenjungen, den alle für einen Inder halten, bringt der Roman *Kim*.
Was Kipling für Indien, ist Henry Rider Haggard für Afrika. Weniger romantisierend, eher rauschhaft beschreibt er die schönen Schrecken des damals noch wilden Kontinents, mal in der Ausmalung einer matriarchalen Extremkultur in *Sie*, mal verbrämt mit den unerhörten Abenteuern seines Superhelden Alain Quatermain in *König Salomos Schätze*. Das Empire konnte aber auch ohne poetische Übersteigerungen ganz schön dramatisch sein. In Khartum endete gewaltsam das Leben des Generals Gordon, der nach dem Krimkrieg und anderen Greueln noch Gelegenheit bekam, als sentimentaler Held und Märtyrer den Widerpart des Mahdi-Aufstandes im Sudan zu verkörpern, in dessen Mittelpunkt einer der unendlich vielen falschen Propheten der Weltgeschichte stand. In seinen *Tagebüchern* berichtet Gordon nüchtern von seiner Passion für den schwarzen Erdteil und die bis heute unterdrückten Sudanesen. Nüchternheit war nicht das Markenzeichen von Thomas Edward Lawrence, den man getrost »Lawrence von Arabien« nennen kann. Wie bei Gordon war sein Lebenswerk von Sympathie für die Herren der Wüste geprägt, und er machte eindrucksvolle Literatur daraus. In *Die sieben Säulen der Weisheit* schildert er schwärmerisch seine Erlebnisse mit Fürst Faisal in der arabischen Wüste und die Organisation des erfolgreichen Beduinen-Aufstandes gegen die Osmanen im Ersten Weltkrieg. Wirkung hinterließen beide, Gordon und Lawrence, ausschließlich als moralische Persönlichkeiten, die Politik vermochte es mühelos, ihr Lebenswerk alsbald zu ruinieren.

> Ein großer Teil der Welt hat bis heute keine eigene Stimme, um zu uns zu sprechen.

Geheimdienstliche Abenteuer rund um Englands Glanz und letzte Größe beschreibt auch John Buchan (sprich: Backen); am bekanntesten sein Spionageroman vom Vorabend des Ersten Weltkriegs *Die neununddreißig Stufen*, dem Alfred Hitchcock einige Motive für seinen Leinwandklassiker gleichen Namens entlieh. Er fügte der eleganten Atmosphäre des Buches vor allem eine obsessive, sadistische Note hinzu – der Held Richard Hannay verbringt einen Großteil der Filmhandlung in Handschellen –, wo Buchan die Auseinandersetzung der Guten mit den Bösen eher als Spiel beschreibt, als sportliche Rivalität, wobei die bösen Deutschen sich als gute Verlierer zeigen. Mit dem Ende des Ersten Weltkriegs war die Zeit solch chevaleresker Auseinandersetzungen vorbei. Spionage wurde fortan vor allem als schmutziges Gewerbe gesehen; man denke zum Vergleich an Fritz Langs Film »Ministerium der Angst« nach der Vorlage von Graham Greene, einen Weltkrieg später.

Noch einen Kalten Krieg weiter ist die Menge an Spionageromanen bereits inflationär; schwierig, hier die guten von den brauchbaren und überflüssigen zu unterscheiden. Vielleicht probierst Du es mit einem Ted Allbeury, den ich als interessanten Autor von raffinierten Geschichten in Erinnerung habe. Vielleicht irre ich mich auch, dann nimm einfach was anderes. Das Wesen all dieser zwei- bis dreihundert Seiten langen Romane ist ja, dass Du nicht viel verkehrt machst, wenn Du sie liest – höchstens dass Du Dich langweilst oder Skrupel hast, das Zeug in der grünen Tonne zu entsorgen ...

Der deutsche Abenteuerroman (und wenn ich zukünftig deutsch sage, meine ich damit die Sprache, nicht die Nationalität) beginnt mit den Greueln des Dreißigjährigen Krieges, dem Hessen Hans Christoffel von Grimmelshausen und seinem *Abenteuerlichen Simplicissimus*. Sein Romanheld ohne Namen weiß von der Welt noch nichts, als der Hof der Eltern von marodierenden Truppen gebrandschatzt wird und nur er sich retten kann. Voltaire wird später seinen *Candide* mit einem ähnlichen Gemetzel beginnen lassen, diesmal in einem erfundenen Westfalen, um seinen naiven Philosophenhelden Panglosse in die Verlegenheit zu setzen, diesen Unfall in der besten aller möglichen Welten zu erklären. Ein Einsiedler – es stellt sich heraus, dass er einer der Kriegsherren war, der sich, wie heute unsere überreizten Manager, in den Wald zurückgezogen hat – bringt dem Bauernkind die Grundzüge von Bildung und Lebenskenntnis bei. Darauf wird Simplicius (das Wort ist der deutsche ›Simpel‹), wie er bei seiner Rückkehr in Leben und Krieg vom Vorgesetzten mangels Eigennamens genannt wird, selbst zum großen Kriegshelden. Dabei benennt der Autor die Schrecken des Krieges drastisch und mit den richtigen Worten, es handelt sich hier auch um den ersten Anti-Kriegs-Roman, den wir kennen. Grimmelshausen ist kein naiver Erzähler, für den er um sein Leben gern gelten möchte, sondern unangenehm berechnend: Er zielt auf ein gehobenes Lesepublikum, er ist literarischer Vollprofi; das macht die Lektüre nervig, wenn er sich in Episoden verzettelt, die er aus ›Volksbüchern‹, wie die Unterhaltungsliteratur damals hieß, einfach abgekupfert hat. Denn unser Held entkommt, nachdem er mehrfach die Seiten gewechselt hat, den Kriegswirren, um die ganze damals bekannte Welt – und einige dazuerfundene Landstriche – zu umrunden und erkunden; auch märchenhafte Episoden dürfen nicht fehlen, bis sich Simplicius schlussendlich erschöpft selbst als Einsiedler zur Ruhe setzt. Ganz anders der niedliche *Schelmuffsky* von Christian Reuter. Das ist die Geschichte von einem Saufaus und Bramarbas, der die allerunglaubwürdigsten Abenteuer im Stile eines jugendfrischen Münchhausen durchlebt und dazu lakonisch bemerkt: »Der Tebel hol mer!« Lustig ist das zwar, aber auch nicht viel mehr als ein gelungener Studentenulk.

Ein Spaziergang nach Syrakus wäre auch heute ein Abenteuer. Im Jahre achtzehnhundertzwei war er das auf jeden Fall. Johann Gottfried Seume war der Mann, der dieses Unternehmen wagte und uns davon berichtet hat. Er sieht die Schätze Italiens im Prunk völliger Verfallenheit und beobachtet, wie die Nachfahren der Römer sich darin eingerichtet haben. Bis heute ist Syrakus dafür ein prächtiges Beispiel mit seinen antiken Resten, die als Kirchen und Wohnhäuser weiterbestehen. Kleine Abenteuer fürwahr, aber der entspannte, vertraulich gestimmte Ton der Erzählung entschädigt uns dafür, dass nur ein paar unbedeutende Wegelagerer zur Verfügung standen, um diesen wackeren Wandersmann zu schrecken.

Ein Sonderfall von Abenteuer ist der Mann, der sein ganzes Leben zu einem Gesamtabenteuer und -kunstwerk stilisiert hat: Hermann Fürst von Pückler-Muskau, und das nicht nur in Form einer Erdbeer-Vanille-Schokoeisbombe. Sein Vermögen ruinierte er durch seine Leidenschaft für den Gartenbau – noch heute kann man die von ihm geplanten Parkanlagen in Muskau (»Weltkulturerbe«) bewundern oder sein bahnbrechendes Buch *Andeutungen über Gartengestaltung* lesen – und ausgedehnte Reisen, nach England beispielsweise, um reich zu heiraten. Statt einer Braut brachte er die *Briefe eines Verstorbenen* zurück, das Buch, das ihn zur Tagesberühmtheit machte, das Goethe mit Vergnügen las. Er fuhr in die Levante (das damalige Riesenreich der Osmanen), nach Ägypten und in den Sudan. Von dort kam er mit der äthiopischen Prinzessin Machbuba wieder, die er auf einem Sklavenmarkt erworben hatte. Er nahm das junge Mädchen mit nach Muskau, wo sie alsbald starb. Die Geschichte dieser skurrilen Liebe ist sehr schön und seltsam herb, vor allem die Eifersucht der ›Gesellschaft‹, die erst durch den Tod der armen kleinen, stets frierenden Machbuba zufriedengestellt wurde in ihrem frühen Ausbruch von Ressentiment gegen das Fremde, das mit der dunkelhäutigen Schönheit in ihre Kleinstaaterei eingebrochen war.[10] Pückler ver-

> Syrakus!
> Metropole der Antike,
> Heimat von Künstlern
> und Gelehrten,
> eine der größten Städte
> der Welt.
> Dann hört man nichts mehr.
> Aber Syrakus lebt!
> Wer es heute besucht,
> möchte am liebsten
> gleich dableiben.

---

[10] Das Ganze einfühlsam beschrieben in Eckart Kleßmanns *Pückler und Machbuba*.

körpert den Typ des Dandy, vermögenvergeudend, dekadent, überheblich. Aber auch: hellsichtig, sensibel, auf einsamer Höhe der Wahrnehmung. Dieser Typ wird uns noch anderswo begegnen. In seinem exzentrischen Standpunkt zu jeder Form von Gesellschaft und Normalität ist er zum beobachtenden Chronisten ideal begabt, wie die Beispiele von Lord Byron, Oscar Wilde, Harry Graf Kessler zeigen. So wenig man dem Verfall des Adels in Europa nachzutrauern braucht, bezeichnenderweise trieb er im Absterben solche allerschönsten Blüten.

Noch einer, der sein Lebensabenteuer in Literatur verwandelte: der Konstanzer Drogist, Kunstmaler und Dichter Fritz Mühlenweg. *Fremde auf dem Pfade der Nachdenklichkeit* ist die kleine und feine, *In geheimer Mission durch die Wüste Gobi* die große und jugendliche Ausführung dieses Abenteuers, das ihn mit dem Forscher und Reisenden Sven Hedin in der Mongolei und Zentralasien verband; ein handfestes Lesevergnügen mit transzendenten Einsprengseln! Auf dem ›Pfad der Nachdenklichkeit‹ befand sich Mühlenweg, als er für die Hedinexpedition Nachschub beschaffen sollte und auf dem Kamel, mit zwei einheimischen Begleitern, einsam durch die Gobi zog. *Transhimalaya* heißt die Weltgegend, die Hedin entdeckte und kartographierte, genauso wie das mehrbändige Werk, das er über seine beschwerlichen Expeditionen dorthin schrieb. Zu Beginn des letzten Jahrhunderts gab es noch weiße Flecken auf der Landkarte. *In Nacht und Eis* ist der Bericht von Fridtjof Nansen, wie er mit dem Schiff »Fram« mithilfe der Packeisdrift den Nordpol zu erreichen versuchte. Nansen erfand einen Pass für Staatenlose und erhielt den Friedensnobelpreis. Den Pol, den sportliche Zeitgenossen heutzutage in ihren Sommerferien zu Fuß ›machen‹, hat er nie gesehen. Dieses Schicksal teilte er mit Ernest Shackleton, der es mit britischer Zähigkeit auf den Südpol abgesehen hatte. Sein Schiff, die »Endurance«, scheiterte im Packeis; Shackleton gelang es zumindest, alle Männer zu retten. Die Verlierer beim Wettlauf zu den Polen waren allemal die interessanteren Gestalten, vor allem der tragische Robert Falcon Scott, der am Südpol um wenige Tage zu spät kam und auf dem Rückmarsch erfror. Wer waren denn überhaupt die Ersten am Pol? Ich kann mich garnicht erinnern ...

Ein nach Amerika ausgewanderter Abenteuerschriftsteller, dessen Geschichten zwar altbacken wirken, aber die Prärie mit stifterscher Naturintensität aufladen und zum Leuchten bringen, nannte sich Charles Sealsfield (hieß aber eigentlich Karl Postl). Sein *Kajütenbuch* kann einiges Interesse für sich beanspruchen, weil es seltenes Beispiel für eine Synthese deutscher und amerikanischer Eigenheiten bietet. Die kleine Erzählung *Die Prärie am Jacinto* inmitten dieses Buches ist ein Meisterwerk der Naturschilderung im Dienste einer Abenteuerhandlung. Mag auch die Betulichkeit in Sealsfields Erzählung dominieren, so finden wir hier erste Ansätze einer kulturellen Synthese, eines Stils der heraufdämmernden Epoche der Internationalität, in der Grenzen nur noch dazu gut sind, überwunden zu werden.

Auch Friedrich Gerstäckers *Regulatoren von Arkansas* und ihre Fortsetzung *Die Flußpiraten des Mississippi* atmen, bei aller Unbeholfenheit, die Luft der Freiheit. Mögen sie auch mehr auf Karl May als Traven vorausweisen, so stellen sie ein wichtiges Bindeglied in der Kette der Entwicklung des Abenteuerromans dar. Und das vor allem dadurch, dass Gerstäcker tatsächlich d a war, eigenes Erleben verarbeitet zu Literatur – das merkt man seinen Büchern an.

Nachdem auch Theodor Fontane, der n i c h t dagewesen war, mit dem kleinen Werklein *Quitt* seinen Beitrag zum internationalen Abenteuer geleistet hatte – ein preußischer Mord wird in Amerika der Sühne zugeführt –, hatte dieses Genre in deutscher Sprache erstmal Pause. Einsam steht dann ein großer phantastischer Erzähler vor uns, der äußerst spannende und nebenbei auch erfolgreiche Romane schrieb. Er heißt Leo Perutz. So stellt man sich den Abenteuerschriftsteller vor: mit Nickelbrille und Intellektuellenschädel, gegen die berufliche Ödnis der Versicherungsmathematik anschreibend. Prag und Wien sind seine Heimatstädte; in Berlin macht er die Leute hysterisch mit dem Fortsetzungsroman *Wohin rollst Du, Äpfelchen*... Wenngleich dies nun keins seiner ganz geglückten Bücher ist, die Geschichte eines österreichischen Kriegsheimkehrers, der aus sportlichem Ehrgeiz noch einmal nach Sowjetrussland zurückgeht, so wird eins klar, dass unser Autor den Nerv des Publikums trifft. Selbst diese kleine Idee wird unzähligen Nachahmern genügen, Spannung in ihre aufgebauschten Agententhriller zu bringen, und Filmklassiker wie »Der Spion, der aus der Kälte kam« von Martin Ritt nach dem Roman von John le Carré mit Richard Burton und Oskar Werner schlagen aus dieser Glut neue Funken. Perutz hat nichts erlebt, schüttelt aber die tollsten Ideen aus dem Ärmel: *Der Meister des Jüngsten Tages, Der Judas des Leonardo, St. Petri-Schnee* und vor allem der Alptraum *Zwischen neun und neun* (sehr hitchcockhaft) sind äußerst spannende Romane in äußerst eigener Stilistik, ›Kaffeehaus meets suspense‹, sozusagen; deshalb sei vom Inhalt auch nichts weiter verraten.

Die Abnabelung von der Vorstellung eines ›deutschen‹ Abenteuerromans geht einher mit dem mysteriösen Namen B. Traven. An seiner wahren Identität wurde ein Journalistenzeitalter herumrecherchiert – und noch weiß man nicht so recht, was das B. bedeutet und ob er mit Ret Marut oder Otto Feige identisch war; ist uns auch schnuppe. Seine Bücher jedenfalls sind ganz und gar authentische Abenteuerliteratur. Sie bringen exotische Schauplätze, realistische Gestalten und politische sowie soziale Konflikte von aktueller Brisanz. Travens großes Werk ist der sechsteilige *Caoba*-Zyklus. Er spielt im Dschungel Mexikos und verknüpft die engagierte Beschreibung des Elends der Ureinwohner mit einer spannenden Polit- und Abenteuerhandlung.

Das Totenschiff, ein Seelenverkäufer namens »Yorikke« (nach Hamlets verblichenem Spaßmacher Yorick?), fährt Staatenlose, Kriminelle und Deklassierte direkt in Dantes Inferno. Untergehen ist für die Geschundenen dieser Erde ein würdigerer Ausgang als sich irgendwie über Wasser zu halten. *Der Schatz der Sierra Madre* wurde von John Huston verfilmt mit Humphrey Bogart in der Rolle des zwielichtigen Dobbs, der im bürgerlichen

Leben scheitert, Goldsucher wird und durch den spektakulären Fund Schaden an seinem letzten Rest Moral nimmt. Er versucht, seinen Kameraden umzubringen. Travens Erzählung erinnert an die großen Alaska-Geschichten Jack Londons, noch um eine Nuance eingedüstert. Gemeinsam ist ihnen der Grundton eines pessimistischen Humanismus plus Sozialpathos, und so ist es kein Wunder, dass das Werk beider Autoren von der Büchergilde Gutenberg über Jahrzehnte gepflegt worden ist. An dieser Stelle ist es Zeit, das Loblied auf die lange Jahre gewerkschaftseigene Büchergilde zu singen, die seit je gute Literatur in schönen Ausgaben an die Leser gebracht hat. In einer Welt, in der Leineneinband und Lesebändchen zum Bauernopfer der Verlage für niedrige Produktionskosten geworden sind, setzte einzig die Büchergilde Gutenberg unverdrossen auf buchherstellerische Qualität im Kampf um Käufer, und das zu konkurrenzlosem Preis. Möge sie uns erhalten bleiben!

Der außergewöhnliche Autor stirbt nicht, er verschwindet. Diese Pointe eines Lebens, dem eigenen Werk verpflichtet, gilt nicht nur für Traven, sondern genauso für den vielleicht sonderbarsten Zyniker unter den Abenteuerschriftstellern: Ambrose Bierce. *Allein in schlechter Gesellschaft* könnte, nach seinen eigenen Worten, sein Lebensmotto gewesen sein. Der amerikanische Bürgerkrieg bietet den Hintergrund für viele seiner Geschichten, die mit grimmiger Lakonik und ätzender Satire die Schwachpunkte am Menschen, Feigheit, Habsucht, Hinterlist, freilegen. In hohem Alter wurde Bierce des Schreibens und Lebens überdrüssig und stürzte sich in die Wirren des mexikanischen Bürgerkriegs, in dessen Pulverdampf er sich, Äquivalent seines schwarzgalligen Humors, auflöste.

Nur wenige Zahnärzte haben es zum Helden eines Abenteuerromans gebracht, und wäre es auch nur ein negativer. Zahnärzte schleichen eher als sadistische Quälgeister durch alptraumhafte Thriller, wie in John Schlesingers »Marathonmann« der schaurig-schöne Laurence Olivier, der Dustin Hoffman mit dem Bohrer auf den Nerv fühlt. So dürfte wohl *McTeague* einzig dastehen, der erst im Lachgasrausch ein Mädchen verführt und später neben ihren Weisheitszähnen auch noch an ihren Lottogewinn ranwill, bevor ihn im Showdown mitten in der Wüste sein Schicksal in Form von Handschellen ereilt. *Heilloses Gold*, wie das Buch auf Deutsch heißt, von Frank Norris ist zwar eine krude Geschichte, aber McTeague, da sind wir froh, auch kein echter Zahnarzt. Sei's drum, als Stummfilm von Erich von Stroheim wäre »Greed« in seinem Hyperrealismus ein ›Blockbuster‹ geworden, hätte es das Wort schon gegeben oder der Regisseur nicht versucht, das Buch Wort für Wort zu verfilmen – eine einsame Entscheidung, dafür aber heute Kult auf jeder Filmkunstveranstaltung. Norris harrt als amerikanischer Zola mit seinem Epos über Eisenbahn und Weizen (*Octopus*) der Wiederentdeckung, von Stroheim kennst Du noch als kahlen, wortkargen Diener von Gloria Swanson in Billy Wilders »Sunset Boulevard«, aber was ist eigentlich ein Blockbuster?

Zwei Zahnärzte in einem Buch? Das hier ist der erste. Auf den zweiten muss der geschätzte Leser nervenzerfetzende fünfhundert Seiten warten.

Dieses heute leicht über die Zunge gehende Wort bezeichnete im Luftkrieg die Sorte Bomben, die als erste Welle ins Häuserviertel geworfen wurden und alle Fensterscheiben zerbersten ließen; danach konnten die Brandbomben wesentlich wirksamer ihr Werk tun ...[11]

Damit wären wir endgültig im gelobten Land der Abenteuer, in Amerika angekommen und wenden uns dem Ahnherrn des Nervenkitzels zu. Edgar Allan Poe hat garantiert nichts von dem erlebt, was den Zündstoff seiner phantastischen Erzählungen

---

[11] Diese Information verdanke ich dem ebenso aufschlussreichen wie erschütternden Buch *Der Brand* von Jörg Friedrich; vielleicht sollte man zum Kassenfüller doch wieder Kassenknüller sagen.

ausmacht. Nicht körperlich jedenfalls, seelisch erscheint er uns dafür mit jedem seiner Helden wie durch Magnetismus verbunden. *Der Goldkäfer* handelt von etwas, was er weiß, und hier wissen wir, wovon er spricht: Poe betreute die Rätselecke einer Zeitung und schloss in dieser Eigenschaft mit der Leserschaft die größenwahnsinnige Wette ab, dass er in der Lage sei, jeden ihm eingesandten Sprachcode zu knacken. Nach allem, was wir wissen, war er sogar so wahnsinnig, die Wette zu gewinnen! Im *Goldkäfer* wird in knapper Form berichtet, wie jemand zufällig eine solche geheime Botschaft findet, sie entschlüsselt und mit ihrer Hilfe einen Seeräuberschatz hebt. Wie üblich bei Poe, balanciert die Handlung auf dem Drahtseil zwischen satirischer Übertreibung und spannungsgeladener Extravaganz; neben der knappen Berichtsform sticht hervor, dass kein Gedanke auf die Verwendung des Schatzes verschwendet wird. Poe, selbst ein Leben lang knapp bei Kasse, bricht die Erzählung ab, bevor die Phantasie den Leser und ihn selbst mit der quälenden Frage beunruhigt, was man mit einem frisch erworbenen Vermögen alles anfangen könnte. Ein Reflex auf diese Erzählung erscheint in *Tom Sawyers Abenteuern*, wenn dort nicht nur die Schatzsuche als prima Abenteuer für zwei Lausejungen geschildert, sondern anschließend auch die öffentliche Darbietung des Reichtums und seine weitere Verwaltung liebevoll ausgemalt wird.»Mensch bleiben!«, müssen sich diese zwei Jungmillionäre immer wieder sagen.

Lebendig begraben oder eingemauert, unter Untoten, bedroht von Unholden, verkleideten und echten Affen oder dem Tod persönlich: Die Angstphantasien Poes sind unüberboten vielfältig und gleichzeitig monoman. Es empfiehlt sich, sie dosiert zu genießen und Gegengift, zum Beispiel einen Liebesroman mit allerglücklichstem Ausgang, bereitzuhalten. Das Meisterstück des Schauerlichen, Gipfel spannungsvollen Grusels, der dem atemlosen Leser Angstschweiß austreibt und die Nackenhaare aufstellt, ist, so wie ich es selbst erlebt habe, *Die Grube und das Pendel*. Wie so oft bei Poe erleidet ein Ich-Erzähler die denkbar größte Raffinesse an Torturen, diesmal durch die katholische Inquisition zu Toledo. Das Historische ist aber erkennbar nur beliebige Kulisse, Spannung erzeugt einzig die Ausgeliefertheit des Opfers. Durch Fesselung aller Handlungsfreiheit beraubt, kann nur der Geist noch agieren, einerseits um die Qualen intensiv zu erleben, aber auch um fieberhaft an der unmöglich scheinenden Rettung zu arbeiten. Diese ganz kurze Erzählung feiert den Triumph des Denkens über die Mechanik der Unmenschlichkeit. Allerdings müssen ein paar fette Ratten helfen. Rote Ohren sind beim Lesen garantiert!

Typisch für Poe der knappe und detailarme, auf das Innenleben der Personen konzentrierte Erzählstil, der entsprechend viel Raum für des Lesers eigene Imagination schafft. Die Szenerie bleibt in der Regel schemenhaft. Die Handlungsideen hingegen sind so stark und bildmächtig, dass die Filmindustrie schon einjahrhundertlang Poes Visionen ausbeutet, ohne dass sich die Schätze seiner Phantasie erschöpfen ließen. Wo Wände gefährlich zusammenrücken, abgestorbene Herzen erbarmungslos pochen und der Held in namenlosem Schrecken erstarrt, feiert bis heute jeder Hollywoodstreifen Edgar Allan Poes ehrwürdigen Namen. Selbst dort, wo gar nichts zu verfilmen wäre, wie bei seinem großen und höchst modernen Gedicht *Der Rabe* (Das lyrische Ich quält sich über den Verlust der geliebten Lenore, hofft gar auf ein Wiedersehen. Doch der gefiederte Besucher macht jede Hoffnung zunichte – *quothe the raven: »nevermore!«*), wurde noch etwas Lichtspielkunst davon abgezapft. Poe, selbst kein Beispiel für literarischen Erfolg – er starb arm und einsam –, war einer der großen Anreger und Weichensteller.

DER SCHAUER- UND DER KRIMINALROMAN

Mit der Mitteilung, dass Edgar Allan Poe das Genre der Kriminalgeschichte begründet hat, kann ich Dich nicht hinterm Ofen vorlocken. Er erfand den Detektiv-Helden. Zur selben Zeit aber entwickelte Honoré de Balzac den politischen (Kriminal)Roman mit *Die Königstreuen*, einer Geschichte vom Widerstand gegen die Revolution. Für *Eine dunkle Affäre* – eine Verschwörung gegen Napoleon Bonaparte, als der noch Erster Konsul war – stand nicht nur ein zeitgenössischer Entführungsfall Modell, mit den ebenso schlechtgekleideten wie scharfsinnigen Herren Peyrade und Corentin betritt auch der Typ des skrupellosen Ermittlers die literarische Szene. Gewalt gegen Frauen und intrigante Perfidie setzen sie zugunsten des Polizeistaats von Minister Fouchés Gnaden gegen reaktionäre Kräfte und Verschwörer ein, mögen die auch noch so sympathisch sein. Die Pointe – wie sie in Zukunft jeder Krimi brauchen wird – besteht in der Beantwortung der Frage, w e r eigentlich die Verschwörer gewesen sind, die allerdings erst nach zweihundert Seiten dazu kommen, ihr Verbrechen zu verüben – das muss zukünftig schneller gehen. Bei der Auflösung hat der Meister der gesellschaftlichen Ränkespiele einen außergewöhnlichen Clou parat ...

Die Schauergeschichte hatte damals schon einige Tradition, als Poe kam und ihr die perfekte Gestalt gab. Die Idee zu *Grube und Pendel* stammt beispielsweise aus dem Roman *Arthur Mervyn oder Die Pest in Philadelphia* von Charles Brockden Brown, dem Gründervater der amerikanischen Literatur. Brown, der früh starb, war umtriebig und erfolgreich. *Wieland oder Die Verwandlung* ist sein bestes Buch über einen Bedauernswerten, der vom Bauchredner Carwin in den Wahnsinn getrieben wird. Sein Stil ist hölzern, dramatische Unwahrscheinlichkeiten stören ihn kein bisschen, aber Browns Spur wird sich durch die amerikanische Literatur ziehen; Seltsames wie die schauerlichen Erzählungen von Howard Phillips Lovecraft, für die nur das Attribut ›strange‹ passend erscheint und von dem ich *Der Fall Charles Dexter Ward* kenne (brrr ...), und spätere einfallsreiche Gräuslichkeiten, bis hin zu Stephen King und seiner Erzählung *Das Mädchen* von einer Verirrten im Indian Summer Neuenglands, verdanken sich seinem Vorbild.

Geschichten von Verbrechen oder mit Verbrechern gab es

schon immer, angefangen mit den Novellen in Herodots Geschichtsschreibung und den biblischen Verbrechen in Kainsmanier. Von Poe und Balzac an gibt es den Zweikampf zwischen dem Verbrecher und dem Ermittler. Dieses ungleiche Paar belauert und bearbeitet sich nach Kräften, und in dieser Auseinandersetzung liegt der ganze Reiz des Kriminalromans. Deshalb ist der Name des Detektivs meist wichtigstes Erkennungsmerkmal des Krimis. In der großen Poe-Ausgabe des Walter-Verlags werden in der Rubrik ›Detektivgeschichten‹ vier Titel genannt. Zum *Goldkäfer*, von dem wir schon sprachen, und der ja sicher eher eine Rätsel- als eine Detektivgeschichte ist, kommen: *Die Morde in der Rue Morgue, Das Geheimnis um Marie Rogêt* und *Der stibitzte Brief*. In allen drei Geschichten, die wir um ihrer Spannung willen hier nicht erörtern wollen, spielt der aus bestem Hause stammende, verarmte C. Auguste Dupin die Hauptrolle des Verbrechensaufdeckers. Dieser Ermittler ist noch nicht Detektiv von Beruf. Darin folgt ihm später *Sherlock Holmes*, der in seiner Wohnung in der Baker Street so regelmäßig beim Geigespiel von seinem Freund Dr. Watson gestört wird und von Arthur Conan Doyle in die Welt gesetzt wurde. In Frankreich tritt der Meisterdieb *Arsène Lupin*, auf den Maurice Leblanc das Copyright hat, in die Fußstapfen des Meisterdetektivs aus dem nebligen London. Lupin hat Esprit und Leichtigkeit, allerdings fehlt ihm dadurch auch jeder Tiefgang. Der dritte große Weise der Verbrechensbekämpfung hat weder Adresse noch Verwandte, kommt sozusagen aus dem Nichts. Immer ist er aber gerade am richtigen Ort, um in über fünfzig kurzen Geschichten, teils im Team mit seinem zum Detektiv bekehrten Einbrecherfreund Flambeau, seine aufklärerische Kunst der Verbrechensanalyse mit abschließender Überführung des Übeltäters zu präsentieren. Er trägt schwarz, ist klein und katholisch, in zwei Worten: *Father Brown*. Sein literarischer Schöpfer Gilbert Keith Chesterton war ein bemerkenswerter Mann. Gegen alle Widerstände vertrat er seine grundkatholische Haltung im anglikanischen England, schrieb mit *Ketzer* und *Orthodoxie* zwei Klassiker der Theologie für Laien. Nur ein Argument gebe es gegen das Christentum, behauptet er darin, und das seien – die Christen. Man muss anschließend *Das Wunder des Theismus* vom Australier John Mackie lesen, um den Kopf wieder frei zu bekommen für die Möglichkeit einer Welt ohne einen Gott. Chesterton jedenfalls wurde auch von seinen Gegnern für seine Kompetenz und Intelligenz sowie umfassende Bildung geschätzt – bis in die massige Statur ein englisches Pendant zu Egon Friedell. Father Brown ermittelt, wie Poes und Doyles Detektive es vormachen, unblutig. Die Aufklärung des Verbrechens ist eine rein geistige Anstrengung im Verfahren der Deduktion durch eine geschlossene Indizienkette. Dem setzte die amerikanische Krimitradition von Anfang an den ›tough guy‹, den echten Privatdetektiv mit Knarre und linkem Haken entgegen. Raymond Chandler, auch als Drehbuchautor in Hollywood erfolgreich, kreierte den Philip Marlowe (*Der Malteser Falke*), dessen Zynismus durch ein paar Ohrfeigen noch keine Beulen bekommt. Der Sam Spade von Dashiell Hammett (*Der dünne Mann*) ist aus noch härterem Holz geschnitzt, bei ihm sitzt der Revolver locker. Die unübersehbare Zahl von Leichen in *Rote Ernte* bedeutete einen Rekord, der von Späteren kaum noch zu überbieten war. Das gefalle wem will. In Dutzenden Romanen, Erzählungen und Verfilmungen gingen diese Ermittler auf Verbrecherhatz. Subtileren Schrecken verbreiten dagegen die Romane von Cornell Woolrich, deren Titel allesamt um das Adjektiv ›schwarz‹ kreisen, wie *Der schwarze Engel*. Daraus wurde Hollywoods ›schwarze Serie‹ von Krimis düsterster Machart. Auch Hitchcocks großartiger Klassiker um professionellen Voyeurismus »Das Fenster zum Hof« – James Stewart spielt den aus Langeweile neugierigen, vorübergehend eingegipsten Photographen, der mehr zufällig einen Mord aufdeckt und sich selbst

> Über den Glauben zu schreiben ist leichter, wenn man selbst nicht glaubt. Dann muss nicht alles wahr sein, was da steht.

sowie Grace Kelly dadurch in Lebensgefahr bringt – entstand nach einer Vorlage von Woolrich, dessen trauriges Lebensschicksal mit Drogen und Vereinsamung von allem literarischen Erfolg nicht gemildert werden konnte.

Dass ein Schweizer der authentischste Krimiautor Europas – und einer der ersten – sein könnte, lässt zunächst stutzen. Herumliegende Leichen gehören auf keinen Fall ins Straßenbild der vor Sauberkeit blitzenden Alpenrepublik. Auch der Name des Ermittlers, Wachtmeister Studer, hört sich noch nicht nach rasanter Unterhaltung an. Ist es auch nicht, denn die Romane von Friedrich Glauser sind leise Umkreisungen des Schreckens, dabei große Kunst in einfacher, spezieller Sprache mit präzisen Milieustudien. Als Einstiegsdroge aus der geschlossenen Abteilung empfehle ich *Matto regiert*.

Teuflische Einfälle hatte das Autorengespann Boileau-Narcejac, mit *Aus dem Reich der Toten* schufen sie die Vorlage für Hitchcocks »Vertigo«. Flavières soll auf die manisch depressive Frau seines alten Bekannten Gévigne aufpassen, die sich prompt vom Kirchturm stürzt. Der Aufpasser, der sich bereits sterblich in seine Schutzbefohlene verliebt hat, kann es wegen seiner Höhenangst nicht verhindern. Jahre später begegnet ihm eine Frau, die frappierende Ähnlichkeit mit der Toten hat. Er zwingt sie, deren Rolle einzunehmen. Die Motive sind Nekrophilie und die vage Hoffnung, einen Schuldkomplex loszuwerden. Dabei ergibt sich jedoch, dass es sich um ein und dieselbe handelt: Gévigne wollte seine reiche und gesunde Ehefrau loswerden, engagierte ein Double, das die erfundene Todessehnsucht zu spielen hatte. Die Leiche war dann die echte Ehefrau, und die Höhenangst von Flavières wurde ausgenutzt, um ihn zum hilflosen Zeugen der Ereignisse zu machen. In leidenschaftlicher Raserei ermordet er nun die Doppelgängerin – für ihn war sie ja ohnehin schon tot. Pierre Boileau und Thomas Narcejac schreiben knapp und zynisch, bereits die Buchtitel wie *Mord bei fünfundvierzig Touren* knallen wie ein Revolverschuss. Überhaupt werden die Titel eine immer größere Rolle spielen in diesen Sechziger- und Siebzigerjahren, als die schwarzen rororo[12] und die gelben Goldmann, die schwarzgelben Diogenes und andere Reihen um die Gunst der Krimileser buhlten. Der schlichte Krimi im Taschenbuchformat, den man ungestraft knicken, zerfleddern und mit Eselsohren zieren durfte, für die Bahnfahrt, freie Bürostunden, unter der Schulbank und ähnlich günstige Gelegenheiten, bereitete den Boden für die Wertschätzung, die das Genre mittlerweile erfährt. Gebunden, mit Schutzumschlag und Lesebändchen kommen sie jetzt daher, feine Pinkel eben. Wer sagt da noch, dass sich Verbrechen nicht auszahlt?

Und immer geht es darum, der Gewalttat ein Motiv zu geben. Beginge ein Mörder seine Handlung ohne Sinn und Zweck, entstünde das Gegenteil eines Kriminalromans. Und genau damit haben wir es bei *Kaltblütig* zu tun, dem Meisterwerk des gelernten Journalisten Truman Capote, den wir ansonsten vor allem als Schöpfer des entzückenden Partygirls Holly Golightly aus *Frühstück bei Tiffany* kennen. Aber *Kaltblütig* ist das Buch, das man gelesen haben muss – wenn man beim Thema Krimi mitreden will. Zwei junge Burschen ermorden eine Farmersfamilie bei der vergeblichen Suche nach deren Vermögenswerten; Herr Clutter hatte nie Bargeld im Haus. Wie Capote das Verbrechen und die Lebensumstände der Mörder Perry und Dick schildert – von denen uns der erste, ein Krüppel und Halbblut, aber auch Zeichner und Tierfreund, immer sympathischer, der andere, ein Tunichtgut von Aufschneider aus der weißen Unterschicht, immer widerwärtiger wird –, wie er die Geschichte der Opfer, der Aufklärung des zunächst mysteriösen Falles und von Prozess und Hinrichtung der Täter erzählt, das ist neu und spannend wie – eben wie ein Krimi, obwohl es der mitleidlos sachliche, den

---

[12] Rowohlts Rotations-Romane erschienen zuerst im Format und in der Ausstattung einer Tageszeitung. Der Fan erinnert sich, das Motto der Krimi-Reihe lautete *A faint cold fear thrills through my veins* und stammt von Shakespeare, *Romeo und Julia*, IV. Akt, 3. Szene.

Leser umso mehr aufwühlende Bericht über ein reales Verbrechen ist, das Amerika erschütterte. Eines der großen Bücher des Jahrhunderts!

Mord und Totschlag zu psychologisieren unternahmen viele, die bedeutendsten Namen sind Patricia Highsmith für Amerika und Georges Simenon, der Franzose, der als produktivster Autor des Zwanzigsten Jahrhunderts in Erinnerung bleibt. Mit dem *Kommissar Maigret* machte er einen Staatsbeamten zum berühmtesten Krimihelden, dessen Lebenswerk soeben durch eine neue Gesamtausgabe geehrt wird. Darüberhinaus provozierte er den vielleicht spektakulärsten Ehekrach der modernen Literatur in *Der Kater* – das Paar, das sich nichts mehr zu sagen hat, sich aber gegenseitig noch die Haustiere vergiften mag, wird im Film eindrucksvoll von Jean Gabin und Simone Signoret verkörpert. Nicolas Freelings *Kommissar van der Falk* kommt Maigret am nächsten, bevor die Schweden die Mordkommission als ideale Brutstätte für soziale und kriminalistische Spannung entdeckten. Ich denke da vor allem an die Romane von Maj Sjöwall und Peer Wahlöö rund um ihren Kommissar Beck, die mit großer Authentizität und politischem Anspruch daherkommen, in *Die Terroristen* auch noch beängstigend zeitgemäß.

Ich war Jack Mortimer ist einer der seltenen frühen Beiträge zum Krimigenre in deutscher Sprache, ein atemloser Roman vom Österreicher Alexander Lernet-Holenia, dessen Handlung in wenigen Stunden erledigt ist. Das hübsche Büchlein ist ein Produkt der Halbherzigkeit: Die bewusste Abhängigkeit von englischsprachigen Vorbildern zeigt bereits der Name des schnell gemeuchelten Titelhelden. Lernet-Holenia, ein spätes Äpfelchen am Zweig der Kaffeehauskultur, schrieb ansonsten sehr stim-

> Ein Autor zeigt:
> Auch die Wirklichkeit kann ein spannendes und erschütterndes Buch ergeben. Das ist aber die Ausnahme, nicht die Regel.

mungsvolle *Gedichte* und zwei Kriegsromane: *Die Standarte* mit dem Ende des Ersten, *Mars im Widder*[13] mit dem Beginn des Zweiten Weltkriegs als Hintergrunddonner für österreichisches Untergangssäuseln; ganz zu schweigen von der fulminanten *Auferstehung des Maltravers*, einem Krimi-Essay über das Boxen und das Gespenst eines adeligen Zuhälters. Landsmann Wolf Haas lädt die zur Zeit kurzweiligsten Verbrechen auf sein Gewissen, allerdings hat er seinen Kommissar Brenner – dann quittiert er den Dienst und ermittelt als Detektiv weiter – mittlerweile in der siebten Folge *Das ewige Leben* sterben lassen – nur das Vorspiel für eine Auferstehung Erster Klasse (auch im Kino!). Beste Episode: *Komm, süßer Tod*, ein Umbringen in Lebensretterkreisen, immer nach dem Rezept der Wiener Melange von Geistesglanz und moralischer Verrottung. Die härtesten Sachen der Saison verpasst uns der Amerikaner James Ellroy, der in *Schwarze Dahlie* ein historisches Frauenschicksal als Aufhänger nimmt; *Die Rothaarige* erzählt von seiner eigenen ermordeten Mutter. Immer schon unverzichtbare Ingredienz des Krimis war das Lokalkolorit; erregend mag die Vorstellung sein: es passierte in Deiner Nachbarschaft! Jetzt kann man auch seinen Urlaub in diesem Sinne gestalten, zum Beispiel die Schauplätze von Andrea Camilleris sizilianischen Krimis wie *Der Hund aus Terra-*

---

[13] Es ist mehr Stil als Haltung, was Lernet-Holenia auszeichnet. Den Großen Krieg hatte er – neben der *Standarte* – auch noch als passenden Aufhänger für die erotisch-sportiven *Abenteuer eines jungen Herrn in Polen* genommen; die unfreiwillige Teilnahme des österreichischen Leutnants der Reserve Wallmoden am Überfall auf Polen im September neununddreißig kulminiert immerhin schon im unheimlichen Bild der nächtlich wandernden Krebse, das *Mars im Widder* zu einem so beunruhigenden Buch machte, dass es, bereits gedruckt, noch vor Auslieferung verboten und selbst zum Kriegsopfer wurde: Eine wohlgezielte Phosphorbombe vernichtete die gesamte Auflage, sodass es nur zufällig (in den Korrekturfahnen) erhalten blieb. Nach dermaßenem Kriegsunglück wurde Lernet-Holenia endgültig zum Pazifisten. Wie sagt ein lateinisches Sprichwort? *Habént sua fáta libélli* – Büchlein haben so ihre Schicksale.

kotta besuchen und sogar die Lieblingsgerichte des Kommissars Montalbano im »Leon d'oro« in San Leone bei Agrigent bestellen – auf Slow-food-Niveau. Am besten: Pasta con le sarde, ein Gericht mit jahrhundertelanger Tradition. Vorsicht: enthält Fenchelsamen und Rosinen, zwar keine tödliche Mischung, aber dennoch nicht jedermanns Sache.

Mit dem Kino hatte der Krimi von Anfang an Blutsbrüderschaft geschlossen. Auf dem Theater hingegen lassen sich Verbrechen nur schlecht zeigen, Handgreiflichkeiten unter Mimen oder gar eine sacht atmende Leiche auf der Bühne wirken schnell lächerlich. So kreisen Tragödien auch stets, wenn nicht um die Enträtselung, dann um die Vorgeschichte des gewaltsamen Todes, der in der Regel flink zum Fallen des Vorhangs abgehandelt wird. In der Oper sieht das schon besser aus: Da kann der Vorgang des Sterbens zu einem Höhepunkt der Melismatik werden. In allen Verdi-Opern (bis auf den burlesken, satyrspielhaften Abschluss des »Falstaff«, als wäre der Meister seiner selbst überdrüssig geworden und wollte einen Fingerzeig für einen Neuanfang geben) wird inbrünstig gestorben. *Verdi – Roman der Oper* heißt die Liebeserklärung, die Franz Werfel diesem Lieblingsamüsement des Neunzehnten Jahrhunderts geschrieben hat. In der Figur des alten Opernkenners und seiner Sammlung zigtausender von Programmzetteln, die dann spektakulär in Flammen aufgeht, hat er gleichzeitig den Abschied gestaltet, der sich anbahnte. Die Begeisterung des breiten Publikums wandte sich dem Lichtspiel zu, und hier wurde nicht nur gestorben, sondern vor allem stil- und kunstvoll g e m o r d e t . Der größte Hexenmeister der Leinwand: Alfred Hitchcock. Die Bibel aller Filmbegeisterten: François Truffauts Interview *Mr Hitchcock, wie haben Sie das gemacht?* Der Cineast wird hier Grundwissen erwerben, vor allem aber erfährst Du, wie die bisher nicht ›kunstfähigen‹ privaten Obsessionen eines Einzelnen, des Regisseurs, die im dunklen Kinosaal atemlos starrende Menge in den Würgegriff nehmen. Angst heißt der Schlüssel zur Ästhetik der Gegenwart.

Eine Lieblingswahnvorstellung von Edgar Allan Poe: lebendig begraben sein. Hier handelt es sich erkennbar um etwas sehr Persönliches, eine Phobie, die er mit einem anderen großen Phantasten der Weltliteratur (und vielen anderen nicht so bekannten) teilte: Nikolaj Gogol – dem es denn auch wirklich widerfahren sein soll. Wieder bietet Mark Twain das geeignete Gegengift, indem er von den Freuden erzählt, an der e i g e n e n Beerdigung teilzunehmen. *Tom Sawyer* und seine Kumpane genießen es erst als Riesenspaß, sind nachträglich aber beschämt als sie feststellen, wie sehr ihr Ableben betrauert wird. Oder in der Kurzgeschichte *Das Interview*, dort lautet die Frage: *Bei welcher Gelegenheit trafen sie Aaron Burr?* Antwort: *Bei seinem Begräbnis. Er bat mich, daß ich mir die Nase doch etwas leiser putzen sollte* ... Auch dies eine Antwort auf den Großmeister der Schrecken.

Drei abenteuerliche Reisen hat Poe beschrieben. *Hans Pfaall* macht eine Ballonfahrt (wie kurz danach auch Adalbert Stifters *Condor*, fünfzig Jahre später die Afrikaexpedition in Jules Vernes Erstling *Fünf Wochen im Ballon*). *Julius Rodman* durchquert die Rocky Mountains. Sein einziges längeres Prosawerk, *Die Erzählung des Arthur Gordon Pym aus Nantucket* – hier geht zwanzig Jahre vor Ismael und Queequeg schon einer von der Walfängerinsel aus, um Abenteuer zu erleben –, täuscht naturalistisch vor, ein fragmentarischer Bericht zu sein von einer Reise ans Ende der Welt. Die Schilderungen sind getragen von wissenschaftlicher Präzision und der Einwirkung des menschlichen Faktors, seelischer Vorgänge, die den Ablauf der Geschehnisse überlagern. Das ist Poes neuer Beitrag zur Kunst des Erzählens. Ehe Pyms Bericht zum Höhepunkt der Ereignisse kommt, bricht das Manuskript ab. Kein Wunder, dass Jules Verne sich in seinem Spätwerk *Die Eissphinx* genötigt fühlte, die Geschichte zu Ende zu erzählen, in Verehrung für Meister Poe und im verständlichen, aber banalen Wunsch, handfeste Tatsachen an die Stelle feiner Andeutungen zu setzen. Dabei hatte doch Poes Erzählung *Der Maelstrom* schon ausgemalt, worum es sich bei einer

Reise ans Ende der Welt handeln muss: nämlich um einen Blick auf die Rückseite unserer eigenen Existenz. Wer den tut, bekommt über Nacht weißes Haar! Mit seiner Fortsetzung hat Verne die Kunst seines Vorbildes gründlich missverstanden. Für ihn bedeutet ein Abenteuer: der Mensch im Vollbesitz neuzeitlicher Erkenntnisse siegreich im Kampf mit den domestizierten Gewalten der Natur. Nur verrückte Wissenschaftler sind zum Untergang verurteilt, nicht der Ingenieur, der seine Formelsammlung im Kopfe parat hat. Leider trübt die simple Einteilung der Menschheit unsern heutigen Genuss an Vernes heiliger Einfalt. Deutsche trinken viel Bier, sind stumpfsinnig und verschlagen, nur der noble Engländer ist ein angemessener Gegner für den Vertreter des auserwählten Volkes, den Franzosen – alle anderen sind ›Eingeborene‹ und zählen nicht. Aber immer wieder spannend ist die Frage: Wie bekommt die Geschichte ihre, häufig zukunftshellsichtig hypertechnisierte, Pointe? Sein Publikum lechzte nach solcher Art von Unterhaltung, immerhin ist Jules Verne rares Beispiel eines Autors, der von seinem Beruf ein blendendes Auskommen hatte. Nicht so sehr durch seine Romane, sondern vor allem durch die Umarbeitung seines *Kurier des Zaren* zu einer Theater-Revue! Ein sensationeller Ausstattungsschinken, den auch der junge Frank Wedekind bei seinem ersten Parisaufenthalt zu sehen bekommt. An seinen Bruder schreibt er: ... *mit einem Ballett, über das ich weiß Gott schweigen will. Ein solches Sichüberbieten von Geschmack und Grazie hätte ich nie für ausführbar gehalten* ... Viel beißende Ironie für den mäßigen Eintrittspreis von drei Francs. Nun, Verne wurde reich damit und seiner Reputation hat es nicht geschadet. Wie sehr hatte sich Balzac fünfzig Jahre zuvor nach solch einem fragwürdigen Erfolg verzehrt und musste stattdessen wie ein Bagnosträfling an zigtausenden von Manuskriptseiten schuften – zu schweigen von all den anderen, die schreiben nicht reich und dabei noch unglücklich gemacht hat.

Jules Vernes abenteuerliche Reiseberichte kann man getrost lesen, einer ist wie der andere. Geboten werden exotische Kulissen, sorgfältig aus Fachliteratur abgeschriebene Landschaftsbeschreibungen, eine Handlung mit Schmiss, aber stets schablonenhaften Charakteren und meist erträglichem Nationalpathos – für dessen Verständnis es wichtig ist zu wissen, dass Verne zur Generation derer gehörte, die am verlorenen Krieg gegen Preußen litten –, viele gelungene Kindergestalten als wichtige Handlungsträger, dafür völliges Fehlen erotischer Verwicklungen. Die Naturwissenschaften bilden das Rückgrat jeden Plots, seltener werden auch geschichtliche Ereignisse oder Konstellationen einbezogen, und immer geht Verne vom Möglichen aus, um das Unwahrscheinliche, meist auch den abgebrühten Leser Überraschende, zu bieten. An Einfällen mangelt es ihm nie! Drastische Schilderungen von Gewalt schrecken ihn nicht, wie es etwa der *Kurier des Zaren* vormacht: *Jedesmal, wenn Michael Strogoff anlegte, biß ein Usbeke ins Gras.* Nur e i n e deutschsprachige Ausgabe bringt den ungekürzten Text modern übersetzt, die Diogenes-Edition, in der insgesamt sechzehn Romane (von dreiundsechzig) erschienen sind, und dazu die tollen Bilder der französischen Erstausgabe, die für die phantastische tschechische Verfilmung von »Die Erfindung des Verderbens« durch Karel Zeman als Vorlagen dienten. Für meine jugendliche Begegnung mit dem Mann, der die Mondreise und das U-Boot, Kinoprojektor und Wohnmobil vorhergesehen hat, waren allerdings jene zwanzig, jeweils im Schutzumschlag farbgleiche Paare bildenden Bärmeier & Nikel-Bände prägend, die mein Bruder geschenkt bekam, aber in mir stets ihren ersten Nutzer hatten. Im Text extrem gekürzt und sprachlich aufgepeppt (daraus auch obiges Beispiel mit den Usbeken, das mir immer im Ohr ist, wenn es um Jules Verne geht), bringt diese Ausgabe fast vierzig Werke und viele Originalillustrationen, die mir damals – ich war sechs, als die ersten Bände erschienen – das

> Reiseschriftsteller können von zu Hause die ganze Welt umspannen, vorausgesetzt sie verfügen über gute Quellen. Es sollte schon ein Anderer da gewesen sein, wo die eigene Imagination auch gerne hinmöchte.

Lesen ersetzten. Ich war ja auch kleiner, als Du heute bist. Aber wie haben diese Bücher meine Phantasie beflügelt! Auch dafür werde ich dem Autor und den Bänden mit der Ästhetik der Sechzigerjahre stets dankbar sein. Es gab noch eine umfangreiche, behutsam geglättete Edition für junge DDR-Leser mit modernen, geschmackvollen Illustrationen (Verlag Neues Leben, über dreißig Bände). Im direkten Vergleich kann moderne Kunst jedoch nichts ausrichten gegen die schlagende Authentizität der französischen Stiche: Sie sind wie ein Kinobesuch!

Verrückte Wissenschaftler kurbeln bei Jules Verne häufig durch ihre weltbedrohenden Erfindungen, die regelmäßig in die falschen Hände geraten, die Handlung an. Von den *500 Millionen der Begum* erbt ein bierbäuchiger Deutscher die eine Hälfte und versucht, mithilfe seiner Riesenkanone den französischen Rivalen auszuradieren, der mit der anderen Hälfte eine Gesundheitsstadt erbauen ließ. Der Plan scheitert an technischer Unzulänglichkeit. *Die Erfindung des Verderbens* ist eine Art handliche Atombombe, die der Erfinder statt zur Weltvernichtung – bei wiederkehrendem klaren Verstand – rücksichtsvollerweise nur gegen sich selbst zum Einsatz bringt, und in den *Erstaunlichen Abenteuern der Expedition Barsac* hat sich im unerschlossensten Schwarzafrika ein hochtechnisierter Schurkenstaat eingenistet, der sich mitsamt seinem Chefentwickler schlussendlich selbst pulverisiert. Delikater ist der Fall des Kapitäns Nemo, der mit seinem U-Boot Nautilus *Zwanzigtausend Meilen unter den Meeren* zurücklegt. Er ist ein früher ökologischer Pionier, ein Rebell zum Schutz der Weltmeere mit unerschöpflichen Ressourcen, der dem ganzen zivilisierten Globus die Stirn bietet und ein Leben in völliger Selbstversunkenheit führt. Auch er kommt zu den Paumotu-Inseln wie Jack Londons qualmender Frachter: *An diesem 11. Dezember kamen wir bis in die Nähe des Archipels, dessen Inseln in langsamer Arbeit aus Korallenablagerungen entstanden sind. Und ich sagte zum Kapitän Nemo: »Eines Tages werden all diese Inselgruppen mit Neu-Kaledonien und Neuseeland zusammenwachsen, und ein neuer Kontinent erhebt sich aus dem Meer.«*

»Neue Kontinente braucht die Erde nicht,« antwortete er, »sie braucht nur neue Menschen.«

Vernes mit Abstand sympathischster Reisender ist der Gentleman Phileas Fogg; mit seinem peniblen Zeitsinn und dem gerade frisch eingestellten Kammerdiener Passepartout macht er sich auf eine *Reise um die Erde in 80 Tagen*. Very british ist die Manier, in der ihm das unmöglich Scheinende gelingt, und für seinen verwaisten Hausstand bringt er gleich noch die knusprige Witwe Aouda aus Indien mit. Nicht die Technik von übermorgen, sondern die von gestern bewegt die Reisegruppe voran, Fogg verschmäht weder Elefant noch Draisine zum Weiterkommen. Um ein Haar macht der dienstfertige Detektiv Fix durch seine Inkompetenz alles zunichte, aber zum Schluss erfährst Du in sehr einprägsamer Weise, was es mit der Datumsgrenze auf sich hat – nur ihr verdankt Fogg es, dass er die im Reformclub abgeschlossene Wette gewinnt und nicht völlig ruiniert aus dem Abenteuer hervorgeht. Aber auch das hätte der Stoiker mit manierlichem Gleichmut ertragen.

Einen brandaktuellen Aspekt bekommt die *Reise zum Mittelpunkt der Erde*, die der cholerische, wahnverfallene Professor Lidenbrock aus Hamburg ohne Damenbehinderung durchführt: Durch den Krater des Sneffelsjökull steigt er in die Eingeweide unseres Mutterplaneten hinab und begegnet dort lebenden Dinosauriern und anderen Gefahren, bevor die Reisegesellschaft auf ihrem Asbestschiff im Lavastrom zum Stromboli wieder ausgespien wird ... Ja, wer außer Verne hätte gedacht, dass uns isländische Vulkangletscher einmal schicksalhaft nahekommen könnten?

Ganz und gar nicht verrückt sind die Herren vom Kanonenclub in Baltimore, die den Bau der ultimativen Abschussrampe austüfteln, eines Mörsers, der auf den Mond gerichtet ist. Mit präziser Berechnung saust das Projektil zum Erdtrabanten, darinnen drei abenteuerlustige Raumfahrer. Apollo dreizehn lässt grüßen, als sie durch unvorhersehbare Einflüsse vom Kurs abkommen. *Von der Erde zum Mond* zeigt Verne auf der Höhe seines wissenschaftlich basierten Erzählstils. Alle Details einer Weltraumfahrt hat er analysiert und in die Handlung eingebaut. Die noch gar nicht praktisch erprobte Schwerelosigkeit verwertet er selbstverständlich als erster literarisch – wie immer fallen ihm dazu tolle Sachen ein. Dank des Zwischenfalles landet man nicht auf dem Mond wie geplant. Sogar hier hatte Verne recht, als er sich diesen Ort denkbar öde und lebensunfreundlich vorstellte.

DER FRÜHESTE KINOFILM
—— ZEIGT ——
EINE REISE ZUM MOND
ZWEI KUNSTFORMEN BEGEGNEN SICH UND BILDEN EIN PAAR BIS HEUTE.

Stattdessen kehren die Astronauten in der *Reise um den Mond* auf dieselbe Weise zur Erde zurück, wie Wernher von Braun, der Vater der amerikanischen Weltraumfahrt, es für die Raumkapseln moderner Bauart berechnet hat: Man landet im Pazifik!

So wie einst Balzac alle seine Romane und Erzählungen zu einem Kosmos geordnet hatte, der *Menschlichen Komödie*, sammelt Jules Verne sein Gesamtwerk zum Zyklus. Er nannte ihn *Bekannte und Unbekannte Welten – Abenteuerliche Reisen*. Am Ende ist die Reihe fast hundert Bände lang. Als er von einem aufkommenden Rivalen in der Gunst der Leser Kenntnis bekam, der sich höchst außergewöhnliche Abenteuer jenseits der Gesetze der Physik ausgedacht hatte und damit großen Publikumserfolg einheimste, rief er entrüstet aus: »Das ist aber nicht wissenschaftlich!« Seine eigenen Erzählungen sah er als Visionen des technisch Möglichen und naturwissenschaftlich Realistischen, die Erfindungen des Konkurrenten, eines gewissen Herbert George Wells, waren in seinen Augen Hirngespinste. Damit hatte er völlig recht. Sein Ausspruch zeigt aber auch die Enge seines eigenen Vorstellungsvermögens. Wo dieses endet, muss die Utopie zu Hilfe kommen. In der Tat gehen die Phantasien des Engländers weit über das Vernes Einbildungskraft Erreichbare hinaus. Beim Franzosen gibt es satirisch gezeichnete Figuren, bei Wells ist die ganze Stoßrichtung der Fabel gesellschafts- und moralkritisch. Seine *Ersten Menschen auf dem Mond* benutzen kein genau berechnetes Quantum Schießbaumwolle, sondern schwingen sich mit Hilfe der Antischwerkraftlegierung Cavorit empor zum bleichen Himmelskörper. Und statt der zu erwartenden Öde treffen sie dort die muntere Gesellschaft lunarer Intelligenzen an. Es geht Wells aber gar nicht um Sciencefiction, also Ausmalung einer technischen Vision. Es geht um den Einbruch des Fremden, Außerordentlichen in den Alltag angelsächsischer Gemütlichkeit. Seine spießbürgerlichen Astronauten sind nur Pantoffel-Helden. Und entsprechend kehrt einer von ihnen brav nach Hause zurück, während der andere wider Willen auf dem Mond bleibt und zum Opfer seiner verschlagenen Bewohner wird.

Wells' größter Bucherfolg, *Die Zeitmaschine*, schildert die Erlebnisse eines Erfinders, der mit Hilfe seines Fahrzeugs eine zukünftige Zivilisation besucht. Unter dem Einfluss politischer und ökologischer Katastrophen hat sich die Menschheit in zwei Richtungen entwickelt: Die agilen, in Untergrund und Dunkelheit lebenden Morlocks halten sich die in einem sonnenbestrahlten Scheinwohlleben befangenen trägen Eloi als Futter. So weit, so schlecht. Die Weiterreise in noch fernere Zukunften ergibt dann den wieder beruhigenden Befund, dass auch dies nur eine Zwischenstufe bis zum völligen Aussterben allen intelligenten Lebens auf der Erde war. Der Planet, in fahles Sonnenlicht getaucht, ist zum Untergang verurteilt. Den Zeitreisenden kann das nicht mehr schrecken; der enttäuschenden ›Gegenwart‹ zieht er eine ›Zukunft‹ mit dem Eloi-Mädchen Weena vor. Vielleicht hat die Zukunft ja doch eine Zukunft. Hintergrund von Wells' Pessimismus war die Erwartung der Menschheit, dass unserer Sonne der Brennstoff ausgehen könne, wie seriöse Berechnungen seinerzeit befürchten ließen, die von Verbrennungsvorgängen auf der Sonnenoberfläche ausgingen. Durch die Entdeckung des Mechanismus der Kernfusion wurde diese Angst zwar einige Jahre später als unbegründet erkannt, doch das Gespenst des Energiemangels wird noch in alle Zukunft durch unsere Träume geistern.

Brandgefährlich sind die Experimente, die auf der *Insel des Dr. Moreau* stattfinden. Der Doktor ist ein früher Molekulargenetiker und erzeugt bedenken- und gewissenlos Monsterwesen, halb Mensch, halb Tier. Dass ihm das über den Kopf wächst, ist erstens klar und zweitens ein Segen. Spannend ist es allemal und endet verdientermaßen tragisch; erstaunlicherweise liegt auch diese Insel mitten in der idyllischen Südsee. Der einzige Roman von Wells, der ganz auf die Effekte des Science-fiction-Genres setzt, kurz und pur.

Der Unsichtbare gehört zu der Sorte verrückter Wissenschaftler, die sympathischerweise ihre Erfindungen zuerst am eigenen Leib ausprobieren. In dieser Konstellation gelingt es dem Autor um so überzeugender, das Umschlagen von theoretischer Neugierde in die Perversion der Allmachtsphantasie zu zeigen. Es ist eine moralische Herausforderung, die Quantität des wissenschaftlichen Fortschritts in Qualität des Denkens und Lebens umzuformen. Bemerkenswerterweise gibt es zu diesem misslungenen Experiment ein Gegenstück aus der Feder Jack Londons. Bei ihm haben gleich zwei Naturwissenschaftler im Selbstversuch das Problem der Unsichtbarkeit gelöst, allerdings beide nicht perfekt. Der eine wirft einen Schatten, der andere funkelt im Sonnenlicht. Da sie zudem noch erbitterte Rivalen sind, nutzen sie den Mangel der jeweils gegnerischen Entwicklung, um sich nicht zu übersehen oder zu verfehlen. Sie erledigen sich und ihre Erfindungen gegenseitig im tödlichen Showdown (*Der Schatten und das Funkeln*).

Der Blick auf die Verformungen der Bürgerlichkeit geht Wells über alle Phantasieentfaltung. Sein Ton ist verständnisvoll, aber die Diagnose messerscharf: Die Epoche des ausgehenden Neunzehnten Jahrhunderts ist das Endstadium einer Fehlentwicklung. Nur die wenigsten merken es schon, aber mit der behaglichen Welt der Klassentrennung, des Dünkels und der Allgewalt des Geldes geht es zu Ende.

UTOPIEN

Abenteuerliche Reisen führten schon immer nicht von uns weg, sondern zu uns hin, hinein in unser Innerstes, zum Sitz unserer Ängste und Hoffnungen. Das gilt bereits für den Namengeber einer ganzen Richtung, die *Utopia* des Thomas Morus, verfasst in Latein, wie es sich für einen Mann von Bildung der Renaissance gehörte, der von London aus in innigem Kontakt mit der ganzen gelehrten Welt stand, insbesondere dem listigen, verdeckt agierenden Erasmus von Rotterdam[14], der wiederum von seinem Studierzimmer aus das Oberhaupt der Humanisten seiner Generation war. Beide hat der große Porträtkünstler Hans Holbein mit unbestechlich scharfem Pinselstrich auf die Leinwand gebannt – markante Intellektuellenköpfe im Kampf gegen den Unverstand ringsum.

Utopia ist eine Insel, auf der Morus – eigentlich hieß er More und latinisierte seinen Nachnamen, durch welchen Vorgang wir heute noch Mitmenschen mit so funkelnden Namen wie Sartorius oder Textor als Nachbarn haben können (die sonst Pfleger oder Weber hießen) – seinen Idealstaat ansiedelte. Die *Utopia* ist allerdings noch kein Roman, hat keine Handlung, sie ist vielmehr eine Streitschrift. Das Schema der Satire ist einfach: Alles, was der fiktive, dafür sehr gelehrte Herr Raphael Hydtlodius über die friedliche Insel Utopia vorträgt, musst Du nur in sein Gegenteil verkehren, um die aktuelle Lage im England zu Mores Zeiten vor Augen zu haben. Zweihundert Jahre später wird es Jonathan Swift noch nicht viel anders machen, wenn er seines

---

[14] *Adagia*, eine Erklärung von Sprichwörtern, und *Lob der Torheit* sind Werke von ihm, die Du mit Lust und Gewinn zur Hand nehmen kannst. Da die Torheit griechisch ›moria‹ heißt, hat er letzteres seinem Freund More gewidmet – so neckte man sich damals. Als Bewegung hat der Humanismus die allergrößte Bedeutung, stellt er doch die Abkehr vom mittelalterlichen Prinzip dar, Gott ins Zentrum allen Denkens zu stellen. Dorthin gehört seitdem: der Mensch. Erasmus sei Dank!

Käpt'n *Gullivers Reisen* beschreibt. Swift war nicht der Kinderbuchautor, zu dem mancher ihn verniedlichen will, sondern Satiriker, der alle Boshaftigkeit, zu der er fähig war – und das war 'ne Menge – in die vier Teile seines Buches legte, die eben Gulliver nicht nur nach Lilliput und Brobdingnag führen, sondern auch auf die üble fliegende Insel Laputa[15] und am Ende zu den stinkenden Yahoos, die wie Menschen aussehen, und den gelehrten Houyhnhnms, sittsamen und klug denkenden Pferden. Swift benutzt die Satire als Hammer, der Mensch liegt auf seinem Amboss; mit dem professionell harten Schlag des Kesselschmieds will er etwas Einsicht in die Köpfe seiner Leser klopfen – so ist die Lektüre nichts für empfindliche Schädel. Ganz im Stil des galligen Iren bereiste später Samuel Butler in leichter Verkleidung das Land *Erewhon*, besser rückwärts Nowhere wie Nirgendwo zu lesen, hinter den sieben Bergen, wo ihm dieselben Probleme begegneten, die er auch zu Hause vor der Nase gehabt hätte. Mutiger geht Butler in seinem nachgelassenen Roman *Der Weg allen Fleisches* zu Werke, der mit einiger psychologischer Raffinesse die Auseinandersetzungen zwischen den Generationen der Familie Pontifex darstellt. Der jüngste der Sippe heißt Ernest, und wie er sich mit der Bevormundung durch Vater und Staatskirche abquält, hat er so wenig zu lachen, wie sein Vorname schon andeutet.

Cyrano de Bergerac, der streitlustige Gascogner, macht höchstpersönlich, angetrieben von Mark aus Rinderknochen, *Eine Reise zu den Mondstaaten und Sonnenreichen*. *Nils Klims unterirdische Reise*, beschrieben vom Dänen Ludvig Holberg, geht ins Innere der Erde. Alle diese Reisen zu extravaganten Orten führen nicht einen Schritt weiter als direkt vor unsere eigene Haustür, und in den exotischen Verkleidungen erkennen wir Leser

---

[15] Die Namengebung Swifts erreicht Thomas Mann'sche Dimensionen, was die einfallslose Drastik angeht. La puta ist spanisch, in jedem Wörterbuch kannst Du es nachschlagen.

nur immer wieder uns selbst. Insofern ist die Neugier auf diese Art von Abenteuergeschichten stark eingeschränkt: Kennst Du eine, kennst Du alle. Meist ist in aller Verfremdung der Orte und Personen die parodistische und pädagogische Absicht leicht zu durchschauen. Das Lesevergnügen muss dadurch aber nicht getrübt werden. Uns Heutigen, gesättigt mit aller Art von ätzendem Humor, kann es auch Spaß machen, den Autor bei seinen Bemühungen zu beobachten, seine ehrenwerten Absichten in eine Hülle zu packen, die den argwöhnischen Blicken von Zensur, Tugendwächtern und Moralpäpsten unverdächtig erscheinen sollte. Wenn Du beim Lesen ärgerlich wirst, weil der Autor mit seiner Botschaft nicht klar herausrückt, dann bedenke, dass früher viel mehr auf dem Spiel stand als das Wohlwollen der Leserschaft. Bücher konnten auch Schicksal werden – für ihre Schöpfer. Deswegen häufig der leisetreterische Ton. Sehnsüchtig hat das Publikum den Erlöser erwartet, der sich traute, die Wahrheit laut auszusprechen. Dem Thomas More wurde allerdings nicht seine *Utopia* zum Verhängnis, sondern die Heiratswut seines Monarchen Heinrich VIII. Der sorgte dafür, dass man Thomas heute als Heiligen Märtyrer der Katholischen Kirche und Schutzpatron der Regierenden und Politiker verehren kann – wenn man das denn will.

Utopie bedeutet auch, dass unsere eigene Welt aus den Fugen geraten ist. In der frühen Sowjetunion wurde das als der Beginn von etwas Neuem gefeiert, aber Jewgenij Samjatin entlarvt in seinem Zukunftsroman *Wir* das, was kommt, als das schlechtere Jetzt. Menschen sind Nummern, Raumfahrt ist Ablenkung vom irdischen Elend, Zukunft Illusion. Die pessimistische Utopie ist das Thema des Jahrhunderts. Die Strugatzki-Brüder werden sie fünfzig Jahre später in *Picknick am Wegesrand*[16] noch weiter verfremden und verschärfen: Die Welt ist zum Müllplatz Außerirdischer geworden und wir zu inkompetenten Müllmännern.

---

[16] Auch ein grandioser Tarkowskij-Film: »Stalker«!

Die Romane des Polen Stanislaw Lem sind für ungezählte Fans – die das Genre schon lange mit SF wie Science-fiction abkürzen – Höhepunkte der Auseinandersetzung mit der Zukunft. Seine Szenarien sind gekennzeichnet von perfekter theoretischer Durchdringung des vielleicht Möglichen. *Solaris* ist eine seiner tiefsten Schöpfungen: ein Planet, dessen oberflächenbedeckender Ozean geistige Fähigkeiten besitzt und die um ihn kreisenden Sternenforscher unterbewusst manipuliert. Das eigentlich nicht Darstellbare wurde von Andrej Tarkowskij in seinem Film bewundernswert in Bilder der Einsamkeit, der Verletzlichkeit, der Ratlosigkeit übertragen. Um es nur gleich zu sagen, e i n e n überlegenen Rivalen musste Lem, der ansonsten gerne die Kollegen wie etwa die Strugatzkis schulmeisterte, anerkennen, auch was die Kinotauglichkeit seiner Stoffe angeht: den Amerikaner Philip K. Dick. Seine unzähligen Romane und Erzählungen zeigen ein Superhirn bei der Arbeit, von den Verfilmungen sei nur an den »Blade Runner« von Ridley Scott nach dem Roman *Träumen Androiden von elektrischen Schafen?* erinnert. Nicht die Erschaffung zukünftiger Welten ist sein Thema, sondern die Wirkung des Zukünftigen, seien es Fortschritt oder atomare Vernichtung, auf unsere Seele. Dicks beste Romane gehen bisweilen von einer Alltagsrealität aus, wie in *We can build you (Die Lincoln-Maschine)*, um im Wahn einer verwandelten Welt zu enden, brillant und beängstigend mit unseren Phantasien und Ängsten spielend.

In der Kontinuität der bürgerlichen Welt kommt der Schock von außerhalb. Seit Fernrohre auf der Oberfläche des Mars, unseres nächsten Nachbarplaneten, Strukturen erkennbar gemacht hatten, die alsbald geschäftige Phantasie zu Kanälen deutete, war die menschliche Vorstellungskraft auf die Existenz Außerirdischer vorbereitet. Wie wird der erste Kontakt mit solch hochentwickelten Wesen aussehen? Diese Urfrage hat vielfältige Kreativität in Gang gesetzt, und das nicht erst seit Voltaires *Mikromegas*, ein vornehmer Herr von einem Planeten des Sirius, erst Besuch auf dem Saturn und dann bei uns gemacht hat. Die

Begegnung mit fremder Intelligenz kann der Anfang von etwas ganz Großem oder vom Ende sein, wenn überlegene Kräfte uns wahlweise vaporisieren oder zu Frischfutter verarbeiten. Was bleibt? Nacktes Überleben, nackte Gewalt, nichts würde den Kulturbürger mehr bemänteln. Dieses Bild zeigt H.G. Wells im kurzen, virtuosen *Krieg der Welten*, der durch seine Bearbeitungen, vor allem das legendäre Hörspiel von Orson Welles, das bei der Live-Ausstrahlung die ganze Ostküste der USA in Panik versetzte, sowie mehrere Kinofassungen bis hin zur Parodie »Mars attacks!« ständig im öffentlichen Bewusstsein blieb. Unter dem Stichwort Biologismus schlägt der Eroberungsdrang der Invasoren auf sie selbst zurück. Ihre Überlegenheit ist nicht die der Körper, sondern des konsequent grausamen Denkens. Irdische Bakterien, unbelastet von philosophischem Gepäck, machen ihren infektionsanfälligen Gewebshüllen und damit auch ihren hochfliegenden Herrschaftsansprüchen den Garaus.

Der Mars ist ein rötlich gefärbter Fleck am Nachthimmel mit der Kraft, unsere Phantasie zu entflammen.

Im selben Jahr wie Wells hat ein deutscher Philosophieprofessor (ganz unabhängig von ihm) dieselbe Frage gestellt und damit einen Beitrag zur klassischen Science-fiction geleistet. *Auf zwei Planeten* stellte sich Kurd Laßwitz die Auseinandersetzung mit den Außerirdischen vor. Diese endet nach etwa neunhundert nicht immer leichtverdaulichen Seiten, getreu seinen philosophischen Vorgaben (er schrieb ansonsten fleißige *Kantstudien*), mit Frieden und Freiheit für alle.

Zwei deutsche Utopisten, wie sie unterschiedlicher kaum sein konnten, und ihre fast gleichzeitig veröffentlichten Werke: Der Arzt Alfred Döblin und der Ingenieur Hans Dominik. *Berge Meere und Giganten* ist Döblins Traum einer Weltumwälzung, die mit einer afrikanischen Völkerwanderung nach Europa beginnt und am Schluss den Menschen überwältigt, wenn Gigantenwesen die neuen Herren des Erdballs sind, als Folge fehlgeleiteten Bio-Engineerings. Das Versiegen des Golfstroms, die Nachfolgeangst des Europäers zum Erkalten der Sonne, darf auch nicht fehlen. Genausowenig wie in *Atlantis*, dem dynamisch-spekulativen Reißer von Dominik. Hier ist ein verwegener Neubau des Panama-Kanals schuld, der das Unterste zuoberst kehrt und Atlantis wiedererscheinen lässt. Döblin, der Expressionist und Märchenerzähler, überschüttet den Leser mit einem kühnen Wortschwall ohne ›und‹ oder Komma, Dominik kommt kalt im Ton der Neuen Sachlichkeit zur Sache, verbreitet dabei aber auch massiv kleinbürgerlichen Mief, der uns die Zukunft gar nicht so rosig erscheinen lässt.

In England machen Aldous Huxley und George Orwell dort weiter, wo Wells' *Zeitmaschine* aufhört. *Schöne neue Welt* schildert eine Überwachungsgesellschaft mit künstlicher Fortpflanzung und Verlust der sozialen Identität. Für Huxley, der als Forscher und Essayist brillierte, war der kleine Roman sichtlich nur eine Fingerübung; seinen Schreckensbildern eignet daher eine gewisse unverbindliche Leichtigkeit. Im Jahr *1984* regiert mit dem ›Großen Bruder‹ ein allerweltsgesichtiger Diktator über ein Drittel der Erde, in dessen Namen ständig Krieg an fernen Grenzen gegen die restlichen zwei Drittel geführt und damit der permanente heimische Ausnahmezustand begründet wird. Widerspruch ist Schwäche, Individualität Verrat, Einsicht führt zum Tod. Orwell, wie viele Intellektuelle von Sowjetrussland enttäuscht, wendet sich gegen jede Art von Totalitarismus und prangert vor allem dessen scheinbar menschenfreundliche Attitüde an. Das Gegenstück dazu ist die Utopie *Farm der Tiere*. Wenn die Tiere an die Macht kommen, führen kluge Schweine die Geschäfte und das unverwüstliche Arbeitspferd Boxer sorgt für die notwendige Produktivkraft; ist diese doch einmal verbraucht, bringt er beim Abdecker immerhin noch ein paar Flaschen Schnaps ein. Als der Esel Muriel die Zusammenhänge erkennt, kommt auch für die Schweine der Tag der Abrechnung.

Ray Bradbury bearbeitet das Thema Kultur der Zukunft mit der düsteren Pointe: Zukunft ohne Kultur. Das Buch ist als Störenfried des harmonischen Zusammenlebens erkannt worden und wird von der Feuerwehr systematisch bekämpft. *Fahrenheit*

451 ist die Temperatur, die aus Papier Asche macht. Doch der menschliche Geist ist in der Lage zu triumphieren. Was braucht es Bücher, wenn der Mensch und der Text eine Einheit geworden, zu Buchmenschen verschmolzen sind. Wunderbar zeigt dies die Verfilmung von François Truffaut mit Oskar Werner als Feuerwehrmann Montag, der das Lesen anfängt wie ein anderer das Trinken. Gleichzeitig ist die Fabel eine derbe Satire auf das Fernsehen, den geborenen Feind des Kinos – und des Bücherlesens.

DER HISTORISCHE (ABENTEUER-)ROMAN

Abbotsford House am Ufer des Tweed macht mit seinen Zinnen, Türmchen, Erkern und Söllern einen putzigen Eindruck. Was auf den ersten Blick wie echtes Mittelalter oder das Titelbild von »Scheußlich wohnen« aussieht, erweist sich bei genauerem Hinsehen als Puzzle aus Einzelteilen der Architekturgeschichte. Der Auftraggeber zu diesem Bau wollte nichts ausgelassen wissen, was je ein Eigenheim unpraktisch und ungemütlich gemacht haben könnte. Er hieß Walter Scott. Durch die Kinderlähmung ans Haus gefesselt, verbrachte er hier einen großen Teil seines Lebens. Vorher schon hatte er begonnen, Goethe zu lesen und zu übersetzen – später kam aus Weimar das Lob zurück. Anschließend, er war knapp bei Kasse, erfand er mit *Waverley oder Vor sechzig Jahren* den historischen Abenteuerroman.[17] Er produ-

---

[17] Was für ein Rezept: Wenn das Portemonnaie leer ist, eine Idee aus dem Ärmel ziehen. Großmeister dieser Kunst war der bedeutende Physiker und Theoretiker Henry A. Rowland, ein Verächter materiellen Wohlstands. Als aber die Ärzte bei ihm Diabetes – damals noch nicht behandelbar – diagnostizierten, erfand er flugs etwas Sinnvolles (den Typentelegraphen) und schaffte es so noch, seine frisch angetraute Gattin als steinreiche Witwe zurückzulassen! Das sind wahre Helden des Geistes, die im entscheidenden Moment sich auch auf die widrigsten Bedingungen einzustellen in der Lage sind.

zierte, lange Zeit unter dem nom de plume »Der Verfasser von Waverley«, massenweise Lesefutter für ein darbendes Publikum, das nach seinem neuesten Werk griff wie der Marathonläufer zur Wasserflasche. Bevorzugter Hintergrund für die Romanhandlung war die schottische Historie – es konnten aber auch die Schweizer Alpen sein wie in *Anna von Geierstein*. Scott wurde, erst recht als er sein Inkognito lüftete, ein weltweit gefeiertes Idol und gutverdienender Star der Literaturszene. Auf seine Werke bezieht sich praktisch alles, was danach an Erzählungen in geschichtlichem Rahmen veröffentlicht wurde. Als bahnbrechend galten seine Genauigkeit der Recherche, also die präzise Einfügung einer erfundenen Handlung in ein Umfeld der realen Vergangenheit, der Unterhaltungswert des Abenteuers und die moralische Grundhaltung. Seine Figuren *Ivanhoe*, *Quentin Durward* oder *Lucie Ashton*, *Die Braut von Lammermoor*, kennt die Welt, jedoch eher aus dem Kino oder von der Opernbühne in der Vertonung Gaëtano Donizettis; Scotts Bücher werden kaum mehr gelesen. Der Grund liegt auf der Hand oder vielmehr: Er lässt sich an der Gestaltung seines Wohnsitzes, den er sich von den Tantiemen seiner Werke leisten konnte, ablesen. Was für Scott historisches Erzählen war, erscheint uns als mutwilliges Romantisieren, als Bemühung, alte Zeiten wiedererstehen zu lassen im Licht eines nachrevolutionären Humanismus. Will heißen: Breiten Raum nehmen soziale Zustandsschilderungen ein, Scott prangert Leibeigenschaft und Judenhass an und hebt mächtig den pädagogischen Zeigefinger. Das geht häufig auf Kosten des Erzählflusses, der Handlungsentwicklung und Spannung, schlicht der Lesbarkeit. Auch vor absichtlichen Anachronismen, wenn beispielsweise in seiner Version des Mittelalters manierlich mit Messer und Gabel statt einfach mit der Hand gegessen wird, schreckt der Autor in seinem Eifer nicht zurück,

> VON SEINEM SCHREIBTISCH AUS
> LÄSST DER KÜNSTLER
> FERNE ZEITEN
> UND LÄNDER ERSTEHEN,
> DIE SEINEM PUBLIKUM
> GANZ REAL ERSCHEINEN.
> ER IST EIN
> MAGIER

vergangene Zeiten n e u erstehen zu lassen. Das erinnert an Kirchenräume, die im Neunzehnten Jahrhundert im Stil der Gotik ausgemalt wurden. Je näher man hinguckt, desto enttäuschender ist der erzielte Effekt. Danach steht unser Geschmack heute nun einmal nicht. Es sieht n e u aus, ist gleichzeitig durch und durch altbacken. Wer den Film »Ivanhoe« mit Robert und Elizabeth Taylor gesehen hat, bekommt von Scott bereits ein ausreichendes Bild. Mehr haben seine Romane nicht zu bieten als den Schauwert eines prächtigen Kinofilms. Bemerkenswert an *Ivanhoe* allerdings bleibt zweierlei: Die Handlung stellt die Figur des Leibeigenen Wamba, der als Zeichen seiner Entrechtung einen Ring um den Hals trägt, gemeinsam mit dem Ritter ins Zentrum des Kampfes der Angelsachsen um Gleichberechtigung mit dem normannischen Adel. Und Scott gibt in den Figuren Isaaks von York und seiner Tochter Rebecca – der er die Züge einer zeitgenössischen amerikanischen Philanthropin verlieh – Beispiele für positive jüdische Helden, als sonst niemand das tat und bevor Dickens das Gegenteil tun konnte. Aufmerksamkeit verdient er auch als schottischer Lokalpatriot. Er beschwört eine Zeit herauf, als Schottland frei und urwüchsig war und im Kampf mit dem südlichen Nachbarn lag. Die endgültige Niederlage gegen die Engländer in diesem Ringen bestimmt den Trauerton vieler seiner Romane, etwa in *Rob Roy* oder *Heart of Midlothian*. Von all dem gibt es keine neueren deutschen Übersetzungen. Es sollte sich mal jemand daranmachen und die Spinnweben von Scotts Prosa wegpusten, vielleicht glänzt sie dann wieder in mattgoldenem Schimmer.

Robert Louis Stevenson, der *Schatzinsel*-Stevenson, war ein Landsmann Scotts. Dessen Schema fügte er den tagespolitischen Bezug hinzu und subtrahierte den moralischen Zeigefinger. Heraus kamen vier prachtvolle, kurze Romane mit dem Hintergrund schottischer Historie. *Die Entführung* und *Catriona* schildern zusammenhängend die Abenteuer des David Balfour. Der Versuch, sein Erbe anzutreten, bringt ihn in lebensbedrohliche Umstände. Er wird auf einen Segler verschleppt, rettet sich nach abenteuerlicher Irrfahrt an einsame schottische Gestade, trifft in Alan Breck eine der großen Rebellengestalten Schottlands im Kampf gegen die englischen Invasoren und wird Augenzeuge eines politischen Mordes, der tatsächlich stattgefunden hat. Stevenson stellt uns schottische Separatisten und Kollaborateure vor und vergisst nicht die Liebe, die David mit der geheimnisvollen und undurchschaubaren Catriona zusammenführt. *Der Junker von Ballantrae* (auch: *Die feindlichen Brüder*) ist Stevensons finsterste Gestalt. Der einsiedlerische, verschlagene Junker verweigert dem eigenen Bruder Erbteil und Heirat und treibt ihn in die Wildnis. Erst der Tod bringt die beiden wieder zusammen. *Weir von Hermiston* war sein letztes Werk. Die Art, wie hier der Knoten geschürzt wird, der gesellige Jugendfreund Frank Innes dem arglosen Archie die geliebte Katie wegnimmt, ließe noch einiges erwarten. Nun, der Tod nahm Stevenson die Feder aus der Hand. In Erinnerung bleibt er uns als Meister der kosmopolitischen Folklore, für seine Erfindungskraft und den knappen, reportagehaften Stil. Im Blick zurück zeigen seine Werke bereits alle Züge einer neuen Kunst, die uns als Inbegriff modernen Schreibens erscheinen wird.

Scotts amerikanischer Kollege James Fenimore Cooper steht mit seinen Werken für den Anfang des historischen Bewusstseins in der Neuen Welt. Durch seine Figuren Lederstrumpf, Chingachgook und Uncas wurde er weltberühmt, nicht aber mit dem Großteil seiner Bücher, die es allesamt neu zu entdecken gälte. Wieder ist es Mark Twain, der in seiner Satire *Fenimore Coopers Verstöße gegen die Literatur* anprangert, was faul ist: *In Sachen Intelligenz gibt es zwischen dem Cooper-Indianer und dem hölzernen, der für gewöhnlich vor Tabakläden anzutreffen ist, wenig Unterschied.* Aber so papieren auch die Abenteuer seiner Helden sind, den Büchern Coopers eignet doch ein hohes Maß an Authentizität. Er lebte in Cooperstown im Staat New York, in der Stadt, die sein eigener Vater gegründet hatte, als sich die britische Kolonie noch ganz auf die Ostküste Amerikas beschränkte. Im ersten Teil des *Lederstrumpf*-Quintetts, *Der Wildtöter*, zeigt

Cooper diese Weltgegend, bevor Zersiedelung und intensive Landwirtschaft begannen. Harmlose Indianer und weiße Jäger und Fallensteller durchstreifen die unberührte, paradiesgartengleiche Landschaft. Netty Bumppo, der Wildtöter, gehört zu diesen Vorposten der bereits aus dem engen Bereich der Küstenstädte und Handelsstützpunkte vorbrechenden Zivilisation. Er ist jung, hässlich, scheu und noch im paradiesischen Zustand, keinen Menschen getötet zu haben. Das ändert sich alsbald, als seine friedlichen Indianerfreunde, die Delawaren, mit kriegslüsternen, aus den kanadischen Wäldern zugewanderten Indianern, den Huronen, zusammentreffen. Im zweiten Teil der Erzählungen, *Der letzte Mohikaner*, verschärft sich dieser Konflikt, als die Indianer in den Krieg zwischen Engländern und Franzosen als Hilfstruppen auf beiden Seiten hineingezogen werden. Vom Stamm der Mohikaner bleibt nur Bumppos treuer Freund, der Häuptling Chingachgook (*gesprochen: Chicago, wenn ich mich nicht irre*, vermutet gehässig Mark Twain) übrig, nachdem sein einziger Sohn Uncas im Bruderkrieg der Indianer getötet worden ist. Bumppo erweist sich in den weiteren Abenteuern als tapferer Kriegsheld in den Auseinandersetzungen mit den Indianern rund um die großen amerikanischen Seen, er ist *Der Pfadfinder* der britischen Truppen. Doch ein bürgerliches Glück, dargeboten in Gestalt der holden Mabel, ist für ihn weder erreichbar noch wirklich erstrebenswert. Er entzieht sich allen denkbaren erotischen Verwirrungen durch die Flucht in Neuland. Bumppo und Chicago, Verzeihung: Chingachgook, richten sich in Templeton, Coopers Fiktionalisierung für das väterliche Cooperstown, häuslich ein. Im vierten Teil *Die Ansiedler* werden sie als schon ältere Herrschaften gezeigt, wie sie mit dem sesshaften Leben nicht zurechtkommen, mit der Justiz der Siedler Bekanntschaft machen und bürgerlich versagen. Chingachgook stirbt. Im abschließenden Band *Die Prärie* betrauert Cooper das stete Vordringen der Zivilisation Richtung Westen mit dem Verschwinden von Büffelherden und Indianerkultur. Der alte Bumppo und sein junger Schützling, Indianerhäuptling Hartherz, singen den

Abgesang auf den wilden Westen. Als Mahnmal des Verlusts dieses Paradieses bleibt Wildtöters Grab zurück.

Coopers Romane kann man als Geschichtsdokumente besser lesen denn als künstlerische Schöpfungen. Arno Schmidt hat ihn, auch ein Akt der Gehässigkeit, über Adalbert Stifter gestellt, aber der Vergleich ist doch sehr richtig, wenn man vor allem die zentrale Bedeutung der Natur als Gestaltungs-, gar Handlungselement sieht. In seiner Penetranz zeigt sich Cooper aber als der weniger stilsichere Künstler. Dafür ist seine Romanwelt voller interessantester Mitteilungen und Beobachtungen. Sein Held Netty Bumppo oder Wildtöter oder Falkenauge oder Lederstrumpf (oder ›La longue carabine‹, wie ihn sein französischsprechender indianischer Widersacher ›Le subtile‹ Magua nennt) war in Wirklichkeit jener Daniel Boone, mit dessen Namen die Erschließung des mittleren Westens so eng verbunden ist, und alle Unwahrscheinlichkeiten an Handlung und Charakteren werden reich vergolten durch den authentischen Trauerton, der uns sagt, dass schon zu Coopers Lebzeiten die Ära der Abenteu(r)er vorbei war. Durch altbackene Übersetzungen wird das Lesevergnügen leider unnötig getrübt. Gerade die Lederstrumpf-Bände hätten mehr Mühe und Geschick verdient und nötig, wie sie derselbe Arno Schmidt (der in diesem Buch immer mal wieder auftauchen wird und der sich um etliche sprachliche Entgleisungen, aber auch um Poes Werke gemeinsam mit Hans Wollschläger verdient gemacht hat) den *Bildern aus der amerikanischen Vergangenheit* hat angedeihen lassen. In ihnen wird die Geschichte von Cooperstown erzählt inklusive der politischen Rankünen jener Gründerzeit, als derjenige das Gesetz machte, der die Waffe in der Hand hielt und die Gewalt zu seiner Durchsetzung besaß. Eine andere schmidtsche Übersetzung betrifft den Roman *Conanchet oder Die Beweinte von Wish-Ton-Wish*, ein Werk über die früheste amerikanische Geschichte und einen der ersten Indianerkriege.

Dass es auch ein französisch (sowie ein spanisch) dominiertes Amerika gegeben hat, erfahren wir aus den Werken von Ferry de

Bellemare, der sich als Schriftsteller Gabriel Ferry nannte. *Der Waldläufer* ist sein populärster Roman – von Gustave Doré verschwenderisch phantasievoll illustriert. Warum uns Name und Werk, trotz ihrer authentischen Verwurzelung in Amerikas früher Besiedlungsgeschichte, nichts mehr sagen, liegt auf der Hand. Anders als bei Cooper ist der Wilde bei Ferry wild (bösartig sogar), der Gute ein aus altem Adel stammender Kolonisator oder vierschrötiger Kanadier und die Natur das Hindernis, das es zu überwinden gilt.

Wie rasch in Amerika Geschichte voranschritt, lässt sich daran ermessen, dass die Gegend, in der sich Ferrys Waldläufer herumtreibt, wenige Jahre zuvor erstmalig von Weißen erforscht worden war. Das *Tagebuch* der Soldaten Meriwether Lewis und William Clark[18] schildert, wie diese beiden Nationalhelden, geführt von der Indianersquaw Sacagawea, mit einer kleinen Expedition vom Mississippi aufbrechen und zum Pazifik vorstoßen, damit den Weg eröffnend, dem sofort Prozessionen von Planwagen folgen werden. Unromantisch beschreiben sie sowohl die Pracht der Landschaft und Vegetation wie auch die Begegnung mit den Ureinwohnern; wie Cooper im Osten, so sehen Lewis & Clark im Westen die letzten Augenblicke einer Welt im Naturzustand. Zusammen mit dem *Logbuch* von Christoph Columbus, dem von Kapitän James Cook und den wissenschaftlichen Reisen Alexander von Humboldts nach Cuba, Mexiko und Südamerika und Charles Darwins zu den Galapagos-Inseln bildet dieses Tagebuch die Handvoll Dokumente, die die Neugierde des Men-

---

[18] Lewis & Clark, war da nicht noch was? Richtig! Al Lewis und Willy Clark, auch bekannt als *The Sunshine Boys*. In der Komödie von Neil Simon sind sie nicht nur die Nachfahren des Entdeckerpaares, sondern auch die Enkel von Tom Sawyer und Huckleberry Finn. Wie diese zerstrittenen Lebensgefährten auch im Unruhestand nicht ohneeinander sein können, mimen auf der Leinwand unvergleichlich Walter Matthau und George Burns. Mit diesen Zweien ging allerdings auch eine Ära der Komik zu Ende, der wir nur hinterhertrauern können. Burns, der im Arztsketch den Patienten gibt, starb vor nicht so langer Zeit in seinem hundertsten Lebensjahr.

schen auf seinen Lebensraum inklusive der Erforschung seiner intimsten Fältelungen und verborgensten Geheimnisse gültig beschreiben.

Von hier ist es nur noch ein Schritt bis zu den Geschichten vom kalifornischen Goldrausch, die Bret Harte erzählt. Eine Horde wilder Burschen, staaten- und gesetzlos, macht sich dort breit in der Hoffnung, mit reichen Schätzen in die zivilisierte Welt zurückzukehren. Es bleibt, wie in allen aufrichtigen Schatzsuchergeschichten, beim Traum. *Das Glück von Roaring Camp* lässt die fortschreitende Verwahrlosung der Männer einen Moment lang innehalten, als ein Baby im Goldgräberlager geboren wird.

Auch der unverwüstliche Mark Twain ging auf den Spuren der Schatzsucher. *Durch Dick und Dünn* ist sein journalistischer Bericht über die Kinderjahre Kaliforniens und seine politische Organisation, als der Westen soeben der amerikanischen Union beigetreten war. Dem satirisch-kritischen Beobachter kommt dieser Moment gerade recht, um seinen Landsleuten im Osten vorzuführen, aus welch zweifelhaften Zutaten ihr Staatswesen zusammengebraut ist. Satirischer Höhepunkt von Twains Bericht ist die Gründung der Mormonensekte und ihr Zug nach Utah an den Großen Salzsee – eine einzige Verkettung von Lug, Trug und Verbrechen.

Alexandre Dumas (der Ältere) verkörpert für Frankreich wie Cooper für Amerika oder Puschkin für Russland das authentische Element in der Literatur. Wie bei Puschkin, dessen Urgroßvater als Negersklave nach Russland und an den Zarenhof gekommen war und dem Urenkel den Sinn für das Außerordentliche mitgab, ist Dumas vom Kreolenblut seines Vaters, eines napoleonischen Generals, geprägt. Auf einer alten Photographie kannst Du ihn sitzen sehen, mit Ringellöckchen auf dem Kopf und Ring im Ohr, dickem Schnauzbart, der Statur eines Preisboxers und dem selbstzufriedenen Lächeln eines Mannes, der es zu etwas gebracht hat. Der Zauber alter Zeiten, klirrende Degen und machtbesessene Kirchenfürsten, Amouren und

Staatsgeschäfte sind die Zutaten seiner Kunst; mit einfachen Mitteln versteht er es mühelos, den Leser über tausend Seiten hinweg zu unterhalten. Speziell der Blick in das politische Räderwerk gibt seinen Romanen einen neuartigen Reiz, auf der Strecke bleibt leider eine feinere Zeichnung von Charakteren und Schicksalen. Sein Sohn Alexandre wird dann in seine *Kameliendame* – die halbauthentische Geschichte der schwindsüchtigen Lebedame Marguerite Gautier wurde von Verdi zur »Traviata«[19] veredelt – jene Spur Dekadenz, Verruchtheit und Rebellion gegen bürgerliche Werte legen, die beim Vater, durchdrungen von Patriotismus und Bürgerstolz, noch fehlen. Stark

> Ärmel hochgekrempelt und loserzählt:
> Der historische Abenteuerroman ist eine Spielwiese für literarische Abenteurer.

entwickelt bei beiden der Geschäftssinn; jeder Roman wurde alsbald in eine bühnentaugliche Version umgearbeitet, denn es galt seinerzeit die in Erz gegrabene Regel: Ein Schriftstellervermögen wird auf dem Theater gemacht!

Für die Prostitution hat man immer schon viel schönere Namen gefunden. Neben der Dirne (Pornä) gab es im geistsprühenden Athen des Perikles die Gefährtin (Hetäre), und seine kluge Beraterin Aspasia soll zu ihnen gehört haben. Die Franzosen gar eröffneten dem Gewerbe glanzvolle Möglichkeiten, spätestens im Rokoko. Kurtisanen und Mätressen wie die Pompadour und du Barry herrschten im Staat, nebenbei hielt sich der Regent noch einen ›Hirschpark‹ von Konkubinen, die ihm für horrende Summen zugeführt wurden. Es handelt sich um ein ›pikantes‹, also ganz französisches, auch ganz männliches Thema. Die Herren sprechen aus Erfahrung. Am Anfang eines Jahrhunderts der Kokottenromane, in dem es für Aufrichtigkeit bei der Benennung der Mechanismen noch keinen Platz gab, steht

---

[19] ›Die vom Weg Abgekommene‹ Violetta Valéry; ihr Vorbild in der Wirklichkeit hieß Marie Duplessis.

Manon Lescaut aus der Feder des ›Abbé‹ Prévost. Fast wider Willen tut er einen Blick auf die ausbeuterischen Verhältnisse, unvermerkt wächst sich aber zum Abenteuerroman mit klirrenden Degen, falschen Karten und einem Ende in der Wüste aus, was als sentimentale Liebesgeschichte Manons mit dem Chevalier des Grieux begonnen hat, einem jungen Mann, der von Anfang an mit seiner Rolle überfordert ist. Aber wie schön das klingt, wenn Auber, Massenet oder Puccini die Geschichte des betrügerischen Pärchens bis zum tragischen Ende nach der Deportation in die amerikanischen Kolonien mit Melismen umranken. Das Thema ist wie gemacht für die Oper und ein genussvoll im Halbdunkel der Loge mitleidendes Publikum, Abscheu, Gänsehaut und ein gewisses Prickeln inbegriffen! Balzac kannte sich mit der Materie aus und hat uns neben der heroischen Gestalt der rothaarigen Esther Gobseck auch mit der Vorstellung vertraut gemacht, dass im Corps de Ballet die Keimzelle der käuflichen Unzucht stecke. Aber was sind sie auch alle niedlich, diese Ballettratten! Vor der *Kameliendame* des Sohnes hatte Vater Dumas die bigamistische Lady de Winter als Gegenspielerin der *Drei Musketiere* kreiert; die Undercover-Agentin des Kardinals Richelieu und zeitweilige Gattin des Musketiers Athos trägt an der Schulter das Brandzeichen des Gewerbes, eine Lilie.[20] So geht die Karriere der literari-

Erotische Abenteuer? Ganz klar eine französische Angelegenheit!

---

[20] Das wird der Liebhaber sakraler Kunst kaum glauben wollen, ist die Lilie doch Zeichen der Reinheit und darf auf keiner ›Verkündigung‹ fehlen, wenn der Erzengel Gabriel – derselbe, der Mohammed den Koran diktierte – Maria ihre alsbaldige Empfängnis des Erlösers mitteilt. Wie so oft heben sich auch hier die absoluten Gegensätze auf. Im Italien der Renaissance war dieses Fruchtbarkeitsthema besonders beliebt, vielleicht am schönsten dargestellt von Leonardo da Vinci, heute in den Uffizien in Florenz zu besichtigen – wenn man eine Eintrittskarte vorbestellt hat! – mit einem dynamisch heranrauschenden Engel. Die weiße Lilie gehört natürlich auch ins Wappen der Bourbonenkönige.

schen Freudenmädchen immer weiter. Erst in den Romanen des Charles-Louis Philippe ist die Hure eine ebensolche und teilt mit ihrem Zuhälter *Bubu vom Montparnasse* die Tageseinnahmen und die tödliche Seuche. Als dann eine Frau, la Colette, das Thema für sich entdeckt mit dem opportunistischen *Chéri* samt Fortsetzung, ist es plötzlich um den Glanz des Kokottenromans geschehen. Wir sind in der Realität angekommen.

Die drei Musketiere sind jedermanns Lieblinge, sehr menschliche Helden, die im Netz der vom Kardinal gesponnenen Intrigen ein ums andere Mal hängen bleiben, am Ende aber doch triumphieren. D'Artagnans Klepper und sein rostiger Degen, bekanntlich ihm von seinem Vater als einziges Gut mitgegeben auf den Weg von der Gascogne ins glanzvolle Paris Ludwigs des Dreizehnten, erinnern an Rosinante und das Rasierbecken auf dem Kopf des edlen Ritters Don Quixote. Aber gewitzter als sein literarischer Vorfahre und durch weniger Belesenheit belastet, nutzt der Gascogner seine Talente zum raschen Aufstieg. Selbst dass ihn gleich drei Offiziere des Königs an seinem ersten Tag in Paris zum Duell fordern, kann ihm die Lebensfreude nicht trüben. Und statt durchlöchert auf der Fechtwiese zurückzubleiben, macht er sich die drei Musketiere Athos, Porthos und Aramis auf Anhieb zu unverbrüchlichen Kameraden, indem er ihnen gegen die Schergen Richelieus beisteht, die bereits im Hintergrund gelauert haben. Denn, man glaubt es kaum: Zweikämpfe sind im Frankreich jener Zeit verboten! Mit dieser unvergesslichen Eingangsszene beginnen die verzwickten Abenteuer der Freunde im Dienste von König und vor allem Königin. Zwei Fortsetzungen, *Zwanzig Jahre später* und *Der Marquis von Bragelonne*, wandeln das Erfolgsrezept nur unwesentlich ab, auch wenn unsere Helden merklich altern. Dagegen erscheint Edmond Dantès, *Der Graf von Monte-Cristo*, in seinem verfolgungssüchtigen Hass als weniger sympathische Heldennatur. Seine Flucht aus dem Château d'If nach achtzehn Kerkerjahren galt bereits Tom Sawyer als Inbegriff des Abenteuers und wird von ihm deswegen bei der Befreiung des Sklaven Jim akribisch naturalistisch nachgespielt.

Meisterlich die Inszenierung der Rache des Grafen an den durch und durch korrupten Provinzchargen, die mittlerweile Schlüsselstellungen in Paris besetzt haben. Da traut sich Dumas einiges, indem er den Übergang von Napoleonverehrung zu Königstreue zum Thema erhebt. Mit den *Memoiren eines Arztes* macht sich Dumas an eine weitere geschichtliche Analyse; die äußerst weitschweifigen Erinnerungen drehen sich um die ›Halsbandaffäre‹ mit Marie Antoinette und Joseph Balsamo, der sich Cagliostro nannte, im Zentrum, also jenen Skandal, der unmittelbar zur Vorgeschichte der Großen Revolution gehört. Das alles wird hier im üppigen Panorama geboten: Dumas erzeugt pfiffige Unterhaltung auf hohem Niveau.

Dumas' großer Rivale auf dem Gebiet der Historie hieß Victor Hugo. Sein eigentliches Betätigungsfeld lag jedoch auf der Bühne. Pompöse Stücke mit romantischen Zutaten kamen aus seiner Feder wie *Hernani* oder *Lucretia Borgia*. Früher trotz haarsträubender Handlung viel gespielt, haben sie nur als Opern von Verdi und Donizetti bei uns überlebt. Das Theater wurde zum Austragungsort von Konflikten aller Art, die auf der Bühne dargebotenen vermischten sich mit den politischen und sozialen im Parkett. So entstand das Gewerbe der Claque, die gegen Bezahlung für Erfolg oder Untergang einer Premiere einstand. Und Hugo verstand es, alle diese Kämpfe mit seinen Produktionen nach Kräften anzuheizen. Das Gemeinsame mit Dumas: Auch sein Vater war napoleonischer General gewesen. Den Unterschied zum Schöpfer der Musketiere zeigt bereits das Porträtbild: Das Haupt mit der ergrauten Löwenmähne in die Hand gestützt, schaut uns Hugo grüblerisch und weltschmerzlich an. Fast zwanzig Jahre verbrachte er im freiwilligen Exil auf der Insel Guernsey im Ärmelkanal für seine radikal-demokratische Gesinnung, als sich Louis Napoléon zum zweiten Kaiser der Franzosen aufwarf. *Die Arbeiter des Meeres* sind Ergebnis dieses Lebens auf der Klippe, die Beschreibung des existentiellen Kampfes der Fischer mit dem Urelement. Statt des Wals ist diesmal der Krake dämonischer Gegenspieler des Menschen. Hugos folgenreichstes

Werk, *Notre-Dame de Paris* oder auf Deutsch: *Der Glöckner von Notre-Dame*, spiegelt seine Weltanschauung und zeigt ihn auf einem ganz anderen Weg als Dumas. Das Historische ist nicht Kulisse für Abenteuer, das Historische ist der eigentliche Gegenstand des Romans. Exakt und liebevoll wird die mittelalterliche Stadtsilhouette von Paris gezeichnet und das Treiben der Mächtigen kontrastiert mit dem Leiden der Unterdrückten und aus der Gesellschaft Ausgeschlossenen: Bettler, Zigeuner, Krüppel, Benachteiligte aller Art. Daraus ergibt sich aber auch die Schwäche der Konstruktion, die im Groben, Holzschnitthaften der Beschreibungen, dem Verwelkten der Charaktere und der Schwächlichkeit der Abenteuerhandlung liegt. Erkennbar geht ein Märchenton durch die Erzählung, verbunden mit pädagogischer Überdeutlichkeit, und das strapaziert unsere

> Geschickt versucht der Autor die viele Arbeit vor dem Leser zu verstecken, die er in die Vorbereitung investiert hat. Denn das Ergebnis soll kein Bergwerk sein, sondern ein geschliffener Edelstein.

Geduld. Die wissenschaftliche Behandlung des Themas, das Einarbeiten von Gesellschafts-, Kunst- und Architekturgeschichte hingegen waren bahnbrechend. Hugo nannte sich einen Sozialisten, seine Religion war Menschlichkeit, seine Werke setzen das große Lamento über die Niedertracht der Unterdrückung gleichberechtigt neben die dramatische Handlung.

Auch Gustave Flaubert wird sich am historischen Abenteuerroman abarbeiten. *Salammbô* ist eine Priesterin im Karthago während der ›Söldnerkriege‹, kurz bevor Hannibal mit seinen Elefanten loszieht. Der Meister nutzt die Gelegenheit, Macht, Pracht und blutige Riten der Handelsstadt als exotischen Rahmen einer verzweifelten Liebesgeschichte zu zeigen. Allerdings geraten die Bilder dürftig wie manche Bühnendekoration, wo eine zerbrochene Säule für die ruinierte Größe von Rom, Athen oder Alexandria steht; *Salammbô*, das Schmerzenskind flaubertscher Einbildungskraft, ist der von Fieberschüben geschüttelte Traum einer Antike, wie sie seinerzeit auch manches andere Werk vorführte. Ursprünglich diente die Verkleidung der Figuren in Peplos oder Toga dazu, tagespolitische Botschaften zu schmuggeln; allein Christoph Martin Wieland hat seine Leser ein Dutzend Mal ins alte Griechenland geschickt, um ihnen so zu zeigen, wie es vor der eigenen Haustür aussah. Später wurde diese Art historischer Exotik zu einem speziellen literarischen Erwerbszweig – da konnte man dicke Bücher schreiben. Es ist schwierig, von Werken wie *Die letzten Tage von Pompeji* des Engländers Edward Bulwer-Lytton oder *Ben Hur* vom Amerikaner und Bürgerkriegsgeneral Lewis Wallace ungekürzte, unbearbeitete Ausgaben zu bekommen. Das gilt selbst für *Quo vadis* von Henryk Sienkiewicz, der durch Romane mit dem Hintergrund der bewegten Geschichte seines polnischen Heimatlandes, etwa *Wirren*, berühmt wurde und den Nobelpreis erhielt. »Quo vadis, domine?« – »Wohin gehst Du, Herr?« fragt in der legendenhaften Erzählung über das frühe Christentum zur Zeit Kaiser Neros Petrus auf seiner Flucht den ihm erscheinenden Jesus. »Nach Rom, um mich noch einmal kreuzigen zu lassen.« Daraufhin kehrt der Apostel um und geht seinem Martyrium entgegen. Die Stelle wird heute noch an der Via Appia gezeigt. In der Regel werden wir Leser durch starke Striche bevormundet, die zu Abenteuerromanen machen sollen, was eigentlich als gelehrte Unterhaltung, christlicher Erbauungsroman oder historische Fleißarbeit mit vagen tagespolitischen Analogien gemeint war. Für einen vergnüglichen Nachmittag sind die Verfilmungen dieser Stoffe gerade so gut wie die Kurzfassungen der Romane. Einem verfeinerten Lesegeschmack wie Deinem genügt aber nur das Buch von Sienkiewicz, immerhin wird hier die Frage behandelt, wie der freie Geist des Menschen in Zeiten einer Gewaltherrschaft bestehen kann. Alle diese Werke zeichnen sich durch das Bemühen aus, antike Lebenssituationen möglichst ›richtig‹, also archäologisch und historisch korrekt, wiederzugeben, und in der Regel kann man aus der Lektüre einiges lernen. In dieser Hinsicht gibt es noch eine Fülle spannend geschriebener und faktenreicher Romane wie z.B. *Sinuhe der Ägypter* vom Finnen Mika Waltari – mit einer naiv-überphantastischen Handlung, aber genau recherchiertem Hintergrund des pharaonischen Ägyptens.

Gab es auch einen deutschen Historienroman? Ja und Nein. Ja: Wilhelm Hauffs *Lichtenstein* machte den Anfang. Nein: Die deutsche Literatur kam gut ohne ihn aus. Aber wo wir gerade bei Hauff sind: Es gibt da ein Phänomen, das er uns aufs schönste in einem Experiment demonstriert hat. Es handelt sich um das literarische Paralleluniversum. Wenn wir hier über Bücher plaudern, dann sind wir uns doch sicher, von einem einheitlich empfundenen Geschmacksurteil, über ›gute Literatur‹ zu reden. Dem ist beileibe nicht so. Es gibt auch andere Literatur, die von der Fachwelt als ›trivial‹ bezeichnet wird, schlechte Literatur also, die aber zu allen Zeiten ihre Verehrer hatte. Zu Hauffs Zeiten, als Goethe ein alter Mann war, hieß der offenbar sehr unterhaltsame Trivialschriftsteller der Saison H. Clauren alias Geheimer Hofrat Carl Heun. Der veröffentlichte seine seichten Romänchen in Fortsetzungen in Zeitschriften der Art, wie die »Gartenlaube« eine war, in der die unvergessene Eugenie Marlitt ihre Baronessen unter die Haube brachte. Diese Zeitungen waren die bevorzugte Lektüre der lesenden Klasse und machten erfolgreiche Autoren reich und berühmt, andere wie Theodor Fontane nachdenklich und depressiv.[21] Hauff nun usurpierte das Pseudo-

---

[21] In Krummhübel, in der Sommerfrische, sitzt Fontane in der Pension an seinen Versen, am Nebentisch liest man in der Hauszeitschrift den neuesten Romanvorabdruck. Ob es wohl seine »L'Adultera« ist? Er spitzt ein Ohr, das ist genau sein Publikum, ein Anwalt mit Frau, sie ist begeistert, will das Werk noch ein drittes Mal lesen. Aber die Enttäuschung folgt auf dem Fuß, statt seiner subtilen Ehebruchsgeschichte bevorzugt die Bürgersgattin »Ein armes Mädchen« der Wilhelmine Heimburg, der Nachfolgerin der Marlitt. Gut, wenn man einen Busen zum Ausweinen hat: *Ich glaube nicht, daß jemals ein Ehepaar irgendwo gesessen und über irgend was, das ich geschrieben, auch nur annähernd mit solcher Begeisterung gesprochen hat*, klagt Fontane postalisch seiner Emilie in Berlin. Des Widerspruchs der treuen Ehefrau konnte er sicher sein. Wenigstens ein Trost.

nym Heuns und veröffentlichte *Der Mann im Mond von H. Clauren*, einen Super-Trivialroman von knappen zweihundert Seiten Umfang mit Liebe und Entsagung bis zum Abwinken. Die Kritik war sich schnell einig: der beste Clauren, den es je gab. Das wurde dem Hofrat zu viel und er strengte einen Prozess an, in dem er sich als der wahre Clauren zu erkennen gab und Hauffs Verleger auf Unterlassung der Benutzung seines Schriftstellernamens verklagte. Er bekam recht. Das geschah gerade zu der Zeit, als ›Autorenrechte‹ erstmals einforderbar wurden. Soweit war der Ausgang des Prozesses gerecht. Hauff aber zeigte: Der wahre Künstler kann alles gut, auch das Triviale besser als jeder Trivialschriftsteller.

Wie sehr der Historienroman bereits zur Grundausstattung jugendlicher Phantasie gehörte, zeigt die Selbstverständlichkeit, mit der Mark Twain ihn in seine Einzelteile zerlegt und neu zusammengesetzt hat. Drei große Werke, entsprechend drei Entwicklungsstufen, sind aus diesem Recycling hervorgegangen. Am Anfang steht *Der Prinz und der Bettelknabe*, eine Geschichte für junge Leser. Twain entführt uns in die Zeit, als Heinrich der Achte, der König mit den vielen Frauen, dem dicken Bauch und der Abneigung gegen alles Katholische, stirbt. Seine Tochter Elisabeth wird später Britannien zu früher Größe führen und die Weltmacht begründen, aber Thronfolger war ein Sohn, der aus weltgeschichtlicher Sicht nur Episode war. Nach dem Tod des Vaters soll der junge Edward König werden, und Twain erzählt uns mit allem Pomp und Witz die Geschichte, wie dieser Edward, ein ganz normaler Junge, mit einem Bettelkind die Kleidung tauscht, wobei sich die Ähnlichkeit der zwei fatal auswirkt: Der Prinz, der sich probeweise in Lumpen hüllt, wird von den Wachen aus dem Palast geworfen und der überraschte Tom Canty soll statt seiner zum König gekrönt werden. Wenn Du die Geschichte noch nicht kennst, will ich auch gar nicht mehr verraten, denn sie ist sehr spannend, sentimental und schön und löst nebenbei auch das Rätsel, warum ein junger Mann aus kleinem Adel namens Miles Hendon vor dem König sitzen darf.

Eines meiner absoluten Lieblingsbücher ist *Ein Yankee aus Connecticut an König Artus' Hof*. Durch einen Schlag auf den Kopf wird ein Ingenieur des Neunzehnten Jahrhunderts, der Erzähler der als Memoiren getarnten Geschichte, beschlagen mit allem Know-how und frei von allen Illusionen, in einer kombinierten Zeit- und Raumreise an die Tafelrunde des mythischen Königs Artus versetzt, der als Kelte eine Art ›Ureinwohner‹ Britanniens war und sich gegen die vordringenden Sachsen (sowie ein paar Angeln) zu wehren hatte. Dort mischt er mithilfe seiner geistigen und technologischen Überlegenheit in kürzester Zeit die uns aus Sir Thomas Malorys ehrwürdigem Epos von *Artus' Tod* vertrauten Verhältnisse auf und setzt sich als ›Der Boss‹ an die Spitze des Ritterstaates. Den Verlauf der Ereignisse vermag unser Held aber nicht zu ändern. Es kommt trotz menschenfreundlicher Versuche, das Mittelalter zu zivilisieren – erfolglos wie die Bemühungen, Huckleberry Finn in einen Anzug zu zwängen –, zum abschließenden Gemetzel Gut gegen Böse, Artus gegen seinen Sohn Mordred, alle gegen den Boss aus Amerika, und pessimistischem Ende. Mark Twain zieht alle Register seines satirischen Könnens und die Vorbilder des Historienromans durch den Kakao, gleichzeitig gelingen ihm bewegende Episoden reinster Menschlichkeit. Lachen und Weinen sind die Pole, zwischen denen sich der ganze Roman bewegt. Musst Du lesen!

Die *persönlichen Erinnerungen an Jeanne d'Arc* zeigen Twain am anderen Ende der Skala seiner Ausdrucksmöglichkeiten. Mit Hingabe zeichnet er ein glaubwürdiges Bild der Ereignisse, die das Bauernkind Jeanne zur Heldin des Hundertjährigen Krieges mit England machten. Die legendenhafte Erzählweise hat viele Skeptiker auf den Plan gerufen, ob es sich hier um einen ›echten‹ Mark Twain handelt. Zusammen mit den beiden vorher beschriebenen Büchern ergibt sich ein Dreiklang, der die harmonische Meisterschaft des Autors ausweist. Er ist eben Virtuose in allen Tonarten. Mal verspielt kindlich, dann satirisch und hier innig menschlich. Die *persönlichen Erinnerungen* muss man aber nicht unbedingt mit den beiden anderen Büchern zusammen lesen, man kann sich auch noch ein paar Jährchen Zeit lassen. Dazwischen lohnt es sich immer wieder, noch einmal *Tom Sawyer* und den unvergleichlichen *Huckleberry Finn* hervorzuholen. Je öfter man diese Bücher liest, desto mehr gibt es zu entdecken, weil man in der Zwischenzeit auch noch anderes kennengelernt hat. Mark Twain verarbeitet nämlich seine eigenen Leseerfahrungen, er schreibt ›Bücher über Bücher‹, parodiert Dumas und Cooper, setzt sich mit Poe, Melville und Hawthorne, aber auch mit Shakespeare, der Bibel und der Tagespresse auseinander. Alles hat in diesem Kosmos seinen Platz, alle Literatur passt in diese zwei Lausbubengeschichten hinein.

Der Legendenton des *Jeanne d'Arc*-Buches ist eine Reverenz Twains an den Altmeister Nathaniel Hawthorne und Nachklang der Ehebruchgeschichte *Der scharlachrote Buchstabe*. Diese Ikone der noch jungen Literatur des Kontinents versucht bis in das Sprachliche hinein die frühen Jahre Amerikas heraufzubeschwören, als die Pilgerväter gerade erst von der »Mayflower« an Land gestiegen waren und Salem frisch gegründet dastand. Das ist nicht immer leichtverdaulich und die Handlung, sagen wir: etwas verquast; aber ein staunenswertes literarisches Denkmal ist das Buch allemal. Das A, in scharlachrot auf die Brust von Hester Prynne gestickt, steht für ›Adultery‹ und das schwarze Loch im Zentrum der Geschichte, das der Erzähler pausenlos umkreist. Das Ur-Verbrechen des Gesellschaftsromans führt die so Stigmatisierte jedem Passanten wie uns Lesern grell vor Augen. Nicht nur das erscheint uns an diesem Buch befremdlich.

> IMMER DERSELBE TONFALL LANGWEILT. WENN DER LESER EINS WILL, DANN ABWECHSLUNG.

Mit seiner schmalen Produktion deckt Hawthorne fast alle Genres ab: *Das Haus der sieben Giebel* ist ein ›schräger‹ Familienroman, *Die Blithedale-Maskerade* berichtet ultramodern, satirisch und selbstironisch von seinen eigenen schlechten Erfahrungen in einer Kommune, *Der Marmor-Faun* führt in das Italien echter und eingebildeter Künstler. *Rappaccinis Tochter* ist das süßeste Gift im verbotenen Garten eines Schwarzkünstlers und die schönste seiner kleineren Erzählungen. Hawthorne war der gute Geist der amerikanischen Literatur und einfühlsamer Kritiker, einfacher und herzlicher Freund seiner schwierigen Kollegen Melville, Poe & Co.

Die klassische russische Literatur schenkt uns begeisterten Lesern historische Abenteuergeschichten von völlig eigener, überragender Qualität. Der Gründervater einer an westlichen Vorbildern gewachsenen literarisch selbständigen Schule, der früh gestorbene Alexander Puschkin, und dann Nikolaj Gogol – der auch nicht älter wurde – lassen Ereignisse der slawischen Geschichte in die frei erfundene Fabel einfließen. Ein junger Mann aus gutem Hause, Grinjow – der Erzähler –, gerät auf dem Weg, seinen Militärdienst anzutreten, in einen Schneesturm und wird von einem geheimnisvollen Fremden gerettet, dem er zum Dank einen Pelzmantel schenkt. So beginnt Puschkins *Hauptmannstochter*. Dieser Fremde ist der Aufrührer und Donkosake Pugatschow. Im Zuge des Kosakenaufstands begegnen sich die beiden wieder, und Pugatschow begnadigt den jungen Offizier, ihn wiedererkennend, vom Tode bei der Eroberung seiner Garnison. Später hilft er ihm sogar, Marja Iwanowna, die Tochter des Kommandanten und Titelheldin, aus den Händen eines Rivalen zu befreien. Allerdings bringen Grinjow diese Beziehungen zum Rebellenführer ein Militärgerichtsverfahren ein. Die Zarin Katharina die Große persönlich begnadigt ihn und ermöglicht seine Heirat mit Marja. Pugatschow wird gefangen und hingerichtet. Puschkin hat den vom zeitgenössischen Lesepublikum geforderten ›nationalen Ton‹. Unsentimental, direkt und mit freiem Blick auf alle menschlichen Regungen wird die Geschichte vorgetragen. Typisch für ein Jahrhundert russische Erzählkunst ist eine Passage wie diese, als der junge Grinjow seine Einberufung zum Militär erhält: *Der Gedanke der baldigen Trennung von mir überraschte die Mutter so, daß sie den Löffel in den Kessel fallen ließ und Tränen über ihre Wangen flossen. Dagegen läßt sich mein Entzücken schwer beschreiben. Der Gedanke an den Dienst verschmolz mit dem Gedanken an vollkommene Freiheit, an die Vergnügungen des Petersburger Lebens. Ich sah mich als Gardeoffizier, was nach meiner Meinung den Höhepunkt menschlicher Seligkeit bedeutete.* Die Emotionen der Mutter werden in einem zu Herzen gehenden, simplen Bild beschrieben; dagegengesetzt die höchst konventionellen, eitlen Träume des Sohnes. Sie stellen gerade das dar, was jedem russischen Roman zuverlässig einbeschrieben ist: Moskau und Petersburg als Namen für den Traum von Aufstieg, Glanz und Glück – das Landleben ist die triste Realität. Und auch die Träume Grinjows werden sich nicht erfüllen. Typisch für Puschkins knappen Stil das kalte Nichtbeachten der mütterlichen Gefühle. Erst in den kommenden Abenteuern wird Grinjow zum Mann, der die Seelennot der anderen höher stellt als seine kleinlichen Ambitionen. Und Puschkin wird der erste souveräne Stilist in russischer Sprache.

Nikolaj Gogol: *Die Photographie zeigt ihn im Dreiviertelprofil, und er hält jenen schlanken Stock mit Elfenbeinknauf zwischen seinen feingliedrigen Fingern (ganz als wäre der Stock eine Schreibfeder). Das lange, aber wohlgebürstete Haar ist auf der linken Seite gescheitelt. Ein sauberes Schnurrbärtchen sitzt über seinen unangenehmen Lippen. Die Nase ist groß und läuft spitz zu, im Einklang mit seinen scharfen Gesichtszügen. Ein dunkler Schatten, ähnlich dem, der die Augen romantischer Helden in alten Kinofilmen zu umgeben pflegte, gibt seinem Blick einen hohlen und leicht ›spukigen‹ Ausdruck. Er trägt eine Jacke mit weiten Kragenaufschlägen und eine schmucke Weste. Könnte der dunkle Druck der Vergangenheit farbig ausschlagen, so sähen wir das orange- und purpurge-*

punktete Flaschengrün dieser Weste, auf der außerdem sehr hübsche winzige dunkelblaue Augenflecken saßen – ganz wie die Haut eines exotischen Reptils. Diese intensive, im Seelenleben des Porträtierten bohrende Bildbeschreibung verdanken wir dem Literaturprofessor Vladimir Nabokov, der uns noch als Autor großer Romane begegnen wird. Im Text klingt an, was Gogol einerseits war: einer der großen Phantasten und Wahnverfolgten der Weltliteratur, bei dem Obsession und Märchen in eins gehen, wie in *Der Wij* oder *Mainacht*. Andererseits war er Erzähler lebensprallerler Geschichten. »*He, dreh dich einmal um, Sohn! Ach, wie lächerlich du aussiehst! Was habt ihr da für Popenkutten an? Und so laufen alle in der Akademie herum?« Mit diesen Worten begrüßte der alte Bulba seine beiden Söhne, die an der Kiewer Burse studiert hatten und zu ihrem Vater nach Hause zurückgekehrt waren …* Mit diesen Worten beginnt die große Abenteuererzählung *Taras Bulba*. Im Balladenton schildert sie vor dem Hintergrund der Kriege zwischen Ukrainer Kosaken und Polen die tödliche Auseinandersetzung zwischen dem alten Kosakenataman Taras Bulba und seinem aus Liebe zum Feind übergelaufenen Sohn Andrej. Nabokov hielt Gogols frühe Erzählung für wertlos. Wir erkennen das souveräne Spiel mit urwüchsiger Erzählweise und naiver Schwarz-Weiß-Malerei und sagen: Auch Weise können irren. Wie kaum irgendwo wird hier der ›nationale Ton‹ lebendig, in *Taras Bulba* lässt Gogol die Erinnerung an das volkstümliche Heldengedicht aufleben, die Byline. Aber der qualvolle Tod des zweiten Sohnes Ostap und schließlich Taras' eigenes Ende auf dem Scheiterhaufen bilden den Abgesang auf alles Heldentum. Die Zeit der wilden Kosaken ist vorüber. Der tschechische Komponist Leoš Janáček hat »Taras Bulba« zu einem aufwühlenden Tongemälde verarbeitet, denn tatsächlich kommt hier alles auf den richtigen Klang an: ein Echo von Waffengeklirr und Prahlhanserei aus alter Zeit. Über Gogol an anderer Stelle mehr, wenn wir zu seiner satirischen und humoristischen Seite kommen.

Der größte russische Roman dem Umfang und Erzählpanorama nach ist *Krieg und Frieden*. Lew Tolstoi schildert die Entwicklung Russlands unter dem Einfluss der napoleonischen Kriege, das Eindringen westlicher Tendenzen und Lebensart in eine auf Grundbesitz und Leibeigenschaft gegründete Gesellschaft, die drohende Vernichtung durch Napoleons Aggression, die Schicksalsschlachten von Smolensk und Borodino und die Wende des Krieges nach dem Einzug der Franzosen in Moskau, die einsame Entscheidung des Zaren, die Hauptstadt in Brand zu setzen, den debakulösen Rückzug von Napoleons Truppen durch den eisigen russischen Winter. Der Roman endet hoffnungsvoll mit zwei Hochzeiten. Wie in einem Film montiert Tolstoi die verschiedenen Szenen gegeneinander, indem er das Schicksal der Hauptpersonen Andrej Bolkonski und Pierre Besuchow, der eine Militär, der andere Zivilist, durch die Jahre verfolgt. Die große Geschichte spielt ständig in die Lebensläufe hinein und eine Unzahl von Figuren wird am Auge des Lesers vorbeigeführt. Eine fast wissenschaftliche Beschreibung der geschichtlichen Ereignisse kontrastiert mit dem leibhaftigen Agieren von Napoleon und seinem Widersacher, General Kutusow, sowie lebendigen Detailszenen. Meisterhaft die Schlachtenschilderung, wenn aus der Perspektive des Pazifisten Besuchow die Grauen der Gemetzel gezeigt werden. Erst im Tod verwandelt sich der Soldat wieder in den Menschen zurück. Hier und an vielen anderen Stellen flicht Tolstoi in die Erzählung mit typischer Bekennerhaltung seine persönlichen Glaubensvorstellungen von einer überkonfessionellen Menschlichkeit ein.

Krieg und Frieden hat durch die Neuartigkeit des Ansatzes und die Monumentalität der Darstellung – eine Mischung aus Präzision und Fiktion – Vorbildfunktion für die Weiterentwicklung des historischen Romans erlangt. Nicht mehr wie bei Walter

> Krieg ist an sich schon ein interessantes Thema, bereits die frühesten Dichtungen berichten davon. Aber erst die Wirkung der Gewalt auf die Menschen macht ihn zum Menschheitsthema und den Schlachtenbericht zum Dokument der Menschlichkeit.

Scott Unterordnung des Geschichtlichen gegenüber der erfundenen Handlung, die durch romantische Zutaten vom realen Hintergrund abgelöst wird, sondern im Gegenteil: Die Handlung wird schlüssig in den authentischen historischen Ablauf eingepasst, sozusagen durch die Fakten der Geschichte beglaubigt. In diesem Sinne funktionieren historische Romane seitdem. Als Fortschreibung von *Krieg und Frieden* hatte Maxim Gorki seinen monumentalen Roman vom Leben des *Klim Samgin* geplant, *Der stille Don* von Michail Scholochow, den Untergang der Donkosaken vor dem Hintergrund des Ersten Weltkriegs und der russischen Revolution schildernd, und *Leben und Schicksal* von Wassilij Grossman über die Schlacht um Stalingrad im Zweiten Weltkrieg führten die Tradition fort. Scholochow bleibt uns Lesern unvergesslich durch seine Eigenart, alle Szenen durch Geruchseindrücke zu parfümieren. Nirgendwo seit *Gargantua und Pantagruel* hat die Nase eine so wichtige Rolle in der Literatur gespielt. Das großangelegte Panorama beginnt in der ländlichen Abgeschiedenheit der Kosaken, die den Bauern und den Soldaten in einer Person vereinigen. Begeisternd die Lebhaftigkeit der Schilderungen, die Lebendigkeit der handelnden Personen, die Klarheit der Beschreibung der vertrackten Verhältnisse in Russland nach der Kapitulation im Ersten Weltkrieg, die unmittelbar in Bürgerkrieg und Revolution mündete. Grossmans Roman leidet unter der Abhängigkeit von Tolstois Vorbild, eine sozialistische Blässe liegt über den Schilderungen. Als Höhepunkt treten aber Hitler und Stalin leibhaftig auf. So verdient das Buch Deine Aufmerksamkeit, insbesondere durch seine Auseinandersetzung mit dem allgegenwärtigen Antisemitismus.

NAPOLEON

Napoleon war vieles, eben auch das verkörperte Abenteuer. Wie Hannibal überquerte er die Alpen, um Italien zu erobern. Mit einer Flotte war er in Ägypten, ließ sich die denkwürdigen Worte einfallen: »Soldaten! Vier Jahrtausende blicken auf Euch herab«, als er den Mameluken die Schlacht am Fuße der Pyramiden lieferte, um danach Hals über Kopf aus Ägypten zu fliehen – was seinem Nimbus der Unbesiegbarkeit erstaunlicherweise nicht geschadet hat. Spanien hielt er besetzt und zwang die freiheitlich Gesinnten in den Untergrund – die Guerilla entstand. Millionen Soldaten, ganze Völker hetzte er aufeinander, ihm schien die Sonne von Austerlitz und von seinem russischen Feldzug kam er (ohne Heer) in der Postkutsche zurück, um zu erklären, dass einen Mann wie ihn das Schicksal von Hunderttausenden nicht schere. Als Befreier wurde er begrüßt und als Herrscher auch von denen verehrt, die er mit Zwang beherrschte. Gehasst wurde er mit Maßen, und als alles verloren war, erlosch er wie ein Vulkan, dem das Magma ausgegangen ist. Selbst sein Ende auf einem Felseiland im Südatlantik wurde durch das vielbändige, nur im französischen Sprachraum populäre *Mémorial de Sainte-Hélène* seines letzten Begleiters Las Cases zum Mythos, der den Kampf gegen Hudson Lowe, den unbestechlichen britischen Kerkermeister, über den Tod des Exilkaisers hinaus fortsetzte.

Dass in *Krieg und Frieden* Napoleon leibhaftig auftritt, spricht, handelt, ist der Spezialfall einer Fiktion. Denn er hat nicht so gesprochen und nur annäherungsweise so agiert. Er tut es, um die Glaubwürdigkeit der dargestellten Handlung mit seinem Erscheinen zu beurkunden. Die Authentizität des Kaisers überträgt sich auf den Roman, wie er auch jedem Kinofilm Glanz und Würde verleiht. Nicht zum ersten Mal spielt der korsische Usurpator in persona in einem Abenteuerroman mit, geschweige zum letzten. Wenn Du über diese Zusammenhänge mehr erfahren willst, hilft Dir ein großartiges Nachschlagewerk, das auch ich natürlich in diesem Augenblick konsultiere. Es heißt *Stoffe der Weltliteratur* und ist von Elisabeth Frenzel. Darin kann man Stichwörter wie ›Napoleon‹, aber auch ›Adam und Eva‹ oder ›der bayrische Hiesel‹ nachschlagen und erfährt, wie diese Namen literarisch be- und verarbeitet worden sind; dass Heinrich

Heine[22] Napoleon für die Gleichstellung der Juden geliebt hat und Alessandro Manzoni für die zeitweilige Befreiung (Nord) Italiens, dass Lord Byron ihn schon während des Elba-Intermezzos mit dem titanischen Menschenfreund Prometheus verglich,

Or, like the thief of fire from heaven,
Wilt thou withstand the shock?
And share with him, the unforgiven,
His vulture and his rock?[23]

---

[22] Nach Frankreich zogen zwei Grenadier, /Die waren in Rußland gefangen./Und als sie kamen ins deutsche Quartier,/Sie ließen die Köpfe hangen. //Da hörten sie beide die traurige Mär:/Daß Frankreich verloren gegangen,/Besiegt und zerschlagen das große Heer – /Und der Kaiser, der Kaiser gefangen. // Da weinten zusammen die Grenadier / Wohl ob der kläglichen Kunde. / Der eine sprach: »Wie weh wird mir, / Wie brennt meine alte Wunde.« // Der andre sprach: »Das Lied ist aus, / Auch ich möcht mit dir sterben, / Doch hab ich Weib und Kind zu Haus, / Die ohne mich verderben.« // »Was schert mich Weib, was schert mich Kind, / Ich trage weit beßres Verlangen; / Laß sie betteln gehen, wenn sie hungrig sind – / Mein Kaiser, mein Kaiser gefangen! // Gewähr mir Bruder eine Bitt: / Wenn ich jetzt sterben werde, / So nimm meine Leiche nach Frankreich mit, / Begrab mich in Frankreichs Erde. // Das Ehrenkreuz am roten Band / Sollst du aufs Herz mir legen; / Die Flinte gib mir in die Hand, / Und gürt mir um den Degen. // So will ich liegen und horchen still, / Wie eine Schildwach, im Grabe, / Bis einst ich höre Kanonengebrüll, / Und wiehernder Rosse Getrabe. // Dann reitet mein Kaiser wohl über mein Grab, / Viel Schwerter klirren und blitzen; / Dann steig ich gewaffnet hervor aus dem Grab – / Den Kaiser, den Kaiser zu schützen.« Unvergleichlich hat Heine in *Die Grenadiere* den Geist der alten Garden eingefangen, die bei Waterloo zum letzten Sturm antraten. Robert Schumann hat die ebenso unvergleichliche Vertonung besorgt – die Ballade schlechthin.

[23] Oder willst Du, wie der Dieb des Himmelsfeuers, dem Stoß widerstehen? Und mit ihm, dem Unversöhnten, seinen Geier und seinen Felsen teilen? Byron hat in seiner *Ode an Napoleon Bonaparte* dessen weiteres ›romantisches‹ Schicksal vorausgefühlt.

dass Madame de Staël ihn gehasst hat und mancher andere, und dass der Philosoph Hegel ihn als den *Weltgeist zu Pferde* bezeichnete. Goethe erhielt von Napoleon den Orden der Ehrenlegion und trug ihn auch nach dem Sturz des Kaisers zu festlichen Gelegenheiten, sehr zum Unmut seiner deutschen Landsleute. Bei einer persönlichen Begegnung in Erfurt – nach der Vernichtung der preußischen Armeen bei Jena – hatte Napoleon Goethe mit den Worten »Voilà un homme!« (Sieh da, ein Mann!) begrüßt. Goethe hatte seinem Blick standgehalten und mit dem Kaiser über den *Werther* parliert, den der in seiner Jugend viele Male gelesen hatte.

Der Widerstand gegen das menschenverschlingende Ungeheuer fand zunächst nur in den Köpfen statt. Auf der Bühne hätte die Zensur ein realistisches Auftreten des Welteroberers verhindert, bei nur einssiebenundsechzig Körpergröße wäre jeder Anflug von Heroismus im amüsierten Prusten des Publikums untergegangen. Historische Verkleidung war vonnöten, wie sie der Napoleonhasser Heinrich von Kleist benutzte: *Die Hermannsschlacht* zeigt einen Moment deutscher Frühgeschichte, als erst Uneinigkeit der Stämme und dann der Verrat von Thusnelda um ein Haar den Sieg über die Römer verhindert hätten. Natürlich muss man an die Stelle des Varus und der verlorenen Legionen des Augustus Napoleon und seine stets siegreichen Heere setzen, um die Stoßrichtung des Dramas zu verstehen. Kleist erlebte die Befreiung nicht mehr, dementsprechend wurde die *Hermannsschlacht* zu seinen Lebzeiten nie aufgeführt. Ein anderer hybrider Kriegsherr, dessen Maske er dem Antlitz des verhassten Mannes aufzusetzen unternahm, verweigerte sich so erfolgreich der Dramatisierung, dass Kleist das Manuskript des *Robert Guiskard* ins Feuer warf. Nur durch glückliche Umstände kennen wir ein Fragment des Stücks, das den ins Gleichnis gesetzten Normannenherzog beim Scheitern seiner Mittelmeerwelteroberungspläne vorführen sollte. Nachdem alles ausgestanden war, wurde das Angebot an *Napoleon*-Dramen sogleich inflationär und die Ehrerbietung vor der historischen Figur von

Versuch zu Versuch größer. Christian Dietrich Grabbe zeigt in seiner Version die hundert Tage von Elba bis Belle-Alliance als bunten Bilderreigen mit viel Volk, Murmeltieren und einer Dronte[24] auf der Bühne sowie dem Kaiser als Spielball des eigenen Schicksals – er wäre am liebsten auf seiner kleinen Insel geblieben. Ein tolles Stück Theater!

Bei Stendhals kindlichem Helden Fabrizio del Dongo in der *Kartause von Parma* geht die Napoleonverehrung so weit, dass er vom Comer See auf das Schlachtfeld von Waterloo eilt – hier gelingt Stendhal eine einzigartig packende Darstellung der blutigen Ereignisse –, um seinem Idol nahe zu sein. Allerdings trifft er nur den Marschall Ney, verpasst seinen natürlichen Vater, einen französischen Offizier, und erahnt den Kaiser lediglich in der Ferne im Schrapnellfeuer. Stendhal wäre nicht er selbst, wenn anschließend nicht seine beiden Lieblingsthemen ins Zentrum rückten, Italien und die Liebe, beide in allen ihm denkbaren Variationen.[25] Aber von dieser Ausgangssituation her entwickelt sich sein ganzes weiteres Schicksal, das Fabrizio in den Kerker und in die Arme der Kerkermeisterstochter Clelia wirft. Dort wird er zum Mann. Balzacs *Menschliche Komödie* stellt die napoleonische Epoche aus der Rückschau – Balzac war zweiundzwanzig Jahre alt, als Napoleon (an Magenkrebs) auf St. Helena starb – in den Brennpunkt der Beobachtung und verbindet den vereh-

---

[24] Ich musste es nachschlagen: Es handelt sich um den zum Ende des Siebzehnten Jahrhunderts auf der Insel Mauritius ausgestorbenen Dodo, einen wahrlich seltsamen Vogel. Der originelle Grabbe verlangt für seine Menagerie davon ein Exemplar – kein Wunder, dass *Napoleon oder die hundert Tage* zu seinen Lebzeiten unaufgeführt, weil unaufführbar blieb.

[25] Und mit einiger künstlerischer Freiheit: Weder gibt es eine Kartause in Parma noch das furchteinflößende Staatsgefängnis mit dem riesigen Turm, den man über die ganze Poebene sehen kann. Aber der große Individualist Stendhal amalgamiert Phantasie und Wirklichkeit zu s e i n e m Italien, so schön und welthaltig wie das wirkliche.

rungsvollen Blick auf seine Leistungen: Staatsreform, Gesetzgebung, Frankreichs Glanz und militärische Größe, mit dem Mitgefühl für seine Opfer: die Veteranen, die Exilierten, die Ruinierten. *Oberst Chabert* schildert ein Spätheimkehrerdrama aus den europäischen Feldzügen, frühes Beispiel für einen Kriegsteilnehmer, der sich im bürgerlichen Leben nicht wieder zurechtfindet; im *Landarzt* kommen die aller Hoffnung beraubten und untröstlichen Veteranen der großen Kriege zu Worte, die lange nach dem Tod ihres Idols auf eine Wiederkehr der alten Zeiten hoffen, und die *Dunkle Affäre*, an deren schicksalhaftem Höhepunkt Bonaparte leibhaftig auftritt, ist eine der vielen Verschwörungen, der er – wie manch anderer Diktator – knapp entging, um sich von da an noch vernichtender als Werkzeug irgendeiner ›Vorsehung‹ in Szene zu setzen.

> Sein ganzes Leben einer Aufgabe unterordnen. Man hält das beim Gewaltmenschen für selbstverständlich, aber auch der hat Entbehrungen inkaufnehmen müssen und gelitten. Mitgefühl haben wir da keins.

Für Joseph Conrad war Napoleon der große Auslöser von Geschichte wie Geschichten. Ohne dass der Korse in eigener Person mitspielen würde, gibt seine Existenz den beiden letzten Romanen aus Conrads Feder ihren Hintergrund, die Aufstieg und Fall verbinden. *Der Freibeuter* Peyrol[26] ist ein idyllisch sesshaft gewordener Pirat, der als letzte Tat der Flotte des aufstrebenden Konsuls hilft, die Kontinentalsperre zu durchbrechen; im unvollendeten Roman *Spannung* (*Suspense*: Der Film kündigt sich

---

[26] Der herkunftslose Filibuster kommt durch dieselbe Schlamperei des Zufalls zu seinem Namen wie später der kleine Vito Andolini aus dem sizilianischen Corleone, der bei der Einwanderung in die USA den Namen seines Geburtsorts verpasst bekommt und den Mario Puzo in *Der Pate* sowie Robert De Niro/Marlon Brando als Obermafioso Don Corleone, »The Godfather«, im Film zum Verbrecherhelden der Zeitgeschichte machten.

an und eines seiner wesentlichsten Stilmittel) gerät der Engländer Cosmo Latham in eine Verschwörung rund um die Flucht des Exilkaisers von Elba und sein Wiedereingreifen in die Weltgeschichte. Conrad gestaltet politisch entscheidende Momente, im Vordergrund aber stehen folkloristisch getönte Abenteuer im Dunstkreis der Häfen von Toulon beziehungsweise Genua. Das Fragment gelangt über das Knüpfen einiger vielversprechender Handlungsfäden nicht mehr hinaus – zur Einlösung des im Titel gemachten Versprechens kam es so nicht. Noch Eric Amblers Roman *Schirmers Erbschaft* beginnt mit den Umformungen und Zerrüttungen im Europa von des Kaisers Gnaden. Bis auf den Balkan reichen die Erschütterungen. In dem besten seiner drei historischen Romane, *Wesire und Konsuln*, schildert der Bosnier Ivo Andrić, wie Napoleon in der Nachfolge der Venezianer die Kontrolle jenseits der dalmatischen Küste, auf der Grenze zum Osmanenreich, zu übernehmen trachtete und am passiven Widerstand der Landesbewohner scheiterte. In scheinbar harmlosen Anekdoten, ganz in der Tradition großer slawischer Erzählkunst, wird das Bedrohliche und Beunruhigende gezeigt, das die kultivierten Mitteleuropäer, etwa den rührend unbeholfenen französischen Konsul Daville, in diesem archaisch herben Land verstört. Ihm bleibt nur Verharren in Resignation. Andrić erhielt für den tiefen Einblick, den er ins Wesen seiner Landsleute gewährte, den Nobelpreis. Mit den beiden anderen ebenfalls in seiner Heimat spielenden Romanen *Die Brücke über die Drina* (Vorsicht, enthält extrem grausame Szenen!) und *Das Fräulein* über eine Kaufmannstochter, von der der Geiz Besitz ergreift, schlägt er gleichzeitig den Bogen vom Mittelalter bis zum Weltkrieg und zeigt: Der Balkan bleibt sich immer gleich.

Auch musikalisch kann man sich dem Korsen nähern. Beethoven hatte das mit seiner Dritten Symphonie getan, der »Eroica«, die er erst dem *Andenken eines großen Mannes* gewidmet sehen wollte, bevor er die Zueignung wieder tilgte, nachdem Napoleon seine politischen Erwartungen enttäuscht hatte. Aber immer dann, wenn er in seine triumphale Lieblingstonart

Es-Dur[27] verfällt, erinnert Beethoven an die Hoffnung, die sich für ihn mit dem Namen verbunden hatte. Dem Klang dieses Werkes nach, dessen Eingangsthema Du vielleicht im Ohr hast oder zwischen den Fetzen sonstiger musikalischer Erinnerungsbruchstücke mit Dir herumträgst, hat Anthony Burgess seine *Napoleon-Symphonie* geschrieben. Höchst originell, wie jedes seiner Werke, formt er das Leben des Schlachtenlenkers in vier Sätzen, samt Ouvertüre und abschließender gereimter Epistel an den Leser. Die kleinen privaten Malheurs des Empereurs, wie ein Satz Hörner, den er von Josephine verpasst bekam, werden genauso liebevoll in Worte gesetzt wie die großen Momente. Und mit einer Menge lyrischer Einlagen wird das Werk angemessen verfremdet zur Napoleon-Revue. Völlig zu Unrecht ist der Brite Burgess, der einst mit der *Uhrwerk-Orange* die Vorlage für Stanley Kubricks Kino-Gewaltorgie geliefert und davor schon in *Ein-Hand-Klatschen* ein kleines Virtuosenstück hingelegt hatte, in seinen Werken kaum bekannt; na ja, da steht er zumindest nicht alleine da.

Theodor Fontane ging auf die Sechzig, als er seinen ersten Roman veröffentlichte – und es würden noch viele folgen. Bezeichnenderweise nahm er sich für seinen Erstling Walter Scott als Vorbild und die Wende in Preußens Kampf gegen Napoleon zum Thema. Fontane hatte als Berichterstatter den preußisch-französischen Krieg von achtzehnsiebzig/einundsiebzig mitgemacht. *Vor dem Sturm* ist ein Rückblick von diesem triumphalen Sieg zu der deprimierenden Situation des Winters von achtzehnhundertzwölf. Die durch Niederlagen demütig gewordenen Preußen beginnen noch kaum an die Möglichkeit zu glauben, Napoleon aus dem Land zu vertreiben, während die hochmütigen verbündeten Polen mit dem Verlust von Freiheit und Unabhängigkeit für die Illusion zahlen, Frankreich gegen Russland

---

[27] So beginnt und endet auch Richard Wagners »Ring des Nibelungen«, also eine Art Welterlösungstonart.

ausspielen zu können und damit sicher auf der Seite des Siegers zu stehen. All dies spiegelt sich in der auf Gut Hohen-Vietz bei Frankfurt an der Oder spielenden Handlung, in der Landschaft Brandenburgs, die Fontane so wohl vertraut war. Der gerade scheiternde russische Feldzug ist der Auslöser, der die politische Revolte in Gang setzt. Wie in manch anderem Frühwerk Fontanes wird die Liebeshandlung brutal abgewürgt – die Braut des Helden Lewin türmt mit dem polnischen Rittmeister in den Untergang. Substanziell für den Roman ist die nüchterne bis satirische Darstellung der Situation in den Köpfen der bis dahin zum Zuschauen und Stillhalten verurteilten Leute auf dem Lande; erst deren Bereitschaft zu schrecklichen Opfern wird den Befreiungskrieg gegen Napoleon allen Widerständen zum Trotz möglich machen.

> Es gibt das jugendliche Genie, den Frühvollendeten. Und ganz offenbar Männer, die ihre Kräfte einteilen und im Alter das Beste leisten. Beim Klaviervirtuosen selbstverständlich, kommt es auch beim Schriftsteller vor.

Die Greuel des Krieges erreichten durch Napoleons Strategien neue Dimensionen, was die Präzion der Menschenvernichtung und die Verachtung des Individuums als ›Einsatz im Spiel‹ angeht. Früh schon wurde diese ›moderne‹ Komponente des napoleonischen Denkens literarisch gegeißelt. *Der Rekrut* – geschrieben von dem elsässisch-französischen Autorenteam Erckmann und Chatrian –, ein körperlich schwacher junger Mann aus einem Dorf im Elsass, erlebt die heimische Reaktion auf die Niederlage in Russland am eigenen Leibe. Er wird ›ausgehoben‹, eingezogen, kurz auf Kriegsverwendbarkeit gedrillt und dann in die große Schlacht von Leipzig, die ›Völkerschlacht‹, geworfen, um Napoleons Schicksal doch noch wenden zu helfen. Gebrochen an Körper und Seele kehrt er mit einem Verwundetentransport heim ins Idyll. Bis in die letzten Winkel Europas hinein ist der Wille eines Mannes Fleisch geworden. Moderne – totalitäre – Zeiten brechen an.

Sosehr die Literatur des Neunzehnten Jahrhunderts das Thema Napoleon umkreist, so unversöhnlich bleiben die Widersprüche in seiner Figur. Er war der große Menschenverächter, Menschenschlächter, Räuber von Kunstschätzen (eine speziell unangenehme Parallele zu Hitler), Urtyp des Ehrgeizlings, des Parvenü, alles in allem: Tyrann. Er war Staatsreformer von bis heute bleibender Fundamentalität, gab dem Bürgerlichen Gesetzbuch, nicht aber der Einteilung der Rotweinsorten des Bordeaux – das tat sein kaiserlicher Nachfolger –, die jetzt noch gültige Form. Nach ihm ist alter Cognac benannt und eine Süßkirsche, die bei mir im Garten steht. Und er hat Frankreich zu dem gemacht, wovon der Sonnenkönig geträumt hatte. Er wurde verehrt und geliebt, war eben auch: der größte Mann seiner Zeit.

Aber Größe bedeutet genauso, einen langen Schatten zu werfen. Zwei Nebenfiguren stehen im Halbdunkel hinter dem glänzenden Korsen und für das Doppelgesichtige der Macht in diesen Zeiten. In seinen angeblichen, auf jeden Fall sehr unterhaltsamen *Memoiren* schildert François Vidocq sein Leben als Ganove, seine Gefängniszeit und seinen Aufstieg zum Polizeichef von Paris unter Napoleon. Nur wer das Verbrechen kennt, kann es bekämpfen! Vidocq war mit Balzac befreundet und Vorbild für seine zwielichtigste Figur, den Intriganten und Dunkelmann Vautrin, der gerne in Verkleidung und immer dann auftritt, wenn an einer Stelle der *Menschlichen Komödie* besonders unsaubere Machenschaften im Gange sind. Sein Auf und Ab ist mit dem Geschick Napoleons untrennbar verbunden. Die Zerschlagung des Kaiserreichs bringt zwar nicht das Ende der Sûreté, aber Vidocqs immer zahlreichere Feinde triumphieren – er muss seinen Rücktritt einreichen. Für ihn folgt noch ein langes Leben in Verbitterung. Ganz anders entwickelt sich das Schicksal des *Joseph Fouché*: Er war blutrünstiger Revolutionär der ersten Stunde, der berüchtigte ›Mitrailleur von Toulouse‹, dann unentbehrlicher Berater des Kaisers mit Adelstitel (›Herzog von Otranto‹, man denkt an Horace Walpoles ganz frühe Schauergeschichte *Die Burg von Otranto* und erkennt: der Titel passt zu seinem Träger!), Polizeiminister und nach Waterloo sogar Regierungschef, allerdings bereits im Dienst von Napoleons Gegnern, kurz: skrupellos, wendig, unersetzlich. Stefan Zweig hat seiner charakterlichen Beweglichkeit in einem schlanken Büchlein über sein Leben nachgespürt. Napoleon war eben auch ein Biotop, und so sahen die Läuse aus, die ihm im Pelz saßen. Es gibt da keine gerechte historische Bewertung. Es gibt nur das Zusammentragen möglichst vieler Fakten, den Blick auf Nuancen und Facetten, der das Bild rundet.[28] Lassen wir in dieser Angelegenheit dem Weisen das letzte Wort. *Liebes Kind,* wird Goethe im Rückblick zu Eckermann sagen, *ein Name ist nichts Geringes. Hat doch Napoleon eines großen Namens wegen fast die halbe Welt in Stücke geschlagen!*

GESCHICHTE IST KULTURGESCHICHTE

In der Darstellung, was Lesen für das Verstehen von Geschichte und unserer kulturellen Identität leistet, stehen wir jetzt an der Weggabelung, wo erfundene Geschichte, also Fiktion, und wissenschaftliche Geschichtsschreibung sich trennen und in verschiedene Richtungen weiterführen. Der Unterschied ist nicht immer leicht zu erkennen. Geschichtsschreibung ist ja eine uralte Sache, aber mit den Tatsachen nahm man es seit jeher nicht so genau. So blieb die Differenz zwischen Geschichtswissenschaft und Roman für den antiken Leser unmerklich. Sollten die unentbehrlichen Zutaten der Abenteuergeschichte, wie oben angedeutet, im Helden mit Charakter, möglicherweise mit Abgründen, bestehen, der in aufregende Situationen gerät, die Ursachen und Motivationen haben, sodass die Beteiligten nicht ohne Not in Gefahr kommen, und in einer möglichst direkten Schilderung, als wäre man selbst dabei gewesen oder zumindest jemand anders, der genau zugeschaut hat, dann kann manches Ge-

---

[28] Die beste *Napoleon*-Biographie stammt vom Niederländer Jacques Presser, dessen kritische Haltung sich schon im Untertitel *Das Leben und die Legende* zu erkennen gibt.

schichtsbuch für sich in Anspruch nehmen, in das Kapitel der Abenteuerliteratur zu gehören. Ich werde Dir demnächst Beispiele dazu bringen. Die frühen Geschichtsereignisse, der Antike oder des Mittelalters, haben die Besonderheit, in der literarischen Darstellung weniger grauenerregend zu wirken, die Schlachten weniger menschenopfernd und -verachtend, der Verrat weniger niederträchtig und der Mut überlebensgrößer, als wir es von Geschichtsereignissen der jüngeren Vergangenheit im Ohr haben. Die Heldenverehrung hatte noch nicht den Beigeschmack der Anbiederung. Insofern haben die Klassiker der Antike einen gemeinsamen Ton, der die Ereignisse entfernt und im Detail auch mal märchenhaft erscheinen lässt. Je näher die Epoche, um so roher die Fakten. Schon bei Friedrich dem Großen erhebt sich der Vorwurf, wenn der Schweizer Ulrich Bräker alias *Der arme Mann im Tockenburg* seine Desertion in der Schlacht von Lobositz beschreibt, und dann mehr und mehr, von Napoleon bis zu den Gewaltherrschern des Zwanzigsten Jahrhunderts, wie man dem Machtstreben Einzelner Leben und Glück so Vieler opfern kann. Trotzdem ist eine Lehre aller Literatur, dass der Mensch sich in seinem persönlichen Verhalten als Konstante der geschichtlichen Ereignisse erwiesen hat. Immer ist es der Einzelne, der – so oder so – Geschichte gemacht hat. Das zieht sich als roter Faden durch alle schriftliche Fixierung von Menschheitsereignissen der Antike, von den Geschehnissen bei den Thermopylen bis zu des Hunnenkönigs Attila, der Geißel Gottes, letztem Ritt zu den Katalaunischen Feldern. Und mit dem Paladin Karls des Großen wird die Tradition im *Rolandslied* erneuert, wenn sein Schicksal sich am Pass von Roncesvalles erfüllt. Neue Quellen der Historiographie beginnen zu sprudeln, aus denen sich ein breiter Strom von Literatur speisen wird. Nicht zuletzt kündet jeder Roland von der neuen Kontinuität, der in Stein gehauen und gewappnet auf

> Das größte Abenteuer von allen:
> Wie wurde der Mensch so, wie er ist?
> Das ist die Fragestellung der Kulturgeschichte.
> Dem Menschen ist der Mensch ein Wolf, aber er tanzt und lacht auch gern dabei.

Marktplätzen, etwa vor dem Bremer Rathaus, steht und über das Reich wacht.

Geschichtsschreibung aller Zeiten hat den Stoff geliefert, der Literatur (möglich) machte. Schiller schrieb die *Geschichte des Abfalls der Vereinigten Niederlande von der spanischen Regierung*, Goethe den *Egmont* als bühnenwirksames Kondensat daraus, und im *Don Karlos* ließ wiederum Schiller die Ereignisse nochmals in ganz anderer Beleuchtung erscheinen. Shakespeare entnahm den alten Historikern jede Menge Dramenstoff(e) und selbst Torquato Tassos Epos *Das befreite Jerusalem*, in dem die historischen Ereignisse des Ersten Kreuzzuges von einer Phantasiehandlung um Hexen, Zauberer und liebestolle Ritter überwuchert werden, konnte nicht ohne Quellen der Geschichtsschreibung gedichtet werden. Allerdings handelte es sich um trübe Quellen oder, anders gesagt, man durfte auch den mittelalterlichen Geschichtsschreibern nicht alles glauben, was sie vortrugen. Ihre Darstellungen waren mehr der Wirksamkeit als der Wirklichkeit verpflichtet. Seit jedoch die Historiker ›wissenschaftlich‹ zu arbeiten begannen, ging ihnen das Lesepublikum stiften. Je akribischer geschichtliche Wahrheit von den Verkrustungen der Legende und Verfälschung befreit wird, desto mehr Gefahr läuft das gedruckte Ergebnis dieser Bemühungen, ungelesen zu bleiben. Wenige Werke des Historikerfleißes aus der frühen Neuzeit sind zu unserem Bewusstsein vorgedrungen. Der Gedanke der Universalgeschichte ging verloren. Dieser für jeden ambitionierten Gelehrten unbefriedigenden Tendenz stellten sich im Neunzehnten Jahrhundert Fachleute entgegen, die es unternahmen, historische Richtigkeit und literarische Lauterkeit mteinander zu verbinden. Vier Namen kann ich nennen: Leopold von Ranke, Johann Gustav Droysen, Theodor Mommsen und Ferdinand Gregorovius. Ranke bietet am meisten Stoff, er häuft eine gigantische Menge von Unterlagen wie Urkunden, Vertragstexten, Briefen und Augenzeugenberichten an. Darunter leidet der Erzählfluss und die sprachliche Eleganz, er verbreitet in seiner Prosa den sterilen Charme eines Chirurgen. Durch lange, schwierig zu verfolgende Satzperioden wird es gerne mal mühsam, seinen Darlegungen zu folgen. Dafür entzückt ein Detailreichtum, der etwa seine *Geschichte der romanischen und germanischen Völker von 1494 bis 1514* so interessant macht. Schon der Titel zeigt allerdings Rankes Problem, leicht verständlich zu formulieren: In diesem Werk geht es nämlich um den Konflikt zwischen Franz I. von Frankreich und dem deutschen Kaiser Karl V., der wesentlich in Norditalien ausgetragen wurde und über das vor allem kulturelle Schicksal Mitteleuropas bis heute entschied. Hätte er das nicht sagen können? Wer die lombardische Renaissance liebt oder diese gleichermaßen herbe wie liebliche Weltgegend bereist, kann aus Rankes Buch herrliches Grundlagenwissen beziehen. Zum Beispiel erfährst Du, woher die Löcher in der Stadtmauer von Pavia stammen, wenn Ranke den Weg von Landsknechthorden in Schlitzhosen und bunten Wämsern verfolgt, die marodierend durch die fruchtbare Poebene ziehen, blinkende Hellebarden tragen – und ab und an mit der neuen Errungenschaft des Schwarzpulvers hantieren. Im Dunst des Ticino liegt die Kartause von Pavia; Ranke weiß alles über die Geschichte dieses eindrucksvollen Monuments spiritueller Baukunst und der bedürfnislosen Mönche, die hier in Schweigen, Arbeitsamkeit und nächtlichem Gebet[29] hausten, sowie den Prunk des künstlerischen Schmucks ihrer einsamen Klause – der dann übrigens von Napoleon geklaut wurde. Zum Schmökern eignen sich seine großangelegten Geschichtswerke leider trotz allem nicht. Von einfacherem Zuschnitt ist da schon Droysens Geschichte Alexanders des Großen und seiner Zeit in drei Bänden, die als *Geschichte des Hellenismus* zusammengefasst werden: Nach den antiken Erzählungen über das Heldenleben Alexan-

---

[29] Für diese gemeinsame Übung saßen sie auf Chorstühlen, die statt Sitzflächen nur kleine Knäufe, schmaler als Fahrradsättel, boten. Wer einschlief, plumpste auf den Boden – zum Gaudium der Mitbrüder. Heute leben noch drei Mönche in der Klause, von denen wir hoffen, dass sie einfühlsamer miteinander umgehen.

ders von Arrian, Curtius Rufus und dem darauf aufbauenden, bereits stark märchenhaft ausgesponnenen *Alexanderroman*, der im Mittelalter größte Popularität genoss und in Gestalt des *Iskandarname* von Nizami wieder nach Persien zurückgelangte, legt Droysen den Kern der Geschichte frei. Alexander schrumpft auf Menschengröße, seine Leistungen geben genauso zu Bewunderung wie Kopfschütteln Anlass. Ein ganz spezieller Mensch eben, gemacht aus den üblichen Zutaten, aber befähigt, seine Talente in allergrößtem Maße zu nutzen. So einfach sich die Devise Alexanders ausnimmt: Immer vorwärts gehen, nie zurück schauen!, so verwickelt werden die Verhältnisse nach seinem Tod. Die *Diadochen*, das sind Alexanders Generäle, teilen die Macht und werden unversöhnliche Rivalen im Spiel um die Weltherrschaft; unter ihren Nachfahren, den *Epigonen*, zerfasert und zerspleißt das Machtgewebe des Makedonenreichs, bis die römische Militärmaschine dem Spuk ein Ende bereitet und Alexanders Erbe antritt. Opfer dieser tödlichen Auseinandersetzung war Griechenland, das von den Makedonen unterworfen, von den Römern zur bedeutungslosen Provinz gemacht wurde. Unzerstörbar hingegen blieb der Glanz griechischer Kultur und Bildung. Hunderte von Jahren nach der römischen Okkupation eroberte die griechische Sprache die neue römische Welthauptstadt Konstantinopel.

Den Literaturnobelpreis erhielt Theodor Mommsen für seine *Römische Geschichte*. Seine Gesamtschau nutzt auch die Kenntnis von Spezialgebieten wie der Wirtschaftsgeschichte und der Rechtskunde. Mit seinen Forschungen zum römischen Staats- und Strafrecht öffnete er nicht nur die Augen für diese originären Leistungen der Römer, sondern verbreitete auch (Examens) Angst und Schrecken bei allen Jurastudenten, und das bis heute. Seinerzeit machte man sich über den Umfang eines Werkes noch keine Sorgen, niemand hätte den Autor in seinem Elan bremsen wollen; aber nach dreitausend Seiten, Mommsen war gerade am Ende der römischen Republik angekommen und hatte damit den für ihn selbst interessantesten Teil seiner Untersuchung abgeschlossen, blieb der Koloss halbfertig liegen. Das ist nicht so schlimm, weil man beim Lesen ohnehin mehr die brillante Methode als den großen Bogen schätzen lernt – so reicht es vielleicht, wenn Du von diesem Höhepunkt analytischer Geschichtsschreibung einmal eine Kostprobe genommen hast.

Am elegantesten kommen die Werke des Ferdinand Gregorovius daher. Sein Blick auf Geschichte ist der betrachtende eines Spaziergängers, der historische Orte besucht und dazu das Wissen um entlegene und vergessene Daten, Dokumente und Anekdoten ausbreitet. Seine Sehnsucht ist Italien und Griechenland, seine Trauer gilt dem Verfall von Athen und Rom. Die monumentale *Geschichte der Stadt Rom im Mittelalter* bringt Licht und Farbe in einen dunklen Abschnitt europäischer Zivilisation. Sie führt uns in der tragischen Figur des angeblichen Kaisersprosses Cola di Rienzo[30], der in Wahrheit Schankwirtssohn war, einen von romantischen Ideen geleiteten, wenn auch erfolglosen Erneuerer von Roms Glanz und Größe vor. Inhaltlich ist sie das monumentale Bindeglied zwischen dem geschichtswissenschaftlichen Vorgänger Edward Gibbon, dem großen Engländer des Achtzehnten Jahrhunderts, mit seinem bahnbrechendem Werk *Verfall und Untergang des römischen Imperiums*, und der Wiederaufnahme der Geschichtsschreibung in der italienischen Renaissance, beispielsweise durch Niccolò Machiavellis *Geschichte von Florenz* und ähnlich gelehrte Werke des Humanismus.

DIE ITALIENISCHE KULTURLANDKARTE

Italien ist das schönste Land der Welt. Das kann ich deswegen so frech behaupten, weil Du es mir eh nicht unbesehen glauben wirst. Wir leben in der gesegneten Zeit, die jedem ermöglicht

---

[30] Als *Rienzi, der letzte der Tribunen* Romanheld Bulwer-Lyttons und Opernheld Richard Wagners.

selbst nachzuprüfen, wo es am schönsten ist.[31] Ich habe meine Entscheidung getroffen, auch wenn der Gesamteindruck getrübt wird durch die fehlende Vorstellung des Italieners davon, was ein ›Frühstück‹ sein soll. Wer mit Cappuccino und süßem Teilchen unzufrieden ist, stehe erst zum Pranzo, dem bereits auf der vollen Höhe unvergleichlicher Esskultur stehenden Mittagessen, auf.

Nirgendwo wie in Italien sind Landschaft, Architektur, Kunst, Literatur, Musik und Geschichte unlöslich miteinander verwachsen. Dabei sind die großen schöpferischen Köpfe präzise in der Landkarte dieses so abwechslungsreichen und naturschönen Landes festzumachen. So wie auf jeden Hügel eine Stadt oder zumindest ein Dorf gehört – nur Rom kann bekanntlich sieben davon für sich reklamieren –, so gehört in jede größere Ansiedlung ein großer Deuter, ein Weiser, ein witziger Kopf, mindestens aber ein berühmter Komponist oder Sänger. Machiavelli repräsentiert das bürgerstolze Florenz, in dem schlichte Kaufleute wie die Medici zu Herzögen aufsteigen konnten, denen die durchtriebenen Ratschläge von *Il principe – Der Fürst* zur Durchsetzung ihrer Machtinteressen dienen sollten. Dabei war es der skrupellose Spanier Cesare Borgia, der Sohn von Papst Alexander VI., der für den ›Fürsten‹ Modell gestanden hatte. Der geistvolle Staatssekretär begnügte sich aber nicht mit solchen tiefen Einblicken in realpolitische Zusammenhänge, in seinen Mußestunden gab er sich ganz ›humanistisch‹, indem er das noch vom Hörensagen bekannte antike Genre der Charakterkomödie frisch belebte mit der *Mandragola* über einen alten, närrischen Ehemann auf der durch nur zu berechtigte Eifersucht ausgelösten, selbstverständlich vergeblichen Suche nach der Liebeswurz.

Eigenartig und einzigartig ist die Physiognomie jeder italieni-

---

[31] Was im Zeichen des Klimawandels sicher so nicht bleiben wird. Darum schaffe sich jeder beizeiten Maßstäbe und jammere nicht, wenn das freie Reisen weltweit eingeschränkt werden wird.

schen Stadt, und das gilt nicht nur für so spektakuläre Blicke wie den auf Mantua, wenn man sich vom See her nähert. Und das Gesicht der Städte spiegelt sich in dem ihrer Dichter. Der verspielte Giambattista Basile, der erste große Märchenerzähler, gehört nach Neapel, der strenge Alessandro Manzoni, der eine *Ode auf Napoleon* dichtete, die Goethe übersetzte, mit seiner Mailänder Chronik *Die Verlobten*, dem berühmtesten italienischen Roman, in die Hauptstadt der Lombardei. Die nicht kurze, aber kurzweilige Geschichte, wie Renzo und Lucia sich verlieren und wiederfinden, lässt er vor dem Hintergrund von Hungersnot und spanischer Fremdherrschaft im Dreißigjährigen Krieg ablaufen, mit bis dahin nicht gekannter Anteilnahme für die Opfer von Gewalt und Unterdrückung. Ugo Foscolo schuf mit den *Briefen des Jacopo Ortis* eine italienische Version des *Werther*. Er passt zur Morbidezza Venedigs wie Cesare Pavese mit seiner Trilogie der *Turiner Romane* in die Hauptstadt des Piemont; im Milieu der kleinen Leute sucht er nach den Wurzeln von Lebensfreude und -überdruss. Alberto Moravia[32], spezialisiert auf noch mehr ›Milieu‹, steht für Rom und Giorgio Bassani für Ferrara. In dieser oberitalienischen Kleinstadt, wo die Poebene am ebensten ist, choreographiert er ein Ballett von Distanz und Nähe, das der Ich-Erzähler mit seinen geliebten und verehrten Figuren aufführt. *Die Gärten der Finzi-Contini* sind eine wehmütige Erinnerung an die kurze Spanne, als es ein jüdisches Bürgertum in Italien gab. Die schmachtende Liebesgeschichte mit Micòl endet in Desillusionierung, bevor mit der Deportation der Familie Finzi-

---

[32] Wie so häufig nicht der beste von diesen, erhielt Moravia den Literaturnobelpreis für kalkuliert skandalöse Episoden aus dem Leben der ›einfachen Leute‹ in *Die Römerin* oder *La noia – Die Langeweile*. Den harten und grausamen Alltag auf Sardinien beschrieb die eingeborene Grazia Deledda in *Schilf im Wind*, die dafür ebenfalls mit dem Preis geehrt wurde; allerdings handelt es sich nicht um tourismusfördernden Lesespaß unter azurblauem Himmel, sondern um die dürre Geschichte von ein paar alten Schwestern, bei denen die Zeit stehengeblieben ist.

Contini in die deutschen Vernichtungslager die brutale Realität alle Poesie zerstört. *Die Brille mit dem Goldrand* spiegelt eine zarte homoerotische Leidenschaft und zeigt Bassani als italienischen Turgenjew – Meister der leisen Töne mit Vorliebe für ausweglose Situationen.

Und natürlich wandelt auf den grünen Wällen des luftigen Lucca der Sänger seiner Stadt, es ist der Melismatiker Giacomo Puccini.[33] Ippolito Nievo sitzt im Caffè Pedrocchi im ehrwürdigen Padua gleich neben Stendhal, der an seiner *Kartause* arbeitet, während Italo Svevo – der Strohhut schützt ihn vor der Adriasonne – nichtstuerisch durch Triest schlendert. Ihre Lieblingsplätze und -lokale sind noch zu sehen, ihre Spuren unlöslich mit der Aura ›ihrer‹ Stadt verbunden. Die Trauer der Exilanten von Dante und Petrarca bis Ignazio Silone bekommt so ihren tiefsten Sinn. Nur wenige Autoren wie Aldo Palazzeschi – *Der Doge* – wandern zwischen Florenz, Venedig und Rom unruhig hin und her.

Wie die römischen Kaiser schon ihre Hofdichter hielten, haben die großen Städte ihre Lokalpoeten, die den Dialekt und die Eigenheiten der Bewohner in ihren Gedichten festhalten. Manchmal dringt ihr Ruhm nicht übers Viertel hinaus, einem wie Trilussa dagegen wird von seinem Verleger eine reichkommentierte Dünndruckausgabe im Ledereinband zuteil, zweitausend Seiten stark. Aber selbst in diesem Fall eines im ganzen Land, jedoch nicht darüber hinaus, Bekannten erst posthum. Über seine häufig in Fabeln gehüllte Schelte an Papst und Duce lachte ganz Rom und bewunderte seine Elfsilbler; ein italieni-

---

[33] Erfolgreiche Musiker leb(t)en meist ausschweifender als ihre schreibenden Künstler-Vettern. Um so dringender ihre Ehrenrettung, wie auch im Fall Puccini. Wer der Ansicht ist, dass er ein treuer Ehemann und sorgender Vater war, braucht nur in Luccas ehrwürdiger via filungo das Traditionscaffè »Simo« aufzusuchen und sich in die dort ausliegende Liste einzutragen. Puccini freut sich über jede Unterschrift!, wir uns darüber, dass auch das in Italien möglich ist.

scher Stiefsohn von Wilhelm Busch oder Neffe von Morgenstern, der auch noch Illustrationen zu seinen uns harmlos anmutenden Reimereien lieferte. Für einen Eindruck reicht diese von mir verfertigte ›Nachdichtung‹[34] aus dem Zyklus *Die Wölfe und Lämmer* sicher aus:

Groß rauskommen

'Ne Weinbergschnecke kam in 'nem Salat vor
und so nach Rom. Dort traf sie eine Grille.
Sie sprach zu ihr: »Es ist mein fester Wille,
dass ich hier sowas werde wie Senator.
Der Typ wird groß, dem geht man auf den Leim, er
ist ganz genau wie ich: ein echter Schleimer ...«

Am anderen Ende der Landkarte erscheint zunächst die anachronistische Figur des Fürsten Salina, er ist *Der Leopard* und residiert auf Sizilien. Diesen glanzvollen Roman schrieb der altadlige und sich als Literaturprofessor durchschlagende Giuseppe Tomasi di Lampedusa; sein Thema ist der Verfall der eigenen Familie, der Aufstieg des Bürgertums und vor allem die Einigung Italiens – der Fürst verzichtet lächelnd darauf, bei solchen Tollheiten mitzumachen. Genauso distinguiert verzichtete der Autor auf seinen Ruhm, der Roman erschien erst nach seinem Tod. Die gerade zu Salinas Zeit entstandene Mafia fand in Leonardo Sciascia ihren furchtlosen Ankläger. *Der Tag der Eule* – eindringlich auch als Film des ebenso couragierten Damiano Damiani – schildert naturalistisch das Gebaren der sinistren ›eh-

---

[34] Bevor der Verlag mit Protestschreiben von Romanisten bombardiert wird, hier das Original zur Ehrenrettung des Dichters: *L'Arrivismo // Un giorno 'na Lumaca forastiera / che venne a Roma in mezza a la verdura / trovò un Grillo e je disse: - So' sicura / che faccio una bellissima cariera, / ché qui qualunque fregno se presenta / diventa granne subbito, diventa ...*

renwerten Gesellschaft«. In *Das Verschwinden des Ettore Majorana* beschreibt Sciascia, wie der eigentliche Erfinder der Atombombe, ein junger Physiker aus Sizilien, eines Tages von der Bildfläche verschwand und nie wieder auftauchte: eine wahre Geschichte, trotzdem gut. Während Mafia, Sciascia und Lampedusa in den archaischen Westen dieser uralten Kulturinsel gehören – Luchino Visconti ließ Burt Lancaster als »Der Leopard« sich mit Claudia Cardinale im Ballsaal eines alten Adelspalasts in Palermo im Walzertakte drehen –, ist Catania, lavagrau unter dem Abhang des Ätnas liegend, das quirlige Zentrum des Ostens. Hierher gehört der größte Romantiker der Oper, der charmante Vincenzo Bellini. Seine Villa ist die schönste der Stadt. Wenn in einem Salon seine Arien am Klavier erklangen, etwa die »Casta diva« aus der »Norma« – dem Glanzstück der Callas –, klopfte er nicht nur begeistert den Takt dazu, er konnte auch jedesmal bitterlich weinen bei den herzergreifenden Stellen. Dieser blonde Engel starb, da die medizinische Kunst der seinen nicht gewachsen war, mit kaum vierunddreißig Jahren.

Geschichtsschreibung als Darstellung von politischen Abläufen, Reden, Versammlungen, Wahlen sowie Gewaltsamkeiten, Schilderung[35] entscheidender Schlachten, Beschreibung von Aufstieg und Untergang bedeutender Männer: Das ist eine uralte Disziplin der Literatur. Dem verfeinerten Geschmack vieler Leser war das aber zu wenig. Sie interessierte, und ich meine damit: u n s interessiert, wie haben die Menschen gelebt? was hatten sie an? was aßen sie? welche Beschäftigungen vertrieben ihnen die Langeweile, wie sah ihr familiäres Leben aus, wie erzogen sie ihre Kinder? Das sind die Fragen der Kulturgeschichte. Als ihr Ahnherr gilt der umfassend gebildete Plutarch, obwohl der noch nicht das große Ganze im Auge

---

[35] Schild ist im Niederdeutschen gleich Bild, schildern bedeutet also zunächst ›malen‹.

gehabt hat, als er im Ersten Jahrhundert seine unter dem Sammelnamen *Moralia* zusammengefassten etwa einhundert monographischen, also nur ein Thema behandelnden, Schriften über *Kindererziehung* (*Peri paidon agogäs* / *Pädagogik*, ein Jahrtausendthema scheint auf), *Isis und Osiris* und alles Mögliche verfasste. Immerhin ließ er auch in sein Hauptwerk diese Fragestellungen bewusst einfließen, um ein volles Panorama der Zeit zu erzielen. Wir nennen seine Sammlung biographischer Abrisse *Große Griechen und Römer*.[36] Dabei geht es Plutarch weniger um die großen Taten, die er bei seinen Lesern als bekannt voraussetzen durfte. Die Lebensgeschichten seiner Helden setzt er vielmehr in das Umfeld ihrer Zeit, er zeigt die Bedingungen, unter denen sie sich entwickelten, ihre Ziele und Träume und die Begrenzungen ihres Charakters. Mit jeder weiteren Lektüre bekommt man also ein immer umfassenderes Bild von Zeitläuften, Schauplätzen und Gesellschaften. Bei Plutarch wird die Antike lebendig wie nirgendwo sonst. Diese Fähigkeit, einen Zirkel zu schlagen und so einen Horizont zu öffnen, schätze ich an der Kulturgeschichte.

Wenn mit Plutarch die Kulturgeschichte beginnt, dann hat sie anschließend fast zweitausend Jahre im Tiefschlaf gelegen, denn erst im Neunzehnten Jahrhundert wurde sie als Wissenschaft wiederentdeckt und erst seit kurzem ist uns klar, dass politische Geschichte in Wirklichkeit nur ein Spezialfall von Kulturgeschichte ist. Im Wesentlichen sind es die Wendepunkte der Weltgeschichte, an denen Kräfte freigesetzt werden, die für die Zukunft bestimmend sind. Diese Zeitenwenden muss man benennen, die Kräfte beschreiben, und das Geheimnis der kulturellen Entwicklung liegt vor uns. So etwa sieht der Ansatz des Schweizer Gelehrten Jacob Burckhardt aus, dessen Forscher-

---

[36] Viele aus der Antike überlieferte Werke tragen so unspezifische Überschriften – meist aber gar keine, die uns bekannt geworden wären –, dass spätere Generationen sich bemüßigt fühlten, griffigere Titel zu erfinden.

ehrgeiz zwei solchen Wendepunkten galt. Einmal der Zeit Kaiser Konstantins des Großen, als das Christentum römische Staatsreligion wurde, was bekanntlich schnurstracks den Zerfall des Reiches zur Folge hatte, im Geistesleben aber eine bedeutende Spätblüte, speziell einer heidnisch-römischen Kultur brachte. Zum anderen ist das der Untergang der von eben diesem Kaiser zur Residenz gemachten Stadt Konstantinopel, die vorher Byzanz hieß, elfhundert Jahre später, als die Bedingungen zur Wiederbewusstwerdung der individuellen Kreativkräfte des Menschen gegeben waren und das Zeitalter von Renaissance und Humanismus möglich machten. Im Jahre vierzehnhundertdreiundfünfzig eroberte der Osmanenherrscher Mehmed II. die Hauptstadt und letzte Bastion des Oströmischen Reiches mit der Amtssprache Griechisch. Wer konnte, floh und nahm die Reste der uralten kulturellen Basis des Staatswesens ins Exil mit. So erreichte mit den Überlebenden von Konstantinopel die griechische Kultur und Literatur erst Italien, dann das übrige Europa. Die packende Schilderung dieses für die Weiterentwicklung unserer gesamten Geisteswelt entscheidenden Ereignisses findest Du in Steven Runcimans *Geschichte der Eroberung Konstantinopels*.

> Begriffe sind lediglich Namen, die wir den Dingen geben. Renaissance ist kein festgelegtes Datum oder ein Stil, es ist ein Lebensgefühl: Der Geist erhält den verdienten Platz ganz oben, denn er sitzt im Kopf, und der Leib ist nur sein Sklave.

Kulturgeschichte bei Burckhardt ist nicht die Geschichte eines kulturellen Fortschritts, sondern einer Ermöglichung von Kultur gegen die Kräfte des Zerfalls und der Barbarisierung. Neben seine große Vorlesungsreihe über *Griechische Kulturgeschichte* treten mit der *Zeit Konstantins des Großen*, der *Kultur der Renaissance in Italien* sowie seinem *Cicerone* mit dem Untertitel *Anleitung zum Genuß der Kunstwerke Italiens* die Dokumente seiner Italienbegeisterung. Hier erkennt der Basler Professor Kristallisationspunkte der abendländischen Entwicklung. Die Verquickung römischer Kaisermacht und päpstlicher Unfehlbarkeit ist in den Augen des skeptischen Protestanten das Menetekel der antiken Welt, das Signal zum Untergang in monumentaler Größe, wiederbeschworen durch die kulturelle Neugier des ausgehenden Mittelalters. Im Gegensatz dazu hat Peter Brown in seinem unscheinbaren Bändchen *Macht und Rhetorik in der Spätantike* die Verhältnisse neu beschrieben. Im Osten des nach wie vor riesigen Römerreichs gab es ein Bildungsbürgertum, das der christlichen Staatsreligion ablehnend gegenüberstand. Brown berichtet von Antiochia, wo sich in der verhaltenen Abwehr gegen das als ›barbarisch‹ empfundene Christentum eine Tendenz zeigte, die tausend Jahre später in der Renaissance wieder hervortreten sollte.

Oswald Spengler war ein wilder, unkonventioneller Denker. Er entwickelte die Theorie einer nichtlinearen, in Einzelzyklen zerfallenden Geschichts- und Kulturentwicklung. Speziell aus dem Schicksal frühgeschichtlicher Völkerschaften abstrahierte er das Muster von Kulturen, die sich in einer Art Lebensschema vom Keim über Reife zum Absterben entwickeln, und von kulturellen Zentren, die sich im geographischen Lauf von Ost nach West, vom Zweistromland nach Amerika verschieben. An China dachte er noch nicht; welch ein Triumph seiner Theorie, wenn demnächst Peking zur Weltmachtzentrale aufsteigen wird. Gemeinsam mit Burckhardt ist der pessimistische Ansatz, der sich bei Spengler bereits im geflügelten Wort des Buchtitels findet: *Der Untergang des Abendlandes.*

So brillant die Idee, so gusseisern das Korsett, in dem sie eingeschnürt ist. Spengler und Burckhardt waren Universitätslehrer mit literarischer Ambition, ihre Bücher lesen sich flüssig, aber ihr Blickwinkel ist nicht der eines unbefangenen Betrachters. Wann wäre ein Professor schon unbefangen gewesen? Um den Blick der Neugierde, der Begierde und Begehrlichkeit auf Kultur werfen zu können, muss man Dilettant sein, und zwar im besten Sinne des Wortes: Liebhaber. Dabei kommt es darauf an, sich diesen Titel redlich zu verdienen. Einem Mann ist dies in besonderem Maße gelungen. Er lag in seinem Bett – nicht aus Hinfälligkeit wie Proust, sondern weil es für ihn der geeignetste Ort zum Schreiben war – und verfasste dort in aller Bequemlichkeit eines der unterhaltsamsten und dabei gleichzeitig belehrendsten[37] Bücher, die ich kenne. Dazu trank er viel Bier und musste manchen Abend aufstehen, um als Schauspieler – bei Max Reinhardt, dem Theaterfürsten der Epoche – seinen Lebensunterhalt zu verdienen. Die Rede ist von Egon Friedell und seiner *Kulturgeschichte der Neuzeit*. Mit der Schwarzen Pest im Vierzehnten Jahrhundert beginnt sie, beschreibt Lebensweise: Bräuche, Ernährung, Bekleidung, Sprache, Tänze, Gesten der Menschen von dieser Zeit bis zur Gegenwart und stellt die entscheidenden politischen und kulturellen Daten und Errungenschaften dazu und bewertet sie. Ein unvergleichliches Panorama entsteht. Viel hat man an Friedells Darstellung kritisiert, vor allem den radikalen Subjektivismus. Friedell sagt: Das ist gut, jenes besser. Mancher empfindet es anders. Aber das ist gleichgültig. Wenn niemand mehr sagt, was er mag und was nicht, wird unser aller Geschmack auf die Stufe umfassender Abstumpfung zurücksinken. Bei aller Distanz kann man so auch die Bedeutung eines Literaturkritikers wie Marcel Reich-Ranicki beschreiben. Friedells Urteile sind so abgewogen, dass es sich immer lohnt, sie nachzuprüfen. Mit seinen eigenen Kritikern hatte Friedell Geduld. Als der Österreicher in Berlin auftrat und von der antisemitischen Presse mit dem Titel ›versoffener Münchner Dilettant‹ bedacht wurde, antwortete er in einem offenen Brief, über seinen Alkoholkonsum könne man schlecht denken ebenso wie über seine Befähigung zur Schauspielerei. *Aber das Wort ›Münchner‹, das wird ein gerichtliches Nachspiel haben!* Umgekehrt ging die Langmut nicht so weit. Unmittelbar nach dem ›Anschluss‹ Österreichs erschienen an seiner Wiener Wohnungstür zwei SA-Männer. Friedell springt aus dem Fenster im dritten Stock, nicht ohne vorher die Passanten zum Beiseitetreten aufgefordert zu haben. Bis in den Tod sich treu bleibend, setzte er das Außerordentliche gegen die

---

[37] Das muss nichts Schlimmes sein.

Banalität brutalen Schergentums. Exemplarisch sein Schicksal für die Verfolgten, Entrechteten, Ermordeten unter den Dichtern. Kennzeichnend für die *Kulturgeschichte* Friedells ist die Liberalität des Denkens. Er lässt alles gelten, prüft jede Möglichkeit menschlicher Entwicklung und gelangt durch diese Unvoreingenommenheit zu Schlüssen glänzender Hellsicht (bei gelegentlichen Entgleisungen). Er stellt auch nicht die Forderung auf, dies solle die einzig denkbare Kulturgeschichte der Menschheit sein. Es ist und bleibt aber die beste. Sie inspiriert.

Die Zeitmaschine hat Friedell als Symbol der Gegenwart erkannt und ihren literarischen Schöpfer H.G. Wells[38] durch eine Fortsetzung in Capriccioform geehrt. Das Faszinierende an der Zeitreise ist nicht die Aktion, sondern die Möglichkeit. Sie spielt sich in Wahrheit im Kopf ab. So war es ihm auch möglich, sich in die *Kulturgeschichte Griechenlands* und die *Ägyptens und des alten Orients* einzufühlen. Anders als sein Vorbild Jacob Burckhardt entwirft er kein zielgerichtetes Geschichtsbild, sondern stellt Helden in das Zentrum von Entwicklungen. Dieser Typus wurde erstmals vom Schotten Thomas Carlyle analysiert, dessen Schriften, insbesondere die sechs Vorlesungen *Über Heldenverehrung – Heroes and Heroes-worship*, er übersetzte und im deutschen Sprachraum neu bekannt machte. Der Held macht die Epoche, sagt Carlyle, und die Epoche den Helden, vollendet Friedell. Durch Befugnis wird man zum Helden, durch Disposition und Talent. Und die Situation verlangt nach der Figur, die sie löst, beherrscht, vorwärtstreibt: im Künstlerischen wie im Politischen.

Mit Alfred Polgar bildete Friedell lange Zeit ein kreatives Gespann. Gemeinsam ist ihnen die Bildung, Polgar hat mehr

---

[38] Auch Wells selbst gehört in diesen Abschnitt des Kapitels, hat er doch eine *Weltgeschichte* in drei dicken Bänden geschrieben, die seit langem nur noch in einer Kurzform greifbar ist. Interessant und unterhaltsam ist seine Sicht auf die Entwicklung unseres Globus – selbstverständlich ist das British Empire in seiner Darstellung der Anfang vom Ende.

Distinktion, Friedell mehr Kraft und Urwüchsigkeit. Von dieser Blüte der Kaffeehauskultur demnächst eine Kostprobe.

Herbst des Mittelalters heißt das große Buch des Niederländers Johan Huizinga. Es ist ein weiteres frühes Beispiel, wie man scheinbar versiegte Quellen zum Springen und stumme Zeitzeugnisse zum Sprechen bringt. Anders als Friedell, der den mittelalterlichen Menschen als ebenbürtigen Vorgänger des modernen sieht, zeigt Huizinga das Trennende. Das Mittelalter ist voller Pracht und Grausamkeit und muss zu Ende gehen, damit ein geläuterter, demütiger Mensch in eine neue Welt eintreten kann, in die der bürgerlichen Verantwortung und religiösen Distanz, hervorgerufen durch die Ernüchterungen wissenschaftlicher Erkenntnisse. Die Neuzeit wirft den Menschen inmitten dieser Demütigungen auf sich selbst zurück. So entsteht das moderne Bewusstsein. Ohne Psychiater ist es fast nicht zu ertragen.

Huizinga zeigt dagegen eine Welt im Zustand göttlicher Ordnung, wie frühe Chronisten in Burgund und anderswo mit so klangvollen Namen wie Froissart oder Chastellain sie beschrieben haben; eine hierarchische Ordnung, an deren Spitze Karl der Kühne oder Philipp der Gute steht und unten die Bürger, die sich zum Vergnügen des adligen Publikums auf dem Duellplatz gegenseitig totschlagen müssen, wie der niederländische Gelehrte, der selber zum Opfer der SS wurde, in einer besonders blutrünstigen Anekdote erzählt.

Wie konnte der Mensch nur werden, wie er ist? lautete die Frage der Neuzeit an ihre Theoretiker. Bei ihrer Beantwortung stellen sich leicht ungute Gefühle ein. Charles Darwin und Karl Marx waren dabei, das lässt sich jetzt wieder konsensfähig sagen, Arbeiter im selben Weinberg. Während der Engländer mit der Feststellung kommt, dass der Homo sapiens es am besten verstanden habe, auf die ständigen Herausforderungen seiner Lebenswelt angemessen zu reagieren, mit Knappheit an Nahrung und widrigen Klimabedingungen fertig zu werden und seine Umwelt zu bemeistern, beklagt der Wahlengländer Marx, dass der vorhandene Überfluss an Ressourcen und Errungenschaften nicht zu gleichen und gerechten Lebensbedingungen innerhalb der Spezies geführt habe. Den Menschen der Zukunft sieht Darwin als Anpassungskünstler, der mit den sich weiter verändernden Bedingungen immer wieder fertig werden will, Marx hingegen als Genießer, der nach Menschenaltern der Unterdrückung die neugewonnene Freiheit zum Jagen, Fischen und Debattieren nutzen wird.

Was stutzig macht: Beide waren verheiratet. Im Jahrhundert der zölibatären Denker ist das suspekt. Nicht zuletzt durch die Existenz von Lenchen Demuth zeigte Marx, dass er die Ideale der Bürgerlichkeit mehr verinnerlicht hatte als die seiner eigenen Theorie. Von Darwin ist immerhin überliefert, dass er Pro und Contra im Vorfeld der Verehelichung abgeklärt hat. Gegen den Vorteil, im Alter nicht allein zu sein, machte ihm der Nachteil nichts aus, weniger Geld für Bücher zur Verfügung zu haben.

Ausgehend von Burckhardts und Huizingas Leistungen öffnet der Gang durch eine kulturgeschichtliche Bibliothek den Ausblick auf die Stellung des Menschen in seiner Welt. Besondere Aufmerksamkeit verdient dabei die Fragestellung, wie und warum die innige Beziehung des Menschen zu seinem Gott, zu Göttern überhaupt ins Wanken geriet und nach jeder Erschütterung neu errichtet wurde. Steven Runciman schildert in *Häresie und Christentum* die mit der Orthodoxie konkurrierenden Strömungen von Glauben, die, aus dem Osten kommend, hier besonders Persien und Syrien, Europa im späten Mittelalter infiltrierten. Die Zahl ihrer Bekenner war hoch und sie setzten sich in Norditalien als Waldenser, in den Pyrenäen Südfrankreichs als Albigenser oder Katharer fest. Durch einen Kreuzzug wurden sie dort im Vierzehnten Jahrhundert vernichtet und aller Besitz der französischen Krone einverleibt. Was übrig blieb, beschreibt Emmanuel LeRoy Ladurie in dem Buch *Montaillou – Ein Dorf vor dem Inquisitor*. Hier erfährt man, dass die Ketzerei nicht ausgerottet wurde, sondern im Untergrund überlebte, durch Wanderprediger weitergetragen wurde. Die Spuren sind noch heute sichtbar. *Montaillou* ist ein Beispiel für das lebensbunte Bild, das aus peniblem Studium jahrhundertealter Akten gewonnen werden kann. Wir erfahren die Namen der Ketzer, wie sie aussahen, ihre Lebensgewohnheiten, ob sie mürrische oder herzensfrohe Leute waren. So wie der Müller Menocchio aus dem Friaul in Nordostitalien, dessen erstaunliche Ansichten über Religion oder die Entstehung der Welt (jedenfalls nicht durch ›Schöpfung‹) uns Carlo Ginzburg in seinem ungewöhnlichen Bericht *Der Käse und die Würmer* mitteilt. Menocchio bot der Inquisition die Stirn, er wurde für seine Überzeugungen zweimal wegen Ketzerei verurteilt und am Ende hingerichtet. Bahnbrechend ist die Ausschöpfung entlegener Quellen, die schließlich zu einem eindrucksvollen Bild zusammenfließen, was ein einfacher Mann um sechzehnhundert wusste, dachte, glaubte.

> Ketzerei ist auch eine Form des Glaubens.

Die Methodik schärft den Blick so sehr, dass Ginzburg sie auch einsetzen konnte, um eines der größten Rätsel der Kunstgeschichte zu lösen. Ein Bild voller geheimnisvoller Zeichen und Symbole, die »Geißelung Christi« von Piero della Francesca, aufbewahrt im Herzogspalast in Urbino, fängt unter seiner Befragung zu sprechen an. Die berühmte kleine Tafel gehörte zum Besitz von Federico da Montefeltro, dem einäugigen Herrscher der kleinen Stadt in den italienischen Marken, der sich die Wurzel seiner Nase abschnitt – was ihm ein unverwechselbares und von Piero mehrfach dargestelltes Profil gab –, um sein Sehfeld zu erweitern.[39] Auf dem Geißelungsbild ist die auch sonst häufig

---

[39] Die Anekdote ist so prägnant wie – erfunden. Ich erzähle sie Dir trotzdem. Man soll sich nicht jedes Vergnügen versagen. Der kühne Federico da Montefeltro aus dem unbedeutenden Urbino ist ein Beispiel für den damals vielgefragten Typ des Condottiere: ein gebildeter und politisch versierter Mann, dessen militärische Stärke man sich mieten konnte, wenn der Preis stimmte. Er stammt aus der Zeit, als der deutsche Kaiser mit dem Papst um die italienische Vormacht rang: kaiserliche Ghibellinen (Waiblinger) gegen Guelfen (papsttreue Welfen). Es konnte nur einen Sieger geben zu einer Zeit, als die Kirche alle Macht auf Erden hatte.

dargestellte Szene aus der Passion Christi zu sehen, wie der Heiland ausgepeitscht wird, an eine Säule gefesselt. Dies wird beobachtet von einem Mann, der sich bei näherem Hinsehen als der vorletzte oströmische Kaiser Johannes VIII. Palaiologos – der den Untergang seiner Stadt nicht mehr miterleben musste – zu erkennen gibt. In Distanz zu diesem Geschehen steht eine Dreiergruppe von Männern, unter ihnen der gelehrte Kardinal Bessarion, ebenfalls vom Bosporus, und der zum Zeitpunkt der Ausführung des Bildes bereits tote, barfüßig dargestellte Bruder des Federico. Das bis dahin völlig mysteriöse Gemälde wurde von Ginzburg in seine inhaltlichen Bestandteile zerlegt und neu zusammengesetzt – plötzlich gibt es seine Botschaft preis. Und zwar sagt es, dass der große Meister der frühen Renaissance zur Rettung des Abendlandes aufruft durch Befreiung Konstantinopels von der osmanischen Bedrohung, und er beruft sich dabei auf den jüngst verstorbenen Markgrafen von Urbino, Oddantonio da Montefeltro. Piero konnte den Fall der Stadt mit der Kraft seiner Palette nicht rückgängig machen. Das Büchlein *Erkundungen über Piero* indes ist ein Triumph der Methodik des großen Historikers Ginzburg. Dieses Konzept der Befragung von Dokumenten hat die französische Historikerschule rund um die Zeitschrift *Annales* entwickelt. Marc Bloch und Lucien Febvre hießen ihre Begründer. Bloch verfasste das Buch über *Die wundertätigen Könige* Englands und Frankreichs, die anlässlich ihrer Krönung berufen waren, die Skrofeln durch Handauflegen zu heilen. Später schrieb er noch eine Attacke auf die Indifferenz seiner Landsleute angesichts der militärischen Niederlage Frankreichs im Zweiten Weltkrieg (*Die seltsame Niederlage: Frankreich 1940*) und griff selbst zur Waffe, ging in den Untergrund und wurde von der Gestapo verhaftet und hingerichtet, ein Mann von siebenundfünfzig Jahren. Febvre seinerseits schrieb eine Kulturgeschichte des *Rheins* und inspirierte damit vielleicht eines der elegantesten Bücher, die ich kenne,

Die Donau von Claudio Magris. Eleganz ist bekanntlich eine Spielart des Überflüssigen, und der Autor wird mir nicht böse sein, wenn ich gleich gestehe, dass die Handlung und alle Informationen in diesem Buch v ö l l i g überflüssig sind. Anders wäre sein Reiz gar nicht zu erklären. *Die Donau* handelt von einer Promenade, einem lässigen Flanieren entlang ihrer Ufer von Donaueschingen bis zum Schwarzen Meer. Bei dieser langsamen Art des Reisens fliegen die Eindrücke nicht an einem vorbei, man hat Zeit und Gelegenheit, seiner Neugier zu folgen, hinter Fassaden und in krumme Gassen zu schauen, unbeleuchtete Winkel in Augenschein zu nehmen und nahe Hügel zu erklimmen. Magris, der vielsprachige Professor aus Triest, mithin an einer Wegkreuzung der Moderne geboren, interessiert sich für Ketzerei, das Privatleben der Diktatoren und die Lebensleistung eines Ingenieurs, der die Donau am Reißbrett gebändigt und bezwungen hat, Herrn Neweklowsky. An einer langgezogenen Porträtgalerie führt uns Magris in diesem Buch vorbei, einige sind vergilbte und zerknickte Photographien, andere prächtige Gemälde in schweren goldenen Rahmen, Strichzeichnungen sind dabei und frühe Daguerreotypien, manche so klein, dass man sehr nahe herantreten muss; immer jedoch ganz ohne Mühe, dieses Buch ist federleicht und man fühlt sich beim Lesen fast so, als könnte man fliegen.

Mit *Mutmaßungen über einen Säbel* (auf Italienisch klingt das tausendmal eindrucksvoller: *Illazioni su una sciabola*) hat Magris ein anderes kleines Meisterwerk geschaffen, eine wiederum an der Historie festgemachte Erzählung über den letzten Kosakenataman Krasnow, der sich der deutschen Wehrmacht angeschlossen hatte und durch britischen Verrat in die Hände der Roten Armee fiel, eine sehr, sehr traurige Geschichte … Als Literaturwissenschaftler hat Magris noch weitere Werke über *Triest* und seine Rolle als kulturelle Drehscheibe, über den Triestiner *Italo Svevo* (oder Schmitz) und den *Habsburgischen Mythos in der modernen österreichischen Literatur* geschrieben und seit neuestem auch Romane. Ich verspreche: Magris langweilt seine Leser nie!

Noch ein Italiener, dessen Bücher bei aller wissenschaftlichen Integrität höchsten Unterhaltungswert haben: Roberto Zapperi.

Das dekadente Italien von Gegenreformation und Barock – und darin das originelle, zuweilen abgelegene Thema – ist seine Domäne, und er macht es so zu einer Herzensangelegenheit, dass es Dich nicht kalt lässt. In drei Büchern hat Zapperi eine entscheidende Phase der Kirchen- wie Kunstgeschichte untersucht und durch die erhellende Kombination neuer Fakten beleuchtet, und zwar den Beginn der Gegenreformation und die Erneuerung der darstellenden Künste in Rom. Papst Paul III. aus dem Hause Farnese, von Tizian mehrmals als dämonischer Greis porträtiert, war die zentrale Gestalt jener Zeit, und sein Grabmal zu St. Peter in Rom nimmt Zapperi zum Anlass, über *Die vier Frauen des Papstes* nachzudenken, die als Skulpturen auf seinem Grab hocken und die sein Leben begleiteten – seine Mutter, seine Geliebte, seine Schwester und seine Tochter. Viele Frauen für einen Papst. *Der Neid und die Macht* verbindet die Familien der Aldobrandini und Farnese im frühbarocken Rom. Die einen lechzen nach der Vorrangstellung, die die anderen innehaben, also ein vierhundert Jahre alter Vorläufer von »Dallas« und »Denver«. Und schließlich ist *Annibale Carracci* aus Bologna der Künstler, der den Machtanspruch einer Familie in Rom in Fresken von neuer Prächtigkeit fasst – im monumentalen Palazzo Farnese mit der klotzigen Michelangelo-Fassade – und dabei nebenbei das Barock erfindet.

> Beim NOBELPREIS trifft es immer die Falschen, und das ist ganz richtig so: Ist die Wahl auch falsch, weil ungerecht, so ahnt man doch, dass der Richtige gemeint war. Warum hätte Graham Greene sich grämen sollen, dass er nicht erwählt wurde? Er war einer der erfolgreichsten Schriftsteller seiner Zeit. Wird es Claudio Magris anders ergehen? Wir hoffen es für ihn, aber bleiben skeptisch.

Zapperis Kunst besteht nun darin, einen bereits bekannten Geschichtsraum neu zu dekorieren, ihn mit Möbelstücken, Tapeten und Gegenständen behaglich einzurichten und dem Leser das Gefühl zu geben, darin zu Hause zu sein. Nach dieser Methode ist auch *Das Inkognito* gefertigt, sein Buch über Goethes Italienreise. Nicht nur, dass er nachweist, unter welchen Voraussetzungen sich Goethe tatsächlich auf seiner Reise bewegt hat, Zapperi bringt auch Licht ins Dunkel der goetheschen Italien-Erotik, und Du sollst nicht denken, das wäre etwas Unwichtiges oder vielleicht mit Diskretion zu Übergehendes. Er selbst hat ja in seinen *Römischen Elegien* beschwärmt, dass er in Rom zum Mann geworden sei, und eine große psychoanalytische[40] – trotz dieses kleinen Mangels interessant zu lesende und augenöffnende – Studie zu *Goethe*, nämlich die von Kurt Eissler, beruht auf der Annahme, dass Goethe in Rom seine Unschuld verlor. Dies alles verweist Zapperi ins Reich der Legende. Seine Dokumente beweisen unumstößlich, dass Goethe von Anfang an um seine Reise ein Mysterium gemacht hat und damit spezielle Ziele verfolgte, vor allem das, sich als Künstler ›klassischer‹ Prägung zu stilisieren, der seine Weihe, die ›Dichterkrönung‹, in Italien, in Rom empfängt. Dieses Zeremoniell hat es wirklich gegeben, wie Du im Dom von Siena sehen kannst, im Seitenraum der Bibliothek, wo Pinturicchio das Leben von Enea Silvio Piccolomini, dem späteren Papst Pius II., in prächtigen Fresken erzählt, inklusive dessen Dichterkrönung in Frankfurt durch den Deutschen Kaiser, in Anerkennung seiner äußerst weltlichen Novellen und antikisierenden Komödien, auch wenn er uns eher als Bauherr der Phantasiestadt Pienza, südlich von Siena, in der Erinnerung geblieben ist. Für Goethe war diese Art der Legitimierung des Künstlers wichtig, um darzutun, über welche Tradition man gerade hinauszuwachsen im Begriff war.

---

[40] Ahnfrau der psychoanalytischen Biographie ist die splendide Prinzessin von Griechenland Marie Bonaparte – Freudpatientin, -schülerin und -retterin – mit ihrer bahnbrechenden dreibändigen Studie über *Edgar* Allan *Poe*, bis heute Kronjuwel des Genres. An Poe gibt es, angefangen mit seinen tatsächlich sehr merkwürdigen Beziehungen zu Frauen, jede Menge zu studieren, was ihn zum idealen Patienten gemacht hätte.

REMBRANDT ODER KUNST IM BUCH

Als das Fernsehen sich noch in drei Programmen erschöpfte, hatten wir einen Diaprojektor und eine Leinwand. Darauf erschien hin und wieder das mürrische Gesicht eines alten Mannes, die misstrauisch blickenden Augen stark beschattet von einem Helm. Auf dieser seltsamen, prachtvoll ziselierten Kopfbedeckung von antiker Form sammelte sich alles Licht. Dieses viele Licht strahlte und leuchtete, dass einem die Augen übergingen davon. Das war das Bild »Der Mann mit dem Goldhelm«. Der Maler hieß Rembrandt, sagte man, und ich liebte ihn. Warum eigentlich? Wo doch sonst das Gewimmel von Albrecht Altdorfers »Alexanderschlacht« mein Fall war – und geblieben ist. Bei Altdorfer ist die Sache klar: der köstlich gemalte Himmel mit Sonne und Mond gleichzeitig darin, die grandiose, heroische Landschaft, alles auf meine Lieblingsfarbe Blau gestimmt; verloren darin die Schlacht zwischen Abend- und Morgenland mit dem zentralen Thema des auf dem Pferd anreitenden Alexander und des sich mit seinem Prachtstreitwagen zur Flucht wendenden Dareios.[41] Die in unendlichen Sturmkolonnen antretenden Soldaten beider Heere erfüllen das Tal mit dem Glanz der Rüstungen und der Pracht ihrer Gewänder. Altdorfer entlehnt sie, wie in der Kunst des Mittelalters üblich, seiner eigenen Zeit. Er ist kein Archäologe und Altphilologe wie sein norditalienischer Zeitgenosse Andrea Mantegna, für den bereits die Renaissance angebrochen war und der liebevoll (als erster!) antike Bauten und Kostüme rekonstruierte wie etwa in dem monumentalen zehnteiligen »Triumph Caesars«, den heutigen-

---

[41] Ein Déjà-vu: Altdorfer konnte, im Gegensatz zu uns, das in Pompeji gefundene Mosaik noch nicht kennen, das dieselbe Szene sozusagen in Nahaufnahme zeigt: Alexander mit dem übergroßen Auge auf seinem Schlachtross, dem Bukephalos; beim Anblick des heranpreschenden Helden ist der Schrecken ins Gesicht des sich bis zu diesem ›Augenblick‹ für unbesieglich haltenden Perserkönigs geschrieben.

tags Königin Elisabeth II. in einem ihrer Schlösser verwahrt. Doch alle Vielfalt der Figuren – viele Soldaten wissen noch gar nicht, dass sich gerade im Augenblick die Schlacht entscheidet, oder sind froh, nicht im Zentrum des Kampfes zu stehen und bewegen sich dementsprechend entspannt – ist nur eine Fußnote im Glanz der wahrhaft kosmischen Darstellung, die das Bild von der Entscheidungsschlacht des Westens gegen den Osten bietet.

Kehren wir zur intimen Darstellung des Mannes mit dem goldenen Helm zurück. An diesem Bild entlang ließe sich eine ganze Geschmacksgeschichte schreiben sowie ein Abriss der kunstgeschichtlichen Literatur entwickeln. In Frankreich wurde Mitte des Neunzehnten Jahrhunderts der Wert Rembrandts wiederentdeckt.[42] Das bedeutet nicht, dass Rembrandt vergessen gewesen wäre, es heißt, dass man ihn nicht mehr (nach Gebühr) geschätzt hat. Charles Dickens hatte in seiner *Italienischen Reise* geschildert, wie der weltläufige Dandy, auf der großen Europatour, bei der Besichtigung italienischer Kunstschätze selbst zum Pinsel griff, um Werke aus Renaissance und Barock zu ›verbessern‹ – etwa so wie Jack Nicholson als ›Joker‹ in »Batman«. Bilder, die zu hell und frisch erschienen, wurden künstlich nachgedunkelt, gefirnisst, verdreckt. Alles nur eine Geschmacksfrage. Dem Direktor des damals so benannten Kaiser-Wilhelm-Museums in Berlin – auf der Museumsinsel, die als seine Schöpfung gilt – Wilhelm von Bode wird so ein verschmutztes, als verdorben geltendes Bild angeboten, das er für eintausend Pfund kauft unter der Bedingung, dass es sich restaurieren lässt. In seinen Erinnerungen *Mein Leben* hat er es so geschildert. Einhundert Jahre lang ist dieses Bild, »Der Mann mit dem Goldhelm«, der Star der Berliner Sammlungen; nach dem Krieg hängt es in Dahlem. Der finster blickende Mann wird mit

> Das Kind malt alle Menschen so wie sich selbst. Viele Maler machen es genauso. Denn nur wer sich selbst genau beobachtet, kann das auch mit anderen.

---

[42] Durch Eugène Fromentin; Näheres in Kapitel 4.

Rembrandts Bruder identifiziert, der dicke, ›pastose‹ Farbauftrag, der den Helm so plastisch erscheinen lässt, als Inbegriff barocker Mallust interpretiert. Im Jahr neunzehnhunderteinundneunzig, die Mauer war frisch gefallen, stand ich im Berliner Regen in einer langen Schlange von Menschen, die die Schau »Rembrandt – Der Meister und seine Werkstatt« sehen wollten. Drinnen war der Behelmte nicht mehr an der Wand. Er war gerade abgehängt und im Depot eingemottet worden. Meine Enttäuschung: riesengroß.

Was war geschehen? Seit fast vierzig Jahren wird der Bestand an Bildern, die von Rembrandts Hand sein könnten, das sind weltweit etwa vierhundert, von einer Gruppe Fachleuten gemustert und bewertet. Es geht darum, ›echte‹ Rembrandts herauszusieben und den Rest Schülern, der Rembrandt-Fabrik oder Nachahmern zuzuweisen. Ja, eine Fabrik soll er gehabt haben, wo nach seinen Anweisungen gemalt wurde und er nur noch die Signatur auf die Leinwand setzte; diese Erkenntnisse stammen von der brillanten Svetlana Alpers in *Rembrandt als Unternehmer*. Etwa die Hälfte der vermeintlichen Originale wird nun mit modernsten Mitteln wie Röntgen und anderen Durchleuchtungsmethoden[43] entlarvt und abgeschrieben, um dem Maler, der dreiundsechzig Jahre alt wurde, ein angemessenes Lebenswerk zuweisen zu können. Warum ist das so interessant?

Weil über Rembrandt so viel geschrieben worden ist wie wahrscheinlich über keinen anderen Maler. Der erste brauchbare Werkkatalog seit der optimistischen Aufstellung von Bredius stammt von Horst Gerson und bietet die vierhundert Werke, die man damals gerne für Originale halten wollte. Die großen Kunsthistoriker und Kunstschriftsteller Otto Pächt und Theodor

---

[43] Original ist beispielsweise ein Bild, an dem vom Künstler während des Schaffensprozesses Änderungen der Komposition vorgenommen wurden (›pentimenti‹, die Sprache der Wissenschaft ist italienisch), nachgemalt eins, das keine Vorzeichnung oder Veränderungen während des Malprozesses erkennen lässt, also nötig hatte, usw.

Hetzer, die so begeisternd über ihr Thema zu schreiben wussten, legten große Untersuchungen zum Phänomen des genialen Barockmalers vor[44], speziell zur Eigenart seines Stils. Christian Tümpels Katalog ist schon kritischer, bietet aber immer noch etwa dreihundert Stücke. Dann kommt Gary Schwartz, der aktuell beste Kenner der Materie, und zeigt mit enormer Einfühlung, wie das Umfeld aussah, aus dem Rembrandt Harmenszoon van Rijn hervorging, wie er den guten Rat seines Lehrers Pieter Lastman in den Wind schlug, um über ihn hinauszuwachsen, sich von seinem Jugendfreund Jan Lievens trennte, um seinen eigenen Stil zu vervollkommnen, und seinen Nachahmer Govaert Flink abschüttelte durch seine einzigartige Technik. Anschließend eroberte er Amsterdam; das befand sich damals in einem religiösen Ausnahmezustand, hier fand Rembrandt den erforderlichen Stamm an Kundschaft für die vielen Porträtaufträge und vor allem biblischen Geschichten, deren Darstellung er stets fein auf die unterschiedlichen Wünsche der Auftraggeber abzustimmen wusste.  Es ging darum, den Bedarf von Sektierern verschiedenster Couleur zu erfüllen an Repräsentation und Akzeptanz, um einen ausreichenden Kundenkreis für die Bestellung von Einzel- und Gruppenporträts sowie religiöser und anderer Darstellungen zu gewinnen. Rubens war noch der große (Hof)Maler des Katholizismus, Rembrandt sind die Glaubensansichten seiner überwiegend bürgerlichen Auftraggeber egal. Jedem Geschmack hat er etwas zu bieten. Schwartz' Buch ist spannend geschrieben, so spannend wie Rembrandts Lebensgeschichte. Sein Aufstieg ist märchenhaft, sein Bankrott legendär, seine Beziehungen zu Frauen sind exemplarisch für das Zeitalter,

---

[44] Leider heißen alle Bücher, die ich hier nicht namentlich erwähne, *Rembrandt*, sind also an ihren Titeln nicht zu unterscheiden.

und in der ganzen Spanne seines Lebens entwickelt er seinen malerischen Stil weiter, bleibt nie stehen. Was macht seine Bilder einzigartig? Die Auswahl der Themen, in der Regel kleine Szenen mit wenigen Personen[45], verbunden mit dem Clou spezieller Beleuchtungstricks und starker Psychologisierung der Dargestellten. Denke an den »Belsazar«, er hängt in London. Geschildert‹ wird die Szene, die Heine im Gedicht beschreibt:

> *Und sieh! und sieh! an weißer Wand*
> *Da kam's hervor wie Menschenhand;*
>
> *Und schrieb, und schrieb an weißer Wand*
> *Buchstaben von Feuer, und schrieb, und schwand.*

Der übermütige Perserkönig hat Jehova geschmäht und herausgefordert. Die subtile Antwort des rachsüchtigen Gottes sieht man auf dem Bild. Es ist das mysteriöse *M e n e t e k e l u-pharsin* der biblischen Erzählung, dessen Bedeutung man bis heute nicht enträtselt hat. Menetekel ist ein MacGuffin, wie ihn sich Alfred Hitchcock für seine besten Filme ausgedacht hat. Was ist ein MacGuffin? Dasselbe wie das Menetekel. Etwas ohne Bedeutung und Inhalt, das aber alles sein könnte, zum Beispiel auch sehr gefährlich. Oder ein Kochrezept. In dem Film »Der unsichtbare Dritte« geht Cary Grant – der als Mörder gejagte, eigentlich ganz harmlose Werbefachmann Roger Thornhill – mit dem Geheimdienstchef über die Rollbahn eines Flughafens zum auf sie wartenden Turboprop. Jetzt, nachdem zwei Drittel des

---

[45] Ausnahmen sind seine Gruppenporträts: die »Nachtwache«, das ist die nicht ganz naturgetreue Darstellung einer Schützengilde, die beiden »Anatomien« (zu sehen sind Männerclubs zur Erforschung des menschlichen Körperbaus, die von einem Professor in die Besonderheiten der vor ihnen liegenden Leiche eines Hingerichteten eingewiesen werden) sowie die »Staalmeesters«, das ist der versammelte Vorstand der Tuchmacherzunft – allesamt ›Spezialaufträge‹ für den großen Menschenkenner Rembrandt.

Filmes vorüber sind, soll Thornhill erfahren, warum er als Köder für den gefährlichen Verbrecher van Dam benutzt wurde. Der will Mikrofilme außer Landes schmuggeln. Was darauf zu sehen ist? Die Erklärungen des Geheimdienstmannes gehen im Lärm der laufenden Flugzeugpropeller unter. Sie sind unwichtig. Ein MacGuffin[46], ein Geheimnis ohne Bedeutung. Es reicht, dass es existiert. – Der mitten in seiner weinseligen Feierlaune durch die Erscheinung, Jehovas MacGuffin, düpierte Potentat macht ein Gesicht von müder Blödigkeit. Die Augen treten ihm aus dem Kopf: Mit solch prompter Reaktion hatte er bei seiner Gotteslästerung nicht gerechnet. Der Kreis seiner Höflinge, der ›Knechte‹ bei Heine, ist gerade noch mit Saufen und den prächtig gewandeten Frauen beschäftigt, aber schon gucken die ersten argwöhnisch: Ist es mit der Macht des großen Königs doch nicht so weit her? Hören wir uns den Schluss der Ballade an:

Der König stieren Blicks dasaß,
Mit schlotternden Knien und totenblaß.

Die Knechtenschar saß kalt durchgraut,
Und saß gar still, gab keinen Laut.

Die Magier kamen, doch keiner verstand
Zu deuten die Flammenschrift an der Wand.

Belsatzar ward aber in selbiger Nacht
Von seinen Knechten umgebracht.

Also: Schwartz hat Rembrandt, Leben und Werk, in das rechte Licht gesetzt. Er ist Gegner der rigiden Methoden des *Rembrandt*

---

[46] Eigentlich, so erzählt Hitchcock seinem neugierigen Interviewer François Truffaut, ist der MacGuffin ein Hilfsmittel, um in den Adirondaks Löwen zu fangen – wo es sie seit schätzungsweise einer Million Jahren nicht mehr gibt.

Research Project.⁴⁷ Er ist für die Qualitäten des »Mannes mit dem Goldhelm«. Das Bild wird inzwischen wieder gezeigt. Von Rembrandt ist es wohl trotzdem nicht.

Wieder stehen wir an einer Weggabel; diesmal zweigt etwas ab, was sich ›Fachliteratur‹ nennt. Das ist natürlich ein unverschämter Etikettenschwindel, denn es handelt sich bei diesen Büchern, die eine verstümmelte und vor unverständlichen Wort- und Satzungetümen strotzende Sprache führen, keinesfalls um Literatur; deswegen wollen wir diesen Weg auch nicht weiter beschreiten. An der Gabelung jedoch finden wir einzelne Denker und Werke, die vor etwa hundert Jahren noch nicht den unüberwindlichen Graben zum ›Fachbuch‹ aufgerissen haben, sondern uns Laien goldene Brücken bauen wollten. Einigen wie Theodor Mommsen sind wir gerade begegnet, für alle anderen stellvertretend nenne ich seinen Schüler Max Weber und *Politik als Beruf* sowie *Wissenschaft als Beruf*. Weber machte seinen Wohnsitz Heidelberg und dessen Universität in aller Welt zum Synonym für deutschen Geist; seine Vorstellung davon, dass alle Wissenschaft dem Menschen zu dienen habe, strahlte in das gerade beginnende Jahrhundert aus, während seine Anforderungen an die moralische Integrität des Politikers ganz offenbar erst von einem Gemeinwesen der Zukunft erfüllt werden können. In diesen beiden Vorträgen erklärt er jungen Leuten in einfachen Worten, auf was sie sich einlassen, wenn sie den Fuß in das Gebiet der professionellen Weltgestaltung setzen. Willst Du Wissenschaftler (geschweige Politiker) werden, lies Weber und sieh dann weiter!

Sind schon Wissenschaft und Schöngeistigkeit einander ver-

---

[47] Dessen Aktivitäten werden mehr und mehr zum Paradigma, wie ›Wissenschaft‹ eben auch funktioniert. Nach den vielen Abschreibungen von Rembrandtgemälden fangen die Fachleute jetzt an, ihre eigenen früheren Urteile ›wissenschaftlich‹ zu untersuchen – und zu revidieren – unter dem Motto: Irren ist menschlich.

feindet, so bilden Politik und Literatur bereits einen unauflöslichen Widerspruch. Das vergangene Jahrhundert hat uns überreich mit Beispielen versorgt. Miteinander können sie nicht, sodass die Aufgabe des Schriftstellers in dem Staat, der ihn und den er nicht toleriert, nur darin bestehen kann, präzise zu konstatieren und gegen Ignoranz und Vergessen anzuschreiben. Unversehens wird Geschichte zur Zeitgeschichte, nähern wir uns nur genug der eigenen Lebensspanne. Literatur wird hier um so mehr zum Erlebnis, je mehr Erlebnis zu Literatur wird. Walter Kempowskis Werke verdanken ihre Bedeutung dieser Tatsache. *Tadellöser & Wolf* ist die in Literatur überführte tragikomische Geschichte seiner eigenen Jugend im Dritten Reich – später machte er auch noch Bekanntschaft mit dem ›anderen‹ Deutschland. Dieses Buch hatte das Glück, kongenial verfilmt zu werden. Den Namen des Drehbuchautors und Regisseurs gilt es zu rühmen, es ist Eberhard Fechner, Meister des ruhigen Flusses von Wort und Bildern, die gerade dadurch Tiefe gewinnen. Sein einzigartiges Meisterwerk ist »Comedian Harmonists«. Fechners Verdienst ist nicht nur, die zwischenzeitlich vergessenen Mitglieder dieser ersten Boy Group (»Veronika, der Lenz ist da!«, »Ein Freund, ein guter Freund …«) wieder entdeckt zu haben, er entlockt ihnen Geschichten, die unseren Begriff von Geschichte der jüngsten Vergangenheit einzigartig mit Leben erfüllen. So wird er zu einem Herodot für das Zwanzigste Jahrhundert. In Sofia sitzt Ari Leschnikoff, dessen spinnwebdünner Tenor jeden Hit der Sechs mit Spitzentönen umrankte, lebensfroh und freundlich lächelnd neben seiner x-ten Flamme auf dem geblümten Sofa, entsagungsvoll den vielen schönen Frauen und dem vielen Geld seiner Jugendzeit hinterhersinnend; in Bochum grantelt einzelgängerisch der Pianist Erwin Bootz, seit je ein Fremdkörper des Ensembles. Der Bass Robert Biberti in Berlin versucht Jahrzehnte später zu entschuldigen, warum er sich zum Kopf der Gruppe und zu ihrem Zerstörer aufgeschwungen hat, als die Nürnberger Rassengesetze ein weiteres Auftreten in Deutschland unmöglich machten und die jüdischen Ensemblemitglieder

Roman Cycowski[48], der sanfte Bariton und später viele Jahre Kantor des Beth-Israel-Tempels von San Francisco, Erich Collin, der zweite Tenor, und der Gründer und künstlerische Genius Harry Frommermann, Buffo – die beiden letzteren waren in der Zwischenzeit verstorben –, nur noch in der ›freien Welt‹ auftreten konnten. Tatsächlich gab es eine Zeitlang zwei Nachfolgesextette, aber der alte Schwung und die alte Freude waren ein für allemal dahin. Auch für den, der den Film schon kennt, bietet Fechners Buch *Comedian Harmonists* noch einmal viel Neues und Lesenswertes, etwa wie Collin als Kind in Berlin der Kaiserin auf der Straße begegnet. Die eindringlichste Leistung Fechners bleibt sein Film »Der Prozeß« aus dem Jahr neunzehnhundertvierundachtzig über das Düsseldorfer Verfahren gegen die SS-Leute von Majdanek. Kommentarlos werden die Aussagen von Überlebenden und die durch Schuld entstellten Gesichter der alt gewordenen Schergen gegeneinandergestellt. Die Todesstrafe wäre für sie eine unverdiente Gnade gewesen. Wer diesen Film sieht, bekommt weiche Knie.

Zentrale Frage unserer jüngeren Vergangenheit ist: »Wie konnte das passieren?« Diese *Meine deutsche Frage* hat sich auch Peter Gay, der einst Fröhlich hieß, gestellt. Als er fünfundzwanzig Jahre später erstmals wieder aus Amerika nach Deutschland zurückkehrt, lautet seine Antwort: Weil dieses Land durch und durch schlecht ist. Mit dieser Feststellung muss man sich zufriedengeben. Gay wurde durch seine große fünfteilige Studie über *Die bürgerliche Erfahrung* in der zweiten Hälfte des Neunzehnten Jahrhunderts berühmt. Er analysiert darin die Antriebskräfte des bürgerlichen Seelenlebens wie Liebe, Gewalt, Sexualität, aber auch Kultur, und nutzt seine Ausbildung als Psychoanalytiker, um dem viktorianischen Zeitalter den Spiegel vorzuhalten. Auch vor sich selbst hat er nicht haltgemacht und findet zu seiner

---

[48] Eine eindrucksvolle, in ihrer milde altersweisen Heiterkeit ehrfurchtgebietende Erscheinung. Er verstarb als letzter der sechs, in ›biblischem‹ Alter.

deutschen Frage die Antwort hinter der Antwort: Die Nazis haben mich gezwungen, das Land, das ich liebe, zu hassen. Mit dieser Analyse einer Zerrissenheit zeigt er treffend das, was so vielen Verfolgten und Gequälten geblieben ist, nämlich der Scherbenhaufen eines Traumes von Heimat.

Ähnlich tief geht der Psychiater Hans Keilson bei seiner Verarbeitung des Geschehen. Sein großes kleines Buch *Der Tod des Widersachers* zeigt das Opfer und den Schergen in ihrer ganz persönlichen Beziehung – sie kommen voneinander nicht los.

Andere außergewöhnliche Werke zum Thema: Lotte Paepcke, *Ein kleiner Händler der mein Vater war*, über die Verletzungen, die so tief sind, dass auch die Überlebenden des Schreckens nicht überleben können. Victor Klemperer, dem Romanisten und Diaristen seiner Dresdner Leidenszeit, bot sich, durch die Ehe mit einer ›Arierin‹, die zu ihm hielt, geschützt, die Möglichkeit des Überdauerns in Deutschland, als Zwangsarbeiter und unter schrecklichsten Bedingungen. Minutiös hielt er alles in seinen *Tagebüchern* fest, wissenschaftliche Arbeit war ihm ohnehin untersagt. Daneben schuf er insgeheim sein bedeutendes Werk *LTI* gleich *Lingua Tertii Imperii*, eine Sprachanalyse der Nazibarbarei, deren Korruption bis in den alltäglichen Wortgebrauch vorgedrungen war. Klemperer legt die Hohlheit und Verkommenheit des ›Dritten Reichs‹ bloß, indem er die Hohlheit und Verkommenheit seiner Sprache beschreibt. Er konnte nicht wissen, dass zur selben Zeit am anderen Ende der Welt einen größeren Künstler dasselbe Problem umtrieb. Charlie Chaplin als »Der große Diktator« Adenoid Hynkel erfand sich ein Demagogenesperanto, dessen unvergesslichste Zutaten *flütensack* und *wienerschnitzell* sind. Die ›Vorsehung‹ war es sicher, die ›den größten Feldherrn aller Zeiten‹ mit dem Vornamen Adolf bedachte (Adenoid ist eine Wucherung, ein Tumor); nicht auszudenken, hätte dieser Mann Peter oder Christian geheißen. Dem Terror die weltbewegende Kraft des Lachens entgegenzusetzen war eine der größten kulturellen Leistungen des vergangenen Jahrhunderts – neben Chaplin hat auch Ernst Lubitsch mit »Sein oder

Nichtsein« eine Fiktion der Lachhaftigkeit des Demagogischen geliefert, die ewigen Angedenkens würdig ist und immernoch Spaß macht.

Das sah mancher anders. Die Philosophin Hannah Arendt hat den Prozess gegen den Deportationsorganisator Adolf *Eichmann in Jerusalem* besucht und konstatiert, dass in der Person dieses dienstfertigen Verwaltungsmannes ›die Banalität des Bösen‹ zu besichtigen sei. Das ist so nicht richtig. Das Böse ist weder eine organisierte Bande noch banal, schon gar nicht, wenn es Millionen von Toten produziert. Aber eine unserer wenigen Chancen, mit soviel Leid umzugehen, besteht darin, das System der Lächerlichkeit preiszugeben, das darin bestand, das Böse mit hohler Banalität zu bemänteln.

<small>Darf man über das Leiden anderer lachen?</small>

Der Ungar Imre Kertesz ist Überlebender des Vernichtungslagers. Sein *Roman eines Schicksallosen* beschreibt, wie er als Kind aus der Normalität in den namenlosen Schrecken geworfen wurde und warum es unmöglich ist, als derselbe daraus hervorzugehen. Er erhielt den Nobelpreis. Aber nur stellvertretend für eine Präzision des Erinnerns, die der Serbe Aleksandar Tišma wie keiner in eine Kunstform überführt hat. Seine Heimatstadt Novi Sad beherbergt Täter und Opfer und führt sie immer wieder zusammen, auch nachdem der Schrecken scheinbar vorüber ist, wie in *Kapo*, oder in Stalins langem Schatten: *Treue und Verrat*. Allen Aspekten des Terrors kann man auch so nicht gerecht werden. Die jedes bekannte Maß übersteigenden Greuel des Zweiten Weltkriegs bedurften außerordentlicher literarischer Gestaltungen, damit sie nie vergessen werden, wie *Schlachthaus 5* des Amerikaners Kurt Vonnegut über den Bombenangriff auf Dresden oder Gert Ledigs wiederentdeckte Roman-Trilogie *Die Stalinorgel – Vergeltung – Faustrecht* über Schuld, Vernichtung und das Nichtwiedergutzumachende. Viele weitere großartige Werke sind im Versuch geschrieben worden, das Unsagbare in Worte zu bannen, diese mögen stellvertretend stehen.

KAPITEL 3

SCHERZ, SATIRE, IRONIE
UND TIEFERE BEDEUTUNG

DER SCHELMENROMAN

Das wird ein R i e s e n spaß: An der Sorbonne zu Paris, damals auch schon ehrwürdige zweihundertfünfzig Jahre alte Alma Mater der französischen Gelehrsamkeit, immatrikuliert ein neuer Student. Sein Problem ist, er passt in keinen Hörsaal. So nimmt er, ein Prinz von Geblüt – Gustave Doré hat es wunderbar bebildert –, als ›externer‹ Hörer mit Federhut an den Vorlesungen teil, indem er sein Gesicht von außen gegen alle Fensterscheiben gleichzeitig presst. Auch die Universitätsbibliothek nutzt er, wie ein guter Student tun sollte. Unter anderem findet er in den wohlsortierten Regalen *De pavianis et mandrillibus* des gelehrten Affenschwanzius, das Standardwerk *Der Lackmeier bei Hofe* sowie *De modo faciendi blutwurstios* von Majoran. Der größte Fresser, Rülpser und Pupser der Literaturgeschichte, Pantagruel, Sohn Gargantuas, Enkel Großgoschers, hat an dieser Universität schnell ausstudiert. Nachdem er seinen Herzensbruder Panurge kennen- und liebengelernt hat, ziehen die beiden in die Welt und bestehen allerhand Abenteuer, allen voran das mit der Flasche. Der Verfasser des Ganzen nennt sich Meister Alcofribas Nasier. Mit ihm beginnt die Neuzeit der Literatur.

Dieser einzige Unterleibsscherz und gleichzeitig bedeutendste Roman seit Erfindung des Griffels erschien in Lyon. Das Werk ist so altehrwürdig, dass uns von der Erstausgabe nur ein Exemplar erhalten geblieben ist, dem überdies noch das Titelblatt fehlt. Sein Autor, Doktor med. François Rabelais (der erfundene Verfassername ergibt sich als Anagramm, wenn Du die Buchstaben tüchtig durchschüttelst), hat etwas ganz Neues probiert und damit einen Erfolg gehabt, der mittlerweile fast fünfhundert Jahre anhält. *Gargantua und Pantagruel* sind volkstümlich und sprichwörtlich, Erzkomiker und Saufbrüder, die größten Fresshälse aller Zeiten und Riesen von Geburt. Sie stammen aus der Touraine, einer lieblichen französischen Landschaft, und bewirtschaften dort ihr kleines, gleichwohl völlig irreales Königreich. In einem Krieg, den ihnen der übellaunige Nachbar Pikrocholus oder Bittergall aufzwingt, wehren sie sich nur halbherzig; aber: Wer könnte ihnen schon widerstehen? Ansonsten widmen sie sich ganz friedlich ihren Staatsgeschäften, wie oben beschrieben. Im Verlauf des Romans, der insgesamt aus fünf Teilen besteht, wächst Pantagruel immer mehr aus seiner Verwurzelung mit der Provinz heraus. Die letzten zwei Bücher schildern die phantastische Reise mit seinen Lieblingsspießgesellen zum Orakel der großen Flasche. Doch, Hand aufs Herz, die Handlung ist völlig nebensächlich. Auch die Größenunterschiede zwischen Riesen und Menschen verschwimmen mitunter, es geht darum, mit Wortwitz und Fabulierlust alles durch den Kakao zu ziehen, was der Zeit heilig war. Gargantua gründet etwa die Abtei von Thelem, die in Einrichtung und Zielsetzung allem entgegensteht, was klösterliche Einfachheit darstellt. Ein eigenes Wörterbuch ist nötig, um alle rabelaisschen Witze und Spracherfindungen zu erfassen. Eine erste erfolgreiche deutsche Nachdichtung von Johann Fischart, die *Affentheurlich Naupengeheurliche Geschichtklitterung*, erschien bereits wenige Jahre später, die noch alle Merkmale eines Sprachlabors trägt – witzig, aber nicht lesbar. Der Übersetzer Walter Widmer starb über der Riesenaufgabe einer modernen Fassung hin, Karl August Horst führte sie dann zu Ende. Es gibt alternativ zu dieser Edition mit den Doréschen Illustrationen auch noch eine in der älteren Übersetzung von Gottlob Regis mit Holzschnitten der Rabelaiszeit, die der Erzählung eine ganz andere, mittelalterliche Atmosphäre verleihen.

Aus so weiter Ferne trifft uns auch der Blick Rabelais' auf dem alten Porträt. Er trägt eine Tracht, die ihn halb als Mönch, halb

> Der Riese ist von Natur aus einsam. Schön, wenn er trotzdem lustig sein kann.

als Arzt zu erkennen gibt. Die Stirn ist hoch, das Gesicht hager, das Lächeln unter dem schicken Bart wirkt gequält – es war sicher nicht einfach seinerzeit, Humorist zu sein.

Die Sprache und Lebenswelt der Bettler und Herumtreiber ist ein wesentlicher Bestandteil von Rabelais' Roman genauso wie die Welt umfassender humanistischer Bildung. Vorbild für den Panurge könnte François Villon gewesen sein, der Freigeist, Dichter und Trinker, Kleinkriminelle, zum Tode Verurteilte und im letzten Augenblick Begnadigte. Klaus Kinski hat den deutschen Nachdichtungen des *Großen Testaments* durch Paul Zech eine Stimme gegeben. Die Verse

Ich bin so wild nach deinem Erdbeermund,
ich schrie mir schon die Lungen wund
nach deinem weißen Leib, du Weib!

bleiben jedenfalls im Ohr, auch wenn sie nichts mit Villon zu tun haben; sie sind Zechs ureigenste Erfindung. Aber eventuell ist auch Villon nur erfunden, nom de plume oder nom de guerre eines Advokaten vielleicht, der mal tüchtig über die Obrigkeit herziehen wollte.

Lazaro steht nicht auf der Sonnenseite des Lebens. Sein Vater, ein Müller, hat Korn unterschlagen und fällt auf dem zur Buße unternommenen Kriegszug gegen die Mauren. Die nun alleinerziehende Mutter lässt sich von einem maurischen Stallknecht aushalten und bekommt ein Kind von ihm. Die Nachbarn in Salamanca zerreißen sich das Maul. Hier kannst Du einen Blick in eine ganz normale Familie im Spanien Philipps II.[49] tun, die

---

[49] Formell regiert noch sein Vater, Kaiser Karl V.; erst zwei Jahre nach Erscheinen des Buches übernimmt Philipp, der sich bald den Escorial bauen wird, die Regentschaft und bekommt die üblichen Probleme mit seinem missratenen Spross Don Carlos.

unter dem Druck der Verhältnisse auseinanderbricht. So legt der Verfasser bloß, wie schmal der Grat war, auf dem der Bürger damals wandelte. Ein Schritt vom Wege, und alle zeigen mit Fingern auf Dich. Aufregend, dass soviel Realismus damals möglich war, und toll, wie er beim Publikum ankam. Es wird wie heute gewesen sein, dass zwar ein Teil der Leser sich durch die Lektüre einfach wegträumen wollte aus dem Hier und Jetzt, beflügelt durch edle Ritter und schöne Fräulein, wahre Seifenopern eben; dass der andere Teil aber gesagt bekommen wollte, wie es wirklich ist, das ungeschminkte Leben eben. Und das wird in den fingierten Memoiren des *Lazarillo von Tormes* reichlich geboten. Als Diener versucht er sich durchzuschlagen, immer bemüht um das Wohl seiner Herrschaft; Lazarillo versteht dabei aber die Kunst, es niemandem recht zu machen. So verwundert es, dass am Ende des schmalen Lebensberichts noch ein kleines Glück herausspringt, Lazaro einen öffentlichen Posten ergattern kann, der ihm ein auskömmliches Leben gestattet.

Seine Lebensgeschichte aufzuschreiben ist ein löblicher Vorsatz, den viele bedeutende Köpfe dann leider in der Form ausgeführt haben, keine Details zu verschweigen. Das eigene Leben, für seinen Besitzer in der Regel auch seine wichtigste Angelegenheit, wird häufig überschätzt, was Inhaltsfülle und Qualität der Erlebnisse angeht. Oder anders gesagt: So genau hätten wir es gar nicht wissen wollen.

Solchen Gedanken hing wohl auch der ehrenwerte Laurence Sterne nach, als er über seinem *Tristram Shandy* brütete. Es sollte eine Lebensbeschreibung werden, die sich von den anderen unterschied; und offenbar sollte sie auch parodieren, was in England damals auf dem Buchmarkt so angeboten wurde. Das ist ihm gelungen.

Schnell kommt der Autor zur Sache, ohne Scheu davor, seinem Leser die Schamröte auf die Wangen zu treiben, und da sie so bahnbrechend dargestellt wird, will ich die ›Stelle‹ in voller

Länge wiedergeben: *Ich wünschte, entweder mein Vater oder meine Mutter, oder fürwahr alle beide, denn von Rechts wegen oblag die Pflicht beiden zu gleichen Teilen, hätten bedacht, was sie da trieben, als sie mich zeugten; hätten sie gebührend in Betracht gezogen, wieviel von dem abhing, was sie gerade taten; – daß es dabei nicht nur um die Hervorbringung eines vernünftigen Wesens ging, sondern daß womöglich die glückliche Bildung und Beschaffenheit seines Körpers; vielleicht sein Genie und just die Färbung seines Gemüts; – und gar, denn Gegenteiliges war ihnen nicht bekannt, die Wohlfahrt seines ganzen Hauses ihre Wendung nach den Säften und Dispositionen nehmen könnten, die gerade obenauf waren: – Hätten sie all dies gebührend in Erwägung und Betracht gezogen und wären demgemäß verfahren, – ich bin wahrhaftig überzeugt, ich würde in der Welt eine ganz andere Figur vorgestellt haben, als die, in der mich der Leser wahrscheinlich erblicken wird. – Glaubt mir, gute Leute, die Sache ist so unbeträchtlich nicht, wie viele von Euch denken mögen; – Ihr habt wohl alle schon von den Lebensgeistern gehört, wie sie vom Vater auf den Sohn transponiert werden &c. &c. – und dergleichen mehr: – Nun, mein Wort darauf, neun Zehntel von eines Mannes Verstand oder Unverstand, seiner Erfolge und Fehlschläge in dieser Welt hängen ab von den Bewegungen und Aktivitäten ebenjener Lebensgeister und den verschiedenen Gängen und Bahnen, in die man sie schiebt; sodaß, sind sie einmal in Schwung gekommen, ob richtig oder nicht, zählt keinen roten Heller, - - sie wie außer Rand-und-Band dahinpoltern; und indem sie immer wieder in derselben Spur laufen, bahnen sie sich bald einen Weg daraus, der so eben und so glatt ist wie ein Gartenpfad, von dem sie, sind sie erst daran gewöhnt, bisweilen nicht einmal der leibhaftige Teufel wird abbringen können.*

»Ei, mein Guter«, sprach meine Mutter, »hast du auch drangedacht, die Uhr aufzuziehen?« – »Guter G–!« rief mein Vater im Eifer, aber zugleich bemüht, seine Stimme zu mäßigen, – »Hat wohl jemals seit der Erschaffung der Welt eine Frau einen Mann mit einer so dummen Frage unterbrochen?« Mit Verlaub, was hatte Euer Vater denn sagen wollen? – Nichts.

Das müssen wir kurz auf uns wirken lassen. Offenbar befinden wir uns im Zeitalter der Aufklärung, das erstmals eine umfassende Kritik des göttlichen Schöpfungsplanes erlaubt und dessen Kampf um die geistige Freiheit des Individuums in der französischen Revolution gipfelte. Diese Kritik wird gnadenlos ausfallen, was den Gentleman Tristram Shandy betrifft, und ansetzen schon beim Moment seiner Zeugung, der, wie gerade gehört, vom Uhrproblem überschattet wurde, da Vater Shandy gewöhnt war, *mit eigener Hand am ersten Sonntagabend eines jeden Monats eine große Hausuhr aufzuziehen, die wir auf dem oberen Absatz der Hinterstiege stehen hatten: – Und da er zu der Zeit, von der ich gesprochen habe, von den Fünfzig auf die Sechzig zusteuerte, – hatte er allmählich gewisse andere Familienobliegenheiten gleichfalls auf diesen Termin geschoben, um sie, wie er oft zu meinem Onkel Toby zu sagen pflegte, alle auf einen Streich vom Hals zu haben, und den Rest des Monats über nicht weiter damit geplagt und geplackt zu sein.*

Um es nun mit einem Wort und rundheraus zu sagen: Dieses Buch ist der Ahnherr alles Drumherumredens, aller Andeutungen und Umständlichkeiten und so köstlich, wie man sich ein Buch nur wünschen kann. Die Lebensgeschichte des Tristram wird nämlich über den oben geschilderten Punkt nie entscheidend hinauskommen, auch wenn noch siebenhundert ergötzliche Seiten auf uns Leser warten. Stattdessen werden ein Pfarrer namens Yorick, ein entfernter Verwandter des Hofnarren, mit dessen Schädel sich der arme Dänenprinz Hamlet einst so angeregt unterhielt, und den Sterne bald auf eine *Empfindsame Reise* schicken wird, und der schon erwähnte Onkel Toby mit seinem äußerst delikaten körperlichen Gebrechen, das ihn gegen die unausgesetzten erotischen Attacken der Mrs Wadman so unempfindlich macht wie ein Stück Holz, den ganzen Schwall von Witz und Gelehrsamkeit abbekommen, den der Autor noch über sie auszugießen gedenkt. Lies selbst!

Was ist am Humoristen so komisch? Nun, Sterne verzieht beim Erzählen keine Miene. Egal, wie haarsträubend lustig seine verwickelten Ausführungen sind, dem Autor entgleist kein Gesichtszug dabei. Das ist nicht nur very british, es ist die Grundlage guten Witzeerzählens. Auf die Dankbarkeit von uns Lesern kann der Humorist sowieso vertrauen: Unbeschwert genießen wir die Lektüre, unbelastet von drohenden Schicksalswolken, die eine dramatische Entwicklung der Handlung voraussendet. Der Tragiker muss sich ständig bei uns entschuldigen, für die Härte und Grausamkeit, die seine Geschichte erst möglich machen, für die Enttäuschung jeder Hoffnung, die der Leser bis zuletzt für seine Helden hegen mag. All dies bleibt dem Humoristen erspart. Er hat nur ein Amt: komisch sein.

Gargantua und Pantagruel, *Lazarillo von Tormes*, *Tristram Shandy:* Hier haben wir die drei wichtigsten humoristischen Romane der Weltliteratur beieinander. Sie sind Ausgangspunkt für alles, was danach geschrieben werden wird, um uns Leser zum Lachen zu bringen. Dabei sind alle Kombinationen von Humor möglich, die aus diesen drei Grundzutaten gemixt werden können, aber niemand hat es geschafft, je über das hinauszugehen, was Rabelais, ein namenloser Spanier und Sterne begründet haben.

Bei Laurence Sterne laufen zwei Stränge bereits ehrwürdiger Tradition zusammen: einmal das literarische Geplauder, das so eigentlich von Michel de Montaigne mit seinen *Versuchen*, den *Essais* begründet worden ist. Dieses Werk von beträchtlicher Ausdehnung stellt ein Sammelsurium von Einfällen, Geistesblitzen und Erörterungen dar, das als unerschöpflicher Ideenquell für spätere Generationen gedient hat und weiteste Verbreitung fand. Montaigne erlaubt sich, dem Strom seiner Gedanken freien Lauf zu lassen. Das widerspricht allen ›ernsthaften‹ Geistes- und Wissenschaftsbemühungen, die genau auf das Gegenteil aus sind, nämlich die Verknappung und Verschärfung des Denkansatzes, möglichst in Form einer These oder einer Formel, bis zum Extrakt des Denkens, den der Wiener Ludwig Wittgenstein so eindampfte: *Wovon man nicht sprechen kann, darüber muß man schweigen.*⁵⁰ Nicht so Montaigne: Zweckfreies Denken, fließende Gedanken, Annäherungen – ganz neuartige Erkenntniswege beschritt der zeitlebens von seinen Nierensteinen geplagte Franzose.

Der andere Strang, der zu Sterne führt, wurde in Spanien zu Montaignes Zeiten geknüpft. Der Schelmenroman, oder ›pikareske‹, oder burleske, ganz wie man will, entstand hier. Er stellt ein Gegengewicht dar zu den gängigen Helden- und Schäferromanen, die das Bedürfnis der Leser nach Unterhaltung nicht stillen konnten. Der Schelm oder spanisch: picaro ist ein Deklassierter, der sich nach Kräften gegen sein Schicksal stemmt. Urtyp dieser Schlingel ist *Lazarillo von Tormes*, dessen fingierte Memoiren noch etwas früher als der *Don Quixote* das spanische Lesepublikum erfreuten. Cervantes selbst trug zum Genre eine kleine, muntere Novelle über die beiden Gauner aus der Unterwelt von Sevilla *Rinconete und Cortadillo* bei. Philosophen können Bettler sein und Bettler Philosophen. Getreu diesem Motto schickte einer der interessantesten Köpfe der Epoche namens Francisco Quevedo seinen Landstreicher Pedro Buscón auf die Reise. Quevedo belebte die Tradition seit Lukian, dass Narren oder Träumer die Wahrheit sagen dürfen, in der Sammlung seiner *Träume* neu. Es handelt sich um einen Spiegel der spanischen Gesellschaft, vorgehalten von einem Schlafenden. Der Traum der Vernunft, das hat sein Landsmann Goya in einem eindrucksvollen Blatt seiner »Caprichos« – »Launen« illustriert und literarische Siebenschläfer wie Washington Irvings *Rip van Winkle* oder Mark Twains *Yankee aus Connecticut* haben es am eigenen Leib erlebt, gebiert bisweilen Ungeheuer. *Das Leben des Buscón* er-

---

50 Der abschließende Satz 7 seines ohnehin lakonisch kurzen *Tractatus logico-philosophicus – Logisch-philosophische Untersuchungen*, den er in seinem *Tagebuch* so vorbereitet hatte: *Was man sich nicht denken kann, darüber kann man auch nicht reden.* Schon Hamlet war mit den Worten abgetreten: *Der Rest ist Schweigen.*

zählt Pedro selbst, eine verfolgte Unschuld. Dieser Typus von moralischer Handlung, dass da jemand, Mann oder Frau, unverdient ins Unglück gerät und sich dort durch Festigkeit der Haltung bewährt, bis der Handlungsknoten sich löst und der Erniedrigte in seine alten Rechte wiedereingesetzt wird, wurde solange abgenutzt, bis der Marquis de Sade in seiner *Justine*, wie es seine Art war, den Bogen überspannte und damit das ganze Genre ruinierte: So bald würde sich niemand mehr an dieser billigen Art der Spannungsliteratur vergreifen. Erst mit dem Kriminalroman kam das Thema wieder in Mode. Durch Cornell Woolrichs Thriller taumelt der unschuldig Verfolgte in verschiedensten Vermummungen, der auf eigene Faust den Täter ausfindig machen muss, der für sein Unglück verantwortlich ist.

Baltasar Gracián ist durch Arthur Schopenhauers Übersetzungen als bester Trost des Misanthropen für den deutschen Leser wiederentdeckt worden. Das *Hand-Orakel und Kunst der Weltklugheit* preist die erfreulichste Gesellschaft, die es gibt: die eigene, und ist Ratgeber, falls man auf andere Exemplare der Spezies trifft: *Nichts setzt den Menschen mehr herab als wenn er sehen läßt, daß er ein Mensch sei.* Wer noch mehr Ermutigung für das tägliche Aufstehen brauchte, für den gab es *Der kluge Weltmann* oder *El discreto* mit einer Anleitung für unauffälliges Verhalten bei Hofe. Graciáns großer Roman *Das Kritikon* handelt von einem Schiffbruch vor St. Helena und den daraus resultierenden Reisen zweier Unschuldskinder um die (bekannte) Welt. Die eigentliche, mit aller Gelehrsamkeit auf tausend Seiten ausgeführte Reise führt durch den Dschungel menschlicher Triebe und in die Abgründe ihrer Herzen.

Auch der Schelmenroman beginnt zu reisen, zunächst durch Europa, bald über den ganzen Globus. Der *Springinsfeld* ist Grimmelshausens picaro. Als Nebenfigur im *Simplicissimus* eingeführt, beginnt er ein Eigenleben in anderen Erzählungen zu führen. Er ist der wuselige Glückspilz, dem das Butterbrot nie auf die bestrichene Seite fällt. Johann Beer hieß einer der Nachahmer Grimmelshausens, dessen gelungenste Werke die *Teutschen Winter-Nächte* und *Kurzweiligen Sommer-Täge* sind, in denen ein Ritter gleichzeitig Schelm ist. Nach Frankreich gekommen, heißt der Meister der Auf- und Beutelschneider *Gil Blas von Santillana*. Sein Erfinder Alain René Lesage hebt die Wirkung der Gegensätze, indem er Gil aus der Verworfenheit in höchste Kreise, bis in die Umgebung des Königs, steigen und dann wieder fallen lässt. Durch ständigen Wechsel der Perspektive werden alle Erscheinungen der Gesellschaft, scheinbar der spanischen, in Wahrheit aber der französischen aus Lesages eigener Anschauung, Gegenstand seines spöttischen Beobachterblicks. Dieser Schelm war so bekannt, dass Goethe ein Büchlein mit den nicht übermäßig originellen Abenteuern eines durchschnittlichen Deutschen, des Bibliothekars Johann Christoph Sachse, mit dem Ehrentitel eines *deutschen Gil Blas* ausstattete. Überhaupt ist Deutschland humoristisches Entwicklungsland; mit dem satirischen Buch über den Kleinstfürsten *Siegfried von Lindenberg* eines Johann Müller und der tragikomischen Schulmeistergeschichte *Spitzbart* des Johann Schummel sind schon die amüsantesten Romane des Rokoko mit Namen genannt.

> Der Siebenschläfer hat die Möglichkeit, in einer anderen Zeit zu erwachen. Aber er wird sich wundern, dass er in diese Zeit nicht hineinpasst. Es ist nicht erstrebenswert, seine Lebenszeit zu überdehnen.

In England ist der Schelm eine Frau. Der vielgewandte Daniel Defoe schildert das eindrucksvolle Schicksal der *Moll Flanders*. Aus Not wird sie zum Freudenmädchen, das dann zur Reue bekehrt und zum Lohn – zur Bürgersfrau – erhöht wird. *Tom Jones* ist ihr männliches Pendant. Diese *Geschichte eines Findlings* ist immerhin so populär, dass sich ein walisisches Goldkehlchen mit üppiger Brustbehaarung nach ihrem Helden benannte (während David Copperfield es nur zum Zauberlehrling brachte). Fielding ist der größte Moralist und Ästhet, den man zu seiner Zeit nur finden kann, sieht sich selbst allerdings als Pädagogen, nicht als Realisten. In diesem Sinne verwirrt er die Fäden der komplizierten Handlung so sehr, dass sich niemand mehr auskennt, um sie im letzten Augenblick eigenhändig wieder auseinanderzuklamüsern. Sein Buch richtet er an wie eine appetitliche Mahlzeit, mit einer schön geschriebenen Menükarte und wohlgewürzten Gerichten, die sich zu einem Feuerwerk der Sinnenfreude aneinanderreihen. Die Handlung des *Tom Jones* verlangsamt sich im Fortlauf des Diners immer mehr, je dramatischer die Geschehnisse werden, und kommt mit dem Nachtisch schier zum Stillstand: Das Findelkind Tom Jones ist in Wahrheit der Sohn von Squire Allworthys Schwester, der ihn am Anfang als Säugling in seinem Bett liegend gefunden hatte. So kommt alles in schönste Ordnung und wir reiben uns den Bauch, satt vom Lesen. Die Zutaten zu diesem Fest des Erzählens kommen uns bekannt vor: nach dem Rezept des *Tom Jones* wurden seither zahllose Romane über den Weg junger Menschen ins Leben zusammengerührt.

In der *Geschichte der Abenteuer des Joseph Andrews* und der *Lebensgeschichte des Mr Jonathan Wild, des Großen* nutzt Fielding die Charaktere dubioser Tunichtgute und historischer Finsterlinge zur satirischen Schilderung tatsächlicher Missstände im England Georgs II., als Robert Walpole[51] allmächtiger Minister war. Originell war Fielding auch mit seinem letzten Roman *Amelia*, der Geschichte einer durch Intrigen und heftige Flirts bedrohten Ehe. Selten durfte man bis dahin davon lesen, wie spannend es sein kann, schon verheiratet zu sein, wo doch Hauptaufgabe der sentimentalen Literatur war, die jugendlich Verliebten zu Paaren zu treiben. Eines der speziellsten Dokumente, das ein Schriftstellerleben bieten kann, ist das *Tagebuch einer Reise nach Lissabon*, von der sich Fielding Heilung von seinem tödlich verlaufenden Leiden versprach. Wie dem Autor der

---

[51] Dessen Sohn Horace erfand für seinen Wohnsitz Strawberry Hill die Neogotik und nebenbei den Schauerroman, obwohl *Die Burg von Otranto* zwar mysteriös, aber eigentlich nicht wirklich schauerlich ist.

Lebensatem ausgeht und er dabei schildert, wie heitere Gelassenheit in seine Seele einkehrt, macht den Mann, der unter der langen Allongeperücke und seiner noch längeren Nase ein so freundliches Lächeln versteckte, zu einem der sympathischsten Literaten, dem wir auf unserer Wanderung begegnen können.

Die angemessene Illustration für Defoes Werke ist der grobe Holzschnitt; meine Ausgabe von Fieldings *Tom Jones* ist geschmückt mit den zierlichen Illustrationen, zu denen Georg Christoph Lichtenberg so einfallsreiche *Erklärungen der Hogarthischen Kupferstiche* schrieb. Zu den *Abenteuern des Peregrine Pickle* schuf Daniel Chodowiecki die passende, ein wenig ungelenke Bebilderung. Peregrine, wie sein Bruder im Geiste *Roderick Random*, ist ein junger Mann aus gutem Hause auf der Suche nach seinem Platz in der Welt. Den verschafft er sich einmal durch das Anecken bei Groß und Klein, Arm und Reich, zum anderen durch emsiges Umherstreifen in halb Europa. Das Ende von Peregrines Irrfahrten bildet seine Hochzeit – die Hörner hat er sich abgestoßen. So ähnlich werden es nun alle Entwicklungsromane machen: uns die Zähmung eines jungen Wildfangs vorführen. Tobias George Smollett, der Erfinder von Peregrines und Rodericks Abenteuern, war Schotte und zeigt in seinen Werken entsprechend eine Vorliebe für die Provinz und die Unverdorbenheit des Landlebens. In seinem letzten und liebenswürdigsten Werk *Die Reisen des Humphry Clinker* taucht der Titelheld erst zur Halbzeit auf und ist ein talentierter Bediener, der dem an guter Verdauung und Agrikultur interessierten Herrn Matthew Bramble, einem umgänglichen und angemessen britisch schrulligen Reisenden in Gesundheitsfragen, geschickt zur Hand geht. Am Ende erweist er sich zur Überraschung aller, auch des Lesers, als dessen Sohn. Smollett nahm es mit der Mühsal einer genau konstruierten Handlung und deren innerer Logik nicht besonders genau, ihm genügte das alles als Hintergrund für seine unermüdlichen Sticheleien gegen das Junkertum und den überheblichen Engländer. In diesem Sinne führte er emsige Kontroversen mit seinem Zeitgenossen Fielding, der zur Strafe Smolletts Bücher verriss. Herrliche Zeiten, als die Dichter auch Kritiker und Scharfrichter in Personalunion waren, Literaturpotentaten eben. Wer auf dem Poetenthron saß, machte mit Usurpatoren kurzen Prozess – schon nach der ersten Rezension wuchs da kein Gras mehr. Schotten, lernen wir hingegen bei Smollett, sind hässlich, rechthaberisch und jähzornig, haben dabei aber ein goldenes Herz. Er verzieh Fielding. Und Schottland muss das schönste Land auf der Welt sein. Das glauben wir ihm gerne, dem Smollett, auch wenn er, Hypochonder wie alle seine Helden, auf einer Badereise in Livorno verschieden ist. Auch die schlimmste Hypochondrie hat wenigstens einmal einen guten Grund.

Die Werke von Dickens und Thackeray, die im folgenden Jahrhundert den Geist der großen Vorgänger auffrischen werden, bleiben verbunden mit der Liebenswürdigkeit zeitgenössischer bzw. eigenhändiger Illustrationen. Darin wird auch die ganze Tendenz dieser Art Literatur deutlich, der bei aller Verfeinerung immer etwas ›Holzschnitthaftes‹ bleibt. Es ist bezeichnend, dass für die Romane von Jane Austen keine Bebilderungen überliefert sind. Hier entsteht tatsächlich etwas Neues: Statt Figuren agieren erstmals Menschen aus Fleisch und Blut, deren sprunghaftes, von Launen, Zweifeln und fehlerhaften Einschätzungen getriebenes Verhalten die Autorin begleitet und kommentiert, anstatt wie ein Gott aus den Wolken die Geschicke ihres Personals zu lenken. Es kündigt sich eine Zeit an, die mit dem Schelm nichts mehr anfangen kann.

Jahrhunderte französischer Literatur haben dem *Gil Blas* nichts wirklich Humoristisches mehr an die Seite gestellt außer einem Kuriosum, das ausgerechnet der Feder des so ernsthaft wirkenden Gustave Flaubert entfloss. Die Abenteuer von *Bouvard und Pécuchet* sind in der Tat schreiend komisch, obwohl die zwei traurige Schelme sind, mehr Laurel und Hardy als Pat und Patachon. In der Aussicht auf eine Erbschaft kündigen sie ihre sicheren Posten hinterm Schreibtisch und betätigen sich als Beglücker der Menschheit. Sie erfinden die Landwirtschaft, Handwerk und Industrie sowie die Kindererziehung neu, angeregt durch ihre theoretischen Studien. Dabei bleibt als Resultat allerdings nichts übrig als eine Anhäufung von Missgeschicken. Als alles Geld vertan ist, kehren die zwei kleinlaut an ihre Schreibtische zurück. Du brauchst eiserne Nerven und ein guttrainiertes Zwerchfell, um all diese komischen Katastrophen aushalten zu können.

Flaubert erscheint uns im Glanz seiner wenigen Werke als Meister der Vielseitigkeit. Sein Freund Guy de Maupassant, der ihm einen Nachruf hinterherschicken wird, eher nicht. Aber er entwickelt den Typ der flott geschriebenen, schelmisch-satirischen Novelle, etwa im *Tugendjüngling der Madame Husson*. Die Rahmenhandlung beginnt mit einem der ersten Eisenbahnunglücke der Literaturgeschichte, um anschließend eine Provinzposse vorzuführen: wie die reiche Mäzenin bei der schwierigen Aufgabe, eine tugendhafte und dafür preiswürdige Jungfrau zu finden, scheitert und die fünfhundert Francs schließlich dem tumben Jüngling Isidore zuerkennt. Der fährt von dem Segen nach Paris und kommt als Hurenbock und Trunkenbold zurück, um alsbald im Delirium tremens dahinzugehen. Und das alles wird im belanglosesten Parlando vorgetragen vom Dorfquacksalber. So funktioniert also die Unverdorbenheit der Provinz – und der Witz Maupassants.

In einer Zeit großer Umwälzungen ist den Schelmen der Nerv gezogen. In die Welt revolutionärer Heilserwartung wollen sie nicht mehr recht passen. So ist auch der Verfasser der *Memoiren des Herren von Schnabelewopski* schelmischer als sein Roman, den er überdies nach fünfzig Seiten unfertig liegenlässt. Heinrich Heine hat sicher viel getan, mit Satire die verstaubten Köpfe durchzupusten. Sein polnischer Edelmann allerdings hat dazu wenig beigetragen. Danach wird erst wieder einer kommen, der noch weniger als Satiriker bekannt wurde, dem Genre indes mit den *Bekenntnissen des Hochstaplers Felix Krull* einigen Glanz gab. Wie schwer es Thomas Mann fiel, schelmisch, antibürgerlich zu denken, kannst Du daran ermessen, dass er seinen Felix vierzig

Jahre links liegen ließ und auch dann nur einen ›Ersten Teil‹ fertigbrachte. Allerdings enthält der solche Pretiosen wie die Musterungsszene oder Krull als Tennisspieler: ein Troststück für alle Sportverächter; im *Krull* hat Thomas Mann viel von sich selbst gegeben – sicher eine Konstante des Schelmenromans, der immer unterschwellig auch den Künstler als Anti-Bürger enthält. Humor allerdings war nicht die Stärke des Hansestädters. Immer haben seine Anfälle von Lustigkeit einen Stich ins Ungute, etwa die Bemühungen der entsetzlich ungebildeten Frau Stöhr[52] im *Zauberberg*, geistreich zu sein. Und wenn es gar ins Persönliche geht – brrr! Im *Doktor Faustus* tritt ein Sänger auf, der das Oratorium des vom Teufel mit der Syphilis beglückten Komponisten Adrian Leverkühn aus der Taufe hebt und der »Erbe« heißt – neben solchen kruden Schöpfungen wie Meta Nackedey ein weiterer Blindgänger im Arsenal der mannschen Phantasie. Damit war nämlich leicht wiedererkennbar der damals weltberühmte Ravensburger Sänger Karl Erb gemeint, ein jovialer Charakter. Aber wie lässt sich Thomas Mann über ihn aus? Einen ›Tenoristen eunuchalen Typs‹ nennt er ihn, und auch wenn er sich hinter der Maske des Erzählers Serenus Zeitblom versteckt, so ist diese Mitteilung desavouierend und geschmacklos. Komisch ist daran nichts.

> Wenn man alles kann, kann man dann auch komisch sein? Im Prinzip ja!

Wieder ein Enthaltsamkeitsprediger mit Flasche erwischt! Moralapostel führt Doppelleben! Schlagzeilen, wie man sie in Amerika alle Tage lesen kann, falls man sich dafür interessiert. Was dem bemüht komischen Sinclair Lewis noch einen Roman wert war – *Elmer Gantry*, verfilmt mit Burt Lancaster als schmie-

---

[52] Man hat sie gerade als eine ebenfalls ungebildete Frau Plühr identifiziert; wieder ein Triumph der Germanistik! Thomas Manns Humor arbeitet sich stets an wehrlosen Opfern ab, nie hat er einen satirischen Blick auf Großwild gerichtet – demütig huldigt er Wilhelm II. und Goethe in *Königliche Hoheit* und *Lotte in Weimar*.

rigem Wanderprediger und Weiberhelden –, macht uns im alten Europa nur ein müdes Schulterzucken. Wir mit unseren dreitausend Jahren Kultur auf dem Buckel haben schon ganz anderes erlebt: Päpstinnen, die im Rinnstein gebären, Kaiser, die ihr Lieblingspferd (»Incitatus«) zum Konsul ernennen, das konnten wir hier schon vor Zeiten bieten. Wie Amerika einmal schelmisches Entwicklungsland war und dann alle anderen überholt hat, weil man dort ohnehin alles besser kann, dafür ist Mark Twain mein Kronzeuge. *Tom Sawyer* und *Huckleberry Finns Abenteuer* sind keine Kinderbücher – schön, dass auch s i e sie lieben! –, sondern schelmische Chroniken eines pubertierenden Kontinents. Neben der Handlung bieten die zwei Bücher auch einen Kommentar zur Entwicklung der amerikanischen Literatur, hat Mark Twain doch alle seine Vorläufer von Brockden Brown und Irving über Cooper und Hawthorne bis Poe für den aufmerksamen Leser in die Abenteuerhandlung eingebunden. Die wahren Schelme sind natürlich der ›König‹ und der ›Herzog‹, zwei abgerissene Schauspieler, die sich die Kenntnis der europäischen Mythen zunutze machen, um den kindlichen Hinterwäldlern Amerikas Lektionen in Moderne – und das heißt: Verarschung (Pardon, aber so ist es ja wirklich!) des Publikums und Gaunerei – zu erteilen. Allein wie sie sich gegenseitig ihre ›Ernennungsurkunden‹ ausstellen, ist ein Glanzstück. Der arme entlaufene Sklave heißt ›Nigger‹ Jim. Ist der Fingerzeig nötig, dass Mark Twain mit dieser Bezeichnung nicht auf seinen eigenen Rassismus hinweist? In Amerika, dem Land der Freien, hält man es mittlerweile für nötig, solche ›Stellen‹ stillschweigend zu ›verbessern‹ – dem Autor hätte solches Getue gewiss zugesagt, hätte es doch wieder Stoff für weiteren Hohn geboten. Wer so handelt, dem sind die Feinheiten eines Textes naturgemäß verborgen geblieben. Mark Twain erzählt von den ›minstrel-shows‹, die über die Dörfer tingeln: Weiße, die sich die Gesichter schwarz schminken und so getarnt vermeintliche ›Negermusik‹ zum besten geben zur Ergötzung eines ländlichen Publikums. Jim dagegen, von Frau und Kindern gewaltsam getrennt, singt traurige Lieder seiner afrikanischen Heimat – bald sollen sie als Blues die Grundlage unserer heutigen Populärmusik bilden.

Schelmereien hat Mark Twain in vielen seiner Geschichten erzählt. *Der berühmte Springfrosch von Calaveras* war sein erster großer Erfolg – mit tierschützerischer Gebärde würde mancher sich vor den armen, mit Schrot beschwerten und dadurch hüpfuntauglichen Ochsenfrosch stellen. Bei *Kannibalen auf der Eisenbahn* geht das nicht so leicht, denn dass der Mensch dem Menschen zum Wolf wird, davor will uns keiner schützen. So geht das zwerchfellerschütternd immer weiter bis zum *Mann, der Hadleyburg korrumpierte* (durch einen ausgesetzten Tugendpreis, ganz ähnlich der maupassantschen Idee). Die Selbstzufriedenheit des Menschen greift Twain mit allen Mitteln an: E r ist nie in Zufriedenheit erstarrt. Im Gegenteil, durch finanzielles Ungeschick zwang er sich immer wieder dazu, kritischen Spott zum Mittel des Broterwerbs zu machen. Seither kann man gut davon leben. Auch er musste vom Kelch des Leids kosten – erst starb seine Frau, dann seine kleine Tochter Susy, deren *Tagebuch* der liebevolle Vater postum herausgab. Sie war immer so stolz auf sein üppiges weißes Haar gewesen, das der Besitzer täglich ausführlich pflegte. Die Photographie zeigt ihn in seiner Pracht: Ein hagerer, aufrechter Greis mit funkelnden, gütig-wachen Augen unter wildgeschwungenen Brauen, hängender Schnurrbart, markante Züge. Auf geschäftliche Dinge verstand er sich nicht, machte im Alter noch bankrott und musste auf Weltreise gehen *Entlang dem Äquator*, um mit Vorträgen seine Schulden abzustottern. Und auch da bleibt er noch Großmeister der tiefgründighumoristischen Beobachtung, wenn er etwa die hunderttausend Inder beschreibt, die in Neu-Dehli seiner Lesung andächtig lauschen, obwohl nur ein Bruchteil ihn hören und davon nur ein Bruchteil ihn v e r s t e h e n kann. Der gute Geschichtenerzähler aber wird überall auf der Welt hoch geachtet.

Ein Humorist ist nicht auf Knopfdruck komisch. So wird noch keine gute Literatur aus der Begabung, andere lachen zu machen, und das ist auch der Grund, warum dieses Kapitel so kurz ist: Der Humorist verfügt über die rarste Gabe, nämlich den ›komischen Moment‹ zu schaffen als eine spezielle Ausprägung des normalen Lebens. Auch hier hat Mark Twain Besonderes geleistet in seiner *Autobiographie*. Seinem wahrlich schon interessanten Leben setzt er durch seine vis comica Glanzlichter auf. Der Humor ist aber ganz nahe der Tragik; eine ergreifende Episode ist das Dampferunglück, bei dem sein Bruder zu Tode kommt. Wie das geschildert ist, macht den großen Schriftsteller jenseits aller Kategorien aus, in die man ihn einordnen möchte.

Mark Twain[53], der Homer des Mississippi, war der Lotse der amerikanischen Literatur, in dessen sicherem Fahrwasser sich alle Satiriker und Humoristen seitdem bewegen. Die Schelme von *Tortilla Flat*, einem Kaff im Irgendwo, bei John Steinbeck erinnern nicht nur an den uralten Roman des Thomas Malory über den *Tod des Königs Artus*, sondern auch gleich an Twains Veralberung im *Yankee aus Connecticut*; mit der *Straße der Ölsardinen* schrieb Steinbeck seine Schelmensaga fort. *Von Mäusen und Menschen* schließlich, die bittersüße Geschichte von George und dem zurückgebliebenen Lennie, der so gern Mäuse und anderes streichelt, bietet jedem creative writer besten Anschauungsunterricht. Ja, so müsste man es machen! Bis heute wird in Amerika fleißig am Schema des Schelmenromans, unbeschwert und scheinbar unbelastet, nach europäischen Modellen und eigenem Gutdünken gebastelt. Wollen wir nur, für alle Junggebliebenen, an den prallen *Tabakhändler* von John Barth erinnern. Ehrenwertester Nachfahre Twains war James Thurber, der mit seinen kleinen Geschichten und *Fabeln* – selbst illustriert – dessen Humor in die Tonlage einer unwirtlich gewordenen Welt transponierte.

Den Humoristen wird man sich nie als übellaunigen Charakter vorstellen wollen, obwohl auch das mühelos möglich ist.

[53] »Mark Twain!« ist der Ausruf des Mannes am Lot, dass noch zwei Faden Wasser unter dem Kiel des Mississippidampfers sind. So schnell läuft man also noch nicht auf Grund.

Der geborene Schelm ist natürlich der *Till Eulenspiegel,* dessen Treiben früh schon Gegenstand eines Volksbuches war. So ein Volksbuch wurde preiswert hergestellt und von fliegenden Händlern unter die Leute gebracht, die Verfasser blieben anonym; behandelt wurden Personen und Geschehnisse der Zeitgeschichte, die Aufmerksamkeit beanspruchen durften, wie der Doktor Faust, der Doktor Eisenbart oder eben der Till. Aus Mölln stammt er unserer Überlieferung nach; Charles de Coster, ein in München geborener flämischer Literat und ziemlich genau Zeitgenosse Flauberts, schuf einen flämischen Till und versetzte ihn in die Zeit des Freiheitskampfes gegen die spanischen Besatzer, als Philipp II., der Sohn Kaiser Karls V., dort König war und der grausame Herzog von Alba sein Statthalter. Entstanden ist *Die Legende und die heldenhaften, fröhlichen und ruhmreichen Abenteuer von Ulenspiegel und Lamme Goedzak im flandrischen Lande und anderswo*, ein Kunstbuch in jeder Hinsicht, ein schöner Bilderbogen über Not und Würde der einfachen Leute in Zeiten der Unterdrückung. Till ist Narr, starker Held und Märtyrer, gemeinsam mit seinem Kumpan Lamme auch noch ein Don Quixote mit seinem Sancho Pansa, seine Dulcinea heißt Nele. Zusammen mit den Holzschnitten von Frans Masereel wird daraus Lesespaß und Augenfreude! Ein Volksbuch ist d i e s e r *Till* nie geworden, bekannt wurde de Coster erst postum.

Seit der *Prosa-Edda* des Snorri Sturluson ist *Die Islandglocke* von Halldór Laxness das erste Wort eines Isländers, das die literarische Welt vernimmt. Sein Schelm Jon Hreggvidsson ist wie Costers Till ein Kämpfer gegen unterdrückerische Besatzer, diesmal die Dänen auf Island. Trotz seiner Verschleppung und langjährigen Verfolgung durch die Justiz kehrt er ungebrochen als Held in die Heimat zurück, vital und voller Witz wie am ersten Tag. Die Glocken wiederum sind der einzige Besitz der armen Isländer, und die sollen ihnen weggenommen werden. Nicht ganz der einzige, denn es gibt da noch die Handschriften aus alter Zeit, die keiner mehr versteht und die zum Heizen verwendet werden. Und den Forscher Arnas Arnaeus, der diese Dokumente alter Größe sucht und Islands Ruhm wiedererrichten will. Das alles wird erzählt in einer kantigen, kargen, modernen Sprache. Und Laxness erhielt den Nobelpreis dafür.

Der Schelm bewegt sich stets an der Grenze zum Widerstand. Im modernen Europa heißt das vor allem, dass er zu Regimen und deren Aggressionsgebaren quer liegt, sich mit der Bürgerlichkeit erst recht nicht anfreunden kann. *Die Abenteuer des braven Soldaten Schwejk* schildern, wie ein einfacher Mann, der immer im richtigen Augenblick alles falsch macht, fast allein den Großen Krieg verliert. Sein Autor Jaroslav Hašek starb über der Abfassung jung dahin, nicht ohne neunzehn Bände *Werke* zu hinterlassen.

»*Passen Sie auf, was ich Ihnen jetzt erzählen werde!*« In Bohumil Hrabal hat er einen würdigen Nachfolger gefunden. *Ich habe den englischen König bedient* spielt, wie es in totalitären Zeiten sein muss, in einer Phantasiewelt, einem imaginären Prag zu ungewisser Stunde; erst wenn SS-Männer durch die Kulissen huschen, ahnt man den Hintergrund von Bedrohung und Verfolgung. Was immer bleibt: Der Rückzug in die Intimität. Darüber hat in einem Jahrhundert, für das es keine Hemmungen und Tabus mehr gab, niemand einfühlsamer und mit mehr Charme geschrieben als Hrabal; dieser Roman enthält die schönste erotische Szene, die ich kenne. Er ist das Meisterwerk eines Autors, der selbst liebenswerter Schelm gewesen ist. Der selbsternannte ›Weltmeister des Erzählens‹ und begnadete Biertrinker Hrabal starb, als er beim Taubenfüttern aus dem Fenster fiel.

> Der Narr ist klug genug, gegen die Verschwörung der Dummheit um ihn herum zu bestehen. Aber wehe, wenn ihm einer auf die Schliche kommt!

Der Schelm kommt im Underground an. Und dort macht er erneut Karriere. In der *Reise ans Ende der Nacht* von Louis-Férdinand Céline flüchtet der Ich-Erzähler aus dem Pariser Milieu nach Afrika – in denselben Kongo, wo gerade erst Joseph Conrads Herr Kurtz verschwunden war –, erlebt dort burleske Abenteuer und kehrt am Ende zurück, um wiederaufzutauchen ... als Erzähler seiner Londoner Abenteuer in *Guignol's Band*, dem Buch mit den anerkannt meisten Auslassungspunkten: Sie machen etwa ein Drittel des Textes aus ... Das ist über weite Strecken faszinierend, klingt neu und irgendwie gefährlich. Céline, der sich selbst als verzweifelten Hasser sah, wurde eher als Literatur-Clown gefeiert; dadurch konnte man seine durch und durch fragwürdigen Standpunkte übersehen und ihn zum Propheten der Postmoderne erhöhen. So sehen wir ihn heute. Zusammen mit Georges Simenon präsidiert er im exquisiten Club der schriftstellernden Erotomanen. Bedarf: eine Dame täglich. Mindestens.

In Polen nimmt der Schelm die Gestalt eines schriftstellernden Kindes an im *Ferdydurke* von Witold Gombrowicz, einem der großen intellektuellen Späße der Zwischenkriegszeit. Man muss wieder Kind werden, um das alles ertragen zu können.

Oder für immer Kind bleiben. Dem Desaster des Nationalsozialismus folgen Schelme, die die ›Gnade der späten Geburt‹[54] zu ihrem Wesen machen: Hans Schnier, *Ansichten eines Clowns*, und Oskar Matzerath, *Die Blechtrommel*. Böll ist kein großer Schriftsteller, aber ein begnadeter Satiriker. Grass ist auch kein großer Schriftsteller, aber er findet ein betörendes Mittel, der Vergangenheit beizukommen: in Form eines halbauthentischen Märchens. Oskar weigert sich zu wachsen, das ist der erste, aber bei weitem nicht äußerste Widerstand, den er leistet. Im Inferno von Danzig, das dem Ausbruch des Zweiten Weltkriegs entgegentaumelt, sabotiert er mit seiner Spielzeugtrommel den Aufmarsch der braunen Horden und erlebt den Angriff auf die Westernplatte. Dazwischen gibt er die Nummer mit dem im Bauchnabel explodierenden Brausepulver, eine ganz fortge-

---

[54] Dieses Wort, von einem unserer Altbundeskanzler auf sich selbst gemünzt, gibt der Erleichterung darüber Ausdruck, dass er sich während der Herrschaft des Nationalsozialismus aufgrund seiner Jugend noch nicht in Schuld verstricken konnte.

schrittene Sauerei – aber gut gemacht, muss man sagen. Nach Kriegsende allerdings erlebt er rein gar nichts mehr, was uns Leser bewegt. Sobald Grass sich vom Terrain des Selbsterlebten wegbewegt auf das weite Feld der Phantasie, nicht mehr authentisch klingt, langweilt er mich. Böll wiederum kommt über das Wort ›katholisch‹ nicht hinweg. So interessant es auch ist, dass der Clown Schnier seiner Vätergeneration eine Nase dreht und sich dabei das eigene Leben wegvernünftelt, so entnervend ist das ewige Herumreiten auf den eigenen Wurzeln. Jawoll, Böll ist Rheinländer und kritischer Katholik, aber das kann doch noch nicht alles sein im Leben.

Erst *Jakob der Lügner* ist wieder einer, der zeigt, wozu der Schelm fähig ist. Nicht Widerstand, sondern Trost ist sein Metier, und eine guterfundene Lüge kann mehr bewirken als eine Heldentat. Jurek Becker hat einen Roman über das jüdische Getto in Kriegszeiten im Indikativ des Präsenz geschrieben, in einer Grammatik, in der aus Illusionen Wirklichkeit wird. Soll man am Untergang der DDR etwas betrauern, dann den Untergang des dortigen Literatur-Biotops; der republikanischen Beton-Ödnis des Westens setzte die sozialistische Buchkultur emsigen Philologenfleiß sowie den Einfallsreichtum ihrer besten Schriftstellerköpfe entgegen. Die Zeiten solchen Naturschutzes sind vorbei.

DAS ANDERE DEUTSCHLAND – EINE ERINNERUNG

›Sozialistischer Realismus‹ sollte in der Kultur des anderen Deutschlands produziert werden, hieß die Direktive. *Das siebte Kreuz*, der Prototyp des neuen Romans, erschien schon Jahre vor Gründung der ›Demokratischen Republik‹ und zeigte die Richtung an, in die es gehen sollte: Die Verfasserin Anna Seghers, Ahnfrau des Autoren-Kollektivs, übererfüllte ihr Plansoll, schuf mehr als antifaschistische Erbauungsliteratur, nämlich einen veritablen Spannungsroman. Und berichtete darin vom Grauen der Konzentrationslager, lange bevor die meisten behaupten konnten, noch nie etwas darüber gehört zu haben.

Auch auf der Bühne zeigte man Leistung. Hier ging es lustiger zu als anderswo, wenn Peter Hacks *Ein Gespräch im Hause Stein über den abwesenden Herrn von Goethe* veranstaltete – ein riesiger gesamtdeutscher Theatererfolg; oder als viel später Ulrich Plenzdorf *Die neuen Leiden des jungen W.* wie Werther vorführte. Dieses Stück im Slang neuerworbener Jugendlichkeit wurde dann in der Prosafassung zur unentbehrlichen Schullektüre beidseits des Todesstreifens. Zweimal Goethe, das lässt stutzen: Tradition wurde großgeschrieben im Osten, als man erkannt hatte, welche Kraft in der Beschwörung einer kulturellen Kontinuität lag, die anderswo nach Kräften verleugnet wurde. Der Meister der Bühnen Heiner Müller schaffte sogar den Spagat zwischen Bildersturm und Heiligenverehrung mit seinem *Philoktet* und der unverwüstlichen *Hamletmaschine*. Die gesamtdeutschen Spielpläne nach dem Mauerfall zeigen den kreativen Verlust seither am erschreckendsten.

Die Figur der Zerrissenheit zwischen den beiden deutschen Welten war Uwe Johnson, der mit jahrzehntelanger Schreibhemmung für seine Heimatlosigkeit bezahlte. Die *Jahrestage*, zwischen Mecklenburg und Manhattan ablaufend, führen seine Heldin Gesine Cresspahl durch ein Jahr und den Leser durch alle Wellentäler der Weltgeschichte des Zwanzigsten Jahrhunderts. In diesem Koloss von Buch bleibt der Geist der Siebzigerjahre lebendig, als der ›Prager Frühling‹ schon vorbei und des Lebens bunte Vielfalt nur aus einem der neumodischen Farbfernsehgeräte erhältlich war.

Ist es mit den Schelmen, ihren Streichen und ihren Geschichten nun vorbei? Nein! Sie vermögen sogar zu Helden einer Auferstehung zu werden. Zweitausend Jahre hatte die Schreibkunst in Griechenland in Totenstarre gelegen, und von den ersten zarten

Zeichen einer Wiedererweckung, den *Liebesgedichten* des noch in der Diaspora des ägyptischen Alexandria lebenden Konstantinos Kavafis, den *Geheimen Gedichten* von Giorgos Seferis, Nobelpreisträger, und dem *To axion esti – Gepriesen sei* des anderen Preisträgers Odysseas Elytis wurde die Welt nicht aufgerüttelt. Als aber Anthony Quinn im Film »Alexis Sorbas« den eigens für seine ungelenken Beine erfundenen und von Mikis Theodorakis komponierten »Sirtaki« tanzte, war Griechenland mit dem Meisterschelm von Kreta und dem Roman von Nikos Kazantzakis mit einem Hüpfer in den Reigen der Kulturnationen zurückgekehrt. Im Buch steht Sorbas, eigentlich ein Mazedone, zwischen der archaischen Bauerngesellschaft auf der Insel, die weiland König Minos regiert hatte, und dem ersten Sendboten der modernen Welt, einem Schriftsteller in der Krise, dem Erzähler. Erst der Film macht aus diesem harten Aufeinanderprall etwas auch für Tagestouristen Verdauliches, nämlich Folklore. Kazantzakis, der zuvor schon mit einer gigantischen Fortsetzung der *Odyssee* die alten Mythen wiedererweckt hatte, musste das nicht mehr erleben. Schwer fällt die Weissagung nicht, dass den Schelmen allgesamt hingegen von den Göttern Unsterblichkeit beschieden sein wird.

VOM HUMOR

Über Humor ist bekanntlich schwer zu schreiben. Sicher haben die Menschen immer schon gerne gelacht. Über Homer, der die olympischen Götter so herzhaft lachen ließ, dass man deren Gelächter nach ihm ›homerisch‹ nannte, dachten die Späteren gerne, er hätte auch im Komischen Großes geleistet haben müssen. So schoben sie ihm die *Batrachomyomachia* unter, den *Froschmäusekrieg*. Die *Ilias* wird in einem Tümpel nachgespielt. Da war allerdings schon die Fabel des Äsop von den Fröschen im Teich und ihrer Suche nach einem König lustiger. Sogar eine Witzsammlung ist aus der Antike bekannt, der *Philogelos* oder

Lachfreund. Der erreicht immerhin schon präzise das Niveau, das die vorletzte Seite jeder Programmzeitschrift auch nicht überschreitet. Speziell der zerstreute Professor, von dem man denken sollte, dass er eine Neuzüchtung sei, gab schon den Alten Stoff für müdes Gekicher. Unbestrittener Star unter den Humoristen war Lukian von Samosata; so mächtig schwillt ihm die satirische Ader, dass er den Käufer schlechter Literatur mit Du anredet: *Die Verleger, die das Glück haben, mit Dir bekannt zu werden, opfern dem Hermes, nicht anders, als wenn sie einen Schatz gefunden hätten; denn eine bessere Chance, ihren allerübelsten Mist in gutes Geld zu verwandeln, könnten sie sich nicht wünschen,* wirft er dem *Ungebildeten Büchernarren* an den Kopf. Ich stelle mir Lukian wie einen Dean Martin des Altertums vor, als Meister des absurd-angetrunkenen Geplauders, auf einem Barhocker mit einem halbvollen Glas in der Hand. Wahrscheinlich konnte er auch toll singen.

Ansonsten ist aus der Alten Welt wenig bekannt, was als humoristisch bezeichnet werden könnte. Der persönliche Angriff wurde kunstvoll gepflegt in der Form der Invektive oder des Epigramms, allerdings trugen diese Attacken eher einen melancholischen Zug: Bei der üblichen Härte der politischen Auseinandersetzung richteten ein paar Gelegenheitsverse nichts aus gegen die Überzeugungskraft scharfgeschliffener Schwerter.

> Die DDR forderte den Künstler zu einem Widerstand heraus, der alle Kraft im künstlerischen Produkt konzentrierte. Dabei gelang Außerordentliches, solange die Kraft reichte.

Die Satire war eigentlich gar nichts Komisches, sondern dem Wortsinn nach ein ›Mischmasch‹. Schade, dass sie wohl außer einer Namensähnlichkeit nichts mit der komischsten Einrichtung der Antike zu tun hat, den Saturnalien. Sie würden so gut zueinander passen. Diese Festtage, die etwa zum Zeitpunkt unseres Weihnachten gefeiert wurden, stellen eine Absonderlichkeit dar, die uns die Welt der Sklavenhalter richtig sympathisch machen könnte. Hauptbestandteil der Feiern war die Umkehr des Verhältnisses zwischen Herrn und Knecht: Die Hohen bedienten die Niedrigen und ertrugen deren Spott, man trank und würfelte zusammen. Aus dieser Wurzel erwuchs nicht nur der Schelmenroman, das Erniedrigen des Hohen und Erhöhen des Niedrigen ist die Quelle allen Lachens.

Der Beruf des Humoristen ist ein gänzlich undankbarer. Wirklich anerkannt wird er weder bei Kollegen noch Lesern; entweder gilt er als zu seicht oder zu verkopft. Luigi Pirandello wollte so gerne Professor in Rom werden. Für einen Sizilianer sicher von vornherein kein leichtes Unterfangen, an die Fleischtöpfe der Hauptstadt zu gelangen. *Der Humor* sollte der Schlüssel zur Stadt sein: seine Habilitationsschrift. Irgendwie hat er es von vornherein falsch angepackt, war doch sein wichtigster Kronzeuge ausgerechnet Giacomo Leopardi – ein Erzmelancholiker. Dabei aber einer der eindrucksvollsten Köpfe zu Beginn des Neunzehnten Jahrhunderts, halb Poet, halb Philosoph – falls es diese Trennung gibt, denn eigentlich sollte jeder Künstler beides sein. In seinem *Zibaldone di pensieri* oder *Gedankenbuch* hatte der stets kränkelnde Einzelgänger aus Recanati seine Unzufriedenheit mit der Gegenwart und ein Rezept für die persönliche Flucht in die Welt der Ideen kundgetan. Pirandello feiert seinen Landsmann als Befreier des Geistes aus dem Kerker der Lebenszwänge; allerdings: Als Komiker taugt er nicht. So bleiben ihm *Don Quixote* und Jean Paul als Quellen des Lachens – damit konnte Pirandello keinen Blumentopf gewinnen. Zu seinem Leidwesen, uns zur Freude, musste er sich wieder ganz auf seine Tätigkeit als Theaterleiter und -autor werfen.

> Dem Humoristen werden selten Kränze gewunden. Wenn er versagt, ist das Publikum gelangweilt, trifft er, ist es gekränkt.

Wie sich das Galgenkind die Monatsnamen merkt:
Jaguar,
Zebra,
Nerz,

Mandrill,
Maikäfer,
Pony,
Muli,
Auerochs,
Wespenbär,
Locktauber,
Nasenbär,
Zehenbär.

Das komische Gedicht gehört zu den erhabensten Schöpfungen. Wie schwer ist es gemacht, wie leicht konsumiert! Dass gereimt werden muss, versteht sich: Selbst dieses sehr komische Gedicht von Christian Morgenstern kommt nicht ohne die Erlösung des künstlichen Endgleichklangs aus, freilich nur, wenn sich der Leser in das Hirn des Galgenkindes versetzt und neben die tierischen Monatsverballhornungen die gewohnten Namen stellt.

Die höchste Stirn der literarischen Welt und brennende Augen sind Morgensterns Kennzeichen, ein Dostojewskij des komischen, da absurden Gedichts. Nichts und niemand kommt ihm gleich, obwohl es an Vorläufern, Edward Lear zum Beispiel, dem Schöpfer der *Limericks*, nicht gemangelt hat. *Die Galgenlieder* heißt die Sammlung, darin die Herren Palmström und Korff umgehen oder auch die Palma Kunkel. Sie sind in der Lage, die Welt neu zu erfinden, ohne darin Spuren zu hinterlassen. Ein Hang zur philosophischen Abschweifung liegt über allem Dichten Morgensterns, richtig gut wird er nur dann, wenn er diesem Hang n i c h t nachgibt, der irrationale Gedanke spontan formuliert erscheint. Sein großer Rivale – aber nicht in meiner Gunst – nannte sich Joachim Ringelnatz; als Hans Böttcher stand er im Taufregister. Mit seinen *Turngedichten* und ähnlichem Schnickschnack, aber auch mit den Gesängen seines unvermeidlichen Seebären *Kuttel Daddeldu* kommt er verstaubt daher, wenn er nicht gerade morgensternisch singt:

Es waren zwei Schweinekarbonaden,
Die kehrten zurück in den Fleischerladen
Und sagten, so ganz von oben hin:
»Menéh tékel úpharsin.«

Der Schüttelreim gilt deswegen als Königsdisziplin der Poesie, weil er sich in perfider Weise jedem Versuch widersetzt, ihn mit Sinn auszufüllen. Im folgenden Beispiel – als Vierzeiler ein Rarissimum! – handelt es sich um eine Ausnahme, für die der Wiener Wagner-Dirigent Felix Mottl und eine offenbar nicht völlig geglückte »Tristan und Isolde«-Aufführung auslösend waren. Gleichzeitig erfährt die Theaterkritik hier einen Höhepunkt an Verschärfung und Verknappung, der nicht einmal von Gerhard Stadelmeier wieder erreicht wurde:

Was gehst Du auch zu Mottls »Tristan«
und hörst Dir dieses Trottels Mist an?
Schaff lieber Dir ein Drittel Most an –
Trink Dir mit diesem Mittel Trost an!

(Verfasser leider unausforschbar, hätte ihn gerne kennengelernt.)

Ich kenne tatsächlich wenige ausgesprochen humoristische Bücher, die ich Dir empfehlen könnte oder möchte. Einer der größten Späße meiner jungen Jahre aber waren die *Maghrebinischen Geschichten* des Gregor von Rezzori samt ihren Fortsetzungen. Rezzori, selbst aus dem mythischen, untergegangenen Czernowitz in der Bukowina gebürtig wie der Tenor Joseph Schmidt und der Lyriker Paul Celan, war der einzige reale Bewohner von Maghrebinien. Es handelt sich um ein Phantasieland der Sehnsucht und Wehmut, und Rezzori hat in dem bittersüßen Roman *Ein Hermelin in Tschernopol* gezeigt, dass dieses Land ganz nahe an eine erschreckend harte Wahrheit grenzt. Das Hermelin ist ein reinliches Tier, es stirbt, wenn sein Fell befleckt wird. Diese Lehre befolgt der Held der Geschichte, der Husarenmajor Nikolaus Tildy. Die freundlichen Gestalten des Hodscha Nasr ed Din Effendi und des Rabbi Schalom Mardochai begleiten Dich, hast Du sie erst kennengelernt, wohlgemut ein ganzes Leben. Auch der Räuberhauptmann Terente hat eine spezielle Ausstrahlung, dieses ganze Maghrebinien, das so seltsame Ähnlichkeit mit dem Südosten des alten Österreich-Ungarn hat, ist ein Land der Träume und Sehnsüchte – in dem es brüllend komisch zugeht.

Ganz in der Nähe von Maghrebinien liegt Kaffeehaus. Der Geograph dieser Weltgegend war Friedrich Torberg. Seine Anekdoten- und Welterklärungsbücher von der *Tante Jolesch* bewahren den Charme einer Epoche, die sich ihrer Vergänglichkeit bewusst war wie keine andere. Weisheit diente ebenso der Erklärung der Welträtsel wie dem Überstehen des nächsten Tages. Wie sagte die Tante? *Was ein Mann schöner is wie ein Aff, is ein Luxus.* Diesem Motto folgten die Kaffeehausbewohner Anton Kuh, Peter Altenberg und – mit Abstrichen – der elegante Alfred Polgar. Ihr Metier war die kurze Form, alle drei sind als Originale zu feiern und unbedingt in Massen zu konsumieren. Als Appetithappen diene Polgars *Rechenstunde* vom siebenundzwanzigsten Februar neunzehnhundertsiebenunddreißig: *Die neue deutsche Reichsgesetzgebung unterscheidet: Volljuden, Dreivierteljuden, Halbjuden, Vierteljuden und Achteljuden. Weiter geht die arithmetische Unterteilung vorläufig nicht. Aber sie ist schon jetzt ungeheuer kompliziert, und insbesondere die Vermischung dieser Bruchteil-Juden untereinander stellt die rassische Bestimmung der Nachkommen vor äußerst schwierige Aufgaben. Wenn zum Beispiel ein ¾-Jude eine ⅛-Jüdin heiratet, bekommt das Kind aus solcher Ehe als rassisches Erbgut mit: ½ plus ⅛, also ⅞ jüdisches, und ⅛ plus ⅞, also ⁹⁄₈ arisches Blut, was per saldo, netto Kassa, einen Reinbetrag von ¼ arisch für das Kind ergäbe, womit es im Dritten Reich nicht viel anfangen könnte; es wäre ja wieder ein ¾-Jude. Hätte der ¾ jüdische Vater aber statt der ⅛-Jüdin eine komplette ½- oder ²⁄₄-Jüdin geheiratet, so ergäbe die Blutbilanz des*

Kindes ¾ oder ¹⁰/₈ jüdisch und ⁶/₈ arisch, also einen Überschuß von ⁴/₈, id est ½ jüdisch, und das Kind wäre ein ½-Jude, stünde also besser da als jenes, dessen ¾-Vater eine ⅛-Jüdin geheiratet hat. Diese Kalkulation mag ja gewiß einen Haken haben, aber bei der rassischen Arithmetik wird man so konfus, daß Irrtümer kaum zu vermeiden sind. Vielleicht wäre es leichter, wenn die Bruchteilwirkung aufgegeben und lieber der Dezimalpunkt in die Judenausrechnung eingeführt würde. Bitternis in das Gewand des Lachens kleiden, auch das ist eine der Maskeraden der satirischen Attacke. Immer aber gilt es, das Hohe zu erniedrigen und das Niedrige zu erhöhen. In diesem Sinne hören wir noch den behaglichen Meister der k.u.k.-Kaffeehausseligkeit, Roda Roda. Naturgemäß wurde er als Sándor Friedrich Rosenfeld im mährischen Drnowitz geboren, bevor er seiner literarischen Existenz diese Rechtfertigung geben konnte: *Man wirft mir vor, ich produziere zuviel, zu wahllos, und schade dadurch meinem Ruf. Unsinn. Ich halte mich an das Beispiel Gottes: was hat Gott nicht alles geschaffen – wieviel Mist ist darunter – und was hat Gott für einen Namen!*

> Das Land Maghrebinien existiert in den Herzen derer, die an den guten Ausgang von Märchen glauben.

War Österreich-Ungarn schon das Traumland der Operette, so waren jedenfalls seine schöpferischsten Geister Träumer. Ein Ehrenplatz in dieser Galerie gebührt dem bei Lebzeiten nur bescheiden hervorgetretenen Fritz von Herzmanovsky-Orlando. Er träumte sich eine barocke Jetztzeit, in die auf jeden Fall der Kaiser und sein Leibzwerg gehören, in seiner *Österreichischen Trilogie*: *Der Gaulschreck im Rosennetz* behandelt die Erlebnisse des Hofsekretärs von Eynhuf, der in seiner Freizeit die größte Milchzahnsammlung der Erblande aufgebaut hat – eine stolze Leistung. Das Glossar wienerischer Ausdrücke (*bunkert* – vollschlank) umfasst drei Seiten, die Liste der auftretenden oder erwähnten Zeitgenossen ist bereits fünf Seiten lang; Herzmanovsky nahm regen Anteil an den Erregungen der Saison. Helmut Qualtinger und André Heller gemeinsam sorgten für eine Bühnenfassung des Werks: wahrlich eine Wiener Melange. *Rout am*

Fliegenden Holländer heißt der zweite Teil, über die hochkomplexe Handlung sei nur so viel verraten, dass Kaiser Franz Joseph Frankfurter Würstchen isst und Gabriele d'Annunzio einen kahlen Felsen für Italien annektiert – später wirst Du noch erfahren, was es damit auf sich hatte. *Das Maskenspiel der Genien* schließlich führt in das Reich der Tarocke, der Nörgler, denen nie etwas recht ist. Da alle Werke stark fragmentiert zurückblieben, erlaubte sich der agile Torberg, sie mit eigenen Zusätzen herauszugeben und aus der Tarockei ›Tarockanien‹ zu machen. Allzu deutlich ist die Parallele zu Musils ›Kakanien‹ und tatsächlich ist beider Trauer über den Untergang des Habsburgerreichs groß – aber Gerechtigkeit muss sein, Herzmanovskys Phantasie reicht unendlich viel weiter und darüber hinaus macht er sich eines unverzeihlichen Verbrechens schuldig: Er ist richtig komisch.

Eine erste bös-satirische Zeitung, der »Simplicissimus«, eroberte von Bayern aus das intellektuelle Publikum. In ihr spielte die Karikatur eine wichtige Rolle, die erstaunlicherweise keineswegs neues, sondern ehrwürdig altes Ausdrucksmittel frecher Unzufriedenheit war: Schon Napoleon musste sich in ganz Europa gefallen lassen, als kleines dickes Strichmännchen verhohnepipelt zu werden.

In Berlin wurde die »Weltbühne« zum Maß für antiautoritäres Denken. Siegfried Jacobsohn hieß ihr Begründer, nach ihm übernahmen Peter Panter und Theobald Tiger die Geschäfte. Nicht im Ernst – der promovierte Jurist Kurt Tucholsky hatte sich diese Namen bei seinem Professor ausgeliehen. In den sicher sehr unterhaltsamen Vorlesungen dieses Lichts der Rechtswissenschaften trugen die Streithähne der fiktiven Zivilprozesse (statt der üblichen A's und B's) solch klangvoll alliterierende Tiernamen. Tucholsky hielt seine Pseudonyme in Ehren – er war die moralische Instanz der Weimarer Republik und wirkt etwa mit seinem Diktum von den Soldaten, die Mörder seien, bis in unsere heutigen Debatten hinein. Das Prädikat und die Leitung der Zeitung gab er bald an Carl von Ossietzky weiter, der als geschworener Gegner des Nationalsozialismus sofort nach der Machtergreifung ergriffen und in einem Konzentrationslager zu Tode gequält wurde. Von Ossietzky erhielt – dies ein Ruhmesblatt in den Annalen – als schon Internierter den Friedensnobelpreis. Hitler war so empört, dass er jedem Deutschen fortan verbot, einen solchen Preis anzunehmen!

Tucholsky schuf ein Riesenwerk aus kleinen und kleinsten Stücken: Feuilletons, Kritiken, Essays. Daneben bleibt er mit zwei Petitessen für immer in liebender Erinnerung seiner Leser; zunächst zeigt er sich als Mitverschworener aller Frischverliebten in *Rheinsberg – Ein Bilderbuch für Verliebte* über das muntere Paar Claire und Wölfchen; alsdann erweist er sich als Mitwisser aller bereits Fortgeschrittenen in *Schloß Gripsholm*, das schon in Tucholskys neuer Heimat Schweden spielt. *In der heutigen Zeit Liebe? Wer liebt denn heute noch?* lässt er sich selbst im Vorspiel zum Roman an seinen Verleger schreiben. Ja, das ist es eben, mögen die Zeiten noch so schwarz sein, der Bedarf an Liebe – aber auch an guter Literatur – kann dadurch nur steigen. Gegen Bekenner dieses Kalibers wirkt Erich Kästner zurückgenommen, distanziert, auf sich fixiert. Selbst mit der Liebe tut er sich schwer, ihm reicht stattdessen Geschlechtsverkehr. *Herz auf Taille* hieß seine erste Gedichtsammlung, Eleganz war ihm zeitlebens Programm. Im dunklen Anzug tritt er uns vor Augen, markante Züge, markanter Haaransatz, markante Brauen – ein bemerkenswerter Herr. Er war der Meister des leicht Gereimten für unsere Zeit:

> Not und Elend fordern den Humoristen, fressen ihn aber dann. Denn er ist auch Humanist.

Ein Pessimist ist, knapp ausgedrückt, ein Mann,
dem nichts recht ist.
Und insofern ist er verdrießlich.
Obwohl er sich, andrerseits, schließlich
(und wenn überhaupt) nur freuen kann,
gerade weil alles schlecht ist.

Einer von ihnen hat mir erklärt, wie das sei
und was ihn am meisten freute:
»Im schlimmsten Moment, der Geburt, sind die Leute«
(hat er gesagt) »schon dabei.
Doch gerade das schönste Erlebnis
erleben sie nie: ihr Begräbnis!«

Da er sich mit seinen Kinderbüchern, allen voran dem herzzerreißend schönen *Doppelten Lottchen*, unsterblich gemacht hat, hat er seine eigene Beerdigung sicher sehr genossen.

Die Dinge, die mir Marie gab,
schwor ich: sind gut bis an mein Grab.
Die Tasse und die Hose und
der Ring zu meinem Schlüsselbund.

Die Tasse, die mir früh schon brach.
Die Hose hielt den Frost nur schwach.
Den Ring zu meinem Schlüsselbund
gab ich dem Nachbarn für den Hund.

So klingt knackige Liebeslyrik heute, in diesem Fall von Peter Maiwald mit dem Titel *Guter Dinge*.

Doris
kleiner Hertzens=Dihb
hastu mich auch würcklich lihb?
Würclich? Gantz wahrhafftig?
Und sie küßt mich
daß es knallt
durch den dikken Dannen=Wald
Himmel
war der safftig!

So klang es wohl im Barock. Oder? Nein, das ist eine Parodie, der *Daphnis* von Arno Holz[55], zu Beginn des letzten Jahrhunderts verfasst und eine reine Herzensfreude für alle, die reinen Sinnes sind. Zur Travestie wiederum wird Literatur, wenn die alten Vorlagen zeitgemäß aufgebrezelt werden; der tragische Höhepunkt der *Aeneis* klingt dann – in der Version von Aloys Blumauer – so:

Das Ende von dem Liebsroman
Ist nun in Didos Händen:
Sie kann mit einem dritten Mann
Ihn recht gemächlich enden;
Allein der Herr Virgilius
Befiehlt ihr, daß sie sterben muß:
Nun gut, so soll sie sterben!

Es ist zwar freilich oft ein Graus,
Wenn Dichter, die doch fühlen,
Wie eine Katze mit der Maus
Mit ihren Helden spielen:
Erst putzen sie mit vieler Müh'
Den Helden auf, dann metzeln sie
Ihr eigen Werk danieder.

Was auf Hochdeutsch vielleicht noch der letzten Würze entbehrt, bekommt diese durch die Verwendung des Dialekts. Beschränken wir uns, da es für jeden Zungenschlag der Republik eigene Fachleute gibt, auf das Mecklenburger Platt und da wiederum auf zwei seiner virtuosen Interpreten: Rudolf Tarnow,

---

[55] Er hätte mehr Raum verdient für seine Gedichtsammlungen *Phantasus* und *Blechschmiede* oder als Überwinder eines ›Bühnennaturalismus‹ im *Papa Hamlet*, zusammen mit Johannes Schlaf – aber vergessener als Arno Holz könnte man heutzutage nicht sein. Nur in gelber Reclam-Uniform ist etwas von ihm beschaffbar. Ein Jammer!

der mit den niedlich gereimten *Burrkäwers* meine Großmutter entzückte, und Fritz Reuter, der zwei Generationen zuvor entferntere Vorfahren von mir mit den Geschichten vom ›Enspekter‹ Onkel Bräsig zum Lachen brachte. Falls Du *Meckelnborg is en schön Land, 't is en rik Land, un för allen kann't den Landmann woll gefallen* nicht auf Anhieb verstehst, gibt es von seinem großen historischen Roman *Ut mine Stromtid* wie von seinen anderen Werken auch eine hochdeutsche Übersetzung. Nicht nur für Thomas Mann war Reuter einer der größten Erzähler des vorvorigen Jahrhunderts, ihn zu lesen lohnt und erheitert allemal: *Ut de Franzosentid* gibt einen lokal gefärbten Rückblick auf die napoleonische Besatzungszeit, *De Urgeschicht von Meckelnborg* ist mein reuterscher Favorit, eine liebevolle Adaption der Bücher *Genesis* an die Bedingungen der norddeutschen Querköppigkeit.

Mit fremden Federn schmücken sich manche Literaten. Schreiben kann mit ihnen nur einer: Robert Neumann, der Champion der Parodie auf noch lebende Kollegen oder solche, die sie nicht überlebt haben. Dazu gehört handwerkliche Meisterschaft sowie Augenmaß – nur an Würdigen soll der Parodist sich vergehen, ansonsten wirkt er flegelhaft. Gleichsam als Zusammenfassung der vorangegangenen Themen möge dieses gänzlich unbekannte Meisterwerk Gottfried Benns stehen:

Frühling, adipocyre
Batrachomyomachie,
heut greif auch ich zu der Lyre – aber wie?
…
Was bleibt von Venus, der Putte,
wenn ich sie lyrisch zerstück?
'ne nymphomanische Nutte! –
Kommt ins Kaffeehaus zurück!

Neumann gibt mit der berufstypischen Hellsichtigkeit des Humoristen bereits eine Vorschau auf die lyrischen Entgleisungen der Nachkriegszeit. Tabubruch plus Bildungstrester gleich Müll.

Das nördliche Gegenstück zu Maghrebinien heißt Masuren. Siegfried Lenz hat diese Gegend in seinen Erzählungen *So zärtlich war Suleyken* bekannt-geliebt gemacht. Wenn Amadeus Loch nach Oletzko ein Kilochen Nägel kaufen fährt, dann fahren alle mit, ist doch klar.

Nicht nur zur Weihnachtszeit und *Doktor Murkes gesammeltes Schweigen* sind kleine satirische Köstlichkeiten, die fast vergessen machen, wie fade Romane Heinrich Böll geschrieben hat. Wer sich einen Professor Bur-Malottke und die Formel von *Jenem höheren Wesen, das wir verehren* einfallen ließ, kann kein ganz schlechter Schriftsteller gewesen sein.

Eines Abends saß ich im Dorfwirtshaus vor (genauer gesagt: hinter) einem Glas Bier, als ein Mann gewöhnlichen Aussehens sich neben mich setzte und mich mit gedämpft-vertraulicher Stimme fragte, ob ich eine Lokomotive kaufen wolle. Nun ist es zwar ziemlich leicht, mir etwas zu verkaufen, denn ich kann schlecht nein sagen, aber bei einer größeren Anschaffung wie dieser schien mir doch Vorsicht am Platze. Obgleich ich wenig von Lokomotiven verstehe, erkundigte ich mich nach Typ, Baujahr und Kolbenweite, um bei dem Mann den Anschein zu erwecken, als habe er es hier mit einem Experten zu tun, der nicht gewillt sei, die Katze im Sack zu kaufen. Ob ich ihm wirklich diesen Eindruck vermittelte, weiß ich nicht; jedenfalls gab er bereitwillig Auskunft und zeigte mir Ansichten, die das Objekt von vorn, von hinten und von den Seiten darstellten. Sie sah gut aus, diese Lokomotive, und ich bestellte sie, nachdem wir uns vorher über den Preis geeinigt hatten. Denn sie war bereits gebraucht, und obwohl Lokomotiven sich bekanntlich nur sehr langsam abnützen, war ich nicht gewillt, den Katalogpreis zu zahlen.

Wolfgang Hildesheimer hat der absurden Komik zu höchstem Glanz verholfen. *Lieblose Legenden* heißt die Sammlung makelloser Sprachkunstwerke, und da Hildesheimer sich einmal beklagte, dass seine Geschichte *Eine größere Anschaffung* aus dem Lesebuch des Kantons Innerrhoden (oder so) gestrichen worden sei, wollte ich hier an sie erinnern. Mit seinen gleichfalls brillant absurden *Mitteilungen an Max* (Frisch) hat Hildesheimer ein weiteres Kleinod des Komischen geschaffen. Das Niedrige erhöhen, das Hohe erniedrigen bleibt die Formel, die uns lachen macht.

Eine neue Ausdrucksform der Satire wurde zur Jahrhundertwende das Kabarett. Mit dem »Überbrettl« in Berlin fing es an, Christian Morgenstern lieferte die ersten Texte. Gesucht wurde ein Künstler, der Mut zur politischen Aussage und zum öffentlichen Auftritt, Eleganz in der Form der persönlichen Attacke und eigenwilligen Vortrag miteinander vereinen konnte. Erster Meister dieses Stils war Frank Wedekind, der im Münchener Kabarett »Die elf Scharfrichter« seinen Bänkelgesang mit der Laute begleitete. Später machte »Die Pfeffermühle«, in der Erika und Klaus Mann, Kinder des arrivierten Großschriftstellers Thomas, federführend waren, ebenfalls von dort aus Rabatz. Die eigenwilligste Erscheinung im Schatten des Hofbräuhauses war Karl Valentin, dessen hagere Silhouette mit der Cyrano-Nase und dem gekrümmten Rücken sein Markenzeichen wurde. Mit seiner Partnerin Liesl Karlstadt schraubte er den absurden Dialog auf das Maximum seiner Möglichkeiten. Die kleinen, allzukurzen Schallplatten, die ich als Kind von den beiden hatte, boten beim Immer-wieder-Hören unerschöpflichen Stoff zum sich Kringeliglachen. Ob die *Semmelnknödeln* oder die regenschweren Mibrollen und Vibromen, was so harmlos in der Nachfolge Morgensterns daherkommt, hat bis heute nicht aufgehört zu wirken, speziell auf dem Gebiet der Sprachkritik. Zwölf Germanisten wiegen gerade einen halben Valentin.

Direkt nach Kriegsende suchte Deutschland Identität und Identifikation. Auch hier konnte die Satire, das Kabarett helfen. In dem Film »Berliner Ballade« spielte Gert Fröbe den Kriegsheimkehrer Otto Normalverbraucher, eben den, der nicht aus der Norm dessen fällt, was man normalerweise braucht und auf Bezugsschein bekommt, falls man nicht schwanger, verwundet oder krank ist. Diese Figur hatte sich der Kabarettist Günter

Neumann ausgedacht, der auch das Drehbuch schrieb, und diese Figur begleitet uns seitdem: Wir sind O. N. in allem, was wir tun.

Mit seinem Werk *Über das Volksvermögen* hat Peter Rühmkorf, d e r Nachkriegslyriker, den Normalverbraucher zwischen zwei Buchdeckel gepresst. ›Jeder ist ein Dichter‹ – um eine abgedroschene Phrase des Jahrhundertendes abzuwandeln –, wenn eventuell auch nur in Abzählversen, verballhornten Werbebotschaften und Slogans. Politische Korrektheit ist die natürliche Feindin des literarischen Untergrunds und seiner Spontandichtungen. In meiner Ausgabe des *Volksvermögens* steht noch der Kinderreim *Allah ist groß, Allah ist mächtig* ... Wie lange noch?

Dringender als Chronisten braucht die Gegenwart den Humoristen. Nur Loriot ist in der Lage, den gefährlichsten Feind des Lesens mit angemessener Grausamkeit zu bekämpfen. Und dafür können wir Vicco von Bülow gar nicht genug danken. *Frau: »Wieso geht der Fernseher denn grade heute kaputt?« Mann: »Die bauen die Geräte absichtlich so, daß sie schnell kaputt gehen.« F: »Ich muß nicht unbedingt fernsehen.« M: »Ich auch nicht. Nicht nur, weil heute der Apparat kaputt ist, ich meine sowieso, ich sehe sowieso nicht gerne Fernsehen.« F: »Es ist ja auch wirklich nichts im Fernsehen, was man gern sehen möchte.« M: »Heute brauchen wir, Gott sein dank, überhaupt nicht erst in den blöden Kasten zu gukken.« F: »Nee, es sieht aber so aus, als ob du hinguckst.« M: »Ich?« F: »Ja.« M: »Nein, ich sehe nur ganz allgemein in diese Richtung. Aber du guckst hin. Du guckst da immer hin.« F: »Ich? Ich gucke dahin? Wie kommst du denn darauf?« M: »Es sieht so aus.« F: »Das kann gar nicht so aussehen, ich gucke nämlich vorbei. Ich gucke absichtlich vorbei. Und wenn du ein kleines bißchen mehr auf mich achten würdest, hättest du bemerken können, daß ich absichtlich vorbei gucke. Aber du interessierst dich ja überhaupt nicht für mich.« M: »Jajajaja.« F: »Wir können doch einfach mal ganz woanders hingucken.« M: »Woanders? Wohin denn?« F: »Zur Seite, oder nach hinten.« M: »Nach hinten? Ich soll nach hinten sehen? Nur weil der Fernseher kaputt ist, soll ich nach hinten sehen? Ich laß mir doch von einem Fernsehgerät nicht vorschreiben, wo ich hinsehen soll.«* F: *»Was wäre denn heute für ein Programm gewesen?«* M: *»Eine Unterhaltungssendung.«* F: *»Ach.«* M: *»Es ist schon eine Unverschämtheit, was einem so Abend für Abend im Fernsehen geboten wird. Ich weiß gar nicht, warum man sich das überhaupt noch ansieht. Lesen könnte man statt dessen, Karten spielen oder ins Kino gehen oder ins Theater. Statt dessen sitzt man da und glotzt auf dieses blöde Fernsehprogramm.«* F: *»Heute ist der Apparat ja nu kaputt.«* M: *»Gott sei dank.«* F: *»Ja.«* M: *»Da kann man sich wenigstens mal unterhalten.«* F: *»Oder früh ins Bett gehen.«* M: *»Ich gehe nach den Spätnachrichten der Tagesschau ins Bett.«* F: *»Aber der Fernseher ist doch kaputt.«* M: *»Ich lasse mir von einem kaputten Fernseher nicht vorschreiben, wann ich ins Bett zu gehen habe.«*

KAPITEL 4

LABOR UND TREIBHAUS:
EIN JAHRHUNDERT
DES FRANZÖSISCHEN ROMANS

Warst Du einmal in Paris? Die Boulevards, die Häuser mit den gebuckelten zink- und schiefergrauen Dächern, die Straßencafés, der Gang der Frauen, der Eiffelturm, das ganze Aroma einer Metropole. Paris vor gut zweihundert Jahren: Ein von Ochsen gezogener Karren rollt durch die Gassen, johlendes Volk säumt den Weg. Einer von denen, die auf dem Karren zusammengedrängt stehen und gleich den Kopf verlieren werden dank der Erfindung des menschenfreundlichen Arztes Guillotin, ist der Aristokrat und Wissenschaftler Antoine de Lavoisier. Während sich das Gefährt rumpelnd der Place de la Concorde nähert, wo schon der König Ludwig XVI. hingerichtet wurde, denkt er über das Ende nach. Aus Kohlenstoff, Wasserstoff und Sauerstoff und ein paar anderen unbedeutenden Zutaten ist er gemacht, in diese Elemente wird er wieder zerfallen. Kein Platz für einen Gott, kein Schöpfungsakt, sondern die Verbindung von Atomen und ihr allmähliches Sich-wieder-Lösen. Der Trost des Atheisten, die letzte Tröstung für den Begründer der modernen Chemie. Vielleicht erinnerte er sich an seine Begegnung mit dem frühen Sozialisten Saint-Simon (einem Hauptanreger von Karl Marx) einige Jahre zuvor. *Gerade damals kam die Revolution der Chemie mit prachtvoller Gewalt zum Durchbruch. Sie hatte, ebenso wie die andere Revolution, ihre Gläubigen und Fanatiker. Saint-Simon hing beiden Revolutionen mit glühender Seele an; er legte Namen und Titel ab und wurde der Bürger Simon. Die politische Revolution mußte diesem großen Geiste wie eine höhere Chemie erscheinen, die aus dem toten Boden lebendiges Erdreich schaffen konnte, indem sie den Müßigen das Land nahm und es den Fleißigen gab. Das schien so gerecht, einfach und natürlich, daß er in seinem großen Vertrauen auf die Weisen ohne weiteres zu Lavoisier, dem größ-*

ten von allen, ging und ihm vorschlug, sich mit ihm zusammenzutun zu diesem menschheitbeglückenden Werk. ... Aber Lavoisier, der die Wohltaten des ancien régime genossen hatte, hätte es rücksichtslos gefunden. Als Generalpächter und als Leiter der Pulverfabriken hatte er sich für das Königtum bloßgestellt. Er fürchtete, sich nun auch für die Revolution bloßzustellen und in die von seinen Freunden so genannte »Schwarze Bande« zu geraten. So lehnte er Simons Vorschlag ab, der ihn vielleicht gerettet hätte. So schildert es Jules Michelet in seinem monumentalen, manchmal ermüdenden, meist aber erregenden Werk *Geschichte der französischen Revolution*. Sein Stil ist ebenso antiquiert wie kraftvoll; stets lässt er auch den Gegnern des geschichtlichen Fortschritts Gerechtigkeit widerfahren, erweist ihrer Position Achtung und gibt ihrem Verhalten Würde. Lavoisier also entschied sich aus Rücksicht gegen seine Gönner für den Tod. Vorher aber hatte er ganz Frankreich in ein Labor verwandelt. Diese Lust zur Analyse, dem Zerlegen in die Bestandteile, und zur Synthese, zum Neuaufbau aus den Grundzutaten, lag seinen Landsleuten im Blut. Denken wir nur an die Kochkunst, in der sich Frankreich seit jeher das Zentrum der Welt nennen konnte. Wenn Du schon einmal selbst eine Mayonnaise gerührt hast – die durch das Zusammenwirken von Eigelb, Öl und etwas Zitronen- oder Essig-Säure entsteht –, dann ist Dir der Zusammenhang zwischen Chemie und Haute Cuisine bewusst.

Chemie: Ihr Vokabular ist Grundlage der neuen Romane. Anziehungskräfte, Verbindungen, Reaktionen, Abstoßungen und Zerfall werden mit immer gesteigerter Präzision beschrieben.

Um die Entwicklung der Literatur in Frankreich, den Fundus ihrer Themen und ihr Personal, richtig zu verstehen, sind einige Worte über politische Ereignisse unerlässlich. 18. Brumaire, Juli- und Februarrevolution, Dezemberputsch, das sind Daten, die im Bewusstsein der Nation und im Inneren der großen Romane gespeichert sind, ihr Rückgrat bilden. Gegen meine Gewohnheit und auf die Gefahr hin, Dich zu langweilen, hier in Kürze das kalendarische Material: Am 14. Juli 1789, dem heutigen Nationalfeiertag, erstürmte das Volk die Bastille, das ehemalige und bereits leerstehende Gefängnis der Staatshäftlinge, und leitete damit die Große Revolution, ihre Umwälzungen und Gewalttätigkeiten ein. Ihre Symbole waren Marseillaise und Trikolore. Doch schon 1794 begann die Jeunesse dorée, die verwöhnte großbürgerliche und adlige Jugend, nach der Vernichtung Robespierres und seiner Terrorherrschaft wieder ihre eigenen Lieder zu singen. Napoleon Bonaparte stürzte am 18. Brumaire des Jahres VIII oder 9. November 1799 nach unserem Kalender das Revolutionsdirektorium und machte sich zum Ersten Konsul. Am 2. Dezember 1804 krönte er sich zum Kaiser der Franzosen Napoléon I. So endete auch formell die Erste Republik. Anschließend eroberte er Europa, scheiterte mit seinem Russlandfeldzug 1812 und ging 1814 ins Exil. Zurück kamen Adel und König Ludwig XVIII. Dann das Intermezzo der Hundert Tage von Elba über Waterloo bis St. Helena und die zweite Rückkehr Ludwigs 1815. Mit dem Wiener Kongress, der Europa nach Napoleon neu ordnete, wurde das Rad der Geschichte zurückgedreht. Die Restauration der Bourbonenherrschaft – auf Ludwig folgte 1824 Karl X. – ging bis 1830. Durch die ›Juliordonnanzen‹: Abschaffung der Pressefreiheit, Entmachtung des wahlberechtigten Bürgertums, wurde die liberale Revolution vom 27. Juli 1830 ausgelöst, die halbherzig und kapitalgesteuert den Orléans Louis-Philippe (dessen Visage sich bestens für Karikaturen, Stichwort: ›Birne‹, eignete) zum König machte. Eine Zeit wirtschaftlichen Aufschwungs folgte, Behaglichkeit richtete sich ein. In der nächsten Krise fegt die basisdemokratische Februarrevolution von 1848 die Julimonarchie hinweg. Im Dezember 1851 wird das wieder errichtete republikanische System durch den Staatsstreich von Louis Napoléon, Neffe des ersten Kaisers, beseitigt, der seit 1852 als Napoléon III. (Nr. II, der leibliche Sohn Napoleons, der ›König von Rom‹, war in der Zwischenzeit jung gestorben) regiert. Seine Zeit trägt den Stempel trägen, korrupten Wohllebens und der Umgestaltung von Paris zur modernen Metropole – erzwungen von Baron Haussmann[56], dem Stadtpräfekten – und geht bis zum Konflikt mit Preußen und Napoleons Gefangennahme bei Sédan 1870. Die militärische Niederlage bringt die Zeit der Dritten Republik, durch Arbeiteraufstände ausgelöst – die Kommune – und changierend zwischen Imperialismus und Sozialismus. Ab 1894 hielt die Dreyfus-Affäre die Nation in Atem und spaltete sie in Anhänger und Gegner des jüdischen Artilleriehauptmanns, der angeblich Spionage für Deutschland betrieben haben soll. Erst 1906 kam seine Rehabilitierung. Die Zeit bis zum Ende des Ersten Weltkriegs wurde geprägt von der Persönlichkeit des liberalen, dominanten, weltmännischen Ministerpräsidenten Georges Clemenceau, lebensnah dargestellt in dem frühen Klassiker der politischen Heldenverehrung *Clemenceau spricht*.

In diese Zeitläufte fügen sich die unsterblichen Leistungen der Poeten, sie begleitend, kommentierend, kritisierend. Wie in keiner anderen Literatur wird hier jede Nuance des öffentlichen Lebens zu Kunst in einem Konzert kostbarer Stimmen. Zunächst geht es um die genialen Werke Einzelner, wohlgemerkt, auf die wir zurückblicken, nicht um aufeinander aufbauende Leistungen oder literarische Zirkel. Die entstanden zusätzlich und erfüllten die Luft mit dem Summen ihrer Vielstimmigkeit. Die großen Neuerer – eine Plejade, ein Siebengestirn, das ich Dir jetzt vorstellen möchte – kamen aus der Peripherie zum Sängerwettstreit von Paris, dem Zentrum der literarischen Welt. Jede Stimme einzigartig, unvergleichlich, und doch verschmolzen sie zum wohltönenden Chor. Jeder Stil unverwechselbar, aber die einzelnen Werke fügten sich wie Noten in eine Partitur. Ihr Titel: Glanz und Größe des französischen Romans.

---

[56] Beim Blick in das Gesicht dieses Ehrgeizlings auf der alten Photographie mit dem vorgereckten Kinn und Zügen voller Niedertracht wird Dir schlagartig klar, wie die Zerstörung des ›alten‹ Paris und die Zerstörung Frankreichs durch Napoleon III. Hand in Hand gingen.

Es ergibt sich nicht zufällig, dass wir einen Ausländer als den ersten großen Literaten des ›französischen‹ Jahrhunderts zu feiern haben. Es ist Giacomo Casanova, der ›Chevalier de Seintgalt‹. Jawohl, d e r Casanova. Er wurde natürlich in Venedig geboren, ausgestattet mit den gottgegebenen Vorzügen seiner Landsleute: Stil, Haltung, Modebewusstsein, Scharfsinn. Das war zu jener Zeit, als die Serenissima, die »Durchlauchtigste Republik«, noch das Mittelmeer beherrschte. Die große Seeschlacht von Lepanto, in der Don Juan de Austria, ein entfernter Verwandter von mir[57], über die Türken triumphiert hatte, eine weitere Rettung des Abendlandes, lag gerade hundertfünfzig Jahre zurück. Die Geheimpolizei war allgewaltig. Nach der spektakulären, filmreifen Flucht aus deren Gewahrsam in den Bleikammern des Dogenpalastes kurz hinter der Seufzerbrücke zog es Casanova in die damalige Welthauptstadt der Kultur. Paris bildet den Fluchtpunkt aller Biographien. Die Dichter kommen von überallher, um hier zu scheitern oder zu reüssieren, zu leben und zu sterben. In diesem Schmelztiegel werden ihre literarischen Produkte geläutert und von Schlacken befreit, hier haben sie gehungert und gelitten, hier triumphiert.

Casanova war auf diese Art Erfolg noch nicht angewiesen. Neben seinem Talent verfügte er auch über außergewöhnliches

---

[57] Mein Großvater, der mit einer Jüdin verheiratet war, benötigte zur Weiterführung seines Geschäfts – er war Kunsthändler mit eigenem Verlag – nicht nur einen ›arischen‹ Geschäftsführer, sondern selbst auch eine Abstammung, die reinblütiger als die des ›Führers‹ zu sein hatte – Hitler tat sich bekanntlich mit dem Nachweis von ›Ariern‹ in seiner Verwandtschaft nicht leicht. Ohne Mitgliedschaft in der »Reichskulturkammer« gab es keine Papierzuteilung, ohne Papier keine Kunstdrucke wie das vielgeliebte »Muttis Herzblättchen«. In Berlin befand sich die »Reichsstelle für Sippenforschung«, die dem Innenministerium unterstand. Im Überschwang, hervorgerufen durch mehrere diskret überreichte Briefumschläge mit Valuta-Füllung, wurde dort für meine Familie ein Stammbaum synthetisiert, der bis zu jener legendären Barbara Blomberg zurückreichte, mit der Karl V. ebendiesen Don Juan zeugte.

Glück im Spiel sowie reiche Gönnerinnen. Schön war er wohl eher nicht zu nennen: Sein Porträt zeigt weiche Züge, eine prominente Nase, ein zurückweichendes Kinn und viel Perücke. Er operierte eben hauptsächlich mit dem, was unter diesem gepuderten Haarteil emsig wirkte: Esprit. Das literarische Tagesgeschäft betrieb er mit gedämpftem Eifer – er schrieb einen theologisch-utopischen Roman *Eduard und Elisabeth* und eine Reihe philosophischer Versuche, etwa über Selbstmord –, sein L e b e n war sein Kunstwerk! Zu unserem Glück hatte er auf seine alten Tage reichlich Zeit als Bibliothekar auf Schloss Dux in Böhmen, es aufzuschreiben. Natürlich enthält die *Geschichte meines Lebens* viele für Casanova typische ›Episoden‹, die es erst im Jahr 1960 möglich machten, das Manuskript – es gehört seit 1820 dem Brockhaus-Verlag – ohne verschämte Auslassungen zu veröffentlichen. Dabei hat es alle Aufmerksamkeit verdient. Zum Beispiel schildert Casanova, wie er sich mit sechs Jahren selbst aufgeklärt hat. Er stellte nämlich in diesem zarten Alter fest, und zwar auf einer Bootfahrt auf der Brenta von Venedig nach Padua, bei Betrachtung der Bäume, die am Ufer vorüberzogen, dass die Erde sich um die Sonne dreht. Das wussten damals noch wenige. Seinen kritischen Geist schulte er später in der persönlichen Auseinandersetzung mit Rousseau und Voltaire; sein scharfes Auge setzte ihn in den Stand, die Zerfallserscheinungen seiner Zeit präzise zu konstatieren. Seine unbefangene Beobachterposition erlaubte ihm Einblicke in alle gesellschaftlichen Zusammenhänge und Zugang zu den geistigen Tendenzen des Augenblicks. Aber vor allem: Casanova konnte lieben. Nicht nur körperlich, und er führte darüber auch keine Strichlisten wie weiland Leporello für seinen Don Giovanni (»*Cento in Francia, in Turchia novent'una, ma in Ispania son già mille e tre!*«[58]). Nein, seine Le-

---

[58] Also: »*Hundert in Frankreich, in der Türkei einundneunzig, aber in Spanien schon tausendunddrei!*« Und in Deutschland, man höre und staune, immerhin zweihunderteinunddreißig!

benserinnerungen machen fühlbar, wie sehr er Frauen geliebt hat und von ihnen geliebt wurde, und dabei meine ich gar nicht Episoden wie die mit der schönen Irin Marie-Louise Morphy (O-Morphi oder ›Louison‹), deren entzückende Formen François Boucher so appetitlich in Öl anrichtete, dass Ludwig XV. sie alsbald für seinen »Hirschpark« einforderte – in natura. Es geht um den Plural. Casanova hat ›Beziehungen‹ zu Frauen aus allen Ständen und Altersgruppen, und er hat heftige und intensive Liebesverhältnisse mit M.M. und C.C. und anderen, bei denen körperliches und seelisches Erleben eine Einheit bilden; Liebesromane, die meist unglücklich, manchmal tragisch enden: Es gilt noch, dass eine junge Frau schnell hinter Klostermauern (oder auch an schlimmeren Orten) verschwindet, die ein selbstbestimmtes Leben führen will. Und darum geht es, Casanova ist kein Verführer wie Don Juan, der im Sturmschritt erobert und ›Abenteuer‹ sucht, er ist ein Connaisseur, der Bedürfnisse und Wünsche erkennt und befriedigt. Es geht um eine bereits gewandelte Realität: Hatte die sentimentale Literatur ihren Lesern weismachen wollen, dass Liebe ein einmaliges und rein seelisches Ereignis zwischen präzise zwei Menschen sein muss, das mit der Eheschließung nicht nur den Höhepunkt, sondern auch gleich seinen Abschluss erfährt, so lernen wir von Casanova, dass Liebe ein Universum von Möglichkeiten ist. Es gibt das eine, aber auch alles andere.

> Viele halten sich für einen Casanova. Aber zum Meister bringt man es nur, wenn man das Geheimnis der Liebe kennt. Nun, wie lautet es? Das körperliche Erlebnis muss ein geistiges werden ... und hier kommt die Literatur ins Spiel.

Erst seine literarischen Nachfahren werden die teils bequemen, teils hässlichen Seiten der neuen Verhältnisse als Selbstverständlichkeit betrachten. Balzacs Herzoginnen bewohnen einen Schlaftrakt für sich allein, in dem sie gelegentlich den Herzog, lieber aber geistreiche junge Herren der Literaturszene empfangen. Ein Schelm, wer Böses dabei denkt.

»Überschätzt Du da den alten Schwerenöter nicht gewaltig?«, fragst Du mich. Kann schon sein, aber ich kenne bedeutende

Fürsprecher der Ansicht, dass Casanova d e r Augenzeuge des Epochenwandels gewesen ist, im Kostüm des Rokokokavaliers die revolutionären Zeiten vorausahnend. Er wurde nämlich zur Zeit eines anderen Epochenwandels ›wiederentdeckt‹, als Throne wankten und Blut floss, in Wien am Vorabend des Großen Krieges. Hugo von Hofmannsthal, ohnehin fasziniert von Venedigs morbidem Charme, benutzte Casanovas Memoiren für sein Lustspiel *Cristinas Heimreise*, und sein Freund Arthur Schnitzler antwortete wenig später mit der ihm besonders wichtigen Novelle *Casanovas Heimfahrt*. Stefan Zweig gar erhob ihn zu einem seiner *Baumeister der Welt*. Das eigenwilligste Dokument dieser Wiedererkennung ist wohl die *Mozart-Novelle* des Kommunisten und Komponisten Louis Fürnberg. Darin imaginiert er ein Treffen Mozarts mit dem greisen Casanova anlässlich der Uraufführung seines »Don Giovanni« in Prag. Tatsächlich war Giacomo mit Lorenzo da Ponte, dem Librettisten, gut befreundet und hat sich wohl wirklich in das Textbuch der Verführeroper eingemischt. Hier hätten wir nun die Vorbereiter der Krise beieinander, den ›Revolutionär‹ der Musik und den der Liebe – auch wenn Fürnberg Casanova dabei denkbar schlecht aussehen lässt. Das ist einerlei, entscheidend ist: In seiner Person bündeln sich die Tendenzen der Epoche, wie das Brennglas alles Licht in einem Punkt vereint.

Das berühmte Bild »Die Freiheit führt das Volk« von Eugène Delacroix zeigt inmitten grimmig kampflustig sich gebärdender Männer auf einer Barrikade eine Frau, die durch die phrygische Mütze auf dem Kopf und die Trikolore in der einen Hand als Allegorie der Freiheit gekennzeichnet ist und ihre Brüste bar trägt. Ihre Nacktheit ist ohne Scham, ihr revolutionärer Elan ohne Furcht – in der anderen Hand hält sie ein Gewehr mit aufgepflanztem Bajonett. Delacroix zeigt uns eine ›moderne‹ Frau im Eifer, die Barrieren der Konventionen niederzureißen. Allerdings malte er das Bild als Reflex der Julirevolution, ein Menschenalter nach Casanova, sozusagen im unpassendsten Augenblick. Es gab zwar den erhofften Skandal, bei helleren Köpfen holte sich der Meister allerdings den verdienten Spott ab – und wer wäre heller gewesen als Heinrich Heine? »*Papa!*« *rief eine kleine Karlistin,* »*wer ist die schmutzige Frau mit der roten Mütze?*« »*Nun freilich*«, *spöttelte der noble Papa mit einem süßlich zerquetschten Lächeln,* »*nun freilich, liebes Kind, mit der Reinheit der Lilien*[59] *hat sie nichts zu schaffen. Es ist die Freiheitsgöttin.*« – »*Papa, sie hat auch nicht einmal ein Hemd an.*« – »*Eine wahre Freiheitsgöttin, liebes Kind, hat gewöhnlich kein Hemd, und ist daher sehr erbittert auf alle Leute, die weiße Wäsche tragen.*«

Für Casanova gab es diese Art von Schmutz noch nicht; Nacktheit bedeutete ihm Rückkehr in den Naturzustand. Doch während die anderen davon träumten und rot dabei anliefen, handelte er und sprach auch noch darüber. Die Französische Revolution bahnt sich in keinem Werk der galanten Zeit unbedingter an als in seiner *Geschichte meines Lebens*.

Die Entwicklung der Revolution selbst bis hin zu Napoleons Machtergreifung ist von der Zeitgenossenschaft literarisch nicht gültig bearbeitet worden. *Wer heute Berichte aus dieser Zeit liest, wird niemals verstehen, welche ungeheuren Schritte das öffentliche Denken zwischen den scheinbar so nahe beieinanderliegenden Ereignissen jener Zeit zurückgelegt hatte. Das allgemeine Bedürfnis nach Frieden und Ruhe, das jeder nach so heftigen Erschütterungen verspürte, führte ein vollkommenes Vergessen selbst der früher schwerwiegendsten Handlungen herbei.*[60] Am ehesten der Aufgabe gerecht werden noch die *Tagebücher der Henker von Paris*. Dieses furchteinflößende Amt war in der Familie Sanson über sieben Generationen vererbt worden und eindrucksvoll schildert der

---

[59] Drei weiße Lilien führten die Bourbonen im Wappen.

[60] Früher Fall von ›kollektivem Vergessen‹ also. Daraus ergab sich indes wieder Romanstoff von Dumas bis Balzac – von dem auch diese Einschätzung stammt.

jeweilige Amtsinhaber, wie immer häufiger wechselnde Auftraggeber ihn für die immergleiche Prozedur anfordern. Die literarische Form des Selbsterlebensberichts erfreute sich in Frankreich höchster Beliebtheit seit der Zeit des Sonnenkönigs her, als der Herzog von Saint-Simon, ein Vorfahre des jakobinisch gesinnten Bürgers Simon, in seinen *Memoiren* mit erstaunlicher Distanz das Treiben am Hofe reportiert hatte. Aber es würde noch fünfzig Jahre seit dem Sturz Robespierres brauchen, bis Michelet dann die Aufgabe, den Geschehnissen gültige Form zu geben, im historischen Ansatz bewältigte. Im Ausland, aus der Distanz, erkannte man die Größe des Augenblicks besser; besonders in Deutschland setzte der Sturz von Königtum und Kirche dichterische Energie frei. Im »Sturm und Drang« wurde er antizipiert. Goethes *Werther* war die Sensation der Stunde, drückte das Gefühl aus, das die Herzen bewegte, eine unbestimmte Sehnsucht nach Vollkommenheit und Tod. Das Buch erfreute sich in Frankreich allergrößten Interesses. Mit einigem zeitlichen Abstand dichtete Georg Büchner hellsichtig *Dantons Tod* über die Korruption der Revolution. Bis hin zu dem in Vergessenheit geratenen Dramatiker Fritz Hochwälder reicht die Welle der Erregung durch das Jahrhundertereignis. Den furchtbaren Staatsanwalt der Republik und Arbeitsbeschaffer des Henkers, Fouquier-Tinville, bringt der Österreicher, der sich selbst nur durch den Rhein schwimmend vor der hereinbrechenden Naziherrschaft retten konnte, in seinem Stück *Der öffentliche Ankläger* samt seiner nicht weniger schaudernmachenden Widersacherin Theresia Tallien auf die Bühne. Nur weibliche Malice vermag es, den Blutsauger im eigenen Netz zu fangen.

Frankreich allerdings erstarrte kurzfristig. Zu schwer die Wunden, zu groß das Leid. Ähnlich wie unter anderen Schreckensherrschaften verstummte die Kreativität. Es gibt trotzdem ein Dokument von treffender Präzision und künstlerischer Güte: das Werk des Malers Jacques-Louis David, heute gesammelt im Louvre zu sehen. Im Auftrag von Ludwig XVI. entwickelte David den klassizistischen Stil, aber er wendete ihn zum politischen Fanal gegen den Bourbonenkönig. Er zeigte in antikisierender Pose römisch-republikanische Tugenden wie Einfachheit, Treue und Opferbereitschaft (»Schwur der Horatier«; »Brutus mit der Leiche seines Sohnes«), gegen die das dekadente Königtum schlecht bestand. In dieses Schema passte er erst den »toten Marat« in der Badewanne als Höhepunkt revolutionären Heroentums, später den ›Konsul‹ Bonaparte ein und wurde sein willfährig malender Chronist, angefangen mit dem kleinen General auf dem wild sich bäumenden Pferd vor der Schlacht bei Marengo bis hin zur monumentalen Selbstkrönungsszene auf sechzig Quadratmetern Leinwand; dass der deutsche Historienmaler Anton von Werner siebzig Jahre später die Krönung Wilhelms I. zum Deutschen Kaiser im Spiegelsaal von Versailles – statt Notre-Dame, und mit Bismarck anstelle von Papst Pius VII. – als Gegenstück malte, kann als kunstgeschichtlicher Witz gelten und als schlagendes Argument gegen alle Arten von Verherrlichungsartistik. Seine üppig bemessene Lebenszeit ersparte es David nicht, nach dem Sturz Napoleons immer weiterzumalen und noch zehn lange Jahre kraftlose Bilder im Namen der Restauration zu pinseln.

Mit der Desillusionierung der Franzosen durch Napoleon, aber auch der Freisetzung des Bürgertums aus jahrhundertelanger Rechtelosigkeit, verbunden mit seinem wirtschaftlichen Aufstieg, ist der Boden für den realistischen Roman bereitet, der die Funktionsmechanismen des Menschen und der Gesellschaft bloßlegt und analysiert. Honoré de Balzac – den Adelstitel hat er sich selbst zugemessen; nach gründlichem Studium meinte er aristokratische Wurzeln an seinem Stammbaum entdeckt zu haben – aus Tours hat dies am umfassendsten ins Werk gesetzt. Er begann als Schundromanautor unter zahlreichen Pseudonymen und hatte als bereits erfahrener Schriftsteller die völlig neuartige Idee, seine Produktion zu einem Kosmos zu ordnen. In einen Rahmen, gebildet aus drei Kategorien: Sittenstudien, philosophischen Studien und analytischen Studien, und bei den Sittenstudien in sechs Unterordnungen: Szenen aus dem Privatleben,

Szenen aus dem Provinzleben, Szenen aus dem Pariser Leben, Szenen aus dem politischen Leben, Szenen aus dem Soldatenleben und Szenen aus dem Landleben[61], gedachte er etwa einhundertfünfzig Romane und Erzählungen einzupassen. Knapp hundert bekam er fertig. Für das Ganze suchte er nach einem universellen Titel und verfiel auf Dante, der genau fünfhundert Jahre vor ihm in der *divina commedia* das Universum des spirituellen Lebens geordnet hatte. So nannte Balzac sein Lebenswerk *Die menschliche Komödie*. Die Neuartigkeit des Kompositionsgedankens bestand nicht nur in der thematischen Zusammenfassung der Einzelwerke, er verzahnte die Romane untereinander noch, indem er eine Vielzahl von Figuren immer wieder erscheinen ließ und ihre Schicksale weiterverfolgte. Vom undurchsichtigen Vautrin, der auch Collin oder Herrera heißt – alias Vidocq –, war schon die Rede. Andere Nebenfiguren, der Arzt Horace Bianchon etwa, ein Engel der Armen und Bedrückten, bilden den menschlichen Faktor in einem Sumpf von Ehrgeiz und Intrige, oder sie übernehmen Statistenrollen zur Auffüllung des szenischen Hintergrundes wie der nimmermüde Salonlöwe Maxime de Trailles. Das soziale Leben sah Balzac als Knetschüssel für schwache, selbstsüchtige Charaktere. Geld ist das Triebmittel, das den Teig zum Gehen bringt, Liebe wie eine Prise Salz darin. Balzacs Gesellschaftssicht ist so angelegt, dass alle Aspekte im Panorama erfasst werden. Vor allem die politischen Verhältnisse und Entwicklungen, wie ich sie am Anfang des Kapitels andeutete, werden in die Handlung eingearbeitet und innig mit ihr vermengt, sodass von Napoleon Bonapartes Machtergreifung bis zum Putsch seines Neffen eine komplette Zusammenschau der französischen Historie

> Sein Lebensprinzip war, sich lustvoll am Schreiben zu Tode zu arbeiten.

---

[61] Was ist bei Balzac der Unterschied zwischen Provinzleben und Landleben? Wer in der Provinz lebt, will nach Paris und kann es nicht, wer auf dem Land lebt, kann nach Paris und will es nicht.

entsteht. Sie wird dabei nicht so sehr dargestellt, als dass sie, wie ein gut gemachtes Bühnenbild, ständig unaufdringlich präsent ist, wenn sich die großen menschlichen Dramen vor ihrer Kulisse abspielen. In seiner *Suche nach der verlorenen Zeit* wird Marcel Proust in dieser Dekoration gleich weiterspielen lassen, geschichtlich schließt sich die Handlung fast nahtlos an. Selbst in seinen idealtypischen Gestalten (dem Maler Elstir, dem Dichter Bergotte oder dem Komponisten Vinteuil) bezieht er sich fraglos auf die von Balzac geschaffenen Prototypen. Diese versetzt er in die Welt seiner subjektiven Sicht, aber er benutzt Lupe statt Fernglas. Was bei Proust ein Aquarium, das ist bei Balzac ein Ozean.

Von mächtiger Statur, doch nicht sehr groß, ein breites Gesicht mit einem Berg von Nase inmitten, den Schwall dunkler Haare stets nach hinten gebürstet, sodass sie ihm im Arbeitsrausch ins Gesicht fielen, in der Nacht schreibend und dabei von vierzig Tässchen Mokka wach gehalten, nur von einer Mönchskutte bedeckt: So müssen wir uns den Literaturathleten Balzac vorstellen und so hat Auguste Rodin ihn später als Apostel der Moderne in einer vielfach verbreiteten Skulptur dargestellt. Seine animalische Robustheit warf er in den Kampf um sein Lebenswerk, der schleichenden Koffeinvergiftung gedachte er durch den Verzehr Dutzender von Birnen entgegenzuwirken – der Fruchtsaft durchtränkte für gewöhnlich Bart und Kutte. Auf diese Weise rang er seiner Natur fünfzig prallvolle Jahre ab, bis sein Lebensmotor jäh versagte. Berüchtigt war er bei den Setzern für seine Korrekturwut in den Satzfahnen. Regelmäßig war die erste Druckfassung nur ein Rohentwurf; der wurde dann in vielen Stufen der Durcharbeitung und Erweiterung, direkt auf den Fahnen, entwickelt und vorangetrieben. Mit diesem Verfahren produzierte er Unmengen von Material, Unmut bei Verlegern und Buchherstellern sowie unglaublich hohe Kosten; für die praktische Seite seiner Profession zeigte er völliges Unverständnis – als Folge blieb der produktivste Arbeiter der Literaturgeschichte zeitlebens, was er am meisten fürchtete: ohne gesichertes Einkommen und vermögenlos. Er lebte von der Hand in den Mund.

Im Roman *Verlorene Illusionen* zeigt Balzac das Milieu der Literaten und Journalisten und gibt Einblick in seine eigene Entwicklung: In der Provinz wachsen die Talente heran, die vom literaturdurstigen Paris wie von einem Schwamm aufgesogen werden. So stürzt sich auch Lucien Chardon – später wird er sich de Rubempré nennen – aus der Langeweile der Kleinstadt ins gefährliche Abenteuer des Pariser Kulturlebens, in dem er fast umkommt. Nur mit Hilfe Vautrins übersteht er einen Selbstmordversuch und geht lebend, aber gebrochen aus dem Versuch hervor, Paris mit seinem Esprit zu erobern. Autobiographische Aspekte sind hier zum Greifen: speziell in der erhofften Bedeutung des Adelspartikels ›de‹ für eine Karriere! Im Kontrast dazu steht das Schicksal von Luciens bestem Freund, dem Drucker David Séchard, einem praktischen Genie ohne Fortune: Er erfindet eine revolutionär neue Maschine, muss das Patent aber wegen Luciens finanzieller Akrobatik weit unter Wert verkaufen. Immerhin reicht es für ein bescheidenes Glück auf dem Lande. In der Fortsetzung seiner Lebensgeschichte, *Glanz und Elend der Kurtisanen*, schildert Balzac, wie de Rubempré in einer Mischung aus Verzweiflung und Langeweile zugrunde geht, begleitet von der aufopferungsvollen Liebe von Esther, der großen Kokotte, Tochter des rechtschaffenen jüdischen Pfandleihers *Gobsec*. *Vater Goriot* bietet zu diesen beiden großen, fast tausendseitigen Romanen die Vorgeschichte, indem die Figuren Vautrin und Eugène de Rastignac, ein zwar ehrgeiziger, aber unbestechlicher Charakter, hier noch ein junger Student, eingeführt werden. Rastignac wird in der Gesamtschau derjenige sein, der aus den verschlungenen Wegen der *Menschlichen Komödie* als einziger unbeschadet an Leib und Seele hervorgeht, zu Ehre und Reichtum gelangt, ohne die Selbstachtung zu verlieren. Seine Strafe wird die Einsamkeit sein. Goriot seinerseits ist der Vater zweier der vielen stark gezeichneten Frauenfiguren des Zyklus, der sich – ohne Not – für den gesellschaftlichen Aufstieg seiner Töchter (durch Heirat) opfert, ohne Dank und Gegenliebe zu erfahren. Balzac entwickelt hier den Typus der glanzvollen, ehrfurchtgebietenden, gesellschaftlich dominanten Pariserin mit athletischer Ausstrahlung von Geist und Körper. Allein schon ihr Name, etwa: Diane (nach der jungfräulichen Göttin der Jagd) de Maufrigneuse, ist Programm und Versprechen und versetzt das Blut des Lesers in Zirkulation. Sie nutzt ihren Salon als Laufsteg und Schaltzentrale, spinnt Intrigen, um die völlige Kontrolle über ihre Umgebung auszuüben. Diese selbstbewussten Frauen sind etwas Neues in der Literatur. Sie sind gebildet und interessant. Den Untergang ihrer Welt, der *Welt der Guermantes*, erleben wir dann am Ende von Prousts Romanzyklus mit Beginn des Ersten Weltkriegs. Ihr Verstand macht sie berechnend, aber nicht unbedingt gefühlskalt. Mit Vergnügen lässt Balzac sie Fehltritte begehen und gönnt ihnen die Scham über unstandesgemäße Liebeswallungen. Als Wiedergutmachung handeln sie dann schikanöse Eheverträge für ihre Töchter aus, die sie in arrangierte Verbindungen mit ungeliebten Männern schicken. Hier und anderswo zeigt sich der Autor als ebenso versierter Fachmann in Rechts- und Vermögensfragen wie trittsicher auf der Grenze zu Kitsch und Schund.

Eigennamen von Qualität sind und waren immer schon schwer zu beschaffen. Simenon soll das Telefonbuch benutzt haben, um sich mit Material für seine vierhundert Romane zu versorgen. Diese Methode war Balzac noch vorenthalten. In dem für den Aficionado unentbehrlichen Werk *Balzac in Pantoffeln*, geschrieben von seinem Freund Léon Gozlan, voller Anekdoten und skurriler Geschichten über den Schwerarbeiter des Schreibens, berichtet der Gefährte von einem Spaziergang, auf dem ihm der Meister die Handlung seiner neuesten, noch ungeschriebenen Novelle erzählt – Gozlan argwöhnt gleich, allerdings zu Unrecht, dass sie sich zu einem veritablen Roman ausweiten wird. Im Mittelpunkt steht *ein genialer Mann, der von Leuten ausgenutzt wird, die nichts als Ehrgeiz und Intrige kennen. Jedesmal, wenn er einem dieser eigennützigen Streber den Weg gebahnt hat und von dem Betreffenden an die Wand gedrückt wird, verkriecht er sich in seiner elenden Dachstube. Schließlich stirbt er dort, mehr von menschlichen Enttäuschungen als von Elend und Hunger erschöpft. »Solch einem ungewöhnlichen Menschen muß ich einen seinem Schicksal gemäßen Namen geben, einen Namen, der ihn charakterisiert und profiliert – ein Name, wie für ihn geschaffen und für keinen anderen passend.«* So weit, so gut. Ein solcher Name will Balzac aber partout nicht einfallen, und so nutzen die zwei die Gelegenheit, um die Namensschilder den Straßen entlang zu studieren. Es wird ein langer Spaziergang. Schließlich, am Ende der Rue de la Jussienne, *geschah es, daß Balzac – ich werde es mein Lebtag nicht vergessen – angesichts einer nachlässig ins Mauerwerk eingelassenen kleinen, schmalen Tür plötzlich erblaßte und dermaßen zusammenzuckte, daß es von seinem Arm in den meinen übersprang. Es entfuhr ihm ein Schrei, und er rief: »Da ... da! Da! Lesen Sie! Lesen Sie nur!« Vor Erregung brach ihm die Stimme. Und ich las den Namen »Marcas«. »Marcas! Nun, was sagen Sie jetzt? Marcas! Welch ein Name! Marcas!!!«* Die Anekdote braucht noch eine Pointe, um das Genie Balzac voll zu beleuchten. Er schwärmt also seinem Freund vor, dass der Name »Marcas« sicher für einen Philosophen, Schriftsteller, großen Politiker und verkannten Dichter stehen müsse. Das lässt sich nachprüfen – man klingelt. Herr Marcas ist ein harmloser Schneider. Nur eine Sekunde ist Balzac enttäuscht, dann reckt er wieder sein Haupt empor. *»Er verdient zwar ein besseres Los«* rief er, *»aber das tut nichts! I c h werde ihn unsterblich machen. Das ist schließlich mein Beruf.«* So entstand die kleine Novelle *Z. Marcas*.

Der Komponist Giuseppe Verdi schrieb gegen sein künstlerisches Gewissen jahrelang eine Menge Opern als Ohrenfraß für ein verwöhntes, aber geschmacksunsicheres Publikum, sie hießen »Der Korsar« oder »Alzira«. Diese Zeit nannte er seine ›Galeerenjahre‹. Der Begriff soll das Verhalten nimmersatter Opernimpresarios geißeln, die ihm solche Art von Arbeit in Sklaventreibermanier regelrecht abpressten – der Künstler rudert im wahrsten Wortsinn um sein Leben. Ganz ähnlich hatte Balzac seine jungen Jahre mit dem Schreiben von minderwertigen Fortsetzungsromanen für Zeitungen verbracht – unter anderem produzierte er eine ›verbesserte‹ Fassung der Tagebücher der Henker von Paris, natürlich schriller und saftiger als das Original – und dabei seine Fähigkeit zur Komposition großer Panoramen geschult, sein Talent für Effekte gezeigt, aber auch die zweifelhaften Qualitäten eines Vielschreibers entwickelt. Einige dieser frühen Manuskripte hat er in überarbeiteter Form in die *Menschliche Komödie* übernommen, etwa aus den ›Henkertagebüchern‹ *Eine Episode aus der Zeit der Schreckensherrschaft*.

Dieser Veredelungsprozess ist ganz typisch für die künstlerische Tendenz der Zeit. Der Abbé Franz Liszt tourte damals durch die Pariser Salons, verehrt und gefeiert auch von Balzac. Er lieferte sich Wettkämpfe im Laut- und Schönspielen mit andren Klaviervirtuosen wie Sigismund Thalberg, trug eine Soutane und liebte die Gräfin d'Agoult. Ihre gemeinsame Tochter Cosima heiratete später erst den Dirigenten Hans von Bülow, dann – Richard Wagner. Liszt wandelte mit wechselndem Erfolg auf dem schmalen Grat künstlerischer Integrität. So eigneten sich etwa »Les Préludes« später bestens, um die Sonderberichte des Oberkommandos der Wehrmacht im Radio anzukündigen. Seine Kompositionen – aber sicher auch sein Spiel, leider war das Grammophon noch nicht erfunden – waren knallig, herzergreifend, unkonventionell und auf der Höhe absoluter technischer Perfektion. Hemmungslos schlachtete er Werke von Kollegen aus, deren Namen heute ohne Liszts Bearbeitungen niemand mehr kennen würde, und machte Futter für Tastenlöwen daraus. Auch darin liegt eine Parallele zu Balzacs Methode, der unbedenklich Kollegen imitiert, persifliert und als Inspirationsquelle benutzt. In den *Verlorenen Illusionen* gibt er das offen zu erkennen, wenn

DER KÜNSTLER WIRD ZUM STAR – IN DEN PARISER SALONS, AM KLAVIER, AN DER STAFFELEI, AN DER FEDER. DER GRÖSSTE VON ALLEN: EIN GEISTLICHER AUS UNGARN!

sein Alter Ego Lucien mit einer Schmonzette »Der Bogenschütze Karls IX.« den Durchbruch schaffen will, die nichts weiter als ein Plagiat eines Walter Scott-Romans ist.

Von Balzacs opus maximum gibt es zwei sehr gute deutschsprachige Fassungen. In vierzig niedlichen Dünndruckbändchen hat der Rowohlt-Verlag, später auch im Taschenbuch wieder aufgelegt, den Zyklus in klassischen Übersetzungen herausgebracht. Der Ausgabe bei Goldmann gebührt aber der Vorzug mit der von Ernst Sander in zwölf schönen, leider nur ›kunst‹ledernen Bänden komplett, modern und kommentiert herausgegebenen Edition, inklusive der großartigen *Vorrede* Balzacs zu seinem Werk. In dieser Ausgabe wirst Du nach kurzer Zeit schon zu Hause sein, Paris mit allen Schauplätzen der Romane durchwandern, sehen, wie es war, wuchs und wurde (im Anmerkungsteil wird jeder verschwundene Straßenzug, jeder Durch- und Abbruch minutiös dokumentiert), und die ganze Kultur des beginnenden Neunzehnten Jahrhunderts atmen. Balzacs Werk ist eben auch ein Lexikon für Literatur, Kunst, Musik, Feinschmekkerei und Architektur genauso wie für Politik und Naturwissenschaften. Nicht umsonst ist gerade jener Lavoisier, mit dem dieses Kapitel begann, einer seiner Helden, der dem Autor den Optimismus gab, dass der Fortschritt des Menschengeschlechts, trotz der ihm innewohnenden charakterlichen Mängel, nicht aufzuhalten sein würde.

Im Stile von Rabelais und Boccaccio, als literarischen Spaß und Persiflage, in der auch der göttliche Dante verhohnepipelt werden darf, verfasste Balzac eine Serie schlüpfriger, derb-komischer Erzählungen, die physiognomisch gut zu seiner Schriftstellergestalt passen und Dir manche Lesestunde versüßen werden. Die *Tolldrastischen Geschichten* sind mit den köstlichen Illustrationen von Gustave Doré gerade noch einmal so komisch.

Der Ruhm Balzacs, wie weniger Schriftsteller, verbreitete sich noch zu Lebzeiten durch ganz Europa. Da ereignete es sich, dass er einen Brief aus der Ukraine erhielt. In diesem damals entlegenen Winkel der Welt saß eine glühende Verehrerin, Madame Eva

Hanska, die seine Romane verschlang und den Meister unbedingt persönlich kennenlernen wollte. Ein reger Briefwechsel mit der steinreichen Großgrundbesitzersgattin hob an, bevor es zur Begegnung kam. Die *Briefe an die Fremde* sind ein berührendes Dokument: Den Künstler holt das Leben ein, er verliebt sich unsterblich in die Unbekannte. Sie kommt – als Witwe – nach Paris und die beiden können tatsächlich heiraten, Balzac bereits vom Tod gezeichnet. Der Mann, der über die Anbetung des Geldes schrieb, ohne es je in nennenswerter Menge zu besitzen, der Propagandist der verzehrenden Liebe, ohne vorher je geliebt zu haben, starb in den Armen der Frau, die an die Wahrheiten seiner Romane geglaubt hatte.

Henri Beyle war dem Phänomen der Liebe zeitlebens auf der Spur. Er schrieb ein durch seine eigenen praktischen Erfahrungen angereichertes, sonst sehr theoretisches Werk *Über die Liebe*, in dem er sich seine Erfolglosigkeit bei Frauen – er war hässlich, tapsig und rechthaberisch, ersteres verzeihlich, zweiteres bedenklich, das letztere der Tod jeder Zuneigung – schöngeredet hat. Zu viel Backenbart, würde man aus heutiger Sicht bei Betrachtung seines Porträts meinen. Vielleicht aber auch der verkniffene Zug um den Mund. Die Augen jedenfalls schauen klug, milde, resigniert: Sie wissen vom Leben. Aber wie dieser dicke, rundum von zerzaustem Haupt- und Barthaar umgebene Kopf ohne Hals im zu hohen Kragen auf einem pummeligen Körper sitzt, wirkt das, als fühle sich diese Person sehr unwohl in ihrer Haut. Er war ein großer Zergliederer des eigenen Seelenlebens und führte den Begriff des ›Egotisten‹ in die Schriftwelt ein, eine Figur, die wir aber bereits, ohne den Namen, beim Russen Lermontow im *Held unserer Zeit* Petschorin sehen – die *Erinnerungen eines Egotisten* erschienen erst lange nach dem Ableben ihres Autors und zündeten seine Ruhmesrakete, wie er es vorausgesagt hatte, zu seinem hundertsten Todestag. Er war ein wenig älter als Balzac, ein wenig unabhängiger, kam ebenfalls aus der

Provinz, diesmal aus Grenoble und aus großbürgerlichen Verhältnissen, wie seine Autobiographie *Das Leben des Henry Brulard* beschreibt, und immer nur besuchsweise nach Paris. Seine Werke waren zu Lebzeiten Ladenhüter und Ruin jeder Buchhandlung, obwohl Balzac ihm eine lobende Kritik widmete, mit der er selbst- und, wie immer, erfolglos versuchte, den Absatz der Bücher des Kollegen zu fördern. Mit Napoleon, den er glühend verehrte, war er in Russland gewesen, lange Jahre verbrachte er auf einem unbedeutenden Diplomatenposten in Rom, die Folgen der Syphilis ruinierten früh seine Gesundheit. Als Schriftsteller nannte er sich Friedrich von Stendhal und er schrieb den Roman, der seine Epoche wie ein Pulverfass erscheinen lässt, an dessen Lunte er die Fackel hält: *Rot und Schwarz*.

Julien Sorel ist einer der großen jugendlichen Helden der Literaturgeschichte, Rebell, Dulder und unglücklicher Liebhaber. Als Zögling einer geistlichen Anstalt kommt er in das Haus von Madame de Rênal, um ihre Kinder zu unterrichten. Mit ihr verbindet ihn alsbald eine nicht erfüllbare Liebe. Der soziale Graben zwischen dem jungen Mann aus kleinen Verhältnissen und der Frau des Bürgermeisters ist zu tief. Er kämpft um Anerkennung, sie um Gefühle. Der betrogene Ehemann zwingt Julien zur nächtlichen Flucht – aus der Provinz direkt nach Paris. Hier erlaubt sich der große Theoretiker Stendhal den Kunstgriff, eine scharfe Zäsur zu machen und eine völlig neue Handlung beginnen zu lassen. Julien erwirbt das Vertrauen des ›großen Mannes‹ Marquis de la Mole. Er wird sein Sekretär und gesellschaftsfähig. Er wirft ein Auge auf de la Moles Tochter Mathilde. Die ist eigenwillig, extrem in ihren Schwankungen, hinreißend, kurzum: Sie verlieben sich. Nun flicht Stendhal als Höhepunkt einen tatsächlichen, aktuellen Gesellschaftsskandal in die Handlung ein. Als Julien das Ziel aller seiner kleinkarierten Träume erreicht hat – Mathilde geschwängert und zur Heirat bereit, er das Adelspatent in der Tasche –, wird er von Frau Rênal bei de la Mole denunziert. Er rächt sich, indem er auf sie schießt. Obwohl er sie nur verletzt, verurteilt ein Schwurgericht ihn zum Tode. Beide

Frauen, die ihn geliebt haben, gehen in der Heldenverehrung des Hingerichteten auf.

Die Stoßrichtung der Kritik in *Rot und Schwarz*, verknüpft mit dem Hinweis auf »1830« im Untertitel, das Jahr der kläglichen Revolution, ist klar: Die Einflussnahme durch die Kirche und ihre Institutionen ist für die negativen Handlungselemente verantwortlich und die politische Ausgangssituation verhindert das Glück der Hauptpersonen. Die pessimistische Grundhaltung der Darstellung wird nur durch die zwei verschiedenen Arten aufgewogen, mit denen Mathilde und Frau Rênal ihren Julien gegen jede Chance geliebt haben, Aufopferung einerseits und Hingabe auf der anderen. Er aber ist auch im Augenblick, als er sich der Rettung vor der Todesstrafe verweigert, der einsame Egotist geblieben, der w i r k l i c h nur sich selbst geliebt hat.

Stendhals Gebiet ist damit schon abgesteckt. An vielen Ecken des Werks schimmern Motive seines eigenen misslungenen Lebens durch. Auch in *Lucien Leeuwen* geht es um den jungen Mann, der die Liebe einer stolzen Frau erzwingen will durch Unnatürlichkeit, Verstellung, Borniertheit – und als Alternative nur Öde und Langeweile des Stutzerdaseins kennt. Das Besondere an diesem unvollendeten, sehr umfangreichen Roman ist, dass der Held seine jüdische Herkunft in die Waagschale wirft: Reichtum, kultureller Schliff und elegantes Außenseitertum sind gleichwertige Waffen im Kampf mit der hermetischen Selbstzufriedenheit und Kleingeistigkeit des Erbadels und der ›besseren‹ Gesellschaft der Provinz.

Scheitern der Liebe ist auch das Grundthema der kürzeren Romane *Armance* und *Lamiel*. Wieder sticht an Stendhals Darstellung die Stärke der weiblichen Charaktere sowie eine gewisse Lieblosigkeit in der Behandlung aller äußeren Ereignisse ins Auge. Er gibt der Entwicklung der inneren Auseinandersetzung einen solchen Vorrang, dass er damit die Ansprüche des Lesers an eine ausgefeilte Handlung und Kontinuität des Geschehens enttäuscht. Auch da bleibt er sich treu in der Rolle des schreibenden Egotisten.

Wie Balzac war auch Stendhal großer Opernliebhaber. *Rossini* hieß auch sein Held. Beide, der Komponist und sein Biograph, vergifteten sich ihr Leben wortwörtlich im Kampf gegen wiederholte venerische Infektionen. Das Allheilmittel der Zeit für Syphilis hieß Quecksilber[62], eine sichere, aber mörderische Kur. Rossini scheint es indes besser bekommen zu sein, denn er überlebte Stendhal um viele Jahre. Allerdings sagte der Komponist der Opernbühne mit seinem letzten Werk »Wilhelm Tell« schon als junger Mann von siebenunddreißig Lebewohl. Von da an widmete er sich – steinreich!, er hat eben nicht geschrieben – dem Kochen und Komponieren ›just for fun‹. Auch Rossini starb, wie die meisten großen Geister in diesem Kapitel, in Paris. Seine weiland bahnbrechenden Werke waren da aber schon dem Vergessen anheimgefallen: Man tanzte lieber Cancan!

Geistvolle Reiseberichte über *Florenz und Neapel* oder *Spaziergänge in Rom* zeigen Stendhal als einsamen Flaneur oder mit seiner *Geschichte der italienischen Malerei* auf der Suche nach kulturellem Genuss zu Verdrängungszwecken. In zwei Essays über *Racine und Shakespeare* arbeitet er die Distanz zwischen Kunst und Leben, zwischen der verhassten Klassik und der Romantik heraus, wobei natürlich der bewunderte Engländer für letztere steht. Zwischen Casanova und Balzac, zwischen erotischer Neugierde und Chronik des Zerfalls, zwischen Rokoko und Realistik ist der Platz für diesen Ruhelosen.

Dass ein Mann Schulden macht und sich nicht zu helfen weiß als aus dem Leben zu gehen, nannte man früher ›die Konsequenz ziehen‹. So etwas empfahl sich für Leutnants, Junker, Tunichtgute und ins Unglück Geschlitterte. Dass auch eine Frau dazu fähig ist, hat die festgefügte Welt des Romans erschüttert. Große

---

[62] Casanova bevorzugte Schwitzen, ein naturheilkundlicher Ansatz. Zu Beginn des Zwanzigsten Jahrhunderts fand dann Paul Ehrlich das Salvarsan, das erste Medikament, das der Krankheit und nicht dem Kranken den Garaus machte. Dafür gab es einen Nobelpreis.

Kaltblütigkeit oder ein brodelndes Gefühlsleben durfte man jemandem zutrauen, der so etwas ins Werk setzte. Auf jeden Fall muss wieder einer aus der Provinz kommen, um Paris mit einem Roman aufzurütteln. Die Rede ist von Gustave Flaubert und seiner *Madame Bovary*.

Emma Bovary ist leidlich unglücklich verheiratet mit einem Landarzt nahe Rouen (woher auch Flaubert stammt). Sie haben eine kleine Tochter. Wie der Don Quixotes wird auch ihr Verstand durch schlechte Lektüre benebelt, die ihr ›romantische‹ Vorstellungen eingibt. Sie lässt sich von einem Fachmann auf diesem Gebiet, einem Gutsbesitzer, verführen, der sie jedoch fallenlässt. Rodolphe will keinen Ausbruch aus den Verhältnissen, sondern nicht mehr als gelegentliche Treffen. Aus Langeweile nimmt sie sich einen anderen Geliebten, diesmal in Rouen, und stürzt sich dort in Schulden. Als das Geld zurückgefordert wird und der Betrug am Ehemann aufzufliegen droht, macht Emma ihrem Leben mit Gift ein qualvolles Ende.

Flaubert geht in der Bewältigung dieses heiklen Stoffs über seine Vorgänger hinaus, indem er das ›Gesellschaftliche‹ aus seiner Darstellung ausblendet. Stattdessen steht das Subjektive im Vordergrund, Gefühle und Erlebnisse werden in einem nüchternen, naturwissenschaftlichen Stil ganz aus der Sicht der Personen geschildert. Die Rolle des Erzählers, bei Balzac noch der Souverän, der Alleswisser, verändert sich hin zum Begleiter der handelnden Personen. Moral ist nur eine Attitüde von zweifelhafter Wertigkeit, dafür Natur mehr als Staffage. In ihr spiegelt sich der Seelenzustand der Akteure, sie wird akribisch und verschwenderisch beschrieben und in den Handlungsverlauf einbezogen. Und erst die Zeit: Sie behandelt der Autor nach Belieben, vor allem aber virtuos; mal rafft er sie, wenn Emmas ungeliebte kleine Tochter mit dem perfiden Vornamen Bertha plötzlich schon herangewachsen ist, mal dehnt er sie zum Zerreißen, wenn es zum grausamen Ende geht, sie ist der Spannungsträger der Erzählung. Mit mathematischer Präzision teilt Flaubert die Handlung in gleiche Abschnitte, exakt in der Mitte ist die komische Szene plaziert, wie Emma sich in der Kathedrale von Rouen, um den Nachstellungen des lokalen Fremdenführers zu entgehen, in die Arme ihres neuen Liebhabers Léon und damit geradenwegs in die Katastrophe stürzt.

Flaubert ist der große Verwerfer, der sich ein Leben lang an einer Handvoll Stoffen abgearbeitet hat, immer wieder verändernd, variierend, modulierend. Wie in den Legenden über andere große Einfache – Kleist, Kafka, Hemingway – wird berichtet, welche Berge an Manuskripten Flaubert vernichtet hat, bevor ein Drucktext entstand. Unterstützt wird dies Verfahren durch ständigen, vor allem brieflichen Austausch mit Kollegen und Anregern. Dazu gehörten wieder zwei Frauen: Louise Colet und George Sand, die neben ihrer emsigen eigenen Schriftstellertätigkeit schon andere Koryphäen, darunter bereits Balzac, als Muse begleitet hatte. Zum Dank widmete der ihr seine *Memoiren zweier Jungvermählter*.

> Mit diesem Autor verbindet sich der Gedanke, dass der Prozess des Schreibens eine körperliche Arbeit ist.

Die Sturheit seiner Arbeitstechnik steht Gustave Flaubert ins Gesicht geschrieben. Kahlköpfig und aufgedunsen vom vielen Sitzen, die müden Augen beschattet von geschwollenen Lidern, schaut er erschöpft an der Kamera vorbei. Der Schnauzbart hängt traurig. Das Schwergewicht hat gerade Ringpause im Kampf über fünfzehn Runden mit seinem neuen Roman.

Erziehung des Gefühls bringt uns die Begegnung mit dem jungen Mann Frédéric Moreau, einer Art Reinkarnation des verstorbenen Julien Sorel unter den veränderten Vorzeichen eines veränderten Frankreichs. Auch Frédéric kommt aus der Provinz nach Paris, diesmal in die aufgeheizte Atmosphäre, die sich in der Februarrevolution entladen wird. Seine noch ungerichteten Neigungen werden von der Frau des Kunsthändlers Arnoux absorbiert. Die Verehrung dieser Frau wird sein Lebensschicksal. Nicht Liebe, nein: Was Sorel an Elan der Leidenschaft zuviel hatte, fehlt Moreau gänzlich. Der Schwung seiner Gefühlsbegeisterung ist genauso lahm wie der Veränderungswille seiner revolutionären Freunde. Alles verläuft in Resignation und dem vagen Versuch, den Schaden in Grenzen zu halten. Am Schluss erscheint uns Frédéric als Versager, der nicht einmal in der Lage war, irgendeine ›Konsequenz zu ziehen‹. Frau Arnoux hingegen ist sich selbst treu geblieben und bleibt die einzig positiv gezeichnete Figur des Romans.

Diese kurze Beschreibung führt uns zur eigentlichen Neuerung Flauberts. Wegen seiner pessimistischen Sicht auf den Lauf der Dinge müssen seine Hauptpersonen mit Fortschreiten der Handlung ohne das mitfühlende Interesse des Lesers auskommen, eine kritische Distanz stellt sich ein. Jede Anteilnahme ist überflüssig, sie machen ja doch, was sie wollen! Und dabei folgen sie wie hypnotisiert dem Zweiten Newtonschen Gesetz und sinken, so tief sie nur können. Was bleibt, ist die Bewunderung für den Autor, seinen Stilwillen, die Strenge der Konzeption. Ein Jahrhundert der schwachen, weichen Charaktere in der Literatur nimmt hier seinen Anfang.

Ein Papagei ist die Hauptperson von Flauberts dichtester Komposition. *Ein einfaches Herz* ist Félicité, die Magd. Ihr Leben verläuft ereignislos. Aber der Papagei Loulou erinnert sie daran, dass auch ein anderes Leben, eines voller Buntheit, Freiheit, Liebe, möglich gewesen wäre. Auch ausgestopft bleibt er ihr bester Freund und ihr Trost im Sterben. – Willst Du Flaubert kennen- und seinen Pessimismus schätzenlernen, dann lies diese kaum dreißig Seiten!

Als die Kassiererin ihm auf sein Hundertsousstück herausgegeben hatte, verließ Georges Duroy das Restaurant. Da er von Charakter wegen und als ehemaliger Unteroffizier gern den Schneidigen spielte, drückte er die Brust heraus, zwirbelte den Schnurrbart mit einer soldatischen, ihm geläufigen Geste und warf auf die noch verweilenden Speisenden einen raschen Rundblick, einen jener Blicke, die eine Eigentümlichkeit hübscher Kerle sind und die wie die Schnabelhiebe eines Sperbers wirken.

Das wäre schon alles. Mehr kann er nicht, als Wirkungen erzielen, Posen zeigen, die vor dem Spiegel einstudiert sind. Folglich war mehr als ein Unteroffiziersrang auch nicht drin im bisherigen Leben von Georges Duroy. Er ist nach Sorel und Moreau der nächste junge Mann, der nach Paris kommt und nach Glück sucht. Seine Chancen stehen schlecht, ist er doch der untalentierteste und faulste der drei. Dafür hat er schon was erlebt, war beim Militär in Algerien, hat Erfahrung mit Frauen und ist arbeitslos.

Als er auf die Schwelle gelangt war, gewahrte er die zusammengescharte Menge, eine schwarze, brausende Masse, die um seinetwillen hergekommen war, um Georges du Roys willen. Das Volk von Paris betrachtete und beneidete ihn. Dann hob er die Augen und sah hinten, jenseits der Place de la Concorde, die Abgeordnetenkammer. Und ihm war, als müsse er hinüberspringen, in einem Satz, vom Portikus der Madeleine zum Portikus des Palais-Bourbon.

So endet die Geschichte. Aus einem Georges Duroy ist ein du Roy geworden (das Motiv ist Dir mittlerweile vertraut), der gerade in der schönsten Kirche von Paris in die beste Gesellschaft eingeheiratet hat. Die Place de la Concorde hat ihren Schrecken verloren. Jetzt erscheint hinter ihr die Gralsburg aller Ambitionierten, das Parlament. Aber wie konnte das passieren? Ganz einfach. Frauen haben ihn erhöht, Frauen haben ihn dahin gebracht, wo er jetzt ist, denn er ist *Bel-Ami*, der Liebling der Frauen.

Dieser Roman ist ein Geniestreich. Er parodiert seine Vorgänger, er exekutiert deren Welt der Gefühlsduselei und setzt an ihre Stelle die der Zweckmäßigkeit. Du hat kein Talent? Du sollst für eine Zeitung einen Artikel schreiben? Dann lasse ihn dir gefälligst schreiben von der Frau deines besten Freundes, die gerade nichts Besseres zu tun hat und für die du als Gegenleistung den Schnurrbart zwirbelst, wie nur du es kannst, Bel-Ami! Verstoße sie, die dich auf die erste Stufe der Erfolgsleiter brachte, für die Dame der Gesellschaft, die dich ganz nach oben bringt in die

Welt des Glanzes und des Geldes. Und dort suchst du ein unschuldiges Mädchen, das reich und verwöhnt ist und in seiner tiefsten Seele noch an Märchen glaubt. Verschleppe und missbrauche sie und erzwinge dir die Heirat, die wahrscheinlich nur den vorübergehenden Höhepunkt dieser erstaunlichen Karriere bildet, du Bild von einem Mann, Bel-Ami!

Naturgemäß war der Protest groß, als dieser Roman die Behaglichkeit der durch blanken Imperialismus zu protzendem Wohlstand gelangten Dritten Republik erschütterte. Leider war er brillant geschrieben und wahnsinnig unterhaltsam, sodass die Kritik an der faulen Oberflächlichkeit von Handlung und Charakteren nicht verfing. Der Absatz war reißend, sein Autor Guy de Maupassant ein gemachter Mann. Selten war einer Gesellschaft ein Spiegel vorgehalten worden, in dem sich eine so gemeine Fratze zeigte. Und in einem Vorgang, der an Francisco Goyas Porträts von Karl IV. und seiner Familie gemahnt – die bei ihm allesamt ausschauen wie Dorfdeppen und Hysteriker –, riefen alle hässlich Porträtierten: »wie schön!«

Stark wie der Tod zeigt dieselbe Grundkonstellation in anderer Beleuchtung. Der erfolgreiche Kunstmaler Olivier Bertin hat die Freuden des sozialen Aufstiegs und des Ehebruchs mit der Frau seines Gönners schon lange hinter sich. In der Tatsache, dass die Tochter der Frau, die sich ihm hingab, für ihn gesellschaftlich unerreichbar bleibt, muss er die Grenzen seiner parasitären Existenz erkennen. Die einzig mögliche Buße seines unverdienten Glücks ist das sanfte Verdämmern in Melancholie.

Der größte Schnurrbart der Literaturgeschichte prangt im Gesicht des Normannen Maupassant. Er wirkt eitel, straff, sein Blick ist energisch in eine nahe Zukunft gerichtet. Glücklicherweise kann er dort nicht seine eigene erblicken, denn ausgelaugt von wenigen Schaffensjahren bricht er eines Tages zusammen und verliert den Verstand, vierzigjährig.

Stil ist es nicht, der Maupassant auszeichnet. Er schreibt schnell, journalistisch, für den kleinen Lesehunger zwischendurch. Seine Manuskripte sind nicht vom Skrupel angefressen, der jedes Wort in Zweifel zieht. In Schönschrift, ohne jegliche nachträgliche Korrektur, können sie als perfekte Druckvorlagen herhalten und erfreuen so alle Setzer. Ohnehin ist der Roman nicht das Terrain, auf dem er sich zu Hause fühlt. Seine eigentliche Stärke ist das Bergwerk von Einfällen, das er ausbeutet. Hunderte von Novellen, in der Regel auf die witzige Pointe angelegt, fördert er dabei zu Tage. Wie das *Fettklößchen*, eine seiner ersten Geschichten und sogleich von reifer Könnerschaft. Zur Zeit der preußischen Invasion fährt eine Postkutsche durch feindliches Gebiet. Die Insassen sind ehrbare Bürger und eine Prostituierte, das ›Fettklößchen‹. Man darf nicht passieren, man fürchtet Übergriffe, man bekommt Durst und Hunger. Die Hure versorgt ihre Reisegefährten mit Essen und Trinken; und in der höchsten Not gibt sie sich auf das Drängen der anderen für den Passierschein dem preußischen Offizier hin. Alle diese Taten christlicher Nächstenliebe bestrafen die hochwohllöblichen Mitreisenden mit der Verachtung der sozialen Überlegenheit. Sie weigern sich nun, i h r e n Proviant mit ihr zu teilen: Sie schämen sich für das gefallene Mädchen. Und Fettklößchen weint.

Die Ehe der Lerebours ist in die Jahre gekommen. Madame ist unzufrieden mit ihrem Gatten, der ihr nichts recht macht. Eines Nachts weckt die zwei ein Geräusch: Einbrecher! Monsieur, mit dem Revolver bewaffnet, stapft in den Garten. Im Treibhaus beobachtet er etwas, aber es sind keine Einbrecher ... Das Dienstmädchen Céleste hat ein Stelldichein. Als er zu seiner Frau zurückkommt, findet sie sein Verhalten merkwürdig. Er lacht und ist vergnügt. »Wenn Du wüßtest ...« Am nächsten Morgen kann Céleste die beiden kaum aus dem Schlaf bekommen. Auch Madame ist vergnügt ... und Céleste bekommt eine Lohnerhöhung.

> Die Gefahr des Treibhauses ist, dass die Phantasie wuchert. Der Nutzen? Es wächst etwas, das sonst verdorrt.

Das Treibhaus ist Synonym des letzten Aufputschmittels, des abwegigsten Aphrodisiakums für die erschlaffte Gesellschaft der dritten Republik. Der Bürger hat Speck angesetzt, stolpert der

Vergreisung entgegen. Noch sind Bodyshaping und Anti-Aging unbekannt. War die Retorte Lavoisiers das Symbol für die theoretische Neugierde einer Epoche in den Kinderschuhen, so ist das Treibhaus dasjenige für den letzten verzweifelten Versuch, die entschwundene Jugendkraft wieder heraufzubeschwören.

Aus jedem Verfall entsteht etwas Neues. Das Ende der Malerei etwa, häufiger einmal beschworen, kam auch dann nicht, als der Mann des Tages Paul Cézanne hieß. Cézanne könnte dafür bekannt sein, dass er jedem Akt zwei Rippen zuviel malte oder stets unterschiedlich lange Arme; von denen behaupteten dann erst nachgeborene Kunstkritiker, so schön gemalte Arme könnten unmöglich z u lang sein. In den Ausstellungen der ›Salons‹, in den Zirkeln akademischer Künstler hatte er nichts zu suchen. Aber es gab da Schalen mit Früchten, die unter seinem Pinsel duftender, atmender und glühender erstanden als naturgewollt sein konnte; und da war ein Gebirge, dem er eine Physiognomie, Leben und Charakter gab, je nachdem, zu welcher Tages- und Jahreszeit er es malte. Dieser Cézanne war ein Held für eine Generation Künstler, die sich von der Akademie und den Salons abwandten, er inspirierte den Impressionismus. Zu seinen Freunden rechnete sich auch Émile Zola. In der Gestalt des Claude Lantier zeigt uns Zola einen Maler, der sich dem Kunstbetrieb verweigert. Er will *Das Werk* schaffen, das große, allegorische, universelle Bild seiner Zeit. Er scheitert an dieser ihn in autistische Zustände stürzenden Aufgabe. Er ruiniert seine kleine Familie und bringt seine liebevolle Ehefrau zur Verzweiflung. Eines Morgens findet sie ihn aufgehängt neben seinem immer noch unvollendeten Meisterwerk.

Lantier trägt die Züge Cézannes, der Zola alsbald nach Erscheinen des Buches die Freundschaft aufkündigte. Dabei hatte der es doch nur gut gemeint. *Das Werk* ist der vierzehnte Roman aus der zwanzigteiligen Serie der *Rougon-Macquart*. Zola gedachte der Chronist des zweiten Kaiserreichs zu werden wie

Balzac der der Restaurationszeit. Er war ein routinierter Vielschreiber mit Vorliebe für üppige Tableaus, farbige Schilderungen, und wurde so zum Star einer neuen Bewegung, die wir als Naturalismus kennen: Alles dampft, pulsiert, vibriert, sondert seine Säfte ab, nicht nur die belebte Welt, sondern auch die unbelebte. Und alles will Liebe, die Zola in drastischer Deutlichkeit in Szene setzt. Dabei sieht es so aus, als ›riskiere‹ Zola etwas, als überschreite er die Grenzen des guten Geschmacks. Aber seine expliziten Schilderungen müssen sich nicht den Vorwurf der Schlüpfrigkeit gefallen lassen, der bei Maupassant so nahe liegt. Die geschlechtliche Liebe ist nur die unmittelbarste Ausdrucksform des Naturgesetzes vom Stirb und Werde, dem sein Figurenreigen unterworfen ist. Denken, Essen, Verdauen, Lieben sind gleichwertige Leistungen des Körpers, eine ohne die andere nutzlos. So will der Romanzyklus auch alle Ausdrucksformen der menschlichen Existenz umfassen, wobei die einzelnen Teile völlig in sich abgeschlossen und nur schwach untereinander verklammert sind. *Doktor Pascal*, der letzte Rougon, gibt die gänzlich unbefriedigende Erklärung, dass der Zyklus eine Analyse der Vererbung von Eigenschaften in dieser verzweigten Familie sein soll. Schade, dass der Autor sich in eine abwegige Theorie verrannt hat, denn am Beginn gibt *Das Glück der Familie Rougon* in der kleinen Stadt Plassans an der Côte d'Azur zu der schönen Hoffnung Anlass, dass hier die Analyse der Zeit des Zweiten Kaiserreichs geschrieben werden sollte, vom revolutionären Beginn über die politische Erstarrung in *Seine Exzellenz Eugène Rougon* und die Aufteilung der Pfründe an Kirche (*Die Eroberung von Plassans*) und korrupte Immobilienhaie (*Die Beute*) bis zum verzweifelten Tanz ums Goldene Kalb (*Das Geld*). *Der Zusammenbruch* im Krieg gegen Preußen und in der Schlacht von Sedan wäre die logische Konsequenz und wird erbarmungslos beobachtet. Dazwischen aber wird ausführlich das Leben der Kleinbürger beschrieben, die nun in Paris angekommen sind und vom kleinen Glück im eigenen Laden träumen. *Der Totschläger* ist der Schnaps, der stattdessen den Abstieg in die Gosse besiegelt, wo es sich die Kinder wie etwa Nana gemütlich machen. Damit gleitet die Analyse in die Beschreibung der bürgerlichen Todsünden ab: Ob Konsumgeilheit im *Paradies der Damen*, eine Hymne auf die Fresslust in *Der Bauch von Paris* oder das Hohelied der käuflichen Wollust in *Nana* (Manets Bild gleichen Titels in der Hamburger Kunsthalle enthält schon die ganze Geschichte), jedes Thema treibt Zola an den Rand der Übersättigung. Erst *Germinal* mit der Schilderung eines erfolglosen Bergarbeiterstreiks im nördlichen Kohlenrevier zeigt ihn wieder in der Pose des Streiters für Gerechtigkeit. Ansonsten gilt: Seine Romane sind literarische Sahnetorten. Sieh zu, dass Dir davon nicht schlecht wird!

Besser als jede Photographie hat der Maler und Freund Édouard Manet sein Porträt erfasst. Es entspricht der Beschreibung, die Zola in *Das Werk* von sich gibt: *Dunkle Erscheinung, kräftig gebaut, aber nicht fett – auf den ersten Blick. Der Kopf rund und eigenwillig. Kinn eckig, Nase eckig. Sanfte Augen in energischer Maskierung. Ein schwarzer Bart als Halskrause.* Manet gibt den sanften Augen noch etwas Grüblerisches und lässt seinen Freund mit dem blassen Gesicht ernst und geistesabwesend in die Ferne schauen. Dreißig Jahre später wird dieser ernste junge Mann Frankreich spalten, indem er mit seiner Schrift *J'accuse!* Partei für den jüdischen Hauptmann Dreyfus nimmt. War Zola vielleicht nicht einer der allergrößten Schriftsteller, so doch einer der wichtigsten und wohlmeinendsten Propagandisten von Humanität und sozialer Anteilnahme.

Empfindungen sind das Persönlichste, was wir haben. So leicht es uns fallen mag, Gedanken zu formulieren und mitzuteilen, so schwer wird dasselbe Vorhaben, wenn es um die Reize geht, die von unseren Sinnen dem Gehirn zuströmen. Abgesehen von Unvermögen, Schamhaftigkeit und Verschwiegenheit, die uns beim Vorgang der Beschreibung in die Quere kommen können, gibt es das Problem, Worte für das zu finden, was ohne den Umweg der Sprache so direkt zum Bewusstsein kommt. Das Privileg, diesen Umweg lesbar gemacht zu haben, Worte für das gefunden zu haben, was wir doch alle erleben, ohne uns je diese Rechenschaft abgelegt zu haben, gebührt Marcel Proust. Natürlich ist sein epochales Werk *Auf der Suche nach der verlorenen Zeit* mehr als ein Kaleidoskop der Sensualität, nämlich eine gesellschaftliche Chronik der Jahrzehnte vor dem Ersten Weltkrieg. Diese Chronik indes hätte auch ein anderer schreiben können. Die Empfindungswelt des Marcel jedoch, die im Zentrum des mit viertausend Seiten längsten und zugleich größten Romans steht, den ich kenne, konnte nur der große Dichter Marcel Proust in Worte fassen. Leben und Werk kommen sich sehr nahe, aber nie zur Deckung. Der Marcel des Romans ist eine literarische Figur, die große Ähnlichkeit mit dem Schriftsteller Proust hat.

Es ist überflüssig, auf den Inhalt in der Form einzugehen, dass man die Handlung nacherzählt. Es gibt nämlich eine Handlung! Marcel macht eine Entwicklung vom Kind zum jungen Mann durch und die scheinbar so festgefügte Gesellschaft aus überkommenem und verkommenem Adel und bürgerlichen Aufsteigern, repräsentiert im geschäftigen und eklen Salon der Madame Verdurin, taumelt der Pulverisierung zwischen den alles zermalmenden Mühlsteinen des Weltkriegs entgegen. Auf dieser Ebene zeigt der Roman nicht mehr als ein, allerdings groß angelegtes und großartiges, Zeitpanorama. Zum Erlebnis wird die Lektüre erst durch den Filter, den Proust allen Beschreibungen vorschaltet: seine Wahrnehmung. Sein Sensorium ist von unvorstellbarer Feinheit und er versteht es, die Gefühlserlebnisse so in Worte umzusetzen, dass man bei der Lektüre immer wieder denkt: Ja, so ist es! Das habe ich auch geschmeckt, gesehen, getastet, gehört, gerochen, aber ich habe mir bis jetzt nicht wirklich Rechenschaft darüber abgelegt. In dem Moment aber, in dem Proust es in mein Gedächtnis zurückruft, erscheint es mir vollkommen richtig beobachtet und darüber hinaus: ungeheuer wichtig! Das Erlebnis, einst verlorengegangen, kehrt wieder in meinen Besitz zurück, gesteigert und wertvoll. Bei welchem anderen Buch könnte man so ein Gefühl der Beglückung empfinden?

Auf der Suche nach der verlorenen Zeit ist auch ein Buch über Bücher. Prousts Stil und Methode setzt die Kenntnis der Weltliteratur voraus, enthält bereits alles, was seine Vorgänger an schöpferischer Form möglich gemacht haben. Gleichzeitig sind Bücher das ständige Thema des Buches, etwa gleich am Anfang. *Lange Zeit bin ich früh schlafen gegangen. Manchmal fielen mir die Augen, wenn kaum die Kerze ausgelöscht war, so schnell zu, daß ich keine Zeit mehr hatte zu denken: ›Jetzt schlafe ich ein.‹ Und eine halbe Stunde später wachte ich über dem Gedanken auf, daß es nun Zeit sei, den Schlaf zu suchen; ich wollte das Buch fortlegen, das ich noch in den Händen zu haben glaubte, und mein Licht ausblasen; im Schlafe hatte ich unaufhörlich über das Gelesene weiter nachgedacht, aber meine Überlegungen waren seltsame Wege gegangen; es kam mir so vor, als sei ich selbst, wovon das Buch handelte: eine Kirche, ein Quartett, die Rivalität zwischen Franz dem Ersten und Karl dem Fünften. Diese Vorstellung hielt zunächst noch ein paar Sekunden nach meinem Erwachen an; meine Vernunft nahm kaum Anstoß an ihr, aber sie lag wie Schuppen auf meinen Augen und hinderte mich daran, Klarheit darüber zu gewinnen, daß das Licht nicht brannte.* Die Bücher sind mit Marcel untrennbar verschmolzen. Und Prousts Werk wiederum mit weiteren Büchern. Diese enge Beziehung zum Buch im Buch, Basis jeder ›Sekundärliteratur‹, ist im Zwanzigsten Jahrhundert in innigster Weise gepflegt worden. Bücher über Bücher haben Autoren zu Helden von Prosa und Wissenschaft gemacht, Nabokov für Russland, Arno Schmidt in Deutschland, James Joyce im englischsprachigen Raum und natürlich Proust. Bibliotheken beschäftigen sich mit seinem Werk (etwa die berühmte des Dr. Speck in Köln) und die hellsten Köpfe sind den Rätseln des Textes auf der Spur. Einer der allerhellsten: Michael Maar, der Spezialist für Rätsel, wie sie besonders Vladimir Nabokovs Werke aufgeben. Er wurde bekannt durch seine Erkenntnis, dass Thomas Mann viele Motive, vor allem des *Zauberberg*, den Märchen Hans Christian Andersens verdankt. (*Geister und Kunst – Neues aus dem Zauberberg*) Das ist deswegen so bemerkenswert, weil natürlich auch der *Zauberberg* einen Schweif von Sekundärliteratur hinter sich her zieht, dieses wesentliche Konstruktionsprinzip aber bis vor kurzem unerkannt blieb – Maar ist ein Altersgenosse von mir. Ein späteres Buch von ihm heißt *Die falsche Madeleine*. Die ›falsche‹ Madeleine ist ein Schmetterling, den Nabokov fing, als neue Spezies entdeckte und nach dieser Nascherei benannte. Leider war der Schmetterling unvollständig und die Taufe damit ungültig. Romanistische Seminare weltweit sind mit Madeleines gefüttert worden, Prousts mystischem Gebäck. Worum geht es? Schlicht um die berühmteste ›Stelle‹ der modernen Literatur, und wir wollen nicht verfehlen, sie voll auf uns wirken zu lassen:

So ist es mit unserer Vergangenheit. Vergebens versuchen wir sie heraufzubeschwören, unser Geist bemüht sich umsonst. Sie verbirgt sich außerhalb seines Machtbereichs und unerkennbar für ihn in irgendeinem stofflichen Gegenstand (oder der Empfindung, die dieser Gegenstand in uns weckt); in welchem, ahnen wir nicht. Ob wir diesem Gegenstand aber vor unsrem Tode begegnen oder nie auf ihn stoßen, hängt einzig vom Zufall ab.

Viele Jahre lang hatte von Combray außer dem, was der Schauplatz und das Drama meines Zubettgehens war, nichts für mich existiert, als meine Mutter an einem Wintertage, an dem ich durchfroren nach Hause kam, mir vorschlug, ich solle entgegen meiner Gewohnheit eine Tasse Tee zu mir nehmen. Ich lehnte erst ab, besann mich dann aber, ich weiß nicht warum, eines anderen. Sie ließ darauf eines jener dicken ovalen Sandtörtchen holen, die man ›Madeleines‹ nennt und die aussehen, als habe man als Form dafür die gefächerte Schale einer Jakobsmuschel benutzt. Gleich darauf führte ich, bedrückt durch den trüben Tag und die Aussicht auf den traurigen folgenden, einen Löffel Tee mit dem aufgeweichten kleinen Stück Madeleine darin an die Lippen. In der Sekunde nun, als dieser mit dem Kuchengeschmack gemischte Schluck Tee meinen Gaumen berührte, zuckte ich zusammen und war wie gebannt durch etwas Ungewöhnliches, das sich in mir vollzog. Ein unerhörtes

Glücksgefühl, das ganz für sich allein bestand und dessen Grund mir unbekannt blieb, hatte mich durchströmt. Mit einem Schlage waren mir die Wechselfälle des Lebens gleichgültig, seine Katastrophen zu harmlosen Mißgeschicken, seine Kürze zu einem bloßen Trug unsrer Sinne geworden; es vollzog sich damit in mir, was sonst die Liebe vermag, gleichzeitig aber fühlte ich mich von einer köstlichen Substanz erfüllt: oder diese Substanz war vielmehr nicht in mir, sondern ich war sie selbst. Ich hatte aufgehört, mich mittelmäßig, zufallsbedingt, sterblich zu fühlen. Woher strömte diese mächtige Freude mir zu? Ich fühlte, daß sie mit dem Geschmack des Tees und des Kuchens in Verbindung stand, aber darüber hinausging und von ganz anderer Wesensart war. Woher kam sie mir? Was bedeutete sie? Wo konnte ich sie fassen? Ich trinke einen zweiten Schluck und finde nichts anderes darin als im ersten, dann einen dritten, der mir sogar etwas weniger davon gibt als der vorige. Ich muß aufhören, denn die geheime Kraft des Trankes scheint nachzulassen. Es ist ganz offenbar, daß die Wahrheit, die ich suche, nicht in ihm ist, sondern in mir. Er hat sie dort geweckt, aber er kennt sie nicht und kann nur auf unbestimmte Zeit und mit schon schwindender Stärke seine Aussage wiederholen, die ich gleichwohl nicht zu deuten weiß und die ich wenigstens wieder von neuem aus ihm herausfragen und unverfälscht zu meiner Verfügung haben möchte, um entscheidende Erleuchtung daraus zu schöpfen. Ich setze die Tasse nieder und wende mich meinem Geiste zu. Er muß die Wahrheit finden. Doch wie? Eine schwere Ungewißheit tritt ein, so oft der Geist sich überfordert fühlt, wenn er, der Forscher, zugleich die dunkle Landschaft ist, in der er suchen soll und wo das ganze Gepäck, das er mitschleppt, keinen Wert für ihn hat. Suchen? Nicht nur das: Schaffen. Er steht vor einem Etwas, das noch nicht ist, und das doch nur er in seiner Wirklichkeit erfassen und dann in sein eigenes Licht rücken kann.

Die Analyse der Empfindungen erweist sich als das Kardinalthema des Zwanzigsten Jahrhunderts. So langweilig es sich anhört, so sehr betrifft es jeden: Rechenschaft ablegen über unsere fünf Sinne macht das Denken erst sinnvoll.

Befragend schaut Marcel Proust Dich an, große dunkle Augen unter langen, das Auge halb beschattenden Oberlidern, Erbteil von der jüdischen Mutter. Die Züge sind rundlich und weich; das ganze Gesicht ein bohrender Blick, der korrekte Mittelscheitel und das trübsinnig hängende Schnurrbärtchen reine Dekoration. Balzacs triumphale Selbstgewissheit ist aus der Literatur gewichen. Wo er noch die Allgewalt des Erzählers verkörperte, sitzt jetzt ein Zweifel, eine Doppeldeutigkeit, eine Zweigesichtigkeit. Zweifel über den Wert seiner Wahrnehmungen. Dieser Zweifel (den der Philosoph Edmund Husserl, Lehrer Heideggers, mit seiner »Phänomenologie« genannten Beschreibungstechnik wieder aus der Welt zu schaffen gedachte, die das wissenschaftlich genaue Gegenstück zu Prousts Methode darstellt) erhält im Madeleine-Text seine Rechtfertigung. Die Wahrnehmung wird durch das, was wir schon wissen, überlagert und verfälscht. So antwortete denn auch ein berühmter Philosoph am Ende des Zwanzigsten Jahrhunderts auf die Frage: Was ist Ihr größter Fehler? – *Nicht genau genug sagen zu können, was ich sehe.* Sein Lieblingsschriftsteller hieß Proust, und dessen Problem ist noch nicht gelöst.

Die Doppeldeutigkeit liegt im Objekt der Betrachtung selbst, so wird der Dichterphilosoph Paul Valéry diese Theorie weiterverfolgen. Die eigentlich zugedachte Funktion, bei der Madeleine etwa die des wohlschmeckenden Gebäcks, wird überlagert von der Funktion als Gedächtnisträger. In dem Augenblick, wenn man die Madeleine zum Mund führt, verwandelt sie sich in Erinnerung. Je öfter man das tut, desto mehr verwandelt sie sich wieder zurück in ein Gebäck. Diese Zweitfunktion ist nicht nur verborgen, sie kann auch nicht willentlich freigesetzt werden. So verliert der Träger des Gedächtnisses die Freiheit, darüber nach seinem Wunsche zu verfügen.

Proust selbst ist als Autor seines Romans doppelgesichtig. Wie der Januskopf am Jahresbeginn schaut er als Gesellschaftsanalytiker in die Vergangenheit einer verdämmernden Epoche, zukunftsgerichtet blickt der Analytiker seiner selbst auf die Entwicklung des kleinen Marcel, behorcht seine Herztöne, belauscht die Arbeit seines Denkapparats. Kein m o d e r n e r Roman wird mehr vorstellbar sein, ohne dass sein Autor auf diesen verdoppelten Blick und die optischen Hilfsmittel Prousts zurückgreift.

DIE BERUFUNG DES KÜNSTLERS – EINE ABSCHWEIFUNG

Arion von Lesbos war der erste Sänger des Dithyrambos, des Kultgesanges zu Ehren des Dionysos. Als er auf Sizilien seine Kunst vorführt, überhäuft man ihn mit Ehrungen und Preisen. Reich beschenkt macht er sich auf den Heimweg. Die Schiffsleute allerdings wollen nur sein Geld und ihn los werden. So gehen sie daran, ihn unterwegs über Bord zu schmeißen. Erst singt Arion, dann springt er freiwillig – und reitet trockenen Fußes übers Wasser: Ein Delphin hat ihn, unter der Zauberwirkung seiner Sangeskunst, auf den Rücken genommen und setzt ihn wohlbehalten an der griechischen Küste ab. Herodot erzählt diese schöne Novelle im Ersten Buch seiner *Historien*. Der Künstler gebietet über Kräfte, sich die Natur zum Verbündeten zu machen. Pygmalion ist Bildhauer und schafft eine Skulptur, die er Galathea nennt und in die er sich verliebt. Aphrodite erfüllt seinen Wunsch und lässt das Elfenbeinidol lebendig werden: Pygmalion und Galathea heiraten und haben einen Sohn namens Paphos. Diese oft wiederholte Episode setzt Ovid im zehnten Buch der *Metamorphosen* in wohlklingende Verse. Dieser Künstler vermag die Götter zu rühren und dadurch Unmögliches möglich zu machen. Priester und Opferkult hat derjenige nicht nötig, der es schafft, direkt zu den Unsterblichen zu sprechen. Die Zwillinge Amphion und Zethos wiederum, Söhne des Zeus, waren die mythischen Erbauer der Stadt Theben in Böotien, westlich von Athen. Amphion erfand die siebensaitige Leier und dazu die lydische Tonart; durch seine Kunstfertigkeit sparte er sich eine Menge Arbeit, denn aufgrund des ausgefeilten Spiels auf seinem Lieblingsinstrument fügten sich die Steine von alleine zur gewaltigen Mauer der siebentorigen Stadt. Im Dritten Buch seiner *Bibliotheke* oder *Götter- und Heldensagen* erzählt das Apollodoros von Athen. Dieser Künstler ist ein besserer Ingenieur und Naturwissenschaftler dank der Kraft seines Spiels. Es gibt noch einige ähnliche Fabeln, deren Moral immer dieselbe ist: Künstler sind allen anderen Professionen gleichwertig, wenn nicht überlegen.

War dies schon in der Antike Zeichen des hohen Selbstwertgefühls des Artisten, so steigerte sich das noch in der Renaissance. Diese Epoche ist in unserem kollektiven Bewusstsein weit mehr durch Kunst, Künstler und die Welt des Geistes verankert als durch ›weltgeschichtliche‹ Ereignisse. Reden und schreiben wir über Kunst, über Malerei, dann wissen wir, dass wir von einer seit tausend Jahren ungebrochenen Tradition sprechen. Eine Generation Künstler steht auf den Schultern der vorhergehenden. Solch eine Art Legitimationsurkunde des schöpferischen Aktes ist *Die Legende vom Künstler*, über die uns die Herren Ernst Kris und Otto Kurz in ihrem kleinen Büchlein berichten. Der Artist steht außerhalb der gesellschaftlichen Struktur und dank seiner Geisteskraft ein wenig über ihr, auch wenn man's ihm nicht ansieht. Erkannt hat das der Florentiner Staatsbedienstete und äußerst mittelmäßige Pinselschwinger Giorgio Vasari. Sein Verdienst ist es, durch *Das Leben der größten Maler und Bildhauer* diese Vorstellung in unseren Köpfen fixiert zu haben. Gerade erscheint auf Deutsch eine neue, vollständige und erschöpfend kommentierte Ausgabe dieser monumentalen Biographiensammlung. Der Amerikaner Paul Barolsky hat darauf hingewiesen, wieviel an Vasaris Lebensgeschichten Erfindung und Mythisierung ist. In *Warum lächelt Mona Lisa?* und der Fortsetzung *Giottos Vater* weist er Vasaris Verklärungs- und Verschleierungstechnik nach, die bis zur Erfindung von Künstlern samt Lebensläufen reicht. Vasaris erster Star der Kunstszene, der Florentiner Maler Giotto di Bondone, hütete gerade die Schafe, als sein

Maltalent ›entdeckt‹ und er so zum Begründer der Tradition wurde, die vorerst bis zum göttlichen Michelangelo reichte. Giotto erfindet die ›natürliche‹, also das Gesehene abschildernde, Malweise, M. Buonarroti übertrumpft die Natur, indem seine Figuren Heroen- und Halbgottstatur erreichen – an der Decke der Sixtina präsentiert er uns sogar, was nur die Renaissance zu zeigen sich traut: Gottvater in Aktion. Die Gesetzmäßigkeiten der Malerei sind erforscht, alles wird möglich. Zum Beispiel gewagte perspektivische Experimente, extreme Verkürzungen von Figuren oder einzelner Gliedmaßen, Farbexperimente wie das Gegeneinandersetzen komplementärer Töne zur Steigerung der Bilddramatik und vieles mehr. Die Malkunst bildet einen Kosmos, eine Welt für sich, die mit der erlebbaren, der ›Lebens‹-Welt in Konkurrenz steht und überraschenderweise diesen Wettstreit gewinnt: In der Kunst ist mehr möglich als in der Wirklichkeit. Vasari stirbt im Vertrauen darauf, dass die Entwicklung der Malerei mit seinem Landsmann und Zeitgenossen Michelangelo vollendet ist.

Aber nichts da. In Bologna und gleich darauf in Rom entsteht aus der drohenden Stagnation heraus die nächste Welle von malerischem Erfindungsreichtum. Der großartige Roberto Zapperi schildert dies in seinem Buch über die Welt des *Annibale Carracci*. Und Michelangelo Merisi, dessen Künstlername nach seinem Geburtsort *Caravaggio* lautet, entwickelt die Technik, aus lebendiger Dunkelheit, schimmernden graphit- oder anthrazitfarbenen Flächen ein grell illuminiertes Geschehen hervorglühen zu lassen. Roberto Longhi, der große italienische Kunsthistoriker, hat das beschrieben als Triumph des ›chiaroscuro‹ oder: der Hell-Dunkel-Malerei. Hier erleben wir direkt das erregende und anregende Sprudeln der Inspirationsquelle der Barockmalerei, und diese Quelle sprudelt, bis Francisco Goya y Lucentes seine ›schwarzen Bilder‹ malen wird, Dokumente der Verwirrung eines Genies vielleicht, aber auch des Absgesanges auf eine Welt der Bildlichkeit. So wird den Zusammenhang hundert Jahre später der große Zusammenschauer und nüchterne Analytiker Jacob

Burckhardt an seinem Schreibtisch im heimatlichen Basel sehen. Im *Cicerone* oder *Genuß der italienischen Kunstwerke* wird er viele gültige Urteile fällen und durch einige krasse Geschmacksentgleisungen klarmachen, wie zeitgebunden alles Urteilen ist. Als Burckhardt in Bergamo, am Fuß der Alpen nahe Mailand gelegen, weilte, fand er über die auf einem Hügel thronende Stadt nichts Berichtenswertes. Wenn ich heute Bergamo besuche – von der dort auf den Gipfel getriebenen Kunst der Speiseeisbereitung einmal ganz abgesehen –, erscheint mir der alte Stadtkern als Ensemble von Werken weltläufigen Kunstsinns, aristokratischer Repräsentation und gemütlicher Stadtbürgerkultur. Dazu passt nicht nur, dass der unvergleichliche Opernkomponist Gaëtano Donizetti Bürger Bergamos war, sondern auch, dass eine der schönsten privaten Kunstsammlungen der Welt dort beheimatet ist, so unbekannt, dass nur ganz wenige Enthusiasten sich in die Accademia Carrara verlaufen ...

Auch Mark Twain begab sich einst auf die Große Tour durch Europa, um seinen Mississippilotsenhorizont durch die unvergesslichen Eindrücke des alten Kontinents zu erweitern. *The Innocents abroad* nannte er seinen Reisebericht, *Die Arglosen im Ausland*. Dort angekommen bediente er sich, Geld spielt fast keine Rolle, der Dienste eines Cicerone, eines aus Fleisch und Blut, er sollte ihm die Wiege des modernen Menschen, Italien, in allen Facetten zeigen. Und er tat, wie ihm geheißen. Nicht alles, speziell die kolossalen Vorräte an barocken Prachtschinken in blattvergoldetem Akanthusgerank, mochte dem Gast aus der Neuen Welt gefallen. Immer wieder zeigte er auf Dinge, denen er mehr Beachtung gegönnt hätte. Die Antwort des kundigen Führers: »*Bah, das ist nichts, das ist Renaissance!*«. Als sich diese Rede beständig wiederholt, platzt dem Bestsellerautor der Kragen: »Jetzt möchte ich aber doch wissen, w e r ist dieser Renaissance? Wo kommt er her, wann hat er gelebt und wer hat ihm erlaubt, das

---

Wie wird man Künstler?
Die Wahrheit ist,
keiner weiß es.
Talent hilft weiter,
aber auch nur
bis zu einem kritschen Punkt:
Der Künstler
will erkannt werden.

ganze Land mit seinen Schmierereien zu überziehen?« So ändern sich Ansichten und Geschmäcker. Burckhardt konnte sich jedenfalls noch nicht im Grab herumdrehen.

Und nun kommt Balzac mit seiner fulminanten kleinen Novelle *Das unbekannte Meisterwerk* von kaum vierzig Seiten und ändert damit alles. An der Figur des fiktiven Malers Frenhofer[63], den er zu einem Schüler des realen Jan Gossaert, genannt Mabuse, macht, also auf dem Höhepunkt der nordischen Renaissance angesiedelt, handelt er das Scheitern des künstlerischen Schöpfungsaktes ab; s e i n Künstler ist kein Heroe, der die Leinwand bezwingt, sondern ein greiser Mann, der die Quintessenz eines lebenslangen Ringens abliefern will. Das große Altarbild, schon im Entstehungsprozess von Kennern bewundert, leistet seinem Bemühen um Vervollkommnung allerdings entschieden Widerstand. Am Ende bedeckt eine Kruste Farbe die Maloberfläche, ohne Gestalt und Form, eine Hieroglyphe der Artistik, die niemand entziffern kann. Das Ende der Malerei wird hier nicht nur beschworen, sondern handgreiflich vor Augen geführt. Wer genau hinschaut, entdeckt auf den Leinwänden der Jetztzeit, dass dieses Ende immernoch andauert.

Für die Literatur gilt das Beispiel der Malerei ohne Veränderung. Dem Poeten ist es kraft seines göttlichen Amtes erlaubt, nach dem Höchsten, der Vollendung in Leben und Kunst zu streben – wenngleich sein Publikum nicht immer in der Lage ist, ihm da zu folgen. Wer anders als Goethe könnte uns den Schlüssel zum Selbstverständnis des Dichters liefern? Auch er nimmt sein Beispiel aus der Blütezeit der Künste, der Renaissance, als vieles, aber eben doch nicht alles, möglich war. Im *Torquato Tasso* arbeitet er in der Manier seines Freundes Schiller einen historischen Vorfall in Ideengeschichte um, im Stil eines Kammerspiels. Auch Tasso stammt aus Bergamo, aus einer vornehmen

---

[63] Im Film »Die schöne Querulantin« von Jacques Rivette virtuos verkörpert von Michel Piccoli.

Familie; als Hofdichter in Ferrara verliebt er sich in die Prinzessin Leonora d'Este. Das ist eine Unmöglichkeit, aber für den stürmischen Dichter der *Gerusalemme liberata* sind Leben und Kunst eins – Betätigungsfeld des freien Geistes: »*Erlaubt ist was gefällt*« ist seine Maxime. Die Prinzessin reagiert reserviert auf seine Liebeserklärung: »*Erlaubt ist was sich ziemt*«. Sie weiß, dass sie Tasso nicht lieben d a r f . Die Standesschranken zwischen ihnen sind unüberwindlich. Und der alsbald verdüsterte Geist Tassos vermag nicht mehr die Grenze zwischen realen Zwängen und dichterischer Freiheit zu erkennen. Am Beginn des schönen Frühlingstages, an dem die Handlung des ganzen Stücks abläuft, steht Tassos Dichter k r ö n u n g : Es ist aber eben nur ein Lorbeerkranz auf seinem Haupt! Später erteilt ihm sein Herzog Alfons Hausarrest, zum Schluss begibt er sich freiwillig in Pflege. Nur Nötigung vermag den Höhenflug des Dichters zu bremsen – oder aber nicht erwidertes Gefühl.

Was der französische Roman an Substanz vorweisen kann, ist im Gedicht als Experiment vorbereitet: das Spiel mit Sinneseindrücken, der Neutralität oder Subjektivität des Beobachters. Wie kaum sonstwo wird der Laborcharakter der Poesie in diesem französischen Jahrhundert manifest. Charles Baudelaire heißt der Leiter der Versuchsanordnungen. *Die Blumen des Bösen* sind sein Meisterwerk. In der Verschwendung seines Vermögens, seinem Rauschgiftkonsum – mit Distanz beschrieben in *Die künstlichen Paradiese* –, seiner Geschlechtskrankheit zeigt er Möglichkeiten auf, der drohenden Langeweile des bürgerlichen Wohllebens zu entrinnen. Eine andere lohnende Beschäftigung: die Musik Richard Wagners hören. Mit dem »Tannhäuser« hatte der einen prächtigen Skandal an der Pariser Oper erregt, und wo Skandal, da alsbald Bewunderung. Baudelaire macht den Vorreiter. Gleich die erste Szene der Oper zeigt den Minnesänger im Venusberg, einer Lasterhöhle. Opiumkonsum war schon aus der Antike bekannt, aber erst Thomas DeQuincey hatte in seinen

Bekenntnissen eines englischen Opiumessers angedeutet, wozu dem modernen Schriftsteller der Saft des Schlafmohns gut sein könnte.[64] Für Baudelaire bedeuteten Haschisch und Opium die Genussmittel des Sinnenmenschen, der so seine Phantasie stimulierte – er wurde siebenundvierzig Jahre alt.

Paris, wo er geboren und gestorben ist, war Wurzel seiner Kreativität. *Der Spleen von Paris* heißt folgerichtig seine Sammlung von Gedichten in Prosa. D a s Weib wuchs ihm immer diabolischer zur großen Gegenspielerin, da war es wichtig, nach Alternativen Ausschau zu halten:

Komm, meine schöne Katze, an mein verliebtes Herz;
Zieh nur die Krallen deiner Tatze ein
Und laß mich tief in deine schönen Augen tauchen,
In deren Glanz Metall sich und Achat vermischen ...

Die *Fleurs du mal* hatte er Théophile Gautier gewidmet; der ist weniger um seiner Werke willen bemerkenswert – er schrieb Novellen im romantischen Geschmack und Gedichte, die es nicht einmal mehr in eine großangelegte Anthologie französischer Lyrik schafften –, als vielmehr seiner Attitüde wegen. Kunst war ihm Provokation und Selbstzweck, l'art pour l'art. Selbst aus dem Zirkel um Victor Hugo, Gérard de Nerval und Alfred de Musset entsprungen, sammelte Gautier Talente wie Baudelaire und Stéphane Mallarmé um sich und erfüllte sie mit dem Geist der Zweck- und Regelfreiheit der Kunst. »Parnasse« hieß die Gemeinschaft der wahren Dichter nach dem mächtigen Berg am Golf von Korinth, an dessen Fuß das Apollon-Heiligtum Delphi liegt und auf dem der Gott mit den von ihm geführten Neun Musen residiert. Nicht f ü r ein Publikum wollten diese Gotterwählten Kunst machen, sondern das Publikum f ü r ihre

---

[64] Natürlich ›England first‹, beherrschten die Briten doch auch die Handelswege des Opiums aus Afghanistan und China.

Kunst würde sich finden, erwachsen aus einer Bildung des Geschmacks. Am besten verstanden hatten diese Anweisung die Maler, die den so erfolgreichen Impressionismus auf den Weg brachten. Die dadurch hervorgerufene Geschmacksbildung hält bei uns Betrachtern ja noch bis heute an. Impressionismus: Das ist nach wie vor die erfolgreichste malerische Stilrichtung, an den endlosen Schlangen am Eingang jeder Schau abzählbar.

Die Poesie der Zukunft braucht kein Publikum. Ihre Botschaften schaffen sich ihre Zuhörer nach Bedarf und nach ihrem Bilde. *Die Gesänge des Maldoror* sind eine Anhäufung wüster Träume des Weltekels und der Verderbtheit. Trifft Maldoror ein zartes Kindlein im Park, fühlt er sogleich die edle Aufgabe in sich wachsen, es zu ausschweifenden Gedanken zu verführen. Dieser Sänger des Bösen nannte sich programmatisch und onomatopoetisch Comte de Lautréamont. Dass er in Wirklichkeit Isidore Ducasse hieß und ein Jüngling von nicht mehr als vierundzwanzig Jahren war, ist schon fast alles, was wir von ihm wissen. Und dass seine Gesänge in Prosa, fünfzig Jahre ungehört, einer neuen Generation süß in den Ohren klangen und urplötzlich die verkehrten Welten der Surrealisten möglich machen würden: brennende Giraffen und tote Esel auf Konzertflügeln.

Verglichen mit Malen ist Dichten ein spröderes und so meist härteres Geschäft. Stéphane Mallarmé begann mit gereimten Einsichten wie dieser:

> *Des ewigen Azur gelassne Ironie,*
> *sie lähmt wie Blumen, schön und teilnahmslos und kalt,*
> *den Dichter, dessen Not dem eigenen Genie*
> *aus trockner Wüste flucht, aus Schmerzen tausendfalt.*

Dann schuf er den *Nachmittag eines Fauns*, ein zunächst harmlos erscheinendes Hirtengedicht. Der Komponist Claude Débussy wandelte es in sirrende, sensuelle Musik: »Prélude à l'après-midi d'un faune«. Der Gott des Tanzes, Vaclav Nijinsky, machte zu dieser Musik ganz erstaunliche Sachen (manche glaubten da noch mehr zu sehen) auf der Bühne – es war die Stunde der »Ballets Russes«. Selbst als Untermalung eines Zeichentrickfilms sorgt diese Musik noch für heiße Ohren. Mallarmés ureigenste Leistung war es dann aber, das Gedicht aus dem Zwang von Reim und Vers zu befreien. Satzgedicht hieß bei ihm, dass der Setzer einen Bandwurm von Gedicht über viele Seiten zu setzen hatte: *Un coup de dées jamais n'abolira le hasard – Ein Würfelwurf wird niemals den Zufall abschaffen*, das nur aus einem einzigen Satz bestand. Mallarmé wagte sich an Grenzen heran, die – und das ist wahrhaftig eine Leistung – bis heute nicht überschritten worden sind.

Außerdem war er ein geselliger Bursche und versammelte dienstags um sich: die Symbolisten Maurice Maeterlinck und Joris-Karl Huysmans; die Iren William Butler Yeats und Oscar Wilde, die Klangmagier Stefan George und Rainer Maria Rilke sowie die jungen analytischen Geister Frankreichs Paul Valéry und André Gide.

Maeterlinck, aus Belgien, gab den Bühnen endlich wieder etwas Neues zu spielen. *Pélleas und Mélisande* handelt vom urgewaltigen Liebeskonflikt in einem düsteren Kunstkönigreich und gab Claude Débussy die Gelegenheit, Wagners »Tristan und Isolde« ins Impressionistische zu übersetzen; der Spielverderber im Reich Allemonde heißt nun Golo, ein schöner Name in Fin de siècle-Welten. *Der blaue Vogel* ist ein Märchenstück, wie es der Symbolismus liebt, von zwei Kindern, die einer Elfe zuliebe ausziehen, ihr dieses sonderbare Tier zu bringen. Ein sprechendes Brot fordert ständig gute Manieren ein, krakeelt aber selbst mit vollem Mund.

Huysmans, um auf das Geheimnis dieses ›Symbolismus‹ zu kommen, schrieb mit dem Roman *À rebours – Gegen den Strich* dessen Bibel. Darin beschwört er eine Gegenwelt zur Realität. Folgerichtig verschanzt sich der ›Held‹ Des Esseintes in seiner Wohnung, lässt weder Tageslicht noch Störer ein und berauscht sich an diversen Produkten seiner Phantasie, wie etwa einer kunstvoll bemalten, lebenden Schildkröte. Das kann zwar nicht gutgehen, aber Huysmans setzt die Schlagworte Baudelaires konsequent in Literatur um: den Spleen, den Drogenrausch und das Böse. Das steht in seinem anderen Roman *Tief unten* im Vordergrund. Durtal vertieft sich so in seine Studien über den mittelalterlichen Kinderschänder Gilles de Rais, dass die Beschäftigung mit dem Satanismus zur Obsession wächst. Das ›Volk‹, der Pöbel, so Durtals Schlusswort, ist in seinen grobschlächtigen Vergnügungen um nichts besser als die Meister subtiler Verbrechen.

Das Elitäre – und dessen Konsequenz, die Verachtung – erlebt einen kurzen Moment der Vergöttlichung. Auch die Gosse kann elitär sein. Das Vagabunden-Duo Paul Verlaine und Arthur Rimbaud zeigt das. Dieses dramatische Liebespaar steigerte die Ausdrucksmöglichkeiten des Gedichts, lud es mit Musikalität auf:

Les sanglots longs
Des violons
De l'automne
Blessent mon cœur
D'une langueur
Monotone.

Man muss gar nicht wissen, was es heißt, um zu wissen, dass es schön ist.[65] Und so viele o's und u's hat die deutsche Sprache gar nicht, um diese paar Worte angemessen zu übertragen. Verlaine,

---

[65] Auch der Filmfreund kennt diese Verse. Doch wo hat er sie gehört? Paralysierte so der großmächtige Fantômas seine Gegner? Brachte Jean Gabin mit ihnen Simone Signoret auf die Palme? Bettete Django seine Opfer zur letzten Ruhe, diese Zeilen rezitierend? Nein, im Streifen »Der längste Tag« trägt der Nachrichtensprecher von BBC Europe sie vor, um die französische Résistance auf die bevorstehende Invasion der Alliierten in der Normandie vorzubereiten. Weltgeschichte im Tonfall melodischer Herbstdepression. Bravo!

der sanfte, schießt im (Liebes-)Rausch auf Rimbaud, den unglaublich modernen; der hört als erstes mit Dichten auf, neunzehnjährig!, zweitens wird er Waffenhändler und verschwindet dann ganz von der Bildfläche.

Mit Paul Valéry kommt auch die Poesie bei jenem Endpunkt an, den Proust für die Prosa gesetzt hat. Das lange Gedicht *Der Friedhof am Meer*, vor allem aber *Die junge Parze* drücken seine endzeitlichen Gefühle aus:

Geheimnisvolles ICH du, du lebst, du lebst,
du lebst noch immer!

Valéry interessiert sich für das, was nicht zu sehen ist. Dem Leonardo da Vinci schreibt er zu, in jedem Abgrund die Möglichkeit einer Brücke erschaut zu haben, und so ist auch das *objet ambigu* zu verstehen, das Sokrates in dem Platon nachgebildeten Dialog *Eupalinos* am Strand findet: Es könnte alles Mögliche sein, eben alles, was m ö g l i c h ist.

Wie stark die französische Poesie die Welt beeindruckte, ist an der Wahl des ersten Literaturnobelpreisträgers ablesbar. Er hieß Sully Prudhomme und war ein Spätgeborener der Parnasse-Generation. Dass seine Gedichte schulbuchtauglich waren, spricht zwar gegen ihn. Dass er völlig vergessen ist, dagegen nicht unbedingt. Wie viele große Vergessene hat die Literaturgeschichte gesehen, die dann mit entsprechendem Tamtam ›wiederentdeckt‹ wurden! Solche Vorgänge sagen indes mehr über unser aller Geschmacksunsicherheit aus als über die Qualitäten der teuren Verblichenen. Es gibt nur ein sicheres Hilfsmittel, sich in diesem von Werbung und Geschäftsinteressen vernebelten Bezirk zurechtzufinden: den Kompass des eigenen Urteils, von Mal zu Mal präziser justiert durch die Lektüre wegweisender Bücher.

Wie die Planeten in einem wohlgeordneten Sonnensystem sind die größten Autoren des französischen Literaturkosmos an uns vorübergezogen. Mal erscheinen sie eindrucksvoller, wenn sie in aller Pracht dicht vorbeikommen, dann auch wieder geringer oder werden vom Glanz anderer verdeckt. So wird es Dir auch erscheinen bei der Lektüre, und manches wirst Du in anderem Licht sehen als ich es tat. Auf jeden Fall sind ihre Schöpfungen unvergänglich und bestimmend für ihr Zeitalter. Generationen von Lesern und Nachahmern haben die Hälse gereckt, um dieses Himmelsspektakel zu bewundern oder zu vermessen und daran ihre Uhren neu zu stellen. In ihrem Hintergrund aber befindet sich noch ein Fixsternhimmel voll von Dichtern: Sterne verschiedener Größe und Helligkeit, Sternbilder und Konstellationen.

Wieder wandert der erste dieser Sterne über die Grenze nach Frankreich hinüber. Der Regensburger Melchior Grimm, der vierzig Jahre in Paris verbrachte und schrieb, schuf das Genre des feuilletonistischen Briefs, der regelmäßigen Zustandsbeschreibung des kulturellen und gesellschaftlichen Lebens bis zum Höhepunkt der Großen Revolution. Unter dem Titel *Paris zündet die Lichter an* sind diese Depeschen gesammelt.

Aus den scheinbar unbeschwerten Tagen des Rokoko waren die Leser an Produkte ausschweifender erotischer Phantasie gewöhnt, und auch revolutionäre Geister wie der Graf Mirabeau verfehlten nicht, das Publikum weiterhin mit Einschlägigem wie *Lauras Erziehung* zu versorgen. Moral und Pornographie gingen in den besten Werken dieser Art eine unlösliche Verbindung ein. Für den Erwerb von Büchern dieses speziell französischen Genres musste man noch im deutschen Buchhandel der neunzehnhundertsiebziger Jahre ein Revers unterschreiben, dass man sie nicht Minderjährigen zugänglich machte; zuletzt wurde dies für Pierre Klossowskis *Die Gesetze der Gastfreundschaft* nötig – ein philosophisches Werk, wie man es von dem Bruder des Hocherotikers unter den Malern, Balthus alias Balthazar Klossowski, erwarten konnte.[66]

Ein besonders emsiger Arbeiter in diesem Weinberg war Restif de la Bretonne, von Beruf eigentlich Buchdrucker, der den Handel mit eigenen Produkten enorm in Schwung brachte. Immer an den Grenzen des Erlaubten, versorgte er in unruhigen Zeiten die gierigen Leser mit hunderten Büchern der oben beschriebenen Art von zum Teil sozialutopischem Charakter. Sein Meisterwerk ist der *Verderbte Landmann*, aber auch die *Galanten Damen* und die *Nächte von Paris* könnten Deine Begeisterung für die Sonnenseite der Revolution wecken. Mit einer *Anti-Justine* wandte sich Restif direkt gegen die Schreckens- und Gewaltvisionen à la de Sade. Der unglückliche Marquis saß zu dieser Zeit in der Bastille und schrieb ausschweifende und außerordentlich langwierige Phantasien über ein junges Mädchen namens *Justine* und deren bestrafte Tugend sowie die belohnten Laster ihrer Schwester *Juliette*, bevor er vom Kerker in die Irrenanstalt überwechseln durfte.

Bei Pornographen verpönt ist eine andere Spielart der Erotik, die gelebte Zweierbeziehung. Der Fachmann hierfür: Der Schweizer Benjamin Constant, der einige Jahre in Deutschland verbracht hatte wie seine langjährige Lebensgefährtin, Madame Germaine de Staël; er kam aus der Sphäre der Politik und betrieb Literatur nebenher, begeisterte sich für die Ideale der Revolution, wurde Franzose und veröffentlichte zwei Romane, *Adolphe* und *Cécile*, die ein breites Echo fanden, mittlerweile aber völlig vergessen sind. Nicht ganz zu Recht, denn in *Adolphe* liefert Monsieur eine mutige Zustandsbeschreibung seiner Beziehung zu Germaine, nur unwesentlich dramatisch überspitzt, die stets aktuelle ›Szenen einer Ehe‹ bietet. Dagegen ist Frau de Staël, die Tochter des populären Finanzministers von Ludwig XVI., Jac-

---

[66] Die beiden einander würdigen Brüder, deren Mutter mit Rilke befreundet war, starben kürzlich, nach erfülltem, fast hundertjährigem Leben.

ques Necker aus Genf, noch heute wegen ihrer Freundschaft mit dem Kreis um die Schlegel-Brüder und wegen ihres Widerstandes gegen Napoleon bekannt. August Wilhelm Schlegel war der Hauslehrer ihrer Kinder. Ihr Buch *Über Deutschland* zeugt von dieser Begeisterung für die Romantik. Auch Goethe stattete sie einen Besuch ab, wie alle. *Nach der Begegnung berichtete Goethe seinen Freunden: Es war eine interessante Stunde. Ich bin nicht zu Worte gekommen; sie spricht gut, aber viel, sehr viel. – Ein Damenkreis wollte inzwischen wissen, welchen Eindruck unser Apoll auf die Fremde gemacht habe. Auch sie bekannte, nicht zu Worte gekommen zu sein. Wer aber so gut spricht, dem hört man gerne zu – soll sie geseufzt haben.* Sie schrieb einen Roman *Corinna oder Italien*, der von Dorothea Schlegel übersetzt wurde. Oswald, wieder einmal so ein unmotiviert daherkommender reisender Schotte, erlebt mit seiner Corinna a l l e touristischen Höhepunkte Italiens, also die Grand Tour des Bildungsreisenden, bevor ihre Beziehung tragisch wird.

> Die Rivalität der durch den Rhein getrennten Länder wurde selten produktiv. Die Avantgarde stand (wie stets) links (vom Rheinufer aus gesehen). Erst das Zwanzigste Jahrhundert zündete die Spannung zwischen Paris und Berlin zum Blitz, im Guten wie im Bösen.

Der Offizier und Liberale Choderlos de Laclos hatte mit seinen *Gefährlichen Liebschaften* einen Sensationserfolg im Genre des Briefromans, der bis heute anhält. Es ist ein Traum jeder Filmschauspielerin, als Marquise de Merteuil eine hochgeschnürte Brust, ein Schönheitspflästerchen sowie verruchten Scharfsinn zu zeigen. Von der Revolution mit dem Tode bedroht, ereilte Laclos das Schicksal erst als General unter Napoleon. Das Arrangement der Intrige in seinem einzigen erfolgreichen Roman erinnert an die Theaterstücke von Pierre Carlet de Marivaux, die stets unter den Dir bestens bekannten ›Labor‹-bedingungen spielen und deren Konstruktion mehr überzeugt als die Ausführung. Die Schilderung verdorbener Charaktere in herrschaftlichem Ambiente hatte schon bei Erscheinen des Romans der Leserschaft den morbiden Charme eines im Untergang begriffenen Zeitalters vorgeführt.

Das Besondere am Lebenslauf des Generals und Schriftstellers Xavier de Maistre war, dass er erst zum Ende hin in Paris eintraf. Vorher hatte er eine militärische Karriere gegen Frankreich gemacht, zuletzt in russischen Diensten, wie viele Emigranten.[67] Und ein winziges Werklein geschaffen, *Die Reise um mein Zimmer* mit der Fortsetzung *Die nächtliche Reise um mein Zimmer*. Heute sind wir an die Pointe des Buches, dass die im Titel versprochene Handlung trotz deutlich spürbarer Bemühungen des Autors niemals stattfindet, zur Genüge gewöhnt. De Maistre aber macht aus der Grundidee, dass ein platonisch denkender Mensch eigentlich aus zwei Individuen besteht, nämlich dem in jeder Hinsicht beweglichen Geist und der roboterhaften, triebgesteuerten Materie des Körpers – *Der Mensch eine Maschine*, das kleine Meisterwerk der Rokokophilosophie von LaMettrie lässt hier grüßen –, eine witzige Komödie der Unmöglichkeit im Stile des *Tristram Shandy*. Köstliche Unterhaltung für einen kurzen Abend im Schaukelstuhl! Es gibt einen General mit einem noch schmaleren Œuvre. Napoleon ergriff die Feder, um Befehle zu fixieren – oder Frauen den Hof zu machen. Josephine Beauharnais muss mit ihrem speziellen Charme: berechnend, brillant, maliziös, dem kleinen Bonaparte genausoviel zu schaffen gemacht haben wie die preußisch-russische Koalition, denn er verwendete auf beides gleiche Konzentration. *Die Briefe an Josephine* bezeugen, wie der Welteroberer von einer Frau dressiert wurde.

---

[67] Bedenkenswert ist, wie Frankreich erst mit den Hugenotten, später mit dem königstreuen Adel auch zwei Generationen von Kulturträgern, Dichtern, Denkern ins Ausland jagte, und doch der Quell der Inspiration nicht zum Versiegen kam; wer heute über das Benehmen russischer Rubelmilliardäre an der Côte d'Azur lächelt, erinnere sich bitte, wie reich das Kulturleben der Sowjetunion gewesen ist, nachdem auch dort mit Adel und Junkertum wesentliche Bildungsschichten ausgerottet worden waren. Der menschliche Geist, scheint es, verweigert sich jedem Versuch der Zurückzüchtung, Einengung, Verwaltung. Das sollten wir auch für die Zukunft bei allen Arten von Manipulationen des Geistes im Auge behalten.

Die »Wasserspiele der Villa d'Este« in Tivoli bei Rom sehen heutigentags wieder imponierend aus, inspirierend waren sie auch früher schon, etwa für die Tonmalerei Franz Liszts. Wenn das Klavier perlt, trillert und glissiert, laufen mir Wonneschauer den Rücken hinunter. Der Park der Villa d'Este, Urbild für fünfhundert Jahre Gartenbaukunst und kühle Oase im staubtrockenen latinischen Sommer, ist für mich das schönste Ereignis jeder Romreise. Kaiser Hadrian, dieser große Kulturmensch der Antike, wusste wohl, warum er sich dort, ganz in der Nähe, ansiedelte. Der heute wieder zu besichtigende Kanopus inmitten seiner Riesenvilla lässt mit seiner Schwerelosigkeit und ägyptischen Mystik vergessen, dass die Römer das Bauen mit Beton erfunden haben. Das »Vallée d'Oberman« ist neben den »Wasserspielen« ein weiteres köstliches, beschreibendes Stück Musik aus Liszts »Pilgerjahren«; *Oberman* ist das wie ein Musikstück gearbeitete, in Briefen verfasste Manifest der französischen Romantik von Etienne Pivert de Senancour. Ein Roman ohne Dialoge, voller Betrachtungen, auf der Suche nach Liebe und Gerechtigkeit im Menschengeschlecht.

François-René de Chateaubriand schätzen wir als Kreateur eines gebratenen Stückes Rindfleischs exquisiter Herkunft mit Gemüsebeilage. Über seine *Lebenserinnerungen von jenseits des Grabes* kann ich weniger Gutes, weil gar nichts, sagen. Ich habe sie hier in der Hand, aber nicht die geringste Lust, hineinzuschauen. Chateaubriand war ein beweglicher Geist, der alle Wechselfälle der Politik von rollenden Köpfen bis zu rauchenden Kanonen schadlos bestand. Höchstens sein Charakter wurde befleckt, sein Diplomatenfrack blieb blütenrein. So vermag er uns auch nicht durch seine zwei Erzählungen mit einem Haufen Wilder in exotischen Kulissen beziehungsweise weltschmerzwunden Künstlergenies, *Atala* und *René*, zu überzeugen, die seine katholische Grundhaltung – eine französische Konstante in hundert Jahren großer Romane – spiegeln. Wenn es um Haltung im Umkreis Napoleons geht, erinnern wir uns gern an das Beispiel Goethes, der bewunderte, ohne sich anzubiedern. Letzteres tat auch

Alfred de Vigny, Vertreter der Reaktion. Er schrieb mit *Cinq-Mars* den ersten historischen Roman in Frankreich mit der Zielsetzung, Walter Scott zu übertreffen und zu verbessern. Statt historischer Randgestalten, Scotts berühmter ›mittlerer Charaktere‹, machte er sich anheischig, die großen Helden der Geschichte selbst agieren zu lassen – wie es ja auf dem Theater seit je üblich war –, hier also den unglücklichen Verschwörer Cinq-Mars und seine Gegner, den Kardinal Richelieu und Ludwig XIII. Außer mit *Fron und Größe der Soldaten*, einer Sammlung Geschichten, die in zweifelhafter Weise literarische Heroisierung des Militärhandwerks betreiben, ist Vigny vor allem mit *Stello* interessant geblieben: ein Buch über Bücher, das endlich auch den Dichter in der Heldenpose zeigt. Vigny lässt die interessante historische Figur des Dichters und Literaturfälschers *Thomas Chatterton* auftreten, dessen kurzes Leben viele Spätere beschäftigt hat bis zu Hanns Henny Jahnn, der aus dem Fall ein spannendes Theaterstück machte.

DER EDLE WILDE HÄLT UNS DEN SPIEGEL VOR. ES IST KEINE SCHANDE NACKT ZU SEIN. UND GENAUSO WENIG SELBST ZU DENKEN

NUR SKLAVEREI IST EINE SCHANDE.

Ein leidenschaftlicher Pamphletist war Claude Tillier, der in seinen wenigen Lebensjahren ein schmales Œuvre zustande brachte. Unter den gemütlichen Titeln *Mein Onkel Benjamin* und *Schönblatt und Cornelius*[68] hielt er der kleinbürgerlichen Welt seines Heimatortes den Spiegel vor. Da er Paris mied, blieb Tillier in Frankreich vergessen. Seiner Leistung an humoristischer Zuspitzung und klarer Weltsicht tut das keinen Abbruch. Der Onkel – eigentlich der trink- wie

---

[68] Am Schluss erhebt sich Cornelius in einem wasserstoffgefüllten gelenkten Ballon – Jules Verne wird grünlich um die Nase vor Neid, wir denken aber auch an LZ 129 und die Tragödie von Lakehurst – und entschwindet in die Unsterblichkeit. Sein Autor tat es ihm alsbald nach.

sinnenfreudige Großonkel des Erzählers – ist eine Rokokogestalt, in das nachrevolutionäre ländliche Frankreich versetzt. Der weinselige Räsonneur gegen die sozialen Verhältnisse zeigt sein Format, als ihn ein tollwütiger Landadeliger zwingt, ihm den ... zu küssen. Diese Schmach lässt Benjamin Rathery nicht auf sich sitzen; im Handumdrehen vergilt er Gleiches mit Gleichem und lässt sich seinerseits den ... küssen, der dadurch sozusagen geadelt wird. Tillier schafft es, im Ton zurückgenommener Beschaulichkeit seine beißende Kritik vorzutragen: ein Wolf im Schafspelz.

Die Karikatur erlebte zu dieser Zeit eine Blüte, weil große Künstler danach drängten, tagesaktuell zu sein. Honoré Daumier schuf für den »Charivari« – Vorbild aller satirischen Zeitungen über »Simplicissimus« bis »Titanic« – eine Serie von Bildgeschichten, zusammen mit dem Texter James Rousseau, die *Robert-Macaire* zum Volkshelden machten. Diese Figur des Spießers und Opportunisten geht aus einem von Balzac entwickelten Genre hervor, der literarischen *Physiologie*, der ›wissenschaftlichen‹ Beschreibung von Lebenszusammenhängen. In kleinen Szenen werden Eheleben, Parlamentsarbeit oder Gesellschaftsklüngel satirisch bloßgestellt. Bis die Zensur einschritt, putzten sich diese ›Physiologien‹ frankreichweit zu Publikumslieblingen heraus, besonders, wenn illustriert.

Gekreuzte Rebhuhnkeulen als Illustration waren der schönste Schmuck für *Die Physiologie des Geschmacks* von Jean Anthèlme Brillat-Savarin. Er ist der Begründer der modernen Küche, nicht als Koch, sondern als Sachverständiger (›Kritiker‹). Erst schuf e r die Grundlagen für das Verständnis dessen, was uns schmeckt. Danach produzierte Alexandre Dumas père, von dessen imponierender Leiblichkeit schon die Rede war, *Das große Wörterbuch der Kochkunst*. In dem ist Savarin schon als Kuchen verewigt: *Etwas Bierhefe und Obers werden miteinander verrührt, drei Eier, ein Viertelkilo Zucker, siebenhundertfünfzig Gramm zerlassene Butter, ein Liter Mehl und sehr wenig Salz hinzufügen. Alles gut verkneten und so viel Obers* (für alle Nichtösterreicher: Schlagsahne!) *dazu-*

gießen, daß der Teig weich bleibt. Eine Torten-Springform buttern und den Boden mit geschälten, fein gehackten Mandeln bestreuen. Die Form zu drei Vierteln mit dem Teig füllen und in einen sehr schwach beheizten Ofen schieben, um den Teig steigen zu lassen. Wenn er hoch genug ist, wie eine Brioche backen. Den fertigen Kuchen aus der Form nehmen und mit einer Mischung aus Kirschwasser und Zuckersirup, der bis zum starken Flug gekocht wurde, einer Messerspitze Vanillepulver und etwas Mandelmilch vorsichtig übergießen, sodaß der Kuchen den Sirup gut aufsaugen kann. Diese Mischung verleiht dem Kuchen das exquisite Aroma. Sie können ihn heiß oder kalt servieren. Eine Nation hatte ihr Thema gefunden. Ein Hoch auf den Savarin!

Victor Hugo, der als Genie begann und als großer Einsamer endete, fing die Arbeit am Charakter des Jean Valjean an, als er noch ganz von der Kraft der romantischen Bewegung mitgerissen war. Fünfzehn Jahre brauchte er für sein Großwerk *Die Elenden*, in dem seine ganze Enttäuschung über die politische Entwicklung enthalten ist. Mit Valjean stellt sich ein Einzelner dem Getriebe der Menschenvernichtung und Sinnlosigkeit des Staatsapparates entgegen. Es ist nicht schwer, ihn sich mit den Zügen Lino Venturas vorzustellen, also angesiedelt zwischen Grübler und Preisboxer. *Die Elenden* sind ein äußerst umfangreiches und bekennerhaftes Werk. In fataler Weise ähnelt aber das Schicksal Valjeans den Erlebnissen des *Grafen von Monte-Cristo*, die mit ungleich größerem Schmiss farbigere Abenteuer mit demselben moralischen Appell bieten, ohne von ihrem Erfinder Alexandre Dumas mit einer Soße von christlich-demutsvollem Sozialschmalz übergossen zu sein. Nur in Literaturgeschichten vermögen die *Elenden* als Ganzes zu überzeugen, die Lektüre ermüdet. Was bleibt, ist das Gesicht Lino Venturas.

Die männerverschleißende George Sand schrieb Romane über Frauenschicksale wie *Flavia, Pauline, Lélia, Die kleine Fadette* und noch viele andere, die einige Aufmerksamkeit verdient hätten. Ihr Pseudonym entlieh die als Aurore Dupin geborene dem Namen ihres ersten Geliebten. Ihre Zeit mit Frédéric Chopin ist in dem Bericht *Ein Winter auf Mallorca* beschrieben, aber Hans Traxler bringt die Sache als Comicstrip präziser auf den Punkt: »Kaputt ist nur Dein Psychosoma!« – *Chopin, der liegt schon halb im Koma* ... Die wichtige und offenbar ebenso erschöpfende Beziehung mit Alfred de Musset analysierte sie kalt in dem kurzen Briefroman *Sie und Er*. Musset seinerseits schrieb zum selben Thema, über seine Zeit mit dieser ihn überwältigenden Frau, das *Bekenntnis eines Kindes seiner Zeit*, gleichzeitig ein Reflex der nachnapoleonischen Ära der gesellschaftlichen Leere und Langeweile, war aber vor allem als Autor effektvoller Bühnenstücke im Geschmack der Romantik erfolgreich.

Die Welt der Kunst verdankt Eugène Fromentin die neue Wertschätzung des Genies *Rembrandt*, den er mit Essays feierte, die zu den frühen Höhepunkten der kunstgeschichtlichen Literatur gehören, außerdem eine Menge Bilder mit exotischen Themen. Als Schriftsteller brachte er uns den *Dominique*, als Mensch war er der nimmermüden George Sand, der er den Roman auch widmete, freundschaftlich verbunden. Sein einziges Erzählwerk preist die Urwüchsigkeit der bäuerlichen Normandie als Gegenwelt zum kalten, unpersönlichen Paris und die bewusste Entsagung des Helden, der seinen Platz in der Gesellschaft als ehrenwerter Landmann statt als Salonlöwe einnimmt.

Gérard de Nerval, der Poet der Fieberträume und *Traumschlösser*, war als Reiseschriftsteller in aller Welt und berichtete davon feuilletonistisch für Zeitungen. Bis zu Jules Verne und Karl May, die sich ja auch als (zu Hause gebliebene) Reiseschriftsteller sahen, blühte dieses Genre in Einklang mit dem immer größer werdenden Fernweh des Publikums. Nerval trug mit *Aurelia* Entscheidendes zur Entwicklung der Romantik in Frankreich bei. Romantik, im Deutschland um achtzehnhundert als Reflex auf die große Revolution und ihre verpuffende Wirkung erfunden, bedeutete überall sonst auf der Welt nicht so sehr die konzise Sprache der kleistschen Novellen oder die kalte Ekstase seiner Dramen, sondern vor allem E.T.A. Hoffmanns Hirngespinste und Koboldwelten.

Der Name Feydeau steht in Frankreich für munteres Treiben auf der Bühne, Vaudevilles oder spritzige Komödien. Dafür verantwortlich war Georges, der Sohn von Ernest Feydeau, der seinerseits mit Flaubert befreundet war und als Schriftsteller nur dilettierte. Allerdings ist ihm dabei mit *Fanny* eines der intensivsten Bücher zum Thema Eifersucht geglückt. Eifersüchtig ist nicht Fanny, sondern ihr Liebhaber, das Erzähler-Ich; unerträglich ist ihm, dass die Verheiratete auch den Ansprüchen ihres Ehemanns gerecht wird. Dieses Thema erscheint so recht pariserisch; aber wie Feydeau es gestaltet, das ist großes Kino! Auf einem Balkon stehend muss der Liebende, vorher noch großspurig und die Ruhe selbst, in immer größer werdender Zerrüttung mitansehen, wie seine Angebetete ... nun ja, so intim möchte ich hier nicht werden.

Alphonse Daudet ist der Poet Südfrankreichs. *Tartarin von Tarascon* samt zweier Fortsetzungen und *Briefe aus meiner Mühle*, eine Sammlung von Feuilletons, heißen seine großen literarischen Erfolge, mit denen er sich den Beinamen eines ›Dikkens der Provence‹ verdiente. Wenn Du seine kleinen Geschichtchen aus einer Welt der Mittagshitze und Blütenpracht zur Hand nimmst, hast Du gleich Lavendelfelder vor Augen oder die wie ein warmer Windstoß daherkommenden »Chants d'Auvergne« von Joseph Canteloube im Ohr. Befreundet war Daudet mit den Brüdern Edmond und Jules de Goncourt, zentralen Gestalten des literarischen Lebens im Zweiten Kaiserreich, die gemeinsam als Romanciers mit Werken wie *Madame Gervaisais* oder *Renée Mauperin*, vor allem aber in ihren *Tagebüchern* als kritische Chronisten auftraten. Dieses Tagebuch ist nicht nur ein wissenschaftliches Dokument, ein Protokoll der gesellschaftlichen Zermürbungen der Epoche, es ist auch ein erschütterndes Zeugnis der Bruderliebe, wenn Edmond darin das Sterben seines jüngeren Bruders minutiös festhält; ähnlich wird es bald darauf in berührenden Skizzen der Maler Ferdinand Hodler bei seiner Gefährtin Valentine machen. Die Kunst setzt sich über letzte Empfindlichkeiten hinweg. Später zeigt Edmond dann noch die

Schauspielerin *Juliette Faustin*[69] in geselligem Umgang mit der Demimonde und wie sie sich mit einem Griechischprofessor subtil auf ihre Rolle als Phädra vorbereitet. Wieder die *Phädra!*, die Schicksalsrolle des französischen Theaters.

Auch die Goncourts waren der Wissenschaft verfallen, ihre Lehrmeister hießen Auguste Comte, der Begründer der Gesellschaftslehre oder Soziologie, und Hippolyte Taine, dem wir den Begriff des ›Milieu‹ verdanken. Die Goncourts machten aus den Gewissheiten der Theorie Literatur; jeder ihrer Romane beschreibt ein besonderes Milieu, bis in die Welt des Zirkus (*Die Brüder Zemganno*) und der Gosse (*Das Mädchen Elisa*) reichen die Erkundungen. Für ihr bestes Buch *Germinie Lacerteux*, das von der sexuellen Hörigkeit handelt, stellten sie sogar ihrem eigenen Stubenmädchen nach. Das war nicht ihre einzige Unart. Eine andere bestand darin, den Publikumsgeschmack der Zeit zu manipulieren. Ihre Spezialität war es, Kollegen zu lancieren oder – deren Karrieren zu vernichten. Zur Buße stiftete Edmond vor seinem Tod den bis heute bedeutendsten Literaturpreis Frankreichs, der ihren Namen trägt.

Das ›Milieu‹ hat in der französischen Literatur Tradition, seit Eugène Sue dem verblüfften Lesepublikum im erfolgreichsten Fortsetzungsroman aller Zeiten *Die Geheimnisse von Paris* gelüftet hatte. Die Welt der Kokotten und Lebedamen, Schauspielerinnen und Modistinnen sowie ihrer männlichen Bekanntschaften füllte seither Bände; den Begriff der *Bohème*[70] machte Henry Murger durch seine amüsante Studie über die Freunde Rudolf,

---

[69] Nachtigall, ick hör Dir... Wenn eine Schauspielerin *Faust*-in heißt, dann hat das ganz bestimmt etwas zu bedeuten. Wieder einmal zeigt sich hier das Phänomen, dass Namen sprechen.

[70] La Bohème klingt nicht nur nach böhmischen Dörfern, gemeint ist die vermeintliche Freiheit und Ungebundenheit des Zigeunerlebens, das Murger in dieser Weltgegend lokalisieren zu können meinte.

Schaunard, Colline und Marcel zu Literatur – aber erst Puccini durch seine gefühlvolle Oper weltberühmt, in der Rudolf fürs erste schüchtern nach Mimis ›eiskaltem Händchen‹ tastet. Über die Romane und Geschichten voller intimer Kenntnis der Halbwelt von Charles-Louis Philippe wie *Marie Donadieu* reicht die Ahnengalerie der Bohèmeliteratur bis zur Colette und ihrem unverwüstlichen *Chéri*. Bei Besetzungsproben zu ihrem Musicalhit *Gigi* entdeckte die Greisin die blutjunge Audrey Hepburn – die die Rolle bekam, Karriere machte, aber wenig später nur noch Nonnen und Heilige spielte. Die Zeit der skandalösen und dadurch literaturfähigen Schauspielerin war damit Geschichte, genauso wie die wilde Unbeschwertheit der Bohème.

Marcel Jouhandeau, noch von Klabund[71] mit Proust auf eine Stufe gestellt, hat mit diesem nicht nur den Vornamen gemeinsam. Auch seine Technik ist der Erzählstrom, der über einzelne Geschichten und bis zu fünf Bände hinweg fließend eine völlig eigene Welt von Personen und Geschehnissen trägt. Etwas für ganz ruhige Stunden am Kamin. Wie da die Zeit vergeht, erlebte Jouhandeau am eigenen Leib, denn eines Tages erschienen vor seinem Fenster Vertreter der Studentenrevolte, um ihn für seinen Revisionismus zur Rechenschaft zu ziehen. Seine Antwort: »Macht, dass ihr fortkommt, in zehn Jahren seid ihr alle Notare!«

Dass sich die neuen Zeiten nicht aufhalten lassen, führt der clowneske Alfred Jarry vor, der sich mit Zola die ersten Fahrradrennen der Literaturgeschichte lieferte. Der *König Ubu* ist sein Alter Ego auf der Bühne, der mit einem krähenden »*Scheitze!*« vorstürmt und damit den so auch erwünschten Skandal provo-

---

[71] Dieser große Alleswisser hat – neben kleinen Romanen über *Störtebecker* oder die *Borgias* – eine *Literaturgeschichte* im Stenostil geschrieben. Wer darin vorkam, hatte es geschafft – oder ist trotzdem inzwischen komplett vergessen.

ziert. Zu Lebzeiten kaum bekannt[72], ist Jarry mit seinen Stücken und Romanen heute Underground und Kult zugleich, Vorbild für Clowns und Nobelpreisträger wie Beckett und Fò.

Im Telegrammstil verfasst ist *Der Schmarotzer*, ein kleiner Roman von Jules Renard. Henri, wie er sich auf seiner Visitenkarte lapidar nennt, saugt sich an der Familie des Fabrikbesitzers Vernet fest. ›Schonungslos‹ ist dieses Büchlein; ein stilistisches Attribut von hoher Aktualität.

So war auch Félix Vallotton. Vor allem war er aber Maler aus der Umgebung der »Nabis« Bonnard und Vuillard, die ihn wegen seines einzelgängerischen Wesens den ›nabi étranger‹ nannten. Das Temperament seiner Kunst ist Kühle; klare Flächen füllt er mit präziser Form und kräftigen bis knalligen Farben. Dabei vermag er aber in dieser Reduziertheit perfide Geschichten zu erzählen. Mann und Frau in einem Zimmer: Bei ihm ist das der routinierte Verführer, der eine noch zurückhaltend verschleierte Dame zum Schäferstündchen empfängt – nebenan ist das Bett schon aufgeschlagen. Vallotton ist witzig, und dieses seltene Göttergeschenk hat er auch mit seiner anderen Begabung genutzt. Er schrieb zwei Romane, die Dich interessieren werden, nicht nur wegen des Zynismus, der sich auch in den Holzschnitten spiegelt, mit denen Vallotton selbst seine Werke garniert hat. *Das mörderische Leben* führt ein Mann, der wie Midas alles verwandelt, was er berührt. Beim mythischen König von Phrygien, von dem Herodot und Ovid erzählen, wurde es Gold, bei Jacques Verdier Tod. So macht er gleich am Beginn des Romans dem eigenen Leben ein Ende, um weiteres Unheil zu verhindern; seine haarsträubende Geschichte ist sein Vermächtnis an den Leser.[73]

---

[72] Die Kollegen kannten ihn wohl: In André Gides *Falschmünzern* tritt er leibhaftig auf!

[73] Die Idee hat was. Und gute Ideen kommen wieder: *Der Schrei der Eule* heißt der Roman von Patricia Highsmith, in dem ein Blick in ein fremdes Leben ausreicht, damit alle sterben müssen, die Robert Foresters Weg kreuzen. Er macht einen Krimi daraus.

Corbehaut schildert das merkwürdige Erlebnis eines Horrorschriftstellers, der feststellen muss, dass in seinem Städtchen viel horrendere Dinge vor sich gehen als in seinen kühnsten Phantasien.

Das Jahrhundert des französischen Romans geht janusköpfig zu Ende mit zwei Männern, zwei Nobelpreisträgern, zwei völlig verschiedenen Entwicklungsrichtungen. Anatole France schwelgt in der Pracht des Untergangs. *Thaïs* ist dafür geschaffen wie keine andere. Die Kurtisane aus dem blattgoldenen Alexandria einer zerbröckelnden Antike, die den Mönch Athanaël, der aus der Wüste gekommen ist, sie zu bekehren – die Wüste war voll von solchen Leuten, die auf Säulen standen oder in Höhlen lebten und sich nur von wildem Honig nährten –, ihrerseits zum Leben bekehrt, verkörpert ideal die Stimmung des Fin de siècle mit ihrem Duft nach Moschus und Moder. Jules Massenet hat daraus eine betörende Oper gemacht, deren Klänge Du nicht wieder aus dem Ohr bekommst. Bezeichnend, dass die Premiere im neuen Babylon der Reichen, in Monte Carlo, stattfand. Morbidität kennzeichnet den Erzähler France. *Die rote Lilie* stellt den Abschied von der Liebe dar. »*Es ist also aus?*« *Er schwieg. Die Dämmerung verwischte schon die Konturen. Sie sagte:* »*Was soll nun aus mir werden?*« *Er antwortete:* »*Und was wird aus mir?*«

André Gide steht ganz auf der Seite des neuen Jahrhunderts. Er kennt keine Gefühlsduseleien; seine Autopsie der Sowjetunion – früh bewundert, spät abgelehnt –, sein Umgang mit der Homosexualität, zunächst noch verschlüsselt in der Erzählung *Der Immoralist*: Zeichen für einen Neuanfang. Die sexuelle Orientierung der Poeten – und sie sind höchst different orientiert – gerät zum Thema, das neben ihr Werk, bisweilen auch davor tritt. Der Roman für ein neues Zeitalter heißt *Die Falschmünzer*. Der Abiturient Bernard entdeckt, dass die Verhältnisse in seiner Familie zerrüttet sind und büxt aus; was als Pennälerstreich beginnt, wächst zu einem Lebensbeginn heran, der mit dem des scheuen Olivier über Kreuz geht. Bernard wird Begleiter von Oliviers Onkel, dem Schriftsteller Édouard, der gerade an einem Roman namens »Die Falschmünzer« arbeitet und sich so als Gides Stellvertreter im Buch zu erkennen gibt. In dem die Handlung begleitenden Tagebuch gibt Édouard preis, wie er in Liebe zu seinem Neffen entbrennt, der wiederum zur Clique des Dandy-Schriftstellers Robert[74] gehört. In der Schule treibt eine Bande Falschmünzer und jugendlicher Hehler ihr Unwesen und den kleinen Boris in den Selbstmord, während die Elterngeneration moralische Falschmünzerei betreibt: sie tut so, als wäre alles in Ordnung. Die eigentliche Handlung erscheint jedoch belanglos neben der Zielsetzung Gides, Symptome zu benennen und als verantwortungsbewusster Arzt die Diagnose zu stellen: Ist auch das Alte zum Absterben verurteilt, so wird doch etwas Neues kommen. Und das wird gut.

---

[74] Titel seines jüngsten Erfolges: »Das Reck«! Sein Motto: »Die Wirklichkeit ist mir im Weg«. Bernards Replik: »Wie schade.«

KAPITEL 5

WIE ALLES ANFING

Tief ist der Brunnen der Vergangenheit, raunt es bei Thomas Mann gleich zu Beginn von *Joseph und seine Brüder*. Wie tief er ist, hatte sich der alte Meister bei den sorgfältigen Vorarbeiten zu seinem opus maximum von einem Stab von Fachleuten erklären lassen und durch intensives Literaturstudium ausgelotet. Wie immer ging er bestens vorbereitet an die Arbeit, die bei einem täglichen Pensum von zwei handgeschriebenen Seiten langsam genug voranschritt. Zweitausend Druckseiten werden es später sein. Für einen Schriftsteller, gesättigt von Bildung gediegen altmodischen Zuschnitts, musste es den Gipfel von Anmaßung und Herausforderung bedeuten, das Buch der Bücher, die *Bibel* (vom griechischen Wort biblos: Buch), zur Vorlage des eigenen Werkes zu machen. Der Josephsroman geht von der alttestamentarischen Handlung aus und stellt sie in ein Panorama des alten Orients, das nicht weniger sein will als ein umfassender Blick auf u n s e r e kulturelle Herkunft, deren Wurzeln der altmodisch-allweise Erzähler dabei behutsam freilegt. Die Frage »Wer bin ich?« ist in literarischem Gewand oft gestellt, aber nie so anrührend beantwortet worden wie hier. Die Bibel liefert den Vorrat an Begebenheiten und Konstellationen, der für den großen Familienroman benötigt wird. Es ist die Geschichte des Hauses Abraham, die hier erzählt wird, und auch wenn die Farben, die der Dichter Thomas Mann verwendet, unvergleichlich anders sind, tut es gut, die Bilder Rembrandts zu dieser Geschichte vor Augen zu haben: Abraham bewirtet die drei Fremden, Abraham will seinen Sohn Isaak opfern, Isaak begegnet Rebekka, Jakob kämpft mit dem Engel, Joseph verweigert sich Frau Potiphar, Joseph erzählt seine

> Man braucht nichts zu glauben, um die Wahrheiten der Bibel zu begreifen.

Träume, Jakobs Segen für seine Enkel Ephraim und Menasse wird von Joseph vertauscht.[75] Den Maler mit dem analytischen Blick und dem kühlen Verhältnis zum Geschäft hatten diese Geschichten auch schon begeistert und inspiriert zu seinen besten Werken. Keine Frage, dass diese Bilder auch im Kopf des Kulturmenschen Mann vorhanden waren. Gott schließt einen Vertrag mit dem Haus Abraham. Senator Buddenbrook macht ein Termingeschäft in Mecklenburger Weizen. Hier findest Du einen weiteren Ansatzpunkt für das Interesse des Autors an seinen Figuren. Die alttestamentliche Handlung zeigt mit schamloser Offenheit die Entstehung eines Menschheitsgeschäfts: Wie Gott sich sein Volk suchte und um welchen Preis es auserwählt wurde. Den Nachfahren Lübecker Kaufleute musste das fesselnd interessieren. Und beim Blick auf Angebot und Nachfrage zeigt sich, dass da noch andere Gottheiten und Kulturen ihr Geschäft machen wollen. Auch auf sie fällt der umfassende Blick Thomas Manns bei der Beschreibung dieses vorgeschichtlichen Glaubensbazars. Baale und Moloche bieten ihre zweifelhaften Dienste an, Krethi und Plethi mischen sich in den Handel. Gestalten aus Emil Nolde-Bildern treten auf, mit assyrisch geflochtenen Bärten, ekstatischen, wilden Gebärden, wallenden Kaftanen, aufgerissenen Augen und Mündern. Augenbrauen wie Brombeergestrüpp. Nachdem der Vertrag gemacht ist, Abrahams Familie in der Sicherheit des monotheistischen Schoßes ruht, beginnt das Intrigenspiel. Um die Vormacht in der Firma, Nachfolgestreitigkeiten, pfiffige neue Geschäftsideen des Großbauern Jaakob und natürlich: die Verschwörung der Brüder gegen Joseph. Sein Verkauf an die Karawanenleute, die ihn nach Ägypten bringen, öffnet den Vorhang zum nächsten Akt. Die heilsbringende Selbstgewissheit von Gottes Gnaden des verschleppten

---

[75] Dieses Bild, das schönste von allen, befindet sich in Kassel, im Schloss Wilhelmshöhe – das auch sehenswert ist durch den monumentalen und urwüchsigen Schlosspark.

Hirtenkindes trifft auf die geordnete, schon uralte Kulturwelt Ägyptens, prima auf steinernen Fundamenten – statt den Beduinenzelten Kanaans – dastehend dank des Reichtums und der Fruchtbarkeit aus Nilschlamm. Sich dort zu behaupten heißt auch den Kredit in voller Höhe zu beanspruchen, den der neue Gott den Seinen gewährt gegen die materielle Übermacht von Isis und Osiris. Es bleibt nicht aus, dass im Prozess der Selbstbehauptung auch eine Anverwandlung des Fremden stattfindet. Joseph der Ernährer sieht jetzt wie ein Ägypter aus, unkenntlich für die in ihrer Not als Bittsteller eintreffende Verwandtschaft; aber als Versöhner mit Gott und Erneuerer des Vertrages überlässt er Ägypten seinem Schicksal – nicht unterzugehen, sondern zu veröden im Glanz seiner Götzen. Die *Buddenbrooks* noch einmal schreiben, keinen Schlussstrich unter die Geschichte setzen wie dereinst der kleine Hanno, sondern im Sonnenuntergang seines Schriftstellerlebens die Morgenröte der Menschheitsgeschichte aufschimmern lassen, das wollte und erreicht der große Schriftsteller Thomas Mann. Dass er nach dem Exil in Pacific Palisades den Blick auf den Zürichsee wählte statt einer Rückkehr in seine Heimat, macht ihn in der Geste der strengen Versöhnung mit seiner Vergangenheit zum Ebenbild des Nicht-Heimkehrers Joseph. Deutscher Schriftsteller blieb er sein Leben lang, Deutscher wollte er nicht mehr sein noch werden.

Mit seinem größten Werk trat Thomas Mann in direkte Konkurrenz zu einem großen Zeitgenossen. Im Londoner Exil waren sie sich noch einmal begegnet, und Sigmund Freud hatte wieder die dickeren Zigarren geraucht. *Der Mann Moses* des zwanzig Jahre Älteren war soeben erschienen – nach den *Geschichten Jaakobs*, *Der junge Joseph* und *Joseph in Ägypten* stand der *Ernährer*-Band von Manns Roman in vier Teilen noch aus. Der eigentliche Religionsstifter des Volkes Israel war ja dieser Moses gewesen, der die Nachkommen Josephs aus Ägypten geführt und dem sich auf dem Berg Sinai aus dem Dornbusch ein Gott zu erkennen gegeben hatte: »Ich bin, der ich bin!« Das hieß in der Sprache, die beide benutzten: Jahve. Zwar hatte auch Thomas Mann festgestellt, dass der Gott, der mit Abraham Vertrag schloss, nur einer unter vielen war. Freud allerdings identifiziert Jahve als einen lokalen Schlechtwetterdämon vulkanischen Ursprungs, dem die Maske einer ägyptischen Gottheit übergestülpt wurde und der in dieser Verkleidung der Gott Israels wurde.[76] Von daher sind die seltsamen Handlungen des Moses bis zum Zerschmettern der Tafeln, auf denen die neuen Gebote dieses Gottes verzeichnet waren, gar nicht als kontinuierliche Taten e i n e s Gottvertrauten zu verstehen. Es gab mehrere Führer der Israeliten, die unter dem einen großen Namen zusammengefasst wurden, ist die kühne Folgerung. Der erste Moses war ein Ägypter, der den universalen Sonnengott Aton mitnahm auf die Reise nach Judäa; dort machte ein zweiter daraus den Pakt mit Jahve und schuf das auserwählte Volk, das ihn zum Dank umbrachte. Was man heute Dekonstruktion nennen würde, ist Freuds Anspruch; er entblößt die Wurzeln des Judentums in einem schmerzhaften Prozess und deutet so gleichzeitig die Grundlagen des Judenhasses als Reaktion auf den der mosaischen Religion einbeschriebenen Ödipus-Komplex. Der Meister der Analyse führt sich selbst in der Pose des Ungläubigen vor, während er in Wahrheit gerade dabei ist, seine Verbundenheit mit dem Glauben der Väter zu bezeugen.

Die Bibel ist zwar ein Beispiel für sehr frühe Literatur, beileibe aber nicht die früheste. Schon aus einer der ersten Hochkultu-

---

[76] Freud hatte erkannt, dass der Monotheismus eine ägyptische Erfindung gewesen sein muss, und zwar präzise jenes Pharaos Amenophis IV., der die alten einer Unzahl Göttern gewidmeten Kultstätten entweihen und in der Wüste die neue Hauptstadt Achet-Aton oder Amarna errichten ließ, wo er mit seiner schönen Frau Nofretete den einzigen Sonnengott Aton anbetete. Obwohl schon sein Sohn Tutenchamun wieder zu den alten Riten zurückgekehrt und das Andenken an Amenophis, der sich selbst Echnaton genannt hatte, vernichtet worden war, liegt hier die Wiege aller Verehrung eines einzigen Gottes. Die ganze Geschichte beschreibt der Ägyptologe Jan Assmann in *Moses der Ägypter* sehr schön als ›Gedächtnisspur‹, die bis zu uns führt.

ren, Sumer im Zweistromland, kennen wir fröhliche Lieder und Liebesgedichte. Keilschrift, Hieroglyphen, Piktogramme, Silbenschrift, Knotenschrift: gedichtet wurde mit allen vor- und frühalphabetischen Hilfsmitteln, die wir kennen, auf Tontafeln, Fels, Holz und Wachs, wo noch kein Papier und Pergament zur Hand war. Papier, aus Papyrusstreifen hergestellt, wurde im Altertum für die gewerbliche Bücherproduktion seitenweise oder auf Rollen verwendet. Der römische Kaiser Claudius verbesserte persönlich die Buchqualität durch Erfindung einer neuen Sorte Blätter aus Papyrusgewebe. Daneben wurden Tierhäute, pergamena, als Schreibgrund präpariert. Das Pergament ist besonders haltbar und leider auch gut wiederverwendbar. Unersetzliche Werke der antiken Literatur gingen für immer verloren, weil sie – in der Regel in Klosterschreibstuben – als Palimpseste neu beschriftet wurden. Gewiss verschwand so auch viel Überflüssiges. Latein- und Griechischschüler zünden sicher gerne eine Kerze für die frommen Mönche an, die den Bestand antiker Klassiker derart dezimiert haben. Detektivischer Gelehrtenfleiß hat den alten Dokumenten aber bis jetzt immer wieder Fragmente der ursprünglichen Texte abgerungen, zur Freude, Unterhaltung und Arbeitsbeschaffung aller, die ihr Herz an Altphilologie verloren haben.

Als Textsammlung trägt die Bibel die Spuren einer reichen literarischen Tradition. Die Geschichte des Volkes Israel ist spannende Geschichtsschreibung, mit lebendigen, spektakulären und teils erschreckend blutrünstigen Szenen, gewürzt und belebt mit einem Haufen Anekdoten. Wie der überhebliche und unglückliche Absalom an seinen herrschaftlich langwallenden Haaren im Dornbusch hängenbleibt, David vor Saul Harfe spielt oder Urias seinen Brief empfängt, diese und viele andere Episoden zeigen urtypische Situationen von oft unzureichender moralischer Werthaltigkeit. Das macht gleichzeitig die Stärke dieser Erzählungen von Menschen aus, die uns so ähnlich sind. Auch das hocherotische Gedicht auf den Körper der Geliebten, bekannt als *Hohelied Salomonis*, fand einen Platz, genauso wie die schönen

Psalmen (*Der Herr ist mein Hirte, mir wird nichts mangeln* ...), die teilweise die Geschliffenheit von Dichtern aus frühen Literaturmetropolen wie etwa der Stadt Ugarit in der Nähe des heutigen Beirut ahnen lassen. Und in Bonn, viertausend Jahre später, sitzt ein verträumter Jüngling in einer langweiligen Vorlesung von August Wilhelm Schlegel und erinnert sich dabei der ugaritischen Poesiewelt. Im Rhythmus ihrer Strophik reimt er:

Die Mitternacht zog näher schon;
In stummer Ruh lag Babylon.

Nur oben in des Königs Schloß,
Da flackert's, da lärmt des Königs Troß.

Dort oben in dem Königssaal,
Belsatzar hielt sein Königsmahl.

Diese auffallenden Wortwiederholungen, der Binnenreim auf identische Wörter, sind das Vermächtnis Ugarits an die Balladenkunst Heinrich Heines.

Gedichtet wurde auch anderswo. Das *Gilgameschepos* aus Babylon enthält uraltes sumerisches Erzählgut. Es handelt vom ersten mythischen Gottkönig von Uruk und seinen Abenteuern mit dem Kumpan Enkidu. Wie später Orpheus steigt Gilgamesch in die Unterwelt hinab, um Enkidu zurückzuholen, auch er vergeblich. Und irgendwo in Kleinasien, an der Küste des Mittelmeeres, singt ein blinder alter Mann von der Geschichte eines Krieges, gewaltigen Helden und schönen Frauen. Er ist blind, geführt von einem Knaben tritt er bei fröhlichen Festen auf, einen Lorbeerkranz auf dem greisen Haupt. In einer stark stilisierten, musikalisch rhythmischen Sprache erzählt er, wie die größte Flotte ausfuhr von Aulis in Griechenland, um Helena, die Schönste von allen und Frau des Königs Menelaos, zurückzuholen, die der trojanische Prinz Paris bei einem Staatsbesuch gesehen und entführt hatte. Streng ist der Gesang gebaut in Versen mit sechs

Hebungen; die Erzählung beginnt mit dem Streit im Heerlager vor der belagerten Stadt Troja, als der stärkste Held, beleidigt vom Oberkommandierenden Agamemnon, sich weigert, weiter am Krieg teilzunehmen:

Maénin aeíde theá, Peléiadió Achilléos
úlomenaén hos muéri Achaíois álge ethaéken ...
Zorn singe, Göttin, des Peleussohns Achilleus,
den vernichtenden, der unzähligen Griechen Schmerz brachte ...

So beginnt die *Ilias*, das erste Monument der europäischen Literatur. War der Dichter auch kein blinder kahler Sänger, sondern vielleicht lockiger Jüngling oder bebrillter Professor, er war ein Künstler von hohen Graden und Begründer einer Tradition von Kunst, die heute noch lebt, auch wenn keine Heldenepen mehr gesungen werden. Mit Homer beginnt keine literarische Schule bei einem Erstklässler, da steht gleich ein Nobelpreisverdächtiger vor uns, dessen Leistung von allen Späteren mit Ehrfurcht anerkannt wurde.

Dieser erste West-Ost-Konflikt der Literaturgeschichte wurde entschieden durch die List des Odysseus, der ansonsten als unsympathischer Karrierist in Erscheinung tritt. Erst stiehlt er das wundertätige Bild der Athene, dann erfindet er noch das hohle Pferd, in dem die mordgierigen Griechen mit Unterstützung der verblendeten Trojaner in die Stadt gelangen. Nach dem Tod des Achill verlangt er dessen berühmte, von Hephaistos, dem Schmiedegott, persönlich auf die Bitten seiner Mutter, der Meergöttin Thetis, hin angefertigte Waffen als Preis dafür, dass er angeblich den Leichnam des Helden aus der Schlacht geborgen hat – der in dieser Auseinandersetzung unterlegene Ajax nimmt sich, von Odysseus seines verdienten Ruhmes beraubt, das Leben. Dafür wird der König von Ithaka noch büßen müssen. Die Beschreibung der Pracht der Waffen, insbesondere des Schildes, auf dem eine ganze Welt von Bedeutsamkeit abgebildet ist, gehört zu den wunderbarsten Leistungen der Dichtkunst. Das

Epos enthält noch soviel weiteren Stoff, dass der wie in einem Bergwerk bis heute in immer neuen Flözen abgebaut und ausgebeutet wird. Die Geschichte des Philoktet etwa, der eine nicht heilende Wunde hat und auf der Insel Tenedos ausgesetzt wurde, bevor die Griechen das asiatische Festland an der Mündung des Skamander erreichten. Ohne Philoktet mit seinem eklen Wundbrand kann Troja nicht eingenommen werden. Wieder ist Odysseus unterwegs, um den Aussätzigen zur Teilnahme zu bewegen. Ein feines Stück Psychologie über Ausgestoßensein und die Skrupellosigkeit der Mächtigen. Oder die bewegende Geschichte der Amazonenkönigin Penthesilea, herbeigeeilt um Troja zu helfen und in plötzlicher Liebe entbrannt zum blonden Helden Achilleus, der sie töten muss. – Richard Wagner dichtete mehr recht als schlecht. Aber er war ein Meister der Stoffsuche und Bearbeitung. Seine Musikdramen sind bewegende, große Bühnenkunstwerke, die auch durch kalauerträchtige Stabreimereien nicht kleinzukriegen sind. Das Philoktetmotiv sehen wir mit der Figur des Gralskönigs Amfortas in die *Parsifal*welt versetzt, die Amazonenkönigin begrüßt als Brünnhilde ihren *Siegfried* mit den schönen Worten: *Ewig war ich, ewig bin ich.*

Im Deutschen bleiben *Ilias* und *Odyssee* auf immer mit dem Namen Johann Heinrich Voß verbunden, der Nachdichtungen im besten Sinne schuf, im Versmaß Homers. Wolfgang Schadewaldt hingegen gebührt das Privileg, als erster wörtliche Übersetzungen beider Epen vorgelegt zu haben, in denen wieder das erdig Herbe der Originale ungekünstelt vortönt. Zwischen diesen beiden Polen bewegt sich alles, was sonst noch in den letzten dreihundert Jahren an Eindeutschung versucht wurde. Überboten wurden diese zwei nicht.

Nach der Eroberung Trojas sind die Männer tot. Die Trojaner gefallen, die Griechen werden spätestens die Heimkehr nicht überleben. Nur Aeneas, den greisen Vater Anchises auf der Schulter und den Sohn Ascanius an der Hand, rettet sich aus der brennenden Stadt. Er wird nach Irrfahrten und der schrecklich schönen Liebesaffäre mit der Königin Dido, die der Engländer

Henry Purcell zu einem kleinen Edelstein der frühen Barockoper geschliffen hat, von Karthago mit einer Handvoll Überlebender[77] nach Italien gehen, den Rutulerfürsten Turnus töten und durch die Heirat mit Lavinia das Reich Latium gewinnen, in dessen Mitte heute Rom liegt. Seine Nachfahren Romulus und Remus gründen die ewige Stadt am Tiber. So wird es das Heldenepos der lateinischsprechenden Welt, die *Aeneis* des Publius Vergilius Maro, in formaler Anlehnung an Homer erzählen, um den ersten Kaiser der Römer, Octavian den ›Erhabenen‹, den ›Augustus‹, als Vollender und Vollstrecker der trojanischen Geschichte zu feiern. Vergil schaffte es nicht, die *Aeneis* zu vollenden, stattdessen wünschte er sich die Vernichtung des Manuskripts. Doch der Kaiser bestand auf der Fertigstellung und setzte sie bei Vergils Nachlassverwaltern Tucca und Varius durch.

Das große Epos ist die Meisterleistung der antiken Welt und das Vorbild des Romans bis heute.

Das Zwanzigste Jahrhundert hat die Antike als Projektionsfläche seiner Konflikte und Sehnsüchte wiederentdeckt. Ein Dreigestirn an Büchern, weniger historisch, eher allegorisch zu nennen, leuchtet da: *Ich zähmte die Wölfin* heißen die fiktiven Memoiren des Kaisers Hadrian; die in Belgien geborene Amerikanerin Marguerite Yourcenar (eigentlich: de Crayencour) lässt dieses gebildete, rastlose und monumentale Vorbild an herrscherlicher Größe in impressionistischer Manier Rückschau auf sein Leben halten, wobei bunte Reflexe sein Innerstes beleuchten; natürlich steht im Zentrum der sentimentalen Erinnerungen seine große Liebe, der Knabe Antinous, der sich für das Wohl des Potentaten dem Nil zum Opfer bringt. Thornton Wilder, immer auf der Suche nach dem Sinn von Sein, gibt in dem Briefroman *Die Iden des März* den Geschehnissen

---

[77] Viele besonders vornehme Städte der Apenninhalbinsel werden sich rühmen, von Trojanern gegründet zu sein, beispielsweise Padua von Antenor, der schon in der *Ilias* namhaft gemacht wird.

rund um die Ermordung Caesars im Jahr siebenhundertneun nach Gründung der Stadt Rom Gestalt, als mit dem Diktator auch die Republik zu Grabe getragen wurde. Und die gerade geschilderten Ereignisse um die Vollendung der *Aeneis* bilden den Kern des Romans *Der Tod des Vergil* von Hermann Broch, in dem sie beispielhaft zum Konflikt des Künstlers mit der Staatsmacht erhöht werden. Natürlich ist Vergil der Schwächere. Sterbend setzt er der irdischen Kleinlichkeit der anderen seine große kosmische Vision entgegen: das Privileg des mit der Gabe der Hellsichtigkeit Bedachten.

Die Wertschätzung des Dichters aus Mantua beruht zum Teil auf einem Missverständnis. In seiner Ekloge (eigentlich ›Auswahl‹, hier aber: Hirtengedicht) Nummer vier hatte er die Ankunft eines Kindes prophezeit; diese Vorhersage war früh auf Jesus gemünzt worden, was Vergil den Respekt der Christenheit eintrug und die Verehrung seiner Werke. Wieder zeigt sich der hohe Stellenwert des Künstlers und seiner Fähigkeiten, ohne weiteres traute man ihm seherische Gaben zu. Dabei hatte er eigentlich mehr für den Landmann übrig, dem er in seinen *Georgica* eine Menge praktische Tips gab. Staatstragender Dichter blieb er allerdings sogar mit Werklein wie *Culex – Die Mücke*: Sie weckt durch ihren Stich den Hirten gerade, als die Giftschlange ihn beißen will. Undankbar zerquetscht dieser den lästigen kleinen Blutsauger, der sich darüber noch aus der Unterwelt bitter beklagt, woraufhin der Hirte der Mücke ein prächtiges Grabmal errichtet. Dieses wurde erst vor kurzem mit dem Mausoleum des Augustus identifiziert, das man in Rom direkt am Tiberufer noch heute sehen kann, und das ganze Gedicht als politische Allegorie. Der Name Vergils bleibt untrennbar mit dem des ersten römischen Kaisers verbunden, dessen Adoptivvater Gaius Julius Caesar sich die Abkunft

DER ERSTE ZUSAMMENSTOSS ZWISCHEN GENIE UND GEWALT DES STAATES: Vergil ERLIEGT AUGUSTUS. ERGEBNIS IST EIN EPOS.

von der Liebesgöttin Venus – als Aphrodite war sie ja die Mutter des mythischen Staatsgründers Aeneas – hatte in den Stammbaum schreiben lassen. So begründet dieser gewaltige, zehnjährige Trojanische Krieg sinnstiftend auch den Übergang der Weltmacht von Griechenland auf Italien.

Doch wer bleibt übrig, wer sind die wahren Verlierer so eines Krieges? In der ergreifenden Tragödie *Die Troerinnen* zeigt uns Euripides, der dritte der großen athenischen Theaterdichter, das Leiden der überlebenden Frauen. Die greise Königin Hekabe hat die fünfzig Söhne des Priamos für Troja sterben sehen. Mit ihrer Tochter Kassandra, die mit der Gabe unheilvoller Hellsichtigkeit gestraft ist, trauert sie um die in Trümmern liegende Stadt und findet Worte weiser Wut für die übermütigen Eroberer. Die Opferung ihrer lieblichen Tochter Polyxene, der ›Vielfreundlichen‹, auf dem Grab des Achilleus musste sie noch mitansehen. Es ist das letzte Blut, und wieder Frauenblut, das um Troja vergossen wird, wie das Iphigeniens das erste war, um die Abfahrt der Flotte aus Aulis zu bewerkstelligen. Erst dann ist das Maß ihrer Leiden voll. Sie ist d i e trauernde Mutter, das letzte Opfer, wenn der Krieg schon vorbei ist.

Noch ein Mann hat überlebt. Der König von Ithaka will nichts als nach Hause, zurück zu seiner treuen Ehefrau. Mit zwölf Schiffen sticht er in See. Aber der wütende Meeresgott Poseidon verhindert für weitere zehn Jahre die Heimkehr. Die *Odyssee* ist das zweite große Epos der griechischen Frühzeit. Ob von demselben Dichter wie die *Ilias*: unklar. Wieviele noch daran arbeiteten: unklar. Entstehungszeit: auch unklar. Jedenfalls ist sie märchenhafter, weniger streng als die *Ilias* durch die Abenteuer des ersten Seefahrerhelden Odysseus, der aus dem zehnjährigen Krieg nach Hause eilen will in die Arme seiner treuen Penelope. Andere Frauen kreuzen seinen Weg: Bei der Zauberin Kirke bleibt er ein Jahr, bei der Nymphe Kalypso sieben. Die Phäakenprinzessin Nausikaa stellt die letzte erotische Gefährdung seiner Heimkunft dar. Unterwegs hatte er alle Gefährten eingebüßt, die ihm von Troja her gefolgt waren; zum schlimmen Schluss musste er mit dem einen verbliebenen Schiff noch durch die Straße von Messina. Auf der sizilianischen Seite wohnt Charybdis. Sie saugt dreimal täglich Meerwasser ein samt allem, was darin schwimmt: Kein Schiff kann ihr entkommen. Also muss man steuerbord halten, dort lauert Skylla. Heute erhebt sich auf dem Felsen ganz im Süden Kalabriens das lauschige Städtchen Scilla, und bequem kannst Du die Stelle betrachten, an der Odysseus vorbeimusste. Das Ungeheuer, eine Krake mit Mädchenkörper, aus dem Tentakel mit Haifischköpfen vorragen, beugt sich über das Schiff und reißt auf einmal sechs Ruderer von den Bänken. Ganz ohne Opfer hätte die Durchfahrt nicht abgehen können, ungeschoren kommt keiner zwischen Skylla und Charybdis hindurch. Kaiser Tiberius in seiner Höhle oder spelunca (heute heißt der Ort deshalb: Sperlonga, bei Neapel) besaß eine Marmorskulptur, die diesen Moment darstellte, von denselben Kopisten geschaffen wie die Laokoon-Gruppe[78], von der ich anderswo erzählen werde; in diese Höhle hatte sich der griesgrämige Herrscher zurückgezogen, um ... wir wollen es gar nicht so genau wissen. Der Archäologe und Ausgräber von Sperlonga Bernard Andreae jedenfalls hat herausgefunden, dass der Kaiser sich bei der Einrichtung seiner Sommerfrische vom Dichter Ovid hat leiten lassen, bei dem die Motive aus Homer umgeformt wiederauftauchen; später stürzte die Höhlendecke über dem Kaiser ein und hätte ihn erschlagen, wenn sein Prätorianerpräfekt Sejan sich nicht über ihn geworfen hätte. Ein Dachschaden blieb trotzdem zurück, der gemütskranke Kaiser verzog nach Capri. Andreae hat die Skylla-Skulptur aus unzähligen Bruchstücken zusammengesetzt und dabei gleich noch ein weiteres Abenteuer des Odysseus, in Marmor gemeißelt, gefunden: Gleich zu Beginn seiner Irrfahrten geriet der Listenreiche mit seinen Leuten in eine andere Höhle und in die Gefangenschaft des zentraläugigen Kyklopen

---

[78] Die hellenistischen Bronze-Originale aus Rhodos sind nicht erhalten. Und jeder neue Fund kann die Welt der Archäologie umkrempeln.

Polyphem[79]; dem furchterregenden Schafzüchter stellt sich Odysseus als Herr Utis (Niemand) vor; dann blendet er ihn, nachdem er ihn betrunken gemacht hat, und kann mit seinen Gefährten, versteckt unter Schafsbäuchen, aus der Höhle fliehen. Seinem Lieblingswidder klagt der Riese anschließend sein Leid; utis habe ihm das angetan, sagt er: der erste literarische Wortwitz.

Ein wenig Langmut brauchen wir Leser hingegen bei den eingeschobenen Episoden mit dem Sohn Telemachos, der seinen Vater suchen geht, als der Jahr um Jahr nicht auftauchen will – sie stammen vermeintlich von einem anderen, weniger auf die Unterhaltung seines Publikums bedachten Sänger. Und am Ende das Urdrama des Spätheimkehrers: Das Haus ist voll mit fremden Leuten, die Odysseus den Wein aussaufen und die Frau wegnehmen wollen. Er, gealtert und gezeichnet vom Fluch des Poseidon, der ihn so lange nicht zurückkehren ließ, wird zunächst nur vom Hirten erkannt, der ihm die Schweine treu gehütet hat. Erst als die Freier zum Wettkampf um Penelope antreten und den Bogen spannen sollen – und es nicht können –, gibt er sich in seiner schrecklichen Rache zu erkennen. E r kann den eigenen Bogen spannen und erschießt damit die Freier ohne Gnade. Die Szene zwischen den Eheleuten kommt erst noch. Wieviel hat Penelope um ihren Mann gelitten, welche Werte hat er über seine Verpflichtung der Frau gegenüber gestellt? Die Versöhnung der Gatten macht den Beschluss des Menschheitsdramas vom Trojanischen Krieg.

Die Wirkung Homers kann man nicht überschätzen. Noch die

---

[79] Blöd für Odysseus: Der Wohnsitz des Polyphem am Fuße des Vulkans Ätna ist nur einen Katzensprung von der Straße von Messina entfernt; für diese Distanz brauchte der Irrfahrer Jahre. Dafür konnte er aber als einer der ersten die Schönheiten der »Zyklopenküste« genießen; hier liegt Taormina, legendärer Rückzugsort von Giganten der Feder wie Oscar Wilde, Tennessee Williams oder auch Winston Churchill – noch ein Nobelpreisträger für seine *Weltgeschichte*.

Tatsache, dass es Troja wirklich gegeben hat und dort ein Krieg stattfand, wie es auch die aktuellen Grabungen vor Augen führen, löst Erstaunen aus; Heinrich Schliemann, der die *Ilias* wörtlich genommen hatte, war auch in Mykene und Tiryns erfolgreich und legte prächtig ausgestattete Gräber frei, die er mit den Brüdern Agamemnon und Menelaos in Zusammenhang brachte. Damit schoss er zwar übers Ziel hinaus, das monumentale Löwentor in Mykene und die anderen Funde geben aber Kunde von einer frühen griechischen Hochkultur.

Die Faszination der Menschheitsepen *Ilias* und *Odyssee* wirkte weiter in die Literatur hinein. Drei Beispiele: *Der rasende Roland – Orlando furioso* von Ludovico Ariosto beginnt mit einer Verbeugung vor dem blinden Ionier. Ariost dichtet in gereimten Strophen ein großes Epos von der Zeit Karls des Großen. Dessen zwölf Paladine waren selbst Gegenstand mythischer Überhöhung geworden, und speziell der Opfertod des Roland in Roncesvalles, erlitten im Rückzugsgefecht gegen baskische Ureinwohner, machte diese Figur zum Gegenstand eines persönlichen Kultes. Ariost vermischt diesen Teil der Überlieferung mit der burlesken Suche nach Rolands durch die Liebe zu Prinzessin Angelica verlorengegangenem Verstand, der sich sinnigerweise auf dem Mond wiederfindet, und mit einem fiktiven Krieg Karls gegen den Sarazenenkönig Agramante. In einem Schlussduell, das wiederum der *Aeneis* Vergils nachgebildet ist, lösen sich alle Konflikte im Sieg von Karls Lehensmann Rüdiger gegen den wilden Rodomonte auf.

> Die Heldensaga, ein Erfolgsmodell des Erzählens. Kennzeichen des Helden ist seine Schwäche, hat er die nicht, kommt Langeweile auf.

Ariost lebte zufrieden als Hofdichter in Ferrara, südlich von Venedig, bei der Familie d'Este. Sein Nachfolger hieß Tasso, Torquato Tasso. Auch er schrieb ein iliasmäßiges Gedicht, *Das befreite Jerusalem – La Gerusalemme liberata*. Der erste Kreuzzug, auf dem Gottfried von Bouillon und seine Ritter tatsächlich Jerusalem eroberten, bot bereits in der Darstellung zeitgenössischer Geschichtsschreiber, von denen mancher selbst Augenzeuge der Geschehnisse gewesen war, vielfältigen Stoff für Literatur, wie etwa die ebenso dramatische wie fingierte Auffindung der Heiligen Lanze, mit der der Erlöser am Kreuz verwundet worden war und deren Besitz über das Schicksal der Stadt entscheidet. Steven Runciman hat in seiner *Geschichte der Kreuzzüge* die historischen Ereignisse aus der Hülle von erzählerischem Überschwang herauspräpariert und gleichzeitig ein Panorama mittelalterlicher Geistesgeschichte geliefert, die sowohl Taten wie Überlieferung erst möglich machte; ein in jeder Hinsicht großes Buch, in dem auch die arabische Seite, vor allem in der Person des ebenso brillanten wie vorbildlichen Sultans Saladin, ihre angemessene Würdigung erfährt. Bei Tasso liefert der Kreuzzug nur den Hintergrund für eine märchenhafte Handlung, in deren Zentrum der christliche Ritter Tancredi und seine Gegenspielerin, die schöne Zauberin Armida, stehen. Ohne Tankred kann Jerusalem nicht genommen werden, und so bezirzt Armida ihn und hält ihn mit Zauberbanden dem Kampfgeschehen fern. Am Schluss wird das kunstvolle Gewebe um den verliebten Ritter zerrissen und er kann Gottfried helfen, die Stadt der drei Religionen für die Christenheit zu erobern. Ariost und Tasso benutzten gereimte Strophen, die Stanzen, für ihre Dichtungen. Der Reim war der Antike als Gestaltungsmittel unbekannt. Von seiner dennoch früh entwickelten Bedeutung zeugt die Übersetzung von *Tausendundeine Nacht*, die Enno Littmann vor hundert Jahren erstmals nach den Quellen vorgelegt hat: In der arabischen Dichtung kommen Reime nicht nur in Gedichten, sondern auch innerhalb von Prosatexten, als Substruktur sozusagen, vor. Durch sie werden Passagen hervorgehoben oder wiederkehrende Formeln, etwa die Lobpreisung Gottes, kenntlich gemacht.

Derek Walcott hat für *Omeros* den Nobelpreis erhalten. Damit hat er das antike Epos in seine Heimat, die Karibik, und in die Gegenwart transportiert. Achilles und Philoktetes und die anderen sind nun schwarze Fischer auf St. Lucia, ihre Geschichte handelt von Rassismus und der Zeit der Sklaverei. In vierundsechzig

Kapiteln singt Walcott von der Missachtung der Afrikaner, die gegen ihren Willen hierher gebracht worden waren, und wie sie um ein bisschen Würde in ihrem Leben kämpfen. Dafür benutzt er dreizeilige Strophen mit verwaschenen Reimen, Salut und Abgesang auf das Zeitalter des Heldenepos.

Früh haben die alten Griechen erkannt, dass die Balance von Leid und Freude das Kunstwerk rundet. Die Spannung jedes Konflikts muss aufgelöst werden, um den Zuschauer, Betrachter, Hörer oder Leser befreit zu entlassen. Sehr früh wurde dieses Prinzip im Theater zu gültiger Form gebracht. Der erste der großen Tragödiendichter, der mit seinen Werken uns präsent ist, war der Athener Aischylos. Er hatte bei Marathon und vor Salamis selbst in den Kriegen gegen die Perser mitgekämpft. Die Ursprünge der Theaterkunst wurden von den Griechen mit dem Nebel des Mythos umgeben, aus dem der Name Thespis und die Vorstellung einer Kleinbühne, untergebracht auf einem Karren, schemenhaft hervorlugen. Die Stücke wurden zu Ehren des Dionysos – des Gottes des Weinrauschs und der in ihm frei werdenden Emotion und Erkenntnis – in dem ihm geweihten Theater am Fuße der Akropolis vor der versammelten Bürgerschaft aufgeführt. Das Halbrund des Zuschauerraums mit den aufsteigenden Reihen der Sitzbänke, in der Mitte die runde Spielfläche, die Orchestra, dahinter das Rechteck des Bühnenhauses, die Skene[80], aus der

> Wesen des Kunstwerks ist seine ihm innewohnende Spannung, zwischen Gut und Böse, Freude und Leiden, Schwarz und Weiß, Dur und Moll.

---

[80] Du siehst, das Vokabular der Antike hat sich bis heute in jede ›Szene‹ hinein erhalten. Auch der Beruf des Schauspielers stammt aus dieser Zeit; Aischylos hatte noch selbst die führende Rolle übernommen, schon Sophokles arbeitete mit Profis, von deren Extravaganzen – speziell der Darsteller der Frauenrollen (als Gegenspieler des Protagonisten häufig die ›Antagonisten‹) – sich eine Menge Anekdoten erhalten haben.

die Schauspieler auftraten und wo die immer ausgefeiltere Maschinerie (von deren ›Schnürboden‹ am Ende bisweilen der ›deus ex machina‹ herabschwebte) der Bühnentechnik verborgen war, das ist heute noch perfekt erhalten. Man saß auf Marmor, die Dionysospriester und Ehrengäste in Marmorsesseln in der ersten Reihe. Die Aufführungen wurden von einer Jury bewertet. Reiche Athener rechneten es sich zur Ehre an, den Chor, der von Anfang an die tragende Rolle im Schauspiel hatte, auszustatten und anzuführen. Aischylos entwickelte aus dem ursprünglich von Chor und/oder Einzelsänger vorgetragenen Kultgesang, dem Dithyrambos, das Spiel mit zwei Darstellern, dem Protagonisten und dem Deuteragonisten, plus Chor, der die Handlung unterbricht, kommentiert und weiterführt. Gegeben wurde nicht ein einzelnes Stück, sondern ein Set von vieren, eine Tetralogie. Und den Lorbeerkranz erhielt der Dramatiker, der drei zusammengehörende Tragödien und ein burleskes Satyrspiel als Ausklang in froh-ausgelassener Stimmung am formvollendetsten darbot: Er führte auch selbst Regie.

Wagner hat für die neuere Zeit den monumentalen Versuch gewagt und glanzvoll bestanden, solch einen vierteiligen Zyklus auf die Bühne zu bringen. Das in vielen Details mild-burleske, gar ironische[81] *Rheingold* ist der Auftakt zum *Ring des Nibelun-*

---

[81] Du glaubst mir nicht? Dann hör' mal: Wotan ist der Chef eines Clans obdachloser, bettelarmer, dafür aber präpotenter Germanengötter. In Verkennung der prekären Situation hat er auf Drängen seiner Frau Fricka, der Hüterin von Heim und Ehe, für die ganze Familie eine Villa errichten lassen mit dem hochtrabenden Namen »Walhall« (Wagners eigene Bleibe hieß dagegen ganz bescheiden »Wahnfried«) von der Baufirma der Riesen Fafner & Fasolt – schlüsselfertig. Die Finanzierung ist, wie schon zu Wagners Zeiten üblich, höchst wackelig, als Kaufpreis ist Wotans Schwägerin Freia vorgesehen, eine reizvolle Wellnessexpertin mit eigener Obstplantage. Aber Wotan spielt falsch; heimlich hat er seinen alten Kumpan Loge, den umtriebigen Feuerkopf, losgeschickt, den Riesen irgendeinen wertlosen Plunder als Bezahlung anzudrehen. Dabei hat Loge entdeckt, dass der Zwerg Alberich, von den Rheintöchtern *(weiter nächste Seite)*

gen, der Geschichte vom Untergang der alten Götter, die sich im Netz ihrer verzwickten Geschäfte verfangen haben und ohnmächtig dem Zwerg Alberich gegenüberstehen, der das Naturgesetz der Liebe verworfen und sich zum Herrn einer Gegenwelt aufgeschwungen hat. Die Macht der Liebe, in der *Walküre* verkörpert durch das Geschwisterpaar Siegmund und Sieglinde, ist groß genug, diese ganze korrupte Bagage von Zwergen, Göttern und Menschen hinwegzufegen, vermag aber deren Sohn *Siegfried* und seine Brünnhilde auch nicht zu retten, die sich gegen ihren Vater Wotan gestellt und damit seinen Untergang eingeleitet hat. Im ›Liebeszauber‹ wird zwar diese Urmacht noch einmal von den beiden beschworen, doch im intriganten Kampf aller gegen alle gibt es nur Verlierer. Die Welt muss neu anfangen, sagt uns das Ende der *Götterdämmerung*.

als Freier abgewiesen, aus Rachsucht deren Gold geklaut und sich unter Verfluchung aller schönen und guten zwischenmenschlichen Gefühle einen höchst machtvollen Ring geschmiedet hat, der seinem Willen alles untertan macht. Massenweise Schätze hat er so aufgehäuft. Loge verführt die Riesen, diesen Nibelungenhort als Bezahlung anzunehmen – nur wegnehmen muss man ihn dem als Bergbaudirektor tätigen Alberich noch. Zu diesem Behuf fahren Wotan und Loge (und zwar durch die Schwefelkluft – nicht durch den Rhein!) nach Nibelheim hinunter, nehmen den leichtgläubigen Nibelungen fest und ihm anschließend alles ab, nur um es umgehend an die Riesen weiterzureichen; die sind von Loge bereits für das Thema Macht und Kaufkraft sensibilisiert und geben Freia – von der die Götter mittlerweile gespürt haben, dass sie ihnen unentbehrlich ist durch ihre täglichen, verjüngend wirkenden Apfellieferungen – erst frei, nachdem Wotan auch Alberichs Ring rausgerückt hat, den er so gerne für sich behalten hätte. Aber Erda, die weise Erdmutter, rückt ihm gerade noch rechtzeitig den Kopf zurecht. Der arme Fasolt erfährt die Macht des Ringes umgehend am eigenen Leib, denn sein Bruder schlägt ihn darum gesundheitsschädigend mehrmals auf den Kopf und zieht mit dem Schatz übern Harz. Die Götter dagegen ziehen, bereits mit einem mulmigen Vorgefühl, in Walhall ein, die Rheintöchter gehen vorerst leer aus und Loge fragt sich, warum er bei solch einer Fülle von Straftaten mitgewirkt hat. Vorhang, aus – aber nur bis morgen, wenn die *Walküre* Brünnhilde ihren großen Auftritt hat.

Die *Orestie* des Aischylos ist das besterhaltene und in jeder Hinsicht bis heute aktuelle Beispiel einer solchen Festspielserie. Die Heimkehr des *Agamemnon* aus dem Trojanischen Krieg – er war der Oberbefehlshaber der griechischen Invasoren – bringt ihm alsbald die Ermordung in der Badewanne von Hand der eigenen Gattin Klytämnestra, die ihrerseits samt Liebhaber Ägisth vom Sohn Orestes gerichtet wird. Solche Verbrechen rufen die verschiedenen Gottheiten auf den Plan, die die Ehe schützen, Rache gebieten, zur Versöhnung auffordern und so weiter. Dies der Inhalt der *Hiketiden* oder *Opfernden*. Unter dem Druck der göttlichen Einflussnahme muss Orestes Buße tun, um seinen weltlichen Frieden wiederzufinden. Mit den *Eumeniden*, das sind die besänftigten Rachegöttinnen oder Erinnyen, endet die dreiteilige Tragödie. Das abschließende Satyrspiel *Proteus* ist nicht erhalten geblieben. Es erzählte aus der Vorgeschichte die Episode, wie Menelaos, der Bruder Agamemnons, dem vielgestaltigen und dadurch schwer fassbaren Meergott Proteus eine Weissagung über sein Schicksal abringt. Ein einziger Vers dieses Stückes ist auf uns gekommen: *Ein unentrinnbar Mordgewebe, aussichtslos ...* Das hört sich schon wie Shakespeare an und zeigt gleichzeitig, dass das Satyrspiel keineswegs nur als komische Nummer anzusehen ist, sondern dem unentrinnbar mörderischen Gewebe der Haupthandlung einen Nebenstrang bunterer Färbung beimischt. Im Jahre vierhundertachtundfünfzig vor Christus gewann Aischylos mit der *Orestie*, seinem letzten Werk, den Wettbewerb. Sein strenger Nachfolger und tiefster Denker der attischen Theaterwelt war Sophokles, ein Melancholiker. Aus seiner durch den Konflikt zwischen Staat und Individuum ewig aktuellen *Antigone* stammt das geflügelte Wort

pólla ta deína koúden án-
thrópou deinoterón peleí
Vieles an Schrecken, nichts aber schrecklicher als den Menschen gibt es.

Er führte zur Belebung des Geschehens einen dritten Schauspieler, den Tritagonisten, ein. Alle Akteure trugen Gesichtsmasken, lateinisch persona, und Hochplateauschuhe, den Kothurn. Auf der Bühne agierten ausschließlich Männer, die auch die Frauenrollen übernahmen. Meisterwerk des Sophokles ist die Serie der Stücke um den unbewusst ins Unglück taumelnden *König Oedipus*. Dem Kind des Königs von Theben Laërtes wird vorausgesagt, dass es seinen Vater um den Thron bringen wird. Daraufhin entschließen sich die Eltern, den Kleinen mit durchstoßenen Füßen (Oedipus gleich Schwellfuß) auszusetzen zum sicheren Tod. Jedoch überlebt er im benachbarten Korinth, trifft als Herangewachsener zufällig den Vater auf einer Landstraße und erschlägt ihn im Streit um die Vorfahrt, ohne dass es ein Wiedererkennen gegeben hätte. Nach Theben kehrt er zurück, indem er das Rätsel des Ungeheuers löst, das die Stadt mit Vernichtung bedroht: Wer geht morgens auf vier, mittags auf zwei und abends auf drei Beinen? Das verführerische Monster mit Löwenleib und Mädchenantlitz wurde von Gustave Moreau eindrucksvoll und immer wieder auf Leinwand gebannt: Es ist die Sphinx. Sie ist ebenso wie die tanzende Salome oder Judith, die dem babylonischen Hauptmann Holofernes den Kopf abschlägt, um die Heimat vor der Zerstörung durch seine Truppen zu retten, Verkörperung weiblicher Macht und Bedrohlichkeit – und gleichzeitig männlicher Schwäche – in allerzartester, zerbrechlicher Hülle. Sie stürzt sich selbst in den Abgrund, als Oedipus antwortet: Es ist der Mensch, krabbelt er doch zuerst und braucht zum Lebensende hin einen Stock, um sich fortzubewegen. Oedipus gewinnt zum Lohn die Hand der Königinwitwe, seiner Mutter Iokaste. Durch den alten Seher Teiresias, dem einst das interessante Götterexperiment zuteil geworden war, eine Zeitlang Frau zu sein, wird die verhängnisvolle Geschichte aufgeklärt. Iokaste erhängt, Oedipus blendet sich. Er muss weiterleben, um das Maß der göttlichen Genugtuung für all diese Frevel voll zu machen. Er wird zum verstoßenen, demütig und weise gewordenen *Oedipus auf Kolonos*.

Der demokratische Geist, der das antike Theater durchweht, bleibt uns als die erfreulichste Erscheinung der antiken Dichtkunst in Erinnerung. Wie schon die Tragiker zum Gefallen des nach Tausenden zählenden Publikums dichteten, so war erst recht die Komödie ein Gaudium für alle. Tagesberühmtheiten und Hochgestellte wurden durch den Kakao gezogen. Der – nicht erste, aber größte – Meister dieser Kunst hieß Aristophanes. In den *Wolken* zeigte er den Zeitgenossen Sokrates, den spinnerigen Philosophen, mittels der ausgeklügelten Bühnentechnik im Himmel, in den *Vögeln* machte er sich über die athenische Demokratie insgesamt lustig. Seine reifste Leistung ist die *Lysistrate*, in der es darum geht, dass die Frauen vom ständigen Kriegspielen ihrer Männer ein für alle Mal genug haben. Das war die Reaktion eines Dichters auf den schon seit Jahren tobenden Krieg gegen Sparta! Um ihrer Forderung nach Frieden Nachdruck zu verleihen, verweigern sie kollektiv die eheliche Gemeinschaft – mit dem gewünschten Erfolg. Aristophanes, das ist seine Stärke, ist nichts heilig, vor der Würde des Alkibiades macht seine Spottlust nicht halt und der militärische Untergang Athens kann seinen Einfallsreichtum nicht zum Versiegen bringen. Wahrscheinlich sehnte sich bereits der antike Zuschauer nach purer Ablenkung vom grauen Alltag. Aber vergessen wir nicht: Das Publikum, für das all diese raffinierten Zerstreuungen erdacht waren, bestand aus Bürgern, ein paar Bauern und der Aristokratie, für alle anderen gab es keinen Zutritt zu den Spektakeln. Sowohl Athen als auch Rom waren Staatsgebilde, die auf Sklaverei und Unterdrückung aufgebaut waren. Demokratie nach unserem Verständnis war das nicht.

Die Nachfolger des Aristophanes in der Kunst, ein Theaterpublikum zu unterhalten und tüchtig zum Lachen zu bringen, dass es die Bäuche durchrüttelte (die sich die Schauspieler vorschnallten, um den ›Dicken‹ zu markieren. Auch wurden membra virilia aus Leder getragen), brachten statt lächerlicher Staatsaktionen Situationen aus dem Alltag auf die Bühne, also eine Form der Gesellschaftskomödie, wie es sie noch bis zu Oscar Wildes und Carl Sternheims Zeiten gab, als das Wort Gesellschaft gerade aufhörte, einen guten Klang zu haben. Ihr Begründer hieß Menander, von dem zwei halbwegs komplette Stücke auf uns gekommen sind, und gezeigt wurden *Dyskolos* oder der *Menschenfeind*, der lächerlich verliebte Greis, der misstrauische Geldsack, der Prahlhans und andere typische Charakterfehlbildungen, wie es sie zu allen Zeiten gab und gibt. Diese Form der genuin griechischen Komödie ist uns am besten konserviert in den lateinischen Nachdichtungen des Plautus und des Terenz. Der Esprit der Originale schimmert noch durch die plumpen römischen Überpinselungen. Eine kleine Vorstellung von dieser Art Komik gibt Dir der Film mit dem scheußlichen deutschen Titel »Toll trieben es die alten Römer«, in dem Zero Mostel und der als Running Gag erscheinende Buster Keaton ein Potpourri der Derbheiten aus Plautus vom *miles gloriosus* bis zu den *menaechmi* und des feineren Witzes von Terenz in den *adelphoe* geben. Aristophanes ist zotig und satirisch, wenn er Zelebritäten angreift, die persönlich bei der Aufführung zugegen waren, fast schon Politkabarett; bei Menander und den folgenden hat sich das gewandelt und gemäßigt in das parodierende Hervorheben allgemein menschlicher Schwächen. An Terenz loben die Fachleute bereits die Gediegenheit seines Lateins: für einen Komiker ein vernichtendes Urteil.

Die Blüte der griechischen Bühnenkunst, die Klassik der griechischen Literatur dauert hundert Jahre. Dann ist bis auf ein paar Burlesken und Hirtengedichte alles gesagt, vorerst. In einer Zeit, die das Studium des Griechischen und der Klassiker wieder hochstellt, in der römischen Kaiserzeit, wird man dann erneut danach lechzen, Theater wie zu Athens Blüte zu genießen. Der Philosoph und Kaisererzieher Lucius Annaeus Seneca aus Cordoba in Spanien, verantwortlich für die Aufzucht des erst hoffnungsvollen, später durchgeknallten Nero, dichtet Tragödien ganz im Stile des Sophokles. Das scheinbar so blinde Schicksal, das jedoch nichts ungeahndet lässt, verzeiht es dem Philosophen nicht, dass er den gebildeten und milde regierenden, wenn auch durchsetzungsschwachen Vorgänger Neros, dessen Onkel

Claudius, nach seiner Ermordung auch noch mit einer Schmähschrift namens *Apokolokýntosis* oder *Verkürbissung* (statt: Vergöttlichung) verspottet hat. Diesem Claudius, dem Namen nach ›Hinkemann‹ und dazu Stotterer, hat dann auch Robert Graves, englischer Urgroßneffe des deutschen Historikers Leopold von Ranke, mit dem Roman *Ich, Claudius, Kaiser und Gott* etwas Schönes angetan, indem er ihn zum Geheimgeschichtsschreiber seiner eigenen Familie machte – eine einzige Abfolge von Abmurksen, Ausschweifungen, Verrätereien und anderen Verbrechen, höchst amüsant zu lesen und seinerzeit von der BBC fürs Fernsehen kongenial umgesetzt.

Seneca wird trotz solcher plumpen Anbiederung an den neuen Gewaltweltherrscher selbst einer derjenigen sein, die in Ungnade fallen, und kann dann zeigen, wie ein Weiser stirbt: in heiterer Gelassenheit, sich in der Badewanne die Pulsadern öffnend. Theater gespielt wird weiterhin; im Mittelalter in Kirchen oder auf Marktplätzen Weihespiele und Schwänke, von deren Schöpfern und Inhalten wir nur vom Hörensagen wissen, in der Renaissance[82] bereits wieder im verfeinerten Stil der Antike und in festen Theaterbauten[83], im Barock auch nach ihren Regeln, be-

---

[82] Der wackere Nürnberger Schuhmachermeister Hans Sachs kennt schon seinen (gerade erstmals ins Deutsche übersetzten) Plutarch und entnimmt ihm Stoffe für seine Tragödien, etwa *Die Königin Kleopatra*, er kann aber auch in Fastnachtsspielen munter reimen: »*Wo will da hin Euer Genad?« / »Da will ich hin in ein Wildbad, / ob mir drin möchte geholfen werden.« / »Was habt Ihr am Leib für Beschwerden? / Habt Ihr etwan ein offnen Schaden?« / »Nein ich zwar, von den Gottes Gnaden!«* So die Konversation des regenerationsbedürftigen Abtes mit dem Edelmann in *Das Wildbad* nach einer Novelle aus dem *Decamerone*.

[83] Der Stararchitekt dieser Zeit, Andrea Palladio, schuf in Vicenza (zwischen Verona und Padua gelegen) mit dem »Teatro Olimpico« das Schmuckkästchen von Theater, das zum Vorbild aller solcher Bauten bis jetzt wurde. Noch heute stehen dort die Renaissancekulissen für den *König Oedipus*. Da kann man Theater spielen!

sonders am Hofe Frankreichs in Stücken von Racine oder Corneille, jedoch ohne ihren Geist. Erst die deutsche Klassik, Goethe voran, erschließt in neuer Vollkommenheit die Welt des athenischen Theaters für das große Publikum. Seine *Iphigenie auf Tauris*, der Schönheit ihrer Jamben (viersilbige Versfüße mit dem Ton auf jeder zweiten Silbe, die schon die Basis der griechischen Tragödie bildeten) wegen gerühmt, leitet eine Phase der Besinnung auf Griechenland ein. Seit Jahrhunderten wird Athen von den Osmanen beherrscht und unterdrückt. Nun melden sich Intellektuelle aus ganz Europa zu Wort, um den Freiheitskampf der Griechen zu unterstützen, Goethe wieder voran. Hingehen wird er allerdings nicht, wie er auch seinem Sohn August alles verbot, was nach Spaß und Freiheitsstreben aussehen konnte. Losziehen werden stattdessen nur ein paar Abenteurer und Lebensmüde wie Lord Byron mit einer Handvoll Freunde. Das reichte zwar nicht für ein Heldendenkmal, aber ihr Beispiel gab den Ausschlag, dass die Befreiung Griechenlands gelang – und ein Bayer dort König wurde. Für das ohnehin geschundene Erbe aus Athens großer Zeit kam diese Tat zu spät. Die Türken hatten auf der Akropolis, im Athene-Tempel, dem Parthenon, ein Pulverdepot eingerichtet. Bei einer Beschießung durch die Venezianer war es samt dem Bauwerk in die Luft geflogen. Und wenige Jahre vor der Kapitulation hatten die Türken dem tüchtigen englischen Botschafter Lord Elgin erlaubt, den Friesschmuck des Tempels, der heil geblieben war, mit nach London zu nehmen, wo er heute im British Museum zu bewundern ist. Diese ›Elgin Marbles‹ zeigen uns in erstaunlicher Frische das Festtreiben anlässlich der Panathenäen mit der Übergabe des neuen Gewandes, das die jungen Mädchen der Stadt für die Patronin Athena Parthénos (die Jungfräuliche) und ihr riesiges Standbild, geschaffen vom Architekten des Parthenon und Bildhauer Phidias, gewebt haben. Für das übrige Land und seine Monumente kam diese Rettung zu einer Zeit, als Schafherden und Unkraut sich zwischen den Trümmern alter Größe breitgemacht hatten. Parischer Marmor wurde von den Einheimischen zu Kalk gebrannt und ergab 1a-Mörtel für ihre bescheidenen Hütten; antike Prachtbauten dienten als Steinbrüche für Stützmauern und Hafenanlagen. Wer bewahren oder entdecken wollte, hatte etwas zu tun und musste schnell handeln. Man gräbt aus, man orientiert sich an den Berichten des großen griechischen Reiseschriftstellers der Antike, Pausanias, der im zweiten Jahrhundert die heiligen Stätten und prächtigen Städte noch gesehen und in seiner ausführlichen *Beschreibung Griechenlands* geschildert hatte, bevor germanische Wüstlinge und christliche Eiferer alles demolierten. Oder man nimmt die *Ilias* zur Hand wie der Kaufmann Heinrich Schliemann, der zu diesem Zweck erst das Griechische erlernt, und einen Spaten, setzt ihn an einem unscheinbaren Hügel mit Blick auf die Dardanellen an und findet Troja. So beschreibt er es selbst in seinen *Erinnerungen*. Olympia, die antike Sportstätte, wo alle vier Jahre – dieser Zeitraum ist die Olympiade – Spiele zu Ehren des Zeus ausgetragen wurden, während denen alle Griechen einen heiligen Frieden einhielten, wird von Wilhelm Dörpfeld ausgegraben, anderes von anderen. Man wäscht und poliert den Marmor in der Vorstellung, dass die griechische Klassik Schlichtheit und Reinheit gewesen sei. Heutigentags erfahren wir, dass dem gar nicht so war. Der Marmor strahlte auf der Akropolis von Athen und anderswo nicht in Blütenweiß, wie er von der Insel Paros kam, sondern wurde bunt bemalt. Tempelfriese sahen aus wie Comicstrips. Bronzestatuen, die aus dem Meer vor Sizilien gefischt wurden, die beiden Heroen von Riace, deren prachtvolle Leiblichkeit jetzt in Reggio di Calabria zu bestaunen ist, beweisen dies durch Bemalungsspuren am ganzen Körper sowie Einlegearbeiten, die Zähne in Silber und Augen in Elfenbein und Edelstein naturalistisch hervortreten ließen. Der griechische Künstler war ein ganz anderer, als Generationen ihn sehen wollten. Die großen Werke des Phidias, die mit dem Goldschatz des attischen Seebundes behangene Athene auf der Akropolis und der sitzende Zeus aus Gold und Elfenbein in seinem Tempel in Olympia, der, wenn er mal aufgestanden wäre, zwanzig Meter Körpergröße erreicht und mit dem Kopf die Kassettendecke des Allerheiligsten durchstoßen hätte, aber auch alle Tempelfassaden und jeglicher Bauschmuck, prunkten in augenblendender Farbenlust. Nicht streng war diese Kunst, sondern heiter. Johann Joachim Winckelmann, der erste bedeutende Archäologe, prägte das Wort von der *edlen Einfalt* und *stillen Größe*. Damit beschrieb er treffend das damalige Verhältnis zur antiken Klassik. Wir Heutigen lassen ihr aber am ehesten Gerechtigkeit widerfahren, wenn wir nur beschreiben, was wir sehen. Unsere Gefühle, das steht nach dieser Erfahrung fest, formen und bestimmen unseren Geschmack und damit unser Urteil. Es ist nicht verbindlich; es kommt vom Herzen. Und es wird in jeder Generation wieder moduliert durch die großen Interpreten, die für uns die Sprache der Kultur in die Sprache des Herzens übersetzen.

Kaum eine Wissenschaft wurde von Laien und Dilettanten so geprägt wie die Archäologie. Viele Geschichten von Ausgrabungen sind spannend wie ein Krimi. Die Eroberung Mexikos und Südamerikas durch die Spanier erzeugte gar erst Archäologie, indem lebende Kulturen und Völker ausgerottet wurden, von denen nur noch Museumsstücke übrig blieben. Auch diese traurigen Kapitel erzählt der Klassiker des Genres *Götter, Gräber und Gelehrte* packend und ausreichend korrekt. Typischerweise ist der Autor, C.W. Ceram, der eigentlich Marek hieß, ebenfalls nicht vom Fach, aber der journalistische Stil dieses und seiner anderen Werke schadet nicht, wenn es darum geht, tote Materie literarisch zu beleben.

Auf dem Gebiet des großen Versgedichts oder Epos blieb das ewige Vorbild Homers ein für alle Mal unerreicht. Allerdings gab es in jeder Generation Herausforderer, die versuchten, es ihm gleich zu tun. *Die Fahrt der Argo* mit dem Kapitän Jason, der in Kolchis das goldene Vlies erringt und die Liebe der Königstochter Medea, der Zauberin, wurde vom fleißigen Apollonios von Rhodos in Hexameter gebracht. Der vielfach bearbeitete Stoff fand eine aufregende moderne Version in Hans Henny Jahnns Theaterstück, in dem die dunkelhäutige *Medea* als die Fremde in Jasons griechischer Heimat gebrandmarkt und verstoßen wird und sich durch den Mord an den eigenen Kindern grauenvoll rächt. Der späte Grieche Nonnos dichtete eine originelle *Dionysíaka* (aber auch Paraphrasen über das Neue Testament) mit der Gestalt dieses fremdartigen Rauschgottes im Zentrum. Die Kultgesänge der dionysischen Riten, die Dithyramben, faszinierten seit je und wirkten bis zu Nietzsche, dem Ungarn Karl Kerényi, dem großen Kenner antiker Religionskulte und Berater Thomas Manns, und dem aktuellen Champion des Pinsels Markus Lüpertz, der seinen eigenen Malstil ›dithyrambisch‹ nennt. Kerényi schrieb nicht nur eine Bio- und Mythographie des *Dionysos*, in der er die beunruhigende Andersartigkeit dieses Nicht-Olympiers unter den Göttern aus seinen Ursprüngen erklärt; er verfasste auch ein Werk über die *Mythologie der Griechen*, mit dem er die populären *Sagen des Klassischen Altertums* von Gustav Schwab, später Martin Beheim-Schwarzbach, in ein strengeres Gewand hüllte. Der Weingott wurde von seinem Vater Zeus bekanntlich in der Wade ausgetragen, nachdem er die schwangere Mutter Semele durch seinen Blitz erschlagen und ihre Leibesfrucht gerettet hatte. Sie wollte den Göttervater, der in Verwandlung zu ihr gekommen war, einmal in seiner ganzen göttlichen Pracht erleben: Der Anblick war nicht zu ertragen.

Solche Mythen machten nicht nur den Griechen Spaß. Der Held Perseus, der das Haupt der Gorgone Medusa – das den zu Stein erstarren ließ, der es anblickte – abschlug und dann mit sich führte und den Pegasus ritt, wurde vom Oberolympier gezeugt, indem er die Danaë in Gestalt eines Goldregens beglückte. Tizian, der Mann der kontrollierten Farbekstase, machte aus dieser Danaë den Inbegriff einer Hure, den Goldregen – zu prasselnden Goldstücken. Ein delikates Thema, das dem weisen Meister der venezianischen Malerei offenbar besonders lag.

Der Philosoph Titus Lucretius Carus, auf der Suche nach der Glückseligkeit Epikurs und den Atomen des Demokrit, verfasste eine *Naturgeschichte* – *De rerum natura* in Hexametern, heute noch lehrreich und anregend in ihrem Streben nach wahrhaftiger Tiefe; Lukrez war Zeitgenosse Ciceros und Erfinder einer typisch römischen, das Materielle betonenden Philosophie in seiner Ablehnung der Vorstellung von einer unsterblichen Seele und allen religiösen Brimboriums. Der Caesarengegner und Tyrannenmordverherrlicher Marcus Annaeus Lucanus, ein Neffe Senecas, schrieb im Versmaß Homers die *Pharsalia* oder *Der Bürgerkrieg*. Im Mittelpunkt dieses blutrünstigen Epos steht die Vernichtungsschlacht des Octavian gegen die Mörder seines Adoptivvaters Gaius Julius Caesar bei Pharsalus, das Ganze ist ein Meisterwerk an Manieriertheit.

GRAUSAMKEIT UND URCHRISTENTUM
(NICHTS FÜR ZARTE GEMÜTER)

Dieser Lukan hat eine Begeisterung für Grausamkeiten, die an die Exzesse auf der Theaterbühne erinnern, wenn Webster oder Jahnn gespielt wird, und natürlich an die realen Exzesse in den Arenen und Amphitheatern der römischen Welt. In einer liebevoll ausgemalten Episode schildert er die Heldentat eines Soldaten, dem im Laufe eines Gemetzels bereits ein Auge und zahlreiche andere Organe und Gliedmaßen abhanden gekommen sind – trotzdem bleibt er Herr der Lage. Das ist wohl nicht nur ein Merkmal dichterischer Überspanntheit, es ist ein Merkmal einer Epoche: Lust an Grausamkeit. Stanley Kubrick hat in »Spartacus« eindrucksvoll gezeigt, wie in der Fechterschule des Batiatus – wunderbar zimperlich: Peter Ustinov – aus Training für vier Gladiatoren urplötzlich tödlicher Ernst wird, wenn Sir Laurence Olivier als Crassus seinen Damen mal was bieten will. Kirk Douglas oder Woody Strode, wer wird überleben? In der Vorbereitungszelle sitzen sie sich gegenüber; kein Wort können sie, die gerade angefangen hatten, sich zu mögen, mehr wechseln, ihre Blicke weichen einander aus. Vor ihnen ist schon ein anderes

Fechterpaar dabei, sich wechselseitig ans Leben zu gehen, man ahnt hinter dem fadenscheinigen Vorhang das grausige Geschehen in der kleinen Arena: Da stirbt ein Mensch zum Gaudium von ein paar anderen.

Was zählt ein Menschenleben? Diese Frage ist dem antiken Menschen nie nahe gewesen. Genozid oder Völkermord, traurig das zu sagen, ist keine Erfindung der Wannseekonferenz. Stämme und Völkerschaften verschwanden in der Antike, ohne irgendein Zeichen ihrer Existenz zu hinterlassen. Den Römern war es selbstverständlich, auf der Völkerwanderung befindliche Germanentrecks zu vernichten, samt Frauen und Kindern; ob Kimbern und Teutonen oder Vandalen und Ostgoten, es hieß ›besser sie als wir‹. Nur als Sklaven, später als Soldaten, waren Germanen zu etwas nütze, oder wenn ihre strohfarbenen Haare gerade in Mode waren als Perücken. Das Volk Israel, das ›auserwählte‹ Volk, wurde schon in biblischer Zeit ausgerottet. Und als im Jahre siebzig Titus, damals noch nicht Kaiser, für seinen Vater Vespasian Jerusalem erobert und den Tempel Salomonis geschändet und zerstört hatte – was noch heute auf dem Titusbogen in Rom zu besichtigen ist, mit der Beute des Siebenarmigen Leuchters im Mittelpunkt –, belagerte er alsbald die letzten widerständigen Juden in der aufragenden Felsenfestung Masada. Schon Alexander der Große hatte es verstanden, uneinnehmbar erscheinende Bastionen zu stürmen. Die Römer schütteten eine gigantische Rampe auf – die Eingeschlossenen waren verloren. Durch kollektiven Selbstmord entzogen sie sich der Versklavung. Flavius Josephus, jüdischer Historiker in römischem Dienst, schildert die Episode im *Bellum iudaicum*.

»*Lewwer doad üs slav!*« Als der Amtmann von Tondern, Henning Pogwisch, nach Sylt hinüberfährt, will er den rebellischen Bauern das letzte Hemd wegnehmen. Die Hütte von Pidder Lüng hat er jedoch kaum betreten, als dieser seinen Kopf packt und in die dampfende Kohlschüssel tunkt, die gerade auf dem Tisch steht, bis er keinen Mucks mehr tut. Auch in Detlev von Liliencrons Ballade *Pidder Lüng* hat sich der Bauer für Tod statt

Sklaverei entschieden, denn die Schergen rächen alsbald ihren Amtmann. Über alle geschichtliche Zeit hinweg spricht Pidder Lüng das uralte Dilemma der Unterdrückten aus: »Lewwer doad üs slav!« – Lieber tot als Sklave.

Leid war dem Menschen des Altertums allerdings wohlbekannt. Aber wie sollte er der alltäglichen Gewalt ringsum begegnen? »Liebe Deinen Nächsten!« Diese Forderung der Bergpredigt traf auf offene Ohren. Gewaltverzicht und Enthaltsamkeit wurden die Grundlagen des Vertrauens, das die Gläubigen der neuen Religion entgegenbrachten. Peter Brown hat diese Geschichte in dem Buch *Die Keuschheit der Engel* geschrieben: In Kleinasien beruhte der Erfolg des jungen Christentums in vielen Gemeinden darauf, dass es eine Lösung für das quälende Problem der hohen Kindersterblichkeit parat hatte, nämlich keine mehr in die Welt zu setzen. Und gegen die Gewalt der Römer hatte Jesus den Spruch gesetzt: »Gebt dem Kaiser, was des Kaisers ist!«

Es ging aber auch anders. Wenn man sich vorstellt, dass unsere Welt die schlechteste aller möglichen sei, muss alles andere besser sein als das hier. So wurde in Gemeinden gedacht, die sich vom Urchristentum abgespalten hatten. Nach ihrer Vorstellung thront Gott unerreichbar und unberührt über den Welten, während die Erde von einem lokalen, bisweilen als Rivalen dämonisierten Schöpfergott, dem Demiurgen oder ›Handwerker‹, später auch mit Satan identifiziert, verwaltet und bewirtschaftet wird. Da es nun zwei Götter gibt, heißen diese Glaubensrichtungen dualistisch. Ihre Begründer waren der Perser Mani (dessen Gefolgsleute die Manichäer) und der syrische Kaufmann und Bischof *Marcion*, dessen erstaunliche Wirkungsgeschichte der protestantische Dogmatiker Adolf von Harnack – er kam nach Berlin, kurz nachdem dort Leopold von Ranke gestorben war – geschrieben hat. Allgemein werden die frühen Ketzer, die der orthodoxen Überlieferung eine Fülle von phantasievollen Mythen entgegenstellten von Kämpfen zwischen Gut und Böse, Verbrüderungen zwischen Göttern und Menschen und so weiter, Gnostiker, auf Deutsch ›Wissende‹, vielleicht aber besser: Geschichtenerzähler genannt. Gegen ihren Einfluss führten die ersten Konzile der Kirchenväter erbitterte Kämpfe. Später wurden Kreuzzüge veranstaltet, um Albigenser, Katharer, Waldenser, Bogumilen und wie sie alle hießen auszurotten – und sich ihre weltlichen Güter unter den Nagel zu reißen. Nicht umsonst also, aber vergebens blieben diese Bemühungen. Wir wissen, Ketzerei war ein ›Erfolgsmodell‹ des Christentums, bis auf den heutigen Tag. Kirchenausschluss und Todesurteil, das an Johann Hus auf dem Konstanzer Konzil und noch an Giordano Bruno, der zweihundert Jahre später auf dem Campo di Fiori in Rom verbrannte, exekutiert wurde, waren probate Mittel im Glaubenskampf. Die Lehre Jesu erwies sich als karg. Er hatte wenig, vielleicht nicht genug gesagt, wonach seine Anhänger sich hätten richten können. Von Anfang an war das Geschäft des Auslegens, die Exegese, die Hauptbeschäftigung der Geistlichkeit.

Einen wie Jesus hätte die Welt des antiken Geistes gut brauchen können. Aus Asien kamen, wie man wusste, ständig neue Magier, Glaubensfanatiker und Heilige. So ein Wundermann muss auch *Apollonios von Tyana* gewesen sein, ein Kappadozier. Seine Lebensgeschichte, die in der Nachfolge des Pythagoras stand und bis in die glückliche Regierungszeit des Kaisers Hadrian reichte, hat der Schriftsteller Philostrat hundert Jahre später umfangreich und phantastisch ausgesponnen. Weissagungen und Wunder begleiten den Weg dieses Sektengründers, er konnte Tote auferstehen lassen und Ereignisse wie die Ermordung des Tyrannenkaisers Domitian vorhersehen, seine Geburt und sein Tod sind märchenhaft. Unverkennbar die Parallelen zur Jesusvita, Apollonios hatte eine große Schar von Bekennern um sich versammelt, er hätte ein Erlöser der heidnischen Philosophie werden können. Genau umgekehrt sieht das der aufgeklärte Schwabe Christoph Martin Wieland in seinem gebildeten Schabernack *Agathodämon*, mit dem er Religionskritik treibt. Unter diesem Namen stellt er uns den altgewordenen Apollonios vor, der in idyllischer Abgeschiedenheit lebt, seinen eigenen

Ambitionen abgeschworen hat. Stattdessen prophezeit er den Abfall des Urchristentums von dessen ureigenen Werten und wie der Mann aus Galiläa von seinen Verehrern, die immer mehr zu blinden Eiferern mutieren, verraten wird. So geht die alte Welt der Glaubens- und Meinungstoleranz unter und in die Tyrannei des Katholizismus über.

Wann kam der Sündenfall der Christenheit? Es konnte nicht sein, dass sich die Kirche die Unschuld von Jesu Gnaden bewahrte. Die Geschichte der abendländischen Kultur wäre sonst anders verlaufen. *In hoc signo vinces – Unter diesem Zeichen wirst Du siegen.* Das Kreuzeszeichen wurde Kaiser Konstantin vorangetragen, als er gegen seinen Rivalen Maxentius zur Schlacht bei der Milvischen Brücke vor die Tore Roms zog, und die Legende dazu hat Piero della Francesca in Arezzo[84] in unvergängliche Bilder gebannt; er gewann, der Usurpator ertrank auf der Flucht und das Christentum wurde Staatsreligion des Römischen Reiches. Zum Dank verlegte Konstantin seinen Herrschaftssitz nach Byzanz, das er Konstantinopel nannte, und machte Rom so zu einem Provinzstädtchen. Spätestens mit der ›Pippinschen Schenkung‹ dann wieder, einer Urkundenfälschung des Mittelalters, die dem Papst weite Gebiete Italiens zusprach, die es teils erst noch zu erobern galt, wucherte die weltliche Macht des Kirchenstaates. Die Grausamkeit, von der Christen in der Antike sich abgewandt hatten, kehrte in das Bewusstsein des modernen Gläubigen zurück als Machtanwendung des Glaubens gegen seine Skeptiker.

MYTHEN SIND DER INHALT DER SCHATZKAMMER UNSERES SELBSTBEWUSSTSEINS. DIE REALITÄT IST NUR EINE NACHAHMUNG.

---

[84] In der dortigen Franziskanerkirche, nach der Piero auch seinen Künstlernamen erhielt; eigentlich hieß er Pietro di Benedetto.

Das wirkungsmächtigste Versgedicht der römischen Literatur sind die *Metamorphosen* des Publius Ovidius Naso. Im bunten, nur lose verknüpften Reigen führt er in fünfzehn Büchern *Verwandlungen* vor, wie etwa mythische Gestalten von den Göttern zu Sternbildern erhoben oder von liebestollen Göttern verfolgte Mädchen zu Pflanzen werden. In Rom, in der Villa Borghese, kannst Du sehen, wie der große Barockkünstler Giovanni Lorenzo Bernini die flüchtige Daphne, vom verliebten Apoll verfolgt, zu einem marmornen Lorbeerbaum erstarren lässt, wie die Glätte ihrer Haut zu rauher Borke wird und jedes Haar an ihrem Körper zu Blatt: So wirst Du Ovids Episode nie vergessen. Weiter erlebst Du beim Lesen, wie Orpheus Eurydike verliert, der Narziss beim Bewundern seines Spiegelbildes in den Teich fällt, der Künstler Pygmalion sich in sein Kunstwerk verliebt und unendlich viel mehr. Ovid zu lesen macht Spaß. Er ist elegant, gebildet, erotisch, unterhaltend. Das vor einiger Zeit zum Sensationserfolg gewordene Buch *Die letzte Welt* des Österreichers Christoph Ransmayr verknüpft einfühlsam Ovids trauriges Lebensschicksal – er wurde von Augustus, wahrscheinlich wegen beleidigender Äußerungen, von Rom nach Tomi ans Schwarze Meer verbannt und nie begnadigt; dort starb er an Langeweile – mit den Gestalten seines Epos, die sich als Personen in der Umgebung des Exilierten wiederfinden und doch Hirngespinste des Dichters bleiben. Ovid verfasste noch eine Menge zum Teil schlüpfriger (*Liebesgedichte* und *-elegien* sowie eine Fibel der *Liebeskunst*), belehrender (*Römischer Festkalender*) oder berührender Werke (*Briefe berühmter Frauen*, *Tristia* und *Briefe aus der Verbannung*). Er erscheint als der vielseitigste und glänzendste Dichter der Alten Welt – und keiner außer Julius Caesar hat sich soviel mit sich selbst beschäftigt. Sein Werk ist einzigartig, schon weil dem Geschmack seiner Zeitgenossen eigentlich die sentimentale Ader abging; Ovid ist die Ausnahme in einer Welt, die auf der Suche nach Erkenntnis, ›Fakten‹ war und der unseren damit so erstaunlich ähnlich.

Die Geschichtsschreibung war seit je Wissenschaft und schöngeistige Übung in einem. Die *Neun Bücher Geschichte* erhielten zur Ehre der Kunstfertigkeit ihres Verfassers Herodot die Namen der neun Musen. Eine davon ist Klio, die Muse der Geschichtsdichtung. Im Grunde beginnt der historische Roman mit dem Mann aus Halikarnassos, dem türkischen Bodrum gleich gegenüber von Rhodos. Er empfand sich selbst als Forscher; sein Thema waren die Kriege zwischen Griechen und Persern mit dem Höhepunkt des Sieges von Themistokles über Xerxes bei Salamis. Vieles hat Herodot selbst erlebt oder in Augenschein genommen, was er berichtet. Bei den Skythen, einem nomadischen Reitervolk im heutigen Südrussland, ist er gewesen und erzählt von ihnen Kurioses und Bemerkenswertes. Von dort stammt die Figur des ›edlen Wilden‹: Anacharsis, ein Skythenprinz, bereiste Griechenland zu Solons Zeiten und stach durch seine Neugier und zottelige Erscheinung hervor. Seitdem irrlichtert er durch die Literatur; wenig später tauchen schon Briefe von ihm auf, in denen er angeblich seine Reiseeindrücke festgehalten hat. In Wirklichkeit wird er immer dann ins Spiel gebracht, wenn man jemanden mit klarem, ›unverbildetem‹ Blick braucht, der in einfachen Worten die Missstände um ihn herum beim Namen nennt. So blieb der polemische Anacharsis bis ins letzte Jahrhundert hinein brandaktuell. Herodot gerieten immer wieder Novellen und Märchen in seine Abhandlung, Abenteuer- oder Wundergeschichten wie die von Polykrates, dem Herrscher von Samos. Der wirft seinen Staatsring ins Meer, um einmal im Leben Unglück zu spüren. Ein paar Tage später bringt ihm ein Fischer seinen Fang, einen wunderbaren, eines Herrschers würdigen Fisch. Und im Bauch des Fisches findet sich – der Ring! Nichts vermag der Wille des Menschen gegen die Fügung der Götter. Herodot erzählt das wie Geschichte. *Wir* wissen, dass es sich um eine der allerersten Novellen handelt, die künstlerisch die Beschränktheit des Menschen bearbeitet.

Die Geschichte des Peloponnesischen Krieges des Thukydides gilt als begründende Leistung einer rein auf die Sachlage gestützten Geschichtsschreibung. Fabeln fehlen, aber eben auch Dokumente, die dem Autor hätten nützen können als Gerüst seiner Erzählung. Deswegen ist immernoch alles reine, aber gute Imagination, was dieses Werk an unmittelbarer Handlung enthält. Alle Dialoge und Begegnungen werden so geschildert, wie sie sehr wohl hätten stattgefunden haben k ö n n e n . Thukydides war Augenzeuge von Athens Größe und Niedergang. Die prächtige Stadt an der Südspitze Attikas, unüberwindbar dank der Langen Mauern zum Piräus und der Kriegsflotte, die der attische Seebund unterhielt, schlug sich selbst durch die katastrophalen Auswirkungen ihrer pseudodemokratischen Strukturen. Unfähige, dafür durch Wahl legitimierte Feldherren schickten ihre Truppen ins Verderben; die Katastrophe der Expedition nach Sizilien[85] schließlich, die dem Tyrannen Dionysios von Syrakus Tausende von kriegsgefangenen Zwangsarbeitern für seine Steinbrüche bescherte, gab der Stadt den Rest im Kampf gegen Sparta, damals wie heute ein Kuhdorf, das nicht einmal über Mauern zur Verteidigung verfügte.

> Geschichtsschreibung von wissenschaftlicher Präzision in künstlerischer Ausformung, eine griechische Kreation, Maßstab bis heute.

Bei den von Thukydides aufgestellten Regeln für Geschichtsschreibung blieb es auch bei seinen Nachfolgern wie dem literarisch schlichten Xenophon in seinen *Hellenika*, die das Werk des Thukydides mit dem weiteren Niedergang der griechischen Stadtstaaten fortsetzen. Der detailverliebte Polybios war als Geisel nach Rom und als Erzieher zum unschlagbaren Scipio ge-

---

[85] Als Goethe Sizilien besuchte und hier seine ›Urpflanze‹ fand, schwärmte er dazu, *hier ist der Schlüssel zu allem*. Syrakus ist heute eine mäßig quirlige Provinzstadt; mit seinen zwei Häfen war es eine der belebtesten und wehrtüchtigsten Metropolen der Antike. Ein Besuch lohnt sich unbedingt, nicht nur, weil man das ›Ohr des Dionysios‹, eine besonders furchterregende Grotte innerhalb des Staatsgefängnisses, heute noch besuchen kann. Das direkt daneben liegende herrliche Theater zeigt eindrucksvoll die übliche Verquickung von Kultur und Grausamkeit in der Antike.

kommen und brachte in seinen Haushalt den geistigen Glanz des philosophisch geschulten Historikers. Sein *Geschichtswerk* schildert den Aufstieg Roms zur ersten Macht des Globus in den Punischen[86] Kriegen. Dabei berichtet er etwas Merkwürdiges. Die Römer waren, obwohl Italien die längste Küste der antiken Welt besaß, kein Seefahrervolk. Das Zusammentreffen mit den Karthagern, denen als Verwandten der kaufmännischen Phönizier Salzwasser durch die Adern floss, machte ihnen ihre Unterlegenheit in Sachen Nautik als schicksalhaften Mangel deutlich – Karthago beherrschte das Mittelmeer und damit alle Quellen der Macht. Innerhalb kürzester Zeit wendeten die Römer das Blatt. Ein karthagisches Kriegsschiff, das durch Zufall in ihre Hände fiel, benutzten sie als Muster zum Aufbau einer Flotte; sie entwickelten alsbald einen eigenen Kampfstil, und bei der ersten Seeschlacht des Krieges trafen sie gleich den Gegner entscheidend.[87] Von da an waren s i e die Beherrscher der See. Dieser Vorgang bedurfte keines Helden, es war ein kollektives Umdenken. Diese Fähigkeit der Anpassung machte die Römer einzigartig, zur Nation und zu Herrschern der Welt.

Doch auch für sie kam der Niedergang; und sie hatten die Männer, die ihn kommentierten. Gaius Sallustius Crispus verherrlichte die Republik, als sie zu existieren aufhörte, und das sogar durch seine altertümliche Sprache, die bereits den Zeitgenossen seltsam im Ohr geklungen haben dürfte. Er vervollkommnete dabei aber immerhin die monographische Geschichtsschreibung, die sich mit Einzelereignissen beschäftigt, wie der *Verschwörung des Catilina* – die Schrift hatte vor allem

---

[86] Punier: nur ein anderer Name für die Bewohner Karthagos.

[87] Die kahlen Hänge des Libanongebirges gemahnen noch heute an den antiken Schiffsbau, als das Herkunftsgebiet der seefahrenden Phönizier und der stolzen Zeder – des schönsten aller Bäume – im wahrsten Wortsinn ›verwüstet‹ wurde. Auch Umweltzerstörung ist ein Erbe der Antike.

das Ziel, Cicero zu diffamieren – oder dem *Krieg mit dem Afrikaner Jugurtha*. Sein alter Freund und Spießgeselle war Caesar selbst, der in unnachahmlicher Selbstverliebtheit seine *Kriegsabenteuer in Gallien* – Plage jedes Pennälers: *Gallia est omnis divisa in partes tres, quarum unam incolunt Belgae ...* –, in *Alexandria* und im *Bürgerkrieg* gegen Pompeius Maximus schildert. Titus Livius in seiner *Ab urbe condita* – hundertzweiundvierzig Bücher über *Roms Geschichte von der Gründung bis zur Regierung des Augustus* (von denen die ersten fünfundvierzig mit Lücken erhalten sind) – hatte immerhin schon das römische Staatsarchiv als Quelle zur Verfügung; an den Fakten entlang wollte der Mann aus Padua Geschichte schreiben und schuf so das umfassendste Geschichtswerk der Alten Welt. Liebevoll blickt er auf die Anfänge der Stadt zurück, als zunächst Könige herrschten. Erst deren Vertreibung machte anschließend fünfhundert Jahre republikanischer Größe möglich. Wie bescheiden nehmen sich unsere demokratischen Traditionen dagegen aus! Aber am Ende versank das Staatswesen in den blutigen Auswirkungen permanenten Bürgerkriegs; verständlich, dass Augustus dem Autor als Retter erschien. Die zähe Wehrhaftigkeit der Römer ist Livius' Thema. Wie Polybios erkannte er in dem Karthager Hannibal das Kriegsgenie seiner Zeit und beschwor noch einmal die Gefahr herauf, in der die Republik nach der Katastrophe von Cannae geschwebt hatte. Anschließend beschreibt er, wie mit dem Makedonenkönig Perseus der letzte Rivale Roms im Osten ausgeschaltet wurde. Allerdings vertraut Livius nach wie vor mehr einem Orakel und der Lage der Gedärme im Opfertier als dem gesunden Menschenverstand. Das ändert sich erst mit dem grimmigen Publius Cornelius Tacitus, der unseren Ansprüchen an klare Urteile und felsenfeste Fakten in seinen *Annalen* und *Historien* am nächsten kommt. Erstere beschreiben in der Fortsetzung des Livius die Kaiserzeit seit dem Tod des Augustus, letztere die selbst erlebte Geschichte der Wirren nach dem Tode Neros, des letzten Verwandten Caesars auf dem Thron, bis zur Wiedererrichtung eines starken Kaisertums durch das neue

Herrscherhaus der Flavier mit Vespasian und Titus. Tacitus schrieb zur Zeit des großen Trajan, der dem Reich die maximale Ausdehnung und Machtfülle verschaffte und so großzügig war, dem knorzigen Historiker seine Träume von einer wiedererstehenden römischen Republik zu lassen. *Sine ira et studio, ohne dass seiner Arbeit persönliche Interessen dazwischenkommen sollten,* wollte er Geschichtswissenschaft betreiben. Tacitus, dem Namen nach ›der Schweiger‹, beschäftigte sich intensiv, historisch und aktiv, mit der Redekunst, schrieb indes ein Latein, das schon die Römer nicht recht verstanden und das später wegen seiner manierierten Kürze beanstandet wurde. Erst heutzutage erfreut man sich wieder an dieser Art von persönlichem Stil und goutiert Werke wie seinen *Dialog über die Redner* und das Büchlein über ›*Germanien* dem Hörensagen nach‹. Die Germanen galten Tacitus als Bewahrer einer Ursprünglichkeit, die nach seinem Empfinden den Römern völlig verlorengegangen war. Allerdings sind seine Nachrichten eher vage; immerhin nicht so verlogen wie die, die Gaius J. Caesar von seinen Feldzügen mitgebracht hatte. Unverfroren erzählt der den Zuhausgebliebenen ›Jägerlatein‹, wenn er beispielsweise behauptet, im ›Herkynischen Wald‹ – irgendwo hinter Bottrop – gebe es Einhörner, denen die Kniegelenke fehlen, sodass sich die armen Tiere zum Schlafen an Bäume anlehnen müssen. Das nützten die bauernschlauen Germanen, indem sie alle Bäume des Waldes ansägten: Lehnt sich das Einhorn an, fällt es mit dem Baum um und kann vom Jäger bequem eingesammelt werden. Armer Caesar!

Zur Kultursprache des Imperiums wurde die Sprache der gebildeten Sklaven, das Griechische. So dachte und schrieb auch der Senator Cassius Dio Cocceianus, der von Nikaia bei Byzanz herstammte und wie Livius eine *Universalgeschichte* bis zu seiner eigenen Lebenszeit in achtzig Büchern herausgab, die wichtig, weil konkurrenzlos ist. Dio erlebte selbst mit, wie das römische Reich sich zur dauernden Militärdiktatur wandelte. Nur was Uniform trug, hatte Macht und Einfluss. Und er sah mit eigenen Augen, wie Commodus, der degenerierte Sohn des Philosophenkaisers Mark Aurel, als Gladiator in der Arena auftrat, dort hundert Bären auf einmal mit Pfeil und Bogen erlegte: der Anfang vom Ende. Und an diesem Ende der Tradition römischer Geschichtsschreibung steht der wackere Beamte Ammianus Marcellinus aus Antiochia. Er übernahm die traurige Aufgabe, das Werk des Tacitus fortzusetzen und die *Geschichte* vom Untergang des römischen Reiches, ja der antiken Welt im Angesicht der Völkerwanderung zu schreiben, die die Lebensbedingungen von Grund auf änderte. Sein Werk enthält als Höhepunkt das Angedenken an den ›letzten Heiden‹ und seinen Helden, den Kaiser Julian. Schon regte sich Neues: Paulus Orosius aus Spanien, vom Kirchenvater Augustin beauftragt, deutete die Geschichte theologisch als Vollstreckung des göttlichen Heilsplans. Damit wollte er beweisen, dass es im christlichen Imperium nicht unbedingt schlechter zuging als zu Zeiten der alten Römer. Wenige Jahre später hörte das Römische Reich auf zu existieren. Nur im Osten bestand es weiter, innerlich verdorben, aber noch mit Scheinblüten. Prokopios von Caesarea war der Geschichtsschreiber dieses letzten Aufbäumens, als Justinian Kaiser war und seine Gattin Theodora sich bei den Pferdeställen herumtrieb. Das schilderte er in seiner *Geheimgeschichte*, den *Anekdota*, während er offiziell von der regen *Bautätigkeit* berichtete, der Vernichtung der *Vandalen* und dem Kampf gegen die *Perser*. Aus Prokops *Gotenkrieg* bezog der Professor Felix Dahn die wichtigsten Nachrichten über Witichis und Belisar, Narses und Totila für seinen Knabenherzen höher schlagen lassenden Roman *Ein Kampf um Rom*. Eine der letzten literarischen Leistungen, und nicht die schlechteste, Ostroms ist *Alexias*, die Biographie, die Anna Komnene ihrem Vater, dem Kaiser Alexios I. widmete. Die verhängnisvolle Schlacht von Mantzikert war schon geschlagen, durch die den Seldschuken ganz Kleinasien zugefallen war, aber noch herrschte das griechische Hofzeremoniell über Konstantinopel; Alexios war ein bedeutender Kaiser, der dem Oströmischen Reich weitere dreihundert Lebensjahre einzuhauchen in der Lage war. Bisweilen erschienen Normannen vor den Toren,

Nomadenhorden aus dem Nordosten wurden erwartet und die Kreuzritter unter Gottfried von Bouillon galoppierten Richtung Jerusalem vorbei, doch es fanden weiterhin die beliebten Wagenrennen der Grünen gegen die Roten, Weißen und Blauen statt und das Leben ging seinen gewohnten Gang. Venedig war die neue Herrscherin im Mittelmeer, aber an dem Fleckchen Erde zwischen Bosporus und Goldenem Horn schien die Zeit stillzustehen. Schließlich kam doch noch das Ende durch die Kanonen der Osmanen, aber erst im Zwanzigsten Jahrhundert wurde Konstantinopel offiziell in Istanbul (immernoch ein griechisches Wort: ›In-die-Stadt‹) umbenannt.

Immer wieder überrascht die Antike als Fundstätte für Stoffe, die uns noch heute packen. Am allgemein Menschlichen hat sich nichts geändert.

Was könnte nun eine in Trümmern liegende Epoche lebendiger machen als das gesprochene Wort? Das im Alltag gesprochene Wort, nicht auf dem Theater, wo ja Kunstfiguren ihren Rollentext zugewiesen bekommen.[88] Da haben die alten Griechen eine Disziplin zur Vollkommenheit entwickelt, die sie zum Exportschlager in alle Welt machten: die Rhetorik. Die Kunst, frei, laut und nach festgelegten Regeln zu sprechen, verbreiteten griechische Lehrer überall da, wo Platz für Kultur war. Für Geld konnte man sich die Kunst erkaufen, das schwache Argument zum starken zu machen durch die Macht der Überredung. Es wäre aber ganz falsch, in der Rhetorik ein verdammenswürdiges Blendwerk zu

---

[88] Erstaunlicherweise war der ›Dialog‹ nie die Domäne der Bühne. Das erregte Hin und Her der Rede, die ›Stichomythie‹, war zwar unvermeidliches Beiwerk jeden antiken Theaterstücks, im Zentrum standen aber immerschon die Glanzleistungen der ›Monologe‹, bis zum *Sein oder Nichtsein* des lebensmüden Dänenprinzen Hamlet. Der Dialog gehörte die längste Zeit ganz dem Roman; erst seit Neuerem wurden die Verhältnisse wieder geradegerückt, mit dem ›inneren Monolog‹ der Prosa und dem zwanglosen Gespräch im Konversationsstück.

sehen. Es handelt sich vielmehr um eine Fertigkeit mit ausgesprochen praktischem Nutzen. J e d e Position kann durch Rhetorik nach besten Kräften vertreten werden, das Duell der Argumente wird in den Stand einer edlen Kunst erhoben. Bereits in der Geschichtsschreibung des Thukydides nehmen die von ihm anhand der Faktenlage nachempfundenen, nicht frei e r - fundenen Reden entscheidende Stellen im Werk ein. Mit keinem anderen Mittel kann so unmittelbar die Situation einer Person oder Partei beschrieben werden, als wenn sie selbst das Wort ergreift. Noch die Dialogromane eines Dostojewskij oder Henry James beziehen sich auf dieses Modell. Und von der Bedeutung der Rhetorik künden die Monumente, die uns aus der Antike erhalten sind. Demosthenes war der Inbegriff des antiken Redners. Die Anekdoten über ihn, er hätte sich Kieselsteine unter die Zunge gelegt oder gegen die Brandung angebrüllt, um sich vom Stottern zu kurieren und seine Stimme zu kräftigen, belegen den heroischen Aspekt seiner Kunst: Diese Leute trainierten wie Athleten! Demosthenes hielt seine sprichwörtlichen *Philippiken*, um Athen vor der Übermacht der Makedonen zu warnen, Lysias die ersten authentischen Anwaltsplädoyers. Was sagte der ältere Cato? »*Übrigens meine ich, daß Karthago zerstört gehört!*« Unvergesslich, nicht nur dem Lateinschüler. Marcus Tullius Cicero, immer bereit, sich größer zu machen, als er eigentlich war, fragte »*Quo usque tandem abutere, Catilina, patientia nostra?*« – *Wie lange noch willst Du, Catilina, unsere Geduld strapazieren?* und dramatisierte so weit möglich die Gefahr, die von diesem patrizischen Tunichtgut ausging. Immerhin beschäftigte Cicero einen Schreiber namens Tiro, der seine Reden in einer eigens entwickelten Kurzschrift mitschrieb und dafür sorgte, dass einige dicke Bände (genau sieben in der von Manfred Fuhrmann so prägnant übersetzten Artemis-Ausgabe) auf uns gekommen sind. Seine Anklage gegen den korrupten Statthalter Siziliens, einen gewissen Verres, ist fünfhundert Seiten lang. Noch heute kennt man in Enna, der Stadt in der Mitte Siziliens, die genaue Stelle, an der Cicero damals saß und an seiner Rede feilte. Ich weiß das, weil man dort eine Tafel aufgestellt hat. Die dankbare Erinnerung an ihren Anwalt, der sie vom blutsaugerischen Beamten befreit hat, lebt auf der durch die ganze Geschichte ausgebeuteten, ebenso fruchtbaren wie naturschönen Insel unverbrüchlich fort. Übrigens hatte Cicero perfekten Blick auf den Ätna. Hundertfünfzig Jahre nach Cicero war der Grieche Dion, er kam aus Prusa am Marmarameer, mit dem sprechenden Beinamen Chrysostomos oder ›Goldmund‹ Inbegriff der geschliffenen Rede. Er konnte zu jedem Thema die passenden Worte finden, betätigte sich als politischer Redner und nach seiner Verbannung als Wanderphilosoph. Kein Wunder, dass unter seinem Namen auch eine Menge Strafarbeiten verbrochen wurden, die unartige römische Schüler ›im Stil Dions‹ zu schreiben hatten – der antike Unterricht war anspruchsvoll! – und die später unversehens in seinen Werkkatalog schlüpften, unsinnige ›sophistische‹ Erörterungen darüber, dass der Trojanische Krieg nicht (so) stattgefunden habe oder ob eine Glatze genauso begeistern kann wie üppiges Haupthaar. Dass er aber ein Redner von Graden und in allen Stilen gerecht war, zeigt sein Meisterstück der *Euböischen Idylle*. In der Verkleidung der zu seiner Zeit bereits historischen Gedichtform der Naturidylle, erfunden von Theokrit aus Alexandria vierhundert Jahre zuvor, mit Schäfern und Jagdszenen, setzt er uns eine Parabel über den Nutzen von Rhetorik und die Macht des gesunden Menschenverstandes vor. Ein köstliches Stück poetischer und zugleich sehr politischer Prosa. Denn es handelt sich erst um die Einleitung einer Rede, die für eine Besserbehandlung der Armen und die Abschaffung der Prostitution eintritt. Dion bleibt uns als Meister der Praxis in Erinnerung, erreichte er doch mit seiner Redekunst tatsächlich eine Menge Verbesserungen und Erleichterungen für das Leben seiner Schutzbefohlenen in einer römischen Provinz der Kaiserzeit. Einiges später hielt sich die Stadt Antiochia – benannt nach Antiochos, dem Vater des Dynastiengründers Seleukos, der General unter Alexander dem Großen gewesen war, also eine griechische Gründung –, im Zwickel zwischen Anatolien und Syrien gelegen, einen Rhetor (Professor für

Redekunst) namens Libanios, dessen parfümiertes, zäh wie Honig tropfendes Gerede den Untergang der Alten Welt notwendiger erscheinen lässt als jedes andere Zeichen von Degeneration und Erschlaffung. So wurde die Rhetorik zum ungeliebten der Musenkinder und führt bis heute ein klägliches Schattendasein, bei jeder Bundestagsdebatte wieder schmerzlich zu erleben. Kalliope, ihre Schirmerin, weint.

In einem kleinen Aufsatz ließ Heinrich von Kleist die alte Liebe wieder lebendig werden. Er schildert, wie beim lauten Reden eigentlich der treffende Gedanke sich einstellt, belegt dies mit eigenem Erleben und einem Beispiel aus der französischen Revolution, dem ›Donnerkeil‹ des Grafen Mirabeau, der dem König vom Ballhaussaal aus, den er mit der Ständeversammlung räumen soll, entgegenschleudert, nur durch die Gewalt von Bajonetten ließen sich die Repräsentanten der Nation vertreiben – mächtiger Vorbote der bald danach eintretenden Ereignisse. *Über die allmähliche Verfertigung der Gedanken beim Reden* heißt die Schrift, ein frühes Dokument der Hermeneutik oder Dolmetscherkunst des Geistes, mit der Kleist von der über Jahrtausende hinwegreichenden Macht der Rhetorik kündet.

Es gibt auch antike Romane. Der aus Afrika stammende Römer der mittleren Kaiserzeit Apuleius schrieb die *Metamorphosen oder Der goldene Esel*, ein Werk derber Phantastik, in dem die Verwandlung eines jungen Mannes in einen – Esel im Mittelpunkt steht: Der *Sommernachtstraum* lässt grüßen, inklusive allerhand erotischer Zumutungen. Xenophon, der athenische Soldat und Schüler des Sokrates, veröffentlichte einen romanhaften Bericht seiner Teilnahme am Feldzug des persischen Prinzen Kyros, der seinen Bruder Artaxerxes vom Thron zu stoßen gedachte: die *Anabasis – Der Weg hinauf*. Das ging schief, und die Aufgabe des jungen, unbedarften Xenophon bestand plötzlich darin, die zehntausend griechischen Söldner des Kyros nach der verlorenen Schlacht von Kunaxa bei Babylon und dessen Tod in die Heimat zurückzuführen. Alle Offiziere der Griechen waren von den Persern meuchlings ermordet worden. Mit dem Ruf »Thalassa, Thalassa« (Das Meer!) begrüßten die Griechen nach monatelangem Marsch über tausende Kilometer und vielen Entbehrungen die Ankunft am Schwarzen Meer. Dort waren griechische Siedlungen, von dort ging es nach Hause! Später hat Xenophon mit der *Kyrupädie* den Erziehungsroman eines Prinzen und Thronanwärters – nämlich des toten, mittlerweile verklärten Kyros – geschrieben. Auch ein Lehrbuch der *Reitkunst* und politische Schriften unter dem Motto: Disziplin ist alles! sind von ihm erschienen.

Der Liebesroman ist ein klassisches Thema der Antike. *Hero und Leander, Daphnis und Chloe, Aithiopika – Die Abenteuer der schönen Chariklea* (das ausgefeilteste und besterhaltene dieser Werke, aus der Feder eines phantasievollen Mannes namens Heliodor) sind einige der einschlägigen Titel. Der Römer Petronius, möglicherweise identisch mit dem eleganten Flaneur, nach dem Peter Ustinov als Nero im Film »Quo vadis« so betörend schreit, weil er sich ihm gerade durch das Öffnen seiner Pulsadern entzogen hat, sorgte mit den *Satyrica* (von Federico Fellini in Bilder des verdorbenen Lebens umgesetzt) für den ersten Schelmenroman und hat dieses Genre sogleich hoffähig gemacht. Das Werk ist nur fragmentarisch erhalten, im Mittelpunkt des Überlieferten stehen das Gastmahl, das der Emporkömmling Trimalchio für seine Saufkumpane gibt, und die Frechheiten, die sich seine Sklaven dabei erlauben. Über das Leben Alexanders des Großen sind gleich mehrere romanhafte Schilderungen entstanden, märchenbunt vom Griechen Arrian, nüchtern vom römischen Offizier Curtius Rufus, überlebensgroß im anonymen *Alexanderroman*.

Nur einige Bemerkungen zur antiken Lyrik. Von allen Kunstformen verliert sie durch Übersetzung naturgemäß am meisten. Die frühen Gedichte schillern in der bunten Vielfalt der Versmaße, wiegen sich im Rhythmus ihrer Musikalität, ihrem schönsten Schmuck. Das macht sie so schwierig zu lesen und zu verstehen, dass Laien wie ich von den Originalen wenig Spaß haben. Erstaunlich ist diese musikalische Qualität deswegen, weil es auch Rekonstruktionen antiker Musik gibt, Stücke von uninspiriertem Missklang. Gerade Dichter deutscher Zunge haben immer wieder eigene Übersetzungen aus dem Griechischen vorgelegt, von Wieland, Goethe und Schiller bis Rudolf Alexander Schröder, und so finden sich wunderbare Beispiele solcher Gedichte in vielen Klassikerausgaben.

Wahrlich, zuallererst entstand
Die gähnende Leere,
Alsdann aber die Erde mit ihrer breiten Brust,
Fort und fort sicherer Sitz von allen,
Und Eros, der der schönste ist
Unter den todfreien Göttern, der Gliederlösende,
Aller Götter und aller Menschen
Sinn und verständige Absicht
Bezwingt er in ihrer Brust.

So besingt Hesiod, ein jüngerer Zeitgenosse des Dichters von *Ilias* und *Odyssee* – nach der *Legende von Homer* soll er ihm sogar begegnet sein –, den Beginn der Welt. Seine Sprache hat dieselbe ernste Kraft, die auch das *Buch Genesis* auszeichnet. *Bibel* und *Theogonie*, das sind beides Werke voll göttlicher Inspiration. Gegen diesen frühen Höhepunkt lyrischer Verfeinerung, nimmt man noch die herbsüßen *Gedichte* der Sappho, die *Oden* auf muskelbepackte Olympiasieger des Pindar und die so folgenreiche Erfindung der *Naturlyrik* durch einen Herrn namens Anakreon, von dem fast nichts überdauert hat, hinzu, erscheint die römische Liebeslyrik häufig derb und reizlos. Hier lechzen junge Männer, der Properz, der Tibull, nach den Reizen einer Delia, einer Cynthia ... Immerhin Catull: Er war der erste Dichter, der sich ausdrücklich den Lorbeer aus der Hand der Mächtigen verbeten hat:

Níl nimiúm studeó, Caesár, tibi vélle placére

sagte er:

Kein bißchen strenge ich mich an, Caesar, Dir zu gefallen!

Was kann ein Poet erwarten, der das sagt? Für wen mag er geschrieben haben? Das Wort von den *happy few*, den paar Glücklichen, die Kunst, Qualität, Lebensart zu schätzen wissen, stammt von Shakespeare. So nennt Henry V. seine Soldaten. Von Catull kennen wir etwa einhundert kleine *carmina* (*Gedichte*), exquisite Perlen der Dichtkunst, in denen er die Geliebte Lesbia, aber auch seinen Wohnort Sirmione im Gardasee[89] schwärmerisch besingt. Wenig wissen wir, was das Dichten für ihn war: Beruf, Freizeitvergnügen, Berufung – das bleibt ein für allemal dunkel.

Quintus Horatius Flaccus aus Venosa in Apulien machte sich um die typisch römische und im Grunde republikanische Form der *Satire* verdient, die von seinem Vorgänger Gaius Lucilius zu früher Blüte gebracht worden war. Das Wort satura meint eine mit allerlei Sachen gefüllte Schale, also einen literarischen Eintopf. Lucilius nannte die Gemeinten beim Namen und brandmarkte ihr unrömisches Verhalten:

vívite lúrconés, comedónes, vívite véntris.

In Hexametern plaudert er aus dem Nähkästchen, hier mokiert er sich ›satirisch‹ über die Mitesser:

Hoch! Euch Fressern, Schlemmern! Ein Hoch Euren Wänsten!

---

[89] Die ›Grotten des Catull‹, eine riesige Villenanlage, die in eindrucksvoller Weise in den See hinausragt, sicher einer der schönsten Plätze der Welt, hat er aber nicht bewohnt. Das überstieg selbst die Vermögensverhältnisse eines Modepoeten. Die imposanten Ruinen, wenige Schritte abseits der Touristenströme, solltest Du sehen!

Bei Horaz klingt das dann schon raffinierter, nur den Hexameter behält er bei, zum Maßhalten. In *Oden* und *Epoden* versuchte er sich mit Eleganz an der kleinen Gedichtform und in der letzten seiner *Epistulae* oder *Briefe*, die *Ars Poetica – Dichtkunst* genannt wurde, an zeitgenössischer Literaturkritik. Der glänzende Horaz, dessen höfische Geschmeidigkeit bisweilen den Schimmel der Geschwätzigkeit ansetzt[90], ist auf jeden Fall in einer Disziplin der erste: der erste Dichter mit Sponsor. Der reiche Maecenas (Namenspatron aller uneigennützigen Künstlerfreunde) unterstützte ihn ein Leben lang und schenkte ihm sogar ein Landgut, damit er sich besser aufs Verseschmieden konzentrieren konnte. Näher stehen uns die Produzenten kleiner Alltagsdichtungen, die viel über Wandel und Handel im alten Rom preisgeben, allen voran Marcus Valerius Martialis, der in hunderten meist giftig spöttischen *Epigrammen* seine Zeitgenossenschaft dem Gelächter preisgibt. Schon damals hatte der Autor ständig Knatsch mit seinem Verleger:

Éxigis út nostrós doném tibi, Túcca, libéllos,
nón faciám: nam vís véndere, nón legeré.
Du verlangst, daß ich dir meine Büchlein schenke, Tucca,
Ich werde es   n i c h t   tun: Du willst sie ja verkaufen, nicht lesen.

Von da zu den lebhaften Kritzeleien auf den Hauswänden des antiken Rom oder Pompeji (wo sie uns in lebendigster Vielfalt erhalten sind: Wahlplakate, Reklamen, Denunziationen, Adressen von Freudenhäusern, alles bedeckt von meterhoher Vesuvlava und so in jeder Hinsicht tagesfrisch geblieben), den *Graffiti*, ist es nur eine Winzigkeit der Vergröberung und Pöbelei.

---

[90] *Dúlce et décorúm est pro pátriá morí – Süß und ehrenvoll ist das Sterben für's Vaterland*: Für solchen Schmus darf der beherzt am Schreibpult skandierende und mit einem Griffel als Waffe hantierende Lyriker nur in schlechten Zeiten auf Lob hoffen; solange Kritik noch erlaubt ist, kriegt er dafür nicht mehr als 'ne Kopfnuss.

Die Physiognomien dieser alten Meister bleiben uns ein für alle Mal unsichtbar. Gibt es auch aus Griechenland Büsten, die Homer oder Sophokles darstellen (sollen), so handelt es sich keineswegs um Porträts, die vorgeben, lebensähnlich zu sein. Es sind vielmehr typische, gramzerfurchte Gesichter alter Männer. Erst die Römer schufen realistische Bildwerke, nur wenige sind erhalten: Ein Charakterkopf, der authentisch zu uns spricht, ist der Caesars mit wenig Haar und markanten Zügen: ganz Machtmensch, der so gar nichts Poetisches an sich hat.

Ein Dichter wurde jüngst im Radio gefragt, was über das Gedicht zu sagen sei. Und im ambitionierten Deutschlandfunk klang die Antwort so: »Das Gedicht ist die überflüssigste literarische Kunstform. Man kann nichts damit anfangen, es ist für nichts gut.« Dem Mann sollte man die Lizenz zum Dichten wegnehmen, daher nenne ich seinen Namen nicht. Wenn wir von den Alten lernen können, dann den Nutzen von Kunst, speziell der Dichtung. Loben, verspotten, anhimmeln, zurückweisen, all das hört sich in lyrischer Form so schön an. Und am allerbesten: Gedichte auswendig können, sie seinen Freunden vortragen oder beispielsweise Dir. Womit könnte man mehr Freude machen, mehr Begeisterung wecken? *Verachtet mir die Meister nicht!*, lässt Wagner den »Meistersinger« Hans Sachs über antiquierte Kunstformen sagen.

Sagte ich gerade antiquiert? Vor Lebens- und Liebeslust überquellend präsentiert sich die Sammlung der *Lieder aus Benediktbeuren*, und etwas Papstschelte bringt sie auch. Sänger mit so ulkigen Namen wie ›Archipoeta‹ – ›Erzdichter‹, persönlich blieb er unbekannt – oder Walther von der Vogelweide haben dazu beigetragen. Die Freuden eines Kneipenbesuchs werden aufs köstlichste ausgemalt, in lateinischer Sprache, und gereimt dazu:

In taberna quando sumus,
non curamus quid sit humus ...
Sind wir einmal in der Schenke,
schert uns nicht das eigne Ende ...

Zum Spektakel werden die »Carmina Burana« durch die spektakuläre Vertonung Carl Orffs, der hier über Musikstundenlangeweile hinauswächst, dem Mittelalter einen elektrisierenden Klang verpasst und uns alte Sprachen modern erscheinen lässt.

EINIGE ANDEUTUNGEN ÜBER ANTIKE PHILOSOPHIE

Mit nichts ist uns die griechische Antike so lebendig und nahe geblieben wie mit der imaginären Galerie ihrer philosophischen Köpfe und Thesen. Woran könnte das liegen? Zunächst bereits im Begriff. Fast alle Spezialdisziplinen der Wissenschaft, die heute an unseren Schulen und Universitäten gelehrt werden, wie Physik, Biologie und Medizin, waren schon in der Antike ausgeprägt. Sie galten als Techniken, um den Alltag zu beherrschen. Die ›Philosophie‹ dagegen ist schon ihrem Namen nach etwas ganz anderes. Die ›Liebe zu klugem Denken‹ setzt die Kenntnis a l l e r Wissenschaften voraus und nutzt dieses Wissen zu Gedanken über den Ursprung, den Zusammenhang und das Ziel von allem – es geht um das Streben nach universellem Weltverständnis.[91] Diese Vorstellung unterscheidet den griechischen Denker von seinen Nachbarn in der Alten Welt. Denn auch anderswo wurde gedacht. Im Orient – besonders viele Dokumente, einige sogar mit Nennung der Namen der klugen Köpfe, besitzen wir aus dem pharaonischen Ägypten – war die Vorstellungskraft ganz und gar befangen in der Furcht vor dem Unbekannten. Das geordnete und ritualisierte Alltagsleben sollte ein Bollwerk abgeben gegen die gierigen Hände der Jenseitsgötter, die

---

[91] Auch Kant hat das noch so verstanden, als er, in der *Ersten Einleitung in die Kritik der Urteilskraft*, Philosophie definierte als *System der Vernunfterkenntnis durch Begriffe*. Seitdem hat das Fach den universalen Anspruch und viel von seinem Charme verloren.

nach den Seelen der Menschen griffen, um sie zu wiegen. Und alle zitterten davor, zu leicht befunden zu werden. Nur so sind die opulenten Grabanlagen zu verstehen: Das Weltwunder der Pyramiden von Gizeh stellt ja nichts anderes vor als den allertraurigsten Friedhof! Und der Glanz, den der armselige kleine Pharao Tutenchamun heute ausstrahlt, ist ihm erst nach seinem frühen Tod in Gold und Lapislazuli aufgelegt worden. Im Felsengrab von Sethos I. finden wir in Wort und Bild die ganze Reise der Seele ins Totenreich dargestellt, mit dem zentralen Ritual der Mundöffnung. Diese Mundöffnung bezeichnet den magischen Akt des Künstlers, den Bildnissen und Geschichten von Göttern und Menschen Realität zu geben, Leben einzuhauchen, damit das Dargestellte auch wirklich der Seele des Toten geschieht, in diesem Fall also: die Fahrt der Seele von Sethos als Ruderer auf der Sonnenbarke des Re in die Gefilde der Seligen im Westen. Neben dieser magischen Aufgabe von Literatur gibt es zwar auch praktische Texte, etwa des Inhalts: *Reinige Dich selbst, paß auf, daß nicht ein anderer Dich reinigen muß!*, wie es Djedefhor, der jüngste Sohn des Pharao Cheops – dem die größte und spitzeste Pyramide von allen gebaut wurde – in seiner *Weisheitslehre* vor viertausendfünfhundert Jahren niederschreiben ließ, darüber geht die ägyptische Philosophie aber nicht wesentlich hinaus. Alles Spekulative ist ihr fremd.

Das nun ist die Lieblingsbeschäftigung der Griechen. Sie schenkten der Gemeinde der Denkenden die ›Theorie‹, das Zaubermittel der Weltbewältigung. Das Wort bedeutet schlicht: Anschauen. Der Theoretiker betrachtet die Erscheinungen der Welt, die ›Phänomene‹, und zieht seine Schlüsse daraus – im besten Fall schreibt er ein Buch darüber. Diese Methode des übertragenden, ›metaphorischen‹ Denkens ist spätestens seit Immanuel Kant auch Grundlage unserer heutigen philosophischen Tradition. *Die leichte Taube*, so steht es in seiner *Kritik der reinen Vernunft, indem sie im freien Fluge die Luft teilt, deren Widerstand sie fühle, könnte die Vorstellung fassen, daß es ihr im luftleeren Raum noch viel besser gelingen werde.* Nicht jede Theorie muss richtig sein, um uns weiterzubringen. Was bereits für die alten Griechen galt, entwertet auch das sprachschöne kantische Gleichnis keineswegs. Zwar würde jede Taube instinktiv luftarme Regionen meiden, um nicht in Atemnot zu geraten, aber erstaunlicherweise gilt für unsere heutigen Langstreckenflugzeuge genau das, was Kant schon seinen klugen Vogel erspüren ließ: Sie fliegen in großen Höhen am besten.

Für das, was man Lebensphilosophie nennen könnte, praktische Ratschläge für sozialverträgliches Verhalten, hatten die Griechen ihre Sieben Weisen, halbmythische Gestalten aus der frühesten geschichtlichen Zeit Griechenlands um das Jahr sechshundert vor Christi Geburt, deren Goldene Worte in Spruchform überliefert sind. Thales soll Ägypten bereist und Einflüsse von da, vor allem die Grundlagen der Geometrie und Mathematik, ins griechische Denken eingeführt haben; er war der erste Naturphilosoph und nahm das Wasser als Urstoff an, aus dem alles andere entstanden sei. Volkstümlich wurde er durch seine astronomischen Experimente: Um die Sterne besser beobachten zu können, stieg er in einen Brunnen hinab. Aus der Brunnentiefe kann man Sterne sogar am Tage sehen! Der neidische Platon machte daraus später die listige Geschichte, Thales wäre gestolpert und in den Brunnen *gefallen.* Dort hätte ihn eine thrakische Dienstmagd (*hübsch und gewitzt,* wie Platon noch hinterlistig anmerkt) entdeckt und mit der Bemerkung verspottet, Thales hätte nach den Sternen gegriffen und dabei übersehen, was vor seinen Füßen lag. Der Typus des trotteligen Wissenschaftlers war geprägt. Der populärste der sieben war Solon, der alte Gesetzgeber von Athen, dessen praktischen Verstand man überall auf der Welt schätzte: Er soll seinen Lebensabend beim Großkönig der Perser verbracht haben.

In den Schulen der kritischen Denker ging man weit über Regeln zum richtigen Leben hinaus. Um ihre Entwicklung beschreiben zu können, ist ein Blick auf die Landkarte hilfreich. Großgriechenland oder Magna Graecia heißt die Küste Süditaliens und Siziliens, die dicht mit den Stadtgründungen griechischer Kolonisatoren, ihrer Herkunft nach Dorer, bepflanzt war (übrigens sprechen noch heute manche Kalabresen das dorische Griechisch ihrer Vorväter). Hier entwickelte sich eine rege Geistesaktivität in den ›think tanks‹ von Kroton und Elea. Pythagoras wurde auf Samos geboren und wanderte nach Kroton am Golf von Tarent aus; seine Schule war ein Orden mit Regeln für sittliches Verhalten und wissenschaftliche Arbeit, der Jahrhunderte lang am ›Mythos Pythagoras‹ strickte. Neben der Beschäftigung mit Mathematik, die im $a^2+b^2=c^2$ noch gar nicht ihren Gipfel erreicht hatte, glaubten die Pythagoreer an Seelenwanderung und wie heute die Hindus an die daraus resultierende notwendige Toleranz gegenüber allen Lebewesen.

Der beste Dichter unter den antiken Philosophen war zweifelsohne Parmenides aus Elea, dessen auf einem Hügel über dem Meer thronende Ruinen man noch heute ein Stück südlich von Neapel besuchen kann. Er verfasste ein prächtiges *Lehrgedicht*, von dem der Anfang erhalten ist:

Die Pferde, die mich fahren, soweit nur der Wille dringt,
zogen voran, da sie mich auf der Göttin vielkündenden Weg
gebracht hatten, der den wissenden Mann
durch alle Städte führt.

Parmenides verkündet die Schönheit der Schöpfung und die erstaunliche Wahrheit, dass Nichtseiendes nicht existiert. Das parmenideische Gedicht wird direkt bis zu Martin Heidegger durchstrahlen. Seine eleatische Schule widmete sich handfester naturwissenschaftlicher Forschung und Astronomie. Empedokles aus Akragas, heute Agrigent, an der Südküste Siziliens führte diese Lehren weiter aus, für ihn waren Feuer, Wasser, Erde und Luft die Urstoffe, aus denen alles entstanden und gemischt ist. Er engagierte sich auch politisch, kämpfte in seiner Heimatstadt gegen antidemokratische Bestrebungen. Sein Leben, vor allem sein Tod im Krater des Ätna, waren schnell sagenumwoben. Friedrich Hölderlin erwählte sich den Unbequemen und Ungeselligen als Lieblingshelden seiner Gedankenspiele. Die Sandale des Empedokles, die nach dem Todessturz des Philosophen am Kraterrand zurückblieb, ist sprichwörtlich geworden.

Am anderen Ende der griechischen Welt lag Ionien, die dichtbesiedelte Westküste Kleinasiens. Thales, der erste Philosoph, kam aus ihrer Metropole Milet. Seine Schüler waren Anaximander, der erste philosophische Schriftsteller – Thales hat nichts Schriftliches hinterlassen –, und Anaximenes. Man beschäftigte sich mit der Entstehung der Welt. In seinem leider verlorengegangenen *Naturgedicht* besang Anaximander ein stabilisierendes Gleichgewicht der Kräfte, die die Vielfalt des Universums formen, und schuf daraus die Vorstellung einer perfekten, sehr schönen Ordnung aller Dinge, die er Kosmos, ›Schmuck‹ nannte. Dieser Begriff hielt unser Denken gefangen, bis Albert Einstein die Wirkmechanismen neu erkannte, die Urkräfte – außer der Lichtgeschwindigkeit – als veränderliche beschrieb und damit uns alle bis heute komplett verwirrte. Anaximenes hingegen beschränkte sich darauf, seine Zeitgenossen mit der Idee durcheinanderzubringen, Luft sei das Urelement, aus dem alles andere hervorgegangen sein muss. Eine interessante Erscheinung wird Xenophanes aus Kolophon bei Ephesus gewesen sein, der später nach Elea ging. Sein Anliegen war die Bekämpfung der griechischen Vielgötterei – der Olymp wurde immer voller mit der Zeit durch ständige Hinzuerfindung von Gottheiten und Mythen. Originellerweise war Xenophanes für Monotheismus, für die Figur eines Schöpfergottes, dem das ganze Reich des sinnlich Wahrnehmbaren sowie die Jenseitswelt untersteht. Diese Idee, aus Ägypten eingeschleust, war mehr und mehr im Kommen. In Abdera an der Nordküste der Ägäis kamen Leukippos und sein Schüler Demokritos auf einen anderen guten Gedanken. Auf der Suche nach dem Urstoff, der die Vielfalt der Dinge möglich macht, verfielen sie auf die Annahme, es gebe eine feststehende

Menge an Grundbausteinen, aus denen alles Seiende zusammengesetzt ist. Die nannten sie Atome – ›Unteilbare‹. Zwar war das nicht dasselbe wie unser heutiger chemischer Begriff der Atome, aber Demokrit hatte einen Schlüssel zum Verständnis der Vielfalt der Welt gefunden. Irgendwann begann man ihn den ›lachenden‹ Philosophen zu nennen. Im Andenken an diese positive Gestalt wird Karl Julius Weber, Autodidakt und Eigenbrötler sowie fröhlicher Zeitgenosse Schopenhauers, seine umfangreiche und vergnügliche Sammlung von Gedanken und Anekdoten *Demokritos oder Hinterlassene Papiere eines lachenden Philosophen* nennen. Als Grabspruch hatte er sich gewünscht:

Hier liegen meine Gebeine,
Ich wollte, es wären deine.

Der ›weinende‹ Philosoph war Herakleitos aus Ephesos in Kleinasien, etwas älter als sein abderitischer Kollege. Seine ersten Hörer hatten ihn eigentlich den ›Dunklen‹ genannt, weil seine Äußerungen so schwer verständlich schienen. Heraklit beschäftigte sich weniger mit dem Aufbau der Welt – gleichwohl meinte er, dass Feuer das Urelement sei –, sondern mit ihrem Sinn. Und dazu fand er so markige und eingängige *Sprüche* wie: *Der Krieg ist der Vater aller Dinge, Man steigt nie zweimal in denselben Fluß* oder: *Esel lieben Spreu mehr als Gold*. Nebenbei wurde Heraklit so auch Stammvater aller Aphoristiker oder Spruchweisen seitdem, vom mathematischen Gottsucher Blaise Pascal über den Gottesmörder Friedrich Nietzsche bis zum gottlosen Émile Cioran.[92] Der bekannteste aller seiner Sprüche, *panta rhei – alles*

---

[92] Seit das Genre endlich wissenschaftlich erforscht ist, gelten weder Heraklit noch Pascal weiter als Aphoristiker, da ihre Wahrsprüche (wörtl.: ›Abgrenzungen‹) nur eine Blütenlese bzw. Extrakte ungeschriebener Großwerke darstellen. Es gilt aber weiter, was Elias Canetti gesagt hat: *Die großen Aphoristiker lesen sich so, als ob sie einander gut gekannt hätten!*

fließt, wurde ihm allerdings erst viel später in den Mund gelegt. Zwischen den Dorern im Westen und Ioniern im Osten steht einsam die Figur des mythischen Sängers Orpheus. Von seiner Liebe zur frischverstorbenen Gattin Eurydike, der er in die Unterwelt folgt und mit der er auch zurückgekehrt wäre, hätte er sich nicht im letzten Augenblick verbotswidrig nach ihr umgesehen, hast Du sicher schon gehört. Opern von Monteverdi über Gluck bis Haydn und die Operette von Jacques Offenbach erzählen die Geschichte. Sein Klagegesang bezwang die wilden Tiere und sogar unbelebte Gegenstände. Dieser Orpheus gehört nach Thrakien, in eine wilde Gegend im äußersten Nordosten Griechenlands. Dem Namen nach ist er der Bringer von Licht und Heil, und in dieser Funktion wird er von den Dichtern nie vergessen werden. Im Paris der anbrechenden Moderne ersteht Orpheus wieder auf, um im Orphismus seinen Anhängern die Wonnen geistiger Klarheit zu bringen. Sein Ende, dass weibliche Fans ihn in ekstatischer Verzückung zerrissen, kennzeichnet Orpheus gleichzeitig als Widerpart des ›lärmenden‹ Dionysos, dessen Kult ebenso in Thrakien beheimatet war. Aus allen Städten Griechenlands gibt es Mythen, dass der Weingott auf den Vertreter der Staatsgewalt, wenn der sich gegen ihn stellt und ihn verfolgen lässt, seine Anhängerinnen hetzt, die Mänaden oder ›Rasenden‹. In Theben traf es den armen König Pentheus; er wird sogar von der eigenen Mutter Agaue zerfleischt, die anschließend seinen Kopf auf ihren Thyrsosstab steckt. Euripides schildert das grausige Treiben in den *Bakchen* und Bruno Ganz hat den Pentheus auf der Berliner Schaubühne verkörpert, unüberbietbar – nackt. So wohnt dem Dionysos ein urwüchsig anarchisches Element inne. Orpheus dagegen wurde eine Reihe von Schriften zugewiesen sowie die Erfindung der Magie. Hier spiegeln sich ganz ungriechische Einflüsse, die in der orphischen Lehre bewahrt wurden als Zeichen dafür, dass neben das kritische Bewusstsein auch noch die Einflüsterungen des Unbewussten, des Rausches und des Traumes treten, um das Ganze des Menschen zu beschreiben.

In Athen haben dorisch und ionisch geklungen wie bayrisch und sächsisch im Ohr des Berliners. Zweihundert Jahre lang war die Stadt im Süden der Landschaft Attika die Metropole (›Maßstadt‹) der antiken Welt, auch was korrektes Griechisch anging. Hier gehörte kluges Denken und Argumentieren zum Handwerkszeug des Städters, Rhetorik in den Alltag des demokratischen Staatswesens. All das konnte man lernen, indem man einen der im Straßenbild auffallenden Gelehrten anheuerte, die gegen gute Bezahlung ihre Kunstfertigkeit weitergaben. Erkennungszeichen waren modische Kleidung und ihre parfümierten Rauschebärte. Sie hießen Sophisten oder Weisheitsverkäufer. Protagoras, Gorgias, Hippias, wie auch ihre Namen waren, sie mussten damit rechnen, bei ihrem täglichen Kundenfang auf eine skurrile Erscheinung zu treffen, der sie gerne aus dem Weg gegangen wären. In einem von seiner übellaunigen Gattin Xanthippe schlecht gebügelten Chiton, dem wie ein gefälteltes Bettlaken aussehenden Gewand, und ohne Mantel, die Chlamys, selbst bei Wind und Wetter, schlurfte der Hobbyphilosoph – über einen Hauptberuf wissen wir nichts – Sokrates durch die Gassen Athens. Er war Bürger mit Leib und Seele, hatte als Soldat an Schlachten des Peloponnesischen Krieges teilgenommen und sich durch Rettung eines Kameraden – ausgerechnet des jungen Alkibiades! – ausgezeichnet. Er erregte sich über die Kunst der Sophisten, dieser Lehrer für den rhetorischen Missbrauch von Wahrheit, die ihren Schülern beibrachten, durch Wortgeklingel anderen Schwarz für Weiß zu verkaufen; entsprechend mühte er sich ein Leben lang, diese gut bezahlten und arrogant auftretenden Scharlatane lächerlich zu machen, wo er nur konnte. An ihren Wortgefechten kannst Du Dich erfreuen, wenn Du die Dialoge *Hippias, Gorgias* oder *Protagoras* aus der Feder des Platon liest, des Meisterschülers des Sokrates – er selbst hinterließ nichts Schriftliches. Da beschreibt der schlichte Sokrates zuerst, wie Protagoras, der viel Unheil anrichtete durch seinen stolz klingenden, eigentlich aber demütig gemeinten Spruch, der Mensch sei *das Maß aller Dinge*, in einer Art Trainingscamp den

Schülern beim Marschieren in Reih und Glied (man kann sich die Erbitterung des Veteranen vorstellen, wie hier militärische Tugenden pervertiert werden) seine technischen Kniffe vermittelt; anschließend wird die prunkvolle Fassade seiner hohlen Phrasen von der simplen Frage- und Antworttechnik des Sokrates und durch seine Fähigkeit zur präzisen Definition von Begriffen niedergerissen. Maieutik nannte er selbst diese Technik nach dem Beruf seiner Mutter: Hebamme. Erfolgreich sein, was Protagoras als Ziel sieht, ist eben nicht moralisch gut sein, wie es Sokrates als höchste Tugend vorschwebt. Aber machen wir uns nichts vor: Auch Sokrates nutzt die Macht der Rhetorik, nur andere ihrer vielen Möglichkeiten, um zu zeigen, wie schwach die Mittel des Protagoras in Wirklichkeit sind. Die Redekunst bekam so aber von Anfang an den Beigeschmack, der Tatsachenverdrehung zu dienen. Mit diesem das Persönliche und die Verantwortung in den Vordergrund stellenden Erziehungsideal kann man in einem Staat, der den Ehrgeiz des Einzelnen zur Grundlage des Gemeinwohls nimmt und gleichzeitig argwöhnisch beäugt, leicht missverstanden werden. So verwundert es nicht, dass Sokrates als Verführer der Jugend (und wegen Gottlosigkeit, doppelt hält besser) zum Tode verurteilt wurde. Seine Verteidigungsrede in dem Prozess, der eine Farce war, die *Apologie*, ist eines der anrührendsten Stücke Rhetorik. Natürlich verschmähte er auch die Möglichkeit zur Flucht aus dem Kerker und trank den tödlichen Schierlingsbecher. Seinen Abschied von den Schülern und seine bewunderungswürdige Haltung beschreibt Platon im *Phaidon*, dem großen Werk über den Tod und die Unsterblichkeit der Seele. Das war im Jahr dreihundertneunundneunzig. Seltsamerweise fällt dieses Datum mit der Niederlage seiner Heimatstadt Athen im Peloponnesischen Krieg und ihrem unaufhaltsamen Niedergang zusammen.

Platon, der Schüler, hat in der heiter-weinseligen Atmosphäre des *Symposion* (›Trinkgelage‹) seinem Lehrer das schönste Denkmal gesetzt. In der Rede des Alkibiades erscheint Sokrates als Inbegriff männlicher Tugenden. Er selbst schwärmt von seiner Begegnung mit der geheimnisvollen Diotima von Mantinea, einer ebenso gelehrten wie liebenswürdigen Dame. Der Komödiendichter Aristophanes, dessen Spott ja auch vor Sokrates nicht haltgemacht hatte, erzählt den Mythos von den Kugelwesen, die in männliche und weibliche Hälfte gespalten worden sind und wieder zu einem Ganzen zu werden trachten; dadurch erklärt er die ewige Anziehung der Geschlechter, den Eros.

Platons Leistung besteht in der Entwicklung der Dialogtechnik und der daraus sich ableitenden Spannung von Frage und Antwort als Methode für das Aufwerfen und Klären von Erkenntnisproblemen. Außerdem hat er mit handlichen Begriffen und Bildern – er erzählt gerne Gleichnisse wie der biblische Jesus – sein Denken plastisch und verständlich gemacht. In seiner *Politeia*, dem *Staat*, beschreibt er das ideale Gemeinwesen, das von Philosophenkönigen geführt wird. Eingepackt in diese ebenso schwer verdauliche wie schwer nachvollziehbare Utopie – es ist sicher noch schwieriger, aus Philosophen Könige zu machen als aus Königen Philosophen! – hat Platon sein Höhlengleichnis, durch das er seine Ideenlehre illustriert. Sicher kennst Du es schon: In einer dunklen Höhle sitzen Menschen, die ihr ganzes Leben gefesselt dort verbracht haben und auf eine Wand starren. An der sind die Schatten von Dingen zu sehen, die hinter ihrem Rücken vor einem Feuer vorbeigetragen werden. Das sind die Ideen. Sie als höchste Güter sind uns unerreichbar, aber jeder unserer Blicke erhascht etwas, was diesen Vorbildern ähnlich sieht wie ihr Schatten. Damit müssen wir uns zufrieden geben. Wenn wir gar aus der Höhle ans Licht geführt werden nach unserer lebenslangen Haft, sind wir zunächst schmerzhaft geblendet; dann dämmert uns, dass alles Vorherige nur ein Schatten der Wahrheit gewesen ist.

Sokrates lehrte die Genügsamkeit. Im Jahr seines Todes wurde Diogenes von Sinope geboren, der diese ideal verkörperte. Sein einziger Wunsch, als Alexander der Große ihn in Athen besuchte: »*Geh mir aus der Sonne!*« In Ablehnung zivilisatorischer Zwänge wurde er neben allem anderen Schabernack, den er trieb

– trotzdem: In einer Tonne lebte er wohl nicht –, auch zum Falschmünzer, um den zweifelhaften Wert von ›Kaufkraft‹ zu erweisen. Seine Geisteshaltung spiegelt den Zustand der Stadt nach der Niederlage gegen Sparta und dem Abstieg zu völliger Bedeutungslosigkeit durch das Emporkommen des Makedonischen Reiches. Den Athenern war er suspekt wegen seiner ungepflegten Erscheinung, und um seiner unzivilisierten Angewohnheiten willen schimpften sie ihn einen Hund, kyon. Diese Haltung machte Schule, Diogenes war der erste Kyniker.[93]

Akademie hieß die Lehranstalt des Platon (der ›Breitschultrige‹), weil sie beim Heiligtum des attischen Heroen Akademos lag. Sie bestand neunhundert Jahre lang, bis Kaiser Justinian sie schließen ließ. Hier ging auch der kleine Aristoteles zur Schule, der aus Stagira in der finstersten griechischen Provinz stammte, wo es heute nur ein paar Athos-Mönche gibt. Er war der neugierigste Geist und fleißigste Methodiker der Antike und ertrank, als er das Phänomen des Gezeitenwechsels untersuchte, das sich zwischen der Insel Euböa und dem Festland besonders eindrucksvoll zeigt. Den Menschen nannte er zoon politikon, das ›staatlich organisierte Wesen‹; die Natur eines jeden Lebewesens ist durch seine Entelechie festgelegt, also die ihm einbeschriebene Bestimmung. Politik, Biologie (tatsächlich dachte Aristoteles, dass aus Lumpen und Abfällen Mäuse entstehen, anders konnte man sich seinerzeit die biologischen Wirkmechanismen noch nicht erklären), Literatur, Moral und die nach der Abfolge seiner Schriften so genannte ›Metaphysik‹ oder philosophische Theologie[94] fanden in ihm den ersten kritischen Geist des Alter-

---

[93] Dass der Kynismus nichts mit unserem Wort Zynismus zu tun hat, wurde zuerst von Heinrich Niehues-Pröbsting in seinem Buch *Der Kynismus des Diogenes und der Begriff des Zynismus* dargelegt.

[94] Diese Schriften kamen ›meta‹, nämlich: ›nach‹ denen zur Physik oder ›Belebten Welt‹.

tums; niemand, auch Platon nicht, hat auf Mittelalter und frühe Neuzeit so eingewirkt wie Aristoteles. Entsprechend auch die Menge dessen, was auf uns gekommen ist: Wenn Platon Bände füllt, dann Aristoteles Regale. Ein Großteil der unter seinem Namen geführten Schriften sind in Wirklichkeit Vorlesungsmitschriften seiner aufmerksamen Schüler. Solche Mitschriften machen seitdem einen Gutteil des Bestandes an philosophischen Grundlagenwerken aus. Es gibt sie von Kant und Hegel bis Heidegger. Ein authentisches Werk des Aristoteles ist die *Nikomachische Ethik*, die er seinem Sohn Nikomachos gewidmet hat und in der er das im Leben zu erstrebende höchste Gut definiert, die perfekte Moralität, die er Eudaimonie nannte.

So eignete er sich auch bestens zum Erzieher des makedonischen Königssohnes Alexander. Seine eigene Schule in Athen hieß aus ähnlichen Gründen wie die Platons das Lykaion (Lyzeum). Dort lustwandelten Professoren und Schüler beim Lehrgespräch, weswegen sich für sie der Beiname Peripatetiker oder ›Schlenderer‹ einbürgerte. Mit Theophrast endet die Reihe der bedeutenden Schulleiter aus dem Geiste des Sokrates. Von ihm stammt eine Serie kleiner, zum Teil boshafter oder satirischer Skizzen, die *Charaktere*, die Du Dir wie eine Beschreibung der Charakterköpfe von Franz Xaver Messerschmidt denken kannst; zwei davon, zu sehen im Stuttgarter Museum, zeigen die eindrucksvollen Gesichter des lachenden und weinenden Philosophen. Jean de La Bruyère übersetzte und erweiterte das Werk des Theophrast und machte einen Höhepunkt der französischen Moralistik daraus. Wie sehr diese Ballung von Geisteskraft auf die Phantasie der Nachwelt gewirkt hat, kannst Du bei einem Besuch im Vatikan erleben. Raffaele Sanzio malte auf dem Höhepunkt der italienischen Renaissance die Gemächer von Papst Julius II. aus und schuf dabei das monumentale Fresko der »Schule von Athen«. Vor einer idealen Architekturkulisse sind dort unter allen anderen versammelt Heraklit, Euklid, Platon, und sie tragen die Züge der größten Renaissancekünstler: von Michelangelo, Bramante und Leonardo da Vinci. Nur Raffael ist auch auf diesem Bild niemand anders als Raffael, der gutaussehende Bengel. So weit ging der Künstlerstolz in einer Epoche, die sich als Wiedergeburt des goldenen Moments der Antike empfand.

Von der Insel Samos kam Epíkouros nach Athen, dessen Schule ihrer idyllischen Lage wegen schlicht ›der Garten‹, kâpos, genannt wurde. Dieser Epikur ist mein liebster Philosoph. Nicht nur, weil von ihm fast nichts Schriftliches erhalten blieb. Nein, liebenswürdig macht Epikur seine Sicht des Lebens, er kann so recht als ›Lebensphilosoph‹ gelten. Götter stellte er sich als abwesend vor. Ataraxie und Eudaimonie sind die Begriffe, die seine Nacheiferer, die Epikureer, zu Lebensmaximen erhoben. Ersteres bedeutet, dass man sich durch nichts die gute Laune verderben lassen soll. Das letztere ist, anders als bei Aristoteles, eine Aufforderung, nach völliger Zufriedenheit, Einklang mit sich selbst zu streben bei allem, was man tut. »*Lathe biosas!*« war sein Wahlspruch, also: *Lebe im Verborgenen.* Das bedeutete vor allem, öffentliche Ämter und Verpulvern von Lebensenergie zu meiden, alle Kraft stattdessen auf das Erreichen höchster Lebenslust zu konzentrieren.

Eskapismus würden das die Stoiker genannt haben, hätten sie diesen Ausdruck gekannt. Zenon von Kition, als Kaufmann von Phönizien nach Athen gekommen, hatte selbst Vorlesungen Epikurs besucht und begann im Widerspruch dazu in der Stoa poikile, einem prächtig mit Gemälden geschmückten langgestreckten Geschäftsgebäude mitten im antiken Athen, seine Vorstellungen von der Bestimmung der Welt zu formulieren. Alles hat Sinn und Zweck, sagte er, der Mensch ist dazu geschaffen, seinen tätigen Platz in dieser Ordnung einzunehmen. Lange Zeit später formulierte Poseidonios aus Apameia endgültig die Grundlagen des Stoizismus. Er war von da an die mächtigste Geistesströmung der antiken Welt, vor allem in Rom kamen seine Lehren gut an. Cicero in seiner Schrift *De officiis – Über die Pflichten*, Seneca in den *Epistulae ad Lucilium – Briefe an Lucilius* und der gelehrte Kaiser Marc Aurel – er dachte in Griechisch *Eis heauton* oder: *An sich selbst* – machten den Stoizismus zur Instanz der privaten Lebensführung, politischen Ordnung und praktischen Vernunft und schrieben in seinem Sinne Werke, deren Kennzeichen der persönliche Zug war: Mit dem Stoizismus konnte man sich identifizieren, er war eine Geisteshaltung für alle Lebenslagen.

Plotinos, der Ägypter, war der letzte große heidnische Denker der Antike. Bezeichnenderweise kam er aus Alexandria, der Stadt im Nildelta mit der einzigartigen Bibliothek, gegründet seinerzeit von Alexander dem Großen auf seinem Eroberungszug um die halbe Welt. Von dort ging Plotin nach Rom und eröffnete daselbst seine Schule des Neuplatonismus. Ziel war die Wiederbelebung der Gedankenwelt Platons, im Zentrum stand die Beschäftigung mit der Seele, die auf mehreren Stufen vorbereitet und zum Träger der Ideen veredelt werden sollte.

> Lebensphilosophie bedeutet, sich durch keine äußeren Einflüsse vom einmal als richtig erkannten Weg abbringen zu lassen.

Platons Denken war dem jungen Christentum weniger fremd als das der anderen griechischen Philosophen. So kam es im Christlichen Platonismus zu einer Aussöhnung der beiden Systeme. Diese bei römischen Gelehrten wie Marius Victorinus entwickelte Verknüpfung der Ideenlehre und des Monotheismus baute die Brücke zur Wiederbelebung der platonischen Gedankenwelt in der Renaissance. Während Platon und Aristoteles im Abendland dazwischen aber tausend Jahre in Vergessenheit geraten waren, wurden ihre Werke bei den Arabern eifrig studiert und diskutiert. Der wichtigste Fürsprecher des Aristoteles und gleichzeitig sein größter Kritiker hieß Averroes oder einfach: Ibn Ruschd aus Córdoba im maurischen Spanien. Raffael verewigte auch ihn in seiner »Schule von Athen«. Im Hauptberuf war er Arzt, und das ist keineswegs zufällig oder unwichtig. Die Lehren des Griechen richten sich an das praktische Leben. Sie helfen jedem, der bereit ist, sowohl sein Denken wie sein Handeln auf die Probe zu stellen. In diesem Sinne brachte Averroes mit seinem *Kommentar des Aristoteles* Botschaft von einer vergessenen Zeit und wirkte unmittelbar erhellend auf alle, die nach Wahrheiten suchten und die griechische Tradition des Denkens nicht kannten, wie etwa Dante Alighieri in Florenz. Schon einige Zeit zuvor hatte Ibn Sina, den die Europäer Avicenna nannten, auch er Arzt, aber aus dem asiatischen Buchara am anderen Ende der arabischen Welt gebürtig, die Werke von Platon und dem Stagiriten einem interessierten Kreis von Lesern vorgestellt. Die Araber wurden die wahren Träger der Tradition und Aristoteles das wichtigste Beispiel für die völkerverbindende Kraft des Denkens.

Diese Potenz hatten auch die Werke der Naturwissenschaftler, ihre Sprache war universell verständlich: Die *Elemente* des Euklid zeigen, auf welcher Höhe die Mathematik im Zeitalter des Platon gewesen ist; in Syrakus tötet – ein Menschenalter später – ein römischer Soldat den Archimedes, der ihn doch gebeten hatte, seine Zeichnungen nicht zu ruinieren: »*noli turbare circulos meos!*« Archimedes war der geniale Wissenschaftler und Erfinder der Antike, dem viele praktische Dinge einfielen; überliefert sind von ihm nur kleine Fingerübungen zur Geometrie. Etwas später legte Marcus Vitruvius Pollio die Grundlagen der vielleicht immernoch praktikabelsten aller antiken Wissenschaften nieder in den *Zehn Büchern über Architektur* (wobei das letzte allerdings von Kriegsgeräten handelt). Jeder Architekt muss die klassischen Ordnungen an Säulen, Giebeln und Gesims sowie den ›goldenen Schnitt‹ kennen. Das bekannteste Lehrstück Vitruvs ist der Proportionenmensch, den Leonardo da Vinci in seiner zeichnerischen Umsetzung als nackten Mann darstellte, der sowohl einem Kreis als auch einem Quadrat einbeschrieben ist. So hängt Vitruv heute als Poster an vielen Wänden.

Klaudios Ptolemaios, wie Euklid aus Alexandria, schrieb in seinem *Almagest*, dem Hauptwerk der antiken Astronomie mit dem von den Arabern verballhornten griechischen Titel, über seine Vorstellung von der Konstruktion des Sonnensystems mit der Erde im Zentrum. Das ptolemäische Weltbild hielt sich ein Jahrtausend. Im *Tetrabiblos* handelt er über die Grundlagen der

Astrologie oder: die Wirkung der Gestirne auf unsere Welt. Diese beiden Wissenschaften waren bis in die Renaissance ebenbürtige Geschwister, wobei der Astrologie große praktische Bedeutung beigemessen wurde. Wie allgegenwärtig astrologische Bezüge und Fingerzeige gerade in der Kunst der Renaissance waren, zeigt das nette Buch von Erich von Beckerath *Geheimsprache der Bilder*. Verblüffend ist besonders, welche neue Deutung so ein bekanntes Bild wie Tizians »Himmlische und irdische Liebe« aus der Galleria Borghese in Rom bekommt, wenn man die Sprache der Sterne versteht: Die beiden schönen jungen Frauen, eine prächtig gekleidet, die andere nackt, die auf den zwei Schmalseiten eines antiken Sarkophags ruhen, verkörpern – den Planeten Venus als Abend- und als Morgenstern.

Altmodische Geister teilen vergangene Epochen gerne in die Abschnitte Aufblühen – Reife – Verfall und man könnte versucht sein, gerade die Antike nach diesem Muster zu bewerten (im nächsten Kapitel werde ich Dir eine andere, auch für die Literatur gültige Einteilung vorschlagen). Aber mit Homer steht am Anfang schon einer fertig da, dessen packende Kunst und dramatische Schilderung in den nächsten mehr als tausend Jahren vorbildlich blieb. Speziell sein Wortschatz ist bereits unüberbietbar bildmächtig, sodass wir nur staunen können. Die *kuhäugige* Hera, der *Blitzeschwinger* Zeus und wie die Rede *dem Gehege der Zähne entflieht*, das ist so einprägsam, einfach – wunderschön. Und geheimnisvolle Episoden gibt es, für die man ein Leben braucht, um ihren Sinn zu ergründen. Der glänzende Held Glaukos, der ›Meergrüne‹, tritt für Troja in die Schranken des ungleichen Kampfes und trifft auf den Griechen Diomedes, den schrecklichen Rossebändiger und Kriegsmann aus Argos, der nicht einmal davor zurückgescheut war, die Liebesgöttin Aphrodite zu bekämpfen, als die für ihren Sohn Aeneas in die Schlacht zog. Was machen die zwei? Erst verkünden sie sich Tod und Vernichtung, dann erkennen sie, dass sie von ihren Großvätern her

Gastfreunde (xeinoi, das Wort meint im Griechischen Fremde und gleichzeitig Freunde!) sind: Oineus hatte einmal in Argos drei Wochen lang Bellerophon, den lykischen Heros, beherbergt. In Erinnerung daran tauschen sie, mitten im Kampfgetümmel, ihre Rüstungen – die des Glaukos ist von purem Gold, die des Diomedes aus Eisen. Was will uns Homer sagen, wenn er uns dies berichtet und das Handeln des Glaukos ›von Zeus verblendet‹ nennt? Wer ist eine Krämerseele in dieser Geschichte, der Held, der Sänger – oder der Gott? Ich bin vielleicht noch nicht alt genug, um es ganz zu verstehen. Glaukos jedenfalls, der prächtige Recke, mit dem ich gezittert habe, fällt. Diomedes dagegen ist der einzige Achaier, der ohne Leiden nach Hause zurückkehrt; nur seine Frau, die ist ihm in der Zwischenzeit davongelaufen.

Nichts Gleichwertiges hat die Welt der Literatur gesehen an Fabulierlust bis zu *Tausendundeiner Nacht,* wo der Bauchnabel der Schönen eine Unze Öl zu fassen vermag oder der Wesir solange lachen muss, bis er auf den Rücken fällt, und sicher sind Homers Werke nie übertroffen worden. Gegen die exquisite Hauptmahlzeit seiner Epen sind Ovids *Metamorphosen* Naschwerk, kleine appetitliche Hexameter-Häppchen, und vieles andere wirkt im Kontrast grob und undichterisch, wie Eintopf.

Von einem einzigartigen Werk wollen wir jetzt sprechen. Der Admiral Plinius, zuletzt stationiert in Misenum nahe Neapel, muss sich sehr gelangweilt haben. Das Flaschenschiff war wohl noch nicht erfunden, an dem der abgetakelte Seebär heutiger Tage bastelt. So begann der neugierige Gaius Plinius Secundus – wir nennen ihn den Älteren oder Maior, da er auch noch einen gleichnamigen Neffen hatte, den Minor, der mit Kaiser Trajan im Briefwechsel stand und andere interessante *Korrespondenz* hinterlassen hat, zum Beispiel mit dem Historiker Tacitus, dem er die weiter unten geschilderten Ereignisse mitteilte –, unser alter Plinius begann also das Wissen seiner Zeit zu sammeln. Das g a n z e Wissen. Dieses Kompendium ist unter dem Namen *Naturalis historia* oder *Naturkunde* in siebenunddreißig Büchern auf uns gekommen. Beschreibung der Erde und des Himmels, von Mensch und Tier, aller bekannten Bäume und Pflanzen und der Wissenschaft von Ackerbau und Fruchtwirtschaft, der Medizin und Arzneimittel, der Mineralien und der Voraussetzungen des Kunstschaffens sind die Disziplinen, zu denen Plinius ihm vorliegende Literatur ausgewertet und eigene Erfahrungen hinzugefügt hat. Eine letzte große Erkenntnis über die Kräfte der Natur hatte das Schicksal noch für den wissensdurstigen Mann parat. Er war dabei, als am vierundzwanzigsten August des Jahres neunundsiebzig der Vesuv, ganz in der Nähe seiner Villa, ausbrach und Wolken von Staub, Gasen und Gestein über die Gegend ausschüttete. Zuerst fuhr Plinius zu näherer Beobachtung des Phänomens in den Golf von Neapel aus; als er die bedrohliche Lage erkannte, bemühte er sich mit seiner ganzen Flotte um die Rettung Überlebender aus Pompeji und Herculaneum und starb tags darauf an den erlittenen Verletzungen, nicht ohne vorher dem Schreiber seine Beobachtungen von diesem Naturschauspiel diktiert zu haben.

Der Ausbruch des Vesuvs, ein antikes Drama, das sich nach zweitausend Jahren wiederholen kann.

Die Biographik ist von jeher eine eigene Sparte gewesen. Über *Alexander* den Großen wurden dicke Romane geschrieben. Von Mal zu Mal wuchsen dabei seine Heldentaten ins Übermenschliche. Schon Xenophon hatte seinem Lehrmeister Sokrates in den *Memorabilien* gehuldigt und Nachrichten aus dem privaten Leben des Denkers mitgeteilt. Der späte Diogenes Laërtius sammelte sogar Stoff über alle ihm bekannten *Philosophen* der alten Zeit, eine unentbehrliche Quelle. Tacitus verfasste eine Biographie seines Schwiegervaters *Agricola*, der Britannien zu zivilisieren versucht hatte. Gaius Suetonius Tranquillus schuf Herrscherporträts von Caesar bis Titus, immer auf der Suche nach saftigen Stories. Ganz im Gegensatz zu seinem Beinamen ›der Ruhige‹ interessiert ihn alles Schrille, boshafter Tratsch und Skandal. Wie Nero seine eigene Mutter um die Ecke zu bringen trachtet – und die vielleicht auch ihn –, dafür ist Sueton in seinem *Leben der Caesaren* genau der richtige Berichterstatter. Die originelle Idee der *Parallelbiogra-*

phien stammt von dem Griechen Plutarchos, der in der frühen römischen Kaiserzeit das bescheidene Dasein eines Privatgelehrten fristete. Er war ein großer Moralist und Pädagoge, ohne jedoch in seinen Anschauungen sehr gefestigt zu sein. Für Aberglauben aller Art war er jedenfalls empfänglich und für Schabernack, wie seine kleine Schrift *Das Mondgesicht* deutlich macht, in der er das zu erklären vorgibt, was wir von hier aus beim Anblick des Erdtrabanten erkennen können. Aber er schuf eine neue Sicht auf historische Abläufe, er führte den Helden in die Geschichtsliteratur ein. Angefangen mit Theseus und Romulus bis zu Demosthenes und Cicero stellt er je einen Griechen und einen Römer einander gegenüber und vergleicht abschließend ihre Lebensläufe. Die Renaissance begeisterte sich für Plutarchs Doppelbiographien; in der Kindererziehung des Hauses Medici zu Florenz waren sie Pflichtlektüre. Mit den umfassend erhalten gebliebenen Werken Plutarchs, diesem perfekten Bindeglied zwischen Griechenland und Italien, endet die antike literarische Klassik, während in seinem Zeitgenossen Sueton bereits ein manieristisches Zeitalter sich Bahn bricht.

Aber im Verfall treibt's manchmal doch die schönsten Blüten. Mein Liebling aus der antiken Welt, dessen weitschweifiges Œuvre von seinem aufklärerischen Alter Ego Christoph Martin Wieland liebevoll in ein wunderbar lesbares Rokokodeutsch übertragen und auch noch kundig kommentiert wurde, ist Lukian von Samosata. Auf Reisen und als umfassend interessierter philosophischer Kopf hat er sich den Schliff verschafft, der in der Spätantike so bedeutsam wurde. Wer schreiben, oder besser noch: reden konnte, dem gehörte die Welt! Lukian kann nun dies alles. Zunächst kann er uns wunderbar Geschichten erzählen, Lügengeschichten zum Beispiel, dass sich die Balken biegen. *Die wahre Geschichte* in zwei Büchern ist die munterste Erzählung der Antike, die auf uns gekommen ist, und Vorbild für Heerscharen von Lügenbolden und Schwadronierern, angefangen mit dem unsterblichen Doktor Rabelais bis hin zum Baron Münchhausen. Wenn Du beim Lesen, vielleicht bei der Episode, wie der Erzähler vom großen Fisch verschluckt wird – eine komische Variante der Wanderanekdote, die durch den wieder ausgespienen Jonas in die Bibel geriet und sich bis zu Carlo Collodis entzückendem *Pinocchio* frisch gehalten hat –, ganz alleine bist, darfst Du Dir vor Vergnügen auf die Schenkel klatschen (aber auch nur dann). Was für ein origineller Kopf, dieser Lukian! Er hatte die Liberalität des Gottlosen, lebte aber gerade in der Epoche, in der das Christentum vehement den Atheismus hinwegfegte. An etwas zu glauben wurde Bürgerpflicht und die Lehre Christi Staatsreligion. Bald hieß es: Wer nicht für uns ist, ist gegen uns, und Atheismus wurde als die blässliche Attitüde des Lebemanns und Tunichtguts verdammt. Erst Voltaire wird diese Verhältnisse wieder umkehren und wagt offen auszusprechen: immer noch besser nichts glauben als das. Lukian führt uns die Götter vor, wie sie sich selbst um ihre Macht betrügen. Epikur hatte seinerzeit gelehrt, dass sie sich in die endlosen Räume zwischen den Welten zurückgezogen hätten. Wir gingen sie nichts an. Bei Lukian wundern sie sich in ihren *Göttergesprächen*, dass sie uns nichts mehr angehen.

Kein größerer Kontrast als zwischen Lukian, der aus dem Osten des römischen Riesenreichs stammte, und Aurelius Augustinus, dem Bischof von Hippo in Nordafrika. In meinen ehrfurchtgebietend in schwarzes Schweinsleder gebundenen lateinischen Augustinus, zwölf dicke und schwere Bände, habe ich, ehrlich sei's gestanden, noch nie einen Blick geworfen – ich habe ihn geerbt. Es gibt auch Handlicheres: Anderthalbtausend Seiten macht allein der *Gottesstaat* aus, eine von rhetorischer Geschliffenheit und reinster Vertrauensseligkeit getragene Verteidigung der Bibel und des christlichen Glaubens gegen die wiedererstarkte Herausforderung des römischen Heidentums. Noch handlicher wird es, wenn Du diesen sympathischen alten Sünder in seinem volkstümlichsten Werk kennenlernen willst, in seinen *Confessiones – Bekenntnissen*, einer der frühesten Autobiographien. In rührender Schlichtheit schildert er sein inniges Verhältnis zur Mutter Monnika (die später zur Hl. Monika wird), einer überzeugten Christin. Der zukünftige Kirchenvater dagegen gab sich erst einmal zweifelhaften weltlichen und gefährlichen geistlichen Ausschweifungen wie dem äußerst ketzerischen Manichäismus hin. In Mailand hatte Augustinus dann sein Damaskus-Erlebnis (in Syrien wurde seinerzeit aus Saulus Paulus) und ließ sich vom Bischof Ambrosius, einer anderen geistlichen Autorität jener Zeit, taufen. Sehr nahe kommt uns der Kirchenvater aus Afrika in seiner entwaffnenden Offenheit. Mit seinen so ganz anderen *Conféssions* nahm Jean-Jacques Rousseau Maß am großen Heiligen – und diese *Bekenntnisse* gerieten zu kleinmütig. Seine Arme-Sünder-Pose empfinde ich als abstoßend, statt Offenheit bietet er Schlüpfrigkeit, statt reiner Tor ist er kalkulierender Grübler. Augustinus zu begegnen enttäuscht nie, selbst sein Grabmal, eine wunderschöne Steinmetzarbeit in der alten Langobardenkirche San Pietro in Ciel d'Oro zu Pavia, ist eine Reise wert.

Die vielleicht interessanteste Gestalt der Spätantike und der letzte große Widersacher des Christentums wurde der römische Kaiser Julian, der dafür den Beinamen Apostata, der Abtrünnige, erhielt. Die Intensität, mit der das Christentum den Glaubenden einforderte, war ihm zuviel, lenkte den Bürger zu sehr von der Erfüllung seiner Pflichten ab. Die allfälligen Bilderstürme, mit denen die heilsgewisse neue Religion die Spuren aller anderen so erfolgreich zu tilgen bedacht war, machten den Neffen des zum Christentum übergetretenen Kaisers Konstantin melancholisch. So versuchte er die alten, praktischen, versöhnlich in einem religiösen Mix nebeneinander existierenden Kulte wieder zu installieren. Als kluger und gebildeter Mann wollte er durch Überzeugung und Toleranz das Rad der Geschichte zurückdrehen, wie uns seine reichlich überlieferten *Briefe* belehren. Zum Zeichen seiner humanistischen Gesinnung trug er den Bart nach Art der alten Philosophen um Kinn und Backe und verteidigte dies in der nicht humorlosen Schrift *Der Barthasser* gegen die Anpöbelungen aus seiner Provinzhauptstadt Antiochia. Nach eineinhalb Regierungsjahren starb er auf einem Feldzug gegen die Perser. Es kann nur ein Gedankenspiel sein, was passiert wäre, wenn Julian mehr Zeit für die Umsetzung seiner Reform geblieben wäre, welches Aussehen die antike Welt im Zeichen der Toleranz erhalten hätte. Wir sind gewöhnt, Zeitenwenden nach großen, zumeist kriegerischen Ereignissen zu setzen; die uns literarisch gut bezeugte Existenz des Kaisers Julian steht für die Zufälligkeit, mit der scheinbar zwangsläufige historische Entwicklungen zustande gekommen sind. Ehre seinem Angedenken.

Das Christentum triumphierte im römischen Reich und machte sich alsbald daran, alle Spuren anderer Kulte zu tilgen. Statuen und Tempel wurden zertrümmert (oder doch zumindest umgewidmet) und schriftliche Zeugnisse vernichtet. So brach denn der westliche Reichsteil unter dem Ansturm illiterater, wenn auch bekehrter Germanenhorden zusammen. Das oströmische Reich mit der Hauptstadt Konstantinopel entwickelte zwar eine eigenständige griechisch-orthodoxe Kultur, die wir heute noch in den prächtigen Bauten wie der Hagia Sophia bewundern. Dieses Wunderwerk des Architekten Anthemios von Tralleis wurde Vorbild der großen Moscheen des osmanischen Stararchitekten Sinan. Ihre Errichtung unter Kaiser Justinian hat der beflissene Prokop beschrieben. Und auch Bildwerke wie die überwältigenden Mosaiken von Ravenna zeugen noch von der Größe ihrer schöpferischen Kraft, selbst wenn hier die verderbte Theodora als Heilige erscheint. Aber diese Epoche hat erstaunlich wenige und wenn, erstaunlich wenig hochrangige schriftliche Zeugnisse hinterlassen. Man versackte in akademischem Palaver, verfasste Lexika[95] und Literaturgeschichten; eine eigentlich schöpferische Kraft hatte diese Kultur nicht mehr. Immerhin wurden die Klassiker geehrt: Was die christliche Zerstörungswut an Buchschätzen verschont hatte, befand sich in der Bibliothek von Alexandria, diesem Hort des antiken Wissens,

---

[95] Einen Namen solltest Du Dir merken: die *Su(i)da*, das erste Konversationslexikon.

gepflegt von einem Heer von Professoren, die unermüdlich Kommentare und Kritiken zu den Werken von Homer und Aischylos bis Vergil und Ovid verfassten. Hier fand die erste katastrophale Berührung der alten Mächte mit der neu aufkommenden, jugendfrischen Kraft des arabischen Islam statt. Als die Krieger unter Kalif Omar Alexandria eroberten, stand das Schicksal der antiken Überlieferung kurz auf der Kippe. Omar ließ sich von seinen Beratern die Bedeutung der Bibliothek erklären, viele kluge Köpfe wünschten die Erhaltung der unermesslichen Schätze an Literatur und Wissen. »*Steht es im Koran, sind sie überflüssig, steht es nicht darin, schädlich!*« soll Omar ausgerufen haben, als er die Fackel in die Stapel von Manuskripten warf.[96] Das war im Jahr sechshundertzweiundvierzig nach Christi Geburt oder besser: im zwanzigsten Jahr des islamischen Kalenders seit der Hidschra, dem Auszug des Propheten Mohammed aus Mekka nach Medina.

Damit war die Antike unwiderruflich zu Ende.

[96] In seinem Werk über *Abstieg und Fall des römischen Reichs* hat Edward Gibbon diese Anekdote wiedergegeben mit der Quellenangabe des islamischen Geschichtsschreibers Abulpharagius und der Änderung, mit den Manuskripten hätte man sechs Monate lang die Öfen Alexandriens geheizt; sogleich übt der große englische Historiker des Achtzehnten Jahrhunderts aber an der Quelle und dem Inhalt Kritik und legt dar, dass wahrscheinlich in Alexandria nicht mehr viel zu zerstören übrig war. Vielleicht war auch gar nicht Heizperiode. Die Bibliothek führte nur noch ein Schattendasein. Das wird so gewesen sein. Mich interessiert mehr das Symbolische an der Geschichte, das der islamische Referent offenbar erkannt hat und in den Vordergrund stellen wollte: Auch wenn kaum etwas Brennbares zur Verfügung stand, Ziel Omars war es, der kulturellen Kontinuität der Antike ein Ende zu bereiten und eine eigene, andersartige dagegenzustellen. Anekdote bedeutet in meinem Verständnis nicht historische Wahrheit, wohl aber Gestaltung einer typischen Situation. Mohammed selbst hatte alle Religionen unter Schutz gestellt, die eine schriftlich fixierte Tradition vorweisen konnten. Wer eine Bibel oder ähnliches zur Hand hatte, wurde weder bekehrt noch seines Glaubens wegen massakriert.

Das in dieser Hinsicht wirklich dunkle Mittelalter hat uns den freien Blick auf das Altertum genommen. Nur schemenhaft erkennen wir Entwicklungslinien, die von Athen und Rom in ihrer Blüte direkt bis zu uns führen, sowie einige, die den Umweg über den islamischen Kulturkreis genommen haben, und manche Zeitgenossen wollen leugnen, dass diese Kontinuität für den heutigen Menschen noch prägenden Charakter hat oder bedeutsam sei. Jede neue Reform der deutschen Rechtschreibung entfernt wie mit einem Radiergummi die Spuren der Antike aus unserer Sprache – und ersetzt sie durch blühenden Unsinn. Bald wird es einen Spezialisten brauchen oder vielleicht auch niemand mehr dasein, der uns zu erklären vermag, woher unsere Kultur und ein zentraler Teil unserer Sprache kommen.

Auf der Insel Syra im Ägäischen Meer gab es einen Papagei, der sehr alt war. Er hatte in Athen die Zeit des Perikles, Phidias, Anaxagoras und Euripides erlebt und nach vielen Abenteuern und Jahrhunderten hatte es ihn auf die Sitzstange am Tresen der Hafenkneipe verschlagen. Der große Archäologe, Altphilologe und Übersetzer Ernst Buschor kam einige Male dort vorbei, tuschelte mit dem Tier angeregt und berichtete bei Gelegenheit, viele wichtige Details des antiken Lebens erfahren zu haben. Als Jahre später der Philologe und der Papagei gestorben waren, versuchten Buschors Schüler das Geheimnis der Gespräche herauszufinden und befragten den immer noch kreglen Kneipenwirt dazu. Der bestätigte das Vorgefallene, schränkte aber bedauernd ein, den Inhalt der Gespräche habe er nicht verstehen können – die beiden hätten sich auf Altgriechisch unterhalten.

ANDERSWO

Sollte durch meine Darstellung der Verdacht aufkommen, es gäbe da eine kulturelle Kontinuität von Adam und Eva über die alten Griechen bis zu uns, einen Königsweg kultureller Entwicklung, so ist dieser Verdacht unbegründet. Ausdrücklich sagen möchte ich, dass es sich hier um meine eigene kulturelle Identität handelt, die sich solcherart definiert. Die meisten Menschen auf dieser Erde haben eine völlig andere. Arthur Schopenhauer lernte eigens Sanskrit, um die umfangreichen Texte der spirituellen und philosophischen Überlieferungen der Inder, die vier *Veden* und die Texte der *Upanishaden,* lesen zu können (und tat sich mächtig was darauf zu Gute): *Vom Dunkeln wandere ich zum Bunten, vom Bunten wandere ich zum Dunkeln.* Hiervon verstehe ich nichts.

In China hat Literatur immer schon eine große Rolle gespielt. Bildung war Macht; das über Jahrhunderte unveränderte Examen der Beamtenanwärter schrieb detaillierte Kenntnis der Klassiker vor. Was wissen wir? Konfuzius sagt: »Ich habe einmal einen Tag lang nicht gegessen und eine Nacht lang nicht geschlafen, um nachzudenken. Das hat nicht geholfen – besser ist es, stattdessen zu lernen!« Viele meiner Altersgenossen haben die *Mao-Bibel* oder Essays des Großen Vorsitzenden gelesen, in denen dem Rebellen nahegelegt wird, sich wie ein Fisch im Wasser der Massen zu bewegen. Schon seinerzeit habe ich beides ohne rechte Begeisterung zur Kenntnis genommen.

Dafür gefielen mir einige große Romane der klassischen chinesischen Literatur. Ihr Kennzeichen ist das Neben- und Ineinander von realistischer Handlung – wie in einem Gesellschaftsroman unseres Neunzehnten Jahrhunderts –, Geistergeschichten, die das Publikum offenbar besonders faszinierten – sie fehlen nie –, und derben erotischen Episoden bis zu expliziten Schilderungen nimmermüder sexueller Aktivitäten. Oder anders ausgedrückt: Der chinesische Roman bemühte sich, alle Bereiche des lebensweltlichen Interesses zu vereinigen. Schöne Beispiele sind *Der Traum der Roten Kammer, Die Räuber vom Liang Schan-Moor* und die Geschichte von Hsi Men und seinen sechs Frauen, genannt: *Kin Ping Meh.*

Schon bei der Schreibweise der Namen begegnest Du dem

Problem, dass man bei so fremden Kulturen auf Gedeih und Verderb dem Fachmann, dem Übersetzer ausgeliefert ist. Für die chinesische Literatur hat Franz Kuhn Anfang des letzten Jahrhunderts Wichtiges geleistet und Unmengen von bis dahin unbekannten Werken ins Deutsche übersetzt. Ein weiterer Gelehrter, der unsere Kenntnis Chinas bereichert hat, war der Holländer Robert van Gulik. Nach alten Quellen ließ er die historische Gestalt von *Richter Di* auferstehen als Detektiv in zahlreichen Kriminalfällen. Sehr hübsch flicht van Gulik Nachrichten über das China der Ming-Zeit in die spannende Handlung ein – gleichwohl, der wahre Di amtierte in der Tang-Zeit, tausend Jahre früher. Auch wenn vieles an den Erzählungen so holzschnittartig ist wie die Illustrationen, die Multitalent van Gulik nach alten Vorlagen höchstselbst zu seinen Büchern geschaffen hat, die Welt des Richters, eines Inbegriffs männlicher Tugenden, mitsamt seiner Assistenten Wachtmeister Hung, Ma Jung und Tschiao Tai sowie des Undercover-Agenten Tao Gan mit dem langen Barthaar, wird Dich in ihren Bann ziehen.

Inzwischen sind einige klassische Werke, insbesondere das *Kin Ping Meh*, auch in aktuelleren Fassungen greifbar. Der ambivalente Held des Romans, Hsi Men oder Simen oder wie auch immer, ist ein Wüstling wie er im Buche steht. Als wichtiger Mann in der Provinz verdient er sich mit Korruption und Erpressung eine goldene Nase. Dazu ist er geistreich und gebildet. Sein wahres Hobby ist jedoch die körperliche Liebe, deren Schilderung in dem Werk breiten Raum einnimmt. Mit Genugtuung lesen wir, dass auch der gestresste Chinese ohne leistungssteigernde Pharmaka nicht auskam. Was unsere Zeit an Viagra® hat, wurde dort schon vor fünfhundert Jahren selbstverständlich eingesetzt – so wie die Chinesen alles früher hatten, ohne dass wir es gemerkt hätten: das Papier, den Buchdruck mit beweglichen Lettern, Personalausweise und was sonst das Leben bereichert –; allerdings fehlte wohl der Beipackzettel über Risiken und Nebenwirkungen, denn an einer letzten Überdosis seines Präparates geht Hsi Men jämmerlich zugrunde und fährt stracks zur Hölle. Seine

Frauen trauern, aber der Gerechtigkeit konfuzianischer Prägung ist Genüge getan.

Die Räuber vom Liang Schan-Moor befinden sich in Rebellion gegen die Provinzadministration. Es handelt sich weniger um berufsmäßige Wegelagerer, zumeist sind es ehemalige Soldaten und Beamte, die hier in Divisionsstärke und Robin Hood-Manier ihr Outlawdasein genießen. Anerkannt wird in diesem subversiven Meisterwerk nur die Zentralgewalt des Kaisers in Peking.

Der Traum der Roten Kammer ist ein Werk der Dekadenz, chinesische *Buddenbrooks*. Geschildert wird, wieder mit allen Ingredienzen von Erotik und Grusel bis Philosophie, der Zerfall einer Herrscherfamilie aus dem Geiste des Gefühlsüberschwangs.

> Alle schreiben. Es handelt sich um einen der urwüchsigsten Triebe des Menschen, sich im Wort zu verewigen. Und eine gute Reaktion darauf ist das Lesen.

Die Nachrichten aus dem Reich der Mitte, die die Amerikanerin Pearl S. Buck ihrer blütengleichen Ich-Erzählerin Kuei-lan in den Mund legte, wurden so begierig vom Rest der Welt aufgenommen, dass *Ostwind – Westwind* inzwischen in jedem zehnten Haushalt verbreitet ist und die Urheberin den Nobelpreis erhielt. So erübrigt es sich wohl, über dieses unterhaltsame Stück Kunstgewerbe noch ein weiteres Wort zu verlieren, außer: Auch ich habe es damals gerne gelesen.

Japan und seine kulturellen Schätze blieben, gemessen an ihrem Alter, bis vorgestern unserer Neugierde verschlossen. Diese ganz eigene Welt kannst Du lesend für Dich gewinnen mit so bezaubernden Werken aus zarter Damenhand wie der *Geschichte des Prinzen Genji*, der opulenten Geschichte eines natürlichen Sohnes des Tenno, von Frau Murasaki oder dem *Kopfkissenbuch* der Dame Sei Shonagon mit moralischen Belehrungen und Etikettetips und vielen anderen Werken aus längst vergangener Zeit.

Bei näherem Zusehen entdecken wir immer neue literarische Schauplätze, Gestalten, Figuren und Geschichten, die neugierig machen. Die Azteken und Maya hatten eine buchstäbliche Überlieferung, die Hopi-Indianer vielleicht auch, die Inkas sowieso. Auf den Oster-Inseln war was los, auf Timor, Java und Sumatra langweilten sich die Leute ohne ihre Lieblingslektüre, auf Ceylon und im Oman ging niemand ohne Buch ins Bett ...

Auch in den Steppen Asiens gab es eine schriftliche Kultur. Mongolische Gelehrte schrieben die *Geheimgeschichte* ihres Volkes von Dschingis-Khan her auf, und was Meuchelmord und Herrscherweisheit angeht, waren die Mongolen mindestens so weit wie alle anderen. Hier schließt sich nun der Kreis: Diese Mongolen, die dann auch China eroberten und als Mogule in Indien herrschten, zogen mit einer Riesenstreitmacht nach Westen. Sie unterwarfen Persien und den Vorderen Orient mit ungekannter Grausamkeit und waren dabei, in das Ringen zwischen Kreuzrittern und Sarazenen um das Heilige Land einzugreifen (und keine Frage, s i e wären die Sieger gewesen). Das war keine Anekdote der Weltgeschichte, sondern ein Schock, ähnlich dem, den der Angriff der Araber auf Europa fünfhundert Jahre zuvor ausgelöst hatte und der den Aufstieg des Frankenreiches zur Zentralmacht Europas, verkörpert in der Gestalt von Kaiser Karl dem Großen, zur Folge hatte und damit eine Kontinuität bis zu Napoleon. Oberflächlich gesehen verpuffte die mongolische Attacke, als innere Gründe dieses Riesenreich ins Wanken brachten. Die Eroberer zogen sich zurück. Auch aus Russland, das die Goldene Horde in weiten Teilen unterworfen hatte; deren Spuren finden sich noch in der Heldengeschichte des »Alexander Newskij« und im Film von Sergej Eisenstein mit der Musik von Sergej Prokofjew. In Ungarn hatten die Mongolen in der Schlacht bei Mohi das von Árpád frischgegründete Magyarenreich vernichtet und damit für eine Sprachverwirrung gesorgt, die bis heute anhält. Und Spuren hinterlassen: Mitten in den Roman *Die Geschichte des jungen Noszty mit der Mari Tóth* aus der Feder des Kálmán Mikszáth platzt eine echte Mongolenprinzessin, die Tante Máli, die sich als äußerst verschlagen in – Liebesdingen erweist. In diesem Roman wird der Untergang Kakaniens als erotische Katastrophe um wenige Jahre vorweggenommen.

Die Mongolen wurden zum Missing Link zwischen Ostasien und Europa und erzeugten den kulturellen Druck, der in Asien, Arabien und Mitteleuropa neue schöpferische Kräfte freisetzte. Das aus dem Sanskrit ins Persische und von da ins Türkische übersetzte *Papageienbuch* wanderte von Ost nach West. Die Inder waren große Märchenerzähler und begeisterte Zuhörer, und viele Motive ihrer Geschichten machten eine Tour durch die Welt und landeten in ganz neuer Umgebung wie etwa *Der Arzt wider Willen*, der aus dem *Papageienbuch* direkt auf die Schlossbühne von Versailles hüpfte. Hauptdarsteller und Autor ein gewisser Poquelin, besser bekannt als Molière.

Der kluge Papagei hindert seine Besitzerin am Verlassen des Hauses – und dadurch auch daran, ihren Ehemann zu betrügen –, indem er ihr ständig neue, spannende Geschichten vorsetzt. Diese Art, Erzählungen durch eine Rahmenhandlung zu verbinden, wurde schick, wie Du bei Boccaccio, Chaucer und Basile sehen wirst. Auch *Alf laila walaila* oder: *Die Erzählungen aus Tausendundeiner Nacht* bekamen so ihre heutige Gestalt. Diese Sammlung

> Außerhalb der Science Fiction gibt es nur einen Gang der Geschichte. Die Mongolen hätten ihn verändern können und Tausendundeine Nacht wäre nie zu uns gekommen.

von Märchen, Abenteuer- und Liebesromanen unterschiedlichster Herkunft wird folgendermaßen zusammengehalten: Der König von Samarkand ist von seiner Frau betrogen worden. Nun hegt er Groll und Misstrauen gegen das weibliche Geschlecht insgesamt, heiratet jeden Abend eine Neue und lässt sie – fast wie Blaubart oder Heinrich der Achte – gleich morgens wieder hinrichten. Bis er an die Tochter seines Wesirs gerät, die ebenso betörende wie unterhaltsame Sheherazade: Die Geschichte, die s i e zu erzählen beginnt, hört nie wieder auf, der König, von Spannung und Neugier gefesselt, vergisst von Morgen zu Morgen den tödlichen Befehl; er will doch erfahren, wie es am Abend weitergeht. Stattdessen werden sie ein glückliches Paar, in den Erzählpausen hat Sheherazade sogar noch Zeit und Muße, ihrem König ein paar Thronfolger zu schenken. Nie ist Schöneres erfunden worden ...

Bis zwölfhundertfünfzig war außer den Klampfen von ein paar Troubadouren und Minnesängern in europäischen Wäldern allein der Schrei des Auerhahns zu vernehmen. Dürfte man nur ein Werk aus jener Zeit lesen – und es gibt gute Gründe, da nichts zu übertreiben –, müsste es nicht das *Nibelungenlied* sein, das Epos der Völkerwanderung,

> *Uns ist in alten mæren*   *wunders vil geseit*
> *von helden lobebæren,*   *von grôzer arebeit,*
> *von fröuden, hôchgezîten,*   *von weinen und von klagen,*
> *von küener recken strîten*   *muget ihr nu wunder hœren sagen.*

oder die politische *Lyrik* Walthers von der Vogelweide,

> *Ich saz ûf eime steine,*
> *und dahte bein mit beine:*
> *dar ûf satzt ich den ellenbogen:*
> *ich hete in mîne hant gesmogen*
> *daz kinne und ein mîn wange.*
> *dô dâhte ich mir vil ange,*
> *wie man zer welte solte leben: ...*

obwohl sie geradezu zeitgenössisch anmutet. Auch der weltgewandte Oswald von Wolkenstein aus Südtirol mit den markanten Gesichtszügen des Einäugigen hätte da keine Chance; auf dem Konzil von Konstanz half er die Gräben innerhalb der Christenheit zu vertiefen, ihn plagte schon die Unruhe des modernen Menschen:

Es fügt sich, do ich was von zehen jaren alt,
ich wolt besehen, wie die werlt wer gestalt.

Nein, d a s Buch des Mittelalters ist der *Parzival* des Wolfram von Eschenbach, ein dicker Versroman in sechzehn Büchern.

Swer ruochet hœren war nu kumt
den âventiur hât ûz gefrumt,
der mac grôziu wunder
merken al besunder.

Der dumme Junge, der tollpatschig ein Verbrechen an das andere reiht, wird am Ende König. Parzivals Naivität steht für das, was den mittelalterlichen Menschen gerade vom modernen unterschied; zum Lohn erlangt er, was keinem Sterblichen vorher und dann auch später keinem mehr zuteil ward: den Gral. Was aber ist nun der Gral? In der Unmöglichkeit, eine sinnvolle Antwort zu geben, liegt die Stärke des mittelalterlichen Geistes, der uns so fremd ist. Der Gral ist Glauben.

Die bedeutendste denkerische Leistung dieser Zeit blieb das Problem des Anselm von Canterbury, der eigentlich aus Aosta im Piemont stammte, *Cur deus homo? – Warum Gott Mensch geworden ist.* Mit seiner Lösung *quia voluit* – weil er es wollte setzte er immerhin die Scholastik in die Welt, die für Jahrhunderte bestimmende akademische Methode der denkenden Auseinandersetzung mit Gott und der Welt. Und dann erscheint die Lichtgestalt des Thomas von Aquin. Der Doctor angelicus aus dem Städtchen in der Nähe von Rom stellte mit seinen Grundlagenwerken *Summa contra gentiles – Summe gegen die Heiden* und *Summa theologica – Summe der Theologie* den christlichen Glauben auf die von Aristoteles errichteten Fundamente. Dadurch öffneten sich seinen Lesern nicht nur die Augen neu für das Göttliche, auch eine schärfere, erweiterte Wahrnehmung aller Lebensphänomene drang in die Pupillen des trübsichtig gewordenen mittelalterlichen Menschen. Es war Zeit für ihn, nach seiner Bestimmung, seinem Platz in der Welt zu fragen, und es würde das geschriebene und seit Gutenbergs Erfindung auch massenhaft gedruckte Wort sein, das ihm darauf Antworten gab.

KAPITEL 6

HELDEN,
SELBST WENN SIE VERSAGEN –
DIE KLASSISCHE LITERATUR

Die Darstellung des Menschen in plastischer Formung seines Muskelspiels war eine Spezialität der alten Griechen. Sie hatten Spaß daran, die Vollkommenheit eines nackten Körpers in strotzender Jugendkraft zu zeigen. Wenn Du ein Museum besuchst, das solche Meisterwerke ausstellt, etwa die Glyptothek in München, deren Schätze vom kunstsinnigen Wittelsbacher-König Ludwig I.[97] zusammengetragen wurden, der für Bayerns kurze Zeit von Pracht und Größe steht, oder wenn Du gar in Athen, wo nach der Türkenherrschaft sein Sohn Otto der erste König war, die Möglichkeit hast, im Nationalmuseum den Glanz des alten Griechenland zu erleben, dann wirst Du zunächst lebensgroße Skulpturen sehen von jungen Männern mit ausdruckslosen Gesichtern, die Haare streng gelockt, die Beine durchgedrückt in steifer Schrittstellung. Diese Kouroi (kouros: Jüngling) stehen seltsam starr vor Dir, als seien sie mit dem Boden verwachsen. Schlenderst Du weiter durch die Räume, dann kommst Du zum bronzenen Poseidon, der gerade seinen Dreizack schleudert. Alles an ihm ist kontrollierte Kraft und geschmeidige Bewegung; das vorgestemmte Bein trägt die Spannung des Körpers, der in seiner Drehung vorbereitet, dass der weit ausholende und leicht gewinkelte Wurfarm nach vorne schnellt und die tödliche Waffe aus der vor Sehnen und Adern schwellenden Hand entlässt. Dabei wirkt er unangestrengt und zeigt das Antlitz des streng, aber

---

[97] Nicht zu verwechseln mit seinem wirrsinnigen Enkel Ludwig II., der sich zum einen um Richard Wagner verdient gemacht hat, andererseits aber auch ein wahrlich manieristisches Micky-Maus-Schloss namens Neuschwanstein baute, das Geschmacklosigkeitsfanatiker aus aller Welt für in Stein gehauenes Mittelalter halten.

gerecht strafenden Unsterblichen. Einige Schritte weiter triffst Du auf einen seltsamen Bengel mit fröhlich verzerrtem Gesichtsausdruck. Im wilden Galopp hält er sich auf dem Rücken seines Renners und scheint ihn mit herausfordernder Miene zu noch höherem Tempo anzustacheln. Allerdings ist seine Haltung ganz extrem, die kurzen Beinchen des Jockeys liegen zurückgewinkelt dem Rücken des Pferdes an, sodass er jeden Augenblick zu stürzen droht. Unverfroren, mit vom Wind verstrubbeltem Haar und aufgeworfenen Lippen, nimmt er das triumphierend in Kauf.

Was ich Dir sagen will? Die drei beschriebenen Skulpturen entsprechen drei Stadien der Entwicklung der griechischen Kunst. Der Kouros steht für die Archaik oder Frühzeit einer unindividuellen Kunst, die das allgemeine Prinzip des Lebens zum Ausdruck bringen will, Stärke und Jugendkraft feiert. Der Poseidon – oder ist es ein Zeus, der seinen Blitz schleudert? – repräsentiert die Reifezeit dieser Kunst. Sie heißt Klassik. Der Künstler ist im Vollbesitz der technischen Möglichkeiten; seiner Skulptur wohnen göttliches Ebenmaß und ebensolches Selbstbewusstsein inne. Er weiß, was er tut, keine unbewusste Regung überwuchert seinen wachen Sinn.[98] Und der kleine Reitersmann

---

[98] Der größte Meister dieser Kunst hieß Polyklet. Er lebte und arbeitete in Argos, einem kleinen Kaff am Nordostrand der Peloponnes. Aber gerade hier formulierte er ein für allemal die Gesetze der Klassik als Meister der plastischen Gestaltung des Menschen sowie in seinem Buch *Kanon* oder *Richtschnur* (das genau wie alle seine Bronzeskulpturen verlorengegangen ist, erhalten haben sich nur römische Kopien bzw. lateinische Zitate), in dem er deutlich machte, dass der Mensch und nur der Mensch Maß aller Kunst sein muss. Aufgabe des Künstlers hingegen ist, ihm göttliches Leben einzuhauchen. Polyklet erlöste das Standbild aus seiner Starre, typisch für seine Skulpturen ist die locker fließende Bewegung, die Spannung und Entspannung in ein Gleichgewicht bringt. An diesem Ideal und an Polyklets Proportionslehre hat sich bis heute kein Falsch gezeigt. Platon nennt ihn den perfekten Künstler und Michelangelos David wäre ohne Polyklets Vorbild nur ein Strichmännchen geworden.

verkörpert die Übertreibungen des Wollens und den Verlust des inneren Gleichgewichts. Aus fatalem Ehrgeiz droht ihm der tödliche Sturz, durch keine körperliche Balance mehr gehalten. Diese Phase der griechischen Kunst war der Hellenismus, zeitlich verknüpft mit der Heldengestalt Alexanders des Großen, des Eroberers der halben Welt. Ihr Höhepunkt ist die Laokoon-Gruppe, gefunden unter Rebstöcken in einem Weinberg bei Rom im Jahre fünfzehnhundertsechs und heute im Vatikan zu sehen. Sie zeigt den Todeskampf des trojanischen Poseidon-Priesters und seiner zwei Söhne mit den Schlangen, die die Götter schickten, um die Entdeckung der griechischen Helden in ihrem hölzernen Pferd zu verhindern. Die Künstler, die sie bildeten, sind, im Gegensatz zu fast allen anderen Schöpfern antiker Kunstwerke, namentlich bekannt: Sie signierten ihr Werk. Ein anderes großes und in diese Epoche passendes Beispiel: der Pergamon-Altar im Berliner Museum. Er stellt die Gigantomachie dar, den Kampf der Olympier mit ihren Rivalen aus der vorhergehenden Göttergeneration. Alles windet sich, taumelt, droht zu stürzen, während doch in Wirklichkeit der kalte Marmor alles über Jahrtausende unverrücklich in Position gehalten hat. Ein Maler der späteren Renaissancezeit, Giulio Romano, der Mitarbeiter von Raffael bei dessen Fresken im Vatikan, hat den Gigantenkampf in Mantua in dem von ihm selbst entworfenen Sommerpalast der Gonzagaherzöge, dem Palazzo Té, malerisch wiederholt. Schon der Raum selbst ist asymmetrisch, ohne rechte Winkel und Kanten, und die Malerei: schrill, unproportioniert, extravagant, kolossal. Mit einem allgemeineren Namen nennt man diese Tendenz zum Übertriebenen, Überdrehten, Gefährdeten auch: Manierismus. Eigentlich war damit die ›maniera‹ von Künstlern der Spätrenaissance gemeint: Pontormo mit seiner »Kreuzabnahme Christi«, auf der das Kreuz durch eine Menschenpyramide ersetzt ist, Parmigianino und El Greco mit ihren überlängten Proportionen, Architekturen wie von ebendiesem Giulio Romano, dessen Bauwerke stets einsturzbedroht aussehen. Der Name ist jedoch so treffend, dass er inzwischen zur

Kennzeichnung jeder hyperindividuellen Stilrichtung in der Kunst steht. Auch der Hellenismus war also eine Ausprägung von Manierismus. Die Themen sind ausgefallener, bisweilen skurril, die Ausführung gewagter, aber auch die Sehweise stärker mit der Person des einzelnen Künstlers verbunden. Manierismus ist keine Schule, wird nicht vom Lehrer auf den Schüler vererbt, sondern eine Entscheidung: gegen das Überkommene, das in seine Einzelteile zerlegt oder zerschlagen und aus dessen Scherben etwas Neues zusammengesetzt wird. Für die Literatur, denn auch hier gibt es ihn, möchte ich Dir ein Beispiel geben. André Gide lebte auf der Zeitenwende von der alten Ordnung Europas zum Chaos in den Köpfen nach dem Ersten Weltkrieg. In seinem ›ironischen‹ Roman *Die Verliese des Vatikan*, veröffentlicht am Vorabend des Großen Krieges, hat er diese Entwicklung beiläufig nachvollzogen. Im Gang der Erzählung verweigert er dem Leser alles Glück an kontinuierlicher Handlungsentwicklung, Glaubwürdigkeit der Charaktere, innerer Logik des Geschehens. Selbst die Moral geht den Bach runter, nachdem doch alles mit der Bekehrung eines Atheisten zum Katholizismus begonnen hat. Am Ende aber steht ein Mord ohne Motiv, eine Tat ohne Grund. Dieser ›acte gratuit‹ wird Thema einer neuen Literatur für ein neues Jahrhundert werden. Dabei ist das Werk äußerlich das Musterbild eines Romans. Und die Lektüre äußerst vergnüglich. Der Zerfall zeigt sich erst beim näheren Zusehen, wenn etwa die Sprache von der Höhe epischer Erzählkunst zu der Bemerkung herabfällt, der angeblich von Freimaurern in Kerkerhaft gesetzte Papst Leo XIII. sei ›baff‹ gewesen, als man ihn ergriff. Der zu seiner Befreiung aufbrechende Held und Spießbürger wiederum wählt ein Bahnbillett dritter Klasse für seinen Weg nach Rom und ficht seinen heroischsten Kampf gegen die Wanzen, Flöhe und Mücken aus, die ihn nacheinander drangsalieren. Das Werk könnte auch als Schelmenroman durchgehen – leicht nachvollziehbar, dass dieses Genre mit seinen Zweideutigkeiten an Moral, Charakteren und gesellschaftlichen Zuständen in eine Umgebung des politischen Zerfalls passt.

Archaik – Klassik – Manierismus: Diese Dreiteilung ist ein Modell der Entwicklung von Epochen, Stilen, Richtungen; nicht nur in der bildenden Kunst, sondern in allen Künsten, überall, wo der menschliche Geist nach Vollendung strebt. Nur sticht gerade in der Literatur solch ein Entwicklungsschema keineswegs besonders ins Auge, im Gegenteil. Dem Wort gegenüber ist unsere Geschmackstoleranz viel höher als bei Formen, Farben, Gerüchen, Tönen. Papier ist eben geduldig. Durch den weitschweifigen Vergleich mit der Antike möchte ich Dir andeuten, dass die großen Werke der Weltliteratur auf präzise zugewiesenen Plätzen im Verlauf von Entwicklungsbögen stehen. Meist kennen die Literaten ihre Vorbilder und Vorläufer, beziehen das Neue auf das Alte, schöpfen bildungssatt aus dem Brunnen des schon Gewesenen, formen um, formulieren neu. Unbewusste Kunstwerke, die der schreibfreudige Dilettant einfach so aufs Papier wirft, hat es zwar immer gegeben, sie bilden aber die bemerkenswerten Ausnahmen.

> Klassik ist ein dynamischer Zustand zwischen Stehen und Stürzen, die Position kann nicht für lange Zeit gehalten werden.

Die ›Alten‹ – so war früher die heimelig-familiäre Bezeichnung für Griechen und Römer – waren unmittelbar zu Gott, oder der Vielfalt ihrer Götter, um der Menge gerecht zu werden. Das hieß für die Antike in Literatur und Leben, dass die Einbeziehung des Göttlichen allgegenwärtig war. In den Staatsgeschäften geschah das über die selbstverständlich notwendigen Opfer an die Olympier – oder wer gerade zuständig war –, die jeder Entscheidung voranzugehen pflegten, im Privaten über die persönliche Zuständigkeit von Schutzgottheiten für das Wohl des Einzelnen; vielleicht in der Liebe noch am wenigsten: Kommt Catull in Ekstase, hat er den Schutz von Venus und Cupido nicht nötig. Bezeichnenderweise war die Liebesgöttin dann wieder beim Glücksspiel gefragt, hieß der höchste Würfelwert doch ›Venuswurf‹.

Als die heidnischen Götter durch den einen, aber immer noch dreigeteilten Christengott ersetzt wurden, änderte sich nicht viel.

Aller Skeptizismus reduzierte sich auf die Frage, wie direkt unsere menschlichen Angelegenheiten von Gott gelenkt werden. Das Mittelalter trug diese Debatte gelehrt, zunehmend spitzfindig und weitschweifend aus, Renaissance und Barock, die eben auch – und hierzulande vor allem, sogar wenn gerade der Dreißigjährige Krieg tobte – Zeitalter von Reformation und Gegenreformation waren, drückten ihr Gottvertrauen unter anderem in prächtiger Sakralarchitektur aus: In Rom siehst Du die Kathedrale von Sankt Peter oder die Jesuitenkirche von San Andrea als erste Werke ihrer Zeit. In Literatur und Malerei entstanden neue Möglichkeiten der Auseinandersetzung mit den Verhältnissen. Aber vieles an weltlicher Kunst ist verlorengegangen. Als im Jahr vierzehnhundertachtundneunzig in Florenz der Mönch Savonarola vor dem Palazzo Vecchio verbrannt wurde, waren erst kurze Zeit zuvor auf derselben Piazza della Signoria unter seinem fundamentalistischen Einfluss künstliche Zöpfe, profane Bücher und anstößige Bilder zu Scheiterhaufen getürmt und angezündet worden – nur durch die Folgen solchen Bildersturms entsteht heute der Eindruck, die Renaissance hätte vorrangig Kirchenkunst zuwege gebracht.

Dass der Mensch auf seinem Planeten nicht im Zentrum himmlischer Bedeutsamkeit steht, sondern gottverlassen im Weltall kreist, die Erde vielleicht nur eine Randerscheinung im Universum ist, war eine Ernüchterung, die Folgen hatte. Zum ersten Mal in der Geschichte des Denkens kam das Gottvertrauen, das so schwer erworbene, wieder abhanden. Die freigewordene Stelle besetzte – der Mensch selbst. So kam es zur ›Aufklärung‹. Nur die Könige mochten noch an einen ungerechten Gott glauben, denn von dem hatten sie ihre Macht empfangen. Sie träumten nicht einmal davon, deswegen je zur Rechenschaft gezogen zu werden. Aber je mehr es mit dem Gottesgnadentum den Bach runter ging, desto imposanter wurde der *Mensch* wieder zum *Maß aller Dinge*. Diesen Satz, lateinisch *homomensura*, hatte der Dir bereits vorgestellte Protagoras in Athen geprägt, allerdings damals auf die beschränkte Wahrnehmungs- und Urteilsfähigkeit des Individuums gemünzt. Auf dieses Selbstverständnis in seiner stolzen Verkürzung gründete sich nun die ›Klassik‹. Klassische Phasen sind ihrer Natur nach kurz, da der Mensch nichts weniger ertragen kann als Vollkommenheit. Sofort erstand in der ›Romantik‹ eine Gegenbewegung mit der Tendenz zur manieristischen Aufweichung. Sie stellte die Schatten- und Nachtseite des Menschen in den Vordergrund, immer bereit zur Übertreibung als Karikatur oder Monstrosität. Aus der Klassik hervor ging, nach einigen revolutionären und reaktionären Zwischenspielen, die »Vormärz« oder »Biedermeier« hießen, der »Realismus«. Er bewahrte ihre Grundwerte. Anstelle des Verses, der Poesie und des Theaters wurden Erzählung und Roman wichtigste literarische Formen. Es handelte sich um eine solide und aufrichtige künstlerische Einstellung mit hundert Jahren Haltbarkeit.

In dieser Zeit politischer und gesellschaftlicher Erstarrung wurden die Grundlagen unseres Zusammenlebens, die sozialen Faktoren, erforscht und wissenschaftlich beschrieben. Aus dieser Bewusstmachung ergaben sich utopische Ideen wie Sozialismus und Kommunismus oder auch die Lehre von der Ökonomie, der Macht der Märkte. Dieselben lebensweltlichen Zuspitzungen indes, die den Ersten Weltkrieg zur Folge haben sollten, ruinierten auch die Schlichtheit des Realismus. Zunächst rauhte seine Oberfläche auf, er wurde zum ›Naturalismus‹. Der interessierte sich für soziale Verhältnisse und Zustände, die bis dahin nicht literaturfähig gewesen waren. Die Deklassierten und Entrechteten bekamen eine Stimme, Gesicht und Charakter. Dadurch verschob sich die Optik, der Naturalismus war ein mit einem Brennglas bewaffneter Realismus, der auch die dunklen und intimen Bezirke des menschlichen Lebens zu beleuchten trachtete. Wer statt des Brennglases einen Weichzeichner verwendete, erhielt dafür die Sichtweise des ›Impressionismus‹. Dann, im Gefolge des Ersten Weltkriegs, zerlegte sich die Literatur wie in einem Kaleidoskop in unzählig viele Richtungen oder besser: explodierte, wie die Welt rundherum. ›Expressionismus‹, ›Dadaismus‹, ›Futurismus‹, ›Surrealismus‹, halluzinatorische Strömungen, intuitive, extrem individuelle waren die Splitter dieser Detonation; mit einem Wort, da ein allgemeiner Stil abhanden kam, begann die ›Moderne‹ oder: die Herrschaft des Ichs.

Archaik – Klassik – Manierismus. Die erste Phase steht für Statik, für Reduktion und Abstraktion. Der Künstler zeigt wenig von sich, bleibt zumeist namenlos. Selbst wenn wir seinen Namen kennen, können wir ihn nur schwer mit einer Lebensgeschichte verknüpfen; inhaltlich bereitet er aber die weitere Entwicklung seiner Epoche vor. Der rare Moment des Klassischen, kurz im Verhältnis zum Vorausgegangenen, wird im Rückblick wie von den Zeitgenossen als Höhepunkt erlebt und wahrgenommen. Man erzählt, dass die Bürger von Florenz vor Begeisterung Beifall klatschten, als sie die Baufortschritte an der Alten Sakristei der Kirche von San Lorenzo zu Gesicht bekamen, dem kleinen Meisterwerk des Architekten Filippo Brunelleschi. Warum? Der Wunsch nach einer Vollendung in der Form hatte für die Renaissance eine Gestalt bekommen, eine nicht steiger- oder verbesserbare, eben eine klassische.

Wir sprechen unter bestimmten Bedingungen von einem ›klassischen Gesicht‹. Ist es besonders schön? Diese Frage kann ich nicht beantworten. Eine gerade Nase ist vielleicht ›klassisch‹, aber nicht schöner als die geschwungene, gebogene, hakenförmige, oder gar als die Stupsnase, nämlich je nachdem wie sie in das Gesicht passt. Die Stupsnase würde Audrey Hepburn stehen, zu Greta Garbo hingegen nicht passen. Und ohne Gesicht ist jede Nase hässlich. Eben nur ein Knorpel, der gerade zum Anwärmen der Atemluft taugt. Für die Kunst wiederum bedeutet dies, dass die Perfektionierung von Form wie Inhalt im Streben besteht, eine bestimmte sich anbahnende Entwicklung zu einem nicht mehr steigerbaren Höhepunkt zu führen. So wie bei der Alten Sakristei: Ihr Innenraum besteht aus lauter geometrischen Grundformen, die Wände sind quadratisch, der Raum bildet einen Kubus, die Decke eine Halbkugel, der Halbkreis und das Dreieck verbinden die Teile miteinander. Würden nun alle Bauwerke diesem Vorbild nacheifern, wäre das nicht nur höchst langweilig, es ist auch sofort einsehbar, wie unpraktisch, wie wirklichkeitsfremd das wäre. Die in der Klassik kristallisierten Erkenntnisse drängen danach, als Steinbruch für künftige Umformulierungen, vielleicht Weiterentwicklungen, vielleicht Irrungen, zu dienen. Im Zuge der Umarbeitung wird verzerrt, vergröbert, ironisiert, mit neuen Formen experimentiert. Der rechte Winkel verschwindet, die Kugel wird zum Sphäroid, die Geraden zur S-Kurve, mit einem Wort: Manierismus entsteht. Vom Gipfel weg geht es zwar nur in eine Richtung, bergab nämlich, so wie es vom Nordpol aus nur Süden gibt; der weitere Weg ist dadurch allerdings noch nicht vorgegeben. Verschiedene sind möglich, beim Verlassen der hehren Regionen des Klassischen eröffnen sich gleichzeitig Aussichten auf ganz neue Gefilde der künstlerischen Betätigung. Die Enge und Beschränktheit eines Formenkanons weicht der Freiheit neuer, unerprobter und ungebändigter Ausdrucksmöglichkeiten.

Nun könnte es uns so vorkommen, dass dieses Entwicklungsschema nicht nur auf die Gesamtgeschichte von Kunst, sondern auch auf den Ablauf einzelner Kunstepochen, vielleicht sogar auf die Biographien einzelner Künstler anwendbar sei. Ich glaube, dem ist auch so. Als Beleg für diese Vorstellung, dass sich im Einzelnen die großen Entwicklungen widerspiegeln, so wie etwa ein menschlicher Embryo die ganze Entwicklungsgeschichte des Lebens ab ovo nachvollzieht, denke ich an die neue Wissenschaft von den Fraktalen. Es handelt sich dabei um eine mathematische Beschreibung eines Unendlichkeitsphänomens. Eine uns sichtbare Oberfläche besteht bei starker Vergrößerung genauso wie in der Verkleinerung, wenn man sozusagen aus der Vogelperspektive darauf schaut, aus lauter Oberflächen derselben Beschaffenheit, die bei wiederum extremer Vergrößerung oder Verkleinerung dasselbe Phänomen nochmals zeigen und so immer weiter. Beispiele sind etwa die Küstenlinien der norwegischen Schären oder die sich überschlagende Welle im Holzschnitt des Hokusai, die ihrerseits aus vielen kleinen sich brechenden Wellen besteht, die ... Du hast verstanden. Diese Überlegungen entnehme ich dem in wesentlichen Teilen allgemeinverständlichen Buch *Die fraktale Geometrie der Natur* von Benoît Mandelbrot, dem Entwickler dieser Theorie. Übertragen auf die Literatur: Das Lebenswerk eines Schriftstellers und jedes einzelne seiner Werke wären die Verkleinerung der Epoche, in der er lebt und schreibt; die Epoche wiederum stünde an einem sozusagen anhand ihrer Form bestimmbaren Platz im Ablauf größerer Zusammenhänge, immer erkennbar am Aufeinanderfolgen archaischer, klassischer und manieristischer Elemente.

Auch die Abschweifung gehört zu einem Buch, das sich eigentlich kurz fassen will, und ich hoffe, Du verzeihst mir, wenn ich Dich gelangweilt habe. In diesem Fall war es ja das Recht des Lesers, Dein Recht, auch mal ein paar Seiten zu überspringen. Kommen wir also zum Thema zurück, genauer zu jenem Moment, als der Künstler anstelle des Göttlichen den Menschen in den Mittelpunkt seiner Gedanken und Mühen setzte. Diesen Augenblick kann man präzise fassen. Es geschah am ersten Tag des November im Jahre des Heils siebzehnhundertfünfundfünfzig, dass die Stadt Lissabon durch ein Erdbeben völlig zerstört wurde. Das war für alle Skeptiker ein Zeichen des Himmels, dass nach der Abdankung der olympischen Götter nun auch der Christengott die Verantwortung für das Geschick der Erde niedergelegt hatte. Wie hätte er den Tod von vielen zigtausend Menschen gewollt haben können? François Marie Arouet, der sich Voltaire nannte, erzählt diese Geschichte in seinem kleinen Roman *Candide oder Der Optimismus*. Der Philosoph Panglosse, ein treuer Propagandist der Formel, dass wir in der besten aller möglichen Welten leben, wie sie der deutsche Philosoph und Mathematiker Gottfried Wilhelm Leibniz aufgestellt hatte, und der bisher jedes Missgeschick zu erklären in der Lage war, ist beim Anblick der Verheerung von Lissabon überfordert mit der Entschuldigung seines Gottes; die Inquisition hängt ihn dafür an den Galgen. Das ist keineswegs als Tragödie gemeint, zumal Panglosse als Syphilitiker wiederaufersteht, sogar alles andere als das; Leonard Bernstein, der geniale Komponist der »West Side Story«, mit der er Romeo und Julia in die Bronx verpflanzte, und großartige Dirigent von Beethoven und Mahler, machte »Candide« zu einer komischen Oper mit lebenssatten Szenen und einem Feuerwerk zündender Melodien in Ohrwurmqualität.

Literarisch, das meint: was Feinheit des Ausdrucks angeht, bleibt das Zeitalter uns manches schuldig. Bei allem Eifer des Aufklärens musste das Ringen um künstlerische Gestaltung zurücktreten. Es wurde mit leichter Hand geschrieben, tagesaktuell produziert. So sind vor allem Satiren das Mittel der Wahl, Voltaires Schriften können insgesamt als großer satirischer Angriff auf die alten Bastionen des Denkens und Glaubens gesehen werden.

Die ungleich feinere Klinge führten die ›Moralisten‹. Diesen Ehrentitel trägt zusammengefasst eine Epoche von Denkern und Schriftstellern, die vom Geist der Renaissance in ihrer Bewunderung für die Philosophie der Antike und ihrer Begeisterung für die Erkenntnisse der Naturwissenschaften und Gesellschaftslehre berührt waren. Paris war für sie nicht der Nabel der Welt, sondern ein Geschwür, für das sie keine Heilung wussten, als es mit Ironie zu behandeln. Sie alle hielten sich fern vom Hof der Sonnen- und anderer Könige und schätzten die Ruhe der Zurückgezogenheit. Die Verantwortung des geselligen Wesens Mensch stand im Mittelpunkt ihrer Sorge. Ihre Ahnenreihe beginnt mit Blaise Pascal, dessen Verdiensten um Mathematik und Naturwissenschaft zu Ehren die physikalische Einheit des Drucks sowie eine Programmiersprache benannt wurden. Seine *Pensées* sind eine große Sammlung von *Gedanken*splittern – speziell über die Versöhnung des Menschlichen mit dem Göttlichen –, mit denen er Mode macht. Aphorismen gehören von da an zur Ausdrucks-

> Wenn Dir jemandes Nase nicht passt, ist das ein qualitatives Geschmacksurteil mit weitreichenden Auswirkungen.

weise des eleganten Denkers. Sein Zeitgenosse La Rochefoucauld mit seinen *Maximen* und der Vicomte de Montesquieu (*Meine Gedanken*, in einer neuen Ausgabe des großen Kenners Henning Ritter greifbar) werden es ihm nachmachen. Montesquieu ist insofern besonders aktuell, als er mit seinen *Persischen Briefen* eine alte Form der Kritik, nämlich die durch die Augen des Fremden geübte, hier des Persers Usbek, neu belebte. Das entspricht dem, was der Ire Jonathan Swift als Ursituation der satirischen Attacke in *Gullivers Reisen* beschrieben hatte. Im Fremden, durch optische Tricks extrem vergrößert oder verkleinert, können wir mühelos unsere eigene Situation wiedererkennen. Swifts Waffe war allerdings der schwere Säbel. Unvergessen die Szene im *Gulliver*, wie der Staatsgefangene im Lande Lilliput den Brand des Königspalastes mit einem kräftigen – Urinstrahl löscht. Auch in seinem *Tonnenmärchen*, einem rüden Angriff auf kirchliche Indoktrination und staatliche Bevormundung, zeigt Swift, wes Geistes Kind er ist: eher der Typ des Aufklärers als der des Moralisten.

Die *Fabel* ist die eigentümlichste Ausdrucksweise des Moralisten, enthält jede doch bereits eine ›Moral‹ (im antiken Vorbild hieß das: Epimythion) an ihrem Ende. Jean de La Fontaine ließ sie wiedererstehen und schuf den reichsten Schatz – gereimt, und später dann von Grandville köstlich illustriert mit Tieren, die Menschen zum Verwechseln ähnlich sehen. Die Fabel und der Moralist, das passt zusammen bis zu Erich Kästner und seiner *Konferenz der Tiere*.

Der Stammbaum der französischen Moralisten endete mit Nicolas Chamfort, erlebte der doch noch den Beginn der Revolution als Katastrophe; da er auf der falschen Seite stand, machte er seinem Leben ein Ende, bevor es jemand anders tun konnte. Er hinterließ einen Vorrat an Sentenzen, die dem resignierten Charakter seines Denkens Ausdruck verliehen: »*Das Glück*«, sagte Herr ***, »*ist eine schwierige Sache. In uns finden wir es nur schwer und außer uns gar nicht.*« Das stimmte zwar, half aber dem Unglücklichen nicht, wie er jetzt Gestalt und Stimme bekam. Ins bürgerliche Jahrhundert gelangten nur noch einige Partikel des moralischen Denkens, etwa eingebettet in die *Lundis* oder *Montagsplaudereien*, mit denen der Literaturkritiker Charles Augustin Saint-Beuve über Jahrzehnte die Zeitungswoche eröffnete. In den Werken Stendhals und Balzacs, später auch Zolas, blieb der Geist der Moralisten lebendig als Prüfinstanz der gesellschaftlichen Zerfallserscheinungen. Auch den Schlusspunkt setzt ein echter Moralist: Angelehnt an La Fontaines Fabel von *Grille und Ameise* zeigt Jules Renard ungeschminkt das Gesicht der parasitären Existenz. *Der Schmarotzer* verzichtet bewusst auf Eigenständigkeit des Lebens und der Meinung, offenbar also ein schon ganz und gar moderner Charakter.

Denis Diderot war der große und scharfe Geist der Aufklärung. Jugendlich, im Schmuck seines eigenen, nur leicht gepuderten Haupthaars, angetan mit einem bequemen, doch modischen Rock, gerötete Wangen und frischer Blick, die unvermeidliche Feder zur Hand, so schaut er aus dem Bild des Louis-Michel van Loo. Unsterblich machte er sich durch die *Encyclopédie*, den umfassenden Wissensschatz seiner Zeit. Mit ihr, die er in achtundzwanzig Bänden, mit hervorragenden Illustrationen, herausgab, begann das Zeitalter der Lexika, der Wissenssammlungen. Das Universalgenie Diderot schrieb auch Romane wie *Die indiskreten Kleinode* und *Die Nonne*: Der erste verbindet Exotik mit Erotik nach dem damaligen Publikumsgeschmack, indem er die schlüpfrige Handlung – die indiskreten Kleinode sind weibliche Geschlechtsorgane, die zauberhafterweise zum Sprechen gebracht werden – in das imaginäre Land Kongo verlegt; im zweiten erzählt die unglückliche Heldin, unter wie gewaltsamen Umständen sie als Ordensschwester rekrutiert und wie schlecht sie anschließend behandelt wurde; am Ende verlässt sie das Kloster, ihr weiteres Geschick bleibt ungewiss. Der kleine Dialog *Rameaus Neffe* mit tagesfrischen Gehässigkeiten – bei dem Gesprächspartner des Philosophen handelt es sich wahrhaftig um den Verwandten des großen Komponisten Jean Philippe Rameau, eine verkrachte Existenz – verdankt seine Bekanntheit bei uns der Tatsache, dass Goethe ihn übersetzte und liebevoll kommentierte. *Jacques der Fatalist und sein Herr* ist ein weiterer Dialog, der an eine Episode aus Sternes *Tristram Shandy* anschließt. Mit Sympathie wird der Charakter des naiven Dieners gezeichnet. Die absurden Machtverhältnisse nehmen das Paar Pozzo und Lucky in Samuel Becketts *Warten auf Godot* vorweg.

Diderots konnte man in dieser Zeit überall gut brauchen. Und überall standen Männer seines Schlages auf, um Licht ins Dunkel zu bringen. In England machte dies Samuel Johnson, wegen seiner Gelehrsamkeit gerne ›Doktor‹ genannt. Die Perücke schlampig in die Stirn gedrückt, sitzt er da und hält sich eine Zeitung, vermutlich den von ihm selbst herausgegebenen »Rambler«, direkt vor die Augen, denn Kurzsichtigkeit ist häufig der Preis für Scharfsinnigkeit. So hat ihn Joshua Reynolds porträtiert. Seine Verdienste waren das erste brauchbare Lexikon der englischen Sprache, die erste angemessene Würdigung Shakespeares und ein Leben voll witziger Gedanken in Abwehr all der tauben Nüsse um ihn herum. Zum Glück hatte er einen treuen Begleiter und Kampfgefährten in James Boswell, der *Das Leben Samuel Johnsons* zur Mutter aller modernen Biographien – zumal von Geistesgrößen – machte. Der Verstandesheros verfügt nicht etwa über Kräfte in Hirn und Bizeps, sondern ausschließlich in dem auf möglichst zarten Schultern sitzenden Zentralorgan des Denkens.[99] Auch charakterlich muss er keineswegs glänzen, unver-

---

[99] Als besondere Zierde werden beim Denker körperliche Gebrechen angesehen: Johnson etwa ist seit frühester Kindheit fast blind durch die Einwirkung der Skrofeln. Hier nun präsentiert uns Boswell, der auch noch mit seiner Reiselust und dem dadurch ermöglichten Besuch bei Goethe vorbildlich wurde, seine köstlichste Pointe, denn diese Skrofeln, die seit undenkbaren Zeiten von den (wundertätigen) Königen durch Handauflegen geheilt wurden, gerieten auch in die Therapie der gerade zuständigen Queen Anne. Und siehe da, am künftigen Aufklärer versagte die Kunst der Königin! Das war zwar ein schöner Beleg für seine Resistenz und Renitenz gegen irdische Autorität, leider aber auch der Grund, warum Johnson zeit seines Lebens auf starke Sehhilfen angewiesen blieb.

zichtbar dagegen ist ein Stich ins Sonderlingshafte und Einzelgängerische. *Johnson hat zwar etwas Grobes in seinem Benehmen, aber kein lebender Mensch hat ein weicheres Herz. Er hat nichts vom Bären an sich als sein Fell.* So sprach sein Freund Oliver Goldsmith, selbst Aufklärer mit seinem Werk *Der Weltbürger* und Meister des sentimentalen Romans mit dem wirklich rührenden *Vikar von Wakefield*, der ganz Europa heiße Tränen über harmlose Unglücksfälle in einer netten Familie vergießen ließ.

Die Liberalität, die England im Religiösen fehlte, seit Heinrich der Achte sich zum Kirchenoberhaupt aufgeschwungen und der Anglikanismus die Pilgerväter in die Neue Welt gezwungen hatte, zeichnete das Land im praktischen Denken aus. Kein Wunder, dass mit Thomas Hobbes, der das Gemeinwesen als furchterregende Körperschaft, als *Leviathan* beschrieb, und Isaak Newton, dem der sprichwörtliche, der Gravitation folgende Apfel aufs Haupt fiel, die Leuchten der Physik und der Staatslehre hier strahlten. John Aubrey hat die Galerie kluger, häufig auch skurriler Köpfe, die in England dachten, in seiner *Lebensentwürfe* genannten Sammlung kleiner biographischer Skizzen vorgeführt; Samuel Pepys, ein Beamter, gibt uns in seinen lebensprallen *Tagebüchern* einen Eindruck vom in vieler Hinsicht anregenden Klima der Zeit – er ist neben seiner Vorliebe für Predigten und Braten auch hinter jedem Rock her. Bernard Mandeville machte in der *Bienenfabel* eine glänzende Analyse der sozialen Zu- gleich Missstände. Erst die Arbeit dieser kritischen Geister bereitete den Boden für den Gesellschaftsroman, der die literarische Umsetzung des theoretisch Gewonnenen bringen würde.

Aus Norwegen musste Ludwig Holberg kommen, um die Dänen zu erleuchten. Das probate Mittel dafür war sein Humor, er schuf Komödien nach dem Vorbild des italienischen Stegreif-

> Der Moralist will niemanden treffen, nur seinen eigenen Standpunkt klarmachen. Er hält sich fern von der Möglichkeit, etwas verändern zu können oder zu müssen. Aber er wird von anderen gehört, die das ganz anders sehen.

theaters mit aktuellen Inhalten, die bis heute lachen machen, *Der politische Kannengießer, Jeppe vom Berge* und die *Maskerade*. Mit ihr attackierte er das Verbot der beliebten Maskenbälle – von Carl Nielsen wurde der dankbare Stoff zur schwungvollen Oper verarbeitet. Verdis »Maskenball« nach dem historischen Vorbild der Ermordung des schwedischen Königs Gustav III. bei einem Mummenschanz hatte gezeigt, wie gefährlich für gekrönte Häupter es sein konnte, sich unters Volk zu mischen. Prompt wurde der »Maskenball« überall von der Zensur verboten. Erst als Verdi die Handlung ins potentatenfreie Amerika verlegte, durfte die sprengstoffhaltige Oper aufgeführt werden. So leicht ließ sich die Behörde austricksen, wenn man geschmeidig genug agierte. Holberg gab uns auch interessante *Nachrichten aus meinem Leben*; dass die Dänen neugierig waren, zeigt uns Jens Baggesen, der seine verwirrenden Eindrücke von einer Europatour in *Das Labyrinth* schildert. Derartige Reiseberichte wurden ein beliebtes Lesefutter für die Daheimgebliebenen.

Was den Franzosen ihr Diderot, soll uns Georg Christoph Lichtenberg aus Göttingen sein. Sein Werk, in der Breite überschaubar, ist in der Tiefe nicht auszuloten. *Wenn ein Buch und ein Kopf zusammenstoßen, und es klingt hohl, ist das allemal im Buch?* Solcherart ist Lichtenbergs Witz und Verständnis seiner Aufgabe. Ein Funkenflug von Einfällen sind seine täglichen Notizen, *Sudelbücher* genannt, für deren Erwerb Du Deine letzte Hose geben solltest. Verstand bedeutet bei ihm vor allem, dass er von allem etwas verstand. Er war Philosoph, Mathematiker und Astronom; das mit dem Fernrohr bewaffnete Auge setzte er im Kampf um die Erhellung der Köpfe seiner Zeitgenossen ein. In der Galerie deutscher Denker mit Vorliebe für Ehelosigkeit ist Lichtenberg bereits die zweite Gestalt voller Eigenwilligkeit und Seltsamkeit – im nächsten Jahrhundert werden weitere dazukommen. Die erste war Immanuel Kant. Der Königsberger Philosoph, übergroßer Kopf mit Zopfperücke auf einem winzig kleinen Körper, war für diverse Absonderlichkeiten bekannt; man pflegte in Königsberg nach seinem Tagesablauf die Uhren zu stellen, und als er seinen langjährigen Diener Lampe, an den er sich so gewöhnt hatte, wegen eines Diebstahls entließ, kommandierte er sich selbst auf einem Spickzettel: *Lampe vergessen!* Lichtenberg, dessen ebenso zarter Körper unter der Verkrüppelung durch die Rachitis litt, war Galanterie und Menschenfreundlichkeit angeboren; sein lächelndes, breites Gesicht schaut uns unter einer seltsam schief sitzenden Zweitfrisur aufmunternd an – so lange wir atmen, haben wir noch die Chance, klug zu werden.

Diderot versuchte sich auch auf dem Theater, mit dem Erfolg, dass heute nichts aus seiner Produktion mehr gezeigt wird. Der Meister der Bühnen hieß stattdessen Pierre Carlet de Marivaux. In seinen Stücken stehen die menschlichen Beziehungen auf dem Prüfstand. Die Ausgangssituationen haben häufig den Charakter einer Versuchsanordnung, wenn etwa eine Gruppe Kinder auf einer Insel ausgesetzt wird und der Autor die Entwicklung ihres Gefühlslebens beobachtet. *Das Spiel von Liebe und Zufall*, im bürgerlichen Milieu angesiedelt, bleibt sein größter Theatererfolg bis heute; unter einer dünnen Schicht Konventionalität – Herrschaften und Diener tauschen die Rollen, um die gegenseitige Liebe zu prüfen[100] – verbirgt Marivaux die Schärfe seiner Satire, in der er die Frage nach den Triebfedern unseres Handelns stellt. Sein Vorgänger in der Publikumsgunst war ja kein Geringerer als Molière (bürgerlich Jean Baptiste Poquelin) gewesen; der hatte Typen auf die Bühne gebracht, und zwar auf die Hofbühne des Sonnenkönigs. Seine realistischste und zugleich boshafteste Schöpfung: der *Tartuffe*, der (religiöse) Heuchler aus Eigennutz. Über seine Zeit, seine Angewiesenheit auf die Gunst Ludwigs XIV., kannst Du in dem kleinen historischen Roman

---

[100] »Così fan tutte« heißt Mozarts ganz ähnlich angelegte Feuerprobe der Herzen. Die Musik ist eigentlich zu schön geraten für eine so desperat herbe Handlung, denn Standhaftigkeit in der Liebe kann man schlichtweg nicht beweisen – vortäuschen aber mit Leichtigkeit.

Das Leben des Herrn de Molière von Michail Bulgakow viel Interessantes erfahren; Bulgakow seinerseits bildete darin schlampig kostümiert sein eigenes Verhältnis zu Stalin nach – davon anderswo. Die Figuren Molières ergeben ein psychopathologisches Kabinett: der *Habgierige*, der *Eingebildete Kranke*, der *Menschen-* und der *Weiberfeind* – die er als versierter Schauspieler auch allesamt selbst verkörperte. Hier reiben sich Außenseiter an den Klippen des wahren Lebens die Finger (wenn nicht die Herzen) wund; Marivaux dagegen zeigt Konstellationen, gesellschaftliche Stresssituationen und ihre Bewältigung, wobei es selten ohne blutige Nasen abgeht. Da bleibt das Lachen schon mal im Halse stecken.

Am Aufklärer versagt der Zauber des Absoluten. Dafür lebt er mit Gebresten und bevorzugt allein.

Das Leben der Marianne zeigt Marivaux' Theaterstil in Prosa übersetzt. Die Heldin Marianne, ein Findelkind, wird in diesem üppig ausgeschmückten Roman immer wieder in Prüfungssituationen gestellt, die sie glänzend besteht. Typisch für das ausgehende Rokoko, dass ihr trotzdem ein Happy End verweigert wird. *Der Bauer im Glück*, Gegenstück zur *Marianne* und wie sie unvollendet geblieben, ist ein ehrenwerter Vorfahre von Maupassants Bel-Ami: Über die Zuneigung von Frauen steigt der Held die Stufenleiter des gesellschaftlichen Erfolges empor. Das Geschehen wird allerdings immer wieder von theoretischen Einschüben gebremst und selbstverständlich knarrt das Gerüst der Handlung in den Balken vor Überkonstruiertheit.

Jean-Jacques Rousseau, aus Genf gebürtig, aber lange Jahre in Frankreich zu Hause, war ein Multitalent, das auch Opern komponieren konnte. Diese Art von Vielseitigkeit wurde seinerzeit mit der Muttermilch eingesogen; in der *Encyclopédie* beschrieben Diderot, Rousseau, Voltaire und die anderen Mitarbeiter schließlich sämtliche bekannten Phänomene ihrer Welt, also auch technische, naturwissenschaftliche usw., und brauchten für ihre Arbeit die universelle theoretische Neugierde. Rousseaus wichtigstes Spezialgebiet war die Sozialforschung. Als Staatstheoretiker setzte er den *Gesellschaftsvertrag* auf. Es geht darum, den Menschen mit der Natur, mit den Gesetzen der Biologie zu versöhnen. Er verfasste den Traktat *Émile oder Die Erziehung*; so wurde er zum Pädagogen des Jahrhunderts – seine fünf eigenen Kinder ließ er allerdings im Findelhaus aufziehen. Mit dem Roman *Julie oder Die neue Heloïse* schuf er ein Muster für die Epoche der Empfindsamkeit; er erinnert im Titel an die mittelalterliche Liebestragödie des Mönches und bedeutenden Theologen Abälard und der Heloïse – das heimliche Paar wird gewaltsam getrennt, Abälard von Heloïses Onkel zur Sühne der lästerlichen Beziehung entmannt, die Liebenden aber bleiben ein Leben lang geistig vereint –, deren Schicksal die verheiratete Julie und Saint-Preulx als unglücklicher Dritter nacherleben. Es handelt sich um einen Roman im Stile von Samuel Richardsons Riesenschmökern wie der *Pamela* über ein belohntes, standhaftes Dienstmädchen oder der *Clarissa*, dem großen Bestseller der Epoche, in Briefform wie diese beiden und später Goethes *Werther*, die nächste Geschichte einer unerfüllten, tragisch endenden Liebe. Das Publikum leidet mit, hier sind die größten Bucherfolge eines ganzen Jahrhunderts beisammen.

Ein neues literarisches Betätigungsgebiet ist die Exotik. Voltaire fügt mit dem *Ehrlichen Huronen* den edlen Wilden in das Figurenkabinett der Aufklärung ein. Dieser Wilde ist näher zu Gott (gleich: zur Natur, einen anderen Gott gibt es nicht mehr), auch wenn er keinen Rosenkranz am Lendenschurz festgemacht hat; Bernardin de Saint-Pierre beschreibt in seiner Idylle *Paul und Virginie*, die hauptsächlich auf Mauritius spielt, wie die Entfremdung vom Naturzustand den Menschen unglücklich macht und eine herzzerreißende Tragödie heraufbeschwört. Von dorther führt diese Entwicklungslinie über Figuren wie George Sands Kreolin *Indiana* weiter zu allen Zusammenstößen zwischen exotischer Anmut und europäischer Grobschlächtigkeit, die danach folgen sollten. Erst der Kolonialismus, dann der Tourismus würden dafür verantwortlich sein.

Seine Kritik an der katholischen Kirche zwang Voltaire zur Auswanderung in die Schweiz; auch den Islam diskreditierte er mit der Tragödie *Mahomet*, in der er den Propheten als Betrüger mit einem Hang zu mörderischer Gewalttätigkeit beschreibt. Gleichzeitig war er auf der Höhe aller naturwissenschaftlichen Entdeckungen der Zeit; mit seiner Freundin Madame de Châtelet stellte er Newtons Gravitationsexperimente und Galileis Fernrohrerkundungen nach, mit Friedrich dem Zweiten und Katharina, den großen Herrschergestalten Preußens und Russlands, war er zeitweilig eng befreundet und in regem Briefaustausch.

Bei aller schuldigen Bewunderung ihrer Geistesgröße und ihres persönlichen Mutes, den drei großen Figuren der französischen Aufklärung – Diderot, Rousseau und Voltaire – haftet insgesamt das Besserwisserische und Querulantische als Makel an. Auf den zeitgenössischen Porträts erscheint Voltaire entweder mit der oberhalb des durchdringend blickenden Augenpaares sich türmenden Allongeperücke als Weltmann oder mit einer Art Nachtmütze auf dem Kopf, unter der er seine spitze Nase vorreckt: So werden die zwei Seiten seines Wesens augenfällig.

Keiner der drei erlebte den Ausbruch der Französischen Revolution. Ein gnädiges Schicksal ließ sie zu Vorbereitern werden, die nicht mitansehen mussten, wie ihre Hoffnung auf Freiheit und Gleichheit von Wohlfahrtsausschüssen zerredet und von einem korsischen General liquidiert wurde. Der Mann, dem dies widerfuhr, war der Autor der revolutionärsten, zündendsten Theaterstücke der Epoche und hieß Pierre Augustin Caron de Beaumarchais; er hat durch seine Figaro-Trilogie einige der schönsten Opern der Musikgeschichte möglich gemacht, zuallererst: Rossinis »Barbier von Sevilla« und Mozarts »Hochzeit des Figaro«. Der dritte Teil *Ein zweiter Tartuffe oder Die Schuld der Mutter* war dann ein weniger durchschlagender Erfolg. Im vorrevolutionären Paris war die Demaskierung eines adligen Verführungsathleten und die Vorstellung, wie er von seiner Dienerschaft genasführt wird, Theatersprengstoff, der nicht nur die

Kassen klingeln ließ, sondern selbstverständlich auch Zensur und Geheimpolizei auf den Plan rief – und Beaumarchais ein Held. Später musste er für längere Zeit Frankreich verlassen, allerdings mehr zwielichtiger Geschäfte als seiner politischen Einstellung wegen, denn der Unterhaltungswert seiner literarischen Produktion war so hoch, dass wichtige adlige Gönner die Hand über ihn hielten. In der Person Beaumarchais' zeigt sich der intellektuelle Glanz der Revolution und zugleich ihre korrupte Schattenseite.

Gehen wir wieder zurück in die Zeit Diderots. Überall in Europa wurde nun aufgeklärt, und das hieß zunächst einmal: über das Wesen der Religion erbittert gestritten. Die Verbesserungen der Buchdruckerkunst, des Transports und Vertriebs trugen dazu bei, dass Druckerzeugnisse wie Bücher, Zeitungen und Flugblätter jetzt im Meinungskampf die stets aktuellen Waffen wurden. Die meisten der damals ausgetragenen Fehden gehen uns von ihrem Inhalt her heute nichts mehr an. Der Stil der Auseinandersetzung beruhte auf Bildung: Man wusste, wovon man redete, und das in allen lebenden und toten Sprachen von Belang. Hinter der Fassade der Wohlerzogenheit allerdings ging man sich derart scharf ans Leder, dass manchem Kombattanten die Lebensfreude ein für allemal ausgetrieben wurde.

In einem solchen Klima arbeitete Gotthold Ephraim Lessing, der bedeutendste Mann der Epoche von deutscher Muttersprache, in Braunschweig und Wolfenbüttel (von dort kam immerhin die älteste Wochenzeitung des Landes) und an vielen anderen Orten. Das Problem der Geistesmenschen seiner Zeit: Sie hatten meist kein Geld und waren so von der wechselnden Gunst Höhergestellter abhängig und auf diese Weise zu ständiger Mobilität verdammt. Auch waren sie dauernd mit ›Brotarbeit‹ befasst wie dem Katalogisieren und Übersetzen von Urkunden, Betreuen von Bibliotheken und dergleichen, um die Familie zu ernähren. Den Beruf des Schriftstellers gab es noch nicht in der Form, dass da einer von seinen Büchern leben konnte, er war ja auch gerade erst erfunden worden. Um so bewunderungswürdiger die Aufrichtigkeit und Unbestechlichkeit, mit der sich Literaten und Wissenschaftler auf die Suche nach Wahrheit machten, Lessing voran. Er war weniger aggressiv als seine französischen Kollegen, hatte aber einen mindestens ebenso stark ausgebildeten Forscherdrang. Das Zeitalter, das bei uns ›Aufklärung‹ heißt, also ein passivisches bis negatives Element enthält, dass da einer über die wahren Zusammenhänge aufgeklärt wird oder werden muss bzw. dass ›sich‹ etwas klärt, heißt im Englischen ›age of enlightenment‹ oder im Französischen ›siècle des lumières‹, was den viel positiveren Aspekt betont, dass da einer Licht ins Dunkel bringt. Künstliche Beleuchtung war ja dringend notwendig, um die naturgegebene Lesezeit der Tageshelle in die Nacht hinein zu verlängern und so den stetig wachsenden Berg von Druckerzeugnissen bewältigen zu können. Mit den unterschiedlichen Begriffen werden vermutlich auch die unterschiedlichen Erlebnisweisen zutreffend beschrieben. In Deutschland wurde aufgeklärt, zum Glück zuallererst von Männern vom Schlage eines Lessing.

> Der adlige Verführer ist bis heute eine interessante Figur. Gutaussehend, skrupellos, sich über Widerstände hinwegsetzend, davon träumt mancher.

Wie später Napoleon steckt er die linke Hand zwischen zwei Knöpfe seiner Weste; so gehört es sich für einen Eroberer der Geisteswelt. Zeitgemäß schaut ein Spitzenkragen, das Jabot, unter ihr hervor. Glatt und freundlich lächelnd strahlt das Gesicht, bekrönt von einer dezenten Stutzperücke. Er war wohl doch ein zufriedener Mann, nimmt man alles in allem. Glänzend an ihm war sein umfassendes Interesse. In der Auseinandersetzung mit Johann Joachim Winckelmann entstand die Archäologie als exakte Wissenschaft. Dabei war Winckelmann in Italien vor Ort tätig, während Lessings Aufgabe in der kritischen Begleitung bestand. Sein *Laokoon* gibt die erste Beschreibung einer Kunstgeschichte der Antike.

Als Mittel der Aufklärung entdeckte Lessing auch die Fabel

für sich. Im Protest gegen die seiner Meinung nach allzu muntere Art der La Fontaineschen *Fabeln* schuf er den kritischen Typ der Tiererzählung als Angriffswaffe im Meinungskampf, gezielt gegen die stets rückständigen Geister seiner Umgebung; ab und zu war das auch schon einmal persönlich gemünzt, das gehört dann zum herben Charme seiner Dichtkunst. *Der Esel sprach zu dem Aesopus:* »*Wenn du wieder ein Geschichtchen von mir ausbringst, so laß mich etwas recht Vernünftiges und Sinnreiches sagen.*« »*Dich etwas Sinnreiches!*« *sagte Äsop;* »*wie würde sich das schicken? Würde man nicht sprechen, du seist der Sittenlehrer, und ich der Esel?*«

Das Genre, in dem neben ihm noch Christian Fürchtegott Gellert exzellierte, belebte Lessing dadurch neu, genauso wie die Literaturkritik, die man damals noch gereimt anbringen durfte:

Wer wird nicht einen Klopstock loben?
Doch wird man ihn auch lesen? – Nein.
Wir wollen weniger erhoben,
Und fleißiger gelesen sein.

Sogar einen deutschen Voltaire hatten wir, aber wenn man aus Sondershausen kommt – und dort auch stirbt –, darf man sich nicht über ausbleibende internationale Aufmerksamkeit beklagen. So musste ihn erst der Vielleser Arno Schmidt als Meister des *ehrwürdigsten Gott-, Welt- und Menschenhasses* anpreisen, damit dieser frühe Erfolgs- und Berufsschriftsteller in das Gedächtnis der literarischen Gemeinde zurückkehren konnte: Johann Carl Wezel. Sein Roman *Belphegor* ist allerdings ein Gegenstück zum *Candide* und behandelt die Frage, wie der Titelheld, ein harmloser Privatgelehrter, unterstützt von seinen Kumpanen Fromal und Medardus, mit der Ungerechtigkeit in der Welt fertig werden soll, deren erste Ausprägung der Tritt in den Hintern ist, den die geliebte Akante ihm versetzt. Ich verrate nicht zuviel, wenn ich die Antwort vorwegnehme: Er kann es nicht.

Auf dem Gebiet der geistlichen Dichtung war dieser Friedrich

Gottlieb Klopstock, der in Hamburg und Kopenhagen lebte, die erste Instanz. Zum Lachen ging er immer in den Keller. Allgemein anerkannt als Meisterwerk wurde aber sein *Messias*, er war das erste deutsche Versepos der neueren Zeit, und Klopstock Held und Vorbild der kommenden Dichtergeneration. Nur zufällig ist die Titelgleichheit mit Georg Friedrich Händels so wunderbarem Oratorium »Messiah« – zu Klopstock und nach Hamburg hätte eher eine Vertonung durch Georg Philipp Telemann gepasst. Händels Werk entstand schon einiges früher und zeigt uns, auf welch hohem Stand sich in England der Chorgesang befand. Nach Bach ist keine so schöne geistliche Musik mehr komponiert worden, und erst Joseph Haydn mit seiner »Schöpfung«, in der alles jubiliert und tiriliert zu Ehren des Höchsten, erfreut uns wieder mit dieser Inbrunst und Naivität, die jedes gesungene Glaubensbekenntnis erfüllen sollte.[101] Im anschließenden Zeitalter des theologischen Zweifels brauchte es schon einen Freigeist wie Gioacchino Rossini, um wieder ein gleich bedeutendes Werk zu schöpfen. Nachdem er sich von der Opernbühne zurückgezogen hatte, widmete sich Rossini der Kochkunst als Produzent genauso wie als Rezipient und verfasste Musik nur noch zum privaten Gebrauch und persönlichen Vergnügen. Dieser Konstellation entsprang die »Petite Messe Solenelle«, das beglückendste Stück Kirchenmusik des ganzen Jahrhunderts.

Warum interessieren uns Menschenhasser? Man sollte auch seine Feinde kennen.

---

[101] Sage niemand, Händel ginge uns nichts mehr an. Jede Fussballübertragung der höchsten, der »Champions-« Liga wird eingeleitet von seiner Krönungshymne »Zadok the Priest«.

BRETTER,
DIE EINE WELT BEDEUTEN KÖNNEN

Lessings geistiger Beweglichkeit und Umtriebigkeit verdankt die deutsche Literatur das erste bürgerliche Trauerspiel mit *Miss Sara Sampson:* Sara, ein behütetes Mädchen aus gutem Hause, entflieht diesem mit dem Geliebten Mellefont, der ein ›Vorleben‹ hat, das ihn einholt in Gestalt seiner früherer Geliebten Marwood samt gemeinsamer kleiner Tochter. Aus Eifersucht vergiftet die Sitzengelassene die arme Sara. Mellefont büßt das von ihm angerichtete Unglück, indem er sich ersticht. Der alte Vater Sampson bleibt untröstlich zurück. Später schuf Lessing mit der *Emilia Galotti* die Tragödie des Vaters, der seine eigene Tochter umbringt, um ihre Tugend vor den Nachstellungen des Prinzen Gonzaga zu bewahren. Mit dem Marinelli tritt die Figur des eiskalten Höflings auf, der über Leichen geht, um die Wünsche seines Herrn umzusetzen. Die erste bedeutende Komödie über ein Gegenwartsthema wurde *Minna von Barnhelm,* in der Lessing seinen guten Bekannten Ewald von Kleist, selbst Dichter, in der Figur des Major von Tellheim auf die Bühne brachte. Es geht um einen Offizier außer Dienst, der so abgerissen ist, dass er glaubt, seine Braut, eben Minna, nicht heimführen zu dürfen. Erst der schmierige Franzose Riccaut de la Marlinière, weniger Soldat als Taschenspieler mit der Devise ›corriger la fortune‹, sowie die beherzte Initiative der Heldin mithilfe des einst dem Major gegebenen Verlobungsrings bringen Tellheim dazu, zu tun, was er von Anfang an hätte tun sollen, nämlich Minna heiraten. Neben den wenigen komischen Aspekten ist das Stück eher eine Kriegsheimkehrertragödie: Tellheim hat unter Friedrich dem Großen den Siebenjährigen Krieg mitgemacht und zeigt sich als von den Schrecken Gezeichneter, zu Unrecht aus dem Dienst Entlassener, Gekränkter, dem seine Ehre alles ist. Sehr fraglich bleibt dem Zuschauer, ob diese Ehe glücklich werden kann.

Besonders aber verdanken wir Lessing d a s bis heute überzeugendste Religionsdrama *Nathan der Weise.* Hinter dem Titelhelden verbirgt sich niemand anderes als sein alter Freund Moses Mendelssohn, der Großvater des Komponisten Felix Mendelssohn-Bartholdy. Im Jerusalem der Kreuzzüge leben Juden, Christen und Moslems dank der Regierung des toleranten Sultans Saladin, der soeben die Kreuzritter aus der Stadt verjagt hat – sie werden, Richard Löwenherz hin, Friedrich der Staufer her, nie wieder die Macht erlangen –, friedlich nebeneinander. Nathan, der alte Jude, hat allerdings das Christenmädchen Recha an Kindesstatt aufgenommen und im Zeichen der Versöhnung großgezogen, welches Verbrechen der christliche Patriarch mit den Worten kommentiert: »*Tut nichts! Der Jude wird verbrannt.*« Ein junger Tempelritter, der sich als ihr Bruder erweisen wird, rettet Recha aus dem brennenden Haus Nathans, als der auf Reisen ist, und verliebt sich in sie. Nathan wird herausfinden, dass der Ritter gleichzeitig Saladins Neffe ist, sodass am Ende eine große Verschwisterung alle Figuren miteinander verbindet. Vorher aber stellt Saladin, gerade in Geldnöten, dem herbeibeorderten Nathan in offensichtlich niedriger Absicht, um nämlich Geld von ihm zu erpressen, die Frage nach der einzig wahren Religion. Schließlich berufen sich ja Islam, Juden- und Christentum auf dieselben Wurzeln, beten aber zu offenbar verschiedenen Göttern. Nathan antwortet mit der ›Ringparabel‹ vom König und den drei gleich geliebten Söhnen, von denen er e i n e m den Ring der Herrschaft vermachen muss. Da er sich nicht entscheiden kann, lässt er zwei weitere Ringe anfertigen, sodass bei seinem Ableben jeder Sohn einen Herrschaftsring vorweisen kann. »*Der rechte Ring war nicht erweislich*«. Diese Geschichte vom rechten Ring hat Lessing dem unerschöpflichen Ideenvorrat des *Decamerone* entnommen. Aus dieser und anderen ähnlichen Novellensammlungen hatte sich schon Shakespeare bedient.

Im dramatischen Gedicht *Nathan* benutzt Lessing den fünffüßigen Jambus, den Blankvers, den Schiller und Goethe in *Don Karlos* und *Iphigenie* zum Versmaß des klassischen Theaterstücks machen werden. Neben dem gereimten Knittelvers, wie er am Anfang des *Faust* steht,

Habe nun ach! Philosophie,
Juristerei und Medizin,
Und leider auch Theologie
Durchaus studiert, mit heißem Bemühn.

und der Prosa der *Miss Sampson* bildete er die Grundlage für das neue Sprachgefühl auf der Bühne. Lebhaftigkeit und Lebensnähe zogen mit ihm dort ein. In Hamburg wurde Lessing zum Dramaturgen des Nationaltheaters ernannt. Aus dieser Tätigkeit entstand mit der *Hamburger Dramaturgie* eine Theorie des Theaters, die bis Brecht gültig geblieben ist. Theater bedeutete damals noch kein Massenvergnügen. Feste Spielstätten hatten Residenzstädte vorrangig zur Unterhaltung der Regierenden; vor allem gab es aber keine Stücke, die ein breites Publikum interessiert hätten. Die Art der Stoffe und Vorlagen hatte sich seit des Euripides Zeiten nicht verändert. Neben der Königstragödie, die auch aus Gründen der Zensur, um den aktuellen Herrscher nicht in Zusammenhang mit Meuchelmord und Thronsturz zu bringen, stets allegorisch zu sein hatte – und diese Vorgabe der Zensur würde sich bis zum Ersten Weltkrieg erhalten! –, gab es nur noch das Rüpelspiel, eventuell in der verfeinerten italienischen Form der Commedia dell'arte mit Harlekin und Pulcinella, bei dem so feste wie möglich aufeinander eingeprügelt wurde, sofern nicht gerade ein Dialog störte.

Lessing war der eigentliche Entdecker Shakespeares für Deutschland. Ihn sah er als Vorbild für eine lebendige Handlung und individuelle Charakteristik der Personen und regte die nun entstehenden Übersetzungen der Stücke an, zuerst durch Wieland, später Schlegel und Tieck, die unser Theater bis jetzt beherrschen. Auf der Strecke blieb dabei die französische Barockschule, repräsentiert durch die großen Dramatiker Jean Racine und Pierre Corneille. Die *Phädra* des Racine, sein Meisterwerk, blieb in Frankreich unvergessen und erscheint in Marcel Prousts *Suche nach der verlorenen Zeit* als Symbol des unwiederbringlich Vergangenen. Wie eine Klammer verbinden zwei große Auftritte der Schauspielerin Berma alias Sarah Bernhardt als Phädra – ihre Lebensrolle – Anfang und Ende des Riesenbuches. Phädra, Gemahlin des Athenerkönigs Theseus (nach Herakles der zweitgrößte mythische Heros der Griechen), verliebt sich in ihren Stiefsohn Hippólytos, der sie zurückweist. Brüskiert und in ihrem weiblichen Stolz verletzt, verleumdet Phädra den Sohn beim Vater. Hippolytos verlässt daraufhin das Elternhaus und stirbt als Held in der Fremde, Phädra nimmt sich, ihre Schuld eingestehend, das Leben – eine monumentale Rolle für die größte Schauspielerin ihrer Zeit.

Die Barockdichter beriefen sich mit ihren Regeln direkt auf die Gebote des Aristoteles, dass die Bühnenhandlung nur einen Tag umfassen dürfe, an einem Ort spielen und in sich geschlossen sein müsse; das Drama solle Furcht und Mitleid des Zuschauers wecken und dadurch eine reinigende Wirkung erfüllen. Ihre Erzeugnisse litten aber vor allem unter der Schwerfälligkeit der Verse; das war in der Regel der ellenlange Alexandriner, geeignet für eine getragene Sprache, nicht aber für lebhafte Rede. So verschwand diese höfische Kunstform von den Bühnen. Publikum und Fachleute wünschten sich lebensechtere, spannendere und wildere Aktion auf der Bühne. Das alles gab es schon, nämlich bei dem viel älteren Shakespeare – ich gehe hier davon aus, dass es ihn wirklich gegeben hat, was nicht so ganz sicher ist. Immer wieder kommt der Verdacht auf, dass auch ein Höfling Elisabeths I., vielleicht der Herzog von Vere, unter diesem Pseudonym gedichtet haben könnte. In solch einem Zwielicht liegt die Zeit, als aus Amerika die ersten Kartoffeln zu uns kamen.

Eben hast Du schon erfahren, dass die Dramen Shakespeares aus dem Fundus an Stoffen schöpfen, den Antike, Renaissance und britannische Historie bereithielten. Um den größten Genius der Theaterwelt zu ehren, folgen hier die Titel seiner Stücke mit einer Miniaturinhaltsangabe. Es ist genauso leicht, diesen Teil zu überspringen wie ihn bei Gelegenheit zu nutzen, etwa wenn das Theater in Deiner Nähe mal wieder einen Klassiker spielt.

1. *Die Komödie der Irrungen* ist eine nach den *Zwillingen* des Plautus gefertigte Komödie. Ein Vater trifft in höchster Not seine Zwillingssöhne wieder, die ihrerseits getrennt worden waren; das Publikum ergötzt sich an der Situation, dass einer kommt und alle denken, er wäre schon da.
2. *Liebes Leid und Lust* König Ferdinands Vorsatz, mal richtig zu studieren, wird von der Prinzessin von Frankreich ad absurdum geführt. Zur Strafe für seine Realitätsferne muss Ferdinand dann ein Jahr auf seine Prinzessin warten.
3. *Die beiden Veroneser* Valentin und Proteus treffen sich in Mailand als Rivalen um die schöne Silvia wieder. Valentin entsagt aus Freundschaft und erhält Silvia zur Belohnung.
4. *Heinrich VI.* Shakespeares längstes Stück in drei Teilen am Anfang der York-Tetralogie, die Rosenkriege und Englands Niederlage in Frankreich behandelnd als Fortsetzung der Lancaster-Stücke – die Jungfrau von Orleans tritt als Hexe und Hure auf.
5. In *Richard III.*, dem letzten Teil der York-Tetralogie; beginnend mit den Schüttelfrost verursachenden Versen *Nun ward der Winter unsers Mißvergnügens / Glorreicher Sommer durch die Sonne Yorks*, wird der Aufstieg des bösesten aller Shakespeare-Schurken (Laurence Olivier spielte den Buckligen am bucklichsten) einschließlich des Mordes am Herzog von Clarence in einem Weinfass bis zu Niederlage: *Ein Pferd! ein Pferd! mein Königreich für'n Pferd!* und Tod gezeigt.
6. Der greise römische Feldherr *Titus Andronicus* stürzt sich selbst ins Unglück, indem er seiner Tochter den Geliebten wegnimmt, einen Sohn umbringt und dem falschen Kaiser huldigt. Seine übrigen Kinder werden grausam getötet und eine Gewaltorgie setzt ein, die in der Rache des Titus gipfelt, der seiner Widersacherin, der Gotenkönigin Tamora, deren eigene Kinder als Pastete vorsetzt.
7. *Der Widerspenstigen Zähmung* Petruchio zähmt das wilde Käthchen (»Kiss me Kate«), damit sich die Schwester Bianca als der wahre Satansbraten erweisen kann.
8. *Romeo und Julia* Die Fehde der Capulets und Montagues in

Verona ist aus italienischen Renaissancenovellen bestens bekannt. Shakespeare gibt der Geschichte, nicht zuletzt durch so effektvolle Szenen wie der auf Julias Balkon – der noch heute in der Stadt zu sehen ist –, den letzten Schliff. *Es war die Nachtigall und nicht die Lerche* (die Liebesnacht ist also noch nicht vorbei) ist das vielleicht zärtlichste Wort der Theaterwelt und der Tod, zunächst der vorgetäuschte der Julia, dann der echte des Romeo, schließlich der verzweifelte der Julia, der dramatischste Liebestod zwischen zwei fallenden Vorhängen.

9. *Richard II.* Erster Teil der Lancaster-Tetralogie. Der gute Richard wird zur Abdankung gezwungen und von Lord Bolingbroke ermordet.

10. Vom Zauber des Theaters und den Wechselfällen der Liebe: *Ein Sommernachtstraum.* Elfenkönig Oberon und sein putziger Diener Puck ärgern Königin Titania mit einem Liebeszauber, der ausgerechnet den Handwerksburschen Zettel trifft, der für diese Rolle aus durchsichtigen Gründen einen Eselskopf tragen muss, eigentlich jedoch ein Stück zu Ehren von König Theseus' Heirat mit Hippolyta proben sollte. Jetzt wird es ganz schön schwer für die beiden, alles wieder in die richtigen Bahnen zu lenken, damit die Versöhnung am Schluss noch klappt. Ein Bühnenkracher, für den Felix Mendelssohn-Bartholdy unsterbliche Musik schrieb und den Max Reinhardt Anfang des letzten Jahrhunderts unvergleichlich inszenierte.

11. *König Johann* Der üble Johann ohne Land, Bruder von Richard Löwenherz, muss sich den Papsttreuen beugen; erst sein Nachfolger wird Englands Größe wiederaufrichten.

12. *Der Kaufmann von Venedig* Antonio leiht sein Geld Bassanio, damit der die schöne Portia gewinnen kann, wofür er ein Rätsel lösen wird, an dem zwei blöde Prinzen verzweifeln. Antonio seinerseits leiht Geld beim ansonsten verachteten Shylock aus dem venezianischen Judenviertel, dem ›Ghetto‹, der sich als Sicherheit ein Pfund von Antonios Fleisch ausbedingt. Der zu allem Überfluss noch von seiner Tochter Jessica verlassene Shylock kann seinen Wechsel nicht einlösen, darf dafür aber die

Worte sprechen: *Wenn ihr uns stecht, bluten wir nicht? Wenn ihr uns kitzelt, lachen wir nicht? Wenn ihr uns vergiftet, sterben wir nicht?*, die nicht erst in Ernst Lubitschs Hollywood-Tragikomödie »Sein oder Nichtsein« zum Synonym für das Leiden des jüdischen Volkes wurden.

13. *Heinrich IV.* in zwei Teilen, die Teil zwei und drei der Lancaster-Tetralogie bilden. Der Königsmörder Bolingbroke regiert als Heinrich IV. Mit Prinz Heinz (eigentlich: Hal, später Heinrich V.), der den munteren Saufkumpan Sir Falstaff im Schlepptau hat, kündigt sich jedoch schon die nächste, volksverbundene Herrschergeneration an.

14. *Die lustigen Weiber von Windsor* Ritter John Falstaff auf Freiersfüßen wird von den Bürgersfrauen von Windsor tüchtig hergenommen, die ihn als Hirsch verkleiden und dann durch den Wald jagen. Köstlich auch als Oper von Verdi oder Otto Nicolai.

15. *Viel Lärmen um nichts* In Messina liebt Graf Claudio seine Hero, Don Pedro wirbt für ihn; dessen Bruder Don Juan versucht sie zu trennen. Umgekehrt geht es »Beatrice und Benedikt«, die wider Willen zum Paar gemacht werden (vertont von Hector Berlioz).

16. *Heinrich V.* Letzter Teil der Lancaster-Tetralogie. Die Schlacht von Azincourt, mehrfach Höhepunkt von Verfilmungen des Stoffs, bedeutet Heinrichs Triumph über Frankreich, der durch die Heirat mit der schnippischen Prinzessin Katharina besiegelt wird. In der York-Tetralogie wird dann die anschließende Niederlage Englands im Hundertjährigen Krieg geschildert.

17. *Julius Caesar* Hören wir, in diesem rhetorischsten aller Politdramen, mal in das Original hinein. In der Mitte des Stücks ist der Titelheld schon tot, obwohl er doch mit seinem ersten Auftritt gefordert hatte *Let me have men around me that are fat, / sleek-headed men and such as sleep a-nights*. Marc Anton nutzt die Leichenfeier, *Friends, Romans, countrymen, lend me your ears, / I come to bury Caesar, not to praise him*, um das vom Tyrannen befreite Volk gegen seine Mörder, seine Wohltäter, aufzuhetzen:

But Brutus says he (sc. Caesar) was ambitious, / And Brutus is an honourable man. Marlon Brando hatte einst diese Paraderolle des jugendschönen Demagogen. Nach der Schlacht bei Philippi heißt es für die Verschwörer *The sun of Rome is set. Our day is gone, / Clouds, dews, and dangers come, our deeds are done.* Auch der letzte Republikaner Brutus ist tot und Caesar gerächt.

18. *Wie es euch gefällt* Im Ardennerwald trifft sich eine Horde Aussteiger rund um den verbannten Herzog und die schöne Rosalinde zu höfischen Schäferspielen.

19. *Was ihr wollt* Orsino von Illyrien und Olivia können vorerst nicht zueinander kommen. Kompliziert wird es, nachdem die als Mann verkleidete Viola aufgetaucht ist und Olivia verwirrt. Der lächerliche Höfling Malvolio erreicht auch nicht ihr Herz, obwohl er sich gelbe Strümpfe anzieht (einst was für Schauspieler vom Kaliber eines Josef Meinrad).

20. *Hamlet* Erster Eindruck: *Etwas ist faul im Staate Dänemarks.* Dann tritt der zimperliche Dänenprinz selbst vor und spricht das geflügeltste aller Shakespeare-Worte: *Sein oder Nichtsein ...*[102] Der Geist seines gemeuchelten Vaters geht um, Onkel und Mörder Claudius liegt mit der Mutter im Bett, Rosenkranz und Güldenstern umschleichen ihn, aber Hamlet zögert immer noch. Die Schwester Ophelia ertränkt sich, der Prinz vergnügt sich mit Schauspielern und Yoricks Schädel, ersticht zwar den Polonius ›hinter der Tapete‹, im Duell am Schluss aber töten sich er und dessen Sohn Laertes gegenseitig. Der Norweger Fortinbras eilt herbei, um lauter Leichen in Helsingör vorzufinden. Vorhang, Schluss.

---

[102] Erich Fried übersetzt weiter: ... *dann, das ist die Frage: / Was ist das Edlere, im Geist zu dulden / Schleuder und Pfeil des rasenden Geschicks, – / Oder sich waffnen, einem Meer von Plagen / Trotzen und so sie enden? Sterben, schlafen, / Nicht mehr; wir sagen Schlaf, um so zu enden / Das Herzweh und des Lebens tausend Stöße, / Die Fleisches Erbteil sind. Eine Vollendung, / Aufs innigste zu wünschen. Sterben, schlafen / Schlafen, vielleicht auch träumen: Ah, da hakt sichs!* –

21. *Troilus und Cressida* Der trojanische Prinz wird von seiner Geliebten getrennt. Im weiteren Verlauf wird der Krieg um Troja in brutaler Abwandlung fortgeführt, besonders Achilles ist ein niederträchtiger Schwächling.
22. *Ende gut, alles gut* Helena heilt den König und darf Bertram von Roussillon heiraten, der sie zunächst nicht liebt. Sie erweist sich seiner dann aber würdig; die Vorlage stammt aus dem *Decamerone*.
23. *Othello* Ist der Mohr von Venedig Shakespeares sympathischste Gestalt? Durch den intriganten Jago wird der Außenseiter, von Beruf Kriegsheld, seiner geliebten Frau Desdemona entfremdet. Ein Taschentuch suggeriert ihm eine Affäre mit Leutnant Cassio, schließlich würgt er die Gattin; alsbald von seinem Irrtum kuriert, richtet er sich selbst. Verdis Antwort auf »Tristan und Isolde« mit dem verzweifelten Kuss am Schluss: »*un bacio!*«
24. *Maß für Maß* Herzog Vincentio von Wien ergreift ungewöhnliche Maßnahmen, um dem Sittenverfall in seiner Stadt entgegenzuwirken. Undercover beobachtet er das Treiben seines Stellvertreters Angelo und rettet den zum Tode verurteilten Claudio. Selbst erhält er dessen keusche Schwester Isabella zum Lohn.
25. *König Lear* Der greise König will seine Macht an diejenige der drei Töchter abgeben, die ihn am meisten liebt. Regan und Goneril täuschen ihn durch Lippenbekenntnisse, Cordelia enttäuscht ihn. Alsbald ist Lear alles los und zieht einsam und wahnsinnig durch die Gegend, nur vom klugen Narren begleitet. Sein hilfsbereiter Freund Gloster wird geblendet. Mit einem Heer kommt Cordelia, um den Vater zu rächen, wird besiegt und von den Schwestern ermordet. Lear stirbt aus Gram darüber, und auch Regan und Goneril müssen Platz machen für eine bessere Welt. Der *Lear* ist die ultimative Herausforderung für jeden Giganten der Theaterwelt. Thomas Bernhard wird sein Stück *Minetti* sowohl dem großen Mimen Bernhard Minetti als auch dem Lear widmen, dem Mount Everest unter den Rollen.

26. Der schottische Feldherr *Macbeth* tötet König Duncan heimtückisch, von seiner ehrgeizigen Frau angestachelt: Lady Macbeth ist die vollendetste Schurkin der Theaterwelt. Ihr Gatte, von der Macht korrumpiert, tötet Mitwisser wie Banquo und Unschuldige; am Ende verliert er Herrschaft samt Leben.

27. *Antonius und Cleopatra* Die beiden lieben sich und bringen dadurch das römische Volk gegen sich auf. Marc Anton verlässt das Triumvirat mit Lepidus und Octavian und wird dessen Gegner. In der Seeschlacht von Actium verliert er Macht und Reich, kehrt mit Cleopatra nach Alexandria zurück. Erst bringt er, dann sie sich um.

28. *Timon von Athen* Der reiche Bürger Timon bringt sich um Hab und Gut durch übertriebene Großzügigkeit, beschuldigt seine Mitmenschen der Undankbarkeit und verbringt den Rest seines Lebens als Einsiedler, unversöhnlich. Alkibiades, der gegen Athen zu Felde zieht, ausgestattet von Timon, versöhnt sich hingegen mit seinen Landsleuten.

29. *Coriolanus* Kriegsheld Coriolan widerstrebt es, dem römischen Volk die Anerkennung seiner Taten zu danken. Das nimmt man ihm übel; er wird als Volksfeind verbannt und kehrt als Gegner mit einem Heer zurück, um Rom zu vernichten. Seine eigene Mutter bringt ihn zur Einsicht. Er zieht den Tod der Schmach vor.

30. *Perikles* Der König von Antiochien jagt den Bewerber um die Hand seiner Tochter, Perikles von Tyrus, davon. Stattdessen erringt er Prinzessin Thaisa zum Weib, von der er grausam getrennt wird, gerade als sie eine Tochter zur Welt bringt. Dieses Kind trifft der Vater dann in einem Bordell wieder und später auch die Mutter.

31. *Cymbeline* Imogen, die prächtige Tochter des britannischen Königs Cymbeline, hat heimlich Posthumus geheiratet, der daraufhin verbannt wird. Imogen muss sich gegen Hofintrigen behaupten und wird erst nach der Schlacht der Briten gegen die Römer mit dem Gatten wiedervereint.

32. *Das Wintermärchen* König Leontes von Sizilien ist krankhaft eifersüchtig auf seine Gattin Hermione und ruiniert so sein

Glück. Die gemeinsame Tochter Perdita lässt er aussetzen. Sie wächst bei Schäfern in Böhmen auf und heiratet am Ende Florizel, den Sohn des böhmischen Königs, der am Anfang Grund der Eifersucht des Leontes gewesen war.

33. *Der Sturm* Auf einer Insel lebt Prospero, früher Herzog von Mailand, mit seiner Tochter Miranda und den Wesen Caliban und Ariel, die er für seine Rache am Bruder Antonio benutzt, der in einem von Prospero entfachten Sturm an der Küste scheitert; für Miranda ist unter den Schiffbrüchigen der nette Ferdinand dabei. Wer Prospero sagt, denkt an das Gesicht von Sir John Gielgud in Peter Greenaways Verfilmung.

34. *Heinrich VIII.* ist der Vater der zu Shakespeares Zeit regierenden Elisabeth. Entsprechend devot fallen die dramatischen Aspekte seiner Regierungszeit aus. Bei der Uraufführung brannte Shakespeares Globe Theatre ab, weil zu vehement Salut geschossen wurde.[103]

Die beiden Versepen *Venus und Adonis* und *Die Schändung der Lukrezia*, ein paar längere Gedichte sowie die Serie der *Sonette* runden das Gesamtwerk des Schwans von Stratford-on-Avon ab. Diese Sonette, in denen eine Liebesgeschichte mit einer uns unbekannten Frau, der Dark Lady, eine wichtige Rolle spielt, gehören zum geheimnisvollen privaten Shakespeare und zum Besten, was er zu geben hatte.

Shakespeares Stücke quellen über von prallem Leben, vor allem ist er in der Lage, den leidenden Menschen glaubwürdig auf seine Bühne zu bringen. Aber er kennt dabei auch kein Zurückschrecken vor den größten Grausamkeiten. Der alte Horror-

---

[103] Alle Zitate folgen den Übersetzungen von August Wilhelm Schlegel und dann Ludwig Tieck, der sich dabei von seiner Tochter Dorothea und dem Grafen Baudissin helfen ließ; sie entstanden später als die von Christoph Martin Wieland. Erich Fried hat für unsere Zeit eine umfassende Neuübersetzung vorgelegt, härter und straffer als die Vorgänger, aber wenn man einen Shakespeare-Ton im Ohr hat, dann ist es der von Schlegel/Tieck getroffene.

mime Vincent Price gibt uns in dem Film »Theater des Grauens« eine Lehrstunde des Schreckens, wenn er die Kritikerrunde, die ihm einst den Preis für den besten Shakespeare-Darsteller vorenthielt, nach den Vorbildern von *Richard III.* bis *Titus Andronicus* meuchelt – very british, indeed.

Zur Ausstattung fast jeden Stücks gehört aber auch ein Liebespaar, und hier zeigt sich der Meister unerschöpflich in seinem Vorrat an Konstellationen und Abwandlungen der e i n e n Situation, dass zwei sich lieben und am Schluss auch kriegen. Zwischen der lieblichen Julia und der kratzbürstigen Käthe liegt eine weite Spanne von möglichen weiblichen Rollenbildern, die ein modernes Selbstbewusstsein auszeichnet. Ein weiteres unverzichtbares Accessoire ist der Narr, der in der Regel so verrückt ist, dass er als einziger die Wahrheit spricht, die er unter einem Haufen von Albernheiten zu verstecken pflegt. Die Bühne im Globe Theatre müssen wir uns karg vorstellen, Ausstattung gehörte nicht zum Prunk der Inszenierungen, dafür war das Publikum ganz dicht dran am Geschehen. Die vielfach wechselnden Schauplätze wurden meist nur durch ein Hinweisschild bekannt gegeben, das war alles. So ließ sich bühnentechnisch der Reichtum der Stücke an Umschwüngen und Nebenhandlungen bewältigen. Und – immernoch gab es keine Frauen als Darsteller auf der Bühne.

Das führt uns zu Shakespeares geheimnis- und dadurch vielleicht wirkungsvollster Arbeit. Seine Serie der einhundertvierundfünfzig *Sonette* hat bisher noch jeden herausgefordert, der sich berufen fühlte, zu großer Dichtung seinen Senf dazuzugeben. Das ist auch gut so, weil es um so glänzender das dilettierende Originalgenie des Oscar Wilde hervortreten lässt, der in seinem romanhaften Essay *Das Porträt des Mr W. H.* vorgibt, das Geheimnis zu lüften, wem Shakespeare mit dieser Dichtung huldigt. Mit hohepriesterlicher Lüsternheit stellt uns Wilde den Schauspieler Will Hughes vor, der womöglich die Julia und Imogen und Portia verkörpert hat und für den Will Shakespeare so entbrannte, dass die Episode mit der Dark Lady, von der alle anderen Interpreten dachten, sie hätte das Herz des Schwans von Stratford bezirzt, zum abgeschmackten Alibi schrumpft. Der Essay und die Dichtung hingegen verschmelzen zu einem Gesamtkunstwerk von höchstem Reiz, sich gegenseitig in ihrer Wirkung hebend.

Sonett oder zu Deutsch Klanggedicht, Du erinnerst Dich: zwei Quartette, zwei Terzette, vier Strophen mit insgesamt vier oder fünf verschiedenen Reimendungen, oder: Alles was vierzehn Verszeilen hat, könnte dringend ein Sonett sein. Altehrwürdig wirkt die Form, und in der Tat hat sie einen langen Weg hinter sich, seit der Italiener Petrarca sie in seinem *Canzoniere* erstmals massenhaft nutzte. Das war in der Hochgotik, von der Du gleich mehr hören wirst. Andreas Gryphius im Lamento über den nicht endenwollenden Krieg, der dann dreißig Jahre dauerte, August Wilhelm Schlegel, der Kathedergelehrte der Romantik, Rainer Maria Rilke zur Zeit unserer Großväter und der Trinker, Nationalsozialist und Sprachkünstler[104] Josef Weinheber haben mit wechselndem Glück damit gespielt. Shakespeare hat das Sonett für seine Zwecke umgebaut. Auf drei Quartette folgen zwei gereimte Schlussverse, die eine Moral, eine Botschaft, am ehesten: ein Rätsel enthalten.

Shakespeare war keineswegs der extremste Dramatiker seiner Zeit. John Webster und seine *Herzogin von Malfi* waren verderbter, Christopher Marlowe, der auch einen *Doktor Faustus* schrieb, sinnlicher. Und Ben Johnson mit seinem *Volpone* lustiger. Aber Shakespeare, dessen Porträt so bieder wirkt mit dem eckigen

---

[104] *O, wird da mancher denken, ein Sonett / auf eine kleine, schlanke Zigarette? / Auf Mimi, Lilly oder Juliette / täts niemand wundern, daß man Verse dreht. // Und dennoch – ihr gebührt es mehr, denn seht: / Nichts gließt verheißend auf der Etikette, / das ihre Seele nicht gehalten hätte. / Und ihre Glut ist innig, echt und stet. // Sie ist die Trösterin, wenn du betrübt / und deiner langen Weile süß Betören / sie ist das Opfer, das sich selbstlos gibt, // das Spiel, das man Verlegenheiten unterschiebt / und will ganz bis zum Ende dir gehören / gleich einem Mädchen, das dich ehrlich liebt.*

Krägelchen und dem mittelgescheitelten Haar, war verrückter als sie alle zusammen; er mischte Prosa und Blankvers, allerhöchsten Ton und Straßenjargon – mit dem überwältigenden Erfolg, dass seine Stücke so unverwechselbar lebendig klingen. Das muss ein intellektuelles Reizklima gewesen sein im London der Queen Elizabeth, materiell angeheizt durch den florierenden Handel und die militärische Stärke der englischen Flotte. Es hätte immer so weitergehen können, aber nur fünfundzwanzig Jahre nach Shakespeares Tod ließen die Puritaner das Globe und sämtliche anderen Theater schließen für – ja, fast für immer.[105]

So wie der große Rivale Englands in jenen Tagen das Spanien Philipps II. war, bis die Große Armada im Sturm unterging, genauso war auch das spanische Theater tonangebend auf dem Kontinent. Die Meister hießen Lope de Vega und Pedro Calderón de la Barca. Vor allem verdanken wir dem spanischen Theater aber aus der Feder von Tirso de Molina einen Teufelskerl, der die Phantasie Europas bis heute in Gang hält: den *Verführer von Sevilla*.[106] Mit so einer Figur kann Shakespeare nicht aufwarten; es braucht eine heiße Sonne, feurigen Wein, eine glutäugige Doña – besser aber noch: mehrere –, damit ein *Don Juan* vor uns ersteht.

Das spanische Theater, ebenso wie das italienische, das nach ihm Europa inspirierte, bietet weniger Schauwert, weniger Abwechslung innerhalb des Stücks als das shakespearsche. Dafür gibt es jede Woche ein neues. Kein Wunder, gegen die mickrige,

---

[105] Noch in meiner Jugend wurde das Herren-Finale von Wimbledon am Samstag ausgetragen, aus religiösen Gründen. Heute erinnert daran immernoch, dass der erste Sonntag des vierzehntägigen Tennisturniers spielfrei bleibt – wenn es bis dahin nicht zuviel geregnet hat!

[106] Oder: *Der steinerne Gast*, wie das Stück mit vollem Namen heißt.

skrupulöse Produktion des Engländers nehmen sich die je etwa vierhundert Bühnenwerke von Tirso und Lope recht eindrucksvoll aus. Auch sind die Charaktere zwar tief ausgelotet, aber nicht so reich aufgefächert, die Gedanken geistreich, aber nicht so schweifend und spruchweise formuliert wie bei Sir William. Nach ihrem Vorbild werden dann bei den Italienern und Franzosen die T y p e n die Bühne beherrschen, jeder ein Grundmuster des Menschlichen: Der komische Alte, der eifersüchtige Ehemann, der Leichtgläubige, der Verführer: Don Juan ist der erste, und ein ganz mieser Charakter dazu, mies aber glänzend. Denn Don Juan Tenorio hat alle Anlagen und Eigenschaften, um Frauenherzen schwach werden zu lassen. Vor allem die Skrupellosigkeit, jeder zu sagen, dass gerade sie die schönste und begehrenswerteste sei. Und die Eitelkeit, die Einladung des von ihm ermordeten und zu Stein (nämlich zum Denkmal des Komturs) gewordenen Vaters der Doña Anna, die er gerade entehrt hat, anzunehmen zu einem Abendessen unter Gespenstern. Das wird er nicht überleben und, an dem Händedruck des steinernen Gastes verglühend, geradenwegs zur Hölle fahren. So sehr man spanisches Theater auch mit dem in einen steifen Kragen gezwängten Barock in Verbindung bringt, speziell die Fronleichnamsspiele Calderóns wie *Das große Welttheater* oder *Das Leben – ein Traum* im Hinterkopf, der *Don Juan* des Tirso ist ungezügeltes Leben. Als Doña Anna feststellt, dass ihr nächtlicher Liebhaber nicht der erwünschte Marquis gewesen ist (dem sie ihre Ehre gern hingegeben hätte), sondern nur der smarte Don, brüllt sie ihren herbeieilenden Erzeuger an: »*Erstecht ihn, Vater!*« Es kommt dann umgekehrt. Und am Ende zeigt der Bösewicht das Selbstbewusstsein eines Helden und Charakter, als er dem steinernen Gast nicht ausweicht, sondern in voller Erkenntnis der Konse-

DAS GRÖSSTE SPRACHGENIE ALLER ZEITEN, WAS WAR DAS WOHL FÜR EIN MENSCH? ES MACHT UNS SPASS, IHN WENIGSTENS MENSCHLICH VORZUSTELLEN.

quenzen die Einladung annimmt und, innerlich gefasst, die verdiente Strafe auf sich nimmt. Das trägt tüchtig anarchische Züge – und führte dazu, dass der Don Juan seither mindestens fünfhundert literarische Auferstehungen gefeiert hat, bei Mozarts Librettisten Lorenzo da Ponte als *Don Giovanni* bis Max Frischs *Don Juan oder die Liebe zur Geometrie*, einer höchst munter durchdachten Variante des Stoffes.

Die spanische Bühne ist noch simpler zu denken als die shakespearsche. Wanderschauspieler treten in den Innenhöfen von Gasthäusern auf, die geistlichen Spiele werden auf fahrbaren Bühnenkarren gegeben, Kostüm und Schminke weitgehend entbehrlich; die Halbwertszeit eines neuen Stücks währte wenige Tage. So war ständige Neuproduktion erforderlich. Daraus ergab sich eine schematische Erstarrung; das beliebte »Mantel- und Degenstück« zeigte immer wieder den Ritter, der seine Ehre höher hält als Liebe oder weltlich Gut.

Lope de Vega mit Werken wie *Brunnenkur* und *Der Stern von Sevilla* sowie der aus Mexiko zugereiste Juan Ruiz de Alarcón, der *Die verdächtige Wahrheit* schrieb, einen Lustspielklassiker, der wenig später als *Der Lügner* des Pierre Corneille auf der französischen Bühne auftauchen wird, bedienten das kritische, aber auch dankbare Publikum in Schenken und am Wegesrand, wie es nötig war; Calderón war der Dichter für einen anspruchsvolleren Kreis von Kennern. Seine Schauspiele *Dame Kobold*, *Der Richter von Zalamea* und *Der Arzt seiner Ehre* zielen auf den gebildeten, verwöhnten Geschmack bei Hofe.

Aus den Trümmern der Antike war einige Zeit zuvor in Italien, wo sonst, das Theater wiedererstanden. In einer Atmosphäre herrscherlichen Glanzes und bildungssatter Intellektualität und in der Konkurrenz zu reimenden Päpsten und Philosophen hatte der große Dichter Torquato Tasso sein kleines Schäferspiel *Amyntas* in Ferrara zur Aufführung gebracht. Als Nebenprodukt dieses darstellerischen Furors entstand auch noch die Oper; »Euridice«, ein bereits voll ausgereiftes, anmutiges Werk des Komponisten Jacopo Peri, gelangte in einem kleinen

Saal des Palazzo Pitti zur Aufführung anlässlich der Hochzeit der Maria Medici mit König Heinrich IV. von Frankreich in Florenz. Kommen die gerade erwähnten Stücke bei uns auch nur noch selten auf die Bühne, die großangelegten Opernwerke des Claudio Monteverdi wie »Die Krönung der Poppäa« und »Die Heimkehr des Odysseus ins Vaterland«, von seinem »Orfeo« ganz zu schweigen, fesseln heute wieder ein Massenpublikum – und die Barockoper von Vivaldi bis Händel ist erst recht d e r Kassenmagnet vieler untersubventionierter Häuser. Die andersartige Tradition Italiens, wo das Stegreifspiel die Leute stets begeisterte mit den immergleichen Truffaldinos, Pulcinellen und Pantalones (der dämliche Alte, angeblich benannt nach dem Hl. Pantaleon, in Wahrheit aber nach den pantaloni, der Hose, die er sich in der Hektik statt der Mütze über den Kopf zieht), brachte als Höhepunkt die Komik des Venezianers Carlo Goldoni hervor; mit rokokohafter Anmut reißen sich pfiffige Bedienstete zum Wohl ihrer Herrschaften mehr als ein Bein aus, keifen Fischer und Fischfrauen miteinander und dreht die wackere, selbständige und attraktive Frau allen Männern eine Nase (in den Stücken *Ein Diener zweier Herren, Viel Lärm in Chioggia, Mirandolina*). Goldonis Komödien sind die letzten künstlerischen Blüten, die Venedig trieb. Nach vielen glanzvollen Bühnenerfolgen verließ Goldoni seine Vaterstadt und ging nach – Paris. Und wenige Jahre nach seinem Tod brach von dort ein Heer unter der Führung des Generals Bonaparte auf, um mit der Selbständigkeit und Größe der Serenissima Schluss zu machen. Es handelt sich hier nicht nur um ein Datum von sentimentaler Bedeutung. Venedig war fünfhundert Jahre lang Herrscherin des Mittelmeeres gewesen; dabei war die Staatsverfassung der »Republik von San Marco« – eine Adelsoligarchie mit dem Dogen an der Spitze und einer Geheimpolizei im Rücken – sicher nicht zur Nachahmung empfohlen. Die völlige Ausrichtung auf wirtschaftlichen Erfolg aber sicherte der Handelsmacht Venedig eine ausreichende Zufriedenheit ihrer Bürger. Halb Geschichtsbuch, halb Abenteuerroman, schildern die *Bekenntnisse eines Achtzigjähri-*

gen des als Dreißigjähriger verschollenen Ippolito Nievo die Ereignisse der französischen Eroberung und des Untergangs der venezianischen Republik als Hintergrund einer romantisch-abenteuerlichen Liebesgeschichte des Erzählers mit seiner schönen, erst unerreichbaren, dann früh dahingerafften Cousine *Pisana*. So lautet der alternative Titel des umfangreichen, ebenso lehrreichen wie unterhaltsamen Abenteuerromans, der als *Bekenntnisse eines Italieners* gerade neu erschienen ist. Dieser Titel spielt auf die Bedeutung Garibaldis, dieses berufsmäßigen Freischärlers im roten Hemd, für das Leben des Ich-Erzählers Carlo Altoviti an, denn erst Garibaldi machte es möglich, dass die Bewohner der Appeninhalbinsel sich als ein Volk, als ›Italiener‹ fühlen durften. Den ganzen Roman durchzieht eine wehmütige Grundstimmung, der Autor trauert dem Untergegangenen mit ebensolcher Inbrunst nach, wie er das Neue begrüßt: das von fremden Besatzern befreite Italien.

Der etwas schwerblütigere Carlo Gozzi, Goldonis glückloser Rivale in Venedig, ist uns durch das Märchenstück *Turandot* in Erinnerung, das die Vorlage für Giacomo Puccinis letzte, unvollendete Oper abgab. Du erinnerst Dich: Die unsympathische Prinzessin lässt die Köpfe der Bewerber um ihre Hand, die ihr Rätsel nicht lösen können, auf Stangen spießen. Wie kann der arme Prinz Kalaf in einer Nacht diesen Eisberg zum Schmelzen bringen?

Anschließend ereignete sich weder in Spanien noch Italien auf den Bühnen etwas von Belang; das Sprechtheater, zu anderen Zeiten immer wieder Motor des künstlerischen Fortschritts, erstarrte in Gefälligkeit. Die Oper wurde zum Medium der Stunde bis hin zur Potenz, Revolutionen auszulösen. Die Bürger Brüssels, die gerade im »Théâtre de la Monnaie« eine Aufführung der Oper »Die Stumme von Portici« von Auber sahen, stürmten, aufgestachelt von einer besonders mitreißenden Szene, direkt aus dem Opernhaus auf die Straßen und erzwangen die Abdankung ihres Königs. Wagners »Tannhäuser« in Paris erregte die Massen bis zum Tumult; die Rivalität zwischen Verdi und Wagner bewegte ganz Europa, jedermann ergriff Partei. Und der in Italien aufkommende Verismo – »La Bohème« von Giacomo Puccini, »Cavalleria Rusticana« von Pietro Mascagni, »Der Bajazzo« von Ruggero Leoncallo, jede dieser Opern handelt von ›einfachen Leuten‹ und ihren dramatisch zugespitzten Liebesnöten – ist ein besserer Gradmesser für die Temperierung des damaligen Geschmacks als die Theaterproduktionen der Zeit.

Aber dann bekamen Italien wie Spanien je ein Genie geschenkt, das durch seinen jeweiligen unverwechselbaren Tonfall den Klang der Moderne wesentlich färbte. In Spanien war das Federico García Lorca. Seine Stücke, erdig, glühend von der andalusischen Sonne seiner Heimat, bestimmt von starken Frauenfiguren, haben einen herben Klang, wie ihn auf seine Art und in seiner ganz anderen Sprache etwa Ernst Barlach erzeugt hat: ein artifizieller, verlockender, leicht märchenhafter Urton – von dem im Falle Lorcas Fachleute allerdings behaupten, dass er mutwillig vom jahrzehntelang einzig autorisierten Übersetzer verfälscht worden sein soll. Es gibt erst seit kurzem neue Übersetzungen, um das zu überprüfen. *In seinem Garten liebt Don Perlimplin Belisa, Bernarda Albas Haus, Bluthochzeit, Yerma*: allesamt Bühnenklassiker von erregender Intensität. Lorca wurde während des spanischen Bürgerkrieges von den Faschisten ermordet.

Sein Antipode Luigi Pirandello aus dem Dörfchen Caos an der Südküste Siziliens, im Industriegebiet zwischen den eindrucksvollen Tempelruinen von Agrigent und Selinunt gelegen, hat in seinem Lebenswerk genau diesen Zwiespalt zwischen Archaik und Technik wiedergegeben. Er schuf für Rom ein radikal neues Theater der Desillusionierung, am eindrucksvollsten dargestellt in *Sechs Personen suchen einen Autor*. Es passiert genau, was der Titel andeutet: Die Personen des unfertigen Stücks treten an die Rampe und fordern ihr Bühnenleben ein. In Stücken wie *Die Riesen vom Berge*, aus dem Zyklus der *Mythen* zwischen Traum und Wirklichkeit, und *Heinrich der Vierte*, einem Spiel um die Möglichkeit, dass der Deutsche Kaiser, der barfuß nach Canossa ging, entweder wahnsinnig war oder es vielleicht auch nur vortäuschte, arbeitete Pirandello seine Methode des Infragestellens der Personen weiter aus. Gerne wäre er Professor geworden. Aber schon seine Mutter hatte ihm gesagt, es wäre für ihn besser gewesen, nicht so intelligent zu sein. Dieses Schicksal ertrug er dennoch gelassen; gleichzeitig mit seinen frühen Stücken trat er auch als bedeutender Prosaiker hervor. In Dutzenden von Novellen führt er durch seine Vorratskammern der Ideen; gerade erst beginnt man, deren Originalität richtig zu würdigen, wie etwa in dem Film »Kaos« der Brüder Taviani, der aus dem Arsenal seiner *Novellen für ein Jahr* die besten Stücke verwertet. In dem Roman *Die Ausgestoßene* zeigt Pirandello die hoffnungslose Lage einer jungen Frau in einer sizilianischen Familie, in der ein Patriarch regiert, solange er noch kann. Dann allerdings wagt die Tochter einen Ausbruch ins kleine Glück. Zu früh, denn auf Sizilien gehen die Uhren nach. Mit dem Nobelpreis wurde Pirandellos neuer Blick belohnt, genauso wie die Farcen seines späten Nachfolgers in Mailand Dario Fò, dessen Columbus Amerika nicht entdecken will. Für ihn ist auch die Ehe nichts als eine Farce: *Offene Zweierbeziehung*, und sein Theater erneuert sich, wie von Pirandello gewünscht, aus dem Moment, aus der spontanen Begeisterung des Publikums an der komischen oder tragischen Situation: *Heute abend wird aus dem Stegreif gespielt* hatte die Ermunterung des alten Meisters für ein junges Theater geheißen.

Theater:
einer spielt etwas vor,
einer schaut zu,
die älteste Kunstform.

Das französische Theater, im Barock mit dem Dreigestirn Molière, Racine und Corneille und den Opern von Lully – einem weiteren nach Paris ausgewanderten Italiener – und Rameau stilangebend für Europa, verkümmerte auf der Jagd nach dem Publikumsgeschmack der Stunde. Kunst und Kommerz wurden im nachnapoleonischen Frankreich zur geisttötenden Allianz zusammengeschmiedet, aus der höchstens noch die Vaudevilles von Georges Feydeau oder Eugène Labiche und die Operetten von Jacques Offenbach (aus Köln an die Seine gekommen) herausfielen, die zur Feier der Epoche ihren fadenscheinigen Glanz zeigten. Auf dem Theater dominierten Victor Hugos Geschichtsdramen, wie der abstruse *Hernani*, der immerhin für einen Skandal gut war, obwohl der dröge Karl V. mitspielt, oder *Le roi s'amuse*, das auch die Vorlage für die funkensprühenden Melodien von Verdis »Rigoletto« abgab. Die leichten Dramen von Alfred de Musset, etwa *Wovon die jungen Mädchen träumen*, zeigen thematisch, wohin das zielte: Versöhnung des Ideellen mit dem Gesellschaftlichen auf niedrigem Niveau. So funktionierten auch die handwerklich perfekten Komödien und Stücke von Eugène Scribe. *Das Glas Wasser* kennst Du, es spielt am Hofe von Queen Anne. Erinnerst Du Dich an das blasierte Gesicht von Gustav Gründgens als Lord Bolingbroke? Die Verfilmung stammt freilich bereits aus der Farbfilmzeit, als es ihm längst vergangen war, »*Die Nacht ist nicht allein zum Schlafen da*« zu singen. Die beste französische Komödie der Verfallszeit verwandelte sich in Johann Strauß' *Fledermaus*. Die Vorlage für diese Operette, in der Champagnerkorken knallen und Gefängnistore quietschen, als wär's ein Stück von unserer letzten Börsenrallye, schuf das routinierte Librettisten-Duo Meilhac & Halévy; sie steht beispielhaft für brillante Theaterunterhaltung am äußersten Rande des guten Geschmacks und des von der Zensur Erlaubten. Halévys Onkel komponierte selbst. Mit seiner »Jüdin«, die auf dem Konstanzer Konzil spielt, deutete er dem erstaunt tuenden Opernpublikum an, dass es so etwas wie Ressentiment und Vorurteile auch in Paris gab – und zwar sowohl im Parkett wie auch in den Logen.

Das meiste, was da gespielt und gefeiert wurde an kleinen Gesellschaftsdramen und anderen Sachen, konnte man getrost schon wieder vergessen, bevor man es auch nur gesehen hatte; Ballett und Ausstattung wurden immer wichtiger, Inhalte überflüssig. Nach dem gegen Preußen verlorenen Krieg und dem Untergang des Kaiserreichs blühte Paris als Kulturmetropole neu auf, sichtbar an der Erneuerung der Malerei, die von hier ihren Ausgang nahm, und zwar als Gegenwelt zum ›guten Geschmack‹.

Dieser wurde in den Ausstellungen der »Salons« den Kunstbeflissenen dargeboten; die Connaisseure, Begeisterten gingen in die Ateliers der Impressionisten; man traf sich bei Monet und Degas, später besuchte man Picasso und Braque, dann Robert Delaunay und Max Ernst. Erstes Lebenszeichen auf der Bühne: *Cyrano de Bergerac* von Édmond Rostand. Der schöne Film von Jean-Paul Rappeneau verwendet den Text des Dramas und übersetzt ihn in opulente Bilder, Gérard Depardieu ist ein wunderbarer Cyrano. Unvergesslich das stegreifgedichtete Duell mit dem arroganten Stümper: »*Denn beim letzten Verse stech' ich!*« Er trägt seine überdimensionale Nase wie einen edlen Wappenschild vor sich her, gleichzeitig leidet seine Eitelkeit so schrecklich unter dem ihn entstellend dünkenden Zinken. Seinen Mut und seine poetische Kraft setzt er zum Ausgleich dieses Makels ein; dabei erkennt er nicht, dass ein Aufwiegen nicht sein kann – lieben kann die schöne Roxane ohnehin nur den Mann, der auch geistreich ist. Jedes Verdienst, jeder Mangel in dieser Welt zählt einzeln. Am Ende, nachdem er sich mit Gott und der Welt angelegt hat – wie mancher große Spötter –, und gedungene Mörder ihm den Schädel eingeschlagen haben, stirbt er den poetischen Heldentod, im Sessel die letzte seiner Lügengeschichten erzählend. Das ist sehr schön und sehr altmodisch. Der wirkliche Cyrano ist uns als Literat nach wie vor bekannt, schrieb er doch die satirischen *Reisen zu den Mondstaaten und Sonnenreichen*, gerade wieder neu übersetzt, und diese wunderbaren Liebesbriefe, die auf Deutsch *Herzstiche* genannt wurden.

Das Ballett »Parade« ist das – ausgerechnet zum Ende des Großen Krieges fertig gewordene – Monument der Lebenslust der Kunstmetropole Paris: Erik Satie, Pablo Picasso und Igor Stravinsky arbeiten mit. Im Guten wie im Bösen geriet die Parade zum Sinnbild einer glücklich überstandenen Gegenwart, egal ob zur Mondlandung Konfetti geworfen oder zur Einschüchterung eine Mittelstreckenrakete über die Champs Elysées gezogen wurde. Erlöst wird die Welt der französischen Bühne aus den Schrecken durch die Inbrunst des sehr katholischen Paul

Claudel. *Der seidene Schuh* ist sein barockes Welttheater, mit dem er gegen die gottlosen Verlockungen des Nihilismus anschrieb. André Gide brachte Kafkas *Prozeß* an die Rampe, während Jean Anouilh in *Jeanne oder die Lerche* einen lyrischen Theaterton traf und Jean Giraudoux uns überzeugte: *Der Trojanische Krieg findet nicht statt*. Für Jean Cocteau war der mythische Sänger *Orpheus* das Symbol des Künstlers schlechthin, Orpheus, der die Steine zum Weinen brachte und schlussendlich von seinen eigenen Anhängern zerrissen wird. Cocteau, wieder so ein Multitalent, benutzte wie die Surrealisten Dalí und Buñuel früh den Film als gleichberechtigtes künstlerisches Medium. Sein »Orphée« und »La belle et la bête« mit ihrer überbordenden Lust am Schauen weisen dem Jahrhundert des Auges den Weg. Eugène Ionesco, der Meister des Absurden, zerrte *Die kahle Sängerin* und *Die Nashörner* am Nasenring vor ein düpiertes Publikum; übertrumpft wurde er noch von Samuel Beckett, dessen Wladimir und Estragon ebenso ausdauernd wie aussichtslos ihr *Warten auf Godot* vorführten. Albert Camus zeigte im *Belagerungszustand* allegorisch die Schrecken des Vichy-Regimes, Jean-Paul Sartre in *Bei geschlossenen Türen*, wie es in der Hölle aussehen könnte sowie den Mythos vom Widerstand in *Die Fliegen*; zum großen Klassiker der Moderne und Bühnendauerbrenner werden *Die Zofen* von Jean Genet.

Aus der klassizistischen Erstarrung wurde das deutschsprachige Theater erlöst durch ein nordeuropäisches Sturmtief: Sein Vorläufer hieß Friedrich Hebbel aus Wesselburen. Im Auge des Orkans stand erst Henrik Ibsen, darauf sein Bühnennachfolger August Strindberg. Hebbel kam aus allereinfachsten Verhältnissen und schuf sich seine Geisteswelt selbst. Seine *Tagebücher* voller Beobachtungen und Überlegungen beschreiben das eindrucksvoll. Mit *Maria Magdalene* brachte er eine Frau auf die Bühne, die ein uneheliches Kind erwartet. Das war die Normalität der Zeit, auch Hebbel selbst hatte ohne Trauschein mehrere Kinder, aber über diese Normalität ohne sexuelle Aufklärung oder geeignete Verhütungsmethoden sollte besser nicht gesprochen, geschweige gedichtet werden. Hebbel tat es. Er macht dabei als Krisenherd der sozialen Beziehungen die Familie aus, die im Schema ihrer Äußerlichkeiten erstarrt ist. Mitgefühl und Wärme: Fehlanzeige. Das Ich steht auf der Bühne so einsam da, dass es friert. Die Romantiker hatten, Du erinnerst Dich, die Einsamkeit auf Bergeshöhen geliebt und so auch ins Theater gebracht; immer ging es dabei um die Einsamkeit des Ausnahmemenschen fern von zivilisatorischem Zwang. Das Theater der bürgerlichen Entfremdung zeigt, wo die Kältezone beginnt, dass die Krise mitten unter uns stattfindet.

Hebbels Arbeit, den Menschen aus seiner sozialen Hülle zu pellen, führten die großen Skandinavier weiter. Wie groß die Sensation gewesen sein muss, lässt noch die Inszenierung von Ibsens *Peer Gynt* ahnen, die Peter Stein vor fünfunddreißig Jahren an der Berliner Schaubühne zeigte: Peer siebenfach gespalten, der ein Leben lang sein wahres Leben sucht, erst bei den Trollen, später sogar in Ägypten; der darüber Mutter und Mädchen zu Hause vergisst – Edvard Grieg schuf mit »Solveigs Lied« und anderen Ohrwürmern die kühle und doch betörend sinnliche Bühnenmusik, Werner Egk machte viele Jahre später eine herbe Oper daraus. Am Ende beißt Peer in eine Zwiebel und erinnert sich wieder, als er sie häutet, wonach er gesucht hat. Die Zwiebel hat Schale über Schale, aber keinen Kern. »*Geh außenrum, Peer! Mach einen Umweg!*« hatte ihm der Krumme am Anfang zugerufen. Dass dieser Umweg bereits das Leben selbst ist, hatte er da noch nicht wissen können.

Gott hat abgedankt, das Gesellschaftliche eignet sich nur noch zur Satire, der Mensch und sein Leben werden das neue Jahrhundert bestimmen. Dass da d a s Jahrhundert heraufzieht, in dem der Mensch dem Menschen ein Wolf sein wird, weiß noch keiner. Die großen Ibsenstoffe zeigen erst einmal das Scheitern des alten Zeitalters: *Die Stützen der Gesellschaft* sind morsch, in der *Wildente* und der *Nora* geht erst die Familie kaputt, die Ehe aber schon gar; im *Baumeister Solness* erwischt es den Ehrenmann, *Hedda Gabler* ist die Generalstochter mit dem fatalen

Hang zu Schusswaffen, bei den *Gespenstern* regiert die Syphilis, der *Volksfeind* Dr. Stockmann widersetzt sich dem, was die anderen für Fortschritt halten, Pastor Rosmer auf *Rosmersholm* ist schon vom Glauben abgefallen und *John Gabriel Borkmann* glaubt nicht mehr an die Macht des Geldes. Wenig Personen auf der Bühne, wenig Handlung, dafür der Konflikt in übermenschlicher Größe im Zentrum aller Aufmerksamkeit.

August Strindberg, der Schwede, grenzte das Kampffeld noch enger ein: Es ist die Ehe wie im *Totentanz:* eine einzige Schlacht. Aber vor allem ist es die Isolation und Entfremdung des Einzelnen. Sein Zeitgenosse Edvard Munch hat dazu die Bilder gemalt von verzweifelten und zerrütteten Menschen und einander eklig gewordenen Paaren; sein »Schrei« liegt Strindbergs Figuren auf den Lippen. *Der Vater* wird zu seinem Glück wahnsinnig, *Fräulein Julie* ist es schon. In der *Gespenstersonate* macht sich Verwesung breit. Die Bürger, noch das wichtigste Publikum, weigerten sich einstweilen, ihr privates Elend einzusehen. Das würde aber nur ein vorübergehender Zustand sein.

> Thesentheater kann öde, aber auch erregend sein. Nicht die Thesen sind schuld, sondern die Autoren.

Während Ibsen der Bühne Intimität und Ruhe verordnet, wenige Personen auftreten lässt, deren Beziehungen genüsslich zergliedert werden, ist Strindbergs Vorbild Shakespeare: häufiger Ortswechsel, kurze, mit prägnanter Aktion geladene Szenen – nur die Monologe lässt er weg. Dazu sind seine Menschen nicht mehr in Stimmung.

Eine Grimasse zur gesellschaftlichen Situation darf man aus Skandinavien nicht erwarten. Peer Gynt im Schatten der Sphinx schwitzend, das ist schon das äußerste Zugeständnis an Situationskomik. Bis heute, da wir die Katastrophen eines Lars Norén kennen, geht es auf dem nordischen Theater grimmig ernst und unterkühlt zu. – Dem vielfältigen Oscar Wilde ist auch deswegen nicht genug zu danken, weil er dem Motto *Einen Lacher sollst Du nie verachten!*[107] für die Bühne neue Geltung verschaffte. *Lady Windermeres Fächer, Ein idealer Gatte* und *Bunbury oder Ernst und seine tiefere Bedeutung* sind so heitere Kommentare zur Wirklichkeit in den Salons und Clubs, dass man auch einfach nur drauflosloslachen kann – die Kunst dahinter wirkt im Verborgenen. Mit J.B. Priestley, *Ein Inspektor kommt*, und der zornigen Generation übernahm England wieder literarische Verantwortung. John Osborne in *Blick zurück im Zorn* zeigt, wo es lang geht: bergab mit den erstarrten Konventionen. Schon steht Harold Pinter mit seinem unverwüstlich orientierungslosen *Hausmeister* vor der Tür, der schnell durch die ruinösen Stücke der Sarah Kane (*4.48 Psychose*, die Uhrzeit, zu der die mit Medikamenten Zugedröhnte sich aufhängen wird) an die Wand gespielt wird. Für ihn gab's einen Nobelpreis, für sie leider nicht.

Der erfolgreichste Dramatiker in Deutschland, als auch der Kaiser ab und zu seinen Logenplatz einnahm, war Gerhart Hauptmann, der in jungen Jahren als strahlender Held die Bühnen mit den *Webern* und den *Ratten, Fuhrmann Henschel* und dem Skandaldebüt *Vor Sonnenaufgang* eroberte. Der Naturalismus erreicht die unteren Schichten. Dabei führte er die einfachen Menschen vor in ihren komplizierten Nöten und Freuden. Hauptmann war der Mann der Stunde; später versuchte er wie Goethe auszusehen, schrieb wortreiche Romane, die keiner lesen wollte, und akzeptierte die Anbiederung der Nazis in seinen letzten Lebensjahren. Aber auch das zeigt, wie wichtig der Dichter seiner Zeit geworden war. Kunst spaltete die Nation. Wer Hauptmann nicht

---

[107] Im besetzten Warschau spielt eine Schauspieltruppe Hitler und seine Terrorschranzen überzeugender, als es die Originale sein könnten: So versucht Ernst Lubitsch in »Sein oder Nichtsein« dem Schrecken mit der Kraft des Lachens beizukommen. Extempores sind dabei erlaubt, wenn sie Heiterkeit im Publikum verursachen – daher das Motto.

sehen mochte, war reaktionär; Theater wurde zum Tagesgespräch, die Theaterkritik zur wichtigen Waffe im Kulturkampf. Anders als heute – uns beschäftigen Inszenierung und Schauspieler, kaum aber die immergleichen Stücke – stand seinerzeit noch das Werk selbst im Zentrum der Kritik, so viel Neues gab es jede Saison auf den Bühnen zu sehen. Die Tageszeitung verdankte den taufrischen Theaterrezensionen einen großen Teil ihrer Bedeutung. Und da gab es eine Menge zu tun. Die ersten großen Kritiker: Theodor Fontane, der selbst keine Stücke schrieb, immerhin aber den *Hamlet* übersetzte; Otto Brahm, der selbst auch Regie führte; später der unvergleichliche Alfred Kerr, der seine Kritiken gleich auch noch als Bühne für Sprach- und Formexperimente nutzte; zusammen machten sie Berlin zur Theaterhauptstadt Europas – aber nur für eine Zeit des Übergangs, denn der Naturalismus hatte nichts Zukunftsweisendes, er arbeitete lediglich die literarischen Versäumnisse der vorangegangenen Jahrzehnte auf oder die Schrecken des Krieges ab wie der *Hinkemann* von Ernst Toller.

Frank Wedekind schockierte Bürger und Zensur mit seinen gewagten Stücken, die auch reale Gesellschaftsskandale zum Thema nahmen, wie *Musik:* Ein Professor verführt seine naive Gesangsschülerin; oder der Geschichte des hochstaplerischen *Marquis von Keith,* der nach dem Motto agiert: Habe nichts, aber dafür lasse ich es mir verdammt gutgehen. Carl Sternheim zeigte den Spießbürger in seiner Lächerlichkeit: *Die Hose.* Oder den neuen Charakter der Saison: *Der Snob.* Georg Kaiser ließ das heraufkommende Technologiezeitalter in seinen beiden *Gas*-Stücken blubbern. Beim blutjungen Hans Henny Jahnn fließt viel roter und anderer Saft in *Pastor Ephraim Magnus* oder der *Krönung Richards III.* Wie kurz diese Epoche der Entschlackung und Erneuerung gewesen ist, dokumentiert das Lebensschicksal des Malers Max Liebermann. Als junger Mann und bedeutendster Künstler des deutschen Impressionismus führte er die Sezession, also die aus der Akademie und ihrem ›akademischen‹ Trott ausgescherten Kollegen, ins Zwanzigste Jahrhundert und war mit Gerhart Hauptmann befreundet. Ihn beneidete er nicht um seinen Ruhm, sondern nur um – seine Schönheit. Später war der Jude Liebermann selbst Präsident der Akademie der Künste. Er erlebte als alter Mann die Machtergreifung der Nazis. Sein Kommentar: »Ich kann gar nicht so viel fressen, wie ich kotzen möchte!« Dann wurde er sogar noch gezwungen, alle Ehrenämter niederzulegen, bevor ein gnädiger Tod ihn erlöste. Sein berühmtes Stadthaus am Pariser Platz, direkt neben dem Brandenburger Tor, wurde alsbald konfisziert, seine Frau Martha nahm sich das Leben, um der Deportation zuvorzukommen.

In Wien gingen die Uhren anders. Franz Grillparzer war der Dramatiker der Stunde nach Ende der Goethezeit. Mit historischen, als kunstvolle Allegorien auf das Zeitgeschehen gemeinten Stoffen wie *König Ottokars Glück und Ende* über Aufstieg und Niedergang eines Machtmenschen, *Die Ahnfrau*, einer wüsten Gespenstergeschichte, *Die Jüdin von Toledo* über den tödlichen Zwiespalt von Liebe und Macht oder auch *Weh dem, der lügt*, einer Komödie in gedeckten Tönen aus der Zeit des Bischofs Gregor von Tours, lüftete er die Hofbühne aus, ohne allzu viel Wind zu machen; Grillparzers Stoffe stammen bevorzugt aus der österreichisch-böhmischen Historie wie beim *Bruderzwist in Habsburg*, in dem der melancholische Held Kaiser Rudolf II. die Macht an seinen unfähigen Bruder Matthias verliert. Der sensible und moralische Grillparzer war aber kein Hofdichter, verweigerte sich der Anbiederung an seinen Kaiser und zog sich deshalb sogar beleidigt vom Burgtheater zurück. Seine Stelle übernahm später der philosophische Friedrich Hebbel, dessen Tragödie *Gyges und sein Ring* nach der Novelle im Geschichtswerk des Herodot und das freundliche Märchenspiel *Der Rubin* dort uraufgeführt wurden. Aber das Leben tobte im Theater in der Josefstadt, wo erst Ferdinand Raimund, dann Johann Nestroy selbst die Hauptrollen in ihren Farcen, Schwänken und Märchenstücken

> Alle paar Jahre wechselt der Stil der Bühnenkunst zwischen Realismus und Traumtheater: Wir wollen Abwechslung!

spielten (in denen später Karl Paryla, Josef Meinrad, Otto Schenk oder Helmut Lohner singend und spielend Triumphe feierten). Typisch für Raimund und Nestroy sind die musikalischen Einlagen, die Couplets, von denen viele zu Gassenhauern und allgemeinem Liedgut wurden. Raimund war der schwierigere Charakter der beiden; seine Leistung besteht darin, dem Genre des Zauberspiels, wie es etwa Mozarts »Zauberflöte« repräsentiert, die Tiefe eines Kammerspiels gegeben zu haben. *Der Verschwender* und, vor allem: *Der Alpenkönig und der Menschenfeind* sind Beispiele seiner Kunst. Die Stücke entwickeln unter dem Mantel des einfachen Märchens anspruchsvolle, moralische Handlungen im Geiste des Zeitalters der Restauration. Nestroy war handfester, aufmüpfiger; seine Stücke sind Zeit-Stücke, bringen lebensechte Figuren auf die Bühne, den Handwerksgesellen und Lehrbuben, den Winkeladvokaten und Einschmeichler – und jede Menge süße Wiener Madln. So verstand er es, den immensen Erfolg des Älteren noch zu übertrumpfen – was Raimund zur Verzweiflung brachte. Kennzeichnend für ihn, viel mehr aber noch für Nestroy ist das innige Beieinander von Schwach- und Tiefsinn, wie Du es vielleicht noch von dem Münchener Original Karl Valentin im Ohr hast. Nach einer tiefschürfenden Betrachtung über die Weltläufe kommt ganz sicher ein Vers von dieser Dimension:

Ich bin Dein Vater Zephises,
Und habe Dir nichts zu sagen als dieses.

Dieses Raimund-Diktum aus *Der Diamant des Geisterkönigs* überbietet Nestroy leicht. Dem Schustergesellen Knieriem in *Der böse Geist Lumpazivagabundus*, seiner Lieblingsrolle, dichtete er auf den Leib:

Mein Rausch hab' i jahraus jahrein,
Es wird doch heut' kein' Ausnahm' sein.

Zu ebener Erde und erster Stock finden auf der Bühne zwei Parallelhandlungen statt, wobei im Parterre der arme Schlucker, in der Beletage der Herr von Goldfuchs logiert, sich im Laufe der Handlung die Stockwerke aber immer näher kommen. Bis zu dreißig sprechende Rollen in einem Stück sind für Nestroy nichts Ungewöhnliches, meist ist die Bühne dicht bevölkert von Wiener Leben. Die Volksbühne als moralische Anstalt wurde noch von dem streitbaren Ludwig Anzengruber mit seinem besten Stück *Das vierte Gebot* über falsche Erziehungsideale bedient, das den Kritiker Fontane begeisterte. Mit Karl Schönherr und *Erde* mündete das Mundartstück dann in die breite europäische Strömung des Naturalismus.

Die Theaterarbeiten Hugo von Hofmannsthals verbinden die alte mit der neuen Zeit. Die »*Jedermann!*«-Rufe, die jedes Jahr durch Salzburg gellen, bezeugen Hofmannsthals Ambitionen als Tragiker und Festspielgründer; in der Komödie hat er aber sein Bestes geleistet. *Der Schwierige* Hans Karl Bühl und *Der Unbestechliche* Diener Theodor sind Männer von altem Schrot und Korn, die sich dem Untergang ihrer Zeit, dem Verfall ihrer Herrschaftssitze und dem Ablaufen aller Uhren gewachsen zeigen. Groteskerweise hat gerade die Republik Österreich alle Spuren von Adelsvergangenheit getilgt und selbst ein Nachfahre des Kaiserhauses darf dort nicht anders als Otto Habsburg heißen, während jeder Hochschullehrer immernoch als ›Hofrat‹ firmiert – aber das nur am Rande. Hofmannsthal arbeitete in kongenialer Weise mit dem Bayern Richard Strauss zusammen. *Der Rosenkavalier* ist große Musik, großes Theater und melancholisches Untergangsgesäusel. Der verarmte Landadlige Ochs von Lerchenau will sich durch die Heirat mit der bürgerlichen Sophie Faninal sanieren. Der jugendschöne Günstling der Marschallin, Octavian, macht ihm mithilfe ihrer Protektion und einer Verkleidungsintrige einen Strich durch die Rechnung. Die eigentliche Verliererin der Partie ist aber die in die Jahre gekommene Marschallin selber, die am Ende ihren Liebhaber an eine Jüngere, in erster Blüte Stehende abtreten muss. Dazu schuf

Strauss eine abwechselnd auftrumpfende und dann wieder lasziv-elegante Abenddämmerungsstimmung verbreitende Musik, praktisch das letzte Stück direkt aus der Tradition geformter klassischer Oper. Andere Beispiele für die Zusammenarbeit von Hofmannsthal und Strauss sind *Ariadne auf Naxos* und *Arabella*, zwei weitere Meilensteine des Melismatischen. Strauss lernte so viel von Hofmannsthal, dass er sich das Libretto für *Capriccio* dann einfach selber schrieb – im Hofmannsthal-Stil. Darin geht es um den Vorrang von Wort oder Musik in der Oper: Da man sich naturgemäss nicht einigen konnte, weihte man diese herrlichste aller Künste, fünfzig Jahre zuvor noch Lieblingsunterhaltung von Volksmassen, als Kompromiss dem Untergang in Bedeutungslosigkeit. In der *Ariadne* wird auf nonchalante Weise das Thema der Abhängigkeit des Künstlers behandelt. Ein junger Komponist (»*Musik ist eine heilige Kunst*«) hat eine schwermütige Oper über Ariadne, die von Theseus verlassene Tochter des Königs Minos von Kreta, komponiert, den sie aus dem Labyrinth des Minotaurus geführt hatte – und die dann von Dionysos in so überzeugender Art getröstet wird. Aus einer Laune des reichen Auftraggebers soll dieser Geniestreich g l e i c h z e i t i g mit einem Rüpelstück italienischer Art gezeigt werden, für das bereits eine Truppe von altgedienten Hanswursten parat steht. Die Verzweiflung des Musikus ist verständlich, auch wenn Strauss die Gelegenheit nutzt, die Stile zu mischen und uns Zuhörer mit der hypervirtuosen Zerbinetta-Arie zu verwöhnen, dem letzten Bravourstück, das für die geläufigen Gurgeln von Koloratursopranen geschrieben wurde. Keine Diva kann sich ihrem Reiz entziehen.

Eine aktuelle Wendung bekam jüngst *Ein Brief* des Lord Chandos an Francis Bacon. Dieses wieder neu diskutierte Gedankenspiel Hofmannsthals handelt vom Verstummen des Geistesmenschen angesichts der Roheit der Welt. Geschrieben zur Jahrhundertwende vor den tatsächlichen Greueln der Weltkriege, nimmt es Adornos Verdikt vorweg, dass es barbarisch sei, nach Auschwitz noch Gedichte zu schreiben. Wir wünschen uns den Künstler skrupulös, seiner Verantwortung als kreativer Instanz bewusst – zum Schweigen indes ist er nicht gemacht.

In einer Zeit der kalkulierten Theaterskandale, als Adele Sandrock mal den Hamlet spielte oder ein nacktes Mädchen auf der Bühne lispelte: »Ich komme von Lesbos!«, schaffte Arthur Schnitzlers *Reigen* es tatsächlich, die Gerichte zu beschäftigen. Und das, weil die Situation suggeriert, dass die Personen des Stücks der Reihe nach miteinander Geschlechtsverkehr haben und die einzelnen Szenen jeweils das Vorher und Nachher dazu zeigen – was dann Max Ophüls auch stilvoll verfilmte. Allerdings war Schnitzler zum Zeitpunkt dieser Provokation kein junger Wilder mehr, sondern schon ein alter von fast sechzig Jahren und die Zensur in Österreich mit dem Ende der Monarchie abgeschafft. Der Theaterskandal stellt geradezu die Essenz der Jahrhundertwendezeit dar. Die Provokationen waren so dosiert, dass der Bürger gleichzeitig begeistert seine Abonnementsvorstellung besuchen, den Skandal genießen u n d sich in Gesellschaft angewidert darüber äußern konnte; also genau das Gegenteil von heutigen Skandalen, bei denen der einzige Genuss des Abonnenten darin besteht, seinen Platz frühzeitig und lautstark zu räumen: Das Theater gibt dem Spießer kein Erlebnis mehr. Dagegen scheint kein Kraut gewachsen.

Von Schnitzlers unbestechlichem Auge ging eine ganz besondere Wirkung aus, weil er – auch im nebenbei ausgeübten Hauptberuf Arzt –, ein begnadeter Diagnostiker war. Obwohl von Grund auf bürgerlich, hielt er als Literat Kontakt zur Avantgarde. So verwandelte er sich die neuesten Stilrichtungen an und überführte sie in lebenssatte Dichtung. *Anatol*, *Der grüne Kakadu*, *Professor Bernhardi* sind nur eine schmale Auswahl seiner vielen Bühnenerfolge. Zu seinen wichtigsten literarischen Äußerungen gehören seine lebenslang intensiv geführten *Tagebücher*. Aus ihnen erhellt einmal, dass der Erotiker Schnitzler durch und durch authentisch war, zum anderen, dass er mit höchster Empfindlichkeit die gesellschaftlichen Erschütterungen seiner Zeit registrierte und, obwohl er kein Neuerer war, in genialer Weise in Kunst umsetzte.

Das Wiener Reizklima bedurfte in besonderem Maße des Kritikers. Er war das nüchterne, staubtrockene Korrektiv für die in der Luft liegende Schwüle des Jugendstils. Vom Musikkritiker Hanslick gibt es die schöne Feststellung, dass er das Violinkonzert Tschaikowskijs stinken hören konnte; derartige Sensibilitäten waren damals an der Tagesordnung. Für Literatur und Theater hieß der Vermittler zwischen dem begeisterungsfähigen, bisweilen aber unverständigen Publikum und den genialen Protagonisten der Bühne Karl Kraus. In seiner Zeitschrift »Die Fakkel«, deren feuerrote Hefte, wenn sie in zwangloser Folge erschienen, jedesmal das Straßenbild beherrschten, war dieser Mann Untersuchungsbeamter und Scharfrichter in Personalunion. Neben der Bühne war die Sprachkritik sein Steckenpferd. Dort hat er auf satirische Weise Großes geleistet. Und vergessen wir ihn nicht als Dichter: *Die letzten Tage der Menschheit*, einen Bühnen-Weltuntergang, konzipierte er als nichtaufführbares Theaterstück; dass dies inzwischen doch möglich wurde, kann als einer der wenigen Triumphe unserer Postmoderne gelten, der Zeit, in der uns alles langweilt, weil alles möglich geworden ist. Auch sein Nachfolger Alfred Polgar versah das Amt des Großkritikers mit Eleganz und Würde.

Die triumphale Rückkehr des Adolf Hitler auf den Wiener Heldenplatz neunzehnhundertachtunddreißig machte mit der letzten Blüte der deutschen Sprache auf der Bühne des nahegelegenen Burgtheaters kurzen Prozess. Ebenso mit der Artistik der Rezensenten, beginnend mit dem Verbot der Nachtkritik, also der direkt nach Ende der Aufführung geschriebenen und sogleich für die Nachtausgabe der Zeitung gedruckten Theaterkritik. Das Regime, das vor Kritik ganz allgemein Angst hatte, ertrug die spontan geäußerte Meinung schon gar nicht.

Kehren wir ins Rokoko zurück und vergegenwärtigen wir uns, dass auch Gotthold Ephraim Lessing den Ausbruch der großen französischen Revolution nicht mehr erlebte. Näher an diesem Wendepunkt der Weltgeschichte stand bereits der in Biberach unweit des Bodensees geborene Christoph Martin Wieland; allerdings atmete er noch ganz den Esprit der alten, graziösen Zeit. Seine Spezialität war die souveräne und umfassende Kenntnis der Antike; seine *Übersetzungen,* des Horaz und besonders des witzigen Lukian von Samosata, sind heute noch aktuell und erreichen den Geist des Originals. Als Dichter war Wieland äußerst produktiv. Seine Romane, Verserzählungen und Epen wurden begeistert aufgenommen, mit der *Alceste* schuf er das früheste deutschsprachige Opernlibretto für den Komponisten Anton Schweitzer.[108] *Die Geschichte des Agathon*, sein erster großer Roman, spielt in allen Winkeln des antiken Griechenlands und schildert vordergründig die Demütigung eines hoffnungsvollen jungen Mannes, der es als Sklave bei einem demagogischen Philosophen und einer Lebedame auszuhalten hat, bevor ihm am Ende, obwohl Standhaftigkeit nicht seine Tugend war, die am Anfang versprochene Jugendliebe zuteil wird. Bei der Besichtigung verschiedener misslingender Lebens- und Gesellschaftsformen ergeben sich zwanglos Parallelen zu zeitgenössischen Missständen. Ähnlich hintergründig sind auch seine anderen Romane, deren Kennzeichen die sich im Plauderton entwickelnde, in historischer Kulisse angesiedelte und von subtiler Kenntnis der Antike getragene Handlung ist. *Die Abderiten* sind die Bewohner der Heimatstadt so berühmter Denker wie Demokrit oder Protagoras und in Wahrheit die reinsten Gimpel. An Scharfsinn und Geistreichigkeit können nicht einmal die Bürger von Schilda ihnen das Wasser reichen. Da wendet sich der brave Philosoph mit Grausen und beantragt die Ausbürgerung, was die Abderiten durch die Selbstauflösung ihres Gemeinwesens

---

[108] Hübsches Stück Musik, selbst schon gehört!

prompt noch übertrumpfen. Sie räumen die Stadt zugunsten ihrer heiligen Frösche, deren Quaken sie nicht mehr ertragen können. *Aristipp und einige seiner Zeitgenossen* schreiben sich emsig Briefe, vor allem mit der schönen Lais versteht sich der Schüler des Sokrates im Schriftverkehr blendend und entwickelt ihr sein philosophisches System vom Wert der Dinge. Das ist alles sehr verspielt, putzig, mit versteckten Widerhaken, die der Leser wie Gräten bei einem delikaten Fischessen (der Hecht hat bekanntlich die schlimmsten) geduldig und sorgsam herauskasseln muss, um den vollen Genuss zu erhalten.

Die Freundin seines Herzens war Sophie von La Roche, deren Enkeln, den Geschwistern Brentano, wir im Zentrum der romantischen Bewegung wiederbegegnen werden. Sie schrieb *Das Fräulein von Sternheim*, einen kleinen Briefroman, der ein schönes Beispiel für das Zeitalter der Empfindsamkeit ist. Mit Werken dieser Art wurde dem Roman eine neue Aufgabe zuerkannt, nämlich Gefühle und innere Entwicklung von Menschen zu schildern. Die Handlung ist nicht mehr als ein Mittel, dieses Geschehen zum Vorschein zu bringen.

> Am eigenen Musikgeschmack erkennt man am besten, dass nicht die Moden sich ändern, selbst wenn die Mode sich ändert, sondern dass man es selber ist, der sich ändert.

Wieland wurde später zum Alten von Oßmannstedt (bei Weimar), zu einer Art Orakel für die junge Dichtergeneration, die ihm gerade noch die Übersetzung der Werke Shakespeares zugute hielt. Denn diese Feuerköpfe waren aus anderem Holz geschnitzt und wollten es, wie der Sammelname *Sturm und Drang* ankündigt, allen zeigen. Der stammt von einem Drama von Friedrich Maximilian Klinger, das in Amerika spielt und in dem ein Herr Wild am Ende seine Caroline aus der Hand von Lord Berkley bekommt. Der Belanglosigkeit dieses Stücks zum Trotz: Sein Name ist ausdrucksstark für eine Bewegung, die dem Alten an den Kragen wollte. Prometheus war ihr

Idol. Jener Titan also, aus der Vorgängergeneration der olympischen Götter stammend, der den Menschen aus einem Klumpen Lehm schuf, ihm Leben einhauchte und ihm später, aus Mitleid mit seiner Kreatürlichkeit, auch noch das Feuer spendierte – das er dafür Zeus entwenden musste. Sein Bruder Epimetheus allerdings öffnete die Büchse der Pandora, dieses perfide Geschenk der Olympier an die niegeliebten Menschen, und bescherte den Sterblichen so Alter, Krankheit und Hinfälligkeit; die Büchse schloss er gerade, bevor auch noch die Hoffnung, der Bodensatz, daraus entweichen und dem Menschen zuteilwerden konnte.[109] Auch dem *Prometheus* erging es schlecht. Auf Befehl des Zeus zur Strafe seiner Eigenmächtigkeiten am Kaukasus angeschmiedet, wurde ihm jeden Tag die Leber von einem Adler zerfleischt.

> In jeder denkbaren Verkleidung steckt noch immer derselbe Mensch.

Bedecke deinen Himmel, Zeus,
Mit Wolkendunst
Und übe, dem Knaben gleich,
Der Disteln köpft,
An Eichen dich und Bergeshöhn;
Mußt mir meine Erde
Doch lassen stehn,
Und meine Hütte,
Die du nicht gebaut,
Und meinen Herd,
Um dessen Glut
Du mich beneidest.

---

[109] Im Jahr 1920 konnte man mit solchen Alfanzereien noch einen Blumentopf gewinnen: Der Schweizer Carl Spitteler bekam den Literaturnobelpreis für seine allegorischen Epen, darunter ein *Prometheus und Epimetheus*. Er bedankte sich, indem er noch ein Spätwerk *Prometheus der Dulder* nachlegte.

Der *Prometheus*, der so spricht, ist nicht der Unterlegene, im Gegenteil: Er ist sich seines endgültigen Triumphes gewiss, auch wenn der Göttervater ihn persönlich mit seiner Rache verfolgt. Die Zeit der Götter ist passé, die des Menschen bricht an.

Der junge Rebell, der das dichtet, heißt Johann Wolfgang Goethe[110], Jurist aus gutem Hause; mit den *Leiden des jungen Werther* schreibt er d a s Buch der Epoche, verschlungen von den Jungen, begeistert aufgenommen im Ausland; einen ›kornblumenblauen Frack und gelbe Weste‹ à la Werther zu tragen wird zum Erkennungszeichen und sich eine Kugel durch den Kopf jagen zum Programm. Mit den Worten *Wie froh bin ich, daß ich weg bin!* beginnt der kurze Roman der Liebe Werthers zu (Char)Lotte, die mit Albert verlobt ist und ihn später heiraten wird. Er erzählt ihn in seinen Briefen an Freund Wilhelm, die aber eher den Charakter eines Tagebuchs haben. Werther, der Ruhe und Ablenkung sucht, trifft im Forsthaus zufällig auf Charlotte S.: *Ich ging durch den Hof nach dem wohlgebauten Hause, und da ich die vorliegenden Treppen hinaufgestiegen war und in die Tür trat, fiel mir das reizendste Schauspiel in die Augen, das ich je gesehen habe. In dem Vorsaale wimmelten sechs Kinder von eilf zu zwei Jahren um ein Mädchen von schöner Gestalt, mittlerer Größe, die ein simples weißes Kleid, mit blaßroten Schleifen an Arm und Brust, anhatte. Sie hielt ein schwarzes Brot und schnitt ihren Kleinen rings herum jedem sein Stück nach Proportion ihres Alters und Appetits ab, gab's jedem mit solcher Freundlichkeit, und jedes rief so ungekünstelt sein »Danke!«, indem es mit den kleinen Händchen lange in die Höhe gereicht hatte, ehe es noch abgeschnitten war, und nun mit seinem Abendbrote vergnügt entweder wegsprang, oder nach seinem stillern Charakter gelassen davonging*

---

[110] Ebenso wie Schiller, Herder und die Schlegel-Brüder wurde Goethe, er allerdings kaum dreißigjährig, für seine Verdienste in den erblichen Adelsstand erhoben (in dem sich die Humboldts schon geburtshalber befanden) und hieß seitdem von Goethe – ein Äquivalent zu heutigen Preisverleihungen.

nach dem Hoftore zu, um die Fremden und die Kutsche zu sehen, darin ihre Lotte wegfahren sollte. – »Ich bitte um Vergebung,« sagte sie ... Was ist an dieser so berühmten Szene so besonders? Gerade die Tatsache, dass nichts Besonderes daran ist. Im *Werther* bricht sich die Natürlichkeit Bahn, Kinder sind Kinder und keine kleinen Erwachsenen und man liebt nicht den, dem man versprochen ist, sondern den, der einem gefällt. Im Konflikt mit den Konventionen allerdings geht alle Natur zum Teufel, es fehlt das erlösende Gewitter, das diese Spannung mit Blitz und Donner vernichtet. In der Französischen Revolution wird es kommen. Wie bei keinem anderen unserer Schriftsteller ist es bei Goethe sinnvoll, sich seine Lebensdaten zu vergegenwärtigen. *Am Achtundzwanzigsten August Siebzehnhundertneunundvierzig, mittags mit dem Glockenschlage zwölf*[111]*, kam ich in Frankfurt am Main auf die Welt. Die Konstellation war glücklich; die Sonne stand im Zeichen der Jungfrau, und kulminierte für den Tag; Jupiter und Venus blickten sie freundlich an, Merkur nicht widerwärtig ...* schreibt Goethe, dieser Freund von Bedeutsamkeit, zu Beginn von *Dichtung und Wahrheit*, seiner großen, in vielen Punkten, nicht nur diesem, geschönten Lebensrückschau. In seine Jugend fällt sowohl das Erdbeben von Lissabon, das ganz Europa erschreckt, als auch die Krönung Josephs II. zum Kaiser des Heiligen Römischen Reiches Deutscher Nation, die er in Frankfurt miterlebte und zu einer der schönsten Episoden seiner Lebensbeschreibung macht. Ein Gretchen ist seine erste erotische Erfahrung; er studiert Jura in Leipzig und Straßburg (Friedrike Brion-Episode), trifft in Wetzlar auf die Ur-Lotte, Charlotte Buff und ihren Bräutigam Johann Georg Kestner und verliebt sich unglücklich; als Folge entsteht der *Werther*, daneben schreibt er sein erstes furioses Theaterstück. An dieser Stelle bricht *Dichtung und Wahrheit* ab. Gerne würde man über das Leben eines Künstlers am Fürstenhof noch mehr erfahren. Was Goethe verschweigt,

---

[111] Die symbolträchtige Stunde, nebenbei, zu der Werther und der Heiland sterben!

das plaudert Wilhelm von Kügelgen, der später als Maler in Düsseldorf einige Karriere machte, in seinen *Jugenderinnerungen eines alten Mannes* unprätentiös aus. Dieses Werk besticht durch den Erzählton eines Menschen, der sich nicht zu wichtig nimmt, dabei aber die offenen Augen eines Kindes hat, das mit gleicher Neugier die gewaltsamsten politischen Umbrüche wie das Alltagstreiben an einem Kleinstaatpotentatenhof irgendwo im alten Deutschland miterlebt. Eines meiner schönsten Leseerlebnisse!

Mit dem *Götz von Berlichingen* erobert Goethe auch das Theater; das Stück macht Furore wegen seiner offenen, Shakespeare nachempfundenen Form genauso wie der Aufmüpfigkeit des Titelhelden und der Derbheit seiner Sprache wegen. Für alle, die es nachlesen wollen: Im dritten Akt, in der Jaxthausen-Szene, Götz ist in kaiserliche Acht getan, da schlägt er seinen Häschern ein Schnippchen und bricht bei deren Aufforderung, sich zu ergeben, aus: *Mich ergeben! Auf Gnad und Ungnad! Mit wem redet ihr! Bin ich ein Räuber! Sag deinem Hauptmann: Vor Ihro Kaiserliche Majestät hab ich, wie immer, schuldigen Respekt. Er aber, sag's ihm, er kann mich im Arsch lecken.* Den Ausspruch entnahm Goethe Götzens eigener *Lebensbeschreibung*, wo der es noch unwesentlich harmloser formuliert hatte: *da schrie ich wider zu ihme hinauf, er sollte mich hinten lecken.* Wie auch immer, es sollte Schule machen.

Da Goethe alles konnte, konnte er auch lustiger (und beleidigender) sein als alle anderen. Das bekam der alte Wieland zu spüren, dem der Junge von Frankfurt aus mit seiner Farce *Götter, Helden und Wieland* zusetzte. Die stolze Selbstgewissheit unseres Ritters der Feder erblicke man im Anagramm seines eigenen Namens im Titel. *Ein Fastnachtspiel vom Pater Brey* und das *Jahrmarktsfest zu Plundersweilern* sind kleine Schwänke, die heute noch frisch wirken. Einem anderen bewunderten Kollegen ging

> Die deutsche Kleinstaaterei wird belächelt. Aber der Fürst kannte seine Untertanen persönlich und sie ihn. Das würde man heute als Vorteil sehen.

er tragisch zuleibe: Den Erfinder des *Figaro*, Beaumarchais, lässt er als Intriganten im *Clavigo* auftreten.

Der nächste Held, der und den Goethe packte, weitete diese Art von Respektlosigkeit noch auf ein anderes Feld aus, das der Religion. Dr. Johann Faust muss ein unerschrockener Forscher und Gottesleugner gewesen sein, der im Sechzehnten Jahrhundert gelebt hat; schon bald wurde er in einem Volksbuch zum abschreckenden Beispiel für mangelnde Pietät und übertriebene Wissbegierde. Es handelt sich um ein Wandermotiv, das über Lessing auch bei Goethe ankam. Und was machte er daraus! Faust übt Fundamentalkritik an den Errungenschaften der sogenannten ›Wissenschaften‹. Ihm haben sie keine Ruhe der Erkenntnis gebracht. Der Teufel Mephistopheles zeigt ihm zunächst, warum: Die selbsternannten ›Wissenschaftler‹ sind trunksüchtige Hohlköpfe. Das wahre Leben besteht in der liebevollen Zuneigung einer Frau! Die erscheint, kaum dass der verhängnisvolle Pakt geschlossen ist, mit der naiven Margarethe, die Faust verführt und schwängert; im Kerker, wo sie wegen Mordes an ihrem Neugeborenen auf die Hinrichtung wartet, entscheidet sie sich für Glauben und Tod und gegen ihren verführten Verführer Dr. Faust. Diese als *Urfaust* bekannte Fassung schrieb Goethe noch in Frankfurt. Der Stoff wird sein ganzes weiteres Leben prägen.

Ebenfalls früh taucht in Goethes Werk die Figur des Wilhelm Meister auf, der als ein harmloser Zwillingsbruder des Faust dem Schriftsteller jahrzehntelang im Nacken sitzt. Beide, Faust und Meister, sind Sucher nach Sinn und Bestimmung ihres Lebens. Heraus kommt der Roman von der Entwicklung und Bildung des jungen Meister, den es zum Theater zieht (der Ur-Meister heißt folgerichtig *Wilhelm Meisters theatralische Sendung*), der dort Shakespeares Stücke und die kleine Mignon kennenlernt (die in der gleichnamigen Oper von Ambroise Thomas so schön

> Ein Doktor war noch nie geheuer. Bei diesem ist es wie vermutet, er nutzt seinen Titel für gefährliche Experimente und versucht die Menschen zu blenden. Bei Margarethe gelingt es, beim Teufel hat er keinen Erfolg.

Kennst Du das Land, wo die Zitronen blühn?[112] singen darf, bevor sie aus unerfindlichen Gründen stirbt). Nach großem Lesespaß, zugegeben, hört sich das noch nicht an. Aber Goethe wäre nicht erselbst, wenn er nicht zu überraschen vermöchte: Die ersten neun Kapitel führen uns gleich Meisters Amoure mit der Schauspielerin Mariane vor, saftig, drastisch und direkt – ein Romanbeginn wie kaum einer! Allerdings wendet sich Meister alsbald vom Theater ab und dem sozialen Aufstieg zu. Viel Geduld des Lesers braucht Goethe mit dem nach eigenem Erleben gestalteten Bemühen Meisters auf, in der Welt von Duodezfürsten Fuß zu fassen. Auf *Wilhelm Meisters Lehrjahre* folgen fünfzig Jahre nach den ersten Entwürfen seine *Wanderjahre*, in denen eine eigentliche Romanhandlung nur noch mit dem Mikroskop gefunden werden kann; seine ganz auf das Bloßlegen einer reichen Gedankenwelt angelegte Form könnte allerdings ›modern‹ genannt werden. In Goethes Leben und Werk erfüllt sich im kleinen, was ich Dir anfangs mit dem historischen Ablauf künstlerischer Entwicklungen angedeutet habe. Sein manieristischer Altersstil ist gleichzeitig der Beginn von etwas Neuem.

Mit dem *Wilhelm Meister* griff Goethe in eine Diskussion ein, die alle klugen Köpfe der Epoche beschäftigte: Welche Rolle soll der Künstler in seiner Zeit, seiner Gesellschaft spielen; welche ist ihm angemessen? Gerade die Romantiker, von den Weimara-

---

[112] *Im dunkeln Laub die Gold-Orangen glühn, / Ein sanfter Wind vom blauen Himmel weht, / Die Myrte still und hoch der Lorbeer steht, / Kennst Du es wohl? / Dahin! Dahin / Möcht' ich mit Dir, o mein Geliebter, ziehn!* Mit diesen schönen Versen, die Goethes Italiensehnsucht stilisieren und über die sich bereits Fontane lustig machte, beginnt Thomas Wolfe hundertfünfzig Jahre später seinen monumentalen Roman *Von Zeit und Strom*, die Fortsetzung von *Schau heimwärts, Engel*. Gerne denken wir uns die amerikanische Literatur als roh, atavistisch, allem Bildungs›ballast‹ abhold. Das Gegenteil ist der Fall: So wie Goethe sich nach Italien sehnte, genauso groß ist die Sehnsucht von Eugene Gant alias Thomas Wolfe nach den Wurzeln unserer gemeinsamen kulturellen Tradition.

nern aus und mit Distanz beobachtet, machen den Künstler zum Helden und Thema. Ludwig Tieck hatte zusammen mit Wilhelm Heinrich Wackenroder in den *Herzensergießungen eines kunstliebenden Klosterbruders* die Renaissancekünstler gefeiert und als Vorbilder herausgestellt. In seinem Roman *Franz Sternbalds Wanderungen* greift er nun die Frage nach der Bedeutung von Kunst auf – hier die Malerei, Sternbald ist ein Schüler Albrecht Dürers und bereist in seiner Nachfolge Italien. Sein Fazit: Kunst hat wie nichts anderes die Macht, das Leben zu bereichern, aber auch zu beherrschen; der Grat zwischen Kunstgenuss und -besessenheit ist schmal. Zu einer Zeit, in der die kulturelle Entwicklung des Abendlandes als Ereignis gefeiert wurde, dachte man natürlich gerne wieder an das alte Motiv von der ›Berufung‹ zum Künstler. Kunst hat allerdings immer den Bezug zu ihrem Betrachter und Konsumenten; nur in dieser Zwiesprache wird aus dem Wollen des Künstlers das Gelingen des Kunstwerks durch seine Aufnahme beim Publikum.

Der andere junge Wilde, der auch heute noch unser Interesse hat, war Jakob Michael Reinhold Lenz, gebürtiger Balte; seine seltsame Existenz und seine Geisteskrankheit, sogar sein zeitweiliges Wandeln auf den Spuren Goethes waren schon den Zeitgenossen merkwürdig. Mit den Theaterstücken *Der Hofmeister* über einen Privatlehrer, der sich aus Scham über seine Triebhaftigkeit entmannt, und *Die Soldaten* ist Lenz auch heute noch in den Spielplänen präsent. In den *Soldaten* geißelt er die moralische Verkommenheit des Offizierskorps – im Stück Franzosen, gemeint sind aber Preußen –, insbesondere die Tatsache, dass Offiziere ungestraft ihre Bräute oder auch von ihnen geschwängerte Frauen sitzen lassen durften; das taten sie im Namen eines seltsamen Ehrbegriffs, den man verdammen, sich aber auch immer wieder vor Augen führen sollte, wie sehr er zum Gesamtbild der Epoche gehört. Lenz fand man eines Tages auf einer Moskauer Straße – tot.

Abseits von diesem kraftvollen Treiben stand Karl Philipp Moritz aus Göttingen. Dieser originelle, bildungsbeflissene Geist

ist noch gar nicht mit allen seinen Werken entdeckt. Sein *Magazin zur Erfahrungsseelenkunde* spiegelt die Neugierde der Zeit für die Vorgänge hinter den Stirnen der Zeitgenossen. Im *Anton Reiser* hat uns Moritz ein lebendiges Bild von seinen kärglichen Lebensverhältnissen und seinem geringen Selbstwertgefühl gegeben. Dass es sich um einen ›psychologischen‹ Roman handelt, wie der Untertitel verspricht, ist nun aber zuviel an Mysterium. Es handelt sich eben um die Jugend eines mittelmäßigen Charakters, die mit außergewöhnlicher Schlicht- wie Direktheit erzählt wird.

Ganz sein Gegenteil war der Thüringer Wilhelm Heinse, ein Kraftmeier der Sprache und Inhalte. Zu Fuß reiste er nach Italien und brachte von dort die Anregungen mit für seinen Roman in Form eines Tagebuches *Ardinghello und die glückseligen Inseln* über einen fiktiven Renaissancekünstler. Das Buch mischt Beschreibungen der selbsterlebten italienischen Schauplätze und Kunstschätze mit einer prall-lebendigen Handlung. Heinse weitet das von Winckelmann angeregte Interesse an der antiken Kunst aus auf die Zeit Michelangelos und Tizians, die jetzt in das Blickfeld der Kenner rückte. Der Begriff ›Renaissance‹ wird erst in einigen Jahrzehnten aus dem Französischen in den deutschen Sprachgebrauch einsickern; einstweilen bildet sich die Vorstellung von einer Epoche künstlerischer Helden, wie sie dann Goethe in seiner Übersetzung der *Lebensgeschichte des Benvenuto Cellini* (von Hector Berlioz auch monumental vertont) vorführen wird. Cellinis Meisterwerk ist der »Perseus«[113], heute in Florenz in der Loggia dei Lanzi vor dem Palazzo Vecchio, dem alten Rathaus, zu sehen. Höhepunkt der Memoiren und der Oper, wie Cellini im entscheidenden Moment des Gusses erkennt, dass es

---

[113] Dass es nicht immer monumental zugehen muss, zeigt Cellinis anderes chef d'œuvre, die Saliera: ein Salzfass, aber eben ein ganz großartiges. Wurde vor kurzem spektakulär aus dem Kunsthistorischen Museum in Wien geraubt, ist aber inzwischen wieder da. Passt in jede Damenhandtasche.

ihm an Material für die Schmelze fehlt – ohne zu zögern, wirft er seine in der Werkstatt herumstehenden Skulpturen in den Tiegel, damit der Guss seines Perseus gelingen kann. Das sind die Männer, die die Goethezeit braucht. Der Held der Stunde darf keinen Augenblick zaudern, wenn es gilt, alles auf eine Karte zu setzen, und muss bereit sein, sich von allem alten Gerümpel zu trennen – mag es auch von ihm selbst stammen.

Johann Gottfried Herder, der wie später Goethe in Weimar beamtet war, ist der Motor der Bewegung. Er erhob Literaturgeschichte und Philologie zu eigenständigen und wichtigen Disziplinen der Literatur. Er forderte dazu auf, dem Volk aufs Maul zu schauen, noch genauer als weiland Luther. Sein größtes Werk heißt *Ideen* – erst seit kurzem ist es wieder in einer modernen Ausgabe greifbar. Herder suchte nach dem, was ich den ›nationalen Ton‹ nenne – an sich nichts Schlimmes. Bezeichnend ist aber sein Verhalten, als die Gesänge des keltischen Barden Ossian (im gälischen Original-Ton!) sich als schöne und poetische Erfindungen eines schottischen Zeitgenossen namens Macpherson herausstellten. So mancher zog sein begeistertes Lob der Dichtungen zurück oder erklärte sie, wie der pfiffige ›Doc‹ Johnson, von vorn herein für Humbug; nur Herder hielt an seiner Meinung fest, dass etwas so schön ursprünglich Klingendes unmöglich falsch sein könne. Persönlich war er ein eher unangenehmer Typ, und so verbrauchte er sich später in seiner neidigen Rivalität zu Goethe. Charakteristisch für Weimar und das dort herrschende Klima war die Emsigkeit, mit der Literatur gelebt wurde. Ständig bearbeitete man sich gegenseitig mit Lob und Tadel, kleinen Sticheleien vom Typ der *Xenien* und anderen Produkten der Feder, die heute als Gelegenheitsarbeiten bezeichnet und damit abgewertet werden. In Wirklichkeit war ein Mann wie Goethe fast nur Gelegenheitsarbeiter in literarischen Dingen. Seine Theaterstücke, seine Gedichte reagieren wie Seismometer auf die momentanen Erschütterungen in seiner Umgebung. Die Ausschläge reichen bis in die Gegenwart:

> Weimar,
> für ein paar Jahre
> der Nabel der Geisteswelt.

*Über allen Gipfeln
Ist Ruh',
In allen Wipfeln
Spürest Du
Kaum einen Hauch;
Die Vögelein schweigen im Walde.
Warte nur! Balde
Ruhest Du auch.*

Dieses wie ein Text zu einem Bild von Caspar David Friedrich wirkende kleine *Nachtlied* bewegt noch Künstler wie Hermann Hesse und Thomas Bernhard, die es zum zentralen Angriffspunkt ihrer Auseinandersetzung mit Dichtung überhaupt machen werden.

Wie viele träge Literaten bedurfte auch Goethe eines ständigen Antreibers. Was heute Verleger von der Statur eines Siegfried Unseld leisten, das war für Goethe der Schwabe Friedrich Schiller, der am Ende seines kurzen Lebens ebenfalls nach Weimar kam und zu seinem Zirkel stieß. Er stammte aus Marbach am Neckar, wo heute das Deutsche Literaturarchiv viele Stockwerke tief in den Fels gerammt steht, d i e Bewahranstalt für Dichternachlässe und Dokumente zur deutschen Geistesgeschichte. Seine Liebe gehörte dem Theater; einerseits hatte er die Fähigkeit, dramatische Stoffe für seine Stücke zu finden, andererseits verfügte er über die größten technischen Fertigkeiten, einem guten Stoff auch wirkliches (Bühnen)Leben einzuhauchen. Sein Erstling *Die Räuber* ist sofort ein Kracher, der Begeisterung und Tumulte auslöste. Das Thema der Rebellion der Söhne gegen ihre Väter wird tiefenpsychologisch und bühnenwirksam ausgeschlachtet: *Franz heißt die Kanaille!* Schiller beschäftigte sich in wissenschaftlicher Tiefe mit Geschichte; er machte aber nicht den Fehler, Geschichte auf die Bühne zu bringen. Historische Korrektheit opfert er gerne dem dramatischen Effekt, sehr zum Vorteil des Zuschauers. Die Auseinandersetzung zwischen *Maria Stuart* und Königin Elisabeth hat natürlich nichts mit einem realen Wortgefecht zu tun, man wünschte sich aber, dass ›Literatur‹ auch sonst einmal diesen Grad an Lebensechtheit erreichen würde. Auch in der Oper Donizettis nach Schillers Stück erzeugt der Aufeinanderprall der beiden prachtvollen Königinnen soviel Reibungsenergie, dass der Saal davon knistert und es den Hörer elektrisiert – so muss Theater sein!

Die Räuber, »Luisa Miller« – besser bekannt als *Kabale und Liebe* –, und dann der *Don Karlos*. Drei Bühnenerfolge, die zu drei Opern Giuseppe Verdis wurden. Dazu noch *Die Verschwörung des Fiesco zu Genua*. Das ist Schillers Jugendwerk. Allerdings dauert es nicht lange bei ihm bis zur *Braut von Messina* und dem Fragment des *Demetrius*[114], mit dem sein Schaffensfuror jäh endet. Der letzte Bühnentriumph Schillers, *Wilhelm Tell*, wurde auch zum gloriosen Abschluss von Gioacchino Rossinis Opernschaffen. Aus Italien war er nach Paris gekommen, um dort seiner Karriere eine letzte, entscheidende Wendung zu geben. Er erfand die ›Große Oper‹, indem er seinen »Guillaume Tell« an der Opéra Garnier aus der Taufe hob: Nur große Stimmen können diese heroischen Rollen bewältigen, das Orchester übernimmt aber die Führung, dessen Klangteppich die gesamte Handlung trägt. Ein Ballett darf nicht fehlen, Pracht der Ausstattung ist unerlässlich. Für hundert Jahre ist ein neuer Maßstab an Bühnenspektakel gesetzt, kein Verdi, kein Meyerbeer, kein Wagner ohne Rossinis »Tell«; dieser Art von Opium fürs Volk wird erst der Expressionismus mit kleinen, experimentellen Formen wie der ›Kammeroper‹ Paroli bieten.

Neben den wirkungsmächtigen Theaterstücken verdanken wir Schiller noch die Vervollkommnung einer dichterischen Gattung, die dank ihm und nach ihm schönste Blüten trieb: die Ballade. *Der Taucher, Die Bürgschaft, Der Handschuh* sind kleine

---

[114] Die gespenstische Geschichte vom falschen Dmitrij, der den Zaren Boris Godunow vom Thron stößt, wollte ihm nicht recht gelingen – dafür später Puschkin und Mussorgskij um so besser.

Meisterwerke an aufregenden Geschichten, die am Gegensatz von gemütlicher Gereimtheit und lebensbedrohlicher Gefährdung der Akteure ihre spezielle Spannung aufbauen. Ein Balladenbuch solltest Du unbedingt zu Hause haben, und am schönsten ist es, laut daraus vorzulesen, Dir selbst oder anderen, oder sich vorlesen zu lassen. Oder – vorsingen (Ballade wörtlich übersetzt: Tanzlied, definitionsgemäß: Handlungsgedicht), wie Fontanes zu Tränen rührenden »Archibald Douglas« in der Vertonung von Carl Loewe oder Heines tollen »Belsatzar« von Robert Schumann oder, noch intensiver, Franz Schuberts »Winterreise«, diesen allerherzzerreißendsten Kunstliedzyklus. Die Ballade, seltsamerweise ein sehr deutsches Stück Dichtung (seltsam für die Nation der Hüftsteifen), wurde von den Romantikern gepflegt, von Eichendorff im *Waldgespräch*:

> »*Jetzt kenn ich dich – Gott steh mir bei!*
> *Du bist die Hexe Lorelei.*«

> »*Du kennst mich wohl – von hohem Stein*
> *Schaut still mein Schloß tief in den Rhein.*
> *Es ist schon spät, es wird schon kalt,*
> *Kommst nimmermehr aus diesem Wald!*«

Uhland mit seiner *Schwäbischen Kunde*:

> »*Die Streiche sind bei uns im Schwang,*
> *Sie sind bekannt im ganzen Reiche,*
> *Man nennt sie halt nur Schwabenstreiche.*«

und Chamisso, der *Die alte Waschfrau* besang:

> *Du siehst geschäftig bei dem Linnen*
> *Die Alte dort in weißem Haar,*
> *Die rüstigste der Wäscherinnen*
> *Im sechsundsiebenzigsten Jahr.*

Heinrich Heine hat ihr Glanzpunkte aufgesetzt, vor allem mit der *Lorelei*:

Ich weiß nicht, was soll es bedeuten,
Daß ich so traurig bin;
Ein Märchen aus alten Zeiten,
Das kommt mir nicht aus dem Sinn.

Und gar der letzte vom alten Schlage, Theodor Fontane, hat mit so gegensätzlichen Stücken wie der birnenbraven Geschichte vom *Herrn von Ribbeck auf Ribbeck im Havelland*, dem teuflischen Zwischenfall bei der *Brück' am Tay*:

Tand, Tand
Ist das Gebilde von Menschenhand!

und der wahrhaft gruseligen Liebesballade *Barbara Allen*:

»Ich ließ dich rufen, ich bin im Herbst,
Und die rotgelben Blätter fallen –
Hast du kein letztes Wort für mich?
Ich sterbe, Barbara Allen.«

die in die Jahre gekommene Kunst weitergeführt, die zudem in Gefahr war, zu Kitsch[115] und noch Schlimmerem zu verkommen. Im *Echtermeyer*, einer Gedichtsammlung, die zuerst achtzehnhundertsechsunddreißig erschien und dann immer wieder ›aktualisiert‹ wurde, benannt nach dem ersten Herausgeber und Germanisten Theodor E., aus der Schulzeit meiner Mutter, Aus-

---

[115] Jede Kunst, alles Dichten unterliegt Gefährdungen. Es ist wie eine Schraube in weiches Holz eindrehen. Falls Du es schon einmal gemacht hast, kennst Du das Gefühl, wenn sie hält – etwas zu weit gedreht bedeutet, dass sie alle Fassung verliert und sich ständig weiterdrehen lässt, ›hohldreht‹: Das tut der Kitsch auch.

gabe neunzehnhundertsechsunddreißig, kommt nicht nur der
›verstrickte‹ Börries Freiherr von Münchhausen mit seiner
›Lederhosensaga‹ zu Wort, sondern auch ›Reichsjugendführer‹
Baldur von Schirach. Der dichtete für einen Propagandafilm
der Ufa auf sein Idol, den echten ›Führer‹, *daß
seine Seele an die Sterne strich, / Und er doch
Mensch blieb, so wie Du und ich* (was mich immer wieder zu Lachtränen reizt). Das hätte das
Ende der Ballade sein müssen; das Gegengift kam zur selben Zeit
aus Hollywood, wo Bertolt Brecht in der Emigration von dieser
heimatverbundenen Dichtungsform nicht lassen wollte. Auf ein
zentrales Körperteil eines großen Schauspielers fiel ihm etwa ein:

> Die deutschen Tugenden:
> Singen und Reimen.

*Sie alle verschleppen ihre Bäuche
Als wäre es Raubgut, als würde gefahndet danach
Aber der große Laughton trug ihn vor wie ein Gedicht
Zu seiner Erbauung und niemandes Ungemach.
Hier war er: nicht unerwartet, doch nicht gewöhnlich
Und gebaut aus Speisen, ausgekürt
In Muße, zur Kurzweil.
Und nach gutem Plan, vortrefflich ausgeführt.*

Um den Reiz der Gattung richtig zu würdigen, sollte man sich
die Situation aus der *Ballade vom blutigen Bomme* (von Christa
Reinig, der Frau, der wir auch »Du hast nicht alle Tassen im
Schrank!« verdanken) vor Augen führen: Ein Jahrmarktschreier
hat eine Bildertafel vor sich, auf der er mit einem Zeigestock die
einzelnen Stationen der Handlung abgeht, dramatisch auf jedes
einzelne Bild klopfend, um die Bedeutsamkeit zu erhöhen:

*hochverehrtes publikum
werft uns nicht die bude um
...
möge ihnen nie geschehn
was Sie hier in bildern sehn.*

Bis heute hat die Ballade höchste Bedeutung, von Franz Joseph Degenhardts Gesellschaftssatiren zur Gitarre (*Spiel nicht mit den Schmuddelkindern*) bis zur politischen Sprengkraft des krächzenden Gesangs von Wolf Biermann:

> Ach Sindermann, du blinder Mann,
> Du richtest nur noch Schaden an.
> Du liegst nicht schief, du liegst schon quer!
> Du machst mich populär!

Archaik – Klassik – Manierismus. In der Beschreibung der Entwicklung der Dichtkunst in Deutschland bin ich bei dem Augenblick angekommen, in dem die Französische Revolution als Ereignis zu wirken begann; dass sie vorausgeahnt wurde, steht außer Frage. Es hat aber seine besondere Bedeutung, dass Goethe, der nun in Weimar bei ›seinem‹ Großherzog Karl August als Mitglied des Staatsrates amtierte, für die öffentlichen Wege und später auch die Universität von Jena zuständig war, ihn auch auf dem Feldzug begleitete, den die alliierten Fürsten, die ›Koalition‹, durch adlige Flüchtlinge, vornehmer: Emigranten, verstärkt, gegen das revolutionäre Frankreich führten. Es zeigte sich nach einigen Anfangserfolgen, dass die zwangsverpflichteten Koalitionssoldaten dem französischen Freiwilligenheer nicht gewachsen waren; die als ›Kanonade von Valmy‹ bekannte Episode, mit der der Rückzug der Alliierten begann, erlebte auch Goethe mit. »*Von hier und heute geht eine neue Epoche der Weltgeschichte aus, und Ihr könnt sagen, Ihr seid dabeigewesen!*« soll er in diesem Moment zu Offizieren seiner Umgebung gesagt haben. Einer von ihnen hat seinem Tagebuch allerdings folgende Feststellung anvertraut: Goethe *hörte sich auch zu gern selbst sprechen und hielt wohl mitunter auch Reden, die zwar sehr schön klangen, aber ihrem eigentlichen Inhalte nach doch nur leer waren, über Dinge, die er unmöglich verstehen konnte.* Da komme ich nun zu einer Eigenschaft unserer Klassiker, die man getrost einzigartig nennen darf: ihrer Fähigkeit, ›geflügelte Worte‹ zu produzieren. In dem von Georg Büchmann begründeten Zitatenschatz der *Geflügelten Worte*, unentbehrlich für Dich, wenn Du nach der Herkunft einer Wendung suchst, nehmen allein Goethe und Schiller fast fünfzig Seiten ein, mit Evergreens wie »*Du sprichst ein großes Wort gelassen aus*« (*Iphigenie*, 1. Akt, 3. Szene), »*Die Botschaft hör' ich wohl, allein mir fehlt der Glaube*« (*Faust I*, Nacht) – oder »*Die Axt im Haus erspart den Zimmermann*« (*Wilhelm Tell*, 3. Akt, 1. Szene), »*Donner und Doria!*« (*Fiesco*, 1. Akt, 5. Szene). Besonders Schiller erfreut mit einer geballten Ladung Spruchgut, das unser tägliches Leben infiltriert hat und gerne auch mal den Charme unfreiwilliger Komik entfaltet, wahre ›Klassiker‹ eben. Das Gegenstück zum Büchmann ist der Röhrich, *Lexikon der sprichwörtlichen Redensarten*, in dem Du Ursprung und Bedeutung von Allerweltswendungen erfährst wie ›Wo Bartel den Most holt‹ oder ›Jemanden über den Löffel balbieren‹. Im Laufe eines Lebens wird der Nachforschungs- und Vergewisserungsbedarf in sprachlichen Dingen immer größer. Die Skrupel bei der Benutzung besonderer Wendungen steigen im Maße der Unsicherheit, ob man mit seiner Muttersprache angemessen pfleglich umgeht.

Wie fand Schiller Goethe? *Sein erster Anblick stimmte die hohe Meinung ziemlich tief herunter, die man mir von dieser anziehenden und schönen Figur beigebracht hatte. Er ist von mittlerer Größe, trägt sich steif und geht auch so; sein Gesicht ist verschlossen, aber sein Auge sehr ausdrucksvoll, lebhaft, und man hängt mit Vergnügen an seinem Blicke ... Er ist brünett und schien mir älter auszusehen, als er meiner Berechnung nach wirklich sein kann.* Und Goethe Schiller? *Alles Übrige an ihm war stolz und großartig, aber seine Augen waren sanft.* Oder, wie ein anderer Zeitgenosse für uns beobachtet hat: *Seine Stirn war breit, die Nase dünn, auf Papageienart gebogen und spitzig; dunkelgraue Augen: diese Partie hatte sehr viel Ausdruck und etwas Pathetisches. Der Mund eben-*

falls voll Ausdruck, die Lippen dünn, das Kinn stark. Die Wangen blaß, eher eingefallen und mit Sonnenflecken[116] *besät.*

Daraus kannst Du schließen, dass diese Titanen einerseits titanengleich aussahen, andererseits aber auch wie Du und ich; entscheidend war und ist immer das Auge des Betrachters, verbunden mit seiner Sehrinde im Hinterhaupt, wo die wirkliche Erscheinung mit der Aura der Persönlichkeit zum ›Eindruck‹ amalgamiert wird. Heraus kommen zwei Prachtburschen: Goethe das Allroundgenie, gleich tüchtig in praktischen Dingen wie amourösen und geistigen, der Einflüsse sensibel aufnimmt und verarbeitet. Wenn er mit seinen dunklen Augen blitzt, wirkt er wie Zeus persönlich. Auf geistigem Gebiet scheint er jeder Herausforderung gewachsen, sein Hausgott ist der Philosoph und Linsenschleifer Baruch Spinoza aus Amsterdam, der in seinem *Tractatus theologico-politicus* eine fundierte Kritik der Bibel vorgetragen, einen sorgenden Gott für überflüssig erklärt und infolge den menschlichen Verstand zum Zentralorgan des Universums erhoben hatte. Solche geistigen Allmachtsphantasien führten Goethe etwa zum fehlgeleiteten Projekt der *Farbenlehre*; auch duldete er keine Denker neben sich. Den jungen Arthur Schopenhauer, der mit dem Meister etwas experimentieren und diskutieren durfte, ertrug er nur kurze Zeit. Als er anfing, selbst zu denken, war es mit dem Wohlwollen des Weimaraners vorbei. Schiller ist der wilde und strenge Denker, Schüler des Meisterphilosophen der Epoche, von Immanuel Kant, wohnhaft in Königsberg. Dessen drei *Kritik*en, die *der reinen Vernunft*, *der praktischen Vernunft* und *der Urteilskraft*, bilden seit je das Rückgrat der ›preußischen‹ Philosophie mit ihren höchsten Ansprüchen an moralisches Verhalten im Gemeinwesen. Nicht dass er völlig humorfrei gedacht hätte. Wer die Ehe als eine *Verbindung zweier Personen verschiedenen Geschlechts zum lebenswierigen wechselseitigen Besitz ihrer Geschlechtseigenschaften* definiert, darf sich

---

[116] Sommersprossen.

schon einiges auf seine komische Ader einbilden. Am meisten Eindruck macht uns Kant mit seinem kategorischen Imperativ, der in einer seiner Formeln lautet: *Handle so, daß du die Menschheit sowohl in deiner Person, als in der Person eines jeden anderen jederzeit zugleich als Zweck, niemals bloß als Mittel brauchst.* (Aus der *Grundlegung zu einer Metaphysik der Sitten*) Daran wirst Du denken, wenn Du Schillers Meisterwerke, den monumentalen *Wallenstein*, *Maria Stuart* oder die *Jungfrau von Orléans* liest. Er schuf Dramen von höchster Bühnenwirksamkeit und Intensität, deren Handlungsknoten stets geschürzt wird durch den Widerspruch zwischen dem Glück des Einzelnen und staatlicher Räson. Was auch kommen wird, seit Sophokles und Shakespeare hat niemand Bühne und Zuschauer so im Griff gehabt wie er.

Grundlage der Klassik war die souveräne Beherrschung der Mittel. Humanistische Bildung war kein Grund zu selbstzufriedenem Prunken und Protzen, sondern Basis, auf der sich ein dichterisches Werk gründete. Umfassende Neugierde allen Gebieten der Forschung, der Politik und Kunst gegenüber lieferte unendlichen Stoff für allfällige Auseinandersetzungen. Und nicht zuletzt das weite Feld der persönlichen Vorlieben, Freundschaften sowie Abneigungen, da wurde geschafft, gerangelt und gespöttelt, dass es eine Freude war. Fern solcher Lustbarkeiten lebte und dichtete der Schwabe Friedrich Hölderlin, der die meiste Zeit seines Lebens im Wahn verbrachte, gepflegt in Tübingen von der wackeren Schreinersfamilie Zimmer im »Hölderlinturm«. Zuvor hatte er mit der Bankiersgattin Susette Gontard kurz die Freuden der platonischen Liebe gekostet. Sie war ihm die »Diotima« aus Platons *Symposion*. Diesen Namen gab er auch der Busenfreundin des unglücklichen Helden in seinem vielfach begonnenen und wieder liegengelassenen Meisterwerk *Hyperion*, dessen letzte Fassung einen Brief- und Reiseroman darstellt, in dessen Verlauf dem frohgemut aufgebrochenen Helden das Scheitern der Suche nach Harmonie und Lebensglück immer deutlicher vor Augen tritt. Zuletzt wird Hyperion in den erfolglosen Aufstand der Griechen gegen die Türken verstrickt.

Als Diotima stirbt, zieht es ihn nach – Deutschland, um über die dortigen Verhältnisse zu räsonieren. Revolutionärer Elan steht gegen die Resignation des Scheiterns, die extreme Skala der Stimmungen spiegelt sich in einer extremen Sprache des Lamento, wie sie erst das letzte Jahrhundert wieder gehört hat: *O ihr Armen, die ihr das fühlt, die ihr auch nicht sprechen mögt von menschlicher Bestimmung, die ihr auch so durch und durch ergriffen seid vom Nichts, das über uns waltet, so gründlich einseht, daß wir geboren werden für Nichts, daß wir lieben ein Nichts, glauben an's Nichts, uns abarbeiten für Nichts, um mälig überzugehen in's Nichts – was kann ich dafür, daß euch die Knie brechen, wenn ihr's ernstlich bedenkt? Bin ich doch auch schon manchmal hingesunken in diesen Gedanken, und habe gerufen, was legst du die Axt mir an die Wurzel, grausamer Geist? und bin noch da.*

Hölderlin hat die antiken Gedichtformen mit neuen Inhalten erfüllt; Rhythmus ist sein Dichten, der Reim seine Sache nicht. Dafür ist er Meister des Ausrufezeichens:

> *Menschen, Menschen! was ist euer Leben,*
> *Eure Welt, die tränenvolle Welt,*
> *Dieser Schauplaz, kann er Freuden geben,*
> *Wo sich Trauern nicht dazu gesellt?*
> *O! die Schatten, welche euch umschweben,*
> *Die sind euer Freudenleben.*

Einsamkeit und Göttlichkeit sind Hölderlins Themen, verkörpert im sizilianischen Philosophen *Empedokles*, dessen Suche nach höchster Erkenntnis und Abkehr von der Welt der Kultur zum Tanz auf dem Vulkan wird. Nur ein Schuh kann davon nachträglich noch Zeugnis ablegen. Hölderlin, zu Lebzeiten wenig beachtet, ist der ewige Sucher nach Sinn im Sein, wiederentdeckt von Philosophen der jüngeren Gegenwart.

Schiller, der große Anreger, starb jung und ließ Goethe für seine letzten fast dreißig Lebensjahre zurück, der aus seiner Zeit bereits herausgewachsen, herausgefallen war. Aber er hatte noch die großen Themen. Mit den *Wahlverwandtschaften* schrieb er den ersten Eheroman. Die Frage, was nach der Liebe übrigbleibt, tritt hier ganz und gar ins Zentrum der Handlung. Baron Eduard und seine Frau Charlotte, beide schon erprobt in Liebe und Leid, leben behaglich und zufrieden miteinander, Ottilie und der Hauptmann würden ihnen aber besser gefallen. Ihre höchst gegensätzliche Verfasstheit zeigt sich zunächst lediglich in der unterschiedlichen Passion für Gartenbau. Aber dann bringt Charlotte ein Kind von Eduard zur Welt, das dem Hauptmann wie aus dem Gesicht geschnitten ist und Ottilies dunkle Augen hat – ein Fall telepathischen Ehebruchs! Während für Eduard Ottilie unerreichbar ist – das junge Mädchen ertrinkt, wohl nicht ganz unwillentlich –, und er an gebrochenem Herzen stirbt, bleibt Charlotte als vom Leben Betrogene zurück, untröstlich. Im Roman wechseln Szenen buntester Lebhaftigkeit mit solchen, die nur wie mit einem Bleistift hinskizziert sind. Das Interesse des Autors bestand spürbar nicht darin, dem Publikum dieses Buch als schlichtes Lesefutter vorzuwerfen.

> Männerfreundschaft, unter Dichtern ohnehin eine Seltenheit, kann der Anstoß zu etwas Großem sein. Und fürchterlich schiefgehen.

Obschon Goethe der (auch finanziell) erfolgreichste Dichter seiner Zeit war, sehnte sich die Leserschaft neben soviel geistiger Rührigkeit und selbstgerechtem Poetenstolz nach schlichter Unterhaltung. Dafür eigneten sich kurze Formen des Erzählens, ganz auf pointierte Handlung und das Erstaunen über das Ende, selbst auf Kosten höchster Unwahrscheinlichkeit des Geschehens, ausgerichtet: die Anekdote, die Novelle. Eine ganze Epoche der Literatur verschrieb sich dieser Aufgabe, die wir als Romantik bezeichnen. Ein weiteres typisches Produkt des romantischen Dichters: das Märchen. Statt der Fabel, dem Instrument der Aufklärung, die im Gewand einer kindgerechten Erzählung den Zeigefinger der Belehrung für Erwachsene reckt, bietet das Märchen in ähnlicher Verkleidung die Befreiung von den Fesseln der Vernunft. Alles wird möglich, Kalife verwandeln sich in Störche, Koffer fliegen herum, Menschen fallen in hundertjährigen Schlaf. Das Märchen ist die Domäne der romantischen Literatur, wird ihr Markenzeichen.

Den Stoff für diese ›Kindergeschichten‹ finden die Romantiker beim Volk, dem sie nach Herders Anweisung aufs Maul schauen. Allen voran die Gebrüder Jacob und Wilhelm Grimm aus Hanau, die daraus nicht nur die Sammlung der *Kinder- und Hausmärchen* gewinnen, sondern auch den Grundstock für ihr *Deutsches Wörterbuch*, von dem sie nur das Erscheinen der ersten drei Bände noch erleben; da waren sie zwar schon beim Buchstaben F, aber es brauchte noch Generationen von Germanisten und dreißig weitere Bände, bis das Z erreicht war. Das grimmsche Wörterbuch macht Spaß. Es ist keineswegs nur ein trockenes Nachschlagewerk, sondern verschafft beim Blättern im Handumdrehen komische Momente bei einem so obskuren Lemma (oder: Stichwort) wie *BIERMÖRDER: potator, der das Bier mordet, tilgt, aufzehrt*; oder *ABTHUN: und fragt die magd, »wo ist der han«? / »ich mein, ihr habt ihn abgethan«*. Hier ergänzt und beschreibt der *Grimm* den altmodischen Ausdruck für ›töten‹ mit einem Fundstück aus vergessener Literatur und Volksmund. Das Wort *BUCHSTABILIST* scheint nur einmal literarisch vorzukommen, bei Luther: *Folge ich den Eseln und Buchstabilisten*, schrieb er, *so musz ichs also verdeudschen*. Das war wohl sein Schicksal.

Die Technik der Grimms schuf eine ganz neue Wissenschaft, die Volkskunde. Von nun an würden Wissenschaftler und Dilettanten die Lande durchstreifen, alte Mütterchen befragen und Schätze an Volkswissen und -weisheit zusammentragen. Wie dringend das nötig war, erkennen wir selbst in unserer Umgebung: Was für Geschichten, schöne, erschreckende, aufregende, haben Eltern und Großeltern uns erzählt. Werden wir sie weitererzählen?

Dabei sind Märchen keineswegs nur harmlose Kinderunterhaltung. Die Anprangerung sozialer Missstände – in vielen Märchen, angefangen bei *Hänsel und Gretel*, geht es um das Elend der armen Leute – und der Kälte der Mächtigen und Besitzenden ist hier gestattet und möglich in einer Form, die uns alle schon einmal zu Tränen gerührt oder zum Lachen gebracht hat. Dem subtilen Forscher Roberto Zapperi ist es gelungen, in seinen *Geschichten vom schwangeren Mann* das Subversive der volkstümlichen Märchen und Schwänke eindrucksvoll herauszuarbeiten. Der Schwangere – in der Regel ein Vertreter des Klerus – ist Symbol einer verkehrten Welt, nämlich der, in der alles vom Kopf wieder auf die Füße gestellt wird. Ein besonders lesenswertes und unterhaltsames Werk über die untergegangene Welt der mündlichen Überlieferung.

Auch die neuen Verhältnisse spiegeln sich im Märchen. Im *Aschenbrödel* oder *-puttel* ergibt sich die interessante Konstellation, dass das Kind aus erster Ehe zur Magd erniedrigt wird und unter der Kellertreppe wohnt, während sich die neue Mutter Hoffnungen macht, dass eine ihrer zwei Töchter, die wir uns gerne unförmig und mit einem Wimmerl auf der Nase vorstellen dürfen, die Aufmerksamkeit des Prinzen erregt – Du weißt schon, wie es weitergeht. Das Märchen war in ganz Europa mit nur unwesentlichen Abwandlungen bekannt und offenbar so zeitgemäß, dass es als Vorlage für ein Jahrhundert der Oper diente: Rossini schuf seine »Cenerentola«, beißenden Humor in jedem der so charakteristisch säuselnden und ins Crescendo wirbelnden Ensembles versprühend; Jules Massenet unterlegte die Begegnung des nach Liebe suchenden Prince Charmant mit seiner »Cendrillon« mit betörenden Melodien; Massenet, als ›Eklektiker‹ (der eine ›Auslese‹ dessen präsentiert, was vor ihm Einfallsreichere ersonnen haben) gebrandmarkt, ist in Wahrheit der erfolgreiche Typ des Künstlers, der den Publikumsgeschmack im Auge behält, ihn gleichzeitig aber selbst formt. Ein neues Zeitalter stand bevor, als Hugo von Hofmannsthal und Richard Strauss ihre *Arabella* schufen: Der leicht versoffene Graf Waldner steckt in schrecklicher Geldnot und kann seine Töchter nicht standesgemäß für eine Ehe ausstatten. So wird »Arabella« einem Wildfremden auf einem Ball ›angeboten‹, während man ihre Schwester als Jungen verkleidet. Ob man gerade mit diesem Speck damals Mäuse fing, egal, jedenfalls entdeckt der spröde Mandryka sein Aschenputtel und führt es heim. In dieser Version wird deutlich, dass es nicht mehr das Problem der gesellschaftlichen Barrieren sein kann, das einem Liebesdrama Brisanz verleiht. Stattdessen wird ein neuer Antrieb nötig: Psychologie. Hieß bisher die Frage: Wie kommen die Liebenden zusammen?, muss es jetzt lauten: Warum sollen sie sich eigentlich liebhaben?

Die Romantik führte Wort und Musik zusammen. So wurde das Kunstlied zur Ausdrucksform, die ganz der Zeit angehört. Diese deutscheste aller künstlerischen Gattungen ist so deutsch, dass sich ›il lied‹ beispielsweise im Italienischen als Fremdwort erhalten hat, im Gegensatz zur ›canzone‹, die der verliebte Gondoliere singt. Auch die damals entstehenden Gesangsvereine und Liedertafeln gehören zur Welt des Kunstgesangs, der zu Herzen geht. Franz Schubert, der fast tausend Lieder schrieb, hat den Horizont der Gattung abgesteckt mit den Zyklen *Die schöne Müllerin* und vor allem *Die Winterreise*, beide auf Gedichte von Wilhelm Müller:

> *Am Brunnen vor dem Tore*
> *Da steht ein Lindenbaum:*
> *Ich träumte in seinem Schatten*
> *So manchen süßen Traum.*

aber auch:

> *Fremd bin ich eingezogen,*
> *Fremd zieh ich wieder aus.*

Müller gehörte zu der Kolonie der Deutsch-Römer, die im Caffè Greco saßen und bei einem Gläschen Frascati den lieben Gott einen guten Mann sein ließen. Auch ihn konnte Goethe nicht ausstehen, diesmal war der Grund, dass der blonde Schlaks Müller Brillenträger war.

Der nicht wesentlich unproduktivere Carl Loewe ist mein Favorit; dem Ausdruck extremer Emotionen gab er ganz neue Möglichkeiten. Bei meinem geheimen Liebling, dem Lied vom kühnen Held »Harald«, der von Elfen bezwungen wird, hab' ich immer einen Kloß im Hals. Robert Schumann, Johannes Brahms und Hugo Wolf haben die Tradition bis an die Schwelle des letzten Jahrhunderts getragen. Das Lied schleppt den üblen Leumund der Langeweile mit sich herum; dabei ist es die subtilste, vielleicht künstlerisch komplexeste Ausdrucksform des lyrischen Gedankens und dauert nie länger als sieben Minuten. Schnell bildeten sich eigene und eigenständige Schulen des Kunstgesangs auch in Frankreich, Italien und England – wo musikalische Darbietungen besonders gern zur Repräsentation der bürgerlichen Welt genutzt wurden –, dann überall auf der Welt. Romantischer Geist weht durch die zarten Kompositionen von Gabriel Fauré oder Benjamin Britten, Modest Mussorgskij und Charles Ives.

DIE NOVELLE
UND DIE ANFÄNGE UNSERER LITERATUR

Verlassen wir kurz das romantische Deutschland; begeben wir uns in die Nähe von Florenz. Es ist ein schöner Frühlingstag, genauer: der achte April dreizehnhundert, Vormittag des Karfreitag. Der fast fünfunddreißigjährige Dante Alighieri steigt mit Vergil als Führer durch das Höllentor, über dem in dunkler Farbe geschrieben steht:

Lasciate ogni speranza, voi ch'entrate ...
Laßt jede Hoffnung fahren, die ihr hier eintretet ...

hinab in die Unterwelt. Die Geburtsstunde der neuzeitlichen Literatur.

Dante durchwandert die Hölle und begegnet von Kreis zu Kreis absteigend den Verdammten, die ihre ausgeklügelten ewigen Strafen erdulden. Sein Führer ist ortskundig, hatte er doch bereits seinen Helden Aeneas in die Unterwelt geschickt, um dort den Schatten von Vater Anchises die Glorie des Caesarenstammes weissagen zu hören. Aus dieser Quelle nährt sich auch Dantes Vision. Es wird immer kälter, je tiefer er kommt, bis er bei den drei eingefrorenen Erzverbrechern im Zentrum des Infernos angekommen ist, die in Luzifers drei Mäulern stecken: Judas, Brutus und Cassius. Durch ihren Verrat an Jesus beziehungsweise Caesar verbinden die drei den theologischen mit dem politischen Anspruch der Dichtung: Treue ist das höchste Gut, besonders in den bewegten Tagen der Dantezeit. Von da geht es zur Erdoberfläche der Antipoden, den Läuterungsberg hinauf. Hier mühen sich edlere Gestalten, im Purgatorium die ewige Seligkeit zu erlangen. Den beiden Jenseitswanderern begegnen Könige, Gelehrte, Mäzene und Bürger auf dem Weg himmelwärts. Auf dem Gipfel – man wird nie müde, Bergsteigen als literarisches Motiv zu verfolgen – wartet Beatrice auf Dante, während der Dichter der *Aeneis* sich verabschiedet: Vergil kann als Heide das Elysium nicht erreichen. Beatrice (wahrscheinlich hieß sie in Wirklichkeit Bice Portinari) ist die früh verstorbene Jugendliebe Dantes, die er hier, an der Pforte des Paradieses, endlich wiedertrifft. Sie geleitet ihn auf einem Flug durch die Weiten der Neun Himmel und macht ihn mit weiteren interessanten Persönlichkeiten bekannt, bis er endlich, zuerst gespiegelt in ihren Augen, dann in der Herrlichkeit des Empyreums, die Allmacht Gottes sieht. Mit der Anrufung der Liebe als Bewegerin des Alls endet die Fahrt.

Dantes *Göttliche Komödie* – von fremder Hand so betitelt – ist nächst der *Bibel* das größte Bergwerk an Episoden und Geschichten, das ausgebeutet wurde von Künstlergenerationen; erzählerisches Erz, weiterverarbeitet zu Romanen, Novellen, Opernlibretti, Programmusiken, Gemälden, Wandmalereien. Francesca da Rimini, sie schmort im zweiten Kreis der Hölle, gleich oben bei den Sündern der Fleischeslust, erzählt Dante selbst die Geschichte ihrer Liebe zu Paolo, dem Bruder ihres Ehemanns:

»*Wir lasen eines Tages, uns zur Lust,*
Von Lanzelot, wie Liebe ihn durchdrungen;
Wir waren einsam, keines Args bewußt.

Obwohl das Lesen öfters uns verschlungen
Die Augen und entfärbt uns das Gesicht,
War eine Stelle nur, die uns bezwungen:

Wo vom ersehnten Lächeln der Bericht,
Daß der Geliebte es geküßt, gibt Kunde,
Hat er, auf den ich leiste nie Verzicht,

Den Mund geküßt mir bebend mit dem Munde;
Galeotto war das Buch, und der's geschrieben:
Wir lasen weiter nicht in jener Stunde.«

Wenig später begegnet den Wanderern der gruselige Ugolino, der im Kerker, rasend vor Hunger, die eigenen Söhne verspeist hat. An Drastik spart Dante nichts, aber auch gar nichts aus.

Die Struktur des Epos: Hundert Gesänge, in die drei Teile der Reise – Hölle, Läuterungsberg, Himmel – geteilt, jeder Gesang aus etwa hundertfünfzig Versen bestehend, die in Strophen zu dreien, die Terzine, eingeteilt sind. Der gereimte Vers ist ein Elfsilbler. Das alles hatte der Dichter neu ersonnen. Aber: Dante kommt nicht aus dem Nichts. Auch er schöpft bereits aus Quellen wie hier dem mittelalterlichen *Lanzelot-Roman*, in dem Galeotto als Kuppler zwischen dem Ritter Lanzelot und der Gemahlin des Königs Artus, Ginevra, fungiert und ihren Ehebruch vorbereitet, so wie das Lesen im Buch den Liebesakt zwischen Paolo und Francesca. Dante ist der erste Schriftsteller, der bildungssatt aus dem Fundus schöpft und daraus ein Kunstwerk formt mit einer Thematik, die den Leser ›brennend‹ interessiert:

In welchen Kreis der Hölle gehöre ich? Dazu hat er eine Sprache benutzt wie keiner vor ihm, nämlich statt des Lateinischen die Hochsprache der gebildeten Toskaner, die dadurch erst zum heutigen Italienisch geworden ist, so wie Luther mit seiner Bibelübersetzung zum ersten Mal unser Deutsch benutzt und damit popularisiert hat. Es lohnt sich, die *Göttliche Komödie* in einer ausführlich kommentierten Ausgabe zu lesen, wie sie etwa Hermann Gmelin bietet.

Was Dante für die Literatur, war Giotto di Bondone, nach Vasaris Bericht ein Hirtenjunge aus der Nähe von Florenz, in der Malerei. Aus den vorhandenen Möglichkeiten der mittelalterlich-byzantinischen Kunst formte er, der entgegen Vasaris Fiktion natürlich Berufsmaler mit ›klassischer‹ Ausbildung beim damals Größten, Cenni di Pepi genannt Cimabue – dem ersten namentlich bekannten Maler der italienischen Gotik – war, die neue erzählende Technik seiner großen Freskenzyklen in Padua, Florenz und Assisi mit der typischen, heute so naiv erscheinenden Perspektivik, die noch nichts mit den Errungenschaften der Renaissance zu tun hatte. Brunelleschi wird die uns heute so selbstverständlich erscheinende Zentralperspektive erst hundert Jahre später zur Grundlage aller darstellenden Malerei machen. Aber Giotto schuf die Voraussetzungen, ein neues Sehen nimmt von ihm seinen Ausgang; die von ihm begründete Schule kann man als eine Vorrenaissance bezeichnen.[117] Das lässt sich nun in der Literatur auf Dante übertragen, der – Du erinnerst Dich an den Kapitelanfang – über die Stellung des Menschen zu Gott hinaus in der *Göttlichen Komödie* die Stellung des Menschen in

---

[117] Der Begriff einer ›Protorenaissance‹ ist schon vergeben. Jacob Burckhardt bezeichnete damit einen an antiken Vorbildern angelehnten Baustil, der um das Jahr tausend in der Toskana im Schwange war. Das beste Beispiel ist die Kirche San Miniato al Monte hoch über dem Arno und der Piazzale Michelangelo in Florenz. Brian de Palma nutzte ihr charismatisches Äußeres als weichgezeichnetes ›Liebesmotiv‹ in seinem perfiden Thriller »Obsession (Schwarzer Engel)«.

der Welt zum Thema macht, indem er ihn als moralisches Wesen mit freier Entscheidung zu Gut und Böse darstellt.

Von Dante gibt es noch einige kleinere Schriften, wie die *Vita nova*, seine erste Liebeserklärung an Beatrice, das philosophische *Convivio* oder *Gastmahl*, nur dem Namen nach angelehnt an jenes aus Platons kühner Phantasie, bei dem der weinselige Sokrates den strahlend schönen Athener Helden und Aristokraten Alkibiades und auch den Komiker Aristophanes unter den Tisch getrunken hatte, sowie politische Werke wie die *Monarchia*, die im Zusammenhang mit seiner Verbannung aus Florenz zu sehen sind. Sein erster Biograph war sein Landsmann Giovanni Boccaccio, der Autor des *Decamerone*, ein halbes Jahrhundert jünger als Dante und mit erstaunlicher Phantasie begabt. Die setzte er sogleich für die Mythe ein, er selbst sei in Wahrheit in Paris geboren, Spross einer illegitimen Beziehung in höchsten Kreisen. Der Titel seines großen Buches zeugt jedenfalls von humanistischer Gelehrsamkeit, das Wort Dekameron kommt aus dem Griechischen und bezeichnet einen Zeitraum von zehn (deka) Tagen (hämérai). In dieser Spanne erzählt sich eine Gesellschaft von zehn jungen Leuten, die aus der Stadt Florenz vor der schwarzen Pest geflohen sind, in der Idylle eines Landgutes, um die Langeweile zu bekämpfen und die Trägheit der heißen Nachmittage zu überwinden, gegenseitig Geschichten. Da jeder jeden Tag eine beizusteuern hat, ergibt das eine Gesamtzahl von einhundert Novellen. Der unterschiedlichsten Art und Herkunft: Helden- und Abenteuergeschichten, Schelmenstreiche, Historisches, Erotisches bis zu derben sexuellen Eskapaden. Darunter die *Falkennovelle*, die Paul Heyse zum Muster alles pointiert Erzählten erhob: Ein verarm-

> Wie aus dem Nichts kommt eine Generation von Künstlern, die Mensch und Welt neu sieht. Und damit etwas begründet, was bis heute anhält, nämlich das Moderne Lebensgefühl. Vielleicht war das Erlebnis der Schwarzen Pest schuld an diesem Aufbruch in die Neuzeit.

ter Ritter bietet seiner Angebeteten, da ihm sonst nichts mehr verblieben ist, seinen Liebling, seinen Falken als Braten an. Sie ist von soviel Opferwillen fasziniert und erhört nun sein Werben, macht ihn reich und glücklich.[118]

Das *Dekameron* ist die bekannteste Sammlung dieser Art, nicht die einzige. Da gibt es *Il Novellino* aus der Dantezeit, wo schon viele – es sind insgesamt ebenfalls einhundert – Geschichten erzählt werden, die Boccaccio wiedererzählt und die von da aus weitergetragen wurden durch die Welt der Dichtung. Und nach Boccaccio schrieben Franco Sacchetti, Masuccio Salernitano, dessen Sammlung von fünfzig Episoden ebenso *Il Novellino* genannt wird, woraus sich Shakespeare Stoff für den *Kaufmann von Venedig* sowie *Romeo und Julia* borgte, Matteo Bandello und viele andere Zeitgenossen fleißig auf, was an unerhörten Begebenheiten berichtet wurde. Diese Tradition wird bis zum originellen *Pentamerone* (penta gleich fünf) des Giambattista Basile reichen, der die Grenze von der Novelle zum Märchen überschreitet. In seiner Sammlung taucht erstmals *Der gestiefelte Kater* auf, begleitet von *Aschenbrödel* und dem *Froschkönig*. Verbunden wird das durch ein Rahmenmärchen, sodass sich das *Märchen der Märchen* ergibt. Aber die verschiedenen Formen des Dichtens sind durch keine natürlichen Schranken getrennt, sondern fließen frei ineinander. Das werden die Romantiker wieder beherzigen.

---

[118] Diese Zeiten klingen uns nun wahrlich weit entfernt und sagenhaft: So ein Falke, da wette ich drauf, ist ein zähes, ungenießbares Ding. Wäre es nicht praktischer für den armen Ritter Federigo degli Alberighi gewesen, seinen Falken beim nächsten Araber zu versilbern, für sein ›perfektes Dinner‹ bei einem guten Fachhändler einzukaufen und ein Steinpilzrisotto oder ähnlich Schmackhaftes zuzubereiten? Nein, wäre es nicht, denn sonst hätten wir heute keine plastische Vorstellung von der ›symbolischen Handlung‹, die in drastischer Verkürzung und Zuspitzung das eigentlich Gemeinte überhöht, in diesem Fall: Liebe geht durch den Magen.

Wie weit die Florentiner ihrer Zeit voraus waren, zeigen die *Canterbury Tales*, die ein Menschenleben nach Boccaccio der einzigartige Geoffrey Chaucer ersann: Für eine Wallfahrt zum Grab des Heiligen Thomas Becket, den noch Herman Melville im *Moby Dick* beschwört und dann T.S. Eliot in *Mord im Dom*, kommen dreißig Pilger in London zusammen. Und da Reisen immer schon seinem Wesen nach mit Langeweile verbunden war, egal ob man auf Maultieren sitzt oder im Charterflieger, erzählen sie sich längs der dreitägigen Route (immerhin: 51 Meilen!) Geschichten, die das tatsächliche Leben zu Chaucers Zeiten in allen Facetten spiegeln sollen. Allerdings reimt der Dichter in fünfhebigen Versen und verwendet eine Sprache, das Mittelenglische, die bereits Shakespeare nicht mehr richtig verstand – der jedoch die chaucersche Erfindung nutzte und zum Blankvers seiner Dramen vereinfachte, indem er den Reim, diesen Spannungstöter, einfach wegließ. Chaucer ist lustig, derb, aber nicht zotig. Selbst wenn er schildert, wie man einen Furz bequem in zwölf gleichgroße Teile zerlegen kann – wozu allerdings ein komplettes Domkapitel notwendig ist –, bleibt er ganz auf dem Boden dessen, was damals an lebensweltlichen Erscheinungen interessierte. Aber er schneidet aus der Gesellschaft, die ihm so unmittelbar vor Augen stand, ein gutbürgerliches Tortenstück heraus, das mit Rittern und Nonnen verziert ist; alles andere lässt er weg. So ergibt sich in seiner Sicht der mittelalterlich verengte und getrübte Blick auf das Leben, der uns heute nur noch wehmütig berührt – wegweisend war das nicht.

Und so stelle ich Dir, um unseren Gang durch die Vorrenaissance abzurunden, gerne noch das Dichtergenie der Zukunft, den Universalgelehrten Francesco Petracco vor, der sich selbst lieber Petrarca nannte, aus einer Florentiner Familie wie Dante, nur eine Generation jünger. Sein Vater wurde verbannt und musste die Heimatstadt verlassen; also wuchs Petrarca in Südfrankreich auf, wo der Anblick des Mont Ventoux zu seinen Jugenderlebnissen gehörte. Dabei entwickelte sich etwas Neues: das Ich-Gefühl. Dieser Subjektivismus treibt Petrarca, den Berg zu ersteigen[119] und sich, oben angekommen, seiner selbst und der Welt um ihn her vom Gipfel des windumtosten Bergmassivs im Alpenvorland aus zu vergewissern. Beim Panoramablick ringsum fühlt er diese Welt auf sich zukommen, sie ist nur für ihn und nur in diesem Augenblick da. Das wird der Ausgangspunkt eines dichterischen Gefühls sein, das die Poeten bis heute umtreibt: In ihnen und ihren Werken wird das Welterlebnis ständig erneuert, konzentriert und einem mitleidenden Lesepublikum spürbar gemacht.

Wie viele, die fern der Heimat zu leben gezwungen sind, führte Petrarca ein unstetes Wanderleben zwischen Frankreich, Deutschland und Norditalien. Sein Held war der spätantike Bischof und Kirchenvater Augustinus, dessen *Bekenntnisse*, wir sprachen schon darüber, eine Augenöffnung zeigen: Wie einem jungen Mann der Pfad des rechten, richtigen Lebens gewiesen wird. So etwas reklamiert Petrarca auch für sich. Auch er betete eine junge Dame an – seine hieß Laura –, der er einen Kranz von Liebesgedichten widmete, den *Canzoniere*. Auch er trat in den geistlichen Stand ein. Auch er schrieb Epen, die uns heute vielleicht nicht mehr so kitzeln; er war der erste Büchernarr, den die Neuzeit gesehen hat, mit einer erlesenen Bibliothek. Deren Bände ließ er sich von befreundeten Künstlern verzieren und illustrieren, wie dem Sieneser Maler Simone Martini. Eine andere, vielleicht noch größere Leistung war es, dass er eine Übersetzung der Werke Homers anfertigen ließ, wie sein Freund Boccaccio ihm geraten hatte. *Ilias* und *Odyssee* waren dem Namen, nicht aber dem Wortlaut nach bekannt – selbst so große Lichter und interessierte Geister wie Petrarca konnten kein Griechisch. Die Entwicklung, die im Fall und Untergang Konstantinopels ihr Fa-

---

[119] Am 26. April 1336. Er hat das Erlebnis in einem Brief beschrieben, den er dem Bischof von Monopoli (in Süditalien) Francesco Dionigi schrieb. Der stammte aus San Sepolcro in der Toskana, wo in einigen Jahren das größte malerische Genie der Frührenaissance das Licht der Welt erblicken wird: Piero della Francesca.

nal erhielt, dass man sich nämlich wieder für das Erbe der Antike interessierte, wurde von den in die Welt versprengten Florentiner Köpfen des Trecento[120] in Gang gesetzt.

Groß ist die Sammel- und Umformungsleistung der Grimms; vor ihnen hatte bereits Johann Karl Musäus die *Volksmärchen der Deutschen* herausgebracht, in deren Mittelpunkt die Sagengestalt des Rübezahl steht. Musäus versucht sich nicht in einem ›Volkston‹. Sein Merkmal ist eine höchst ausgefeilte Unterhaltungskunst voller komischer Elemente, seine ›Volksmärchen‹ sind Kunstmärchen reinen Verstandes. Ludwig Bechstein, einige Zeit nach den Grimms, sammelte in seinem *Deutschen Märchenbuch* hauptsächlich thüringische Volksmärchen und erschloss hier eine eigene Welt der Sagen und Legenden. Ihnen gegenüber stehen die Meister des selbsterfundenen Kunstmärchens, allen voran der blutjunge Wilhelm Hauff aus Stuttgart mit den Sammlungen *Die Karawane* – darin die mehr phantastische als märchenhafte (und sehr grausame!) *Geschichte vom Gespensterschiff* und die *von der abgehauenen Hand*, aber auch die liebenswürdige *vom kleinen Muck* mit seinen Sieben-Meilen-Pantoffeln, über den die Kinder sich nicht lustig machen sollen – und *Der Scheik von Alessandria und seine Sklaven* mit dem wundervollen *Zwerg Nase*. Für mich hat Hauffs Erzählkunst große Ähnlichkeit mit den Bildern von August Macke: die starken Farben, der Sinn für schlichte Schönheit, die fröhlich-freundliche Grundstimmung, die arabische Welt als Thema. Macke machte mit Paul Klee und Louis Moillet kurz vor Ausbruch des Ersten Weltkriegs eine Tunisreise und brachte Berge von Aquarellen und haufenweise Impressionen von dort mit. Dann zog er als Freiwilliger in

---

[120] Dreihundert: die vertrackte italienische Zählweise der Jahrhunderte lässt die ›eins‹ am Anfang weg; gemeint ist also der Zeitraum zwischen dreizehnhundert und vierzehnhundert.

der uns heute völlig unverständlichen Verblendung[121] gegen den ›Erbfeind‹ Frankreich los und starb in einem der ersten Scharmützel des Krieges.

Hauff hatte die gerade für die deutsche Literatur entdeckte Welt des Orients, wie sie in der damals neuen Übersetzung von *Tausendundeine Nacht* durch Joseph von Hammer-Purgstall bunt aufleuchtete, in ein von der eigenen Phantasie gewebtes Kleid gehüllt. Sein eigentliches Vorbild aber war die haarsträubende Geschichte des verruchten Kalifen *Vathek* aus der Feder des englischen Wunderkindes William Beckford, deren Mischung aus Schauder und Märchen bereits eine ferne Zukunft andeutet, die des Fantasy-Romans. Beckford war als Person mindestens so interessant denn als Autor, verstand er doch das größte Vermögen Englands zu vergeuden und, als Vierjähriger!, dem achtjährigen Mozart, der ihm Kompositionsunterricht gab, einige schöne Ideen für »Figaros Hochzeit« einzuflüstern.

Beckford war Orientalist, prägend aber wurde auch auf diesem Gebiet der Laie Goethe. Für seine Theaterversion des *Mahomet*, kurz nach und unabhängig von Voltaire, hatte er den Koran in einer soeben erschienenen Übersetzung studiert, der Prophet des Islam ist für ihn ein inspirierter Schwärmer. Mit seinem *West-Östlichen Diwan*, der sich konkret auf persische Vorbilder wie die *Ghaselen* (*Gedichte*) des Hafis bezieht, öffnete er den Zeitgenossen die Augen für die Welt der orientalischen Dichtung. Was wir noch nicht so lange wissen: Der *Diwan* wurde zu einem Zwiegesang mit der Bankiersgattin Marianne von Willemer, einer faszinierenden Frau, deren eigene poetische Beiträge Goethe in die Sammlung einschmuggelte. Marianne überlebte den Meister um dreißig Jahre und wurde noch bei Lebzeiten Objekt der verehrenden Forschung nachgeborener Generationen – ähnlich wie Katia Mann, die in ihrem Haus in Kilchberg am Zürichsee Schulklassen aus Deutschland empfing, die Thomas-

---

[121] Stichwort: Langemarck, ein fauler Mythos.

Mann-Wallfahrten veranstalteten. Darunter waren auch noch meine beiden ältesten Geschwister.

Die Philologien des Orients freilich, vor allem die so notwendigen Übersetzungen, stammten von Dichter-Gelehrten wie Friedrich Rückert, der dazu bemerkte:

Zwei sehr verschiedne Schwestern,
Die liebe ich seit gestern;
Und fraget ihr, wie heißen sie?
Persisch-arabische Poesie.

Rückert soll Dir unvergesslich bleiben durch seine von Gustav Mahler vertonten *Kindertotenlieder:*

Oft denk' ich, sie sind nur ausgegangen ...

In der Trauer um die toten Kinder vereint sich das Leid der Väter Rückert und Mahler zu einer das Herz bewegenden Klage, die in der ganzen Geschichte unserer Trauerkultur nicht ihresgleichen hat. Später hat auch August von Platen im Stil eines Rumi[122] oder Firdusi gedichtet. Zusammen mit Hafis sind dies die großen Namen Persiens, das mit Nizami, der die Liebespoeme *Leila und Madschnun* sowie *Chosrau und Schirin* schrieb, auch einen bedeutenden Epiker zu bieten hat. Bekannt geblieben ist der Graf von Platen-Hallermünde allerdings durch einen Literaturskandal, auf den ich gleich kommen werde. Die Persien-Begeisterung flaute wieder ab; auf der Suche nach Anregungen flog die Phantasie der Künstler weiter, der Japonismus kam en vogue, die

---

[122] Er stiftete auch den Orden der tanzenden Derwische, den sogar Karl May kannte und prompt verwurstete. Rumis Grab gehört zu den Höhepunkten der Reise, die der englische Orientalist Robert Byron unternahm und in *Der Weg nach Oxiana* beschrieb. Es handelt sich um nichts weniger als das Meisterwerk der Reiseliteratur des Zwanzigsten Jahrhunderts.

Holzschnitte eines Hokusai wurden Vorbild für Malerei und Mode Europas.[123]

Hauff hat noch einen dritten, schwerblütigeren Märchenzyklus veröffentlicht, *Das Wirtshaus im Spessart*; der enthält *Das kalte Herz* mit den romanhaften Abenteuern des Kohlenmunk-Peter. Die Produktionen von Ludwig Tieck, seine *Märchen aus dem Phantasus* wie *Der blonde Eckbert*, *Der getreue Eckart* oder *Die Elfen*, nehmen sich gegen Hauffs bunte und drastische Geschichten pastellfarben und herbstgetönt aus; sie sind indes ein genuines und sehr frühes Produkt romantischen Geistes, angeregt durch die Brüder Friedrich und August Wilhelm Schlegel, die überragenden Theoretiker der Bewegung. Friedrich hat das kleine Werk *Lucinde* geschaffen, dessen spröder Charme sich uns Lesern nicht auf den ersten Blick erschließt; die *Bekenntnisse eines Ungeschickten*, wie Schlegel den ersten Teil dieses Fragments nannte, schildern den Traum einer Liebe, den Schlegel mit dem Adjektiv ›dithyrambisch‹ bezeichnet. Erstmals erscheint hier das Motiv des dionysisch-weinseligen Gesanges, dem wir noch wiederbegegnen werden, dann allerdings weniger leicht geschürzt.

Typisch für Tieck das Siebenschläfermotiv, dass jemand verschwindet, ein ›anderes‹ Leben führt und nach vielen Jahren wiederauftaucht und nicht fassen kann, wie sich seine Umwelt verändert hat. Der Amerikaner Washington Irving, der viel in Europa reiste und neben seinen Initialen an der *Alhambra* auch andere literarische Spuren hinterlassen hat, transportierte in der Figur des *Rip van Winkle* aus seinem *Skizzenbuch* dieses sehr alte, schon aus frühchristlichen Wundererzählungen bekannte Thema zurück in die Heimat. Daneben figuriert auch eindrucksvoll sein kopfloser hessischer Reiter der *Legende von Sleepy Hollow*, Irving

---

[123] Ein schönes Beispiel literarischer Japanbegeisterung sind die *Acht Gesichter am Biwasee* des Würzburgers Max Dauthendey, ein Novellenreigen, der die ostasiatische Vorliebe für gestaltete Landschaft mit einer bewußt ›holzschnitt‹haften Handlung verbindet.

als Schriftsteller indes macht mit seinem bescheidenen Talent weniger Effekt. Auch von Clemens Brentano (*Gockel, Hinkel, Gackeleia*), Ernst Moritz Arndt (*Der starke Hans*) und sogar Goethe selbst (*Märchen* heißt sein Märchen und schildert die verwikkelten Erlebnisse zweier Irrlichter) stammen unterhaltsame Beiträge zum Genre. Welch ein seltenes Talent diese Kunstform erfordert, zeigt sich im Dänen Hans Christian Andersen, der die allerschönsten und -traurigsten *Märchen, vom tapferen Zinnsoldaten*, den *sieben Schwänen* oder dem *Mädchen mit den Schwefelhölzern* erdachte, unsterbliche Schöpfungen, während seine zahlreichen Romane dagegen verblasst sind. Höchstens als emsiger Reisender – Fernweh war eine seiner unstillbaren Sehnsüchte – bleibt er noch in Erinnerung. Bis zu Theodor Storm (*Der kleine Häwelmann*) und zum Elsässer Otto Flake reicht die Tradition dieser Kunst, dessen *Mann im Mond* auf elsässischen Geschichten beruht, die der Dichter seinem eigenen Kind zur guten Nacht erzählte. Und sie reicht bis jetzt, wenn Peter Rühmkorf seine *Märchen* vorträgt, von denen man nur sagen kann: ganz schön abgefahren!

Der sich aufdrängende Eindruck, dass der Hang und Drang zu Harmonie und Süßlichkeit in der Luft lag, ist nichtsdestotrotz falsch. Weniger Weltflucht war die Märchensehnsucht als Ausbruch aus den Fesseln der Realität. Die sah trüb genug aus, egal ob Napoleon im Land stand oder anschließend die alte Ordnung wiederaufgerichtet wurde. Lassen wir einen Kronzeugen zu Wort kommen. Ernst Theodor Amadeus[124] Hoffmann aus Königsberg war als Jurist nach Berlin gekommen und sprach dort am höchsten Gericht höchst kluge Urteile. In seiner Freizeit frönte er zwei für ihn in engster Verbindung stehenden Vergnügen: dem Saufen und dem Schreiben. Ersteres sollte bald seinen Tod herbeiführen, letzteres ihn fast vorher noch den Kopf kosten. Hoff-

---

[124] Diesen Vornamen hat er sich selbst gegeben statt des eigentlichen: Wilhelm, in Verehrung für W. A. Mozart – er war selbst ein talentvoller Komponist!

mann war ein phantasiebegabter Geist und schuf aus einer literarischen Gattung, die ein ehrenwertes Schattendasein fristete, der aus England importierten Schauergeschichte (gothic novel), etwas Neues, das die Welt erobern sollte: phantastische Literatur. Ludwig Tieck hatte mit seinem *William Lovell* einen (Brief)Roman in der englischen Manier geschrieben, in dem Unwahrscheinliches, Grausamkeiten und etwas Grusel dem Leser die Zeit vertrieben. Statt Empfindungen bot er Erregungen, Ungereimtheiten statt Mysteriösem. Ähnlich seine *Vittoria Accorombona* über Leben und Ermordung einer dichtenden Renaissanceschönheit. Tieck lotet die Untiefen der Ästhetik aus und balanciert dabei unsicher haarscharf am Abgrund jeglichen Geschmacks. Die Mordszene: *Folgsam wie ein gehorsames Kind, warf sie das Nachtleibchen ab, denn sie hatte sich schon zum Schlafen aus- und angekleidet. – »Auch das Busentuch!« – rief jener: – sie tat es – er zog hierauf selbst das letzte Leinengewand von der Brust zurück und die herrliche Gestalt stand in ihrer glänzenden Schönheit, nackt bis* ... nein, das soll reichen; nur noch dies: Tieck bediente sich beim englischen Skandaldramatiker Webster, um uns das anzutun.

Mit seinen *Elixieren des Teufels* zeigte Hoffmann, dass er das alles besser konnte. Die monströse Geschichte des Mönches Medardus, der von dem verbotenen Elixier genippt und dadurch seine Seligkeit verloren hat, um sich stattdessen zu verdoppeln (ein Heer von Doppelgängern wird durch die Weltliteratur hasten, von diesem Medardus angeführt) und haarsträubende Abenteuer zu bestehen, die ihn bis zum Papst nach Rom treiben, bleibt indes lediglich ein Probestück. In seinem zweiten großen Roman *Lebensansichten des Katers Murr* führt Hoffmann erst so recht virtuos seine Originalität vor: Durch ein Versehen der Buchdruckerei wird die Geschichte des skurrilen Kapellmeisters Kreisler vermischt mit den Memoiren einer seltsamen Katze – bis sich erst zum Ende hin herausstellt, dass beide Geschichten zusammengehören und in eins zusammenfließen: Murr ist Kreislers Schmusetier. Eine sowohl poetisch wie technisch höchst anspruchsvolle Erfindung, einzigartig köstlich zu lesen. Zu allen anderen Talenten hatte Hoffmann auch das malerische, sodass wir ihm sein eigenes Porträt verdanken. Eingefallene Wangen unter hohen Backenknochen, krauses dunkles Haar, extralange Koteletten rahmen ein längliches Gesicht; ein stechender Blick trifft uns aus tiefliegenden dunklen Augen. Dämonisch hat er sich dargestellt, Kapellmeister Kreisler oder ein Teufelsgeiger könnte so ausgesehen haben, unverkennbar ist eine Ähnlichkeit mit seinem nicht minder dämonischen Zeitgenossen Paganini.

Die *Serapionsbrüder* können als Urbild jedes ›literarischen Quartetts‹ gelten. Vier junge Leute lesen sich gegenseitig vor, was sie geschrieben haben, und kritisieren es sogleich. In diesem Novellenkranz stecken so schöne Stücke wie der *Rat Krespel*, woraus ein Menschenleben später Jules Barbier den Kern des Librettos zu Jacques Offenbachs Oper »Hoffmanns Erzählungen« formen wird, die schönste Huldigung, die dem Vater der Phantastik zuteil geworden ist. Aber auch *Nußknacker und Mäusekönig*, Vorlage für Tschaikowskijs bestes Ballett. Oder *Das Fräulein von Scuderi*, eine Kriminalnovelle um den Goldschmied Cardillac, der seine Werke ungern aus der Hand geben mag, deswegen ihre Käufer ermordet, um sie sich zurückzuholen. Paul Hindemith machte daraus eine Oper, Jules Verne lieh sich die Idee für seine Erzählung *Meister Zacharius*.

> Der Orient rückt in den Blick, später Japan, dann die Südsee. Wir haben Fernweh.

Ein Schatz an Ideen – erst recht in den *Fantasie-* und den *Nachtstücken* – ist das Werk Hoffmanns ohnehin, aber erzählen will ich Dir zum Abschluss unserer Beschäftigung mit diesem Originalgenie eine wahre Geschichte: Mit der Zensur focht Hoffmann ständige Sträuße aus; seine Reputation als preußischer Beamter gab ihm wenig Schutz, seine Gegner waren – Nichtpreußen (in diesem Fall: Mecklenburger!) in der Berliner Administration. Jede Äußerung Hoffmanns wurde belauscht, jedes Produkt seiner Feder argwöhnisch beäugt. Nun ergab es sich, dass in seinem letzten Werk, dem von ihm als ›Märchen‹ bezeichneten *Meister Floh*, der höchst satirische Passagen über die

Rechtspflege in einem Lande enthält, das der geneigte Leser unschwer mit Preußen identifizieren konnte, ein tatsächlicher Fall aus Hoffmanns juristischem Alltag durch den Kakao gezogen wird. Bei der Suche nach politisch unzuverlässigen Elementen in der Studentenschaft hatte man einem jungen Mann nachgestellt (im *Meister Floh* heißt der Anzeiger Knarrpanti, in der Realität war es Polizeidirektor von Kamptz), dessen einziges Verbrechen darin bestanden hatte – mit seinem eigenen Wort, das im *Floh*-Manuskript genauso wiederkehrt –: *mordfaul!* gewesen zu sein und nicht auf das Examen gelernt zu haben. Trotzdem versuchte man ihn mit Aktivitäten gegen die preußische Regierung in Verbindung zu bringen und betrieb seine Relegation oder Vertreibung von der Universität. Das rief Hoffmann und seinen Sinn für Gerechtigkeit auf den Plan.

Die Zensur entdeckte die Stelle bei der Drucklegung; der Verleger Wilmans in Frankfurt (in jenen Zeiten lebten auch Verleger gefährlich) wurde vor die Behörde zitiert, dann Hoffmann selbst. Man versuchte ihn nach vielen vorangegangenen Querelen nun endlich auf ein Dienstvergehen festzunageln, nämlich aus Akten eines schwebenden Verfahrens Details veröffentlicht, sogar im Weinkeller von »Lutter & Wegner« zu Berlin vor seinen Freunden ausgeplaudert zu haben, um ihn so aus dem Amt entfernen zu können. Über dieser für seine Existenz gefährlichen Affäre verschlechterte sich Hoffmanns ohnehin angegriffener Gesundheitszustand; schließlich fiel er ins Leberkoma und starb, ohne dass seine Rehabilitierung betrieben worden wäre. Besonders der preußische Minister Hardenberg machte hier schlechte Figur.

Die tragische Geschichte hat ein, wie könnte es bei diesem großen Phantasten anders sein, burleskes Nachspiel. Bei der Testamentseröffnung stellte sich heraus, dass Hoffmann sein ganzes Vermögen sowie die Mitgift seiner Frau der Trunksucht zum Opfer gebracht hatte. Speziell der Weinhandlung mit Ausschank der Herren Lutter und Wegner schuldete er darüber hinaus den Gegenwert eines Wohnhauses, sodass die Witwe das Erbe auszuschlagen gezwungen war. Nun aber trat der Wirt Lutter, der mit seinem leibhaftigen Erscheinen in »Hoffmanns Erzählungen« ein würdiges Denkmal erhalten hat, höchstselbst vor das Nachlassgericht, um zu bekunden, dass er auf das ihm zustehende Geld verzichte, weil Hoffmann *den Schaden durch die vielen Gäste, die er zu ihm gezogen, mehr als gutgemacht habe.*[125] Der vielleicht begnadetste Trinker der Literaturgeschichte hatte einen Wirt, der seiner würdig war.

Wie bei Hoffmann Märchen und Novelle nebeneinanderstehen und ineinandergehen, so wichtig ist die kurze Erzählung über eine ›unerhörte Begebenheit‹ für die Literatur der Epoche. Diese Definition der Novelle stammt von Goethe[126], der selbst mit der *Novelle* seinen bescheidenen Beitrag zur Gattung lieferte, als wollte er damit zeigen, wie widerwillig er den Moden und Strömungen der Zeit folgte, genauso wie er e i n Märchen sowie e i n e Fabel, *Reineke Fuchs* (die allerdings monumental wie Homer, in zwölf Gesängen), abgeliefert hat. Auch inhaltlich kann die kleine Erzählung um das Kind, das dem ausgebrochenen Löwen den Dorn aus der Tatze zieht, nicht überzeugen.

Die vollendetste Form gab der Novelle Heinrich von Kleist, den selbst man einen Schwärmer eher als einen Romantiker nennen darf. Einem Ideal von Liebe, Freundschaft und Freiheit jagte er voll Hast und Unruhe nach, ohne sie in seinem kurzen Leben

---

[125] Ich zitiere diese erhabene Passage und habe die Informationen zur ›Meister-Floh-Affäre‹ aus der großartigen Edition von Hoffmanns Briefwechsel durch Hans von Müller und Friedrich Schnapp.

[126] Wer vom apodiktischen Gehabe des Geheimrats bereits genug hat, freut sich vielleicht daran: ›Novelle‹ bedeutet, *reife Schicksale in ihren Höhepunkten von einem leidenschaftslosen Erzähler berichtet.* So definierte Hermann Hesse.

zu erreichen. Stattdessen finden wir all das in seinem Werk, das ich Dir im einzelnen vorstellen will:

Michael Kohlhaas ist die Geschichte des Pferdehändlers, dessen beleidigter Gerechtigkeitssinn ihn zum Räuber und Landstörzer werden lässt und der, nachdem ihm Genugtuung geschehen, bereitwillig sein Haupt dem Henker darbietet.

Die Marquise von O… sucht und findet mit Hilfe einer Zeitungsannonce den Mann, von dem sie – bewusstlos – ein Kind empfangen hat. Der will sie dann auch heiraten, aber das macht die allergrößten Schwierigkeiten, bis es zu einer freundlichen Wendung kommt.

Das Erdbeben in Chili befreit den jungen Jeronimo, der mit einer Nonne ein Kind hat, aus dem einstürzenden Kerker. Doch der Mob, von einem Priester aufgestachelt, beschuldigt die beiden, die Naturkatastrophe durch ihr gottloses Verhalten ausgelöst zu haben. Ein Blutbad ist die Folge, das nur ihr kleiner Sprössling Philipp überlebt, der vom heldenmütigen Sohn des Statthalters adoptiert wird.

Die Verlobung in St. Domingo Der Sklavenaufstand von Haïti führt in einer Nacht Gustav und Toni im Hause des schrecklichen schwarzen Aufrührers Hoango zusammen. Sie verlieben sich und lieben sich und am Morgen erschießt er sie und dann sich selbst. Warum? Das musst Du selber lesen!

Das Bettelweib von Locarno In seinem Schloss verschuldet der hochmütige Marchese den Tod eines alten Bettelweibs; Jahre später rächt sie sich spukend, der Marchese stirbt im Wahnsinn. Und das alles auf drei Seiten.

Der Findling An Kindes statt nimmt der römische Kaufmann Piachi den kleinen Nicolo an, da sein eigener Sohn gerade an der grassierenden Seuche gestorben ist. Nicolo wächst zu seinem Nachfolger heran, will jedoch vom Lotterleben nicht lassen. Als er seine Stiefmutter zu verführen trachtet, ermordet Piachi ihn kaltblütig und nimmt unversöhnt die Todesstrafe auf sich.

Die heilige Cäcilie oder die Gewalt der Musik Eine Horde (protestantischer) Bilderstürmer überfällt das Kloster der Hl. Cäcilie zu Aachen zur Stunde der Messe. Schwester Antonia ist krank, trotzdem leitet sie die Aufführung des Musikstücks, die so stark wirkt, dass die Rädelsführer, vier Brüder aus Antwerpen, ohnmächtig niederstürzen; das Kloster bleibt unversehrt. Später stellt sich heraus, dass Schwester Antonia bewusstlos im Bett lag – die Heilige Cäcilie höchstselbst hatte die so mächtige Musikdarbietung angeführt.

Der Zweikampf Ein Attentat, ein Gottesgericht, zwei zum Scheiterhaufen Verurteilte – hier wird alles geboten. Der vermeintliche Sieger, der das Attentat bestellte und die schöne Littegarde verleumdete, stirbt wenig später an einer unscheinbaren Wunde, die er im Zweikampf erlitt. Der Unterlegene, in seinem Blut vom Platz getragen, genest und erhält zum Schluss die Schöne.

Auf kaum zweihundert Seiten öffnet sich dieser Schatz vor Deinen, des geneigten Lesers Augen; das Größte, was auf Deutsch geschrieben wurde. Knapp, bisweilen in altertümelnder oder origineller Eigenheit, und präzise kommt diese Sprache zur Sache. Das hatte Kleist unter anderem beim Zeitungmachen gelernt, schließlich hatte er die »Berliner Abendblätter« aus der Taufe gehoben und alsbald wieder zu Grabe getragen. Die ungewöhnlichste Besonderheit Kleistscher Dichtung ist die Bedeutung von Ohnmachten oder Trancezuständen, die in fast allen Werken vorkommen. Aus der Entrücktheit heraus gewinnen die Heldinnen – meist sind es Frauen, denen das zustößt – Tatkraft und Zielstrebigkeit: Erst die Bewusstlosigkeit verbindet sie mit dem Kraftwerk des Transzendenten. Nicht unbedingt sympathisch sind uns diese Charaktere, besonders der ehrpusselige und selbstzerstörerische Kohlhaas, genau wie Kleist selbst den meisten Zeitgenossen erschien, aber sie sind vielschichtiger und zerrissener als damals zuträglich war, sehr heutige, aktuelle Persönlichkeiten.

Mit Goethe ist Kleist auch durch seine Theaterstücke in un-

> Die Novelle hat die innere Abgeschlossenheit einer Handlung zur Bedingung. Das widerspricht unserem Gefühl, dass nichts je vorbei ist.

glücklicher Weise verbunden. Die Romantiker, die bei Shakespeare allerhöchste Bühnenwirksamkeit kennengelernt hatten, schufen ihrerseits die völlig neue Kategorie des (vermeintlich) ›unspielbaren‹ Stücks, das im äußersten Fall im kleinen Kreis vorgelesen werden konnte. Höchste Vollendung gab Kleist diesem Genre mit seiner *Penthesilea*. Bis deren Gefühlseruptionen spielbar wurden, untermalt vom Gebell blutgieriger Hundekoppeln, musste noch ein Jahrhundert vergehen; das mochte speziell dem Geheimen Rat mit seinem Sinn fürs Praktische nicht schmecken. Außerordentliches gelang Kleist indes gerade auf dem Gebiet des Lustspiels. *Der zerbrochne Krug* kann mit Fug und Recht als d i e deutsche Komödie gelten. Und nach e i n e r Aufführung in Weimar sorgte Goethe, der für die herzoglichen Bühnen verantwortlich war, dafür, dass von Kleist nichts und nie wieder etwas gespielt wurde. Urteile jeder selbst, ob Neid oder Sachverstand diesen Entschluss diktierten. Fest steht: Goethe konnte Kleist nicht leiden.

Der Dorfrichter Adam ist der ins Komische gewendete König Ödipus, bis hin zu beider hinkender Fortbewegungsweise. Als Frau Marte Rull ihm den Fall ihres zerbrochenen Krugs vorträgt, forscht er unter dem Druck des gerade anwesenden Gerichtsrats Walter so lange, bis er sich selbst als Täter entlarvt hat. Das Bestechende der Komposition liegt in ihrer Einfachheit, und seit Emil Jannings haben sich alle großen Schauspieler darum gerissen, den Adam spielen zu dürfen. Dass die von ihm verfolgte Unschuld Eve heißt, deutet an, wie universell Kleist seine Komödie angelegt hatte. Zu Recht witterte Goethe hier einen gleichwertigen Rivalen zu seinem Faust und schmetterte ihn routiniert ab.

Der *Amphitryon*, sehr frei nach dem Vorbild des Plautus und weit näher bei der Version Molières, behandelt eine ähnliche Tragik des Komischen: Die Frau des thebanischen Feldherrn Amphitryon wird um ihrer Schönheit willen von Zeus (aufgrund des römischen Originals heißt er hier: Jupiter) besucht – in Gestalt des abwesenden Gemahls; so zeugt er mit ihr den Herakles. Der wahre Amphitryon, der alsbald zurückkehrt, muss mit dem Missverständnis aufräumen, er wäre bereits da gewesen; ähnliches widerfährt in einer Spiegelung dem Diener Sosias, der von Hermes (Merkur) fachkundig vertreten wurde. Die Beglückung über den göttlichen Besuch hält sich da bei den Menschen in Grenzen.

Die *Penthesilea* ist Kleists gewagteste Komposition. Vor den Mauern Trojas treffen die Amazonenkönigin Penthesilea und der Griechenheros Achilles aufeinander zum Kampf – und verlieben sich. Doch die Verblendungen der Liebe enden tödlich:

Sie zog dem Jüngling, den sie liebt, entgegen,
Sie, die fortan kein Name nennt –
In der Verwirrung ihrer jungen Sinne,
Den Wunsch, den glühenden, ihn zu besitzen,
Mit allen Schrecknissen der Waffen rüstend.

Den anderen besitzen zu wollen geht in der Liebe nie gut, so tötet sie Achilles (ganz gegen die homerische Erzählung, wo sie das Opfer ist) und stirbt, als sie das Schreckliche der Tat erkennt, an gebrochenem Herzen. Der ekstatische Ton der Liebesduette ist einzigartig und völlig außergewöhnlich. Von anderer Art ist der *Prinz Friedrich von Homburg*. In der Schlacht von Fehrbellin hat der Prinz die Befehle missachtet und angegriffen statt stillzuhalten; er hat Preußen gerettet und wird zum Tode verurteilt für seinen Ungehorsam. Erst das Anerkenntnis seiner Schuld kann seine Begnadigung bewirken. Bruno Ganz, wer sonst, hat den Prinzen als traumverzückten Idealisten wieder bühnentauglich gemacht. Das *Käthchen von Heilbronn* ist ein durch und durch romantisches Ritterspiel mit dem Grafen Friedrich Wetter vom Strahl und seinem somnambulen Käthchen. Die *Familie Schroffenstein*, eine Familientragödie, bei der Agnes und Ottokar umkommen, war Kleists erster Versuch für die Bühne, die ihm zu Lebzeiten die kalte Schulter zeigte. Er hat mit der dramatischen Form gerungen, erst heute erkennen wir in ihm den Meister des Theaterfachs.

Als hätte er sich schon endgültig von uns abgewandt, mit einem letzten träumerischen Blick zurück, erscheint Heinrich von Kleist auf dem einzigen Bildnis, das es von ihm gibt. Die Haare fallen ihm tief in die Stirn, alles an seinem Gesicht ist rundlich, jugendfrisch, die Augen freundlich. Dies entspricht ganz dem sanften Charakterbild, das wir von ihm haben. Aus der reichlich erhaltenen Korrespondenz mit seiner Schwester Ulrike und den Freunden, Zschokke in der Schweiz oder dem treuen Rühle von Lilienstern, scheint es auf. Trotzdem gibt es einen ›Fall Kleist‹: Sein wahres Leben mag sich uns nur aus seinen Werken offenbaren.

Dieser Titan mit dem knabenhaften Gesicht stand literarisch auf den Schultern zweier Großer, die eine Generation vor ihm geboren waren und ihn dennoch überlebten. Der eine ist Johann Peter Hebel aus Basel. Sein Metier ist die Kürzestprosa, *Kalendergeschichten* oder Perlen aus dem *Schatzkästlein des Rheinischen Hausfreundes*. Patrick Roth, dieser moderne Mystiker, erinnert in einem Festvortrag an die Geschichte *Unverhofftes Wiedersehen* und rühmt ihre sprachliche Brillanz. Zu Recht. *In Falun in Schweden küßte vor guten fünfzig Jahren und mehr ein junger Bergmann seine junge hübsche Braut ...* so fängt dieser allerkürzeste Lebens- und Liebesroman an; der Bergmann stirbt noch am selben Tag bei einem Grubenunglück, wird aber erst viele Jahre später zufällig gefunden. Die geborgene Leiche ist durch die chemische Einwirkung des Stollens unverändert, nur die Braut von damals geht inzwischen an der Krücke. *»Es ist mein Verlobter«, sagte sie endlich, »um den ich fünfzig Jahre lang getrauert hatte, und den mich Gott noch einmal sehen läßt vor meinem Ende. Acht Tage vor der Hochzeit ist er unter die Erde gegangen und nimmer heraufgekommen.«*

> Rätselhaft ist manches Poetenleben und -sterben. Gehören Seltsamkeiten zur Aura des Außergewöhnlichen oder sind sie Stilisierungen eines Wichtigtuers? Das Genie ist uns wohl in mancher Hinsicht nicht völlig verständlich, es entzieht sich der Beurteilung.

Vom entgegengesetzten Ende des deutschen Sprachraums kommt Matthias Claudius oder *Asmus* oder der *Wandsbecker Bote*, wie beliebe. Bei seinem Werk handelt es sich um eine Mischung aus literarischen Plaudereien und lyrischen Stücken, darunter etwa das *Abendlied*. Um die vielen Missverständnisse zu charakterisieren, die Claudius umgeben, erinnere ich Dich an die Szene aus dem Film »Rosen für den Staatsanwalt« von Wolfgang Staudte, in der Martin Held, der den korrupten und durch seine Nazivergangenheit kompromittierten Staatsanwalt spielt, erbittert über den Widerstand seines Stiefsohnes gegen seine Autorität, der aus den Fugen geratenen Familie mitteilt: »Jetzt les' ich ein Gedicht vor!« Die brennende Zigarre überreicht er der Komplizin von Ehefrau, stülpt die Brille über die Nase und beginnt:

»*Der Mond ist aufgegangen*
Die goldnen Sternlein prangen
Am Himmel ... «
Pause –
»*hell* ... «
Pause und bedeutsamer Blick –
» ... *und klar;*
Der Wald steht schwarz und schweiget
Und aus den Wiesen steigt
Der weiße Nebel wunderbar.«

Der Zigarrenrauch steigt auf und umnebelt die Gesichter. Die Gattin wiederholt: »Wunderbar!« So war das also mit Matthias Claudius, dem Feiertagspoeten und Spezialisten für Besinnlichkeit. In Wahrheit war Claudius, wie Kleist, Zeitungsmann mit Sinn für Prägnanz und Kürze. Und in seinem ungekünstelt naiven Ton erinnert er an die große Tradition protestantischer Kirchenlieder, wie sie Bach zu unvergänglichen Chorälen gesetzt hat, *O Haupt voll Blut und Wunden*, oder, näher an Claudius: *Geh aus mein Herz und suche Freud*, beides von Paul Gerhardt vom Anfang des Siebzehnten Jahrhunderts.

Mit seinen Novellen befindet sich Achim von Arnim ganz nahe bei Kleist. *Isabella von Ägypten*, eine Geschichte von der Zigeunerin, die mit Kaiser Karl V. verbunden war, *Der tolle Invalide auf dem Fort Ratonneau* über den Kommandanten, der durch eine Verletzung wahnsinnig wird und ein Feuerwerk abbrennen lässt, oder *Fürst Ganzgott und Sänger Halbgott*, eine Burleske aus den Badeferien, zeugen von seiner Kunst. Arnim trat ähnlich wie Ludwig Tieck auch mit einer Vielzahl von Gedichten und Theaterstücken hervor, die heutigentags uns Lesern und Abonnenten sorgfältig vorenthalten werden. Er schrieb aber auch zwei Romane, die eher konventionelle *Gräfin Dolores* und die aufregende, abenteuerliche Geschichte der *Kronenwächter*. Die wuchernde Handlung, im geschichtlichen Umfeld der Staufer um eine imaginäre Kronenburg am Bodensee angelegt, wuchs dem Autor dermaßen über den Kopf, dass das Buch nach sechshundert Seiten halbfertig liegenblieb. Aber was für eine prächtige Leiche! Es lohnt sich, die geheimnisvoll im Verborgenen agierenden *Kronenwächter* lesend zu entdecken. Arnims Frau hieß Bettina, geborene Brentano. Zwischen Kinderaufzucht und Alltagsnöten schrieb sie ein schönes Buch über ihre unglückliche Dichterfreundin Karoline von *Günde(r)rode*. Den *Briefwechsel mit einem Kinde* führte Goethe mit der überaus phantasiebegabten zweiundzwanzigjährigen Bettine, die sich früh zur literarischen Skandalnudel entwickelte. Ihre Begeisterung für Goethe wie ihre Eifersucht auf dessen Christiane nahmen beängstigende Formen an, bis es zum Bruch zwischen den beiden kam. Doch wird sie, wie Du gleich hörst, für eine Versöhnung jenseits des Grabes sorgen.

Arnims Schwager war Clemens Brentano, der als fröhlicher Märchenschreiber begann und später, wohl durch seine unglückliche (zweite) Ehe gebeugt, ein ernsthafterer Geist wurde, der sich mit dem Mysterium der die Leidensmale Christi tragenden Nonne Anna Katharina Emmerick beschäftigte. Ihm verdanken wir den verworren-verspielten Roman *Godwi*, der allerdings einige der schönsten literarischen Schliche der Romantiker feilbietet, wenn etwa der Romanheld den Autor in wichtigen Details verbessert. Ähnliches hatte auch Ludwig Tieck auf dem Theater veranstaltet, wo sein *Gestiefelter Kater* von der Bühne aus in erregte Debatten mit Herrschaften aus dem Publikum gerät. Bevor Achim von Arnim nach Berlin ging und Brentano sein Schwager wurde, hatte er mit ihm zusammen in Heidelberg für das Volkslied das geleistet, was die Grimms dem Märchen antaten: In *Des Knaben Wunderhorn* vielerlei gesammelt, dabei mehr oder weniger behutsam nach- und umgedichtet und einen Ton gefunden, der dauerhaft faszinierte. Auch hier hat Gustav Mahler mit üppiger Jugendstil-Orchestrierung erreicht, dass uns diese so simpel klingenden Lieder immernoch und wieder im Ohr sind. Sein Name ist mit Arnim, Brentano und dem »Wunderhorn« unlöslich verbunden.

In Berlin ansässig waren ebenso Adelbert von Chamisso und Friedrich de la Motte *Fouqué*, dem der unermüdliche Arno Schmidt eine große, erhellende Studie gewidmet hat. Chamisso, eigentlich – schöner geht's nimmer! – Louis Charles Adélaïde de Chamissot de Boncourt, war mit seiner Familie vor den Verfolgungen im Zuge der französischen Revolution geflohen, während Fouqué einer Hugenottenfamilie entstammte, also Nachfahre protestantischer Franzosen war, die den Greueln der Bartholomäusnacht in die preußische Religionsfreiheit entronnen waren. Das Mittelalter wurde Fouqués Leidenschaft; mit dem *Zauberring* erträumte er sich eine Welt von Rittertum und Heldenmut im Roman. *Undine*, die Nixe, die einen Menschen liebt und dafür vom Wassermann schrecklich bestraft wird, ist seine bekannteste Schöpfung – ein klassisches Opernsujet, vielfach vertont, unter anderem von E.T.A. Hoffmann und Albert Lortzing; Fouqué, mit dem Großteil seiner Werke vergessen, schrieb solche hübschen, harmlos erscheinenden Erzählungen, die, wie grimmsche Märchen, erst in der Tiefendeutung ihre schwarzen Rachen aufreißen. Chamisso, ein kühler Verstand, der auch für sein soziales Empfinden und seine Hinwendung zu naturkundlicher Erkenntnis unsere Neugierde verdient, erfand die Figur des *Peter Schlemihl*[127], eine Art Faust im Taschenformat oder auch vaterlandsloser Geselle nach des Autors eigenem Vorbild. Als Naturforscher ist Chamisso weniger bekannt. Über seine Erlebnisse verfasste er den faszinierenden Bericht einer *Reise um die Welt*.

Das lag in der Luft. Wieder einmal haben wir da etwas, das notwendig wurde, nur noch die ausführende Hand und Feder brauchte. Während die Aufklärung von den hellen Geistern gefordert hatte, zu Hause zu bleiben und dort für Licht zu sorgen, stürmen nun die Wissbegierigen in alle Richtungen der Windrose los, um die letzten verborgenen Winkel auszuleuchten und dem staunenden Publikum zu Hause kund zu tun, wie es in der Welt aussieht. *Kosmos* heißt folgerichtig und programmatisch das Monumentalwerk des größten Universalgelehrten des Zeitalters, Alexander von Humboldt. Neben den toten übt und beherrscht man jetzt auch (fast) alle lebenden Sprachen sowie den eigenen Körper durch entsprechendes Training und nutzt das alles zur Welterkundung; so dringt Humboldt bis an den Gipfel des Chimborazzo vor und bringt von dort sein anderes Großwerk mit: *Forschungsreise in den Tropen Amerikas*. Doch schon zuvor war Georg Forster nicht nur zum *Niederrhein*, sondern gleich um die Welt gereist, hatte mit Käpt'n Cook speziell die Schönheit der Südsee kennengelernt und dem neugierigen deutschen Leser davon in s e i n e r *Reise um die Welt* alles Wissenswerte mitgeteilt. Romantik ist nicht nur die Liebe zur Natur, sondern auch das Bemühen, sie zu verstehen, um sie damit zu einem Bestandteil des eigenen Lebens zu machen. Romantik bedeutete andererseits auch ein alchimistisches Labor, in dem lite-

---

[127] Der Mann, der seinen Schatten verkauft hat, taucht in »Hoffmanns Erzählungen« im Venedigakt auf, kurz nachdem die unsterbliche »Barcarole« verklungen ist; so macht Offenbachs Oper wieder gut, dass E.T.A. Hoffmann, der Mann mit den tausend Einfällen, sich einmal die Schlemihl-Idee bei Chamisso ausgeborgt hatte für seine *Geschichte vom verlorenen Spiegelbilde*.

rarische Rezepte für kommende Generationen ausprobiert wurden. Unser Hunger nach (Urlaubs-)Erlebnissen weltweit hat hier seinen Ursprung.

In dieser Hinsicht einzigartig war und blieb Johann Paul Friedrich Richter aus Wunsiedel, damals zum Fürstentum Bayreuth gehörig, ein poetischer Erzschelm. Er verkörpert die sonnig-heitere Seite der Epoche, eine Art literarischer Spitzweg voller skurriler Figuren und Einfälle, mit denen er groß angelegte Romane spickte. Seine Herkunft aus Provinz und Kleinstaaterei machte er zum Markenzeichen, Orte wie Kuhschnappel zum Nabel der Literaturwelt. Der schrulligen Gestalten ist Legion, da gibt es den geräuschempfindlichen Armenadvokaten Firmian Stanislaus *Siebenkäs*, der von seiner putzwütigen Gattin drangsaliert wird, bis er sich ihr durch Scheintod entzieht, das *vergnügte Schulmeisterlein Maria Wutz in Auenthal*, der sich die Bücher, deren Titel er aus dem Leipziger Messekatalog entnimmt, in Ermangelung der Originale selber schreibt, und *Quintus Fixlein* hat Angst davor, zweiunddreißig Jahre alt zu werden. *Der Komet* begleitet den Aufstieg des schwarzkünstlerisch veranlagten Nikolaus Marggraf vom Apotheker, der in seiner Freizeit Diamanten backt, zum Markgrafenlehrling, *Des Feldpredigers Schmelzle Reise nach Flätz* wird zu einer Expedition in die Angstregionen der menschlichen Seele mit glücklichem Ausgang, in den *Flegeljahren* errichtet ein hinterlistiger Notar das gemeinste Testament aller Zeiten und was dergleichen Grillen und Schnurrpfeifereien sonst noch sind. Statt ausgefeilter Handlung zeigt er Typen, auch uns ganz zeitgemäß erscheinende wie den *Jubelsenior*. Und ihm gebührt das Verdienst, die gespaltene Persönlichkeit literaturfähig gemacht zu haben. Jeder Charakter aus einem seiner Werke ist eine Abspaltung seines eigenen Charakters und zugleich weiter, mindestens in zwei Teile, gespalten. Mit Siebenkäs und dessen Busenfreund Leibgeber hatte er schon ein solches Pärchen aus seinem Geiste geschaffen, in den *Flegeljahren* treibt er die Spalterei auf die Spitze mit den Zwillingen (Gott)Walt und Vult, die sich zwischendurch verlorengehen – das glückliche

Ende des auf mehrere tausend Seiten berechneten Werks erlebten weder die Getrennten noch der Autor. Unter Tränen zu lachen ist eine Fähigkeit, die seinen Lesern Not tut.

Die Weiblichkeit lag ihm besonders am Herzen, ihr galt seine ganze Einfühlung, sie war seine treueste Leserschaft und liebte ihn – wie es auch heutigen Popstars ergeht – vor allem, solange er Junggeselle blieb. Aber auch er, der Ehescheue, ward schließlich eingefangen. Der frühe Tod des Sohnes indes geriet ihm noch zum tragischen Wendepunkt des eigenen Lebens.

Meisterstück des Jean Paul – wie er sich als Schriftsteller französisierend in Verehrung der großen Aufklärer nannte – wurde sein *Titan*, den auch Gustav Mahler liebte und zum Namengeber seiner Ersten Symphonie machte. Er spielt in höfischen Kreisen und ist ein Erziehungs-, Reise-, Schauer- und Liebesroman, indem er mit der Aufzucht des Deutsch-Spaniers Albano de Cesara aus Blumenbühl dessen transalpine Erlebnisse und verwirrenden erotischen Abenteuer verbindet. Sein subversiver Widerpart heißt Karl Roquairol und stellt dem italophilen Jüngling das Prinzip der französischen Vernunft entgegen. Das kann nicht gutgehen. Die Lektüre seines Meisterwerks macht uns der Sprach- und Gedankenartist Richter nicht einfach, sein Metier ist die Arabeske, mit Myriaden von Vergleichen, Bildern, Gleichnissen und Parabeln schmückt er die Fassade seines Werks. Ein eigenes Lexikon füllen die Schwanzsterne, Mantelfische, Donneresel und anderen Worterfindungen allein, die seinem witzigen Kopf entspringen; Zoologie und Metaphorologie schießen stets durcheinander, auch wenn eine Dame einen Gibbon zur Hand nimmt. Dann läßt der Autor offen, ob sie sich mit einem langarmigen Primaten oder einem Werk des bahnbrechenden britischen Historikers abgibt. Für die kokette Leichtigkeit, mit der selbst politisch brisante Aspekte paraphrasiert werden, stehe folgendes Beispiel: Der Minister in Blumenbühl hat einen vortrefflichen Mitarbeiter namens Bouverot (ein verbissener Franzmann im Kampf gegen die vorherrschende Italianità), *der mit seiner klebrigen Spechts-Zunge das Gewürm aller Geheimnisse ungesehen aus allen mürben Thron-Ritzen leckte* ... Und dann feiern wir noch ein Wiedersehen mit Stanislaus Siebenkäs, unter dem Falschnamen Schoppe der rauhbauzige Prinzenerzieher, der zum Schluss in geistiger Umnachtung endet; sein Alter Ego Leibgeber übernimmt seinen Platz – ein erzählerischer Kniff, der bis heute sitzt. Jean Paul brennt ein tausendseitiges Feuerwerk von blendhellen Sprach-Raketen ab, das seinen Lesern aber leider das Tragen einer Sonnen-Brille ernötigt. Im *Komischen Anhang zum Titan* kann man nicht nur seitenlang blättern, ohne ein Wort zu verstehen, dort findet sich auch *Des Luftschiffers Gianozzo Seebuch.* Der Luftraum wird als Spielwiese des Geistes entdeckt und lockt, dem traurigen Ende des avantgardistischen Aviatikers zum Trotz, der samt Flugapparat vom Blitz auf die Erde zurückgeschickt wird, mit unendlichen Weiten. Ein gutes Zeichen für heraufziehende Zeitalter.

»*Nein, ich will s e i n , nicht h a b e n* «, resümiert Albano höchst modern als Quintessenz der ihm angediehenen fürstlichen Erziehung. Jean Paul transportiert in seinen großen, langen – bis langatmigen – Werken sein philosophisches System als Konterbande mit. Den seiner Zeit suspekten Individualismus und seine ungemütliche Antibürgerlichkeit schmuggelt er so geschickt, dass bei aller guten Laune nur wenige seiner Leser stutzig wurden. Dabei liegt das Erproben von Systemen in der Luft; der Feier des Geistes bei Descartes (*cogito sum*) und Spinoza sowie der Schöpfung bei Leibniz, dessen Monade das göttliche Universum spiegelt, folgte die Monumentalisierung der (preußisch geprägten) Staatsräson erst bei Kant, dann bei Fichte, Idealismus genannt. Mit Georg Wilhelm Friedrich Hegel erreicht dieser Ansatz der Weltbewältigung seine Vollendung. Hegel war der größte Systematiker von allen und entwickelte sein für hundert Jahre als unantastbarer Maßstab geltendes Theoriegebäude, in dessen Fundament der Begriff der ›Dialektik‹ eingelassen ist, während den bei seinen Studenten teuer geschätzten Vorlesungen.[128] Gefährlich war nur, in den ersten Reihen zu sitzen, denn Hegel liebte es, während des Kollegs zu schnupfen; er feuerte wahre Tabakkanonaden auf seine Hörer ab. Bis heute ist dieser Beschuss auf den Blättern ihrer Mitschriften deutlich erkennbar. Hegels Weltklugheit ermöglichte ihm die Heirat mit der Brauereibesitzerstochter Marie von Tucher, die ihm den Rest seines Lebens Brotarbeit überflüssig machte. So klug er auch gewesen sein mag, sein Porträt trägt erschreckende Züge, zeigt ein ausgemergeltes, langnasiges Gesicht mit, pardon, irre blickenden Augen.

Romantisches Denken stand zu all dem quer. Liebe, Glaube und Naturbezug waren seine entscheidenden Werte, ideal verkörpert in der Person des Georg Friedrich von Hardenberg, der sich Novalis nannte. Neben seiner Betätigung als Denker im Kreis um die Brüder Schlegel und Ludwig Tieck schuf er als Dichter die *Hymnen an die Nacht*, Preislieder von Licht und Schatten, und die fragmentarischen *Lehrlinge zu Sais*, keine Handlungs- sondern Gedankenliteratur. Die ›blaue Blume‹, an der sich nächtens die Phantasie seines jugendlichen Romanhelden *Heinrich von Ofterdingen* entflammt, das Sinnbild der Romantik, wird Dir als Erfindung Novalis' in Erinnerung bleiben. Er starb mit nur neunundzwanzig Jahren.

Goethe lebt immernoch. Er arbeitet, zahnarm geworden und grau, mit staunenswerter Vitalität an seinem Nachleben, seinem Nachruhm. Und findet für diesen Zweck einen jungen Mann, den er zu seinem Werkzeug macht. Johann Peter Eckermann suchte zunächst Goethes Nähe, wollte ihm dienen – und wurde

---

[128] Damals und bis nach dem Zweiten Weltkrieg zahlten die Studenten dem Professor als Hörgebühr für seine Vorlesung das ›Kolleggeld‹. Aber das ist noch gar nichts. Damals zahlten auch Lehrlinge dem Meister ein ›Lehrgeld‹. So fremd sind uns diese Zeiten geworden.

sein wandelnder Notizblock. In den *Unterhaltungen mit Goethe in seinen letzten Lebensjahren* liefert er Stichwörter, zu denen der alte Dichterfürst dann monologisiert, über Gott und die Welt, sozusagen. Aber gerade auf diese Weise entstand ein einmaliges Dokument, wie wir es nicht einmal heute erhalten, wenn bei einem Interview die Kamera mitläuft: Eckermann begleitete Goethe tatsächlich fast rund um die Uhr. Er war von seiner Aufgabe so in Anspruch genommen, dass er seine langjährige Verlobte erst heiraten konnte, als Goethe dann endlich doch starb.

> Nicht sterben zu können ist ein Vorwurf, der gegen lästige Alte gerne erhoben wird, seit je.

Aber er starb im Triumph, vorher sein Lebenswerk abgeschlossen zu haben – wie er tatsächlich kaum etwas Unvollendetes zurückließ. Der *Faust* hatte ihn sein ganzes Dichterleben lang begleitet, und Goethe war ängstlich, seine Arbeit dem Publikum zu offenbaren – auch der Tragödie *Zweiten Teil* ließ er versiegelt zurück. Doch war er überzeugt, mit diesem Stück das Beste geleistet zu haben, wozu Dichtung fähig ist, ein Menschheitsdrama mithin.

Mit dem Vers

Ihr naht euch wieder, schwankende Gestalten

hatte Goethe die liegengelassene Arbeit an Teil I wiederaufgenommen. In Teil II führt er (als Mephisto) Faust aus der Enge von Studierstube und Kerker in die Weiten von Raum und Zeit. Er begegnet Helena, der schönsten aller Frauen, dem Kaiser in seiner Pfalz und den Philosophen Thales und Anaxagoras in der Klassischen Walpurgisnacht. Der stets enttäuschte Sucher Faust, erblindet durch den Anhauch der Sorge, erlahmt in seinem Kampfeseifer gegen die Ordnung der Welt, entsagt seiner Unsterblichkeit und erlebt das Spatenklirren, als bereits sein Grab geschaufelt wird, als Tat letzter Nützlichkeit: Er vermeint, ein Sumpf werde trockengelegt. Anstatt dass Mephistopheles am Ende triumphiert und mit Fausts Seele in die Hölle fahren kann, wird sie in einer mystischen Schlussszene in den Himmel erhoben:

*Das ewig Weibliche
Zieht uns hinan.*[129]

Die Musik kam auch zu Goethe als Trösterin. Mit dem Komponisten und vormaligen Maurermeister Carl Friedrich Zelter, dem die unvergleichlich stimmige Vertonung seines Gedichtes

Um Mitternacht

*... ging ich, nicht eben gerne,
Klein, kleiner Knabe, jenen Kirchhof hin
Zu Vaters Haus, des Pfarrers, Stern an Sterne
Sie leuchteten doch alle gar zu schön;
Um Mitternacht.*

gelang, verband ihn eine Altersfreundschaft der Väter, denen die Kinder schon dahingegangen waren. Die Verbundenheit der beiden war so stark, dass sie einen der schönsten *Briefwechsel* in deutscher Sprache führten und dass Zelter, kaum hatte er die Nachricht vom Tod des Freundes erhalten, die eigenen Augen für immer schloss.

Und auf Goethes Knien ritt der kleine Felix Mendelssohn-Bartholdy, der fleißig »Lieder ohne Worte« komponieren würde, vor allem aber Wiederentdecker des größten aller musikalischen Genies war, von Johann Sebastian Bach, und dessen allergrößtes Meisterwerk, die »Matthäuspassion«, neu herausbrachte. Ja, auch der musste wiederentdeckt werden, nie hat es in Ge-

---

[129] Ich wage es kaum zu sagen, aber wieder Gustav Mahler hat die adäquate Vertonung besorgt, in seiner Symphonie Nr. VIII, wegen ihres enormen Personalbedarfs auch »Symphonie der Tausend« genannt.

schmacksdingen so etwas wie einen ›Kanon‹ gegeben. Jede Generation muss alles, im Guten wie im Schlechten, neu sich aneignen, es einordnen und bewerten.

Goethe hatte das Ende seiner Epoche lange überlebt, hatte aber wie kaum ein anderer Dichter je das Vergnügen, seinen eigenen Nachruhm zu genießen, fleißig unterstützt von seinem kongenialen Verleger Cotta, der für das Aufblühen des Buchhandels insgesamt, aber auch für die wichtige Aufgabe und Verantwortlichkeit des Verlegers im Besonderen rühmend zu nennen ist. Er gab Goethes Werke in der Form heraus, die der Meister wünschte, und übernahm das wirtschaftliche Risiko dafür. Mit dem *Werther* und dem *Faust* hatte Goethe sich unsterblich gemacht und Cotta wohlhabend. Den Titel eines Europameisters im Dichten musste er sich jedoch mit Walter Scott, dem Schotten, teilen, der allerdings ein eigenes Betätigungsfeld beackerte, das des historischen Romans; gemeinsam waren sie die größten Berühmtheiten ihrer Zeit.

Goethes Tod steht für eine Zeitenwende. Eine neue Dichtergeneration hatte nichts Eiligeres zu tun, als seine Lebensleistung zu annullieren. Auf Besuch beim greisen Weimaraner hatte ein junger Dichter voller Selbstvertrauen verkündet, er arbeite selbst an einem *Faust*; zufrieden konnte er konstatieren, wie der Alte zusammenzuckte. Der vielversprechende Jüngling hieß Heinrich Heine. Zeichen für den Umbruch ist die erbitterte Fehde, die Heine gemeinsam mit Karl Immermann – der eine aus Düsseldorf, der andere von Magdeburg her dorthin zugezogen – gegen den altmodischen und verarmten Grafen August von Platen austrug. Der hatte in seiner Komödie *Der romantische Ödipus* des Juden Heine Konversion zum Protestantismus zum Anlass einer rüden Attacke genommen, ihm den ›Makel‹ der Beschneidung vorhaltend. Heine, wenig skrupulös, machte in den *Bädern von Lucca*, im dritten Teil seiner auch sonst vorbildlos originellen *Reisebilder*, Platens schwächste Stelle zum Ziel s e i n e r Späße.

Originalton Heine: ... *der Graf Platen werde Mönch und ginge ins Kloster. Böse Zungen meinten, daß ihm das Gelübde der Armut und die Enthaltung von Weibern nicht schwerfallen werde* ... Assistiert wurde ihm von Immermann, der den Grafen als *Im Irrgarten der Metrik umhertaumelnden Kavalier* präsentierte. Das Publikum jubelte über solch handfeste Späße: Das spottlustige Duo obsiegte, der beschämte Platen fiel auf dem Blachfeld der literarischen Ehre – in die Ungunst der Leser.

Als Jude und politischer Aktivist, gelernter Bänker und promovierter Jurist und später Emigrant steht Heine für ein neues Selbstbewusstsein in der Literatur. Konsequent geht er, dem alle Türen offenstehen, seinen eigenen Weg – als Künstler. Dazu gehört genauso das Auslüften überkommener Formen. Das Naturgedicht? Liquidiert. Der empfindsamen jungen Dame, die den Sonnenuntergang bewundert, teilt er mit:

> *Mein Fräulein! sein Sie munter,*
> *das ist ein altes Stück.*
> *Hier vorne geht sie unter*
> *und kehrt von hinten zurück.*

Für den Liebeskranken hat er genauso wenig Verständnis:

> *Er hat verloren seinen Schatz,*
> *Drum ist das Grab der beste Platz,*
> *Wo er am besten liegen mag,*
> *Und schlafen bis zum Jüngsten Tag.*

So leicht ist Heine, der selbst im Pariser Exil viele Jahre bettlägerig von seiner Frau Mathilde gepflegt wurde (er nannte das seine Matratzengruft) und an Krankheit, Geldnot und ausbleibender Anerkennung litt, nicht zu packen. Er konnte auf allen Klavieren spielen, schrieb mit dem *Rabbi von Bacharach* eine die Tradition hochhaltende Novelle, traf mit der *Lorelei:*

Ich glaube, die Wellen verschlingen
Am Ende Schiffer und Kahn;
Und das hat mit ihrem Singen
Die Lorelei getan.

den Volksliedton wie kein anderer zuvor oder danach, schuf große Abrechnungs- und Sehnsuchtspoeme wie *Atta Troll – Ein Sommernachtstraum* und *Deutschland – Ein Wintermärchen*.

Denk ich an Deutschland in der Nacht,
Dann bin ich um den Schlaf gebracht,
Ich kann nicht mehr die Augen schließen,
und meine heißen Tränen fließen.

Seine *Nachtgedanken* galten von Paris aus auch der politischen Lage jenseits des Rheins, mehr aber der dort zurückgelassenen alten Mutter. Und todkrank noch gelang ihm das entzückende *Bimini*:

Kleiner Vogel, Kolibri!
Kleines Fischlein, Brididi!
Fliegt und schwimmt voran und zeiget
Uns den Weg nach Bimini!

Dioskuren nannten die Griechen die Zwillinge Kastor und Polydeukes, weil ihre Freundschaft ewig währte und Zeus ihr Vater war. Als Sterne erster Größe stehen Castor und Pollux im Winter horizontnah an unserem Himmel. *Dioskuren* hieß die Zeitschrift des »Jungen Deutschland«. Goethe und Schiller bezeichnet die verehrende Germanistik gerne so. Kein Dioskurenpaar waren Heinrich Heine und Ludwig Börne. Dabei waren sie sich – außer im Äußeren: der eine blond und sonnig lächelnd, der andere dunkel und vergrübelt, mit hängenden Tränensäcken – so ähnlich. Auch Börne war konvertiert, studiert und erst in Frankfurt ansässig, wo sie sich auch kennenlernten, bevor beide die französische Metropole zu ihrem Lebensmittelpunkt machten. Auch er warb für Gleichberechtigung und Freiheitlichkeit, verstand sich besser mit Frauen, schrieb mit spitzer Feder und scharfem Witz gegen Unterdrückung und Zensur. Und wie Heine dem Grafen Platen, so rückte Börne dem Fürsten Pückler satirisch zuleibe in *Menzel der Franzosenfresser*[130] – und legte sich das Fell des erlegten Salonlöwen vor den Kamin. Seinem ersten Biographen Gutzkow galt er als Jean Pauls legitimer Erbe. Und zunächst hatten sie sich auch gemocht, im jeweils anderen den herausragenden Kopf erkannt. Aber zwei so Gleiche an einem Ort, das konnte nicht gutgehen. *Lutetia* wie der Römername für die Hauptstadt Frankreichs hießen Heines Feuilletons, *Briefe aus Paris* waren Börnes Beobachtungen und Eindrücke, die er der Freundin Jeanette Wohl schrieb und in denen er Heine Selbstüberschätzung vorwarf. Heine rächte sich – post mortem – mit seiner *Denkschrift* über und an *Ludwig Börne*, seiner hitzigen Art getreu persönlich und beleidigend werdend. Börne aber war ein Kämpfer für eine bessere Welt. So wollen wir ihn, nach dem ein aktueller

Das Dichter-Team, immer wieder hat es das gegeben. Man sollte es kaum glauben, hält man doch das Verseschmieden für ein einsames Geschäft. Mehr noch als die Freundschaften pflegen die Reiter des Pegasus aber stets ihre Fehden mit verhassten Rivalen der Feder; wichtig nur, dass es dabei Publikum gibt.

---

[130] Mit dieser Schrift attackierte Börne seine Gegner in Deutschland, voran Wolfgang Menzel, Gutzkows Lehrmeister und zeitweiligen Freund, einen Literaturkritiker aus Stuttgart. Der ist eine blasse Figur geblieben, auch wenn er den Spruch von den Deutschen tat, die es liebten ›zu denken und zu dichten‹. Der splendide Fürst Pückler war damals und ist auch heute wieder viel interessanter. Das hatte Börne gleich gemerkt und knöpfte sich ihn und seine Laissez-faire-Haltung vor, mit Erfolg. Als ›Kotsassen‹ der *Allgemeinen Zeitung* beschimpfte er ihn (was immer das zu bedeuten haben mag; zu diesem Organ aus dem Hause Cotta war immerhin auch Heinrich Heine ein wichtiger Beiträger)!

Preis für politische Journalistik benannt ist, in Erinnerung behalten.

Die Epigonen nannte Karl Leberecht Immermann seinen Roman zur Nach-Goethe-Zeit (die Epigonen waren die Nachfahren der Diadochen, der Generäle Alexanders des Großen, die sein Riesenreich unter sich aufgeteilt und alsbald sein Erbe vertan hatten), in dem das Aufeinandertreffen der überkommenen Adelswelt mit der Wirtschaftsmacht des neuen Bürgertums geschildert wird. Er schrieb noch einen zweiten Roman, den burlesken *Münchhausen* mit dem eingebildeten Enkel des Lügenbarons als großmäuligem Helden, in dessen Geschichte geschickt Fäden der idyllisch verklärten *Oberhof*-Novelle vom schönen Landleben verwoben sind. Am lebendigsten ist Immermann mit seinen *Memorabilien* geblieben. In ihnen setzt er dem im Suff gestorbenen Freund Christian Dietrich Grabbe, dem genialen Dramatiker und Menschenhasser, einen angemessenen Gedenkstein. Grabbe, der zu den größten Hoffnungen berechtigt hatte – auch e r schrieb einen (*Don Juan und*) *Faust* –, kam zeit seines Lebens nicht aus dem Dunstkreis seiner Heimatstadt Detmold heraus; viele seiner besten Werke blieben unaufgeführt. Sein bekanntestes Stück *Scherz, Satire, Ironie und tiefere Bedeutung* beginnt mit dem am Tisch sitzenden Schulmeister. Er schenkt sich aus einer großen Flasche ein Glas nach dem andren ein und sagt dazu »*Utile cum dulci, Schnaps mit Zucker!*« Ein kleiner, schöner Trinkspruch auf das Genie Grabbe.

Mit Joseph von Eichendorff und Ludwig Uhland sterben die letzten Romantiker. Der Schwabe wirkt bis heute als Philologe nach mit seiner *Geschichte der Deutschen Poesie im Mittelalter*. Der Preuße Eichendorff hatte nicht viele Einfälle. Sein Roman *Ahnung und Gegenwart* enthält das banale Verkleidungsmotiv der Frau als Mann, das ich schon in der ansonsten anmutigen und schön naiven Novelle *Aus dem Leben eines Taugenichts* fade finde. Der Taugenichts erlebt auf einer Italienreise allerlei, was zu lesen Freude macht, und kommt als ein anderer zurück. Vor allem aber singt er fröhliche Lieder.

Wem Gott will rechte Gunst erweisen,

dafür bin ich Eichendorff auf jeden Fall dankbar und singe es vergnügt mit. Auch für *Das Marmorbild*, die Handlung spielt in der schönen Stadt Lucca, und *Das Schloß Dürande* danke ich ihm, auch wenn er in seiner Monomanie darin wieder auf das verdammte Verkleidungsmotiv zurückgegriffen hat, womit er uns dazu noch in *Dichter und ihre Gesellen* quält. Gemessen an seiner Entstehungszeit ist dieser Roman Romantik jenseits des Verfallsdatums. Drei Schicksale von hoffnungsvollen jungen Männern, die das Dichten anfangen, entwickeln sich ganz verschieden, je nachdem, mit welcher Frau sie sich zusammentun. Das wirkt schematisch und völlig unecht, so halt, wie mancher ›Romantik‹ verstehen will, und dazu war es bereits damals hoffnungslos altmodisch.

Otto Ludwig, den heute nur wenige kennen, war der erste literarische Realist bei uns, nur wenige Jahre jünger als Eichendorff. *Zwischen Himmel und Erde* heißt sein bestes Werk. Es spielt in Dachdeckerkreisen und schildert das Beziehungsdreieck einer zwischen zwei Brüdern stehenden Frau. Mit der Doppelgeschichte *Die Heiterethei* und *Aus dem Regen in die Traufe* gab er nebenbei dem Heimatroman seine bewährte Gestalt.

Aufwiegler oder Biedermann, das waren die Optionen für den Literaten der nachnapoleonischen Ära, als Revolutionen und Restaurationen aufeinander folgten wie Ebbe und Flut. Möge jeder selbst entscheiden, wer wohin gehört. Georg Büchner aus Darmstadt jedenfalls, wo heute der nach ihm benannte wichtigste deutsche Literaturpreis verliehen wird, schrie nicht nur »*Friede den Hütten! Krieg den Palästen!*«[131], sondern schrieb mit dem *Woyzeck* das erste moderne Drama. Die Frage des Doktors, ob der arme Woyzeck seine Hülsenfrüchte schon gegessen habe,

---

[131] Den Slogan hatte er sich beim französischen Moralisten und Revolutionsopfer Nicolas Chamfort ausgeliehen.

gellt jedem im Ohr, der eine Aufführung des Stücks oder auch der Oper »Wozzeck« von Alban Berg gesehen und gehört hat. Die weitaufgerissenen Augen Klaus Kinskis erscheinen mir mit der Figur verschmolzen, wie er zum Schluss im Wasser nach dem Messer sucht, mit dem er gerade seine Marie erstochen hat. *Dantons Tod* über die Perversion der Revolution und *Leonce und Lena*, eine empfindsame Staatsaktion im Reiche Popo, sind ebenfalls Repertoirestücke jedes Stadttheaters geworden. Mit der Erzählung *Lenz* tut man sich da schon schwerer. Die Episode aus dem Leben des Sturm und Drang-Dichters beginnt so einmalig schwerelos *Den 20. ging Lenz durch's Gebirg*. Aber Dichter und Erzählung enden im Wahnsinn. Büchner kannte sich aus, immerhin hatte er *Über das Nervensystem der Barben* in Zürich promoviert. Von allen Frühvollendeten ist Büchner der früheste geblieben. Er starb mit dreiundzwanzig Jahren.

Stelle ich mir Lenz im Gebirge vor, denke ich unwillkürlich an Bilder von Caspar David Friedrich wie seinen »Wanderer über dem Nebelmeer«. Einsame Figuren, hermetische Situationen, die Gewaltsamkeit der Natur – erinnere Dich nur an die wie Wolkenkratzer aufragenden zackigen Schollen im »Eismeer«! – das entbehrt völlig der Gemütlichkeit, die wir dem Begriff ›Romantik‹ gerne beigesellen möchten, im Gegenteil: Hier wird das Ungeborgene, die Unbehaustheit des Menschen dargestellt. Sein »Mönch am Meer« ist so modern, als wären Nolde und Feininger von der Muse geküsst. Auch hier ist die Malerei mit ihren kühnen Möglichkeiten bereits weiter als die Kunst des Wortes, Friedrichs Bilder deuten in eine ferne Zukunft, in unsere.

Büchner war die Vorhut des ›Vormärz‹, also der Zeit, die noch bis zur Deutschland umformenden Märzrevolution von achtzehnhundertachtundvierzig vergehen wird; Männer namens Weerth, Herwegh (der schön wie Antinoos war und dessen Witwe Frank Wedekind in Paris kennenlernt, ein Anekdotenschatz vergangener Zeiten) und Freiligrath machen Gedichte, die anklagen und aufrütteln. Und ein Land der Zukunft beschreiben,

Wo nur der Eintracht Fahnen wehen,
wo uns kein Hader mehr zerstückt!
Wo der Mensch von der Menschheit Höhen
unenterbt durch die Schöpfung blickt![132]

Das journalistische Tagesgeschäft übernehmen Heinrich Laube und Karl Gutzkow. Ganz nebenbei schreibt dieser Gutzkow zwei der zumindest unterhaltendsten, wenn schon nicht erstaunlichsten Romane, und die dicksten dazu: *Die Ritter vom Geiste* und – weniger gelungen – *Der Zauberer von Rom*, vieltausendseitige, kühne Phantasieprodukte, mit denen er je ein Panorama der protestantischen und katholischen Welt, gemischt aus einer großen Verschwörungsaktion, Gesellschaftlichem und spannenden Abenteuern, zu bieten unternahm.[133] Sie nennen sich »Junges Deutschland« und träumen, die neuen Goethes zu sein. Mit dem alten sind sie nämlich fertig, Börne rezensiert ihn in Grund und Boden, der geniale Gutzkow fühlt sich gar bemüßigt, ihn in einem Essay zu ›loben‹. Etwas später ist er dann bereits ›vergessen‹. Aber: Die Tochter Bettina von Arnims, Gisela, mit der zusammen sie so ausfabulierte Märchen wie *Das Leben der Hochgräfin Gritta von Rattenzuhausbeiuns* schrieb, heiratet Herman Grimm, den Sohn des Germanisten und Märchensammlers Wilhelm Grimm. Und dem wird es ein Anliegen sein, fünfzig Jahre nach Goethes Tod die Begeisterung für dessen Werk wieder neu zu entfachen. Eine Goethe-Renaissance! So schließt sich der Kreis.

---

[132] Das Versmaß holpert, wenn man *Ça ira!* (Das wird gehen!), wie von seinem Autor Ferdinand Freiligrath gefordert, auf die Melodie der Marseillaise singen soll. Im französischen Vorbild, dem Revolutionslied von 1790, heißt es noch: *Die Adligen an die Laterne!* Davon will F. schon nichts mehr wissen.

[133] Bei Gutzkow fährt schon die Eisenbahn, gibt es ›Proletarier‹ und Kommunisten, aber auch Tempelritter und zum Schluss die Vision eines Papstes aus Deutschland, der die Gegensätze versöhnt.

Annette von Droste-Hülshoff, die Münsteranerin, verbrachte lange Jahre in Meersburg am Bodensee in einem ungeheizten Burgzimmer, aber mit Seeblick. *Die Judenbuche*, eines ihrer wenigen Prosastücke, spielt im platten Westfalen, und zwar merkwürdigerweise *in seinen gebirgichten Teilen*. Friedrich Mergel, der negative Held der Novelle, ermordet aus Rachsucht einen Juden, kann sich aber der Strafverfolgung entziehen. Als er viele Jahre später in seine Heimat zurückkehrt und eigentlich ›Gras über die Sache gewachsen‹ ist, zieht ihn die Judenbuche zur Rechenschaft. In ihren Stamm ist die Verfluchung des Mörders durch die jüdische Gemeinde geritzt, an ihr erhängt er sich.

Das lyrische Werk der Droste, etwa *Das geistliche Jahr*, ist in weiten Teilen von gelebtem Katholizismus geprägt. Es erschließt sich nur dem, der bereit ist, ihr in das Fegefeuer[134] der Spiritualität zu folgen. Da sie aus ihrem Meersburger Fenster dasselbe sah, was ich gerade jetzt von meinem Schreibtisch aus sehe, will ich sie mit ihren Versen über den Säntis, den Berg des Appenzeller Landes, ehren:

O Säntis, Säntis! läg' ich doch
Dort, – grad' an deinem Felsenjoch,
Wo sich die kalten, weißen Decken
So frisch und saftig drüben strecken,
Viel tausend blanker Tropfen Spiel;
Glücksel'ger Säntis, dir ist kühl!

Über den Roman *Maler Nolten* des Schwaben Eduard Mörike hätte ich gern etwas Freundliches gesagt. Dafür hat der Pfarrer von Cleversulzbach[135] vielerlei gedichtet, wozu Schumann, Brahms, dann Hugo Wolf schöne Melodien einfielen. Sein am

---

[134] Leider von einem realen deutschen Papst gerade abgeschafft.

[135] Achthundertundvier Einwohner, 2008; eingemeindet zu Neuenstadt am Kocher.

leichtesten wiederzuerkennendes Gedicht trägt den Titel *Er ist's* und beginnt:

Frühling läßt sein blaues Band
Wieder flattern durch die Lüfte ...

Schön ist auch seine Novelle *Mozart auf der Reise nach Prag*. Und seine *Idylle vom Bodensee* sowieso, ein kleines Versepos, das vom Schabernack eines Fischers handelt. Als sein gelungenstes Prosawerk könnte die märchenhafte Novelle *Der Schatz* vom unaufhaltsamen Aufstieg des Herrn Arbogast[136] gelten, wenn sie vor lauter Phantasie nicht so zerfahren wäre. Und *Maler Nolten*? Der steckt im Zwiespalt fest zwischen der Berufung zum Künstler und bürgerlichen Hemmnissen wie etwa der Liebe. Mit seinem Freund Mertens, den es zum Schauspiel zieht, erlebt er einiges, dann kommt da noch eine Zigeunerin[137] dazwischen und es wird tragisch, na ja, wie ein Pfarrer sich das eben so vorgestellt hat, damals.

Das Gedicht bleibt das Markenzeichen der Epoche und Aushängeschild jeder Nationalliteratur. Wenn es auch nicht die Macht hatte, reich u n d berühmt zu machen, so doch wenigstens letzteres. Carl Michael Bellman gab seine Dichtungen in Stockholmer Kneipen zur Laute zum besten und wurde gerufen, wenn sein König Gustav III. trüben Gedanken nachhing. Mit seinen gesungenen Geschichten über das Treiben der kleinen

---

[136] So heißt auch der spürsinnige, aber glücklose Privatdetektiv in Alfred Hitchcocks »Psycho«.

[137] Ja!, auch Mörike hat geliebt, und Spuren dieser jugendlichen Eskapade ziehen sich durch sein Werk. Immer wenn eine heißblütige Frau mit geheimnisvoller Ausstrahlung auftaucht, erinnert sich der Dichter an s e i n Abenteuer. Und leider ist bei vielen Dichtern tatsächlich die Gleichung so einfach: Erscheint ihr papierenes Gefühl e c h t, dann ist es auch selbsterlebt.

Leute, über Liebe und Wein munterte er ihn stets wieder auf. Als Gustav ermordet wurde, war es mit Bellman vorbei. Von einem Aufenthalt im Schuldgefängnis erholte er sich nicht mehr. Im Herzen aller Schweden aber hat er nach wie vor seinen festen Platz und sie feiern jeden Hochsommer, wenn die Sonne nicht untergehen will in Stockholm, den Bellman-Tag. Welches andere Talent hätte so dankbar machen können?

Die gerade aufgezählte Pracht deutscher Reimeskunst könnte zu der Annahme verleiten, hier sei die Spitze an lyrischer Qualität erreicht und versammelt – globusweit. Da wird Widerspruch laut. Er ist gerechtfertigt. Werfen wir nur gemeinsam einen Blick über den Ärmelkanal hinein in britannische Versschmieden und werden wir gewahr, dass dort eine ganz eigenständige Tradition in Blüte stand, weder besser noch schlechter, eben unvergleichlich. John Donne hieß der Mann nach Shakespeare, der in eine finstere Zeit puritanischer Prüderie hineindichtete. Seinem Motto *Love-slain, lo, here I lie* treu schuf er funkelnde Liebeslyrik und blieb gleichzeitig papsttreu im anglikanischen England. Als es wieder heller wurde um Albion, war Robert Burns der nächste leuchtende Name. Der Schotte schuf so archaisch eindringliche Lieder, dass noch der vom Schicksal verfolgte James Stewart in Frank Capras Film »Ist das Leben nicht schön?« ihrer Tröstung gewiss sein darf, wenn er *Auld Lang Syne* im Kreise seiner treuen Freunde anstimmt. Mit William Blake tritt ein Seher auf, der seine Visionen in die Verse der *Songs of Innocence and Experience* bannt und dazu noch comichaft illustriert. Die Romantik erreicht England im Werk der Freunde William Wordsworth und Samuel Taylor Coleridge. Die gewalttätige Geschichte vom alten Seemann *The Rime of the Ancient Mariner* verheißt ungebärdige Charaktere in wilder Natur, die zum Besonderen der englischen Romantik werden sollten. Statt mit Bier und Genever wie deutsche Kollegen ermunterte Coleridge seine Phantasie bereits mit Opiumdämpfen, in denen er das Lustschloss des Mongolenherrschers sah:

In Xanadu did Kubla Khan
a stately pleasure-dome decree:
Where Alph, the sacred river, ran
through caverns measureless to man
down to a sunless sea.

Wem das bekannt vorkommt, der hat »Citizen Kane« gesehen, das Meisterwerk von Orson Welles über einen fast realen Medienmogul. Melancholischer Meister von Vers und Form war John Keats, der sein Glaubensbekenntnis an den Anfang der Verserzählung vom ewig im Mondschein schlafenden *Endymion* setzte:

A THING of beauty is a joy for ever:
Its loveliness increases; it will never
Pass into nothingness; but still will keep
A bower quiet for us, and a sleep
Full of sweet dreams, and health, and quiet breathing.

Anschließend begann die Herrschaft Königin Victorias – und den Poeten gerann für geraume Zeit die Tinte im Federkiel.

Unsicher schwankt das Schiffchen mit Namen »Geschmack und Stil« auf den Wellen des Zeitgeistmeeres. Die neue Richtung, die den Literatur-Biedermeier der Bravheit und Gemütlichkeit in Rente schickt, ist der Realismus. Themen der Zeit anpacken, in echten Kostümen, mit Schilderung wirklicher Lebensumstände, das stellt er sich als Aufgabe. Überall wird daran gearbeitet – nur nicht in deutscher Sprache.

Von der anderen Seite des Bodensees her hätte auch der Schulmann Albert Bitzius aus Bern den Säntis, den die Droste gerade besang, gut sehen können. Lieber aber blickte er auf Eiger, Mönch und Jungfrau und nicht viel darüber hinaus. Er gab sich den Schriftstellernamen Jeremias Gotthelf und schrieb bodenständige Romane über *Uli* (*der Knecht, der Pächter*). In Erinnerung bleibt er mit seinen Novellen *Die schwarze Spinne* (ein ziemlich ekliges kleines Stück Literatur), *Elsi die seltsame Magd* und *Der Besenbinder von Rychiswyl*. Gotthelfs Ton hält sich berechnend unentschlossen zwischen Naivität und Raffinesse. Überhaupt ergäbe die alpenländische Literatur ein eigenes Kapitel, mit Ludwig Anzengrubers *Sternsteinhof*, Peter Roseggers *Waldheimat*, Wilhelmine von Hillerns *Geierwally* (auch als Oper toll: »La Wally« von Alfredo Catalani mit der Arie *Ebben? ... Ne andrò lontana*, die Maria Callas unsterblich machte und den Film »Diva« interessant), John Knittels *Via mala*, Ludwig Ganghofers *Edelweißkönig* bis hin zu Pier Paolo Pasolini, der das Drehbuch zu dem Luis Trenker-Film »Flucht in die Dolomiten« geschrieben hat; die Titel nenne ich in absteigender Reihenfolge der künstlerischen Qualität, die Aufzählung ließe sich beliebig verlängern. Ich verstehe aber zu wenig davon. Stellvertretend lasse ich den Tiroler Karl Schönherr zu Wort kommen, dem neben Andreas Hofer-Romantik mit der Komödie *Erde* der Bühnenschlager des Naturalismus gelang. Das Wesen des Alpinismus hat er in der kleinen Sammlung *Bergsteigermarterln* auf die Kürzestformel gebracht:

Aufigstiegn
Spöck gössn
Abigfalln
Hingwösn.

Dem ist nichts hinzuzufügen.

Alpines gibt es auch im Werk des Adalbert Stifter reichlich; jedoch sprechen wir hier von Dichtungen aus einer Zeit der gesellschaftlichen Erschlaffung zwischen den großen Umwälzungen der Jahrhundertwenden – und Stifter, der sich, unterstützt von seiner treusorgenden Gattin, zu Tode gegessen hat, war der Schlaffste von allen. Im Leberdelirium griff er zum Rasiermesser und kürzte dadurch noch etwas ab, was ihm ohnehin eine Last geworden war: sein Leben. Er verkörpert in Person und Werk die Resignation der Zeit mit ihrer politischen Stagnation und Perspektivlosigkeit und zugleich den Höhepunkt des darin poetisch Möglichen. Ich spreche weniger vom kolossalen *Nachsommer*, den ein anderes Zeitalter so sehr geschätzt hat als meisterliche Idylle, an dem ich aber die Sprachlosigkeit der Figuren, dieses Ausspielen von Naturschönheit gegen menschliche Kälte, gar nicht mag. In dem rosenumgebenen Asperhof, dessen Räume nur in speziellen Filzpantoffeln betreten werden dürfen und der eine sterile Klinikatmosphäre ausstrahlt, kann sich kein Mensch wohlfühlen. Je länger Du liest, macht sich das Gefühl einer Beklemmung breit; vielleicht hat eben Stifter beim Schreiben gar nicht an Idylle, sondern an die Trostlosigkeit seiner Lehrerexistenz auf dem Abstellgleis gedacht. In dieser Hinsicht könnte der *Nachsommer* interessant, auf keinen Fall aber künstlerisch befriedigend sein.

Auch nicht der *Witiko*, sein anderer Roman und ein kläglicher Versuch im historischen Genre. Sondern ich spreche von Erzählungen, die wie ruhige Flüsse majestätisch dahingleiten und dabei gefährliches Treibgut mit sich führen. *Der Hagestolz* ist die großartige Umsetzung aller stifterschen Resignation. Ein junger Mann besucht seinen Onkel im Gebirge. Der wohnt auf einer Insel im Bergsee.[138] Es handelt sich um die Herstellung einer künstlichen Extremsituation von Einsamkeit, schon der Aufstieg des Neffen wird als Expedition an die Grenzen der Lebenswelt geschildert. Der Onkel empfängt seinen Verwandten zunächst schroff, lässt ihn nämlich gar nicht in seine Blockhütte ein. Dann aber kommen sie doch zusammen – und das Lebensdrama des alten Einsiedlers enthüllt sich. Er war seinerzeit drauf und dran, die (Pflege)Mutter des Jünglings zu heiraten, wurde aber abgewiesen zugunsten seines Bruders – der dann doch eine andere

---

[138] In der Realität nicht leicht zu finden; es wird sich hier wohl eher um eine seelische Landschaft handeln, wie man sie bei genauem Hinsehen öfter dargestellt finden kann, bei Stifter und anderswo.

nahm (dies eine für Stifter typische Wendung der Totalenttäuschung). Diese Zurückweisung hat er nie verwinden können. Er entlässt seinen Neffen zurück in die Welt mit dem Ratschlag, nicht ins Berufsleben einzutreten, dafür aber schnell zu heiraten.

Stifters Erzählungen zu lesen wird Dich nie enttäuschen, weil Du jetzt weißt, was Dich erwartet. Er gehört zu den großen Sprachartisten; er bevorzugt die großen Symbole, wie zum Beispiel *Die Narrenburg* eines darstellt, ein gigantischer architektonischer Scherz, der für die Neigung des Menschen zur Überheblichkeit steht, oder die Fahrt mit dem Ballon *Condor* für den Ausbruch aus dem Verlies der Wirklichkeit. Seine umfangreichen *Erzählungs*bände, die *Studien, Bunte Steine, Die Mappe meines Urgroßvaters* sind auf jeden Fall Vorrat für ein ganzes Leseleben.

Franz Grillparzer grüßte Dich eben schon aus dem Burgtheater, von der Gipfelstation deutschsprachiger Schauspielkunst. Seine wichtigste erzählerische Leistung ist *Der arme Spielmann*. Der begegnet ihm auf einem Jahrmarkt und erzählt seine Lebensgeschichte, wie er als Sohn aus gutem Hause beim Eintritt ins Leben versagt und sich mehr und mehr aufs Geigenspiel zurückgezogen hat. Allerdings wurde er geliebt, aber die Stärke dieser Liebe zeigt sich dann erst Jahre später an seinem Sterbebett, wo nur der Erzähler und Barbara dem toten Musiker die letzte Ehre erweisen.

Der Züricher Gottfried Keller muss eine furchterregende Erscheinung gewesen sein. Zeitgenossen berichten von seinem rauhbauzigen Wesen, seiner Misanthropie; auf jeden Fall war er sehr klein, sehr bärtig und hatte eine ausgeprägte Menschenscheu. Als Schriftsteller aber bot er allerfeinste Ware in perfekt traditioneller Technik feil; zu Unrecht in den Hintergrund gedrängt ist seine lyrische Produktion. Bekannt ist und bleibt er als Novellist, als würdiger Nachfolger Kleists, dabei mit ausgesprochenem Sinn für Humor und einem Ton, der, auch wenn er ganz realistisch sein will, stets das Märchenhafte streift. Da sind die *Zürcher Novellen*, da gibt es die *Leute von Seldwyla*, die *Legenden* und den Novellenkranz des *Sinngedichts*. Jede der Geschichten ist wohldurchdacht, präzise erzählt und sprachlich reich. Sicher kennst Du Titel wie *Romeo und Julia auf dem Dorfe* – *Spiegel, das Kätzchen* – *Kleider machen Leute* – *Pankraz, der Schmoller* oder das *Tanzlegendchen*. Erinnern möchte ich vor allem an den *Sinngedicht*-Zyklus, und dort speziell an die *Regine* betitelte Geschichte. Hier erzählt Keller das Schicksal einer jungen Frau aus einfachen Verhältnissen, der Dienstmagd Regine, die ihr wesentlich älterer Bräutigam sich zum Muster einer Bürgerfrau zu ›erziehen‹ gedenkt. Durch diese Prozedur aber wird sie so entselbstet, dass sie nach einiger Zeit stirbt, wie ein welkes Blatt vom Baum fällt. Die Geschichte geht zu Herzen – wie Keller es überhaupt vermag, ins Herz seiner Leser zu zielen –, zeigt seine Skepsis gegenüber Bürgerlichkeit und führt in der sympathischen Regine eine moderne Frauengestalt vor. Merkwürdig ist insbesondere, dass Keller das Motiv der ihrer Natur beraubten Frau auch an anderen Stellen so sehr interessiert. Diese Einfühlung für die Brüche im Geschlechterleben seiner Zeit ist ganz etwas Besonderes: Mit der Behutsamkeit eines erfahrenen Arztes studiert und beschreibt Keller die Symptome.

> Nicht alles, was unsere Eltern mochten, muss uns gleichermaßen gefallen. Aber es wird schon etwas dran sein, und wenn nicht im Guten, dann entdeckt man wenigstens die Anfälligkeit jeder Generation für Täuschung und daraus entstehende Enttäuschung. Das gilt auch für uns selbst.

Im großen Roman *Der grüne Heinrich* hat er sich selbst die Diagnose gestellt. Das stark im eigenen Leben verankerte Werk – für das Keller zwei Versuche brauchte und das leider in Seminaren und Kursen bis zum Überdruss auf seine Haltbarkeit als Musterbeispiel des ›Entwicklungsromans‹ getestet wurde – über die Hoffnungen und das Scheitern des phantasiebegabten jungen Malers Heinrich Lee, der gerne ein grünes Jöppchen trägt, aber auch noch ganz grün hinter den Ohren ist, handelt von der Unvereinbarkeit der Träume des Künstlers mit der harten Realität des eigenen Lebens. Dabei erweist sich Keller als das Gegenteil eines ›Realisten‹: Er setzt seinen Roman aus Märchen, Novellen und Anekdoten zusammen. So gibt er sich als später Romantiker zu erkennen, dem wie seinem Heinrich die Realität im Wege ist. In der ersten Fassung hatten den talentlosen Landschaftsmaler Lee noch die deprimierenden Erlebnisse an der Kunstakademie einer Residenzstadt umgebracht. Dass es sich um München handelt, würde man nicht leicht erraten, und Keller verschweigt es uns raffiniert; wir ahnen aber zumindest, dass es um seine eigenen Träume geht, die da zerplatzen. Im zweiten Anlauf und unter dem sanften Druck des Verlegers trifft der arg heruntergekommene Heinrich einen reichen Gönner und alles könnte gut werden. Aber die sich zu Hause für den Sohn aufopfernde Mutter weist durch ihren Tod Heinrich den Weg zurück in die Heimat und in die Entsagung; da hilft auch die Liebe der stärksten Romangestalt nicht, der geheimnisvollen Judith. Die hatte ihm schon anfangs damit gedroht, er müsse bei ihr schlafen. Es wird zu seiner größten Herausforderung, genau das die nächsten fünfhundert Seiten zu vermeiden. Dem armen Heinrich sitzt die Schwäche in allen Gliedern.

Gleich zu Beginn macht Keller eine Konstante seines Kulturverständnisses deutlich: Heinrichs Vater, aus der ländlichen Schweiz stammend, erhebt sich über seine Verhältnisse, indem er das Hochdeutsche verwendet. Keller misstraut der eidgenössischen Gemütlichkeit und der Pflege von Dialekten, die, lautlich transkribiert, optische Ähnlichkeit mit dem Finnischen annehmen: *öpis fiins* = etwas Feines.[139] Gegen so etwas verwahrt sich Keller, dessen Sprache die Präzision einer Uhrmacherarbeit hat, entschieden. Hellsichtig erkannte er, dass die provokante Überbetonung des Hinterwäldlerischen der Sprachkultur schaden würde. Tatsächlich ist die Schweizer Literatur – seit den altmeisterlichen Zeiten eines Hermann Burger, der in den Erzählungs-

---

[139] Das Beispiel stammt aus Thomas Manns *Doktor Faustus*, nur orthographisch leicht aktualisiert.

sammlungen *Diabelli* und *Blankenburg* ein Fest der Sprache veranstaltete und im *Tractatus logico-suicidalis* der eidgenössischen Depression den Ausschlupf in Aphorismen zeigte – auf dem Weg ins innere Exil der linguistischen Tristesse.

Von der Schwelle der Moderne her schaut Kellers zweiter Roman *Martin Salander* in aller Breite mit pessimistischem Blick zurück auf das politische Leben in der Schweiz. Der alte Salander gehört wie der alte Keller zur aussterbenden Gattung der charakterfesten Traditionalisten; die schon begonnene Fortsetzung mit den Erlebnissen von Salanders Kindern hat Keller liegen lassen. Er wird gewusst haben, warum.

Der Pessimismus war das philosophische Thema der Zeit, verkörpert in Arthur Schopenhauer, der voll Verachtung seinen Pudel »Mensch!« und seine Leser »Esel!« rief. *Die Welt als Wille und Vorstellung* ist zunächst eine Auseinandersetzung mit dem Vorbild Kant unter dem Eindruck der von Napoleon angerichteten Katastrophe und reduziert alle Fragen nach dem Sinn auf die Formel: *Nichts ist ohne Grund warum es sei.* Schopenhauers Lebenswerk, anfangs wenig beachtet, zündete um so mächtiger nach einiger Verzögerung. Plötzlich wurden Philosophen als Helden des Geistes erkannt und gefeiert, bis hin zum vergessenen Rudolf Eucken, der als neunter den Literaturnobelpreis verliehen bekam. Seither hat ihr Marktwert stark gelitten, und es ist kaum auszumachen, ob der Verschleiß bei Publikum oder Produzenten größer war: Mit Philosophie kann man jedenfalls keinen Blumentopf mehr gewinnen.

Kant hatte das Feld mit seinen vier Fragen abgesteckt: *Was kann ich wissen? Was soll ich tun? Was darf ich hoffen? Was ist der Mensch?* Schopenhauer verbannt den metaphysischen Aspekt, die Gottfrage, aus seiner Betrachtung und teilt die Welt in den von Platon her bekannten Bereich der Vorstellung, die der noch Ideen genannt hatte, und den übergeordneten freien Tummelplatz des Geistes, den Willen. Der spielt bei Schopenhauer zunächst nur die Rolle, dass es ohne ihn keine Welt gibt. Erst Nietzsche wird dem Willen eine umfassend unheilvolle Macht zuschreiben. Die Philosophie der Ehelosen und Verschrobenen setzt sich auch in diesem Jahrhundert fort: Schopenhauers Porträt zeigt einen verbittert dreinblickenden alten Mann, dessen schlohweiße Haare, als hätte er an eine Leidener Flasche gefasst, zu den Seiten abstehen.

Friedrich Nietzsche aus Röcken will uns mit seinem gewaltigen Schnauzbart erschrecken; seine sanften Augen immerhin schauen gedankenverloren in die Weite. Erst musste er feststellen, dass Gott tot sei, um dem *Übermenschen* eine Chance zu geben, sein Wesen ausleben zu können. Nichts würde dem dann mehr im Irrweg stehen können.

Nietzsche war Dichter. *Also sprach Zarathustra* beginnt mit den Worten *Als Zarathustra dreißig Jahre alt war, verließ er die Heimat und den See seiner Heimat und ging in das Gebirge.* Dort predigt Zarathustra seinen Jüngern so, wie Jesus es getan hätte, wenn er Nietzsche gewesen wäre. Nietzsche war Aphoristiker. *Menschliches, Allzumenschliches – Morgenröte – Die fröhliche Wissenschaft* und *Jenseits von Gut und Böse* sind seine vier gewaltigen, aus Fragmenten oder Gedankensplittern zusammengesetzten Ideenschriften. Viel Belehrendes und manch Unterhaltendes kommen hier zusammen. Nietzsche war Altphilologe. Sein zentrales Thema: *Die Geburt der Tragödie* und deren Schutzgott Dionysos. Die dämonische Seite der alten Griechen kehrt er ungeschminkt[140] hervor unter der Voraussetzung, dass sie neben dem strengen Denken (Logos genannt, vertreten durch Philosophen vom Schlage eines Thales von Milet) das rauschhafte Sichverlieren in einen Zustand der Inspiriertheit kannten, verkörpert im Gott des Weines. Nietzsche war Kulturkritiker: *Der Fall Wagner* hieß sein Exempel aufs Säkulum. An dessen Opern, den ›Gesamtkunstwerken‹, bei denen ihr Schöpfer in Personalunion

---

[140] Soweit er darüber schon Bescheid wusste. Willst Du mehr über die grausamen Einzelheiten wissen, dann lies das Buch von Walter Burkert *Homo necans* über die wahrlich heidnischen Zeremonien im alten Athen.

Komponist, Textdichter und Regisseur war, meinte er zunächst eine Kunst der Zukunft ausmachen zu können.[141] *Richard Wagner in Bayreuth* war ihm mit Aischylos und Alexander dem Großen vergleichbar. Aber dann erkannte er, dass Kunst und Charakter im unversöhnlichen Kontrast stehen können. Später nannte er seinen Helden von einst dekadent und begeisterte sich stattdessen für »Carmen« von Georges Bizet, der sich sein Libretto nach der Novelle von Prosper Mérimée hatte schreiben lassen. Über Geschmack wollen wir nicht streiten.

Noch etwas später wollte Nietzsche nur noch zeigen, *Wie man mit dem Hammer philosophiert*, träumte von *Götzen-Dämmerung* und vom Übermenschen – dem folgte der Zusammenbruch, nachdem er in Turin ein Pferd geküsst hatte. Für viele meiner Altersgenossen ist die Berührung mit Nietzsches Gedankenwelt ein prägendes Jugenderlebnis gewesen. Allerdings nicht für mich. Nietzsche lebte noch einige Jahre in geistiger Umnachtung, was seine verwitwete Schwester Elisabeth Förster in den Stand setzte, die Macht im Haus an sich zu reißen und schwerwiegende Retuschen an seinen Manuskripten vorzunehmen.[142] Damit schaffte sie es jedenfalls, berüchtigt zu werden.

Der Däne Søren Kierkegaard, der immerhin eine Zeitlang verlobt gewesen war und an dem Bruch mit Regine Olsen ein kurzes Leben lang litt, führte den völlig vergessenen Begriff der

---

[141] So unrecht hatte er nicht. Besonders die Entwicklung des ›Leitmotivs‹ zur musikalischen Erinnerungsfigur bleibt Wagners geistiges Eigentum und wegweisend für ein Jahrhundert des ständigen Selbstbezugs und -zitats. Im »Ring des Nibelungen« gibt es davon mehr als hundert Stück, sie charakterisieren und evozieren Figuren, Stimmungen, Eigenschaften oder auch Begriffe wie etwa die Liebe.

[142] *Du gehst zu Frauen? Vergiss die Peitsche nicht!* Seiner eigenen Maxime aus dem *Zarathustra* gehorchte ihr womöglich an der Syphilis erkrankter Schöpfer nicht, was ihm immerhin auch noch die Bekanntschaft der wunderbaren Lou Salomé eintrug. Über den fatalen Heiratsantrag kam die Beziehung nicht hinaus.

Erotik wieder in die Philosophie ein und setzte ihn in denkbar spannungsvollen Kontrast zu den Ausdrucksmöglichkeiten der Gottesfurcht. Was heute jeder zu können meint: Lebensphilosophie, das konnte er tatsächlich. Er war ein brillanter Schriftsteller. *Entweder – Oder* heißt sein Großwerk, noch schöner dänisch: *Enten – Eller*, darin enthalten ist *Das Tagebuch des Verführers*, die Studie eines jungen Mannes, der aus theoretischer Lust ein Mädchen ruiniert. Das Ganze ist eine Verquickung von künstlerischer Prosa und philosophischer Streitschrift zu der Frage, wie in der Existenz des Menschen Ethik und Ästhetik gegeneinanderstehen. An den fiktiven nachgelassenen Werken zweier A und B genannter Personen werden diese Möglichkeiten durchgespielt. Obwohl pseudonym erschienen, ahnten alle Kopenhagener, dass sie dieses beunruhigende Buch dem jungen Mann ganz in gelb zu verdanken hatten, der scheinbar selbstbewusst durch ihre Straßen flanierte, aber gerade mit seiner einzigen Liebeserfahrung Schiffbruch erlitten hatte. *Der Begriff Angst* wurde dem Pfarrerssohn zum Prüfstein der menschlichen Existenz, verbindet er uns doch mit dem Göttlichen ebenso wie mit unseren Nächsten. Durch seine bohrende Befragung der Konventionen mit dem Ziel, echte Normen für moralisches Verhalten erkennen zu können, deutet Kierkegaard gleichzeitig unsere neuzeitlichen Ängste. *Die Krankheit zum Tode* heißt daher folgerichtig seine Schrift über die Sünde.

> Muss man vor Werken der Philosophie ehrfürchtig sein? Nein. Die meisten Philosophen waren skurrile Burschen, die im Leben nicht beherzigten, was ihnen als Maxime dafür doch so klar vorschwebte. Respekt für jeden, der sein Leben und seine Idee davon in Einklang zu bringen vermag. Der ehrliche Seneca gab immerhin zu, er sei nur der Wegweiser, den Weg gehen müsste immernoch jeder selbst.

Preußen führte Krieg mit Dänemark, mit Österreich, mit Frankreich. Und gewann. Auf die Qualität der heimischen literarischen Erzeugnisse wirkte sich das keineswegs positiv aus, während bei den Verlierern eine kulturelle Blütezeit anbrach. Gerne würde ich über Willibald Alexis und seinen tausendseitigen Roman *Ruhe ist die erste Bürgerpflicht* oder Gustav Freytag, sein Theaterstück *Die Journalisten*, seinen bösen Kaufmannsroman *Soll und Haben* oder *Die verlorene Handschrift* – ein Professor findet statt eines Tacitus-Kodexes die große Liebe –, vielleicht noch sein historisches Großwerk *Bilder aus der Deutschen Vergangenheit* Rühmendes sagen. Es fällt mir aber unendlich schwer. Trotzdem sind sie bereits die Spitzenprodukte der preußischen Literaturindustrie. Ich möchte Dir nur ein Beispiel geben, was zur selben Zeit nebenan schon möglich war. Der Niederländer Eduard Douwes Dekker war Beamter auf Sumatra und Java, wo er die ausbeuterischen Methoden seines als Kolonialmacht stümpernden Vaterlandes erlebte. Angewidert quittierte er den Dienst und schrieb über seine Erlebnisse den aufregenden Roman *Max Havelaar oder Die Kaffeeversteigerungen der Niederländischen Handelsgesellschaft* unter dem Künstlernamen Multatuli (Du hast oder hasst Latein? Multa: vieles, tuli: ich habe getragen). Dieses vergessene Meisterwerk ist nicht nur eine mutige Anklage des allfälligen Imperialismus, es ist künstlerisch spektakulär. In einer vierfach gebrochenen Erzähloptik wird Dekkers eigene Geschichte als Distriktsverwalter in Niederländisch-Indien geschildert: Sein historischer Bericht findet sich unter den Papieren eines verwahrlosten Literaten namens Schalmann, die vom Kommis[143] Stern, einem Deutschen, im Auftrag von dessen Chef, dem üblen Charakter, aber ehrenwerten Geschäftsmann Droogstoppel – dem Ich-Erzähler der Rahmenge-

> Wie Leuchtfeuer in diffusem Dämmer zeigen außergewöhnliche Werke den Weg, der zu unserem Lebensgefühl führt.

---

[143] Ladengehilfe; diesem ausgestorbenen Berufsstand wird speziell in den hermetischen Werken des Schweizers Robert Walser wie *Der Gehülfe* literarische Bedeutung verliehen, wobei Walser den Arbeitseifer seines Kommis zwischen dem von Melvilles Bartleby und Kafkas Landvermesser K. einpegelt.

schichte – zu einer poetischen Biographie Havelaars verarbeitet werden. Durch diese kunstvolle Verschachtelung wird die eigentliche soziale Anklage des Buches ständig konterkariert durch die spießigen, unfreiwillig komischen und entlarvenden Bemerkungen des Erzählers, der von Beruf Kaffeemakler ist, wodurch auch der Alternativtitel des Romans seinen Sinn bekommt. Multatuli war auch sonst eine interessante Erscheinung, seine Biographie ein einziger Kampf mit bürgerlichen Konventionen; er beendete sein Leben im deutschen Exil, also den umgekehrten Weg nehmend wie etwas später Kaiser Wilhelm II.

Das Jahrhundert, in dem Klassik und Romantik, Biedermeier und Realismus die aktuellen Stilrichtungen gewesen waren, verabschiedete sich mit dem Naturalismus in ein neues Säkulum. Die Zeit der Novelle war vorbei. Aber nicht, ohne Glanz und Elend ihrer Möglichkeiten noch einmal in verschiedenen Ausprägungen vorgeführt zu haben. Theodor Storm aus Husum verknüpft das Naturerlebnis der norddeutschen Landschaft mit den neuen Errungenschaften der Bürgerlichkeit. So kamen fast hundert Novellen zusammen: *Immensee – Aquis submersus– Hans und Heinz Kirch – Der Schimmelreiter*. Lyriker und Novellist wie Storm war Conrad Ferdinand Meyer aus Zürich. Sein Blick: rückwärtsgewandt, sein Augenmerk: ganz auf das Feilen an der Form gerichtet. Kein Wunder, dass seine Gedichte, wie *Der römische Brunnen*, in jedem Schulbuch stehen. Meiner Mutter gefiel:

In der Sistine dämmerhohem Raum,
Das Bibelbuch in seiner nervgen Hand,
Sitzt Michelangelo in wachem Traum,
Umhellt von einer kleinen Ampel Brand.

Das ist sprachlich schön; der Geniekult war gerade angesagt – aber uns sagt es nichts über die Malerei in der Sixtinischen Kapelle, höchstens viel über Conrad Ferdinand Meyer, der in Kilchberg am Zürichsee ganz in der Nähe von Thomas Mann begraben liegt. Zwei eindrucksvolle Köpfe pflegen die Novelle in Österreich zum sanften Tode. Ferdinand von Saar, Grundhaltung: resigniert, schreibt dunkel gestimmte Geschichten über eine durch und durch faule, nämlich die k.u.k.-Gesellschaft namens *Innocens*, *Die Steinklopfer* oder *Schloß Kostenitz*, auf dem ein arroganter Rittmeister das späte Glück des Grafen mit seiner leicht irritierbaren Klothilde ruiniert. Gerade von so einem Schloss stammt Marie von Ebner-Eschenbach; mit *Krambambuli* schuf sie ein rares Beispiel der Tiergeschichte von einem treuen Jagdhund zweier Herren. *Das Gemeindekind* ist ihr Roman über die zwei Kinder eines Gehenkten, die sich ganz verschieden entwickeln. Das ›Gemeindekind‹ ist der Bruder, der als Taugenichts der Allgemeinheit zur Last fällt, während die schöne Schwester von den Nonnen erzogen wird. Durch ihren Einfluss wird er doch noch das, was die Gesellschaft mit ihren Strafen nicht erreicht hat: ein guter Mensch. *Er laßt die Hand küssen* und *Bozena*, zwei kurze Novellen mit Gruselfaktor, schildern beklemmend Schicksale von Mägden und Dienern in Adelsdiensten, wie es sie im Neunzehnten Jahrhundert, und nicht nur damals, wohl gab.

Einen Ausblick auf das Jahrhundert der Psychoanalyse gewährt der kleine Roman *Venus im Pelz* von Leopold von Sacher-Masoch. Es ist die Geschichte der Unterwerfung des Dilettanten Severin. Wanda, die er in der Kur kennenlernt, erfüllt seine heimlichen Wünsche, indem sie ihn demütigt, ihm sogar – die Peitsche gibt. Das wäre nicht weiter schlimm, sogar originell, und wies voraus auf den Symbolismus von Huysmans' *Gegen den Strich*, wenn nicht der Wissenschaftler Richard von Krafft-Ebing in seinem Lehrbuch *Psychopathia sexualis* das gerade erschiene Werk als vorbildliche Beschreibung einer Abwegigkeit erkannt hätte, die er Masoch zu Ehren benannte, so wie die entgegengesetzte nach dem Marquis de Sade. Der war schon lange tot; Masoch hingegen wehrte sich gegen die zweifelhafte Auszeichnung vehement, doch eindeutig erfolglos. Spötter würden behaupten, das hätte ihm auch noch Spaß gemacht. Mit diesem Eklat begann jedenfalls die offene Auseinandersetzung um die Freiheit der Sexualität mit ihren frühen Märtyrern wie Oscar Wilde.

Wie das Märchen durch Andersen, so wurde auch die Novelle durch einen Dänen, Jens Peter Jacobsen, zu letzter Blüte gebracht. Nimmt man den Philosophen Kierkegaard und den großen Romancier Herman Bang hinzu, bilden sie ein nordisches Viergestirn, das durch das seltsame Phänomen der sexuellen Sublimation verbunden ist. Es erübrigt sich, hierauf näher einzugehen: Die Biographien der vier sind außergewöhnlich und betreffen das wichtige Thema der Persönlichkeitsentwicklung, das unsere Zeit so beschäftigt, und wenn Dich das interessiert, so gibt es über jeden von ihnen eine Menge interessantes Material. Die Stellung Jacobsens an der Schwelle zur Moderne hebt die Tatsache, dass der Komponist Arnold Schönberg, später für seine entscheidende Rolle bei der Weiterentwicklung der Harmonik, Stichwort: Zwölftonmusik, bekannt geworden, seine »Gurrelieder« auf einen Gedichtzyklus des Dänen schuf – ein Monument des musikalischen Jugendstils; im Thema der verbotenen Liebe und der Süße des Klangs an Wagners »Tristan und Isolde« anschließend, den Liedzyklen Gustav Mahlers und Theaterstücken Maurice Maeterlincks seelenverwandt, bezeichnen die »Gurrelieder« exakt die Trennlinie der Stile und Jahrhunderte. Jacobsens Werk, das man als literarischen Impressionismus bezeichnen kann, ist ein Vorgeschmack auf Marcel Proust und besonders Thomas Mann, den er persönlich mit seinem *Niels Lyhne* gepackt hatte. Der *Tonio Kröger* wird die Antwort auf diese Anregung sein und die Entwicklungsgeschichte eines jungen Menschen zum Künstler schildern, mit ihrem Ursprung in einer Zurückweisung. Für Tonio kam die blonde Inge *keines Weges.* Jacobsen schildert in pastellenen Farben Stationen aus dem Leben eines zum Künstler berufenen Träumers, natürlich im Hintergrund auch Jacobsens eigene Träume und poetischen Hoffnungen. Niels wird geprägt von seiner unerfüllten Liebe zur eindrucksvollen Frau Boye, einer Witwe, für die er zu ›grün‹ ist, und der ebenso glücklosen Neigung zur naiven Fennimore, für die es nicht einmal Hoffnung gibt, als ihr Erik bei einem Unfall stirbt. Er bleibt an Gerda hängen, bei der er wie einst der Doktor Faust mit den Worten eingeführt wird: »*Liebe Gerda! Du weißt doch, er geht nie in die Kirche.*« Die Gründung einer Familie scheitert mit dem frühen Tod von allen dreien, seiner Gerda, dem Kind und schließlich Niels selbst. Er fällt als Freiwilliger im Dänisch-Preußischen Krieg; als letzte Handlung weist er die Tröstungen der Religion zurück. *Niels Lyhne* ist kein Buch über Literatur; dass der Held Dichter ist, erscheint mehr zufällig. Es ist ein Buch über jene Krankheit zum Tode, die manchem Menschen in die Wiege gelegt ist. Mystik und Determinismus treffen sich bei Jacobsen, der erstmals die Gene verantwortlich macht für den Lebensweg seines Helden, als früher Anhänger Darwins, der er war. Sein anderes längeres Werk, *Frau Marie Grubbe*, schildert das eigenwillige Lebensschicksal einer Frau, die erst mit dem Königssohn der Norweger verheiratet war und nach anderen Episoden der Leidenschaft schließlich den Fährmann Søren ehelicht. Eine schöne und liebesfähige Frau, die von rohen Männern gebrochen wird, aber noch ein spätes Glück erfährt, bevor dann alles an den Verhältnissen zerbricht. Als Moral der Geschichte lässt Jacobsen am Ende Dänemarks großen Aufklärer Ludvig Holberg auftreten – das Schicksal von Frau Marie kann auch er nicht wenden. Das schmale Werk Jacobsens, das viel zu schnell ausgelesen ist, bietet noch eine Handvoll kürzerer Novellen, darunter *Die Pest von Bergamo* und den *Mogens*, eine kleine Geschichte vom Suchen, Finden und Verzweifeln an der Liebe.

Für fünfzig große Jahre war Dänemark zum ersten Mal seit Prinz Hamlets Zeiten wieder Mittelpunkt der literarischen Welt. Symbolhaft dafür erhielten ausgerechnet Karl Gjellerup, ein Buddhismus-Spezialist und ziemlich unerträglicher Symbolist, und Henrik Pontoppidan gemeinsam den Literaturnobelpreis. Auch in der Musik hatte Dänemark einen Star, den Komponisten Carl Nielsen, der vor allem als Symphoniker zum Wegweiser für einen ›skandinavischen Klang‹ wurde. Dessen Höhepunkt war dann mit der unvergleichlichen Melancholie und Elegik von

Jean Sibelius (Mein Lieblingsstück: »En Saga«; schöner haben trübe Gedanken nie geklungen) erreicht. Ausläufer schwingen noch heute im Werk des Finnen Einojuhani Rautavaara nach, der für mein Ohr die ›attraktivste‹ Musik der Gegenwart macht. Er hat eine wunderbare Oper über den begnadeten Säufer und Schriftsteller »Alexis Kivi« komponiert, der wiederum mit den *Sieben Brüdern* über das selbstzufriedene und gewalttätige Leben einer elternlosen Bande im einsamen Forst d e n Klassiker Finnlands geschrieben hat. Saufen, sich prügeln und saunieren sind die Disziplinen des finnischen Triathlon nach Kivi.[144] Um an dieser Stelle gleich den Bericht über Literatur aus Suomi abzurunden: *Kalevala* heißt das finnische Nationalepos, das der Arzt Elias Lönnrot nach alten Quellen verfasste, *Ilias* und *Odyssee* in endlosen Wäldern:

Mich verlangt in meinem Sinne, mich bewegen die Gedanken,
An das Singen mich zu machen, mich zum Sprechen
anzuschicken,
Stammesweisen anzustimmen, Sippengesang nun anzuheben.
Worte schmelzen mir im Munde, es entstürzen mir die Mären,
Eilen zu auf meine Zunge, teilen sich an meinen Zähnen.

Exakt zwischen Homer und Richard Wagner liegt diese Sammlung alter Motive. Carl Spitteler, Schweizer und Nobelpreisträger für seine heute völlig anachronistisch wirkenden Versepen über Griechenlands einstige Größe und ähnliches, schrieb die Novelle über eine Flößerfamilie *Ei Ole*. Hier gibt Spitteler auf fünfzehn Seiten eine auf eigener Anschauung aufbauende, treffende Charakteristik des finnischen Wesens. Bei dieser Gelegenheit will ich Dir Spittelers Novelle *Conrad der Leutnant* ans Herz legen. Darin sieht er alle Ereignisse der sich dramatisch entwikkelnden Handlung mit Conrads Augen. Chapeau, Herr Spitteler,

---

[144] Nichtolympisch. Alle Teilnehmer sind aufgefordert, sich streng an die Reihenfolge zu halten, sonst droht Disqualifikation!

das ist kühn! Allerdings stirbt der Held dem Autor kurz vor Schluss weg – das literarische Experiment wird mit ihm zu Grabe getragen. Für mehr Konsequenz war Spitteler nicht kühn genug. Finnlands Literatur indes bekam noch einen Nobelpreisträger geschenkt namens Frans Eemil Sillanpää. Außer dem sehr finnischen Namen kann ich nichts über ihn vortragen. Mich als Leser beruhigt die Vorstellung, dass hinter dem Horizont des Bekannten noch literarische Welten auf den Fuß des Entdeckers warten, sie zu betreten.

Die Entwicklung einer kulturellen Atmosphäre mit erregten Debatten, kühnen Visionen und herben Kritiken erfordert das Zutun eines Katalysators, der bewegt, ohne selbst dabei aufgerieben zu werden. Für Dänemark war er verkörpert in einem Mann: Georg Brandes, ein Jude wie so viele der kosmopolitischen klugen Geister. Sein Name taucht häufig auf, wenn es um die neuen Ideen der zweiten Hälfte des Neunzehnten Jahrhunderts geht. Brandes lebte längere Zeit in Deutschland und gehört zu denen, die zuerst die Bedeutung Nietzsches erkannten und feierten. Was ein Jahrhundert früher Lessing, Herder, Schlegel waren: große Anreger, das war jetzt er. Ihm verdankt Dänemark seine literarische Blüte.

Bereits Brandes beklagte, und zwar in einem Brief an Henrik Pontoppidan, dass die schwedische Akademie, die den Nobelpreis vergibt, aus abgedankten Bischöfen und tugendhaften alten Professoren bestände. Sollten diese Herrschaften auch für ihren Job denkbar ungeeignet gewesen sein und ihre Nachfolger noch in dieser Untugend verharren, eins muss man den Prämiierungen lassen: In der Tendenz waren sie immer richtig. Schließt man die Augen und träumt davon, dass statt des Harlekins Dario Fò der Pierrot Friedrich Dürenmatt den Preis erhalten hätte, die kraftstrotzende Sarah Kane statt des schlaffen Harold Pinter, der wütende Thomas Bernhard statt der keifenden Elfriede Jelinek, der große Graham Greene statt all der anderen (amerikanischen) Romanciers der Nachkriegszeit, dann liegt die Akademie goldrichtig und alles andere im Rahmen einer minimalen Streuung.

Vor allem sind immer wieder Lyriker ausgezeichnet worden, also diejenigen Dichter, die es heutigentags am schwersten haben, mit ihren Produkten ein Publikum und ein Auskommen zu finden.

Lykke-Per heißt der massige Roman Pontoppidans, in dem mit der Vorstellung, es gebe eine Art von Lebensentwurf oder ein Rezeptbuch zum Glücklichwerden, aufgeräumt wird. Per Sidenius, dem *Hans im Glück*, gelingt alles, was er anpackt. So entwickelt sich sein Leben über hunderte von Seiten perfekt – langweilig. Das merkt er sogar selber und verlässt das sichere Fahrwasser, in dem er sich nach den Anweisungen eines klugen Juden bewegt hat, der dem realen Georg Brandes enorm ähnlich sieht. Per wird zum Aussteiger, und erst im Verzicht findet er seinen Frieden. Eine herbe Geschichte, nicht so sehr auf das Märchen der Gebrüder Grimm bezogen, in dem Hans mit dem Klumpen Gold loszieht und mit einem Stein zurückkehrt, sondern im Gegensatz zu Hans Christian Andersens kleinem Roman vom *Lykke-Peer* gedacht. Dieser Peer stammt aus einfachen Verhältnissen, seine Talente werden aber früh entdeckt und von einem philanthropischen Juden selbstlos gefördert. Erst geht er zum Ballett, dann wird er Gesangsstar, schließlich komponiert er seine erste Oper. Bei deren Uraufführung rast das Publikum vor Begeisterung, eine junge, offenbar auch gleich heiratswillige Baronesse wirft Peer einen Lorbeerkranz zu – da rührt ihn der Schlag, er stirbt im schönsten Augenblick. Pontoppidans Geschichte macht in der bürgerlichen Beengung und der kirchlichen Bevormundung die Gefahren für das Gelingen eines Lebensbeginns aus, sind es doch die Pfarrer, die seinem Lykke-Per das falsche Glück versprechen. Einer davon erhängt sich zur Strafe im Kleiderschrank. Eine ungewöhnliche Geschichte, ein außergewöhnlicher Roman. Vielleicht wird auch er ›wiederentdeckt‹.

So wie Herman Bang, der letzte der großen Dänen. Seine Figuren sind sensible Randgestalten der Gesellschaft, die natürlich durch die Macht des Kapitals und der Herkunft verkörpert wird.

Die Außenseiter setzen dem ihre individuelle und intellektuelle Einzigartigkeit entgegen. Meist steht eigenes Erleben hinter den Charakteren, die äußerlich noch aus der klar strukturierten Gegensatzwelt stammen, wie sie für Émile Zolas Romane typisch ist; innerlich sind diese zarten Persönchen aber schon wesentlich weiter, gehören schon ganz dem neuen Jahrhundert des Ins-Innere-Horchens an. *Das weiße Haus* und *Das graue Haus* schildern beglückende und verstörende Episoden aus Bangs Kindheit. In *Stuck* dampft, vibriert, schillert ganz Kopenhagen und amüsiert sich im »Victoria«, einem Vergnügungstempel, den die Söhne mit gefälschten Wechseln ihrer Väter finanzieren.[145] Der Großstadtroman wird von jetzt an zeigen, wo der Puls unseres Soziallebens schlägt, auch wenn der schöne Schmuck der Fassaden nur aus Gipskarton besteht.

DAS JAHRHUNDERT DER SEMITOPHOBIE

Joseph Süß Oppenheimer wuchs im Heidelberger Judenviertel auf und wurde später Finanzminister des Württembergischen Herzogs Karl Alexander. Dessen Verschwendungssucht bediente der Bankier Oppenheimer durch Erhöhung der Staatseinnahmen mit den seit je üblichen Methoden. Als Karl Alexander früh und unerwartet starb, rächte sich die Camarilla am Aufsteiger. Es wurde ihm der Prozess gemacht, für fingierte Verbrechen verurteilte man ihn zum Tode, auf dem Pragsattel in Stuttgart wurde er hingerichtet. Diese an sich schon scheußliche Geschichte be-

---

[145] Der Generationenkonflikt im Wandel. Schiller hatte in den *Räubern* den Abfall der Söhne vom Patriarchat gezeigt; bei Bang betrügen die Jungen nurmehr die Alten, die ratlos und erschüttert zuschauen, aber bereit sind, für den mißratenen Nachwuchs noch ihr letztes Hemd zu geben. Die Zeit der gegenseitigen Vorwürfe kommt erst nach dem Zweiten Weltkrieg, wenn die Verständnislosigkeit zwischen den Generationen in die Revolte mündet.

kam eine infame Drehung durch die Art, wie der Film »Jud Süß« von Veit Harlan sie umdeutete zu Propaganda gegen das jüdische Volk. Auf Details soll verzichtet sein, es reicht die Tatsache, dass der Film in Deutschland nicht öffentlich aufgeführt werden darf. Vorlage für das von Joseph Goebbels persönlich in Auftrag gegebene Machwerk war die Novelle gleichen Namens von Wilhelm Hauff. Der Begriff des Antisemitismus war zu Hauffs Zeiten gerade erst geprägt worden. Er bedeutet eine feindliche Haltung den Juden insgesamt gegenüber mit der Begründung, sie hätten einen bestimmten – schlechten – Nationalcharakter und leitet daraus die Berechtigung zu ihrer Herabwürdigung ab. Das ist ein absurdes Gedankengebäude, das sonst nur als Grundlage für Scherze taugt, wenn man etwa von den geizigen Schwaben behauptet, sie stammten eigentlich aus Schottland und seien dort vor Zeiten wegen Verschwendungssucht des Landes verwiesen worden; oder ähnlicher, humoristischer oder ernst gemeinter Unsinn über Nationen, Völker, Gruppen oder auch Religionen. Was jedenfalls auf die Grundhaltung eines Jahrhunderts passt, ist die Feststellung einer Angst gegenüber der Berührung mit der jüdischen Kultur, mit Juden allgemein, eine Abwehrhaltung: die Semitophobie.

Ein Typ hielt Einzug in die Literatur: der häßliche Jude. Viele Schriftsteller haben sich durch ihre Äußerungen als Judenfeinde zu erkennen gegeben. Die Novelle *Jud Süß* musst Du aber selbst lesen, um urteilen zu können. Sicher ist der jüdische Minister als Blutsauger geschildert, seinen Untergang hält Hauff für eine gerechte Sache. Aber mit dessen Schwester Lea, die sich in den Sohn von Landschaftskonsulent Lanbeck verliebt und nach dessen Liebesverrat Selbstmord begeht, hat er die sympathische Figur einer treu liebenden Frau danebengesetzt. Und die Verschwörung der Altsassen gegen Oppenheimer wird als Verrat gebrandmarkt.

Lion Feuchtwanger war für einige Jahre großer Erfolgsautor. Er war befreundet mit Brecht, beackerte höchst ergiebig das Feld des historischen Romans mit so unterschiedlichen Helden wie dem Geschichtsschreiber Flavius *Josephus* (in einer *Trilogie*) und dem Maler Francisco *Goya*, lebte auf großem Fuß und hinterließ mit Marta die schönste und eindrucksvollste Witwe des Literaturjahrhunderts. Immer noch aktuell ist er mit seiner *Wartesaal-Trilogie* über die Schrecken des Dritten Reichs und der Emigration, bestehend aus *Erfolg* (in dem erstmals Adolf Hitler einen literarischen Schatten wirft), *Die Geschwister Oppermann* und *Exil*. Im letzten Teil lässt er den jüdischen Doktor Wohlgemut auftreten, einen Spezialisten für ästhetische Zahnheilkunde. Damit erkundete er zugleich hellsichtig eines unserer aktuellsten Probleme, nämlich: dass wir uns selbst nicht mehr leiden mögen und nur Chirurgie uns noch helfen kann. Dreißigtausend Franken waren schon damals genau der richtige Preis dafür. Feuchtwanger nun hat ebenfalls einen *Jud Süß* geschrieben. Er glaubte sogar, s e i n Roman sei die Vorlage zum Harlan-Film gewesen. Bei Feuchtwanger ist Rache der Antrieb für die Handlungsweise des Juden und der entscheidende Moment – der in Hauffs Novelle ausgespart wird – der Prozess mit den verleumderischen Beschuldigungen gegen Oppenheimer. Feuchtwanger hat besonders imponiert, dass der Angeklagte es ablehnte, sein Leben zu retten, indem er seiner Religion abgeschworen hätte und zum Christentum übergetreten wäre. Solche Standhaftigkeit im Angesicht des Galgens hätte jedem Christenmenschen zum Ehrentitel eines Märtyrers verholfen. Die Schicksale des Regisseurs Harlan und des Darstellers des Süß, Ferdinand Marian, haben selbst Stoff für Bücher (und ein exzellentes Dokumentarstück) geliefert. Bis heute ist die Diskussion über die Geschichte des ›Jud Süß‹ in vollem Gange.

Es entstand in den letzten zweihundert Jahren eine literarische Galerie von zumeist einzelgängerischen jüdischen Gestalten; einige davon habe ich Dir bereits geschildert. Ist aber bei jedem unsympathischen Juden in einem Werk des Neunzehnten Jahrhunderts der stereotype Ruf »Antisemitismus!« gerechtfertigt? Die nämliche Debatte ist vor einiger Zeit um Wilhelm Busch entbrannt, dessen wenig erfreulichen Schmulchen Schievelbeiner wir alle aus *Plisch und Plum* kennen. Niemand anders als Buschs Alter Ego der Gegenwart, Robert Gernhardt nämlich, hat die Frage erörtert, ob aus dieser Figur Buschs Gesinnung abzulesen sei. In der Tat hat sich Busch nur dieses eine Mal an dem Typus des ›häßlichen Juden‹ vergriffen. Gesinnungstäterschaft ist ihm schwer nachzuweisen. Bei der Beschäftigung mit den Kronjuwelen der Literaturgeschichte stößt Du mit Leichtigkeit auf deutlichere Zeichen für eine Bereitschaft zum Rassenhass bei vordergründig ganz unverdächtigen Zeitgenossen.

Genau wie Oppenheimer war auch Gerson Bleichröder Bankier und Jude. Sein Förderer und zugleich Zuchtmeister hieß Otto Graf Bismarck, der Reichsgründer. Bleichröder wurde, ein ungeheurer Präzedenzfall, für seine Verdienste um den Aufstieg Preußens und des Reiches in den Adelsstand erhoben, was nichtgetauften Juden grundsätzlich verwehrt war. Aber auch Bleichröder erlangte dadurch nicht die gesellschaftliche Gleichstellung, schon gar nicht die Achtung, die er sich verdient hatte. Die Geschichte dieser Partnerschaft hat Fritz Stern in dem Buch *Gold und Eisen* geschrieben, das ich Dir empfehlen möchte. Stern hat später noch eine subtile Studie über ›dezente‹ Formen des Antisemitismus vorgelegt mit *Das feine Schweigen*. Darin geht es um das häufig unkollegiale Verhalten von Wissenschaftlern, Forschern, Geistesmenschen gegenüber ihren jüdischen Amtsgenossen. Hier lernst Du jenseits dessen, was im Schulunterricht über das Thema mitgeteilt wird, viel Neues über die tägliche Herabwürdigung von Juden in Deutschland, lange bevor es zu ihrer offenen Verfolgung kam.

Das Zusammenleben in den Städten seit dem Mittelalter und der Umgang mit den Juden dort trug Züge einer Groteske. Bürgerrecht und Aufnahme in Gilden und Innungen zur Ausübung eines Handwerks wurden ihnen verwehrt, stattdessen der als unsittlich abgestempelte Geldverleih als Gewerbe zugewiesen; gelangten sie so zu Wohlstand, wurde ihnen gerade das als Makel vorgehalten; wohnen mussten sie in Judengassen und -vierteln. Gleichzeitig führte genau dies zu aberwitzigen Verleumdungen;

man argwöhnte, sie missbrauchten ihre Finanzmacht, im Ghetto würden sie sich gegen die Bürgerschaft zusammenrotten, geweihte Oblaten schänden und geraubte Kinder. Verständnis oder Respekt: Fehlanzeige. In der religiösen Kunst der Gotik und Renaissance findet man immer wieder das Motiv des frevelnden Juden, als kleine Fußnote zu großen Altarbildern etwa.[146] In meiner Stadt Ravensburg und sicher auch anderswo hatten die Häuser, deren Fassaden zur Judengasse hin gingen, apotropäische Fratzen am Giebel, die den Bürger vor der mosaischen Gefahr schützen sollten.

Als Vor-Denker des Nationalsozialismus in Bezug auf den Judenhass fallen immer wieder die Namen Nietzsche und Wagner. Wagner war judenfeindlich, ohne Wenn und Aber. Nietzsche das Gegenteil, der Bruch mit Wagner vollzog sich sogar über diesen Streitpunkt. Die Figur des Zwergen Alberich im »Ring des Nibelungen« stellt Wagners Vorstellung vom Wesen der jüdischen Gefahr dar. Nachdem die Rheintöchter ihn ihrer Zuneigung, seiner Hässlichkeit wegen, als nicht würdig erachtet haben, raubt Alberich ihnen das bislang völlig nutzlose Rheingold und schmiedet daraus unter Verfluchung der Liebe – oder übersetzt aus der Symbolsprache Wagners: durch Verzicht auf die moralischen Prinzipien der bürgerlichen Welt – den Ring. Nun ist ihm alles käuflich, seine Macht unbegrenzt. Das Ende der Weltordnung naht, wenn Wotan diesen Ring nicht in seine Kontrolle bringt. Durch ein System von Verträgen, das bis dahin seine Herrschaft erhalten hat, sind ihm die Hände gebunden; nur ein gänzlich unabhängiger Held kann Götter und Menschen retten, indem er Alberichs Macht bricht. Dieser Held soll Siegfried sein, Wotans eigener Enkel von den Wälsungen-Geschwistern Siegmund und Sieglinde. Der tötet auch alsbald Mime, Alberichs unleidigen Bruder, sowie Fafner und erringt den Ring, wird dann

---

[146] Nicht umsonst heißen die frühen Maler solch ›holzschnittartiger‹ Themen in Italien i primitivi.

aber durch die Entdeckung der Liebe, und zwar zur abtrünnig gewordenen Wotanstochter Brünnhilde, den Zielen des Göttervaters entfremdet. Am Ende – Siegfried liegt auf dem Scheiterhaufen, Walhall brennt – wäscht eine Sündflut die Erde rein für ein neues Geschlecht von Göttern und Menschen. Diese Konzeption Wagners wäre unerträglich durch die überdeutliche Gleichsetzung Alberichs mit der Geldmacht des jüdischen Großbürgertums, wenn das Kunstwerk nicht s o bedeutungsvage angelegt wäre, dass die Bilder von Dichtung und Musik auch mit anderen Vorstellungen und Deutungen besetzt werden könnten. Regisseure wie Patrice Chereau in Bayreuth haben allen Ehrgeiz daran gesetzt, dies zu zeigen. Fest steht jedoch: Wagner dachte in Kategorien der ›Rasse‹ – Nietzsche nicht. Woher kam aber dieser Rassenwahn? Der Graf Arthure Gobineau, ein mäßig inspirierter Literat, schrieb den Roman *Die Plejaden*; durchaus lesbar, aber auch nicht mehr, handelt er von einer Gruppe von ›Wahlverwandten‹, die sich gegenseitig ihr Lebensschicksal klagen und der Ansicht sind, sie seien etwas Besseres. Leider hat Gobineau diese Idee zum Kern einer auf tausend Seiten ausgewalzten Rassentheorie gemacht, in der er den Wahn einer besonders edlen und entsprechend bedrohten ›arischen‹ Rasse entwickelte. Das hat nun tatsächlich Folgen gehabt.

Das unbesiegbare Preußen, ganz in Eisen gerüstet, griff mit Zensur und Repression grausam in den schöpferischen Akt ein und ließ so den künstlerischen Ideenstrom versiegen. Die Literatur erstarrte in den alten Formen. Detlev von Liliencron, aus Kiel kam der Ärmste!, schuf, als lebte der alte Byron noch, ein verschroben-verstaubtes Epos in mindestens neunundzwanzig Gesängen namens *Poggfred*:

Dies ist ein Epos mit und ohne Held,
Ihr könnts von vorne lesen und von hinten,
Auch aus der Mitte, wenn es euch gefällt.

Er konnte aber auch so dunstig Eingetrübtes machen wie:

> *Schläfrig singt der Küster vor,*
> *Schläfrig singt auch die Gemeinde,*
> *Auf der Kanzel der Pastor*
> *Betet still für seine Feinde.*

In diese Epoche der Humorlosigkeit hinein, in der neben ihm gerade noch für Wilhelm Busch[147] Platz zu sein schien, schrieb der Norddeutsche Wilhelm Raabe. Man hielt ihn für einen Nachfolger Jean Pauls – er selbst kannte den allerdings kaum dem Namen nach. ›Betulichkeit‹ lautet ein unfreundliches Attribut, das schnell der Raabeschen Kunst angeheftet wurde, und mit seinem Erstling und größten Erfolg *Die Chronik der Sperlingsgasse* aus der Welt seiner eigenen Anschauung als Student in Berlin schien er dem auch gerecht werden zu wollen. Aber der Vielschreiber zum Broterwerb Raabe hat ein äußerst vielfältiges Werk hinterlassen. *Der Hungerpastor* mit dem sprechenden Namen Hans Unwirrsch lässt sich auch durch einen knurrenden Magen nicht unterkriegen. *Unseres Herrgotts Kanzlei* ist ein historischer Roman aus der Zeit der Religionskriege und spielt in Magdeburg, das Raabe gut kannte. »*Ich verstehe die Welt wohl noch, aber sie versteht mich nicht mehr*« lautete seine resignierte Reaktion auf das stetig nachlassende Interesse an seiner Produktion. Indes ließ er sich nicht entmutigen, über achtzig Romane und Erzählungen auf den Markt zu werfen. Auswanderung war eines seiner wichtigsten Themen, und Raabe hätte sicher mit Ergebenheit hingenommen, dass er damit heute wieder brandaktuell dasteht. In *Stopfkuchen – eine See- und Mordgeschichte* be-

---

[147] Der nun tatsächlich mit dem *Schmetterling* auch eine großartige Novelle in der ihm eigenen Tonart der grausamen Humoristik geschrieben hat, bemerkenswert, weil Busch hier an der Odyssee Maß nimmt und seinen Helden bei der Jagd auf ein bildschönes Kerbtier eine Lebensirrfahrt erleiden lässt. Erschütternd komisch!

schreibt er die Rückkehr eines erfolgreich Ausgewanderten, der sich in den heimischen Verhältnissen nicht wieder zurechtfindet, die zudem durch ein Verbrechen durcheinandergeraten sind. Die Auflösung des Rätsels um den toten Kienbaum ist höchst spannend erzählt, ein richtiger Kriminalroman, aber die eigentliche Pointe ist, dass der enttäuschte Auswanderer gleich danach seine Sachen packt, um in das liebgewonnene Afrika zurückzukehren – immer noch besser als das dezenterweise namentlich nicht genannte Heimatstädtchen mit seinen horriblen Honoratioren.

Paul Heyse pflegte die aussterbende Kunst der Novelle sachgemäß; dafür gab man ihm den Nobelpreis. Dabei erinnern seine kleinen Episoden aus Italien wie etwa *Das Mädchen von Treppi* an längst Verdorrtes aus dem Steingarten der Literatur, zum Beispiel die rührende Geschichte *Graziella* von Alphonse de Lamartine aus den goldenen Tagen der französischen Romantik, die wie Heyses Novelle *L'arrabiata* den Golf von Sorrent bei Neapel als Schauplatz hat. Als Modedichter residierte Heyse in München. Mit seinem vaterländischen Drama *Kolberg* über den Widerstand der kleinen Stadt gegen Napoleons Truppen hatte er sich reich geschrieben – spätestens der gleichnamige Durchhaltefilm von Harlan nach Goebbels' Willen hat das Stück unmöglich gemacht. Mehr danken wollen wir ihm für das *Spanische* und *Italienische Liederbuch*, die Hugo Wolf zu den schönsten Gesangszyklen der Epoche veredelte. Oder für seine Freundschaft zu Fontane, dem das Privileg zukommt, der letzte Klassiker genannt zu werden.

Theodor Fontane aus Neuruppin in Brandenburg stammte aus einer Hugenottenfamilie, wie sein französischer, aber schon eingepreußischter Name (Fontaine) noch erkennen lässt. Er lernte was Vernünftiges, nämlich Apotheker, kam weit herum und dichtete in seiner Freizeit Balladen und anderes Zeug ganz in der Tradition, aber schon mit einem ganz eigenen Ton. Viel Eigenartiges gibt es da zu erblättern, etwa die Nachklänge seiner Spaziergänge in Schottland. Schließlich wurde er Journalist und ging für die »Kreuzzeitung« als Kriegsberichterstatter an alle preußischen Fronten; später nahm er regelmäßig seinen Kritikerplatz im Theater ein und berichtete für die »Vossische« von unzähligen (Ur-)Aufführungen; besonders den jungen Gerhart Hauptmann erkannte er als herausragendes dramatisches Talent. Als Zeitungsmann bekam er viel zu sehen und eine geschärfte Beobachtung; Weltläufigkeit und Einblick ins ›Milieu‹ sind bei ihm zwei Seiten derselben Medaille. Seine lebenslangen *Wanderungen durch die Mark Brandenburg* zeigen, wie eine große körperliche in eine riesengroße geistige Leistung überführt wird. Sie ergaben am Ende etwa viertausend Seiten Material voller Anschauung von Plätzen und Landschaften, voller Anekdoten, Erlebnissen und Porträts. Der aus allen Metropolen schon bekannte Typ des Flaneurs betritt hier den ländlichen Lebensbezirk. Fontane entdeckt für uns Leser, dass die Erde Brandenburgs satt ist an Geschichte und Geschichten. Erst als verheirateter Mann im reifen Alter – sein Sohn Friedrich wurde zu seinem Verleger – begann er mit der Romanproduktion. Sein ganzes Schriftstellerleben begleitete ein reger Briefwechsel den diszipliniert zu arbeiten gewohnten Fontane. Theodor Storm und Paul Heyse waren seine besten Freunde, Tochter Mete seine Vertraute, Ehefrau Emilie unterstützte ihn häufig aus der Distanz; im »Tunnel über der Spree«, einer Künstler- und Intellektuellenvereinigung in Berlin, stand er mit den Größen der Zeit in ständigem Kontakt. Betrachtet man die deutsche Literatur als Gebirge und tritt weit genug zurück für einen Panoramablick, dann wird man hinter den Gipfeln ihrer Zeit Lessing, Schiller, Kleist, Goethe und Heine eine Lücke erkennen, Vorgebirge, Endmoränen, Felszacken, und dann das Massiv Fontane.

Vor dem Sturm, Dir schon bekannt, war sein erster und gleich umfangreichster Roman. Nie wieder hat er so hoch gegriffen und Historie so in den Vordergrund der Handlung gestellt. *Grete Minde* ist eine kleine Novelle um die Brandstifterin von Tangermünde. *L'adultera* oder zu Deutsch: »Die Ehebrecherin« heißt ein Gemälde von Tintoretto (der damals eben höher geschätzt wurde als sein Lehrmeister Tizian!), dessen Betrachtung das Unglück des Ehepaares Van der Straaten einleitet. *Ellerklipp*, typisch für Fontane: eine Erzählung wie eine Ballade, handelt von der tödlichen Eifersucht des Vaters auf den eigenen Sohn. *Stine* behandelt zum ersten Mal Fontanes Lieblingsthema von der unstandesgemäßen Liebe zwischen der Näherin und dem Grafen Waldemar. *Schach von Wuthenow* ergänzt die Aussage von *Vor dem Sturm*: Das alte Preußen war zum Untergang verurteilt, wie der kritische von Bülow in dieser Novelle aus der Zeit vor der Schlacht von Jena und Auerstedt meint. Das Eliteregiment Gensdarmes macht sich tüchtig lächerlich, Schach zieht die Konsequenz und erschießt sich. *Cécile* lebt in einer unglücklichen Ehe; ihr Gatte tötet den Liebhaber im Duell – das bricht ihr das Herz. Der alte *Graf Petöfy* heiratet die junge Schauspielerin Franziska. Dann bringt er sich um. Die Geschichte spielt in Wien. *Unterm Birnbaum* liegt das Geheimnis des kleinen Kriminalromans nicht vergraben, es liegt, wo Leichen hingehören, im Keller. Und weil's so schön war, schrieb Fontane mit *Quitt* gleich noch eine Kriminal- und Abenteuergeschichte hinterher; das Schicksal von Wilderer Lehnert erfüllt sich in der Wildnis Amerikas. Da der Hund »Uncas« gerufen wird, glauben wir an eine Hommage an James Fenimore Cooper. *Irrungen, Wirrungen* heißt einer der fröhlichen Romane mit viel ›Milieu‹. Lene aus der Gärtnerei und Baron Botho lieben sich einen Sommer, kehren dann zur gesellschaftlichen Vernunft zurück. Die junge *Effi Briest* trudelt in die Ehe mit dem viel älteren Baron von Innstetten; da kommt Crampas als Aufmunterer gerade recht. Erst später entdeckt Innstetten das Verhältnis, tötet den Liebhaber im Duell und lässt sich scheiden; als ihr auch die Tochter entfremdet wird, erkrankt Effi und stirbt, heimgekehrt bei den Eltern. Denen schwant eine Mitschuld; Briest spricht die Schlussworte: »*Laß, Luise ... das ist ein zu weites Feld.*« Unwiederbringlich ist das Glück für den

> Der Wanderer, später der Flaneur, entdeckt die Langsamkeit des Erzählens neu. Entscheidend wird die Ruhe zur Betrachtung.

Landadligen Graf Holk und seine tugendstrenge Ehefrau Christine. Sie haben sich auseinandergelebt – er fühlt sich berechtigt, mit der pikanten Hofdame Ebba in Kopenhagen eine Ehe linkerhand zu führen. Christine quittiert das mit ihrem Freitod. Hier benutzte Fontane als Vorlage eine damals stark diskutierte Begebenheit vom dänischen Hofe. Allerdings, die gänzlich unromantische Liebeshandlung bildet nur die durchsichtige Folie, durch die das Seelenleben der Akteure sichtbar gemacht wird. Das Elend der Ehekonvention zeigt der Roman zwingend; die Stimmungen sind beklemmend, das Thema der erstarrten Liebesbeziehung wird ausgelotet bis auf den Grund. Der nächste Roman *Mathilde Möring* ist weniger gelungen. Die ehrgeizige Mathilde promoviert am Traualtar. *Frau Jenny Treibel* ist das Lustigste, wozu Fontane fähig war. Auch Jenny, jetzt Kommerzienrätin, hat ›nach oben‹ geheiratet und sorgt sich, dass die Tochter ihres Jugendfreundes Professor Schmidt nun mit ihrem Sohn dasselbe vorhat. Doch Corinna wägt klug Ambition gegen Emotion ab und entscheidet sich für den schlichten Archäologen Marcell. Das Berlin der kleinen und gernegroßen Leute bekommt atmosphärische Präsenz. *Die Poggenpuhls* sind verarmte Landadelige, eine Mutter mit drei Töchtern, die lernen, sich durchzubringen. Eine Perspektive haben sie nicht. Aber Haltung zeigen ist das, was der Adel kann.

Damit wären wir beim Höhepunkt und Abschluss von Fontanes epischem Schaffen angekommen. Von Werk zu Werk hatte er die Mittel verknappt, die Handlung reduziert, auch die grotesken Überzeichnungen gemildert. Nun ist das Minimum des Erzählbaren erreicht. *Der Stechlin* heißen ein Mann und ein kleiner See irgendwo in der Mark Brandenburg. Der ergraute Dubslav von Stechlin ist ein Landadeliger von altem Schrot und Korn. Sein Sohn Woldemar mit seiner Freundesschar bringt die aus Berlin kommenden neuen Ideen in die Provinz. Er wird die reiche Gräfin Armgard heiraten, die das gesellschaftliche Selbstverständnis der neuen Zeit verkörpert mit ihrer Sehnsucht nach Welt. Deren Schwester Melusine hingegen, schon dem Namen nach ein Wassergeist, ist sowohl dem alten Heiden Dubslav als auch dem See geheimnisvoll zugetan. Pastor Lorenzen und Dubslavs Schwester, die in einem evangelischen Nonnenkloster Äbtissin ist, machen den geistlichen Einspruch gegen beide Welten geltend. Heimliche Hauptperson des Geschehens ist der See, ein Verwandter des psychoaktiven Meeres aus Stanislav Lems *Solaris*, der in Verbindung zum Erdinneren und zur seelischen Verfassung der Personen steht. Mit dem Tod des alten Stechlin bricht das Fragment ab in Erstarrung der ohnehin raren Handlung. Das wesentlich in Dialogen brillierende Werk ist der in meinen Augen beste Roman in deutscher Sprache.

Als wenn es nichts an ihm zu beschreiben gebe, schaut Fontane auf der Photographie ins Weite. Alles sitzt an seinem Platz, Frisur und Bart sind korrekt und grau, Kragen und Binde schwarz und weiß; Individualität leistet er sich allem Anschein nach nicht, gerade einmal zwei Falten unterm Auge zeigen, dass auch er Gram kennengelernt hat in seinem Leben, sein Lieblingssohn George schon lange tot ist. Diese Neutralität der Erscheinung ist seine Verkleidung, um unbemerkt in das Getriebe seiner Zeit blicken und präzise konstatieren zu können, was da untergegangen ist mit seinem Jahrhundert, dessen Ende er nicht mehr erleben musste. Er bleibt der letzte aller Klassiker.

KAPITEL 7

MIT DEN AUGEN EINER FRAU ...

*Reiterheere mögen die einen, andre
halten Fußvolk oder ein Heer von Schiffen
für der Erde köstlichstes Ding, – ich aber
das, was man lieb hat.*

Das ist die Stimme der Dichterin Sappho von der Insel Lesbos. »*Meiner wird man gedenken!*« hat sie gesagt, und tatsächlich ist dies die erste authentische Stimme einer Frau in der Literatur. Von Liebe, Blumen und schönen Mädchen lispelt die Stimme, betört mit fremdem Rhythmus und Seltsamkeit. Sie tönt aus einer Zeit und einer Welt her, von der wir sonst fast nichts wissen; aber junge Frauen erhielten eine sorgfältige Erziehung im Internat der Sängerin von Lesbos, der unvergleichlichen Sappho. Wenn man einen Unterschied zwischen dem, was ein Mann schreibt, und der Literatur von Frauen machen will, kommt man schnell zum Begriff der Innerlichkeit. Wo Frauen anders schreiben, schreiben sie von gefühlten Welten, für deren Aufbau sie ein völlig eigenes Gespür haben. *Die innere Burg* der Theresa von Ávila ist das erste Buch einer Frau der Neuzeit, das sich dieser Fähigkeit verdankt. Nun mag es für Dich völlig überflüssig sein, dieses Buch gelesen zu haben, weil es Ausdruck einer Zeit ist, als man versuchte, dem Glauben einen neuen, persönlicheren Inhalt zu geben, und der Gehalt des Buches geht darüber nicht hinaus. Die Vorsteherin eines Nonnenklosters Theresa beschreibt ihre Seele in der Durchdringung durch Glauben als Burg mit sieben Festungsringen und einem diamantenen Innern, das dem vollkommenen, weil nicht begründeten oder begründendem, Glauben entspricht. Die Abkehr von weltlichen Dingen, dem ›Leben‹, wird von Ring zu Ring stärker, die Zuwendung zur Spiritualität intensiver. Soweit die Konstruktion von Theresas Burg, die uns Weltenbürgern eben doch sehr fern liegt. Bezaubernd allerdings, wie schön und intensiv sie in der Lage ist, ihre Seele zum Sprechen zu bringen. Das Thema des Buches zwingt ja eigentlich zum Umschreiben, zum Theoretisieren, aber das Wunder dieser Gedankenwelt liegt darin, dass uns die Innerlichkeit der Theresa daraus so stark und natürlich entgegenkommt.

Dieses Wunder der Innerlichkeit lässt niemand leichter geschehen als die Frau mit dem einfühlsam betrachtenden Blick. Dieser Blick kommt aus den übergroßen Augen in dem Gesicht eines altgewordenen Kindes. Die hohe Stirn ist von einem Fransenpony halb bedeckt, um den Mund spielt ein mokantes Lächeln.

Und in einer der hinter dem Kopf verschränkten Hände hält sie die verhängnisvolle Zigarette, selbstgedreht. Sie wird bald sterben. Doch noch hat sie Kraft für eins ihrer Wunder von Büchern: Carson McCullers, die vollendetste Schriftstellerin, die ich kenne. Ihr erstes Meisterwerk schrieb sie mit zweiundzwanzig Jahren, begleitet von der Freundschaft und Anerkennung von Erika Mann, der Tochter und unentbehrlichen Helferin des deutschen Großschriftstellers. Aus abgeklärter, weiser Distanz schaut die Amerikanerin auf ihre Figuren, denen sie Würde und ein erhebliches Maß an Mystik gibt. Sogar mystische Nahrungsmittel gibt es bei ihr, angefangen mit den rituellen Toddys (die schon bei Kate Chopin eine Rolle spielten: heißes Wasser mit Rum und Gewürzen, eine Art Südstaatengrog also) mittags um zwölf bei Richter Clane bis hin zu Dosenkaviar, mit dem sich der blauäugige und schwarzhäutige Sherman ein lässiges Mahl bereitet. Die *Uhr ohne Zeiger* ist zunächst Bild dafür, dass die Lebenszeit des Apothekers Malone abgelaufen ist. Nur dem alten Clane offenbart er sein unheilbares Leiden. Aber in dem Örtchen, wo sein Laden das gesellige Zentrum eines demoralisierten Haufens von Südstaatlern mit dem Richter an der Spitze ist, die noch fast hundert Jahre später den Ausgang des

Bürgerkriegs nicht wahr haben wollen, ist die Zeit ohnehin aus den Fugen geraten. Der Enkel des Richters, Jester, nimmt Flugstunden, vielleicht um eines Tages fliegend entfliehen zu können, und hat sich insgeheim in Sherman verliebt, den skandalösen Mischling aus einer Beziehung, die einst Jesters Vater in den Selbstmord trieb. Und deshalb hat der Richter Sherman in seine Dienste genommen, als Privatsekretär (›Amanuensis‹ wird er beharrlich bezeichnet) und Faktotum, wie man eben schwarze Dienstboten hat im Süden der realen Rassentrennung. Die Geheimnisse, die alle Personen mit sich herumtragen, hüllen sie ein wie die Würde eines Gewandes oder wie Rüstungen. Werden sie offenbar, sind sie schutzlos; wird sie verletzt – müssen sie sterben.

Das burleske Gegenstück zur Melancholie von *Uhr ohne Zeiger* sind die skurrilen Figuren in der *Ballade vom traurigen Café*; als wären Huck Finns Enkel zu Besuch gekommen. Das wehrhafte Mannweib Amelia erwacht aus einer jahrzehntelangen Unbewusstheit mit dem Auftauchen ihres buckligen Vetters. An ihn verschwendet sie alle Fürsorge, deren sie fähig ist. Zum Zeichen ihrer erwachten mütterlichen Instinkte eröffnet sie ein Lokal, in dem sich die einfachen Leute der Gegend, Verlierer und Verlorene, ein Stelldichein geben und von Amelias Fürsorge profitieren. Aber als der Vetter sich mit ihrem Exmann, einem Taugenichts, verbündet zu einer Art Entscheidungsschlacht, einem Harmaggedon des Boxens und Ringens und Amelia besiegt im Staub liegt, ist die Geschichte des traurigen Cafés vorbei, schnell wie sie begonnen hat. Der Süden versackt wieder in staubiges Vor-sich-hin-Brüten.

In dieser kurzen Erzählung gibt die Autorin eine Theorie der Liebe, die dem großen Essay Stendhals *Über die Liebe* gleichberechtigt zur Seite steht, der – Gott hab' ihn selig – ja etwa fünfhundert Seiten für seine schwierigen Konstellationen und verquasten Exkulpationen benötigte und bei seinen sechs Sorten von Liebesverlangen trotzdem nicht auf diese eine Möglichkeit gestoßen ist. McCullers gibt hier gleichzeitig eine Poetologie ihres so schmalen Gesamtwerks. *Die Liebe ist erstens einmal ein gemeinsames Erlebnis zweier Menschen; die Tatsache jedoch, daß es ein gemeinsames Erlebnis ist, bedeutet noch nicht, daß es für die beiden Beteiligten ein ähnliches Erlebnis ist. Es geht immer um den Liebenden und den Geliebten – doch stammen die beiden aus verschiedenen Landen. Oftmals löst der Geliebte nur all die aufgespeicherte Liebe aus, die bis dahin so lange im Liebenden geschlummert hat. Und irgendwie ahnt das auch jeder Liebende. Er fühlt es in seinem Herzen, daß seine Liebe ihn vereinsamt. Er erlebt eine neue, seltsame Einsamkeit, und er leidet unter dieser Erfahrung. Es bleibt dem Liebenden also nur eins zu tun: er muß seine Liebe nach besten Kräften in sich beherbergen; er muß sich eine vollständige, neue Welt in seinem Innern aufbauen, eine starke und eigentümliche Welt, die an sich selbst Genüge hat. Und dieser Liebende, das mag hier hinzugefügt werden, braucht nicht unbedingt ein junger Mann zu sein, der für seinen Trauring spart – es kann Mann, Frau oder Kind, einfach irgendein menschliches Lebewesen auf unserer Erde sein.* ›Einsamkeit‹ und ›Leiden‹ der Liebe liegen wie ein staubiger Schleier über dem Land; sie bilden den Grundton von Melancholie auf dem Bild des amerikanischen Südens, das McCullers zeichnet. Niemand wird von hier oder von sich selbst je wegkommen. Und wer hat schon die Kraft zu bleiben?

Irgendwie ahnt das Geheimnis der Liebe auch die naseweise Göre *Frankie*, die neben ihrer Alt- auch noch Weltklugheit besitzt und die Du gleich ins Herz schließen wirst. Nicht die Handlung spielt hier die Hauptrolle, die ist in Carsons eigenen Worten schnell erzählt: *Frankie ist in die Braut ihres Bruders verliebt und will bei der Hochzeit mit von der Partie sein*, sondern die Stimmung eines Erwachens, eines In-die-Welt-Gehens, einzigartig in ihrer erwartungsfrohen Frische.

In ihrem Erstling *Das Herz ist ein einsamer Jäger* sind schon gleich die großen Themen der McCullers da: die Einsamkeit, die Verirrungen der Liebe, das Sichverlieren bis in den Tod, alles eingehüllt in die Wärme, die in der Persönlichkeit dieser großen Schriftstellerin lag. Die junge Debütantin machte sich sogleich an das denkbar schwierigste Thema, die Schilderung einer hoffnungslosen Liebesbeziehung zwischen zwei Taubstummen, dem Griechen Spiros, der alsbald in die Anstalt muss, die er nicht wieder verlassen wird, und dem weltweisen John Singer, einer der großen Dulderfiguren der Weltliteratur, Dostojewskijs Fürsten Myschkin vergleichbar. Für seine Nachbarn und Freunde ist er der Tröster in der dumpfen Atmosphäre einer Südstaaten-Kleinstadt mit Rassentrennung und wirtschaftlicher Depression. Der schwarze Arzt Dr. Copeland und die kleine Mick bewundern ihn und kämpfen weiter um Würde und Gerechtigkeit, während Singers Lebenskraft verbraucht ist. Er erschießt sich.

Nimmt man noch die herbe (Liebes-)Geschichte unter Soldaten *Spiegelbild im goldnen Auge* und eine Handvoll kleinere Erzählungen hinzu, steht schon Carson McCullers Gesamtwerk vor uns. In ihrer erst kürzlich auf Deutsch erschienenen *Autobiographie* beschreibt sie, wie hart jede Zeile ihrem störrisch kränkelnden Körper abgerungen war. So wenig, und doch so viel!

In der erschreckenden kleinen Story *Wer hat den Wind gesehen?*, die schildert, wie das Leben des schreibgehemmten Dichters Ken entgleist und seine Ehe in die Brüche geht, gibt Carson McCullers eine Beschreibung des Schriftstellers als junger Mann, *da ein Lied an der Straßenecke, eine Stimme aus der Kinderzeit und der Rundblick der Erinnerung die Vergangenheit verdichtete, sodaß Zufälliges und Tatsächliches in einen Roman, in eine Erzählung umgewandelt wurden –, und es hatte einst eine Zeit gegeben, da das leere Blatt die Erinnerungen heraufbeschwor und sichtete und er die geisterhafte Schaffenskraft seiner Kunst verspürte*. Ausdrücklich bezieht sich diese Stelle auf Marcel Proust und seine Kunst der Erinnerung. Wir glauben Carson McCullers, dass ihre eigene Kunst aus so einfachen Zutaten in der Lage war, so reiche Phantasiewelten zu schaffen. Trotzdem: Sie war keine Hinterwäldlerin. Auf einem Photo in der *Autobiographie* sehen wir Carson McCullers sich angeregt mit Tania Blixen unterhalten, während Arthur Miller und seine damalige Ehefrau Marilyn Monroe interessiert zuschauen; Baronin Blixen erzählt gerade von ihrem Geliebten Denys Finch-Hatton.[148] Mit Edith Sitwell, der Verkörperung englischer Exzentrizität, verband sie eine Freundschaft genauso wie mit den Komponisten Aaron Copland (sehr amerikanisch, eines seiner Hauptwerke ist das Ballett »Billy the Kid«) und Benjamin Britten oder mit John Huston, der *Spiegelbild im goldnen Auge* mit Marlon Brando verfilmte; aber die enge Welt der Südstaaten, der Verschrobenen und Zurückgebliebenen war ein für alle Mal ihr literarisches Zuhause.

Auch mit der Irin Elizabeth Bowen war Carson McCullers befreundet. *Die kleinen Mädchen* heißt einer ihrer vielen neu zu entdeckenden Romane. Er handelt von dem Versuch, Lebenserinnerungen so authentisch zu konservieren, dass sie stets unverfälscht bleiben. Zu diesem Zweck sammelt Dinah Delacroix Andenken an das, was war; als ihr handgreiflich klar gemacht wird, dass ihre eigene Kindheit trotz dieser Art von Tatsachenbeweis zu einem Nebel des Unbewussten verschwommen ist, bricht ihre Welt wissenschaftlicher Rekonstruktion des Nicht-Gewesenen zusammen. Die Bowen erzählt erfrischend altmodisch, ohne Rücksicht auf den Trend. Es wäre kaum möglich, aus dem Text ein Entstehungsdatum der Erzählung abzuleiten; das kritisiere wer will und finde gut, wer's mag.

Der Tod kommt in den kleinen Geschichten der Katherine Mansfield aus Neuseeland häufig zu Gast. Auch das *Gartenfest* wird überschattet von einem tödlichen Unfall, der sich im benachbarten Armenviertel ereignet hat, und die kleine Laura Sheridan bittet ihre Mutter, doch das Fest abzusagen. Aber das geht natürlich nicht. Immerhin wird Laura mit den Resten vom Büfett zur Witwe geschickt, die sechs Mäuler zu stopfen hat. Dabei

---

[148] Für Tania war Kenia zum Ort ihrer Befreiung geworden nach den Schrecken der Ehe mit Baron Blixen. In dem Buch *Afrika, dunkel lockende Welt* hat sie diesen Vorgang beschrieben, in denkbar schärfstem Kontrast zu Büchern wie Hemingways *Schnee am Kilimandscharo*. Robert Redford spielt in Sidney Pollacks Film »Jenseits von Afrika« den Finch-Hatton.

erhascht sie einen Blick auf den aufgebahrten Toten. Wie jung er ist, wie schön. *Und das Leben ist ...* geht es Laura durch den Kopf. Aber wie das Leben ist, das kann sie sich noch nicht erklären. Die Geschichten der Mansfield sind Stimmungsbilder, nicht pointiert, aber zwingend. Und bevor sie selbst ganz ergründet hatte, wie das Leben ist, war ihres mit nicht fünfunddreißig Jahren wieder vorbei.

Die Kanadierin Alice Munro hat sich auf das Erzählen kurzer Geschichten spezialisiert. Mit Energie wirft sie den Leser in die Situation einer Episode. Die von Liebe handeln, vom Klarkommen im Leben, von der Banalität des Alltags. *Der Mond über der Eisbahn* heißt ihre beste Geschichtensammlung.

> Meisterinnen der kleinen Form. Der Sprintchampion wird stets mehr verehrt als der Marathonsieger.

Schnodderig ist die Sprache von Dorothy Parker. Originell sind ihre Kurzgeschichten wie *Eine starke Blondine*, auch wenn es nur um eine Durchschlafstörung geht, die nicht mal der feste Gedanke an den französischen Moralisten La Rochefoucauld beheben kann. Was könnte sonst helfen, wenn nicht das?

Halten wir uns beschämt vor Augen, dass alle diese wunderbaren Erzählerinnen bisher nicht sehr tief in unser Bewusstsein gedrungen sind, beispielsweise nicht mit dem Literaturnobelpreis ausgezeichnet wurden. Die Langweilerin Doris Lessing, ja, die Afroamerikanerin Toni Morrison – sicher zu Recht, ist es doch ihre große Stärke, die ethnische Tradition in die Literatur der Moderne eingebracht zu haben mit Büchern wie *Menschenkind*, das von einem toten Baby handelt, das im Haus Nr. 124 spukt und damit verhindert, dass die Erinnerung an die Zeit der Sklaverei verlorengeht. Aber wir haben gerade über Frauen geplaudert, die für die literarische Entwicklung unserer Gegenwart Entscheidendes geleistet haben. Behalten wir sie, Preis hin oder her, in würdiger Erinnerung.

Aber halten wir uns auch dies vor Augen: Nicht von Frauen, sondern von Männern wurde das neue Bild der Frau in den

Künsten am Anfang des Zwanzigsten Jahrhunderts gestaltet. Etwa durch Gustav Klimts Porträt der »Goldenen Adele«, seit kurzem das teuerste je verkaufte Kunstwerk. In diesem selbstbewusst strahlenden Gesicht mit den aggressiv aufgeworfenen Lippen spiegelt sich eine ganze neue Welt, die soeben von der starken, unabhängigen, gleichwertigen Frau betreten wurde. Die glitzernde und glänzende Adele verkörpert die moderne Frau. Die Literatur hat das ihre getan. In den zusammengehörenden Theaterstücken *Erdgeist* und *Die Büchse der Pandora* hat der in der Schweiz aufgewachsene, als deutscher Weltbürger lebende Frank Wedekind die Figur der Lulu geschaffen, schillernd zwischen herrischem Kind und Verführerin, die natürlich Zensur und Publikum zunächst weit überforderte – nur in Privatvorstellungen betrat sie die Bühne. Am Ende wird sie nach dem Willen ihres Schöpfers Wedekind von Jack the Ripper entleibt. Ein ähnliches Schicksal – ihr Stiefvater Herodes schreit gellend: *Tötet dieses Weib!* – widerfährt der *Salome* des großen irischen Wort- und Lebenskünstlers Oscar Wilde. Du siehst also: Am Anfang zahlte die Frau den denkbar höchsten Preis für die neue Rolle, die sie in der Welt einnehmen sollte. Beide Bühnenwerke wurden flugs vertont. Vielleicht hast Du den sinnenschweren Klangrausch noch im Ohr, den Richard Strauss für den ›Tanz der sieben Schleier‹ seiner »Salome« entfesselt, oder die kühle Dramatik, die Alban Bergs »Lulu« im Kampf mit Dr. Schön, dessen Sohn Alwa und dem alten Lüstling Schigolch um Unabhängigkeit und Zuwendung entwickelt. Eine »Salome« kennst Du vielleicht auch als Jugendstil-Ikone aus der Villa Stuck in München; das aufgesetzte Pathos des Gemäldes entspricht jedoch in keiner Weise der Darstellung in Wildes faszinierendem Theaterspiel. Die Prinzessin Salome ist kein schwül lasziver Traum vom Orient. Sie ist ein Tiger, der sich, einmal gereizt, nicht mehr bändigen lässt. Daher das schreckliche Urteil, das ihr Stiefvater über sie spricht. An dem Propheten Jochanaan (= Johannes der Täufer), der bis dahin friedlich in der Wüste wilden Honig gegessen und sich in ein Tierfell gekleidet hatte, leckt die Tigerin Blut und kann nicht eher Ruhe geben, bis sein Haupt endlich auf einem silbernen Teller liegt.

Verweilen wir kurz bei Oscar Wilde, hat sein eigenes Schicksal doch in irritierend irrsinniger Weise Ähnlichkeit mit dem der Salome, seinem letzten großen Werk. In dem erschütternden Brief, der den Namen *De profundis* (*Aus den Tiefen* schreie ich zu Dir, oh Herr!) erhalten hat und an seinen geliebten, gehassten Gespielen ›Bosie‹, Lord Alfred Douglas, gerichtet ist, breitet Wilde die Einzelheiten der tragischen, schmutzigen, grotesken Geschichte vor uns aus. Bosie stiftet Wilde an, nachdem er bereits dessen Vermögen durchgebracht hat – und zu Hause saß geduldig Wildes Ehefrau mit den zwei Söhnen –, Vater Douglas wegen Verleumdung zu verklagen. Dieser Vater, ein dubioser Tunichtgut von Lord[149], hatte versucht, Oscar und Alfred auseinanderzubringen, indem er in der Londoner Gesellschaft entsprechende Gerüchte streute. Aus dem Kläger wird alsbald der Angeklagte. In einem Skandalprozess wird Wilde wegen widernatürlicher Beziehungen (nicht nur zu Douglas) zu zwei Jahren Zuchthaus verurteilt. Aus dem Gefängnis, das er in der *Ballade vom Zuchthaus zu Reading* beschreibt, tritt Wilde mit dem großen, bekennerhaften Schreiben zum letzten Mal an die Öffentlichkeit. Er ist an Leib und Seele gebrochen und stirbt kurze Zeit nach der Haftentlassung.

Sein einziger Roman *Das Bildnis des Dorian Gray* deutete bereits früh die Ambivalenz des eigenen Lebensentwurfes an. Der unschuldige Jüngling Gray wird von dem skrupellosen Verführer Lord Henry Wotton gegen den Widerstand des Künstlers Basil Hallward, Grays ›Entdecker‹, zum Roué, dem nur seinen Gelüsten untertanen Wüstling, ausgebildet. Grays Hang zu übelsten Ausschweifungen verselbständigt sich und führt ihn bis zum Mord an Hallward, den er ›perfekt‹ ausführt, indem er das

---

[149] Nur die Boxer verdanken ihm etwas. Es ist nicht der Tiefschlag, wie man mit Fug vermuten dürfte, sondern das bis heute gültige Regelwerk ihres Sports.

Opfer in Säure auflöst. Alles könnte gutgehen, wäre da nicht das Bildnis, an dem der Maler gleich zu Beginn des Romans gearbeitet hat. Während Gray in ewig strahlender Jugend scheinbar ohne sichtbare Spuren seiner Laster bleibt, zeigt sie das Bild in schonungsloser Klarheit: Es verändert sich im Maße der Entartung des Porträtierten, zeigt die Niedertracht Grays so schonungslos, dass dieser den Anblick nicht mehr erträgt: Beim Versuch, sein Bild zu vernichten, tötet er sich selbst.

Statt eines ›Enthüllungsromans‹ bietet das *Bildnis des Dorian Gray* eine tiefe Analyse der Menschenseele, gefangen in einer ihr (noch) nicht gemäßen Zeit. Denn Hallward, Wotton und Gray sind die drei Seiten e i n e r Persönlichkeit, der des Autors selbst natürlich. Oscar Wilde, dessen Leben und Geist völlig der Brillanz geweiht waren, sah in sich alles angelegt. Im allerelegantesten Gehrock, ein naturgemäß völlig überflüssiges Stöckchen feinster Machart in der Hand, schaut er freundlich in die Kamera. Sogar der Mittelscheitel gehorcht nicht dem Attribut ›korrekt‹ – grandios teilt er die Woge des nach beiden Seiten glatt fallenden langen Haars. Die weichen Formen des länglichen Gesichts betonen die Zartheit, der Empfindung wie Verletzung offene Haltung dieses Großen. Nicht von ungefähr ersann er auch *Märchen*, etwa das vom *Selbstsüchtigen Riesen*, aber auch Erzählungen wie die von *Lord Arthur Saviles Verbrechen*, das dieser in vorauseilendem Gehorsam begeht; er verfasste *Gedichte* und Essays, in denen er das neue Jahrhundert deutet: *Der Sozialismus und die Seele des Menschen*. Wie Martin Luther und Hitler neigte er bei Tisch zum Monologisieren, aber im Gegensatz zu der Gesellschaft des appetitlosen Vegetariers amüsierten sich Wildes Tischgenossen bestens an seinen improvisierten Phantasien, die in dem Band *Herberge der Träume* zusammengetragen sind. Wilde bleibt in Erinnerung als Geist, dem alles möglich war, in einer Gesellschaft, die ihm alles schuldig blieb.

MIT DEM TOD AUF DU UND DU

In vielen seiner Filme konnte sich Alfred Hitchcock auf die Qualität der Romanvorlage verlassen, und nie hat er aus einem guten Buch einen schlechten Film gemacht (»Die Vögel« und »Rebecca«: Daphne du Maurier; »Fenster zum Hof«: Cornell Woolrich; »Vertigo«: Pierre Boileau & Thomas Narcejac, nächst Simenon die größten Krimiautoren Frankreichs). Als er die Filmrechte am Erstling einer blutjungen Autorin kaufte und zu einem Riesenerfolg machte, konnte er noch nicht wissen, dass er gleichzeitig am Start der Karriere einer der größten Krimiautorinnen, aber das ist ja ganz falsch: einer der größten psychologischen Romanautorinnen mitgeholfen hatte. Die Rede ist von »Zwei Fremde im Zug«, die Schriftstellerin heißt Patricia Highsmith.

Nicht alles gefällt mir bei ihr. Das viele Gesaufe schon am frühen Nachmittag hüllt das Geschehen bisweilen in einen hochprozentigen Nebel und lässt die Akteure als Opfer eines leberschädigenden Gruppenzwangs dastehen. Die Geschichten um *Ripley*, den Amateur-Verbrecher, sind mir zu konstruiert: Die Autorin Highsmith duelliert sich mit dem großen Vorbild Henry James, dessen für kontinentaleuropäischen Geschmack (und ganz gegen seine übliche Attitüde) bemüht humoristische *Gesandte* im angelsächsischen Raum für den ewigen Streit zwischen England und Amerika um die Kulturhoheit stehen und die bei ihr hinter jeder Straßenecke hervorlugen. In James' Roman geht es darum, dass ein junger Amerikaner die Reize Europas entdeckt, vor allem kulturelle, aber auch die kulinarischen und dann erst noch die erotischen, und trotz der Lockungen der Neuen Welt mit dem Üblichen: Geld, Macht und standesgemäßer Heirat, nicht zur Rückkehr zu bewegen ist. Der ›Gesandte‹ selbst ist ein Mann fortgeschrittenen Alters; seine letzte Chance, es im Leben zu etwas zu bringen, besteht darin, bei Erfüllung des Auftrages, den Sohn zurückzubringen, dessen reiche Mutter ehelichen zu dürfen. In einer Art freudiger Resignation verzichtet er am

Schluss auf solche Aussicht. In dieses von Henry James vorgebildete Schema passt zunächst Dickie Greenleaf, der verwöhnte Reedersohn aus *Der talentierte Mr Ripley* (im Film »Nur die Sonne war Zeuge«: Maurice Ronet, und Alain Delon als ›Gesandter‹ Ripley), der in Mongibello (›der schöne Berg‹, eigentlich ein Beiname des Ätna auf Sizilien) allzu tüchtig ausspannt. Italien, und noch spezieller: Venedig – ein Buch, das schon in der verstümmelten Fassung begeistert hatte und jetzt neu zu feiern ist: *Venedig kann sehr kalt sein* –, stillt die amerikanische Sehnsucht nach altehrwürdiger Verkommenheit, nach dem matten Glanz abblätternder Vergoldungen und dem Modergeruch von uralten Kanälen und feuchten Gemäuern; ein Lieblingsschauplatz von James und Highsmith. Durch die ersten beiden Morde erhält Ripley die Legitimation, in Europa zu bleiben, eine Art Ritterschlag; hier erlebt er die Fortsetzung seiner Abenteuer in *Ripley's Game* (und drei weiteren Folgen), als »Der amerikanische Freund« wunderbar verfilmt von Wim Wenders mit Dennis Hopper als Ripley und dem Ifflandringträger[150] Bruno Ganz als Jonathan.

Auch auf Patricia Highsmith selbst trifft das von Henry James in Leben und Werk repräsentierte Thema der amerikanischen Europasehnsucht zu, verbrachte sie doch ihre späten Jahre in ei-

---

[150] Der Ifflandring ist die klassische Auszeichnung für den größten Theatermimen deutscher Zunge, benannt nach dem Dramatiker und Schauspieler des späten Achtzehnten Jahrhunderts, der für die Aufhebung der Trennung von Hofbühne für hochgestellte Herrschaften und Schaubühne für ein breites Publikum steht. Der Ring zeigt sein Bild. Werner Krauss, berühmt für seine Darstellung Nathans des Weisen, war der Träger des Rings über den Zweiten Weltkrieg hinaus und konnte angeblich auf dem Sterbebett – der Ringträger bestimmt seinen Nachfolger selbst – gerade noch sagen: »Mein Rat ist ...«, woraufhin der großartige Wiener Nestroy- und Raimunddarsteller Josef Meinrad den Ring erhielt – eine selbstverständlich böswillig erfundene Anekdote. Meinrad seinerseits vererbte den Ring in weisester Weisheit, die ihn allein durch diese Tat würdig erscheinen lässt, an den großen Schweizer Schauspieler Ganz.

ner Art Bunker von Bungalow im Tessin. Dass der Mörder Ripley seinen Schergen stets entkommt, ist ein Running Gag, der einem nach einer Weile auf den Wecker geht. Man wünscht sich den Polizisten herbei, der sich die Prämie auf seinen Kopf verdient. Andere Sachen wie *Ediths Tagebuch* finde ich einfach nur scheußlich, wenn nicht eklig. Aber die Pranke der Tigerin (Tiere spielen bei ihr eine wichtige Rolle: Highsmith ist studierte Zoologin) zeigt sich überall, und gerade in Kleinigkeiten am stärksten.

Ein seltsames Tier lugt aus dem Vogelnistkasten hinterm Haus. Bald wird dieses Tier, ein Etwas zwischen Eichhörnchen und Ratte, zur Bedrohung des jungen Ehepaares. Sein Anblick löst Schuldgefühle aus, s i e hat ihre Schwangerschaft nicht ertragen und eine Fehlgeburt provoziert, e r hat einen Arbeitskollegen in den Selbstmord getrieben und dessen Stelle ergattert. Sie leihen bei Freunden eine Katze, die tatsächlich das Yuma, wie sie es inzwischen genannt haben, zur Strecke bringt. Tot und kopflos liegt es vor ihnen, und befriedigt geben sie die Katze zurück. Eine Weile später lugt das Yuma wieder aus dem Nistkasten, und die Katze taucht auch wieder auf ... Die Bedrohlichkeit des Alltags und die Unabwaschbarkeit von Schuld wird in der Kurzgeschichte *Der leere Nistkasten* (aus dem Erzählungsband *The snail-watcher – Der Schneckenbeobachter*) zur Grundlage von Kälte, Schrecken und Abkapselung; Zeichen für die Unmöglichkeit von Normalität, die Unerträglichkeit des Lebens schlechthin.

Wer würde das der einladend lächelnden Dame mit dem sehr korrekten Seitenscheitel zutrauen, die mit hochgezogenen Schultern im peruanischen Wollpulli vor uns sitzt, dunkles Haar, dunkle Augen, mäßig verlebte Gesichtszüge? Ein Jugendphoto zeigt sie uns als strahlende, heitere College-Schönheit, und schon arbeitet es in diesem Kopf, wie man ein perfektes Verbrechen planen könnte: Man tut sich mit einem Zweiten zusammen, und während der den eigenen Mord begeht, den verhassten Vater tötet – und dafür ja gar kein Motiv hat und man selbst ein Alibi –, erweist man dem anderen denselben Gefallen, indem man seine scheidungsunwillige Gattin erwürgt.[151] Kompliziert wird es erst, als der andere nicht mitmachen will, und die erste Leiche liegt schon auf der Liebesinsel ... So die Geschichte der *Zwei Fremden im Zug*. Erst nach Highsmith' Tod wird die Bedeutung ihres Werks ganz überschaubar durch die schöne Gesamtausgabe des Diogenes-Verlags.[152] Als man ihre Bücher noch als reine Krimis las und nicht als tiefgründige soziologische Fallstudien, wurden die Übersetzungen gekürzt und geglättet nach Belieben. Jetzt, in der kompletten Neuedition, zeigt sich ihre Lebensleistung in überwältigender Monomanie.

> *Kriminalromane* KANN NICHT JEDER, GLAUBT ABER FAST JEDER ZU KÖNNEN. AUCH HIER GILT, DASS DIE MEISTER DEN STANDARD SETZEN.

Die eindrucksvollsten Bücher von Patricia Highsmith schöpfen aus einem nie versiegenden Vorrat an Hermetik und Verlorenheit: *Der süße Wahn* beschreibt das Hinübergleiten eines ganz gewöhnlichen Lebenslaufs in Selbsttäuschung und Verbrechen. Liebe ist das Motiv, aber eine kranke, besitzergreifende Liebe – der wahre Motor der Brutalität und Zwanghaftigkeit ist Kälte. *Der Stümper* ist die Geschichte eines zufrieden und zurückgezogen lebenden Gattenmörders, der durch einen töl-

---

[151] »Criss-cross« sagt der mörderische Bruno dazu; in »Strangers on a Train« spielt ihn Robert Walker, vielleicht der grandioseste Schurke, den die Kinoleinwand gesehen hat; es fällt ihm schwer, seine stets würgebereiten Hände stillzuhalten. Das Drehbuch schrieb übrigens kein Geringerer als Raymond Chandler.

[152] Mit dieser Edition setzte Verleger Daniel Keel der langjährigen Freundschaft zur Autorin ein Denkmal. Über die meist interessanten, häufig stürmischen Beziehungen der Schriftsteller zu ihren Verlegern informieren *Verlagschroniken* besonders gut, wie es sie im deutschen Sprachraum etwa für Suhrkamp, S. Fischer und eben auch Diogenes gibt. Das Highsmith-Kapitel ist lesenswert!

pelhaften Nachahmer in größte Gefahr gebracht wird (von Maurice Ronet und Gert Fröbe perfekt verkörpert in dem Film »Der Mörder«).

ÄTHANOL UND LITERATUR,
EINE WINZIGE BESCHWIPSTHEIT

Können Sie mir fünf amerikanische Autoren seit Poe nennen, die nicht an der Trunksucht gestorben sind? Dieses Motto und viele Einsichten kannst Du in Donald Goodwins Studie *Alkohol & Autor* finden, die das ganze Problem erschöpfend darstellt. Der Eindruck, dass das flache Land und ein tüchtiger Schluck aus der Pulle[153] in Amerika die literarischen Talente wachsen lassen, ist dennoch verkehrt. Sowohl McCullers als auch Highsmith kommen zwar aus der hintersten Provinz, haben sich aber frühzeitig mit Literatur beschäftigt, Bildungshintergrund und in Kursen für ›kreatives Schreiben‹ ihre Imagination gestählt. Wichtiger war, dass ihr Talent früh erkannt wurde und sie Gelegenheit zu Veröffentlichungen hatten, in literarischen Zeitschriften oder »Ellery Queen's Mystery Magazine«.

Eine hübsche junge Frau im Faltenrock, nett geschminkt und mit Dauerwelle: Perfekt kommt die Amerikanerin Sylvia Plath daher (sie erwähnt gelegentlich ihre österreichische Großmutter und deren Mehlspeisrezepte). Die kleinen Erzählungen – es sind nur eine Handvoll – leben von der Komposition aus sanfter

---

[153] Alkoholismus und Protestantismus: Nur noch eine Fußnote der Literaturgeschichte ist die Ahnherrin und erste Nobelpreisträgerin Selma Lagerlöf, geehrt für ihr Schulbuch vom Däumling *Nils Holgersson* und die berechnend naiven Geschichten rund um *Gösta Berling*, den strahlend schönen Pfarrer, der mit Billigung der ganzen Gemeinde zum Schnapsglas greift.

Oberfläche und erschreckenden Abgründen, zusammengehalten von subtiler weiblicher Grausamkeit. Der *Sonntag bei den Mintons* bringt einen ganz normalen Tag. Seit die Geschwister alt geworden sind, ist Elizabeth wieder zu ihrem Bruder gezogen und führt ihm den Haushalt, unverdrossen gegen Henrys ständige Nörgeleien anschweigend. Beim Abendspaziergang allerdings passiert etwas Besonderes. Sie verliert am Badesteg die Brosche, die sie von der Mutter geerbt hat. Und als ihr Bruder hintersteigt, um sie zwischen den Felsen des Wellenbrechers zu holen, kommt eine enorm hohe Welle ... Indes: Es war nur der flüchtige Glücksmoment eines Tagtraums.

Sylvia Plath traut sich, »ich« zu sagen, uns an ihren frisch gemachten Erfahrungen teilhaben zu lassen, uns in innere Welten zu führen. Das tut auch die Erzählerin in ihrem einzigen Roman *Die Glasglocke*. Sie erzählt, als hätte ein munteres Collegegirl zu viel Mark Twain gelesen, die lustigsten Katastrophen und alptraumhaftesten Krisen aus ihrem noch jungen Leben. Heiteren Sinns gleitet Esther Greenwood aus der Normalität. Sie gerät unter die ›Glasglocke‹, Sinnbild für ihre Isolation und Verlorenheit, und wird in eine Irrenanstalt nach der anderen eingeliefert. Nicht einmal hier verlässt sie ihr frischer Mut, den sie unter anderem auch für verschiedene Suizidversuche nutzt. Erst mit ihrer Entjungferung, dem letzten Anschlag der Welt auf ihr Leben (sie verblutet daran um ein Haar), kehrt sie in die Gesellschaft der bedauernswerten Normalen zurück. So weit, so gut. Doch Esther ist Sylvia, und mit dem Slapstick ist es vorbei, als Sylvia Plath, diese hübsche erfolgreiche Frau, die mit dem fabelhaften Lyriker Ted Hughes verheiratet ist und zwei Kinder hat, ihrem Leben mit dreißig Jahren ein Ende macht ...

Eine Einschlaf-Zigarette zuviel in einem römischen Hotelzimmer: Die früh verstorbene Ingeborg Bachmann aus Klagenfurt ist die brillanteste Erscheinung der deutschsprachigen Nachkriegsliteratur. Eine Poetin. Gebildet, vielsprachig, analytisch, musisch – kaum ein Attribut, das ihr und ihrem Schreiben nicht angemessen wäre. *Todesarten* nannte Ingeborg Bachmann ein großes Romanwerk, das naturgemäß unvollendet blieb. Die äußerst umfangreichen Vorarbeiten in vier dicken Bänden wurden erst vor einer Weile aus dem Nachlass herausgegeben. Den Roman *Malina*, das Herzstück des Zyklus, kennt man schon länger. Die blonde Erzählerin lebt in der Ungargasse in Wien in einem Dreieck mit Ivan und Dr. Malina. Alle Personen kommen schier körperlos daher, sind schwebende Erscheinungen wie aus einem Opernlibretto, so wie das ganze Buch einen musikalisch-lyrischen Tonfall hat. Im zweiten Teil erscheint der Vater in den Träumen des Erzähler-Ichs: ein einziger Alptraum. Mal als Krokodil und mal als SS-Scherge setzt er ihr zu und – missbraucht sie. *Die Gesellschaft ist der allergrößte Mordschauplatz.* Dieser Satz beherrscht die Gespräche mit Malina in der Idylle des dritten Teils. Als Ivan wieder in den Liebesreigen eintritt, fehlt plötzlich die Erzählerin. War es Mord? Insgesamt nimmt der Roman die Form eines Musikstücks, einer Sonate an mit den Sätzen allegro – furioso – andante amoroso. Die Kategorien verschwimmen, mal Erzählung, mal Dialogstück, mal Essay, was bleibt ist der Eindruck einer verwehenden, sehnsuchtsvollen Melodie.

Der Fall Franza hätte Malina vorausgehen sollen. Franz(isk)a flieht mit ihrem Bruder Martin vor Dr. Jordan, ihrem Ehemann, genannt ›das Fossil‹, einem üblen Zeitgenossen, nach Ägypten. Dort stirbt sie endlich, indem sie sich den Kopf an einer Pyramide in Gizeh einrennt. Das Kriegsende in der Oststeiermark, überlebende Nazis wie Jordan oder der KZ-Arzt in Kairo, der Franziska die Erlösung durch Euthanasie verweigert, bilden die fragmentarischen Schrecken dieses durch Mark und Bein gehenden Romans.

Ich sammle nur die Geschichten, die nicht bekannt werden, und nur Geschichten mit letalem Ausgang. Aus einem *Malina*-Fragment stammt diese Maxime der Ich-Erzählerin; auch *Requiem für Fanny Goldmann*, ein dritter Teil der *Todesarten*, dessen Handlung den österreichischen Kulturbetrieb aufs Korn nimmt, endet naturgemäß mit dem Ableben der Titelheldin – per Lungenentzündung. Die geniale Schwester Malinas, Maria, Schauspielerin wie Fanny, stirbt gar durch eine Haiattacke. In den langen, sich zu Tiraden steigernden Sätzen und mancher Monomanie der Wiederholung und Insistenz zeigt Bachmann ihre Nähe zum anderen großen österreichischen Zeitgenossen, Thomas Bernhard, ohne mit dessen beklemmender Verbohrtheit in Hass und Widerwillen wettzueifern. Ihr Thema ist nicht die Einsamkeit des denkenden Menschen, sie zeigt die Katastrophe des Nationalsozialismus als Stigma der Zeitgenossen und überschweren Ballast der Nachgeborenen, unter dem sie zusammenbrechen müssen.

Die Ahnherrin: George Sand rauchte Zigarren, trug Anzüge und benahm sich auch sonst wie ein Kerl. Das wäre nicht weiter verwunderlich, wenn George nicht Aurore und eine Frau gewesen wäre. Als vielfache Freundin sowie Lebensgefährtin hat sie eine wichtige und darüber hinaus verbindende Rolle im Kulturleben der Zeit gespielt. Aus ihren zahlreichen, meist kurzen Romanen wird jedenfalls nicht deutlich, warum sie eine frühe Ikone der Frauenbewegung sein sollte. Auch in *Indiana* sind die Charaktere holzschnittartig, die Handlungsmotive grob gestrickt; feine Wendungen sucht man vergebens. Erst als der impotente Ehemann die arme, am Boden liegende Indiana auf den Kopf tritt, erhebt sie sich, um – mit dem Falschen durchzubrennen. Und der unerträglich bieder-steife englische Hausfreund ist am Ende derjenige, der nach einem missglückten Suizidversuch Indianas kleines Glück auf einer tropischen Insel ermöglicht. Denke man darüber, wie man will, weder Einfühlung noch Realistik sind Stärken dieser Autorin. Dafür hat sie einige besonders schöne Märchen geschrieben, überhaupt ist sie in dieser Tonlage am stärksten. Ihr wichtigstes Kunstwerk indes war ihre anregende Präsenz, ihre zweieinhalbtausend Seiten starke *Geschichte meines Lebens* ist dafür beredtes Zeugnis.

Mit *Orlando* ist der Engländerin Virginia Woolf ein hinreißendes kleines Buch gelungen. Mit dem Titel einer Biographie muss es sich genausowenig begnügen wie mit dem eines Schlüsselromans über Woolfs Liebe zu Vita Sackville-West, die für den Orlando Modell stand. Vielmehr erscheint es als leichter, luftiger Essay – ein Versuch im besten Sinne, und der Essay war die Spezialdisziplin Virginias – über die Möglichkeiten des Lebens, die Ambivalenz der Geschlechter und die Bedeutungslosigkeit von Zeit – immerhin verfolgen wir Orlandos Leben über vierhundert Jahre hinweg –, oder in den Worten der Autorin: Lady Orlando *hatte eine große Vielzahl von Ichs, die sie rufen konnte, weit mehr, als wir haben unterbringen können, da eine Biographie schon als vollständig gilt, wenn sie nur sechs oder sieben Ichs berücksichtigt, wohingegen ein Mensch gut und gerne ebenso viele Tausend haben mag.* Nebenbei wird der englische Literaturbetrieb seit Shakespeares Zeiten gelinde persifliert, nicht zuletzt in Gestalt eines Herrn Green, eines literarischen Flickschusters, der über die Jahrhunderte die poetischen Selbstquälereien des Helden begleitet. Dieser Orlando ist also zunächst ein hoffnungsvoller Jüngling aus bestem Haus zu Zeiten Königin Elisabeths der Ersten, bevor eine unglückliche Liebesgeschichte mit der russischen Prinzessin Sascha während eines unwirklich strengen englischen Winters ihn in eine seelische Starre versetzt, aus der Orlando hundert Jahre später als Frau erwacht. So wird sie noch Esq Shelmerdine heiraten und einem Knaben das Leben schenken, vor allem aber den sinnentrügerischen Verlauf von Zeit erleben und, immer noch jung, auch den elften Oktober neunzehnhundertachtundzwanzig[154], an dem Virginia Woolf das Wort *finis* unter das Manuskript setzt.

DIE ERSTE FRAU DIE MIT IHREN KOLLEGEN VON GLEICH ZU GLEICH VERKEHRTE. SIE HATTE HOSEN AN.

Allzuselten wird große Literatur aus der Hand einer Frau von Humor getragen. Ihre Werke machen sich häufig an das ›schwie-

---

[154] Orlando's day?

rige‹ Thema, das mit gemessenem Ernst angegangen wird, während sich mancher Leser, zum Beispiel ich, vielleicht noch andere, Du etwa, die Relativierung durch das Lächeln, eventuell auch einmal ein schallendes Gelächter, wünscht. Auch Virginia Woolf selbst beklagt die Ernsthaftigkeit ihrer ›schwierigen‹ Werke. Orlando aber ist ein Meisterwerk, schwebend in himmlischer Heiterkeit; die Winterszene am Anfang beispielsweise ist eine Parodie auf die Wanderlügengeschichte vom strengen Frost, der selbst das gesprochene Wort, und anderes schon gar, in der Luft erstarren lässt (im Sommer taut es dann wieder auf; erstmals seit der Antike bringt Rabelais diesen Spaß im *Pantagruel*). Orlando beobachtet auf dem Grund der Themse eine Apfelverkäuferin, die mit ihrem Kahn versunken und in der Geste des Feilbietens eingefroren ist. Solche, aber auch weniger makabre, literarischen Scherze gibt es die Menge, unterschiedlich schwer zu entziffern. Natürlich sind das beglückende Momente für Leser, wenn wir uns im innigen Einverständnis mit dem Autor wähnen. Hier bedeutet das Schlüsselwort ›Bildung‹ nichts anderes, als auf der Stufenleiter der Erkenntnis immer weiter voranzuschreiten, die minderen Druckwaren hinter sich zu lassen, aufzusteigen zum Verständnis der Großen und zuletzt zu rühren an die ewige Weisheit Goethes, Shakespeares, der Bibel. Weder steil und anstrengend noch mehr oder weniger lang ist dieser Weg; Bildung ist eine Lebensaufgabe wie Essen und Trinken, ohne das unsere Organe verkümmern. Ohne Bildung verkümmert unsere Seele.

Flush heißt eine andere Form der Parodie auf das literarische Genre der Biographie von Virginia Woolf. Das Buch steht allerdings den Tiergeschichten Jack Londons näher als den Literaturgeschichten des Viktorianismus. Immerhin ist Flush der Hund von Elizabeth Barrett-Browning, der Dichterin und Ehefrau Robert Brownings, aus deren Ehebriefen Woolf die spärlichen Fakten dieser Geschichte zusammengesammelt hat. Bewunderungswürdig die feine Einfühlung in eine Tierseele; bemerkenswert die Verbeugung vor Charles Dickens, wenn in die Handlung die Figur ›Mr‹ Taylor eingeführt wird, Chef der Hundeentführermafia von Whitechapel. Diese Bande war darauf spezialisiert, nicht angeleinte Hunde zu kidnappen und gegen ein horrendes Lösegeld den Eigentümern zurückzuerstatten, wenn man Glück hatte, in einem Stück. Wie das aus Sicht des Entführungsopfers Flush erzählt ist, macht dem großen sentimentalen Sozialankläger Dickens alle Ehre.

Die Wellen, die vom Sonnenaufgang bis zum Verlöschen des letzten Lichts an den Strand laufen, umrahmen den Zusammenklang von sechs Stimmen. Erst finden sie sich im abgehackten Stakkato, dann steigern sie ihre Intensität in einem formal perfekt ausgeführten Crescendo. Allerdings ist das auch schon der ganze Inhalt des Romans. Das trieb nicht nur die Autorin in eine Nervenkrise, es überfordert auch die Langmut des gewöhnlichen Lesers; erleichtert schlagen wir das Buch zu, oder, um im Bild zu bleiben: verlassen wir das Konzert, wenn die Stimmen mit dem Seufzer »*Oh Tod*« verklingen.

Die Beschäftigung mit der handwerklichen Seite von Literatur hat im Werk Virginia Woolfs, wie wir jetzt bemerkt haben, intensive Wirkung gemacht, nicht zuletzt in den vielen Aufsätzen über Dichtung. Mit einem Essay speziell aber hat sie ins Jahrhundert ausgestrahlt. *A Room of One's Own – Ein Zimmer für sich allein* postuliert die Forderung: Eine Frau braucht ein eigenes Zimmer und eigenes Geld, um schreiben, um künstlerisch tätig sein zu können. Da darf sich achtzig Jahre später Kritik regen. Wenn wir über literarische Produktion sprechen, sprechen wir von Qualität, nicht von Geschlecht. Und für die Qualität eines Buches gibt es keine fördernden oder hemmenden Bedingungen; die Qualität, wie sie auf uns beide wirkt, das ist nur die Kunst seines Schöpfers. Alle Bedingtheiten der Zeit, der Herkunft, der Sprache haben wir gelernt in unser Lektüreerlebnis miteinzubeziehen. It matters not. Der Urheber eines Werks stellt sich vor uns zur Schau, sobald wir sein Buch in die Hand nehmen, sichtbar bis in die Druckerschwärze hinein, und liefert sich unserer Durchdringungsfähigkeit, unserem Urteilsvermögen aus. Nichts kann er mehr hinzufügen, nichts weglassen, wenn das Buch einmal in Umlauf gebracht ist. Wir haben bereits jetzt Schriftsteller aus allen sozialen Klassen, ausgestattet mit den unterschiedlichsten Gaben des Glücks, in den verschiedensten Lebenssituationen kennengelernt; sogar Poeten, die selbst weder lesen noch schreiben konnten, hat es gegeben, oder denen man das Papier weggenommen hat, auf dem sie gerade den auf der Zunge liegenden Einfall notieren wollten. Geld und ein Zimmer? Schön, warum nicht. Den Gang der Entwicklung von Literatur und unseren Geschmack daran hätte beides nicht ändern können.

Wäre eine Axt greifbar gewesen, ein Schürhaken oder sonst irgendeine Waffe, die ein Loch in die Brust seines Vaters gerissen und ihn auf der Stelle getötet hätte, James hätte sie ergriffen. Derart extrem waren die Empfindungen, die Mr Ramsay durch seine bloße Gegenwart in der Brust seiner Kinder auslöste ... Kein Zweifel, h i e r haben wir es mit einem Schlüsselroman zu tun. *Zum Leuchtturm* will die Familie Ramsay fahren, doch der tyrannische Vater versteht es zunächst, den Ausflug mit allerlei Ausflüchten zu hintertreiben. Kein Wunder, dass sich da bei den acht Kindern Widerstand regt. Herr Ramsay soll übrigens große Ähnlichkeit mit Virginias Vater haben.

DIE MISSHANDELTEN KINDER

Das Zwanzigste Jahrhundert wurde von der schwedischen Pädagogin Ellen Key zum Jahrhundert des Kindes ausgerufen. Das kam für viele zu spät und wurde von wenigen beachtet. Adeline Virginia Stephen war sechs Jahre alt, als sie das erste Mal von einem ihrer Halbbrüder sexuell missbraucht wurde. Später, als berühmte Schriftstellerin, schuf sie viele Kinderfiguren in ihren Romanen, die auf ihr eigenes Schicksal zurückverweisen. Das ist Gegenstand der Forschung, und ähnliche Beobachtungen wie bei Virginia Woolf gibt es auch im Werk der Djuna Barnes, die ihre

Erfahrungen mit ›Familie‹ in dem vor allem sprachlich ungewöhnlichen Roman *Ryder* verarbeitet hat. Eine Vielzahl von misshandelten Kindern irrt durch die englischsprachige Literatur des Neunzehnten und beginnenden Zwanzigsten Jahrhunderts. Die angelsächsischen Erzähler trauten sich an dieses Thema heran und schufen damit eine Art ›viktorianisches Phänomen‹: Das Waisenkind *Oliver Twist*, dessen charmante Zutraulichkeit immer aufs neue ausgenutzt wird, führt diese Gruppe bedauernswerter Geschöpfe an; *David Copperfield* ist der nächste, dessen Schicksal – er wächst vaterlos auf – auch nicht viel besser ist. Er gerät in die pädagogische Mühle des bigotten Stiefvaters. Allerdings wird es auch nicht besser, als er aufs Internat kommt, und damit erreichen wir – es tut mir leid, Dir als Harry-Potter-Fan das antun zu müssen – eine unerschöpfliche Quelle viktorianischen Leidens: die Schule. Auf den ersten Blick eine Humoreske, auf den zweiten ein Horror ist *Stalky & Co.* (früherer Titel: *Staaks und Genossen*) von Rudyard Kipling. Dieser durch seine beiden *Dschungelbücher* in alle Kinderherzen eingedrungene Autor war als geistige Stütze des British Empire ebenso geachtet wie verrufen. Rassismus und Klassendünkel lauteten die Vorwürfe. Im Buch vom smarten Stalky und seiner Gang erzählt Kipling nur geringfügig verschleiert seine eigenen Jugenderlebnisse auf einem englischen Provinzinternat. Tägliche Übung: Quälen der Mitschüler, Folter und Sadismus in allen Schattierungen, vom Autor ungefiltert an den Leser weitergegeben. Sich selbst stellt er als schwächlichen, kurzsichtigen Mitläufer dar, während Stalky und Turkle die treibenden Kräfte der Abscheulichkeiten gewesen sein sollen. Zwischendurch gibt es einige hübsche Episoden, manche langweilige Pennälerstreiche, aber vor allem pure Gewalt, augenscheinlich ganz ohne Reue. Dieses Stalky-Buch also war Joanne Rowlings Inspiration für *Harry Potter*: Da kann etwas nicht stimmen.

> Das seelische Erleben von Kindern darzustellen ist eine neue Qualität. Wir waren alle mal klein, aber viele haben das später komplett vergessen.

Vielleicht ist es d a s , was nicht stimmt auf Gut Bly: Zwei kleine Kinder, Flora und Miles, der gerade wegen Bösartigkeit vom Internat geflogen ist, verweigern sich in mysteriöser Weise den Bemühungen der neuen Erzieherin. Sie stehen unter dem Einfluss von Toten, der ›verworfenen‹ Miss Jessel und dem ›Windhund‹ Quint, und pädophile Hintergründe sind nur allzu wahrscheinlich. Das ist die Situation der *Daumenschraube*, einer wirklich sehr erschreckenden Geschichte von Henry James. Bezeichnenderweise hat Benjamin Britten (mit seinem Lebensgefährten, dem berühmten Tenor Peter Pears, hatte er in England die homosexuelle Partnerschaft hoffähig gemacht) daraus eine subtil wirkungsvolle Kammeroper mit dem (Original)Titel »The Turn of the Screw« gemacht. Der sorgfältig verschleierte sexuelle Hintergrund steht für all das Unausgelebte im Viktorianismus, kombiniert mit der Ungeheuerlichkeit des Erahnbaren im Umgang zwischen Kindern und ihren Vertrauenspersonen – die für gewöhnlich nicht ihre Eltern waren. Eine teuflische Konstellation. Ebenso bezeichnend ist die Konstruktion der Geschichte mit einer lahmen Rahmenhandlung: Der Erlebnisbericht der namenlosen Erzieherin wird in einer geselligen Runde vorgelesen, nachdem den Herrschaften andere Gruselgeschichten zu lasch gewesen waren. Die eigentlich kritische Schärfe der Fabel stumpft Autor James zu einem Amüsement für gelangweilte Sommerfrischler ab; ein nervender Kunstgriff, wie ihn ähnlich Joseph Conrad gern benutzte. Dann würde ich mir wenigstens noch ein Echo auf das tragische Ende wünschen, wenn Quint so sehr Besitz vom kleinen Miles ergreift, dass der in den Armen der Erzieherin stirbt (und diese kurz nach Abfassung ihrer Niederschrift)

GUTER GRUSEL ERFORDERT BEIM **AUTOR** EINE SADISTISCHE **ADER**

MAN MUSS WISSEN, WIE MAN SEINEN LESER AM ERLESENSTEN **QUÄLEN** KANN UND DABEI UNTERHÄLT.

– aber gerade hier lässt mich der Autor ganz allein. Er aalt sich in der Sonne seines altmeisterlichen Könnens. Es wird kalt um mich herum.

In seinem einzigen Roman *Mine-Haha oder Über die körperliche Erziehung der jungen Mädchen* gibt Frank Wedekind, auch sonst, vor allem durch seine Schülertragödie *Frühlingserwachen*, als einfühlsamer Gestalter von Kinderseelendramen ausgewiesen, eine Anweisung zur Förderung jugendlichen Talents in der Abgeschlossenheit einer Art Klosterschule. Die in programmatischer Weise theoretisierenden Ausführungen dieses kleinen Werks brechen leider am kritischen Punkt ab, als die moralische Erziehung der jungen Mädchen sich am Leben beweisen soll. Mit diesem Werk löst Wedekind, ganz zwanglos, das pädagogische Vorbild eines Pestalozzi aus dem Rahmen, um sein eigenes Konterfei mit dem Machtmenschenkinn, dem Quadratschädel und der skeptisch gelupften Braue hineinzuklemmen. Aber leider, keiner hat's gemerkt.

Zwei Nationalkulturen, die Kinder besonders wertschätzen und in den Mittelpunkt des geselligen Lebens stellen, haben deswegen auch keine unglücklichen Kinderfiguren im Schatz ihrer jeweiligen Literatur. Sicher waren russische und italienische Kinder nicht weniger schwierig, vielleicht ging der Blick der Autoren in jenen Jahren schriftstellerischer Blüte einfach über ihre Köpfe hinweg. Vielleicht erschien es gerade in diesen Ländern besonders heikel, das Motiv des unglücklichen Kindes gültig zu gestalten – und vielleicht liegt es genau daran, dass Fjodor Michailowitsch Dostojewskij *Njetotschka Neswanowa* unvollendet ließ; der Roman über ein Kinderschicksal, den er in bereits weit fortgeschrittenem Zustand und bei riesigem Umfang liegengelassen hat, stellt uns eine der größten Herausforderungen an das Genie dieses Autors vor, der ansonsten nicht besonders als Spezialist für die Schilderung von Kinderseelen in Erscheinung getreten ist. Ja dies ist geradezu eine Einmaligkeit in seinem Œuvre: die Geschichte des kleinen Mädchens Njetotschka aus einfachsten Verhältnissen, Stieftochter eines wahnsinnig gewordenen Teufelsgeigers.[155] Nach dem Tod des Vaters wird Njetotschka von vornehmen Leuten aufgenommen und – verliebt sich prompt in die gleichaltrige Tochter des Hauses. Diese Liebesgeschichte unter Zwölfjährigen wird mit äußerster Einfühlung und Delikatesse erzählt, sie ist sicher ein Höhepunkt von Dostojewskijs Kunst, auch in der Art, wie er hier an die Grenze des Sagbaren geht, auf dem schmalen Grat zwischen pubertärer Schwärmerei und sinnlichem Ausnahmezustand. Der Vater beendet die Affäre durch Trennung der beiden Mädchen. Njetotschka beginnt noch ihr weiteres Lebensschicksal zu erzählen; sie schlittert in eine banale Dreiecksgeschichte hinein, da aber verliert auch der Autor das Interesse an ihrer Geschichte ...

Iwan Turgenjew, Fachmann für entsagungsvolle Beziehungen, hat sein Lieblingsthema mit einer überraschenden Volte versehen in der Novelle *Erste Liebe*. Hier ist der Ich-Erzähler ein pubertärer Knabe, der sich heillos in das so viel reifere, wenn auch nicht viel ältere Nachbarsmädchen verliebt. Sie tändelt herum, verhält sich kokett. Aber in der Nacht beobachtet der Knabe seinen eigenen Vater – er ist ein eleganter Lebemann –, der zur kleinen Nachbarin schleicht. Und Vorsicht! Er hat eine Peitsche dabei ... So erzwingt der Alte die demütige Hingabe der Vielumworbenen. Erschreckt und verstört wie den Jungen lässt Turgenjew, der elegante Meistererzähler, auch uns Leser zurück.

Wenn uns das Kind in der deutschen Literatur fest verwurzelt erscheint, so gewiss zuerst deswegen, weil Kinder in unseren Märchen eine wichtige Rolle spielen, mehr als in anderen Kulturen. Besonders die grimmschen Märchen sind prallvoll von Kindern in ›Schlüssel‹Rollen. Seitdem der tiefenpsychologische Kern

---

[155] So ein wahnsinniger Teufelsgeiger trillert durch viele Geschichten, etwa auch Jules Vernes *Gestrandete*, stets besoffen, gern aus deutschen Landen ... Wäre schon interessant zu erfahren, wo die Wanderanekdote vom daueralkoholisierten und erst dadurch genialen germanischen Spielmann herkommt: vielleicht zu viel E.T.A. Hoffmann-Lektüre?

von *Hänsel und Gretel* freigelegt ist, tun wir uns leicht, Ursituationen der Eltern-Kind-Beziehung oder der sexuellen Entwicklung junger Leute im literarischen Gewand wiederzufinden. Die Romantiker haben da Bedeutendes geleistet, indem sie ihrer Phantasie den Lauf ließen; in der Zuspitzung wird plötzlich der Blick frei auf Szenarien des Unbewussten, deren Beschreibung vorher nicht denkbar gewesen wäre.

An zwei Kinder im bürgerlichen Roman möchte ich besonders erinnern. Den Schritt vom Wege tut auch Fontanes *Effi Briest*; durch die Worte »*Oh gewiß, wenn ich darf*« aus dem Mund ihrer Tochter Annie erfährt sie, dass das gemeinsame Kind zur Geisel im erbitterten Kampf von Innstettens gegen die untreue Gattin geworden ist. Resigniert nimmt Effi dieses Symbol ihrer Ohnmacht und preußischer Kinderdressur zur Kenntnis. Wenig später liegt sie unter der weißen Marmorplatte, sanfte und ruhige Verliererin des ungleichen Kräftemessens. Kinder stellen in Fontanes Vorstellung höchstens Störfaktoren des Handlungsablaufs dar; seltsam, wo er doch selbst mit seiner Tochter Mete und dem Sohn Theo ein inniges Verhältnis über ein ganzes Leben hinweg gehabt hat ...

Erst im Werk Thomas Manns sehen wir wieder, wie dem kindlichen Charakter Gerechtigkeit zuteil wird. Der kleine Hanno, letzter Spross der Kaufmannsdynastie der *Buddenbrooks*, hat eigenhändig den Schlussstrich unter die Familienchronik gezogen. Zart und ohne Arg ist er, der exotischen Mutter nachgekommen, und ohne Tüchtigkeit zum Leben in dieser veränderten Welt, die auf Tradition so gut verzichten kann wie auf die weiche Verträumtheit dieses sonderbaren Knaben. Eine ganze Galerie von Kinderfiguren bis hin zum Jungen Tadzio im *Tod in Venedig* wird Thomas Mann, selbst Patriarch einer Großfamilie, noch schaffen. Das Kind ist für ihn Symbol der Ambivalenz, der Möglichkeiten, die im Leben stecken und sich vielleicht erfüllen werden.

Meine liebsten Kinder? Holden Caulfield, der *Fänger im Roggen*, und seine kleine Schwester Phoebe. Es verwundert nicht weiter, dass J.D. Salinger literarisch verstummte, kurz nachdem er vor nunmehr fünfzig Jahren dieses Meisterwerk vorgelegt hat. Obwohl die geschilderte Welt uns befremdet – der frühreife und etwas tumbe Holden büxt aus dem Internat aus, um mit Phoebe die Mumien im Museum zu begucken, landet zwischendurch in Puff und Flüsterkneipe und erlebt allerlei Erniedrigendes, ohne Schaden an seiner Seele zu nehmen –, sitzt hier jede Phrase, jeder Kniff. Nie war Erwachen einer Persönlichkeit aus Kinderträumen schöner als in diesem traumhaft stimmigen kleinen Buch.

DER GESELLSCHAFTSROMAN ANGELSÄCHSISCHER PRÄGUNG UND SEIN UNTERGANG

In dem Roman *Die Brücke von San Luis Rey* lässt Thornton Wilder den Klosterbruder Juniper einen Unfall im Dschungel von Peru erforschen, an dem er das Walten der göttlichen Vorsehung ablesen will: Fünf Personen sind beim Reißen der berühmten Inka-Hängebrücke in den Abgrund geschleudert worden. Eine von ihnen war Doña Maria, die Marquesa de Montemayor, deren Porträt Wilder kunstvoll mit dem der berühmtesten aller Briefeschreiberinnen, der Madame de Sévigné, verschmelzen lässt. Diese hatte zum Ergötzen und zur Belehrung ihrer Tochter *Briefe* aus Paris in die Provence und später auch anderswohin geschickt, so wie es die Marquesa von Lima aus auch tut. Darin beschrieb sie in aller Ausführlichkeit und Lebhaftigkeit das Treiben bei Hofe und in der Residenzstadt, durchsetzt mit Sentenzen und Reflexionen sowie gegebenenfalls auch etwas Erbaulichem. Madame zeigt dabei nicht nur einen scharfen Blick, sondern versteht es durch ihren perfekten Stil, die Briefempfängerin aufs beste zu unterhalten. Gemeinsam mit einer anderen klugen Frau, der Meisterin des Salontratsches Ninon de Lenclos, schafft Madame de Sévigné durch ihre kühle und klare Beobachtung die

Grundlagen für das, was dann als Gesellschaftsroman die Welt erobern soll. So fing es an.

Zurück zu Virginia Woolf. An der Gelatinenase von Nicole Kidman im Film »The Hours« kann man sie leicht erkennen. In Spiel und Maske wunderbar einfühlsam verkörpert die große Schauspielerin die große Autorin. Nur war in Wirklichkeit die Nase noch länger. *The Hours* – das Läuten von Big Ben –, das ist der Arbeitstitel des bedeutendsten Romans der Woolf mit dem unsterblichen Anfang *Mrs Dalloway sagte, sie wolle die Blumen selber kaufen.* Es geht um einen Tag in ihrem Leben, an dessen Ende die Abendgesellschaft steht, die sie aus Gründen gibt, die sie selbst nicht genau kennt und an der teilzunehmen sie alle Freunde und Bekannte verdonnert. Davon begegnen ihr einige an diesem Tag, dessen Ablauf von Big Ben mit metronomischer Präzision bestimmt wird. Dessen Läuten begleitet auch die letzten Stunden von Septimus Warren Smith, einem kleinen Angestellten, und den Ausbruch seines Wahnsinns. Er macht seinem Leben durch den Sprung aus dem Hoffenster seines Hauses in Bloomsbury (eine makabre Referenz der Autorin an ihren eigenen Zirkel, den Bloomsbury-Kreis) ein Ende. Sein dramatisches Schicksal wird verschränkt mit der bizarren Ereignislosigkeit von Mrs Dalloways Leben, dessen Höhepunkt hätte sein können, statt Mr Dalloway den reizenden Taugenichts Peter Walsh zu ergattern, der nun stattdessen in Indien für Unruhe in Beamtenehen sorgt. Durch eine ungeschickte Namensverwechslung kriegte sie den einen für den anderen.[156]

Virginia Woolfs Erzählung liegt vor uns wie ein glattes Gewässer, und daraus tauchen die Romangestalten abwechselnd auf und verschwinden, ohne etwas zu hinterlassen als ein paar Ringe

---

[156] Ein ähnliches Schicksal also, wie es auch schon den bedauernswerten *Zeno Cosini* in Italo Svevos Roman getroffen hatte. Also Leute, konzentriert euch bei der Partnerwahl, nennt den richtigen Namen! Wieder einmal ein wichtiger Appell der Literatur an das wirkliche Leben.

auf der sich kräuselnden Oberfläche. Der eine Tag der Handlung: erinnert an Joyces *Ulysses*; die Galerie der Bekannten: erinnert an Prousts *Recherche*. Die Montagetechnik: erinnert wieder an Joyce, und die wässrige Klarheit der Erzähloberfläche erneut an Proust. Das ist das Dilemma des so modern daherkommenden Romans *Mrs Dalloway*, dass er uns altmodisch, wie aus zweiter Hand erscheint. Die Gesellschafts- und soziale sowie politische Kritik ist nicht mehr als ein Abgesang auf ein bereits untergegangenes System; sie berührt nicht. Übrig bleibt die grandiose Figur der ratlosen Mrs Dalloway, die auf ihre Abendgesellschaft zurauscht wie ein steuerloses Dampfschiff auf die Niagara-Fälle.

Auf diese Art und Weise zieht Virginia Woolf nun einen Schlussstrich unter das Kapitel »Gesellschaftsroman« – eine anglo-amerikanische und eine weibliche Spezialität. Ihr Bildnis befindet sich am Ende einer glanzvollen Ahnengalerie von Autorinnen, die einen ganz bestimmten Stil entwickelten und ausprägten. Die Ereignisse sind mehr oder minder belanglos, in der Regel geht es um Eheschließungen mit all ihren Mühen und Verwicklungen, später kamen auch heiklere Themen wie moralische, politische und wirtschaftliche Korruption hinzu, die aber nur eine Abwandlung des Grundschemas bedeuten. Wichtig ist die kunstvolle Einfädelung einer Intrige; sie wird vor unseren ungläubig aufgerissenen Augen entwickelt in langen Gesprächen der miteinander plaudernden Personen, gewürzt mit einer Menge Bosheiten und, wenn der Leser Glück hat, einer Prise Humor; im Zentrum der Handlung stehen die verzwickten Fragen rund ums Heiraten, natürlich zuvorderst: wen? Aber auch: warum? und stets drängend: zu welchem Preis? Die Bosheiten werden in der Ausbildung und Verfeinerung des Genres immer raffinierter und die Intrigen spinnwebdünn, sodass man höllisch aufpassen muss, ihre Fäden zu fassen zu kriegen. Jede Geste kann von entscheidender Bedeutung sein, jedes Wort ein Meuchelmord. So wird der Leser über fünfhundert bis tausend Seiten bei Laune gehalten.

Nehmen wir ein Beispiel, um das Schema mit Leben zu erfüllen. Die Amerikanerin Edith Wharton ist nur wenig älter als Virginia Woolf und verbrachte ein Schriftstellerleben mit der Darstellung immer neuer Abwandlungen des einen Themas. Auch Lily Bart sollte dringend unter die Haube kommen, geht sie doch auf die Dreißig. Aber sie lebt im *Haus der Freude* und hat es nicht wirklich eilig. Wen sie nicht will, weiß sie schon. Lawrence Selden ist anziehend, aber arm – nach den Begriffen der Gesellschaftsschicht, bei der wir hier zu Gast sind: der oberen, der des New Yorker Geldadels –, Percy Gryce ist reich und doof, und Simon Rosedale ist reich und gefährlich, weil Jude und damit Außenseiter, der da hin will, wo die anderen schon sind, nämlich in die ›Gesellschaft‹, und vor so unedlen Hilfsmitteln wie Erpressung nicht zurückschreckt. Ist da ein Hauch Antisemitismus zu spüren? Könnte schon sein, aber dann merkst Du: So unedle Anwandlungen hat diese große Autorin nicht nötig. Sie braucht diese Kontraste lediglich, um die Grundaufstellung einer Schachpartie zu skizzieren, die mit dem wenig originellen Zug (aber so ist der Anfang jedes Schachspiels) eröffnet wird, dass Lily diese drei Männer nacheinander zufällig über den Weg laufen. Und mit der Erkenntnis, dass die schöne Lily ein Biest ist. Sie spielt um Geld, kauft sich verschwenderisch teure Klamotten. Zu unserer Überraschung hören wir, dass sie sich das alles nicht leisten kann, Miss Bart nichts besitzt außer ihrer Schönheit, dem sichersten Stammkapital im Poker um die Gunst blasierter, übersatter Salonlöwen. Von denen allerdings will sie auch nichts wissen und stürzt so überraschend ins Unglück, als sie sich Geld von einem ihrer reichen Freunde besorgt und dafür nicht ›zahlen‹ will. Die Sprache Edith Whartons ist noch nicht die direkte, die wir heute gewohnt sind und in der uns unmissverständlich mitgeteilt wird, welchen Preis eine junge Frau von dreißig für neuntausend ›aus Freundschaft‹ geborgte Dollar zahlen muss. Jedenfalls wird Lily zum Mittelpunkt des Gesellschaftstratsches und damit zum Opfer übler Nachrede, der süßen Rache all der Hässlichen und Impotenten, die auf ihre Stunde gewartet haben. Sie, die Schönheit der Saison, eben noch in Monte Carlo unterwegs, stürzt ab. Von Stufe zu Stufe geht es hinab für sie, die erhoffte Erbschaft geht flöten, Gelderwerb hat sie nie gelernt. Ihrem unabhängigen Charakter indes bleibt sie treu, indem sie in der Not weder die Hand von Selden noch von Rosedale ergreift, die leicht helfen könnten. Der Leser reibt sich die Augen und hält es bis zuletzt nicht für möglich, aber die schöne Lily Bart wacht eines Morgens von einer gut gewählten Dosis Chloral nicht mehr auf.

Im Zentrum der Geschichte, im Zentrum der beschriebenen Gesellschaftsschicht steht die Verehrung des Geldes; wieviel ist eine junge Frau wert, für wieviel gibt man sie weg und sie sich hin? So absurd uns das heute erscheint, hundert Jahre lang waren diese Fragen ausreichend, um eine Romanhandlung in Gang zu setzen.

Anne Elliot ist eine frühe Schwester im Geiste von Lily Bart. Ihr wird der Geliebte von den fürsorglichen Verwandten ausgeredet, die ihr eine bessere Partie zuschanzen wollen. Über diesem Vorhaben ist auch Anne fast dreißig geworden – nach damaligem Begriff eine alte Jungfer. Denn im letzten Roman von Jane Austen geht es einmal anders herum. Nicht wie in *Stolz und Vorurteil* oder *Verstand und Gefühl*, wo die Paare für einander gemacht sind und der Reiz in den Stufen der Verzögerung oder vorübergehenden Unmöglichmachung der Vereinigung der Liebenden liegt. Oder dass die naseweise *Emma* nicht wahrhaben will, dass ihre kupplerischen Talente endlich doch auf sie selbst zurückschlagen müssen. In *Überredung* geht es um eine schon gescheiterte Liebe, die nach einigem Tanzen auf den Wellen von Glück und Zufall doch noch in den Hafen findet – nicht umsonst ist die ganze Handlung im nautischen Milieu festgemacht. Das Zusammenführen der Paare bildet nur oberflächlich den Reiz des Halbdutzends Romane, die sie schrieb. Jane Austen ist vor allem eine Meisterin des schrägen Tones. Das soll hier den virtuosen Umgang mit Stilen bezeichnen, die gelegentlich, und dann wird es sehr komisch, in eine falsche Umgebung, in schlechte Gesellschaft geraten. Vielleicht ein Beispiel. Annes erstes Wiedersehen mit ihrer Jugendliebe findet auf einem Sofa statt und wird dadurch beeinträchtigt, dass zu ihrem Verdruss zwischen den künftig Wiedervereinten die korpulente und gutgelaunte Gastgeberin Platz genommen hat. Das regt die Autorin zu folgender Überlegung an: *Körperlicher Umfang und seelischer Schmerz stehen natürlich nicht unbedingt in einem bestimmten Verhältnis zueinander. Eine umfangreiche, üppige Figur hat das gleiche Recht auf tiefen Seelenschmerz wie das graziöseste Ensemble von Gliedern. Aber, ob recht und billig oder nicht, es gibt unvorteilhaftere Kombinationen, für die sich der Verstand vergeblich einsetzt – die der Geschmack nicht dulden kann* ... Das ist nun wirklich komisch, nicht nur wegen des ›Ensembles‹, als würde gerade ein Ballett empfindsamer Körperteile aufgeführt, sondern wegen des hohen Tons, der in so krassem Missverhältnis zu der simplen Tatsache steht, dass die dicke Frau Musgrove Anne Elliot gerade das Wiedersehen mit Kapitän Wentworth verdirbt.

Die Stärke dieser hübschen Romane liegt also sicherlich nicht im Gerüst der Handlung. Die ist eher ein notwendiges Übel – auch das eine maßgebliche Neuerung und zugleich Grundlage dieser Form von Literatur. Schön ist der warme Grundton, entzückend der entwaffnende Humor, großartig die Schilderung wankelmütiger, ihrer selbst nicht sicherer Charaktere, die aber aufgrund der ihr innewohnenden Würde nicht verfehlen, von der Autorin am Ende zu passenden Paaren getrieben zu werden. Diese Meisterin der Psychologie bleibt selbst schemenhaft; nur ein einziges Porträt, eine Zeichnung von der Hand der Schwester, ist überliefert. Da schaut sie ein wenig angespannt drein. Vermutlich hat sie gerade wieder einen famosen Einfall.

> Ironie ist die angemessene Reaktion der Autorin auf die Unvollkommenheit der von ihr beschriebenen Charaktere.

Für circa zwei Dutzend Heiratsanträge, zusammengedrängt in einer Handvoll wohlproportionierter Romane, muss man Jane Austen verantwortlich machen. Aber harmlos kann man diese Kunst nicht nennen. In *Mansfield Park* wird am schroffsten dargestellt, dass eine Herkunft aus wenig begütertem Hause an einer jungen Frau des Austen-Zeitalters als Makel, wie eine körperliche Behinderung, angesehen wurde und sie der Chancen auf eine Liebesheirat beraubte. Fanny Price hat immerhin das Glück, im Haushalt ihres reichen Onkels aufgenommen und geduldet zu werden. Als sie jedoch das Herz von Henry Crawford erobert, wird sie zur gefährlichen Rivalin von jungen Damen, für die Henry die große Chance darstellt, gesellschaftlich aufzusteigen. Fanny verzichtet und entlarvt dabei zugleich seinen höchst mittelmäßigen Charakter; sie zieht den biederen aber aufrechten Edmund vor und fällt damit gleichzeitig ein Urteil über die blasierten, gelangweilten, faulen und nutzlosen Mitglieder der Oberschicht, denen sie den Rücken zuwendet.

Immer wieder wirkt auch die ökonomische Ungerechtigkeit zwischen den Geschlechtern als Motor der Verwicklungen. Frauen steht kein Erbteil zu, sodass beim Ableben des Vaters plötzlich entfernte männliche Verwandte in den Besitz dessen kommen, was die kleine Existenz glücklicher Familien ausmachte, die ausschließlich aus Frauen bestehen: So geht es den Damen Dashwood; oder wo nur noch der alte Vater Bennet zwischen einstiger Wohlhabenheit und zukünftiger Dürftigkeit steht.

Jane Austen hat zwei Grundtypen der weiblichen Heldin in ihr Schema des Gesellschaftsromans eingepasst. Zum einen gibt es da die starken Charaktere, wie etwa Fanny Price oder Elinor Dashwood in *Verstand und Gefühl*, die den vermeintlichen Verlust von Ferars' Zuneigung und die schwindende Aussicht auf eine Liebesheirat verkraftet und in der Sorge für ihre Schwestern aufgeht. Sie hat die Kraft, es mit den Widrigkeiten des Lebens aufzunehmen, an der es später Lily Bart mangeln wird, und bewährt sich durch ihre Gradlinigkeit und Aufrichtigkeit. Und andererseits gibt es da wankelmütige und beeinflussbare junge Frauen wie Lizzy Bennet in *Stolz und Vorurteil* oder Anne Elliot, die an der Störung und Verzögerung des klar vorhersehbaren Handlungsablaufs durch ihr störrisches Wesen und ihr mangelndes Vertrauen in die Aufrichtigkeit der eigenen Gefühle selbst schuld sind. Allen jungen Ladies in Austens Romanen gemeinsam ist aber die Stärke und Bereitschaft, für ihr Denken und ihre Handlungen einzustehen, sie verkörpern das neue, erwachende Selbstbewusstsein der Frau, dem im Falle von Miss Bennet etwa Mr Darcy mit vorsichtiger Scheu, die zunächst als Dünkel missverstanden wird, begegnet.

Die *Clarissa* von Samuel Richardson galt bis dahin als Maßstab für die sentimentale Darstellung einer dramatisch sich entwickelnden Liebesgeschichte. Ein Briefroman, in dem also die eigentliche Handlung kunstvoll getarnt in der Korrespondenz der Figuren versteckt ist, von zwei- bis dreitausend (!) Seiten, in dessen Verlauf der ebenso empfindsame wie skrupellose Lovelace die naive Clarissa Harlowe verführt und entehrt und am Ende dafür zur Rechenschaft gezogen wird. Bis in die (wesentlich unterhaltsameren) *Memoiren zweier Jungvermählter* von Balzac hat dieses Vorbild hineingewirkt; es ist Jane Austens größte schöpferische Leistung, mit Richardsons Vorbild und Weltsicht aufgeräumt und ihren eigenen unverwechselbaren Stil an deren Stelle gesetzt zu haben; aus der Bedrängung durch die Konventionen und Verhältnisse lösen sich die Figuren zur Entwicklung individueller charakterlicher Kraft. Das machte ein glückliches Jahrhundert des Gesellschaftsromans möglich. Besonders in England war man dafür empfänglich und dankbar. Noch der Krimiautor Edmund Crispin setzt Jane Austen in seinem kleinen, munteren Roman *Der wandernde Spielzeugladen* ein literarisches Denkmal, indem er in einer Kneipe in Oxford einen Janeisten, also einen wissenschaftlich fundierten Verehrer der Austen, auftreten lässt, der im milden Ale-Rausch dem Detektiv Gervase Fen in die Parade fährt: »*Sir, sicher habe ich Sie da nicht eben despektierlich von der unsterblichen Jane sprechen hören? Ich möchte Sie eindringlich ersuchen, von allen despektierlichen Äußerungen über Miss Austen Abstand zu nehmen. Ich habe ihre sämtlichen Romane viele, viele Male gelesen. Ihre Vornehmheit, ihr Fluidum einer höherstehenden und bewunderungswürdigen Geistesbildung, ihr immenser psychologischer Scharfblick –* « während der Wissenschaftler noch einen Schluck nimmt, um seine Rede zu befeuchten, verabschieden wir uns von unserer Autorin und diesem skurrilen Zeichen der Verehrung in der englischsten aller Literaturformen, einem Kriminalroman.

Genau wie anfangs Jane Austen konnten auch die Schwestern Brontë zu Beginn des Neunzehnten Jahrhunderts ihre Romane nicht unter ihrem eigenen Namen veröffentlichen. Sie benutzten männliche Pseudonyme. Etwas anderes wäre für junge Damen aus gutem Haus nicht möglich gewesen. Damals war es gängige Praxis, den wahren Namen des Verfassers, unter Umständen auch des Verlegers sowie des Druckorts oder die korrekte Jahreszahl der Drucklegung nicht preiszugeben. Das konnte, wie hier, gesellschaftliche Gründe haben. Oder politische, die meist auf der Hand lagen: Jeder Staat Europas verfügte seinerzeit über mehr oder weniger agile Zensurbehörden, und es erforderte Anpassung oder Verschleierung, in jedem Fall Taktik, um schlauer als der Zensor zu sein und kritische Inhalte an den Leser zu bringen. Am häufigsten führten rechtliche Probleme zur Fälschung des Impressums. Die Rechte des Autors waren zu Beginn des Neunzehnten Jahrhunderts noch ungeschützt; Raubdrucke von Erfolgsbüchern die Regel, und allerorten wurden Fortsetzungen zu beliebten Werken auf den Markt geworfen, die sich ungeniert des Verfassernamens bedienten. Darunter hatte schon Cervantes zu leiden gehabt. Während der Autor noch über dem zweiten Teil des *Don Quixote* grübelte, wurden in den Gassen bereits dutzendweise billige Sequels feilgeboten. Große Verdienste darum, dem Autor die heute üblichen Rechte verschafft zu haben, erwarb sich kein geringerer als der Geheime Rat Goethe; als studierter Jurist kannte er sich mit der Materie aus. Nicht immer zahlte der Verleger ein Autorenhonorar, ließ auf eigene Kosten drucken und übernahm auch den Verkauf des Buches als »Verlagsbuchhandlung«. Viele Schriftsteller mussten Geld mitbringen, um ihre Werke publik machen zu können. Wurden sie ein Erfolg, fanden sich schnell Nachdrucker, die den Markt mit billigen Kopien überschwemmten; der Autor ging dabei leer aus, aber auch der rechtmäßige Verleger wurde geprellt. Das hatte Goethe als junger Mann bei Veröffentlichung des *Werther*, der auch als Raubdruck ein Riesenerfolg war, schmerzlich erfahren müssen. Immerhin war kein anderer Dichter seiner Zeit so kommerzorientiert und wurde durch sein Talent so wohlhabend wie er. Aus diesen Erfahrungen klug geworden, setzte er ein kaiserlich österreichisches sowie ein bundesweites Privileg durch, das seine späteren Werke landauf landab schützte. Dieses erste Copyright machte nicht nur Raubdrucker arbeitslos – ihre Hochburg war damals Wien –, es stand auch Pate für den heutigen Schutz des geschriebenen Wortes. In seinem Meisterwerk *Goethe und seine Verleger* hat Siegfried Unseld, selbst fünfzig Jahre lang Herr des Suhrkamp-Verlages, dieses spannende Kapitel Buchgeschichte erzählt.

Den Schwestern Brontë, um aufs Thema zurückzukommen, lag die Fabulierlust im Blut. Emily brillierte mit dem dramatischen Roman *Sturmhöhe* um Liebesverrat und Naturdämonie; Charlotte hatte mit ihrem als Autobiographie getarnten Erstling *Jane Eyre*, dem Entwicklungsroman einer jungen Frau, die ihre einfachen Lebensverhältnisse überwindet, einen Sensationserfolg. Wie bei Jane Austen sind die Schauplätze im ländlichen England und im gesellschaftlichen Umfeld von Bürgertum und Landadel angesiedelt. Elisabeth Gaskell, Zeitgenossin und selbst Romanautorin (*Cranford*, Geschichten aus einer Kleinstadt, sowie das umfangreiche Loblied auf die Freuden des Landlebens *Frauen und Töchter*), hat das *Leben der Charlotte Brontë* voller Kampf gegen gesellschaftliche Widerstände und Krankheit – sie und ihre Geschwister litten allesamt unter Tuberkulose – in einer Biographie aus eigenem Erleben eindrucksvoll geschildert. George Eliot – auch dies ein Pseudonym für eine Schriftstellerin; sie hieß Mary Ann Evans – macht die Provinz zum Schauplatz ihrer Romane, die bereits in das Industriezeitalter überleiten: *Silas Marner oder Der Weber von Raveloe*, die kurze Geschichte eines Epileptikers, der sich durch Schicksalsschläge, die Ächtung der Mitmenschen und die Erfindung des Dampfwebstuhls nicht unterkriegen lässt, sowie die monumental angelegten *Middlemarch*, *Die Mühle am Floss* und *Adam Bede*, in denen soziale Probleme der Zeit mit der Handlung verwoben werden.

D e r große Dichter jener Zeit, das Gewissen Englands und gleichzeitig seine ganze Freude, war Charles Dickens. Er verstand überzeugend die soziale Anklage in eine künstlerische Form zu bringen und damit sein Publikum zu fesseln, zu begeistern und zu unterhalten – und wurde auch noch reich damit. Die gewaltige Lebensleistung des Mannes aus Portsmouth am Ärmelkanal besteht in fünfzehn breit angelegten Romanen, die ihren verwickelten Aufbau der Tatsache verdanken, dass sie zuerst als Fortsetzungen in Zeitungen erschienen, jede einzelne Folge mit einem Knalleffekt endend; unter dem Journalistenkurznamen Boz erschienen seine frühen *Londoner Skizzen*, später schrieb er Geschichten für seine eigene Gazette *Meister Humphreys Wanduhr*. Hochberühmt sind seine *Weihnachtserzählungen*, in denen unter anderem der hartherzige Ebenezer Scrooge in der Weihnachtsnacht durch einige eigens für ihn aufgebotene Geister bekehrt und zum Liebling aller Kinder wird.

> Das soziale Gewissen beginnt sich zu melden. Es ist noch kein wissenschaftlich fundierter Verdacht der Ungerechtigkeit, sondern ein mulmiges Gefühl.

Kinder: Sie sind die vielleicht originärsten Schöpfungen im dickensschen Figurenuniversum. So einfühlsam, individuell und gemäß hat kein anderer Dichter Kinder in den Mittelpunkt des Leserinteresses gestellt, wobei sie regelmäßig auch am erbarmungslosesten unter den Verhältnissen zu leiden haben. Die Anklage der Zustände verknüpft sich bei ihnen mit der Hoffnung auf eine bessere Zukunft.

Lass mich kurz der Reihe nach die großen Werke des Charles Dickens charakterisieren. Am Anfang stehen die *Pickwickier*, dieser Club übergewichtiger Junggesellen, dessen Vorstand eine Reise durch England mit dem Ziel soziologischer Studien unternimmt und dabei in immer neue Verwicklungen in Herzensangelegenheiten gerät, die auch in haarsträubende Abenteuer ausarten können. Als die kurzatmigen Herren endlich unter der Haube sind, muss der Club aufgelöst werden. *Oliver Twist*, der Waisenknabe, kommt durch seine sanfte Forderung nach einem zweiten Teller Grütze (bis auf den heutigen Tag ein geflügeltes Wort im Englischen) in Schwierigkeiten. Den skandalösen Zuständen im Waisenhaus mit heiler Haut entronnen, schlittert er in die Fänge einer Jugendbande, die vom jüdischen, bösartig beschriebenen Hehler Fagin kommandiert wird. Aber der staatliche Strick richtet ihn, wie den Mörder Sikes das eigene Seil – ein gravierender Unterschied –, und für Oliver wird noch alles gut in der Obhut von Herrn Brownlow. *Nicholas Nickleby*, der schneidigste aller Dickens-Helden, beugt sich nicht der Autorität eines Lehrkörpers und buckelt nicht vor der Unantastbarkeit eines Hochwohlgeborenen; er schlägt zurück, wo immer sich die Gelegenheit bietet. In diesen frühen Romanen versöhnt unser Meisterautor stets das Packende mit dem Sentimentalen. Herzige und komische Figuren tauchen auf, um die Härte der Haupthandlung zu mildern, Lemuren und Schurken lauern am beschwerlichen Weg der jugendlichen Helden in die wenig erstrebenswert gezeichnete Welt der Erwachsenen. *Der Raritätenladen*: Nelly Trent pflegt ihren Großvater und wird von ihrem Bruder um die Aussteuer betrogen, begibt sich mit dem alten Trent auf Wanderschaft und stirbt am Ende einen rührseligen Tod. *Barnaby Rudge* ist Dickens' erster historischer Roman rund um einen Londoner Aufruhr gegen die katholische Minderheit, noch ganz im Geiste Walter Scotts gesehen. *Martin Chuzzlewit*, Opfer einer drolligen Schar von Erbschleichern, wandert nach Amerika aus und erlebt dessen Schattenseiten, genau wie sein Urheber auf seiner ersten großen Lesereise. Man muss ihm da einen Tort angetan haben, denn hier rächt er sich lustvoll an den Amerikanern, allesamt Hohlköpfe und Dummschwätzer. *Dombey & Sohn* erzählt vom reichen Unternehmer und seiner Kälte und Herzlosigkeit ausgerechnet im Umgang mit den beiden eigenen Kindern. *David Copperfield*, dessen Erinnerungsstrom stark von

Dickens' Jugenderlebnissen gespeist wird, schildert uns seine harte Kindheit höchstpersönlich; er wird von Stiefvater Murdstone gequält, im Internat gehänselt und vom Liebediener Uriah Heep drangsaliert; dann aber erfährt er bei Herrn Strong eine gute Erziehung und von Tante Betsey[157] viel Zuneigung und wächst zum liebenswürdigen jungen Mann – und erfolgreichen Schriftsteller – heran. Nur die Ehe bringt ihm kein Glück. Im *Bleakhaus* und im Londoner Nebel verheddern sich die Hauptpersonen im Dschungel der Paragraphen. Der Prozess Jarndyce vs. Jarndyce wird noch vor dem Jüngsten Gericht in Berufung gehen. Entsprechend dröge die Handlung, die zum Ausgleich vielstimmig präsentiert wird, unter anderem erzählt auch die nette Esther Summerson aus ihrem jungen Leben. Eine charmante Französin begeht einen Mord, der von einem Detektiv ganz uncharmant aufgeklärt wird. *Harte Zeiten* für die Geschwister Tom und Louisa Gradgrind, die unter den Erziehungsmethoden ihres Vaters zu leiden haben. *Klein Dorrit*, die kleingebliebene zwanzigjährige Amy, die schon im Schuldgefängnis[158] geboren wurde, hat ein düsteres Schicksal, das aus der Ferne auch vom »Amt für Fortschrittsverhinderung« beeinflusst wird. *Die Geschichte zweier Städte*, wieder eine Historie, spielt im revolutionären Paris und in London. Charles St. Evrémonde geht nach England, wird später in Paris trotz seiner Abwendung von der Adelspartei aufgrund des Hasses der scheußlichen Madame Defarge zum Tode verurteilt und kann dramatisch entkommen, ich verrate nicht wie. *Große Erwartungen* hat Pip, der seine ei-

---

[157] Ganz nebenbei führt Dickens mit der Tante die starke, selbstbewusste und unabhängige Frau in die Literatur ein. Lies nur, wie sie dem ollen Murdstone den Marsch bläst – da ist ihr schenkelklopfende Zustimmung sicher.

[158] Ein Schicksalsort der englischen Literatur, wo sich die durch Naivität in Not Geratenen treffen, schon bevölkert vom *Vikar von Wakefield*, *Tom Jones* oder *Barry Lyndon*. Und just dort, wo Amy geboren wird, saß bereits Dickens' eigener Vater ein.

gene Lebensgeschichte erzählt; aber das erwartete Erbe stammt von einem Verbrecher und am Ende muss er es aus eigener Kraft schaffen. *Unser gemeinsamer Freund* John Harmon kehrt inkognito nach England zurück, um seine Braut zu prüfen und am Ende sein Erbe anzutreten. Dieser letzte vollendete Roman mit viel Düsternis und Zügen eines Krimis zeichnet ein pessimistisches Bild der sozialen Entwicklung. *Das Geheimnis des Edwin Drood* schließlich hat Dickens nicht mehr aufklären können, obwohl es eventuell nur darin bestand, wie der im Titel Genannte ein so wenig sympathischer Jüngling geworden ist. Das Fragment endet mit seinem spurlosen Verschwinden, nachdem er seine Verlobung mit Rosa Bud oder ›Rosebud‹ gelöst hat. Ist er ermordet worden? War es der Opiumraucher? Für Hobbydetektive gibt es in der neuesten Edition die Auflösung!

Charles Dickens versteht die Kunst, stets am Rand des guten Geschmacks zu balancieren und nie abzustürzen. Unflätige Dialoge in Cockney setzt er neben exquisite Charakter- und Milieuschilderungen. Wenn eine seiner Episoden mal versagt, langweilig oder unlogisch ist, bezaubert Dich flugs die nächste aus der Feder dieses unerschöpflichen Erfindergenies. Die großen Romane von regelmäßig präzis tausend Seiten Länge lassen sich nicht auf ein Genre festlegen. Wird es mal sehr sentimental bis schmalzig, unterbricht sicher bald ein Kriminalfall die Seligkeit. Bekommt eine Figur bösartige Züge (unvergesslich in ihrer zynischen Güte Mr Murdstone und seine perfide Schwester), stehen daneben sicher die rührendsten Kinderfreunde und uneigennützigsten Philanthropen auf, wie die wirklichkeitsfremden Mr und Mrs Micowber, die David Copperfield das Vertrauen ins Leben zurückgeben und die Dickens nach dem Bild seiner eigenen Eltern geformt hat. Dabei befolgt er die Regel, vor keiner Verschärfung und Dramatisierung der Handlung zurückzuschrecken; dadurch, dass auch im Negativen alles möglich wird, wachsen die Geschichten über ihren Kern als Märchen für fortgeschrittene Leser hinaus zu Studien gesellschaftlicher Extremzustände. Mir persönlich sind die *Pickwickier* zu albern, ich kenne aber kritische

Geister, die gerade sie besonders schätzen.[159] Mein Herz hängt an den Büchern, in denen junge Menschen durch die Schinderei sogenannter ›Erziehung‹ nicht gebrochen werden, sondern deren Entwicklung zu Güte und Wert gerade von da ihren Ausgangspunkt nimmt, zu Männern, die gleichzeitig die Titelhelden ihrer spannend erzählten Lebensgeschichten sind.

Die Behandlung der jüdischen Mitbürger war auch in der englischen Literatur ein Thema. Während Dickens im *Oliver Twist* dazu seinen unfreundlichen Kommentar gab – Fagin hängt zum Schluss am Strick –, entstanden zwei große Dokumente in Romanform für das, was wir heute ›Integration‹ nennen. *Daniel Deronda* von George Eliot und *Tancred oder Der neue Kreuzzug* des späteren Premierministers Benjamin Disraëli zeigen, dass die Besinnung auf die alten Werte gleichzeitig die Grundlage eines neuen Denkens sein kann. Verständnis und Versöhnung machen zwar meist keine ganz große Literatur, aber Hoffnung auf das, was möglich wäre.

Wo Profit, da Konkurrenz. Dickens, der selbst auf den Schultern von Fielding und Smollett stand, hatte einen Rivalen (der gleichzeitig auch Freund war) auf Augenhöhe, der seinerseits noch über das Talent verfügte, seine Werke eigenhändig zu illustrieren: William Makepeace Thackeray. Weder so sentimental noch so anklägerisch wie der andere, ist er ganz auf die Darstellung gesellschaftlicher Zerrüttung im Stil Fieldings gestimmt, stets den Blick eher zurück als voraus gewendet: *Barry Lyndon* beginnt als vielversprechender Jüngling, nach einem bewegten Leben und dem Verprassen seines Vermögens schreibt er seine Geschichte im Schuldturm, gequält vom Delirium tremens – inadäquat, aber sehr schön verfilmt von Stanley Kubrick. Dann

---

[159] Nicht zuletzt die Mediziner, denen die wohlgenährten Herren als Namengeber für das Fettleibigkeitssyndrom herhalten müssen, nachzulesen in der Bibel aller Hypochonder, dem *Pschyrembel*, einem klinischen Wörterbuch, das gerade in der 261. Auflage greifbar ist.

gelingt Thackeray der Wurf, für den ihn heute noch die Welt kennt und liebt: *Vanity Fair. Jahrmarkt der Eitelkeit* ist der *Roman ohne Helden* – nämlich schon dem Titel nach die moralische Geschichte zweier junger Frauen. Sie entkommen der kleinen Hölle des Internats und mit knapper Not den Erziehungsversuchen einer Miss Pinkerton. Doch eine von beiden spielt falsch. Während die sanfte Amelia Sedley nicht recht vom Fleck kommt, hilft Becky (Rebecca) Sharp ihrem Glück auf die Sprünge – mit bedenklichen Mitteln zwar, aber der Erfolg gibt ihr recht. Im thackerayschen Reagenzglas finden dann allerdings durch das Hinzusetzen eitler, selbstsüchtiger und tumber Männer Reaktionen statt, die zu mehrfachem Umschlag im Lebensglück der beiden jungen Damen führen, ganz zu schweigen vom Eingreifen der Weltgeschichte. In der Mitte des Romans steht die Schlacht von Waterloo, grandios geschildert aus der Sicht der in Brüssel zurückgelassenen Familien der britischen Soldaten, die das pausenlose Donnern der Kanonen mitanhören müssen. Am Ende gönnt der gottgleiche Erzähler Amelia zynisch eine Handvoll Glück mit dem linkischen Dobbin, dem einzigen halbwegs sympathischen Mann, gespendet von der schillernden Becky. Das Rezept des Buches war so erfolgreich, dass weitere großangelegte gesellschaftssatirische Werke, etwa *Die Newcomes* oder *Pendennis*, folgten sowie die Serie kleiner Karikaturen *Das Snobsbuch*, bis den Hünen Thackeray, geboren in Kalkutta unter der Sonne Indiens, das englische Wetter vorzeitig dahinraffte.

Schreiben beginnt sich zu lohnen. Und der Autor beginnt, auf sein Publikum zu schielen.

Diese Epoche des Übergangs vom Feudal- zum Industriezeitalter hat eine Vielzahl von Romanciers hervorgebracht, die sich an der Spannung zwischen alt und neu abgearbeitet haben, dabei aber häufig Probleme thematisierten, die uns heute gar nichts mehr angehen. An erster Stelle ist der Vielschreiber Anthony Trollope zu nennen, von dem ich den *Septimus Harding* kenne.

Dieses Buch halte ich für eine Schmonzette, freilich gut gemacht. So ist die Fangemeinde Trollopes, der wie später Hardy eigene Landschaften erfand, in denen er die Handlung seiner Werke ansiedelte, groß und bei fast hundert Romanen, die er geschrieben hat, kommt da wohl noch manches auf uns zu. Kein Zehntel davon ist bislang auf Deutsch erschienen. George Meredith schrieb bittere Bücher, durch die von ihren Frauen verlassene Männer geistern, genauso wie es ihm selber passiert ist. *Richard Feverel* ist der ungetreue Sohn, der zum Unwillen des (verlassenen) Vaters eine Katholikin heiraten will. Das kann nur in einer Katastrophe enden, lässt uns aber trotzdem kalt. Zum Glück gibt es von einem Zeitgenossen, der sogar mit Meredith befreundet war, eine wirklich berührende Schilderung einer Generationen-Beziehung. In den Erinnerungen *Vater und Sohn* beschreibt Edward Gosse seinen eigenen Vater als besessenen Wissenschaftler und religiösen Fanatiker, der dem Sohn sozusagen nebenbei das Leben zur Hölle macht. Ein Menschenalter muss vergehen, bis Edward begreift, dass der Vater in seinem Eifer nicht gegen ihn gewesen war, sondern er nur im Weg gestanden hatte bei der Suche des Vaters nach ewigen Wahrheiten. Das lässt uns nicht kalt, denn solch eine Auseinandersetzung mit den eigenen Wurzeln hat bis heute nichts an Aktualität verloren. Vaterliebe findet nur der, der bereit ist, sie zu sehen.

Meredith schrieb auch Untersuchungen über das Komische und ist als Poet hervorgetreten. In einer Anthologie der Viktorianischen Lyrik lese ich von ihm:

Schau dorthin, wo der drängende Wind
sein Schattengerippe einem Wurfspieß gleich
auf die breitrückige Woge wirft!

Kein Wunder, dass wir uns mit dieser literarischen Epoche schwertun. Der Vergleich – ein Meisterwerk der unfreiwilligen Komik, zweifelsohne –, den Meredith uns hier vorsetzt und der in ein gänzlich misslungenes Bild eingebaut ist, erscheint uns so (wind)schief, wie man es keinem Primaner durchgehen lassen würde. Auch der müsste mit anderem um sich werfen lernen als mit Skeletten. Wie modern dichtete zur selben Zeit die Amerikanerin Emily Dickinson! Ihre Metaphern funkeln und blitzen:

Behutsam müssen die Chirurgen
Das Skalpell bewegen!
Unter ihren feinen Schnitten
Bebt der Halunke – Leben!

Das sitzt, das wird später auch Gottfried Benn nicht viel anders machen.

Der weltläufige George Moore, geschult am französischen Roman der Zeit, schrieb *Ein Drama in Musselin* und *Esther Waters*, Romane über den Eintritt der Debütantinnen ins Gesellschaftsleben bzw. eine junge Frau, die den Schritt vom Wege tut und die Härte der Konventionen am eigenen Leibe zu spüren bekommt. Arnold Bennett, der in allen Disziplinen schriftstellerte, war auch der humoristische Vorläufer von Jerome K. Jerome (*Drei Männer in einem Boot*, haha) und P.G. Wodehouse – der den pfiffigen Butler (*Der unvergleichliche Jeeves*) literarisch salonfähig machte und der t a t s ä c h l i c h komisch sein kann. Bennett konnte noch ganz anders, er verfasste mit *Lebendig begraben* einen Roman hart am Rande des Nervenzusammenbruchs. Ein junger und erfolgreicher Maler nutzt den plötzlichen Tod seines Kammerdieners, um in dessen Rolle zu schlüpfen und endlich ein durch und durch normales, gutbürgerliches Leben zu führen, mit heiraten und zwei warmen Mahlzeiten täglich und so. Waren das die geheimen Träume der künstlerischen Crème de la Crème jener Zeit?

Mein Lieblingsautor der Epoche: Thomas Hardy, strenger Meister des Gesellschaftsromans, der bei ihm zum Schicksalsroman wird. Wie Balzac versuchte er, einen eigenen literarischen Kosmos zu schaffen – zumindest eine eigene Landkarte. So erfand er die Landschaft Wessex an der Südwestküste Englands, rund um das reale Keltenheiligtum von Stonehenge gelegen, in der seine großen Romane spielen: *Der Bürgermeister von Casterbridge* schildert mit archaischer Härte Aufstieg und Fall eines charakterlich beschränkten Menschen, *Im Dunkeln – Jude the Obscure* den Untergang eines intellektuellen Emporkömmlings in der geistigen Enge einer fiktiven Universitätsstadt, die Oxford zum Verwechseln ähnlich sieht. *Tess von d'Urbervilles* (Untertitel: *Eine reine Frau*) erlebt eine Tragödie in den Ausmaßen eines Sophokles, die dann auch tatsächlich im Steinkreis von Stonehenge endet, während sich *Die Rückkehr* von Clym Yeoubright aus der großen Welt in der Heide von Egdon abspielt. Seine Gefährtin Eustacia Vye und viele andere müssen sterben, während auf Drängen des Verlegers, der bei einem solchen Maß an Tragik auch die Leser schwinden sah, Clym ein bescheidenes Glück im Heideginster und als Wanderprediger finden darf. Stets wird die Tragödie der Helden von den Versprechungen des Lebens ausgelöst, denen sie vertrauen und an deren Einlösung sie zugrunde gehen. Exemplarisch erscheint mir die kleine Erzählung *Zwei aus einer Stadt*, die von der Rückkehr eines Mannes handelt, der einst die einfache, entzückende Lucy geliebt hat und doch das reiche Mädchen nahm, eine Zicke. Nun kommt Mr Barnet zurück, als reifer Witwer und wohlhabend, und auch seine Lucy ist nach einer Vernunftehe wieder frei, endlich frei für ihn – und verschmäht ihn. Als sie es sich dann doch noch anders überlegt, ist er bereits fort – für immer. Das musst Du lesen, weil es toll erzählt ist, auch wenn der Plot Dich vielleicht abstößt, weil die Konstruktion in den Gelenken knarrt vor Altersschwäche; zigmal ist sowas schon erzählt worden. Interessant dabei ist aber, dass sich in dieser kurzen Geschichte Hardys Vorstellung von ›Schicksal‹ zeigt, das hart und unerbittlich für jeden Fehler den denkbar höchsten Preis verlangt.

Eine Blutauffrischung hat der englischsprachige Gesellschaftsroman nötig, und die kommt aus den Kolonien, mit Autorinnen wie den Amerikanerinnen Kate Chopin und Edith Wharton oder dem in England heimisch gewordenen Henry James. Mit ihnen kommt der Gesellschaftsroman endgültig in der Moderne an. Genauso neunundzwanzig Jahre alt wie Lily Bart (damals: alt, nach heutigem Begriff würde man jung dazu sagen) ist Edna, verheiratet mit einem noch wesentlich älteren Mann und Mutter zweier Söhne, und sie ist Nichtschwimmerin. In der Sommerfrische nahe ihrer Heimatstadt New Orleans löst die Begegnung mit Robert Lebrun *Das Erwachen* der Edna Pontellier aus. Sie verliebt sich und lernt schwimmen. Sie schwimmt sich so frei, dass sie ihre Familie verlässt und in ein eigenes Haus zieht, wo sie von ihrem Vermögen, Malerei und Pferdewetten lebt; auch gönnt sie sich weitere Affären. Die Zurückweisung durch Robert aber, dessen Lebensplan keine Liebe zu Edna mehr vorsieht, treibt sie in die Katastrophe. Dort, wo sie wenige Monate zuvor gelernt hatte, sich freizuschwimmen, schwimmt sie ins Meer hinaus, um nicht wieder zurückzukehren.

Neben der Befreiungsmetaphorik bietet dieser kleine Roman der Amerikanerin Kate Chopin aus St. Louis, die selbst in ihrem kurzen Leben lernte, unabhängig zu sein, eine weitere, neue Sicht auf die Wurzeln der Liebe. Warum liebt Edna Robert? *»Weil sein Haar braun ist und von seinen Schläfen nach hinten wächst, weil er die Augen öffnet und schließt und seine Nase ein wenig verzeichnet ist, weil er zwei Lippen hat und ein kantiges Kinn und einen kleinen Finger, den er nicht ganz ausstrecken kann, seit er in seiner Jugend einmal zu ungestüm Baseball gespielt hat. Weil …«* »Kurzum, weil Sie ihn lieben«, fasst ihre beste Freundin bündig zusammen. Edna ist eine der ersten Frauengestalten, die etwas tut, schlicht weil sie es will – und dann erst zeigt sich, dass sie es auch kann.

Edith Wharton schildert in ihren frühen Romanen wie *Zeit der Unschuld* (mit dem nötigen Glanz verfilmt von Martin Scorsese) die New Yorker High Society vor dem Ersten Weltkrieg. Zwar gibt es hier keinen Adel des Geblüts – es sei denn als Importware, wie etwa eine echte Gräfin aus Polen –, aber den des alten Geldes, dessen snobistische Steifigkeit zunehmend weichgespült wird durch das Eindringen von Newcomern bisweilen zweifelhaftester Provenienz, die mit frischem Blut & Geld den Infarkt der Anciennität verhindern. Dieser Art Therapie verdankt Whartons *Haus der Freude* genauso seine Lebendigkeit wie auch die längere Erzählung *Eine gewisse Frau Headway*[160] von Henry James. Bei den von ihren Müttern gegängelten jungen Gesellschaftslöwen ist die aus dem immer noch wilden Westen kommende Mrs Headway die Sensation der Saison. Aber ihr Glanz und ihr Vermögen sind mindestens vier Ehemännern abgetrotzt, die sie bereits verschlissen hat. Über eine solche Dame darf man Bemerkungen machen, sich in ihrer Aura bewegen, sogar sich in sie verlieben. Mehr verbietet die Etikette. Gesellschaftlich verkehren mit so einer, einer … ? No, Sir! Henry James weiß zum Glück nicht einmal eine passende Bezeichnung für ein solches Skandalweib, das sich dermaßen prächtig zu amüsieren versteht.

> Schreiben zum eigenen Vergnügen und als geistige Konkurrenz: nie war Snobismus angenehmer für uns zu ertragen.

Diese Gesellschaft stirbt nicht, sie überlebt sich. Nur wenige Jahre später wird Francis Scott Fitzgerald in *Der Große Gatsby* den Zustand nach dem Wechsel der Geschäftsführung zeigen. Niemand hat mehr was, keiner kann mehr was, aber alle amüsieren sich zu Tode. Auch in Amerika hat der Erste Weltkrieg entscheidende Veränderungen der Gesellschaftsordnung gebracht. Gatsby ist ein Aufsteiger zwielichtigster Herkunft, ein neuer Mann (wie schon die alten Römer den Emporkömmling nannten: homo novus) aus dem Nichts der amerikanischen Prärie, aber er versteht den New Yorkern die Annehmlichkeiten von damals zu bieten: ein stets offenes Haus, große Partys, nichtstuerisches Leben. Der Ich-Erzähler gerät in dieses schwindelhafte Treiben und

---

[160] *The Siege (Belagerung) of London* mögen die Übersetzer nicht, die neueste Fassung heißt *Eine Dame von Welt*, keine wirkliche Verbesserung gegenüber der ersten Version.

erlebt, wie die Fassade Gatsbys in sich zusammenfällt, als er einer Jugendliebe wiederbegegnet, die er um jeden Preis zurückerobern will, und dabei ganz nebenbei alles verliert, sogar das eigene Leben.

Und noch einen Schritt näher zum Abgrund befindet sich die Gesellschaft, die John Dos Passos in dem formal bahnbrechenden Roman *Manhattan Transfer* zeigt. Reportagehaft lässt er alle Bewegung von der Fähre ausgehen, die die südliche Spitze New Yorks mit dem Festland verbindet. Seine Helden und Versager betreten Manhattan als Nichts. Wer es wieder verlässt, ist ein Verlierer, wer bleibt, ist tot oder hat es geschafft. In einer neuen, dem Film abgeschauten Technik überblendet Dos Passos kleine Episoden aus den so verschiedenen Lebensläufen der von ihm beobachteten, begleiteten Figuren, die sich flüchtig oder intensiv begegnen, sich zum Schicksal werden oder achtlos aneinander vorbeigehen. Durch alle Schichten geht sein Schnitt ins Gebein der New Yorker Gesellschaft, es ist das Messer des Filmcutters und gleichzeitig des Pathologen, der das tödliche Geschwür freilegt und seine erbarmungslose Diagnose stellt.

Von der Mischung der Schichten und Klassen ist England noch so weit entfernt, wie das Empire sich endlos über den Globus dehnt. Die Benutzung der Begriffe freilich bedeutet schon die Ahnung ihrer Verbrauchtheit und Überlebtheit. Merkwürdigerweise glaubt Edward Morgan Forster in der Rebellion gegen das Kastendenken eine Verbindung zu deutschem Geist zu sehen: Bei seinem *Wiedersehen in Howards End* bringen die Schwestern Margaret und Helen S c h l e g e l – eine Verbeugung vor Shakespeares wichtigsten Botschaftern auf dem Festland – frischen Wind in viktorianisch vernagelte Köpfe. Sie hat es von der Oder an die Themse verschlagen, und sowohl ihre Tierliebe als auch ihre Bereitschaft, einem Versicherungsvertreter jeden Wunsch zu erfüllen, treibt der Upper Class den Angstschweiß auf die steife Oberlippe. Ganz nahe an Kitsch und Kunsthandwerk, bildeten Forsters Romane wie *Zimmer mit Aussicht*, *Maurice* – ein *Lady Chatterley*-Drama unter Männern – oder *Reise nach Indien* die Grundlage für die opulenten Filme von James Ivory, mit denen der Gesellschaftsroman seine Rückkehr ins Blickfeld der Kinogeher schaffte, obwohl die geschilderten Situationen nur oberflächlich gesehen von kritischem Bewusstsein zeugen, eher die Mentalität eines Märchenerzählers spiegeln.

Das Geheimnis für die Wiedergeburt des Gesellschaftsromans aus den Trümmern des Krieges ist die Entdeckung des Dialogs als wichtigstes, ja alleiniges Darstellungsmittel. Spitzer als tausend Dolche sind die Zungen der Oberen Zehntausend, und ein Wort zuviel kann schon ein Rufmord sein. In den Romanen von Henry James wird dieses Mittel bereits meisterhaft eingesetzt, und trotzdem gibt es noch Steigerungen. Ivy Compton-Burnett verzichtet auf die dramatischen Zuspitzungen, die die jamesschen Romane nach fünfhundert Seiten erlösen. Bei ihr passiert buchstäblich nichts – der Dialog ersetzt die Handlung vollkommen. In *Eine Familie und ein Vermögen* belauert sie die Mitglieder einer Sippe bei deren Auseinandersetzung um eine Erbschaft und lauscht ihnen den unterschiedlichen Grad an Enttäuschung ab, als Dudley, der Außenseiter, alles kriegt. Doch Dudley erweist sich als Gutmensch und lässt alle Verwandten am unverhofften Segen teilhaben. Eigentlich bleibt alles wie es ist, aber jedes dieser faulen Früchtchen hat sich beim Gerangel um das Geld bis auf das Kerngehäuse entblößt und dabei seine wahre Natur preisgegeben; nichts wird wieder sein, wie es war.

Nach dem Krieg stehen die Herrenhäuser immer noch, die zum Schauplatz distanzierter Rückschau werden, Charme und Unschuld jedoch verloren haben. Henry Green schreibt Dialogromane im traditionellen Schema, sie heißen *Schwärmerei, Lieben* oder *Dämmerung*, die die Auflösung des ›Gesellschaftlichen‹ zum Thema machen. In sein Dienstbotengeschwätz spielen Kafka und George Orwell hinein. Eine lange Tradition klingt da unspektakulär aus; was Jane Austen aus sentimentalen und satirischen Einzelteilen zusammengefügt hatte, verlor mit der Entlassung des letzten Kammerdieners und seit Madam das Essen selber kocht sein Fundament. Was sagen wir? Schade.

In Evelyn Waughs *Wiedersehen mit Brideshead* geht es um das wechselvolle Verhältnis von Hauptmann Ryder zu einer um den Katholizismus ringenden, dabei aber einem guten Schluck nie abgeneigten Familie der höchsten Kreise, deren Heim Brideshead den Verfall nicht mitmacht. Nur in den Köpfen hat er schon stattgefunden. Als Ryder Brideshead wiedersieht, lungern dort abgerissene Gestalten herum. Sein Adjutant bemerkt dazu: »*Dafür hat Hitler seine Gaskammern.*« Wie zwiespältig die englische Reaktion auf den Nationalsozialismus war, darauf erlaubt sich der japanische Brite Kazuo Ishiguro in *Was vom Tage übrigblieb* hinzuweisen. Appeasement oder die Kunst des Wegschauens hatte das geheißen. Auch eine Epoche der Beschäftigung Englands mit Deutschland endet hier. Ihre letzte Vertreterin ist Sybille Bedford. *Das Vermächtnis* stellt klar, dass Trübsinn nicht nur in der guten englischen Gesellschaft, sondern auch in der besten preußischen angesagt war; *Ein Liebling der Götter* ist Constanza, Tochter einer extravaganten Frau mit Drang nach Unabhängigkeit, dem auf ausgedehnten Reisen und Fluchten stets nachgegeben wird. Auch für Bedford war Reisen der Traum von Freiheit und Italien ihr Traumland. Aber Mexiko vermochte ebenfalls zu entzücken, komisch unterhaltsam und nervös beobachtet in *Besuch bei Don Ottavio*.

Kaiser Wilhelm II. war der Enkel von Queen Victoria. Sein imperialer Wahn war ganz auf die Rivalität zu Britannien gerichtet. Die Literatur nahm davon sogleich Notiz. Erstes Dokument: *Das Rätsel der Sandbank* von Erskine Childers, in dem wir die Ostfriesischen Inseln und die Tricks der Spionage im Rahmen des Flottenwettrüstens der verwandten Rivalen kennenlernen. Es werden aber starke Frauen sein, die dem Thema Nahrung geben. Neben den schon bekannten Schlegels vor allem die Richthofen-Schwestern Frieda und Else, die sich um neue Spielarten der Libertinage, den genialen Soziologen Max Weber, vor allem aber den armen D.H. Lawrence verdient machten. Und Winifred Wagner, Schwiegertochter des Komponisten aus dem geschichtsträchtigen Hastings, begrüßte als Herrin des Grünen Bayreuther Hügels ihren ›Führer‹ mit Deutschem Gruß und mehr zu den Festspielen. Nach dem Krieg wurde die deutsch-englische Hassehe schuldig geschieden. Sybille Bedford, ihr letzter Spross, starb vor kurzem, vierundneunzigjährig.

LIEBE

Man sollte mit »Ich« anfangen, wenn man über die Liebe spricht. In einem Meinungsaustausch zu diesem Königsthema der Literatur sind nur Experten zugelassen.

»Weißt Du, was Liebe ist?« fragte mich das Mädchen, für das ich als erstes ein wirkliches, verzehrendes Gefühl entwickelt zu haben meinte – ich war sechzehn. »Ein Kribbeln im Bauch!« lautete meine prompte und ehrlich empfundene Antwort. Sie war selbstverständlich der abrupt gesetzte Schlusspunkt hinter eine gerade erst im zarten Keimen befangene Beziehung zweier Herzen. So etwas will eine Frau, egal unter welchen Umständen, auf gar keinen Fall hören. Heute würde ich alles besser machen (wollen). Aber von mir ist jetzt nicht weiter zu reden.

Wortmeldungen hatten wir genug. Wir glaubten uns dem Kern des Problems schon stark genähert zu haben, seit uns Sappho anvertraut hat, wie hoch sie das Objekt ihrer Emotion über den Anblick von Reiterschwadronen und Flottenverbänden stellt. Die Heilige Theresa von Ávila ist von Giovanni Lorenzo Bernini in Marmor festgehalten worden, wie sie gerade von Gottesliebe durchdrungen wird. Dieses Kunstwerk, aufbewahrt in der Cornaro-Kapelle der römischen Kirche Santa Maria della Victoria, zeigt in seltener Drastik die Ineinssetzung religiösen Gefühls mit purer Fleischeslust. Dass etwas an dieser Gleichung ist, halte ich für gegeben, allerdings ist hier nicht der Platz, das Phänomen ausführlicher zu analysieren. Einen anderen Aspekt hebt mein Gewährsmann in Geschmacks- wie Theaterfragen Egon Friedell hervor, wenn er die Gruppe, in der ein Engel die arme Theresa mit einem Pfeil durchbohrt, beschreibt als ein

Werk, *das zugleich ewig denkwürdig bleiben wird durch die sublime Kunst der raffiniertesten Illusionswirkungen, wie sie sonst nur die Bühne erreicht. Es ist ganz ohne Zweifel eine tief religiöse Konzeption; und doch spürt man überall, in der Gesamtkomposition wie im Arrangement jeder Einzelheit, geheime Schminke und Rampe.* Mag es uns beiden genügen, dass der originellste aller Barockbildhauer hier sein Meisterstück abgeliefert hat.

Statt beim griesgrämigen Stendhal und seinen sechs Sorten Liebe zu verweilen, wollen wir uns besser gleich der so unscheinbar, verhuscht wirkenden Jane Austen widmen. Das weiter oben[161] schon erwähnte Porträt zeigt ein kleines Ding mit rundem Gesichtchen; das dunkle Haar, vorne zu zwei drei Löckchen gebrannt, wird hinten von einem groben Tuch zusammengehalten, als hätte es sie gerade beim Staubwischen gestört. Für Jane selbst gab es nur wenig unterhaltsame Lektüre, Erbauung war der Zweck guter Literatur damals. Aber ihre neugierigen blanken Äuglein hatten die mehrere tausend Seiten eines jeden Samuel Richardson-Romans eifrig studiert und darin einen grundlegenden Fehler festgestellt: Richardson behauptet, dass es seinem Verführer Lovelace gelingen könne, durch intensivste und ausdauerndste Heuchelei die arme Clarissa dahin zu bringen, ihn zu l i e b e n . Das kann nicht sein, weil Liebe bedeutet, den anderen in seinem Kern zu erkennen – und gerade d e n zu lieben. Im Protest gegen solchen Unfug schuf Jane das neue Frauenbild, dessen schönste Seite uns Lizzie Bennet in *Stolz und Vorurteil* präsentiert.

Der Kampf um die weibliche Tugend, eigentlich ein ganz und gar unmoralisches Thema, steht beim Moralisten Richardson im

---

[161] Ich gebe zu: eigentlich gibt es in diesem wie in allen Büchern weniger ein oben und unten als vielmehr ein vorn und hinten. Trotzdem sagt man so, weil die ›klassische‹, antike Form des Buches die Schriftrolle war, die den ganzen Text in einem Zug von oben bis unten brachte. Und das wirkt selbst für diejenigen heute noch nach, die von der Antike als Lehrmeisterin der Moderne so gar nichts mehr wissen wollen.

Vordergrund. Pamela verweigert sich ihrem Dienstherrn, bis der sie endlich geheiratet hat, und die arme Clarissa stirbt, nachdem sie sich hingegeben hat, weil nun alles bürgerliche Glück dahin ist. Solches Dilemma ist Jane Austen viel zu banal. An Nebenfiguren wird eine derartige Alltäglichkeit abgehandelt, ihre Heldinnen schweben n i e in der Gefahr, von ihrer Schöpferin im Stich gelassen zu werden und zu fallen.

Hier nun kommt ihr ein wirklicher Rivale in die Quere, dessen Liebeskonzeption mit der Austenschen lange im Clinch lag – mal war der eine obenauf, mal die andere. Giacomo Casanova hat nichts Neues erfunden, wie etwa de Sade oder Apollinaire in den *Elftausend Ruten*; diese beiden wollten in ihren ›sadistischen‹ Sexualphantasien den Begriff der Liebe gleichsam mit einem glühenden Eisen ausbrennen. Ganz im Gegenteil: In Casanovas Lebensbericht spiegelt sich nur die neue Wirklichkeit. Er bietet beide Seiten der Liebe an, die seelische und die körperliche. Und nicht nur er will, seine Partnerinnen wollen auch. Hier bahnt sich im intimen Bereich eine wahrlich umwälzende Entwicklung an, deren Beginn der Leser der *Geschichte meines Lebens* hautnah miterlebt, die ›sexuelle Revolution‹ – übrigens versteht Casanova auch etwas von Verhütung. Er ist Partner, nicht Eroberer. Zwischen körperlicher und seelischer Liebessensation steht bei ihm nicht eine unüberwindliche Barriere, sodass man beides beliebig trennen und bei Bedarf wieder zusammenführen kann. Diese Einheit ist bei ihm Voraussetzung des Erlebnisses.

Im *Werther* hatte Goethe frei nach eigenem Liebesleid ein Beispiel für die echte, tiefgehende Passion gegeben und aufgrund der Tatsache, dass zwischen Lotte und Albert kein Platz für den Liebhaber bleibt, seinen Helden mit Kopfschuss abtreten lassen. Mit dem Unglück dieses einen ist das Glück der zwei anderen aber nicht erkauft. Casanova weiß von dieser Binsenweisheit und wäre hier anders verfahren; und es ist kaum vorstellbar, dass seine Herangehensweise mehr Unglück angerichtet hätte.

Irgendwann ist die tiefempfundene Liebe in Vergessenheit geraten. Das Zwanzigste Jahrhundert, völlig in der Erforschung des

Ichs befangen (und damit nicht zum Abschluss gekommen), hatte kein Interesse an so altmodischen Emotionen. So kann es denn auch keinen einzigen Roman vorweisen, der sich mit diesem Phänomen gültig beschäftigt hätte. Jane Austen lehrt uns, im Liebesdenken den anderen in seine eigene Sinneswelt hineinzunehmen, nun für zwei anstatt für einen zu sehen, zu sprechen, zu fühlen und zu denken.

KAPITEL 8

RUSSISCHE ZUSTÄNDE

Auf seinem Sofa ruht Ilja Iljitsch und hält die Augen geschlossen. Er ist mit sich und der Welt im Reinen ... Seit zwölf Jahren lebt er in Sankt Petersburg und hat in dieser Zeit seinen Schlafrock – eine Art Kaftan asiatischen Zuschnitts – kaum einmal abgelegt. Auch das Haus, in dem er eine Wohnung hat, verlässt er selten. Aber er träumt gerne und ausschweifend. Zum Beispiel von seiner Kindheit auf einem Landgut, von der flirrenden Hitze der Sommertage, den fischreichen Teichen, in die man nur die Angel zu werfen brauchte, um einen dicken Fang herauszuziehen, dem sanft sich wiegenden Weizen, der fetten Erde unter den nackten Füßen, der fürsorglichen Liebe der Mutter. *Oblomows Traum* ist dieses neunte Kapitel überschrieben, es ist das einzige des ganzen Buches, das einen Titel hat, und es ist eine allerschönste Idylle – die Mutter aller Idyllen, sozusagen. Wenn man nach einer Konstanten sucht in der russischen Literatur, dann sind es die liebenden Mütter und die Freuden an der Pracht der Natur. Was auch immer das Leben an Schrecknissen bringen wird, das bleibt: das Glück der Kindheit. So wie es beispielhaft Sergej Aksakow in dem sentimentalen Meisterwerk *Bagrovs Kinderjahre* geschildert hat, dem letzten Teil seiner Familiengeschichte und Anfang einer tränenseligen und zu Tränen rührenden Beschreibung seines eigenen Lebens.

EINE MÖGLICHKEIT AUF DIE Herausforderungen des Tages ZU REAGIEREN BESTEHT DARIN **IM BETT LIEGEN ZU BLEIBEN.**

Das ist der volle Name unseres schläfrigen Helden: Ilja Iljitsch *Oblómow* – am Vaternamen erahnt man, dass alle Oblomows bisher Ilja geheißen haben. Sein Erfinder Iwan Gontscharow hat neben ein paar Erzählungen und seinem Erlebnisbericht von der

Fahrt auf der *Fregatte »Pallas«* in fünfundzwanzig Jahren als Schriftsteller drei Romane zustandegebracht, die man gerne als fortlaufenden Kommentar zum Unglück des Lebens nimmt. Sein Erstling *Eine alltägliche Geschichte* gibt den Tonfall vor, für den er berühmt wurde: eine unterhaltsame Plapperei der Ereignislosigkeit, hinter der sich eine pessimistische Analyse von Leben und Gesellschaft verbirgt. Es ist die Geschichte von verlorenen Illusionen. Alexander Fedoritsch Adujew, der vom Land nach Petersburg kommt und glaubt, Talent und Tatkraft zu besitzen, landet auf dem Boden der Tatsachen und geht, einzig seine Sehnsüchte im Gepäck, wieder zurück zu Mama, so wie es sein Onkel und Einflüsterer Peter vorhergesehen hat. Immerhin wird Alexander nicht untergehen, sondern heiraten, nicht der Liebe, sondern dem Geld folgen.

Oblomow, von seinem ebenso frechen wie treuen Kammerdiener Sachar gelenkt, schafft nicht mal das. Da gibt es eine junge Frau, die sich für ihn interessiert, Olga Sergejewna. Auch er ist halb entschlossen, ihr einen Antrag zu machen, sich zu überwinden; er müsste nur die Brücke über die Newa beschreiten, um zu ihr zu gelangen – allein er schafft es nicht. Er ist sich selbst das größte Hindernis. Sein alter Freund Stolz, halb Deutscher mit den sprichwörtlichen Tugenden, aber zur besseren Hälfte ›der gute Russe‹, macht es richtig und Olga glücklich. Auch für Oblomow könnte noch alles gut werden: Stolz rettet ihm sein Vermögen und Ilja schwängert, ganz der Bequemlichkeit gehorchend, die Haushälterin. Aber dann ist er tot, ehe der Leser sich's versieht; sein Leben verlöscht wie eine blakende Kerze.

Gontscharows letzter Roman ist sein längster, nicht sein gelungenster. *Die Schlucht* birgt ein schauriges Geheimnis, für das es dem aufgeklärten Geist an Schreckhaftigkeit fehlt, aber auch einen Ort der Leidenschaft, für die er nicht genug Herzblut hat. Dieser Schöngeist, der Möchtegernkünstler und Intellektuelle Boris Pawlowitsch Raiski, entdeckt, als er aufs Landgut seiner Tante kommt, dort eine Welt fremdartiger Sinnlichkeit. Zuvor haben wir ihn als Petersburger Salonlöwen mit manikürten

Pranken kennengelernt; auf dem Land wird er von seiner Cousine Vera mit dem verhangen-abwesenden Blick im Nu dressiert. Raiski wird zum Sklaven seines Begehrens und zum unterlegenen Rivalen des virilen Outlaws Volochow. Gontscharow ist der Dichter der Schmächtigkeit; er singt von stolzer Größe und vitaler Üppigkeit als den unerreichbaren Idealen und von Schlafrock und Eisbein als dem, was ihm und seinen Lesern übrig bleibt.

Als überall auf der Welt sich schon eine literarische Kultur entwickelt hatte, selbst in Amerika, war Russland immer noch ein weißer Fleck auf der Landkarte der Dichtung. Es gab Heldengesänge, die *Bylinen*, *Märchen* (gesammelt von Alexander Afanasjew, einer Art russischer Bruder Grimm) und *Fabeln*, nämlich das kleine Buch des Iwan Krylow, also alles, was eine mündliche Überlieferung leisten kann, und es gab einen Riesenvorrat an Phantasie in diesem Land, dessen Sprache so vieldeutig und dessen Klima so schroff ist. Peter der Große, Zar und Zimmermann in einer Person, ging selbst nach Holland und brachte von dort die Kenntnis des Schiffsbaus und die Neugierde auf die Welt in die Abgeschlossenheit seines Riesenreichs mit. Dann entdeckte Zarin Katharina die Große persönlich – wie es sich für eine S e l b s t herrscherin schickt – die *Selbsterlebensbeschreibung*, allerdings noch auf Französisch, für die russische Literatur. Dem gemeinen Russen wurde das Selbstdenken erst später gestattet. Zunächst war alles Nachahmung geschmuggelter Importwaren, besonders französischer Machart: der Gebrüder Diderot, Voltaire & Cie. Aber dann wurde innerst weniger Generationen der geistige Rückstand wettgemacht und reichlich vergolten, was an Anregungen empfangen worden war. Bewunderungswürdig und bedenkenswert zugleich, wie die Geister immer wieder von den schwierigen Bedingungen befeuert wurden. Weder zaristische Unterdrückung noch die Revolution konnte der Experimentierfreude und dem Ideenreichtum der jungen Russen Riegel vorschieben, und nur mit Mühe schaffte das Stalins Schreckensherrschaft.

Der ernste Zwist ist gut bekannt, vielleicht bist Du ihm im Musikunterricht schon begegnet: »Das mächtige Häuflein«, nämlich Nikolaj Rimskij-Korssakow, Igor Borodin, Miletij Balakirew, Modest Mussorgskij und César Cuj, wollte genuin heimatliche Musik komponieren und erklärte speziell Peter Tschaikowskij zum Abweichler, zum ›Westler‹ (schlimmes slawisches Schimpfwort!). Für meine Ohren – mit Verlaub – klingt das alles sehr autochthon, ich vermag die Substanz der Vorwürfe nicht mehr zu erkennen.[162] Aber es ging um nichts Geringeres als einen unverwechselbar r u s s i s c h e n Ton. Der wurde in der Musik, zuerst und vor allem aber in der Literatur gefunden. Trotzdem ist der Kampf um eine slawische Identität und gegen die Einflüsse von außerhalb ebenso altehrwürdig wie aussichtslos. Nur im Nehmen und Geben kann der Sinn von Entwicklung liegen, und auch den erzslawischsten Erzeugnissen des Geistes merkt man stets die Berührung mit dem Westen an.

Wie war es in der Literatur? Französisch war Trumpf bis zum Ende des Achtzehnten Jahrhunderts, man schrieb und dachte französisch im Reich des Zaren. Michail Wassiljewitsch Lomonossow, ein zweiter Bruder Grimm in Petersburg, schuf die Basis einer russischen Schriftkultur. Als Begründung diente ihm das Bonmot, der deutsche Kaiser Karl V. – in dessen Reich die Sonne nie unterging – hätte sich mit Gott spanisch, mit Freunden französisch, mit Feinden deutsch und mit Frauen italienisch unterhalten. Wäre er des Russischen mächtig gewesen, hätte er für all

---

[162] Vieles in der klassischen russischen Musik mag eher Folklore als genuine ›Volksmusik‹ sein. Volkskundliches Bemühen ist in der Musik wesentlich jünger als in der Literatur, wie überhaupt die Musik alle Epochenentwicklungen mit teils erheblichen Verzögerungen mitmachte. Einer der ersten und gleich der berühmteste Volksliedsammler, Béla Bartók, auf regelrechten Expeditionen unterwegs mit Phonograph und Notizblock durch ganz Südosteuropa, brachte Anfang des letzten Jahrhunderts über zehntausend Melodien zusammen, hundert Jahre nach den märchensammelnden Brüdern Grimm – noch eine Rettung des Abendlandes in seiner kulturellen Identität.

das nur eine Sprache gebraucht! Nikolaj Karamsin formulierte in seinen *Briefen eines reisenden Russen* als erster die Sehnsucht nach Welt in der Muttersprache. Dann machte sich Alexander Sergejewitsch Puschkin ans Werk. Er erweckte die russische Dichtung zum Leben. Er formte aus Mythe, Legende und Geschichte eine Nationalliteratur. *Der Mohr Peters des Großen* steht symbolhaft am Beginn. Dieser Mohr hieß Hannibal, kam aus Äthiopien und war Puschkins Urgroßvater; Peter aber ist der Mann, der Russland dem Westen öffnete. Aus Puschkins komischem Versepos *Ruslan und Ludmilla* entsteht die russische Nationaloper des Michail Glinka. *Boris Godunow*, die erste große Tragödie über den unglückseligen Despoten, der vom falschen Dmitrij, dem Doppelgänger des von ihm ermordeten Bruders, in den Wahnsinn getrieben wird, machte Mussorgskij zur heute weltweit bekannten typisch russischen Oper mit ihren wirkungsvollen Massenszenen und bassgewaltigen Monologen. Puschkins Werk ist der Steinbruch, aus dem die Quader einer russischen Sprachkultur gehauen wurden. Sein Werkzeug ist die fundierte Bildung, die ihm das Lyzeum von Zarskoje Selo mitgegeben hatte. Sein Tonfall kann sowohl realistisch sein als auch satirisch sowie voll romantischen Überschwangs, chamäleongleich verwandelt er sich allen Möglichkeiten der Dichtung an. Hunderte Gedichte, der Roman in Versen *Eugen Onegin* und gereimte Märchenepen wie *Der Goldene Hahn* – vertont von Rimskij-Korssakow – sowie die eleganten Erzählungen und der Abenteuerroman *Die Hauptmannstochter* sind die Ausbeute weniger Jahre der Produktivität. Puschkin stirbt archaisch grausam – an den Folgen eines Duells mit dem eigenen Schwager.

> Die russische Literatur beginnt mit einem gelangweilten jungen Mann, der seinen besten Freund totschießt. Das ist insofern programmatisch, dass Freundschaften und deren Annullierung ein großes Thema werden, in Büchern und unter Autoren.

Noch ein Blick auf *Eugen Onegin* und seinen Schöpfer. Die russische Literatur beginnt hier gleich mit dem Meisterwerk der Gefühlsartistik. Onegin macht auf blasiert, dabei fehlt es ihm an Mut, sich so zu geben, wie er ist. Natürlich wird er von Tatjana, der liebenden Frau, durchschaut. Onegin aber durchkreuzt alle Bemühungen, ihn zu normalisieren, indem er den ›romantischen‹ Freund und Hobby-Dichter Lenski eifersüchtig macht, sodass der ihn fordert, und erschießt. Als er später bereit zur Umkehr ist, kommt das für die Geliebte zu spät – sie hat sich anderweitig orientiert.

Peter Tschaikowskij machte daraus seine schönste Oper mit der musikalischen Eiseskälte der Duellszene und den Walzern der prachtvollen Bälle. Höhepunkt der Oper ist die Vorbereitung zum Duell. Die beiden Hitzköpfe zeigen sich im Angesicht des plötzlich bevorstehenden Todes völlig unterschiedlich im Temperament; Lenski erkennt und beklagt, um welch geringen Preis er sein kaum begonnenes Leben aufs Spiel setzt, Onegin – cool in seiner Selbstfremdheit – sieht im Zweikampf eine willkommene Abwechslung vom täglichen Einerlei. Der Roman hingegen macht die große Wende Onegins beim Anblick des toten Freundes zum Zentrum der Handlung:

> *In Reue und Gewissensqualen*
> *sieht unser Held den strengen Tod*
> *auf Lenskis Stirn sein Zeichen malen.*
> *Sarezki sagt nur: »Der ist tot.«*
> *Getötet! ... Und Onegin schaudert,*
> *indes der Sekundant nicht zaudert,*
> *den Schlitten holt, den Leichnam dann*
> *auf Decken legt und das Gespann*
> *nach Hause fährt. Die Pferde wittern*
> *den Toten ängstlich, weißer Schaum*
> *benetzt die Zügel und den Zaum,*
> *durch ihre Mähnen läuft ein Zittern;*

*sie fliehn und fliegen wie ein Pfeil,
als wär die Flucht der Weg zum Heil.*[163]

Für einen Kenner wie Vladimir Nabokov war der *Onegin* des erst vierundzwanzigjährigen Puschkin das Meisterwerk der Tradition. Als Professor in Amerika arbeitete er deshalb an einer englischen, reich kommentierten Fassung. Sein bemitleidenswerter Briefpartner Edmund Wilson hatte das Pech, eine eigene Meinung zur Übersetzung des in Jamben gereimten Romans vorzutragen: Da kündigte Nabokov die Freundschaft! Puschkins *Onegin* ist auch der Höhepunkt eines ganzen Genres. Das Versepos hat immer wieder die Dichter gereizt, seit Homer es in die Welt setzte. Ende des Achtzehnten Jahrhunderts verließ das bis dahin ganz auf Staatsaktion und Krieg gestimmte Epos in Deutschland die Schlachtfelder (verscheucht von der Revolution und der Niederlage gegen Napoleon), wurde bürgerlich und betrat die Salons und Wohnzimmer, mit Goethes *Hermann und Dorothea* als Spitzenleistung. Wenig später begeisterte George Gordon Noël – oder schlicht: – Lord Byron ganz Europa mit seinen wildromantischen Phantasien. Schlösser auf hohen Klippen, Piraten auf hoher See, Einsame auf hohen Gipfeln, das waren seine extravaganten Träume, in die Verse der Epen *Lara* und *Der Korsar* und das Drama *Manfred* gegossen.

Heute sind wir gewohnt, an Schauspieler und Fernsehstars zu denken, wenn von der schönsten Frau, dem schönsten Mann der

---

[163] Eindrucksvoll die Schilderung der animalischen Reaktion auf das tragische Geschehen. Diese ›Gleichgewichtung‹ menschlicher und tierischer Regungen macht eine unvergleichliche Besonderheit der russischen Literatur aus; Höhepunkt sicher Tolstois Novelle *Der Leinwandmesser*, in der ein alter Wallach den anderen Pferden auf dem Gestüt sein Leben erzählt, das voller Wendungen und Seltsamkeiten war. Nun holt ihn der Abdecker. – Die neue deutsche Nachdichtung der Jamben des *Onegin* von Ulrich Busch klingt bisweilen wie Wilhelm Busch, hebt aber gerade dadurch die ironischen Brechungen des Textes angemessen hervor.

Welt die Rede ist. Seinerzeit konnte noch ein Schriftsteller diesen Titel beanspruchen: Byron war dieser schöne Mann – mit einem Hinkefuß! –, umweht von Gerüchten über einen, sagen wir: unkonventionellen, Lebensstil, auf jeden Fall von einer Aura der Verkommenheit. Folgerichtig ist sein großes Versepos ein *Don Juan*, der die nicht nur amourösen Abenteuer des Helden zu einem Bilderbogen in Zeit und Raum spannt. In diesem Werk und seinem anderen großen Epos, *Childe Harolds Pilgerfahrt*, zeigt Byrons Dichtkunst das Doppelgesicht von zupackender Kühnheit und weltverachtendem Sarkasmus. Genauso war sein Leben. England verließ er und lebte mit dem Dichterkollegen Shelley, dessen Partnerin Mary[164] und deren Stiefschwester Claire Clairmont am Ufer des Genfer Sees. Mary schrieb den Briefroman *Frankenstein*, das Meisterwerk der Gothic Novel[165], über den verblendeten Wissenschaftler und das von ihm belebte und von ihm betrogene und enttäuschte Monster, das sich schrecklich rächt. Der Lebenswandel in der Villa Diodati war träge und skandalumwittert. Dann raffte der Held sich zu seiner großen Tat auf: In Griechenland tobte der Freiheitskampf gegen die Osmanen, ganz Europa ergriff Partei für die Hellenen – auch Puschkin ereiferte sich; aber nur Byron ging hin, begleitet von den guten Wünschen der anderen. Er starb, ohne gekämpft zu haben, am Sumpffieber in Missolunghi.

Mit Petschorin betritt ein weiterer Gelangweilter die literarische Szene: *Ein Held unserer Zeit*. Ganz im Sinne Puschkins beträgt er sich daneben, erregt Skandal und hat einen Riesenerfolg

---

[164] Übrigens war sie die Tochter der als frühe Kämpferin für Frauenrechte bekannten Mary Wollstonecraft.

[165] Der unvermeidliche Vasari bezeichnete als ›gotisch‹ oder eigentlich: deutsch alles Rohe, Unelegante, was die Zeit vor der Renaissance hervorgebracht hat, eben die Gotik. Diese negativen Eigenschaften wurden im Englischen auch auf die Besonderheiten des Schauerromans oder ›gothic novel‹ übertragen.

damit. Sein Erfinder Michail Lermontow wollte ein Gegenbild zum gängigen Typus des ›romantischen‹ Liebhabers entwickeln und erfand – den Egoisten. Um alle Erinnerungen an altbackene Sentimentalitäten zu tilgen, zerhackt er die ohnehin kurze Geschichte seines ›Helden‹ in fünf kleine Episoden: Petschorin macht sich einen Spaß daraus, gefühlvollen Frauen Liebe einzuflößen, um sich dann kalt zu stellen und die daraus entstehende Verzweiflung zu genießen – ein absolut einsames Vergnügen. *Der Egoist*, vorher im Stillen von Stendhal ausgeklügelt, wird England erst mit fünfzig Jahren Verspätung in der Figur des Sir Willoughby Patterne, der allerdings an seinen drei Frauen scheitert, im Roman von George Meredith erreichen; seither ist er eine Charge, ohne die Literatur und Leben nicht mehr auszukommen glauben.

> Ein schwarzer Teufel begründet die russische Literatur. Moralische Integrität war noch nie ein bedingendes Merkmal des großen Artisten.

Der Kaukasus mit seinen beeindruckenden Landschaften und wilden Bewohnern wird Lermontow zur Projektionsfläche der Träume von Freiheit und Ungebärdigkeit. Schon damals führten die Zaren dort einen Krieg, der nicht zu gewinnen war. Lermontow wie Puschkin, der davon in seiner *Reise nach Erzerum* erzählt, genauso wie Tolstoi entdeckten diese urwüchsige Welt als Reservat ›echter‹ Gefühle. Dass dort auch eine Wiege der Menschheit steht[166], auf dem Berge Ararat Noahs Arche landete, in Georgien die älteste christliche Kultur zu Hause ist und vieles mehr, war Puschkin bewusst; Lermontows Held ist nur für die Reize wilder Tscherkessenprinzessinnen empfänglich.

Puschkin, von Mitmenschen ob seiner Hässlichkeit als ›kleiner schwarzer Teufel‹ beschrieben, erscheint auf dem Porträt dome-

---

[166] Im Angloamerikanischen ist der Kaukasier das Synonym für die weiße Rasse schlechthin.

stiziert. Krauses Haar und etwas Backenbart rahmen ein flächigglattes Gesicht mit einer dominierenden Nase und schmallippigem Mund. Besonders inspiriert schaut er nicht drein, offensichtlich hat er gerade frei vom Dichten und Lieben. In vieler Hinsicht ähnelt Puschkin Byron, angefangen mit der erotischen Aura, die sie um sich verbreiten, über die autobiographischen Bezüge in ihren Hauptwerken *Childe* (›Knappe‹) *Harold* beziehungsweise *Eugen Onegin* – jeweils ein gelangweilter Dandy im Zentrum der Handlung –, bis hin zur freigeistigen, ironisch-distanzierten Haltung, mit der beide bei Zensur und Zeitgenossen anecken. Der Verzweifelte, dem die Abkapselung von jeder Gesellschaft Schicksal wird, ist ihr Held, und beiden gelingen dabei Porträts von großer Eindringlichkeit. Dieser Mensch, schon im deutschen Sturm und Drang ein Liebling der Dichter, hat sich in Schuld verstrickt und führt ein Leben weiter, das bereits verwirkt ist. Das gilt für den Zaren Boris, den Kosaken *Mazeppa* und den Rädelsführer Pugatschow genauso wie für Byrons *Manfred* (ebenfalls von Tschaikowskij zu einer dramatischen Sinfonie verarbeitet), der am Ende auf Alpengipfeln Frieden sucht: Das vorhergeträumte Zeitalter des Alpinismus beginnt, tatsächlich von einem Landsmann Byrons, dem Briten Edward Whymper, wenige Jahrzehnte nach dessen Tod durch die Erstbezwingung des Matterhorns eingeleitet.

Mit *Onegin* nimmt Puschkin direkt Maß bei Byron und *Childe Harold*, den er ein Dutzendmal als Inspirationsquelle und Gewährsmann zugleich beschwört. Während Byron aber das Ende einer Epoche romantischen Überschwangs bezeichnet und sich bald die Gegenkräfte mit dem Ziel biedermeierlichen Rückzugs in die eigenen vier Wände formieren werden, vollführt Puschkin höchstselbst die Wende zu einem distanzierten Blick auf das Menschenleben und das darin Mögliche. Ist sein eigenes Ende im Duell – selbst Heinrich Heine wird noch mit dem Degen, lieber aber auf Pistolen!, gegen unliebsame Mitmenschen losgehen – als Spätwirkung der romantischen Neigung zur Überhöhung von Leben und Sterben zu betrachten, so weisen seine Werke bereits dem Realismus den Weg, dessen Kennzeichen es sein wird, den Menschen so zu sehen, wie er ist: lebensgroß.

Was wir glaubend annehmen, sind die Urteile von Zeitgenossen und Nachwelt über die Brillanz Puschkins als Dichter. Kaum ein anderer hat solche Anerkennung für seine Verse gefunden, im Deutschen vielleicht am ehesten mit Heine vergleichbar. Das klingt so rund und tönt so gut, wenn Puschkin reimt, dass man fast die satirischen und politischen Untertöne vergisst darüber.

Poet! An Volkes Gunst sei nimmer dir gelegen.
Des Lobs, des Preises Lärm rauscht nur zu schnell vorbei;
Dir schlägt der Dummheit Spruch, der Menge Spott entgegen,
Doch du bleib stark und fest, und bleib dir selber treu.

Du bist ein Zar: so bleib allein. Geh auf den Wegen,
Die dir dein Denken weist, geh unbeirrt und frei,
Und wenn du dichtest, mach, daß es vollkommen sei,
Und hoff für edle Tat auf keinen andern Segen.

Dein Lohn liegt in dir selbst. Du selbst bist dein Gericht;
Du weißt am besten, was dein Werk taugt und was nicht.
Braucht es vor deinem Spruch, du Strenger, nicht zu zittern?

Bist du zufrieden? Dann mag nur die Menge schrein
Und mag auf den Altar, wo deine Glut brennt, spein
Und mag mit Kindersinn an deinem Dreifuß schüttern.

Jeder ist Zar, der selber denken kann. Aber wenn der leibhaftige Zar in Puschkins *Weihnachtsmärchen* auftritt, verkündet er die Menschenrechte bestimmt in dem Augenblick, wenn der Märchentraum aus ist und Du erwachst.

Über die russische Geschichte bis zur Oktoberrevolution neunzehnhundertsiebzehn braucht man nicht allzuviel zu wissen. Ein einziges Datum reicht aus, aller Literatur darum herum den Platz zuzuweisen: Am dritten März achtzehnhunderteinundsechzig[167] hebt per Ukas Zar Alexander der Zweite die Leibeigenschaft auf. Auch in allen anderen Staatswesen hat es diese Form der Entwürdigung des Menschen gegeben. Aber in Russland länger als anderswo als Zeichen, dass die dortige Realität immer den Entwicklungen in den Köpfen oder in der Welt hinterherhinkte. Diese ›Gegebenheiten‹ waren mit dem Zarentum und der Adelswelt der ländlichen Gebiete vergesellschaftet. Im Gegensatz dazu standen die hellen Köpfe in Moskau und vor allem Petersburg[168] – und natürlich derjenigen Russen, die im Ausland gewesen und von dort zurückgekehrt waren. Am lebendigsten wird die russische Historie durch die großen, literarischen Autobiographien, wie etwa das vielbändige Werk *Erlebtes und Gedachtes* von Alexander Herzen. Als Kind hatte er noch Napoleons Einmarsch in Moskau miterlebt. Er gab den wichtigen Literaturalmanach »Der Polarstern« heraus, wurde verbannt und war doch eine feste Größe des kulturellen Lebens in Russland. Lew Tolstoi schuf ein umfangreiches Werk von *Lebenserinnerungen*. Wladimir Korolenko aus der Ukraine schrieb *Die Geschichte meines Zeitgenossen*, von Rosa Luxemburg ins Deutsche übersetzt. Bewegend wieder seine Schilderung einer Jugend auf dem Lande; viele Jahre verbrachte er als Deportierter in Sibirien. Der Bogen großer Erlebensbeschreibungen geht bis zu Andrej Sacharow und *Mein Leben*: Ein Dissident und Friedensnobelpreisträger erzählt vom Ende des sowjetischen Unterdrückungssystems.

---

[167] Datum neuen Stils, es galt damals in Russland noch der altehrwürdige julianische Kalender, zehn bis elf Tage hinter der Zeit her.

[168] Das ›Tor zum Westen‹, als Ostseehafen natürlich auch in direkter Verbindung zum Rest der Welt.

Russland war auch die Heimat einer religiösen Erneuerung – Moskau als ›drittes Rom‹ (das zweite war Byzanz gewesen) Sitz des orthodoxen Patriarchen – und von Dekabristen, Anarchisten, Nihilisten und Terroristen, also politischen Utopisten im weitesten Sinne. Der Zar, der die Sklaverei abschaffte, fiel der Bombe eines Nihilisten zum Opfer. Die Dekabristen waren als erste mit ihrem Adelsaufstand gescheitert und wurden allesamt nach Sibirien deportiert, wo sie, etwa in Irkutsk, ein neues gesellschaftliches Leben begründeten, was später zur Heimholung der Überlebenden führte – um sie besser unter Kontrolle halten zu können. Haupt der anarchistischen Bewegung war Michail Bakunin, eine schillernde Persönlichkeit und erster Berufsrevolutionär. Wo etwas los war zu seiner Zeit, da war er nicht fern. Im Roman *Der Teufel auf dem Pontelungo* hat Riccardo Bacchelli seiner alten Tage gedacht: Der ergraute Revoluzzer war nämlich auch nach Italien gekommen, als er vom Risorgimento hörte, der Befreiungs- und Einigungsbewegung, die der sardische Premier Cavour lenkte und in deren Dienst Garibaldi zum Volkshelden wurde. Allerdings – Bakunin wurde dort nicht benötigt. Er starb im Tessin, ohne wesentlich zur Beglückung der Italiener beigetragen zu haben. Ein Überzeugungstäter war Boris Savinkov; in seinen *Erinnerungen eines Terroristen* beruft er sich ausdrücklich auf den Dekabristenaufstand, der ihn zu Attentaten auf Großfürsten und Regierungsvertreter antrieb.

Die Welt der Junker und Sklavenhalter bildet den Hintergrund für den abgründigsten Schabernack, den man sich als satirische Reaktion darauf vorstellen kann, *Die toten Seelen* von Nikolaj Gogol. Auf keinen Fall darfst Du dich vom seltsam klingenden Titel abbringen lassen, diesen Meisterroman zu lesen – Du wirst ihn lieben! Der junge Tschitschikow bereist das ländliche Russland, um Großgrundbesitzern die Rechte an ihren gestorbenen Leibeigenen abzukaufen; diese ›toten Seelen‹ kann man beleihen und dadurch zu Geld machen! Der selbst reiselustige Gogol lässt seinen schlitzohrigen Helden wie in einem Roadmovie die verschiedensten Landschaften und Leute erleben, während sich seine betrügerischen Machenschaften immer bedrohlicher gegen ihn selbst wenden – der Roman blieb sinnvollerweise unfertig und der sympathische Schelm Tschitschikow (sicher ein sprechender Name, wie so oft in der russischen Literatur – allerdings weiß ich nicht, was er uns sagen will) darum einstweilen vom Arm des Gesetzes unbehelligt.

Seine Ideen bezog der Ukrainer Gogol zunächst aus dem Geschichtsfundus seiner Heimat, dann bei Großmeister Puschkin, mit dem er befreundet war. So entstand auch der Bühnenklassiker *Der Revisor*. In einem Provinzstädtchen taucht Chlestakow auf, ein kleiner Beamter, blank aber pfiffig. Er macht sich zunutze, dass alles gerade auf die anstehende Prüfung durch die staatliche Aufsicht wartet und jeder etwas Dreck am Stecken hat. Er schlüpft in die Rolle des Revisors und lässt sich angemessen hofieren. Gerade als der Schwindel auffliegt, wird die Ankunft des echten Untersuchungsbeamten angekündigt – die ganze Stadt erstarrt in Schrecken. Zur Darstellung dieses Zustands hatte Gogol den Schauspielern auf der Bühne neunzig Sekunden absoluten Stillstand verordnet, eine köstliche Spanne Ruhe im Getöse, ähnlich der komponierten Stille in einem der abgründigen Aktschlüsse einer Rossinioper. Leider ist die einzige mir bekannte Vertonung des Stücks von Werner Egk nicht auf der Höhe des Vorwurfs; besser schon »Die toten Seelen« von Rodion Schtschedrin[169]: Ein Frauenchor sitzt im Orchestergraben und

---

[169] Schtschedrin erinnert sich, dass nach der Uraufführung ein Sänger einer allerkleinsten Nebenrolle verschwand und nie wieder auftauchte. Er hatte ein Verhältnis gehabt mit der Tochter des damaligen Generalsekretärs des ZK der KP, Genosse Breschnew, und kam dem Schwiegervater in spe wohl ungelegen, da Zigeuner. Das wäre noch keine Fußnote wert, weil im Totalitarismus zu alltäglich – aber in den folgenden Aufführungen und für die Schallplattenaufnahme wurde die nun vakante Rolle einfach gestrichen, somit auch Name und Person des Sängers ein für alle Mal aus dem kollektiven Gedächtnis gelöscht. Daran konnte sich Schtschedrin freilich erst wieder erinnern, als das ganze System auch bereits annulliert und Geschichte geworden war.

ersetzt die Violinen durch eine Vokalise der Landarbeiterinnen. Der Komponist, der Gogols Absurditäten kongenial zum Klingen gebracht hat, war Dmitrij Schostakowitsch. »Die Spieler« nach der kleinen Farce über betrogene Betrüger mit dem Knalleffekt am Ende ist schon grandios, »Die Nase« sein satirisches Meisterstück.

Damit sind wir bei Gogols wichtigsten Leistungen angekommen, den Novellen *Die Nase* und *Der Mantel*. Wer sie gelesen hat, will alles von diesem Autor kennenlernen. Die Nase kommt dem Beamten Kowalew abhanden. Nachdem sie in einem Brot und als Staatsrat verkleidet gesehen wurde, sitzt sie plötzlich wieder, als wäre nichts geschehen, in Kowalews Gesicht. Ist etwas geschehen? Der Mantel ist der ganze Stolz des armen Teufels Akakij Akakijew Basmatschkin (vermutlich wieder ein Fall von Onomatopoesie!); als der geklaut wird, geht dieser daran zugrunde. Zur Strafe spukt es anschließend in Petersburg. Gogol macht der kleine Vorfall unsterblich.

Auch in den *Russischen Nächten* von Fürst Wladimir Odojewskij geht es nicht mit rechten Dingen zu, wenn die Schatten von Faust und eines Kapellmeisters namens Beethoven an die Wand fallen. Diese beunruhigenden Hinweise auf eine mögliche Störung gutbürgerlicher Nachtruhe blieben seinerzeit einfach unbeachtet. Denn das Phantastische, erstmals mit dem von E.T.A. Hoffmann stammenden Doppelgängermotiv, das für die russische Literatur so typisch werden wird, und die in giftige Satire verpackte soziale Klage sind ganz Gogols Themen, mag er auch noch so harmlos auf dem berühmten Porträt dreinschauen, das ihn im Frack zeigt; das glatte, seitengescheitelte dunkle Haar läuft in einer Welle aus, die Augen schauen heiter, über dem freundlichen Mund sitzt ein keckes Bärtchen. Das verrät nichts von dem, was sich im Inneren dieses Zerrissenen abspielte, dessen unstetes Leben jämmerlich zu Ende ging, wie Nabokov in seiner großen *Gogol*-Vorlesung eindringlich beschrieben hat. Zeitlebens war er auch als Kritiker und Theoretiker tätig, genau wie alle anderen seiner großen Zeitgenossen. Die literarische

Szene dieser Zeit muss man sich als Werkstatt vorstellen, in der alle gleichzeitig als Meister und Lehrlinge arbeiteten. Und aus Gogols *Mantel* ging alles Weitere hervor.

Iwan Turgenjew gehörte zu den vielen Auslandsrussen, die damals die Kurorte Europas und ihre Spielcasinos bevölkerten. Einige Zeit lebte er in Deutschland, zusammen mit der großen Sängerin und Komponistin Pauline Viardot-Garcia.[170] Dieses seltsame Paar – Frau Viardot war zusätzlich noch glücklich verheiratet – hat Otto Flake in seinen höchst interessanten Roman *Hortense oder die Rückkehr nach Baden-Baden* über den Freiheitsdrang einer selbständig lebenden Frau als Nebenfiguren eingebaut und dem alternden Turgenjew, der auch mit Bakunin und Herzen sowie mit Flaubert in regem Austausch stand, einen passenden Erinnerungsort angewiesen: ein traurig blickender Herr mit grauem, mittelgescheiteltem Haupthaar und eisiger Bartpracht, ernst und erhaben in seiner Erscheinung wie seine geistig souveränen, jedoch im Praktischen – besonders: Erotischen – versagenden Helden.

Auf das Vielgestaltigste verkörpert Iwan Turgenjew in Leben und Werk das Ringen um Russlands Aufbruch in die Moderne. Sein einziger ganz gelungener Roman *Väter und Söhne* hat schon im Titel den Hinweis auf den Generationenkonflikt zwischen dem Alten und Neuen. Abseits der zärtlich grundierten Beziehung zwischen Nikolaj Kirsanow und seinem Sohn, dem Studenten Arkadi, steht dessen Kommilitone Jewgenij Barsanow, der naturwissenschaftliche, daher argwöhnisch beäugte Experimente durchführt und die neue Theorie des ›Nihilismus‹ in die tiefste Provinz einschleppt. Damit kommt er übel an, genauso wie als Liebhaber bei der reichen Witwe Anna. In einem Akt freiwilliger Entmaterialisierung steckt er sich mit Typhus an und lässt die ländliche Welt im Umbruch ratlos zurück. Ein Gutes

---

[170] Sie war die Schwester der größten Sängerin von allen, der Malibran: Rossini schrieb seine besten Rollen für sie.

hat's: Arkadi macht Ernst, er heiratet die Schwester der Witwe. Damit beginnt eine neue Zeit der aufgeklärten Bürgerlichkeit.

Warum sind aber diese anderen Romane: *Rudin, Ein Adelsnest, Vorabend, Rauch* und *Neuland* nicht gelungen? Turgenjew ist einer der vollendetsten Erzähler, die ich kenne. Eine der schwierigsten Disziplinen der Literatur, die Tiergeschichte, bereicherte er um die wundervolle *Mumu*: Ein taubstummer Leibeigener wird von seiner Eigentümerin gezwungen, den niedlichen kleinen Hund zu ersäufen, der ihm in seiner Einsamkeit die einzige Gesellschaft war. Diese und andere Geschichten sind Meisterwerke, die *Aufzeichnungen eines Jägers* amüsant und die Morgenluft eines Sonnenaufgangs im Herbst, mit Hund und Flinte, atmend, die *Gedichte in Prosa* kleine geschliffene Schmucksteine, aber: Im Roman erstarrt ihm der erzählerische Fluss zum Eisklotz, die Figuren werden Schemen und Abziehbilder, die Handlung vorhersehbar, Langeweile macht sich breit. Turgenjews schwacher Typ ist der erfolglose Liebhaber, ein blässlicher Bursche, der, ›Denker‹, der er ist, aus seinem Missgeschick eine Tugend machen will (wie gerade bei Barsanow geschildert) und dabei alles an Charakter schuldig bleibt. Da hilft auch ein Suizid nicht weiter.

> In einem Staat mit Gewaltherrschaft liegen für den Dichter die dramatischen Themen auf der Straße. Er braucht nur zuzugreifen.

In die Nähe Turgenjews gehören so einfallsreiche Erzähler wie Aleksej Pisemski mit seinem Roman *Im Strudel* aus der Welt der Nihilisten und Michail Saltykow, der unter dem Pseudonym Schtschedrin in Romanen wie *Geschichte einer Stadt* und *Die Herren Golowlew* von kleinen Heuchlern und pflichtvergessenen Beamten erzählt. So diagnostiziert er die Krankheit zum Tode der abgelebten russischen Gesellschaft. In skurrile Geschichten verpackt wurde erstmals etwas wie Obrigkeitsschelte möglich, ganz aus dem Geiste Gogols.

Ein Draufloserzähler von Graden ist Nikolaj Lesskow, der von dem Ehrentitel eines russischen Zola sicher nicht begeistert gewesen wäre, denn e r war zuerst da – trotzdem ist die Ähnlichkeit unübersehbar. Seine eindrucksvollste Erzählung ist die *Lady Macbeth von Mzensk* über die Mörderin aus Leidenschaft Katerina Ismailowa. Die Verbrechen der unglücklich verheirateten Katerina und ihre Liebe zum Knecht Sergej werden mit saftigem Realismus geschildert, zugleich gibt der Autor ihr aber die Würde der nach Glück strebenden und von Freiheitsdrang erfüllten Frau. Lesskow täuscht sich allerdings. Shakespeares Lady Macbeth ist ganz intriganter Machtmensch. Ihre Energie treibt den weichlichen Gatten voran. Unwillkürlich kommt einem die Parallele zur damals gerade regierenden Königin Elisabeth in den Sinn. Deren Umgang mit Männern war von einiger Rigidität. Ihren Liebhaber, den schwächlichen Earl of Essex, ließ sie – und das geschah wenige Jahre vor Entstehung des *Macbeth* – zum Tode verurteilen. Idealer Stoff für die großartige Oper Donizettis »Robert(o) Devereux« (das war der Familienname des Earl) mit der zynischen Hinrichtungsszene. Ob dem Autor des *Macbeth* das Bild dieser Frau vorgeschwebt hatte? Die Lady ist im Drama um den Thronusurpator Schottlands die eigentliche Heldin, die aus geheimen Wünschen blutige Tatsachen macht. Verdi hat das erkannt und sie zur Hauptperson seiner Vertonung des Stoffes gemacht – Maria Callas hat das Dämonisch-Lauernde an dieser Frau unvergleichlich herausgearbeitet. Lesskow hingegen beschreibt ein Hörigkeitsszenario, in seiner brutalen Folgerichtigkeit auch schon unerhört genug. Seit dem ägyptischen Präzedenzfall der Hatschepsut, der alleinherrschenden Pharaonin, deren Bild und Namen ihre Nachfolger tilgen ließen, bis zu Zarin Katharina und Maggie Thatcher hat die Vorstellung der ›starken Frau‹ die Phantasien beflügelt – speziell männliche.

Die »Lady Macbeth von Mzensk« mit der animalischen Kopulationsmusik im Zentrum machte Dmitrij Schostakowitsch zu einer wahrlich ›revolutionären‹ Oper, die denn auch sogleich verboten wurde; Lesskow, der an sich selbst den Mangel an Einfallsreichtum beklagte und dessen Romane und große Chroniken bei uns vergessen sind, bleibt als Geschichtenerzähler mit Ambition quicklebendig: *Der Toupetkünstler*, ein ganz modernes

Genie aus der Beautybranche, wird zum bedauernswerten Opfer seines Fronverhältnisses; *Der versiegelte Engel* ist eine ebenso spannende wie spirituelle Geschichte aus der Welt der Ikonenmalerei und der Altgläubigen, die in passivem Widerstand zur Staatskirche lebten; *Der Linkshänder* lässt die Legende vom Meisterschmied zu Tula wieder erstehen, der in Konkurrenz zum Manchesterstahl einen mikroskopisch kleinen mechanischen Floh noch zu verbessern verspricht und dabei allen eine Nase dreht.

Wie in jeder sich entfaltenden literarischen Szene wurde auch in Russland die Figur des großen Anregers benötigt, eines hilfreichen Geistes, der sich selbst zurücknimmt und andere glänzen lässt. Solche Figuren hast Du schon anderswo kennengelernt. Hier übernahm Nikolaj Alexejewitsch Nekrassow diesen Part, der seine eigene Produktion so beschrieb:

Ihr Lieder mein! Lebendig Zeugnis tragt ihr
Der Schmerzen ringsumher;
Geboren aus der Seele Gluten, klagt ihr
In Stürmen lang und schwer,
Und an die starren Menschenherzen schlagt ihr
Wie ans Geklipp das Meer.

Damit ist über sein Dichten des Mitgefühls und sozialen Engagements schon alles gesagt. Seine Zeitung »Sowremennik« – »Der Zeitgenosse« wurde zum Sprungbrett und Tummelplatz der literarischen Talente, von hier wurden die neuen Ideen verbreitet.

Zeit für den großen russischen Gesellschaftsroman. Fast hätte ihn – naturgemäß – ein Engländer geschrieben, William Gerhardie mit *Vergeblichkeit*, einem allerdings kurzen Meisterwerk über ›russische Themen‹. Aber zum Glück gibt es *Anna Karenina*. Die Eisenbahn, die schon den Fürsten Myschkin brachte, ist auch für Anna schicksalhaft. Ihr bringt sie erst den Rittmeister Wronskij, dann den Tod. Lew Tolstoi ist der Mann für den großen Bogen und langen Atem. In seinem Roman verfolgt er das Schicksal dreier miteinander verwandter Paare der besten Moskauer Gesellschaft, die verschiedene Welten verkörpern: die nur noch aus Fassade bestehende Ehe der glänzenden, finanziell aber am Krückstock gehenden Oblonskijs, den Grübler Levin, der bei der bezaubernden Kitty die Liebe sucht und findet und sie dann mit dem festen Willen heiratet, endlich auf dem Land glücklich zu werden, und schließlich den steifen Beamten Karenin mit seiner lebenssüchtigen Frau Anna. Die beiden haben einen kleinen Sohn, der auch bereits in die falsche Richtung gelenkt wird, als Anna ausschert, um mit Wronskij neu zu beginnen. Der aber entzieht sich nach dem vielversprechenden Auftakt mit der Flucht in ein sonnendurchglühtes Italien mehr und mehr ihrem Versuch der Vereinnahmung; seine Welt sind die exklusiven Vergnügungen wie das Hindernisreiten und Duellieren. Die von ihm schwangere Anna, deren ›gesellschaftliches‹ Leben ohnehin vorbei ist, zieht die letzte Konsequenz und damit auch einen Schlussstrich unter ihre menschliche Existenz. Die zerrüttete Ehe, das adäquate Thema für den ›erwachsen‹ gewordenen Gesellschaftsroman und ein persönliches Thema Tolstois, bildet auch den Zielpunkt der Novelle *Kreutzersonate*, die große Resonanz hatte. Leoš Janáček, der böhmische Tonsetzer, der schon Gogols Kosakengeschichte »Taras Bulba« zum Ohrwurm gemacht hatte, nannte sein Erstes Streichquartett[171] nach Tolstois Novelle – welche ja wiederum nach Beethovens erotisch aufgeladener Violinsonate benannt ist, die Frau Posdnyschewa vor

---

[171] Das hört sich nach langweiliger Beflissenheit an. Den richtigen Dreh bekommt die Sache erst, wenn man erfährt, dass Janáček die unheilschwangere Geschichte ursprünglich als Klavier t r i o gedacht und auch so vertont hatte. So kommt es nun zur Pointe, dass in dem Musikstück zur verdächtigen Gattin am Klavier und dem eingebildeten Liebhaber mit der Violine der sich gehörnt dünkende Gatte hinzutritt, als Cellostimme!

ihrem gewaltsamen Ende mit einem geigerisch begabten Laffen zum Klingen bringt, was ihren Mann zur Raserei treibt. Offenbar wurden viele Leser von diesem Sujet besonders angesprochen, jedoch lässt Tolstoi in der Eifersuchtsgeschichte nicht so tief in sein Privatleben blicken, wie seine Bewunderer ihm zutrauten. Die vehementen Tiraden des Gattenmörders Posdnyschew gegen die Konventionen des bürgerlichen Ehestandes klangen jedenfalls revolutionär, aber nicht nach den Erkenntnissen eines Familienvaters von dreizehn Kindern. Erstaunt erfahren wir Leser erst jetzt, dass Frau Tolstaja ihrem Gatten auf diese Zumutung mit dem Roman *Eine Frage der Schuld* prompt geantwortet hat, in dem die talentierte Autorin die Sache ganz anders darstellt: Nicht die Abwendung der Ehefrau löst die Katastrophe aus, sondern die unerträgliche Wichtigtuerei und Überheblichkeit des Mannes, der ihr die Luft zum Atmen nimmt. Erst in diesem Echo erhält das Lamento vom Elend der Ehe seinen vollen Sinn.

Lew Tolstoi stammte aus höchstem Adel. Mehrere seiner Verwandten schriftstellerten über geschichtliche Themen, etwa Vetter Alexej K. im Bilderbogen *Fürst Serebriany* oder dessen linientreuer Nachfahre Alexej N. mit dem unvollendeten Großwerk über *Peter I.* Er selbst begann seine Laufbahn als Offizier während des Krimkriegs und im Kaukasus, woran *Die Kosaken* oder *Hadschi Murat* erinnern. Zum Ende seines Lebens machte er eine große moralische Wende hin zum Beschützer der Unterdrückten und Engel der Armen. Von so einer Umkehr handelt auch der Roman *Auferstehung*, der die Gewissensbisse des Fürsten Nechljudow schildert angesichts seiner zu Deportation verurteilten Jugendfreundin Maslowa. Einst war sie Magd bei seinen Tanten und er hat sie verführt, jetzt ist sie Prostituierte und hat womöglich einen Mord begangen. Nechljudow, als Geschworener zufällig beim Prozess dabei, erkennt sie wieder und das Unrecht, das er ihr angetan hat. Nun folgt er ihr nach Sibirien, er will sie heiraten. Hier bricht der Roman, der gleichzeitig eine Sozialreportage ist, absichtsvoll ab. Die Rechte daran schenkte Tolstoi der Menschheit, was zur Folge hatte, dass das Buch noch zu seinen Lebzeiten millionenfach verbreitet wurde. Aus dieser späten Zeit stammt auch das unverwechselbare Porträt des vitalen Greises mit dem wallenden, zweigeteilten Bart und der mächtigen Denkerstirn – er trägt den folkloristisch anmutenden Bauernkittel wie alle anderen, die auf seinem Landgut Jasnaja Poljana arbeiteten.

Schärfer könnte der Kontrast nicht sein zu dem Arzt, Feuilletonisten, Satiriker und chronisch Lungenkranken Anton Tschechow. Als Zeitungsschreiber holte er sich den Schliff für die kleine Form des Erzählens, begann mit Farcen und Satiren auf die Verhältnisse und liebevollen Schilderungen aus dem Leben einfacher Leute. Mit der Zeit wurden seine Erzählungen länger, aber über hundert Seiten kam er nie wirklich hinaus. *Eine langweilige Geschichte*: Endlich ist mal ein Professor Held einer Erzählung, und schon wird's ... siehe Titel! Der *Krankensaal Nr. 6* ist schlimmer als jeder Horrorfilm: Ein Besucher wird gleich dabehalten und das Spital bis zum eigenen Ende nicht mehr verlassen.[172] *Das Duell*, meine liebste Tschechow-Geschichte, handelt von Freunden in den Ferien, die sich ›wie rivalisierende Maulwürfe‹ in die Idee eines völlig überflüssigen Zweikampfes verbeißen; aber da man sich schon bei Turgenjew duelliert, ist's halt nötig; zum Glück schießt der sonst so penible Deutsche daneben. *Die Dame mit dem Hündchen*, von vielen als d i e perfekte Erzählung empfunden, schildert die erotische Begegnung zweier ›überflüssiger Menschen‹. Auch in der Verdoppelung wird kein ganzes Leben daraus. Das Ende bleibt, wie so oft bei Tschechow, offen.

Sein einziges längeres Werk ist die Beschreibung der Reise, die

> Eine Welt
> von Individualisten
> und Individualitäten.
> Und als Höhepunkt
> der überflüssige Mensch.

---

[172] Es hätte Tschechow sicher nicht gekränkt, dass Thomas Mann sich für seinen *Zauberberg* unbedankt an dieser Idee bedient hat. Er hatte so viele, dass er freigebig damit umgehen konnte.

ihn auf *Die Insel Sachalin* im äußersten Osten des Riesenreiches führte, wo er fremde Landschaften und die verzweifelte Situation der auf ewig Verbannten kennenlernte. Dem Spötter versagt angesichts dieses Erlebnisses die Feder, stattdessen versucht er den Hoffnungsschimmer in der Tragödie zu beschwören.

Die Krankheit war Tschechows Begleiterin sein Leben lang. Die Tuberkulose trieb ihn zu Produktivität und nötigte ihm lange Pausen der Erholung ab. Er starb in Badenweiler in der Kur. Schön war er: Freundlich verschmitzt blicken die dunklen Augen unter einer hohen Stirn; üppiges, nach hinten gebürstetes Haar und ein wenig Bart umrahmen ein ebenmäßiges Gesicht, über dem eine große Ruhe liegt. Alles an ihm ist unaufgeregte innere Kraft, die ihn zu den allergrößten schriftstellerischen Leistungen befähigte.

Tschechows größter Bewunderer nannte sich Maxim Gorki (= bitter; eigentlich war Peschkow der harmlose Familienname). Seine Lebenszeit als Schriftsteller führte ihn im Gegensatz zu seinem Vorbild über die Schwelle der Revolution hinweg, so fühlte er sich bemüßigt, im Sinne des neuen Bewusstseins produktiv zu sein: Statt Andeutungen liefert er Fakten, statt offener Schlüsse geht bei Gorki alles auf und aus. Mit *Konowalow* führt er den neuen Menschen vor, einen Säufer, Träumer und Proleten, der sich nicht bändigen lässt, der auf keinen Fall in einem System erstarren will. Typisch russisch erscheint Gorki als begnadeter Erzähler von nicht endenwollender Produktivität bis hin zu seinem letzten Werk, dem großen, vierbändigen historischen Roman *Klim Samgin*, mit dem er *Krieg und Frieden* bis zur Revolution fortsetzte, jedoch nicht vollendete. Wie vital Gorki die alten Formen neu füllte, zeigt schon der Beginn, wenn Vater Samgin einen Namen für sein neugeborenes Söhnchen, den künftigen Titelhelden des Romans, sucht: »*Weißt Du, Wera, wollen wir ihm nicht einen seltenen Namen geben? Man hat sie schon satt, diese zahllosen Iwans, Wassilijs ... Nicht wahr?*« *Die von den Qualen der Entbindung erschöpfte Wera Petrowna antwortete nicht. Dann begann Samgin, mit dem kurzen und dicklichen Zeigefinger in die*

Luft stechend, besorgt aufzuzählen: »*Christophor? Kirik? Wukol? Nikodim?*« *Jeden Namen strich er mit einer Geste gleich wieder aus, doch als er anderthalb Dutzend ungewöhnliche Namen durchgenommen hatte, rief er befriedigt:* »*Samson! Samson Samgin – jetzt haben wir's! Das wäre nicht übel! Der Name eines biblischen Helden und dazu mein Familienname, der auch schon seine eigene Note hat!*« »*Stoß nicht immer ans Bett*«, *bat seine Frau leise.*

Das freche Gesicht, das er für den Photographen aufsetzt, sowie sein ungejätetes Sauerkrautbärtchen sollen den Betrachter über sein wahres Ich im Unklaren lassen – Gorki war ganz und gar Kulturmensch, sensibler Erzähler seines eigenen Lebens in der Trilogie *Meine Kindheit – Unter fremden Menschen – Meine Universitäten*, dazu noch aufmerksamer Beobachter sogar in den Ferien, wovon seine *Italienischen Märchen* zeugen, die in Wahrheit liebevolle Skizzen mediterranen Lebensgefühls sind; und ganz in der russischen Tradition war er Verherrlicher des Familienlebens. Und ein wenig Agitator war er auch.

Aber auch Förderer: Hinter der Garde der Großen bewegte sich eine unabsehbar wogende Masse von Schriftstellern, die auch wahrgenommen werden wollten und sollten. Ich nenne Namen: Dmitrij Mamin, der sich »der Sibirier« – Ssibirjak – nannte, schrieb breit angelegte Romane, *Die Priwalowschen Millionen* etwa oder *Gold*, die im Ural spielen und zeigen, dass es auch in dieser abgelegenen Gegend ein Gesellschaftsleben gab; Iwan Kustschewskij, der sein Essen verkaufte, um sich davon die Kerzen für das nächtliche Schreiben leisten zu können, schuf auf diese Weise sein einziges Werk: den Roman *Nikolaj Negorew oder Der glückliche Russe*, der eine besondere Version einer idyllischen Kindheit enthält; Leonid Andrejew und Alexander Kuprin, Meister der kleinen Form, wobei sich Andrejew besonders in den Menschen im Angesicht des Todes einzufühlen in der Lage war, wie in den *Sieben Gehenkten*; der Spezialist für Tiergeschichten Michail Prischwin; der eigenwilligste von diesen allen: der untergangssehnsüchtige Fjodor Sologub, ein Huysmans aus dem russischen Volk – sein Vater war ein armer Schneider, er selbst Lehrer. Bei ihm gibt es schon Telefon und Trambahn. Er schrieb den kurzen Roman *Der kleine Teufel* über den üblen Pädagogen Peredonow, der seinerseits von einem schleimigen Dämon gequält wird – wie der Oblomows wurde der Name dieses Lehrers sprichwörtlich in Russland, diesmal für einen katzbukkelnden Sadisten. Sologub schuf eine Serie von erschütternden Novellen über die dunkle Seite des kindlichen Seelenlebens. *In der Menge* ist seine allerschauerlichste Schöpfung, die klaustrophobische Schilderung einer Massenhysterie.

Ihnen allen bot Gorki Unterstützung und die Möglichkeit zu veröffentlichen. Seine schönste Leistung war es, den jungen Isaak Babel zu fördern. Dessen lakonischer Ton geht ins Ohr, eigenwillig und besonders. Sein Kriegsbericht in Kurzgeschichten *Die Reiterarmee* ist wie Hemingway in seinen *49 Depeschen*, nur knapper. Lapidar und genau sind seine Schilderungen menschlicher Schicksale. Die Jugendstilstadt und jüdisch geprägte Metropole Odessa am Schwarzen Meer ist Babels Heimat, in ihr spielen die meisten seiner Geschichten. Auch dadurch nimmt er eine Sonderstellung ein, bekommen seine Erzählungen ein eigenes Kolorit. Babel wurde in Stalins Gefängnis erschossen. Da hatte sein Förderer es besser: Nach einem hartnäckigen Gerücht soll Gorki vom Diktator höchstselbst mit Pralinen vergiftet worden sein.

Das sozialistische Literaturkollektiv Ilja Ilf und Jewgenij Petrow, aus Odessa nach Moskau gekommen und mit Amerika-Erfahrung, erfand den pfiffigen Ostap Bender aus dem Roman *Zwölf Stühle* – verfilmt u.a. mit Heinz Rühmann! – und ließ ihn auferstehen für *Das goldene Kalb*, ein parodistischer Spaß auf kapitalistische Gelüste im Reich der Arbeiter und Bauern. Gleichzeitig, denn auch das gab es, schaffte es der triviale Josef Kallinikow, neben Thomas Mann auf der Liste der zu verbrennenden Bücher in Nazideutschland zu erscheinen. Seine *Frauen und Mönche* sind literarischer Schund von allerfeinster Machart, saftig und deftig. Das Thema allerdings ist durch und durch russisch. In einer Hitparade der verderbten Klosterbrüder kommt gleich nach Kallinikows Mönchen der *Vater Sergej* Tolstois, der sich den Zeigefinger abschlägt, um so seinem Körper die Begierde auszutreiben, dahinter dann Dostojewskijs Staretz Sosima mitsamt Aljoscha Karamasow, die bereits wesentlich routinierter den Ansturm verzückter Damen an der Klosterpforte abschlagen. Und Tschechow? Bei dem gibt's keine Mönche!

Nur in einem Land mit einer kleinen intellektuellen Elite kann das Theater es übernehmen, die aktuellen Ideen zu verbreiten. In Russland ging es so. *Verstand schafft Leiden* in gereimten Versen steht am Anfang eines Jahrhunderts wirksamer Bühnenstücke. Der Autor Alexander Gribojedow schaffte es, einzig mit dieser Komödie seinen Nachruhm zu sichern – er wurde, noch jung an Jahren, als Botschafter in Teheran vom Mob zerstückelt. Getreu dem Titel sucht sich die clevere Sofia statt des brillanten Tschatskij, der ihr sicher nur Scherereien gemacht hätte, einen beschränkten Burschen als Ehemann; Tschatskij geht leer aus und kann an seinen menschlichen Tugenden arbeiten. Äußerst produktiv war Alexander Ostrowskij, der Meister des realistischen Theaters. *Eine Dummheit macht auch der Gescheiteste* heißt seine bekannteste Komödie in Prosa, die schon im Titel auf Tschatskijs Leiden anspielt; allerdings kann sich Glumow, sein Nachfolger im Geiste, Hoffnung darauf machen, nach der Bestrafung von der reizvollen Kleopatra getröstet zu werden. *Der Wald* und *Tolles Geld* und vierzig weitere Stücke, Komödien, Schauspiele und Tragödien, behandeln die – vornehmlich finanziellen – Nöte des Landadels und seinen Niedergang. Wenn ein Wäldchen verkauft werden muss, denkt man allerdings nicht an Ostrowskij, sondern an den größten Dramatiker Russlands, an Anton Tschechow. *Der Kirschgarten* ist nur eines seiner Stücke, die heute weltweit gespielt werden und in denen die Sonnenuntergangsstimmung der Jahrhundertwende unvergleichlich eingefangen ist. Die verschuldete Gutsbesitzerin Ljubow Ranewskaja muss verkaufen, ihr Seelenfreund Lopachin will es verhindern; aber ganz Kaufmann, der er ist, übernimmt er schließlich selbst das Gut. Wenn Ljubow (=Liebe) abreist, legen die Arbeiter bereits die Axt an die schönen Kirschbäume. In ähnlich resignierter Stimmung wie in diesem letzten Stück hatte Tschechow seine Theaterkarriere begonnen mit *Onkel Wanja*, ebenfalls ein Waldstück, das ursprünglich *Der Waldschrat* hieß. Die *Drei Schwestern* sehnen sich nach Moskau, das unerreichbar fern ist. *Iwanow* und *Platonow* – das lange Stück handelt von nichts als der Überflüssigkeit des Menschen für den Menschen – sowie *Die Möwe* und fast ein Dutzend Einakter wie *Der Bär* oder *Der Heiratsantrag*, lustige bis skurrile Späße, runden die Produktion des Dramatikers Tschechow zu einem bis heute gültigen Lebenswerk über die russische Seele.

Tolstoi schrieb auf Bestellung *Die Macht der Finsternis* über die soziale Frage, aber legitimer Nachfolger Tschechows auf den Bühnen war Maxim Gorki. Als ich *Die Sommergäste* an der Berliner Schaubühne sah, war ein ganzer Birkenwald auf die Bühne gestellt worden, in dem die verstörten Intellektuellen an der Wirklichkeit vorbeiliefen und -redeten. *Die Kleinbürger* und *Nachtasyl* sind Gorkis Beiträge zur aktuellen Lage der Nation. Es gärt in Russland, Gorki steht auf der Schwelle von alter Zeit und revolutionärem Aufbruch. Der findet auf der Bühne und in den Ateliers statt: Wsewolod Meyerhold schuf als Regisseur und Dramaturg das neue Theater, dessen Ideen in alle Welt ausstrahlten; Sergej Eisenstein entdeckte das Zelluloid als revolutionäres Medium mit »Panzerkreuzer Potemkin«.[173] Dieser Film wird bis heute in wichtigen Sequenzen ›zitiert‹, nämlich imitiert und parodiert. Wladimir Majakowski liefert den Bühnen Stoff im Stil

---

[173] Potemkin war ja groteskerweise jener Liebhaber und Minister Katharinas gewesen, der zu Ehren der durchreisenden Potentatin ganze Dörfer als Kulissen aufbauen ließ, um dort Wohlstand und Wohlleben vorzugaukeln, wo nur Elend herrschte – die Potemkinschen Dörfer. Auf dem nach dem augentäuschenden Grafen (der sich wohl Patjonkin spricht) benannten Kreuzer war die Revolte des Jahres neunzehnhundertfünf im Hafen von Odessa entfacht worden, im Gefolge des gegen Japan verlorenen Krieges. Daraus wurde die erste Volkserhebung, Vorbotin der Oktoberrevolution.

des von ihm perfektionierten Futurismus: Mit einem Stroboskop wird die Wirklichkeit zerhackt und zu Kunst umgeschmiedet. Und diese sogleich annulliert:

> *Ich sage:*
> *das gesamte*
> *Musengeseich*
> *samt schönstem Dichterruhm*
> *ist Quatsch.*
> *Mit der schlichten*
> *Zeitungsmeldung – kein Vergleich ...*

Ihm zur Seite Velemir Chlebnikov, dessen Werk bei uns erst vor kurzem bekannt wurde. Michail Bulgakow focht einen ewigen Kampf mit den Ideologen des Moskauer Künstlertheaters aus, dem fast alle seine Stücke zum Opfer fielen, unter anderem *Batum* über Stalin. An diesem Theater hatte einst Konstantin Stanislawski[174] Tschechows *Möwe* aufgeführt, hier herrschte anschließend sein Schüler Meyerhold. Und hier wurde mit den letzten Lebenszeichen der russischen Schaffenskraft auf der Bühne aufgeräumt. Später kam es noch zu solchen Possierlichkeiten wie der *Irkutsker Geschichte* des Alexej Arbusow, aber die Gleichschaltung der Köpfe hatte ihre Wirkung auf die Kreativität nicht verfehlt. Aus den Bühnenanweisungen sind bei Arbusow ›Vorschläge‹ geworden und er bittet alle Darsteller gleich zu Anfang, doch recht natürlich zu agieren.

Die Revolution selbst hat wenig zerstört, viel gebracht. Den Suprematismus beispielsweise, als dessen Maximierung Kasimir Malewitsch »Das schwarze Quadrat« malte. Es handelt sich um eine Theorie der formalen Vereinfachung, die als Konstruktivis-

---

[174] Ihm verdanken wir die Schauspiel›methode‹, die das moderne Hollywood ermöglicht hat. Lee Strasberg brachte Stanislawskis Idee der physischen Typisierung des Schauspielers nach Amerika. Paul Newman war einer seiner Meisterschüler.

mus in Russland von Wladimir Tatlin und Ljubow Popowa weiterentwickelt und durch El Lissitzky exportiert wurde; daraus entstand in Deutschland das Bauhaus. Drei andere Russen gingen nach München, um dort ihre Ideen zu verwirklichen. Was Wassilij Kandinskij, Alexej Jawlenskij und Marianne von Werefkin, zusammen mit Gabriele Münter und Franz Marc, in der Galerie Thannhauser zeigten, veränderte die Welt der Kunst: Die Gruppe »Der blaue Reiter« erfand den Expressionismus. Oder sie gingen nach Paris wie Serge Diaghilew, der dort die dekadente Wollust der »Ballets Russes« mit dem Gott des Tanzes Nijinskij an der Spitze und den Wonneschauern des »Sacre du Printemps« von Igor Stravinskij vorführte. Zuhause stand dagegen die neue harte Tonsprache von Prokofjew und Schostakowitsch auf dem Programm. Ob Bolschoi- oder Marijinskitheater: Russisches Ballett ist seit hundert Jahren unabhängig von Ideologie ein Markenzeichen, die Tradition wurde ungebrochen fortgeführt wie bei den Klaviervirtuosen von Anton Rubinstein über Svjatoslav Richter bis Arkadi Volodos. Mancher würde das die ›russische Seele‹ nennen, auf jeden Fall ist es die Fähigkeit zum Ausdruck, darzustellen, was man fühlt.

Und dann gab es die Meisterleistungen der Poesie: Alexander Blok, Anna Achmatowa und Ossip Mandelstam sowie Marina Zwetajewa, die diese drei aus der Ferne bewunderte und mit ihnen die Gruppe der »Akmeïsten« bildete (Akmä ist ein griechisches Wort, das ›Höhepunkt‹ bedeutet und sich bis in den amerikanischen Comicstrip vorarbeitete: acme! Spitze!). Blok ist der Dichter des Rausches, der Stadt und des ›neuen Menschen‹:

Seltsame Dinge sind mir anvertraut,
Ich hüte fremder Sonnen Pracht,
Und in der Seele hat sich aufgestaut
Des Weins durchdringend-herbe Macht.

Achmatowa dichtet dem toten Majakowski nach:

> Wenn ein Mensch stirbt, so verwandeln
> Sich seine Bilder: anders
> Sehen die Augen; die Lippen
> Lächeln ein anderes Lächeln.
> Dies habe ich bemerkt,
> Als ich zurückkam vom Begräbnis des Dichters.
> Seither habe ichs oft überprüft,
> Und meine Vermutung hat sich bestätigt.

Mandelstam sehnt sich nach dem Naturzustand, der Einheit mit der Natur zurück:

> Wickle die Hand in das Tuch und dann tauche sie
> Ein ins bekrönte Gesträuch, und so kühn, daß es knirscht
> In dem Dickicht zelluloidener Dornen.
> Die Rose gepflückt ohne Schere!
> Sieh dich nur vor, daß die Blüten nicht alle zerfallen –
> Rosiger Kehrricht – Musselin – Salomos Blütenblatt –
> Wildling, für das Sorbet nicht zu brauchen,
> Weder Aromen noch Öl gibt's aus ihm.

Zu den dichtenden Auslandsrussen gehörte Andrej Belyi, der am Goetheanum Rudolf Steiners mitbaute zur höheren Ehre der Anthroposophie und den grotesken Roman *Petersburg* schrieb, der nach wie vor im Verborgenen wirkt als eines der größten Wunder der russischen Moderne. Belyi zeigt sich auch als Romancier ganz als Dichter, seine Sprache verliert nie die Nähe zum Vers. So wirkt die Erzählung zwar zerfahren, aber die Geschichte von Apollon Apollonowitsch Ableuchow, dem betagten und völlig überflüssigen Staatsbeamten, und seinem schlaffen Söhnchen Nikolaj strahlt in den Farben funkelnder Edelsteine und genialer Einfachheit: Plötzlich hat Nikolaj die Bombe in der Hand, um den Alten – und sich selbst – hochgehen zu lassen. In diesem Dilemma finden die Generationen wieder zwanglos zueinander, die Weltrevolution muss noch etwas warten. Zentrum des Romans ist aber die Stadt Sankt Petersburg, deren Pracht sich in einer Pfütze spiegelt.

Wladislaw Chodassjewitsch war einer der vielen Russen im Berlin der Zwanziger Jahre. Sein Kürzestsonett geht so:

Die Stirn –
Kreide.
Weiß
der Sarg.

Es sang
der Pope.
Eine Garbe
von Pfeilen –

heilig
der Tag!
Die Gruft
blind.
Der Schatten –
zur Hölle!

Über russische Poesie ist schwer zu sprechen für den, der sie nicht im Original versteht. So magst Du mir verzeihen, wenn ich trotzdem Beispiele bringe. Es geht darum zu erklären, wie begeistert das junge Russland überall aufgenommen wurde. Vor allem Sergej Jessenin.

Schimpft nicht, so ist halt mein Leben,
mit Worten handle ich nicht.
Ich kann nicht mehr halten und heben
meines goldenen Kopfes Gewicht.
…
Kein besseres Los will ich haben,
hör versunken den Schneesturm mir an,

*weil ich ohne so seltsame Gaben
auf Erden nicht leben kann.*

Alles an Jessenin wurde zum Kult: seine blondmähnige Schönheit, sein Genie, sein mit Alkoholexzessen verbundener Vandalismus, dem Hotelzimmer zum Opfer fielen. Und sein früher gewaltsamer Tod nach dem Ende der Beziehung zur Meisterin des Ausdruckstanzes Isadora Duncan, die auch ihrerseits später Meisterschaft im Sterben entwickelte – ihr Schal verfing sich in den Speichen eines magistralen Bugatti-Cabriolets und strangulierte sie. Was für extravagante Zeiten!

Russland ist der Nährboden der Phantasie.
Soll ich bleiben, kann ich, muss ich gehen?
Das fragten sich viele.
Wer ging, verkümmerte in der Fremde.
Heimweh ist die Krankheit der russischen Seele.

Doch mit der Revolution war der Aufbruch schon zu Ende, kaum dass er begonnen hatte. Es folgte die Erstarrung der Stalinzeit. Jewgenij Samjatin war das Haupt der »Serapionsbrüder«, einer Literatengruppe, die sich nach E.T.A. Hoffmanns literarischem Quartett benannt hatte und aus der Konstantin Fedin herausragte. Dessen Roman *Die Brüder* schildert dramatische Ereignisse um drei Kosakensprösslinge und deren Liebe zur Musik. Das war offenbar konform. Samjatin war Ingenieur und mit dem utopischen Roman in satirischer Tonlage *Wir* Anreger von George Orwells und Aldous Huxleys düsteren Zukunftsvisionen; das war nicht konform. Vielleicht wäre der Bau einer Weltraumrakete mit Namen »Integral« noch hingegangen, aber dass der Erzähler D-503 heißt und es einen »Wohltäter« im Überwachungsstaat gibt, das war zuviel. Negative Zukunftsvisionen waren selbstverständlich nicht auf der Linie der Partei. *Der Floh*, eine komödienhafte Bearbeitung derselben Legende, die Lesskow in *Linkshänder* benutzt hatte, wurde Samjatins größter Erfolg: Stalin gestattete ihm nach der Premiere die Ausreise! Es zeigte sich allerdings, dass Samjatin wie so viele Russen die hei-

mische Erde brauchte. Im Exil verstummte er und starb alsbald
– an gebrochenem Herzen.

Michail Bulgakow hatte es da nicht so gut. Sprechen wir über Stalin, dann stellen sich uns alle Nackenhaare auf beim Gedanken an Bulgakows bekritzelte Manschetten; erfindungs- und überraschend erfolgreich versuchte er so, seine Ideen und kleinen Manuskripte vor der regelmäßig auftauchenden Geheimpolizei verborgen zu halten. *Die weiße Garde* und *Die rote Krone* beschreiben die Zeit der Machtkämpfe nach der Revolution, als die ›Weißen‹ mit westlicher Hilfe versuchten, die Adelsherrschaft aufrechtzuerhalten. Die rote Krone ist das Blut, das den Kopf des im Schnee liegenden erschlagenen Bruders Bulgakows umgibt. Hier tritt auch die autobiographische Figur Alexej Turbin auf, der zwischen den Seiten steht. In dem Stück *Die Tage der Turbins* wird er wiederkehren, von der Zensur argwöhnisch beäugt.

Das Zauberbuch über die Stalinzeit ist *Der Meister und Margarita*, in dem Bulgakow sich selbst als irren Dichter, den ›Meister‹, in der Heilanstalt sieht, der Visionen von seinem großen, noch ungeschriebenen Roman über Pontius Pilatus hat. Im wirklich existierenden Moskau treibt ein Teufel namens Voland mit seiner Entourage seine Späße; unter anderem verwandelt er eine abendliche Vorstellung in ein makaber magisches Happening – hier rächt sich Bulgakow spürbar innig für die am Theater erlittene Unbill. Margarita, die sich in Volands Dienst stellt, wird erst zur Königin eines Hexensabbats gekürt, um anschließend zum Dank in der Apotheose mit ihrem Meister wiedervereint zu werden. Die Sowjetspießer bleiben strafweise in der Hölle des realen Sozialismus zurück.

Natürlich wurde dieses Buch nur im Samisdat, also im literarischen Untergrund, für Sowjetbürger zugänglich. Bulgakow hatte lange Jahre daran gearbeitet; eine erste Fassung hieß noch *Der schwarze Magier* und die letztgültige Version diktierte der Kranke seiner Schwägerin in die Feder. Das Manuskript gelangte heimlich außer Landes, wo es aber unbeachtet blieb. Sich selbst vermochte er nicht außer Landes zu bringen. Der ihm freundschaftlich verbundene Stalin versprach ihm die Ausreise, quälte ihn damit und hatte am Ende die boshafte Genugtuung, dass Bulgakow an Verbitterung starb. In seinen Büchern gibt er uns heute das lebendigste Bild der Terrorzeit, vom Kampf der Kreativität mit der Tücke der Macht. Für die vielen anderen kreativen Köpfe, die unter der Diktatur litten, stehe der folkloristische Andrej Platonow, dessen surreal-satirische Geschichten wie *Die Kutschervorstadt* bewusst den geforderten sozialistischen Realismus negierten.

Roman mit Kokain ist ein mysteriöser Sonderfall von Buch. Der Verfasser, der sich bescheiden M. Agejew nannte, ist nie identifiziert worden; wahrscheinlich landete er in den gierigen Tentakeln der Tscheka. Sein Roman beschreibt ausschweifend barock und spritzig die letzten Tage der ›alten‹ Gesellschaft. Der talentierte junge Maslennikow allerdings findet dort keinen Platz; so setzt er seinem Literatenleben ohne Perspektive mithilfe des ihm unentbehrlich gewordenen Stoffs ein Ende.

Alexej Remisow war einer von denen, die rechtzeitig gingen. Ohnehin Einzelgänger, lebte er in Paris. Seine Werke zeichnen sich durch groteske Märchenhaftigkeit und vollblütige Phantasie aus. *Gang auf Simsen* schildert sein Leben als Emigrant. Typisch für ihn die Meisterschaft der schönen Abschweifung, des Traumerlebnisses. Daniil Charms und Konstantin Waginow bildeten die Gruppe »Oberiu«, in der schwarzer Humor und Absurdität Trumpf waren. Dem Übersetzer Peter Urban ist vieles zu danken, etwa ein ›neuer‹ Tschechow (der nun allerdings Čechov[175]

---

[175] Das Elend der Transkriptionen: Peking ist Beijing – vielleicht eine Verbesserung; aber der arme Tschechow lässt sich jetzt mit einer Normtastatur gar nicht mehr schreiben, auf dem C prangt nun ein Hašek! Was auch immer diese ›wissenschaftliche Transliteration‹ – in Wahrheit eine Vereinheitlichung nach angloamerikanischem Aussprachemaßstab – an Positivem gebracht hat, unserem Umgang mit Klassikern hat sie nichts hinzugefügt. Und seltsam genug: Die kyrillische Schrift kennt keine Aussprachehilfen wie Akzente, Hütchen, Bötchen etc.

heißt); für Charms hat er sich schon früh eingesetzt und die zwei Bände *Fälle* und *Fallen* herausgegeben, in denen das Nebeneinander von Fug und Unfug im Kopf dieses Besonderen zu bewundern ist. Urban aber ist die Pflege der russischen Literatur eines ganzen Jahrhunderts zu danken! Waginows letzter Roman *Auf der Suche nach dem Gesang der Nachtigall* enthält eine Verbeugung vor Altmeister Gogol, wenn der Held Anfertjew bemerkt, dass er einen fremden Mantel anhat. Macht nichts – »*Ohnehin nur für ein Weilchen!*«, ist seine Reaktion.

Vier Nobelpreisträger umkreisen den Schrecken: Der Emigrant Iwan Bunin schrieb elegante Novellen im Stil der alten Zeit, den er um die nicht sehr originelle Pointe des regelmäßigen Freitods seiner Helden bereicherte. Seine Zuneigung galt den Leuten auf dem Land, deren traditionelle Lebensformen zum Untergang verurteilt waren, wie er es in dem kleinen Roman *Ssuchodol* aus Sicht der Besitzenden, in *Das Dorf* aus der der Besessenen beschrieb. Das stark autobiographische Meisterwerk des verhinderten Preisträgers (er wurde zum Verzicht gezwungen) Boris Pasternak *Doktor Schiwago* über einen Mediziner und Dichter zwischen Revolution und Konterrevolution und zwischen zwei Frauen durfte in der Sowjetunion gar nicht erst erscheinen. Die Stärke des Buches, das auch einen Zug ins Zuckerbäckerische hat, liegt zweifellos im Lyrischen; die Künstlersiedlung Peredelkino, wo Pasternak lebte und starb, wird durch sein ebenfalls hier angesiedeltes Alter Ego Jurij Schiwago wie Jasnaja Poljana für Tolstoi und Zarskoje Selo für Puschkin zum Erinnerungsort der russischen Literatur. Den Nobelpreis erhielt auch Michail Scholochow, der das geruchsintensive Buch *Der stille Don* über den Ersten Weltkrieg und die Revolution aus Sicht der Kosaken geschrieben hatte. Er war auch für schundige Propaganda zu haben – so wie Ilja Ehrenburg, der dafür sogar von Stalin zurückgepfiffen wurde. Nach Stalins Tod erfand der einfallsreiche Ehrenburg, der sich in seinen interessanten, dazu auch noch skandalumwitterten Memoiren *Menschen, Jahre, Leben* als Geistesarbeiter, Freund von Picasso, Joyce, Brecht und Systemkritiker dargestellt hat, den Begriff *Tauwetter* (als Romantitel) für die nun etwas freizügigere Kulturpolitik Chruschtschows. Da durfte dann sogar *Ein Tag im Leben des Iwan Denissowitsch* erscheinen, ein ganz normaler Tag im Leben eines politischen Strafgefangenen, aus eigener Anschauung beschrieben vom vierten Preisträger Alexander Solschenizyn. Bald wurde das Buch wieder verboten, aber der Autor meldete sich mit der ganzen Wahrheit in *Der Archipel Gulag* und immer weiter zu Wort, bis er ausgebürgert wurde – und Du weißt inzwischen, was das für einen Russen bedeutet. Aber Solschenizyn blieb laut. Und eines Tages war dann der ganze Spuk vorbei.

Mit Jewgenij Jewtuschenko gibt es auch den genialen, unangepassten Konformisten, gleichzeitig Kritiker und Vorzeigepoet der Sechzigerjahre:

> *Nicht riechen können viele mich,*
> *vorwerfen sie mir viel,*
> *und Blitz und Donner fühle ich*
> *gradwegs auf mich gezielt.*
> *Als wärn sie selber ohne Fehl,*
> *verlachen sie mich sehr,*
> *und ihren Blick, voll Hohn und scheel,*
> *spür ich von hinten her.*
> *Doch mir gefällt all das nicht schlecht.*
> *Bin stolz, seit ich erkannt:*
> *Mit mir kommt sowas nicht zurecht,*
> *mit mir kommts nicht zurand.*

Das nenne ich wohltemperierte Systemkritik!

Die heutige russischsprachige Literatur bewegt sich ganz im Rahmen der Tradition, wenn sie den großen Roman pflegt: Friedrich Gorenstein schrieb die private Geschichte der Nachstalinzeit. *Der Platz* ist die illegale Unterkunft von Goscha, der um seine Wiedereingliederung in die Gesellschaft und um einen Platz in der Riege der ›anerkannten‹ Schriftsteller kämpft. Natürlich wird das alles zur Farce. *Die Moskauer Schönheit* Irina ist die Lebedame, die die sozialistische Privilegiengesellschaft verdient hat. Mit diesem Roman und dem Erlebnisbericht über die Ängste seines Vater *Der gute Stalin* hält Wiktor Jerofejew Rückschau auf das untergegangene System. Vladimir Sorokin ist immer für eine Überraschung und etwas ›splatter‹ gut. *Roman* beginnt als allerschönste Idylle, bevor er in gewohnter Weise endet. Der erfindungsreiche Viktor Pelewin schrieb die listige, dabei ungemein farbenfrohe Fabel *Das Leben der Insekten* und ist vielleicht der interessanteste aktuelle Autor; mit *Generation P* beschreibt er, wie eine bestimmte Koffeinbrause für das Selbstverständnis einer Ära steht.

Wie auch immer, meine Favoritin der neuen Zeit heißt Ljudmila Ulitzkaja. Kennengelernt habe ich sie durch *Sonetschka*. Die Novelle handelt von einer jungen Frau, die zwischen Lesen und Leben zu unterscheiden lernen muss. Seitdem hat sie einige Romane und Reportagen über den international grassierenden skurrilen Russen geschrieben. Einfach köstlich! Zur Verkörperung der zerrissenen russischen Seele wurde Joseph Brodsky, auch der fünfte und letzte Nobelpreisträger aus Russland (und einer der jüngsten überhaupt). Er war Dichter und Essayist, ging nach Amerika und wurde zum authentischen Ankläger des sozialistischen Antisemitismus in seinen *Erinnerungen an Leningrad* und – zum Liebhaber von Venedig: Dort liegt er auch begraben.

DREISSIG SEKUNDEN
RUSSISCHE PHILOSOPHIE

Thomas Garrigue Masaryk, Universitätsprofessor sowie Gründer und erster Präsident der Tschechoslowakei, schrieb das Standardwerk *Russische Geistes- und Religionsgeschichte*. Darin wird eine weitgehend fremde Gedankenwelt beschrieben. Schon ein Blick ins Namenregister lässt staunen: Kaum eine der Herrschaften ist mir bekannt. Das Verdienst des Werks ist die Dokumentation einer Verknüpfung von Glauben und Denken in einer Art, wie sie dem Westen abhanden gekommen ist. Naiv könnte man das nennen, auf jeden Fall ist es individuell. ›Schulen‹, wie sie für unsere Vorstellung von philosophischen Richtungen stehen, kommen da nicht vor, es ist der Kampf des Einzelnen mit den Mächten der Theologie und der Theorie. Der Name Wladimir Solowjew fällt ins Auge, und wenn Du dich mit russischem Denken beschäftigen willst, dann nimm sein Buch *Drei Gespräche* zur Hand, in dem er seine Angstvision des Panmongolismus mit Witz entwickelt. Dann weißt Du über die unkonventionelle Struktur des russischen Denkens alles Notwendige. Oder Du greifst zur Aphorismensammlung von Wassilij Rosanow *Abgefallene Blätter*: Im Stil der französischen Moralisten rechtet hier ein einsamer Geist mit Gott, auf sehr originelle Art. Lew Schestow beschreibt in dem Essay *Spekulation und Offenbarung* seinen eigenen Entwicklungsgang, weg von Nietzsche und Kierkegaard hin zu Gott.

Als Lenin in einem versiegelten Zug von Zürich durch Deutschland nach Petersburg gefahren wurde, begann ein Experiment, das aus den gemütlichen Ideen von Marx und Engels, die dem Bürger der Zukunft nach dem Essen statt Schnaps und Pfeife das Kritisieren verordnen wollten, den Ernst des real existierenden Sozialismus machte. Lenin war Staatslenker und Obertheoretiker in einem, etwa so, wie Platon sich das in seiner *Politeia* vorgestellt hatte. Bald, spätestens unter seinem Nachfolger Stalin, wandelte sich der Idealstaat zum Terrorregime. Wer in der Theorie störte, musste praktisch weichen, zum Beispiel Leo Trotzki, den der Arm der Partei noch in seinem mexikanischen Exil erreichte und mithilfe eines Eispickels niederstreckte. Viele Ausländer besichtigten die Sowjetunion: André

Gide fand sich in seinen Hoffnungen getäuscht, die »Comedian Harmonists« sangen vor hungernden Komsomolzen, *Genosse Don Camillo*[176] wurde in seinen finstersten Vorurteilen bestätigt. Eine geistige Auseinandersetzung mit den Zielen der Kommunistischen Partei fand vor allem unter den Abweichlern statt, deren Lebensgeschichten bisweilen den Charakter von Abenteuerromanen annahmen. Einer der eindrucksvollsten Ankläger des Unrechts, der Italiener Ignazio Silone, wurde selbst Gegenstand der stalinistischen Verfolgung, nachdem er vor dem Faschismus aus Italien in die Schweiz geflohen war. Er schildert das in seinen spannenden Erinnerungen *Notausgang*. Sein bekanntestes Werk *Brot und Wein* (später hieß es auch: *Wein und Brot!*) beschreibt, wie der Widerstandskämpfer Pietro Spina im faschistischen Italien das Elend der Menschen in den abgelegenen Abruzzen erlebt und dabei im Untergrund zum Helfer der Bedrückten wird. Sein spannendstes Buch ist *Das Geheimnis des Luca*, das in der Form eines Kriminalromans einen resignierten Blick zurück auf die Zeit der Hoffnungen und Illusionen wirft. Übrigens: Den Hinweis auf die poetische Kraft Silones verdanke ich meinem Freund Karl, der mir eines Tages *Brot und Wein* zu lesen gab. Wohl dem, der gute Freunde hat!

Ein anderer großer Enttäuschter war der Brite ungarischer Herkunft Arthur Koestler; als Wissenschaftler schrieb er *Die Nachtwandler*, eine Geistesgeschichte der wissenschaftlichen Neugierde. Sein Roman *Sonnenfinsternis* beschreibt aus der Sicht des fiktiven ehemaligen Volkskommissars Rubaschow die Hintergründe des realen großen Schauprozesses, in dem alle noch lebenden Gründer der Sowjetunion – außer Stalin, natürlich –

---

[176] Der schlagfertige Pfarrer von Brescello am Po ist natürlich nur eine literarische Figur, aber sehr schön erfunden von Giovannino Guareschi. Im Titel fehlt sein linientreuer Widersacher, Bürgermeister Giuseppe Bottazzi, genannt ›Peppone‹, der in der stimmungsvollen Filmserie der Fünfziger- und Sechzigerjahre allein im Schnurrbart Ähnlichkeit zu seinem Vorbild Stalin zeigte.

des Verrats angeklagt wurden. Seltsamerweise gestanden sie und forderten erfolgreich für sich selbst die Liquidation. Koestler führt vor, wie das möglich werden konnte.

Fehlt noch etwas? Ja, die beiden Größten zweier Jahrhunderte. In einer abschließenden Zusammenschau möchte ich Dir Fjodor Michailowitsch Dostojewskij und Vladimir (Wladimirowitsch) Nabokov näherbringen, etwa in der Art, wie Plutarch zwei Helden der griechischen und römischen Welt nebeneinanderhielt. Der Ältere: quadratischer Schädel, eingesunkene Wangen, erloschener Demutsblick, die Haltung des resignierten Grüblers. Der Junge: ebenfalls ein Quadratschädel, aber die aristokratische Attitüde der gespannten Gesichtszüge, des arroganten Blicks, des gereckten Kinns (das dann mit fortschreitender Zahnlosigkeit immer weiter vorspringen wird) und eine sportliche Straffheit des Körpers. Ähnlicher können sich zwei so Verschiedene nicht werden – oder: Verschiedener können zwei so Ähnliche nicht sein.

Dostojewskij war früh Waise geworden – der Vater wurde ermordet – und begann seine schriftstellerische Laufbahn mit dem Sensationserfolg des Briefromans *Arme Leute* über eine unmögliche Liebe. Dem folgte *Der Doppelgänger*, eine lustige und beklemmende Geschichte, stilistisch gemixt aus E. A. Poe und E.T.A. Hoffmann, die von einem kleinen Beamten handelt, der einen unüberwindlichen Rivalen bekommt: sich selbst in der ›Superman‹-Ausführung! Ein typisch russisches Thema, wie es von Gogol bis zu Remisow immer wieder angepackt wurde. Dann folgen Dostojewskijs Verwicklung in eine politische Intrige, seine Verurteilung zum Tode, Begnadigung in letzter Minute und Verbannung nach Omsk.

Nabokovs Vater hatte sich in der gemäßigten Regierung nach dem Sturz des Zaren exponiert; die Familie emigrierte nach Berlin. Dort wurde Wladimir Nabokow getötet, als er die einem Freund geltende Kugel abfing. Vladimir Nabokov wuchs mehrsprachig auf; die Beschäftigung mit Sprache durchzog sein Leben. Zuerst schrieb er russisch, später in der Sprache seiner langjährigen Heimat Amerika. Es wäre auch auf Französisch gegangen und selbst das verhasste Deutsch hätte ihm keine Mühe bereitet. Sein Typikum ist das Versteckspiel; er versteckt die Motive der Personen, sich selbst in Nebenrollen, Leitmotive wie in Wagneropern, den Sinn des Ganzen. Wie Ostereier sind verborgene Hinweise über seine Bücher verteilt, entdeckt man etwas, hat man Grund zur Freude und literarische Labsal. Die Lektüre ähnelt dadurch einem der von Nabokov so geliebten Schachprobleme, wird zum Matt in drei bis vier Zügen. Sein erster Roman ist *Maschenka*, eine Jugendliebe und -erinnerung im bewährten Idyllenstil. Es folgt *König, Dame, Bube* über ein munteres Beziehungsdreieck; *Lushins Verteidigung* handelt von den Nöten eines jugendlichen Schachmeisters. *Der Späher* tummelt sich in den Berliner Emigrantenkreisen; nach Nabokovs eigenen Worten ist das Thema des Romans *eine Recherche, die die Hauptfigur durch eine Spiegelhölle führt und damit endet, daß Zwillingsbilder verschmelzen*. Diese Bemerkung ist so typisch, da sie alle Facetten der Nabokovschen Phantasie zeigt: den Willen zur Mystifikation, das Herunterspielen der eigentlichen Handlung bis zur Bedeutungslosigkeit, die Tyrannei der Symbole wie etwa des Spiegels (es kann aber auch eine Pfütze oder ein Eichhörnchen sein) bis hin zu dem Zaubertrick der Bildverschmelzung: Nabokov, der in Berlin unter dem Pseudonym Sirin (wohl wie Sirene, die singende Verlockung) schrieb, sah sich als Zauberer, seine Figuren als Gegenstand seiner Tricks.

Dann kommt *Die Mutprobe*, in der Martin, ein braver Junge, in Cambridge auf Leute mit so beziehungsreichen Namen wie ›Darwin‹ trifft, anschließend *Gelächter im Dunkel*, ein kinoreifes Versteckspiel um einen Erblindeten, das folgerichtig zu *Camera obscura* umgearbeitet wurde, und *Verzweiflung*, eine Art Kriminalroman über ein makabres Verbrechen und eine wahrlich verzweifelte Flucht. Die *Einladung zur Enthauptung* wird Cincinnatus C. überbracht. Er selbst soll freundlicherweise die Hauptrolle übernehmen. Mit diesem kleinen Roman kommentiert Nabokov die totalitären Regimes in Deutschland und der Sowjetunion sowie sein eigenes Verhältnis zum Surrealismus. *Die Gabe* schließt die Reihe der in Berlin auf Russisch geschriebenen und teilweise Berlin zum Schauplatz machenden Romane ab. Darin feiert Nabokov sein eigenes Genie – am Rand des Größenwahnsinns balancierend – in Form der schwärmerischen Biographie des fiktiven Dichterjünglings Fjodor Godunow-Tscherdynzew auf sechshundert Seiten. Selten war sich ein Autor seines eigenen Wertes so bewusst wie dieser.

Die *Aufzeichnungen aus einem Totenhaus* sind die dichterische Umsetzung von Dostojewskijs Erlebnissen in Sibirien. Wie er in eine Gesellschaft von Verbrechern und Deklassierten hineingeworfen wurde, schildert er in der Maske des Gattenmörders Gorjantschikow. Dabei entstehen bewegende Porträts von Hoffnungslosen. Wenn er das Leid der Häftlinge schildert – insbesondere das schlimmste russische Leiden: Heimweh –, rührt das zu Tränen, deren man sich nicht zu schämen braucht. Leoš Janáček vertonte auch dieses Stimmungsbuch zu beklemmenden Bühnen-Klangbildern. Das Verbrechen als Ausdruck der seelischen Spannung rückt in den Mittelpunkt von Dostojewskijs Interesse. Nach *Erniedrigte und Beleidigte*, der Geschichte vom skrupellosen Fürsten und der kleinen Nelly, und den *Aufzeichnungen aus einem Kellerloch*, die einen Versager und Verweigerer vorführen, beginnt mit *Schuld und Sühne* (oder, in der präzisen, jedoch weniger singenden Sprache Swetlana Geiers: *Verbrechen und Strafe*) die Serie der fünf großen Romane. Der Student Rodion Raskolnikoff[177] ermordet eine Pfandleiherin und deren

---

[177] Der Name erinnert an die ›Altgläubigen‹ oder Raskolnikij, deren eigenwillige Bräuche und Zeremonien den Unwillen des Staates auf sie lenkten. Ihre Kongregation wurde verboten und der Staatskirche einverleibt. In vielen Texten des Neunzehnten Jahrhunderts leben sie als sanfte Verweigerer weiter, denen die Kraft des Glaubens innewohnt.

Schwester als Ergebnis seiner selbstgerechten Klügeleien um einiger Rubel willen. Sonja Marmeladowa, die ihre Familie durch Verkauf ihres Körpers ernährt, wird ihm zur Rettung – erst der Seele; aber sie wird auch auf seine Entlassung aus dem Zuchthaus warten. Das Buch, teilweise in atemloser Spannung geschrieben und zu lesen, ist Kriminalroman und erster Teil der Theodizee, die Dostojewskij von jetzt ab beschäftigen wird, also der Frage, wie sich die Existenz Gottes mit dem Bösen verträgt, das in der Welt ist. Der Mathematiker Leibniz hatte das Problem aufgeworfen und eine erste ›Lösung‹ vorgelegt, über die bereits Voltaire im *Candide* seinen ganzen Spott ausschüttete; bis heute erregt es die Geister. Selbst mein Liebling, Altbundeskanzler Schmidt, war so verwirrt davon, dass er das Böse in der Welt für einen sicheren Beweis der Abwesenheit Gottes hielt. Das hingegen muss nicht so sein. Eine mögliche Lösung wäre, dass Gott nicht für das Böse verantwortlich ist, weil er jedem Einzelnen die freie Wahl lässt und wir dadurch gegenseitig einander unterworfen sind. Die Antwort, die Dostojewskij in der Manier der Gnostiker in opulenten Geschichten bietet, lautet: Weil Gott nicht in dieser Welt ist. Sie wird vom Bösen beherrscht. Hier gibt es nur Suchende.

> Soll ich sagen, welcher Autor mir die erregendsten Leseerlebnisse verschafft hat, durchwachte Nächte mit Fingern, die beim Umblättern schweißnass waren? Es war dieser. Er ist der Größte.

Diese Antwort, die *Der Idiot* formuliert, liegt auch dem Ideenroman *Die Dämonen* zugrunde. In einer Versuchsanordnung werden um den splendiden Freigeist Nikolaj Stawrogin verschiedene Figurengruppen arrangiert, die alle Spielarten des negativen Denkens zeigen sollen. Politisch geht es um die Ablehnung des Staates, persönlich um den ›Wert‹ von Menschen und Menschenleben. Als Höhepunkt einer Danse Macabre, in deren Verlauf er alle Frauen um sich herum ruiniert, als gelte nur ihnen sein wahnsinniger Hass auf die Verhältnisse, hängt sich Stawrogin auf. Aber damit wäre nur eine, die düstere Seite dieses großen Werkes beschrieben, mit dem der Autor aufs Ganze geht. Es handelt sich nämlich auch um eine beißende Satire, zuallererst auf Turgenjew und dessen *Väter und Söhne*. In der Figur des aufgeblasenen Kleinschriftstellers Karmasinow macht sich Dostojewskij tüchtig über den nur unwesentlich älteren, aber viel erfolgreicheren Kollegen lustig, der ihm denn auch sogleich das Wohlwollen entzog. Im Mittelpunkt der ganzen Handlung stehen Vater und Sohn Werchowenskij, der vorzeitig gealterte, abgedankte Pädagoge Stepan und sein ebenso schlechterzogener wie skrupelloser Sohn Pjotr. Sie bilden das Gegensatzpaar der Generationen, in ihnen geißelt Dostojewskij das Versagen des ›liberalen‹ Russland nach den halbherzigen Reformen, die Turgenjew gerade erst gefeiert hatte. Stepan ist Parasit bei seiner verehrten Gönnerin, der Generalswitwe Stawrogina, deren Sohn Nikolaj er einst erzog, und verliert allen Halt durch ihren Liebesentzug, Pjotr hat eine internationale Verschwörung vorgetäuscht, durch deren Intrigen er nun das Leben vieler Unschuldiger und nebenbei auch das des Vaters vernichtet, bevor er sich ins Ausland absetzt, um dort neue Schandtaten auszubrüten. Er triumphiert durch sein Überleben, alle anderen büßen das Austreiben der *bösen Geister*[178] mit dem Verlust ihrer Existenz. Die Staatsgewalt erscheint in dieser ›Chronik‹, die von einem der aufmüpfigen jungen Leute geführt wird, der auch Kommentare zum Geschehen abgibt, andererseits aber allwissend geheime nächtliche Szenen und Zwiegespräche belauscht, in der Gestalt des deutschstämmigen, tumben Gouverneurs von Lemke als

---

[178] So auch der Titel der Neuübersetzung, der auf eine Bibelstelle anspielt, die Dostojewskij zum Motto des Romans nahm. Wie wirksam das Werk wurde, zeigt die Bühnenfassung von Albert Camus. Sie heißt *Die Besessenen* und führt eindrucksvoll den Wirrwarr in den Köpfen vor. Für das satirische Element hatte der Franzose allerdings keinen Sinn, diesen Teil der Handlung ließ er einfach weg. Auch Heimito von Doderer ehrt mit dem Titel seines Romans über das Ende der Demokratie in Österreich Dostojewskijs *Dämonen*.

Opfer einer Provinzposse; eine groteske Ballveranstaltung, von seiner karrieresüchtigen Ehefrau und dem lächerlichen Schriftsteller arrangiert, stürzt ihn in geistige Umnachtung und beendet die Ambitionen dieses Gernegroß. So bitter und radikal war das alles vorher noch nie dargestellt worden, ja sogar die hinterhältigen nachrevolutionären Machtkämpfe in der Sowjetunion scheint der Autor visionär in den erregten Debatten seiner nihilistischen Sektierer vorausgeschaut zu haben. Der Leser aber muss dafür einige der schrecklichsten Szenen miterleiden, die je erdacht und zu Papier gebracht worden sind. Nur ganz starke Nerven halten dem stand!

Der Jüngling oder jetzt: *Ein grüner Junge* nimmt sich dagegen zurückgenommen aus. In den Erlebnissen des Arkadij Dolgorukij wird einerseits die überlebte Welt des Landadels geschildert, in der die unehelichen Kinder der Herrschaft – wie Arkadij – keinen Platz hatten, andererseits eine Adoleszenz vor dem Hintergrund der sich langsam ändernden Verhältnisse ganz aus der Sicht des jugendlichen Helden, der eine ›Idee‹ hat. Der Roman endet unerwartet hoffnungsvoll.

Die Brüder Karamasow haben Fjodor, den Alten, umgebracht. Nur, welcher war's? Dmitrij war sein Rivale bei Gruschenka (möglicherweise vor Deiner Zeit: eine Rolle für Maria Schell, das Seelchen), hat das fehlende Geld und ist auch schon verurteilt. Der war's sicher nicht. Iwan ist der Lebemann, der die Existenz Gottes leugnet und alles Geld in einer Nacht vertun kann. Alexej hingegen, der jüngste, kommt aus dem Kloster zurück in die Welt, um das Leid der Brüder zu teilen und sein Teil zu tragen. Einen vierten, unechten, gibt es noch, den Smerdjakow (wieder ein sprechender, dazu noch riechender Name), und der war's dann wohl auch. Dem Alten kann's egal sein. *Die Brüder Karamasow* sind ein Höhepunkt des literarisch Möglichen, wegen ihrer Länge (eigentlich sollte der Roman noch weiter gehen), wegen der Konstruktion praktisch nur aus Dialog und wegen der überlebensgroßen Charaktere. Nie wieder ist so etwas zwischen zwei Buchdeckeln versucht worden. Iwan erzählt seinem Bruder

Aljoscha die eingeschobene Novelle *Der Großinquisitor*, in der Jesus auf die Erde zurückkehrt; hier arbeitet Dostojewskij letztgültig an seinem Problem von Schuld und Erlösung.

Das *Tagebuch eines Schriftstellers*, in dem er über mehrere Jahre seine Suche nach Stoffen und Problembewältigungen festhält, veröffentlichte Dostojewskij in Zeitschriftenform. Darin bezeugt werden die ständige Inspektion der eigenen Arbeit und seine Bemühungen, sich immer neue Themen zu eigen zu machen. So entstanden kleinere Sachen, die sich wunderbar lesen und mit satirischer Schärfe gewürzt sind, wie *Onkelchens Traum* oder *Das Gut Stepantschikowo und seine Bewohner*. In diesen Szenen aus dem Landleben lässt der Meister seiner vis comica freien Lauf. Der auf Freiersfüßen wandelnde Onkel wird nur noch von Prothesen und Schönheitspflästerchen zusammengehalten, und in Stepantschikowo triumphiert der Schein-Heilige Foma Fomitsch Opiskin über alle Versuche, ihn vom Sockel zu stoßen. Als Studie beklemmend, aber als Kunstwerk weniger gelungen ist *Der Spieler* (*Igrok* heißt das bedrohlich im Original), dafür ist es vielleicht zu sehr aus dem Herzen gerissen, auch wenn der Erzähler sich hinter einem ironischen Grundton versteckt. Dostojewskij war dem Roulette verfallen und setzte in Wiesbaden (›Rouletenburg‹ im Roman) seinen ganzen Verlegervorschuss auf zéro. Ohnehin ständig knapp bei Kasse, brachte er dadurch sich und seine Frau an den Rand des Ruins. Zur allgemeinen Überraschung ist der selbstzerstörerische Spieler des Romans ›la baboulenka‹, die reiche Erbtante, die extra angereist kommt, um der bereits blanken Verwandtschaft die Leviten zu lesen, und die bereits am ersten Abend ihr ganzes Vermögen verspielt; der Ich-Erzähler kann mit solchem Tempo nicht mithalten, nach dieser Pointe verfällt der rasante Erzählgalopp in schleppenden Trab.

Der Spieler ist ein Glaubender: Da die Mathematik ihm kein Anrecht auf Erfolg in Aussicht stellt – die Bank gewinnt immer! –, begibt er sich ganz in den Schutz des Gottvertrauens. Warum sollte nicht ihm das Glück zuteil werden? Der Spieler ist ein Verbrecher: Er ruiniert nicht nur sich selbst, sondern auch seine soziale Umgebung. Das hätte Dostojewskij von Puschkin lernen können. *Pique Dame* – auch Tschaikowskijs zweite große Puschkinoper – hieß dessen Urtyp der Spielergeschichte, in der Hermann mit Gewalt das Geheimnis der drei siegbringenden Karten beim Pharaospiel aus der alten Gräfin herauspressen will. »*Tri karti!*« gellt sein Ruf durch die Kulissen, als er sie erwürgt. Seine Liebe zu Lisa zerbricht darüber, und statt des Asses erscheint Hermann am Schluss des Spiels die vernichtende, fratzenhafte Dame in Pik: alles verloren! – er ersticht sich.

Den *Idioten* hat Dostojewskij in Florenz geschrieben, der Kulturhauptstadt der Welt. Und zwar in einer kleinen Kammer auf der ›falschen‹ Seite des Arno, die aber immerhin Blick auf den Palazzo Pitti bot. Hier hatten die Medici standesgemäß ihren Aufstieg von Kaufleuten zu Herzögen in der trutzigen Rustikafassade eines monumentalen Brunelleschi-Entwurfs verewigt, hier wohnte seit neuestem der König von Italien. Viva Verdi! hatten seine Anhänger im Untergrund zur Parole erhoben, bevor es zur Reichsgründung kam; natürlich war der Komponist, der der Einheit des Landes mit dem Chor aus seinem »Nabucco« *va, pensiero – Flieg, Gedanke* soeben die Hymne geschrieben hatte, ein Held der Massen; aber das **VERDI** an den Hauswänden hieß **V**ittorio **E**manuele, **Re d**'**I**talia. Welche Leistung Dostojewskijs, die kultursatte Atmosphäre um ihn herum so zu sublimieren, dass sie nur wie eine durchsichtige Folie über der Erzählung von seinem christusgleichen Doppelgänger liegt!

Bleibt noch *Die Sanfte*. Ein Mann erlebt vor der Leiche seiner Ehefrau nach, wie er selbst gesellschaftlich abstieg und seine Rachegelüste an dieser so harmlos Erscheinenden gestillt hat. Ihre Unterjochung hat er erreicht, ergeben hat sie sich nicht: Statt seinem neuentflammten Werben nachzugeben, stürzte sie sich aus dem Fenster. Auf den wenigen Seiten dieser Erzählung gibt Dostojewskij seine Sicht auf Liebe und Ehe und den Unterschied der Geschlechter. Wie in seinem eigenen Leben, so sieht er es als allgemeines Gesetz, dass Mann und Frau im Kampf miteinander ihre Beziehung gestalten müssen.

Dostojewskij starb, als er alles gesagt hatte.
Nabokov war ein Leben lang unspektakulär mit Vera verheiratet. Sein ›anderes Gesicht‹ war das des Lepidopterologen, des Schmetterlingsjägers und -forschers, der neue Arten entdeckte, klassifizierte und benannte. In der Doppelexistenz als Literat und Forscher ging Nabokovs Bedürfnis nach Extravaganz auf, sieht man davon ab, dass er in seiner Jugend in Berlin Trainerstunden auf dem Tennisplatz gegeben hatte. Wie er sich das Verhältnis von Leben und Literatur vorgestellt hat, zeigt er in *Erinnerung, sprich*, so etwas wie ›Memoiren‹, anhand einiger Beispiele. Etwa dem des Generals Kuropatkin, der im Arbeitszimmer von Vater Nabokow sitzt und dem fünfjährigen Vladimir den Unterschied zwischen glatter und rauher See anhand etlicher auf dem Diwan arrangierter Streichhölzer demonstriert. Am selben Tag war der General per Telegramm zum Befehlshaber der russischen Truppen im verhängnisvollen Krieg gegen Japan ernannt worden, der das Erstehen einer neuen Weltmacht mit der roten Sonne im Wimpel zur Folge hatte – und den Aufstand der Matrosen in Odessa. Das wäre noch sehr wenig Bedeutsamkeit, aber die stellt sich dann ein, als auf der überstürzten Flucht vor den siegreichen Bolschewiki fünfzehn Jahre später eine zerlumpte Gestalt Herrn Nabokow um Feuer bittet. Es ist der General, dem die Streichhölzer ausgegangen sind.

> Provokation ist ein wichtiges künstlerisches Mittel. Sie wird erst als Affront empfunden, später belächelt. Aber dazwischen kann sie im Publikum gewaltige Sprengkraft entwickeln.

Das Bastardzeichen ist Nabokovs erstes amerikanisches Werk. Es ist durch die Symbolik des Spiegels mit den vorigen verbunden. Durch die Thematik des totalitären Staates, in dem der arme Professor Krug von Diktator Paduk, der ›Kröte‹, malträtiert wird, schimmert Nabokovs eigene europäische Vergangenheit deutlich genug hindurch. *Ada oder das Verlangen* gilt vielen als sein schönstes Buch, auf jeden Fall ist es sein dickstes, die Chronik der Liebe zwischen Ivan Veen und Ada. Dass das eine ›Familienchronik‹ ist, wie der Untertitel besagt, wird erst klar wenn Du erfährst, dass die beiden Geschwister sind.

Humbert Humbert, der schon etwas ältere Literaturwissenschaftler, ist völlig unspektakulär. Eigentlich ebenso wie Dolores Haze, bis eben auf die Tatsache, dass sie erst zwölf ist und Humbert um den Finger wickelt. Sie wird auch *Lolita* genannt, und ihre Geschichte ist d a s Skandalbuch der Fünfzigerjahre, das Nabokov weltberühmt und finanziell unabhängig machte. Er konnte seinen Job an der Universität an den Nagel hängen, die er in *Pnin* so unbarmherzig durch den Kakao zieht. Der obsessive Humbert also will Dolores, heiratet dafür sogar deren Mutter, aber es ist die Kleine, die ihn verführt, ohne sich ihm hinzugeben. Mit dem Rivalen Quilty, einer typischen Nabokov-Schöpfung, einer Figur ohne Substanz, mehr Dämon als Mensch, zieht sie übern Harz und in die Katastrophe. So etwas ist natürlich unverfilmbar, Stanley Kubrick hat es trotzdem unternommen, von Nabokov mit einem nicht verwertbaren Drehbuch ›unterstützt‹: Da hatte er sich mal überschätzt.

Ganz entgegengesetzt ist das Bild, das Nabokov im magischen Labor seiner *Erzählungen* abgibt. Hier probiert er neue Rezepturen für Schlaf- und Aufputschmittel, legt den Keim zur *Lolita* in die Geschichte vom *Zauberer* und entkernt seinen aufgegebenen Roman vom *Solus Rex*, bis nur noch das Schachproblem vom einsamen Schwarzen König übrigbleibt. Früh gibt er die weitere Erzeugung von Kurzprosa auf, um sich ganz der großen epischen Form zu widmen. Seine Ideen brauchen Platz.

Nabokovs amerikanische Jahre zeigen ihn auf dem Höhepunkt seines Metiers, der Mystifikation. *Das wahre Leben des Sebastian Knight* und *Sieh doch die Harlekine!*, beides fiktive Schriftstellerbiographien, letztere über einen gewissen Naborcroft oder so (wer das wohl sein mag?), umspielen sein Thema der mehrdeutigen Existenz ebenso wie *Durchsichtige Dinge*; in diesem Capriccio verfällt der Verlagslektor Hugh Person (durchsichtiger Name) den Reizen der kühlen Armande und dabei an Leib und Seele. Professor *Pnin*, ein zerstreuter älterer Herr mit auffällig falschen Zähnen, der seinem Autor bisweilen erschreckend ähnelt, ist das Original unter den Lehrkräften am Waindell College. Ihm passiert eine Menge Komisches, bis er die Kündigung erhält und erst in einem Nebensatz wieder auftaucht in: *Fahles Feuer*. So heißt das Poem, das der ebenfalls fiktive Meisterdichter John Shade verfasst hat, und so heißt Nabokovs bester Roman. Shades trübes Dasein an der Universität wird von seinem Kollegen Charles Kinbote ans Licht gezerrt, der sich als Herausgeber des Werks inthronisiert hat. Shade ist soeben erschossen worden und Kinbote auf der Flucht. Aber ist er tatsächlich dieser oder der exilierte König von Zembla – Cineasten denken gleich an den »Gefangenen von Zenda« mit Stewart Granger und James Mason (oder eine andere der sieben Verfilmungen), eine ebenso banale wie phantastische D o p p e l g ä n g e r geschichte – oder der wahnsinnige Exilrusse Botkin? Dafür spräche, dass auch Kinbote wie dieser homosexuell veranlagt ist und gleichgesinnte Studenten an seiner Universität beim Tischtennisspiel versammelt – von Semester zu Semester müssen immer neue Tische eröffnet werden! Über den Stand der Vermutung kommt die Geschichte nicht hinaus, in einem Spinnennetz von Indizien und Verweisen verwirrt sich der Geist des Erzählers ebenso wie der stets herausgeforderte detektivische Spürsinn des Lesers. Nabokov ist hier ein Riesenspaß gelungen und zugleich ein gültiger Kommentar zu jeder Diskussion über Kunst: Nie kann sie auf das Kunstwerk selbst Einfluss nehmen, denn es war zuerst da. Die Kritikerrunde: ratlos.

Nabokov entzog sich allen Diskussionen dadurch, dass er mit Vera nach Montreux am Genfer See zog – in das Palace Hotel, wo er den Rest seines Lebens verbrachte. Ein Exilrusse, der die Heimat stets im Herzen bei sich trug.

KAPITEL 9

CATCH AS CATCH CAN[179]
ODER
DER GESANG VOM ICH

Ich existiere nicht ... Und sollte einer so mißtrauisch, starrköpfig oder boshaft sein, um nicht zu glauben, was ich da so schlicht erkläre, oder sollte er, um mir Glauben zu schenken, noch irgendeiner eidlichen Bekräftigung bedürfen, so leiste ich Eid und Meineid darauf, daß ich nicht existiere. Zugleich verwahre ich mich feierlich gegen jede Neigung und jeden Versuch, mir die eindeutigen Attribute tatsächlicher Existenz anzudichten. Ja, nicht einmal ein Abbild bin ich, wessen immer man sich denken möge; das erkläre ich hier und verspreche, falls einer der unbelehrbaren Besserwisser darangehen sollte, Ähnlichkeiten aufzustöbern zwischen meinem Ich ohne Fleisch und Bein und einem beliebigen Individuum, das über alles verfügt, was einer Vivisektion unterzogen werden kann, daß ich aufstehen müßte zur Verteidigung meiner verbrieften Rechte auf freie Erdichtung und nach meinem Belieben unter Beiziehung von Zeugen den Beweis erbringen würde, daß ich niemand bin noch jemals jemand war oder sein werde.

Das ist, ich gebe es zu, etwas weitschweifig ausgeführt. Aber so eine Gründungsurkunde der Moderne braucht eben alles an Formelhaftigkeit, was die Amtssprache des Juristen bei solchen Gelegenheiten hergibt. Dass dieser Text mit dem ominösen Personalpronomen beginnt, gehört genauso zur Feierlichkeit des Augenblicks wie die Bekreuzigungen vor der Teufelsfratze der Besserwisserei – wir wissen doch selber schon alles am besten.

---

[179] Sogar mein Vater ging zum Catchen, damals noch ›Freistilringen‹, und amüsierte sich über Mustafa Schikane (Technik) und Thor den Wikinger (Gewicht), die unter dem Motto antraten: *Alles ist erlaubt* – wie in der Literatur der letzten hundert Jahre. Heute heißt das Ganze »Wrestling« und ist eine ganz traurige Angelegenheit.

Benito Pérez Galdós schrieb seinen Roman *Amigo Manso* im Jahre achtzehnhundertzweiundachtzig, und das gerade eben waren seine ersten Zeilen. Vielleicht kann man Galdós übertriebene Neuerungssucht nicht wirklich vorwerfen – sein Roman handelt von der liebenswert-resignierten Sicht eines Versagers auf das Hinterhoftreiben rings um seine letzte Rückzugsbastion –, aber intuitiv hat er die sich ankündigende Tendenz erfasst: Vom Ich ist zu sprechen und von nichts anderem.

Das ist neu? So viele Romane von *Robinson Crusoe* bis *Moby Dick* haben schon mit dem ›Ich‹-Satz begonnen. Das ist neu! Bisher wurde dieses Ich noch nie in Frage gestellt. Denn es ging doch bisher nie darum, Zweifel anzumelden, weder an seiner Realität noch an seiner Individualität, sondern immer wurde vorausgesetzt, dass dieses Ich ein funktionierendes Rädchen im Getriebe des romanhaften Geschehens ist. Bis zum ersten Mal danach gefragt wurde.

In seinen beiden Romanen *Einer, keiner, hunderttausend* und *Il fu Mattia Pascal* (*Der verblichene Mattia Pascal*) hat Luigi Pirandello, von dem ich Dir schon berichtete, das Ich-Problem vorgestellt. Wie, wenn ich ein anderer sein könnte? Was, wenn dieses Leben nicht das einzig mögliche wäre? Der Sizilianer schafft es, ganz eigene Stimmungen für die Antworten auf diese Frage zu erzeugen. Mattia Pascal flieht aus seinem Eheelend nach Monte Carlo, um dort mit einem Paukenschlag abzutreten. Stattdessen gewinnt er im Casino ein Vermögen und beginnt ein neues Leben mit neuer Identität. Doch selbst der Besuch seines leeren Grabes gibt ihm weder Lebensfreude noch Freiheit zurück. Der Roman *Einer, keiner, hunderttausend* rückt dem Problem von einer anderen Seite zu Leibe. Vitangelo Moscardo entdeckt im Spiegel, dass er nicht der ist, für den er sich selbst bisher hielt. Er will seinem Vorleben als Geldsack abschwören und gute Werke tun, aber je mehr er sich anstrengt, desto hysterischer reagiert seine Umwelt auf ihn. Sie kann sich mit dem ›neuen‹ Moscardo nicht anfreunden. Der letzte Ausweg ist, dass er sich selbst in die Anstalt einliefert; dort findet er den kosmischen Frieden.

Der Mummenschanz ums Ich vervielfacht sich im Werk des Portugiesen Fernando Pessoa. *Das Buch der Unruhe des Hilfsbuchhalters Bernardo Soares,* gerade zum ersten Mal vollständig deutsch, enthält die Aufzeichnungen von einer der vielen Ausprägungen seiner Identität; unter mindestens vier anderen Namen ist Pessoa seinem Thema, der individuellen Unsicherheit und Verlorenheit in der modernen Stadt – Lissabon – auf den Grund gegangen.

Wie sehr der Persönlichkeitswechsel als Thema in der Luft liegt, kannst Du daran erkennen, dass auch Thomas Mann, sicher kein Spezialist für Modernität, in seinem *Felix Krull* die große Tour des Hochstaplers durch den Identitätstausch mit dem reisemüden und liebestrunkenen Marquis de Venosta motiviert. Es würde nicht schwerfallen, das Motiv weiterzuverfolgen, bis es bei Max Frisch angekommen ist. Er wird den Faden wiederaufnehmen in seinen Romanen *Stiller, Mein Name sei Gantenbein* und *Homo Faber.* Stiller im Untersuchungsgefängnis weigert sich so gut er kann, Stiller zu sein, beim Gantenbein ist der Wechselwille schon im Titel angedeutet und Faber sieht, nachdem sein Flugzeug in der Wüste Tamaulipas notgelandet ist, dass seine Existenz auf Treibsand gebaut ist.

In Wien geht die Neuzeit[180] zu Ende. Sie war eine Zeit der Zweifel, die angemessene Reaktion auf die stolze Selbstgewissheit des Mittelalters, in dem Gott das Gegebene war und der Mensch seine beste Leistung darstellte. Drei große Kränkungen waren dem Beherrscher der Erde und der wilden Tiere seither widerfahren. Zunächst hatte Nikolaus Kopernikus aus Thorn das Sonnensystem neu konstruiert, und Galileo Galilei sah in Florenz

---

[180] Die anschließende ›Moderne‹ dauerte nur kurz; wir stehen ja schon in einer Zeit, die sich gerne als ›Postmoderne‹ ansieht. Wir zwei sind gespannt, wie es weitergeht. Aber egal, was wird, von übermorgen aus gesehen wird alles Bisherige zusammen nur wie eine endlose ›Antike‹ der Menschheitsgeschichte wirken.

alsbald in seinem selbst entwickelten Fernrohr, dass es richtig war, was Kopernikus in *De revolutionibus orbium caelestium* postuliert und Johannes Kepler in Prag nach ihm berechnet hatte: Nicht die Erde, sondern die Sonne befindet sich im Zentrum unseres Himmelskörpersystems. So verlor der Mensch die Zentralstellung im Universum. Diese kopernikanische Wende der Anschauungsrichtung warf natürlich sofort die Frage auf, ob Gott, wenn er schon die Schöpfung nicht um den Menschen herum angeordnet hatte, womöglich den Menschen gar nicht in das Zentrum seiner Schöpfung hatte setzen wollen? Die Antwort lieferte Charles Darwin in der *Entstehung der Arten*. Er hatte in unermüdlicher Arbeit auf seinen Forschungsreisen mit dem Schiff »Beagle« herausgefunden, dass am Stammbaum des Lebens für den Menschen nur ein junger Zweig an einem seitlich, recht versteckt wachsenden Ast reserviert war. Vielfalt der Arten bedeutet im Fall des Menschen, dass seine Ahnenreihe beim Affen beginnt und bis zur Amöbe hinunterreicht. Sagt nicht der Schöpfer in der Heiligen Schrift etwas anderes, und zwar: *Lasset uns Menschen machen nach unserem Abbild, uns ähnlich*? Darwin bewies eine andere Version der Schöpfungsgeschichte. So konnte es nicht gewesen sein.

In der Berggasse Hausnummer neunzehn macht sich der Nervenarzt Dr. Sigmund Freud daran, mit der dritten ›Kränkung‹ des Menschen das Maß seiner Desillusionierung voll zu machen. Haben wir als Mittelpunkt des Schöpfungsplans, als Gottes Ebenbilder und Sorgenkinder ausgedient, so sind wir jetzt nicht einmal mehr Herren unseres Selbst – vom Unterbewussten gesteuert, vom Unbewussten geschreckt, ist der Mensch nur eine willenlose Marionette, hilflos Trieben wie Hemmungen ausgeliefert. Freud selbst erfuhr das leidvoll auf seiner verspäteten Hochzeitsreise. Als er mit Martha, geborene Bernays, Venedig erreichte, stürzte dort auf dem Markusplatz vor dem Dom der

> Die drei Demütigungen des modernen Menschen bestätigen, was er insgeheim auch vorher vermutet hatte: Er ist nicht im Mittelpunkt von Gottes Plan.

berühmte Glockenturm, der phallusgleiche Campanile, in sich zusammen. Den armen Seelenarzt, mit der Symbolsprache der Träume bestens vertraut, quälten sogleich Versagensängste ...
Ein paar Häuser weiter, Sternwartestraße Nummer einundsiebzig, da wohnte der Dr. Arthur Schnitzler. Wien, neunzehnhundert: Freuds *Traumdeutung* erscheint. Schnitzlers *Leutnant Gustl* sinniert in einem ununterbrochenen Gedankenfluss, dem ›inneren‹ Monolog, über die Notwendigkeit, am nächsten Morgen abzutreten. Der lästige Bäckermeister kommt ihm freundlicherweise zuvor und rettet so Gustls Ehre. Arthur Schnitzler, den Du bereits als Dramatiker kennengelernt hast, hat auch der Prosa ein neues Gesicht gegeben. Freuds Theorien macht er zu Literatur, bis hin zur *Traumnovelle*, in der das Paar Fridolin und Albertine auf träumerische Weise seine ausgelaugte Ehe wieder auf Touren bringt. Dazwischen liegen Erzählungen: *Fräulein Else, Spiel im Morgengrauen, Dr. Gräsler, Badearzt* und Romane: *Frau Berta Garlan, Der Weg ins Freie*, in denen Schnitzler die gesellschaftliche Erstarrung seiner Zeit inklusive des allfälligen Antisemitismus sowie Wien und Österreich vor der Katastrophe beschreibt in konventioneller Aufmachung, aber mit allerneuester Erzähltechnik. Stets eröffnet er seine Geschichte mit der Andeutung verschiedener möglicher Handlungsverläufe, um dann die Hoffnungen von uns Lesern kunstvoll zu enttäuschen, seinen Figuren Mittelmäßigkeit, Trostlosigkeit und regelmäßig den Freitod zu verordnen. Dabei sind die Inhalte weit von den neuen Themen entfernt. Der ehrenwerte Dr. Gräsler beispielsweise muss erkennen, dass er der einzige Spießer unter Menschen ist, die aufrichtig versuchen, ihr Leben mit Sinn zu füllen. Diese Ambivalenz der Charaktere, dass es eben keine Helden mehr gibt – genausowenig wie richtige Schurken –, verschafft der neuen Literatur ihr unverwechselbares Gesicht. Moral als gesellschaftlicher Imperativ hat ausgedient, der moralische Mensch ist vielmehr derjenige, der s i c h treu bleibt. In Gräslers Fall ist es das Mädchen Katharina, die sich ihm mit Unbefangenheit hingibt. Der nach wie vor allwissende Erzähler – dessen Ruf als Herr über

Leben und Tod bereits schwer ramponiert ist, seine Tage sind gezählt – bewertet ihr Verhalten nicht als ›schlecht‹ oder verderbt, sondern als natürlich und kreatürlich; das ist mehr, als Gräsler je leisten kann. Schnitzler war im Schreiben wie im Leben ein Erotiker von Graden. Müde von so viel Ausschweifung stützt er sein Haupt in die Hand, die das Gesicht halb beschattet. Die Stirn ist hoch und schön, das blonde Haar trägt er seitengescheitelt. Die Augen blicken aus dem Halbschatten klug und intensiv, das Untergesicht ist von Schnurr- und Kinnbart verdeckt. Er hat Leid kennengelernt, das sieht man ihm an – seine Tochter nahm sich das Leben –, und er hat damit umgehen gelernt. Sein Formempfinden, sein untrüglicher Sinn für die Gestaltung des Stoffes erweisen ihn als großen Künstler, Wien aber wird durch ihn und nach ihm zu einem Zentrum der modernen Literatur.

Spezifischer Bestandteil der schnitzlerschen Erzählkunst ist die Todessehnsucht, der Todestrieb, ausgedrückt im Suizid. Natürlich ist der Lebensüberdruss nichts Neues unter der Sonne, aber wie da in Wien, in der Literatur und im Realen, junge Leute danach gieren, aus dem Leben zu scheiden, das muss man als Symptom erkennen: Die Zweifel der Neuzeit kulminieren im freiwilligen Verzicht auf die individuelle Zukunft. Die Moderne, das wird man noch sehen, betrachtet als zentrales Problem unser kollektives Überleben unter der Bedingung, dass wir uns selbst unsere Zukunft zunichte zu machen bereit, fähig und willens sind. Zwei große Kriege, Massenvernichtung, Wirtschaftskrisen und Umweltverbrechen lehren uns, für die nächsten Jahre mit allem zu rechnen, auch mit dem Schlimmsten.

Triest liegt da, wo die Adria zur Sackgasse wird, in einer uralten Grenzregion, heute: zwischen Italien und Slowenien, oder schon immer: zwischen romanischer und slawischer Welt. Einstmals gehörte es zur Donaumonarchie, lag hier die österreichische

Flotte vor Anker, die unter dem legendären Admiral Tegethoff (dem Namen nach ein Westfale – auch sie nicht als Wasserratten bekannt) zu ihrem einzigen Sieg vor Lissa auslief. Wenig später zog hier der Literat Gabriele d'Annunzio mit seinen Freischärlern vorbei, um die Nachbarstadt Rijeka, von der er meinte, sie hieße Fiume, für Italien zu annektieren. Dabei waren das einzig Kriegerische an dem kleinen Mann seine Säbelbeine. Aber wie so viele körperlich Zukurzgekommene hatte er Mut. So gelang das Unternehmen für einen historischen Moment, allerdings wurde er so auch zum ersten Fall eines Dichters, der sich für den Faschismus prostituierte. D'Annunzio wäre zu vergessen, hätte er nicht die letzte verzweifelte Ausprägung des Dandy verkörpert und dazu auch in subtiler Form literarisch fixiert. In dem Roman *Lust* porträtiert er sich selbst in dieser Rolle, auf der Jagd nach der Frau, die seinen Ansprüchen genügt, moralisch ohne Skrupel, aber gehemmt von seiner extrem ausgeprägten Sensitivität. Schließlich gesteht er sich ein, seinen eigenen Ansprüchen nicht gerecht zu werden. Seine Heldenzeit ist vorüber. Ein interessantes Dokument aus einer überlebten Welt der Verfeinerung und Sinnlichkeit, in der die angemessene Wahl des Blumenschmucks, der Garderobe, des Parfums über das Gelingen des Tages entschied.

Die Triestiner Verhältnisse mit ihren Groteskheiten reizen zum Schmunzeln; sie haben aber für einen kostbaren Augenblick ein anregendes und fruchtbares kulturelles Mikroklima geschaffen. Einen Glücksmoment lang wird Triest zum Brennpunkt der Moderne. Ettore Schmitz arbeitete hier als Bankbeamter und führte ein beschauliches Leben. Für die Kamera hat er sich herausgeputzt, korrekt ist seine Erscheinung. Der Schnurrbart verbreitet einen Hauch von Mondänem, die Kreissäge auf dem Kopf hat er keck in den Nacken geschoben, die weit auseinanderstehenden Augen verleihen ihm den neugierigen Gesichtsausdruck eines Laubfroschs. Er nannte sich als Schriftsteller Italo Svevo: Der Vorname könnte nicht deutlicher an das Land gemahnen, dem Triest nach dem Ersten Weltkrieg zugeschlagen wurde, während der Nachname stark nach ›Schwabe‹ klingt – Schwabe ist in vielen Sprachen das Synonym für Deutscher. Sein Thema ist die Resignation. *Das Bewußtsein des Zeno Cosini* besteht darin, dass er weder etwas geleistet hat noch dass es Hoffnung gibt, dass es mit ihm je besser wird. Seine Aufgabe sieht er im Weiterleben, im Trotzdem. Die Beschreibung, wie er bei seinem künftigen Schwiegervater die Frau seiner Träume kennenlernte, am Ende aber deren schieläugige Schwester bekam – sein existentieller Alptraum –, gehört zum Komischsten, was Du zwischen zwei Buchdeckeln gedruckt finden kannst. Zeno hat die Unbeholfenheit zum Prinzip erkoren. An ihr kann man nicht sterben, nur leiden; sein Lebensglück sieht er daher wie einen Dampfer an der Reede seiner Hoffnungen vorüberziehen.

Senilità (*Ein Mann wird älter*) zeigt uns die zweifelhaften Freuden des Emilio Brentani, eines älteren Herrn, mit seiner Geliebten. Allen seinen Bemühungen um ernsthafte Gefühle steht die junge Angiolina resistent gegenüber. Wie schön könnte das Alter sein, wenn man seine Triebe im Griff hätte! Eingebettet ist die fade Romanze in eine boshafte Beschreibung Triests und der Triestiner – ein Pfuhl der Verkommenheit.

Ein Leben ist der erste seiner drei Romane. Alfonso Nitti ist ein Bankbeamter mit literarischen Ambitionen und langweiligem Privatleben. Ah ha! Wie so viele hat also auch Svevo am eigenen Leben Maß genommen. Aber während das enttäuschende Dasein Nittis im Suizid ein Ende findet, wächst Svevo mit seiner Kunst über das Leben hinaus. Die Lakonie seiner Sprache, der Mut, mit dem er die Langeweile als Grundhaltung der Zeit ausmacht und sich beklagt, wie die Skepsis unser Leben vergiftet, wirken frisch wie am ersten Tag.

Svevo ist Individualist, er ist modern. Keiner Schule zugehörig, zeigt er uns Lesern in seiner Kunst nichts anderes als eine Maske seiner selbst im müden Taumel eines Triestiner Totentanzes. Wieder erweist sich die Provinz als Kraftwerk, deren Energie die literarischen Zentren Europas mit neuer Spannung versorgt: In der französischen Übersetzung wird die Geschichte von *Zeno* zum Erfolg, anerkannt und bewundert – und nachgeahmt – von Künstlerkollegen in Paris und anderswo. Da Svevo wie Zeno in die Firma seines Schwiegervaters eintritt, hat er es alsbald nicht mehr nötig, für den Lebensunterhalt zu schreiben. Er tut es zum Vergnügen. Auch seine *Erzählungen* variieren die Grundkonstellationen der Romane und spielen gleichzeitig mit bekannten Vorbildern der Literatur, wie die *Kurze sentimentale Reise* des in scharfem Konflikt mit der Realität stehenden Herrn Aghios zeigt, dem Titel nach dem Roman von Laurence Sterne huldigend, in dem ein Reverend Yorick auf seinem Trip im Stile des *Tristram Shandy* nichts erlebt, aber daraus viel Spaß bezieht.[181] Zeno Cosini liegt als erster Romanheld auf der Couch eines Psychiaters und macht sich darüber lustig – zur Strafe wird er als geheilt entlassen; nachdem eh schon alles zu spät ist, bleibt die Frage, wie er mit dem Rauchen aufhören kann, sein einziges verbliebenes Problem. *Letzte Zigarette!!!*, mancher hat sich das schon befehlen wollen, für Zeno wird die Raucherentwöhnung zur Lebensaufgabe, an der er lustvoll scheitert. Vor Svevo hatte noch keiner dieses Thema erkannt. So modern war er, dass selbst sein Tod der aktuellsten Technik verpflichtet war: Er starb bei einem Autounfall.

Für seine kaufmännischen Geschäfte und die Literatur schienen Ettore Schmitz Sprachkenntnisse hilfreich. Er lernte perfekt Deutsch und dann auch noch in der Berlitz-Sprachschule in Triest Englisch bei – James Joyce. Der war gerade frisch ange-

---

[181] *Yoricks empfindsame Reise durch Frankreich und Italien* heißt Svevos Vorbild. Über der Nennung des Zielorts *Tries...* bricht seine Erzählung und die Reise des naiven älteren Herrn ab. Fortgesetzt und zu Ende geführt wird sie von Emil Tischbein, der nicht nur wie Aghios, dessen griechischer Name ›heilig‹ bedeutet, während der Eisenbahnfahrt einschläft und wild träumt, sondern dem dabei ebenfalls sein Geld geklaut wird, obwohl es mit einer Stecknadel in der Tasche befestigt war. Er holt es sich am Schluss nach dem Willen von Erich Kästner wieder, wie der Romantitel *Emil und die Detektive* ja schon erwarten lässt, und kindliche Unbekümmertheit wird endlich belohnt.

kommen und brauchte wie immer Geld. Die beiden verstanden sich gut. Auch Joyce träumt von einer Schriftstellerlaufbahn. Sein Porträt leidet an der starken Brille, die er trägt – leicht wahnsinnig schaut er hinter seinen einmachglasdeckelstarken Brillengläsern hervor. Ansonsten ist grau der vorherrschende Farbton. Das Haar streng nach hinten gekämmt, das Mäulchen von einem spärlichen Oberlippenbart überhöht, sieht man ihm nicht viel mehr als den Sprachenlehrer an. Er wird es verschmerzen können, braut sich doch hinter seiner Stirn gerade der Sturm des Jahrhunderts zusammen.

So international sein Leben – Irland wird er nicht wieder betreten –, so ganz verankert im Milieu seiner irischen Heimat, in Dublin, ist sein Werk. Der sechzehnte Juni neunzehnhundertvier, ein Donnerstag, war der Tag, an dem Joyce mit seiner Frau Nora in Dublin das Schiff bestieg, und dieser Tag wurde durch ihn zum literarischen Datum, das man getrost mit jenem Karfreitag verklammern kann, an dem Dante in die Unterwelt aufbrach. Dieser laue Sommertag ist zum Bloomsday geworden, also jenem Tag im Leben des Leopold Bloom, der im magistralen *Ulysses* beschrieben wird. Bloom ist Außendienstmitarbeiter einer Tageszeitung, ist in den besten Jahren, ist Jude und mit Marion (Molly) verheiratet. Sein Tag beginnt mit den Ritualen des Morgens, dem Bereiten des Tees, Defäkation (die mit Eindringlichkeit geschildert wird) und erster Nahrungsaufnahme, zu der eine selbst gebratene Niere gehört, die dem Leser sozusagen in die Nase steigt – sie stinkt so, dass Molly sich derartige Frühstücksbarbareien verbittet und Bloom aus dem Haus jagt. Dublin bietet indes einige Abwechslung wie diverse Kneipen, eine große Beerdigungsszene, den Vorbeiritt des Vizekönigs, der die britische Majestät im unterdrückten Land vertritt, oder den nächtlichen Besuch eines Bordells. Dazwischen ist noch Platz für einen Strandspaziergang Blooms, bei dem es zu einem spontanen Liebesabenteuer mit der kleinen Gerty kommt, das die erläuternde Fachwelt die Nausikaa-Episode nennt. Denn der Tag des Leopold Bloom verläuft dem homerischen Epos vom gewitzten König von Ithaka und seinen Leiden und Freuden auf dem Heimweg von Troja parallel. Wenn Leopold Odysseus ist und Penelope Molly, die in ihrem großen Schlussmonolog ihre eigenen Vorstellungen vom Glück des Ehelebens zum besten gibt, dann braucht es auch beider Sohn Telemachos. Diesen hat Joyce sich aus seinem früheren Werk *Stephen Hero* oder *Porträt des Künstlers als junger Mann* ausgeborgt: Stephen Dedalus, so dass wir nicht daran zu zweifeln haben, wen der Meister mit dieser Figur gemeint hat. Der Autor spielt selbst mit.

Der *Ulysses* beginnt mit Stephens Erwachen und einer Parodie auf den katholischen Gottesdienstritus, und auch weiters sind in den Text eine Menge Frechheiten eingebaut, die seinerzeit für Furore sorgten, bis hin zu einer Art Hexensabbat, dessen sprachlicher Furor den Nebel in den Köpfen widerspiegelt, hervorgerufen durch erheblichen Alkoholmissbrauch. Die letzten fünfzig Seiten, die Abbildung von Mollys Gedankenwelt, nachdem Leopold neben ihr in Schlaf gesunken ist, werden dargeboten in der atemberaubenden Technik des Gedankenstroms ohne Punkt und Komma, die damals noch ganz neu und unverbraucht war. Allerdings zeigen sich auch die Gefährdungen der Moderne in einer Unart joycescher Prosa, wenn der Unterleibs- in den Herrenwitz umschlägt. Man sollte nicht alles sagen, geschweige denn aufschreiben, was einem gerade durch den Kopf geht. Generationen von Schriftstellern des letzten Jahrhunderts über Max Frisch in *Montauk* bis John Updike und Philip Roth machten aus diesen harmlosen Späßen ein unerfreuliches Genre: die Prostataliteratur über die sexuellen Nöte älterer Männer.

DIE MODERNE WIEDER EINE INITIALZÜNDUNG, DIE DIE BESTEN SACHEN GLEICH ZU BEGINN ENTSTEHEN LÄSST

Ulysses ist ein Buch für Forscher; wo man es aufschlägt, steckt es voller Interessantheiten, voller Rätsel. So eignet es sich für dicke Kommentare und erfordert einen so präzisen Übersetzer wie Hans Wollschläger, der mit seiner deutschen Fassung berühmt wurde. *Ulysses* ist die 1:1-Umsetzung des homerischen Epos in die Gegenwart, es könnte ein Hauptspaß sein, alle Anspielungen herauszuarbeiten. Es ist ein Buch über Religion. Es ist ein Buch über den Menschen, dessen einzelne Organe der Reihe nach abgearbeitet werden wie in einem Anatomieatlas. Es ist ein Buch über Literatur, die Szene auf der Entbindungsstation ist eine Achterbahnfahrt durch alle Sprachzeitalter, vom Angelsächsischen (bei Wollschläger: Mittelhochdeutschen) beginnend, und im Bordell geht es zu wie auf der Theaterbühne. Es ist auch ein Buch über Dublin, man kann darin mit dem Stadtplan in der Hand herumspazieren. Mit den *Dubliners* hatte Joyce eine Serie kurzer Skizzen geschaffen, die ihm ersten Ruhm brachten. *Die Toten* bilden den grandiosen Abschluss: Impressionen von einem großen Familienessen zu Allerseelen, bei dem sich die Teilnehmer der Reihe nach die Masken der Gutbürgerlichkeit vom Gesicht reißen. John Huston machte daraus seinen letzten Film. Das schmale Œuvre von Joyce enthält noch *Gedichte* sowie sein Spät- und Großwerk *Finnegans Wake*, das weder Anfang noch Ende hat, aber immerhin um das Leben des Ehepaars Humphrey Chimpden Earwicker und Anna Livia Plurabelle herum aufgetürmt ist und programmatisch mit der Anrufung von Adam und Eva einsetzt. Es handelt sich um eine Art Schrotthalde von Roman mit einigen wiedererkennbaren Teilen und einer Menge Sprache, die, obwohl gerade frisch aus der Presse, bereits verbeult, verbogen und ein für alle Mal unbrauchbar geworden ist. Der Urheber gab als Arbeitszeit am Werk siebzehn Jahre an, ähnlich lange bräuchten wir zur Lektüre. Als späten Salut an Joyce schuf Arno Schmidt *Zettels Traum* (Zettel ist eine Figur aus Shakespeares *Sommernachtstraum*, der junge Mann, der in einen Esel verwandelt wird – aber auch die Einzahl zur gewaltigen Materialsammlung, die Schmidt angelegt hat, in Zettelkästen). Noch ein Buch, das Du auf gar keinen Fall ›lesen‹ sollst: Hineinschauen solltest Du allerdings auf jeden Fall einmal.

Irland war mit *Gullivers Reisen* und dem schrulligen Bischof von Cloyne mit seiner Lehre vom *esse est percipi* oder: Es spielt sich a l l e s in unserem Kopf ab, bereits auf der Weltkarte des Querdenkens verzeichnet. Pünktlich zur Jahrhundertwende erlebte diese wahrlich grüne Insel mit Oscar Wilde, den Nobelpreisträgern William Butler Yeats – der sich für Feen begeisterte und sie auf die Bühne brachte – und George Bernard Shaw, dann mit Autoren wie Frank O'Connor, Sean O'Faolain und Liam O'Flaherty eine literarische Blütezeit. Sie haben einen irischen Ton geprägt, der zwischen Märchenstunde und untergründigem Freiheitsdrang schwingt: frei von der Krone Englands, frei wie eine Seemöwe über der Hafenmole von Galway mit freier Aussicht bis zur Freiheitsstatue am anderen Ende des Atlantiks.

Nachdem Svevo Joyce getroffen hatte, traf dieser Proust. Was sie sprachen? »Aimez-vous des truffes?« »Yes, I'm very fond of truffles!« Oder mit anderen Worten: Über Literatur wurde in dieser Zeit nicht geredet, sie wurde gemacht. Um Joyce, den Avantgardisten, ranken sich Geschichten und Anekdoten, die ihn zum Beispiel auch mit dem Komponisten Stravinsky in Verbindung bringen, einem weiteren Vater der Moderne. Immer geht es um die Verachtung des Bürgerlichen. Diese Verachtung ist Stilmittel, egal ob sie von oben herab, aus dem Blickwinkel elitärer Zirkel, oder von unten aus der Perspektive des Proleten trifft. Der Bürger, schon lange Straßenbild und Machtmittel beherrschend, soll als parasitäres und seiner Funktion nach überholtes Wesen bloßgestellt werden.

Joyces Leben ist selbst vielfach zu Kunst und zum Objekt von einer Menge Gelehrtenfleiß geworden. Einen Teil davon verbrachte er in Zürich, wo man heute den Platz zeigt, an dem er saß, Geschnetzeltes aß (in der »Kronenhalle«) und schrieb, und wo sich sein Grab befindet. Zürich war für einen Wimpernschlag der Zeitgeschichte hip, wurde hier doch »Dada« aus der Taufe gehoben. Und das ging so: Der Begründer der Stilrichtung, Hugo Ball, der in Zürich sein »Cabaret Voltaire« für spektakuläre und provozierende Aktionen nutzte, fand den Namen durch die altehrwürdige Methode des ›Bibelstechens‹. Er stieß ein Messer, feinere Gemüter würden eine Nadel verwenden, in ein deutsch-französisches Lexikon und fand an dessen Spitze das Lemma dada = Steckenpferd kleben; so hieß dann die Bewegung. Es gibt auch andere Taufmythen, dieser gefällt mir aber so gut, weil er Bedeutsamkeit inszeniert. Ein Buch zufällig aufschlagen und die gefundene Stelle wichtig nehmen ist ein alter Ritus. Goethe, der sich selbst einen ›Glücksaufschlager‹ nannte, hat diesem Kult gehuldigt.

Das Wesen von Dada, seine Besonderheit verkörpert Kurt Schwitters aus Hannover, der Maler, Architekt, Schriftsteller und alles Mögliche war – eine Spur Größenwahn gehört zu Dada dazu. Schwitters nannte seine Kunst MERZ (aus comMERZbank) und schuf sich die imaginäre Partnerin Anna Blume, der er Elogen dieses Kalibers widmete:

Herrlichste von allen,
du bist von hinten wie
von vorne »anna«.

Noch heute aktuell: die *Ursonate*, die Schwitters als Sprachkomponisten zeigt und die er auch selbst aufgeführt hat:

Fümms bö wö tää zää Uu,
pögiff,
kwii Ee

(das ist erst die Einleitung!). Das führte direkt zu so etwas:

minz den gaawn
ganz den eschn
ruttl znop.

So beendet Ernst Jandl, der komische Sprachakrobat der Jetztzeit, seine *szenen aus dem wirklichen leben.*

Malerei, Musik und aktionistische Darbietungen drücken die Haltung der ›Avantgarde‹, der künstlerischen ›Vorhut‹, jetzt spontaner aus als Literatur. Improvisation ist der Stil der Zeit – leider hasst Literatur die Improvisation. Deren Wesen besteht darin, die Spannung des künstlerischen Moments unmittelbar in das Werk umzusetzen; beispielsweise entstehen Serien von Ölgemälden innerhalb kürzester Zeit, sodass die Farbe kaum Zeit genug zum Trocknen hat, oder musikalische Aufführungen werden zu Live-Events, die unwiederholbar ihren Experimentalcharakter dadurch zeigen, dass nach keinem festgelegten Notentext gespielt wird.

Die meisten Dichter verweigern sich solchem Enthusiasmus. Sie trennen sorgfältig Erlebnis und Ergebnis. Auch wird nach wie vor in klassischer Manier erzählt, allerdings eine Spur raffinierter als früher. Zur Voraussetzung dafür, dass trotzdem etwas Neues herauskommt, wird die hinzugewonnene Mobilität. So ist die Überwindung großer Entfernungen, etwa die Atlantiküberquerung, inzwischen mit einem angemessenen Maß an Schnelligkeit und Bequemlichkeit möglich, aber auch Afrika und Asien liegen in einer Distanz, die den Literaten eine Autopsie ermöglicht. Zentrum für die Veröffentlichung der Ergebnisse ist London. Henry James, reicher Sohn eines amerikanischen Intellektuellen und Bruder des Erfinders des ›Pragmatismus‹[182], kommt hierher und Joseph Conrad, der in Polen geboren wurde, in der russischen Verbannung aufwuchs und schon ein Leben als Handelsschiffkapitän hinter sich hat. Mit Frauen wie Edith Wharton und Violet Hunt erweitert sich die Gruppe, ein paar Neugierige stoßen dazu. Sie alle sind Relikte des Neunzehnten Jahrhunderts,

---

[182] William James schuf auch den Begriff des ›Bewusstseinsstroms‹. Dessen literarische Fixierung als Gedanken- oder Erzählstrom sollte dem kommenden Literaturjahrhundert neue, unerhörte Möglichkeiten erschließen, das Innenleben der Akteure seiner Romane zu erforschen und davon auch Kunde zu geben. Für Bruder Henry kam das noch zu früh, James Joyce dagegen gerade recht für seinen *Ulysses*.

jeder Zoll ein Gentleman (oder Lady) und Schriftsteller alter Schule. Doch als Schmuggelware haben sie die Moderne im doppelten Boden ihrer Schrankkoffer versteckt. Conrad schickt seinem frisch zugezogenen Nachbarn James seinen neuen Roman, es ist sein dritter, *Der Nigger von der »Narcissus«*. *Cher maître!* beginnt der beigelegte Huldigungsbrief, in dem Conrad dem Kollegen das Werk mit dem besonderen Hinweis auf seine Kürze ans Herz legt. Die beiden werden sich in Zukunft auf Französisch miteinander unterhalten. Bei aller gegenseitigen Hochachtung, verschiedener als die zwei können Schriftsteller nicht mehr sein, nicht nur, weil James' Romane stets dreimal so dick sind. Sondern, weil der eine unter Abenteuer das Brechen von Masten und Menschen in Todesgefahr versteht, während dem anderen schon ein scharfes Hüsteln oder eine Übersäuerung des Magens als Anzeichen eines Extremzustandes gelten. Auch, weil der hypochondrisch veranlagte Leichtmatrose auf der »Narcissus« eine Gesellschaftsschicht repräsentieren – die unterste –, die Henry James niemals eines geschriebenen Wortes für würdig halten wird.

James schaut bräsig, kurzsichtig und entschieden humorlos drein – so hat ihn sein Künstlerkollege John Singer Sargent nicht ganz ohne Bosheit porträtiert; ausgestattet ist er mit einem Kahlkopf und einem erheblichen Embonpoint; eins seiner Augen allerdings, man kann nicht genau entscheiden welches, wirft unter dem müden Lid einen Blick wie ein Pfeil. Dieser Mann verbirgt hinter der Maske der Gleichgültigkeit einiges an Unkonventionellem. Conrad, Gesichtshaut wie allerzartestes Pergament, wettergegerbt, Züge mit einem Einschlag ins Kirgisische, blickt kühn in weite Fernen, wie es sich für den Kapitän auf der Kommandobrücke schickt. Er trägt auf manchem Photo zur Tarnung den Bowler des geschäftssinnigen Londoners auf dem Kopf. Dabei ist er der Galeerensklave, der Schreiben als Broterwerb betreibt und sich unter diesem Druck ein Dutzend Romane und eine Menge Erzählungen abwringt – James hat das Schreiben nicht nötig, produziert dabei allerdings nicht weniger als fünfunddreißig

Bände, von denen noch keineswegs alles auf Deutsch erschienen ist.[183] In seinem Erstling *Roderick Hudson* beschreibt er die Gefahren für einen Mann, der als Jungstar der Kunstszene beginnt: Bildhauer Hudson scheitert an seiner Überheblichkeit; am Ende stürzt er (sich) von einem Alpengipfel. Hier und anderswo gibt uns James ›Zeichen‹, Signale für das Verständnis des einzelnen Werks und dafür, in welcher Tradition er sich sieht. Der Alpengipfel und das Künstlergenie sind natürlich eine Erinnerung an typische Zutaten der Romantik, später wird die Renaissance solche ›Zeichen‹ ihres Einflusses setzen, wenn ein Porträt von Bronzino sozusagen aus dem Rahmen steigt oder eine kostbare Kristallschale einen verborgenen Sprung hat als Symbol für die Mesalliance zweier Herzen. Die junge Geliebte Hudsons, Christina Light, die den Leichtfuß im Künstler erkennt, aber durch ihre Heirat mit einem öden Vertreter des Hochadels selbst durchschaubar wird in ihrer berechnenden Haltung, begegnet uns später als genauso anarchistisch wie idealistisch verblendete *Prinzessin Casamassima* wieder, in dem Roman mit der langatmigsten Einleitung, die je vor einer fehlenden Handlung stand – die Prinzessin erfreut uns erst kurz vor Halbzeit des Romans mit ihrer Gegenwart, und die

> Große Romane, bei denen das Thema fast egal ist. Alles entwickelt sich aus der Stimmung der Dialoge, die Charaktere von zum Teil diabolischer Durchtriebenheit in Erscheinung setzen.

---

[183] Das weckt die kritische Neugier, auf jeden Fall dessen, der die dreizehn Bände der deutschen Ausgabe bei Kiepenheuer&Witsch sowie das zerstreut Erschienene schon kennt. Also heraus mit der Sprache: *The Awkward Age – Das ätzende Alter* ist ein Roman über die Schwierigkeiten, aufmüpfige junge Damen (daher der Titel) der Gesellschaft unter die Haube zu bringen. Das erschien bislang nicht prickelnd genug, um es einzudeutschen, allerdings hat der Meister des Salongezischels in das seichte Plätschern der Dialoge wieder einiges Gift gemischt. Bei Joseph Conrad liegt der Fall einfacher, die bewährte neunzehnbändige Ausgabe bei S. Fischer bringt alles, was das Herz begehrt.

von ihr huldvoll unterstützte terroristische Aktion kommt nie zur Ausführung.[184] Als Anarchistin ist die Prinzessin eine Niete.

Henry James kennt noch die Freuden der Salons, in denen Konversation und Politik gemacht sowie Ehen gestiftet werden. Hier treffen sich die im Herzen alten Europäer mit ihren Vettern aus Übersee, reichen und gelangweilten Amerikanern, die neuen Antrieb, Inspiration suchen und dabei frischen Wind in verstaubte Paläste bringen. *Der Amerikaner* Christopher Newman ist – schon dem Namen nach – der neue Mann, der aus der neuen Welt in die alte kommt, hier noch ganz im Stil eines Eroberers: Amerika hat das Geld, sich die Kultur Europas zu kaufen, und umgekehrt ist hier der Stil, der die Zugewanderten anzieht, formt und bildet. *Die Europäer* variieren das Grundmodell unwesentlich, indem sie nach Amerika zurückkehren. *Daisy Miller* sucht sich im ungesunden Salonklima auf unkonventionelle Art den attraktivsten Verehrer aus und muss dafür büßen, *Die Damen aus Boston* führen uns James' Version der modernen Frau vor. Es war die Zeit der ersten Aktivistinnen: Als ›Suffragetten‹ (suffragium gleich Abstimmung) forderten sie damals gerade das Wahlrecht für Frauen ein. James' Standpunkt ist, wie könnte es anders sein, distanziert, als böse Parodie auf diese Freiheitsbestrebungen zeigt er Dir das *Porträt einer Dame:* Isabel Archer übt ihr Wahlrecht aus, indem sie – den falschen Mann nimmt. Mit dem ekelhaften Gilbert Osmond quält der Autor seine Isabel und uns Leser über fünfhundert Seiten. *Die Erbin vom Washington Square* leidet an ihrem gefühlskalten Vater, aber

---

[184] Es ist leicht, Boshaftes über James' Romane zu sagen. Robert Neumann hat in einer genialen Parodie seine Selbststilisierung zum ›Meister‹ lächerlich gemacht: ein Korrektiv, wenn nicht ein Gegengift, wie James es braucht. Aber je mehr man von ihm liest, je mehr man an seinen Romanen dahinaltert, desto grandioser trennen sich Masche und Majestät seiner Werke vor dem Auge des Lesers. Schließlich erkennst Du: Das hat was!

auch an der Habgier ihrer Verehrer. Da endet man leicht als alte Jungfer.

Zwischen den eleganten Romanriesen sind *Die Aspern-Schriften*, gerade neu eingedeutscht, ein zwinkernder kleiner Gartenzwerg, eine selbstironische Novelle über einen längst toten Autor, dessen Nachlass von einem glühenden Verehrer in Venedig gesucht und gefunden wird. Allerdings ist ihm, der seine peinvolle Geschichte auch noch in eigener Person erzählen muss, der Preis für das bisschen Papier – die Hand der vertrockneten Miss Tina, der Nichte von Asperns einstiger Flamme – entschieden zu hoch. Er versucht anders, nämlich mit List und Gewalt, an seinen Schatz zu kommen; der Leser quittiert es mit Bauchschmerzen. Die werden jedoch versüßt durch die Darstellung der Lagunenstadt, die in einem goldenen Nebel erscheint, als wäre sie von William Turner gemalt.

Henry James machte zehn Jahre Pause von großen Romanen und schrieb stattdessen eine Reihe von Schauergeschichten, etwa *Owen Wingrave*, der dann von Benjamin Britten veropert wurde. Der hoffnungsvolle, der Kunst zu- und allem Militärischen abgeneigte Owen lässt in einem Spukhaus bei einer Art Mutprobe sein junges Leben. Ähnlich makaber sind einige andere Geschichten, die das Thema vom ›ungelebten Leben‹ variieren. Die Vorliebe für Gänsehaut hatte James mit seiner Busenfreundin Edith Wharton gemein, die ebenfalls Beiträge zum Genre lieferte.

Mit *Maisie* setzt dann wieder die Großproduktion ein; diesmal die Geschichte eines Scheidungskindes, das Einfluss auf die weiteren Beziehungen der Eltern nimmt. Das Thema ist ganz neu und die Verschiebung der Erzählperspektive auf das junge Opfer sensationell, aber: Wenn James etwas nicht kann, dann lustig sein oder sich in Kinder hineinversetzen. *Die Schätze von Poynton* sind wieder sein eigentliches Metier. Es geht um den zähen Kampf verschiedener Generationen um ein preziöses Erbe auf einem englischen Landsitz, das als Mitgift dienen soll. Schließlich geht alles in Flammen auf. *Die Flügel der Taube* gehören ebenso zu einem manieristischen Meisterwerk der Malerei[185] wie zu einem ätherischen Wesen aus Übersee. Die Geschichte hat die Qualitäten eines Kriminalromans. Ein intrigantes Pärchen, das an einem wohldosierten Maß an Armut leidet, nimmt den Kampf um ein Millionenerbe auf: Kate und Merton lieben sich mit gebremstem Schaum, wollen an das Geld der todkranken Amerikanerin Milly Theale und schrecken nicht davor zurück, ihr Gefühle vorzugaukeln. Durch die Heirat mit der wundervollen Milly – deren Schönheit mit dem Renaissancegemälde rivalisiert – soll Merton sich sanieren und ihr alsbald zu erwartendes Ende abwarten. In der ungesunden Pracht eines venezianischen Palazzo kommt es zum Showdown ... *Die goldene Schale* markiert das Maximum an Reduktion: Der großartige Fürst Amerigo heiratet die Amerikanerin Maggie, liebt aber deren Freundin Charlotte, die ihrerseits Maggies Vater ehelicht. Maggie schafft es nun, ihren Mann zurückzugewinnen; das andere Paar verlässt daraufhin Europa Richtung Amerika. Sein Konzept, alle Handlung dem Dialog anzuvertrauen, hat James inzwischen aufgegeben; an dessen Stelle tritt die symbolische Handlung, die die eigentliche ersetzt und das Geschehen erläutert: Der Kauf der Kristallschale etwa, die Hochzeitsgeschenk von Charlotte an Maggie sein soll und wegen ihres verborgenen Mangels dann (zunächst) doch nicht erworben wird, enthält das komplette Dilemma aller vier Personen. Das ist meisterlich, aber eben auch spröde wie Glas.

---

[185] Henry James zeigt hier Verstand und Geschmack. Verstand, weil er die zukunftsgerichtete Kraft des Florentiner Manierismus erkannte, die gerade erst jetzt weltweit wiederentdeckt und gefeiert wird. Geschmack, weil er Bronzino als ›Autor‹ dieses fiktiven Werkes der Malerei wählte. In den Uffizien am Arno hängen seine berühmten Bildnisse der Eleonora von Toledo: Verehrender, magischer, liebevoller ist eine Frau nie porträtiert worden!

Lord Jim kennen auch die, die von Joseph Conrads Meisterschaft des Erzählens sonst nichts wissen. Das Thema ist die Bewährungsprobe, die ein junger Mensch nicht besteht. Als Seeoffizier glaubt er bei einem Schiffsunglück versagt zu haben; der genaue Hergang bleibt unklar. Er flieht vor der Welt in den letzten Winkel von Unberührtheit, auf der Suche nach einer neuen Chance. Auch hier, unter Malaien, holt ihn sein Problem ein, und der junge Mann zeigt seine Größe ein letztes Mal im Untergang. Das Ganze hat die nüchterne Form eines Berichts, einer bruchstückhaften Mitteilung über ein gescheitertes Leben, und im tragischen Moment verlieren wir Jim, den Helden, in einem feuchten Dunst aus den Augen.

Mit den zusammengehörenden Romanen *Der Verdammte der Inseln* und *Almeyers Luftschloß* begann Conrads Erzählerlaufbahn. Die eindrucksvolle Figur des Kapitän Lingard, der später wieder in *Die Rettung* auftauchen wird, und die Schauplätze auf Borneo kannte er bestens – der echte Lingard wurde auf der Insel nur »Lord Jim« genannt. Der depressive holländische Kolonialbeamte Kaspar Almeyer, der erst seine Frau, dann auch seine Tochter nicht bei sich halten kann, ist gleich Conrads Galions-Figur: so gelähmt und von ›des Gedankens Blässe angekränkelt‹[186] werden seine Helden sein. Im Tropenklima verfaulen ihm seine Ambitionen genauso wie die Pfeiler seines Traumhauses. In der Erzählung *Jugend* kommt wieder das Bewährungsthema, verbunden mit dem Abenteuer eines brennenden Schiffs, direkt danach erscheint *Das Ende vom Lied* über Kapitän Whalleys letzte Fahrt. *Taifun* schildert hyperrealistisch eine Naturkatastrophe in ihren Auswirkungen auf die Seelen der Opfer. Mit dem Erinnerungsbuch *Der Spiegel der See* verabschiedet sich Conrad für viele Jahre von seinem Lieblingsthema, den südöstlichen Gewässern. Es folgt *Nostromo*, sein ambitioniertestes Werk, in dem er einen

---

[186] Hamlet heißt der Ahnherr all dieser Versagertypen, und das böse Diktum kommt aus seinem eigenen Mund, kurz nach ›Sein oder Nichtsein‹, 3. Akt, 1. Szene.

zwischen Diktatur und Revolution schlingernden Phantasiestaat[187] an der Pazifikseite Südamerikas vorführt; der Titelheld, ein abenteuernder Genueser, ist ›Mann des Volkes‹ und Konterrevolutionär in Personalunion; er rettet das Land und verrät seine Ideale, bevor ihm selbst der unterschlagene Silberschatz und die Liebe den Garaus machen. Nostromo bedeutet ›Unser Mann‹ und bezeichnet den Rang eines Maats; Name und Titel werden in Ridley Scotts Film »Alien« ehrenhalber dem Raumschiff verliehen, das den außerirdischen Schrecken in die Welt trägt. *Mit den Augen des Westens* über den russischen Verräter[188] Kyrill Rasumow, *Spiel des Zufalls* mit der charakterfesten Flora de Barral und erstmals dem Kapitän Marlow – sonst eine eher leicht auf den Wellen schaukelnde Geschichte –, vor allem aber *Der Geheimagent* folgen. Dieser Roman schildert die anarchistischen Umtriebe eines farblosen Herrn Verloc, der von der eigenen Ehefrau zur Strecke gebracht wird. Conrad widmete das Buch H. G. Wells, wohl weil er meinte, sich damit dessen Kunst angenähert zu haben. In Wahrheit ist er aber schon viel weiter. Hitchcock wird den *Geheimagenten* mit geringen Veränderun-

---

[187] Ein Meisterstück der Namengebung: Das obskure Land, in dem ergiebige Silberminen Imperialismusträume heißlaufen lassen, heißt Costaguana. Im Gegensatz zur Costa Rica, der fruchtbar ›reichen‹ Küste, ist diese karge Weltgegend auf Guano – aus Exkrementen von Seevögeln – gegründet, der immerhin als mineralischer Dünger (oder Grundlage für Sprengstoff) abgebaut und weiterverarbeitet werden kann. Kurz nach Freuds *Traumdeutung* (WW II/III, 408) macht Conrad hier die sinnfällige Gleichung Geld = Kot auf, die seither Stoff für Parolen liefern sollte. Bürgerlich heißt der Nostromo Gian Battista Fidanza; in seinem Nachnamen klingt die ›Treue‹ an, die Tugend, die ihn erst erhebt, um ihn dann zu vernichten. Gute Namen zu finden bleibt ein schwieriges Geschäft der Literaten, dem feinsinnigen Joseph Conrad gilt hier unser Dank; er kann's.

[188] Natürlich ist auch der Verrat – in Liebe, Freundschaft und Politik – Conrads Thema, denn Verrat ist das Gegenteil von Bewährung, ihr Scheitern.

gen verfilmen[189] und das wegweisende Thema so im Kopf aller Kinoliebhaber verankern. Mit der Südseegeschichte *Sieg* kehrt Conrad in die ihm vertrauten Gewässer zurück. *Die Schattenlinie* verläuft zwischen unbeschwerter Jugend und der durch ›Bewährung‹ eingeleiteten charakterlichen Reife. *Der goldene Pfeil* ist ein exotisches Stück aus Spaniens wilden Zeiten rund um die betörende Rita de Lastaola. Das Duell, das der Held ihretwegen austrägt, hat Conrad selbst in seinen jungen Tagen ausgefochten. Auch in einer Erzählung dieses Namens kommt es vor.

Das wichtigste Stilmittel von James ist der entlarvende Dialog, der unverfänglich beginnt und nach und nach die Figuren enthüllt, die Charaktere freilegt. Bei Conrad ist es die Dämpfung. Er kocht das Abenteuer auf kleiner Flamme, liebt den indirekten Blick auf die Aktion. Je schemenhafter bei beiden die Umrisse der Handlung werden, desto deutlicher treten die seelischen Profile der Personen hervor. Noch mehr verschwimmt alles, was man ein soziales Umfeld nennen könnte. Beide interessieren sich schlicht und einfach nicht dafür. Stattdessen konzentrieren sie all ihren Scharfblick auf das Innenleben der meist an einer Hand abzählbaren Akteure. Alle Späteren würden sonstwas darum geben, Figuren so charakterisieren zu können.

In ihrer Nähe ließ sich auch Stephen Crane nieder, dessen kleiner Roman *Die rote Tapferkeitsmedaille* die ernüchternden Erlebnisse von Henry Fleming im Amerikanischen Bürgerkrieg mitteilt. In der Schlacht erlebt er sich selbst von einem Moment auf den anderen als Held und Feigling. So konventionell die Thematik, in seinen hingetupften Szenen fasst das Buch die neue Art des Sehens in Worte. Auch bei Crane überlagert ein Nebel – in diesem Fall: Pulverdampf – den Blick auf die Ereignisse. In der Verfilmung von John Huston spielt ausgerechnet Audie Murphy den Fleming. Er war der höchstdekorierte amerikanische Soldat des Zweiten Weltkriegs. Cranes persönliches Schicksal erinnert

---

[189] Bei uns heißt der Film etwas irreführend »Sabotage«.

an das von Robert Louis Stevenson; nach einem kurzen, abenteuerlichen Leben raffte ihn die Tuberkulose dahin.

Der Kreis um Henry James war auf den hohen Ton der Seelenentblößung gestimmt. Programmatisch passend waren die privaten Beziehungen der Literaten auf erotische Attraktion bis zu sexuellen Bäumchen-wechsel-dich-Spielen gegründet. Selbst eingefleischte Homoerotiker konnten sich dem nur schwer entziehen. Ohne kluge Frauen wie Edith Wharton oder die umtriebige Violet Hunt wäre ein solcher Reigen nicht möglich, auf gar keinen Fall aber unterhaltsam gewesen. Ford Madox Ford schuf in diesem Klima seine Tetralogie *Das Ende der Paraden*, die gerade jetzt erstmals auf Deutsch erschienen ist, um den Gentleman Christopher Tietjens und seine flatterhafte Frau Sylvia (in der er Violet verewigte) und deren verstörende Begegnung mit der gesellschaftlichen Realität im Schatten der neuen Zeit, die durch den Ausgang des Krieges geprägt ist: Mit den Herrschaften ist es genauso vorbei wie mit den freundschaftlichen Beziehungen zu Deutschland, woher auch Fords eigene Vorfahren stammten. Mit Joseph Conrad zusammen verfasste er *Bezauberung*, einen dicken Abenteuerroman über einen unfreiwilligen Schmuggler. In der *Allertraurigsten Geschichte* lässt er ein verhängnisvolles Eheviereck aus der gehobenen englischen Gesellschaft in der deutschen Kur schmoren. England und Deutschland – Königin Victoria aus dem Hause Hannover und ihr zeitweiliger Lieblingsenkel Wilhelm der Zweite –, die Spannung dieser und anderer deutsch-englischer Beziehungen entlud sich im Großen Krieg, der der nationalen Rivalität fürs erste die Grundlage entzog. Der fällige Untergang wurde dem British Empire noch ein Weilchen aufgespart.

Als Rabindranath Tagore das erste Mal nach Europa kam, wurde England endlich bewusst, dass seine Kolonie Indien, damals auch: Bengalen, eine eigene Kultur besaß. Tagore war die

> Die Seefahrt eignet sich als Thema, weil sie ganz offenbar dem Lauf des menschlichen Lebens ähnelt, bis hin zum Schiffbruch mit und ohne Zuschauer.

Sensation der Saison und erhielt den Nobelpreis. In England alsbald wieder vergessen, hat sich sein lyrisches Werk vor allem in deutschen Vertonungen bewahrt. Seine spirituelle Kraft begeisterte Komponisten wie Alexander von Zemlinsky oder Hanns Eisler, die Du beide gleich wiedertreffen wirst. Tagore bot genau das Maß an Exotik, das hierzulande verträglich war:

Am Himmel rumoren die Wolken, Regen strömt herab.
Allein sitz ich am Ufer, ohne Hoffnung bin ich.
Stöße von Reisgarben überall, die Ernte ist vorbei.
Der schwellende Fluß wogt hart und gewaltig:
Regenschauer überraschen die Schnitter.

Kein Poet hat uns seitdem wieder mit einem genuin indischen Ton erreicht.

Um exotisch zu wirken, muss man nicht aus Übersee sein. Es reicht zuweilen, wenn man über die Karpaten gestiegen kommt, um die kulturellen Zentren Europas in Staunen oder Schrecken zu versetzen. Letzteres hatte ja bekanntlich der untote Graf *Dracula* in seinem Reisesarg zuwege gebracht und sich damit prompt den Gegenbesuch des Professors van Helsing mit dem Holzpflock auf den Leib geholt. Ungefähr zur selben Zeit, als der Ire Bram Stoker den, als Dokumentensammlung getarnten, schauerlichsten aller Schauerromane verfertigte, bezog auch Constantin Brancusi (Du kannst den Namen sprechen, wie man ihn schreibt; die vertrackte rumänische Aussprache wäre etwa: Brinkusch) sein neues Atelier in Paris. Er ist die erste von drei großen Gestalten, die genuinen Balkan in ihrer Kunst verkörpern werden. Brancusi wird zum größten Bildhauer des neuen Jahrhunderts. Seine Objekte oszillieren zwischen rohem Atavismus, Handschmeichlerei und der Eleganz von Raumflugkörpern, die bis dato ja nur aus der Phantasie von Jules Verne bekannt waren. Seine größte Schöpfung, die »Unendliche Säule«, werde ich wohl nicht mehr zu sehen bekommen, aber Du: Sie befindet sich in Târgu Jiu, schraubt sich in zweiundzwanzigmeterhoher eleganter Monotonie in den rumänischen Himmel und hat sowohl der Witterung als auch den Anschlägen des technisierten Totalitarismus (man versuchte sie mit Hilfe eines Traktors flachzulegen, was grandios misslang) widerstanden.

Sein Landsmann Émile Cioran kam etwas später nach Paris. Er ist der Denker des ›Ohne mich‹. Bei bevorstehendem Weltuntergang wird er kein Apfelbäumchen pflanzen, sondern sich noch einmal im Bett herumdrehen. *Syllogismen der Bitterkeit* heißen seine Kommentare zur Lage des Menschengeschlechts, an dessen besten Freund er bei dieser Gelegenheit mal wieder erinnert: *Prometheus wäre heute Abgeordneter der Opposition.*

Einen noch weiteren Weg zu den Metropolen des Westens hatte der in Bulgarien geborene Elias Canetti, ein Meister der Vielsprachigkeit. Seine auf Deutsch geschriebenen Werke zeigen die Welt des Geistes im aussichtslosen Kampf mit der barbarischen Realität. *Die Blendung* des Peter Kien führt dazu, dass seine vieltausend Bücher ihm sinnlos werden: Er verbrennt sich mit ihnen. Der irreale Roman nimmt die realen Verbrennungen in Berlin und Wien vorweg. Als Zeitfigur hat Canetti seinen größten Auftritt, entsprechend sind die Erinnerungen an sein frühes Leben (*Die gerettete Zunge – Die Fackel im Ohr – Das Augenspiel*) auch seine größte Leistung. Als Kronzeuge der Unbehaustheit und Entwurzelung des Denkers in totalitären Zeiten erhielt er den Nobelpreis. Er starb als britischer Staatsbürger in Zürich.

Ezra Pound, der elegant-elitäre Dichter der *Cantos*, war ein Bewunderer des Faschismus; dafür musste er ins Irrenhaus und entging nur so der Todesstrafe. Sein weitschweifendes Werk von geplanten hundertzwanzig Gesängen ist auf den fragmentarischen Gedanken angelegt, der in ein zwischen Dante und (Walt) Disney gespanntes Netz von Bezügen und Verweisen eingebettet ist. Dafür genoss er höchstes Ansehen und erste Förderung im Kreis um James und Ford, bevor er ganz nach Italien (in den Dunstkreis des Duce) verzog. Im

> Jenseits der Karpaten lauern erregende Abenteuer des Geistes auf uns.

selben Umfeld bewegte sich auch der Franzose Paul Bourget, gerade erst wieder ins Blickfeld gekommen mit seinem neu aufgelegten Roman *Ein Frauenherz*: ein Fest für alle, die Subtilität im Kampf um die Tugend zu schätzen wissen. Thomas Stearns Eliot, seinerseits Schützling von Pound, wie dieser aus Amerika nach England gekommen und auch als Erfinder der *Cats* bekannt, findet mit dem Poem *Waste land – Das wüste Land* die passenden Worte für das neu erkannte Problem der Einsamkeit des Einzelnen – sie sind zum Teil Richard Wagner abgelauscht. Zwei noch lebendige Theaterstücke hat er geschrieben. Der *Mord im Dom* fällt den aufrechten Erzbischof von Canterbury und katholischen Märtyrer Thomas Becket, der gegen König Heinrich II. und sich selbst standhaft geblieben ist. *Die Cocktail Party*, eine Komödie in gebundener Rede, führt die bessere Gesellschaft dabei vor, wie sie sich schon zu Ende amüsiert hat, bevor die Party richtig losgeht.

Am anderen Ende der Skala sozialen Bewusstseins rangierten die Mitglieder der »Fabian Society« mit gesellschaftskritischer Orientierung: George Bernard Shaw und Herbert George Wells. Shaw belieferte die erst vor einer Weile wieder geöffneten Bühnen Englands – in Rivalität zu seinem Landsmann Oscar Wilde – mit den besten Stücken der Saison: *Frau Warrens Gewerbe* über den Konflikt einer wenig ehrenwerten Frau mit ihrer Tochter; *Caesar und Cleopatra* mit einem rheumatischen Weltenherrscher, der erst mit dem Gesicht von Rex Harrison die nötige Statur bekommt; und, vor allem, die unverwüstliche Eliza Doolittle in *Pygmalion*, auch als Musical »My fair lady« ein Welterfolg: *Es grünt so grün, wenn Spaniens Blüten blühn* – steht zwar nicht bei Shaw, ist aber trotzdem die schönste Sprachübung, wo für so eine Göre von Blumenmädchen denkbar sein tut: *The rain in Spain stays mainly in the plain*. Theaterabende aus der Feder des grantelig-altersweise sich stilisierenden Iren bieten stets pointierte Unterhaltung, alle Geschwätzigkeit hat er in die Vorworte verlegt, mit denen er seine flotten Stücke in lahmes Thesentheater umdeuten wollte. Wells, den wir schon als Rivalen von Jules

Verne um den Titel ›Vater der Science-fiction‹ kennengelernt haben – er war aber alles andere als das, nämlich zuvorderst Sozialutopist –, nahm in Romanen wie *Mr Polly steigt aus* und *Kipps* – das Buch hieß auch einmal: *Wie werde ich Millionär?* – das Kleinbürgertum der viktorianischen Zeit unter die Lupe. Viel Gutes hat er dabei nicht erkennen können.

Auch David Herbert Lawrence interessierte sich vehement für die soziale Frage. Sein frühes Meisterwerk *Söhne und Liebhaber* schildert aus eigenem Erleben die Kargheit der Bergarbeitersiedlungen Mittelenglands. Frau Morel hat einen jähzornigen und trunksüchtigen Mann, der zum Glück meistens Flöze abteuft, und von ihm drei Söhne und eine Tochter. Immer am Existenzminimum balancierend, zieht sie alle groß zu verantwortungsbewussten, sensiblen Individuen. Aber nur zu Paul hat sie eine besondere, ein Leben lang auch gegen die erotischen Versuchungen durch junge Frauen haltende Beziehung. Mit größter Einfühlung wird die Unsicherheit Pauls beschrieben, der die Jugendliebe Miriam schroff zurückweist. Clara bietet ihm Mondänität und den Aufstieg in eine höhere ›Klasse‹; aber nach dem Tod der Mutter bleibt er allein zurück, liebesunfähig. Durch seinen anderen großen Roman, *Lady Chatterleys Liebhaber*, ist uns Lawrence als Erotiker im Bewusstsein. Hier will er Dir die Gewalt des sexuellen Begehrens vorführen in der Konstellation, dass sich die Lady von ihrem durch Kriegseinwirkung körperlich und seelisch verkrüppelten Gatten ab- und dem Waldpfleger Mellors zuwendet, einem Ausbund an viriler Authentizität. Woran Lawrence dachte, zeigt Dir der Titel der Erstfassung des Romans *John Thomas und Lady Jane*. Diese beiden Namen stehen, so habe ich mich belehren lassen, in der englischen Umgangssprache für das männliche und weibliche Geschlechtsteil.

D. H. Lawrence starb jung an der Tuberkulose und ließ seine Gattin Frieda, geborene Freiin von Richthofen, zurück, die von da ab wieder frei für andere Männer war. Diese Beziehung ist eine Konstellation des Jahrhunderts der neuen Möglichkeiten: Frieda ist älter als David, anderweitig verheiratet, hat drei Kinder

– für ihn gibt sie das auf. Sie führen ein karges Wanderleben auf der Suche nach gesundem Klima, Verdienstmöglichkeiten und geistig anregender Gesellschaft. Dabei ist Frieda Motor und Muse und verzichtet nebenbei auf eine eigene künstlerische Karriere, lebt dafür aber ein selbstbestimmtes Leben in zuvor ungekannter weiblicher Freiheit. Zum Dank hat Lawrence ihr Porträt (und das ihrer Schwester Else) als Ursula und Gertrud Brangwen in dem Doppelroman *Der Regenbogen* und *Liebende Frauen* verewigt. Wer sich für den neuen Blick auf ›die Frau‹ am Anfang der Moderne interessiert, findet hier anregende Lektüre. Wer allerdings auf der Suche nach sprachlichen Debakeln ist, wird ebenfalls von Lawrence verwöhnt. Nirgendwo sind die Bilder so schief und die Vergleiche so schräg wie bei ihm; was der eine als literarische Neuerung preist, wird der andere einfach peinlich finden. Lawrence ist der Dichter des speziellen Geschmacks.

> Ein Mann, der sich in Frauen einzufühlen vermag. Ein Rarissimum in der Welt der Bücher.

William Somerset Maugham, Graham Greene und Eric Ambler haben die Nachfolge von Joseph Conrad angetreten. Dessen *Geheimagent* wird ihr symbolischer Heros der Verfallszeit. Entscheidendes Merkmal des Geheimagenten ist seine komplette Überflüssigkeit. Nichts was er tut ist von irgendwelcher Bedeutung für irgendwen, dafür ist er emsig in seiner Mission unterwegs; Höhepunkt seiner Aktivitäten ist, dass er Unruhe erzeugt und geheimnisvoll bleibt. Dafür gab es selbstverständlich keinen Nobelpreis, aber die höchsten Honorare. Voraussetzung für spannende Literatur ist bei allen dreien eine rastlose Reiselust, kein Winkel der Welt ist vor ihnen sicher. Maugham war nach eigenen Angaben der erfolgreichste Dramatiker seiner Zeit. Dieser Ruhm ist längst verblasst. Dafür skizziert er in seinen *Erzählungen* mit nach wie vor eindrucksvoller Präzision, was vom Empire übrig geblieben ist: langweilige Bridgeabende beim Plätschern des Monsuns (*Regen*, eine seiner perfiden Novellen). Neben dem autobiographisch getönten Roman *Der Menschen*

Hörigkeit – der klumpfüßige Held Philip Carey ist eine Art David Copperfield für seine Zeit – gibt es in seiner Prosa noch viele andere Einblicke in das Treiben von Bohème und Bürger nebenan. Sein »Geheimagent« mit Namen *Ashenden* wurde von John Gielgud in Alfred Hitchcocks Film verkörpert. Bezeichnend für Maugham, wie er sich von seinen Konkurrenten abzuheben gedenkt. In seinem *Notizbuch* erscheint Jack London genauso als Inspirationsquelle wie Joseph Conrad, die er gekonnt und ungerührt amalgamiert. Heraus kommt eine neue Art Literatur, die wenig skrupulös ganz auf das Lesepublikum ausgerichtet ist. Maugham ›will gelesen werden‹.[190]

Versager aus ethischen Gründen sind die Spezialität von Graham Greene; er war ein gleich großer Moralist wie Stilist und in meinen Augen der unterhaltsamste, zugleich aber auch wichtigste Schriftsteller, der nie den Nobelpreis bekommen hat – basta. Angesichts der vielen großen Romane, die er geschrieben hat, ist es beruhigend zu erfahren, dass er nicht gleich als Genie begann. *Orient-Express* war zwar schon aus allerhand guten Zutaten zusammengerührt, jedoch ohne dass sich Großes daraus ergäbe. Dramatisches Scheitern und Groteske liegen bereits so nahe beieinander, wie es für alle seine Bücher typisch ist. Die Frauen aufreißende Skandalreporterin, der alkoholgetränkte Geheimnisträger und ein Zug, der durch die Nacht braust, das war entwicklungsfähig, auf jeden Fall bereits verfilmbar. *Der dritte Mann* war es – unvergesslich Orson Welles in den Abwässern von Wien –, *Der stille Amerikaner*, eine Geschichte aus Vietnam, als dort noch die Franzosen hausten, eingehüllt in den milden Rauch der Opiumpfeife, erst recht. *Der menschliche Faktor*, *Ein ausgebrannter Fall*: Studien von Leuten, die ihr Leben vergeudet haben. Die beiden intensivsten Leistungen Greenes, *Die Kraft und die Herr-*

---

[190] Da war ihm sein französischer Kollege André Gide einen Schritt voraus: Seine Ambition war es, w i e d e r gelesen zu werden. Im zweiten Lektüredurchgang bleiben eben nur noch die Bücher übrig, die wirklich zählen.

lichkeit und *Das Herz aller Dinge* (im Titel ist die Verbeugung vor Joseph Conrad enthalten) schildern durch Alkohol zerrüttete Existenzen in ausweglosen Situationen. Der Schnapspriester im revolutionären Mexiko wird seiner Passion entgegenziehen und Major Scobie in Schwarzafrika den aussichtslosen Kampf um ein Leben in Würde verlieren. So schonungslos ist menschliche Schwachheit in exotischer Kulisse vorher nur im *Herz der Finsternis* von Conrad selbst beschrieben worden, und sein Herr Kurtz ist der Prototyp aller heroischen Schwächlinge bei Maugham, Greene und denen, die danach kamen.

Bevor wir zu sehr an Marlon Brando in Coppolas »Apocalypse Now« denken, führen wir uns die originale Konzeption noch einmal vor Augen: Kapitän Marlow erzählt aus seiner Jugend, als er erstmals den Kongo hinauffuhr, um die Station von Handelsagent Kurtz im innersten Afrika zu erreichen – dies die härteste Annäherung an die Kategorie ›Abenteuergeschichte‹, zu der Joseph Conrad fähig war. Es hat aber trotzdem alle Merkmale eines Laborversuchs. Die Fahrt den Fluss hinauf führt gleichzeitig in die Abgründe des Menschlichen und die Wildheit seiner Ursprünge. Kurtz ist wahnsinnig geworden und hat seine zivilisatorische Verkleidung abgeworfen, sich mit den ›Wilden‹ verbündet. Als Marlow ihm begegnet, liegt er schon im Sterben. »*Das Grauen! Das Grauen!*« sind seine letzten Worte. Wer ins Herz der Finsternis vorgedrungen ist, kann nicht als derselbe zurückkommen.

> Wie ein ärztliches Attest: Eine erste Beschreibung unserer labilen Befindlichkeit. Die Handlung spielt im Kongo, aber es ist der Kongo unserer Seelen.

Eric Ambler hat die Gegebenheiten der Politik in seine spannenden Romane eingearbeitet; besonders kannte er sich in der Levante – zugleich Kulturzentrum und Machtvakuum – aus: *Die Maske des Dimitrios*. Mord ist der Motor seiner Geschichten, aber ganz anders als die Amerikaner Chandler, Hammett und Woolrich interessiert in dieser neuen Form des Thrillers nicht die Jagd des Detektivs nach dem Mörder, sondern die Gesamtschau des Verhältnisses von Ursache und Wirkung. So ist *Der Fall Deltschev* über einen Schauprozess in Bulgarien die erste große Aufarbeitung der inneren Mechanik des Stalinismus in der westlichen Literatur.

In New York und Umgebung tobt erst das Jazzeitalter, dann die Depression. Der Ton dazu wird von John Dos Passos entwickelt, lapidar, journalistisch, filmisch. Außer in *Manhattan Transfer* findet sich diese Schreibe vor allem in seiner großen *U.S.A.*-Trilogie: *Der zweiundvierzigste Breitengrad – Neunzehnhundertneunzehn – Das große Geld*. Konnte man je von Romanen ohne Helden sprechen, dann hier. Die Typen zur Ära stammen von Francis Scott Fitzgerald, neben dem hochstaplerischen *Großen Gatsby* sind es *Die Schönen und Verdammten* (nämlich er selbst samt seiner mondänen Frau Zelda) und *Der letzte Tycoon*. Dieses Buch, das einzig echte Hollywood-Märchen, bekam er nicht mehr fertig, weil er mit dem Verblassen des eigenen Ruhms nicht fertig wurde, trotz Drinks schon am frühen Morgen. Dass er auf dem absteigenden Ast war, zeigte ihm sein Kumpel[191] Nathanael West, der dasselbe Thema zeitgleich in *Tag der Heuschrecke* anging. Statt schmalziger Filmklischees führt er die Verlierer, arbeitslose Drehbuchschreiber und Aktricen beim Kampf ums tägliche Überleben, vor. West, der sonst nur noch mit *Schreiben Sie Miss Lonelyhearts*, über die Welt der Tageszeitungen und wie sie ihre Leser anlügen, öffentlich wurde, aber mehr Beachtung verdient hätte, erfand dabei leider auch eine Unart des modernen Erzählens, die literarische Freak-show: Über körperliche Anomalien definiert sich die Besonderheit seiner Personen. Das hätte er uns ersparen können, ist es doch heute unabdingbare und unerfreuliche Zutat fast jeden Romans aus Nordamerika. Dafür

---

[191] Bis in den Tod, er starb zwei Tage nach seinem Freund, nicht im Suff, aber bei einem Autounfall: Noch ein Genie, das die Vorfahrtsregeln nicht beachten wollte.

beschenkte er uns in *The Day of the Locust* mit der Figur des Homer Simpson. Danke, Mr West!

Der Dschungel befindet sich in Chicago: Upton Sinclair[192] führt uns in den Bauch der Stadt, die Schlachthöfe, um dort seine Version des Klassenkampfs aufzuführen. Sinclair Lewis, eine Zeitlang Privatsekretär bei Jack London, blickte satirisch auf die Bürgerlichkeit des selbstbewussten Amerika, bevor er sich zu Tode soff. In *Main Street* (*Hauptstraße*) ist er bemüht komisch in der Beschreibung der Ernüchterung der jungen Carol Kennicott mit den großen Träumen, die irgendwo auf dem platten Land zerplatzen; mit dem missglückten Leben des Spießers George F. *Babbitt* aus der Megacity Zenith gelang ihm der große Wurf; Babbitt wurde sprichwörtlich in den USA wie Oblomow in Russland, Lewis erhielt den Nobelpreis dafür. Der wäre – wie so oft – besser bei einem anderen aufgehoben gewesen, dem ewig jungen Thomas Wolfe, der kurz nach seinem Besuch Nazideutschlands und der Berliner Olympischen Spiele an der Schwindsucht starb. In den zusammenhängenden epischen Prachtschinken *Schau heimwärts, Engel* und *Von Zeit und Strom* malte er ein Bild des erwachenden Kolosses Amerika und seiner Mythen in bunten Farben und mit visionärem Pinselstrich, dabei auch sein Selbstporträt als Eugene Gant aus der kleinen Stadt Altamont, schnoddrig bis in den letzten Sprachschnipsel hinein. Unvermutet, aber folgerichtig begegnet uns gerade hier, im amerikanischen Hinterland außer Sichtweite von Charleston und Baltimore – geschweige denn Yale und Harvard – das Thema Bildung wieder, das die Literatur eine Zeitlang aus den Augen verloren hatte. Entwicklungs- oder Bildungsroman: Die Geschichte des heranwachsenden Sohnes Telemachos, der auf der Suche nach

---

[192] Chronologisch der Erste, blieb Sinclair in der Wirkung trotz knalliger Titel wie *König Kohle* oder *Öl!* hinter seinem aufklärerischen Anspruch und seinen stilistisch reiferen Kollegen zurück – doch auch für ihn kommt eine Wiederentdeckung, wenn nicht jetzt, dann später.

seinem Vater Odysseus zum Mann wird, ist Alterspräsident dieser Kategorie, von Homer oder einem anderen in die märchenhafte Welt der *Odyssee* eingebettet; *Schau heimwärts, Engel* ist der jüngste, den ich auf meinem Zettel habe. Thomas Wolfe war sich völlig bewußt, was sein Thema ist, nicht nur der Hunderte von Klassikerzitaten und Lyrikfetzen wegen, die er in den Erzählfluss einspeist. »*Wozu soll das ganze Zeugs denn gut sein?*«, lässt er im Internat von Mr Leonard einen Mitschüler fragen, der wie Eugene Gant wissen will, warum sie Griechisch und Latein lernen müssen. Das ratlose Schulterzucken des Pädagogen auf diese alles entscheidende Frage wirkt bis in die Lehrpläne u n s e r e r Schulen hinein; sie wurden solange auf ›Zweckmäßigkeit‹ abgespeckt, bis nur noch ein Gerippe von Bildung übrig geblieben ist, an dem die Abiturienten ein Leben lang nagen sollen. Wolfe hat das Problem erkannt und seine eigene Antwort darauf gegeben. Die ganze amerikanische Literatur des Zwanzigsten Jahrhunderts ist durchtränkt von Bildungshunger, Bildungsfleiss, Bildungsfreude.[193] Thomas Wolfe steht für diese Passion beispielhaft.

Die Zeit der Wirtschaftskrise findet in John Steinbeck ihren Chronisten. *Früchte des Zorns* nennt er das bleibende Ergebnis mit der in Amerika volkstümlich gewordenen Gestalt des Tom Joad, der aus dem staubigen Oklahoma aufbricht, um in Kalifornien sein Glück zu suchen. Genauso vertraut ist uns das Gesicht James Deans aus der Verfilmung von *Jenseits von Eden*, einer Geschichte in biblischen Dimensionen. Steinbeck ist im ländlichen Amerika genauso geerdet wie William Faulkner, dessen Romane meist um eine bestimmte Gegend am Mississippi herum angelegt sind, also im Süden mit seinen eigenen Problemen, wie er sie in *Griff in den Staub* benennt: Rückständigkeit, Rassenhass und Selbstjustiz. Faulkner war die erste aufregende

---

[193] Wir erinnern uns zurück: Selbst Jack Londons grimmiger *Seewolf* hat in seiner Kajüte ein volles Bücherbord, schwärmt für Shakespeare und Poe genauso wie für Nietzsche und Darwin.

Nachricht von neuer, spezifisch amerikanischer Literatur, die bei uns eintraf. Alle Figuren werden durch den Fleischwolf ständiger Selbstbeschau gedreht, der innere Monolog überlagert die Schilderungen, Gespräche und Träume, die archaisch grobe Handlung wird von einem leeren Himmel der Hoffnungslosigkeit überwölbt. Die Leser waren begeistert. Im Bücherschrank meines Vaters fanden sich die Erstausgaben von *The Sound and the Fury* über *Absalom, Absalom!*[194] bis *The Hamlet* versammelt. Rauhe Männer, die so merkwürdigen Beschäftigungen wie der Schaufliegerei[195] nachgehen (*Wendemarke*), Staub in den Schuhen und in der Kehle, das war fabelhaft – anders als alles, was man von Europa hörte und las! Noch größer wurde das Erstaunen, als ein weiterer Amerikaner in Übersee Fuß fasste: Ernest Hemingway kämpfte im Spanischen Bürgerkrieg mit, aus dem er Stoff für seine *49 Depeschen* und den Roman *Wem die Stunde schlägt* mitbrachte. Frankreich und Spanien (*Fiesta*: also alles, was mit Stierkampf zu tun hat, dem höchsten Kult der Männlichkeit) faszinierten ihn wie so viele Amerikaner, die sich nach ein bisschen gewachsener Lebensart und archaischer Kultur sehnten; dafür gaben sie den staunenden Europäern Einblick in die Herzen von Männern: große Abenteurer, große Trinker und große Versager in einer Person. Afrika machte Hemingway zu

---

[194] Die Geschichte, wie immer bei Faulkner in sperriger Sprache erzählt aus verschiedenen Blickwinkeln, die sich kunstvoll und kompliziert überschneiden, was den Einstieg in die Handlung regelmäßig schwierig macht, umkreist das gewalttätige Leben des Oberst im Bürgerkrieg Thomas Sutpen, der sich und seine Brut durch die Vermischung mit den Sklaven aus Afrika zugrunderichtet. Die Frage der Reinheit des ›Blutes‹ entscheidet; so durfte der Roman in Deutschland veröffentlicht werden, zwei Jahre nach den ›Nürnberger Gesetzen‹, die dasselbe Thema behandeln. Hätten die Zensoren von Reichskulturkammerpräsident Goebbels genauer gelesen, wäre dieses subversive Buch natürlich nie in die Hände der genauso verblüfften wie dankbaren Leser gelangt.

[195] Faulkner leitete eine Zeitlang einen Flugzirkus; er war ausgebildeter Flieger.

einem neuen, unüberbietbar exotischen Schauplatz für aufregende Geschichten (*Schnee am Kilimandscharo, Die grünen Hügel Afrikas*). Die Kurzgeschichte, aus den Anforderungen der Tageszeitungen an schnelle Unterhaltung geboren, wurde zum neuen Medium. Ihr Clou ist der Schwebezustand, in dem alles verharrt. Die Geschichte kommt aus dem Nichts und verschwindet genauso wieder; das einzige, was zählt, ist der Augenblick. Der legendäre Arbeitsprozess Hemingways soll in der Kondensation bestanden haben: Am Morgen strich er gnadenlos zusammen, was er am Abend vorher zu Papier gebracht hatte – hochprozentiges Schreiben also. Mit Sherwood Anderson (*Winesburgh, Ohio*) und Raymond Carver wird die Short Story weitere amerikanische Champions sehen, eine Erzählform, die uns heute so selbstverständlich vorkommt, weil sie die alltägliche Belanglosigkeit des Erlebens so perfekt in Literatur überträgt.

> Die Kurzgeschichte ist kein Hot dog, ein Snack für zwischendurch. Sie verdichtet in einer Situation eine Zustandsbeschreibung des Menschen. Sie ist wie Tomatenmark, dreifachkonzentriert.

Die Kargheit des Erzählens wurde vorübergehend Markenzeichen der amerikanischen Literatur, die Kurzgeschichten und Romane zeigten wie Kammerspiele räumlich und zeitlich gedrängte Szenen mit wenigen handelnden Personen. Natürlich erregte soviel Askese Widerspruch, ein Neobarock der Erzähllust brach an und hält bis heute vor. Der erste und gleich wichtigste Vertreter dieser Richtung heißt William Gaddis. Er ist praktisch völlig unbekannt geblieben und doch Ahnherr und Meister von dem geworden, was uns heute als amerikanischer Roman beschäftigt und großteils kräftig langweilt. Gaddis allerdings langweilt nicht – höchstens erschlägt er den Leser mit faszinierender Prachtentfaltung literarischer Meisterschaft. Sein unmittelbarer Ahnherr: Henry James. Dessen Salonsmalltalk überträgt er in die Wirklichkeit und Unwirklichkeit der Gegenwart. Gaddis ist der Vollstrecker des Dialogromans, seine Figuren stammeln, fachsimpeln, quatschen und sinnieren authentisch. *Die Fäl-*

schung der Welt heißt sein Erstling und Meisterwerk über Alchimie und Kunstfälschung. Es endet mit dem Einsturz einer Kathedrale in Italien – Gaddis ist der Chronist einer einstürzenden Welt, seine Romane tausendseitige Verkündigungen des Weltuntergangs.

Faulkner, Hemingway, Steinbeck. Die drei haben einiges gemeinsam. Nach dem Krieg wurden sie nacheinander mit dem Nobelpreis geehrt; ihr Thema war der Mann – und nicht die Frau; ohne Whiskey keine Inspiration. Und sie sind undenkbar ohne den unsichtbaren Vierten, den großen Vorgänger und Propheten, der ihre Kunst erst möglich gemacht hat. Sein Name ist Walt Whitman, sein Lebensbuch heißt *Grashalme*. Whitman wurde erschüttert durch seine Erlebnisse im Amerikanischen Bürgerkrieg. Seine Reaktion war die Feier des Lebens in seinen Gedichten, sei es das Naturerlebnis, sei es die Ungebundenheit des Individuums. Sein Bekenntnis lautet:

Ich singe das Selbst, den Einzelmenschen.

Auch in Prag hat das neue Jahrhundert begonnen. Der Angestellte Franz Kafka schreibt zu seinem eigenen Vergnügen Geschichten und Romane. So gut wie nichts davon wird zu seinen Lebzeiten veröffentlicht, ja er verpflichtet seinen Freund und Testamentsvollstrecker Max Brod, der selbst Schriftsteller war, alles zu vernichten. Das geschieht nicht. Stattdessen können wir heute *Der Verschollene* – Brod gab dem Fragment den Namen *Amerika* –, *Der Process* und *Das Schloss* lesen sowie einen Band voll kürzerer Geschichten. Kafkas Thema ist die Fremdbestimmtheit des Menschen, seine Ungeborgenheit und Verletzbarkeit. Im *Process* steht der harmlose Josef K. eines Tages unter Anklage. Franz, der Exekutivbeamte, erscheint schon vor dem Aufstehen an K.s Bett und teilt ihm die Verhaftung mit. Eine gesichtslose und undurchsichtig organisierte Bürokratie verfolgt ihn, selbst das freundliche Fräulein Bürstner aus dem Nachbarzimmer wird ihm entfremdet. Zunächst versucht es K. mit einem forschen Ton der Unschuld, je länger die Angelegenheit dauert, desto ergebener ist er in das Unvermeidliche. Die Verhandlung hat wenig Ähnlichkeit mit dem, was wir so aus Gerichtssälen kennen. Ein Alptraum. Morgen wird K. hingerichtet.

Kein anderer Schriftsteller hat es geschafft, in unseren Wortschatz Einzug zu halten, außer ihm, der es vermochte, ›kafkaeske‹ Situationen zu kreieren. Um einen Eindruck von Kafkas Kunst zu vermitteln, hier der Anfang der kleinen Geschichte *Vor dem Gesetz*:

Vor dem Gesetz steht ein Türhüter. Zu diesem Türhüter kommt ein Mann vom Lande und bittet um Eintritt in das Gesetz. Aber der Türhüter sagt, daß er ihm jetzt den Eintritt nicht gewähren könne. Der Mann überlegt und fragt dann, ob er also später werde eintreten dürfen. »*Es ist möglich*«, *sagt der Türhüter,* »*jetzt aber nicht.*« *Da das Tor zum Gesetz offensteht wie immer und der Türhüter beiseite tritt, bückt sich der Mann, um durch das Tor in das Innere zu sehn. Als der Türhüter das merkt, lacht er und sagt:* »*Wenn es dich so lockt, versuche es doch, trotz meines Verbotes hineinzugehn. Merke aber: Ich bin mächtig. Und ich bin nur der unterste Türhüter. Von Saal zu Saal stehn aber Türhüter, einer mächtiger als der andere. Schon den Anblick des dritten kann nicht einmal ich mehr ertragen.*«

Das Erzählerische hat ausgedient. Nicht mit einem Wort wird dem Türhüter eine Gestalt gegeben, oder der Mann beschrieben, geschweige denn das Tor, obwohl die drei schon Personal und Ausstattung der Geschichte ausmachen. Warum aber soll jemand in das Gesetz eintreten wollen? Warum muss man sich bücken, um durch das Tor zu sehen? Voller rätselhafter Andeutungen ist der Text, und gänzlich ohne Antworten. Dafür wird die einschüchternde Atmosphäre intensiv spürbar. Dann aber, ein paar Zeilen weiter: *als er jetzt den Türhüter in seinem Pelzmantel genauer ansieht, seine große Spitznase, den langen, dünnen, schwarzen tatarischen Bart ...* Vorsicht!, gerade hier, wo Kafka das einzige Mal konkret wird, müssen wir uns ausgerechnet mit einem Bart begnügen, einem dünnen, und einer spitzen Nase. Warum?

DIE METAPHER[196]

Ich erinnere mich gut an den Tag, als ich in der Schule das erste Mal von der ›Metapher‹ hörte. *Gedichte sind gemalte Fensterscheiben!*, beginnt ein Gedicht und hieß das Beispiel, für das Geheimrat von Goethe höchstselbst verantwortlich war. Wahrscheinlich ist es auch heute noch das Lieblingsparadigma Deines Deutschlehrers, oder?

Goethe wollte seine Vorstellung von der Bedeutung der kleinen dichterischen Form in ein Bild gießen und benutzte dabei die Methode der ›Übertragung‹ von einem Sujet auf ein anderes. *Parabolisch* lautet die Überschrift dieses Gelegenheitswerkleins, entsprechend launig lädt der Text Dich ein, in die verlockende Welt der Poesie einzutreten und zu staunen.

Wenn Proust seinen Helden Marcel die Madeleine in etwas Tee auflösen lässt und dadurch ein Erinnerungsprozess eingeleitet, die Schleuse des Bilderstromes geöffnet wird, der gestaut und gespeichert war bis zu diesem Moment, dann ist der Vorgang ein umgekehrter: nicht vom Allgemeinen zum Speziellen, vom Gedicht zum Fenster, sondern vom Gebäck zur Welt, vom Einzelerlebnis zum Gedächtnis eines Lebens. Erst hier und von hier an zeigt die Metapher ihr wahres Potential. Sie ist das aktuelle Ausdrucksmuster der Neuzeit immer dann, wenn sie vom Detail, bei Kafka dem Bart, auf das Ganze, nämlich die Schrecken verbreitende Unnahbarkeit des ›Apparats‹, verweist.

Auch *Das Schloss* beherbergt eine Behörde, unerforschlich groß und wie eine uneinnehmbare Festung konstruiert. Landvermesser K. soll ja nur seinen Auftrag erledigen, doch schon das er-

---

[196] Wörtlich aus dem Griechischen: Übertragung.

weist sich als undurchführbar, denn die Behörde weiß nichts davon; allerdings hat sie ihm bereits zwei Gehilfen zugeteilt, Clowns zwar, aber unterhaltsam. Und in der Herberge, in der er sieben Tage logieren muss, um Näheres zu erfahren und zu warten, hat ein wichtiger Beamter des Schlosses, Herr Klamm, mehrere Geliebte. K. möchte bleiben ...

Der Verschollene ist der erste der kleinen Romane Kafkas. Nur als fragmentarische Andeutung erhalten, schildert er den Aufbruch des jungen Karl Roßmann in die Neue Welt, seine Auseinandersetzung mit bürokratischen Superstrukturen und seinen Ausbruch aus diesem Zwang in eine Art Künstlerkolonie.

> Man soll den Namen des Meisters nicht unnütz im Mund führen. Lesen soll man ihn!

Die Erzählung ist Kafkas Metier – während alle drei Romane unvollendet blieben, leistet er hier das Größte seiner Kunst in Vollendung. In der *Verwandlung* erwacht Gregor Samsa als menschliches Insekt. Die Bestürzung der Familie ist verständlich. *In der Strafkolonie* wird die Unmenschlichkeit zum strafenden Prinzip erhoben. *Ein Hungerkünstler* will ewig hungern, weil ihm nichts mehr schmeckt.

Kafka versah in Prag gewissenhaft seinen Dienst bei der Arbeiter-Unfall Versicherung. Forschend schaut er Dich aus großen, dunklen Augen an, nicht unfreundlich. Die lange, gerade Nase und der schmale Mund betonen die Ernsthaftigkeit seines Gesichtsausdrucks. Hinter der Stirn, über der viel glattes, schwarzes Haar nach hinten gebürstet ist, arbeitet es – nicht an Versicherungsarithmetik. Wir wissen sehr viel über ihn als privaten Menschen, er führte *Tagebücher*, hatte einen intensiven *Briefwechsel* mit seiner Verlobten Felice Bauer aus Berlin, zu der er trotz allen Mühens nicht kommen konnte, und mit der freigeistigen Journalistin Milena Jesenská. Ein bewegendes Dokument ist sein nie abgeschickter *Brief an den Vater*. In der von peinlicher Sorgfalt sprechenden, kantigen Handschrift schreibt er dem Vater, der seine Schriftstellerei ablehnte, von Distanz und Nähe und verzweifelter Sohnesliebe – wie normal, wie alltäglich, wie berührend.

Die Moderne sehnt sich nach Legitimation. So hat sie auch diverse Festtage im Gedenken an ihre Gründerväter im Kalender: Dem Bloomsday entspricht der Tag, an dem Kafka ernsthaft zu schreiben begann, indem er in einem Zug die Erzählung *Das Urteil* zu Papier brachte. Der zweiundzwanzigste September neunzehnhundertzwölf ist der zweite denkwürdige Tag des neuen Literaturjahrhunderts.

Wegen seiner fortschreitenden Tuberkulose verbrachte Kafka die letzten Jahre im Sanatorium, gepflegt von der geheimnisvollen Dora Diamant; auf einem alten Photo strahlt Dir diese außergewöhnliche Schönheit entgegen. Ihr junges Leben endete wie das so vieler, von denen ich hier spreche – oder schweige – in einem nationalsozialistischen Vernichtungslager.

Wenn Du von Kafka nicht genug bekommen kannst und doch schon alles kennst, greife zu Bruno Schulz. Dieser polnische Dichter seiner selbst aus dem galizischen Drohobycz schuf Erzählungen wie *Die Zimtläden*, in denen sich hinter der Beschaulichkeit staubiger Tresen und Regale die Herrlichkeit der Metaphysik öffnet, kleine Texte, die leuchten. Zur Strafe dafür, dass ein SS-Mann ihn mochte, wurde Schulz auf offener Straße erschossen.

Sprachmagie – wer ließe sich nicht gern verzaubern von Versen, die Worte zu Musik machen und aus ein paar Hebungen betörenden Rhythmus? Der rare, kostbare Augenblick der Vollendung im Gedicht, wer hat ihn uns geschenkt?

HERR: es ist Zeit, der Sommer war sehr groß.
Leg Deinen Schatten auf die Sonnenuhren,
Und auf den Fluren laß die Winde los.

> *Befiehl den letzten Früchten voll zu sein;*
> *gieb ihnen noch zwei südlichere Tage,*
> *dränge sie zur Vollendung hin und jage*
> *die letzte Süße in den schweren Wein.*
>
> *Wer jetzt kein Haus hat, baut sich keines mehr.*
> *Wer jetzt allein ist, wird es lange bleiben,*
> *wird wachen, lesen, lange Briefe schreiben*
> *und wird in den Alleen hin und her*
> *unruhig wandern, wenn die Blätter treiben.*

Es wäre banal, hier zu loben oder Einzelheiten zu kritisieren. Das Gedicht wirkt als Ganzes perfekt, weder ließe sich etwas davon wegnehmen noch hinzufügen, ohne es zu zerstören. Und das ganz Besondere: So ungekünstelt fließt die Sprache, dass man den Text auch als Prosa lesen kann. Nicht eine Wortzusammenziehung, Wortumstellung, ein Apostroph oder sonst ein typisches Zeichen der Hilflosigkeit des Verseschmiedes stört die Vollkommenheit der Zeilen.

In Prag wurde Rainer Maria Rilke, der *Herbsttag* geschrieben hat, geboren. Doch bindet ihn nichts an die Herkunft aus der Stadt, sondern alles an die Herkunft aus der Kultur, nicht nur der eigenen: Als Übersetzer hat Rilke viel für die Aufnahme französischer Lyrik bei uns getan. Die Tornister der Soldaten, die frohgemut in den Großen Krieg zogen, enthielten *Die Weise von Liebe und Tod des Cornets Christoph Rilke*, ein kleines Prosameisterwerk über die Minute des Helden, die die Mutter zu Hause weinen macht. Ganz unverbraucht klingt der Zwanzigseitentext, wenn Oskar Werner ihn liest. *Die Aufzeichnungen des Malte Laurids Brigge*, schon dem Titel nach kein Roman, schildern in subjektiver Sicht den holprigen Karrierestart des Schriftstellers Brigge, der sich von zu Hause entfernt, um in Paris die ersten richtigen Enttäuschungen zu erleben.

Rilkes Meisterschaft zeigt sich im Gedicht: *Sonette an Orpheus*, *Duineser Elegien*, benannt nach seinem zeitweiligen Wohnort

Schloss Duino bei – Triest, seine vielen religiös grundierten Gedichte, besonders über die Gottesmutter Maria, auch Balladen:

Hoch auf seiner Himmelswarte
über einer Sternenkarte
sitzt der Kaiser Rudolf dort,
forschend, ob der langerharrte
Flugstern, der die Weisen narrte,
streifen würde diesen Ort.

Dieser nicht benannte Ort ist Prag, auch die Geburtsstadt von Leo Perutz. Er war Jude und schaffte es, Österreich nach dem ›Anschluss‹ rechtzeitig Richtung Palästina zu verlassen. Dort wurde er nicht heimisch; er weigerte sich, die Landessprache zu benutzen und sehnte sich in den Raum der deutschen Kultur zurück. Als die Rückkehr möglich wurde, fühlte er sich dort nicht erwünscht und wurde zum ruhelosen Pendler zwischen den Welten. Dieser schrecklichen Abstoßungskrise verdankt sich sein schönstes Werk. *Nachts unter der steinernen Brücke* führt uns ins Prag zur Zeit des skurrilen Kaisers und Künstlerfreundes Rudolf II., von dem eben auch Rilkes Ballade mit dem originell hüpfenden Rhythmus handelt, und des Rabbi Löw, dem die Erschaffung des Golem, eines belebten Klumpens Lehm, gelang. Dieser Roman, der zunächst wie eine Novellensammlung aussieht, die sich beim Lesen unverhofft zur Ringform zusammenschließt, atmet den Hauch wehmütiger Authentizität in der Beschreibung der untergegangenen jüdischen Kultur in Mitteleuropa. Prag hat nicht nur die älteste deutschsprachige Universität, es zog die Literaten des Ostens an wie Paris die des Westens. Hermann Ungar gehört zu den Vergessenen von damals; in seinen Werken, dem Roman *Die Verstümmelten* besonders, geht er weiter als man für möglich halten sollte: Der Schalterbeamte Herr Polzer schneidet der Klara den Kopf ab. Ungar ist immernoch zu entdecken.

> Das perfekte Gedicht. Man sollte es auswendig können.

Rilkes bekannteste Leistung ist das Dinggedicht, etwa das vom
Panther:

Sein Blick ist vom Vorübergehn der Stäbe
so müd geworden, daß er nichts mehr hält.

So könnte auch das Porträt beschrieben sein, das Paula Modersohn-Becker von Rilke malte, als er sich in der Künstlerkolonie Worpswede aufhielt. Die Augen sind matte, übergroße Scheiben zwischen geröteten Lidern in einem bleichen Gesicht, das von einem traurigen Bart in die Länge gezogen wird. Rilke pflegte freundschaftliche Beziehungen mit halb Europa, aufrechterhalten durch seine enorme Produktivität als Briefschreiber. Seine Korrespondenz legt seine körperliche Hinfälligkeit ebenso offen wie seine geistige Brillanz, und dazu seine Abhängigkeit von mütterlichen Frauen.

Ein Phänomen der Jahrhundertwende ist die geistig souveräne und körperlich attraktive Frau, umschwärmt von genialen Männern. Lou Salomé, die Tochter eines russischen Generals, war zeitlebens mit Rilke befreundet, hatte bereits einen Heiratsantrag Nietzsches hinter sich, als auch Rilke sie befragte – sie heiratete, klug wie sie war, den Archäologen Friedrich Carl Andreas. Sie wurde zur Meisterschülerin und Vertrauten Sigmund Freuds und zur Zeitzeugin schlechthin; darüber vergisst man leicht ihre Leistung und Qualität als Schriftstellerin. Alma Schindler muss jeden Mann geblendet haben, der nur halbwegs Genie in sich verspürte. Die Liste ihrer Anbeter würde den Rahmen größerer Bücher als dieses sprengen. Nur soviel: Der von ihr unzureichend erhörte Maler Oskar Kokoschka bastelte sich eine Alma-Puppe, um, was ihm in der Wirklichkeit versagt blieb, im Kämmerlein lustvoll nachzustellen. Auch hier zeigte Alma Geschmack, denn lieber als den begnadeten Pinsel Kokoschka hatte sie den genialen Gustav Klimt gemocht, dessen Stern erst jetzt richtig leuchtet: Seine Bilder, besonders die lasziv-originellen Frauenporträts und die einzigartigen Waldlandschaften, sind heute die begehrtesten der Welt. Alma, die vorher das erstaunlichste musikalische Wunderkind seit Mozart, Alexander von Zemlinsky, als Lehrer und Liebhaber gehabt hatte, heiratete Gustav Mahler, den größten Komponisten und Dirigenten der Epoche, dann Walter Gropius, den Stararchitekten, schließlich Franz Werfel – der nicht d e r Schriftsteller seiner Zeit wurde, immerhin aber auch einer der Großen. Alma Mahler-Werfel wurde von ihrem Schwiegersohn Ernst Krenek – noch einem Giganten[197] der Musikszene des Zwanzigsten Jahrhunderts – so beschrieben: *Sie war es gewohnt, lange, fließende Gewänder zu tragen, um ihre Beine nicht zu zeigen, die vielleicht ein weniger bemerkenswertes Detail ihres Körperbaus waren. Ihr Stil war der von Wagners Brünhilde, transportiert in die Atmosphäre der Fledermaus.*[198] Essen, Trinken, Sex: die Themen, über die Frau Mahler-Werfel am liebsten sprach.

Franz Werfel, gebürtig aus Prag, sind wir schon einmal begegnet. Sein Roman über *Verdi* ist Dir in Erinnerung geblieben. Er hatte die Gabe, erfolgreich zu schreiben, ohne sich dabei untreu zu werden. Seine große Leistung sind *Die vierzig Tage vom Musa Dagh*, der Roman über die Vernichtung des armenischen Volkes in der Türkei, geschrieben am Vorabend der Vernichtung des jüdischen Volkes in Deutschland. *Das Lied von Bernadette* ist der Roman eines Juden über das Wunder von Lourdes. Obwohl Werfel von Alma bedrängt wurde, blieb er seinem Glauben treu. Er wollte sich nicht *aus den Reihen der Verfolgten fortschleichen*.

---

[197] »Jonny spielt auf« heißt sein Meisterstück, zu dem er sich den Text gleich in Wagnermanier selbst schrieb. Der Teufelsgeiger Jonny ist zwar schwarz, aber nicht der Held dieser ›Zeitoper‹, worin sich zeigt, dass in den Zwanzigern zwar viel, aber noch nicht alles möglich war – immerhin galt Krenek als so modern, dass er alsbald ›entartet‹ genannt und ins amerikanische Exil gezwungen wurde.

[198] Von Johann Strauß Sohn. Diese Weltuntergangsoperette ist kakanischer als der ganze *Mann ohne Eigenschaften*.

Wir sind zurück in Wien. Zwei Nachfolger hat Schnitzler: In der Prosa den heiligen Trinker Joseph Roth; *Radetzkymarsch* und *Kapuzinergruft* bilden den würdigen Abgesang auf die k.u.k.-Monarchie – Radetzky war der volkstümliche und uralt gewordene, militärisch freilich bedeutungslose Feldmarschall, die Kapuzinergruft die uralte Grablege der Habsburger. Die Familie Trotta aus dem slowenischen Teil des Vielvölkerstaats hatte einst den Helden von Solferino[199] hervorgebracht, der dafür geadelt wurde, dass er dem Kaiser in der Schlacht das Leben rettete. Die beiden lose verbundenen Romane schildern den Abstieg des Geschlechts synchron mit dem Ende aller walzerseligen Habsburgerherrlichkeit. Roth war Journalist und arbeitete eine Zeitlang in Berlin. Seine Stärke ist die kurze, pointierte Prosa, seine Romane sind selten über zweihundert Seiten lang. In *Hiob* erträgt Mendel Singer aus dem ostjüdischen Schtetl geduldig alle Schicksalsschläge, in *Hotel Savoy* ist der alte Liftboy in Wahrheit der Hoteleigentümer, *Das falsche Gewicht* hängt dem bestechlichen Eichmeister Anselm Eibenschütz am Hals, besser: am Stiernakken von Helmut Qualtinger. *Der Leviathan* schildert den Untergang eines Korallenhändlers, der sich verleiten lässt, falsche unter die echten zu mischen. Köstliche Prosaperlen, die immer die journalistische Schulung durchschimmern lassen.

Apropos: Egon Erwin Kisch, aus Prag, wird in Berlin im Zusammenhang mit dem Reichstagsbrand verhaftet. Er ist *Der ra-*

> Die kaiserliche
> und königliche Monarchie
> kann nicht untergehen.
> Zu fest ist sie
> in unseren Herzen verankert
> durch großartige Literatur.

---

[199] Noch eine verlorene Schlacht: Gerade die eingeborene Verlierer-Mentalität der Habsburger hat diese erstaunliche kulturelle Blüte möglich gemacht. Solferino, eine weltgeschichtlich völlig bedeutungslose, geradezu überflüssige Auseinandersetzung der Koalition Napoleons III. und Italiens mit Österreich, angeführt vom jungen Kaiser Franz Joseph, war äußerst blutig – Henri Dunant, der zufällig Augenzeuge war, gründet unter dem Eindruck der Schrecknisse das »Rote Kreuz«.

sende Reporter, der neue Held eines neuen Zeitalters, in dem Nachrichten sekundenschnell mit Telegraph und Telephon verbreitet werden können. *Schreib das auf, Kisch!* ist die Forderung der Zeit an den Zeitungsmann; wie unter Zwang stellt er sein Leben in den Dienst der Nachricht.

Auf dem Theater ist der aus ungarischem Kleinadel stammende Ödön von Horváth Schnitzlers Kronprinz. Das Besondere an ihm endet erst mit seinem Ableben und beginnt bereits mit der Geburt – eigentlich hieß er Edmund mit Vornamen, und im Ungarischen ist das Adelsprädikat das ›h‹ am Ende des Nachnamens, ein ›von‹ also überflüssig, geboren wurde er in Fiume oder Rijeka, das Dir nun auch schon bestens bekannt ist. Er arbeitete ebenfalls in Berlin. Er konnte das Proletarierstück, das Sportstück und das Jugendstück. Aber speziell das Volksstück bekommt durch ihn intellektuelle Vollendung, wie etwa die *Geschichten aus dem Wienerwald* um die junge Marianne, die statt des Metzgers Oskar – Qualtinger spielte sowohl ihn als auch Jahrzehnte später Mariannes Vater, den Zauberkönig – lieber den Alfred will und sich so um alle Hoffnungen auf ein anständiges Leben bringt. Mit *Sladek der schwarze Reichswehrmann* nahm Horváth früh Stellung gegen den aufkommenden Nationalsozialismus. In *Don Juan kommt aus dem Krieg* und *Figaro läßt sich scheiden* frischt er Bühnenklassiker auf. *Jugend ohne Gott* heißt eine der Prosaarbeiten Horváths, sie handelt von einem Lehrer, dem im Umgang mit seinen renitenten Schülern bewusst wird, dass Gott gerecht ist. Ein e c h t e r Ungar war Ferencz Molnár; mit *Liliom* brachte er den Strizzi auf die Bühne. Alfred Polgar besorgte die deutsche Fassung, und so wurde Liliom, der Junge vom Rummel, zum Bühnenhelden des Josefstadttheaters. Horváth und Roth: In Paris begegnen wir ihnen wieder, im ›Wartesaal‹ der Emigranten. Der Nationalsozialismus hat die Literatur eingeholt. Während Roth sich zu Tode säuft, wird Horváth auf dem Boulevard von einem herabstürzenden Ast erschlagen.

Wien zwischen den Kriegen, das war die Blütezeit des Kaffeehauses. Friedrich Torberg, der durch seine Übersetzungen Ephraim Kishon zum Star bei uns machte und selbst mit dem *Schüler Gerber*[200] als Romancier hervortrat, hat in seinen Büchern von der *Tante Jolesch* und vom *Kaffeehaus* den authentischen Bericht über die jüdische und intellektuelle (was weitestgehend in eins zusammenläuft) Kultur in Wien zwischen den Kriegen vorgelegt. Die Kaffeehausgrößen hatten ein Stammcafé, einen Stammplatz; die Großen einen Tisch für sich, ausgerüstet mit Schachbrett und Schreibmaschine; die ganz Großen hatten sogar eine Sekretärin am Tisch – so bestritten sie Tag für Tag ihre Auftritte als Selbstdarsteller. Dabei konsumierten sie bescheiden, häufig reichte ihnen eine Tasse Kaffee und ein Glas Wasser, um ihren Sitz einen Nachmittag lang zu behaupten – Geist war stets knapp bei Kasse. Auch die Zubereitung des koffeinhaltigen Heißgetränks erklomm ungeahnte kulturelle Höhen: Es gab den kleinen Schwarzen, den Braunen, die Melange, den Kapuziner, Fiaker und unzählige weitere Varianten, den Bohnenextrakt zu veredeln. Zu denen, die sich keine zwei Fiaker leisten konnten, gehörten die genialen Originale Anton Kuh und besonders Peter Altenberg, der den liebenswürdig grantelnden Wiener unüberbietbar verkörperte.

Das Schachspiel wurde als Kaffeehaussportart gepflegt; entsprechend wäre mit Carl Schlechter um ein Haar ein Österreicher Weltmeister geworden, wenn Emanuel Lasker nicht die al-

---

[200] Der Schüler wird zum – tragischen – Helden der Literatur. Während bei Kipling in den *Stalky*-Geschichten besonders Gewalt untereinander verharmlosend bewitzelt wird, verbindet Musil in den *Verwirrungen des Zöglings Törleß* das Gewalt- mit dem pubertären Sexualthema, das in Wedekinds *Frühlingserwachen* skandalträchtig im Vordergrund steht. Nicht so Torberg: Sein Schüler Gerber, der im Gegensatz zu Törleß einen Vornamen hat: Kurt, stirbt an Überforderung und tut es damit Hesses Hans Giebenrath gleich, der *Unterm Rad* der Klosterschule gebrochen wird. Seitdem wird jeder heranwachsenden Generation dieser Rucksack aufgebürdet, ohne dass pädagogische Abhilfe in Sicht wäre – nun droht man den Lernverweigerern auch noch mit Pisa.

lerletzte Partie gewonnen hätte … Noch die *Schachnovelle* des Stefan Zweig dokumentiert, bereits im Schatten der Verfolgung, die Begeisterung für diesen Denksport. Torberg teilt mit, dass auch Wasserball, damals gerne hochtrabend als Wasserpolo bezeichnet, zu den bevorzugten Disziplinen der Kaffeehäusler gehörte – von ihm[201] aktiv, von allen anderen passiv genossen, als Zuschauer. Gefürchtet waren speziell die Sportfreunde aus Budapest und ihr ›ungarischer Gruß‹: Während man sich über der Wasserlinie zur Begrüßung die Hand reichte, rammten sie darunter dem Gegner das Knie ins Gemächt. So war das Spiel für gewöhnlich vor dem Anpfiff entschieden.

Die Zwangsräumung der Kaffeehaustische fiel naturgemäß mit der Inbetriebnahme der Konzentrationslager ineins.

Auch das Leben des erfolgreichsten Schriftstellers der Epoche endet tragisch in der Fremde des Exils. Stefan Zweig ist nach Brasilien (das er noch *Land der Zukunft* nannte) ausgewandert; mit seiner zweiten Frau Charlotte zusammen macht er seinem so nicht mehr lebenswerten Leben dort ein Ende. Zweig schildert in seinen Erinnerungen *Die Welt von Gestern* seine *Jugend in Wien* – so hatte Schnitzler seine entsprechenden Reminiszenzen genannt. Das Problem: Diese Jugendlichen werden schon alt geboren. Intellektueller Vorwitz und Befremdung gegenüber der Welt ringsum kennzeichnen ihre Frühreife. Bei Zweig entwickelte sich daraus eine an Verschrobenheit grenzende Begeisterung für intime Details vergangener Zeiten, die er aber auch nutzte, um historische Stimmungen authentisch nachzuempfinden. Dabei ist er ein Meister der Heldenverehrung. Seine *Sternstunden der Menschheit* sind ein fürwahr herrlicher Abgesang auf die Zeit des heroischen Augenblicks. Alle seine Biographien – dieses Genre erhob er zu literarischer Meisterschaft – sind lesenswert, weil sie uns teilhaben lassen an Krisen der Geschichte,

---

[201] Er soll die Meisterschaft zugunsten von Prag persönlich durch zwei Treffer entschieden haben.

die mit subtilem Gespür gezeigt und gezeichnet werden. *Magellan, Castellio gegen Calvin, Maria Stuart, Marie Antoinette, Fouché, Balzac*, so bunt gewürfelt die Auswahl erscheint, ein so klarer Plan erscheint dahinter: der Vergangenheit einen Sinn geben als Legitimation der bedrohten Gegenwart. Mit Bedacht sucht sich Zweig mittlere Charaktere, keine ›geborenen‹ Heldennaturen, für seine Studien. Denn wie könnte man dem Leser mehr Mut machen, ihn mit mehr Sympathie in das Geschehen verstricken, als indem man ihm versichert, die historischen Figuren seien im Grunde Menschen gewesen, fast wie Du und ich.

Zweig, der auf allen literarischen Gebieten tätig war, Gedichte schrieb und Theaterstücke, darunter die Bearbeitung des lustigen *Volpone* aus elisabethanischer Zeit, macht es den Lesern seiner Romane und Erzählungen mit seinem hochgestimmten Ton nicht so leicht. Sein Thema ist das Scheitern des erotischen Augenblicks; entscheide selbst, ob *Ungeduld des Herzens, Brennendes Geheimnis* oder *Verwirrung der Gefühle* etwas für Dich ist. Aus dem Nachlass stammt der Roman *Rausch der Verwandlung*, in dem Zweig zwei Auswege aus dem Dilemma von Zurückweisung und Bedrohung zeigt: Hand an sich legen oder Anarchie. Für sich selbst hat er entschieden.

Der Fall Maurizius von Jakob Wassermann ist ein früher deutscher Kriminalroman. In einer spannenden Parallelaktion wird ein Justizirrtum aufgeklärt und eine Vater-Sohn-Beziehung vernichtet. Wassermann war der engagierteste Warner vor Antisemitismus in der Weimarer Zeit, als Schriftsteller ist er uns heute fern mit Romanen wie *Das Gänsemännchen* über ein stadtbekanntes Ehedreieck oder *Die Juden von Zirndorf*, in dem ein falscher Messias auftritt. Seine sinnigste Leistung ist die Wiederentdeckung der Geschichte des *Caspar Hauser*. Du erinnerst Dich: Caspar tauchte als Siebzehnjähriger in Nürnberg auf, nachdem er offenbar sein ganzes vorheriges Leben in einem Verlies als Gefangener zugebracht hatte. Schließlich wird der erste Kriminologe Anselm Feuerbach sein väterlicher Freund, der auch Caspars Herkunft aufzuklären sich anschickt – da wird das Findelkind ermordet. Der Fall ist bis heute mysteriös, die Vermutungen schossen natürlich ins Kraut. Wassermann nähert sich dem Naturkind Caspar und seinen Beziehungen zur Welt poetisch an; dem Geheimnis, in das womöglich höchste Kreise verstrickt sind, lässt er seinen schaudervollen Reiz.

Robert Musil wirft mit seinem *Mann ohne Eigenschaften* einen versonnenen Blick rückwärts auf das untergegangene Österreich, das er Kakanien nennt. Ulrich, der MoE, und seine zunehmend geliebte Schwester Agathe führen ein Leben von geringer Sorghaftigkeit. Er erscheint gleich zu Anfang als Schürzenjäger, Bonadea heisst geheimnisvollerweise die gerade aktuelle Flamme. Im Salon von Diotima dagegen wird ganz offiziell die ›Parallelaktion‹ zur Feier des Thronjubiläums Kaiser Franz Josephs I. vorbereitet, die ein alberner Mummenschanz zu werden verspricht. Hier handelt es sich um ein nicht ganz brandneues Motiv der modernen Literatur: Der imaginäre Zielpunkt der Handlung bleibt zwangsläufig unerreicht, zur so minuziös vorbereiteten Parallelaktion kommt es (glücklicherweise) nie und *Tristram Shandy* lässt schön grüßen. Der andere Hauptschauplatz ist die Nervenheilanstalt, in der Lustmörder Moosbrugger einsitzt. Um diesen armen Irren gruppiert sich eine Schar junger Menschen mit anarchischer Tendenz, die dem morbiden Treiben wenigstens eine kleine Blutauffrischung verpassen. Dass so etwas Musil liegt, hatte er mit seinem Erstling *Die Verwirrungen des Zöglings Törleß* bewiesen, einer subtilen Studie über die pubertären Nöte von Jungen in einem Internat. Gleichzeitig deutet sich aber auch hier schon das musilsche Problem an: Törleß bringt es nicht einmal zu einem Vornamen, er bleibt schemenhaft. Der Novellenkranz um die *Drei Frauen – Grigia, Die Portugiesin, Tonka* zeigt Musils Prosa in Glanz und Elend: Was soll man von einem Autor halten, der seine Figur Homo (mit Vornamen) nennt und die Freundschaft einer anderen mit Namen Mozart Amadeo Hoffingott suchen lässt, während mit Grigia eigentlich wiederum nicht die appetitliche Bäuerin, sondern ihre Kuh gemeint ist? Und alles endet in einer Pointe, die »Aida« und den tragischen Fall des Indianer-Joe[202] zu gleichen Teilen plündert. Solche täppischen Fehlleistungen hat man auch einem Thomas Mann nicht verziehen. Dass aber Musil der große Erotiker der Ernüchterung ist, zeigt er in der *Tonka*, seinem stärksten Stück, das sich für Dich als Eingangstür in seine Welt und sein Werk bestens eignet. Musils Versuch für die Bühne sind *Die Schwärmer*, ein Drama das neuerdings wieder aufgeführt wird: In ländlicher Abgeschiedenheit reißen sich einige miteinander befreundete Geistesmenschen gegenseitig die Maske vom Gesicht; kommt noch ein erotischer Ringelreihen dazu, haben wir ein Thema, das die Theater mindestens bis zu *Wer hat Angst vor Virginia Woolf?*[203] beschäftigen wird.

Das Unvollendete des Romans *MoE* ist Programm, Folge seiner Unvollendbarkeit; genau so einen Schiffbruch erleiden zur selben Zeit auch andere Riesentanker von Romanen. Musil überfrachtet die zweitausend Seiten mit unerzählerischer Intellektualität, ähnlich dem *Zauberberg*, wenn sich Settembrini und Naphta in den Haaren liegen. Während Mann, wenn er Thesen verkündet, anderswo abschreibt, denkt Musil originär, leider nicht originell. Blutarmut ist die Krankheit, die dem Roman zu schaffen macht. Die Figuren bleiben holzschnitthaft, etwa der tapsige General Stumm von Bordwehr, dem sein Schöpfer viel zu viel Freiraum lässt; der Humor wirkt staubig, und die Grundidee, das schon erledigte k.u.k.-Riesenreich als Kakanien zu verspotten, nun ja: Wenn der Pathologe die Leiche vor sich hat und verkündet: »Tot!«, flicht ihm dafür noch keine Nachwelt Kränze.

[202] *Der Schatz des Indianer-Joe* ist ein Singspieltext von Theodor Adorno nach dem Höhepunkt von *Tom Sawyers Abenteuern*. Das Libretto wäre besser als das von Verdis »Aida«, harrt aber noch der adäquaten Vertonung.

[203] Edward Albee heißt der Amerikaner, der hiermit sein One-hit-wonder schuf, beeindruckend verfilmt: Liz Taylor und Richard Burton sind das Ehepaar, das im Alkoholdunst eine Fatamorgana namens ›Familie‹ heraufbeschwört.

Der Rest ist Fleißarbeit für Germanisten.

Der Denker, der für Musil, Wien und den Jugendstil das Hintergrundrauschen erzeugte, hieß Ernst Mach. Die Schlacht von Königgrätz hatte ein Halbjahrhundert zuvor entschieden, welchem Denken in deutscher Sprache die Führungsrolle zuzukommen hatte – doch wer erinnert sich heute an die preußische Philosophie der Gründerzeit? Wieder zeigt sich, dass Gedanken frei sind und gerade im Unglück Flügel bekommen. Mach ist nicht nur heute in aller Munde durch die nach ihm benannte Geschwindigkeit relativ zum Schall, sondern er beschrieb vor allem das Wahrnehmungsproblem neu. *Die Analyse der Empfindungen* war zu einer Zeit mehr wert als aller Neukantianismus, da Gustav Klimt der Malerei und Arnold Schönberg der Musik soeben ganz neue Möglichkeiten der Wirkung zu erschließen im Begriff waren. Mach wies den Künsten den Weg aus dem k.u.k.-Hofreglement direkt in die Moderne.

Hermann Broch ist der Musil für Fortgeschrittene. Du kannst Dich ihm vom Anfang oder vom Ende seines Werkes her nähern – im Zentrum steht jedenfalls der antikisierende, bereits vorgestellte kolossale *Tod des Vergil*. Mit dem dreiteiligen Epochenroman *Die Schlafwandler* hatte Broch debütiert; sein letztes Werk *Die Schuldlosen* ist auch das aktuellste geblieben, rief es mir doch Jeanne Moreau an einem unvergesslichen Theaterabend wieder ins Bewusstsein, als sie in München die Liebesgeschichte der *Magd Zerline*, eine der elf Episoden des Romans, erzählte. Die alt gewordene Hausangestellte gibt ihren Kommentar zur Geschlechtlichkeit der Jahrhundertwendezeit, Broch durch den ganzen Roman seinen zu den Voraussetzungen des Nationalsozialismus. Er verkörpert den in unserem Sprachraum seit Nietzsche selig übel gelittenen Typ des schriftstellernden Philosophen – in Frankreich wird er bis heute hoch geschätzt. Bei uns wittert man im Autor und jeder seiner Figuren gleich einen verkappten Weltverbesserer. Broch starb im amerikanischen Exil.

In einer altgewordenen Welt ist die Figur des Frühvollendeten heimisch. Jünglinge mit dem wehen Wissen um die Geheimnisse des Lebens erscheinen und treten alsbald wieder ab – der Suizid gehört programmatisch zur Vollendung des Sehers. *Geschlecht und Charakter* heißt das genial-abstruse Werk Otto Weiningers. Es verkörpert die Nachtseite der Kaffeehauskultur. Alle Aufregungen der Zeit, Geschlechterkampf, Befreiung der Sexualität, Antisemitismus, sind in diesem Moloch von Buch versammelt; Egon Schiele wäre mit seinen drastisch-ungeschminkten Darstellungen menschlicher Triebgebundenheit der ideale Illustrator gewesen.

Wenn der Schnee ans Fenster fällt,
Lang die Abendglocke läutet,
Vielen ist der Tisch bereitet
Und das Haus ist wohlbestellt.

Mancher auf der Wanderschaft
Kommt ans Tor auf dunklen Pfaden.
Golden blüht der Baum der Gnaden
Aus der Erde kühlem Saft.

Wanderer tritt still herein;
Schmerz versteinerte die Schwelle,
Da erglänzt in reiner Helle
Auf dem Tische Brot und Wein.

Georg Trakl schrieb *Ein Winterabend* am Vorabend des Kriegsausbruchs, sechsundzwanzigjährig. Die letzte Strophe hatte in der ersten Fassung des Gedichts noch gelautet:

O! des Menschen bloße Pein.
Der mit Engeln stumm gerungen,
Langt von heiligem Schmerz bezwungen
Still nach Gottes Brot und Wein.

Das ist noch reiner Rilke; wenige Monate später hat Trakl den

Engel verbannt und das Bild gehärtet. Der Mann mit dem Lausbubengesicht und dem kurzgeschorenen Haar verabreichte sich – er saß an der Quelle, war er doch als Militärapotheker zum Weltkriegsdienst eingezogen worden – eine Überdosis Kokain. Niemand anderer als Sigmund Freud hatte gerade erst den Extrakt der Blätter des Cocastrauchs rezeptpflichtig gemacht, indem er seine nervlähmende Wirkung erkannte. Kokain wurde durch ihn zum Urstoff für die örtliche Betäubung; jeder Zahnarztbesucher sollte Freud dafür inbrünstig danken. Freud hätte sicher auch jedem Künstler vom Gebrauch dieses Stimulans abgeraten. Gegen den Pfahl im eigenen Auge war er blind; gegen seine eigene Sucht nämlich, das Zigarrenrauchen, das ihm den verhängnisvollen Gaumenkrebs einbrachte, blieb er zeitlebens machtlos.

Der Sturm heult immer laut in den Kaminen
Und jede Nacht ist blutig-rot und dunkel.
Die Häuser recken sich mit leeren Mienen.
...
Die Tage zwängen sich in niedre Stuben,
Wo heisres Feuer krächzt in großen Öfen.
Wir stehen an den ausgefrornen Scheiben
Und starren schräge nach den leeren Höfen.

Du kennst mich inzwischen als Freund von Bedeutsamkeit und historischen Parallelentwicklungen. So hört sich der *Winter* bei Georg Heym im typischen Tonfall des Expressionismus an, wo rot gleich blutig ist und Feuer heiser. Heym gleicht Trakl in vielen biographischen Details, doch ihm wurde tatsächlich der Winter zum Verhängnis: Beim Schlittschuhlaufen verunglückte er tödlich, als er einem eingebrochenen Freund zu Hilfe kommen wollte, auf der Havel in Berlin.

Der Abend tost ums kahle Haus.
Der Lehrling fegt die Fleischbank aus

*und schwabt und schrubbt den Hackstock rein
von Talg und Blut und Splitterbein.*

Nulla dies sine linea! – Kein Tag ohne Linie! Plinius der Ältere teilt dies in seiner *Naturkunde* als Maxime des Malers Apelles mit, der tägliche Übung in seinem Metier als Pflicht ansah. Mancher hat sich das verordnet, auch unter den Dichtern. Keiner war darin so konsequent wie Theodor Kramer, den die Zeitläufte aus Niederösterreich ins Londoner Exil und danach in die Anonymität der Vergessenheit trieben. Jeden Tag ein Gedicht! hat er sich befohlen und damit so etwas wie Alltagslyrik geschaffen, einen hohen Ton für niedere Dinge findend. Zigtausend Gedichte bilden sein Vermächtnis, am bekanntesten noch die Sammlung *Die Gaunerzinke*, in der sich *Abendmahl*, das Lied von der Fleischerei, findet. Die Stadt Wien holte den Juden Kramer aus dem Londoner Exil heim, und dort ist er alsbald gestorben.

Mit Heimito von Doderer und seinen sieben Romanen ist es schwierig. Einerseits war er persönlich eine fragwürdige Erscheinung, Parteimitglied der ersten Stunde. Zum andern erschienen seine beiden großen Werke erst in den Fünfzigerjahren, ihre Handlung jedoch beschreibt detailverliebt die Zeit der kurzen Scheinblüte einer ersten österreichischen Republik – gerade als sich das Lesepublikum nach etwas Bekennermut gesehnt hätte. *Die Strudlhofstiege* klingt nach Ganghofer, ist aber ein Roman mit einer realen Topographie, der Treppenanlage im neunten Wiener Bezirk. Die Geschichte um den Leutnant (a.D.) Melzer, Mary K., den Maturanten René Stangeler und den Sektionsrat Geyrenhoff stellt eine durch die Katastrophe des Großen Krieges wie verjüngt wirkende Gesellschaft dar, in der Bergsteigen und Tennisspielen die Auseinandersetzung mit dem Existentiellen ersetzen. Einer Nummernrevue vergleichbar folgen die Szenen aufeinander, man amüsiert sich einstweilen köstlich. Das dicke Ende kommt schon noch. Ausgewählte Erzählstränge werden nämlich in dem monumentalen Roman *Die Dämonen* fortgeführt, der präzise um ein zentrales Ereignis der österreichischen

Geschichte angelegt ist, den brennenden Justizpalast, der den Untergang der Demokratie beleuchtete. Die Verhältnisse zerbrechen, allein für die feinsinnige und stets gutgelaunte Mary, der auch der Zusammenstoß mit einer humorlosen Straßenbahn nichts anhaben konnte, ergibt sich mit dem Plebejer Kakabsa eine neue Perspektive. Apropos Humor: Wer es wagt, in meiner Gegenwart Doderer einen Humoristen zu nennen, den fordere ich, da kenne ich keinen Spaß. Ein Sprachkünstler ist er fürwahr, der in seiner Wortwahl bisweilen exquisiten Geschmack verrät. Zum Beispiel bringt er uns den wienerischen Begriff des ›Straßenengerls‹, und das ist nichts Geringeres als der schwäbische ›Gassenlächler‹. Was das ist? Nun, jemand der in der Öffentlichkeit nichts davon ahnen lässt, wie er sich im Kreis seiner Lieben verhält – despotisch, cholerisch, asozial. Jeder wird so ein Subjekt kennen, und gerade die Vorstellung eines Engels reißt dem vermeintlichen Biedermann die Maske vom Gesicht. In solcher Art Sprachspielereien exzelliert Doderer, bis hin zu so ausdrucksstarken Titeln wie *Die Peinigung der Lederbeutelchen*. Sobald er aber versucht, komisch zu sein, fühlt er sich dem Ideal des Herrenwitzes verpflichtet, den er zum Altherrenwitz zu veredeln trachtet.

Doderer vertritt keine Position, seine Sicht ist distanziert. Bereits in seinem Debütroman *Ein Mord den jeder begeht* hatte er sein Konzept vorgestellt, das später der ›totale Roman‹ heißen sollte. Seine Maske ist der Umweg, der den Romanhelden zu sich selbst führt – in diesem Fall erkennt sich Conrad Castiletz als Verursacher eines tragischen Unfalls, der bereits ein Jahrzehnt zurückliegt. In den *Erzählungen*, die auch Sprachexperimente sind, hat Doderer seine großen Werke im Keim angelegt. Sie können Dir als Appetithappen dienen, um von diesem Besonderen etwas zu probieren.

Berlin musste sich nach Fontane als Literaturstadt neu erfinden, München wurde seine schicke Rivalin, Kunststadt seit jeher durch die Sammellust der Wittelsbacher. Zum Künstlerdorf gedieh sie nun in ihrem Stadtteil Schwabing. Dort erwachte zwischen Bürgerlichkeit und Bohème ein neues Lebensgefühl, nicht zuletzt geweckt durch moderne Frauen vom Schlage einer Fanny zu Reventlow, die in Leben und Werk die neue Zeit verkörperte. Beleg sind ihre *Briefe* und *Tagebücher*, aus denen auch hervorgeht, dass sie den Namen des Herrn von letzter Nacht bisweilen erst beim gemeinsamen Frühstück am nächsten Morgen erfuhr. Ricarda Huch lebte hier wie dort und eine Zeitlang in – Triest. Ihre Romane, fast vergessen, verkünden eine neue Herbheit.

»*Der Frühling ist in Deutschland unerträglich, vielleicht wird er gerade deshalb von deutschen Dichtern so besonders viel besungen; man rühmt ja das, was man nicht kennt*«, lässt sie die Baronin in *Der Fall Deruga* sagen. Als Historikerin ist sie nach wie vor präsent. Ihre *Deutsche Geschichte* wurde später von Golo Mann fortgeführt, in ihrer trockenen Brillanz ein völliger Gegensatz zur gefühlsbetonten Sicht eines Stefan Zweig. Gertrud von le Fort schrieb katholisch, auf Augenhöhe mit ihren französischen Glaubensbrüdern Georges Bernanos, Paul Claudel & Co. *Die Letzte am Schafott* über standhafte Nonnen in den Revolutionsgreueln ist deshalb in Erinnerung, weil Bernanos daraus ein Theaterstück machte, das Francis Poulenc als »Dialogues des Carmélites« vertonte. Ein gruseliger Höhepunkt der Opernliteratur: Der Gesang der Karmeliterinnen verstummt erst, nachdem die letzte das Blutgerüst bestiegen hat ...

Die Vorstellung vom blinden Dichter ist uns nicht fremd. Die Dramatik innerer Kämpfe, das Schauen innerer Welten erfordern nicht die Nutzung des binokularen Sehwerkzeugs. Wenn die Poesielosigkeit herrscht, erkennt er besser als andere, was Trost und Hoffnung bringt. So steht uns die Gestalt John Miltons vor Augen, der zu Zeiten einer Reformation, nämlich der puritanischen der Rundköpfe in England unter Oliver Cromwell, seinen Töchtern seine Vision vom Abfall Luzifers und der Menschen von der göttlichen Güte in die Feder diktiert hatte.

> Ein Roman kann gleichzeitig historisch, autobiographisch, allegorisch und gut sein, wie dieses Beispiel aus Wien uns zeigt.

Das verlorene Paradies ist nach Homer, Vergil und Dante das wirkungsvollste Epos des Abendlands. In den heroischen Bildern und Zeichnungen des Schweizers Johann Heinrich Füssli haben sich diese Visionen in Schwarz und Weiß – gedichtet nur ein Menschenalter nach Shakespeares praller Farbigkeit! – materialisiert.

Giorgio de Chirico, der Meister der ›Metaphysischen Malerei‹, wird seinen vom Krieg gezeichneten Freund Guillaume Apollinaire, den Dichter leichter Chansons und bedrückender Visionen, in dem berühmten Porträt als Schattenriss mit dem Attribut der schwarzen Brille ausrüsten: Auch er schaut nach innen, um dort den Stoff seiner Dichtung zu erschauen, eingegeben vom mythischen Sänger Orpheus. Und den Spezialisten für das Phantastische Jorge Luis Borges, den blinden Direktor der *Bibliothek von Babel*, stellen wir uns gerne als Seher des Übernatürlichen vor.

In München nun, auf einem kümmerlichen Stühlchen, sitzt in überflüssiger Eleganz der Graf Eduard von Keyserling.[204] Lovis Corinth, sonst für saftigere Sujets bekannt, hat das distinguierte Männlein mit dem Vogelkinn gemalt. Auch seine weit aufgerissenen altersmatt trüben Augen schauen in eine andere Welt – aber in eine konkrete, die verlorene Welt baltischer Herrenhäuser. *Schwüle Tage*, die Geschichte einer jugendlichen Initiation, heißt seine Rückschau. Flirrende Sonnenstrahlen auf taunassen Parkwegen und bleiernen Ostseewogen sind Symbole für das Gewesene. In sein Spektrum gehört auch die Beschreibung des schmerzhaften Ausbruchs einer jungen Frau aus den Verhältnissen, wie in *Wellen*. Aber egal, ob er in *Bunte Herzen* die Resignation der Komtesse Billy beschreibt oder abbröckelnde Fassaden von Konvention in *Abendliche Häuser*, der süße Ton der Erinne-

---

[204] Der gehässige Schüttelreim *Als Gottes Atem leiser ging / schuf er den Grafen Keyserling* sollte seinen Neffen treffen, den obskuren Philosophen Hermann v.K., der tatsächlich nach einer Breitseite aus der Bordartillerie Peter Panters (alias Kurt Tucholsky) unterging, um bis heute nicht wieder aufzutauchen.

rung wird nie süßlich. Das erklärt sich aus seinen Anfängen, als er im reportagehaften Roman *Die dritte Stiege* Szenen aus der Redaktion einer Arbeiterzeitung in Wien vorgeführt hatte. Wehmut ist bei Keyserling nicht Attitüde, sondern Quintessenz.
An Dichter wie Richard Dehmel, Theodor Däubler oder Stefan George kann man sich gerade noch erinnern. Dehmel erregte Skandal, indem er Venus und Maria in Versen zu einer Figur verschmolz. Däubler – geboren in Triest – bereitete mit farbenprächtigen Dichtungen den Expressionismus vor. Seine kraftgeladene Statur hat Otto Dix in einen Bilderrahmen gebannt; die Italienbegeisterung kann man seinem monumentalen Rauschebart nicht ablesen, ebensowenig die Zartheit seines Poems *Das Nordlicht*. George übertrug die Errungenschaften der französischen Poesie ins Deutsche, inklusive der Gestaltung des Gedichts durch Satzspiegel und Drucktype. Seine Sammlungen *Der siebente Ring* und *Das Jahr der Seele* sind Meisterwerke einer gesamtkunstwerklichen Buchgestaltung. Welch herrliche Zumutung: fast leere Seiten, Gletscherwände von Weiß, an deren oberem Rand ein schwarzer Gedichtbrocken festhängt. So sind seine Produktionen unverwechselbar. Sein elitäres Gebaren im »George-Kreis«, der damals allergrößten Einfluss hatte, allerdings stösst genauso ab wie die Fratze, die er extra für den Photographen aufgesetzt hat. So bleibt er als eine einzigartige Randerscheinung der Jahrhundertwende und begnadeter Stilist in Erinnerung:

Komm in den totgesagten park und schau:
Der schimmer ferner lächelnder gestade –
Der reinen wolken unverhofftes blau
Erhellt die weiher und die dunklen pfade.

Poet und Arzt war Hans Carossa, der in Passau gelebt hat. Seine Haltung der bohrenden Lebensbefragung und leisen Verweigerung hat ihm eine große Verehrerschar zu Lebzeiten und alsbaldiges Vergessen eingetragen. Er gehört zu den subtilen Beobachtern und liebte eine Poesie, ganz auf den feinen Ton altmodischer Noblesse gestimmt:

Lösch aus Dein Licht und schlaf! Das immer wache
Geplätscher nur vom alten Brunnen tönt.
Wer aber Gast war unter meinem Dache,
Hat sich stets bald an diesen Ton gewöhnt.

Wenn dieser *Alte Brunnen* zu murmeln aufhört, dann nur, weil ein nächtlicher Wanderer daraus trinkt. Eine Poesie des Trostes, wie auch seine Bücher *Der Arzt Gion* und *Schicksale Doktor Bürgers* – beide natürlich mit dem Selbstbezug spielend – Trostbücher waren für heraufkommende dunkle Zeiten. Letzteres zusätzlich ein Buch über eine schwierige Ehe, ein Thema aufgreifend, dass mehr und mehr die Beziehungen der Zeitgenossen beschäftigte. Was auch immer Carossa hier über seine häuslichen Verhältnisse preisgibt: Wer Carossa liebt, der tut es ganz und gar.

Dem Bürger fliegt vom spitzen Kopf der Hut,
In allen Lüften hallt es wie Geschrei.
Dachdecker stürzen ab und gehn entzwei
Und an den Küsten – liest man – steigt die Flut.

Der Sturm ist da, die wilden Meere hupfen
An Land, um dicke Dämme zu zerdrücken.
Die meisten Menschen haben einen Schnupfen.
Die Eisenbahnen fallen von den Brücken.

So tönt das neue Jahrhundert. Da geht einiges entzwei. Vielleicht sein erster bürtiger Poet: Jakob van Hoddis aus Berlin. *Weltende* ist die Spitze seines schmalen Œuvres, der Große Krieg macht ihn gemütskrank, der Nationalsozialismus tötet ihn. *Sekunde durch Hirn* heißt der thematisch passende kleine Roman von Melchior Vischer, der den Dachdecker beim Sturz beobachtet. Noch ein aufregender Sound:

Ich möchte so gern wie ein Vogel
Durch die Lüfte fliegen.
Ich möchte so gern wie ein Löwe
In der Wüste liegen.
Ich möchte so gern wie ein König
Die Langeweile besiegen.
Doch der Glanz der ewigen Sonnen
Begeistert mich heute nicht.
Ich habe Vieles begonnen.
Doch das macht noch kein Gedicht.

Paul Scheerbarts *Katerpoesie* verdankt sich nicht etwa der Tierliebe, vielmehr sind es die Nachwirkungen nächtlicher Räusche, die den Dichter umtreiben. *Rakkóx der Billionär*, im Untertitel *Ein Protzen-Roman*, heißt der beste von Scheerbarts Kürzestromanen. Die Allmachtsphantasien des superreichen Rakkóx zerschellen am Obergenie Schultze VII, der die traurigen Überreste des Protzen auf Konservendosen ziehen lässt. »*Sic transit gloria rakkóxi*« wird von da an in Peking gesungen. Von der Art Romanen hätte das zweite Kaiserreich mehr gebraucht.

Malerei und Literatur kommen sich immer näher, treiben sich gegenseitig an auf der Suche nach dem neuen Ausdruck; in manchem steckt gar eine schöne Doppelbegabung. Alfred Kubin, der geniale Illustrator und Mitbegründer des »Blauen Reiter«, ist so einer. Seinen phantastischer Roman *Die andere Seite* mit den Abenteuern des Claus Patera im Traumland illustriert er gleich noch selbst, ein Juwel der Buchkunst.

Der ›deutsche Beitrag‹ zum neuen Jahrhundert ist der Expressionismus. Die beiden Künstlervereinigungen »Die Brücke« in Dresden, später Berlin und »Der blaue Reiter« in München versammeln die Namen, die für das neue Kunsterlebnis stehen: Kandinskij und Marc (die Köpfe hinter der Idee), Jawlenskij und Macke hier, Kirchner und Nolde, Heckel und Schmidt-Rottluff da. Blau, rot, grün und gelb sind die Farben der Saison, mit klarem, dickem Strich gemalt. Und abseits dieser Gruppenbildung steht er allein, der Held der neuen Zeit, mit dem Anspruch, Weltmeister des Malens zu werden: Max Beckmann aus Leipzig. Das Selbstporträt, besser: die Selbstbefragung, steht im Zentrum seines Schaffens. Ein kantiger Kopf mit spärlichem, nach hinten gekämmtem Haar und eiskalten Augen taucht immer wieder aus dem Viereck der Leinwand auf, kritische Blicke werfend – Beckmann über Beckmann. In seinen *Briefen* und *Tagebüchern* wird er zur interessantesten Figur der neuen Kunst. Else Lasker-Schüler ist seine literarische Gegenspielerin. Ihr Expressionismus erlaubt dem Ich die schwärmerische Verkleidung des Orientalen, zum Beispiel als *Prinz von Theben*. In dieser Rolle, von ihr selbst in fröhlichen Vignetten dargestellt, lässt sie das Unglück an Männern hinter sich, die ihren Lebensweg begleiten, wie Herwarth Walden oder Gottfried Benn. Neben ihrer lyrischen Produktion hat sie vor allem *Die Wupper* (sie stammt aus Wuppertal) hinterlassen, ein sozialkritisches Theaterstück im heimischen Dialekt, wie es das schon seit dem Darmstädter Niebergall und seinem *Datterich* gegeben hat.

Literarisch gibt es genug Themen. Zunächst ist noch das ›zweite Reich‹, die Kaiserzeit mit dem operettenhaften Wilhelm II. am Schluss, aufzuarbeiten. *Der Untertan* und die kritische Rückschau *Ein Zeitalter wird besichtigt* erledigen dies. Sympathisch an ihrem Autor Heinrich Mann ist die bedingungslose Frankophilie, seine Hinneigung zur französischen Kultur, genauso wie sein Fortschrittsglaube, der sich im Hoffnungsland Sowjetunion materialisiert. Daraus folgt postwendend, dass die Naivität das große Problem dieses unglaublich produktiven Schriftstellers war. Im *Professor Unrat*, der der Diseuse Rosa verfällt und dabei aus seinem bürgerlichen Leben fällt, am Ende aber davon eingeholt wird, hat Heinrich Mann sich selbst visionär porträtiert. So ähnlich wird es ihm ergehen. Im Film »Der blaue Engel« von Joseph von Sternberg – Franz Zuckmayer schrieb das Drehbuch – spielen Emil Jannings den Lehrer und die junge Marlene Dietrich die androgyn-laszive Rosa, die jetzt ›Lola Lola‹ heißt. Heinrich Mann hat viel probiert, Schauspiel

und Novelle genauso wie das historische Tableau, jede Menge Lesestoff jenseits seiner Romane um *Henri Quattre.*
Dann war da noch die Niederlage im Großen Krieg. Die Schützengräben und Drahtverhaue an der Marne bewirken die Wandlung des Ernst Toller vom Artilleristen zum Anarchisten. Im Gefängnis macht er dann aus dem Trauma Literatur. Eugen Hinkemann kommt aus seiner letzten Schlacht und ist kein Mann mehr; ein Bein fehlt auch noch. Die Tragödie *Der deutsche Hinkemann,* später nur noch: *Hinkemann,* ist das Heimkehrerdrama zwischen *Minna von Barnhelm* und *Draußen vor der Tür,* in dem der Wehrmachtssoldat Beckmann dann durch Wolfgang Borchert ein Gesicht bekommen wird. Die Entwürdigung der Rekruten durch die Schikane der Ausbilder beschreibt *Im Westen nichts Neues* von Erich Maria Remarque[205], wie er sich selbst hochtrabend nannte. Mit schicken Autos und seiner Liaison mit der Dietrich führte er den Deutschen den Typ des mondänen Erfolgsschriftstellers vor, Auflage: 2,5 Mio. Aufrichtiger und härter waren andere, wenn es darum ging, die Schrecken des Krieges zu benennen, Edlef Köppen in *Heeresbericht* oder Arnold Zweig mit seinem Zyklus *Der große Krieg der weißen Männer.* Köppen kontrastiert das Erleben des Kriegsfreiwilligen Adolf Reisiger mit den Eckdaten der großen Geschichte; am Ende, errettet aus den Stahlgewittern, erklärt sein Soldat den Krieg zum größten aller Verbrechen und der Stabsarzt ihn für verrückt. Dem Grauen hat Köppen eine Stakkatosprache gegeben, die noch heute den atemlosen Schrecken der Vernichtung fühlbar macht. In Zweigs Großwerk markieren die lose verbundenen Teile *Junge Frau von 1914, Erziehung vor Verdun* und *Der*

> Die Liebe zur französischen Kultur oder die Anerkennung der britischen Dominanz hätte in Deutschland eine Katastrophe verhindern können, die sich dann in gesteigertem Maß noch wiederholte.

---

[205] Frz.: Anmerkung; als Adjektiv aber auch: bemerkenswert. Eigentlich hieß er Remark.

Streit um den Sergeanten Grischa einzelne Stadien der vor allem moralischen Zerrüttung eines ganzen Landes. Am Anfang stehen Einziehung des jüdischen Schriftstellers Werner Bertin zum Kriegsdienst, Vergewaltigung und Schwangerschaftsabbruch, die seine Freundin Lenore Wahl über sich ergehen lassen muss. Eine Gemütlichkeit des Erzählens setzt Zweig, der sich selbst für einen Expressionisten hielt, als Kontrapunkt gegen die Aktualität seiner Themen. Über den Abtreibungsparagraphen 218 des Strafgesetzbuches wird bis heute erregt debattiert. Den anschließenden Teil *Einsetzung eines Königs* widmete er seinem Freund Sigmund Freud, mit dem er auch von seinem Exil in Palästina aus in regem Kontakt blieb und den er ›Vater‹ nannte. Im Roman zeigt er seine Verbundenheit mit dem östlichen Judentum der Chassidim. Kurzsichtigkeit war das Lebensschicksal Zweigs, der aus dem ungeliebten Haifa in die DDR zurückkehrte und noch als Stalinist Karriere machen durfte.

Von Beruf Nervenarzt, ausgestattet mit einer sehr starken Nikkelbrille und naturwissenschaftlicher Begabung, die sich an seinem Sohn Wolfgang, dem genialen Mathematiker, ins Tragische wenden sollte, dem Erzählerischen verfallen und mit Ausdauer für tausend Seiten pro Buch: Alfred Döblin. Dem toten Sohn hat der trauernde Vater in seinem letzten Roman *Hamlet oder Die lange Nacht nimmt ein Ende* ein Epitaph geschrieben, wie es sich für einen Psychoanalytiker geziemt. Auch Edward kommt als Krüppel aus dem (Zweiten Welt-)Krieg zurück in den Schoß seiner englischen Familie. Die zum Zerreißen gespannten Beziehungen untereinander werden durch die Geschichten ausgelotet, die man sich wechselseitig abends erzählt. Angelehnt an Shakespeares Dramenstoffe, insbesondere den *Lear*, erhalten die Personen durch ihre Erzählungen Tiefe. Ihre Probleme lösen sich so allerdings nicht.

Wumm, wumm, machte die Dampframme. Großstadtpoesie, Proletenprosa, das ist *Berlin Alexanderplatz*, Döblins größter Erfolg. Franz Biberkopf kommt aus dem Gefängnis, ... doch lassen wir den Autor selbst erzählen: *wo er wegen älterer Vorfälle saß,* und steht nun wieder in Berlin und will anständig sein. Das gelingt ihm auch anfangs. Dann aber wird er, obwohl es ihm wirtschaftlich leidlich geht, in einen regelrechten Kampf verwickelt mit etwas, das von außen kommt, das unberechenbar ist und wie ein Schicksal aussieht. Dreimal fährt dies gegen den Mann und stört ihn in seinem Lebensplan. Es rennt gegen ihn mit einem Schwindel und Betrug. Der Mann kann sich wieder aufrappeln, er steht noch fest. Es stößt und schlägt ihn mit einer Gemeinheit. Er kann sich schon schwer erheben, er wird schon fast ausgezählt.[206] Zuletzt torpediert es ihn mit einer ungeheuerlichen äußersten Roheit. Damit ist unser guter Mann, der sich bis zuletzt stramm gehalten hat, zur Strecke gebracht. Er gibt die Partie verloren, er weiß nicht weiter und scheint erledigt. Bevor er aber ein radikales Ende mit sich macht, wird ihm auf eine Weise, die ich hier nicht bezeichne, der Star gestochen. Es wird ihm aufs deutlichste klargemacht, woran alles lag. Und zwar an ihm selbst, man sieht es schon, an seinem Lebensplan, der wie nichts aussah, aber jetzt plötzlich ganz anders aussieht, nicht einfach und fast selbstverständlich, sondern hochmütig und ahnungslos, frech, dabei feige und voller Schwäche. Das furchtbare Ding, das sein Leben war, bekommt einen Sinn. Es ist eine Gewaltkur mit Franz Biberkopf vollzogen. Wir sehen am Schluß den Mann wieder am Alexanderplatz stehen, sehr verändert, ramponiert, aber doch zurechtgebogen. Dies zu betrachten und zu hören wird sich für viele lohnen, die wie Franz Biberkopf in einer Menschenhaut wohnen und denen es passiert wie diesem Franz Biberkopf, nämlich vom Leben mehr zu verlangen als das Butterbrot.

Literatur und Film kommen zusammen, nicht erst in Reiner Werner Fassbinders monumentaler Zelluloidversion des Ro-

---

[206] Ein Jahr, nachdem Döblin diese Inhaltsangabe geschrieben hat, wird Max Schmeling Boxweltmeister aller Klassen. Nicht Schmeling macht die Epoche des Boxens, er ist nur der rechte Mann am rechten Ort. Das Boxen ist die angemessene Antwort auf die wirtschaftliche Depression und allgemeine Resignation – aber nur, solange man vor ›zehn‹ wieder auf die Beine kommt.

mans. Döblin benutzt schon das Auge des Kinogehers, um sein Berlin in Bewegung zu versetzen. Gerade war in Paris der Futurismus[207] ausgerufen worden, der die stroboskopische Zerstükkelung des Films auf die Leinwand des Malers übertrug. Ein anderer aber hat die Kraft, alle diese Stile in sich zu vereinigen in dem Medium, das in ihm erst wahrhaft erfunden ist: Charles Chaplin. »Moderne Zeiten« ist sein Malocherepos, »Lichter der Großstadt« seine Schnulze, und »Der große Diktator« die erste politische Realsatire, die auch die beste und treffendste geblieben ist. Alle Welt liebt Charlie, selbst der ›Führer‹ ist entzückt.

Vor Großstadtroman und Seelenzergliederung kommen bei Alfred Döblin Romane wie Gebirge: *Die drei Sprünge des Wang-Lun* hieß sein Sensationsdebüt; auch Franz Kafka war verwundert angesichts des vierschrötigen Laientheologen, Hobbyphilosophen und Aufrührers Wang, dessen Lebensgeschichte wie eine Feuerwerksrakete explodiert in unzählige bunte Anekdoten. Immerhin entsteht dabei so etwas wie chinesisches Lokalkolorit. Später hat sich der Meister des sozialen Pathos im gigantischen Vierteiler *November 1918* auch noch mit der deutschen Revolution auseinandergesetzt; natürlich endet alles in Resignation oder brutal wie beim Heldenpaar *Karl* (Liebknecht) *und Rosa* (Luxemburg).

Max Herrmann-Neiße war in jeder Hinsicht eine auffällige Figur der Berliner Literaturszene, wenn auch körperlich klein. Die »Neue Sachlichkeit«, die er als Lyriker, Kritiker und Erzähler vertrat, so wie Rudolf Schlichter, George Grosz und Otto Dix in der Malerei, stellte den Menschen so dar, wie er war, auch hässlich, vor allem: ungeschminkt.

Zwei Denker geben letzte Kunde vom Glanz jüdischen Geisteslebens in Deutschland und stehen gleichzeitig an den Gegenpolen der Ideen und Ausdrucksmöglichkeiten. Aus Hamburg,

---

[207] Von dem Italiener und späteren Faschisten Filippo Marinetti im Manifest *Le Futurisme*; er hat ihn auch selbst sehenswert malerisch umgesetzt.

aus einer hochberühmten Familie von Kulturmenschen, stammt Ernst Cassirer, der letzte Systematiker der Philosophie. In einer einfachen, spannungsvollen Sprache entwickelt er seine *Philosophie der symbolischen Formen*. Unsere Welt besteht aus Symbolen, die sich überall in Sprache, Mythos und Technik zeigen, unser Leben beherrschen. Endlich wendet sich das Denken von Schopenhauer und Nietzsche ab und baut wieder auf Kant und Husserl auf, aber Cassirer muss sein Heimatland verlassen, ohne dort Wirkung zu hinterlassen. Bis heute wird er mehr in seiner letzten Wahlheimat Amerika geschätzt. Walter Benjamin ist Berliner und Kulturkritiker. Sein ganzes Interesse gilt Frankreich im vorvergangenen Jahrhundert. Für seine Argumente hat er Karl Marx als Schutzpatron gewählt. Mit seinem bekanntesten Werk *Das Kunstwerk im Zeitalter seiner technischen Reproduzierbarkeit* schärfte er unser aller Blick auf die Kultur des bürgerlichen Zeitalters und ist gleichzeitig brandaktuell. Darin findet Benjamin den Begriff der ›Aura‹, die jedes originäre Kunstprodukt umgibt und seine Unterscheidung von den alltäglichen Gegenständen unserer Lebenswelt ermöglicht. Das Säkulum der Photographie, von Film und Musikaufnahme erhält in diesem Essay seine theoretische Begründung. Auf der Flucht aus Frankreich vor dem verhängnisvoll vordringenden Nationalsozialismus legt Benjamin Hand an sich, an der spanischen Grenze.

Wer es vermochte, verließ Deutschland, die anderen blieben daheim. Gottfried Benn war Mittelpunkt der literarischen Szene und gleichzeitig ganz weit weg. Diese Doppelnatur zeigt sich auch, wenn man in sein Gesicht blickt. Er verkörpert mit dem arroganten Zug um die Augen das zum Untergang verurteilte Schneidig-Preußische, während der traurige Mund, das hängende Kinn für das Resignierte, Müde seines Wesens stehen. Arzt für Haut- und Geschlechtskrankheiten war er, in seiner Lyrik setzt er das einschlägige Vokabular unverfroren ein. *Morgue* wie Leichenschauhaus heißt sein Erstling, der wie ein Pistolenschuss das Publikum aus der Lethargie des Jugendstils weckte. Abtreibung? Benn macht ein Gedicht draus:

Nun liegt sie in derselben Pose,
wie sie empfing,
die Schenkel lose
im Eisenring.

Wäre das nur Pose, wäre Benn nicht der große Poet des Nihilismus geworden. Altmeisterlich sein Können, klinisch-perfekt der Umgang mit dem Wortmaterial, und dann die Zumutung, zwischen den Leichenteilen das allerschönste ›Naturgedicht‹ zu verstecken:

Schleierkraut, Schleierkraut rauschen,
rausche die Stunde an,
Himmel, die Himmel lauschen,
wer noch leben kann,
jeder weiß von den Tagen,
wo wir die Ferne sehn:
leben ist Brückenschlagen
über Ströme, die vergehn.

Und das Liebesgedicht, das an zwei Frauen gerichtet war:

Auf deine Lider senk ich Schlummer,
auf deine Lippen send ich Kuß,
indessen ich die Nacht, den Kummer,
den Traum alleine tragen muß.

Faszination ist das eine, die Frage nach Haltung und Charakter darf gestellt werden, der Vorwurf des Zynismus und Chauvinismus steht im Raum. Antibürgerlich sollte die Attitüde erscheinen, vielleicht war sie auch einfach nur amoralisch.

Ernst Jünger nahm am Ersten Weltkrieg teil und verweigerte sich nicht einem zweiten. *In Stahlgewittern* spiegelt sich seine Kriegserfahrung hart jenseits der Grenze zur Verherrlichung. *Auf den Marmorklippen* sah mancher dankbare Leser als Leuchtzeichen in der Finsternis des Nationalsozialismus. Der Autor wollte sein Werk dieser Deutung entziehen; die Parabel vom schrecklichen Oberförster mit seinen roten Doggen und der Entscheidungsschlacht zwischen Gut und Böse in einem mystischen ›Mauretania‹ war jedenfalls ein Trostbuch. Die große Leistung Jüngers, des drahtigen kleinen Herrn mit dem dichten weißen Haar, war sein Leben, das ein ganzes Jahrhundert überdeckte. *Zwei Mal Halley* konnte er stolz darüber schreiben angesichts der Tatsache, dass der Komet nur alle sechsundsiebzig Jahre erscheint. *Strahlungen* und *Siebzig verweht* heißen die Tagebücher, in denen der Platoniker Jünger die Erscheinungen der Welt an seinen Ideen gemessen hat.

Erich Kästner ist sein Leben lang Kind geblieben. Er hatte eben die beste Mutter der Welt. So ist nicht nur verständlich, dass er die schönsten Kinderbücher deutscher Sprache verfasst hat (in *Emil und die Detektive* hat er seiner Mutter in der Person von Frau Friseuse Tischbein gleich am Anfang eine Huldigung geschrieben), sondern auch, dass er die Nazizeit durchstand, von kümmerlichen Jobs als Ghostwriter genährt. Zum Beispiel schrieb er das Drehbuch zum Ufa-Jubiläums- und Untergangsfilm »Münchhausen« mit Hans Albers. Die Situation hat eine schlagende Ähnlichkeit mit der in dem meisterlichen Film von Martin Ritt »Der Strohmann«, Hauptrolle: Woody Allen. Hier wird zwar die Kommunistenhatz der McCarthy-Zeit beschrieben, als die fähigsten intellektuellen Köpfe Schreibverbot hatten und ihre Drehbücher durch Strohmänner bei den Filmgesellschaften einschleusen mussten, aber die Situation ist immer dieselbe: Der Geistesmensch ist schwach an seiner schwächsten Stelle, der Ökonomie, wenn die politische Gewalt stark wird. Kästner trennte seine Produktion für Kinder sorgsam von der für Erwachsene. Sein bestgetroffener Charakter ist *Fabian*, im Untertitel *die Geschichte eines Moralisten*. Er figuriert als ›möblierter Herr‹ und hat gerne Damenbesuch. Der Moralist lebt und handelt nicht etwa besonders moralisch, sondern seinen Bedürfnissen entsprechend. Folglich befindet er sich in ständigem

Konflikt mit dem, was gesellschaftlich als Moral akzeptiert ist. So erscheint ihm die ›Gesellschaft‹ als G.m.b.H. Da man so unmöglich leben kann, ertrinkt Fabian, als er einem Kind das Leben retten will. Das Kind kann schwimmen. Er nicht.

Der große Dichter des Elsass hieß René Schickele. Seit Bismarcks Zeiten gehörte die Region zwangsweise zu Deutschland, eine dieser unglücklichen Gegenden im Kern Europas, die über die Jahrhunderte Spielball der Mächte gewesen sind. So unglücklich vielleicht auch wieder nicht, bedeutete doch Wechsel der Herrschaft im günstigen Fall Wechsel der Verhältnisse, Belebung und Auffrischung. Schickele ist vergessen, aber seinen Generations- und Schicksalsgenossen Otto Flake gilt es zu erwähnen. In Baden-Baden hat er den Großteil seines Lebens verbracht, isoliert – da zu Unrecht mit den Nationalsozialisten in Verbindung gebracht –, ruhm- und erfolglos. Mit Übersetzungen musste er sich durchschlagen und mühsam über Wasser halten. Seine Autobiographie *Es wird Abend* legt nicht nur minuziös die prekären Einkommensverhältnisse eines Autors der zweiten Reihe dar, sondern zeigt Flake als unbequemen Einzelgänger. Diesen Ruf verdiente er sich als Philosoph, etwa mit *Der Erkennende*, Untertitel: *Philosophie der Freiwerdung*. Frei wovon? Vor allem von Glauben, sagt Flake. Dafür verwies Mussolini ihn aus Südtirol. Durch seine vielen biographischen Arbeiten, etwa über den *Türkenlouis* oder *Große Damen des Barock*, und seine Beschwörung einer ›(Welt)Gemeinschaft der Denkenden‹ ähnelt Flake oberflächlich betrachtet Stefan Zweig. Allerdings ist er ganz anders. Herb statt schwärmerisch. Präzis statt schweifend. Expressionist der Sprache. Ein großer Schriftsteller, der mit dem *Fortunat*, der Geschichte des Jacques Kestenholz, und den *Monthiver-Mädchen* zwei große historische Romane geschrieben hat, deren Handlung sich vor der Kulisse des Rheintals zwischen Deutschland und Frankreich ent-

> Überleben im Terrorstaat. Da heißt es untertauchen, sich anpassen oder mitmachen. Hauptsache überleben. Rebellieren bedeutet Tod. Hätte man nicht rechtzeitig gehen sollen? Aber da ist doch die alte Mutter zuhause ...

wickelt. Nach dem Krieg war er endgültig vergessen, hatte aber das Glück, dass Rolf Hochhuth, damals Lektor des Fischer-Verlages, ihn bei Lebzeiten wieder bekannt machte; Flake erhielt noch den Büchner-Preis.

Der Chronist der kleinbürgerlichen (Un)Gemütlichkeit war Hans Fallada. *Kleiner Mann – was nun?* heißt programmgemäß sein größter Erfolg. Die Geschichte von Pinneberg und seinem schwangeren Lämmchen stelle man sich am besten als Revue vor, wie sie Peter Zadek aus dem Roman für das Bochumer Theater schuf. Und gleich will man die Titelmusik[208] mitsummen, denn so muss das kleine Glück gewesen sein, damals:

wenn einmal die Sonne nicht scheinen will;
...
dann denke immer daran,
wie's morgen anders sein kann,
wenn sich die Wolken verziehn,
und neue Hoff---nungsblumen blühn:
Drum Kopf hoch! ...

Wenn er dann aber persönlich wird, als *Der Trinker* oder mit *Wer einmal aus dem Blechnapf frißt* über seine Zeit im Gefängnis, dann kann Fallada, der seinen Künstlernamen den grimmschen Märchen[209] entnahm, durchaus ungemütlich werden.

---

[208] Von Erwin Bootz, früher Pianist der »Comedian Harmonists«.

[209] Beziehungsreich: In dem grausamen Märchen *Die Gänsemagd* entlarvt der sprechende Kopf des Pferdes Falada, das der echten Prinzessin gehört, die Braut des Prinzen als Hochstaplerin und sorgt dafür, dass die Verhältnisse vom Kopf wieder auf die Füße gestellt werden. Die falsche Braut muss sterben.

Die zwei deutschen Jahrhundertdichter mussten ins kalifornische Exil, um sich zu begegnen. Es sollte nicht wie einst bei Goethe und Schiller werden, dafür waren sich Thomas Mann und Bertolt Brecht zu fremd. Mann fühlte sich als Repräsentant einer bürgerlich geprägten, europäischen Kulturtradition. Brecht wollte Pädagoge sein, durch vorbildliche Werke den Menschen zur Anteilnahme an einem neuen Kulturverständnis bewegen. Was sagte Mann über Brecht? *Die Stücke von Brecht nicht ohne Anziehung, Sozialismus des munteren Mitleids, die Form (>episches Theater<) doch wohl theoretisierend überschätzt.* Und Brecht über Mann? Hanns Eisler, der Komponist und Freund in der Kärglichkeit Hollywoods, berichtete Brecht von seiner *Zauberberg*-Lektüre und den >schönen Stellen<, *und er war immer ganz erstaunt, daß da so gute Sachen drin sind. Da meinte er, das müsse man wirklich einmal durchsehen. Er kam nie dazu.* Mit anderen Worten: Das Verhältnis war temperiert.

Thomas Mann hat seine Vaterstadt Lübeck zum Literaturort gemacht. Auch der Name seiner Schule, die er nicht durchstand, wurde berühmt: das Katharineum. Das Hotel »Stadt Hamburg« mit den beiden schwarzen, steinernen Löwen am Eingang wurde bekannt als Schauplatz des *Tonio Kröger*, hat aber die Bomben nicht überstanden. Seine Familienmitglieder wurden durch ihn bekannt, und das Haus in der Mengstraße ist bis heute berühmt: das Buddenbrook-Haus, das immernoch existiert und jetzt ein Thomas Mann-Museum beherbergt.

»*Kurios!*« war das letzte Wort des Ur-Buddenbrook, als er sich zur Wand drehte und verschied. Sein Sohn Johann, der Konsul, ist bereits weniger originell, obzwar redlich. Und dessen Spross Tom blickt schon gefasst dem Ruin ins Auge. »*Wi müssen all tau Moder warn, tau Moder ... tau Moder ... !*« schließt Grobleben seine kleine Rede anlässlich der Taufe Hannos, des letzten Buddenbrook. Dialekt statt Dialektik – Du erlaubst mir auch einmal einen Kalauer –, das ist Manns Art, sein Thema anzugehen. Die Taufrede gleitet ab zur Grabrede: Sie sind zwar nicht aus Staub, die Kaufherren mit der Liebe zu Rotspon, Profit und gemäßigter

Religiosität, sondern schier aus Fleisch und Blut; aber von der Höhe ihrer Wohllöblichkeit – in der dritten Generation wird Tom (gleich Thomas) gar in den Senatorenrang der Hansestadt erhoben –, geht's abwärts zu Liquidation des Geschäfts und Erlöschen der männlichen Linie. Tom muss es nicht mehr erleben, ein vereiterter Backenzahn führt sein Ende herbei. Die zahnärztliche Kunst von Herrn Brecht, der von Beefsteak und Blumenkohl zu seinem Notfall gerufen wird, kann da nichts ausrichten: »*Wir müssen zur Extraktion schreiten*«, sagte er nach einer Weile und erblich noch mehr. »*Schreiten Sie nur*«, sagte der Senator und schloß die Lider noch fester. Nun trat eine Pause ein. Herr Brecht präparierte an einem Schranke irgend etwas und suchte Instrumente hervor. Dann näherte er sich dem Patienten aufs neue.

> Der Schriftsteller im Ausland.
> Er kann die Sprache nicht richtig, kennt niemanden, verträgt das Klima nicht, verdient nichts.
> Und wird später nicht einmal für seine Haltung gefeiert.
> Aber der heimlichen Bewunderung der Neider kann er sicher sein.
> Und deren Namen sind heute vergessen.

»Ich werde ein bißchen pinseln«, sagte er. Und sogleich begann er, diesen Entschluß zur Tat zu machen, indem er das Zahnfleisch ausgiebig mit einer scharf riechenden Flüssigkeit bestrich. Hierauf bat er leise und herzlich, stillezuhalten und den Mund sehr weit zu öffnen, und begann sein Werk.

Thomas Buddenbrook hielt mit beiden Händen die Sammetpolster fest umfaßt. Er empfand kaum das Ansetzen und Zugreifen der Zange, bemerkte dann aber an dem Knirschen in seinem Munde sowie an dem wachsenden, immer schmerzhafter und wütender werdenden Druck, dem sein ganzer Kopf ausgesetzt war, daß alles auf dem besten Wege sei. Gott befohlen! dachte er. Nun muß es seinen Gang gehen. Dies wächst und wächst bis ins Maßlose und Unerträgliche, bis zur eigentlichen Katastrophe, bis zu einem wahnsinnigen, kreischenden, unmenschlichen Schmerz, der das ganze Gehirn zerreißt ... Dann ist es überstanden; ich muß es nun abwarten.

Es dauerte drei oder vier Sekunden. Herrn Brechts bebende Kraftanstrengung teilte sich Thomas Buddenbrooks ganzem Körper mit, er wurde ein wenig auf seinem Sitz emporgezogen und hörte ein leise piependes Geräusch in der Kehle des Zahnarztes ... Plötzlich gab es einen furchtbaren Stoß, eine Erschütterung, als würde ihm das Genick gebrochen, begleitet von einem kurzen Knacken und Krachen. Er öffnete hastig die Augen ... Der Druck war fort, aber sein Kopf dröhnte, der Schmerz tobte heiß in dem entzündeten und mißhandelten Kiefer, und er fühlte deutlich, daß dies nicht das Bezweckte, nicht die wahre Lösung der Frage, sondern eine verfrühte Katastrophe sei, die die Sachlage nur verschlimmerte ... Herr Brecht war zurückgetreten. Er lehnte am Instrumentenschrank, sah aus wie der Tod und sagte: »Die Krone ... Ich dachte mir's.«

Die genaue Beobachtung der Seelenlage des Opfers stammt natürlich aus Thomas Manns reichem Fundus an eigenem Erleben – seine Zähne waren ebenfalls nicht die besten. Aber auch der unglückliche Operateur hat das Mitgefühl des Autors. Das macht insgesamt die groteske Grandiosität dieses Lübecker Totentanzes aus. In der Beschreibung des Eingriffs nähert sich Mann seinem Helden, dringt ganz in dessen Gefühlsleben ein bis zum tragischen Höhepunkt, an dem er sich sacht wieder zurückzieht auf seine neutrale Beobachterposition. Sechsundzwanzigjährig war er bei Erscheinen der *Buddenbrooks!* und schon ganz der manieristische Magier des gerade erst beginnenden Jahrhunderts.

Wenige Stunden nach dem Erlebnis bei Herrn Brecht ist Senator Buddenbrook tot – noch eine weitere der ganz großen Szenen des Romans.[210] Die Frauen bleiben, wie heute ja üblich, allein zurück. Tony, Toms Schwester und mit ihrer kindlichen Naivität der Sonnenschein der Familie, wollte einst den Morten Schwarzkopf und kriegte stattdessen Bendix Grünlich mit den

---

[210] Die Sterbeszenen: Auch Galsworthy wird sein Bestes leisten, wenn er Jolyon Forsyte sterben lässt. Wieder einmal ist der treue Hund, diesmal heißt er Balthasar, Hauptleidtragender.

goldgelben Favoris (einem wohl besonders scheußlich zu denkenden Backenbart). Nach dessen *Faillite* und Scheidung – welch ein Skandal! – hing sie sich in ihrer Panik an das bayrische Urgestein Permaneder. Aber, was zuviel ist, ist zuviel, als der sie »*Saulud'r dreckats!*« titulierte (man munkelt, der Großschriftsteller habe lange im Münchener Untergrund recherchiert, um diese so präzise timbrierte Beschimpfung zu synthetisieren), ist Scheidung Nummero zwo fällig. Tony wird's verschmerzen und weiterleben. Ganz im Gegensatz zum kleinen Hanno, der noch mit eigener Hand einen Schlussstrich in die sorgsam geführte Familienbibel macht. Gerda, Toms Witwe, die exotische Schönheit, wird zurück nach Amsterdam gehen – Tony bleibt.

Mag auch die Entwicklung der Literatur weitereilen, ich möchte noch einen Moment bei den *Buddenbrooks* verweilen.

Ein Zahnarzt schreibt Literaturgeschichte. Aber nur, weil er am Backenzahn des Senators scheitert.

Der Grund für ihren überragenden Erfolg liegt in der Authentizität von Figuren und Schauplätzen, die künstlerisch behandelt, aber nicht frisiert und geschminkt sind und dadurch eine Natürlichkeit und Frische ausstrahlen, die nirgendwo sonst bei Mann, aber schon gar nicht sonstwo erreicht wird. Im *Doktor Faustus* wird er versuchen mit München zu machen, was mit Lübeck gelang – und maßvoll scheitern. Das Schöpfen aus den Quellen des Ich feiert wieder einmal literarische Triumphe. Bestes Beispiel ist Christian Buddenbrook, in dem Mann sich selbst [211] als Schulversager, Hypochonder und Möchtegerndandy porträtiert. Die Figur bleibt quicklebendig, selbst wenn Aline Puvogel seine Einweisung in die Klapsmühle durchsetzt. Der wunderbare Schauspieler Hanns Lothar hat ihm einst Gesicht und Stimme gegeben. In den Brüdern Tom und

---

[211] Tatsächlich trat in Lübeck ein Verwandter der Manns auf den Plan, der sich beschwerte, als ebenjener Christian konterfeit worden zu sein. Dies an sich schon drollige Missverständnis ließ Thomas kalt – er wusste es ja besser.

Christian hat Thomas Mann die zwei Seiten des eigenen Wesens dargestellt.

Die Forsyte-Saga von John Galsworthy wird gerne als englische *Buddenbrooks* bezeichnet. Kein größeres Missverständnis könnte es geben. Galsworthy übt Sozialkritik, sein einziges Thema ist die geistige Enge der ›Besitzmenschen‹, wie die Mitglieder der Familie Forsyte tituliert werden, mit der rühmlichen Ausnahme des Jolyon-Zweiges, und die daraus resultierende Unterdrückung der Frau in den Konventionen des bei Forsytes üblichen Lebensstils. Galsworthy verachtet leise all sein Personal, und sogar seine positive Heldin Irene Heron, vormals Mrs Soames Forsyte, nachmals Mrs Jolyon Forsyte, hat kein Recht auf ein eigenes Bestehen als Figur; Galsworthy spiegelt sie uns tausend Seiten lang ausschließlich in der Wahrnehmung der anderen. Wie viel reicher ist Manns Konzeption, wieviel mehr Freiheit erlaubt sich der Autor in seinen üppigen Arrangements von Figuren und Konstellationen. Heikel an Thomas Mann ist überraschenderweise – sein Geschmack. Für den Effekt opfert er willig Stil und Dezenz. Mit dieser Eigentümlichkeit muss man leben und auskommen. Eine Liste von Beispielen hätte kein Ende, beginnen würde sie mit den häufig verunglückten Namen, die der Großmeister seinen Nebenfiguren verpasst, lieblos einer seltsamen Stumpfheit der Erfindung abgepresst. Auch der Kraftmensch Mynheer Peeperkorn aus dem *Zauberberg* ist nicht viel besser, wenn auch anders. *Die Betrogene* glaubt an ein Wiederaufblühen ihres Körpers nach der Zeit, dabei ist es der Krebs, der an ihr frisst. Hotelpage *Krull* steht weiblichen Gästen auch außerhalb seiner Dienstzeiten zur Verfügung; Madame Houpflé vernascht den als Apoll Verkleideten, während ihr Mann unternehmerisch unterwegs ist als – Kloschüsselfabrikant. Lassen wir es damit genug sein.

Thomas Mann war entsetzt, dass das Nobelpreiskomitee ihn ausdrücklich für seinen Erstling *Buddenbrooks* zu ehren wünschte. Auch hier irrt der Meister, war es doch eine weise Entscheidung. Gleich in seinem ersten Buch hat er das Beste von sich gegeben. Eine eigentliche Reifung seiner Kunst ist bei ihm höchstens im *Josephsroman* zu spüren.

Doktor Faustus und *Der Zauberberg*, die ›Infektionsromane‹, behandeln die zwei Krankheiten, die den Kulturmenschen quälten, veränderten, ›veredelten‹: Tuberkulose und Syphilis. Der Komponist Adrian Leverkühn, der wie *Faust* einen Pakt mit dem Teufel schließt und seine ›Begabung‹ mit der vernichtenden venerischen Ansteckung bezahlt, trägt die Züge des Spätromantikers Hugo Wolf. Sein modernes musikalisches Handwerkszeug hat er allerdings bei Theodor Adorno ausgeborgt. Von ihm ließ sich Thomas Mann die Grundzüge der neu-, da zwölftönenden Musik erklären, die soeben Arnold Schönberg in Wien in die Welt gesetzt hatte. Viel Dank hatte der Autor dafür nicht übrig, was Adorno über die Maßen erboste. Krankengeschichte und Todeskampf von Leverkühns Lieblingsneffen Nepomuk entlieh sich der Lübecker aus dem damals schon vergessenen Künstler- und Eheroman *Roßhalde* seines Schwarzwälder Kollegen Hermann Hesse, der darob ein Auge zudrückte; dort stirbt der Sohn von Maler Veraguth an Hirnhautentzündung und lässt den Vater am Lebensglück verzweifelt zurück. Aber auch sonst geht die Idee des Buches nicht wirklich auf das Konto des Kaufmannssohns Mann. Oskar Panizza, ein genialer Einzelgänger, der alsbald weggeschlossen werden sollte, hatte in seiner ›Himmelstragödie‹ *Das Liebeskonzil* die Lustseuche als Instrument einer christlichen Götterdämmerung gedeutet. Das brachte ihm einen Prozess und die Bewunderung der nicht so Mutigen ein. Die Syphilis ist eine ihrem Namen nach (sich) wandelnde Erkrankung; als sie von den Spaniern aus Amerika mitgebracht und bei der Belagerung Neapels den Italienern verehrt wurde, erhielt sie dort zum Dank den Titel »Spanische Seuche«. Ihren weiteren Weg durch Europa kann man dann leicht verfolgen, da die Franzosen sie »Italienische«, die Deutschen sie »Französische« und die Polen sie »Deutsche« Krankheit nannten. Auch ein Fall von Völkerverständigung – und ein Thema, ganz auf dem Niveau des gar nicht heiklen Thomas Mann.

Hans Castorp besucht in Davos eigentlich nur seinen Vetter in der Klinik, der schwer an Tuberkulose erkrankt ist. Aber es wird Castorp sein, der Jahre auf dem ›Zauberberg‹ verbleibt, sich in Madame Chauchat verknallt und weder Settembrini noch den rigiden Naphta retten kann, die eigentlich angetreten waren, ihn zu retten. Im Pulverdampf des Krieges geht Castorp schließlich dem Erzähler verloren. *Der Zauberberg* tröstet uns Leser, auch wenn die Konzentration zwischendurch mal abfällt, immer wieder mit Wunderbarem, etwa Castorps Erlebnis im Schneesturm oder seinem Umgang mit dem Grammophon, aus dem Carusos »dolce Aida!« plärrt. Entwickelt sich in der Lungenheilanstalt ein Lebensbeginn, so ist *Tod in Venedig* das düstere Gegenstück zum *Zauberberg*. Der alternde Schriftsteller Gustav von Aschenbach kommt, von dunklen Mächten geführt, nach Venedig, um dort im Knaben Tadzio seiner letzten Leidenschaft gewahr zu werden und an der Cholera zu sterben, halb Schicksal, halb freiwilliges Abtreten um eines verkehrten Lebens willen – dieses verkehrte Leben hatte Thomas Mann zum Teil dem des gerade verstorbenen Gustav Mahler nachempfunden. Diese Tatsache wiederum hat Luchino Visconti zur Grundlage seiner Verfilmung gemacht: Mahler fährt (in Wahrheit von Amerika kommend, wo er gerade noch triumphal gefeiert worden war) auf einem Dampfer seinem Ende entgegen. Aber wieder einmal hat der Schriftsteller auch von sich einiges in die Waagschale gelegt; erst aus seinen *Tagebüchern* erfahren wir, wie sehr Aschenbachs Berührtheit durch männliche Jugendfrische aus Manns eigenem Erleben kam.

Auch Goethe hatte in hohem Alter, als Witwer und Berühmtheit, in Marienbad noch eine Leidenschaft gefasst, zur blutjungen Ulrike von Levetzow, mit der er sich blendend verstand; er hatte dabei aber übersehen, dass sein belehrend-souveräner Smalltalk mit dem Mädchen nicht imstande war, bei ihr auch ein Gefühl zu wecken. Als er seinen Herzog Karl August als Brautwerber vorschickte, löste er bei Ulrike Abfuhr und Abfahrt aus – der Dichterfürst tröstete sich mit der *Marienbader Elegie*.

Nachdem Thomas Mann diese Art Erlebnis mit *Tod in Venedig* ins Tragische gewendet hatte, ließ er *Lotte in Weimar* den Geheimrat viele Jahre nach der jugendlichen Begegnung, die den *Werther* zur Folge gehabt hatte, noch einmal besuchen; dabei ergibt sich natürlich die Gelegenheit, den alten Goethe mit der selbstbewussten Charlotte Buff, die jetzt Kestner heißt, in reizvolle Konstellation zu setzen. Insgeheim aber zielt Thomas Mann höher: Sich selbst setzt er natürlich ins Gleichnis mit dem Olympier; wenn beim morgendlichen Erwachen Goethe seine noch tadellosen Leibesfunktionen[212] entzücken, spricht aus dieser Beobachtung der inspizierende Blick des alternden Großschriftstellers und Hypochonders Mann auf seine eigene florierende Kreatürlichkeit.

Wie war Goethe zuletzt verspottet worden! Vor allem sein Frankfurter Dialekt wurde zum Stein des Anstoßes; sein letztes Wort auf dem Sterbebett »Mehr Licht!«, von Generationen als aufklärerische Schlussformel verehrt, sollte plötzlich – »Mer liecht ... hier aber miserabel!« – auf die mangelnde Bequemlichkeit seiner Liegestatt bezogen gewesen sein. Eine andere Lösung haben sich Egon Friedell und Alfred Polgar in ihrer *Goethe*-Groteske ausgedacht: Einem schlechten Schüler, der zur Maturaprüfung (wir würden sagen: Abitur) anzutreten hat, steht der vergöttlichte Goethe höchstselbst bei und kann die Fragen des Kollegiums zu seinem Leben und Werk doch nicht befriedigend beantworten. Erstens versteht niemand seinen Dialekt, zweitens verrät er erstmals die Wahrheit über einige heikle Punkte seines Lebenslaufs; damit kann die Prüfungskommission, im Wahn der Goethe-Hagiographie befangen, natürlich nichts anfangen. Was waren Goethes letzte Worte? »*No, Milch hat er gewollt.*« Professor: »*W-a-a-as? Ich verstehe immer Milch.*« »*No ja, Milch in sein Kaffee, weil er ihm zu dunkel war. Und da hat er gesacht: mehr licht!*« Ergebnis: In Deutsch fliegt Goethe durch – hochkant!

---

[212] Auf Seite 259 der Frankfurter Ausgabe!

So weit geht Thomas Mann nicht. *Königliche Hoheit* ist ein heiterer Rückblick auf deutsche Duodezfürstenherrlichkeit und gleichzeitig aufs eigene Leben, eine weitere Strophe im ›Gesang vom Ich‹, der Manns gesamtes Werk leitmotivisch durchzieht. Immer muss man gefasst sein, dass er sich selbst meint, wovon immer er auch gerade spricht. Klaus Heinrich ist der Prinz mit dem kleinen Geburtsfehler, dem verkrüppelten Arm – was ihn dem Kaiser Wilhelm Zwo einigermaßen ähnlich macht –, der ihm als Glücksbringer am Ende Hand und Vermögen der amerikanischen Magnatentochter Imma Spoelmann einträgt. Fürstentum Grimmburg ist saniert – so wie Thomas Mann durch seine Heirat mit Katia Pringsheim, der Tochter des reichen jüdischen Mathematikprofessors aus München.

Der Erwählte ist eine Bearbeitung der mittelalterlichen Geschichte des Gregor auf dem Stein, der Papst wurde. Der springende Punkt ist, wie Gregor auf seinen Stein kam, nämlich als Buße für den Inzest, dem er entstammt. Dieses Skandalmotiv beschäftigte Mann intensiv, hat er es doch auch in *Wälsungenblut* als Parallelhandlung zum ersten Akt von Wagners »Walküre« gestaltet.

Mit der gruseligen Geschichte *Mario und der Zauberer*, die als italienisches Ferienerlebnis getarnt ist, oder dem burlesken *Wie Jappe und Do Escobar sich prügelten*, und zwar am Strand von Travemünde, sind Beispiele von Thomas Manns Erzählungen benannt, mit denen er in allen Stilen glänzt. Und immer wieder tritt er selbst auf: *Herr und Hund* zeigt ihn als begeisterten Partner von Bauschan, dem verrückten Hühnerhund.

Als Schreiber von *Briefen*, vor allem aber der *Tagebücher*, die erst seit kurzem, und immernoch nicht in letzter Offenheit, zugänglich sind, stellt sich Mann in seinen vielen Rollen vor. Er war gleichzeitig Querulant, Hypochonder, Triebopfer und: der letzte Repräsentant deutscher Kulturtradition.

Mit Lederjacke und Schiebermütze (in der Hand) stelle ich mir Bertolt Brecht vor, markantes Kinn, dünne Lippen, kluge, kalte Augen von einer Lehrerbrille umrandet, hohe Stirn, Haare kurz, glatt, fransig. Irgendwo ist eine Zigarre, mal in der (anderen) Hand, meist im Mund. Seiner Heimatstadt Augsburg hat er nichts hinzugefügt – seine Eltern lebten in der Haindlschen Siedlung, der ehrwürdigen Fuggerei ähnlich, die den Bürgerstolz der alten Handelsstadt darstellt. Von Anfang an begeisterte er sich für das Theater; Frank Wedekind – als Schauspieler und Autor – war sein erstes Idol, von ihm wird er sich den Bänkelsängerton borgen. Brecht verstand es, Doktrin in Dichtung aufzulösen wie eine Kopfschmerztablette in Wasser. Seine Theaterstücke sind alle lediglich als Beispiele gedacht, wie man es in Zukunft machen soll, nämlich den Zuschauer zur Nachdenklichkeit ermuntern. Dafür ist immer ein Moment der Irritation notwendig: die Verfremdung.

Das fängt an mit der Geschichte vom großen Lyriker *Baal*. *Trommeln in der Nacht* ist die Komödie von Kragler und Anna in revolutionären Zeiten. *Im Dickicht der Städte* schildert den *Kampf zweier Männer in der Riesenstadt Chicago*, auf Marlowe beruft sich Brecht im *Leben Eduards des Zweiten von England*, das er mit Lion Feuchtwanger gemeinsam dramatisierte. Im Lustspiel *Mann ist Mann* wandelt sich der Packer Galy Gay in den Militärbaracken von Kilkoa zum Befreier Tibets. *Die Dreigroschenoper* und *Aufstieg und Fall der Stadt Mahagonny* sind die Textbücher für die geniale Zusammenarbeit mit dem Komponisten Kurt Weill. Vor allem in der ›Oper für Bettler‹ nach dem barocken Vorbild des John Gay entfaltet Brecht allen Witz und lyrische Intensität, deren er fähig ist. Lotte Lenja (später amerikanisiert: Lenya), Weills Frau, singt neben Marlene Dietrich in der ersten Schallplattenaufnahme – jede Nummer ein Kracher – die Seeräuber-Jenny und fügt die nötige Schärfe hinzu: *Und wenn dann der Kopf fällt, sag ich: Hoppla!* Die Gruppe der *Lehrstücke* beginnt mit *Der Ozeanflug*, angelehnt an das epochale Ereignis des Lindbergh-Abenteuers mit der »Spirit of St. Louis«, es folgen *Das Badener Lehrstück vom Einverständnis*, *Der Jasager* und *Der Neinsager*, *Die Maßnahme* – reinster Sowjet-Agitprop –, *Die Ausnahme und die Regel* und *Die Horatier und die Kuriatier* nach einer blutigen Begebenheit im alten Rom. *Die Heilige Johanna der Schlachthöfe* heißt mit Nachnamen »Dark« und kämpft aussichtslos im Dienste Gottes in Chicago. *Die Mutter* bearbeitet den Ur-Roman des sozialistischen Realismus von Maxim Gorki: Die harmlose Frau Wlassowa wird durch das heldenhafte Vorbild ihres Söhnchens Pawel ›politisiert‹ und ruht nicht eher, bis sie von der Polizei des Zaren verhaftet wird. *Die Rundköpfe und die Spitzköpfe* zeigen den kleinen Rassenunterschied zwischen Tschuchen und Tschichen. *Furcht und Elend des Dritten Reichs* sind Szenen aus einem demoralisierten Land, vom Emigranten Brecht scharf beobachtet; bitter, wenn die Frau den Mann und das Kind die Eltern ans Messer liefert. *Die Gewehre der Frau Carrar* beschreibt, wie aus einer Hausfrau eine Kämpferin im Spanischen Bürgerkrieg wird. Das *Leben des Galilei* handelt davon, wie die Wahrheit von der Macht (der Kirche) gebeugt wird. *Mutter Courage und ihre Kinder* hat nur den Namen und das Historische von der Geschichte Grimmelshausens aus dem Dreißigjährigen Krieg; das Stück zeigt die Heroik einer einfachen Frau in düsterer Zeit. Helene Weigel, Brechts zweite Frau, große Schauspielerin und erste Intendantin des »Berliner Ensembles«, verkörperte die wahrlich couragierte Frau, die ihren Karren selber aus dem Dreck zieht. *Das Verhör des Lukullus* bekam wie die *Courage* Musik von Paul Dessau. *Der gute Mensch von Sezuan* ist eine chinesische Prostituierte mit Herz; im Untertitel heißt es: »Parabelstück«, wie die nächsten zwei. *Herr Puntila und sein Knecht Matti*, Frucht von Brechts kurzem Aufenthalt in Finnland, zeigt die böse Wirkung des Alkohols auf gespaltene Persönlichkeiten, ein

Der eine ist
ein Leben lang
temperiert glücklich
verheiratet
und schielt
den Jungen hinterher,
der andere behandelt
Frauen wie Dreck
und sie drängen sich um ihn.
Wie der Dichter es auch macht,
seine Inspiration
fließt endlos weiter.

sehr finnisches Thema. *Der aufhaltsame Aufstieg des Arturo Ui* findet im Chicago der Gangsterära statt – Ui ist ein richtig schlimmer Finger, hätte auch Adolfo mit Vornamen heißen können. Auf der Bühne hat ihm Wolfgang Kieling als erster Gestalt gegeben. *Die Gesichte der Simone Marchard* helfen der Résistance, und wieder hilft Feuchtwanger beim Text. *Schweyk im Zweiten Weltkrieg*: Hitler reimt mit Himmler, Schweyk übersteht auch das und diesen Krieg. *Der kaukasische Kreidekreis* erzählt die alte Geschichte noch einmal von den zwei Frauen, die sich um ein Kind streiten. Dorfschreiber Azdak lässt sie daran zerren, die gute Grusche lässt los. *Die Tage der Commune* sind gezählt – ihr Untergang jedoch ist beispielhaft. *Turandot oder Der Kongreß der Weißwäscher*: Dem Kaiser von China will niemand die Wahrheit sagen.

Nach Sophokles, Shakespeare und Schiller ist dies das bedeutendste dramatische Gesamtwerk der Weltliteratur; jedes Stück ›spielbereit‹, bühnentauglich, in der Lage, mit geringen Mitteln und großem Effekt aufgeführt zu werden. Voraussetzung dafür ist Brechts Meisterschaft als Sprachkünstler. Die Schmiede, in der seine Sprache gehärtet wurde, ist seine lyrische Produktion. Seinem reichen Talent fielen die Verse scheinbar ohne Mühe zu, und bei all seinem Dichten dachte er unerhört musikalisch, in Rhythmen, die man sich sofort gesungen vorstellen kann. Im Suhrkamp Verlag, der Heimat Brechts im Westen, ist ein handliches Bändchen mit all seinen *Gedichten* erschienen: tausend Seiten Vergnügen, hol es Dir!

Die *Geschichten vom Herrn Keuner* sind Brechts beste Prosa und typisch für seinen lapidaren Stil; kurze pointierte Stücke zwischen Nietzsche und Kafka. Der *Dreigroschenroman* ist sein dickstes Prosawerk, eine schmucklose Aus- und Weiterführung der Oper. *Die Geschäfte des Herrn Julius Caesar* sind: Politik; in diesem Fragment macht Brecht die Erlebniswelt des Zerstörers der Römischen Republik lebendig. *Me-ti / Buch der Wendungen* wendet altchinesische Weisheit auf die Moderne an: Mi-en-leh heißt in Wahrheit Lenin, Intin ist Albert Einstein. Die Begeisterung für fernöstliche Lehren lag in der Luft, sie boten Weltflucht und Weltverbesserung in einem.

Max Frisch und Friedrich Dürrenmatt waren Brecht in Zürich am Theater begegnet. Der erhobene Zeigefinger, beim ersten mehr, beim andern weniger ausgeprägt, machte sie zu idealen Dramatikern der Nachkriegszeit. *Andorra* oder *Die Physiker, Biedermann und die Brandstifter* oder *Der Besuch der alten Dame*, das sind alles bühnenwirksame Stücke, nicht von Brechts sprachlicher Brillanz, aber voller Intensität, mit einem Wort: Klassiker. Da freut man sich, dass es auch unklassische Stücke von ihnen gibt, allen voran die traurige Komödie *Die Ehe des Herrn Mississippi*, Dürrenmatts erster großer Erfolg. Hier werden in einer barock verfremdeten Scheinwelt die privaten Probleme des Mannes, der tatsächlich wie der große Strom heißt, verknüpft mit einem heroischen Kampf gegen die Windmühlen der Justiz, eines von Dürrenmatts Lieblingsthemen. Seine originelle und unkonventionelle Erscheinung machen ihn zu einer der sympathischen Gestalten der Moderne, von seiner zweiten Frau Charlotte liebevoll ›Nashorn‹ genannt; mit *Der Richter und sein Henker* und *Der Verdacht* schuf er zwei Meisterwerke einer psychologischen Art des Kriminalromans, wegweisende Fingerübungen an Stelle von dem, was heute fast jeder zu können glaubt und auf den Markt wirft.

> Nachrichten aus der Schweiz. Endlich!

Die »Vier letzten Lieder« von Richard Strauss sind der grandiose Abgesang auf eine kulturelle Welt, deren Untergang schon ein erledigtes Kapitel der Geschichte war. Kirsten Flagstad sang sie erstmals in London, Wilhelm Furtwängler, der sich wie Strauss in der Nazizeit kompromittiert hatte, durfte dirigieren, der Komponist war schon tot, der Krieg seit fünf Jahren aus. Die Texte der ersten drei Lieder stammen von Hermann Hesse; er hatte soeben in Stockholm den Nobelpreis in Empfang genommen. Das erforderte in diesem Moment für einen deutschen

Dichter einiges, genauer: ausreichende Distanz zur Zeitgeschichte. Hesse, in Calw am Fuße des Schwarzwalds geboren, verbrachte den größten Teil seines Lebens außerhalb Deutschlands, die meiste Zeit in der Schweiz, im tessinischen Montagnola. Dort kamen Mann und Brecht auf ihrem Weg ins Exil vorbei, ganz in der Nähe war der Freund Karl Kerényi.

Drogen, Mystik, östliche Spiritualität und ständiger Bezug auf die eigene Person: Hesse ist ein Mann der aktuellen Themen, weniger der modernen Form. Geschmack ist eine Kategorie, die im Zusammenhang mit seinem Werk auf eine harte Probe gestellt wird, er selbst benutzte beiläufig den Ausdruck ›Edelkitsch‹. Mit dem *Peter Camenzind*, dem Naturburschen, der die Welt der Kultur mit Rückfahrkarte erlebt, wurde er berühmt. Dessen erster Satz war allerdings schon ebenso programmatisch wie problematisch: *Im Anfang war der Mythus*.[213] Der *Demian* ist eine Schülergeschichte nach dem Muster des *großen Meaulnes*, aber ohne dessen schwerelose Leichtigkeit. Der Ich-Erzähler Emil Sinclair (eines von Hesses Pseudonymen) verfällt dem an einer Überdosis Nietzsche leidenden Max Demian sowie dessen Mutter, die ihn zu ödipalem Treiben verleiten will, kann sich aber mit kalten Güssen kurieren. Hesse schreibt zu selbsttherapeutischen Zwecken, die Psychoanalyse begleitete sein ganzes Leben; beim Gang in seine Hausapotheke, wenn er etwa in *Gertrud* ein Mittel gegen weibliche Anfechtung sucht, mögen wir ihm allerdings nicht immer gerne folgen. Eher schon dem Vagabunden *Knulp* auf seiner kurzen Lebensreise, er ist Hesses liebenswerteste Figur, alle mögen ihn und laden zum Bleiben ein, aber er geht weiter und nimmt nicht mehr als eine Wegzehrung mit; bezaubernd ist seine Wirkung auf Welt und Leser. Hesse kreist monoman

---

[213] Trauriger- und überflüssigerweise verwendet Hesse eine Latinisierung für das griechische Wort, das Mythos heißt. Alfred Rosenberg, gehenkter Vordenker des Nationalsozialismus, würde das Wort mit seinem schändlichen ›Mythus des zwanzigsten Jahrhunderts‹ aber erst noch unmöglich machen.

um die Bewältigung des Naturphänomens, wie aus Jünglingen Männer – und bisweilen auch Greise – werden, seine Romane sind allesamt Entwicklungsromane. Das muß man so hinnehmen. *Narziß und Goldmund* handelt von einem Jungen, der dem Kloster entsagt und die Welt der Kunst gewinnt, indem er die Liebe erlebt. Und zum Thema Liebe fallen dem Autor sehr schöne, delikate Bilder und Szenen ein, er schildert sie in allen Spielarten und macht so diesen mittelalterlichen Bilderbogen zu seinem besten Buch. Dabei ist Hesse kein Historienmaler, auch kein präziser Zeichner; sein Stil ist das Aquarell, er setzt satte Farben nebeneinander, die ver- und ineinanderlaufen und so eine gewollte Unschärfe machen, aber die intensiven Stimmungen der Zwischentöne um so mehr herausleuchten lassen. Das ist ganz schön – neu und altmeisterlich zugleich. *Siddharta* markiert Hesses Hinwendung zu Fernöstlichem. Erstmals seit Schopenhauer wird die Welt der indischen Vergeistigung – Siddharta ist der Jugendname Buddhas – literaturfähig. Und, oh Wunder!, der Autor schafft es, den weisen Brahmanensohn uns nahe zu bringen durch die schlichte Unsicherheit, mit der er Sinn in seinem Leben sucht, als Vater versagt und erst als Fährmann seinen Frieden findet. *Der Steppenwolf* ist Hesses interessantester Charakter. Harry Haller ist schon älter, reifer als die anderen Hesse-Helden, ein Intellektueller; er merkt, dass sein Leben stagniert, und er fühlt einen Widerwillen gegen alle gesellschaftliche Einengung. So nennt er sich nun ›Steppenwolf‹ und führt *das Leben eines Selbstmörders*. Mit ihm stimmt etwas nicht; was das ist, erfahren wir in seinen Aufzeichnungen, die das Motto tragen: *Nur für Verrückte*, und in ihrer Krassheit an einen Drogenrausch denken lassen sollen. *Das Glasperlenspiel*, sein letztes größeres Werk vor einer langen Phase des Verstummens, führt uns Hesses Angstvision einer Zukunft vor Augen, in der dieses seltsam harmonische Spiel ohne präzise Regeln die letzte Ergötzung des Geistesmenschen darstellen wird. Das Buch hat, bei allen schönen Bemerkungen über Musik und dem Vorausahnen der ›Originalklang‹-ära zum Trotz, den Charme eines Apfels, den man den Winter über im Keller vergessen hat. Runzelig und eingeschrumpelt, ahnt man gerade noch, dass es ein Apfel ist – oder in diesem Fall Hesses Vorausahnung vom Ende aller Kultur. Danach hatte er der Welt nichts mehr zu sagen.[214]

DER VERGESSENE DICHTER

Den ersten Teil des *Siddharta* widmete Hesse Romain Rolland, als der Vorabdruck im Jahr des Ausbruchs des Ersten Weltkriegs erschien. Allein die Aufzählung aller ähnlicher an den Franzosen gerichteter Huldigungsadressen ergäbe ein ganz Europa umspannendes Verzeichnis der Geistesgrößen jener Zeit. Aber wer, bitteschön, war Romain Rolland? Niemand Geringerer als der zu jener Zeit berühmteste Dichter der Welt. Rückwirkend wird er später für das zweite Kriegsjahr den Literaturnobelpreis erhalten, obwohl vielleicht die Auszeichnung für Frieden angemessener gewesen wäre, denn Rolland war nicht nur einer der ersten, die fundamental so etwas wie ›Tierschutz‹ einforderten, dazu überzeugter Sozialist, später mit Sympathien für die Sowjetunion, er war vor allem Propagandist des Pazifismus, einer damals noch ganz neuartigen Überzeugung, die in einer Welt des Nationalismus und Militarismus auf breiteste Ablehnung stieß. Davon ließ er sich nicht schrecken. Und für ›Völkerverständigung‹ zwischen Franzosen und Deutschen war er auch noch. Unerhört. Nicht dass er allein gestanden hätte, im deutschen Sprachraum war Stefan Zweig sein Übersetzer und Fürsprecher;

---

[214] Warum sollte man den Lebenslauf des Magister Ludi (zu deutsch: Oberlehrer) Josef Knecht, in dem ein ergötzliches Dasein ganz ohne Störung durch Frauen imaginiert wird, aus welchem Grund könntest Du mit Interesse dieses so langwierige Buch lesen? Knechts Tod im Bergsee ist eine der besten Schlussszenen der Romanliteratur des Jahrhunderts, sie enthält Hesses ganze fürsorgliche Angst um die Zukunft unserer Welt. Eine Weltuntergangsszene mithin. Dafür lohnt es sich zu leiden!

aber Rolland kämpfte mit seinen Ideen und der Renaissance verpflichteten Idealen gegen die Windmühlen der Großmachtpolitik. Stolz klingt der Titel seiner Tagebuchaufzeichnungen *Das Gewissen Europas*, die er während des Großen Krieges – er verbrachte diese Zeit in der Schweiz – zu Papier brachte. Auch Romane schrieb er, den barocken Bilderbogen vom Treiben rund um den Tagebuchschreiber *Meister Breugnon* und die weitschweifige *Verzauberte Seele* über eine moderne Frau, die über Tradition und Konvention hinauswächst, aber Rolland war eigentlich Musikwissenschaftler, veröffentlichte über alte und neue Musik und schrieb Biographien, vor allem die *Beethovens*, fünfbändig. Und von ihr leitete er die monumentale Lebensbeschreibung des Komponisten *Johann Christof* Krafft ab, deren Entstehen über zehn Jahre und in zehn Teilen ganz Europa mit ständig zunehmendem Interesse verfolgte. Krafft, ein fiktives rheinisches Genie – amalgamiert aus diversen Originalen –, dabei Revoluzzer und Metaphysiker, muss Deutschland verlassen, flieht nach Paris und reift hier, in der Freundschaft mit Olivier, zum Inbegriff humanistischer Geistigkeit. Doch die Frauen werden auch für ihn zum Schicksal, das er erst im Tod überwindet.

> Jede Literaturgeschichte ist ihrem Wesen nach löchrig. Die ganz großen Manuskripte liegen noch in Schubladen, sind übersehen, als Einwickelpapier benutzt, mit ins Grab genommen oder, am häufigsten, schon zu Lebzeiten vernichtet worden. Die Geschichte des Unveröffentlichten liegt bald in jeder Buchhandlung aus.

Teils ist das der Manier Zolas gefolgt, teils rein symbolisch gemeint, dabei Rollands Meisterwerk. Und wirklich wundern wird man sich nicht, dass danach kein Hahn mehr kräht.

Der vergessene Dichter: Stets sind seine Werke gut gemeint, meist auch gut gemacht, aber sein Schicksal ist das Zuspätkommen. Seine Erfolge sucht man in den Buchhandlungen vergebens, findet sie aber in den Literaturgeschichten. Rolland blieb es nicht erspart, noch Frankreichs Ruin mitzuerleben und an den eigenen Idealen zu verzweifeln. Für ihn – wie für viele andere – wird es keine Renaissance geben.

Eine vor Vitalität strotzende, gerne unterschätzte Persönlichkeit der Literaturszene war Carl Zuckmayer. Sicher hatte er etwas Provinzielles an sich. Seine Biographie zeigt aber, wie er sich aus der weinseligen Behäbigkeit seiner rheinhessischen Heimat löste und in Berlin zum erfolgreichsten Dramatiker der Zeit wurde. Zunächst ließ er die Leute im *Fröhlichen Weinberg* (singen und) lachen – und zwar in Dialekt –, dann im *Schinderhannes* weinen; daneben arbeitete er mit Brecht zusammen und beim Film. Und sein größter Erfolg kam dann erst noch: *Der Hauptmann von Köpenick*, Paraderolle von diversen Publikumslieblingen, aber auch von ganz großen Schauspielern, wie zuletzt Otto Sander. Spät, manche sagten: halbherzig, emigrierte er und wurde Landwirt in Vermont an der amerikanischen Atlantikküste. Mit den Nazis rechnete er ab, sobald es wieder möglich wurde: *Des Teufels General* entstand nach der Lebensgeschichte seines Freundes Ernst Udet, Kampfflieger im Ersten Weltkrieg und Verblendeter im Zweiten, bis er sich das Leben nahm. Neben Stefan Zweigs *Welt von Gestern* ist Zuckmayers Autobiographie *Als wär's ein Stück von mir* die interessanteste Beschreibung des geistigen Klimas vor und während der Nazizeit, statt von Wien von Berlin aus gesehen. Zuckmayer wurde kein Deutscher mehr, kehrte aber zurück, auch nach Henndorf, seinem zeitweiligen Wohnsitz, wo er rein zufällig schon die nächste Dichtergeneration getroffen hatte. Davon gleich mehr.

Der Kleistpreis war Anfang des Jahrhunderts die Auszeichnung für den Dramatiker der Stunde. Er wurde auf Vorschlag einer Einzelperson verliehen, meist an herausragende junge Talente. Vor Zuckmayer erhielt ihn Hans Henny Jahnn für sein erstes Theaterstück *Pastor Ephraim Magnus*: ein blutiger, barocker Aufruhr gegen die Nüchternheit des Protestantismus, gleichzeitig ein Schlüsselwerk über den Zustand der jungen Generation, die soeben in die Freiheit der Weimarer Republik entlassen worden war. Jahnn war Pazifist, Orgelbauer, Hormonforscher, Pferdezüchter. Zweimal entzog er sich Deutschland, als junger Mann ging er nach Norwegen, um der Einberufung und Weltkrieg Eins zu entgehen, vor dem Nationalsozialismus flüchtete er auf eine dänische Insel. Das ist bedeutsam, weil es die Kulissen abgibt für seine zwei großen Romane *Perrudja* über einen Jungen, der unverhofft Millionär wird und so etwas wie eine Burg in Norwegen baut, und *Fluß ohne Ufer*.

Eine Zeitlang habe ich mit dem Gedanken gespielt, ein eigenes Kapitel über »Schwierige Bücher« zu schreiben. Davon bin ich wieder abgekommen. Am Beispiel von Jahnns Meisterwerk will ich Dir erklären warum. Wahrscheinlich wirst Du nie wieder mit *Fluß ohne Ufer* in Berührung kommen – das Buch hat zuviel Abschreckendes an sich. Deswegen finde ich es um so wichtiger, Dir hier davon zu berichten, mitten zwischen den anderen Büchern des Jahrhunderts. Dieser Roman gehört nicht in ein Reservat für Abenteuerbücher, in denen so esoterische Aktionen wie ein kompletter Blutaustausch der Helden beschrieben werden, sondern in seine Zeit, ist das Gegengift für alle, die eine Überdosis vom *Doktor Faustus* abbekommen haben. Im ersten Teil des Romans *Das Holzschiff* sticht ein Schiff, die »Laïs«, in See. Sie hat rote Segel und eine geheimnisvolle Ladung, nie wird man dahinterkommen, was es ist. An Bord ist außer der Besatzung auch die Tochter des Kapitäns, ihr Bräutigam fährt als blinder Passagier mit. Ein Superkargo, der zu seinem Widerpart wird, wacht über die Ladung. Die Mannschaft, angeführt vom Bräutigam, meutert: Es sterben Menschen, das Schiff geht unter. Die Kapitänstochter ist vom Leichtmatrosen Alfred Tutein ermordet worden. Der zweite Teil *Die Niederschrift des Gustav Anias Horn, nachdem er neunundvierzig Jahre alt geworden ist* beginnt mit der Enthüllung, dass Horn der einstige Bräutigam ist und nach dem Schiffbruch ein gemeinsames Leben mit Tutein begonnen hat; darüber berichtet er nun. Ein Jahr schreibt er an seinen Erinnerungen, und bevor es um ist, wird auch Horn tot sein, ermordet von einem neu aufgetauchten Fremden, der sich als Kammerdiener in sein Leben geschlichen hat, beauftragt vom Reeder der »Laïs«. Gemeinsam mit Tutein schlägt sich Horn durch die Welt, erst in Norwegen kommt er zur Ruhe; sie beginnen einen Pferdehandel. Er entwickelt sein musikalisches Talent an einer ›Jukebox‹ und wird Komponist, schließlich weltweit gefeiert. Vor dieser Welt flieht er mit Tutein nach Dänemark. Auf einer einsamen Insel leben sie als Bauern. Tutein stirbt. In einer beispiellosen Zeremonie balsamiert Horn den Freund ein und baut ihm einen Sarkophag. Mit dem Auftauchen des Ajax von Uckry beginnt für ihn ein neuer Lebensabschnitt. Doch dann wird Horn brutal ermordet, Ajax ist geflohen. Der Fragment gebliebene dritte Teil *Epilog* bringt die Eröffnung, dass Horn in Norwegen ein Kind gezeugt hat. Der junge Nikolai erfährt vom Tod des Vaters. Auf der Reise zu einer Gedenkveranstaltung trifft er in einem einsamen Gasthof Tutein ...

Fluß ohne Ufer ist anders als alles, was Du vorher gelesen hast. Die Sprache ist präzise und eigenwillig, ohne Nebensätze, daher (fast) kommafrei, voller neuer Wortschöpfungen, die unsere Vorstellungskraft bereichern. Und diese Sprache ist bestürzend. Bestürzend ehrlich, direkt, intim. Natur, Landschaft, Tiere liebt Jahnn, er sieht sie klarer, detaillierter, einfühlsamer als wir und lässt uns teilhaben an seinen Eindrücken und Erlebnissen. Im zweiten Teil findet sich ein gänzlich neues Motiv: Das Widerspiel zwischen erzählter Zeit und Zeit des Erzählens, die sich aufeinander zubewegen und im Tod des Erzählers treffen. Dem Roman mit Kriminalhandlung *Der Zeitplan* über einen Fremden in einer mysteriösen Stadt, die schon in ihrem Grundriss voller Geheimnisse ist, wird Michel Butor gerade dieses Prinzip mit mathematischer Exaktheit zugrundelegen. Großartig bei Jahnn ist die Mischung aus Realem und Mystischem beziehungsweise Märchenhaftem, vor allem in der Norwegenepisode: Trolle und Untote bevölkern die Schärenlandschaft. Und der Höhepunkt des Buches, vielleicht der Prosa der Jahrhundertmitte, ist die Einbalsamierungsszene, ein hundert Seiten währender, depressiver, heroischer Alptraum. Jahnn ist ein Außenseiter, ein Seltsamer zeit seines Lebens gewesen. Nach dem Krieg, zurück in Hamburg, engagierte er sich gegen Atomwaffen, Aufrüstung, und für eine nachgeborene Generation von Dichtern.

Der Norweger Knut Hamsun war der Letzte eines skandinavischen Jahrhunderts, das mit Kierkegaard, Andersen und Ibsen begonnen hatte. Sein Debüt wurde gleich zur Sensation: Ein erfolgloser Literat blickt erbarmungslos auf den eigenen Verfall, nichts will ihm gelingen; er hat – *Hunger*. Während Hamsun seinem brotlosen Künstler hier noch den Ausweg in praktische Arbeit weist, heißt die Endstation für Johan Nagel in *Mysterien* Suizid. Er kommt mit den Menschen nicht zurecht. Der Jäger Thomas Glahn gar, der die Frauen mit seinem Tierblick verrückt macht, zwingt seinen mickrigen Rivalen dazu, ihn zu erschießen; erst dadurch schließt sich der Ring des Lebens in *Pan*.[215] Hamsuns Romane sind kurz, bringen die Situation auf den Punkt, spielen verschiedene Möglichkeiten der Reaktion auf das Gegebene durch, auf die menschliche Kälte und die Anonymität der Städte. Der Wanderer ist seine Figur, jemand, der mit leichtem Gepäck unterwegs ist und einfach weitergeht, wenn ihm etwas nicht passt, so wie August in der Trilogie *Landstreicher – August Weltumsegler – Nach Jahr und Tag*. Er macht nicht mehr mit, verlässt seine Heimat für Jahrzehnte, kehrt enttäuscht zurück. Am Ende des Großen Krieges zeigte der Norweger den begierigen Lesern in aller Welt den Weg aus den Schrecken in eine mögliche Zukunft. *Segen der Erde* beschreibt die Inbesitznahme neuen Landes, das Isak zusammen mit seiner hasenschartigen Frau Inger urbar macht, hart am Rande und in Konflikt mit der Zivilisation. Für diese hoffnungsvolle Vision erhielt Hamsun den Nobelpreis.

---

[215] Der Roman spielt ausschließlich im Wald – erst im Epilog wird Glahn dann in Indien umgebracht. Plutarch erzählt in dem Dialog *Die eingegangenen Orakel*, dass zur Zeit des Kaisers Tiberius sich von der Insel Paxos (bei Korfu) her der Ruf erhob: „Der große Pan ist tot!" Der eigentlich belanglose Gott der Hirten und des Waldes wurde dadurch zum Helden eines Untergang-der-Antike-Mythos, den Hamsun beiläufig nach Lappland transponiert. Seine Kunst besteht auch darin, bildungssatt zu erzählen und doch wild zu wirken. Ein sehr modernes Konzept.

Die Einbahnstraße des Naturalismus, dass alle Personen tun müssen, was ihnen durch die wissenschaftlichen Erkenntnisse der Gesellschaftslehre vorgegeben ist, benutzen Hamsuns Helden in umgekehrter Richtung, tun also das Gegenteil von dem, was alle und sie selbst für das Richtige halten. Bestraft werden sie dafür mit Entsagung, Einsamkeit, Tod. Auch als Erzähler verweigert Hamsun das Gewohnte, er spart alles aus, was den Blick auf den aktuellen seelischen Konflikt verstellt. Er schreibt elliptisch. Das elektrisierte die Leserschaft, so wurde er zum Volkshelden des Literaturjahrhunderts, besonders in Deutschland. Man hielt ihn für Nietzsches Testamentsvollstrecker wegen seiner Nähe zum Mythischen, während er in Wirklichkeit vom Schicksal fabulieren wollte wie ein Thomas Hardy. Ein folgenreiches Missverständnis, denn so erlebte er den von ihm immer wieder beschriebenen Konflikt zwischen Individuum und Gemeinschaft noch am eigenen Leib. Er hatte sich, da er eine Ähnlichkeit zu seinen höchst spätromantischen Vorstellungen spürte, früh den deutschen Nationalsozialisten angedient und deren norwegische Marionette Quisling unterstützt. Nach dem Ende des Spuks machte man ihm dafür den Prozess. Hamsun musste zwar nur eine horrende Geldstrafe zahlen, war aber fortan in seiner Heimat geächtet. Er wehrte sich noch einmal in seinem letzten Werk *Auf überwachsenen Pfaden* gegen die als ungerecht empfundene Buße, ein verbitterter, gebrochener Greis von fast hundert Jahren.

> Der verstrickte Dichter.
> Wenn er doch nur seine Klappe gehalten hätte, aber das liegt nun mal nicht im Selbstverständnis des Musenlieblings. Die Wahrheit muss heraus, die fatale Wahrheit, die sich schon nach kurzer Zeit als falsch herausstellt, und der Dichter glaubt erst an ein Versehen, dann versucht er halbherzig umzuschwenken, dann erkennt er das Debakel und schmollt. Dichter sind nicht klüger als andere, halten sich aber gerne dafür. Und büßen dann.

Der Krieg ist aus und das Wort von der Gnade der späten Geburt, obgleich noch gar nicht ausgesprochen, beginnt bereits

Gestalt zu werden. Zwei Schriftsteller, zwei Nobelpreisträger stehen für die Generation, die alles mitgemacht hat und nicht schuld gewesen ist: Heinrich Böll und Günter Grass. Symbolgestalt dieser Generation ist für mich aber Helmut Schmidt. Er war Leutnant der Wehrmacht, verantwortlicher Senator in Hamburgs schwerster Stunde – nämlich der der Sturmflut: zerstört und vernichtet war es ja bereits, diesmal drohte auch die Hoffnung zu scheitern –, als Schmidt-Schnauze gefürchteter und grandioser Parlamentsredner, Bundeskanzler im Kampf gegen die RAF, Opfer der Wende, Zeitungsherausgeber, Literat, Kettenraucher und Klavierspieler. Welcher Kanzler oder welche Kanzlerin wird uns je wieder die dritte Stimme in Mozarts Klavierkonzert F-Dur spielen? Auch als Nikotinsüchtiger – leider bevorzugt in der gierigen Zigarettenversion[216] – ließ Schmidt den Zeitgeist nicht an sich heran.

Wolfgang Koeppen ist der Chronist von Währungsreform und Wiederaufbau. Die Trilogie *Tauben im Gras – Das Treibhaus – Der Tod in Rom* beschreibt geschmeidig und genau erst die Besatzungszeit, dann den Bundestag als Übungsplatz für die ungewohnte Demokratie und das reale Überleben des Faschismus in dem Italien, das Adolf Judejahn kennenlernt. Bereits in dieser platten Namengebung deutet sich ein Verschleiß an; Koeppen wird anschließend verstummen und zum Pflegefall seines Verlegers, der nicht anders als Siegfried Unseld heißen konnte.

Das Hörspiel wird für die wieder häuslich Gewordenen preiswerter Ersatz für Theaterabende, die Hörspielstunde Kult.[217] Günter Eich beliefert die Radiostationen mit Verstörendem – die

---

[216] Dafür stand er im Kontrast zu Zigarrenrauchern wie Ludwig Erhard – und schnupfte zusätzlich noch (von der Pfeife zu schweigen, Kautabak ist nicht überliefert)!

[217] Für viele das Fenster zur Welt. Bis heute wird der »Hörspielpreis der Kriegsblinden« vergeben. Die Preisträger: ein Who-is-who der Nachkriegsliteratur von Ingeborg Bachmann bis Elfriede Jelinek.

Hörer begeistern sich für *Die Stunde des Huflattichs*. *Der Krieg der Knöpfe* ist der geniale Beitrag seiner Partnerin Ilse Aichinger zum Genre.

Wir haben alles nachzuholen. Wer von ›aufarbeiten‹ spricht, verkennt, worum es geht. Nelly Sachs erhält den Nobelpreis, aber Paul Celan dichtet die *Todesfuge*:

> *Schwarze Milch der Frühe wir trinken sie abends*
> *… wir schaufeln ein Grab in den Lüften da liegt man nicht eng.*

Der sensible und melancholische Chronist dieser Phase ist Siegfried Lenz. Seine Figuren leben im Niemandsland zwischen Scham und Trotz, haben schon vor dem Startschuss verloren wie der Läufer in *Brot und Spiele* oder Angst nicht wieder hochzukommen wie der Taucher, der *Mann im Strom*. Die Bundesrepublik findet mühsam zu ihrer Existenzberechtigung. Doch man wird schon wieder frech, und dafür ist Peter Rühmkorf zuständig, Stimme der ersten Widersetzlichkeit und poetischen Quertreiberei:

> *Kommt gebt mir was zu fressen!*
> *Ich bin der erste große deutsche Nachkriegsdichter;*
> *Nur fehlt mir Fett und Eiweiß.*

Der Philosoph, den wir verdient haben, heißt Theodor W. Adorno. Sein Thema ist die Verblendung des Menschen, sein Unverständnis gilt der Tatsache, dass er wieder zur Tagesordnung zurückkehren will. *Minima Moralia* ist seine Maxime, wir müssen uns wenigstens auf ein Mindestmaß an Bewusstsein, Anstand und Kultur verständigen. Mit Proust als Gewährsmann beginnt das gut lesbare, aphoristische Werk. Das Dilemma zeigt sich dann etwa in dem charismatischen Wort *Es gibt kein richtiges Leben im falschen*, das von seinen Deutern auf eine bessere Zukunft gemünzt wurde, in Wahrheit aber nur die Unbequemlichkeit der bisherigen Wohnverhältnisse anprangern wollte. Hier wie auch anderswo war der Denker in seiner Fähigkeit zur Radikalität überschätzt worden – das würde sich noch an ihm selbst zu rächen wissen.

Welche Statur hat denn nun der erhellende Denker der Jetztzeit? Sicher nicht die des Männchens mit Oberlippenbart und Parteiabzeichen am Revers, das Dunkles über die Frage nach dem Sinn von Sein raunt, aber den entscheidenden zweiten Teil seines Meisterwerks[218] (mit der Antwort) schuldig bleibt. Heldengestalten voller Weisheit sind jetzt weder mit Lupe noch Fernglas zu entdecken. Trotzdem bin ich aber um einen Vorschlag nicht verlegen, denn tatsächlich ist da jemand, den ich Dir seiner Freiheit des Denkens, der Kurzweiligkeit seiner Ausführungen und der Originalität seiner Ergebnisse wegen ans Herz legen möchte. Es ist der Wiener Paul Feyerabend. *Wider den Methodenzwang*, eine wunderbar polemische und hellsichtige Abrechnung mit der Verbiesterung der Thesen und Schulen, zwanglos abgeleitet von Galileis epochalen Entdeckungen, kannst Du getrost lesen, weil es Dich nicht mit Jargon erschlägt und Dir die Augen öffnet für die Ungebundenheit des schweifenden Geistes. In seinen Erinnerungen *Zeitverschwendung* und den kleineren Werken *Erkenntnis für freie Menschen* sowie der Broschüre *Die Torheit der Philosophen* kannst Du Feyerabend als einem Lacher nie abgeneigten Querdenker begegnen. Zwar hat er sein Jahrhundert nicht gelenkt oder positiv bewegt, aber welchem heutig geborenen Fachgenossen könnte man das nachsagen?

> Zeugnis ablegen.
> Nicht jeder kann das.
> Das Erlebte
> zu Kunst zu verdichten
> geht ihm über die Kraft.
> Aber auch wer die Kraft hat,
> fühlt den dichterischen Akt
> nicht unbedingt als Befreiung,
> genauso kann er
> das Leiden fortschreiben
> bis zu dem Moment,
> in dem man sich gewaltsam
> davon befreit.

---

[218] Martin Heidegger, *Sein und Zeit*.

Wo, wenn nicht in Frankreich, wird der Roman wiedergeboren? Die Fachleute werden ihn den nouveau roman nennen, uns beiden kann das egal sein. Der alte Roman, der mit Anfang, Mitte und Schluss, ging mit Albert Camus zu Ende. *Die Pest* ist sein Meisterstück über die Seelennot eines Arztes in Algerien, aber mindestens so eindrucksvoll sind seine kleineren Werke *Der Fremde* und *Der Fall.* Im *Fremden* gibt er das Porträt eines autistischen Charakters; Meursault[219] wartet auf seine Hinrichtung und wundert sich, dass nur er seine mörderische Handlung richtig verstanden hat als Tat der Nichtigkeit. *Der Fall* ist dem Anwalt Clamence passiert: In einer Kneipe erzählt er einem Fremden, wie er aus seinem Erfolgsleben gestürzt ist. Auch einen tatsächlichen Kriminalfall, nämlich ein gestohlenes Kunstwerk[220], hat er auf sein Gewissen geladen. Wie ein Held der Romantik gedachte er dafür auf Bergesspitze Buße zu tun. Aber zum Helden reicht es nicht bei ihm, nur zu angetrunkenem Geplauder. In selten gelungener Weise verbindet Camus die Vorstellung vom philosophierenden Schriftsteller mit der des schriftstellernden

---

[219] Aus Meursault kommt der kostbarste Weißwein des Burgund. Die Frage des Wertes (von Menschen, Leben, Dingen) spiegelt sich in allen Ebenen der Geschichte.

[220] Nobelpreisträger Camus gelingt hier eine wundervolle Mystifikation: Es handelt sich um eine Tafel des Genter Altars, den Jan van Eyck, vielleicht zusammen mit einem Hubert van Eyck, um 1430 schuf, die schönste Gründungsurkunde der neuzeitlichen Malerei. Auf der Tafel, die im Jahre 1934 gestohlen wurde, sind die gerechten Richter abgebildet. Sie ist bis heute verschollen. Der Dieb hatte damals ein horrendes Lösegeld gefordert, aber nicht erhalten. Napoleon und Kaiser Wilhelm waren im Besitz des Altars gewesen (er gehörte zu den Reparationen, die Deutschland nach dem Versailler Vertrag leisten musste), und auch die kunsträuberischen Nazis brachten sich, nachdem ein militärisches Vorauskommando beim Überfall auf Belgien erfolglos gewesen war, später noch in den Besitz des prestigeträchtigen Meisterwerks. Jetzt steht der riesige Altar in unbeschreiblichem Glanze wieder in St. Bavo zu Gent. Auch die gerechten Richter reiten wieder, allerdings nur in einer gelungenen Kopie.

Philosophen. *Der Mythos von Sisyphos* ist die Darstellung seines Menschenbildes, seine Anthropologie. In der Entscheidung gegen den Selbstmord, für das Weiterleben, zeigt sich der Mensch als Nachfahre des im Tartaros seinen Stein berganrollenden Rekken. Sinn von Sein: Fehlanzeige; der Wille zum Leben ist alles.

Mit dem zweisprachigen Samuel Beckett als Ahnherrn und aus der Eleganz der Verweigerung kommen die neuen Romane. In *Murphy* hatte Beckett beschrieben, wie der Held geduldig darauf wartet, dass sein Schaukelstuhl zur Ruhe kommt – als Höhepunkt des Tages. Nathalie Sarraute steht an der Spitze der Bewegung. *Porträt eines Unbekannten* ist ihr erstes Werk, das den Weg weist, die hermetische Geschichte einer Tochter und eines alten Vaters, die aneinandervorbei leben; kleine Gesten, belanglose Dialoge bergen das Geheimnis der Entfremdung. Der junge Michel Butor – den ich von dieser Generation am liebsten mag, auch ein kundiger und überraschender Essayist –, schrieb unmittelbar nacheinander *Paris – Passage de Milan* über ein Haus voller Leben, den *Zeitplan* sowie *Paris-Rom oder Die Modifikation*: Ein Mann, der sein Leben geändert hat, als er in Paris in den Zug einsteigt, ist kurz vor Rom wieder der alte geworden. Indem Butor das Gegenteil einer ›Entwicklung‹ vorführt, schreibt er gleichzeitig das Gegenteil eines Romans. Und das kann furchtbar aufregend sein. Alain Robbe-Grillet hat neben den (albernen) *Radiergummis*, einer verbogenen Spionagegeschichte, den schönen Spielfilm »La belle captive« nach Bildern von René Magritte gemacht, eine Augenlust. Mit Claude Simon, dem Nobelpreisträger[221], kehrt wieder das Erzählen zurück in die französische Roman-

> Frankreich ist das Land der kulturellen Kontinuität. Alle Revolutionen haben nur den Willen festgeschrieben, immer so weiterzumachen wie bisher. Auch so kann Großes und Neues entstehen.

---

[221] Butor wartet bis heute darauf. Es bleibt das Wesen des Preises, dass durch den einen immer auch ein anderer geehrt wird.

welt, in *Jardin des Plantes* zerschnipselt er ein ganzes Jahrhundert Leben und Literatur. Schließlich die *Elementarteilchen* von Michel Houellebecq. Das Buch war für mich eine Offenbarung: eine Abrechnung mit ›Null Bock‹ – mit der gleichzeitigen Konsequenz einer zweiten Sintflut. Das war einmal ein Wurf!

Auch weniger als das kann schon gut sein; für den schmissigen, spritzigen französischen Roman steht Raymond Queneau mit seiner *Zazie in der Métro*: eine Göre vom Land in Paris, die dort statt der versprochenen Fahrt mit der Untergrundbahn – man streikt gerade – allerhand anderen Spaß erlebt und immer auf der Suche nach Hornosexuellen ist, um ihren Bildungshorizont zu erweitern. *Betty blue*, eine tragisch endende amour fou mit Vollgas, war das Debüt von Philip Djian beim deutschen Leser – ein Volltreffer.

Wo bleibt der große deutsche Nachkriegsroman, der uns alles erklärt?, fragt der Großkritiker. Ich mache Dir zwei Vorschläge: *Der blaue Kammerherr* von Wolf von Niebelschütz zeigt so unverbindlich freundliche Züge, dass offenbar kaum einer gemerkt hat, wie grimmig renitent er ist. Und Albert Vigoleis Thelen schreibt mit der *Insel des zweiten Gesichts* den Roman zur Reiselust und Vergnügungswut. Niebelschütz erfindet für seine Endzeitphantasie ein Rokoko in heiter-sonnenbeschienener Harmlosigkeit, die im Laufe der Handlungsentwicklung umschlägt in ein Desaster – einen Weltuntergang. Der Kammerherr ist der alte, immer noch auf Frauenherzen hochwirksame Griechengott Zeus, aber gleichzeitig auch Don Giovanni. Seine Begierde, die er hinter diplomatischen Ränken, angeblich im Dienste der Republik Venedig, verbirgt, richtet sich auf die Prinzessin Danaë[222], die im Inselstaat Myrrha die Thronfolge antreten soll. Eine Revolution kommt dazwischen, Gewalt und Grausamkeit bedro-

---

[222] Über die erste Trägerin des Namens siehe Kapitel 5.

hen die spielerische Leichtigkeit des Daseins in diesem Ägäisparadies, das Du in keinem Atlas finden wirst. Niebelschütz deutet die Ängste seines Jahrhunderts. Der sorgsam aufgebauten Märchenkulisse macht er mit historischer Richtigkeit den Garaus. Und das so subtil, dass man diesen Aspekt des Buches auch völlig überlesen könnte. *Die Kinder der Finsternis* hieß sein zweiter großer Roman, in dem er ein ebenso fiktives Mittelalter in Kelgurien auf der Grenze von Christenheit und Maurenstaat beschwört. Wolf von Niebelschütz erlebte gerade noch das Erscheinen; er starb als junger Mann.

Barock sind die Erlebnisse zu nennen, die Albert Vigoleis Thelen, eine rheinische Kraft- und Frohnatur, auf Mallorca, der *Insel des zweiten Gesichts*, hatte, als es noch keine deutsche Exklave war. Der Titel des Berichts, dessen Held ein literarisches Ich mit Namen Vigoleis ist, hat seinen Ursprung in einer Verwechslung. In Amsterdam (wo Thelen im Exil lebte) wird Vigoleis – wegen immenser Ähnlichkeit – mit einem flüchtigen Kindsvater verwechselt, der die Alimente nicht zahlen will; da kommt ihm, auch gerade knapp bei Kasse, die Möglichkeit, mit seiner Geliebten Beatrice (als ihr Dante!) abzuhauen, gerade recht. Mallorca wird so die zufällige Zuflucht des Mannes mit dem ›zweiten Gesicht‹. Hier ist alles spielerisch, Liebe und Eifersucht, Überleben und Genießen, kein Geld haben und dennoch verschwenden. Unsere ›Spaßgesellschaft‹ wurde von Thelen bereits in Worte gefasst, als es den Namen dafür noch lange nicht gab. Der Eskapismus, das Wegträumen aus dem Hier und Jetzt wird zum Thema. So unbeschwert, wie die Fluchten des Vigoleis gelangen, werden es die Späteren dabei aber nicht mehr haben.[223]

---

[223] Auf Mallorca war der Autor Thelen Privatsekretär des alten Grafen Kessler, der dort Zuflucht vor den Nazis suchte. Kessler, der noch den kranken Nietzsche betreut hatte und einst steinreich war, residierte dort als letzter Exponent eines ins Universale gerichteten Wissensdranges, beruhend auf umfassender Bildung. Jetzt pleite, bezahlte er Thelen mit seinen unschätzbaren Einsichten in das Wesen von Mensch und Welt.

Von Dortmund über Mailand und vor ihrem Mann nach Venedig flieht *Die Rote* – nämlich rothaarige – Franziska, die beste Erfindung des Münchners und Wahlschweizers Alfred Andersch. Lebenslust mit der letzten Lira ist das Motto der kontaktfreudigen jungen Frau, deren Genuss am Sehnsuchtsland der Deutschen durch einen Schatten vom Gestapoterror in Gestalt eines albinohaften Herrn verdunkelt wird. Ein wenig altmodisch wirkt Andersch heute – inzwischen pfeifen selbst die Italiener dem nordischen Typ junger Frauen nicht mehr hinterher. Einige Zeit später, als aus Romanen und Erzählungen schlichte ›Texte‹ geworden sind und aus Schriftstellern Talente, folgt Peter Handke mit der *Angst des Tormanns beim Elfmeter*. Bei der »Admira« stand dieser Zerberus im Kasten, also bei einem der Wiener Traditionsclubs ohne Gegenwart, und nach einem Mord ist er abgängig, wie einer der schönen Austriazismen lautet. Weiter als bis ins Irgendwo der österreichischen Provinz wird die Flucht des Josef Bloch nicht gehen. Die junge Literatur ist nicht auf dem Weg zum Sommermärchen, schiebt stattdessen den Ball zwischen Strafraum und Abseits unschlüssig hin und her.

Mit großem Pomp wird die Heimkehr Carl Zuckmayers aus Amerika nach Henndorf im Salzburgischen gefeiert. Dort hatte er vor dem Krieg einige Jahre gelebt. Der Schützenverein marschiert auf, der Landeshauptmann gibt sich die Ehre, die Kapelle spielt. In der Erzählung *Henndorfer Pastorale* hat Zuckmayer das selbst so berichtet. *Bei Seekirchen aber, kurz vor dem Ortseingang, lebte in seinem ärmlichen, winters nur mit einem kleinen Holzofen zu heizenden Häuschen der schon ergraute, doch immer noch unbekannte Epiker Johannes Freumbichler, der in Henndorf aufgewachsen war und in seinem Werk* Philomena Ellenhub *– stilistisch den bäuerlichen Hinterglasbildern vergleichbar – dem Volk und der Landschaft seiner Heimat ein wunderbares Denkmal gesetzt hat. Dort, in jenem Seekirchner Häuschen, krabbelte damals ein kleiner Knabe, sein Enkel, herum, er hieß Thomas Bernhard und ist eine der markantesten Gestalten der neueren Literatur geworden. Auch er war als Kind in der Wiesmühl zu Gast, und das muß einer der* *seltenen Lichtblicke in seiner sonst eher beschatteten Jugend gewesen sein – denn er bekam dort, wie er uns später gern erzählte, heiße Schokolade mit Schlagobers* ... Karl Ignaz Hennetmair hält in seinem Tagebuch, das dann unter dem Titel *Ein Jahr mit Thomas Bernhard* erscheinen wird, fest, dass Bernhard vom Residenz-Verlag, in dem Zuckmayers Erzählung gerade erschienen war, die Streichung der ihn betreffenden Passage verlangte. Denn er habe keine ›traurige‹ oder ›unglückliche‹ Jugend gehabt, sondern eine glückliche.

Reden wir nicht mehr von Zuckmayer, der postum mit seinen Dossiers über Künstlerkollegen als zwar scharfsichtiger, aber unsympathischer Spitzel der US-Behörden bloßgestellt wurde. Reden wir von Thomas Bernhard.

In Österreich gehen die Uhren rückwärts und zeigen so schon die Zeit von morgen.

Mallorca war auch seine Insel. Dort konnte er das verhängnisvolle Lungenleiden am besten ertragen. In *Beton*, dem fünften seiner neun Romane, bricht in das Leben einer Familie auf Mallorca der Wahnsinn ein. Der Ehemann stürzt sich vom Balkon des Hotelzimmers auf den nackten Beton. Der sonst stets unbeteiligte Ich-Erzähler, an einer Schreibhemmung leidend, nimmt das als Signal. Den ersten Satz seiner seit Jahren hinausgeschobenen Arbeit über Mendelssohn wird er jetzt auf keinen Fall mehr schreiben können. In Bernhards Romanen und Theaterstücken reichen meist schon geringfügigere Ursachen aus, um eine Kaskade von Wörtern über das Unvermögen weiterzumachen auszulösen. Die Erregung ist Bernhards Grundzustand. *Die Macht der Gewohnheit*, sein grandioses frühes Theatererfolgsstück, habe ich als Schüler in Berlin gesehen; Bernhard Minetti war der geigespielende Zirkusdirektor, der das Kolophonium unter den Schrank im Wohnwagen schmeißt, um das Forellenquintett nicht spielen zu müssen. »*Morgen in Augsburg!*« gellt sein Schreckensruf, der Dompteur und Clown zum ängstlichen Verstummen bringt. Einige Städte – denn die Stadtbeschimpfung geriet ihm zum Running Gag, den er sich bei seinem Vorbild Nestroy[224] abgeschaut hatte –, die sich derart von Bernhard verhöhnt wähnten, versuchten ihm klageweise beizukommen. Die Klage wurde Bernhard zur zweiten Natur, jedes seiner Werke legte die Basis für ein juristisches Nachspiel. Heute würde im Rahmen von Product Placement manches Fremdenverkehrsamt entzückt sein über die Diffamierung seiner Stadt in einem Bernhard-Stück. Aber heute ist es zu spät.

Bernhards Kindheit war nicht traurig, sie war die allertraurigste. Der Superlativ gehört zu seinem Erregungspotential, fünf Teile seiner *Autobiographie* zeugen dafür. Aber, um ihm in dieser Form gerecht zu werden: Er war der sprachgewaltigste Bejaher des Lebens, der machtvollste Künder von der Lust am Überleben im unaufhörlichen Kampf mit der moralischen Verkommenheit, den die Nachkriegsliteratur gesehen hat. Mit seinem Erstling *Frost* brachte er das in der Luft liegende Thema des Suizids aufs Tapet, Werk für Werk arbeitete er sich daran ab. Aber die Wut in jedem Satz ist eine Liebeserklärung an das Leben. In seinem monumentalen letzten Roman *Auslöschung* erklärt er das Weiterleben in selbstspöttischer Würde sogar für möglich, wenn die Verderbtheit schon wie ein Krebsgeschwür in der eigenen Familie wütet. Am Ende kehrte er zum Ursprung seines Themas zurück. Auf dem *Heldenplatz* – über das Stück entzweite er sich mit der Republik Österreich und ließ anschließend die Aufführung seiner Werke in seinem Heimatland verbieten – hatte damals der ›Führer‹ den ›Anschluss‹ verkündet; der Jubel der Massen, der schon, bevor sich der Vorhang hebt, den Professor Schuster am Leben hat verzweifeln lassen, begleitet auch den Tod seiner Frau am Schluss – unvergesslich in der Premiereninszenierung: Marianne Hoppe, die einst mit Gustaf Gründgens, dem

---

[224] Was dem Bernhard sein Mürzzuschlag (bekanntlich auch Heimat von Elfriede Jelinek), war dem Nestroy sein Fischamend (an der Donau, große Söhne geschweige Töchter gibt es dort nur unbekannterweise) – glücklich ein Land solcher Alternativen!

Mephisto aus Klaus Manns Roman, verheiratet gewesen war. Er konnte auch anders, oder ich muss es besser sagen: Seiner Weltbegrantelung eignet immer auch eine lustige Seite. Über Thomas Bernhard kann man lachen. *Alte Meister* heißt sein witzigstes Buch, in dessen Zentrum das Tintoretto-Porträt[225] im Bordone-Saal des Wiener Kunsthistorischen Museums steht.

Sein Gesicht ist das letzte und jüngste, das man sich merken muss: Auf einem Jugendbildnis bringt er sich als Erich Kästner-Kopie, mit fesch zusammengekniffenen Augen, in Pose. Später, als melancholischem Einsiedler auf verschiedenen Bauernhöfen, wuchs ihm eine Pfundsnase, die das Urwüchsige, Erdverbundene seiner Existenz noch mehr betonte. Das Werk Bernhards bleibt unüberbietbar gegenwärtig; mehr ist nicht zu sagen.

---

[225] Dargestellt ist der Admiral Sebastian Venier, der das venezianische Kontingent in der Seeschlacht von Lepanto führte. Im Hintergrund sind seine Schiffe zu sehen. Du kannst Dir vorstellen, wie mir das in die Karten spielt: So verbindet Lepanto und der Sieg des Don Juan de Austria das Ende mit dem Anfang der neuzeitlichen Literatur und dieses Buches – falls solche Art von Bedeutsamkeit außer mir sonst noch jemandem Spaß machen sollte.

KAPITEL 10

LETZTE FRAGEN

Voller Interesse lese ich, dass die Herausgeber einer Sammlung der besten ungarischen Erzählungen erhebliche Probleme gehabt haben. Naja, denke ich, kein Wunder. Erstens ist das Ungarische eine sehr schwierige Sprache, deren Wurzeln die Ungarn nur mit den Finnen und ein paar Chanten und Mansen exklusiv haben; zweitens, bereits Max Goldt fand es sprachlich schöner zu behaupten, ungern nach Ungarn zu fahren als dies gern zu tun, warum sollten also diese Herren da anderer Meinung sein; und schließlich, wer kennt mehr als drei ungarische Erzähler? Nun, die Herausgeber dieser Sammlung jedenfalls. Sie glaubten sich dafür entschuldigen zu müssen, dass sie auf viereinhalbtausend Seiten nur zweihundert Vertreter der ungarischen Erzählkunst berücksichtigen konnten. Ich möchte nicht auf die Frage eingehen, wer die anderen einhundertsiebenundneunzig gewesen sind, und nur kurz auf die Schwierigkeit, sie richtig zu benennen: Im Ungarischen kommt erst der Familienname, dann der Vorname, wie bei den Japanern und Chinesen. Es wird wohl so sein: Auch in Ungarn waren die Abende bei spärlicher Beleuchtung lang; dass da viel erzählt und manches geschrieben wurde, stehe dahin. Es reicht, das Problem anzuerkennen, dass wir alle miteinander über die ungarische Literatur rein gar nichts wissen. Ich fasse zusammen: In dem bereits erwähnten, sehr, aber auch wirklich sehr, sehr unterhaltsamen Roman *Die Geschichte des jungen Noszti mit der Mari Tóth* von Kálmán Mikszáth – der aber eigentlich nun wiederum Slowake war – wird ein kleiner Abriss der ungarischen Literaturgeschichte gegeben. Das erste Dokument einer eigenen Schriftkultur mit dem paradoxen Titel *Totenrede* stammt aus dem Zwölften Jahrhundert, so belehrt uns Mikszáth, und war auf slowakisch verfasst. Der ungarische Adel verwendete bis ins Neunzehnte Jahrhundert lieber das Lateinische zur Verständigung und produzierte nichts Schriftliches. So gibt es aus dieser Zeit auch keine ungarische Literatur. Die beginnt erst mit Mór Jókai und seinem Roman *Der neue Gutsherr*, der eine Epoche des Erzählens einleitet. Die Geschichte vom österreichischen Offizier, der im Ungarischen als Landwirt sesshaft wird, die gutgemeinten Ratschläge der Einheimischen in den Wind schlägt und dafür schlimm bestraft wird, ist niedlich, nett geschrieben, aber mit einer naiven Vorstellung davon, wie eine Romanhandlung laufen sollte. Am Ende geht halt alles glatt auf: Der zugezogene Österreicher ist hungarisiert, die Tochter unter der Haube, und auch für den patenten Wegelagerer hat sich, ohne dass wir Leser groß danach gefragt hätten, ein passendes Ende ergeben. Noch heute wird von talentierten Anfängern derart geschrieben, dass alles ›glatt aufgeht‹. Etwa von einem meiner Lieblinge, dem Schweizer Martin Suter, dessen Buch *Small world* über Alzheimer und seine literarische Überwindung – sein Erstling – neben allen Meriten wie Komik, strafferer und enorm pfiffiger Handlung auch das Handikap mit sich herumschleppt, alle Probleme lösen zu müssen, die der Autor höchstselbst aufgeworfen hat. Das geht nur, wenn der Erzähler auch Gott ist, wie in der guten alten Zeit. Die ungarische Literaturgeschichte, über den Heldendichter Petöfi und das Nationaldrama *Bánk bán* von Jósef Katona – in der Vertonung von Lajos Erkel auch gleichzeitig Nationaloper (oh wie praktisch!) –, ist bereits beim Verfall der alten Adelswelt angekommen, dessen Chronist Mikszáth gewesen ist. In einer Fülle guterzählter und in komischen Szenen glänzender Romane – sie heißen *Sankt Peters Regenschirm, Der alte Gauner* oder vor allem *Die schwarze Stadt* – hat er dieses sein Lieblingsthema abgewandelt. Die *Geschichte vom jungen Noszti* ist ihm aber am besten gelungen. Mit sehr langem Atem erzählt er die Vorgeschichte, die Noszti bereits als charakterlich bedenklichen jungen Mann zeigt, der vor dem Fälschen eines Wechsels nicht zurückschreckt. Ein Filou, aber er ist doch so in Geldnot! Da kommt die Millionenerbin Mari, die überdies eine Schönheit ist, gerade recht, auch wenn ihr Vater das Vermögen mit Brötchenbacken gemacht hat. Aber die so sorgsam von der Mongolenprinzessin, die Du bereits kennengelernt hast, eingefädelte Intrige verfängt nicht – jetzt greift der schöne Noszti zu Gewalt ... Schon sind wir bei dem soeben wiederentdeckten Sándor Márai angekommen, dessen Romane *Die Glut* oder *Die Nacht vor der Scheidung* uns eine Zeitlang erregten, und haben gerade noch Gelegenheit, den Dienstbotenroman *Anna* von Deszö Kosztolanyi zu würdigen, bevor wir beim einzigen Nobelpreisträger Imre Kertesz ankommen. Die ungarische Literaturgeschichte ist schon wieder vorbei. Was eine Hatz!

So würde also eine übersichtliche Nationalliteratur aussehen. Dafür gibt es von Fachleuten verfasste Literaturgeschichten, sicher auch eine für Ungarn. ›Weltliteratur‹, so hatte Goethe – der wohl in jedem Kapitel einmal auftauchen muss – damals genannt, *was nun in den Dichtungen aller Nationen auf das allgemein Menschliche hindeutet und hinwirkt,* und dazu gefordert: *dies ist es, was die übrigen sich anzueignen haben.* Heute, gnädiger gestimmt, würde man von einem Angebot sprechen, von Büchern, die wegen ihrer Allgemeingültigkeit jeden interessieren können. Und die gibt es ganz sicher in jeder Sprache, auch wenn Chinesen und Inder offenbar weniger dazu beigetragen haben, als ihrem Anteil an der Weltbevölkerung entsprechen würde.

So wie mit Ungarn wird es uns mit den meisten Nationalliteraturen gehen. Es gibt und hat gegeben tausende von Autoren, von denen hunderte mit ihren Büchern präsent sind und von denen es eine Handvoll geschafft hat, sich in unser Bewusstsein zu schreiben. Aus Goethes Worten wird auch einleuchtend, warum die russische Literatur erst mit dem Jahr achtzehnhundert zu Weltliteratur, ›erwachsen‹ wird: Nachahmendes und Unselb-

> Der Lesestoff wird nie ausgehen. Allein in Ungarn warten zweihundert Autoren auf die Erlösung, von uns gelesen zu werden. Die Sprache wird man so nicht lernen, aber ein Land besser verstehen, das wir zur Zeit ungern bereisen.

ständiges deutet und wirkt eben nicht ins Menschliche hinein, bleibt oberflächlich.

Ist das jetzt der richtige Augenblick, über schlechte Literatur zu reden? Ja, ich glaube, jetzt ist der Moment da. Auch wenn ich in den vorhergehenden Kapiteln ungünstig von manchen Büchern gesprochen habe, ging es doch immer um ›gute‹ Literatur, etwa beim *Nachsommer* oder den *Elenden* oder, aus der Moderne, den *Ansichten eines Clowns*. Ein wichtiges, halbwegs quantifizierbares Kriterium für die Qualität eines Werkes ist Einsatz und Kontrolle der schriftstellerischen Phantasie. Denn, so paradox das auch zunächst klingen mag, Phantasie hat in guterfundenen Werken nichts zu suchen. Man muss natürlich nicht gleich so völlig phantasielos sein wie der Lübecker Thomas Mann, nein weißgottnicht. Aber betrachten wir die derzeit marktbeherrschende englischsprachige, vor allem amerikanische Literatur der letzten Jahrzehnte, dann finden wir dort eine Ballung an beflissenen Phantasieprodukten aus den Designbüros des kreativen Schreibens, die das Etikett ›schlechte‹ Literatur allemal verdient haben. Etwa die Erfindung eines weißen Schwarzen an einer amerikanischen Uni mit seiner taubstummen finnischen Putzhilfe von Philip Roth. Das ist seine jämmerliche Idee: körperliche Auffälligkeiten zur einzigen Grundlage eines ganzen Romans zu machen – als hätte es *Das Herz ist ein einsamer Jäger*, vor allem aber Faulkners eindringliches *Licht im August* nie gegeben. Solche gänzlich unkünstlerischen Erfindungen, wie auch in den Werken von Don de Lillo, Annie Proulx und anderen – als wollten sie mit einer leeren Zahnpastatube noch zigmal zähneputzen, so quetschen die Autoren magerste Einfälle solange aus, bis sie ein ganzes dickes Buch ergeben, zeilenschinderisch und effekthascherisch mit sogenannter Phantasie auffüllend, was an Substanz fehlt – haben in alle Welt ausgestrahlt und Folgen gehabt. Hinab in einzelne Bilderfindungen geht die Misere. In dem vielgelobten, gottlob einzigen Roman *Der Gott der kleinen Dinge* der Inderin Arundhati Roy erblickt Estha ein Freiheitssymbol, gespiegelt auf dem delikaten Körperteil seines sterbenden Haustieres: *Ein fliegender Vogel, reflektiert in den Hoden eines alten Hundes. Er mußte laut lächeln.* Das ist nicht ›beobachtet‹, das ist ›Phantasie‹, und zwar von allerübelster Sorte. Auf solche Reflexion kann man getrost verzichten. Aber noch in den Nachsatz zieht sich die krude, von der Werbung unfreiwillig als ›Sprachmagie‹ verhöhnte Unmöglichkeit des ganzen Bildes: Lächeln ist seiner Natur nach eine l e i s e Angelegenheit. Und uns Lesern ist dabei nicht nach lächeln zumute. Mag das Schreiben solcher Sachen eventuell gutbezahlte Vernichtung geistiger Energie sein, so ist ihre Lektüre vergeudete Lebenszeit, nicht aufholbar.

Noch ein Beispiel? Na gut, aber nur noch eins: Gabriel García Márquez' *Hundert Jahre Einsamkeit* wurden offenbar von Millionen Lesern hingenommen. Millionen können sich nicht irren? Doch! Die Buendías sind, Du erinnerst Dich vielleicht, die mythischen Gründer und Beherrscher von Macondo, einer ebenfalls mythischen Stadt ganz im Herzen Kolumbiens kurz vor dem Ende der Welt, aber mit Anschluss an die politischen (Fehl)Entwicklungen Lateinamerikas im Neunzehnten Jahrhundert. Das Familienoberhaupt José Arcadio ist verrückt geworden und wird, um seine ungeminderte Kraft zu bändigen, an eine Kastanie gebunden, an der er monatelang, eine Ewigkeit angekettet bleibt. Man spürt, wie der spätere Nobelpreisträger García Márquez erregt auf seinem Stühlchen hin und her ruckt, begeistert von den Ausdünstungen der eigenen Phantasie. Aber was bringt das für uns Leser? *Ein Geruch von jungen Pilzen, von Schimmel, von alter, anhaltender Unbehaustheit durchdrang die Luft ...* Diese Vorstellung, so sehr sie ihrem Schöpfer zusagt, ist für uns Leser ungenießbar. Pilze sautiert, angeschwitzt, napiert, na gut; aber auf einem alten Mann wachsend, der monatelang reglos an einen Baum gekettet im Regen steht, das ist ›Phantasie‹, ebenfalls ganz üble.

Trotzdem ist Lateinamerika keineswegs ein vergessener Kontinent der Literatur. Brasilien brachte uns Machado de Assis, einen der originellsten Erzähler des ganzen Neunzehnten Jahrhunderts und eine seiner erstaunlichsten Persönlichkeiten, stammte er doch aus allereinfachsten Verhältnissen und war mit dem ›Makel‹ behaftet, Mischling zu sein, trotzdem wurde er Kultusminister seines Landes. In den *Nachgelassenen Memoiren des Bras Cubas* entfaltet er seinen Witz in der Beschreibung eines verhinderten Lebenslaufs, die Idee des *Tristram Shandy* zwanglos in eine veränderte Zeit transportierend. Und solltest Du nach mehr verlangen, lies noch seinen *Dom Casmurro – Herr Griesgram*, Machados köstliche Auseinandersetzung mit dem Begriff ›Schicksal‹. Für Argentinien steht zuallererst Jorge Luis Borges, Literaturweiser und phantastischer Autor. Juan Carlos Onetti, der Erzmelancholiker, vertritt mit wunderschön traurigen Büchern wie *Der Tod und das Mädchen* Uruguay. Der Mexikaner Octavio Paz versteht die Kunst, in Essays fesselnde Mythen zu beschwören. Überall in dieser Weltgegend wird prall erzählt und wuchert die Einbildungskraft, bisweilen auch an der Grenze zum unverdaulich Überspannten.

> Die Weltkarte der Literatur kennt keine weißen Flecken, höchstens weiße Seiten mit Flecken darauf.

Spanien gegen die Vereinigten Staaten von Amerika. Im Fußball wäre das eine sichere Sache für die ballverliebten Dribbler von der iberischen Halbinsel. Aber im Krieg? Ja, wenn Don Quixote eine Handvoll seiner fahrenden Ritter dabei gehabt hätte, dann wären die Yankees mit einer Tracht Prügel bedient worden, an die sie noch lange schmerzlich gedacht hätten. In Wirklichkeit war aber die militärische Katastrophe, die für Spanien das Neunzehnte Jahrhundert und die Träume von ewiger Kolonialherrschaft beendete, in ihrer desillusionierenden Wirkung das Signal für ein Erwachen. Nirgendwo hatte der Pegasus länger unlustig mit dem Huf gescharrt als zwischen Barcelona und Malaga. Nun rührte sich wieder etwas. Das Land, das uns heute so in Europa angekommen erscheint wie nur eins, war eben lange Zeit Spielball fremder Mächte gewesen und Heimat von Lethargie und Tristesse. Clarín bläst mit seiner wunderbaren *Präsidentin* (die gleich drankommt) und dem anderen Roman *Sein einziger Sohn* über eine zweifelhafte Vaterschaft gemeinsam mit Benito Pérez Galdós die Reveille für die »Generation von 1898«, dem Jahr des Debakels. Vom Vielschreiber Galdós habe ich schon berichtet, dessen Doppelroman *Fortunata und Jacinta* sein buchstäblich dickstes Ding ist. Wie Balzac wollte er arbeiten, in endloser Reihung Roman an Roman schmieden – zumindest das ist ihm gelungen. Beider Vorläufer hieß Juan Valera, Diplomat und Lebemann, der als reifer Mann von fünfzig – immerhin noch jünger als Fontane – seinen ersten Roman verfasste, die heitere *Pepita Jiménez*. Dieses kleine Werk über die Vorzüge der irdischen vor der himmlischen Liebe weist den Weg zum Wiedererstehen des ›goldenen Zeitalters‹ der spanischen Literatur. Poesie und Brutalität werden seine Themen sein, bis hin zu den Altersgenossen Javier Marías und Pedro Almodóvar. Marías, der Real Madrid-Fan, erzählte in *Mein Herz so weiß* vom Selbstmord in einer ›ganz normalen‹ Familie. Almodóvar, Oscarpreisträger, schuf die filmische Biografie des modernen Spanien – sein bestes Werk: »Sprich mit ihr« – als Gesamtkunstwerk, in der er das Leben auch in seiner Negation feiert.

Der Mann der Epoche ist jedoch ein anderer, seiner Zeit weit voraus. Die Theaterstücke von Ramón del Valle-Inclán, giftige bis tollwütige Farcen, bewegen sich bereits an der Grenze zur Unaufführbarkeit, jedenfalls vermeidet der bei einer Premiere anwesende König, den Dichter zu sich rufen zu lassen – um nicht gebissen zu werden. Mit den Romanen *Der Tyrann Banderas* und dem Zyklus *Der Karlistenkrieg* schuf Valle-Inclán rhythmisierte brutale Beschreibungen revolutionärer Scharmützel. Der Tyrann ist in den subtropischen Breiten Mexikos zu Hause, und sein Schöpfer nahm mit ihm alles vorweg, was Südamerikas ›magischen Realismus‹ ausmacht – nur besser, weil bereits Parodie dessen, was da erst noch kommen sollte an ›Phantasie‹ (und in angenehmer Kürze zudem).

Aber alle Literatur lebt doch von der Erfindung? Natürlich, und das muss auch so sein. Wer glaubt, mit der Wahrheit, mit

Geschichten nach dem ›wahren Leben‹ begeistern zu können, der schreibt am Interesse von uns Lesern vorbei.

ZUFALL ODER NOTWENDIGKEIT?

Man sollte keine Filme anschauen, die mit dem Hinweis beginnen: *Nach einer wahren Begebenheit*. Für gewöhnlich wirst Du nach dieser Ankündigung mit einer Handlung gequält, die vor Übertreibungen, Ungereimtheiten und Unlogik nur so strotzt. Große Meister wie Alfred Hitchcock haben bitter bereut, sich auf diesen Betrug am Publikum eingelassen zu haben. So ist das Leben! soll die Ankündigung bedeuten. Die Wahrheit aber ist: So ist das Leben eben nicht. Im Film »Der falsche Mann« sieht Henry Fonda dem gesuchten Mörder entfernt ähnlich und büßt dafür mit dem Verlust von Freiheit, Familie und Lebensmut. So sehen vielleicht unsere kleinen Ängste und Alpträume aus, wenn wir mal zu viel gegessen haben und schlecht schlafen können. Aber im Kino oder vor dem Fernseher spürst Du nach kurzer Zeit Unbehagen, weil Du den Dreh erkennst, nach dem hier erzählt wird. Was Du träumst ist phantasievoll, aber nicht im Sinne einer originellen Handlung, die Dich auch ausgeschlafen noch gut unterhält. Meine effektvollsten Träume von geglückten Banküberfällen kulminierten in immer derselben Verfolgungsjagd, an deren Ende ich in den Abgrund stürzte und zum Glück noch im Fall erwachte, bevor größerer Schaden entstehen konnte. Derselbe Hitchcock meinte, dass ihm die besten Drehbucheinfälle in seinen Träumen kämen, die er unglücklicherweise nach dem Erwachen wieder vergessen hätte. So legte er Papier und Bleistift auf seinen Nachttisch. Aus dem Traum erwacht, notierte er sofort das Handlungsgerüst seiner Schlaferscheinung und schlummerte zufrieden wieder ein. Am Morgen las er als Ergebnis der nächtlichen Störung: *boy meets girl*. Von Träumen oder der Katastrophenrubrik der Tageszeitung sollte auch der Autor absehen, wenn er auf Stoffsuche ist.

Tatsächlich kommt Zufall im täglichen Leben vor. Einer gewinnt im Lotto. Aber genauso zufällig ist es, dass im selben Augenblick Millionen Leute im Lotto verlieren. D a s s der Held der Handlung im Lotto gewinnt, ist also äußerst unwahrscheinlich, ungereimt, einfach uninteressant. Unmöglich kann darauf die Handlung einer Erzählung beruhen! Was jemandem passiert, der im Lotto gewonnen hat, könnte andererseits sehr spannend sein. In der *Millionpfundnote* von Mark Twain wird genau das erzählt: Der völlig abgerissen in London angekommene junge Mann erhält aufgrund einer Wette eine Banknote im Wert von einer Million Pfund überreicht und der Erzähler beobachtet ihn, wie er sich weiter verhält. Nun ja, obwohl er mit dem Papiergeld eigentlich nichts anfangen kann – denn niemand ist in der Lage, ihm zu wechseln, angefangen bei der ersten reichlichen Mahlzeit, die er mit schlechtem Gewissen mit dieser einzigen Bezahlung in der Tasche einnimmt –, macht er doch innerhalb von vier Wochen sein Glück damit und überreicht nach dieser Zeit die Banknote unversehrt ihren rechtmäßigen Besitzern. Er hat sie nicht eingelöst und doch in der denkbar klügsten Weise benutzt. Das ist keine Geschichte vom Zufall, sondern eine vom Glück, und somit brauchst Du auch nicht die Finger von ihr zu lassen.

Aber immer, wenn jemand in einer Gesellschaft unerkannt bleiben will und z u f ä l l i g ein guter Freund auftaucht und ihn anspricht; wenn jemand ein sicheres Geschäft macht und dann z u f ä l l i g die Börse zusammenbricht, sei vorsichtig! In der Regel ist das kein guter Einfall und daraus wird k e i n gutes Buch. Der Schriftsteller will Dich quälen, vielleicht auch nur die Handlung gewaltsam vorantreiben, und ihm fällt anstelle einer natürlichen Entwicklung nichts Besseres ein, als i r g e n d - e t w a s passieren zu lassen. Leider haben sich auch die Besten dieser Sünde schuldig gemacht. Nun kann man eine kurze Geschichte, die durch einen Zufall ihren Kniff bekommt, geduldig zur Seite legen oder gleich etwas anderes anfangen. Der große amerikanische Humorist O. Henry hat hunderte Geschichten geschrieben. Viele ›funktionieren‹ einfach nicht. Aber ein guter Prozentsatz davon macht die Pointe zum Brüller und Lesen zur köstlichsten Unterhaltung. Er sucht den schmalen Grat zwischen Zufall und Notwendigkeit[226]: Zu Weihnachten will sich ein bettelarmes Paar gegenseitig eine Freude machen. Er ist stolz auf ihr wunderschönes Haar, sie mag seine silberne Taschenuhr. So kauft er ihr ein Paar Schildpattkämme und sie ihm eine schwere Uhrkette, massiv. Soweit könnte es ein schönes Weihnachten werden. Aber womit haben sie gezahlt? Er musste seine Uhr versetzen, sie ihre prachtvolle Hauptszier zum Perückenmacher tragen. Ei ei ei.

O. Henry war klug genug, nie einen Roman zu schreiben. Er wusste, dass er auf seinem schmalen Grat nur kurze Strecken die Balance halten konnte. Das ist nun von Dir als Leser jedesmal im Hintergrund mitzuerleben, inwieweit die erzählte Geschichte ›sich hält‹. Gib also dem Autor eine Chance! Wenn aber ganze Romane dem Zufalls-Schlich Spannung und Höhepunkte verdanken, dann gute Nacht! Merke Dir den Namen des Autors und meide ihn in Zukunft geflissentlich.

Es könnte natürlich sein, dass die Handlung eingebettet ist in Ereignisse der Zeitgeschichte: Rothschild macht ein Vermögen, weil er durch Expressboten als erster den Ausgang der Schlacht von Waterloo erfährt. Das ist Stoff f ü r , nicht a u s Tageszeitungen – oder für einen Roman von Balzac, der in Bewunderung immer wieder Rothschilds kluge Spekulation erwähnt und den Baron Nucingen, in *Das Bankhaus Nucingen* und anderswo, nach seinem Ebenbild schuf. Aber Balzac wusste, dass sich auf

---

[226] In Doktorarbeiten soll man i m m e r seine Quellen nennen; ich will es hier gerne e i n m a l tun: *Zufall und Notwendigkeit* heißt der Klassiker der biologischen Philosophie von Jacques Monod (der die Funktionsweise unserer Gene entschlüsselt hat und dafür den Nobelpreis erhielt). Darin erklärt er, dass zwar unsere Existenz zufällig ist, in sich aber ganz und gar den Regeln der Notwendigkeit unterworfen – so wie ein gutes Buch!

diesem Einfall nicht aufbauen lässt. Im Gegenteil, er bekommt nur als Beispiel dafür Sinn, wie es allen anderen eben n i c h t gerät, aus einer Katastrophe ihr Glück zu schmieden.

Am schlechtesten macht sich der Zufall im Kriminalroman, weil meist zur Lösung des Handlungsknotens genutzt. Bauchweh bereiten mir solche schriftstellerischen Finten. Das liegt daran, dass der Krimi häufig die Ungeheuerlichkeit zuwege bringt, uns Leser mit dem Verbrecher sympathisieren zu lassen; natürlich soll er seine gerechte Strafe bekommen, aber um Himmels willen nicht deshalb, weil er im falschen Augenblick auf einen trockenen Ast tritt, der die geräuschempfindliche Alarmanlage aktiviert. Was hat ein Ast im Tresorraum einer Bank zu suchen? Wieder ist es Alfred Hitchcock, der uns hier weiterhilft. In »Marnie« hat die kleptomane Tippi Hedren bereits erfolgreich den Safe geleert und will das Büro auf Nimmerwiedersehen verlassen. Ihr kommt aber jemand in die Quere. Sie zieht die Schuhe aus, um hinter dem Rücken der emsig schrubbenden Reinigungsfachkraft vorbeizuschleichen in die Freiheit ... da fällt ihr ein Pumps aus der Handtasche. Alles vorbei! Hier verlangsamt der Meisterregisseur genüsslich sein Erzähltempo bis zur Erstarrung. Aber nein doch, die Putzfrau reagiert gar nicht auf den vom Schuh verursachten Lärm, sie ist nämlich stocktaub. So!, lieber Zuschauer, hast Du also mit der Diebin gezittert und »gelitten, dass Dir diese Häufung wirklich haarsträubender Zufälle gerade recht kam.

> Ursprünglich Denksportaufgabe, hat die Kriminalgeschichte den Status eines Berichts zur Lage der Nation erreicht. Wir wissen jetzt: in schwedischen Kommissariaten ist es im Sommer unerträglich heiß.

Nun ja, das ist nur ein Krimi. Und meist geht es anders aus. Tröstlich für uns Leser, dass diese Sorte Buch in der Regel kurz ist und der durch Zufall enttarnte Bösewicht nur bekommt, was er verdient – auch wenn die aktuelle Tendenz dahin geht, dass die Krimis immer länger werden und die Funktion dessen übernehmen, was früher ›Gesellschaftsroman‹ war.

Im Gesellschaftsroman macht sich der Zufall gar nicht gut.

Das ›Gesellschaftliche‹, also Beziehungen, die eigentlich auf Dauer und Haltbarkeit angelegt sind, sollte eben gerade nicht auf Zufällen beruhen, die schnelle Umschwünge und dramatische Wendungen bringen. Geduld gehört zu jedem Gesellschaftsroman, deshalb sind sie auch regelmäßig so lang. Mir schwebt immer wieder ein leuchtendes Beispiel vor, wenn ich an Romane denke, deren Handlung sich organisch aus innerer Notwendigkeit entwickelt und in denen der Autor den Kniff verschmäht, gewaltsame Wendungen durch Zufälle herbeizuführen:

Die Präsidentin heißt das wahrlich große Werk des Spaniers Clarín, bürgerlich Leopoldo Alas. Vordergründig geht es um Ana, eine sehr schöne Frau, die zufrieden und luxuriös in ihrer Ehe mit dem Präsidenten, einem älteren, sympathischen Herrn und hohen Beamten, lebt und eine kleine Tochter hat (sozusagen das Gegenteil einer Anna Karenina- oder Effi Briest-Situation). Insgesamt allerdings schwebte dem Autor ein Schlüsselroman über die kleinkarierte Gesellschaft der ehemaligen Königsstadt Oviedo vor, aus der nicht zufällig Alas stammt. In der Kathedrale beginnt und endet die Geschichte, auf diese Weise den Gegenpol der bürgerlichen Welt symbolisierend, die Sphäre der Kleriker. Schwer durchschaubar ist deren Antrieb, den Rest der Welt tyrannisieren zu wollen. Aber sie tun es, mit teilweise erschütterndem Erfolg. Aus der Kathedrale stammt der niederträchtige Plan, die noble und schöne Dame in den Dreck zu zerren, in die Welt gesetzt vom unglücklich verliebten Erzpriester und seiner hexenhaften Mutter, entstanden aus Neid und Eifersucht. Das Instrument zu seiner Durchführung wird jedoch ganz unabhängig davon der berufsmäßige Lebemann Don Alvaro Mesía, der mangels anderer Objekte für seinen brachliegenden Sexualtrieb sein Augenmerk auf die tugendhafte Beamtengattin richtet. Nüchtern, fast lauernd beschreibt Alas das Voranschreiten der Intrige; und tatsächlich, Oviedo frohlockt!, kommt die Präsidentin zu Fall und reißt den Gatten mit, der sich bemüßigt fühlt, Genugtuung zu verlangen und im Duell, in geradezu lächerlicher Heldenpose, fällt. Mit ihm allerdings der Erzpriester, der an seiner eigenen Missgunst erstickt. Zurück bleibt die ihres guten Rufs beraubte Ana inmitten der Trümmer eines scheinbaren Glücks. Auf dem Boden der Kathedrale liegt sie zum Schluss, der impotenten Lüsternheit klerikalen Pöbels ausgeliefert. Mit mathematischer Präzision hat sich ihr Schicksal erfüllt, weil sich, so lehrt uns Clarín, Höhe des Aufschwungs und Tiefe des Falls im Nullpunkt begegnen müssen. Ein außergewöhnlicher, großartiger Roman.

Der freie Geist der Moralität entfaltet sich am besten in der Provinz. Das galt auch für Spanien. Miguel de Unamuno, der originellste Denker der Achtundneunziger, ist Baske – er stammt aus Bilbao – und stirbt in Salamanca im Hausarrest: Er hatte dem heraufziehenden Faschismus als Rektor der Universität gerade noch den Spiegel vorgehalten. Sein Thema ist die Resignation, die er seiner Romanfigur, dem Arzt Joaquin Monegro verordnet, der gegen den Maler *Abel Sánchez* stets den Kürzeren zieht. Auch als Theoretiker des *Tragischen Lebensgefühls* erlebt Unamuno, dass seine eigene Existenz inmitten der Katastrophen der spanischen Geschichte zwischen Desastern und Diktatoren stattfindet. In *Nebel* überwindet er die Grenzen der Realität, als Höhepunkt besucht Augusto, die unglückliche Hauptperson des Romans, in Salamanca eine Vorlesung von Professor Unamuno über Selbstmord; allerdings verbietet der Autor seinem Geschöpf ein für alle Mal, auf diese Weise Schluss zu machen – er lässt ihn stattdessen beim Essen sterben. Uns Leser entzieht er den Bedrückungen des Tages und führt uns in eine Welt der Mystik und Spiritualität, und hier wird Unamunos Spanien zum Land der Zukunft.

Von seiner Beziehung zu Deutschland geprägt war José Ortega y Gasset, der Philosoph der Epoche. Das muss noch nichts Schlechtes sein, und Ortega bereicherte die Auseinandersetzung mit Jena und Heidelberg um Individualität und Stil. Sein Ansatz ist die pointierte Kurzform, der Essay; *Der Aufstand der Massen* heißt sein Kommentar zu den politischen Katastrophen des beginnenden Zwanzigsten Jahrhunderts. Besonders originell ist seine Sicht auf Goethe, den er vom inzwischen errichteten Denkmal herunterholt und dadurch Gelegenheit gibt, ihm erneut Gerechtigkeit widerfahren zu lassen. Das nennt er: *Um einen Goethe von innen bittend*, und diese Demutsgebärde verbindet er mit einem kurzen Abriss seiner eigenen Weltsicht, also ein idealer Start, um Ortega, den distanzierten, eleganten Denker, kennenzulernen.

In dem sonst nicht groß erwähnenswerten Roman über zwei versponnene Schuhmachermeister *Belarmino und Apolonio* hat der Autor Ramón Pérez de Ayala, Zeitgenosse des Philosophen, ein Sprachexperiment versteckt. Apolonio liebt das Dichten, Belarmino ist tiefsinnig veranlagt – beide landen so im Armenasyl. Der Hobbyphilosoph hat sein ›System‹ – wie es jeder ehrenwerte Denker geschaffen haben sollte – in eine Sprache gekleidet, für die es keinen Langenscheidt gibt, indem er den alten Begriffen neue Bedeutungen zuordnet; dabei produziert er Sätze wie: *Jeder, der ißt, ist dem Wörterbuch gegenüber im Zickzack bis zum Bumm Bumm*. Der herbeigerufene Zahnarzt diagnostiziert daraufhin unberufen und wenig stichhaltig Wahnsinn, weil er zu blind ist zu erkennen, dass ›Wörterbuch‹ unser Universum bedeutet und ›Bumm Bumm‹ den Tod: vom Geräusch beim Zunageln des Sargs. Das lässt uns beide aufhorchen. Woran erinnert das Kauderwelsch des Schuhmachers? Sage mir nicht, *Dessen Sprache du nicht verstehst*[227]; nein, es erinnert, und damit schließt sich der Kreis des Lesens, an das Schönste, was an dichterischer Kraft auf meinen erwachenden Verstand eingewirkt hat, als ich noch klein war, an Peter Bichsels *Kindergeschichten*. Dort gibt es den alten Mann, der die Namen der Dinge seines Lebens vertauscht, um etwas zu ändern. *Ein Tisch ist ein Tisch* heißt die Er-

---

[227] Von Marianne Fritz. Ein erstaunliches, dreitausendseitiges Werk, das sich seinen Lesern aber nicht so recht offenbart hat.

zählung, und obwohl sie nicht schön ausgeht, enthält sie den für Kinder und Narren wie mich schönsten, in diesem Fall auch letzten Satz der Literatur. *Am Mann blieb der alte Fuß lange im Bild läuten, um neun stellte das Fotoalbum, der Fuß fror auf und blätterte sich auf den Schrank, damit er nicht an die Morgen schaute.*

ANHANG

DAS BUCH

Das Buch ist keine aussterbende Spezies. Elektroniker wollen gerne die Botschaft vom Gegenteil nebenbei vermitteln, wenn sie im Gegenzug ihre eigenen Produkte preisen. Das Buch ist unverzichtbar. Es in die Hand zu nehmen ist ein Stück Freiheit, es aufzuschlagen, wo immer man will, es zu benutzen, auch zu verändern, es zu seinem Eigentum zu machen.

Bücher brauchen Platz. Wenn Du daran denkst, alle Bücher zu besitzen, die Du in diesem Buch vorfindest, dann sind als Regalstellwände bereits sämtliche Zimmer eines Einfamilienhauses nötig. Ein Bücherbord kann zwanzig bis fünfzig Bände aufnehmen, bis zu zehn Borde passen übereinander, wenn man ohne Leiter alle Bücher erreichen will, das macht zweihundert bis fünfhundert Bücher pro Meter Wand. Schon kannst Du mit dem Zollstock abmessen, wieviele Bücher Dein Haushalt verträgt. Dünndruck, also feineres Papier, braucht weniger Platz. Die meisten großen Klassikerausgaben verwenden solch dünnes Papier, aus gutem Grund.

Nur etwa ein Drittel der bis hierher erwähnten Bücher ist zur Zeit in Buchhandlungen käuflich zu erwerben. Wie aber komme ich an vergriffene Bücher? Nun, sie stellen einen wichtigen Zweitmarkt dar: Antiquare und private Anbieter versorgen Dich mit (fast) allem, was das Herz begehrt. Im Modernen Antiquariat erhältst Du Restauflagen und auch billige Nachauflagen vieler wichtiger Titel, für alles andere gibt es das ZVAB, das Zentrale Verzeichnis Antiquarischer Bücher im Internet. Hier sind praktisch alle deutschsprachigen Antiquariate vertreten; mittlerweile haben sich konkurrierende Plattformen etabliert wie AbeBooks, Booklooker etc. Nicht immer ist hier das billigste Buch das beste! Es gilt, das Deutsch der Antiquariatskataloge und ihrer Buchbeschreibungen zu lernen und zu beachten, angefangen bei der Frage, ob das Buch original (meist abgekürzt O) ist in Einband, Umschlag, Buchblock. Das muss nämlich keineswegs so sein, besonders bei älteren Werken. Ein vorhandener Schutzumschlag kann wichtig sein, wenn Dir an einer guten Erhaltung des Bucheinbandes gelegen ist. Schäden am Buch werden in der Regel korrekt beschrieben; es gibt auch ein Rückgaberecht, im Fernhandel sogar ab einem Warenwert von Euro vierzig portofrei.

Bist Du neugierig und willst literarisches Neuland betreten? Dann machst Du alles richtig, wenn Du zu Bänden der folgenden Reihen greifst, in denen zumeist bekanntere Werke neben ›Entdeckungen‹ stehen. Häufig bieten solche Editionen Längsschnitte durch Literaturen wie die **Tschechische Bibliothek** bei DVA oder die **Polnische Bibliothek** von Suhrkamp, oder Querschnitte durch Epochen, wie die **Bibliothek des 18. Jahrhunderts** bei C. H. Beck. Die wichtigsten deutschen Buchreihen der Nachkriegszeit für ›klassische‹ Titel waren und sind:

Goverts Neue Bibliothek der Weltliteratur mit der großen Cervantes-Ausgabe, einer Lenz-Werkausgabe, den *Meisterwerken der deutschen Literaturkritik*, herausgegeben von Hans Mayer, und zwei Bänden von Paul Scheerbart. In eigenwilligem Format ein ganz eigenständiges Unternehmen, das vorzeitig abgebrochen wurde. Insgesamt erschienen zwanzig Bände.

Kleine russische Bibliothek im Ellermann-Verlag mit sehr interessanten Titeln, die meist nie wieder aufgelegt wurden. Johannes von Günter war der gute Geist hinter der Sammlung, die in die Tiefe der russischen Klassik zielt. Fünfunddreißig Bände.

Prosa aus Frankreich im Verlag Amadis, das waren zweiundzwanzig Bände mit Perlen der frankophonen Literatur, kundig interpretiert von Fachleuten wie Hans Robert Jauss. Einheitlich in schwarzes Leinen gekleidet, überbrücken sie eine Spanne von dreihundert Jahren, von Scarrons *Komödianten* zu Malraux' *Königsweg*.

Winkler Bibliothek der Weltliteratur, bis jetzt die größte deutschsprachige Sammlung dieser Art mit über dreihundert Bänden, zu zwei Dritteln Übersetzungen fremdsprachiger Klassiker. Jedes Jahr erschienen neue Bände, leider fehlt schon seit längerem der Mut zu außergewöhnlichen Editionen. Dafür gibt es alle Bände auch in Leder, Meisterwerke der Buchkunst – handschmeichelnd und wohlriechend! Ohne Konkurrenz sind die Werkausgaben von Lord Byron, Gérard de Nerval, Voltaire, Rousseau, Hauff, Fouqué, Uhland und vielen anderen.

Die Fundgrube im Winkler-Verlag enthielt kleinere, meist ergänzend gedachte Texte zur Weltliteratur. Die sechsundfünfzig Bände von den *Briefen der Dunkelmänner* bis zum *Fräulein von Sternheim* der Sophie von LaRoche bieten hochinteressanten Lesestoff für Fortgeschrittene.

Hanser Klassiker, lange Jahre die größte Sammlung deutschsprachiger Klassiker mit zuverlässigen Editionen. Fontane und Goethe, aber auch Nietzsche und Lessing sowie Christian Grabbe und Otto Ludwig haben hier ihren Platz. Insgesamt einhundertfünfzig Bände, auch in Leder erhältlich.

Hanser Klassiker gab es auch in einer internationalen Version mit eigener Reihengestaltung – das Ideal einer Klassikeredition. Sehr schöne und wichtige Bände, bringen sie doch die beste Mark Twain-Ausgabe, einen vierbändigen Fielding, eine Sammlung der spanischen Schelmenromane und der frühen russischen Dichtung. Insgesamt leider nur siebzehn Bände, die jeder wunderbar in der Hand liegen.

Hanser Klassiker: Seit einiger Zeit arbeitet der Verlag an einer Fortsetzung im gewohnten Oktav, ganz aktuell mit Raritäten von Herman Melville und Neuübersetzungen französischer Klassiker wie Stendhals Romanen oder einer putzmunteren Version von Manzonis *Verlobten*, die jetzt *Brautleute* heißen.

Bibliotheca Dracula bei Hanser war ein interessantes Projekt, Bücher eines unterschätzten Genres salonfähig zu machen. Neben Bram Stokers Meisterwerk erschienen so wichtige Werke wie Maturins *Melmoth* und *Wieland oder Die Verwandlung* von Charles Brockden Brown zuerst hier. Speziell der jetzt – und das nicht ganz zu Unrecht, da äußerst monoman und verschroben – vergessene *Melmoth* war ein Schlüsselwerk des Genres, bewundert und imitiert auch von den ganz Großen. Aus vermutlich metaphysischen Gründen erschienen in der Reihe exakt dreizehn Bände.

Insel-Klassiker, als preiswerte Dünndruckausgaben machten sie den Winkler- und Hanser-Klassikern Konkurrenz. Gute Ausgaben etwa von Johann Peter Hebel, Detlev von Liliencron, Paul Heyse oder anderen, die sonst nicht greifbar sind. Insgesamt etwa fünfzig Bände. An einer internationalen Fortsetzung wird derzeit gebastelt.

Deutscher Klassiker-Verlag im Suhrkamp Verlag, das sollte der Hort der Deutschen Literatur werden. Über siebenhundert Bände waren geplant, jetzt sind alle froh, dass mit nicht mal zweihundertfünfzig Bänden Schluss ist. Sehr schöne Ausgaben sind Goethe, E.T.A. Hoffmann, aber auch Gottfried Keller gewidmet – leicht wissenschaftlich überfrachtet vielleicht, aber dafür auf dem Stand des Möglichen. Auch in Sahara-Ziegenleder.

Bibliothek Suhrkamp ist der Showroom der klassischen Moderne. Gezeigt werden in nun fast eineinhalbtausend Bänden alle Dichter und Denker, die unsere Zeit begleitet haben, und so manche, von denen wir glaub(t)en, sie seien wichtig. Im Willy Fleckhaus-Design kann man mit BS ganze Wände tapezieren – Leseentdeckungen macht man in jedem einzelnen Band.

Bibliothek der Alten Welt im Artemis-Verlag, deutschsprachige Übersetzungen und einige zweisprachige Parallelausgaben aller ›klassischen‹ Texte plus einiger Raritäten. Auf inzwischen schon stark gegilbtem Papier in handlichem Format wurden hier in Schweizer Perfektion so wichtige Editionen geschaffen wie die Cicero-*Reden*, übersetzt von Manfred Fuhrmann, oder der Cassius Dio von Otto Veh. Besonders wichtig: Plutarchs *Große Griechen und Römer* in sechs Bänden. Insgesamt einhundertzwanzig

Bände. In fünf Reihen wurde die Antike dargeboten: gelber Einband Ägypten und der Alte Orient; weißer Einband griechische Literatur; roter Einband römische Literatur; grüner Einband Antike und Christentum; in einer größerformatigen Sonderreihe Forschung erschienen Monographien über Themen wie *Die Pythagoreer* oder *Vergils Georgica*. Der Clou war seinerzeit eine Vorzugsausgabe in Pergament, auf Dünndruck und mit Goldschnitt – das gab es aber nur für die ersten vierzig Bände.

Lebendige Antike bei Artemis war ein interessantes Begleitprojekt zu den antiken Klassikern, nett gemachte Büchelchen über Nebenfragen der Antikenkenntnis und -rezeption. Erschienen sind vierundsechzig Bändchen.

Bibliothek der Arabischen Welt hieß eine ambitionierte Artemis-Reihe, die großangelegt Aspekte der Islamforschung und des politischen Nahen Ostens behandelte, als das Thema noch nicht auf den Nägeln brannte, in der Ausstattung der Bibliothek der Alten Welt ähnlich. Es erschienen zwanzig Bände plus ein *Lexikon der Arabischen Welt*.

Tusculum-Bibliothek antiker Klassiker, begründet von Ernst Heimeran, später Artemis, dann Patmos (wie Winkler), jetzt Akademie mit wiederauferstandener Backlist, mit über zweihundert Bänden die größte Sammlung antiker Texte, alle Editionen sind Parallelausgaben. Die handliche Brikettform mit den farblich auffälligen Einbänden überzeugt. Von den Heraklit-*Fragmenten* bis zur *Anthologia Graeca* mit Gedichten aus der byzantinischen Kaiserzeit eine komplette Zusammenschau der griechischen und lateinischen Literatur. Höhepunkte die *Römische Geschichte* des Livius in elf und die *Naturgeschichte* des älteren Plinius in einunddreißig Bänden. Auch die Werke des Prokop von Caesarea sind hier gut aufgehoben.

Tusculum-Schriften hieß die erste Serie von Begleitheften zu einer Bibliothek der Antike. Siebenundzwanzig Nummern erschienen in den Zwanziger Jahren, vierzehn in den Sechzigern mit so interessanten Themen wie *Buchhandel in der Antike* oder *Der Thron des Zeus in Olympia*.

Tusculum-Hefte brachten es auf acht Ausgaben, darunter *Terenz in Comics*, eine zeichnerische Umsetzung einer antiken Komödie.

Manesse-Bibliothek der Weltliteratur, begonnen in schweizerischer Handwerksqualität, mittlerweile bei Random House untergekommen, besticht durch das Handtaschenformat der Bände, die man in Zug, Oper und selbst der Tokioter U-Bahn vorholen kann, die schöne Herstellung und die exquisite Auswahl. Hier findet man Romane, die man sonst vergeblich sucht, wie *Das Riff* von Edith Wharton oder den *Max Havelaar* von Multatuli. Jedes Jahr erscheinen neue Trouvaillen, die Reihe profiliert sich zur unverzichtbaren Fundgrube interessanter Texte und Autoren. Bis jetzt sind rund sechshundert Bände erschienen, jeweils auch in Leder.

Reclam-Bibliothek bringt seit Jahren Einzelausgaben, die sich mehr und mehr zu einem weltliterarischen Kosmos ordnen. Im Format Manesse ähnlich, werden hier Ergänzungen geboten, Nachschlagewerke wie die *Deutschen Sprichwörter* oder ein handliches *Balladenbuch* und Sensationen, wie seinerzeit der *Ardinghello* von Wilhelm Heinse. Bislang etwa hundertfünfzig Bände.

Diogenes Erzähler-Bibliothek, das war für einige Jahre eine echte Konkurrenz zu den Manesse-Bändchen, in der Ausstattung plagiatverdächtig (bis hin zu den Ledereinbänden, für die jedoch ein Silberschnitt reichen musste, statt des bei Manesse und auch sonst üblichen Goldes). Es erschienen sechzig Bände mit Klassikern des Hauses wie Carson McCullers, William Faulkner, D.H. Lawrence, H.G. Wells (der grandiose *Zauberladen*! Besser – und kürzer – als jedes andere Zauberbuch) – ganz spezialisiert auf Erzählungen und Kurzgeschichten.

Bibliothek ›Klassische Abenteuer‹ bei Diogenes, das war die Jules Verne-Ausgabe in den vollständigen Übersetzungen, aber auch Henry Rider Haggard, John Buchan, Maurice Leblanc und ein paar andere, zusammen vierundzwanzig Bände, teils in Leinen, teils Kunstleder gebunden.

Die Andere Bibliothek erschien erst bei Greno, dem bibliophilen Buchmacher, jetzt im Eichborn-Verlag. Hans Magnus Enzensberger stand viele Jahre als Herausgeber für eine Unzahl an Entdeckungen – von Texten und Talenten –, echte Sensationen auf dem deutschen Buchmarkt. Jeden Monat erscheint nach wie vor ein Band, seit dreißig Jahren gibt es die Andere Bibliothek – so viele Bände sind also bisher erschienen.

Haidnische Alterthümer heißt eine hervorragende Reihe bei Zweitausendeins, aufgebaut nach Empfehlungen von Arno Schmidt. Bücher, die er für wichtig hielt, werden hier neu aufgelegt, in anspruchsvollen Editionen: Schnabels *Insel Felsenburg* und Gutzkows *Ritter vom Geiste* bilden die Glanzlichter von bislang achtundzwanzig Bänden.

Ars vivendi Bibliothek ist eine neuere Reihe mit englischsprachigen Klassikern wie Henry James und Kate Chopin, aber auch Romanen von Jakob Wassermann, Hans Christian Andersen, George Sand und Benito Pérez Galdós. Wir halten bei fünfundzwanzig Bänden.

Abgerundet wird das Angebot durch gute Taschenbuchreihen, etwa das Insel-Taschenbuch (it) oder die Diogenes Taschenbücher detebe.

Auch die DDR hatte eine Buchkultur, eine andere, aber auf keinen Fall schlechtere. An den Leineneinbänden konnte man sich die Hände blutig rubbeln, das Papier vergilbte, bevor das Buch ausgelesen war, und die Schutzumschläge musste man vor der Benutzung schützen – egal; inhaltlich wurde Gediegenes geboten:

Schriften und Quellen der Alten Welt im Akademie Verlag, ein mit wunderbarem Philologenfleiß zustandegekommenes Gegenunternehmen zu Tusculum und BAW, brachte in zusammen fünfzig Bänden, stets in Parallelausgaben, so einsame Editionen wie die *Satiren* des Lucilius, die *Römische Geschichte* des Ammianus Marcellinus und die *Blütenlese* des Apuleius.

Bibliothek der Antike, weniger ambitioniert; Leseausgaben einiger Klassiker, aber auch die einzige Nonnos-Edition der letzten hundert Jahre.

Bibliothek Deutscher Klassiker, kurz BDK, billige Klassikerausgaben für damals sechs Westmark das Bändchen mit guten Editionen der Werke von Winckelmann und Georg Forster, beispielsweise, aber auch Herwegh und Thomas Müntzer. Insgesamt etwa hundertfünfzig Bände.

Epikon Klassiker-Bibliothek Wiederauflagen zum Teil völlig vergessener Werke, die in den Zwanziger Jahren erstmals erschienen waren.

Bibliothek Klassische Romane Auch dies ein ambitioniertes Unternehmen, das unter der schlechten Qualität des Papiers, nicht der Übersetzungen litt.

REGISTER

ALPHABETISCHES REGISTER ALLER ERWÄHNTEN PERSONEN UND BÜCHER

Abaelard(us), Petrus ✴1079 †1142 Theologe *373*
Abraham Stammvater Israels *47, 275–77*
Absalom †-1000 Sohn König Davids *279*
Abulpharagius (Abu l-Faradj al-Isfahani) ✴897 †967 Arabischer Geschichtsschreiber *345*
Achilles Myrmidonenprinz und größter Held vor Troja *289, 387, 457*
Achmatowa, Anna ✴1889 †1966 *595 Gedichte 595*
Adam und Eva Die Nabellosen *130, 346, 628*
Adorno, Theodor Ludwig Wiesengrund ✴1903 †1969 *409, 668, 694, 712 Minima Moralia 712 Der Schatz des Indianer-Joe 668*
Ägisth (Aigisthos) Geliebter der Klytämnestra, mit ihr Mörder Agamemnons *293*
Aeneas Trojanerheld und Vorfahre aller römischen Größe *282, 285, 338, 438*
Äsop (Aisopos) †-600 *196, 377 Fabeln 196*
Afanasjew, Alexander Nikolajewitsch ✴1826 †1871 *569 Russische Märchen 569*
Affenschwanzius ✴? † ? *173 De pavianis et mandrillibus 173*
Agamemnon Führer der Griechen gegen Troja *281, 288, 293*
Agaue Mutter des Pentheus *329*
Agejew, M (Pseudonym, Lebensdaten unbekannt) *600 Roman mit Kokain 1934 600*
Agoult, Marie Cathérine Sophie Gräfin d' ✴1805 †1876 Französische Schriftstellerin, Mutter von Cosima Wagner *229*
Ahab †-852 König von Israel *50*
Aichinger, Ilse ✴1921 *712 Der Krieg der Knöpfe 712*
Aischylos ✴-525 †-456 *290–91, 345, 488 Die Orestie (Agamemnon Die Hiketiden Die Eumeniden Proteus) 293*
Ajax Sohn des Telamon Held vor Troja *281*
Akademos Heros von Athen *333*

Aksakow, Sergej Timofejewitsch ✴1791 †1859 *567 Bagrovs Kinderjahre 567*
Alain-Fournier (Henri Alban) ✴1886 †1914 *68, 703 Der große Meaulnes 68*
Alarcón, Juan Ruiz de ✴1580 †1639 *394 Die verdächtige Wahrheit 394*
Alba, Don Fernando Álvarez de Toledo y Pimentel Herzog von ✴1507 †1582 Statthalter Karls V. in den Niederlanden *191*
Albee, Edward Franklin ✴1928 *668 Wer hat Angst vor Virginia Woolf? 668*
Alberich Zwergkönig und Nibelunge *291–92, 502–03*
Albers, Hans Philipp August ✴1891 †1960 Schauspieler *686*
Alexander der Große von Makedonien ✴-356 †-323 *142–43, 145, 162, 303, 316, 318, 332, 334, 336, 340, 357, 473, 488*
Alexander I. von Russland ✴1777 †1825 *578*
Alexander II. von Russland ✴1818 †1881 *578*
Alexander VI. (Rodrigo Borgia) ✴1430 †1503 Papst *145*
Alexanderroman Anonym entstanden um 200 *142, 318*
Alexios I. ✴1048 †1118 Oströmischer Kaiser *313*
Alexis, Willibald ✴1798 †1871 *490 Ruhe ist die erste Bürgerpflicht 490*
Alkibiades ✴-450 †-404 Athenischer Staatsmann und Dandy *295, 330–31, 388, 441*
Allbeury, Ted ✴1917 †2005 Autor von Kriminal- und Spionageromanen *75*
Allgemeine Zeitung Wichtigste Tageszeitung der klassischen Zeit in Deutschland, gegründet von Johann Friedrich Cotta 1798 in Tübingen, später Augsburg *472*
Allen, Woody (Allen Stewart Konigsberg) ✴1935 Schauspieler und Filmemacher *686*
Almodóvar Caballero, Pedro ✴1951 Filmregisseur *729* »Sprich mit ihr« *729*

Alpers, Svetlana *1936 Amerikanische Kunsthistorikerin *164 Rembrandt als Unternehmer 164*
Altdorfer, Albrecht *1480 †1538 Maler der Donauschule *162* »Die Alexanderschlacht« *162*
Altenberg, Peter (Richard Engländer) *1859 †1919 Kaffeehausliterat *201, 665*
Ambler, Eric *1909 †1998 *135, 647 Schirmers Erbschaft 135 Die Maske des Dimitrios 648 Der Fall Deltschev 648*
Ambrosius *340 †397 Bischof von Mailand, Heiliger und Kirchenvater *343*
Amenophis IV. †-1334 Pharao der 18. Dynastie, nannte sich Echnaton *278*
Ammianus Marcellinus *330 †395 *313, 745 Römische Geschichte 313, 745*
Amphion und Zethos Erbauer Thebens *249*
Anacharsis †-560 Skythenprinz *308*
Anakreon †-530 *319 Naturlyrik 319*
Anaximander von Milet *-610 †-546 Benenner des Kosmos *327 Naturgedicht 327*
Anaximenes von Milet *-585 †-526 Naturphilosoph *327*
Anchises Vater des Aeneas *282, 438*
Ande, Michael *1944 Schauspieler *70*
Andersch, Alfred *1914 †1980 *718 Die Rote 718*
Andersen, Hans Christian *1805 †1875 *245, 449, 493, 496, 709, 745 Lykke-Peer (Hans im Glück) 496 Märchen (Der tapfere Zinnsoldat Die sieben Schwäne Das Mädchen mit den Schwefelhölzern) 449*
Anderson, Sherwood *1876 †1941 *652 Winesburgh, Ohio 652*
Andreae, Bernard *1930 Archäologe *286 Praetorium speluncae*
Andreas-Salomé, Lou *1861 †1937 Schülerin Freuds und Schriftstellerin *488, 660*
Andrejew, Leonid Nikolajewitsch *1871 †1919 *590 Die sieben Gehenkten 590*
Andrić, Ivo *1892 †1975 *135 Die Brücke über die Drina 135 Das Fräulein 135 Wesire und Konsuln 135*
Anna Komnene *1083 †1154 *313 Alexias 313*
Annales Zeitschrift für Geschichtswissenschaft, seit 1929 *158*
Anne *1665 †1714 Königin von England und Thaumaturgin *368, 399*

Annunzio, Gabriele d' *1863 †1938 *623 Lust 623*
Anouilh, Jean *1910 †1987 *401 Jeanne oder Die Lerche 401*
Anselm von Canterbury *1033 †1109 *353 Warum Gott Mensch geworden ist (Cur deus homo) 353*
Antenor Trojaner und mythischer Gründer von Padua *283*
Anthemios von Tralleis †534 Architekt *344* »Hagia Sophia« *344*
Antinoos *110 †130 Liebling Kaiser Hadrians *283, 475*
Antiochos †-350 Vater des Seleukos, eines Generals Alexanders des Großen *316*
Anzengruber, Ludwig *1839 †1889 *408, 481 Das vierte Gebot 408 Der Sternsteinhof 481*
Apollinaire, Guillaume (Wilhelm Albert Vladimir Apollinaris de Kostrowitzky) *1880 †1918 *564, 675 Die elftausend Ruten 564*
Apollodoros †-110 *250 Bibliotheke (Götter- und Heldensagen) 250*
Apollon Gott des Lichts, der Künste und Musenführer *255, 262, 307, 694*
Apollonios von Rhodos *-295 †-215 *300 Die Fahrt der Argo 300*
Apollonios von Tyana *40 †120 Religionsstiftender Philosoph, Pythagoreer *305*
Apuleius von Madaura, Lucius *125 †180 *317, 745 Der goldene Esel 317 Blütenlese 745*
Arbusow, Alexej Nikolajewitsch *1908 †1986 *594 Irkutsker Geschichte 594*
Archimedes *-285 †-212 Mathematiker und Erfinder aus Syrakus *337*
Archipoeta *1130 †1165 Der ›Erzdichter‹ von Vagantenlyrik auf Lateinisch *322*
Arendt, Hannah (Johanna) *1906 †1975 *172 Eichmann in Jerusalem 172*
Arion von Lesbos †-620 Erfinder des Dithyrambos *249*
Ariosto, Ludovico *1474 †1533 *288–89 Der rasende Roland 288–89*
Aristophanes *-445 †-385 *295–96, 332, 441 Lysistrate 295 Die Wolken 295 Die Vögel 295*
Aristoteles *-384 †-322 *333–35, 336, 353, 382 Nikomachische Ethik 334 Metaphysik 333*
Arndt, Ernst Moritz *1769 †1860 *449 Der starke Hans 449*

Arnim, Carl Joachim Friedrich Ludwig Achim von *1781 †1831 22, 460–61 *Des Knaben Wunderhorn* (mit Clemens Brentano) 461 *Armut, Reichtum, Schuld und Buße der Gräfin Dolores* 460 *Isabella von Ägypten* 460 *Die Kronenwächter* 460 *Der tolle Invalide auf dem Fort Ratonneau* 460 *Fürst Ganzgott und Sänger Halbgott* 460

Arnim, Bettina (Elisabeth Catharina Ludovica Magdalena) von *1785 †1859 Schwester von Clemens Brentano 413, 460, 476 *Goethes Briefwechsel mit einem Kinde* 460 *Die Günderode* 460

Arnim, Gisela von *1827 †1889 Tochter von Achim und Bettina 476 *Das Leben der Hochgräfin Gritta von Rattenzuhausbeiuns* 476

Árpád †907 Ungarischer Fürst, Einiger des Reiches 350

Arrian(us), Lucius Flavius *95 †175 143, 318 *Alexander der Große* 142, 318

Artaxerxes II. †-358 Persischer Großkönig 317

Artus †500, Keltenkönig von Britannien 123, 190, 439

Ascanius Aeneas' Sohn 282

Aspasia *-470 †-420 Ehefrau (Hetäre?) des Perikles 115

Assis, Machado de *1839 †1908 728 *Die nachträglichen Memoiren des Bras Cubas* 728 *Dom Casmurro* 728

Assmann, Jan *1938 278 *Moses der Ägypter* 278

Athene Kopfgeburt des Zeus, Schirmerin der Wissenschaften 281, 290–91, 298–99, 333

Aton Einziger Gott des Pharao Echnaton in Amarna 278

Attila †453 Hunnenkönig, die ›Geißel Gottes‹ 140

Auber, Daniel François Esprit *1782 †1871 Komponist 116, 396 »Die Stumme von Portici« 396 »Manon Lescaut« 116

Aubrey, John *1626 †1697 369 *Lebensentwürfe* 369

Augustinus, Aurelius *354 †430 Bischof von Hippo, Heiliger und Kirchenvater 313, 342–43, 444 *Der Gottesstaat* 342 *Bekenntnisse (Confessiones)* 444

Augustus (Gaius Octavianus) *-63 †14 Erster römischer Kaiser 132, 283–84, 307, 311–12

Austen, Jane *1775 †1817 185, 542–547,

560, 563–65 *Verstand und Gefühl* 542 *Stolz und Vorurteil* 542 *Mansfield Park* 543 *Emma* 542 *Überredung (Anne Elliot)* 542

Averroes (Abu I-Walid Muhammed Ibn Ruschd) *1126 †1198 336 *Kommentar des Aristoteles* 336

Avicenna (Abu Ali al-Husayn Ibn Abdullah Ibn Sina) *980 †1037 Persisch-arabischer Arzt und Philosoph aus Buchara im heutigen Usbekistan, Kommentator von Platon und Aristoteles 337

Ayala, Ramón Pérez de *1881 †1962 736 *Belarmino und Apolonio* 736

Babel, Isaak Emanuilowitsch *1894 †1941 591 *Die Reiterarmee* 591

Bacchelli, Riccardo *1891 †1985 579 *Der Teufel auf dem Pontelungo – Ein Roman um Bakunin* 579

Bach, Johann Sebastian *1685 †1750 Komponist 15–16, 468

Bach, Wilhelm Friedemann *1710 †1784 Komponist und Sohn eines Genies 15–16

Bachmann, Ingeborg *1926 †1973 526–28, 712 *Todesarten (Der Fall Franza Malina Requiem für Fanny Goldmann)* 526–28

Baggesen, Jens Emanuel *1764 †1826 370 *Das Labyrinth* 370

Bakunin, Michail Alexandrowitsch *1814 †1876 Revoluzzer 579, 582

Balakirew, Milij Alexejewtisch *1837 †1910 Komponist 570

Ball, Hugo *1886 †1927 Erfinder von Dada 629

Balsamo, Joseph alias Cagliostro *1743 †1795 Hochstapler 118

Balthus (Balthazar Klossowski) *1908 †2001 Hocherotiker der Malerei 261

Balzac, Honoré de *1799 †1850 20, 85–86, 94, 98, 116, 133–34, 138, 219, 221, 223–32, 234, 235, 236, 242, 248, 253, 266, 367, 545, 555, 729, 733 *Die menschliche Komödie* 133 (Vorrede 230 *Memoiren zweier Jungvermählter* 236, 545 *Gobseck* 226 *Die Frau von dreißig Jahren* 230 *Vater Goriot* 226 *Oberst Chabert* 134 *Verlorene Illusionen* 216 *Das Bankhaus Nucingen* 733 *Glanz und Elend der Kurtisanen* 226 *Eine Episode aus der Zeit der Schreckensherrschaft* 229 *Eine dunkle Affäre* 85 *Z. Marcas* 226 *Die Königstreuen* 85 *Der Landarzt* 134 *Das unbekannte Meisterwerk* 253 *Physiologie*

der Ehe 266) Tolldreiste Geschichten 230 Briefe an die Fremde 231
Bandello, Matteo *1485 †1561 *442 Novellen 442*
Bang, Herman *1857 †1912 *493, 497–98 Das weiße Haus 498 Das graue Haus 498 Stuck 498*
Barbier, Jules *1825 †1901 *451 »Hoffmanns Erzählungen« 451, 453, 462*
Barlach, Ernst *1870 †1938 *397 Der tote Tage 397*
Barnes, Djuna *1892 †1982 *532 Ryder 532*
Barolsky, Paul *1941 *250 Warum lächelt Mona Lisa? 250 Giottos Vater 250*
Barrett-Browning, Elizabeth *1806 †1861 *Englische Dichterin 530*
Barry, Marie-Jeanne Bécu Comtesse du *1743 †1793 *Mätresse Ludwigs XV., guillotiniert 115*
Barth, John *1930 *190 Der Tabakhändler 190*
Bartók, Béla *1881 †1945 *Komponist und Volksmusiksammler 570*
Basile, Giambattista *1566 †1632 *146, 351, 442 Pentameron (Der gestiefelte Kater Der Froschkönig Aschenbrödel) 442*
Bassani, Giorgio *1916 †2000 *146–47 Die Gärten der Finzi-Contini 146 Die Brille mit dem Goldrand 146*
Baudelaire, Charles-Pierre *1821 †1867 *254–55, 258 Die Blumen des Bösen 254 Die künstlichen Paradiese 254 Der Spleen von Paris 255*
Baudissin, Wolf Heinrich Graf von *1789 †1878 *Shakespeare-Übersetzer 389*
Bauschan †1920 *Hund Thomas Manns 698*
Beatrice (Bice Portinari) †1290 *Dantes unsterbliche Geliebte 438, 441*
Beauharnais, Joséphine de *1763 †1814 *Napoleons erste Frau 263*
Beaumarchais, Pierre Augustin Caron de *1732 †1799 *374, 376, 417 Der Barbier von Sevilla 374 Die Hochzeit des Figaro 374 Ein zweiter Tartuffe oder Die Schuld der Mutter 374*
Bechstein, Ludwig *1801 †1860 *445 Das Deutsche Märchenbuch 445*
Becker, Boris Franz *1967 *Tennischampion 24*
Becker, Jurek *1937 †1997 *194 Jakob der Lügner 194*
Beckerath, Erich von *1891 †1981 *338 Geheimsprache der Bilder 338*

Becket, Thomas *1118 †1170 *Bischof und Heiliger 50, 443, 643*
Beckett, Samuel Barclay *1906 †1989 *272, 368, 401, 715 Murphy 715 Warten auf Godot 368, 401*
Beckford, William Thomas *1760 †1844 *446 Vathek 446*
Beckmann, Max *1884 †1950 *Meistermaler 679 Briefe 679 Tagebücher 679*
Bedford, Sybille (Aleid Elsa von Schoenebeck) *1911 †2006 *561 Ein Liebling der Götter 561 Das Vermächtnis 561 Besuch bei Don Ottavio 561*
Beer, Johannes *1655 †1700 *181 Die teutschen Winter-Nächte 181 Die Kurtzweiligen Sommer-Täge 181*
Beethoven, Ludwig van *1770 †1827 *135, 365, 581, 586, 705 »Kreutzersonate« 586 »Eroica« 135*
Beheim-Schwarzbach, Martin *1900 †1985 *301 Die Sagen der Griechen 301*
Beineix, Jean-Jacques *1946 *Filmregisseur »Diva« 481*
Belisar(ius), Flavius *505 †565 *Oströmischer Feldherr 313*
Bellerophon *Großvater des Glaukos aus Lykien, Mythenheld 339*
Bellini, Vincenzo *1801 †1835 *Komponist »Norma« 149*
Bellman, Carl Michael *1740 †1795 *Schwedischer Nationaldichter 478–79*
Belsazar †-539 *König von Babylon 166–67*
Belyi, Andrej (Boris Nikolajewitsch Bugajew) *1880 †1934 *596 Petersburg 596*
Benjamin, Walter Bendix Schönflies *1892 †1940 *684 Das Kunstwerk im Zeitalter seiner technischen Reproduzierbarkeit 684*
Benn, Gottfried *1886 †1956 *207, 555, 679, 685–86 Gedichte (Morgue Schleierkraut) 685*
Bennett, Arnold *1867 †1931 *555 Lebendig begraben 555*
Berg, Alban *1885 †1935 *Komponist 475, 518 »Wozzeck« 475 »Lulu« 518*
Berkeley, George *1685 †1753 *Bischof von Cloyne, Philosoph der Sinnenwelt 15–16*
Berlichingen, Götz von *1480 †1562 *417 Lebensbericht 417*
Berliner Abendblätter 1810-11 *Kleists Zeitung 455*
Berlioz, Hector *1803 †1869 *385, 421 Komponist »Benvenuto Cellini« 421*

Bernanos, Georges *1888 †1948 *29, 674*
  Dialog der Karmeliterinnen 674
Bernardin de Saint Pierre, Jacques-Henri
  *1737 †1814 *373 Paul und Virginie 373*
Bernhard, Niclaas Thomas *1931 †1989
  *387, 423, 496, 528, 719–21 Frost 721 Die
  Macht der Gewohnheit 720 Minetti 387
  Autobiographie in fünf Teilen 721 Beton
  720 Alte Meister 721 Auslöschung 721
  Heldenplatz 721*
Bernhardt, Sarah *1844 †1923
  Französische Schauspielerin *381*
Bernini, Giovanni Lorenzo *1598
  †1680 Bildhauer und Architekt *307,
  562* »Apollo und Daphne« *307* »Die
  Verzückung der Heiligen Theresa« *562*
Bernstein, Leonard *1918 †1990 *365*
  Dirigent und Komponist »West Side
  Story« *365* »Candide« *365*
Bessarion, Basilius *1403 †1472 Kardinal
  158
Bibel Buch der Bücher, vereint zwischen
  -1000 und 130 entstandene Texte,
  Endredaktion ca. 200 *124, 275, 278–79,
  319, 342, 345, 430, 438, 440, 530, 610,
  630* Buch Genesis *48, 207, 309*
Biberti, Robert *1902 †1985 Bass der
  »Comedian Harmonists« *169*
Bichsel, Peter *1935 *737 Kindergeschichten
  (Ein Tisch ist ein Tisch) 737*
Bierce, Ambrose Gwinnett *1842 †1914 *81
  Erzählungen aus dem Bürgerkrieg 81*
Biermann, Wolf *1936 Liedermacher,
  Dichter und mehr *428 Das macht mich
  populär 428*
Bismarck, Otto von *1815 †1898
  Reichskanzler *223, 501, 687*
Bizet, Georges *1838 †1875 Komponist
  488 »Carmen« *488*
Blake, William *1757 †1827 *479 Gedichte
  (Songs of Innocence and Experience) 479*
Bleichröder, Gerson *1822 †1893 Bankier
  Bismarcks und des Reichs *501*
Blixen-Finecke, Baron Bror von *1886
  †1946 Syphilitischer Großwildjäger *516*
Blixen, Baronin Tanja *1885 †1962 Seine
  Gattin *14, 515–16 Die Sintflut von
  Norderney 14 Afrika, dunkel lockende
  Welt 515*
Bloch, Marc *1886 †1944 *158 Die
  wundertätigen Könige 158 Die seltsame
  Niederlage – Frankreich 1940 158*
Blok, Alexander Alexandrowitsch *1880
  †1921 *595 Gedichte 595*

Blomberg, Barbara *1527 †1597 Mutter
  des Don Juan de Austria *217*
Blumauer, Aloys *1755 †1798 *206 Die
  Aeneis travestiert 206*
Boccaccio, Giovanni *1313 †1375
  *230, 351, 441–42, 444 Dekameron
  (Falkennovelle) 441–42 Leben Dantes 441*
Bode, Wilhelm von *1845 †1929
  Museumsdirektor *163 Mein Leben 163*
Böll, Heinrich *1917 †1985 *193, 195, 208,
  711 Ansichten eines Clowns 193 Nicht nur
  zur Weihnachtszeit 208 Doktor Murkes
  gesammeltes Schweigen 208*
Börne, Carl Ludwig (Juda Löb Baruch)
  *1786 †1837 *471–72, 476 Briefe aus
  Paris 472 Menzel der Franzosenfresser 472*
Boileau, Pierre *1906 †1989 *88, 521* und
  Narcejac, Thomas *1908 †1998 *88, 521
  Aus dem Reich der Toten 88 Mord bei
  fünfundvierzig Touren 88*
Bolingbroke, Henry Saint-John Lord
  *1678 †1751 Britischer Politiker *399*
Bonaparte Prinzessin von Griechenland
  und Dänemark, Marie *1882 †1962 *161
  Edgar Poe 161*
Bootz, Erwin *1907 †1982 Pianist der
  »Comedian Harmonists« *169, 688*
Borchert, Wolfgang *1921 †1947 *680
  Draußen vor der Tür 680*
Borges Acevedo, Jorge Francisco Isidoro
  Luis *1899 †1986 *675, 728 Bibliothek
  von Babel 675*
Borgia, Cesare *1475 †1507 Spanischer
  Condottiere, Sohn von Papst Alexander
  VI. *145*
Boswell, James *1740 †1795 *368 Das Leben
  Samuel Johnsons 368*
Boucher, François *1703 †1770 Maler *219*
  »Die schöne O-Morphi« *219*
Bourget, Paul *1852 †1935 *643 Ein
  Frauenherz 643*
Bowen, Elizabeth *1899 †1973 *516 Die
  kleinen Mädchen 516*
Bradbury, Ray *1920 †2012 *106–07
  Fahrenheit 451 106–07*
Bräker, Ulrich *1735 †1798 *140 Der arme
  Mann im Tockenburg 140*
Brahm, Otto *1856 †1912 Kritiker und
  Regisseur, Ibsen-Fan *405*
Brahms, Johannes *1833 †1897
  Komponist *437, 478*
Bramante (Donato d'Angelo Lazzari)
  *1444 †1514 Renaissancekünstler,
  Architekt *334*

Brancusi, Constantin *1876 †1957
Bildhauer *641* »Unendliche Säule«
641
Brandes, Georg *1842 †1927 Dänischer
Literaturkritiker *496–97*
Brando, Marlon *1924 †2004 Schauspieler
134, 386, 516, 647
Braque, Georges *1882 †1963 Erfinder
des Kubismus *400*
Braun, Wernher von *1912 †1977 Vater
des Mondfluges *98*
Brecht, Bertolt *1898 †1956 *66, 381, 427,
499, 601, 689, 698–701, 706 Baal
698 Trommeln in der Nacht 698 Im
Dickicht der Städte 698 Leben Eduards
des Zweiten von England* (gemeinsam
mit Lion Feuchtwanger) *698 Mann ist
Mann 698 Dreigroschenoper 699 Aufstieg
und Fall der Stadt Mahagonny 699 Die
Lehrstücke (Der Ozeanflug Das Badener
Lehrstück vom Einverständnis Der Jasager
Der Neinsager Die Maßnahme Die
Ausnahme und die Regel Die Horatier und
die Kuriatier) 699 Die Heilige Johanna
der Schlachthöfe 699 Die Mutter 699 Die
Rundköpfe und die Spitzköpfe 699 Furcht
und Elend des Dritten Reichs 699 Die
Gewehre der Frau Carrar 699 Das Leben
des Galilei 699 Mutter Courage und ihre
Kinder 700 Das Verhör des Lukullus
700 Der gute Mensch von Sezuan 700
Herr Puntila und sein Knecht Matti 700
Der aufhaltsame Aufstieg des Arturo Ui
700 Die Gesichte der Simone Marchard*
(gemeinsam mit Lion Feuchtwanger)
*700 Schweyk im Zweiten Weltkrieg
700 Der kaukasische Kreidekreis 700
Die Tage der Commune 700 Turandot
oder Der Kongreß der Weißwäscher 700
Gedichte (Der Bauch Laughtons 427)
Geschichten vom Herrn Keuner 701 Der
Dreigroschenroman 701 Die Geschäfte des
Herrn Julius Caesar 701 Me-ti/Buch der
Wendungen 701*
Bredius, Abraham *1855 †1946
Rembrandtsammler, schuf den ersten
Werkkatalog *164*
Brentano de la Roche, Clemens Wenzeslaus
*1778 †1842 *22, 413, 449, 460–61
Godwi oder Das steinerne Bild der
Mutter 460 Des Knaben Wunderhorn*
(gemeinsam mit Achim von Arnim) *461
Gockel, Hinkel, Gackeleia 449*
Breschnew, Leonid Iljitsch *1907 †1982
Generalsekretär des Zentralkomitees
der Kommunistischen Partei der
Sowjetunion *580*
Brillat-Savarin, Jean Anthèlme *1755
†1826 *266 Die Physiologie des
Geschmacks 266*
Brion, Friedrike *1752 †1813 Goethes
Flamme aus dem Elsass *416*
Britten, Edward Benjamin *1913 †1976
Komponist *55, 437, 516, 534, 635* »Billy
Budd« *55* »The Turn of the Screw« *534*
»Owen Wingrave« *635*
Brockhaus Konversationslexikon erscheint
seit 1812; gibt es nochmal eine neue
Auflage? *13–14*
Broch, Hermann *1886 †1951 *284, 669
Die Schlafwandler 669 Der Tod des
Vergil 284, 669 Die Schuldlosen (V. Die
Erzählung der Magd Zerline 669)*
Brod, Max *1884 †1968 Schriftsteller und
Nachlassverwalter Kafkas *653*
Brodsky, Joseph *1940 †1996 *603
Erinnerungen an Leningrad 603*
Brontë, Charlotte *1816 †1855 *546–47
Jane Eyre 547*
Brontë, Emily *1818 †1848 *547 Sturmhöhe
547*
Bronzino (Agnolo di Cosimo di Mariano,
detto il) *1503 †1572 Maler, Schüler
Pontormos, von dem er die Kulleraugen
all seiner Porträtierten übernahm *633,
636*
Brown, Charles Brockden *1771 †1810
*85, 188 Arthur Mervyn oder Die Pest
in Philadelphia 85 Wieland oder Die
Verwandlung 85, 742*
Brown, Peter Robert Lamont *1935
*151–52, 304 Macht und Rhetorik in der
Spätantike 152 Die Keuschheit der Engel
304*
Browning, Robert *1812 †1889 Englischer
Dichter *530*
Brün(n)hilde Wotanstochter, eine der neun
Walküren *282, 292, 503, 661*
Brunelleschi, Filippo *1377 †1446 *362,
440, 613* »Alte Sakristei« *362* »Palazzo
Pitti« *613*
Bruno, Giordano *1548 †1600 Der
›Nolaner‹ *305*
Brutus, Marcus Iunius *-85 †-42 Verräter
223, 385–86, 438
Buchan Baron Tweedsmuir, John *1875
†1940 *75, 744 Die neununddreißig
Stufen 75*

Büchmann, Georg ✳1822 †1884 *429*
Geflügelte Worte 429
Büchner, Georg ✳1813 †1837 *222,
474–75, 688 Der Hessische Landbote* (mit
Friedrich Ludwig Weidig) *474 Dantons
Tod 475 Lenz 475 Über das Nervensystem
der Barben 475 Leonce und Lena 475
Woyzeck 474*
Bülow, Hans von ✳1830 †1894 Dirigent
und erster Ehemann von Cosima
Wagner *229*
Buff, Charlotte Sophie Henriette ✳1753
†1828 Später Frau Kestner *416, 696*
Bulgakow, Michail Afansjewitsch ✳1891
†1940 *372, 594, 599–600 Die weiße
Garde 599 Die rote Krone 599 Die Tage
der Turbins 599 Batum 599 Das Leben
des Herrn de Molière 372 Der Meister und
Margarita (Der schwarze Magier) 599*
Bulwer-Lytton, Edward George ✳1803
†1873 *120, 144 Die letzten Tage von
Pompeji 120 Rienzi, der letzte der
Tribunen 144*
Bunin, Iwan Alexejewitsch ✳1870 †1953
*601 Das Dorf 601 Ssuchodol 601 Novellen
(Dunkle Alleen 601)*
Buñuel, Luis ✳1900 †1983 Surrealist *675*
Burckhardt, Jacob Christoph ✳1818 †1897
*150–52, 154, 156, 252–53, 440 Die Zeit
Konstantins des Großen 151 Cicerone oder
Anleitung zum Genuß der italienischen
Kunstwerke 151 Die Kultur der
Renaissance in Italien 151 (Vorlesungen
über) Griechische Kulturgeschichte 151*
Burger, Hermann ✳1942 †1989 *485–86
Diabelli 486 Blankenburg 486 Tractatus
logico-suicidalis 486*
Burgess, Anthony (John Anthony Burgess
Wilson) ✳1917 †1993 *136 Ein-Hand-
Klatschen 136 Uhrwerk Orange 136
Napoleon-Symphonie 136*
Burkert, Walter ✳1931 †2015 Altphilologe
487 Homo necans 487
Burns, George (Nathan Birnbaum) ✳1896
†1996 Amerikanischer Komiker *113*
Burns, Robert ✳1759 †1796 *479 Lieder
(Auld Long Syne) 479*
Burton, Richard ✳1925 †1984 Schauspieler
80, 668
Burton, Tim(othy) William ✳1958
Filmregisseur *105* »Mars attacks!« *105*
»Batman« *163*
Busch, Ulrich ✳1921 Slawist in Kiel und
Übersetzer *573*

Busch, Wilhelm ✳1832 †1908 *147, 500–01,
504, 573 Plisch und Plum 500 Der
Schmetterling 504*
Buschor, Ernst ✳1886 †1961 Archäologe
346
Butler, Samuel ✳1835 †1902 *102 Erewhon
102 Der Weg allen Fleisches 102*
Butor, Michel ✳1926 *709, 716 Paris –
Passage de Milan 716 Der Zeitplan 709
Paris-Rom oder Die Modifikation 716*
Bylinen Russische Heldenlieder des
Mittelalters *127, 569*
Byron, George Gordon Noël Lord ✳1788
†1824 *78, 131, 298, 503, 573–74
Gedichte (Mazeppa Ode an Napoleon
Bonaparte) 131 Childe Harolds Pilgerfahrt
574 Der Korsar 573 Lara 573 Manfred
574 Don Juan 574*
Byron, Robert ✳1905 †1941 Entfernter
Verwandter des Lords *447 Der Weg nach
Oxiana 447*
Caesar, Gaius Julius ✳-100 †-44
Machtmensch *44, 162, 284, 302, 307,
311–12, 320, 322, 340, 385–86, 438,
643, 701*
Calderón de la Barca y Barreda Ganzalez,
Pedro ✳1600 †1681 *392–94 Dame
Kobold 394 Das Leben – ein Traum 394
Der Arzt seiner Ehre 394 Der Richter
von Zalamea 394 Das große Welttheater
394*
Caligula, Gaius Caesar Augustus
Germanicus ✳12 †41 Römischer Kaiser,
das ›Stiefelchen‹ *188*
Callas, Maria ✳1923 †1977 Die größte
Sängerin des Zwanzigsten Jahrhunderts
149, 481, 584
Camilleri, Andrea ✳1925 *91 Der Hund aus
Terrakotta 91*
Camus, Albert ✳1913 †1960 *401, 610,
714–15 Der Mythos von Sisyphos 715
Der Fremde 714 Die Pest 714 Der
Belagerungszustand 401 Der Fall 714–15
Die Besessenen 610*
Canetti, Elias ✳1905 †1994 *328, 642 Die
Blendung 642 Aufzeichnungen 1942-1948
328 Die gerettete Zunge 642 Die Fackel im
Ohr 642 Das Augenspiel 642*
Canteloube, Marie-Joseph ✳1869 †1957
Komponist *269* »Chants d'Auvergne«
269
Capote, Truman Streckfus ✳1924 †1984 *89
Frühstück bei Tiffany 89 Kaltblütig 89*
Capra, Frank ✳1897 in Bisacquino, Sizilien

†1991 Amerikanischer Filmregisseur 479 »Ist das Leben nicht schön?« 479
Cardinale, Claudia (Claude Josephine Rose) *1938 Schauspielerin 149
Carlyle, Thomas *1795 †1881 154 Über Heldenverehrung 154
Carmina Burana Handschrift lateinischer und mittelhochdeutscher Lyrik aus Benediktbeuren, um 1230 323
Carossa, Hans *1878 †1956 677 Schicksale Doktor Bürgers 677 Der Arzt Gion 677 Gedichte (Der alte Brunnen 677)
Carré, John le (David John Moore Cornwell) *1931 80 Der Spion, der aus der Kälte kam 80
Caruso, Enrico *1873 †1921 Sänger 695
Carver, Raymond *1938 †1988 652 Kurzgeschichten 652
Casanova, Giacomo Girolamo *1725 †1798 217–19, 234, 564 Edmund und Elisabeth 218 Geschichte meines Lebens 218
Cassirer, Ernst *1874 †1945 684 Philosophie der symbolischen Formen 684
Cassius Longinus, Gaius †-42 Verräter und Cäsarenmörder 438
Cassius Dio Cocceianus, Lucius Claudius *155 †235 312, 742 Universalgeschichte 312, 742
Catalani, Alfredo *1854 †1893 481 »La Wally« 481
Catilina, Lucius Sergius *-108 †-62 Adliger Verschwörer gegen die Republik 310, 315
Cato der Ältere, Marcus Porcius *-234 †-149 Moralische Instanz 315
Catull(us), Gaius Valerius *-84 †-54 319–20, 359 Gedichte (Carmina) 320
Cavour, Camillo Benso di *1810 †1861 Sardischer, dann italienischer Ministerpräsident 579
Celan (Anschel), Paul *1920 †1970 200, 712 Gedichte (Todesfuge 712)
Céline (Destouches), Louis-Ferdinand 40, 192–93 *1891 †1961 Reise ans Ende der Nacht 40, 192 Guignol's Band 193
Cellini, Benvenuto *1500 †1571 Bildhauer 421–22 »Perseus« 51, 421–22
Ceram, C.W. (Kurt Wilhelm Marek) *1915 †1972 300 Götter, Gräber und Gelehrte 300
Cervantes y Saavedra, Miguel de *1547 †1616 20–21, 29–38, 546, 740 Die Galatea 38 Don Quixote 32–38 Exemplarische Novellen (Rinconete und Cortadillo) 34 Sklave in Algier 21, 31 Zwischenspiele 21 Die Mühen und Leiden des Persiles und der Sigismunda 38
Cézanne, Paul *1839 †1906 Malergenie 241
Chamfort (Sebastien-Roch), Nicolas *1740 †1794 366, 474 Aphorismen (Krieg den Palästen, Friede den Hütten 474) 366
Chamisso, Adelbert von (Louis Charles Adélaïde de Chamisso de Boncourt) *1781 †1838 425, 461–62 Gedichte (Die alte Waschfrau 425) Peter Schlemihl 462 Reise um die Welt 462
Chandler, Raymond *1888 †1959 87, 524, 648 Der Malteser Falke 87 »Fremde im Zug« 524
Chaplin, Charlie Spencer *1889 †1977 Schauspieler und Regisseur 171, 683 »Lichter der Großstadt« 683 »Moderne Zeiten« 683 »Der große Diktator« 171
Charivari Satirische Zeitschrift, seit 1832 266
Charms, Daniil (Iwanowitsch Juwatschow) *1905 †1942 600–01 Fälle 600 Fallen 600
Chastellain, Georges *1405 †1475 Dichter und Chronist 155
Chateaubriand, François-René de *1768 †1848 264 Atala 264 René 264 Lebenserinnerungen von jenseits des Grabes 264
Châtelet, Émilie du *1706 †1749 Voltaires Partnerin im Labor, am Fernrohr und auch sonst 374
Chaucer, Geoffrey *1343 †1400 351, 443 Die Canterbury-Erzählungen 443
Cheops †-2580 Pharao 324
Chéreau, Patrice *1944 †2013 Regisseur des ›Jahrhundertrings‹ in Bayreuth 503
Chesterton, Gilbert Keith *1874 †1936 86–87 Father Brown 86 Orthodoxie 86 Ketzer 86
Childers, Robert Erskine *1870 †1922 561 Das Rätsel der Sandbank 561
Chirico, Giorgio de *1888 †1978 Meister der Metaphysischen Malerei 675
Chlebnikow, Velemir (Wiktor Wladimirowitsch) *1885 †1922 Russischer Dichter 594
Chodass(j)ewitsch, Wladislaw *1886 †1939 597 Gedichte 597
Chodowiecki, Daniel Nikolaus *1726 †1801 Illustrator 184

Chopin, Frédéric ✴1810 †1849 Zauberer auf dem Klavier *267–68*
Chopin, Kate ✴1850 †1904 *512, 556–57, 745 Das Erwachen 512, 556–57*
Chruschtschow, Nikita Sergejewitsch ✴1894 †1971 Nachfolger Stalins, ZK-Generalsekretär *602*
Churchill, Winston ✴1874 †1965 *287 Weltgeschichte 287*
Cicero, Marcus Tullius ✴-106 †-43 *302, 311, 315–16, 335, 391, 742 Reden gegen Verres 316 Über die Pflichten 335*
Cimabue (Cenni di Pepi) ✴1240 †1302 Malerfürst der Gotik *440*
Cioran, Émile Michel ✴1911 †1995 *328, 642 Syllogismen der Bitterkeit 642*
Clairmont, Claire ✴1798 †1879 Stiefschwester von Mary Shelley, Geliebte Byrons *574*
Clarín (Leopoldo Enrique García Alas Ureña) ✴1852 †1901 *729, 734–35 Die Präsidentin 729, 734–35 Sein einziger Sohn 729*
Claudel, Paul ✴1868 †1955 *400, 674 Der seidene Schuh 400*
Claudius, Matthias ✴1740 †1815 *459 Asmus oder Der Wandsbecker Bote (Abendlied 459)*
Clemenceau, Georges Benjamin ✴1848 †1929 Französischer Staatspräsident *216*
Clemens, Susy ✴1872 †1894 Tochter von Mark Twain *189 Tagebuch 189*
Cocteau, Jean ✴1889 †1963 *401 Orpheus 401 »Orphée« 401 »La belle et la bête« 401*
Cola di Rienzo ✴1313 †1354 Selbsternannter römischer Tribun mit tragischem Ende *144*
Coleridge, Samuel Taylor ✴1772 †1834 *479–80 Gedichte (The Rime of the Ancient Mariner 479 Kubla Khan 480)*
Colet, Louise ✴1810 †1876 Freundin Flauberts *236 Briefe 236*
Colette, Sidonie-Gabrielle Claudine ✴1873 †1954 *117, 271 Chéri 271 Gigi 271*
Collin, Erich Abraham ✴1899 †1961 Zweiter Tenor der »Comedian Harmonists« *170*
Collins, William Wilkie ✴1824 †1889 *26*
Collodi (Lorenzini), Carlo ✴1826 †1898 *342 Pinocchio 342*
Columbus, Christoph ✴1451 †1506 *113, 398 Logbuch 113*

Commodus Antoninus, Marcus Aurelius ✴161 †192 Römischer Kaiser und Gladiator *312*
Compton-Burnett, Ivy ✴1884 †1969 *560 Eine Familie und ein Vermögen 560*
Comte, Isidore Marie Auguste François Xavier ✴1798 †1857 Begründer der Soziologie *270*
Conrad, Joseph ✴1857 †1924 *60, 134–35, 192, 534, 631–32, 637–40, 645–46 Almeyers Wahn 637 Der Verdammte der Inseln 637 Der Nigger von der »Narcissus« 632 Lord Jim 637 Jugend 637 Die Rettung 637 Das Ende vom Lied 637 Taifun 637 Der Spiegel der See 637 Nostromo 637–38 Mit den Augen des Westens 638 Spiel des Zufalls 638 Der Geheimagent 638 Sieg 639 Die Schattenlinie 639 Der goldene Pfeil 639 Das Herz der Finsternis 646 Der Freibeuter 134 Spannung 134 Bezauberung (mit Ford Madox Ford) 640*
Constant de Rebecqe, Henri-Benjamin ✴1767 †1830 *261 Adolphe 261 Cécile 261*
Cook, James ✴1728 †1779 Entdecker *73, 113, 462 Logbuch 113*
Cooper, James Fenimore ✴1789 †1851 *26, 110–13, 124, 188, 507 Die Lederstrumpf-Erzählungen (Der Wildtöter Der letzte Mohikaner Der Pfadfinder Die Ansiedler Die Prärie) 110–13 Bilder aus der amerikanischen Vergangenheit (Satanstoe Tausendmorgen Die Roten) 112 Conanchet oder Die Beweinte von Wish-Ton-Wish 112*
Copland, Aaron ✴1900 †1990 Komponist *516 »Billy the Kid« 516*
Copperfield, David (David Seth Kotkin) ✴1956 Zaubert *182*
Coppola, Francis Ford ✴1939 Filmregisseur *647 »Apocalypse Now« 647*
Corinth, Lovis (Franz Heinrich Louis) ✴1858 †1925 Meister des einheimischen Impressionismus *675*
Corneille, Pierre ✴1606 †1684 *32, 298, 381, 394, 398 Der Lügner 394 Der Cid 32*
Coster, Charles de ✴1827 †1879 *191 Die Legende und die heldenhaften, fröhlichen und kuhmreichen Abenteuer von Ulenspiegel und Lamme Goedzak im flandrischen Land und anderswo 191*
Cotta, Johann Friedrich ✴1764 †1832 Verleger aus Stuttgart *469, 472*
Crane, Stephen ✴1871 †1900 *639 Die rote Tapferkeitsmedaille 639*

Crispin, Edmund (Robert Bruce Montgomery) *1921 †1978 *545 Der wandernde Spielzeugladen 545*
Cuj, César (Zesar Antonowitsch Kjuj) *1835 †1918 Russischer Komponist *570*
Cupido Söhnchen der Venus *359*
Cycowski, Roman *1901 †1998 Bariton der »Comedian Harmonists« *170*
Cyrano de Bergerac (Hercules Savinien de Cyrano) *1619 †1655 *102–03, 209, 400 Reise zu den Mondstaaten und Sonnenreichen 102 Herzstiche 103*
Däubler, Theodor *1876 †1934 *676 Das Nordlicht 676*
Dahn, Felix *1834 †1912 *313 Ein Kampf um Rom 313*
Dalí y Doménech, Salvador Felipe Jacinto *1904 †1989 Surrealist *401*
Damiani, Damiano *1922 †2013 Filmregisseur »Der Tag der Eule« und andere großartige (Anti)Mafia-Filme *148*
Danaë Mutter des Perseus *301, 717*
Dante Alighieri *1265 †1321 *80, 147, 224, 230, 337, 437–41, 626, 642, 675, 718 Vita nova 441 Das Gastmahl 441 De monarchia 441 Die Göttliche Komödie 437–40*
Daphne Von Apoll verfolgte Nymphe, jetzt Lorbeerbaum *307*
Dareios III. von Persien *-380 †-330 *162*
Darwin, Charles *1809 †1882 *113, 155–56, 494, 620, 650 Die Fahrt der »Beagle« 113 Die Enstehung der Arten 620*
Daudet, Alphonse *1840 †1897 *269 Tartarin von Tarascon 269 Briefe aus meiner Mühle 269*
Daumier, Honoré *1808 †1879 *33, 266 Robert-Macaire 266*
Dauthendey, Max *1867 †1918 *448 Die acht Gesichter am Biwasee 448*
David †-1000 Zweiter König von Israel *279, 356*
David, Jacques-Louis *1748 †1825 Maler *222–23 »Schwur der Horatier« 223 »Brutus vor der Leiche seines Sohnes« 223 »Der Tod des Marat« 223 »Napoleon überquert den Großen St. Bernhard« 223 »Krönung Napoleons« 223*
Débussy, Achille-Claude *1862 †1918 *256–57 »Prélude a l'après-midi d'un faun« 256 »Pélleas et Mélisande« 257*

Defoe, Daniel *1660 †1731 *65–66, 70, 182, 184 Robinson Crusoe 65 Moll Flanders 65, 182 Jonathan Wild 66 Die Pest in London 65 Geschichte der Piraterie 65*
Degas, Edgar (Hilaire Germain de Gas) *1834 †1917 Impressionist *400*
Degenhardt, Franz Josef *1931 †2011 *428 Spiel nicht mit den Schmuddelkindern 428*
Dehmel, Richard *1863 †1920 *676 Venus consolatrix 676*
Delacroix, Eugène Ferdinand Victor *1798 †1863 Maler *220 »Die Freiheit führt das Volk« 220*
Delaunay, Robert *1885 †1941 Meister des malerischen Orphismus *400*
Deledda, Grazia *1871 †1936 *146 Schilf im Wind 146*
Delon, Alain *1935 Schauspieler *522*
Demokritos von Abdera *-460 †-370 Der lachende Philosoph *301, 327–28, 412*
Demosthenes *-384 †-322 *315, 341 Philippiken 315*
Demuth, Helene *1820 †1890 Haushälterin bei Karl Marx. Von ihm wohl der kleine Frederick Demuth *156*
De Niro, Robert Mario *1943 Amerikanischer Filmschauspieler *134*
Depardieu, Gérard *1948 Schauspieler *400*
DeQuincey, Thomas *1785 †1859 *254 Bekenntnisse eines englischen Opiumessers 254*
Descartes, René *1596 †1650 Französischer Denker *465*
Dessau, Paul *1894 †1979 Komponist *700 »Das Verhör des Lukullus« 700 »Mutter Courage und ihre Kinder« 700*
Devereux Earl of Essex, Robert *1566 †1601 Liebhaber der Königin Elisabeth I. *584*
Di Jen-djiä *630 †700 Richter in China *348*
Diaghilew, Serge *1872 †1929 Impresario der »Ballets Russes« *595*
Dick, Philip Kindred *1928 †1982 *104 Träumen Androiden von elektrischen Schafen? 104 We can build you (Die Lincoln-Maschine 104)*
Dickens, Charles John Huffam *1812 †1870 *109, 163, 185, 269, 530–31, 548–51, 552 Londoner Skizzen 548 Meister Humphreys Wanduhr 548 Weihnachtserzählungen 548 Italienische Reise 163 Amerikanische Reise 163*

Pickwickier *548* Oliver Twist *548–49, 552* Nicholas Nickleby *549* Der Raritätenladen *549* Barnaby Rudge *549* Martin Chuzzlewit *549* Dombey & Sohn *549* David Copperfield *29, 182, 533, 549, 551, 646* Bleakhaus *550* Harte Zeiten *550* Klein Dorrit *550* Die Geschichte zweier Städte *550* Große Erwartungen *550* Unser gemeinsamer Freund *550* Das Geheimnis des Edwin Drood *551*
Dickinson, Emily Elizabeth ✳1830 †1886 *554–55* Gedichte *554–55*
Diderot, Denis ✳1713 †1784 *367–68, 370, 371, 372, 374, 569* Encyclopédie *372* Die indiskreten Kleinode *367* Die Nonne *367* Rameaus Neffe *367* Jacques der Fatalist und sein Herr *368*
Dietrich, Marlene (Marie Magdalene) ✳1901 †1992 Schauspielerin *680, 699*
Diogenes von Sinope ✳-399 †-323 Kyniker *332–33*
Diogenes Laërtius †220 *340* Leben der Philosophen *340*
Diogenes-Verlagschronik zum fünfzigjährigen Jubiläum 2002 *524*
Diomedes Held vor Troja *338–39*
Dion Chrysostomos ✳40 †120 *316* Euböische Idylle *316*
Dionysios I. ✳-430 †-367 Tyrann von Syrakus *309*
Dionysos Gott des Weinrauschs *249, 290–91, 301, 329, 409, 487*
Dioskuren Zeitschrift des »Jungen Deutschland« ab 1836 *471*
Disney, Walt(er Elias) ✳1901 †1966 Vater des Zeichentrick- und Naturfilms (»Die Wüste lebt«) *73, 642*
Disraëli, Benjamin ✳1804 †1881 Englischer Premierminister *552* Tancred oder Der neue Kreuzzug *552*
Dix, Otto ✳1891 †1969 Maler der Neuen Sachlichkeit *676, 684*
Djedefhor †-2550 Sohn des Cheops, ägyptischer Philosoph *324* Weisheitslehre *324*
Djian, Philippe ✳1949 *716* Betty Blue *716*
Doderer, Heimito von ✳1896 †1966 *610, 672–74* Ein Mord den jeder begeht *673* Erzählungen (Die Peinigung der Lederbeutelchen *673*) Die Strudlhofstiege *672* Die Dämonen *610, 673*
Döblin, Alfred ✳1878 †1957 *105–06, 681–84* Die drei Sprünge des Wang-Lun *683* Berge Meere und Giganten *105–06*
Berlin Alexanderplatz *682* November 1918 (Bürger und Soldaten – Verratenes Volk – Heinkehr der Fronttruppen – Karl und Rosa) *683–84* Hamlet oder Die lange Nacht nimmt ein Ende *681*
Döblin, Wolfgang ✳1915 †1940 Sohn Alfreds, der geniale Mathematiker *681*
Dörpfeld, Wilhelm ✳1853 †1940 Ausgräber von Olympia *299*
Dominik, Hans ✳1872 †1945 *105* Atlantis *105*
Domitian(us), Titus Flavius ✳51 †98 Römischer Kaiser, Tyrann *305*
Donizetti, Gaëtano ✳1797 †1848 *108, 118, 252, 424, 584* »Lucrezia Borgia« *118* »Maria Stuarda« *424* »Lucia di Lammermoor« *108* »Roberto Devereux« *584*
Donne, John ✳1572 †1631 *479* Gedichte (The Paradox *479*)
Doré, Gustave ✳1832 †1883 Maler und Illustrator *113, 173–74, 230*
Dos Passos, John ✳1896 †1970 *559, 648* Manhattan Transfer *559* Die U.S.A.-Trilogie (Der 42. Breitengrad Neunzehnhundertneunzehn Das große Geld) *648*
Dostojewskij, Fjodor Michailowitsch ✳1821 †1881 *20, 39–47, 199, 315, 535–36, 592, 606, 608–613* Arme Leute *606* Der Doppelgänger *606* Njetotschka Neswanowa *535–36* Onkelchens Traum *612* Das Gut Stepantschikowo und seine Bewohner *612* Aufzeichnungen aus einem Totenhaus *43* Erniedrigte und Beleidigte *608* Aufzeichnungen aus einem Kellerloch *608* Schuld und Sühne (Verbrechen und Strafe) *20, 592, 608–09* Der Spieler *612* Die Sanfte *613* Der Idiot *39–47, 515, 613* Die Dämonen (Böse Geister) *609–10* Tagebuch eines Schriftstellers *612* Der Jüngling (Ein grüner Junge) *611* Die Brüder Karamasow (darin: Der Großinquisitor *613*) *612–13*
Douglas, Lord Alfred ✳1870 †1945 »Bosie« *519*
Douglas, John Sholto ✳1844 †1900 Der 9. Marquess of Queensbury und Vater von »Bosie« *519*
Douglas, Kirk (Issur Danielowitsch Demsky) ✳1916 und lebt! Schauspieler *302*
Doyle, Arthur Ignatius Conan ✳1859 †1930 *86–87* Sherlock Holmes *86–87*

Dreyfus, Alfred ✳1859 †1935
Artilleriehauptmann ja, Spion nein
216, 243
Droste-Hülshoff, Annette Anna Elisabeth Franzisca Adolphina Wilhelmina Ludovica Freiin von ✳1797 †1848
477, 480 Das geistliche Jahr 477 Die Judenbuche 477
Droysen Johann Gustav ✳1808 †1884
141, 142–43 Geschichte des Hellenismus (Alexander der Große Die Diadochen Die Epigonen) 142–43
Dschingis-Khan ✳1155 †1227
Mongolenherrscher, Welteroberer *350*
Dürer, Albrecht ✳1471 †1528 Maler *420*
Dürrenmatt, Friedrich ✳1921 †1990
701–02 Der Richter und sein Henker 702 Der Verdacht 702 Die Ehe des Herrn Mississippi 701 Der Besuch der alten Dame 701 Die Physiker 701
Dumas, Alexandre ✳1802 †1870 Der Vater
114, 116, 118–19, 124, 221, 266 Die drei Musketiere 116 Zwanzig Jahre später 117 Der Marquis von Bragelonne 117 Der Graf von Monte-Cristo 117–18 Memoiren eines Arztes 118 Das große Wörterbuch der Kochkunst 266
Dumas, Alexandre ✳1824 †1895 Der Sohn
115–16 Die Kameliendame 115–16
Dumas, Thomas Alexandre ✳1762 †1806
Der Großvater, ein General *118*
Dunant, Henry ✳1828 †1910 Gründer des »Roten Kreuzes« *662*
Duncan, Isadora ✳1877 †1927 Tänzerin *598*
Duplessis, Marie ✳1824 †1847 Das Vorbild zur Kameliendame *115*
Ebner-Eschenbach, Marie von ✳1830 †1916 *492 Krambambuli 492 Das Gemeindekind 492*
Echnaton hieß eigentlich Amenophis IV. und war von Beruf Pharao *278*
Echtermeyer, Theodor ✳1805 †1844 *426 Mustersammlung deutscher Gedichte 426*
Eckermann, Johann Peter ✳1792 †1854
139, 466–67 Unterhaltungen mit Goethe in seinen letzten Lebensjahren 466
Edward VI. von England ✳1537 †1553 *122*
Egk, Werner ✳1901 †1983 *402, 580 »Peer Gynt« 580 »Der Revisor« 402*
Ehrenburg, Ilja Gregorjewitsch ✳1891 †1967 *601 Tauwetter 602 Menschen, Jahre, Leben 601*

Ehrlich, Paul ✳1854 †1915 Chemiker *234*
Eich, Günter ✳1907 †1972 *712 Die Stunde des Huflattichs 712*
Eichendorff, Joseph Karl Benedikt von ✳1788 †1857 *425, 473–74 Gedichte (Waldgespräch 425) Ahnung und Gegenwart 473 Das Marmorbild 474 Dichter und ihre Gesellen 474 Aus dem Leben eines Taugenichts 473 Das Schloß Dürande 474*
Eichmann, Adolf ✳1906 †1962 *172*
Eisenstein, Sergej Michailowitsch ✳1898 †1948 *350, 593* »Panzerkreuzer Potemkin« *593* »Alexander Newskij« *350*
Eisler, Hanns ✳1898 †1962 Komponist *641, 689*
Eissler, Kurt R. ✳1908 †1999 *161 Goethe 161*
Eleonora von Toledo ✳1522 †1562
Herzogin von Florenz als Frau von Cosimo I. *636*
Elgin, Lord Thomas Bruce ✳1766 †1841
Der Abräumer von der Akropolis *298*
Eliot, George (Mary Ann Evans) ✳1819 †1880 *547, 552 Middlemarch 547 Die Mühle am Floss 547 Daniel Deronda 552 Silas Marner oder Der Weber von Raveloe 547 Adam Bede 547*
Eliot, Thomas Stearns ✳1888 †1965 *443, 643 Das wüste Land 643 Mord im Dom 443 Old Possum's Book of Practical Cats 643 Die Cocktailparty 643*
Elisabeth I. von England ✳1533 †1603 *122, 382, 389, 423, 529, 584, 666*
Elisabeth II. von England ✳1926 und regiert! *162*
Ellery Queen's Mystery Magazine seit 1941. Ellery Queen ist das Pseudonym der Cousins Frederik Dannay ✳1905 †1982 und Manfred B. Lee ✳1905 †1971 *525*
Ellin, Stanley ✳1916 †1986 *26 Die Spezialität des Hauses 26*
Ellroy, James ✳1948 *91 Schwarze Dahlie 91 Die Rothaarige 91*
Elytis, Odysseas ✳1911 †1996 *196 To axion esti – Gepriesen sei 196*
Emmerick, Anna Katharina ✳1774 †1824
Stigmatisierte Ordensschwester *460*
Empedokles von Akragas ✳-494 †-434 Fiel beim Denken in den Ätna *326–27, 432*
Engels, Friedrich ✳1820 †1895
Unternehmer und Sozialrevolutionär *604*
Epikuros von Samos ✳-342 †-270 Geistiger Schulgründer *301, 335, 342*

Epimetheus Bruder des Prometheus, Gatte der Pandora *414*
Erasmus von Rotterdam ✶1465 †1536 *101 Adagia 101 Lob der Torheit 101*
Erb, Karl ✶1877 †1958 Sänger aus Ravensburg, berühmter »Evangelist« der Matthäuspassion *187*
Erckmann, Émile ✶1822 †1899 und Chatrian, Alexandre ✶1826 †1890 *137 Der Rekrut 137*
Erhard, Ludwig Wilhelm ✶1897 †1977 Zweiter Bundeskanzler und Autor (*Wohlstand für Alle*) *711*
Erinnyen Rachegöttinnen, versöhnt als Eumeniden *293*
Erkel, Ferenc ✶1810 †1893 Komponist *724* »Bánk bán« *724*
Ernst, Max ✶1891 †1976 Surrealistischer Maler *400*
Eucken, Rudolf Christoph ✶1846 †1926 Philosoph und Literaturnobelpreisträger *486*
Euklid von Alexandria ✶-365 †-300 *334, 337 Elemente 334*
Euripides ✶-485 †-406 *285, 329, 346, 381 Hippolytos (Phädra) 382 Die Troerinnen 285 Die Bakchen 329*
Eurydike Gemahlin des Orpheus *307, 329*
Eyck, Hubert van ✶1370 †1426 Maler, den es vielleicht gar nicht gegeben hat und der auf keinen Fall Bruder von Jan gewesen ist; trotzdem Gegenstand von Wissenschaft und Verehrung *715*
Eyck, Jan van ✶1390 †1441 Der größte Maler der nordischen Spätgotik; der »Genter Altar« ist sein Hauptwerk, in dessen Zentrum das Agnus dei steht *715*
Faisal I. ✶1883 †1933 Emir von Mekka, König von Syrien, dann des Irak *74*
Fallada, Hans (Rudolf Wilhelm Friedrich Ditzen) ✶1893 †1947 *688–89 Kleiner Mann – was nun? 688 Wer einmal aus dem Blechnapf frißt 689 Der Trinker 689*
Fassbinder, Reiner Werner ✶1945 †1982 Dramatiker und Filmregisseur *683* »Berlin Alexanderplatz« *683*
Faulkner, William Cuthbert ✶1897 †1962 *651, 655, 726, 744 The Sound and the Fury 651 Licht im August 726 Wendemarke 651 Absalom, Absalom! 651 The Hamlet (Das Dorf, 1. Teil der Snopes-Trilogie) 651 Griff in den Staub 651*
Fauré, Gabriel ✶1845 †1924 Komponist *437*

Febvre, Lucien ✶1878 †1956 *158 Der Rhein 158*
Fechner, Eberhard ✶1926 †1992 Filmregisseur *169–70* »Tadellöser & Wolf« *169* »Comedian Harmonists« *169* »Der Prozeß« *170 Comedian Harmonists 170*
Federico da Montefeltro ✶1422 †1482 Herzog von Urbino, Kunstmäzen *157–58*
Fedin, Konstantin Alexandrowitsch ✶1892 †1977 *598 Die Brüder 598*
Feininger, Lyonel Charles Adrian ✶1871 †1956 Maler und Karikaturist *475*
Fellini, Federico ✶1920 †1993 Filmregisseur *318* »Satyricon« *318*
Ferry, Gabriel (Louis de Bellemare) ✶1809 †1852 *112–13 Der Waldläufer 112–13*
Feuchtwanger, Lion ✶1884 †1958 *499–500, 698, 700 Jud Süß 500 Josephus-Trilogie (Der jüdische Krieg – Die Söhne – Der Tag wird kommen) 499 Die Wartesaal-Trilogie (Erfolg – Die Geschwister Oppermann – Exil) 500 Goya oder Der arge Weg der Erkenntnis 500 Leben Eduards des Zweiten 698* und *Die Gesichte der Simone Machard* (zusammen mit Bert Brecht) *700*
Feuchtwanger, Marta ✶1891 †1987 Ehefrau von Lion, bedeutende Zeitzeugin *500*
Feuerbach, Paul Johann Anselm ✶1775 †1833 Kriminologe und Beschützer Kaspar Hausers *667*
Feydeau, Ernest ✶1821 †1873 *269 Fanny 269*
Feydeau, Georges ✶1862 †1920 Verfasser von Bühnenerfolgen *269*
Feyerabend, Paul Karl ✶1924 †1994 *714 Wider den Methodenzwang 714 Erkenntnis für freie Menschen 714 Zeitverschwendung (Autobiographie) 714 Die Torheit der Philosophen 714*
Fichte, Johann Gottlieb ✶1762 †1814 Idealistischer Philosoph *465*
Fielding, Henry ✶1707 †1754 *66,182–84, 552, 741 Die Geschichte der Abenteuer des Joseph Andrews 183 Tom Jones, die Geschichte eines Findlings 182–83 Lebensgeschichte des Mr Jonathan Wild, des Großen 66 Amelia 183 Tagebuch einer Reise nach Lissabon 183*
Finch-Hatton, Denys George ✶1887 †1931 Geliebter der Baronin Blixen *516*
Firdusi (Abu l-Qasem el Ferdousi) ✶940 †1020 Persischer Dichter *447*

Fischart gen. Mentzer, Johann Baptist
*1546 †1591 *Affentheurlich
Naupengeheurliche Geschichtklitterung
(freie Übersetzung des »Gargantua«)* 174
Fitzgerald, Francis Scott *1896 †1940 558,
648 *Die Schönen und Verdammten* 648
Der große Gatsby 558 *Der letzte Tycoon*
648
Flagstad, Kirsten Malfrid *1895 †1962
Sängerin 702
Flake, Otto *1880 †1963 449, 582, 687–88
*Hortense oder Die Rückkehr nach Baden-
Baden* 582 *Fortunat* 687 *Die Monthiver-
Mädchen* 688 *Der Türkenlouis* 688 *Große
Damen des Barock* 688 *Der Mann im
Mond* 449 *Der Erkennende* 688 *Es wird
Abend* 687
Flaubert, Gustave *1821 †1880 119,
185–86, 191, 235–37, 269, 585 *Madame
Bovary* 235–36 *Die Erziehung der Gefühle*
236 *Drei Geschichten (Ein einfaches Herz
237) Bouvard und Pécuchet* 185–86
Salammbô 119
Flavius Josephus *37 †100 303, 500
Der jüdische Krieg (De bello iudaico)
303
Fleckhaus, Willy (Wilhelm August) *1925
†1983 Graphiker und Buchgestalter
17, 742
Flink, Govaert *1615 †1660 Schüler
Rembrandts, Maler 165
Fò, Dario *1926 272, 398 *Offene
Zweierbeziehung* 398
Förster-Nietzsche, Elisabeth *1846 †1935
Nietzsches schlimme Schwester 488
Fontane, Emilie *1820 †1902 Gattin von
Theodor 121, 506
Fontane, Martha (Mete) *1860 †1917
Tochter und Vertraute von Theodor
506, 537
Fontane, Theodor *1819 †1898 14,
79, 121, 136–37, 405, 408, 419,
425–26, 505–09, 537, 674, 729,
741 *Wanderungen durch die Mark
Brandenburg* 506 *Der Krieg gegen
Frankreich* 506 *Theaterkritiken* 405
Briefe 137 *Balladen (Herr von Ribbeck
auf Ribbeck* 426 *Die Brück' am Tay* 426
Barbara Allen 426 *Archibald Douglas*
425) *Vor dem Sturm* 136–37 *Grete
Minde* 506 *L'adultera* 506 *Ellerklipp*
507 *Stine* 507 *Schach von Wuthenow*
507 *Cécile* 507 *Graf Petöfy* 507 *Unterm
Birnbaum* 507 *Quitt* 79 *Irrungen,
Wirrungen* 507 *Effi Briest* 14, 507, 537
Unwiederbringlich 507–08 *Mathilde
Möring* 508 *Frau Jenny Treibel* 508
Die Poggenpuhls 508 *Der Stechlin* 508–09
Fontane, Friedrich *1864 †1941 Sohn und
Verleger von Theodor 506
Ford, Ford Madox (Ford Hermann
Hueffer) *1873 †1939 640 *Die
allertraurigste Geschichte* 640 *Das
Ende der Paraden (Tetralogie)* 640
Bezauberung (mit Joseph Conrad) 640
Forster, Edward Morgan *1879 †1970 559
Zimmer mit Aussicht 559 *Wiedersehen
in Howards End* 559 *Reise nach Indien*
559 *Maurice* 559
Forster, Johann Georg Adam *1754 †1794
462, 746 *Reisen zum Niederrhein* 462
Reise um die Welt 462
Fouché Herzog von Otranto, Joseph *1763
†1820 *Unentbehrlicher Gehilfe aller
Mächtigen* 85, 138
Fouqué, Friedrich Heinrich Karl de la
Motte *1777 †1843 461, 741 *Undine* 461
Der Zauberring 461
Fouquier-Tinville, Antoine Quentine
*1746 †1795 Staatsanwalt der
Revolution 22
France, Anatole (François Anatole
Thibault) *1844 †1924 273 *Thaïs* 273
Die rote Lilie 273
Frank, Bruno *1887 †1945 30 *Cervantes* 30
Franz I. von Frankreich *1494 †1547 142
Franz Joseph I. Kaiser von Österreich
*1830 †1916 203, 662, 667
Freeling, Nicholas *1927 †2003 90 *Van
der Falk* 90
Freiligrath, Ferdinand *1810 †1876
475–76 *Ça ira!* 475–76
Frenzel, Elisabeth *1915 †2014 130 *Stoffe
der Weltliteratur* 130
Freud, Sigmund *1856 †1939 277–78,
620, 660, 671, 681 *Traumdeutung* 620
*Der Mann Moses und die monotheistische
Religion* 277–78
Freumbichler, Johannes *1881 †1949
Großvater von Thomas Bernhard 719
Philomena Ellenhub 719
Freytag, Gustav *1816 †1895 490 *Die
Journalisten* 490 *Bilder aus der
deutschen Vergangenheit* 490 *Soll und
Haben* 490 *Die verlorene Handschrift*
490
Fried, Erich *1921 †1988 Lyriker und
Übersetzer 386, 389

Friedell, Egon *1878 †1938 87, 153–55, 562, 696–97 *Kulturgeschichte der Neuzeit* 153–54 *Die Rückkehr der Zeitmaschine* 154 *Kulturgeschichte Griechenlands* 154 *Kulturgeschichte des alten Orients* 154 *Goethe – eine Groteske (gemeinsam mit Alfred Polgar)* 696–97
Friedrich II. von Preußen, der Große *1712 †1786 140, 374, 379
Friedrich II. der Staufer *1194 †1250 Deutscher Kaiser 380
Friedrich, Caspar David *1774 †1840 423, 475 Maler »Der Mönch am Meer« 475 »Das Eismeer« 475 »Wanderer über dem Nebelmeer« 475
Friedrich, Jörg *1944 82 *Der Brand* 82
Frisch, Max *1911 †1991 29, 394, 619, 627, 701 *Don Juan oder die Liebe zur Geometrie* 394 *Stiller* 29, 619 *Homo Faber* 619 *Biedermann und die Brandstifter* 701 *Mein Name sei Gantenbein* 619 *Andorra* 701 *Montauk* 627
Fritz, Marianne *1948 †2007 736 *Dessen Sprache du nicht verstehst* 736
Fröbe, Gert *1913 †1988 Schauspieler 209, 524
Froissart, Jean *1337 †1405 155 *Chronik* 155
Fromentin, Eugène *1820 †1876 163, 268 *Dominique* 268 *Die Alten Meister (Rembrandt)* 163, 268
Frommermann, Harry *1906 †1975 Gründer der »Comedian Harmonists« und deren Buffo 170
Fürnberg, Louis *1909 †1957 220 *Mozart-Novelle* 220
Füssli, Johann Heinrich (in England: Henry Fuseli) *1741 †1825 Maler der Alpträume 675
Fuhrmann, Manfred *1925 †2005 Altphilologe 315, 742
Furtwängler, Wilhelm *1886 †1954 Dirigent 702
Gabin, Jean *1904 †1976 Schauspieler 90, 258
Gabriel Erzengel, der mit rauschenden Flügeln zur Verkündigung bei der Jungfrau Maria erscheint 116
Gaddis, William Thomas *1922 †1998 652–53 *Die Fälschung der Welt* 652–53
Galathea Werk, dann Frau des Bildhauers Pygmalion 249
Galdós, Benito Pérez *1843 †1920 618, 729, 745 *Amigo Manso* 617–18 *Fortunata und Jacinta* 729
Galilei, Galileo *1564 †1624 Physiker und Inquisitionsgeschädigter, Entdecker der Jupitermonde (mediceische Gestirne) 374, 619, 714
Galsworthy, John *1867 †1933 692–93 *Die Forsyte-Saga* 693
Ganghofer, Ludwig Albert *1855 †1920 481 *Edelweißkönig* 481
Ganz, Bruno *1941 Schauspieler und Ifflandringträger 329, 457, 522
Garbo (Gustafsson), Greta *1905 †1990 Schauspielerin 362
Garibaldi, Giuseppe *1807 †1882 Berufsrevolutionär 396, 579
Gaskell, Elizabeth Cleghorn *1810 †1862 547 *Cranford* 547 *Frauen und Töchter* 547 *Das Leben der Charlotte Brontë* 547
Gautier, Théophile *1811 †1872 Französischer Schriftsteller und Inspirator 255
Gay, John *1685 †1732 66, 699 *Die Bettleroper* 66, 699
Gay (Fröhlich), Peter *1923 †2015 170 *Die bürgerliche Erfahrung (Erziehung der Sinne Die zarte Leidenschaft Kult der Gewalt Die Macht des Herzens Bürger und Bohème)* 170 *Freud* 278 *Meine deutsche Frage* 170–71
Gauguin, Paul *1848 †1903 Maler mit Südsee-Faible 73
Gellert, Christian Fürchtegott *1715 †1769 377 *Fabeln* 377 *Geistliche Oden* 377
Genet, Jean *1910 †1986 40, 401 *Notre-Dame des Fleurs* 40 *Die Zofen* 401
Georg II. von England *1683 †1760 183
George, Stefan Anton *1868 †1933 190, 257, 676–77 *Der siebente Ring* 676 *Das Jahr der Seele* 676
Gerhardie, William *1895 †1977 585 *Vergeblichkeit – Ein Roman über russische Themen* 585
Gerhardt, Paul *1607 †1676 459 Kirchenlieder (*O Haupt voll Blut und Wunden* 459 *Geh aus mein Herz* 459)
Gernhardt, Robert *1937 †2006 Zeichner und Dichter 501
Gerson, Horst Karl *1907 †1978 164 *Rembrandt* 164
Gerstäcker, Friedrich *1816 †1872 79 *Die Regulatoren von Arkansas* 79 *Die Flußpiraten des Mississippi* 79
Gibbon, Edward *1737 †1794 144, 345,

464 *Verfall und Untergang des Römischen Imperiums* 144, 345
Gide, André Paul Guillaume ✷1869 †1951 257, 272–73, 358, 400, 605, 646 *Der Immoralist* 273 *Die Verliese des Vatikan* 358–59 *Die Falschmünzer* 272–74 *Der Prozeß* 400
Gielgud, Sir Arthur John ✷1901 †2000 Schauspieler 389, 646
Gilgamesch ✷-2652 †-2602 Halbmythischer König von Babylon 280
Gilgameschepos Zwischen -2400 und -500 ständig erweitert und ausgeschmückt 280
Gilles (de Montmorency-Laval) de Rais ✷1404 †1440 Kindermörder 258
Ginevra, Gattin des Artus 439
Ginzburg, Carlo ✷1939 157–58 *Der Käse und die Würmer* 157 *Erkundungen über Piero* 157–58
Giotto di Bondone ✷1267 †1337 Maler, Schüler Cimabues 250–51, 440
Giulio Romano (Giulio di Pietro Gianuzzi) Maler, Schüler Raffaels ✷1499 †1546 357 »Sala dei Giganti« im »Palazzo Té« 357
Gjellerup, Karl ✷1857 †1919 Dänischer Schriftsteller 494
Glaukos Lykischer Heros, der ›Meergrüne‹ 338
Glauser, Friedrich (Frédéric Charles) ✷1896 in Wien †1938 88 *Matto regiert* 88
Glinka, Michail Iwanowitsch ✷1804 †1857 571 »*Ruslan und Ludmilla*« 571
Gluck, Christoph Willibald Ritter von ✷1714 †1787 329 »*Orfeo ed Euridice*« 329
Gmelin, Hermann ✷1900 †1958 Romanist und Übersetzer der »Göttlichen Komödie« 440
Gobineau, Joseph Arthur Comte de ✷1816 †1882 503 *Die Plejaden* 503
Godé-Darel, Valentine ✷1873 †1915 Lebensgefährtin Ferdinand Hodlers 269
Godunow, Boris Fjodorowitsch ✷1552 †1605 Russischer Regent und Zar 424, 571
Goebbels, Joseph ✷1897 †1945 499, 651
Goethe, Julius August Walter von ✷1789 †1830 Sohn des Dichters, in Rom begraben 298
Goethe, Johann Wolfgang von ✷28. August 1749 †22. März 1832 22, 72, 77, 107, 121, 132, 139, 141, 146, 160–61, 182, 187, 195, 222, 253–54, 262, 264, 298,

309, 319, 367, 368, 373, 380, 404, 406, 415–19, 428, 429–30, 432, 433, 436, 446, 449, 453, 455–56, 460, 466–69, 471, 473, 476, 506, 530, 546–47, 564, 573, 630, 653, 689, 696–97, 725, 736, 741–42 *Götz von Berlichingen* 417 *Gedichte* 468 (*Prometheus* 414 *Parabolisch* 655 *Wandrers Nachtlied* 422–23 *Römische Elegien* 161 *West-östlicher Diwan* 446 *Marienbader Elegie* 696) *Die Leiden des jungen Werther* 132, 222, 373, 415–16, 564 *Ein Fastnachtsspiel vom Pater Brey* 417 *Das Jahrmarktsfest zu Plundersweilern* 417 *Götter, Helden und Wieland* 417 *Märchen* 449 *Italienische Reise* 309 *Clavigo* 417 *Egmont* 141 *Wilhelm Meisters theatralische Sendung* 419 *Iphigenie auf Tauris* 298, 380 *Torquato Tasso* 253–54 *Urfaust* 418 *Wilhelm Meisters Lehrjahre* 418–19 *Reineke Fuchs* 453 *Xenien* 422 *Faust I* 418 *Rameaus Neffe (Übersetzung nach Diderot)* 367 *Mahomet (Übersetzung nach Voltaire)* 446 *Das Leben des Benvenuto Cellini (Übersetzung)* 421 *Novelle* 453 *Wilhelm Meisters Wanderjahre* 419 *Hermann und Dorothea* 573 *Wahlverwandtschaften* 432 *Farbenlehre* 430 *Dichtung und Wahrheit* 416 *Faust II* 72, 467–68
Gogol, Nikolaj ✷1809 †1852 93, 125–27, 579–82, 586, 601, 606 *Der Revisor* 580 *Die Spieler* 580 *Die Nase* 581 *Der Mantel* 581–82 *Taras Bulba* 125–26, 586 *Die toten Seelen* 579–80 *Der Wij* 127 *Mainacht* 127
Golding, William Gerald ✷1911 †1993 67 *Herr der Fliegen* 67
Goldoni, Carlo ✷1707 †1793 395–96 *Ein Diener zweier Herren* 395 *Viel Lärm in Chioggia* 395 *Mirandolina* 395
Goldsmith, Oliver ✷1728 †1774 369 *Der Weltbürger* 369 *Der Vikar von Wakefield* 369
Goldt, Max ✷1958 723 *Die Aschenbechergymnastik* 723
Golem Ein Klumpen Lehm, belebt vom Rabbi Löw 659
Gombrowicz, Witold Marian ✷1904 †1969 193 *Der Ferdydurke* 193
Goncourt, Edmond de ✷1822 †1896 269 *Das Mädchen Elisa* 270 *Die Brüder Zemganno* 270 *Juliette Faustin* 270 und Jules ✷1830 †1870 269 gemeinsam:

Renée Mauperin 269 *Germinie Lacerteux* 270 *Madame Gervaisais* 269 *Tagebücher* 269–70
Gontard, Susette ✶1769 †1802 Hölderlins ›Diotima‹ *431*
Gontscharow, Iwan Alexandrowitsch ✶1812 †1891 567–69 *Eine alltägliche Geschichte* 568 *Oblomow* 567–68 *Die Schlucht* 568 *Die Fregatte »Pallas«* 568
Goodwin, Donald W. ✶1931 525 *Autor & Alkohol* 525
Gordon Pascha, Charles George ✶1833 †1885 74 *Tagebücher* 74
Gorenstein, Friedrich Naumowitsch ✶1932 †2002 602 *Der Platz* 602
Gorgias ✶-480 †-380 Sophist *330*
Gorki, Maxim (Alexej Maximowitsch Peschkow) ✶1868 †1936 *129, 589–91, 593, 699 Konowalow* 589 *Die Kleinbürger* 593 *Nachtasyl* 593 *Die Sommergäste* 593 *Italienische Märchen* 590 *Meine Kindheit* 590 *Unter fremden Menschen* 590 *Meine Universitäten* 590 *Klim Samgin* 129, 589–90
Gossaert, Jan gen. Mabuse ✶1478 †1532 Maler *253*
Gosse, Edward ✶1849 †1928 554 *Vater und Sohn* 554
Gott 39, 47, 64–65, 70, 87, 101, 140, 156, 166–67, 185, 202, 213, 217, 251, 255, 276–77, 289, 297, 304, 327, 328, 339, 353, 359–60, 364, 373, 402, 430, 438, 440, 486, 487, 489, 562, 570, 604, 609, 611, 612, 619, 620, 627, 659, 663, 675, 699, 724 und passim
Gottfried von Bouillon ✶1060 †1100 Eroberer von Jerusalem und sein erster christlicher Regent 288–89, *314*
Gotthelf, Jeremias (Albert Bitzius) ✶1797 †1854 481 *Uli der Knecht* 481 *Uli der Pächter* 481 *Die scharze Spinne* 481 *Elsi die seltsame Magd* 481 *Der Besenbinder von Rychiswyl* 481
Goya y Lucientes, Francisco José de ✶1746 †1828 Hofmaler 180, 239, 251,, 500 »Karl IV. und seine Familie« 239 und Privatmaler »Die schwarzen Bilder« *251*
Gozzi, Carlo ✶1720 †1806 396 *Turandot* 396
Grabbe, Christian Dietrich ✶1801 †1836 *133, 473 Scherz, Satire, Ironie und tiefere Bedeutung* 473 *Don Juan und Faust* 473 *Napoleon oder Die hundert Tage* (Uraufführung: 1895!) *133*

Gracián y Morales, Baltasar ✶1601 †1658 *181 Hand-Orakel und Kunst der Weltklugheit* 181 *Der kluge Weltmann (El discreto)* 181 *Das Kritikon* 181
Graffiti Antike Wandkritzeleien, wie man sie speziell im untergegangenen Pompeji gefunden hat *321*
Grandville (Jean Ignace Isidore Gérard) ✶1803 †1847 Illustrator *366*
Granger, Stewart (James Lablanche Stewart) ✶1913 †1993 Schauspieler *616*
Grant, Cary (Alexander Archibald Leach) ✶1904 †1986 Leinwandidol *166*
Grass, Günter ✶1927 †2015 *193–94, 711 Die Blechtrommel* 193
Graves, Robert ✶1895 †1985 297 *Ich, Claudius, Kaiser und Gott* 297
Greco, El (Dominikos Theotokopoulos) ✶1541 †1614 Lichtscheuer Maler *357*
Green, Henry ✶1905 †1973 560 *Schwärmerei* 560 *Lieben* 560 *Dämmerung* 560
Greenaway, Peter ✶1942 389 *»Prosperos Bücher«* 389
Greene, Graham ✶1904 †1991 *29, 75, 496, 645–47 Orient-Expreß* 647 *Die Kraft und die Herrlichkeit* 647 *Ministerium der Angst* 75 *Das Herz aller Dinge* 647 *Der dritte Mann* 646 *Der stille Amerikaner* 646 *Ein ausgebrannter Fall* 647 *Der menschliche Faktor* 647
Gregor von Tours ✶538 †594 Heiliger *406*
Gregorovius, Ferdinand ✶1821 †1891 *141, 144 Geschichte der Stadt Rom im Mittelalter* 144 *Geschichte der Stadt Athen im Mittelalter* 144
Gribojedow, Alexander Sergejewitsch ✶1795 †1829 592 *Verstand schafft Leiden* 592
Grillparzer, Franz ✶1791 †1872 *406, 483 Die Ahnfrau* 406 *König Ottokars Glück und Ende* 406 *Ein Bruderzwist in Habsburg* 406 *Weh dem, der lügt!* 406 *Der arme Spielmann* 483 *Die Jüdin von Toledo* 406
Grimm, Herman ✶1828 †1901 Sohn von Wilhelm *476*
Grimm, Jacob ✶1785 †1863 *434, 445, 461, 497, 536, 569, 570, 689* und Wilhelm ✶1786 †1859 *476 Deutsches Wörterbuch* 434 *Kinder- und Hausmärchen* 434 (*Aschenputtel* 436 *Hänsel und Gretel* 536 *Hans im Glück* 497 *Die Gänsemagd* 689)
Grimm, Friedrich Melchior Baron von

✷1723 †1807 *260 Paris zündet die Lichter an 260*
Grimmelshausen, Hans Jakob Christoffel von ✷1622 †1676 *75–76, 181–82, 700 Simplicius Simplicissimus 75–76 Springinsfeld 181*
Gropius, Walter ✷1883 †1969 Stararchitekt *661*
Grossman, Wassilij Semjonowitsch ✷1905 †1964 *129 Leben und Schicksal 129*
Grosz, George (Georg Ehrenfried Groß) ✷1893 †1959 Maler der Neuen Sachlichkeit *684*
Gründgens, Gustaf Heinrich Arnold ✷1899 †1963 Schauspieler, Regisseur, Intendant *16, 399, 721*
Gryphius, Andreas ✷1616 †1664 Barockdichter *391*
Guareschi, Giovanni(no) ✷1908 †1968 *605 Don Camillo und Peppone 605 Genosse Don Camillo 605*
Günderrode, Karoline Friederike Louise Maximiliane von ✷1780 †1806 Dichterin, ›Sappho der Romantik‹ *460*
Guillotin, Joseph-Ignace ✷1736 †1814 Menschenfreundlicher Arzt *213*
Gulik, Robert Hans van ✷1910 †1967 *348 Richter Di 348*
Gustav III. von Schweden ✷1746 †1792 Freund des Dichters Bellman. Sein Tod war Vorbild für Verdis »Maskenball« *479*
Gutenberg (Gensfleisch), Johannes ✷1400 †1468 Erfinder des Buchdrucks mit beweglichen Lettern in Europa und von daher schuld am ganzen Schlamassel *81, 354*
Gutzkow, Karl Ferdinand ✷1811 †1878 *472, 476, 745 Börne's Leben 472 Die Ritter vom Geiste 476 Der Zauberer von Rom 476*
Haas, Wolf ✷1960 *91 Komm, süßer Tod 91 Das ewige Leben 91*
Hacks, Peter ✷1928 †2003 *195 Ein Gespräch im Hause Stein über den abwesenden Herrn von Goethe 195*
Hadrian(us), Publius Aelius ✷76 †138 Römischer Kaiser *264, 283, 305*
Händel, Georg Friedrich ✷1685 †1759 Komponist *378, 395* »Messias« *378*
Hafis ✷1320 †1390 *446, 447 Ghaselen 446*
Haggard, Sir Henry Rider ✷1856 †1925 *74 König Salomos Minen 74 Sie 74*
Halévy, Jacques François Fromenthal Élie ✷1799 †1862 Komponist *399* »Die Jüdin« *399*, Onkel von

Halévy, Ludovic ✷1834 †1908 Mit Henri Meilhac Librettist für Jacques Offenbach *399* »Orphée aux Enfer« *329*, Georges Bizet »Carmen« *488* und Johann Strauß »Le réveillon – Die Fledermaus« *399*
Hammer-Purgstall, Joseph von ✷1774 †1856 Übersetzung von »Tausendundeine Nacht« *446*
Hammett, Dashiell ✷1894 †1961 *87, 647 Der dünne Mann 87 Rote Ernte 87*
Hamsun, Knut (Knud Pedersen) ✷1859 †1952 *709–10 Hunger 709 Mysterien 709 Pan 709 Die Landstreicher-Trilogie (Landstreicher August Weltumsegler Nach Jahr und Tag) 710 Segen der Erde 710 Auf überwachsenen Pfaden 710*
Handke, Peter ✷1942 *718 Die Angst des Torwarts beim Elfmeter 718–19*
Hannibal Barkas ✷-246 †-183 Karthagischer Feldherr, Kriegsgenie *119, 129, 311*
Hannibal, Abraham Petrowitsch ✷1696 †1781 Der Mohr Peters des Großen und Puschkins Urgroßvater *571*
Hanska, Comtesse Ewelina ✷1801 †1882 Balzacs Fremde und Frau *231*
Hanslick, Eduard ✷1825 †1904 Musikkritiker *411*
Hardenberg, Karl August von ✷1750 †1822 Preußischer Minister *452*
Hardy, Thomas ✷1840 †1928 *553, 555–56, 711 Die Rückkehr 556 Der Bürgermeister von Casterbridge 555 Tess von d'Urbervilles – eine reine Frau 556 Im Dunkeln (Jude the Obscure) 555–56 Erzählungen (Zwei aus einer Stadt 556)*
Harlan, Veit ✷1899 †1964 Filmregisseur *499–500, 505* »Jud Süß« *499–500*
Harnack, Adolf von ✷1851 †1930 *304 Marcion 304*
Harrison, Rex (Sir Reginald Carey) ✷1908 †1990 Schauspieler *643*
Harte, Bret (Francis Brett) ✷1836 †1902 *114 Das Glück von Roaring Camp 114*
Hašek, Jaroslav ✷1883 †1923 *192 Die Abenteuer des braven Soldaten Schwejk 192*
Hatschepsut ✷? †-1458 Pharaonin *584*
Hauff, Wilhelm ✷1802 †1827 *121–22, 445–46, 499–500, 741 Lichtenstein 121 Der Mann im Mond 121–22 Die Karawane (Die Geschichte vom Gespensterschiff Die*

Geschichte von der abgehauenen Hand Die Geschichte vom kleinen Muck) 445 Der Scheik von Alessandria und seine Sklaven (Der Zwerg Nase) 445 Das Wirtshaus im Spessart (Das kalte Herz) 446 Jud Süß 499–500
Hauptmann, Gerhart ✳1862 †1949 36, 404–05, 506 Vor Sonnenaufgang 404 Die Weber 404 Schluck und Jau 36 Die Ratten 404 Fuhrmann Henschel 404
Hauser, Kaspar ✳1812 †1833 Findelkind 667
Haushofer, Marlen ✳1920 †1970 69 Die Wand 69 Bartls Abenteuer 69
Haussmann, Georges-Eugène Baron ✳1809 †1891 Stadtpräfekt von Paris 216
Hawthorne, Nathaniel ✳1804 †1864 55, 124–25, 188 Rappacinis Tochter 125 Der scharlachrote Buchstabe 124 Das Haus mit den sieben Giebeln 125 Die Blithedale-Maskerade 125 Der Marmor-Faun 125
Haydn, Joseph ✳1732 †1809 329, 378 »Orfeo ed Euridice« 329 »Die Schöpfung« 378
Hebbel, Christian Friedrich ✳1813 †1863 401–02, 406 Der Rubin 406 Maria Magdalene 401 Gyges und sein Ring 406 Tagebücher 401
Hebel, Johann Peter ✳1760 †1826 458, 742 Kalendergeschichten (Unverhofftes Wiedersehen 458) Schatzkästlein des Rheinischen Hausfreundes 458
Heckel, Erich ✳1883 †1970 679 Expressionist 679
Hedin, Sven Anders ✳1865 †1952 78 Transhimalaya 78
Hedren, Nathalie (Tippi) ✳1930 Schauspielerin 733
Hegel, Georg Wilhelm Friedrich ✳1770 †1831 Philosoph 132, 334, 465–66
Heidegger, Martin ✳1889 †1976 Philosoph 248, 326, 334
Heimburg, Wilhelmine ✳1850 †1912 Trivialschriftstellerin in der Nachfolge der Marlitt 121
Held, Martin ✳1908 †1992 Schauspieler 459
Heloïse ✳1095 †1164 Gefährtin des Abaelard 373
Heine, Heinrich (Harry) ✳1797 †1856 13, 34, 131, 166–67, 186, 221, 280, 425–26, 469–71, 506, 576, 577 Gedichte (Die zwei Grenadiere 131 Lorelei 426 Nachtgedanke 471 Belsatzar 166–67,

280, 425) Reisebilder (Dritter Teil: Die Bäder von Lucca 469–70) Einleitung zu Don Quixote 34 Aus den Memoiren des Herren von Schnabelewopski 186 Der Rabbi von Bacharach 470 Ludwig Börne. Eine Denkschrift 471 Deutschland – ein Wintermärchen 471 Atta Troll – ein Sommernachtstraum 471 Faust 473 Lutetia 221 Bimini 471
Heine, Mathilde ✳1815 †1883 Gattin des Dichters 470
Heinrich II. von England ✳1133 †1189 643
Heinrich IV. ✳1050 †1106 Deutscher Kaiser 385
Heinrich IV. von Frankreich ✳1553 †1610 394
Heinrich V. von England ✳1387 †1422 320
Heinrich VIII. von England ✳1491 †1547 103, 389
Heinse, Johann Jakob Wilhelm ✳1746 †1803 421 Ardinghello und die glückseligen Inseln 421
Hekabe, Gemahlin des Priamos 285
Helena Die Schönste von allen, Frau des Menelaos 280, 467
Heliodoros aus Emesa ✳300 318 Aithiopika – Die schöne Chariklea 318
Heller, Franz André ✳1947 Sänger, Schauspieler, Aktionskünstler, miserabler Gärtner 202
Hemingway, Ernest Miller ✳1899 †1961 29, 236, 516, 591, 651–53 Fiesta 652 49 Depeschen 651 Schnee am Kilimandscharo 652 Die grünen Hügel Afrikas 652 Wem die Stunde schlägt 652
Hennetmair, Karl Ignaz ✳1920 719 Ein Jahr mit Thomas Bernhard 719
Henry, O. (William Sydney Porter) ✳1862 †1910 732 Das Geschenk der Weisen 732
Hepburn, Audrey ✳1929 †1993 Schauspielerin 271, 362
Hephaistos Der göttliche Schmied 281
Hera Gattin des Zeus 338
Heraklit (Herakleitos von Ephesos) ✳-540 †-475 Der weinende Philosoph 328–29, 334, 743 Sprüche 328–29
Herder, Johann Gottfried von ✳1744 †1803 415, 422, 434, 496 Ideen 422
Herrmann-Neiße, Max ✳1886 †1941 Dichter der Neuen Sachlichkeit 684
Herodes Antipas ✳-20 †40 Tetrarch von Galiläa 518

Herodot(os) von Halikarnassos ✱-484 †-424 *86, 169, 249, 272, 308, 406 Neun Bücher Geschichte 249, 308*
Herwegh, Georg Friedrich Rudolph Theodor ✱1817 †1875 Dichter des Vormärz *475, 746*
Herwegh, Emma ✱1817 †1904 Revolutionärin und Gattin des Dichters *475*
Herzen, Alexander Iwanowitsch ✱1812 †1870 *578 Erlebtes und Gedachtes 578*
Herzmanovsky-Orlando, Fritz von ✱1877 †1954 *202–03 Der Gaulschreck im Rosennetz 202 Rout am Fliegenden Holländer 202–03 Das Maskenspiel der Genien 203*
Hesiod †-730 *Theogonie 319 Werke und Tage 319*
Hesse, Hermann Karl ✱1877 †1962 *423, 453, 664, 694, 702–05 Gedichte 702 Peter Camenzind 702 Unterm Rad 664 Gertrud 703 Roßhalde 694 Knulp 703 Demian 703 Siddharta 703 Der Steppenwolf 704 Narziß und Goldmund 703 Das Glasperlenspiel 705*
Hetzer, Theodor ✱1890 †1946 *164 Rembrandt 164*
Heun, Carl Gottlieb Samuel alias Heinrich Clauren ✱1771 †1854 Trivialschriftsteller *121*
Heym, Georg Theodor Franz Arthur ✱1887 †1912 *672 Winter 672*
Heyse, Paul Johann Ludwig ✱1830 †1914 *441, 505 Spanisches Liederbuch 505 L'Arrabiata 505 Italienisches Liederbuch 505 Kolberg 505 Das Mädchen von Treppi 505*
Highsmith, Mary Patricia ✱1921 †1995 *90, 272, 521–524 Zwei Fremde im Zug 521 Der Stümper 524 Der talentierte Mr Ripley 522 Der süße Wahn 524 Der Schrei der Eule 272 Venedig kann sehr kalt sein 522 Ripley's Game 522 Der Schnecken-Beobachter (Der leere Nistkasten 523) Ediths Tagebuch 523*
Hildesheimer, Wolfgang ✱1916 †1991 *208 Lieblose Legenden (Eine größere Anschaffung 208) Mitteilungen an Max 208*
Hillern, Wilhelmine von ✱1836 †1916 *481 Die Geierwally 481*
Hindemith, Paul ✱1895 †1963 Komponist *451* »Cardillac« *451*
Hippias von Elis †-400 Sophist *330*

Hippolytos Sohn des Theseus *382*
Hitchcock, Alfred ✱1899 †1980 Filmregisseur *75, 87, 88, 92, 166, 167, 478, 521, 638, 646, 730, 733 Mr Hitchcock, wie haben Sie das gemacht? (Interview von François Tuffaut) 92–93* »Die neununddreißig Stufen« *75* »Der Geheimagent« *646* »Sabotage« *638* »Rebecca« *521* »Fremde im Zug« *521* »Das Fenster zum Hof« *87, 521* »Der falsche Mann« *730* »Vertigo« *88, 521* »Psycho« *478* »Der unsichtbare Dritte« *166* »Die Vögel« *521* »Marnie« *730, 733*
Hitler ✱1889 †1945 *129, 138, 204, 217, 403, 411, 500, 520, 561, 700*
Hobbes, Thomas ✱1588 †1679 *369 Der Leviathan 369*
Hochhuth, Rolf ✱1931 Verlagslektor bei S. Fischer und Skandalnudel der Literatur *688*
Hochwälder, Fritz ✱1911 †1986 *222 Der öffentliche Ankläger 222*
Hodler, Ferdinand ✱1853 †1918 Schweizer Maler *269* »Die sterbende Valentine« (über hundert Blätter) *269*
Hoddis, Jakob van (Hans Davidsohn) ✱1887 †1942 *678 Weltende 678*
Hölderlin, Johann Christian Friedrich ✱1770 †1843 *327, 431–32 Gedichte (Das menschliche Leben 431–32) Hyperion 431–32 Der Tod des Empedokles 327, 432*
Hoffman, Dustin Lee ✱1937 Amerikanischer Schauspieler *69, 82*
Hoffmann, Ernst Theodor Amadeus (Wilhelm) ✱1776 †1822 *22, 268, 449–52, 461, 462, 536, 581, 598, 606, 742 Fantasiestücke in Callots Manier 451 Die Elixiere des Teufels 450 Nachtstücke 451 Die Serapionsbrüder (Rat Krespel 451 Nußknacker und Mäusekönig 451 Das Fräulein von Scuderi 451 Die Bergwerke zu Falun 451) Lebensansichten des Kater Murr 450 Der Meister Floh 451–52* auch Komponist »Undine« *461*
Hofmannsthal, Hugo Laurenz August Hofmann Edler von ✱1874 †1929 *220, 408–09, 435 Der Rosenkavalier 408 Jedermann 408 Cristinas Heimreise 220 Ariadne auf Naxos 409 Der Schwierige 408 Der Unbestechliche 408 Arabella 435 Ein Brief 409*
Hogarth, William ✱1697 †1764 Maler und Illustrator *184*

Hokusai, Katsushika *1760 †1849 Japanischer Künstler *363*
Holbein der Jüngere, Hans *1497 †1543 Unbestechlicher Porträtist *101* »Erasmus von Rotterdam« *101* »Thomas More« *101*
Holberg, Ludwig Baron *1684 †1754 *102, 369–70 Nils Klims unterirdische Reise 102 Der politische Kannengießer 370 Jeppe vom Berge 370 Maskerade 370*
Holofernes Kopfloser General Nebukadnezars II. *294*
Holz, Arno *1863 †1929 *206 Papa Hamlet (gemeinsam mit Johannes Schlaf) 206 Phantasus 206 Die Blechschmiede 206 Daphnis 206*
Homer †-750 *64, 190, 196, 281, 282, 283, 286, 287, 300, 302, 319, 322, 338–39, 345, 444, 453, 457, 495, 573, 626, 628, 650, 675 Ilias 280–81, 444 Odyssee 285–86, 444, 650* Pseudo-Homer *Batrachomyomachia 196*
Hoppe, Marianne *1909 †2002 Schauspielerin *721*
Hopper, Dennis *1936 †2010 Amerikanischer Schauspieler und Regisseur *522*
Hora(z)tius Flaccus, Quintus *-65 †-8 *320–21, 412 Satiren 321 Oden und Epoden 321 Briefe (Epistulae) 321 Dichtkunst (Ars poetica, drittes Buch der Epistulae) 321*
Horst, Karl August *1913 †1973 Übersetzer *174* »Gargantua und Pantagruel« *174*
Horváth, Ödön (Edmund Joseph) von *1901 †1938 *663–64 Sladek der schwarze Reichswehrmann 663 Geschichten aus dem Wiener Wald 663 Don Juan kommt aus dem Krieg 663 Figaro läßt sich scheiden 663 Jugend ohne Gott 663*
Houellebecq, Michel *1956? *716 Elementarteilchen 716*
Hrabal, Bohumil *1914 †1997 *192 Ich habe den englischen König bedient 192*
Huch, Ricarda *1864 †1947 *674 Der Fall Deruga 674 Deutsche Geschichte (Drei Teile) 674*
Hughes, Ted *1930 †1998 Poeta laureus *390*
Hugo, Victor *1802 †1885 *118–19, 255, 269, 398 Hernani 118 Lucretia Borgia 118 Le roi s'amuse 36 Der Glöckner von Notre-Dame 119 Die Elenden 269 Die Arbeiter des Meeres 118*
Huizinga, Johan *1872 †1945 *115, 156 Herbst des Mittelalters 115*
Humboldt, Friedrich Wilhelm Heinrich Alexander von *1769 †1859 *113, 415, 462 Kosmos 462 Forschungsreise in die Tropen Amerikas 113, 462*
Hunt, Isobel Violet *1862 †1942 Schriftstellerin und Muse von Ford Madox Ford und anderen *631, 640*
Hus, J(oh)an *1370 †1415 Inquisitionsopfer *305*
Husserl, Edmund *1859 †1938 Philosoph, Begründer der Phänomenologie *248, 684*
Huston, John Marcellus *1906 †1987 Filmregisseur *52, 80, 516, 628, 639* »Der Schatz in der Sierra Madre« *80* »Die rote Tapferkeitsmedaille« *639* »Moby Dick« *52* »Spiegelbild im goldnen Auge« *516* »Die Toten« *628*
Huxley, Aldous Leonard *1894 †1963 *106, 598 Schöne neue Welt 106*
Huysmans, Joris-Karl *1848 †1907 *257–58, 492, 591 Gegen den Strich 257, 492 Tief unten 258*
Ibn Tufail (Abdubacer) *1110 †1185 *65 Der Naturmensch 65*
Ibsen, Henrik Johan *1828 †1906 *401–03, 709 Peer Gynt 402 Stützen der Gesellschaft 402 Nora oder Ein Puppenheim 402 Gespenster 402 Ein Volksfeind 402 Die Wildente 402 Rosmersholm 402 Hedda Gabler 402 Baumeister Solness 402 John Gabriel Borkmann 403*
Iffland, August Wilhelm *1759 †1814 Schauspieler und Dramatiker *522*
Ilf, Ilja Arnoldowitsch (Iechiel Leib Fainsilberg) *1897 †1937 *591* und Petrow, Jewgenij (Jewgenij Petrowitsch Katajew) *1903 †1942 *591 Zwölf Stühle 591 Das goldene Kalb 591*
Immermann, Carl Leberecht *1796 †1840 *469–70, 473 Der im Irrgarten der Metrik umhertaumelnde Kavalier 470 Die Epigonen 473 Münchhausen (Der Oberhof) 473 Memorabilien 473*
Incitatus Hengst und Senator von Caligulas Gnaden *188*
Ionesco, Eugène *1909 †1994 *401 Die Nashörner 401 Die kahle Sängerin 401*

Iphigenie Tochter des Agamemnon *285*
Irving, Washington ✴1783 †1859 *180, 188, 448 Das Skizzenbuch (Rip van Winkle 180 Legende von Sleepy Hollow 180) Die Alhambra 448*
Isaak Sohn Abrahams, Vater Ja(a)kobs *47, 275*
Ishiguro, Kazuo ✴1954 *561 Was vom Tage übrigblieb 561*
Isis Schwester des Osiris *150, 277*
Ives, Charles Edward ✴1874 †1954 Amerikanischer Komponist *437*
Ja(a)kob Vater des Joseph *276–77*
Jacobsen, Jens Peter ✴1847 †1885 *493–94 Mogens 494 Frau Marie Grubbe 494 Niels Lyhne 494 Die Pest von Bergamo 494 Gurrelieder 493*
Jacobsohn, Siegfried ✴1881 †1926 Herausgeber *203* »Weltbühne« *203*
Jahn(n), Hans Henny ✴1894 †1959 *265, 301, 302, 405, 707 Pastor Ephraim Magnus 405, 707 Die Krönung Richards III. 405 Medea 301 Perrudja 707 Fluß ohne Ufer 707–09 Thomas Chatterton 265*
Jahve Gott der Israeliten *277–78*
James, Henry ✴1843 †1916 *315, 521–22, 534, 556, 558, 560, 631, 634–36 Roderick Hudson 634 Der Amerikaner 634 Daisy Miller 634 Die Europäer 634 Die Erbin vom Washington Square 634 Porträt einer Dame 634 Die Damen aus Boston 634 Prinzessin Casamassima 635 Die Aspern-Schriften 635 Owen Wingrave 635 Maisie 635 Die Schätze von Poynton 635 Eine gewisse Frau Headway 558 Die Daumenschraube (auch: Das Geheimnis von Bly, Die Drehung der Schraube ...) 534 The Awkward Age (Das ätzende Alter) 633 Die Flügel der Taube 636 Die Gesandten 521 Die goldene Schale 636*
Janáček, Leoš ✴1854 †1928 *127, 586, 608* »Taras Bulba« *127* 1. Streichquartett »Kreutzersonate« *586* »Aufzeichnungen aus einem Totenhaus« *608*
Jandl, Ernst ✴1925 †2000 *630 szenen aus dem wirklichen leben 630*
Jannings, Emil (Theodor Friedrich Emil Janenz) ✴1884 †1950 Schauspieler *456, 680*
Jarry, Alfred ✴1873 †1907 *271–72 König Ubu 271–72*
Jason König von Korinth *300–01*

Jawlensky, Alexej Georgjewitsch von ✴1864 †1941 Expressionist *595, 679*
Jean Paul (Johann Paul Friedrich Richter) ✴1763 †1825 *198, 463–65, 472, 504 Die Unsichtbare Loge* (im Anhang: *Das vergnügte Schulmeisterlein Maria Wutz in Auenthal) 463 Quintus Fixlein 463 Siebenkäs 463 Der Jubelsenior 463 Titan* (Komischer Anhang zum Titan mit: *Des Luftschiffers Gianozzo Seebuch) 464–65 Des Feldpredigers Schmelzle Reise nach Flätz 463 Flegeljahre 463 Der Komet 463*
Jeanne d'Arc ✴1412 †1431 Nationalheldin *123*
Jelinek, Elfriede ✴1946 Österreichische Nobelpreisträgerin *496, 712, 720*
Jerofejew, Wiktor Wladimirowitsch ✴1947 *603 Die Moskauer Schönheit 603 Der gute Stalin 603*
Jerome, Jerome Klapka ✴1859 †1927 *555 Drei Männer in einem Boot 555*
Jesus von Nazareth ✴-7 †33 Religionsstifter *44, 120, 284, 304–05, 332, 438, 487, 612*
Jewtuschenko, Jewgenij Alexandrowitsch ✴1932 Dichter *602*
Johanna ✴804 †856 Päpstin *188*
Johannes der Täufer (auch: Jochanaan) †35 Prophet *518*
Johannes VIII. Palaiologos ✴1392 †1448 Vorletzter oströmischer Kaiser *158*
Johnson, Ben ✴1572 †1637 *391 Volpone 391*
Johnson, Samuel ✴1709 †1784 ›Doktor‹ *368–69, 422*
Johnson, Uwe ✴1934 †1984 *195 Jahrestage 195*
Jókai, Mór (Móricz Jókay von Ásva) ✴1825 †1904 *724 Der neue Gutsherr 724*
Jonas Kleiner Prophet, vom Wal verschluckt *49, 342*
Jones, Tom (Thomas John Woodward) ✴1940 Sänger *182*
Joseph Sohn Jaakobs *275–77*
Joseph II. ✴1741 †1790 Deutscher Kaiser *416*
Jouhandeau, Marcel ✴1888 †1979 Französischer Schriftsteller *271*
Joyce, James Augustine Aloysius ✴1882 †1941 *245, 539–40, 601, 625–28, 630 Die Dubliners (Die Toten) 628 Porträt des Künstlers als junger Mann (Stephen Hero) 627 Ulysses 539, 626–27 Gedichte 628 Finnegans Wake 628*

Joyce, Nora geb. Barnacle ✴1886 †1951 Gattin von James 626
Juan de Austria, Don ✴1547 in Regensburg †1578 Der Sieger von Lepanto 721
Judas Ischariot Verräter Jesu 438
Jünger, Ernst ✴1895 †1998 686 In Stahlgewittern 686 Auf den Marmorklippen 686 Strahlungen 686 Siebzig verweht 686 Zwei Mal Halley 686
Judith Hat den Kopf von Holofernes 294
Julian Apostata ✴331 †363 Römischer Kaiser 313, 343–44 Der Barthasser 343 Briefe 343
Julius II. ✴1443 †1513 Papst 334
Jung, Carl Gustav ✴1875 †1961 Psychoanalytiker 29
Justinian I. ✴482 †565 Oströmischer Kaiser 313, 333, 344
Kästner, Emil Erich ✴1899 †1974 17, 204–05, 366, 625, 686–87, 722 Herz auf Taille 204 Emil und die Detektive 625, 686 Fabian 687 »Münchhausen« 686 Die Konferenz der Tiere 17, 366 Das doppelte Lottchen 205
Kafka, Franz ✴1883 †1924 29, 236, 400, 490, 560, 653–57, 683, 701 Das Urteil 657 Vor dem Gesetz 654 In der Strafkolonie 656 Die Verwandlung 656 Der Hungerkünstler 656 Brief an den Vater 657 Der Process 654 Das Schloss 654 Der Verschollene (Amerika) 653 Briefe an Milena 657 Briefe an Felice 657
Kaiser, Friedrich Carl Georg ✴1878 †1945 405 Gas-Trilogie 405
Kalypso Geliebte des Odysseus 285
Kamptz, Karl Albert von ✴1769 †1849 Polizeidirektor in Berlin 452
Kandinsk(ij)y, Wassilij Wassiljewitsch ✴1866 †1944 Erfinder des Expressionismus 595, 679
Kane, Sarah ✴ 1971 †1999 404, 496 4.48 Psychose 404
Kant, Immanuel ✴1724 †1804 28, 323, 324, 370, 430–32, 465, 486, 684 Kritik der reinen Vernunft 28, 324, 430 Grundlegung zu einer Metaphysik der Sitten 431 Kritik der praktischen Vernunft 430 Kritik der Urteilskraft 430 (Erste Einleitung von 1790 323)
Karamsin, Nikolaj Michailowitsch ✴1766 †1826 571 Briefe eines reisenden Russen 571
Karl der Große ✴742 †814 Erster Kaiser des Römischen Reiches Deutscher Nation 33, 59, 140, 288
Karl IV. von Spanien ✴1748 †1819 239
Karl V. ✴1500 †1558 Deutscher Kaiser 142, 175, 191, 217, 399, 460, 570
Karl X. von Frankreich ✴1757 †1836 215
Karl Alexander von Württemberg ✴1684 †1737 498
Karl der Kühne ✴1433 †1477 Herzog von Burgund 155
Karlstadt, Liesl (Elisabeth Wellano) ✴1892 †1960 Partnerin von Karl Valentin auf der Bühne 209
Kassandra, Tochter der Hekabe Seherin 285
Kastor und Polydeukes (römisch: Castor & Pollux), die Dioskuren, waren Söhne des Zeus und Heroen Spartas. Nach Kastors Tod als Sternbild Zwillinge an den Himmel versetzt 471
Katharina II. von Russland, die Große ✴1729 †1796 125, 374, 569, 584, 593
Katona, Jósef ✴1791 †1830 724 Bánk bán 724
Kavafis, Konstantinos ✴1863 †1933 196 Liebesgedichte 196
Kazantzakis, Nikos ✴1883 †1957 (in Freiburg) 196 Odyssee 196 Alexis Sorbas 196
Keaton, Buster (Joseph Francis) ✴1895 †1966 Schauspieler 296
Keats, John ✴1795 †1821 480 Gedichte (Endymion 480)
Keel, Daniel ✴1930 †2012 Verleger 524
Keilson, Hans ✴1909 †2011 171 Der Tod des Widersachers 171
Keller, Gottfried ✴1819 †1890 483–85, 742 Der grüne Heinrich 484–85 Die Leute von Seldwyla (Pankraz, der Schmoller Romeo und Julia auf dem Dorfe Spiegel, das Kätzchen Kleider machen Leute) 484 Das Sinngedicht (Regine 484) Zürcher Novellen (Der Narr auf Manegg) 484 Martin Salander 485
Kelly, Grace Patricia ✴1929 †1982 88
Kempowski, Walter ✴1929 †2007 169 Tadellöser & Wolf 169
Kepler, Friedrich Johannes ✴1571 †1630 Astronom, Mathematiker 620
Kerényi, Karl ✴1897 †1973 301, 702 Dionysos 301 Mythologie der Griechen 301
Kerr (Kempner), Alfred ✴1867 †1948 Großkritiker 405
Kertesz, Imre ✴1929 †2016 725 Roman eines Schicksallosen 725

Kessler, Harry Clemens Ulrich Graf *1868
†1937 78, 717 Tagebücher 717
Key, Ellen Karolina Sophie *1849 †1926
Schwedische Pädagogin 532
Keyserling, Eduard Graf von *1855 †1918
675–76 Die dritte Stiege 676 Schwüle
Tage 676 Wellen 676 Bunte Herzen 676
Keyserling, Hermann Graf von *1880
†1946 Sein Neffe, ein Philosoph 675
Kidman, Nicole Mary *1967
Schauspielerin 539
Kieling, Wolfgang *1924 †1985
Schauspieler 700
Kierkegaard, Søren Aabye *1813 †1855
488–89, 709 Entweder – Oder (Tagebuch
des Verführers 489) Die Krankheit zum
Tode 489
King, Stephen Edwin *1947 85 Das
Mädchen 85
Kin Ping Meh Anonym erschienen 1610
347–48
Kinski, Klaus (Klaus Günter Karl
Nakszynski) *1926 †1991 Schauspieler
175, 475
Kipling, Joseph Rudyard *1865 †1936
73–74, 533, 664 Die Dschungelbücher
73 Stalky & Co. (Staaks und Genossen)
533, 664 Kim 74 Genau-so-Geschichten
74
Kirke Zauberin 285
Kirchner, Ernst Ludwig *1880 †1938
Expressionist 679
Kisch, Egon Erwin *1885 †1948 663 Der
rasende Reporter 663 Schreib das auf,
Kisch! 663
Kishon, Ephraim (Ferenc Hoffmann)
*1924 †2005 Israelischer Humorist 664
Kivi (Stenvall), Alexis *1834 †1872 495
Die sieben Brüder 495
Klabund (Alfred Henschke) *1890 †1928
271 Störtebecker 271 Literaturgeschichte
271
Klee, Ernst Paul *1879 †1940 Schweizer
Maler mit Phantasie 445
Kleist, Ewald Christian von *1715 †1759
Preußischer Dichter 379
Kleist, Bernd Heinrich Wilhelm von *1777
†1811 20–22, 132, 236, 268, 317,
453–57 Robert Guiskard 132 Die Familie
Schroffenstein 457 Der zerbrochne Krug
456 Amphitryon 456 Das Erdbeben in
Chili 454 Die Marquise von O. 454
Die Hermannsschlacht 132 Das Käth-
chen von Heilbronn 457 Michael Kohl-
haas 454 Das Bettelweib von Locarno
454 Die Heilige Cäcilie oder die Gewalt
der Musik 454–55 Die Verlobung in St.
Domingo 454 Der Findling 454 Der
Zweikampf 455 Der Prinz Friedrich von
Homburg 457 »Berliner Abendblätter«
455
Kleist, Ulrike von *1774 †1849 Schwester
des Dichters 21, 458
Klemperer, Victor *1881 †1960 171 LTI 171
Tagebücher 171
Kleßmann, Eckart *1933 77 Pückler und
Machbuba 77
Klimt, Gustav *1862 †1918 528, 661, 669
»Goldene Adele« 528
Klio Muse der Geschichtsdichtung 308
Knittel, John (Hermann Emanuel) *1891
†1970 481 Via mala 481
Klopstock, Friedrich Gottlieb *1724 †1803
377–78 Messias 378
Klossowski, Balthazar siehe Balthus
Klossowski, Elizabeth Dorothea (Baladine)
*1886 †1969 Mutter von Pierre und
Balthazar, Freundin Rilkes 660
Klossowski, Pierre *1905 †2001 260 Die
Gesetze der Gastfreundschaft 260
Klytämnestra Gattin und Mörderin des
Agamemnon 293
Köppen, Edlef *1893 †1939 681
Heeresbericht 681
Koeppen, Wolfgang Arthur *1906 †1996
712 Tauben im Gras 712 Das Treibhaus
712 Der Tod in Rom 712
Koestler, Arthur *1905 †1983 605–06 Die
Nachtwandler 605 Sonnenfinsternis 605
Kokoschka, Oskar *1886 †1980 Maler 661
Konfuzius Eigentlich: Meister Kong *-551
†-471 Chinesischer Vordenker des ›edlen
Menschen‹ 347, 349
Konstantin der Große *272 †337
Römischer Kaiser 150, 306, 343
Kopernikus (Koppernigk), Nikola(u)s
*1473 †1543 619–20 De revolutionibus
orbium coelestium 619–20
Koran Das heilige Buch des Islam entstand
in der Lebenszeit Mohammeds †632 116,
345, 446
Korolenko, Wladimir Galaktionowitsch
*1853 †1921 578 Geschichte meines
Zeitgenossen 578
Kosztolanyi, Deszö *1885 †1936 725
Anna 725
Krafft-Ebing, Richard von *1840 †1902
492 Psychopathologia sexualis 492

Kramer, Theodor ✳1897 †1958 *672*
  Gedichte (Die Gaunerzinke 672)
Krasnow, Pjotr Nikolajewitsch ✳1869
  †1947 Kosakenhetman *159*
Kraus, Karl ✳1874 †1936 *411 Die Fackel 411*
  Die letzten Tage der Menschheit 411
Krauss, Werner Johannes ✳1884 †1959
  Schauspieler *522*
Krenek, Ernst ✳1900 †1991 Komponist *661*
  »Jonny spielt auf« *661*
Kris, Ernst ✳1900 †1957 *250* und Kurz,
  Otto ✳1908 †1975 *250 Die Legende vom
  Künstler 250*
Krylow, Iwan Andrejewitsch ✳1769 †1844
  569 Fabeln 569
Kubin, Alfred Leopold ✳1877 †1959 *678*
  Die andere Seite 678
Kubrick, Stanley ✳1928 †1999
  Filmregisseur *136, 302, 552, 615*
  »Spartacus« *302, 678* »Lolita«*615*
  »Uhrwerk Orange« *136* »Barry Lyndon«
  552
Kügelgen, Wilhelm von ✳1802 †1867
  Maler *416 Jugenderinnerungen eines alten
  Mannes 416*
Kuh, Anton ✳1890 †1941
  Kaffeehausinsasse *201*
Kuhn, Franz ✳1884 †1961 Übersetzer aus
  dem Chinesischen *26, 348*
Kuprin, Alexander Iwanowitsch ✳1870
  †1938 *590 Erzählungen 590*
Kuropatkin, Alexej Nikolajewitsch ✳1848
  †1925 Russischer General, später
  Minister *614*
Kustschewskij, Iwan Afanasjewitsch ✳1847
  †1876 *590 Nikolaj Negorow oder Der
  glückliche Russe 590*
Kutusow, Michail Ilarionowitsch ✳1745
  †1813 Russischer General gegen
  Napoleon *128*
Kyros †-401 Persischer Prinz und
  gescheiterter Usurpator *317–18*
La Bruyère, Jean de ✳1645 †1696 *334*
  Charaktere 334
Laclos, Pierre-Ambroise-François
  Choderlos de ✳1741 †1803 *262*
  Gefährliche Liebschaften 262
Laërtes Vater des Oedipus *294*
La Fontaine, Jean de ✳1621 †1695 *366,
  367, 377 Fabeln (Die Grille und die
  Ameise 367)*
Lagerlöf, Selma Ottilia Lovisa ✳1858 †1940
  *525 Gösta Berling 525 Nils Holgerssons
  wunderbare Reise mit den Wildgänsen 525*

Lamartine, Alphonse Marie Louis Prat de
  ✳1790 †1869 *505 Graziella 505*
La Mettrie, Julien Offray de ✳1709 †1751
  263 Der Mensch eine Maschine 263
Lampe, Martin ✳1734 †1806 Diener Kants
  371
Lampedusa, Giuseppe Maria Fabrizio
  Salvatore Stefano Vittorio Tomasi
  Herzog von Palma di Montechiaro und
  Fürst von ✳1896 †1957 *148–49 Der
  Leopard 148–49*
Lancaster, Burt(on Stephen) ✳1913 †1994
  Schauspieler *149, 187*
Lancelot Ritter der Tafelrunde *439*
Lancelot-Roman Der französische Prosa-
  Lanzelot um 1230 *439*
Lang, Fritz (Friedrich) Christian Anton
  ✳1890 †1976 Regisseur *75* »Ministerium
  der Angst« *75*
Langenscheidt Erstes Wörterbuch von
  Gustav Langenscheidt war der »Sachs-
  Villate« Französisch-Deutsch 1880
  736
Laokoon Trojanischer Priester *286, 357*
LaRoche, Marie Sophie von ✳1730 †1807
  *413,741 Das Fräulein von Sternheim
  413, 741*
La Rochefoucauld, François de ✳1613
  †1680 *366, 517 Maximen 366*
Las Cases, Emmanuel Augustin Dieudonné
  Joseph de ✳1766 †1842 *Mémorial de
  Sainte-Hélène 130*
Lasker, Emanuel ✳1868 †1941
  Schachweltmeister *665*
Lasker-Schüler, Else (Elisabeth) ✳1869
  †1945 *679 Die Wupper 679 Der Prinz
  von Theben 679*
Laßwitz, Carl Theodor Victor Kurd
  ✳1848 †1910 *105 Auf zwei Planeten 105
  Kantstudien 105*
Lastman, Pieter ✳1583 †1633 Maler und
  Lehrer Rembrandts *165*
Laube, Heinrich Rudolf Constanz ✳1806
  †1884 Dichter *476*
Laura ✳1310 Von Petrarca angehimmelte
  verheiratete Dame *444*
Laurel, Stan (Arthur Stanley Jefferson)
  ✳1890 †1965 *185* und Hardy, Oliver
  Norvell ✳1892 †1957 Komiker *185*
Lautréamont, Comte de (Isidore Ducasse)
  ✳1846 †1870 *256 Die Gesänge des
  Maldoror 256*
Lavinia Mythische Prinzessin von Latium
  283

Lavoisier, Antoine Laurent de ✱1743 †1794
    Chemiker 213–14, 230, 241
Lawrence, David Herbert ✱1885 †1930 561,
    644–45, 744 Söhne und Liebhaber 644
    Der Regenbogen 645 Liebende Frauen 645
    Lady Chatterleys Liebhaber (John Thomas
    und Lady Jane) 644
Lawrence, Thomas Edward ✱1888 †1935
    74 Die sieben Säulen der Weisheit 74
Laxness (Gudjónsson), Halldór
    Kiljan ✱1902 †1998 191–92 Die
    Islandglocke 191–92
Lazarillo von Tormes, Das Leben des 1554
    176, 179, 180
Lear, Edward ✱1812 †1888 199 Limericks
    199
Leblanc, Maurice ✱1864 †1941 86, 744
    Arsène Lupin 86
Ledig, Gert ✱1921 †1999 172 Die
    Stalinorgel 172 Vergeltung 172 Faustrecht
    172
le Fort, Gertrud Auguste Lina Elsbeth
    Mathilde Petrea von ✱1876 †1971 674
    Die Letzte am Schafott 674
Legende von Homer, dem fahrenden Sänger
    Um 100 von einem Unbekannten 319
Leibniz, Gottfried Wilhelm Freiherr
    von ✱1646 †1716 Mathematiker und
    Philosoph 364, 465, 609
Lem, Stanislaw ✱1921 †2006 104 Solaris
    104
Lenclos, Ninon (Anne) de ✱1620 †1705
    Lebedame 538
Lenin (Wladimir Iljisch Uljanow) ✱1870
    †1924 604, 701
Lenja (Lenya), Lotte ✱1898 †1981 Sängerin
    und Gattin Kurt Weills 699
Lenz, Jacob Michael Reinhold ✱1751
    †1792 420, 740 Die Soldaten 420 Der
    Hofmeister 420
Lenz, Siegfried ✱1926 †2014 208, 712 So
    zärtlich war Suleyken 208 Der Mann im
    Strom 712 Brot und Spiele 712
Leo X. ✱1475 †1521 Papst aus dem Hause
    Medici 341
Leo XIII. ✱1810 †1903 Papst 358
Leonardo da Vinci ✱1452 †1519 Genie der
    Malerei und Wissenschaften 116, 259,
    334, 337 »Verkündigung« 116
Leoncavallo, Ruggero ✱1857 †1919
    Komponist 397 »Der Bajazzo« 397
Leopardi, Giacomo Graf ✱1798 †1837
    198 Das Gedankenbuch (Zibaldone di
    pensieri) 198

Lepidus, Marcus Aemilius ✱-90 †-12
    Triumvir 388
Lermontow, Michail Jurjewitsch ✱1814
    †1841 231, 575 Ein Held unserer Zeit
    231, 574–75
Lernet-Holenia, Alexander Marie Norbert
    ✱1897 †1976 90 Gedichte 90 Die
    Abenteuer eines jungen Herrn in Polen 91
    Ich war Jack Mortimer 90 Die Standarte
    90 Die Auferstehung des Maltravers 91
    Mars im Widder 91
Le Roy Ladurie, Emmanuel ✱1929 156
    Montaillou – Ein Dorf vor dem Inquisitor
    156
Lesage, Alain René ✱1668 †1747 182 Gil
    Blas von Santillana 182
Leschnikoff, Asparuch (Ari) ✱1897
    †1978 Erster Tenor der »Comedian
    Harmonists« 169
Lessing, Doris ✱1919 †2013 Britische
    Autorin 517
Lessing, Gotthold Ephraim ✱1729 †1781
    375–78, 379–81, 411, 418, 496, 506,
    741 Fabeln 376 Miss Sara Sampson 379
    Emilia Galotti 379 Minna von Barnhelm
    379 Nathan der Weise 380 Laokoon 376
    Hamburger Dramaturgie 381
Lesskow, Nikolaj Semjonowitsch ✱1831
    †1895 583–84, 598 Lady Macbeth von
    Mzensk 584 Der versiegelte Engel 584 Der
    Toupetkünstler 584 Der Linkshänder 598
Leukipp(os) von Abdera †-400 Atomist 327
Levetzow, Theodore Ulrike Sophie von
    ✱1804 †1899 Gab Goethe in Marienbad
    einen Korb 696
Lewis, Meriwether ✱1774 †1809 113
    und Clark, William ✱1770 †1838 113
    Tagebuch 113
Lewis, Harry Sinclair ✱1885 †1951 649
    Main Street 649 Babbitt 649 Elmer
    Gantry 187
Libanios ✱314 †393 Rhetor von Antiochia
    317
Lichtenberg, Georg Christoph ✱1742 †1799
    184, 370–71 Erklärung der Hogarthischen
    Kupferstiche 370 Sudelbücher 370–71
Liebermann, Max ✱1847 †1935 Malerfürst
    405
Liebknecht, Karl ✱1871 †1919 Radikaler
    SPD-Mann, mit Rosa Luxemburg
    ermordet 684
Lievens, Jan ✱1607 †1674 Rembrandts
    Malerkollege 165
Liliencron, Detlev (Friedrich Adolf Axel

Freiherr) von ✶1844 †1909 *303, 503–04, 742 Poggfred 503 Gedichte (Dorfkirche im Sommer 504 Pidder Lüng 303)*
Lilienstern, Johann Jakob Otto August Rühle von ✶1780 †1847 Kleists Freund *458*
Lillo, Don de ✶1936 Amerikanischer Autor *726*
Lindgren, Astrid Anna Emilia ✶1907 †2002 *17–18 Pippi Langstrumpf 17 Mio, mein Mio 17–18*
Lissitzky, El (Lasar Markowitsch) ✶1890 †1941 Konstruktivist *595*
Liszt, Franz ✶1811 †1886 Komponist und Virtuose *229, 264 »Années de Pelerinage« (»Les jeux d'eau de la villa d'este« 264 »Le vallée d'Oberman« 264)*
Littmann, Enno (Ludwig Richard) ✶1875 †1958 Übersetzer *26, 289 »Die Erzählungen aus den tausendundein Nächten« 26, 289*
Livius, Titus ✶-59 †17 *311, 312, 743 Roms Geschichte von der Gründung bis zur Regierung des Augustus (Ab urbe condita) 311*
Lönnrot, Elias ✶1802 †1884 *495 Kalevala 495*
Löw, Rabbi ✶1512 †1609 *Aus Prag 659*
Loewe, Johann Carl Gottfried ✶1796 †1869 Liedkomponist *425, 437 »Archibald Douglas« 425 »Harald« 437*
Lohner, Helmut ✶1933 †2015 Schauspieler *406*
Lomonossow, Michail Wassiljewitsch ✶1711 †1765 Russischer Grammatiker *570*
London, Jack (John Griffith Chaney) ✶1876 †1916 *61–64, 81, 96, 100, 530, 646, 649, 650 Der Seewolf 65, 650 Wolfsblut 63 Martin Eden 63 Meuterei auf der Elsinore 63 Ruf der Wildnis 63 Jerry der Insulaner 64 Michael, der Bruder Jerrys 64 Südseegeschichten (Feuer auf See 59–62) Der Schatten und das Funkeln 100 Abenteurer des Schienenstrangs 64 König Alkohol 64 Die Fahrt der Snark 62*
Longhi, Roberto ✶1890 †1970 *251 Caravaggio 251*
Longos von Lesbos †320 *Daphnis und Psyche 318*
Loo, Luis Michel van ✶1707 †1771 Maler *367 »Bildnis Diderots« 367*
Lorca, Federico García ✶1898 †1936 *397 In seinem Garten liebt Don Perlimplin*

Belisa 397 Bluthochzeit 397 Yerma 397 Bernarda Albas Haus 397
Loriot (Vicco von Bülow) ✶1923 †2011 *210 Der Fernseher ist kaputt 210*
Lortzing, Gustav Albert ✶1801 †1851 *461 »Undine« 461*
Lothar (Neutze), Hanns ✶1929 †1967 Schauspieler *693*
Lovecraft, Howard Phillips ✶1890 †1937 *85 Der Fall Charles Dexter Ward 85*
Lowe, Sir Hudson ✶1769 †1844 Bewacher Napoleons auf St. Helena *130*
Louis Napoléon, Napoleon III. von Frankreich ✶1808 †1873 siehe da
Louis-Philippe ✶1773 †1850 König von Frankreich *215*
Lubitsch, Ernst ✶1892 †1947 Filmregisseur *171, 385, 404 »Sein oder Nichtsein« 171*
Lucanus (Lukan), Marcus Annaeus ✶39 †65 *301–02 Der Bürgerkrieg (Pharsalia) 301–02*
Lucilius, Gaius ✶-180 †-103 *320, 745 Satiren 320, 745*
Lucretius (Lukrez) Carus, Titus ✶-98 †-55 *301–02 Naturgeschichte (De rerum natura) 301–02*
Ludwig I. von Bayern ✶1786 †1868 *355*
Ludwig II. von Bayern ✶1845 †1886 *355*
Ludwig XIII. von Frankreich ✶1601 †1643 *117, 265*
Ludwig XIV. von Frankreich ✶1638 †1715 *371*
Ludwig XV. von Frankreich ✶1710 †1774 *219*
Ludwig XVI. von Frankreich ✶1754 †1793 *213, 222, 261*
Ludwig XVIII. von Frankreich ✶1755 †1824 *215*
Ludwig, Otto ✶1813 †1865 *474 Zwischen Himmel und Erde 474 Die Heiterethei 474 Aus dem Regen in die Traufe 474*
Lüpertz, Markus ✶1941 Maler und Bildhauer, signiert »Markus« *301*
Lukian von Samosata ✶120 †180 *180, 197, 341–42, 412 Wider den ungebildeten Büchernarren 197 Wahre Geschichten 341 Göttergespräche 342*
Lully, Jean-Baptiste (Giovanni Battista Lulli) ✶1632 †1687 Komponist *398*
Luther, Martin ✶1483 †1546 Religionsstifter *422, 434, 440, 520 Bibelübersetzung 440*
Lutter, Christoph Seit 1811 Wirt in der

REGISTER 773

Berliner Weinhandlung Lutter & Wegner
mit Ausschank *452*
Luxemburg, Rosa (Rozalia Luksenburg)
✳1871 †1919 *578, 684* Übersetzerin
von Korolenkos *Geschichte meines
Zeitgenossen 578*
Luzifer Höllenfürst *438, 675*
Lysias ✳-445 †-380 Athenischer
Rechtsanwalt *315*
Maar, Michael ✳1960 *245–46 Geister und
Kunst 245 Die falsche Madeleine 246*
Macbeth (Mac Bethad mac findlàich)
✳1005 †1057 Schottischer König *387*
Mach, Ernst ✳1838 †1916 *669 Analyse der
Empfindungen 669*
Machbuba ✳1823 †1840 Äthiopische
Prinzessin *77*
Machiavelli, Niccolò ✳1469 †1527 *144–45
Der Fürst 145 Mandragola 145 Geschichte
von Florenz 145*
Macke, August Robert Ludwig ✳1887
†1914 Expressionist *445, 679*
Mackie, John Leslie ✳1917 †1981 *87 Das
Wunder des Theismus 87*
Macpherson, James ✳1739 †1796
Literaturfälscher *422 Gesänge des Ossian
422*
Maecenas, Gaius ✳-70 †-8 Der erste Mäzen
321
Maeterlinck, Graf Maurice Polydore Marie
Bernard ✳1862 †1949 *257, 493 Pelleas
und Melisande 257 Der blaue Vogel 257*
Magris, Claudio ✳1939 *158–60
Der Habsburgische Mythos in der
modernen österreichischen Literatur 159
Mutmaßungen über einen Säbel 159 Die
Donau 158 Triest 159 Italo Svevo 159*
Magritte, René François Ghislain ✳1898
†1967 Surrealist *716*
Mahler, Gustav ✳1860 †1911 Komponist
*365, 447, 461, 464, 468, 493, 661,
695 »Sinfonie Nr. 1 Titan« 464 »Lieder
aus Des Knaben Wunderhorn« 461
»Kindertotenlieder« 447*
Mahler-Werfel, Alma Maria ✳1879 †1964
Überfrau *661*
Maistre, Xavier de ✳1763 †1852 *263 Die
Reise um mein Zimmer 263 Die nächtliche
Reise um mein Zimmer 263*
Maiwald, Peter ✳1946 †2008 *205 Gedichte
(Guter Dinge 205)*
Majakowski, Wladimir Wladimirowitsch
✳1893 †1930 *14, 594–95 Gedichte
(Norderney 14 Das beste Gedicht 594)*

Malewitsch, Kasimir Sewerinowitsch ✳1878
†1935 Erfinder des Suprematismus *595*
Malibran, Maria de la Felicidad ✳1808
†1836 Größte aller Operndiven *582*
Mallarmé, Stephane (Étienne) ✳1842
†1898 *255, 256–57 Ein Würfelwurf 257
Nachmittag eines Fauns 256*
Malory, Sir Thomas ✳1405 †1471 *123, 190
König Arthus' Tod 123, 190*
Mamin-Ssibirjak, Dmitrij Narkissowitsch
✳1852 †1912 *590 Die Priwalowschen
Millionen 590 Gold 590*
Mandelbrot, Benoît B. ✳1924 †2010 *364
Die fraktale Geometrie der Natur 364*
Mandeville, Bernard ✳1670 †1733 *369 Die
Bienenfabel 369*
Manet, Édouard ✳1832 †1883 *243 »Nana«
243 »Bildnis Émile Zola« 243*
Mani ✳216 †277 Religionsstifter *304*
Mann, Erika Julia Hedwig ✳1905 †1969
Tochter von Thomas *209, 512*
Mann, Golo ✳1909 †1994 Sohn von
Thomas *674 Deutsche Geschichte
674*
Mann, Luiz Heinrich †1871 †1950 *679–80
Professor Unrat 680 Der Untertan 679
Henri Quattre 680 Ein Zeitalter wird
besichtigt 679*
Mann, Katia ✳1883 †1980 Geboren
als Katharina Hedwig Pringsheim,
verheiratet mit Thomas *446, 697*
Mann, Klaus Heinrich Thomas ✳1906
†1949 Sohn von Thomas *209, 721
Mephisto 721*
Mann, Paul Thomas ✳1875 †1955 *16, 29,
102, 186–87, 207, 245, 275–78, 301,
485, 491, 493, 537, 588, 591, 619, 668,
689–98, 726 Buddenbrooks 16, 587,
690–92 Königliche Hoheit 697
Der Zauberberg 245, 695–96 Erzäh-
lungen (Wälsungenblut 697 Wie Jappe
und Do Escobar sich prügelten 697 Herr
und Hund 698 Tod in Venedig 537, 695
Mario und der Zauberer 695 Tonio Kröger
493, 689) Joseph und seine Brüder (Die
Geschichten Jaakobs Der junge Joseph
Joseph in Ägypten Joseph der Ernährer)
275–78 Lotte in Weimar 696 Doktor
Faustus 187, 485, 694 Der Erwählte
697 Die Betrogene 694 Bekenntnisse des
Hochstaplers Felix Krull 186–87, 619
Briefe 697 Tagebücher 697*
Mansfield, Katherine ✳1888 †1923 *516
Das Gartenfest 516*

Mantegna, Andrea ✶1431 †1506 *162* »Der Triumph Caesars« *162*
Manzoni, Alessandro ✶1785 †1873 *131, 146, 741* Ode auf Napoleon *146* Die Verlobten *146, 741*
Mao-Bibel (Die Worte des Vorsitzenden Mao) *1966 347*
Márai, Sándor ✶1900 †1989 *725* Die Glut *725* Die Nacht vor der Scheidung *725*
Marat, Jean Paul ✶1743 †1793 Von Charlotte Corday ermordeter Revolutionär *223*
Marc, Franz Moritz Wilhelm ✶1880 †1916 Erfinder des Expressionismus mit Kandinskij *679*
Margarethe von Navarra ✶1492 †1549 *380* Hexameron *380*
Maria Die Gottesmutter *116, 659*
Marian (Haschkowetz), Ferdinand ✶1902 †1946 Schauspieler *500*
Marías, Javier ✶1951 *729* Mein Herz so weiß *729*
Marie Antoinette ✶1755 †1793 Königin von Frankreich *118, 666*
Marinetti, Filippo Tommaso ✶1876 †1944 *683* Le Futurisme *683*
Marius Victorinus ✶281 †363 Christlicher Philosoph *336*
Marivaux, Pierre Carlet de ✶1688 †1763 *371–72* Das Leben der Marianne *372* Verführbarkeit auf beiden Seiten *371* Das Spiel von Liebe und Zufall *371* Der Bauer im Glück *372*
Mark Aurel (Marcus Annius Verus) ✶121 †180 Römischer Kaiser *313, 335–36* An sich selbst (Eis heauton) *335–36*
Markion (Marcion) ✶85 †160 Erfolgreicher Erzketzer *304*
Mark Twain (Samuel Langhorne Clemens) ✶1835 †1910 *29, 64, 93, 110–11, 114, 122–24, 180, 188–90, 252, 526, 731* Die Arglosen im Ausland *252* Erzählungen (Der berühmte Springfrosch von Calaveras County *189* Kannibalen auf der Eisenbahn *189* Das Interview *93* Der Mann, der Hadleyburg korrumpierte *189*) Durch Dick und Dünn *114* Tom Sawyers Abenteuer *124, 188* Der Prinz und der Bettelknabe *122* Leben auf dem Mississippi *190* Huckleberry Finns Abenteuer *124, 188* Ein Yankee aus Connecticut an König Arthurs Hof *123, 180* Die Millionpfundnote *731* Persönliche Erinnerungen an Jeanne d'Arc *123–24* Entlang dem Äquator *189* Autobiographie *190*
Marlitt, Eugenie (Friedereike Henriette Christiane Eugenie John) ✶1825 †1887 Erfolgsschriftstellerin *121*
Marlowe, Christopher ✶1564 †1593 *391, 698* Tragische Historie vom Leben und Sterben des Doktor Faustus *391*
Márquez, Gabriel José García ✶1927 †2014 *727* Hundert Jahre Einsamkeit *727*
Martial(is), Marcus Valerius ✶40 †104 *321* Epigramme *321*
Martin, Dean (Dino Paul Crocetti) ✶1917 †1995 Entertainer *197*
Marx, Karl ✶1818 †1883 Visionär *155–56, 604, 684*
Masaryk, Thomáš Garrigue ✶1850 †1937 *603* Russische Geistes- und Religionsgeschichte *603*
Mascagni, Pietro ✶1863 †1945 *397* »Cavalleria Rusticana« *397*
Masereel, Frans ✶1889 †1972 Illustrator *191*
Massenet, Jules Émile Frédéric ✶1842 †1912 *116, 273, 435* »Cendrillon« *435* »Thais« *273*
Mason, James Neville ✶1909 †1984 Schauspieler *616*
Masuccio Salernitano (Tommaso Guadato) ✶1420 †1480 *442* Il Novellino *442*
Matthau, Walter John (Matthow) ✶1920 †2000 Amerikanischer Schauspieler *113*
Matthias ✶1557 †1619 Deutscher Kaiser, unfähig *406*
Maugham, William Somerset ✶1874 †1965 *645–47* Der Menschen Hörigkeit *646* Erzählungen (Regen *646* Die Ashenden-Geschichten *645–46*) Notizbuch *646*
Maupassant, Guy de ✶1850 †1893 *186, 189, 238–40, 242, 372* Fettklößchen *240* Der Tugendjüngling der Madame Husson *186, 189* Das Treibhaus *240–41* Bel-Ami *237–39, 372* Stark wie der Tod *239*
Maurier, Dame Daphne du ✶1907 †1989 *521* Rebecca *521* Die Vögel *521*
Maxentius, Marcus Aurelius Valerius ✶278 †312 Usurpator *306*
May, Karl Friedrich ✶1842 †1912 Schrieb *59, 79, 447*
Mazeppa, Iwan Stepanowitsch ✶1645 †1709 Kosakenhetman, Verräter an Peter dem Großen *D*
McCullers, Carson ✶1917 †1967 *512–15, 525, 744* Das Herz ist ein einsamer Jäger

514–15 *Spiegelbild im goldnen Auge*
515 *Die Ballade vom traurigen Café* 513
Frankie 514 *Erzählungen (Wer hat den Wind gesät?* 515*) Uhr ohne Zeiger* 512 *Autobiographie* 515
McEnroe Jr., John Patrick *1959 Rivale von Boris Becker 24
Medea Blutrünstige Kolcherprinzessin 300–01
Medici, Maria von *1573 †1642 Königin von Frankreich 394
Medusa Sterbliche Parze 301
Mehmed II. Fatih *1430 †1482 Osmanischer Sultan, Eroberer Konstantinopels 151
Meilhac, Henri *1831 †1897 und Halévy, Ludovic *1834 †1908 Librettistengespann 399 »Orpheus in der Unterwelt« 329 »Die Fledermaus« 399 »Carmen« 488
Meinrad (Moucka), Josef *1913 †1996 Schauspieler und Ifflandringträger 386, 406, 522
Melville, Herman *1819 †1891 18, 48–56, 60–61, 62, 124, 125, 443, 490, 741 *Taipi* 60 *Omoo* 60 *Mardi und eine Reise dorthin* 60 *Redburn* 60 *Weißjacke* 60 *Moby Dick* 18, 48–54, 443 *Pierre* 55 *Bartleby* 55, 490 *Israel Potter* 61 *Piazza-Erzählungen (Benito Cereno* 61 *Die Encatadas* 61*) Ein vertrauenswürdiger Herr – seine Maskeraden* 55 *Clarel* 55 *Billy Budd, Vortoppmann* 55–56
Menandros *-342 †-291 296 *Der Menschenfeind (Dyskolos)* 296
Mendelssohn, Moses *1729 †1786 Philosoph und Großvater von 380
Mendelssohn-Bartholdy, Jakob Ludwig Felix *1809 †1847 Musikalisches Wunderkind 380, 384, 468, 720 »Lieder ohne Worte« 468
Menelaos König von Tiryns, Bruder Agamemnons, Helenas 1. Gatte 280, 288, 293
Menocchio *1532 †1597 Müller und Ketzer 157
Menzel, Wolfgang *1798 †1878 Literaturtheoretiker, Vormärzreaktionär 472
Meredith, George *1828 †1909 554, 575 *Richard Feverel* 575 *Der Egoist* 575
Mérimée, Prosper *1803 †1870 488 *Carmen* 488

Messerschmidt, Franz Xaver *1736 †1783 Bildhauer 334
Meuterei auf der »Bounty« 1789, beteiligt McCoy und Williams 57–59
Meyer, Conrad Ferdinand *1825 †1898 491 *Gedichte (Der römische Brunnen* 491 *In der Sistine* 491*)*
Meyerbeer, Giacomo (Jakob Meyer Beer) *1791 †1864 Opernkomponist 424
Meyerhold, Wsewolod Emiljewitsch *1874 †1940 Theatermann 593, 594
Michelangelo di Lodovico Buonarroti Simoni *1475 †1564 Vollender der Renaissance 160, 251, 334, 356, 421, 491
Michelet, Jules *1798 †1874 214, 222 *Geschichte der französischen Revolution* 214, 222
Mikszáth von Kiscsoltó, Kálmán *1847 †1910 350–51, 723–24 *Die Geschichte des jungen Noszti mit der Mari Toth* 350–51, 723 *Sankt Peters Regenschirm* 724 *Der alte Gauner* 724 *Die schwarze Stadt* 724
Miller, Arthur Aster *1915 †2005 Amerikanischer Schriftsteller 515
Milton, John *1608 †1674 675 *Das verlorene Paradies (Paradise lost)* 675 *Das wiedergewonnene Paradies* 675
Minetti, Bernhard *1905 †1998 Schauspieler 387, 720
Minos Mythischer König auf Kreta, danach Totenrichter 196, 409
Mirabeau, Honoré Gabriel Victor de Riqueti Graf von *1749 †1791 260, 317 *Lauras Erziehung* 260 »Donnerkeil« 317
Modersohn-Becker, Paula *1876 †1907 Malerin 660 »Bildnis R.M. Rilke« 660
Mohammed *570 †632 Religionsstifter 31, 116, 345, 477
Mörike, Eduard Friedrich *1804 †1875 477–78 *Maler Nolten* 477 *Mozart auf der Reise nach Prag* 478 *Der Schatz* 478 *Gedichte (Er ist's* 478*) Idylle vom Bodensee* 478
Molière (Jean Baptiste Poquelin) *1622 †1673 351, 371, 398, 456 *Der Arzt wider Willen* 351 *Der Habgierige* 372 *Tartuffe* 371 *Amphitryon* 456 *Der Menschenfeind* 372 *Der Geizige* 372 *Der eingebildete Kranke* 372
Molina, Tirso de (Gabriel Téllez) *1579 †1648 392 *Don Juan oder Der Verführer von Sevilla* 392

Molnár (Neumann), Ferenc ✳1878 †1952 664 *Liliom* 664
Mommsen, Christian Matthias Theodor ✳1817 †1903 *141, 143, 168 Römische Geschichte 143*
Monet, Claude Oscar ✳1840 †1926 Maler, das Seerosen-Genie *399*
Mongolische Geheimgeschichte 1227 von einem unbekannten Verfasser *350*
Monnika (Heilige Monika von Tagaste) ✳332 †387 Mutter des Augustinus *342*
Monod, Jacques Lucien ✳1910 †1976 *732 Zufall und Notwendigkeit 732*
Monroe, Marilyn (Norma Jeane Baker) ✳1926 †1962 Schauspielerin *515*
Montaigne, Michel Eyckem de ✳1533 †1592 *179–80 Versuche (Essais) 179–80*
Montesquieu, Charles de Secondat Vicomte de ✳1689 †1755 *366 Meine Gedanken 366 Persische Briefe 366*
Monteverdi, Claudio Zuan Antonio ✳1567 †1643 Komponist *329, 395* »L'Orfeo« *395* »Die Rückkehr des Odysseus ins Vaterland« *395* »Die Krönung der Poppäa« *395*
Moore, George Augustus ✳1852 †1933 *555 Ein Drama in Musselin 555 Esther Waters 555*
Moravia (Pincherle), Alberto ✳1907 †1990 *146 Die Römerin 146 Die Langeweile (La noia) 146*
Mordred Neffe oder Sohn von König Artus *123*
Moreau, Gustave ✳1826 †1898 *294* »Die Sphinx« *294*
Moreau, Jeanne ✳1928 Französische Schauspielerin *669*
Morgenstern, Christian Otto Josef Wolfgang ✳1871 †1914 *147, 198–99, 209 Galgenlieder (Wie sich das Galgenkind die Monatsnamen merkt 198–99)*
Moritz, Karl Philipp ✳1756 †1793 *420 Anton Reiser 420–21 Magazin zur Erfahrungsseelenkunde 420*
Morphy (O-Morphi), Marie-Louise (›Louison‹) ✳1737 †1815 Boucher nahm sie als Modell für eine schwimmende Nymphe ohne Badeanzug *219*
Morrison, Toni ✳1931 *517 Menschenkind 517*
Morus (More), Thomas ✳1478 †1535 *101 Utopia 101*

Moses Religionsstifter *277–78*
Mostel, Zero (Samuel) ✳1915 †1977 Amerikanischer Schauspieler, ›blacklisted‹ *296*
Mottl, Felix ✳1856 †1911 Zu Unrecht, aber stilvoll gerügter Dirigent *200*
Mozart, Wolfgang Amadeus ✳1756 †1791 Komponist *31, 220, 370, 374, 394, 407, 446, 449, 661, 711* »Klavierkonzert in F-Dur« *711* »Klaviersonate A-Dur K. 331 mit dem Marsch alla turca« *31* »Die Entführung aus dem Serail« *31* »Die Hochzeit des Figaro« *374* »Don Giovanni« *220* »Così fan tutte« *370* »Die Zauberflöte« *394, 407*
Mühlenweg, Fritz ✳1891 †1961 *78 Fremde auf dem Pfade der Nachdenklichkeit 78 In geheimer Mission durch die Wüste Gobi 78*
Müller, Hans von ✳1875 †1944 Sammler und Herausgeber des Nachlasses von E.T.A. Hoffmann *453*
Müller, Reimund Heiner ✳1929 †1995 *195 Philoktet 195 Die Hamletmaschine 195*
Müller, Johann Gottwerth ✳1743 †1828 *182 Siegfried von Lindenberg 182*
Müller, Johann Ludwig Wilhelm ✳1794 †1827 *436–37 Die schöne Müllerin 436 Die Winterreise 436*
Münchhausen, Karl Friedrich Hieronymus Freiherr von ✳1720 †1797 Lügenbaron *76, 341, 473, 686*
Münchhausen, Börries Freiherr von ✳1874 †1945 *427 Gedichte (Lederhosensaga 427)*
Münter, Gabriele ✳1877 †1962 Expressionistische Malerin *595*
Multatuli (Eduard Douwes Dekker) ✳1820 †1887 *490–91, 744 Max Havelaar oder Die Kaffeeversteigerungen der Niederländischen Handelsgesellschaft 490–91*
Munch, Edvard ✳1863 †1944 Maler *403* »Der Schrei« *403*
Munro, Alice Ann ✳1931 *517 Der Mond über der Eisbahn 517*
Murasaki, Dame Shikibu ✳1020 *349 Die Geschichte des Prinzen Genji 349*
Murger, Henri ✳1822 †1861 *270 Bohème 270*
Murphy, Audie Leon ✳1924 †1971 Schauspieler *639*
Musäus, Johann Karl August ✳1735 †1787 *445 Volksmärchen der Deutschen 445*
Musaios †500 *Hero und Leander 318*
Musil, Robert ✳1880 †1942 *203, 664,*

REGISTER 777

667–69 *Die Verwirrungen des Zöglings Törleß* 664, 667 *Die Schwärmer* 668 *Drei Frauen (Grigia Die Portugiesin Tonka)* 668 *Der Mann ohne Eigenschaften* 667–69
Musset, Alfred de ✶1810 †1857 255, 268, 399 *Wovon die jungen Mädchen träumen* 399 *Bekenntnisse eines Kindes seiner Zeit* 268
Mussorgskij, Modest Petrowitsch ✶1839 †1881 Komponist 424, 437, 570, 571 »Boris Godunow« 424, 571
Nabokov, Vera ✶1902 †1991 Gattin Vladimirs 614, 616
Nabokov (Sirin), Vladimir ✶1899 †1977 127, 245–46, 573, 581, 606–08, 614–16 *Maschenka* 607 *König, Dame, Bube* 607 *Lushins Verteidigung* 607 *Der Späher* 607 *Die Mutprobe* 607 *Gelächter im Dunkel (Camera obscura)* 607 *Verzweiflung* 607 *Die Gabe* 608 *Einladung zur Enthauptung* 607 *Erzählungen (Der Zauberer* 615 *Solus Rex* 615*) Das wahre Leben des Sebastian Knight* 615 *Das Bastardzeichen* 614 *Lolita* 615 *Pnin* 616 *Fahles Feuer* 616 *Erinnerung, sprich* 614 *Ada oder das Verlangen* 614 *Durchsichtige Dinge* 615 *Sieh doch die Harlekine!* 615 *Vorlesung über Gogol* 127, 581
Nabokow, Wladimir Dmitrijewitsch ✶1870 †1922 Vater des Dichters 606, 614
Nansen, Fridtjof ✶1861 †1930 78 *In Nacht und Eis* 78
Narziss oder Narkissos oder Narcissus Verliebter 307
Napoléon Bonaparte, Napoleon I. von Frankreich ✶1769 †1821 13–14, 44, 85, 118, 128, 129–31, 146, 203, 215–16, 221, 223, 224, 232, 262, 263, 264, 268, 350, 376, 398, 449, 486, 505, 573, 578, 715 *Briefe an Josephine* 263 *Code civile* 138
Napoléon Bonaparte, François Joseph Charles ✶1811 †1832 Napoleon II., der »König von Rom« 215
Napoléon Bonaparte, Charles Louis ✶1808 †1873 Napoleon III. von Frankreich 215–16, 662
Narses ✶490 †574 Oströmischer Feldherr 313
Nausikaa Phäakenprinzessin 626
Necker, Jacques ✶1732 †1804 Französischer Finanzminister 262
Nekrassow, Nikolaj Alexejewitsch ✶1821 †1878 Herausgeber 585 »Sowremennik« 585
Nero Claudius Caesar Augustus Germanicus ✶37 †68 Römischer Kaiser 318, 340
Nerval, Gérard de ✶1808 †1855 268, 741 *Aurelia* 268 *Traumschlösser* 268
Nestroy, Johann Nepomuk Eduard Ambrosius ✶1801 †1862 406–08, 522, 720 *Der böse Geist Lumpazivagabundus* 407 *Zu ebener Erde und erster Stock* 407
Neumann, Günter ✶1913 †1972 Kabarettist 210 »Berliner Ballade« 210
Neumann, Robert ✶1897 †1975 207, 634 *Mit fremden Federn* 207
Neweklowsky, Ernst ✶1882 †1963 Donau-Ingenieur 159
Newman, Paul Leonard ✶1925 †2008 Amerikanischer Filmschauspieler 594
Newton, Sir Isaak ✶1643 †1727 Physiker 369, 374
Ney, Marschall Michel ✶1769 †1815 133 *Nibelungenlied* Entstanden um 1200 352
Nicholson, Jack ✶1937 Schauspieler 163
Nicolai, Carl Otto Ehrenfried ✶1810 †1849 Komponist 385 »Die lustigen Weiber von Windsor« 385
Niebelschütz, Wolf von ✶1913 †1960 717 *Der blaue Kammerherr* 717 *Kinder der Finsternis* 717
Niebergall, Ernst Elias ✶1815 †1863 679 *Datterich* 679
Niehues-Pröbsting, Heinrich ✶1946 333 *Der Kynismus des Diogenes und der Begriff des Zynismus* 333
Nielsen, Carl ✶1865 †1931 Komponist 370, 494 »Maskerade« 370
Nietzsche, Friedrich Wilhelm ✶1844 †1900 301, 328, 486, 487–88, 496, 502–03, 604, 650, 660,670, 684, 701, 703, 710, 718, 741 *Die Geburt der Tragödie aus dem Geiste der Musik* 487 *Richard Wagner in Bayreuth* 488 *Menschliches, Allzumenschliches* 487 *Morgenröte* 487 *Die fröhliche Wissenschaft* 487 *Also sprach Zarathustra* 487 *Jenseits von Gut und Böse* 487 *Der Fall Wagner* 487 *Götzen-Dämmerung oder Wie man mit dem Hammer philosophiert* 488
Nievo, Ippolito ✶1831 †1861 147, 395 *Bekenntnisse eines Achtzigjährigen (auch: Bekenntnisse eines Italieners, Pisana)* 395
Nijinsky, Vaclav Fomitsch ✶1889 †1950 *Gott des Tanzes* 595

Nizami ✱1141 †1209 *143, 447 Chosrau und Schirin 447 Leila und Madschnun 447 Das Alexanderbuch (Iskandarname) 143*
Nofretete †-1338 Gemahlin von Amenophis IV. Ihr Porträt ist in Berlin zu sehen *278*
Nolde, Emil ✱1867 †1956 Maler *276, 475, 679*
Nonnos †470 *301, 746 Dionysiaka 301*
Norén, Lars ✱1944 *403 Dämonen 403*
Norris, (Benjamin) Frank(lin) ✱1870 †1902 *82 Heilloses Gold 82 Octopus 82*
Novalis (Georg Friedrich Phillip von Hardenberg) ✱1772 †1802 *466 Hymnen an die Nacht 466 Heinrich von Ofterdingen 466 Die Lehrlinge zu Sais 466*
O'Connor, Frank (Michael O'Donnovan) ✱1903 †1966 Irischer Schriftsteller *629*
Oddantonio da Montefeltro ✱1426 †1444 Markgraf von Umbrien *158*
Odojewskij, Fürst Vladimir Fjodorowitsch ✱1804 †1869 *581 Russische Nächte 581*
Odysseus König von Ithaka *281–82, 285–87, 395*
Oedipus König von Theben *294, 297*
O'Faolain, Sean (John Whelan) ✱1900 †1991 Irischer Schriftsteller *629*
Offenbach, Jacques ✱1819 †1880 *329, 398, 450, 462* »Orphée aux Enfer« *329* »Hoffmanns Erzählungen« *450, 462*
O'Flaherty Liam ✱1896 †1984 Irischer Schriftsteller *629*
Oineus Großvater des Diomedes *339*
Olivier, Sir Laurence Kerr ✱1907 †1989 Schauspieler *82, 302, 383*
Olsen, Regine ✱1822 †1904 Verlobte von Kierkegaard *488*
Omar ibn al-Chattab ✱584 †644 Zweiter Kalif *345*
Ondaatje, Michael ✱1943 *69 Der englische Patient 69*
Onetti, Juan Carlos ✱1909 †1994 *728 Der Tod und das Mädchen 728*
Ophüls, Max ✱1902 †1957 *410* »Reigen« *410*
Oppenheimer, Joseph Süß ✱1698 †1738 Württembergischer Finanzminister *498–500*
Orff, Carl ✱1895 †1982 Komponist *323* »Carmina Burana« *323*
Orosius, Paulus ✱385 †420 *313 Weltgeschichte aus christlicher Sicht 313*

Ordóñez de Montalvo, Garci ✱1440 †1504 *33 Amadis von Gallien 33*
Orestes Sohn des Agamemnon, Rächer seines Todes *293*
Orpheus Thrakischer Sänger und Philosoph *280, 307, 329, 401, 659, 675*
Orwell, George (Eric Arthur Blair) ✱1903 †1950 *106 , 560, 598 Farm der Tiere 106 1984 106*
Osborne, John ✱1929 †1984 *404 Blick zurück im Zorn 404*
Osbourne, Lloyd ✱1868 †1947 *70–71 Der Ausschlachter 71 und Die falsche Kiste 71 (mit seinem Stiefvater Robert Louis Stevenson)*
Osiris Bruder und Gatte der Isis, Unterweltsgott der Ägypter *150, 277*
Ossietzky, Carl von ✱1889 †1938 Herausgeber *204* »Weltbühne« *204*
Ostrowskij, Alexander Nikolajewitsch ✱1823 †1886 *592 Eine Dummheit macht auch der Gescheiteste 592 Der Wald 592 Tolles Geld 592*
Oswald von Wolkenstein ✱1377 †1445 *352 Lieder (Es fügt sich 353)*
Otto I. von Griechenland ✱1815 †1867 *355*
Ovid(ius) Naso, Publius ✱-43 †8 *249, 272, 307 Liebesgedichte 307 Liebeskunst 307 Liebeselegien 307 Metamorphosen 249, 307 Briefe berühmter Frauen 307 Der römische Festkalender 307 Tristia 307 Briefe aus der Verbannung 307*
Pächt, Otto ✱1902 †1988 *164 Rembrandt 164*
Paepcke, Lotte ✱1910 †2000 *171 Ein kleiner Händler der mein Vater war 171*
Paganini, Niccolò ✱1782 †1840 Violinvirtuose und Komponist *451*
Palazzeschi (Giurlani), Aldo ✱1885 †1975 *147 Der Doge 147*
Palladio, Andrea (di Pietro della Gondola) ✱1508 †1580 Stararchitekt der norditalienischen Renaissance, rund um Venedig tätig *297*
Palma, Brian (James Giacinto) de ✱1940 Filmregisseur *440* »Obsession – Der schwarze Engel« *440*
Pan Griechischer Gott der Hirten und des Waldes *709*
Pandora Die mit der Büchse, erste Frau und Gattin des Epimetheus *414*
Panizza, Leopold Hermann Oskar ✱1853 †1921 *694 Das Liebeskonzil 694*

Pantaleon *250 †305 Heiliger, einer der Vierzehn Nothelfer, Patron der Ärzte *395*
Papageienbuch Tuti Nameh um 1000 in Indien verfasst, 1330 von Nachschabi auf Persisch, um 1450 ins Türkische übersetzt *351*
Paphos Sohn von Pygmalion und Galathea *249*
Paris Trojanischer Prinz *280*
Parker, Dorothy *1893 †1967 *517 Eine starke Blondine 517*
Parmenides von Elea *-520 †-450 *326 Lehrgedicht 326*
Parmigianino (Girolamo Francesco Maria Mazzola) *1503 †1540 Manieristischer Maler *357* »Die Madonna mit dem langen Hals« *357*
Paryla, Karl *1905 †1996 Schauspieler *407*
Pascal, Blaise *1623 †1662 *328, 365 Gedanken 365*
Pasolini, Pier Paolo *1922 †1975 Filmregisseur, Autor *481* »Flucht in die Dolomiten« *481*
Pasternak, Boris Leonidowitsch *1890 †1960 *601 Doktor Schiwago 601*
Pat & Patachon Dänisches Duo der Stummfilmzeit (Leuchtturm & Beiwagen) *185*
Paul III. (Alessandro Farnese) *1468 †1549 Papst *160*
Paulus von Tarsus †60 Christlicher Urtheologe *343*
Pausanias *115 †180 *299 Beschreibung Griechenlands 299*
Paz, Octavio *1914 †1998 Mexikanischer Schriftsteller *728*
Pears, Peter Neville Luard *1910 †1986 Sänger *534*
Pelewin, Viktor Olegowitsch *1962 *603 Das Leben der Insekten 603 Generation P 603*
Penelope Gattin des Odysseus *285, 627*
Penthesilea Amazonenkönigin *282, 456–57*
Pentheus König von Theben *329*
Pepusch, Johann Christoph *1667 †1752 Komponist *66* »Die Bettleroper« *66*
Pepys, Samuel *1633 †1703 *369 Tagebücher 369*
Peri, Jacopo Octavio Ferruccio Philippo Niccolò Amando Sequenzino Alberto *1561 †1633 Komponist *394* »Euridice« (Erste Oper) *394*
Perikles *-490 †-429 Athenischer Staatslenker *115, 346*

Perseus †-165 Letzter König von Makedonien *311*
Perseus Zeussohn und Heros *301*
Perutz, Leo(pold) *1882 †1957 *79–80, 659 Zwischen neun und neun 80 Der Meister des Jüngsten Tages 80 Wohin rollst Du, Äpfelchen... 80 St. Petri-Schnee 80 Nachts unter der steinernen Brücke 659 Der Judas des Leonardo 80*
Pessoa, Fernando (António Nogueira) *1888 †1935 *619 Das Buch der Unruhe des Hilfsbuchhalters Bernardo Soares 619*
Pestalozzi, Johann Heinrich *1746 †1827 Pädagoge *535*
Peter der Große *1672 †1725 Russischer Zar *569*
Petöfi, Sándor *1823 †1849 Ungarischer Dichter und Nationalheld *724*
Petrarca (Petracco), Francesco *1304 †1374 *147, 391, 443–44 Canzoniere 391, 444 Brief an Francesco Dionigi 444*
Petronius Arbiter, Titus *14 †66 *318 Satyrica 318*
Petrus, Simon †65 Bischof von Rom *120*
Phidias *-500 †-432 Bildhauer und Architekt *298–99, 346*
Philipp II. von Spanien *1527 †1598 *33, 175, 191, 392*
Philipp III. von Spanien *1578 †1621 *38*
Philipp der Gute *1419 †1467 Herzog von Burgund *155*
Philippe, Charles-Louis *1874 †1909 *117, 271 Bubu vom Montparnasse 117 Marie Donadieu 271*
Philogelos (*Lachfreund*) Angeblich von Hierokles und Philagrios um 500 *196*
Philoktet Held vor Troja *282, 289*
Philostrat(os), Flavius *165 †245 *305 Apollonios von Tyana 305, schrieb auch: Eikones, Beschreibung von antiken Gemälden, die wir allesamt nur aus seinem Buch kennen*
Piatti, Celestino *1922 †2007 Maler und Buchgestalter *17 Eulenglück 17*
Picasso, Pablo Ruiz *1881 †1973 Genie des Jahrhunderts *400, 601*
Piccoli, (Jacques Daniel) Michel *1925 Schauspieler *253*
Piccolomini, Enea Silvio *1405 †1464 Papst Pius II. *161*
Piero della Francesca (Pietro di Benedetto die Franceschi) *1420 †1492 Magischer Maler *157, 306, 444*
Pindar(os) *-522 †-445 *319 Oden 319*

Pinter, Harold *1930 †2008 *404, 496*
  Der Hausmeister 404
Pinturicchio (Bernardino di Betto di Biagio) *1453 †1513 Oberitalienischer Meister *161*
Pippin der Kurze *714 †768 Vater Karls des Großen *306*
Pirandello, Luigi *1867 †1936 *198, 397–98, 618 Die Ausgestoßene 398 Der Humor 198 Der verblichene Mattia Pascal (Il fu Mattia Pascal) 618 Sechs Personen suchen einen Autor 397 Heute abend wird aus dem Stegreif gespielt 398 Novellen für ein Jahr 398 Einer, keiner, hunderttausend 618 Die Mythen (Die Riesen vom Berge Heinrich IV.) 397*
Pisemski, Alexej Feofilaktowitsch *1821 †1881 *583 Im Strudel 583*
Pius VII. (Luigi Chiaramonti) *1742 †1823 Papst *223*
Platen-Hallermünde, Karl August Georg Maximilian Graf von *1796 †1835 *447, 469–70, 472 Der romantische Ödipus 469*
Plath, Sylvia *1932 †1963 *525–26 Sonntag bei den Mintons 526 Die Glasglocke 526*
Platon *-427 †-347 *106, 259, 325, 330–32, 333–34, 336–37, 356, 431, 441, 486, 604 Hippias 330 Gorgias 330 Protagoras 330 Politeia 332 Apologie 331 Phaidon 331 Symposion 331–32 Theaitetos 325*
Platonow, Andrej Platonowitsch *1899 †1951 *600 Die Kutschervorstadt 600*
Plautus, Titus Maccius *-254 †-184 *296, 383, 456 Miles gloriosus 296 Amphitruo 296 Menaechmi 296*
Plenzdorf, Ulrich *1934 †2007 *195 Die neuen Leiden des jungen W. 195*
Plinius Secundus der Ältere, Gaius *23 †79 *339–40, 672, 743 Naturgeschichte 339–40*
Plinius Secundus der Jüngere, Gaius *61 †115 *339 Korrespondenz 339*
Plotinos von Alexandria *205 †270 Philosoph *336*
Plühr, Emma alias Frau Karoline Stöhr Gattin des Photographen Heinrich Plühr *1859 †1953 *187*
Plutarch(os) *45 †125 Geboren in Chaironea, wo Philipp von Makedonien in der Schlacht von -338 die griechische Vormacht brach *20, 149–50, 297, 341, 606, 709, 742 Große Griechen und Römer (Parallelbiographien) 20, 742 Moralia 149 (Kindererziehung 150 Isis und Osiris 150 Die eingegangenen Orakel 709 Das Mondgesicht 341)*

Poe, Edgar Allan *1809 †1849 *82–85, 86, 93, 125, 161, 188, 525, 606, 650 Die Abenteuer des Hans Pfaall 93 Julius Rodman 93 Die Erzählung des Arthur Gordon Pym aus Nantucket 93 Die Morde in der Rue Morgue 85 Der Maelstrom 93 Die Grube und das Pendel 83 Das Geheimnis um Marie Rogêt 85 Der Goldkäfer 83 Der stibitzte Brief 85 Der Rabe 84*
Polarstern Taschenbüchlein für die Liebhaberinnen und Liebhaber russischer Wortkunst auf das Jahr 1823, 1824, 1825 *578*
Polgar (Polak), Alfred *1873 †1955 *154–55, 201–02, 663, 696 Kleine Prosa (Rechenstunde 201–02) Goethe – eine Groteske (gemeinsam mit Egon Friedell) 696*
Polybios *-200 †-120 *309–10 Das Geschichtswerk 310*
Polyklet (Polykleitos) *-480 †-420 Bildhauer und erster Kunsttheoretiker *356 Kanon (Richtschnur) 356*
Polykrates von Samos †-522 Tyrann *308*
Polyphem Zyklop *287*
Polyxene Tochter des Priamos *285*
Pompadour, Jeanne-Antoinette Poisson Marquise de *1721 *1764 Mätresse Ludwigs XV. *15*
Pompeius Magnus, Gnaeus *-106 †-48 Republikaner und Kriegsheld *311*
Ponte, Lorenzo da (Emmanuele Conegliano) *1749 †1838 in New York! *220, 394 »Don Giovanni« 220, 394*
Pontoppidan, Henrik *1857 †1943 *494, 496, 497 Hans im Glück (Lykke-Per) 497*
Pontormo (Carrucci), Jacopo da *1494 †1557 *357 »Kreuznahme« in Sta Felicita in Florenz 357*
Popowa, Ljubow Sergejewna *1889 †1924 Konstruktivistin *595*
Poseidon Bruder des Zeus, Beherrscher der Meere *285, 287, 355–56, 757*
Poseidonios von Apameia *-135 †-51 Stoiker *335*
Potiphar und seine Frau Ägyptisches Beamtenehepaar *275*
Potocki, Jan *1761 †1815 *32 Die Handschrift von Saragossa 32*

REGISTER 781

Poulenc, Francis Jean Marcel ✳1899 †1963 *674* »Dialogues des Carmélites« *674*
Presser, Jacques ✳1899 †1970 *139 Napoleon – Das Leben und die Legende 139*
Prévost d'Exiles, Antoine-François (Abbé Prévost) ✳1697 †1763 *116 Manon Lescaut 116*
Priamos König von Troja *285*
Price, Vincent ✳1911 †1993 Horrormime *390*
Priestley, John Bointon ✳1894 †1984 *404 Ein Inspektor kommt 404*
Pringsheim, Professor Alfred ✳1850 †1941 Schwiegervater Thomas Manns *697*
Prischwin, Michail Michailowitsch ✳1873 †1954 *590 Erzählungen 590*
Prokofjew, Sergej Sergejewitsch ✳1891 †1953 *350, 595* »Alexander Newskij« *350*
Prokopios von Caesarea ✳500 †562 *313, 344, 743 Geheimgeschichte (Anekdota) 313 Die Bauten 313 Vandalenkrieg 313 Gotenkrieg 313 Perserkrieg 313*
Prometheus Schuf den Menschen oder brachte ihm zumindest das Feuer *131, 413–14, 642*
Proper(z)tius, Sextus ✳-50 †0 Römischer Dichter *319*
Protagoras ✳-490 †-411 Sophist mit dem Homomensura-Satz: Der Mensch ist das Maß aller Dinge *330–01, 360, 412*
Proteus Wandlungsfähiger Meergott *293*
Proust, Valentin Louis Georges Eugène Marcel ✳1871 †1922 *29, 152, 225, 244–49, 259, 271, 381–82, 493, 515, 540, 629, 655, 712 Auf der Suche nach der verlorenen Zeit (Im Schatten junger Mädchenblüte Die Welt der Guermantes) 225, 244–49, 381, 540*
Proulx, Edna Annie ✳1935 Kanadisch-amerikanische Autorin *726*
Pschyrembel, Willibald ✳1901 †1987 Begründer des gleichnamigen *Klinischen Wörterbuchs 552*
Pseudo-Homer (Hilfsname für einen unbekannten Dichter) †-100 *196 Batrachomyomachia (Froschmäusekrieg) 196*
Ptolemaios (Ptolemäus), Klaudios ✳100 †175 *337 Almagest 337 Tetrabiblos 337*
Puccini, Giacomo Antonio Domenico Michele Secondo Maria ✳1858 †1924 *116, 147, 270, 396–97* »Turandot« *396* »La Bohème« *397*

Pückler-Muskau, Fürst Hermann Ludwig Heinrich von ✳1785 †1871 *77, 472 Briefe eines Verstorbenen 77 Andeutungen über Gartengestaltung 77*
Pugatschow, Jemeljan Iwanowitsch ✳1742 †1775 Kosakenhetman und Aufrührer *125*
Purcell, Henry ✳1659 †1695 Komponist *282* »Dido und Aeneas« *282*
Puschkin, Alexander Sergejewitsch ✳1799 †1837 *114, 125–26, 424, 571–73, 574–76, 580, 601, 613 Ruslan und Ludmilla 571 Der Mohr Peters des Großen 571 Weihnachtsmärchen 577 Der goldene Hahn 571 Eugen Onegin 571–73 Boris Godunow 424, 571 Reise nach Erzerum 575 Pique Dame 613 Die Hauptmannstochter 125–26, 571 Gedichte (Dem Dichter 577)*
Puzo, Mario ✳1920 †1999 *134 Der Pate 134*
Pygmalion Mythischer Bildhauer *249, 307*
Pythagoras von Samos ✳-570 †-510 Universalgenie und Ordensgründer *48, 305, 326*
Qualtinger, Helmut Gustav Friedrich ✳1928 †1986 Schauspieler *202*
Queneau, Raymond ✳1903 †1976 *716 Zazie in der Métro 716*
Quevedo y Santibáñez Villegas, Francisco Gómez de ✳1580 †1645 *180 Das Leben des Buscón 180 Die Träume 180*
Quinn, Anthony Rudolph Oaxaca ✳1915 †2001 Filmschauspieler *196* »Alexis Sorbas« *196*
Quisling, Vidkun ✳1887 †1945 *710*
Raabe, Wilhelm ✳1831 †1910 *504 Die Chronik der Sperlingsgasse 504 Der Hungerpastor Unseres Herrgotts Kanzlei 504 Stopfkuchen – eine See- und Mordgeschichte 504*
Rabelais, François ✳1493 †1553 *173–75, 179, 230, 341, 502 Gargantua und Pantagruel 173–75*
Racine, Jean ✳1639 †1699 *234, 298, 381, 398 Phädra 381–82*
Radetzky von Radetz, Josef Wenzel Anton Franz Karl Graf ✳1766 †1858 Feldmarschall von Österreich, diente unter fünf Kaisern; Johann Strauß Vater komponierte ihm den Marsch *662*
Räuber vom Liang Schan-Moor von Schi Nai An um 1250 *347, 349*

Raffael(lo) Sanzio *1483 †1520 Meister der sinnlichen Malerei *334–36, 357*
Raimund, Ferdinand (Ferdinand Jakob Raimann) *1790 †1836 *406–07, 522 Der Diamant des Geisterkönigs 407 Der Alpenkönig und der Menschenfeind 407 Der Verschwender 407*
Rambler Zeitschrift für Gebildete 1750-52 von Samuel Johnson *368*
Rameau, Jean Philippe *1683 †1764 Komponist *367, 398*
Ranke, Franz Leopold von *1795 †1886 *141–42, 297, 304 Geschichte der romanischen und germanischen Völker von 1494 bis 1514 142*
Ransmayr, Christoph *1954 *307 Die letzte Welt 307*
Rappeneau, Jean-Paul *1932 Filmregisseur *400* »Cyrano de Bergerac« *400*
Rautavaara, Einojuhani *1928 Komponist *495* »Alexis Kivi« *495*
Reich-Ranicki, Marcel *1920 †2013 Feuilletonist *153*
Regis, Johann Gottlob *1791 †1854 Übersetzer des »Gargantua« *174*
Reinhardt, Max (Maximilian Goldmann) *1873 †1943 Theatergenie *153, 384*
Reinig, Christa *1926 †2008 *427 Die Ballade vom blutigen Bomme 427*
Remarque (Remark), Erich Maria (Paul) *1898 †1970 *680 Im Westen nichts Neues 680*
Rembrandt Harmenszoon van Rijn *1606 †1669 Meistermaler *162–68, 268, 275* »Der Engel verhindert das Opfer Isaaks« *275* »Das Gastmahl des Belsazar« *166* »Joseph erzählt seine Träume« *275* »Abraham bewirtet die drei Engel« *275* »Der Jakobssegen« *275* »Isaak und Rebekka (eigentlich bekannt als »Die Judenbraut«)« *275* »Der Mann mit dem Goldhelm« *162–164* »Joseph wird von Potiphars Frau verklagt« *275* »Jakob kämpft mit dem Engel« *275* »Die Anatomie des Dr. Tulp« *166* »Die Nachtwache« *166* »Die Anatomie des Dr. Deyman« *166* »De Staalmeesters« *166* (Reihenfolge nach dem Katalog von Christian Tümpel)
Rembrandt Research Project Seit 1968 an der Arbeit *167–68*
Remisow, Alexej Michailowitsch *1877 †1957 *600 Gang auf Simsen 600*

Remus †-753 Mythischer Gründer Roms, von seinem Bruder Romulus ermordet *283*
Renard, Jules *1864 †1910 *367 Der Schmarotzer 367*
Restif de la Bretonne, Nicolas Edme *1734 †1806 *261 Die galanten Damen 261 Der verderbte Landmann 261 Die Nächte von Paris 261 Anti-Justine 261*
Reuter, Christian *1665 †1712 *76 Schelmuffsky 76*
Reuter, Fritz (Heinrich Ludwig Christian Friedrich) *1810 †1874 *207 Ut mine Stromtid 207 Ut de Franzosentid 207 De Urgeschicht von Mecklenborg 207*
Reventlow, Fanny Liena Wilhelmine Gräfin zu *1871 †1918 *674 Briefe 674 Tagebücher 674*
Reynolds, Sir Joshua *1723 †1792 Maler *368* »Bildnis Dr. Johnson« *368*
Rezzori (d'Arezzo), Gregor von *1914 †1998 *200 Maghrebinische Geschichten 200 Neue Maghrebinische Geschichten 200 Ein Hermelin in Tschernopol 200*
Richard I. Löwenherz *1157 †1199 Englischer König *384*
Richard II. von England *1367 † 1400 *384*
Richard III. von England *1452 †1485 Der Winter seines Missvergnügens dauert bis heute, gerade wurde sein geschändeter Leichnam auf einem Parkplatz in Leicester entdeckt *383, 390, 405*
Richardson, Samuel *1689 †1761 *373, 545, 563 Pamela 373 Clarissa oder Geschichte einer jungen Dame 373, 545*
Richelieu, Armand-Jean du Plessis de *1585 †1642 Der Kardinal, der in den *Drei Musketieren* auftritt *116, 117, 265*
Richter, Svjatoslav Teofilowitsch *1915 †1997 Klaviervirtuose *595*
Richthofen, Else von *1874 †1973 Intellektuelle, Gefährtin von Max Weber u.a. *561*
Richthofen, Frieda von *1879 †1956 Intellektuelle, Gefährtin von D.H. Lawrence *561, 644*
Rilke, Rainer (René Karl Wilhelm Johann Josef) Maria *1875 †1926 *257, 261, 391, 658–59, 660, 670 Die Weise von Liebe und Tod des Cornets Christoph Rilke 658 Die Aufzeichnungen des Malte Laurids Brigge 658 Gedichte (Sonette an Orpheus 658 Duineser Elegien 658 Herbsttag 657–58 Der Panther 659)*

Rimbaud, Jean Nicolas Arthur ✳1854 †1891 Französischer Dichter *258*
Rimskij-Korssakow, Nikolaj Andrejewitsch ✳1844 †1908 Komponist *570–71* »Der goldene Hahn« *571*
Ringelnatz, Joachim (Hans Bötticher) ✳1883 †1934 *199–200 Turngedichte 199 Kuttel Daddeldu 199–200*
Ritt, Martin ✳1914 †1990 Amerikanischer Filmregisseur *80, 686* »Der Spion, der aus der Kälte kam« *80* »Der Strohmann« *686*
Ritter, Henning ✳1943 †2013 Geisteswissenschaftler *366*
Rivette, Jacques ✳1928 †2016 Filmregisseur *253* »Die schöne Querulantin« *253*
Robbe-Grillet, Alain ✳1922 *715 Die Radiergummis 715* Regisseur von »La belle captive« *715*
Robert Guiskard (»Schlaukopf«) ✳1015 †1085 Normannenherzog von Apulien *132*
Robespierre, Maximilien Marie Isidore de ✳1758 †1794 Haupt der Schreckensherrschaft *215*
Roda Roda, Alexander (Sandór Friedrich Rosenfeld) ✳1872 †1945 Humorist, Kaffeehäusler *202*
Rodin, François Auguste René ✳1840 †1917 Bildhauer »Balzac« und Zeichner *225*
Röhrich *Lexikon der Sprichwörtlichen Redensarten* 1988, ständig erweitert. Lutz Röhrich ✳1922 †2006 Volkskundler *429*
Roland ✳736 †778 Paladin Karls des Großen *140, 288*
Rolandslied Entstanden um 1100 *140*
Rolland, Romain ✳1866 †1944 *704–05 Beethoven 705 Johann Christof 705 Meister Breugnon 705 Die verzauberte Seele 705 Das Gewissen Europas 705*
Romulus Mythischer Gründer Roms -753 und Mörder seines Bruders Remus *283, 341*
Ronet (Robinet), Maurice ✳1927 †1983 Schauspieler *522, 525*
Rosanow, Wassilij Wassiljewitsch ✳1856 †1919 *604 Abgefallene Blätter 604*
Rosegger, Peter ✳1843 †1918 *481 Waldheimat 481*
Rosenberg, Alfred ✳1893 †1946 Nazi *702*
Rossini, Gioacchino Antonio ✳1792 †1868 *31, 234, 374, 378, 424, 435, 580, 582* »Die Italienerin in Algier« *31* »Der Türke in Italien« *31* »Der Barbier von Sevilla« *374* »La Cenerentola« *435* »Guillaume Tell« *234, 424* »Petite messe solenelle« *378*
Rostand, Édmond Eugène Alexis ✳1868 †1918 *400 Cyrano de Bergerac 400*
Roth, Moses Joseph ✳1894 †1939 *662–63 Hotel Savoy 662 Hiob 662 Radetzkymarsch 662 Das falsche Gewicht 662 Der Leviathan 662 Die Kapuzinergruft 662*
Roth, Patrick ✳1953 Spiritueller Schriftsteller *458*
Roth, Philip Milton ✳1933 Unspiritueller amerikanischer Schriftsteller *627, 726 Portnoys Beschwerden 627*
Rothschild, Freiherr Nathan Mayer ✳1777 †1836 Spekulierte mit britischen Staatsanleihen, reichster Mann der Welt, damals *732*
Rousseau, James (Pierre-Joseph) ✳1797 †1849 *266 Robert-Macaire 266*
Rousseau, Jean-Jacques ✳1712 †1778 *20, 218, 343, 372–73, 374, 741 Julie oder Die neue Heloïse 372 Der Gesellschaftsvertrag 372 Encyclopédie 372 Émile oder Die Erziehung 372 Bekenntnisse 20, 343*
Rowland, Henry Augustus ✳1848 †1901 Physiker, erfand den Typendrucktelegraphen *107*
Rowling, Joanne K(athleen) ✳1965 Erfinderin von Harry Potter *533*
Roy, Suzanna Arundhati ✳1961 *726 Der Gott der kleinen Dinge 726*
Rubens, Peter Paul ✳1577 †1640 Malerfürst des Barock *165*
Rubinstein, Anton Grigorjewitsch ✳1829 †1894 Russischer Klaviervirtuose und Komponist *595*
Rudolf II. ✳1552 †1612 Deutscher Kaiser *406, 659*
Rückert, Friedrich ✳1788 †1866 *447 Übersetzungen aus dem Persischen 447 Kindertotenlieder 447*
Rühmkorf, Peter ✳1929 †2008 *210, 449, 712 Gedichte 210, 712 Über das Volksvermögen 210 Märchen 449*
Rumi, Dschalal ad-Din Mohammed ✳1207 †1273 Persischer Dichter *447*
Runciman, James Cochran Steven(son) ✳1903 †2000 *151, 156, 289 Geschichte der Kreuzzüge 289 Geschichte der*

Eroberung Konstantinopels *151* Häresie und Christentum *156*
Saar, Ferdinand Ludwig Adam von *1833 †1906 *492* Innocens *492* Die Steinklopfer *492* Schloß Kostenitz *492*
Sacagawea *1788 †1812 Indianerin vom Stamme der Schoschonen, Führerin von Clark & Lewis *113*
Sacchetti, Franco *1330 †1400 *442* Novellen *442*
Sacharow, Andrej Dmitrijewitsch *1921 †1989 *578* Mein Leben *578*
Sacher-Masoch, Leopold von *1836 †1895 *492* Venus im Pelz *492*
Sachs, Hans *1494 †1576 *297, 322* Die Königin Kleopatra *332* Das Wildbad *297*
Sachs, Nelly (Leonie) *1891 †1970 Deutsch-schwedische Dichterin *712*
Sachse, Johann Christoph *1762 †1822 *182* Der deutsche Gil Blas *182*
Sackville-West, Vita Victoria Mary *1892 †1962 Dichterin und Freundin von Virginia Woolf *529*
Sade, Donatien Alphonse François Marquis de *1740 †1814 *181, 564* Justine oder die Leiden der Tugend *181* Juliette oder die Vorteile des Lasters *181*
Saint-Beuve, Charles Augustin *1804 †1869 *367* Montagsplaudereien *367*
Saint-Exupéry, Antoine Marie Roger *1900 †1944 *68–69* Südkurier *68* Wind, Sand und Sterne *68* Flug nach Arras *68* Der kleine Prinz *68*
Saint-Simon, Louis de Rouvroy Herzog von *1675 †1755 *222* Memoiren *222*
Saint Simon, Claude Henri de Rouvroy de *1760 †1825 Der Bürger Simon *213*
Saladin *1137 †1193 Sultan von Ägypten, muslimischer Heros *289, 380*
Salinger, Jerome David *1919 †2010 *537–38* Der Fänger im Roggen *537–38*
Sallust(ius) Crispus, Gaius *-86 †-35 *310–11* Die Verschwörung des Catilina *310* Der Krieg mit dem Afrikaner Jugurtha *311*
Salome Tochter der Herodias, Stieftochter des Herodes Antipas *294, 518–19*
Salomo †-926 Dritter König von Israel *279, 303*
Saltykow-Schtschedrin, Michail Jewgrafowitsch *1826 †1889 *583* Geschichte einer Stadt *583* Die Herren Golowlew *583*
Samjatin, Jewgenij Iwanowitsch *1884 †1937 *103, 598* Wir *103, 598* Der Floh *598*
Sand, George (Aurore Dupin) *1804 †1876 *236, 267–68, 373, 528, 745* Indiana *373* Flavia *267* Pauline *267* Lélia *267* Die kleine Fadette *267* Sie und Er *268* Ein Winter auf Mallorca *268* Geschichte meines Lebens *268*
Sander, Ernst Leo *1898 †1976 Übersetzer und Herausgeber der Balzac-Ausgabe *230*
Sander, Otto *1941 †2013 Schauspieler *706*
Sandrock, Adele *1863 †1937 Schauspielerin *410*
Sanson, Charles Henri *1739 †1806 *221–22* Tagebücher der Henker von Paris (bearbeitet u.a. von Balzac) *221–22*
Sappho von Lesbos *-630 †-570 *319, 511, 562* Gedichte *511*
Sarraute, Nathalie *1900 †1999 *715* Porträt eines Unbekannten *715*
Sartre, Jean-Paul Charles Aymard *1905 †1980 *401* Bei geschlossenen Türen *401* Die Fliegen *401*
Satie, Erik *1866 †1925 Komponist *400* »Parade« *400*
Saul †-1004 Erster König von Israel *279*
Savinkov, Boris Wiktorowitsch *1879 †1925 *579* Erinnerungen eines Terroristen *579*
Savonarola, Girolamo *1452 †1498 Fanatischer Mönch *360*
Schadewaldt, Wolfgang *1900 †1974 Altphilologe, Übersetzer von *Ilias* und *Odyssee 282*
Scheerbart, Paul Karl Wilhelm (Kuno Küfer) *1863 †1915 *678, 740* Rakkóx der Billionär *678* Katerpoesie *678*
Schenk, Otto *1930 Schauspieler und Regisseur *407*
Schestow, Lew Isaakowitsch (Jehuda Leib Schwarzmann) *1866 †1938 *604* Spekulation und Offenbarung *604*
Schickele, René *1883 †1940 Schriftsteller aus dem Elsass *687*
Schiele, Egon *1890 †1918 Maler *670*
Schikane, Mustafa *? †? Erfolgloser Freistilringer *617*
Schiller, Friedrich von *1759 †1805 *141, 253, 319, 380, 415, 423–25, 429–31, 432, 471, 498, 506, 689, 700* Die Räuber *423, 498* Kabale und Liebe *424* Die Verschwörung des Fiesco zu

Genua *424 Don Karlos 380, 424*
Geschichte des Abfalls der Niederlande
141 Xenien *422 Wallenstein 431 Balladen
(Der Taucher 424 Der Handschuh 424
Die Bürgschaft 424) Maria Stuart 423,
431 Die Jungfrau von Orleans 431 Die
Braut von Messina 424 Wilhelm Tell 424
Demetrius 424*
Schirach, Baldur von *1907 †1974
Reichsjugendführer *427*
Schlaf, Johannes *1862 †1941 *206 Papa
Hamlet* (gemeinsam mit Arno Holz)
206
Schlechter, Carl *1874 †1918
Österreichischer Schachgroßmeister *664*
Schlegel, August Wilhelm von *1767
†1845 Übersetzer (Shakespeare) und
Dichter *22, 262, 280, 381, 389, 391, 415, 448, 466*
Schlegel, Dorothea Friederike *1764
†1839 Tochter von Moses Mendelssohn,
Ehefrau von *262*
Schlegel, Karl Wilhelm Friedrich von
*1772 †1829 *22, 262, 448, 466,
496 Lucinde (Bekenntnisse eines
Ungeschickten) 448*
Schlesinger, John Richard *1926 †2003
Britischer Filmregisseur *81 »Der
Marathon-Mann« 81*
Schlichter, Rudolf *1890 †1955 Maler der
Neuen Sachlichkeit, Stiefelfetischist *683*
Schliemann, Johann Ludwig Heinrich
Julius *1822 †1890 *288, 299
Erinnerungen 288*
Schmeling, Max Adolph Otto Siegfried
*1905 †2005 Boxer und Brauseabfüller
682
Schmidt, Arno Otto *1914 †1979 *18, 26, 112, 245, 377, 461, 628 Sitara und der
Weg dorthin 18 Fouqué und einige
seiner Zeitgenossen 461 Zettels Traum
628*
Schmidt, Helmut *1918 †2015 jeweils in
Hamburg Politiker und Autor *711*
Schmidt, Joseph *1904 †1942 Tenor *200*
Schmidt(-Rottluff), Karl *1884 †1976
Expressionist *678*
Schnabel, Johann Gottfried *1692 †1758
66–67, 745 Insel Felsenburg 745
Schnapp, Friedrich *1900 †1983
Musik(wissenschaftl)er und E.T.A.
Hoffmann-Forscher *453*
Schnitzler, Arthur *1862 †1931 *220, 410, 621–22, 662–63, 665 Anatol 410*

Reigen *410 Der grüne Kakadu 410*
Professor Bernhardi *410 Casanovas
Heimfahrt 220 Frau Berta Garlan 621
Leutnant Gustl 621 Dr. Gräsler, Badearzt
621 Der Weg ins Freie 621 Fräulein
Else 621 Traumnovelle 621 Spiel im
Morgengrauen 621 Jugend in Wien 665
Tagebücher 410*
Schönberg, Arnold *1874 †1951
Komponist, entwickelte die
Zwölftontechnik *493, 669, 694
»Gurrelieder« 493*
Schönherr, Karl *1867 †1943 *408, 481
Erde 408 Bergsteigermarterln 481*
Scholochow, Michail
Alexandrowitsch *1905 †1984 *129, 601
Der stille Don 129, 601*
Schopenhauer, Arthur *1788 †1860 *181, 328, 347, 430, 486–87, 684, 703 Das
Hand-Orakel oder Kunst der Weltklugheit
181 Die Welt als Wille und Vorstellung
430, 486*
Schröder, Rudolf Alexander *1878 †1962
Dichter und Übersetzer *319*
Schostakowitsch, Dmitrij Dmitrijewitsch
*1906 †1975 Komponist *581, 584, 595
»Die Nase« 581 »Lady Macbeth von
Mzensk (Katerina Ismailowa)« 584
»Die Spieler« 581*
Schtschedrin, Rodion Konstantinowitsch
*1932 Komponist *580 »Die toten
Seelen« 580*
Schubert, Franz Peter *1797 †1828
Komponist *425, 436 »Forellenquintett«
719 »Die schöne Müllerin« 436 »Die
Winterreise« 425*
Schulz, Bruno *1892 †1942 *657 Die
Zimtläden 657*
Schumann, Robert *1810 †1856
Komponist *131, 425, 437, 477 »Die zwei
Grenadiere« 131 »Belsatzar« 425*
Schummel, Johann Gottlieb *1748 †1813
182 Spitzbart 182
Schwab, Gustav Benjamin *1792 †1850
*301 Die schönsten Sagen des klassischen
Altertums 301*
Schwartz, Gary *1940 *165 Rembrandt 165*
Schwitters, Kurt *1887 †1948 *630 Anna
Blume 630 Ursonate 630*
Sciascia, Leonardo *1921 †1989
*148–49 Der Tag der Eule 148–49 Das
Verschwinden des Ettore Majorana 149*
Scipio Africanus, Publius Cornelius *-236
†-183 Römischer Feldherr *309*

Scott, Sir Ridley ✳1937 Britischer Filmregisseur *104, 638* »Alien« *638* »Blade Runner« (nach *Träumen Androiden von elektrischen Schafen?* Von Philip K. Dick) *104*
Scott, Robert Falcon ✳1868 †1912 Polarforscher und Abenteurer *78*
Scott, Sir Walter ✳1771 †1832 *107–10, 129, 136, 230, 265, 469, 549* Waverley *107–08* Heart of Midlothian *108* Die Braut von Lammermoor *108* Ivanhoe *108* Quentin Durward *108*
Scribe, Augustin Eugène ✳1791 †1861 *399* Das Glas Wasser *399*
Sealsfield, Charles (Karl Anton Postl) ✳1793 †1864 *79* Das Kajütenbuch *(Die Prärie am Jacinto) 79*
Seferis, Giorgos ✳1900 †1971 *196* Geheime Gedichte *196*
Seghers, Anna (Netty Radványi) ✳1900 †1983 *194* Das siebte Kreuz *194*
Seianus, (Sejan) Lucius Aelius ✳-20 †31 Prätorianerpräfekt *286*
Selkirk, Alexander ✳1676 †1721 Der wahre Robinson *65*
Sembdner, Helmut ✳1914 †1997 *20* Kleist-Spuren *22* Kleist-Dokumente *22*
Semele Mutter des Dionysos *301*
Senancourt, Étienne Pivert de ✳1770 †1846 *264* Oberman *264*
Seneca, Lucius Annaeus ✳1 †65 *296–97, 302, 335* Verkürbissung (Apokolokyntosis) *297* Briefe an Lucilius *335*
Sethos I. †-1279 Pharao *324*
Seume, Johann Gottfried ✳1763 1810 *76* Spaziergang nach Syrakus *76*
Sévigné, Marie de Rabutin-Chantal Marquise de ✳1626 †1696 Briefeschreiberin *538*
Shackleton, Ernest Henry ✳1874 †1922 Wagemutiger Polarforscher *78*
Shakespeare, William ✳1564 †1616 *54, 89, 124, 141, 234, 293, 320, 368, 380, 381, 382–92, 394, 403, 413, 417, 418, 431, 442, 443, 456, 479, 529, 530, 559, 584, 628, 650, 675, 681, 700* Komödie der Irrungen *383* Liebes Leid und Lust *383* Die beiden Veroneser *383* Heinrich VI. *383* Richard III. *383* Titus Andronicus *383* Der Widerspenstigen Zähmung *383* Romeo und Julia *89, 383–84* Richard II. *384* Ein Sommernachtstraum *384, 628* König Johann *384* Der Kaufmann von Venedig *384–85, 442* Heinrich IV. *385*
Die lustigen Weiber von Windsor *385* Viel Lärmen um nichts *385* Heinrich V. *385* Julius Caesar *385–86* Wie es euch gefällt *386* Was ihr wollt *386* Hamlet *386* Troilus und Cressida *387* Ende gut, alles gut *387* Othello *387* Maß für Maß *387* König Lear *387* Macbeth *388, 584* Antonius und Cleopatra *388* Timon von Athen *388* Coriolanus *388* Perikles, Fürst von Tyrus *388* Cymbeline *388* Das Wintermärchen *388–89* Der Sturm *389* Heinrich VIII. *389* Sonette *389* Venus und Adonis *389* Die Schändung der Lukrezia *389*
Shaw, George Bernard ✳1856 †1950 *629, 643* Frau Warrens Gewerbe *643* Caesar und Cleopatra *643* Pygmalion *643*
Shelley, Mary Wollstonecraft ✳1797 †1851 *574* Frankenstein *574*
Shelley, Percy Bysshe ✳1792 †1822 Englischer Dichter *574*
Shonagon, Dame Sei ✳966 †1025 *349* Das Kopfkissenbuch *349*
Sibelius, Jean (Johan Julius Christian) ✳1865 †1957 Komponist *495* »En Saga« *495*
Sieben Weisen des Altertums, Sprüche der Die Herren heißen: Thales von Milet, Bias von Priene, Solon von Athen, Pittakos von Mytilene, Kleobulos von Lindos, Myson von Chenai, Chilon von Sparta. Sie lebten zwischen -700 und -500 *325*
Siegmund Sieglinde Siegfried Wälsungen (Wotanskinder), alle sehr nah miteinander verwandt *292, 502*
Sienkiewicz, Henryk Adam Aleksander Pius ✳1846 †1916 *120* Quo vadis? *120* Wirren *120*
Signoret (Kaminker), Simone ✳1921 †1985 Französische Schauspielerin *90, 258*
Sillanpää, Frans Eemil ✳1888 †1964 Finnischer Schriftsteller *496*
Silone, Ignazio (Secondo Tranquilli) ✳1900 †1978 *147, 605* Brot und Wein (Wein und Brot) *605* Das Geheimnis des Luca *605* Notausgang *605*
Simenon, Georges Joseph Christian ✳1903 †1989 *90, 193, 227, 521* Inspektor Maigret *90* Der Kater *90*
Simon, Claude ✳1913 †2005 *715* Jardin des Plantes *715*
Simon, (Marvin) Neil ✳1927 *113* The Sunshine Boys *113*

Simon and Garfunkel Das sind der geniale
Paul Fredric Simon *1941 69 und sein
Freund Art (Arthur Ira) Garfunkel,
ebenfalls *1941 69 »Mrs Robinson« 69
Simone Martini *1284 †1344 Sieneser
Maler 441
Simplicissimus Gegründet 1896 203
Sinclair, Upton *1878 †1968 649 *Der
Dschungel* 649 *König Kohle* 649 *Öl!* 649
Singer Sargent, John *1856 †1925 Maler
632 »Porträt Henry James« 632
Sisyphos König von Korinth, von Zeus für
seine Verschlagenheit bestraft 715
Sitwell, Dame Edith *1887 †1964
Viktorianisches Original 516
Sjöwall, Maj *1935 90 und Wahlöö, Per
Fredrik *1926 †1975 90 *Die Terroristen*
90
Smollett, Tobias George *1721 †1771
184–85 *Die Abenteuer des Roderick
Random* 184 *Die Abenteuer des Peregrine
Pickle* 184–85, 552 *Die Reisen des
Humphry Clinker* 184
Sokrates *-469 †-399 Querdenker 259,
295, 317, 325, 330–33, 334, 340, 413,
441
Sologub (Teternikow), Fjodor *1863
†1927 590–91 *Der kleine Teufel* 591
Erzählungen (In der Menge 591)
Solowjew, Wladimir Sergejewitsch *1853
†1900 604 *Drei Gespräche* 604
Solon von Athen *-640 †-560 Athenischer
Gesetzgeber 308, 325
Solschenizyn, Alexander Issajewitsch
*1918 †2008 602 *Ein Tag im Leben des
Iwan Denissowitsch* 602 *Der Archipel
Gulag* 602
Sophokles *-496 †-405 290, 293–94, 296,
322, 431, 556, 700 *Antigone* 293 *König
Oedipus* 294 *Oedipus auf Kolonos* 294
Sorokin, Wladimir Georgijwitsch *1955
603 *Roman* 603
Speck, Reiner *1941 Arzt, Herausgeber
und Sammler: Petrarca, Proust und
Polke 245
Spengler, Oswald Arnold Gottfried
*1880 †1936 152 *Der Untergang des
Abendlandes* 152
Spinoza, Baruch *1632 †1677 430, 465
Tractatus theologico-politicus 430
Spitteler, Carl Friedrich Georg *1845
†1924 414, 495–96 *Prometheus und
Epimetheus* 414 *Ei Ole* 495 *Conrad der
Leutnant* 495–96

Spitzweg, Franz Carl *1808 †1885 Witziger
Maler 463
Stadelmeier, Gerhard *1950
Theaterkritiker (der FAZ) 200
Staël-Holstein, Anne Louise Germaine
de *1766 †1817 261–62 *Corinna oder
Italien* 262 *Über Deutschland* 262
Stalin (Jossif Wissarionowitsch
Dschugaschwili) *1878 †1953 129, 172,
372, 569, 591, 594, 598–600, 601, 602,
603, 604, 605, 648, 681
Stanislawski, Konstantin Sergejewitsch
*1863 †1938 Theatermann 594
Staudte, Wolfgang *1906 †1984
Filmregisseur 459 »Rosen für den
Staatsanwalt« 459
Stein, Peter *1937 Regisseur 402
Stein, Werner *1913 †1993 13
Kulturfahrplan 13
Steinbeck, John Ernst *1902 †1968 190,
650, 653 *Tortilla Flat* 190 *Von Mäusen
und Menschen* 190 *Früchte des Zorns* 650
Die Straße der Ölsardinen 190
Stendhal, Friedrich von (Marie-Henri
Beyle) *1783 †1843 133, 147, 232–34,
367, 513, 563, 575 *Geschichte der
italienischen Malerei* 234 *Rom, Neapel
und Florenz* 234 *Über die Liebe* 513
Racine und Shakespeare 232 *Rossini* 234
Armance 233 *Spaziergänge in Rom* 234
Rot und Schwarz 232–33 *Die Kartause
von Parma* 133, 147 *Das Leben des Henry
Brulard* 575 *Erinnerungen eines Egotisten*
575 *Lamiel* 233 *Lucien Leeuwen* 233
Stern, Fritz Richard *1926 501
Gold und Eisen 501 *Das feine Schweigen*
501
Sternberg, Josef von (Jonas Sternberg)
*1894 †1969 Filmregisseur 679 »Der
blaue Engel« 679
Sterne, Laurence *1713 †1768 176–80,
368, 625 *Leben und Ansichten von
Tristram Shandy, Gentleman* 176–78,
368 *Yoricks empfindsame Reise nach
Frankreich und Italien* 178, 625
Sternheim, Carl *1878 †1942 296, 405
Der Snob 405 *Die Hose* 405
Stevenson, Robert Louis (Balfour)
*1850 †1894 70–73, 109–10, 640 *Die
Schatzinsel* 70 *Erzählungen (Die seltsame
Geschichte von Dr. Jekyll und Mr Hyde*
72) *Die Entführung* 109 *Der Junker von
Ballantrae* 110 *Catriona* 109 *In der Südsee*
73 *Weir von Hermiston* 110 mit Lloyd

Osbourne: *Die falsche Kiste* 71 *Die Ebbe* 71 *Der Ausschlachter* 71
Stewart, James Maitland *1908 †1997 Schauspieler 87, 479
Stifter, Adalbert *1805 †1868 79, 93, 112, 481–83 *Studien (Der Condor* 93, 483 *Der Hagestolz* 482*) Bunte Steine* 483 *Der Nachsommer* 482 *Die Mappe meines Urgroßvaters* 483 *Witiko* 482
Stoker, Abraham (Bram) *1847 †1912 641, 742 *Dracula* 641
Storm, Hans Theodor Woldsen *1817 †1888 449, 491, 506 *Der kleine Häwelmann* 449 *Immensee* 491 *Aquis submersus* 491 *Hans und Heinz Kirch* 491 *Der Schimmelreiter* 491
Strauß, Johann (Sohn) *1825 †1899 Walzer- und Operettenkomponist 399, 661 »Die Fledermaus« 399, 661
Strauss, Richard Georg *1864 †1949 Komponist 408–09, 435, 518, 701 »Salome« 518 »Der Rosenkavalier« 408–09 »Ariadne auf Naxos« 409 »Arabella« 409, 435 »Vier letzte Lieder« 701 »Capriccio« 409
Stravinsky, Igor Fjodorowitsch *1882 †1971 Komponist 400, 595 »Sacre du Printemps« 595 »Parade« 400
Strindberg, Johan August *1849 †1912 401, 403 *Der Vater* 403 *Fräulein Julie* 403 *Totentanz* 403 *Gespenstersonate* 403
Strode, Woody (Woodrow Wilson Woolwine) *1914 †1994 Schauspieler 302
Stroheim, Erich Hans Oswald Carl Maria von *1885 †1957 Filmregisseur 82 »Gier« 82
Strugatzki, Arkadi Natanowitsch *1925 †1991 103, 104 und Boris Natanowitsch *1933 †2012 103, 104 *Picknick am Wegesrand* 103
Stuck, Franz von *1863 †1928 Malerfürst 518 »Salome« 518
Sturluson, Snorri *1179 †1241 191 *Prosa-Edda* 191
Sue, Eugène (Joseph-Marie) *1804 †1857 270 *Die Geheimnisse von Paris* 270
Sueton(ius) Tranquillus, Gaius *70 †140 340, 341 *Leben der Caesaren* 340
Su(i)da Byzantinisches Lexikon 970 von mehreren Autoren kompiliert 344
Sully- (René François Armand)

Prudhomme *1839 †1907 Französischer Dichter 259
Suter, Martin *1948 724 *Small world* 724
Svevo, Italo (Ettore Schmitz) *1861 †1921 147, 159, 539, 623–25, 629 *Ein Leben* 624 *Ein Mann wird älter* 624 *Das Bewußtsein des Zeno (Zeno Cosini)* 624 *Kurze sentimentale Reise* 625
Swanson, Gloria (Gloria May Josephine Svenssen) *1897 †1983 Schauspielerin 82
Swift, Jonathan *1667 †1745 101–02, 366 *Tonnenmärchen* 366 *Gullivers Reisen* 102, 366
Tacitus, Publius Cornelius *55 †116 311–12, 313, 339, 340, 490 *Agricola* 340 *Germanien* 312 *Dialog über die Redner* 312 *Historien* 311 *Annalen* 311
Tagore, Rabindranath *1861 †1941 Indischer Dichter 640–41 *Am Himmel rumoren die Wolken* 641
Taine, Hippolyte Adolphe *1828 †1893 Philosoph und Essayist 270
Tarkowskij, Andrej Arsenjewitsch *1932 †1986 103, 104 »Stalker« 104 »Solaris« 103
Tarnow, Rudolf *1867 †1933 206–07 *Burrkäwers* 207
Tasso, Torquato *1544 †1595 141, 253–54, 288–89, 394 *Amyntas* 394 *Das befreite Jerusalem* 141, 288–89
Tatlin, Wladimir Jewgrafowitsch *1885 †1953 Konstruktivist 595
Tausendundeiner Nacht, Die Erzählungen aus (Alf leila waleila) Älteste Handschrift von 1450 289, 339, 351, 446
Taviani, Vittorio *1929 und Paolo *1931 Filmregisseure 398 »Kaos« 398
Taylor, ›Mr‹ †? Hundeentführer von Whitechappel 531
Taylor, Dame Elizabeth Rosemond *1932 †2011 Schauspielerin 109, 668
Taylor, Robert (Spangler Arlington Brugh) *1911 †1969 Schauspieler 668
Tegethoff, Wilhelm von *1827 †1871 Österreichischer Admiral, Held von Lissa 623
Teiresias Blinder Seher, zweigeschlechtlich 294
Telemachos Sohn des Odysseus 287, 627, 649
Telemann, Georg Philipp *1681 †1767 Komponist aus Magdeburg 378

REGISTER 789

Teren(z)tius Afer, Publius ✻-195 †-158 296, 744 *Adelphoe* 296
Thackeray, William Makepeace ✻1811 †1863 185, 552–53 *Barry Lyndon* 552 *Jahrmarkt der Eitelkeit (Vanity Fair)* 553 *Das Snobsbuch* 553 *Pendennis* 553 *Die Newcomes* 553
Thalberg, Sigismund ✻1812 †1871 Klavierhexer 229
Thales von Milet ✻-624 †-546 Geschäftstüchtiger Naturwissenschaftler 325, 327, 467, 487
Thatcher, Baroness Margaret Hilda ✻1925 †2013 Britische Premierministerin 584
Thelen, Albert Vigoleis ✻1903 †1989 716–17 *Die Insel des zweiten Gesichts* 717
Themistokles ✻-525 †-459 Sieger von Salamis, ostrakismiert 308
Theodora ✻500 †548 Kaiserin, Gattin des Justinian 313, 344
Theodorakis, Mikis ✻1925 Komponist, Erfinder des »Sirtaki« 196
Theokrit(os) †-270 316 *Idyllen* 316
Theophrast von Eresos ✻-371 †-287 334 *Charaktere* 334
Theresa von Ávila (Teresa Sánchez de Cepeda y Ahumada) ✻1515 †1582 511–12, 562 *Die innere Burg* 511
Theseus König von Athen 341, 382, 409
Thespis †-510 Erfinder des Theaters 290
Thetis Mutter des Achilles 281
Thomas von Aquin ✻1225 †1274 353 *Summe gegen die Heiden (Summa contra gentiles)* 353 *Summe der Theolgie (Summa theologica)* 353
Thomas, Ambroise ✻1811 †1896 418 »Mignon« 418
Thor der Wikinger ✻? †? Erfolgreicher Freistilringer 617
Thoreau, Henry David ✻1817 †1862 68 *Walden* 68
Thukydides ✻-460 †-396 308–09, 315 *Geschichte des Peloponnesischen Krieges* 308–09
Thurber, James Grover ✻1894 †1961 190 *Fabeln* 190
Tiberius Caesar Augustus ✻-42 †16 Zweiter Römischer Kaiser 286, 709
Tibull(us), Albius ✻-54 †-18 Römischer Lyriker 319
Tieck, Dorothea ✻1799 †1841 Bescheidene Helferin des Vaters in Übersetzungsfragen 389

Tieck, Johann Ludwig ✻1773 †1853 22, 318, 389, 420, 448, 450, 460, 461, 466 *William Lovell* 450 *Herzensergießungen eines kunstliebenden Klosterbruders* (mit Wilhelm Heinrich Wackenroder) 420 *Die Märchen aus dem Phantasus (Der blonde Eckbert Der getreue Eckart Die Elfen)* 448 Shakespeare-Übersetzungen (mit Tochter Dorothea und Wolf Graf Baudissin) 389 *Franz Sternbalds Wanderungen* 420 *Vittoria Accorombona* 450 *Der gestiefelte Kater* 461
Tillier, Claude ✻1801 †1844 265–66 *Mein Onkel Benjamin* 265–66 *Schönblatt und Cornelius* 265
Tintoretto (Robusti), Jacopo ✻1518 †1594 Maler, Schüler von Tizian 506, 721 »L' adultera« 506 »Porträt Sebastian Venier« 721
Tiro, Marcus Tullius ✻-103 †-4 Ciceros Stenograph
Tišma, Aleksandar ✻1924 †2003 172 *Kapo* 172 *Treue und Verrat* 172
Titanic Seit 1979 266
Titus Flavius Vespasianus ✻39 †81 Römischer Kaiser 303, 312
Tizian(o) Vecellio ✻1477†1576 Venezianischer Malerfürst 160, 301, 338, 421, 507 »Porträt Papst Paul III.« 160 »Himmlische und irdische Liebe« 338
Tolkien, John Ronald Reuel ✻1892 †1973 13 *Der Herr der Ringe* 13
Tolstaja, Sofja Andrejewna ✻1844 †1919 587 *Eine Frage der Schuld* 587
Tolstoi, Alexej Konstantinowitsch ✻1817 †1875 587 *Fürst Serebriany* 587
Tolstoi, Alexej Nikolajewitsch ✻1883 †1945 587 *Peter I.* 587
Tolstoi, Lew Nikolajewitsch Graf ✻1828 †1910 27, 128–29, 573, 575, 578, 586–87, 592, 593, 601 *Die Kosaken* 587 *Krieg und Frieden* 128–29 *Anna Karenina* 585–86 *Der Leinwandmesser* 573 *Die Macht der Finsternis* 593 *Die Kreutzersonate* 586–87 *Auferstehung* 587 *Vater Sergej* 592 *Hadschi Murat* 575, 587 *Lebenserinnerungen* 578
Torberg (Kantor), Friedrich ✻1908 †1979 201, 203, 664–65 *Der Schüler Gerber* 664 *Die Tante Jolesch* 664 *Kaffeehaus ist überall* 664
Totenrede Entstanden um 1170 723
Totila †552 Vorletzter König der Ostgoten 313

Trakl, Georg *1887 †1914 *670–71 Ein Winterabend 670–71*
Traum der Roten Kammer, Der Erschien 1791, als Verfasser gelten Tsao Hsüe Kin und Kao O *347*
Traven, B. *1882 oder 1892 †1969 (Ret Marut? Otto Feige?) *79, 80–81 Das Totenschiff 80 Der Schatz in der Sierra Madre 80–81 Der Caoba-Zyklus 80*
Traxler, Hans *1929 *268 Leute von gestern 268*
Trenker, Luis (Alois Franz) *1892 †1990 Alpinist, Schauspieler und Filmregisseur *481 »Flucht in die Dolomiten« 481*
Trilussa (Carlo Alberto Camillo Salustri) *1871 †1950 *148 Die Wölfe und Lämmer (Groß rauskommen 148)*
Trollope, Anthony *1815 †1882 *553–54 Septimus Harding 553–54*
Trotzki, Leo (Lew Dawidowitsch Bronstein) *1879 †1940 Revolutionär *604*
Truffaut, François *1932 †1984 Filmregisseur *92, 107, 167 »Fahrenheit 451« 107 Mr Hitchcock, wie haben Sie das gemacht? 92, 167*
Tschaikowskij, Peter Iljitsch *1840 †1893 Komponist *411, 451, 570, 572, 576, 613 »Violinkonzert« 411 »Eugen Onegin« 572 »Manfred-Sinfonie« 576 »Pique-Dame« 613 »Der Nussknacker« 451*
Tschechow, Anton Pawlowitsch *1860 †1904 *27, 588, 592–94, 600 Platonow 593 Iwanow 593 Der Bär 593 Der Heiratsantrag 593 Die Steppe 588–89 Eine langwielige Geschichte 588 Die Insel Sachalin 588 Das Duell 588 Krankensaal Nr. 6 588 Die Möwe 594 Onkel Wanja (Der Waldschrat) 593 Drei Schwestern 593 Die Dame mit dem Hündchen 588 Der Kirschgarten 592*
Tucca, Plotius †1 Freund Vergils *283*
Tucher, Marie von *1791 †1855 Gattin Hegels *466*
Tucholsky, Kurt (Kaspar Hauser, Theobald Tiger, Peter Panter, Ignaz Wrobel) *1890 †1935 Herausgeber »Weltbühne« *203–04, 675 Rheinsberg 204 Schloß Gripsholm 204*
Tümpel, Christian *1937 †2009 *165 Rembrandt 165*
Turgenjew, Iwan Sergejewitsch *1818 †1883 *27, 147, 536, 582–83, 588, 610 Aufzeichnungen eines Jägers 583 Mumu 583 Rudin 583 Ein Adelsnest 583 Vorabend 583 Erste Liebe 536 Väter und Söhne 582, 610 Rauch 583 Neuland 583 Gedichte in Prosa 583*
Turner, Joseph Mallord William *1775 †1851 Maler, Vervollkommner der Romantik *635*
Turnus Rutulerfürst *283*
Tutenchamun †-1323 Pharao der 18. Dynastie, Sohn von Amenophis IV. *324*
Udet, Ernst *1896 †1941 Kampfflieger, Wehrmachtsgeneral *706*
Uhland, Johann Ludwig *1787 †1862 *425, 473, 741 Gedichte (Schwäbische Kunde 425) Geschichte der deutschen Poesie im Mittelalter 473*
Ulitzkaja, Ljudmila Jewgenjewna *1943 *603 Sonetschka 603*
Unamuno y Jugo, Miguel *1864 †1936 *735 Das tragische Lebensgefühl 735 Nebel 735 Abel Sánchez 735*
Ungar, Hermann *1893 †1929 *659 Die Verstümmelten 659*
Ungerer, Tomi (Jean-Thomas) *1931 Graphiker und Illustrator aus dem Elsass mit Phantasie *17*
Unseld, Karl Siegfried *1924 †2002 *423, 547, 711 Goethe und seine Verleger 547*
Upanishaden Hinduistische Weisheitslehren, entstanden zwischen -700 und -200 *347*
Urban, Peter *1941 †2013 Übersetzer aus dem Russischen *600–01*
Updike, John Hoyer *1932 †2009 Schriftsteller *627*
Urias Hauptmann des Königs David *279*
Ustinov, Sir Peter Alexander Baron von *1921 †2004 Schauspieler *302, 318*
Valentin, Karl (Valentin Ludwig Fey) *1882 †1948 *209 Der Regen 209 Semmelnknödeln 209*
Valera Alcalá Galiano, Juan *1824 †1905 *729 Pepita Jiménez 729*
Valéry, Paul Ambroise *1871 †1945 *248, 257, 259 Der Friedhof am Meer 259 Die junge Parze 259 Eupalinos 259*
Valle-Inclán, Don Ramón María del *1866 †1936 *729 Theaterstücke 729 Tyrann Banderas 729 Der Karlistenkrieg 729*
Vallotton, Félix *1865 †1925 *272 Corbehaut 272 Das mörderische Leben 272*
Varius Rufus, Lucius *-70 †-15 Römischer Dichter, Freund von Vergil *283*
Vasari, Giorgio *1511 †1574 *250–51, 440,*

574 *Das Leben der größten Maler und Bildhauer* 250–51, 440, 574
Veden Heilige Schriften des Hinduismus, entstanden zwischen -1200 und -600 347
Vega Carpio, Lope Félix de ✶1562 †1635 392, 394 *Die Brunnenkur Der Stern von Sevilla* 394
Venus Ahnherrin Caesars, römische Liebesgöttin 284, 359, 676
Verdi, Giuseppe Fortunino Francesco ✶1813 †1901 Komponist 36, 92, 115, 118, 228, 370, 387, 396, 399, 424, 584, 613, 661 »König für einen Tag« 36 »Nabucco« 613 »Ernani« 118 »I Masnadieri (Die Räuber)« 424 »Alzira« 228 »Macbeth« 584 »Der Korsar« 228 »Luisa Miller« 424 »Rigoletto« 118, 399 »La Traviata« 115 »Der Maskenball« 370 »Don Carlo« 424 »Otello« 387 »Aida« 667–68, 695 »Falstaff« 385
Vere Earl von Oxford, Edward De ✶1550 †1604 Benutzte eventuell das Pseudonym William Shakespeare 382
Vergil(ius) Maro, Publius ✶-70 †-21 283–84, 288, 345, 382, 437–38, 675, 743 *Die vierte Ekloge* 284 *Georgica* 284, 743 *Die Mücke (Culex)* 284 *Aeneis* 283
Verlaine, Paul ✶1844 †1896 258 *Gedichte (Chanson d'automne Herbstlied* 258)
Verne, Jules Gabriel ✶1828 †1905 18, 67, 70, 93–98, 265, 268, 451, 641, 644, 744 *Meister Zacharius* 451 *Bekannte und Unbekannte Welten – Abenteuerliche Reisen* 98 (*Fünf Wochen im Ballon* 93 *Reise zum Mittelpunkt der Erde* 97 *Von der Erde zum Mond* 97–98 *Reise um den Mond* 98 *Zwanzigtausend Meilen unter den Meeren* 96 *In 80 Tagen um die Welt* 97 *Die geheimnisvolle Insel* 67 *Der Kurier des Zaren* 94–95 *Die 500 Millionen der Begum* 96 *Die Schule der Robinsons* 67 *Zwei Jahre Ferien* 67 *Die Erfindung des Verderbens* 96 *Die Eissphinx* 93 *Die Schiffbrüchigen der »Jonathan«* 536 *Die erstaunlichen Abenteuer der Expedition Barsac* 96)
Verres, Gaius ✶-115 †-43 Korrupter Statthalter von Sizilien 315
Vespasian(us), Titus Flavius ✶9 †79 Römischer Kaiser 303, 312
Viardot-Garcia, Michelle Pauline ✶1821 †1910 Sängerin und Komponistin 582

Vidocq, Eugène François ✶1775 †1857 138, 224 *Memoiren* 138
Vigny, Alfred de ✶1797 †1863 265 *Cinq-Mars* 265 *Stello* 265 *Fron und Größe der Soldaten* 265
Villon (de Montcorbier?), François ✶1431 †1463 175 *Das große Testament* 175
Vischer, Melchior (Emil Walter Kurt) ✶1895 †1975 677 *Sekunde durch Hirn* 677
Vitruv(ius) Pollio, Marcus ✶-80 †-10 337 *Zehn Bücher Architektur* 337
Vivaldi, Antonio Lucio ✶1678 †1741 Komponist, der ›prete rosso‹ 395
Vogel, Adolphine Sophie Henriette ✶1780 †1811 Starb mit Kleist 21
Volksbuch von Doktor Eisenbart Der berühmte Arzt Johann Andreas Eisenbarth ✶1663 †1727 191
Volksbuch vom Doktor Johann Fausten 1587 Der historische Faust †1541 191
Volksbuch von Till Eulenspiegel Ein kurtzweilig Lesen von Dyl Ulenspiegel 1510 191
Volodos, Arkadi ✶1972 Klaviervirtuose 595
Voltaire (François Marie Arouet) ✶1694 †1778 75, 104, 218, 342, 364–65, 372–73, 374, 377, 446, 569, 609, 741 *Encyclopédie* 372 *Mikromegas* 104 *Candide oder Der Optimismus* 75, 364 *Der ehrliche Hurone* 373 *Mahomet* 374, 446
Vonnegut Jr., Kurt ✶1922 †2007 172 *Schlachthaus 5* 172
Voß, Johann Heinrich ✶1751 †1826 Übersetzer der *Ilias* und *Odyssee* 282
Vuillard, Édouard ✶1868 †1940 Maler ›Nabi‹ 272
Wackenroder, Wilhelm Heinrich ✶1773 †1798 420 *Herzensergießungen eines kunstliebenden Klosterbruders* (mit Ludwig Tieck) 420
Waginow, Konstantin Konstantinowitsch ✶1899 †1934 600–01 *Auf der Suche nach dem Gesang der Nachtigall* 601
Wagner, Wilhelm Richard ✶1813 †1883 136, 144, 200, 229, 254, 257, 282, 291–92, 322, 355, 396, 397–98, 424, 487–88, 493, 495, 502–03, 607, 643, 661, 697 »Rienzi, der letzte der Tribunen« 144 »Tannhäuser« 254, 396 »Der Ring des Nibelungen« 136 (»Rheingold« 291 »Die Walküre« 697 »Siegfried« 282 »Götterdämmerung«

292) »Tristan und Isolde« *200, 257, 493*
»Die Meistersinger von Nürnberg« *322*
»Parsifal« *282*
Wagner, Cosima ✳1837 †1930 Gattin des Komponisten, Tochter Liszts, gesch. von Bülow *229*
Wagner, Winifred ✳1897 †1980 geb. Williams Gattin Siegfried Wagners Richards Schwiegertochter *561*
Walcott, Derek ✳1930 *289–90 Omeros 289–90*
Walden, Herwarth (Georg Lewin) ✳1878 †1941 Herausgeber *679* »Der Sturm« *679*
Walker, Robert ✳1918 †1951 Genialer Filmschurke *524*
Wallace, Lewis ✳1827 †1905 *120 Ben Hur 120*
Walpole Earl of Oxford, Horace ✳1717 †1797 *138, 183 Die Burg von Otranto 138, 183*
Walpole, Robert ✳1676 †1745 Sein Vater, Englands erster Premierminister *183*
Walser, Robert ✳1878 †1956 *490 Der Gehülfe 490*
Waltari, Mika Toimi ✳1908 †1979 *120 Sinuhe der Ägypter 120*
Walther von der Vogelweide ✳1170 †1230 Minnesänger *322*
Wassermann, Jakob ✳1873 †1934 *666–67, 745 Die Juden von Zirndorf 666 Caspar Hauser oder Die Trägheit des Herzens 666–67 Das Gänsemännchen 666 Der Fall Maurizius 666*
Waugh, Arthur Evelyn St. John ✳1903 †1966 *561 Wiedersehen mit Brideshead 561*
Weber, Karl Julius ✳1767 †1832 *328 Demokritos oder Hinterlassene Papiere eines lachenden Philosophen 328*
Weber, Max(imilian) Carl Emil ✳1864 †1920 Gründervater der Soziologe und Politiktheoretiker *168, 561 Politik als Beruf 168 Wissenschaft als Beruf 168*
Webster, John ✳1575 †1634 *302, 391, 450 Die Herzogin von Malfi 391*
Wedekind, Benjamin Frank(lin) ✳1864 †1918 *94, 209, 405, 475, 518, 535, 664, 698 Frühlingserwachen 535, 664 Erdgeist 518 Der Marquis von Keith 405 Mine-Haha oder Über die körperliche Erziehung der jungen Mädchen 535 Die Büchse der Pandora 518 Musik 405 Briefe 94*

Weerth, Georg Ludwig ✳1822 †1856 Vormärzdichter *475*
Weigel, Helene ✳1900 †1971 Schauspielerin, Intendantin und Brechts zweite Ehefrau *699*
Weill, Kurt Julian ✳1900 †1950 Komponist *66, 698* »Die Dreigroschenoper« *66, 698*
Weimar-Eisenach, Karl August Großherzog von Sachsen- ✳1757 †1828 *428, 695*
Weinheber, Josef ✳1892 †1945 *391 Die Zigarette 391*
Weininger, Otto ✳1880 †1903 *670 Geschlecht und Charakter 670*
Welles, George Orson ✳1915 †1985 *52, 105, 480, 646* Filmregisseur »Citizen Kane« *480* Hörspiel »Der Krieg der Welten« *105*
Wells, Herbert George ✳1866 †1946 *98–100, 105, 106, 154, 638, 643–44, 744 Die Zeitmaschine 99 Die Insel des Dr. Moreau 100 Der Unsichtbare 100 Der Krieg der Welten 105 Die ersten Menschen auf dem Mond 98 Kipps 644 Mister Polly steigt aus 644 Erzählungen (Der Zauberladen 744) Weltgeschichte 154 Weltbühne 1905-1933 203*
Wenders, Wim (Ernst Wilhelm) ✳1945 Filmregisseur *522* »Der amerikanische Freund« *522*
Werefkin, Marianne Wladimirowka von ✳1860 †1938 Malerin und Lebensgefährtin von Jawlenskij *595*
Werfel, Franz Viktor ✳1890 †1945 *92, 661 Verdi 92, 661 Die vierzig Tage vom Musa Dagh 661 Das Lied von Bernadette 661*
Werner, Anton von ✳1843 †1915 Historienmaler *223*
Werner, Oskar (Josef Bschließmayer) ✳1922 †1984 Schauspieler, großer Rezitator *89, 107, 658*
West, Nathanael (Nathan Wallenstein Weinstein) ✳1903 †1940 *648–49 Schreiben Sie Miss Lonelyhearts 648 Tag der Heuschrecke (The Day of the Locust, der Roman mit Homer Simpson) 648*
Wezel, Johann Carl ✳1747 †1819 *377 Belphegor oder Die wahrscheinlichste Geschichte unter der Sonne 377*
Wharton, Edith ✳1862 †1937 *541, 556, 557–58, 631, 635, 640, 744 Das Haus der Freude 541 Zeit der Unschuld 557*
Whymper, Edward ✳1840 †1911 Pionier des Alpinismus *576*

Whitman, Walt(er) *1819 †1892 *653*
    Grashalme *653*
Widmer, Walter *1903 †1965 Übersetzer
    174 »Gargantua und Pantagruel« *174*
Wieland, Christoph Martin *1733 †1813
    *120, 305, 319, 341, 381, 389, 412–13,
    417 Horaz- und Lukianübersetzungen
    341, 412 Geschichte des Agathon
    412 Alceste 412 Die Abderiten 412
    Agathodämon 305 Aristipp 412*
Wilde, Oscar Fingal O'Flaherty Wills
    *1854 †1900 *390, 403–04, 518–19,
    643 Lord Arthur Saviles Verbrechen
    520 Märchen (Der selbstsüchtige Riese
    520) Das Bildnis des Dorian Gray 519
    Das Bildnis des Herrn W.H. 390 Der
    Sozialismus und die Seele des Menschen
    520 Salome 518 Lady Windemeres
    Fächer 404 Bunbury oder Ernst und seine
    tiefere Bedeutung 404 Die Ballade vom
    Zuchthaus zu Reading 519 De profundis
    519 Herberge der Träume (gesammelt von
    Guillot de Saix) 520*
Wilder, Billy (Samuel) *1906 †2002
    Filmregisseur *82* »Boulevard der
    Dämmerung« *82*
Wilder, Thornton Niven *1897 †1975 *283,
    538 Die Brücke von San Luis Rey 538 Die
    Iden des März 283*
Wilhelm I. von Deutschland *1797 †1888
    714
Wilhelm II. von Deutschland *1859 †1941
    187, 491, 561, 679, 697
Williams, Tennessee (Thomas Lanier)
    *1911 †1983 Amerikanischer
    Dramatiker *287*
Willemer, Marianne von *1784 †1860 *446
    West-östlicher Diwan 446*
Wilmans, Friedrich *1765 †1830 Verleger
    in Frankfurt von E.T.A. Hoffmann *452*
Wilson, Edmund *1895 †1972
    Literaturkritiker und langjähriger Freund
    Nabokovs *573*
Winckelmann, Johann Joachim *1717
    †1768 Archäologe *300, 376, 421, 746*
Witichis †542 Drittletzter Ostgotenkönig
    313
Wittgenstein, Ludwig Josef Johann
    *1889 †1951 *179–80 Tractatus logico-
    philosophicus 180 Tagebuch 180*
Wodehouse, Sir Pelham Grenville *1881
    †1975 *555 Der unvergleichliche Jeeves
    555*
Wöhler, Friedrich *1800 †1882 Chemiker,
    ihm gelang 1828 die Harnstoffsynthese
    72
Wohl, Jeanette *1783 †1861 Brieffreundin
    Ludwig Börnes *472*
Wolf, Hugo *1860 †1903 Komponist *477,
    505, 694* »Italienisches Liederbuch« *505*
    »Spanisches Liederbuch« *505*, beide auf
    Poesien Paul Heyses
Wolfe, Thomas Clayton *1900 †1938
    *649–50 Schau heimwärts, Engel 649–50
    Von Zeit und Strom 649*
Wolf-Ferrari, Ermanno *1876 †1948
    Italienischer Komponist *36* »Sly« *36*
Wolfram von Eschenbach *1160 †1220 *353
    Parzival 353*
Wollschläger, Hans *1935 †2007
    Übersetzer *628* »Ulysses« *628*
Wollstonecraft, Mary *1759 †1797 Frühe
    Frauenaktivistin und Schriftstellerin
    574
Woolf, Virginia *1882 †1941 *528–32,
    539–40 Mrs Dalloway 539–40 Zum
    Leuchtturm 528 Orlando 528 Ein Zimmer
    für sich allein 531 Die Wellen 531 Flush
    531*
Woolrich, Cornell (George Hopley-) *1903
    †1968 *87–88, 181, 521, 647 Der schwarze
    Engel 87 Das Fenster zum Hof 87–88*
Wordsworth, William *1770 †1850
    Englischer Dichter, Haupt der
    »Seeschule« *479*
Wotan Oberster Germanengott *291–92,
    502–03*
Xanthippe Treusorgendes Weib des
    Sokrates *330*
Xenophanes von Kolophon *-570 †-470
    Dichtender Denker *327*
Xenophon *-426 †-355 *309, 317–18, 340
    Anabasis 317 Hellenika 309 Kyrupädie
    318 Memorabilien 340 Reitkunst 318*
Xerxes *-519 †-465 Persischer Großkönig
    308
Yeats, William Butler *1865 †1939 Irischer
    Dichter *257, 629*
Yourcenar, Marguerite (Antoinette Jeanne
    Marie de Crayencour) *1903 †1987 *283
    Ich zähmte die Wölfin 283*
Zadek, Peter *1926 †2009 Regisseur *688*
Zapperi, Roberto *1932 in Catania *160–
    61, 251, 435 Geschichten vom schwangeren
    Mann 435 Annibale Carracci 251 Der
    Neid und die Macht 160 Die vier Frauen
    des Papstes 160 Das Inkognito 160–61*
Zech, Paul *1881 †1946 Dichter *175*

Zelter, Carl Friedrich ✷1758 †1832 Komponist *468* »Um Mitternacht« *468 Briefwechsel mit Goethe 468*
Zeman, Karel ✷1910 †1989 Filmregisseur *95* »Die Erfindung des Verderbens« *95*
Zemlinsky, Alexander von ✷1871 †1942 Komponist *641, 661*
Zenon von Kition ✷-333 †-264 Erster Stoiker *335*
Zeus Oberster Olympier *249, 299, 301, 338, 339, 356, 414, 430, 456, 471, 716, 743*
Zimmer, Ernst ✷1772 †1838 Retter und Pfleger Hölderlins *431*
Zola, Émile ✷1840 †1902 *82, 241–42, 271, 367, 499, 583, 705 Die Rougon-Macquart 241–42 (Das Glück der Familie Rougon 242 Die Beute 242 Der Bauch von Paris 243 Die Eroberung von Plassans 242 Seine Exzellenz Eugène Rougon 242 Der Totschläger 242 Nana 243 Paradies der Damen 243 Germinal 243 Das Werk 241 Das Geld 242 Der Zusammenbruch 242 Doktor Pascal 242) J'accuse! 242*
Zschokke, Johann Heinrich Daniel ✷1771 †1848 *22, 458 Der zerbrochene Krug 22*
Zuckmayer, Carl ✷1896 †1977 *679, 706, 718–19 Der fröhliche Weinberg 706 Der Schinderhannes 706 Der Hauptmann von Köpenick 706 Des Teufels General 706 Erzählungen (Henndorfer Pastorale 718) Als wär's ein Stück von mir 706 Drehbuch »Der blaue Engel« 679*
Zweig, Arnold ✷1887 †1968 *680–81 Der große Krieg der weißen Männer (Der Streit um den Sergeanten Grischa Junge Frau von 1914 Erziehung vor Verdun Einsetzung eines Königs) 680–81*
Zweig, Stefan ✷1881 †1942 *30, 39, 139, 220, 665–66, 674, 687, 704, 706 Volpone 666 Verwirrung der Gefühle 666 Brennendes Geheimnis 666 Sternstunden der Menschheit 39, 665 Baumeister der Welt (Drei Dichter ihres Lebens: Casanova – Stendhal – Tolstoi) 220 Joseph Fouché 138 Marie Antoinette 666 Maria Stuart 666 Castellio gegen Calvin 666 Magellan 666 Ungeduld des Herzens 666 Brasilien, Land der Zukunft 665 Die Schachnovelle 665 Die Welt von Gestern 665, 706 Balzac 666 Rausch der Verwandlung 666*
Zwetajewa, Marina Iwanowna ✷1892 †1941 Russische Dichterin *595*

REGISTER

CHRONOLOGISCHES VERZEICHNIS
ALLER ERWÄHNTEN DICHTER
NACH STERBEDATUM UND LEBENSALTER
SOWIE ANONYMER WERKE

-2550 Djedefhor
-2400 Gilgameschepos
-1000 Bibel (Pentateuch)
-750 Homer
-730 Hesiod
-620 Arion von Lesbos
-600 Äsop Veden
-570 Sappho von Lesbos -630
-560 Solon von Athen -640
-546 Thales von Milet -624 Anaximander von Milet -610
-530 Anakreon
-526 Anaximenes von Milet -585
-510 Pythagoras von Samos -570 Thespis
-500 Sprüche der Sieben Weisen
-475 Heraklit von Ephesos -540
-470 Xenophanes von Kolophon -570
-456 Aischylos -525
-450 Parmenides von Elea -520
-445 Pindar -522
-434 Empedokles von Akragas -494
-424 Herodot von Halikarnassos -484
-420 Polyklet -480
-411 Protagoras -490
-406 Euripides -485
-405 Sophokles -496
-400 Hippias von Elis Leukipp von Abdera
-396 Thukydides -460
-385 Aristophanes -445
-380 Gorgias -480 Lysias -445
-370 Demokrit von Abdera -460
-347 Platon -427
-323 Diogenes von Sinope -399
-322 Aristoteles von Stagira -384 Demosthenes -384
-300 Euklid von Alexandria -365
-291 Menander -342
-287 Theophrast -371
-270 Epikur von Samos -342 Theokrit
-264 Zenon von Kition -333
-215 Apollonios von Rhodos -295
-200 Upanishaden
-184 Plautus -254
-158 Terenz -195

-120 Polybios -200
-110 Apollodor
-103 Gaius Lucilius -180
-100 Pseudo-Homer
-55 Lukrez -98
-54 Catull -84
-51 Poseidonios von Apameia -135
-44 Caesar -100
-43 Cicero -106
-35 Sallust -86
-18 Tibull -54
-15 Varius Rufus -70
-10 Vitruv -80
-8 Horaz -65
-1 Properz -50
17 Livius -59
65 Seneca 1 Lukan 39
66 Petronius Arbiter 14
79 Plinius der Ältere 23
100 Flavius Josephus 37 Legende von Homer
104 Martial 40
115 Plinius der Jüngere 61
116 Tacitus 55
120 Dion Chrysostomos 40
125 Plutarch 45
140 Sueton 70
175 Arrian 95 Ptolemäus 100
180 Pausanias 115 Lukian von Samosata 120 Mark Aurel 121 Apuleius von Madaura 125
200 Alexanderroman Bibel (Endrevision)
220 Diogenes Laërtius
235 Cassius Dio 155
245 Philostratos von Lemnos 165
270 Plotin von Alexandria 205
300 Heliodor von Emesa
320 Longos von Lesbos
363 Marius Victorinus 281 Julian Apostata 331
393 Libanios von Antiochia 314
395 Ammianus Marcellinus 330
420 Paulus Orosius 385
430 Augustinus 354

470 Nonnos
500 Musaios Philogelos
562 Prokopios von Caesarea 500
633 Koran
970 Su(i)da
1000 Papageienbuch indisch
1020 Firdusi 940 Shikibu Murasaki
1022 Sei Shonagon 966
1037 Avicenna 980
1100 Rolandslied
1109 Anselm von Canterbury 1033
1154 Anna Komnene 1083
1165 Archipoeta 1130
1170 Totenrede
1185 Ibn Tufail 1110
1198 Averroes 1126
1200 Nibelungenlied
1209 Nizami 1141
1220 Wolfram von Eschenbach 1160
1227 Mongolische Geheimgeschichte
1230 Walther von der Vogelweide 1170 Lancelot-Roman
1241 Snorri Sturluson 1179
1250 Die Räuber vom Liang Schan-Moor
1273 Rumi 1207
1274 Thomas von Aquin 1225
1321 Dante Alighieri 1265
1330 Papageienbuch persisch
1374 Francesco Petrarca 1304
1375 Giovanni Boccaccio 1313
1390 Hafis 1320
1400 Franco Sacchetti 1330 Geoffrey Chaucer 1343
1405 Jean Froissart 1337
1445 Oswald von Wolkenstein 1377
1450 Papageienbuch türkisch Die Erzählungen aus Tausendundeiner Nacht
1463 François Villon 1431
1464 Enea Silvio Piccolomini (Papst Pius II.) 1405
1471 Thomas Malory 1405
1475 Georges Chastellain 1405
1480 Masuccio Salernitano 1420
1504 Garci Ordoñez 1440
1506 Christoph Columbus 1451
1510 Ein kurtzweilig Lesen von Dyl Ulenspiegel
1527 Niccolò Machiavelli 1469
1533 Ludovico Ariosto 1474 François Rabelais 1493
1535 Thomas Morus 1478
1536 Erasmus von Rotterdam 1465
1543 Nikolaus Kopernikus 1473

1546 Martin Luther 1483
1549 Margarethe von Navarra 1492
1554 Das Leben des Lazarillo von Tormes
1561 Matteo Bandello 1485
1562 Götz von Berlichingen 1480
1576 Hans Sachs 1494
1582 Theresa von Ávila 1515
1587 Volksbuch vom Doktor Johann Fausten
1591 Johann B. Fischart 1546
1592 Michel de Montaigne 1533
1593 Christopher Marlowe 1564
1595 Torquato Tasso 1544
1600 Giordano Bruno
1610 Kin Ping Meh
1616 Miguel de Cervantes 1547 William Shakespeare 1564
1631 John Donne 1572
1632 Giambattista Basile 1566
1634 John Webster 1575
1635 Lope de Vega 1562
1637 Ben Johnson 1572
1639 Juan Ruiz de Alarcón 1580
1645 Francisco Quevedo 1580
1648 Tirso de Molina 1579
1650 René Descartes 1596
1655 Cyrano de Bergerac 1619
1658 Baltasar Gracián 1601
1662 Blaise Pascal 1623
1664 Andreas Gryphius 1616
1673 Molière 1622
1674 John Milton 1608
1676 Paul Gerhardt 1607 Hans C. von Grimmelshausen 1622
1677 Baruch Spinoza 1632
1679 Thomas Hobbes 1588
1680 François de La Rochefoucauld 1613
1681 Pedro Calderón de la Barca
1684 Pierre Corneille
1695 Jean La Fontaine 1621
1696 Madame de Sévigné 1626 Jean de La Bruyère 1645
1697 John Aubry 1626
1699 Jean Racine 1639
1700 Johannes Beer 1655
1703 Samuel Pepys 1633
1712 Christian Reuter 1665
1716 Gottfried W. Leibniz 1646
1720 Volksbuch vom Doktor Eisenbart
1727 Isaak Newton 1643
1731 Daniel Defoe 1660
1732 John Gay 1685
1733 Bernard Mandeville 1670

1745 Jonathan Swift 1667
1747 Alain R. Lesage 1668
1750 Rambler
1751 Julien O. de La Mettrie 1709
1753 George Berkeley 1685
1754 Ludvig Holberg 1684 Henry Fielding 1707
1755 Louis de Saint-Simon 1675 Charles de Montesquieu 1989
1758 Johann G. Schnabel 1692
1759 Ewald von Kleist 1715
1761 Samuel Richardson 1689
1763 Pierre C. de Marivaux 1688 Abbé Prévost 1697
1765 Michail W. Lomonossow 1711
1768 Laurence Sterne 1713 Johann J. Winckelmann 1717
1769 Christian F. Gellert 1715
1771 Tobias G. Smollett 1721
1774 Oliver Goldsmith 1728
1778 Voltaire 1694 Jean J. Rousseau 1712
1779 James Cook 1728
1781 Gotthold E. Lessing 1729
1784 Samuel Johnson 1709 Denis Diderot 1713
1786 Moses Mendelssohn 1729
1787 Johann K. Musäus 1735
1791 Honoré de Mirabeau 1749 Der Traum der Roten Kammer
1792 Jacob M.R. Lenz 1751
1793 Carlo Goldoni 1707 Karl P. Moritz 1756
1794 Edward Gibbon 1737 Nicolas Chamfort 1740 Johann G. Forster 1754
1795 James Boswell 1740 Carl Michael Bellman 1740
1796 James Macpherson 1739 Robert Burns 1759
1797 Horace Walpole 1717 Mary Wollstonecraft 1759
1798 Giacomo Casanova 1725 Ulrich Bräker 1735 Aloys Blumauer 1755 Wilhelm H. Wackenroder 1773 Allgemeine Zeitung
1799 Pierre A. de Beaumarchais 1732 Georg Chr. Lichtenberg 1742
1802 Novalis 1772
1803 Friedrich G. Klopstock 1724 Choderlos de Laclos 1741 Johann G. von Herder 1744 Wilhelm J. Heinse 1746
1804 Immanuel Kant 1724
1805 Friedrich von Schiller 1759
1806 Carlo Gozzi 1720 Nicolas Restif de la Bretonne 1734 Henri Sanson 1739

1807 Melchior Grimm 1723 Sophie von LaRoche 1730
1809 Meriwether Lewis 1774
1810 Johann G. Seume 1763 Brockden Brown 1771
1811 Heinrich von Kleist 1777 Berliner Abendblätter
1812 Brockhaus
1813 Christoph M. Wieland 1733 Johann G. Schummel 1771
1814 Jacques-Henri Bernardin de Saint-Pierre 1737 Donatien A. F. de Sade 1740 August W. Iffland 1759 Johann G. Fichte 1762
1815 Matthias Claudius 1740 Jan Potocki 1761
1817 Germaine de Staël-Holstein 1766 Jane Austen 1775
1819 Johann C. Wezel 1747
1821 Napoléon Bonaparte 1769
1822 Johann C. Sachse 1762 Ernst T. A. Hoffmann 1776 Percy B. Shelley 1792
1823 Polarstern
1824 George G. Byron 1788
1825 Jean Paul 1763
1826 Johann H. Pestalozzi 1746 Johann H. Voß 1751 Jean A. Brillat-Savarin 1755 Johann P. Hebel 1760 Jens E. Baggesen 1764 Nikolaj M. Karamsin 1766
1827 William Blake 1757 Johann W. Müller 1794 Wilhelm Hauff 1802
1828 Johann G. Müller 1743
1829 Friedrich von Schlegel 1772 Alexander I. Gribojedow 1795
1830 Benjamin Constant 1767 Jósef Katona 1791
1831 Georg W. Hegel 1770 Achim L. von Arnim 1781
1832 Johann W. von Goethe 1749 Karl J. Weber 1767 Walter Scott 1771 Charivari
1834 Samuel Taylor Coleridge 1772
1835 August von Platen 1796
1836 Dioskuren Ferdinand Raimund 1790 Christian D. Grabbe 1801
1837 Ludwig Börne 1786 Giacomo Leopardi 1798 Alexander S. Puschkin 1799 Georg Büchner 1813
1838 Lorenzo da Ponte 1749 William Clark 1770 Adelbert von Chamisso 1781
1839 Dorothea Schlegel 1764
1840 Karl L. Immermann 1796
1841 Dorothea Tieck 1799 Michail J. Lermontow 1814

1842 Emmanuel de Las Cases 1766 Clemens Brentano 1778
1843 Friedrich Hölderlin 1770 Friedrich de la Motte Fouqué 1777 Friedrich von Stendhal 1783
1844 William Beckford 1760 Iwan A. Krylow 1769 Claude Tillier 1801
1845 August W. von Schlegel 1767
1846 Etienne P. de Senancourt 1770
1848 François-René de Chateaubriand 1768 Johann H. Zschokke 1771 Annette von Droste-Hülshoff 1797 Emily Brontë 1818
1849 James Rousseau 1797 Edgar A. Poe 1809 Sándor Petöfi 1813
1850 William Wordsworth 1770 Gustav Schwab 1792 Honoré de Balzac 1799
1851 James F. Cooper 1789 Mary W. Shelley 1797
1852 Xavier de Maistre 1769 Nikolaj Gogol 1809 Gabriel Ferry 1809
1853 Ludwig Tieck 1773
1854 Heinrich Clauren 1771 Johann G. Regis 1791 Johann P. Eckermann 1792 Jeremias Gotthelf 1797
1855 Gérard de Nerval 1808 Søren Kierkegaard 1813 Charlotte Brontë 1816
1856 Joseph von Hammer-Purgstall 1774 Heinrich Heine 1797 Georg Weerth 1822
1857 Eugène Vidocq 1775 Joseph von Eichendorff 1788 Eugène Sue 1804 Alfred de Musset 1810
1859 Alexander von Humboldt 1769 Washington Irving 1783 Bettina von Arnim 1785 Thomas DeQuincey 1785 Sergej T. Aksakow 1791
1860 Ernst M. Arndt 1769 Marianne von Willemer 1784 Arthur Schopenhauer 1788 Ludwig Bechstein 1801
1861 Eugène Scribe 1791 Elizabeth Barrett-Browning 1806 Henri Murger 1822 Ippolito Nievo 1831
1862 Ludwig Uhland 1787 Johann Nestroy 1801 Elizabeth Gaskell 1810 Henry D. Thoreau 1817
1863 Alfred de Vigny 1797 William M. Thackeray 1811 Friedrich Hebbel 1813 Ernst Niebergall 1815
1864 Charles Sealsfield 1793 Nathaniel Hawthorne 1804
1865 Otto Ludwig 1813
1866 Friedrich Rückert 1788
1867 Wilhelm von Kügelgen 1802 Charles Baudelaire 1821
1868 Adalbert Stifter 1805

1869 Alphonse de Lamartine 1790 Vladimir Odojewskij 1804 Charles A. Saint-Beuve 1804
1870 Alexandre Dumas père 1802 Prosper Mérimée 1803 Charles Dickens 1812 Jules de Goncourt 1830 Lautréamont 1846
1871 Hermann von Pückler-Muskau 1785 Willibald Alexis 1798
1872 Franz Grillparzer 1791 Théophile Gautier 1811 Friedrich Gerstäcker 1816 Alexis Kivi 1834
1873 Alessandro Manzoni 1785 Edward Bulwer-Lytton 1803 Ernest Feydeau 1821
1874 Jules Michelet 1798 Fritz Reuter 1810
1875 Eduard Mörike 1804 Hans C. Andersen 1805 Georg Herwegh 1817 Alexej K. Tolstoi 1817
1876 George Sand 1804 Louise Colet 1810 Ferdinand Freiligrath 1810 Eugène Fromentin 1820 Iwan A. Kustschewskij 1847
1878 Wolf Graf Baudissin 1789 Karl Gutzkow 1811 Nikolaj A. Nekrassow 1821
1879 Charles de Coster 1827
1880 George Eliot 1819 Gustave Flaubert 1821 Sachs-Villate dt.-frz. Wörterbuch
1881 Thomas Carlyle 1795 Benjamin Disraëli 1804 Fjodor M. Dostojewskij 1821 Alexej F. Pisemski 1821
1882 Charles Darwin 1809 Anthony Trollope 1815
1883 Karl Marx 1818 Iwan S. Turgenjew 1818
1884 Elias Lönnrot 1802 Heinrich Laube 1806 Johann G. Droysen 1808 Georg Büchmann 1822
1885 Victor Hugo 1802 Gordon von Khartum 1833 Jens P. Jacobsen 1847
1886 Leopold von Ranke 1795 Alexander N. Ostrowskij 1823 Emily Dickinson 1830
1887 Multatuli 1820 Eugenie Marlitt 1825
1888 Edward Lear 1812 Theodor Storm 1817
1889 Robert Browning 1812 Wilkie Collins 1824 Michail J. Saltykow-Schtschedrin 1826 Ludwig Anzengruber 1839
1890 Gottfried Keller 1819 Heinrich Schliemann 1822 Alexandre Chatrian 1826
1891 Iwan A. Gontscharow 1812 Herman Melville 1819 Ferdinand Gregorovius 1821 Arthur Rimbaud 1854
1892 Joseph A. de Gobineau 1816 Walt Whitman 1819

1893 Hippolyte Taine 1828 Guy de
Maupassant 1850
1894 Robert L. Stevenson 1850
1895 Gustav Freytag 1816 Alexandre Dumas
fils 1824 Nikolaj S. Lesskow 1831 Leopold
von Sacher-Masoch 1836
1896 Eduard de Goncourt 1822 Paul
Verlaine 1844 Simplicissimus
1897 Jacob Burckhardt 1818 Henri Meilhac
1831 Alphonse Daudet 1840
1898 Theodor Fontane 1819 Conrad F.
Meyer 1825 Carlo Collodi 1826 Stéphane
Mallarmé 1842
1899 Émile Erckmann 1822
1900 Friedrich Nietzsche 1844 Wladimir S.
Solowjew 1853 Oscar Wilde 1854 Stephen
Crane 1871
1901 Herman Grimm 1828 Clarín 1852
1902 Samuel Butler 1835 Bret Harte 1836
Émile Zola 1840 Richard von Krafft-
Ebing 1840 Frank Norris 1870
1903 Theodor Mommsen 1817 Otto
Weininger 1880
1904 Mór Jókai 1825 Kate Chopin 1850
Anton P. Tschechow 1860
1905 Juan Valera 1824 Lewis Wallace 1827
Jules Verne 1828
1906 Henrik Ibsen 1828 Ferdinand von
Saar 1833
1907 Sully Prudhomme 1839 Joris K.
Huysmans 1848 Alfred Jarry 1873
1908 Wilhelm Busch 1832 Ludovic Halévy
1834 Machado de Assis 1839
1909 George Meredith 1828 Detlev von
Liliencron 1844 Charles-Louis Philippe
1874
1910 Lew N. Tolstoi 1828 Wilhelm Raabe
1831 Mark Twain 1835 Kálmán Mikszáth
1847 Kurd Laßwitz 1848 O. Henry 1862
Jules Renard 1864
1912 Felix Dahn 1834 Karl May 1842 Bram
Stoker 1847 August Strindberg 1849
Dmitrij N. Mamin-Ssibirjak 1852 Otto
Brahm 1856 Herman Bang 1857 Georg
Heym 1887
1914 Paul Heyse 1830 Ambrose Bierce
1842 Christian Morgenstern 1871 Alain-
Fournier 1886 Georg Trakl 1887
1915 Paul Scheerbart 1863
1916 Marie von Ebner-Eschenbach 1830
Wilhelmine von Hillern 1836 Ernst
Mach 1838 Henry James 1843 Henryk
Sienkiewicz 1846 Jack London 1876
1918 Peter Rosegger 1843 Eduard von
Keyserling 1855 Frank Wedekind
1864 Max Dauthendey 1867 Édmond
Rostand 1868 Fanny zu Reventlow 1871
Guillaume Apollinaire 1880
1919 Sofja A. Tolstaja 1844 Wassilij W.
Rosanow 1856 Karl Gjellerup 1857
Peter Altenberg 1859 Leonid N.
Andrejew 1871 Rosa Luxemburg
1871
1920 Benito P. Galdós 1843 Ludwig
Ganghofer 1855 Georges Feydeau 1862
Richard Dehmel 1863 Max Weber 1864
1921 Wladimir G. Korolenko 1853 Oskar
Panizza 1853 Italo Svevo 1861 Alexander
A. Blok 1880
1922 Erskine Childers 1870 Marcel Proust
1871 Velemir Chlebnikow 1885
1923 Jaroslav Hašek 1883 Katherine
Mansfield 1888
1924 Anatole France 1844 Carl Spitteler
1845 Joseph Conrad 1857
1925 Henry R. Haggard 1856 Félix Vallotton
1865 Boris W. Savinkov 1879 Franz
Kafka 1883
1926 Rudolf Eucken 1846 Rainer M. Rilke
1875 Siegfried Jacobsohn 1881
1927 Georg Brandes 1842 Jerome K. Jerome
1859 Fjodor Sologub 1863
1928 Thomas Hardy 1840 Edmund Gosse
1849 Klabund 1890
1929 Wilhelm von Bode 1845 Arno Holz
1863 Hugo von Hofmannsthal 1874
Hermann Ungar 1893 Annales
1930 Adolf von Harnack 1851 Arthur C.
Doyle 1859 Fridtjof Nansen 1861 David
H. Lawrence 1885 Wladimir Majakowski
1893
1931 Arthur Schnitzler 1862 Arnold Bennett
1867
1933 George Moore 1852 Konstantinos
Kavafis 1863 Rudolf Tarnow 1867 John
Galsworthy 1867 Stefan George 1868
1934 Jakob Wassermann 1873 Theodor
Däubler 1876 Andrej Belyi 1880 Joachim
Ringelnatz 1883 Konstantin K. Waginow
1899 M. Agejew
1935 Paul Bourget 1852 Fernando Pessoa
1888 T.E. Lawrence 1888 Kurt Tucholsky
1890
1936 Miguel de Unamuno 1864 Rudyard
Kipling 1865 Ramón del Valle-Inclán
1866 Luigi Pirandello 1867 Maxim Gorki
1868 Grazia Deledda 1871 Karl Kraus
1874 Gilbert K. Chesterton 1874 Oswald

Spengler 1880 Deszö Kosztolanyi 1885 Federico G. Lorca 1898
1937 Thomáš G. Masaryk 1850 Lou Andreas-Salomé 1861 Edith Wharton 1862 Harry Graf Kessler 1868 Jewgenij I. Samjatin 1884 Howard P. Lovecraft 1890 Ilja Ilf 1897
1938 Edmund Husserl 1859 Gabriele d'Annunzio 1863 Lew I. Schestow 1866 Ernst Barlach 1870 Alexander I. Kuprin 1870 Egon Friedell 1878 Carl von Ossietzky 1889 Friedrich Glauser 1896 Thomas C. Wolfe 1900 Ödön von Horváth 1901
1939 Sigmund Freud 1856 William B. Yeats 1865 Ford M. Ford 1873 Wladislaw Chodassiewitsch 1886 Edlef Köppen 1893 Joseph Roth 1894
1940 John Buchan 1875 René Schickele 1883 Michail Bulgakow 1891 Walter Benjamin 1892 Francis S. Fitzgerald 1896 Nathanael West 1903
1941 Rabindranath Tagore 1861 Johannes Schlaf 1862 Maurice Leblanc 1864 Sherwood Anderson 1876 Herwarth Walden 1878 Virginia Woolf 1882 James Joyce 1882 Max Hermann-Neiße 1886 Anton Kuh 1890 Marina Zwetajewa 1892 Isaak Babel 1894 Ellery Queen's Mystery Magazine
1942 Violet Hunt 1862 Carl Sternheim 1878 Robert Musil 1880 Stefan Zweig 1881 Jakob van Hoddis 1887 Bruno Schulz 1892 Jewgenij Petrow 1903 Daniil Charms 1905
1943 Henrik Pontoppidan 1857 Karl Schönherr 1867
1944 Romain Rolland 1866 Filippo Marinetti 1867 Marc Bloch 1886 Antoine de Saint-Exupéry 1900
1945 Else Lasker-Schüler 1869 Paul Valéry 1871 Johan Huizinga 1872 Alexander Roda Roda 1872 Hans Dominik 1872 Börries von Münchhausen 1874 Georg Kaiser 1878 Alexej N. Tolstoi 1883 Bruno Frank 1887 Franz Werfel 1890 Josef Weinheber 1892
1946 Herbert G. Wells 1866 Hermann von Keyserling 1880 Paul Zech 1881 Theodor Hetzer 1890 Kulturfahrplan
1947 Ricarda Huch 1864 Lloyd Osbourne 1868 Hans Fallada 1893 Wolfgang Borchert 1921

1948 Alfred Kerr 1867 Karl Valentin 1882 Egon E. Kisch 1885 Kurt Schwitters 1887 Georges Bernanos 1888
1949 Gerhart Hauptmann 1862 Maurice Maeterlinck 1862 Johannes Freumbichler 1881 Klaus Mann 1906
1950 George B. Shaw 1856 Heinrich Mann 1871 Trilussa 1871 Max Beckmann 1884 George Orwell 1903
1951 André Gide 1869 Sinclair Lewis 1885 Hermann Broch 1886 Ludwig Wittgenstein 1889 Andrej P. Platonow 1899
1952 Knut Hamsun 1859 Sven Hedin 1865 Ferenc Molnár 1878
1953 Iwan A. Bunin 1870
1954 Sidonie Colette 1873 Michail M. Prischwin 1873 Fritz von Herzmanovsky-Orlando 1877
1955 Paul Claudel 1868 Alfred Polgar 1873 Thomas Mann 1875
1956 Hans Carossa 1878 Lucien Febvre 1878 Robert Walser 1878 Gottfried Benn 1886 Bertolt Brecht 1898
1957 Alexej M. Remisow 1877 Alfred Döblin 1878 Leo Perutz 1882 Nikos Kazantzakis 1883 Giuseppe Tomasi di Lampedusa 1896 Ernst Kris 1900 Louis Fürnberg 1909
1958 Enno Littmann 1875 Lion Feuchtwanger 1884 Theodor Kramer 1897 Hermann Gmelin 1900
1959 Alfred Kubin 1877 Raymond Chandler 1888 Hans H. Jahnn 1894
1960 Viktor Klemperer 1881 Boris Pasternak 1890 Albert Camus 1903 Wolf von Niebelschütz 1913
1961 Carl G. Jung 1875 Franz Kuhn 1884 Ernst Buschor 1886 Louis-Ferdinand Céline 1891 Fritz Mühlenweg 1891 Dashiell Hammett 1894 James G. Thurber 1894 Ernest Hemingway 1899
1962 Hermann Hesse 1877 Rudolf A. Schröder 1878 Ramón P. de Ayala 1881 Marie Bonaparte 1882 Tanja Blixen 1885 Vita Sackville-West 1892 William Faulkner 1897
1963 Otto Flake 1880 Jean Cocteau 1889 Aldous Huxley 1894 Sylvia Plath 1932
1964 Edith Sitwell 1887 Frans Eemil Sillanpää 1888 Wassilij J. Grossman 1905
1965 William S. Maugham 1874 Winston Churchill 1874 Thomas S. Eliot 1888 Walter Widmer 1903

1966 Heimito von Doderer 1896 Anna Achmatowa 1899 Frank O'Connor 1903 Evelyn Waugh 1903 Mao-Bibel
1967 Ilja G. Ehrenburg 1891 Dorothy Parker 1893 Robert van Gulik 1910 Carson McCullers 1917
1968 Upton Sinclair 1878 Max Brod 1884 Arnold Zweig 1887 John E. Steinbeck 1902 Cornell Woolrich 1903 Giovanni Guareschi 1908 Rembrandt Research Project
1969 B. Traven 1882 Ivy Compton-Burnett 1884 Theodor W. Adorno 1903 Witold Gombrowicz 1904 Erika Mann 1905
1970 Edward M. Forster 1879 Roberto Longhi 1890 Nelly Sachs 1891 John Knittel 1891 John Dos Passos 1896 Erich M. Remarque 1898 Jacques Presser 1899 Marlen Haushofer 1920 Paul Celan 1920
1971 Gertrud von le Fort 1876 Giorgos Seferis 1900 Wolfgang Schadewaldt 1900
1972 Edmund Wilson 1895 Günter Eich 1907 C.W. Ceram 1915
1973 John R. R. Tolkien 1892 Karl Kerényi 1897 Elizabeth Bowen 1899 Henry Green 1905 Karl A. Horst 1913 Ingeborg Bachmann 1926
1974 Erich Kästner 1899
1975 Pelham G. Wodehouse 1881 Aldo Palazzeschi 1885 Ivo Andrić 1892 Melchior Vischer 1895 Thornton Wilder 1897 Robert Neumann 1897 Hannah Arendt 1906 Otto Kurz 1908 Pier P. Pasolini 1922 Per Wahlöö 1926
1976 Martin Heidegger 1889 Alexander Lernet-Holenia 1897 Ernst Sander 1898 Raymond Queneau 1903 Jacques Monod 1910
1977 Konstantin A. Fedin 1892 William Gerhardie 1895 Carl Zuckmayer 1896 Vladimir Nabokov 1899
1978 Ignazio Silone 1900 Horst Gerson 1907 Edmund Crispin 1921
1979 Marcel Jouhandeau 1888 Friedrich Torberg 1908 Mika Waltari 1908 Arno Schmidt 1914 Titanic
1980 Jean P. Sartre 1905 Alfred Andersch 1914
1981 Erich von Beckerath 1891 John L. Mackie 1917
1982 Djuna Barnes 1892 Philip K. Dick 1928 Rainer W. Fassbinder 1945
1983 Friedrich Schnapp 1900 Arthur Koestler 1905 Tennessee Williams 1911
1984 John B. Priestley 1894 Liam O'Flaherty 1896 Michail A. Scholochow 1905 Truman Capote 1924 John Osborne 1929 François Truffaut 1932
1985 Roberto Bacchelli 1891 Robert Graves 1895 Martin Beheim-Schwarzbach 1900
1986 Jorge L. Borges 1899 Alexej N. Arbusow 1908 Jean Genet 1910 Fritz Hochwälder 1911 Stanley Ellin 1916
1987 Marguerite Yourcenar 1903 Jean Anouilh 1910
1988 Otto Pächt 1902 Erich Fried 1921 Raymond Carver 1938 Lexikon der sprichwörtlichen Redensarten
1989 Sándor Márai 1900 Albert V. Thelen 1903 Georges Simenon 1903 Pierre Boileau 1906 Samuel Beckett 1906 Daphne du Maurier 1907 Andrej D. Sacharow 1921 Leonardo Sciascia 1921 Thomas Bernhard 1931 Hermann Burger 1942
1990 Alberto Moravia 1907 Friedrich Dürrenmatt 1921
1991 Sean O'Faolain 1900 Graham Greene 1904 Max Frisch 1911 Wolfgang Hildesheimer 1916 Arkadi N. Strugatzki 1925
1992 Eberhard Fechner 1926
1993 William Golding 1911 Anthony Burgess 1917
1994 Elias Canetti 1905 Eugène Ionesco 1909 Golo Mann 1909 Juan C. Onetti 1909 Paul Feyerabend 1924
1995 Émile Cioran 1911 Patricia Highsmith 1921
1996 Wolfgang Koeppen 1906 Odysseas Elytis 1911 Joseph Brodsky 1940
1997 Bohumil Hrabal 1914 Helmut Sembdner 1914 Jurek Becker 1937
1998 Ernst Jünger 1895 Thomas Narcejac 1908 Halldór Laxness 1902 Eric Ambler 1909 Octavio Paz 1914 Gregor von Rezzori 1914 William Gaddis 1922 Ted Hughes 1930
1999 Nathalie Sarraute 1900 Kurt R. Eissler 1908 Gert Ledig 1921 Sarah Kane 1971
2000 Steven Runciman 1903 Lotte Paepcke 1910 Giorgio Bassani 1916 Ernst Jandl 1925
2001 Pierre Klossowski 1905
2002 Astrid Lindgren 1907 Siegfried Unseld

1924 Friedrich N. Gorenstein 1932 Diogenes Verlagschronik
2003 Aleksandar Tišma 1924 Nicholas Freeling 1927
2005 Claude Simon 1913 Arthur Miller 1915 Ted Allbeury 1917 Ephraim Kishon 1924 Manfred Fuhrmann 1925
2006 Sibylle Bedford 1911 Stanislaw Lem 1921 Robert Gernhardt 1937
2007 Kurt Vonnegut 1922 Celestino Piatti 1922 Walter Kempowski 1929 Hans Wollschläger 1935
2008 Alexander I. Solschenizyn 1918 Alain Robbe-Grillet 1922 Christa Reinig 1926 Peter Rühmkorf 1929 Harold Pinter 1930 Peter Maiwald 1946
2009 John Updike 1932 Christian Tümpel 1937
2010 Jerome D. Salinger 1919 Benoît Mandelbrot 1924
2011 Hans Keilson 1909 (!) Franz J. Degenhardt 1931
2012 Ray Bradbury 1920 Boris N. Strugatzki 1933
2013 Doris Lessing 1919 Marcel Reich-Ranicki 1920 Loriot 1923 Peter Urban 1941 Henning Ritter 1943
2014 Elisabeth Frenzel 1915 Siegfried Lenz 1926 Gabriel G. Márquez 1927
2015 Peter Gay 1923 Günter Grass 1927 Walter Burkert 1931
2016 Imre Kertesz 1929

Karl I. Hennetmair 1920
Ilse Aichinger 1921
Andrea Camilleri 1925
Michel Butor 1926 Dario Fò 1926 Fritz Stern 1926
Neil Simon 1927
Edward Albee 1928

Hans Traxler 1929 Emmanuel Le Roy Ladurie 1929
Derek Walcott 1930 Bernard Andreae 1930 John Barth 1930
Toni Morrison 1931 Alice Munro 1931 John le Carré 1931 Donald W. Goodwin 1931
Jewgenij Jewtuschenko 1932 Roberto Zapperi 1932
Philip Roth 1933 Eckart Kleßmann 1933 Peter Bichsel 1935 Maj Sjöwall 1935 Edna A. Proulx 1935 Peter Brown 1935
Svetlana Alpers 1936 Don de Lillo 1936 Wolf Biermann 1936
Jan Assmann 1938
Carlo Ginzburg 1939 Claudio Magris 1939
Gary Schwartz 1940
Paul Barolsky 1941 Reiner Speck 1941
Peter Handke 1942
Ljudmila Ulitzkaja 1943 Michael Ondaatje 1943
Lars Norén 1944 Jörg Friedrich 1944
Elfriede Jelinek 1946 Heinrich Niehues-Pröbsting 1946
Wiktor W. Jerofejew 1947 Stephen King 1947
Martin Suter 1948 James Ellroy 1948
Philippe Djian 1949
Gerhard Stadelmeier 1950
Javier Marías 1951
Patrick Roth 1953
Christoph Ransmayr 1954 Kazuo Ishiguro 1954
Wladimir G. Sorokin 1955
Michel Houellebecq 1956?
Max Goldt 1958
Wolf Haas 1960 Michael Maar 1960
Arundhati Roy 1961
Viktor O. Pelewin 1962
Joanne K. Rowling 1965

REGISTER
BIBLIOGRAPHIE DER ÜBERSETZTEN ZITATE

14 Majakowski, Norderney, nachgedichtet von Hugo Huppert, Frankfurt (Suhrkamp) 1980; WW I 1, 95.

34-36 Cervantes, Don Quixote von La Mancha, übersetzt von Ludwig Tieck, Neuausgabe Zürich (Diogenes) 1987; 520.

43-46 Dostojewskij, Der Idiot, übersetzt von Arthur Luther, München (Winkler) 1973; 20; 16; 226; 31f.; 463; 143f.; 776.

48-54 Melville, Moby Dick oder Der Wal, übersetzt von Richard Mummendey, München (Winkler) 1964; 11; 25; 30; 53; 105; 118; 119; 147; 166-168; 213f.; 667; 681

57-59 London, Feuer auf See, übersetzt von Erwin Magnus, in: Südseegeschichten, Berlin (Universitas) 1926; 214ff.

63 London, Der Ruf der Wildnis, übersetzt von Lisa H. Löns, Berlin (Universitas) 1907; 9

93 Mark Twain, Das Interview, übersetzt von B. Neuwald-Morton, Augsburg (Weltbild) o. J.; WW I, 34.

96-97 Verne, Zwanzigtausend Meilen unter den Meeren, nach der Übersetzung von Joachim Fischer, Frankfurt (Bärmeier&Nikel) 1966; 103.

110-11 Mark Twain, Fenimore Coopers Verstöße gegen die Literatur, übersetzt von B. Neuwald-Morton, Augsburg (Weltbild) o. J.; WW I, 130; 128.

126 Puschkin, Die Hauptmannstochter, übersetzt von Arthur Luther, Frankfurt (Insel) 1973; WW IV, 326.

126-27 Nabokov, Nikolaj Gogol, übersetzt von Jochen Neuberger, Reinbek (Rowohlt) 1990; WW XVI, 16f.

127 Gogol, Taras Bulba, übersetzt von Josef Hahn, in: Sämtliche Erzählungen, München (Winkler) 1961; 303.

173 Rabelais, Gargantua und Pantagruel, übersetzt von Walter Widmer und Horst P. Horst, München (Winkler) 1968; I, 347.

175 Villon, Eine verliebte Ballade für ein Mädchen namens Yssabeau (Ich bin so wild...), nachgedichtet von Paul Zech, in: Die lasterhaften Balladen des François Villon, München (dtv) 1962; 98.

177, 178 Sterne, Tristram Shandy, übersetzt von Michael Walter, Zürich (Haffmans) 1983; I, 9f.; 19.

181 Gracián Hand-Orakel und Kunst der Weltklugheit, übersetzt von Arthur Schopenhauer, Frankfurt (Insel) 1986; 126.

192 Hrabal, Ich habe den englischen König bedient, übersetzt von Karl-Heinz Jähn, Frankfurt (Suhrkamp) 1994; 7.

197 Lukian, Gegen den ungebildeten Büchernarren, nach der Übersetzung von Peter von Möllendorff, Düsseldorf/Zürich (Artemis) 2006; 210.

213-14 Michelet, Geschichte der französischen Revolution, übersetzt von Richard Kühn, Frankfurt (Eichborn) 1988; V, 195f.

221 Balzac, Eine dunkle Affäre (Wer heute Berichte aus dieser Zeit liest ...), übersetzt von Eva Rechel, Zürich (Manesse) 1968; 22f. Natürlich findet sich die Stelle auch in: Die Menschliche Komödie, herausgegeben von Ernst Sander, München (Goldmann) 1971; IX, 292; diesmal hat Felix Paul Greve übersetzt.

227-28 Gozlan, Balzac in Pantoffeln, übersetzt von Ursula Seyffarth und Fritz Knöller, München (Heimeran) 1967; 54–56.

237, 238 Maupassant, Bel-Ami, übersetzt von Ernst Sander, Stuttgart (Reclam) 1986; 3; 405

243 Die Stelle ist übersetzt von Renate Schein in: Manet (Ausstellungskatalog), Berlin (Frölich&Kaufmann) 1984, 280.

245, 246-47 Proust, Auf der Suche nach der verlorenen Zeit, übersetzt von Eva Rechel-Mertens, Frankfurt (Suhrkamp) ²1976; I, 9; 63f.

255 Baudelaire, Die Blumen des Bösen (Die Katze), übersetzt von Friedhelm Kemp, München (Hanser) 1975; WW III, 119.

256 Stéphane Mallarmé, Der Azur,

übersetzt von Karl Fischer, München (Hanser) 1992; 33.

<u>259</u> Valéry, Die junge Parze, übersetzt von Paul Celan, Frankfurt (Suhrkamp) 1992; WW I, 77.

<u>266-67</u> Dumas, Das große Wörterbuch der Kochkunst, übersetzt von Veronika Baiculescu, Wien (Mandelbaum) 2006; 238f.

<u>271</u> Jarry, Ubu. Stücke und Schriften, übersetzt von Hans Schwarzinger, Frankfurt (Zweitausendeins) 1987; 9.

<u>273</u> France, Die rote Lilie, übersetzt von Caroline Vollmann, Zürich (Manesse) 2003; 482.

<u>293</u> Aischylos, Proteus, übersetzt von Franz Stoeßl, in: Die Tragödien, Zürich (Artemis) 1952; 390.

<u>319</u> Hesiod, Theogonie, übersetzt von Walter Marg, in: Sämtliche Gedichte, Zürich (Artemis) 1970; 33.

<u>320</u> Lucilius, Satiren, übersetzt von Werner Krenkel, Berlin (Akademie) 1970; I, 131.

<u>321</u> Martial, Epigramme, übersetzt von Paul Barié und Winfried Schindler, Düsseldorf/Zürich (Artemis&Winkler) 1999; 511.

<u>324</u> Djedefhor, Lebensregel, übersetzt von Hellmut Brunner in: Altägyptische Weisheit, Zürich/München (Artemis) 1988; 102.

<u>326</u> Parmenides, Die Fragmente, übersetzt von Ernst Heitsch, München/Zürich (Artemis) 1991, 9.

<u>328</u> Heraklit, Fragmente, übersetzt von Bruno Snell, München/Zürich (Artemis) 1989; 9.

<u>366</u> Chamfort, Ein Wald voller Diebe, übersetzt von Fritz Schalk, Nördlingen (Greno) 1989; 272.

<u>369</u> Goldsmith, Johnson hat zwar etwas Grobes; der Nachweis dieser Stelle ist mir nicht möglich, vielleicht habe ich sie ja erfunden. Aber: se non è vero, è ben trovato!

<u>439</u> Dante, Göttliche Komödie, übersetzt von Wilhelm G. Hertz, München (Winkler) 1957; 29. In der Übersetzung von Hermann Gmelin, Stuttgart (Klett) 1949; I, 69, lautet die Stelle so: »Wir lasen eines Tages zum Vergnügen / Von Lanzelot, wie ihn die Liebe drängte; / Alleine waren wir und unverdächtig. // Mehrmals ließ unsre Augen schon verwirren / Dies Buch und unser Angesicht erblassen, / Doch eine Stelle hat uns überwältigt. // Als wir gelesen, daß in seiner Liebe / Er den ersehnte Antlitz küssen mußte, / Hat dieser, der mich niemals wird verlassen, // Mich auf den Mund geküßt mit tiefem Beben. / Verführer war das Buch und der's geschrieben. / An jenem Tage lasen wir nicht weiter.« Das ist nicht lyrisch, dafür deutlicher.

<u>494</u> Jacobsen, Niels Lyhne, übersetzt von Richard M. Baring, in: Frau Marie Grubbe Niels Lyhne Novellen, München (Winkler) 1951; 443.

<u>495</u> Lönnrot, Kalevala, übersetzt von Lore und Hans Fromm, München (Hanser) 1967; I, 5.

<u>511</u> Sappho, Lieder, Erstes Buch (Reiterheere ...), übersetzt von Max Treu, München (Artemis&Winkler) ^{8}1991, 35.

<u>514</u> McCullers, Die Ballade vom traurigen Café, übersetzt von Elisabeth Schnack, in: Die Ballade vom traurigen Café, Zürich (Diogenes) ^{2}1961; 258f.

<u>514</u> Die Inhaltsangabe von Frankie in: McCullers, Autobiographie (Illumination and Night Glare), übersetzt von Brigitte Wadlitzek, Frankfurt (Schöffling) 2002; 78.

<u>515</u> McCullers, Wer hat den Wind gesehen?, übersetzt von Elisabeth Schnack, in: Die Ballade vom traurigen Café, Zürich (Diogenes) ^{2}1961; 77f.

<u>517</u> Mansfield, Das Gartenfest, übersetzt von Elisabeth Schnack, Frankfurt (Büchergilde) 1980; WW I, 396.

<u>518</u> Wilde, Salome, übersetzt von Petra-Susanne Räbel, Frankfurt (Zweitausendeins) 2004; WW V, 66.

<u>525</u> Goodwin, Alkohol & Autor, übersetzt von Michael Pfister, Zürich (Edition Epoca) 1995; F.

<u>529</u> Woolf, Orlando, übersetzt von Brigitte Walitzek, Frankfurt (Fischer) 1990; WW VII, 226.

<u>532</u> Woolf, Zum Leuchtturm, übersetzt von Karin Kersten, Frankfurt (Fischer) 1991; WW VI, 10.

<u>539</u> Woolf, Mrs Dalloway, übersetzt von Walter Boehlich, Frankfurt (Fischer) 1997; WW V, 10.

<u>543</u> Austen, Überredung, übersetzt von

Ursula und Christian Grawe, Stuttgart (Reclam) 1983; 76.
545 Crispin, Der wandernde Spielzeugladen, übersetzt von Andreas Vollstädt, Zürich (Haffmans) 1993; 71f.
554 Meredith, Schau dorthin, wo der drängende Wind, übersetzt von Gordon Collier, in: Viktorianische Lyrik, Suttgart (Reclam) 1985; 229.
555 Dickinson, Behutsam müssen die Chirurgen ..., in: Dichtungen, ausgewählt und übersetzt von Werner von Koppenfels, Mainz (Dieterich'sche Verlagsbuchhandlung) 1995; 265.
557 Chopin, Das Erwachen, übersetzt von Ingrid Rein, Cadolzburg (ars vivendi) 1996; 128.
572-73 Puschkin, Eugen Onegin, übersetzt von Ulrich Busch, Zürich (Manesse) 1981; 155.
577 Puschkin, Dem Dichter, übersetzt von Michael Engelhard, in: Sämtliche Gedichte, Frankfurt (Insel) 1999; 723.
585 Nekrassow, Ihr Lieder mein!, übersetzt von Friedrich Fiedler, in: Lyrik des Abendlandes, München (Hanser) 1963; 473.
589-90 Gorki, Klim Samgin, übersetzt von Hans Ruoff, München (Winkler) 1980; I, 7.
594 Majakowski, Das beste Gedicht, nachgedichtet von Hugo Huppert. Frankfurt (Suhrkamp) 1980; WW I,2 271.
595 Blok, Die Unbekannte (Seltsame Dinge sind mir anvertraut), übersetzt von Adrian Wanner, in: Gedichte, Frankfurt (Suhrkamp) 1990; 67.
596 Achmatowa, Wenn ein Mensch stirbt, übersetzt von Heinz Czechowski, in: Gedichte, Frankfurt (Suhrkamp) 1988; 47.
596 Mandelstam, Armenien V, übersetzt von Ralph Dutli, in: Armenien, Armenien!, Zürich (Ammann) 1994; 101.
597 Chodassjewitsch, Begräbnis, übersetzt von Kay Borowsky, in: Europäische Nacht, Tübingen (Narr) 1985; 101.

597-98 Jessenin, Schimpft nicht, so ist halt mein Leben, übersetzt von Annemarie Bostroem, Berlin (Volk&Welt) 1995; WW I, 148.
601 Waginow, Auf der Suche nach dem Gesang der Nachtigall, übersetzt von Ulrike Zemme, Frankfurt (Suhrkamp) 1993; 62.
602 Jewtuschenko, Nicht riechen können viele mich, übersetzt von Franz Leschnitzer, in: Lyrik Prosa Dokumente, München (Nymphenburger) 1972; 70.
607 Nabokov, Der Späher, übersetzt von Dieter E. Zimmer, Reinbek (Rowohlt) 1992; WW II, 428.
618 Galdós, Amigo Manso, übersetzt von Kurt Kuhn, Zürich (Manesse) 1964; 5.
625 Svevo, Zenos Gewissen, übersetzt von Barbara Kleiner, Frankfurt (Zweitausendeins) 2000; 18.
641 Tagore, Das goldene Boot (Am Himmel rumoren die Wolken ...), übersetzt von Martin Kämpchen, in: Gesammelte Werke, Düsseldorf/München (Artemis&Winkler) 2005; 10.
642 Cioran, Syllogismen der Bitterkeit, übersetzt von Kurt Leonhard, Frankfurt (Suhrkamp) 1980; 74.
647 Conrad, Herz der Finsternis, übersetzt von Urs Widmer, Zürich (Haffmans) 1992; 134.
653 Whitman, Grashalme, Nachdichtung von Hans Reisiger, Zürich (Diogenes) 1985; 9.
727 Roy, Der Gott der kleinen Dinge, übersetzt von Anette Grube, München (Blessing) 1997; 22.
727 Márquez, Hundert Jahre Einsamkeit, übersetzt von Curt Mayer-Clason, Köln (Kiepenheuer&Witsch) 1970; 162.
736 Ayala, Belarmino und Apolonio, übersetzt von Wilhelm Muster, Frankfurt (Suhrkamp) 1956; 156.

Alle nicht gesondert aufgeführten Stellen, speziell kleine Verdeutschungen antiker Klassikerzitate, stammen vom Verfasser.

ZITATE
Zitate entsprechen zeichengenau der jeweiligen Originalausgabe;
die Rechtschreibung des Autors entspricht einer Rechtschreibreform,
die wahrscheinlich so nie wieder angewendet werden wird.

VERTRIEB
Anna Rahm
Mit Büchern unterwegs
88212 Ravensburg · DE

WWW
www.lesebegleiter.de
www.mit-buechern-unterwegs.de
www.type-on-demand.de

COPYRIGHT
2016 by Tobias Blumenberg

FONTS
Minion [Robert Slimbach] · Avenir Next [Adrian Frutiger, Akira Kobayashi]

CARTOON SEITE 1 & 808
Jester with Books
erstmals veröffentlicht im *Punch Magazine*,
28. DEZEMBER 1867

UMSCHLAGGESTALTUNG
unter Verwendung einer Vignette von Winsor McCay *A Good Book*
– Autorenfoto: Copyright by Patrick Harz, Berlin –

EXECUTIVE PRODUCER
Type On Demand, 88364 Wolfegg · DE

PRINTED IN GERMANY
2016 · 1

ISBN
978-3-00-053718-9